FRANCE

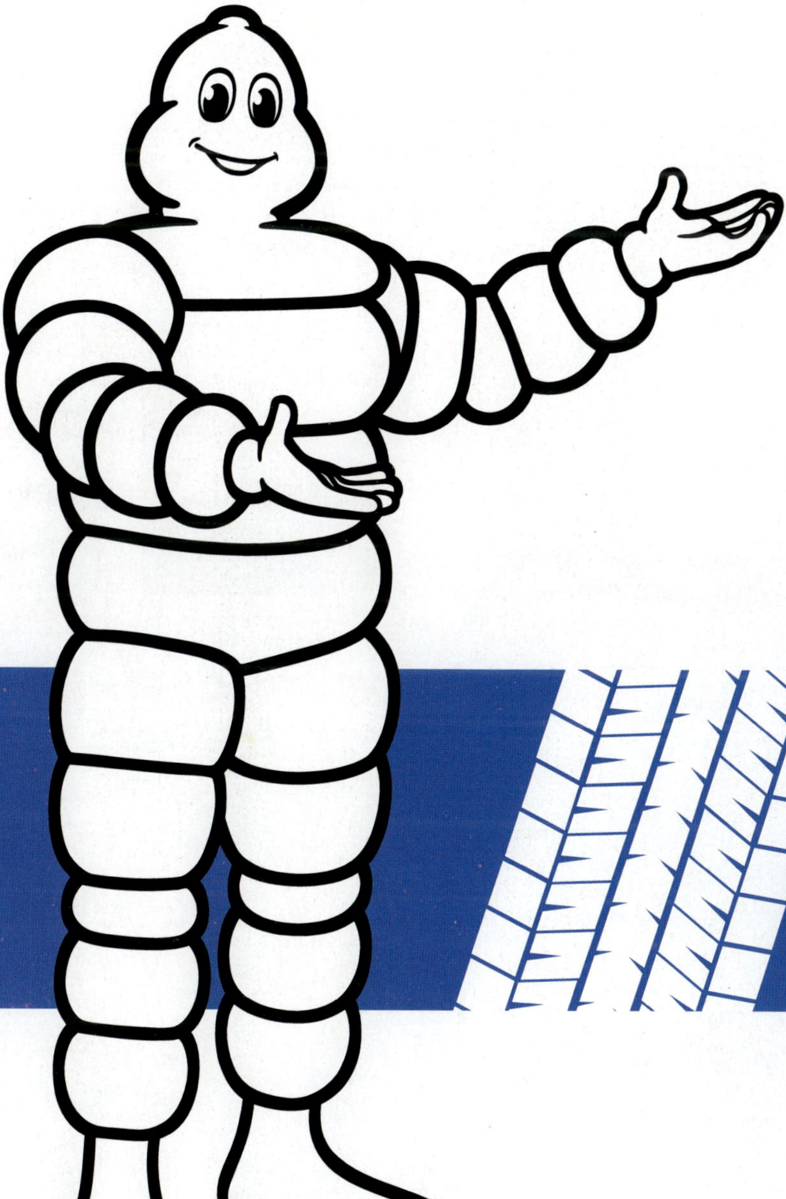

ATLAS ROUTIER et TOURISTIQUE
TOURIST and MOTORING ATLAS
STRASSEN- und REISEATLAS
TOERISTISCHE WEGENATLAS
ATLANTE STRADALE e TURISTICO
ATLAS DE CARRETERAS y TURÍSTICO

MICHELIN

Grands axes routiers

Main road map
Durchgangsstraßen
Grote verbindingswegen
Grandi arterie stradali
Carreteras principales

MANCHE
ATLANTIQUE
BRIGHTON
Dunkerque
Calais
Boulogne-sur-Mer
St-Omer
LILLE
BRUXELLES BRUSSEL
Charleroi
Valenciennes
Douai
ARRAS
PAS-DE-CALAIS 62
NORD 59
Abbeville
AMIENS
SOMME 80
St-Quentin
CHARLEVILLE-MÉZIÈRES
ARDENNES 08
LAON
Dieppe
SEINE-MARITIME 76
Cherbourg-en-Cotentin
Le Havre
ROUEN
BEAUVAIS
OISE 60
Montdidier
Compiègne
Soissons
AISNE 02
Reims
MARNE 51
CHÂLONS-EN-CHAMPAGNE
ST-LÔ
MANCHE 50
CAEN
CALVADOS 14
ÉVREUX
EURE 27
Senlis
VAL-D'OISE 95
YVELINES 78
VERSAILLES
PARIS
ÉVRY-COURCOURONNES
SEINE-ET-MARNE 77
Vitry-le-François
Brest
FINISTÈRE 29
CÔTES-D'ARMOR 22
ST-BRIEUC
St-Malo
Avranches
Argentan
ORNE 61
Dreux
CHARTRES
EURE-ET-LOIR 28
ESSONNE 91
MELUN
TROYES
AUBE 10
QUIMPER
Pontivy
MORBIHAN 56
RENNES
ILLE-ET-VILAINE 35
Fougères
ALENÇON
MAYENNE 53
LAVAL
SARTHE 72
LE MANS
Châteaudun
LOIRET 45
ORLÉANS
Sens
Montargis
AUXERRE
YONNE 89
CÔTE-D'OR 21
VANNES
Redon
Châteaubriant
ANGERS
MAINE-ET-LOIRE 49
Vendôme
LOIR-ET-CHER 41
BLOIS
TOURS
St-Nazaire
LOIRE-ATLANTIQUE 44
NANTES
Saumur
INDRE-ET-LOIRE 37
Vierzon
CHER 18
BOURGES
NIÈVRE 58
NEVERS
Beaune
Autun
Cholet
VENDÉE 85
LA ROCHE-S-YON
Les Sables-d'Olonne
DEUX-SÈVRES 79
Châtellerault
VIENNE 86
POITIERS
INDRE 36
CHÂTEAUROUX
MOULINS
ALLIER 03
SAÔNE-ET-LOIRE 71
MÂCON
NIORT
LA ROCHELLE
Rochefort
CHARENTE-MARITIME 17
Saintes
Cognac
CHARENTE 16
ANGOULÊME
HAUTE-VIENNE 87
LIMOGES
CREUSE 23
GUÉRET
Montluçon
Vichy
PUY-DE-DÔME 63
CLERMONT-FERRAND
Thiers
Roanne
RHÔNE 69
LOIRE 42
LYON
Issoire
ST-ÉTIENNE
GIRONDE 33
BORDEAUX
Libourne
PÉRIGUEUX
DORDOGNE 24
Bergerac
CORRÈZE 19
TULLE
Brive-la-Gaillarde
CANTAL 15
AURILLAC
HAUTE-LOIRE 43
LE PUY-EN-VELAY
ARDÈCHE 07
PRIVAS
Arcachon
LOT-ET-GARONNE 47
Villeneuve-s-Lot
CAHORS
LOT 46
AVEYRON 12
RODEZ
LOZÈRE 48
MENDE
LANDES 40
AGEN
TARN-ET-GARONNE 82
MONTAUBAN
ALBI
Millau
Alès
GARD 30
NÎMES
MONT-DE-MARSAN
GERS 32
TARN 81
Castres
HÉRAULT 34
MONTPELLIER
Dax
AUCH
TOULOUSE
Bayonne
DONOSTIA-S. SEBASTIÁN
BILBAO
PYRÉNÉES-ATLANTIQUES 64
PAU
TARBES
HAUTE-GARONNE 31
CARCASSONNE
Béziers
Narbonne
AUDE 11
VITORIA-GASTEIZ
PAMPLONA
HAUTES-PYRÉNÉES 65
St-Gaudens
ARIÈGE 09
FOIX
PYRÉNÉES-ORIENTALES 66
PERPIGNAN
ANDORRA LA VELLA

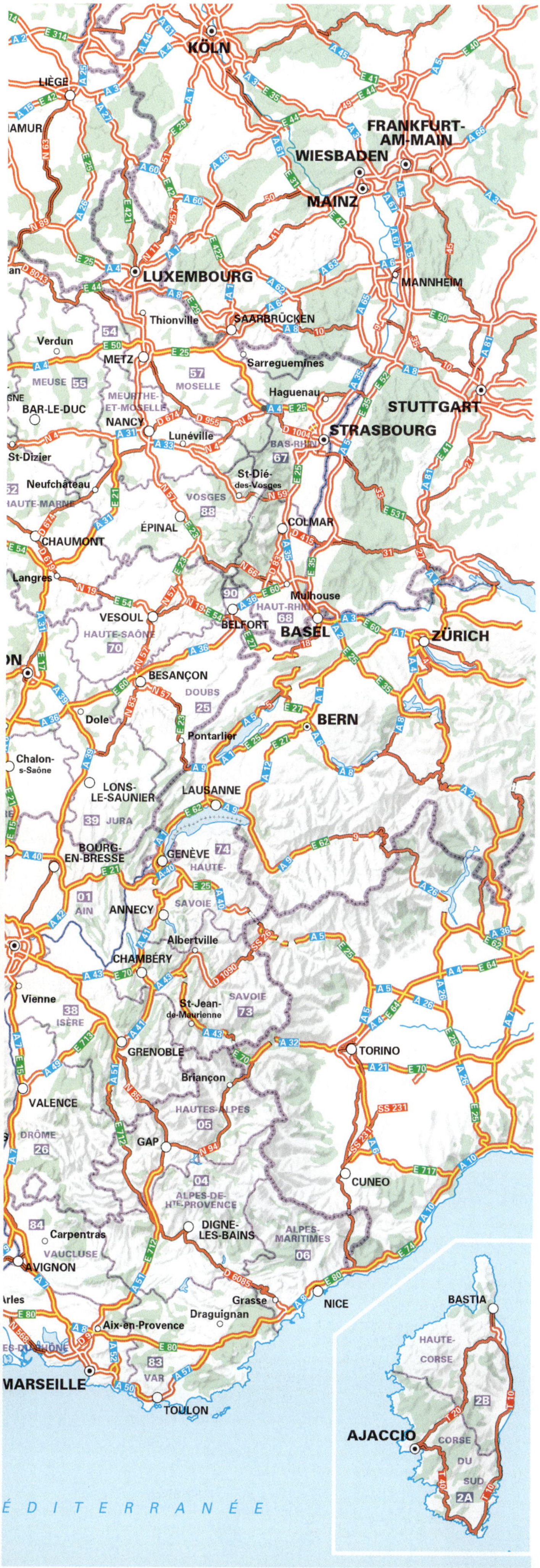

Trouvez bien plus que votre route !

Explore beyond your route! • Finden Sie mehr als nur Ihren Weg! • Vind zoveel meer dan alleen maar uw reisweg! • Per non perdersi e non perdersi nulla! • Encuentre mucho más que el camino!

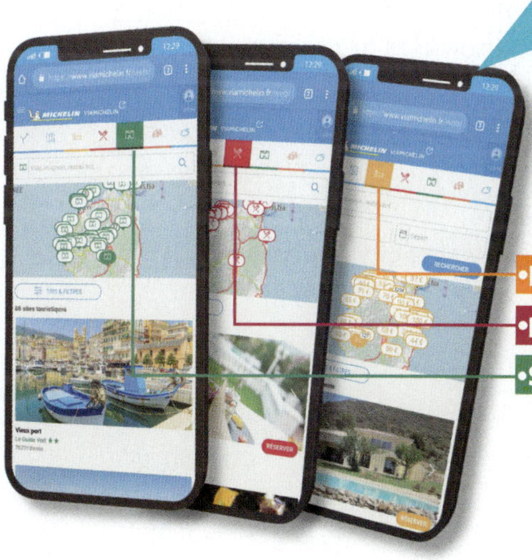

Comment utiliser les QR Codes .... p. 427

How to use the QR Codes • Wie verwendet man QR Codes • Hoe moet u de QR Codes gebruiken • Come si usano i codici QR • Cómo utilizar los códigos QR

* Hotels, Restaurants, Touristic Sites • Hotels, Restaurants, Touristische Sehenswürdigkeiten • Hotels, Restaurants, Toeristische plaatsen • Hotels, Ristoranti, Luoghi d'interesse • Hotels, Restaurante, Lugares turísticos

DÉPARTS EN VACANCES
POUR ÉVITER LE STRESS, PENSEZ À :

LA VOITURE

- ☐ PRESSION PNEUS
- ☐ NIVEAU HUILE
- ☐ NIVEAU LIQUIDE DE REFROIDISSEMENT
- ☐ NIVEAU LIQUIDE LAVE-GLACE
- ☐ PLEIN CARBURANT
- ☐ RACLETTE ANTI-GIVRE
- ☐ CHAÎNES

LA SÉCURITÉ

- ☐ GILET JAUNE + TRIANGLE
- ☐ ÉTHYLOTEST
- ☐ PERMIS DE CONDUIRE
- ☐ PAPIERS DU VÉHICULE (CARTE GRISE, ATTESTATION D'ASSURANCE)
- ☐ NOTICE DU VÉHICULE
- ☐ COORDONNÉES DE L'ASSISTANCE

S'ORIENTER

- ☐ ATLAS, CARTES ET FEUILLE DE ROUTE

LA SANTÉ

- ☐ TROUSSE DE SECOURS
- ☐ CARTE VITALE
- ☐ CARNET DE SANTÉ
- ☐ LUNETTES DE SOLEIL
- ☐ CHAPEAUX
- ☐ ÉCRAN SOLAIRE

LA FAMILLE

- ☐ JEUX ENFANTS (CONSOLE DE JEUX, LECTEUR DVD, LIVRES, ETC.)
- ☐ BIBERON D'EAU
- ☐ VAPORISATEUR
- ☐ MÉDICAMENT CONTRE LE MAL DES TRANSPORTS
- ☐ REPAS (PETIT POT POUR LES BÉBÉS, PIQUE-NIQUE, COLLATION, ETC..)
- ☐ CONTRÔLE DU SIÈGE AUTO POUR ENFANTS
- ☐ PARE-SOLEIL

CHECKLIST
Sécurité
Orientation
La voiture
Famille
Santé

BONNE ROUTE !

ROULEZ ZEN !

RÉAGIR EN CAS D'ACCIDENT

PROTÉGER

- Allumez vos feux de détresse.
- Garez-vous avec prudence en évitant de gêner l'accès des secours.
- Mettez les passagers à l'abri à l'extérieur du véhicule ; sortez par le côté opposé au trafic.
- Sur autoroute, placez-vous derrière les barrières de sécurité, dirigez-vous immédiatement vers la borne d'appel d'urgence et attendez les secours.
- Sur route, balisez l'accident par un triangle à 200 mètres en amont, à condition qu'il soit possible de le faire en toute sécurité. **Attention :** ne fumez pas à proximité du lieu de l'accident, afin d'éviter un incendie.

ALERTER

- **Sur autoroute,** appelez depuis une borne d'appel d'urgence, que vous trouverez tous les deux kilomètres.
- **En cas d'absence de borne,** vous pouvez **composer le 112** à partir d'un téléphone fixe, d'une cabine téléphonique ou d'un téléphone mobile (numéro d'urgence gratuit).

SECOURIR

- Ne déplacez pas les victimes, sauf en cas de danger imminent tel un incendie.
- Ne retirez pas le casque d'un conducteur de deux-roues.
- Ne donnez ni à boire ni à manger aux victimes.

LES NUMÉROS UTILES

MONDIAL ASSISTANCE :
01 40 255 255 (24h/24)

EUROP ASSISTANCE :
01 41 85 85 85 (24h/24)

ASSURANCES ASSISTANCE :
ALLIANZ : **0800 103 105**
DIRECT ASSURANCE : **01 55 92 27 20**
GROUPAMA : **01 45 16 66 66**
INTER MUTUELLES ASSISTANCE : **0800 75 75 75**
MAAF : **0800 16 17 18**
MACIF : **0800 774 774**
MAIF : **0800 875 875**
MATMUT : **0800 30 20 30**

RADIO AUTOROUTE

ÉCOUTEZ **107.7**

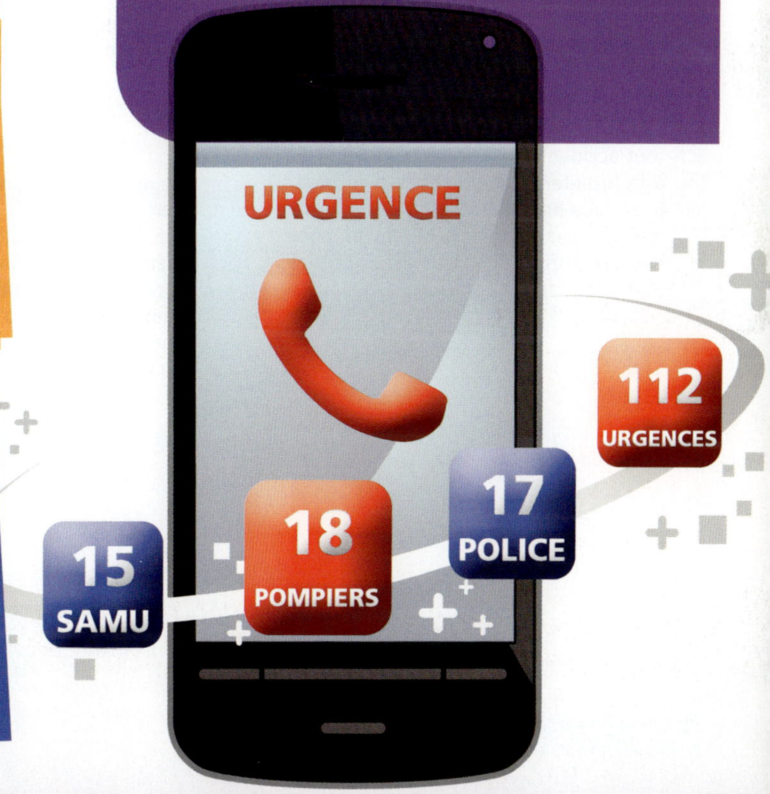

REMPLIR OU PAS UN CONSTAT ?

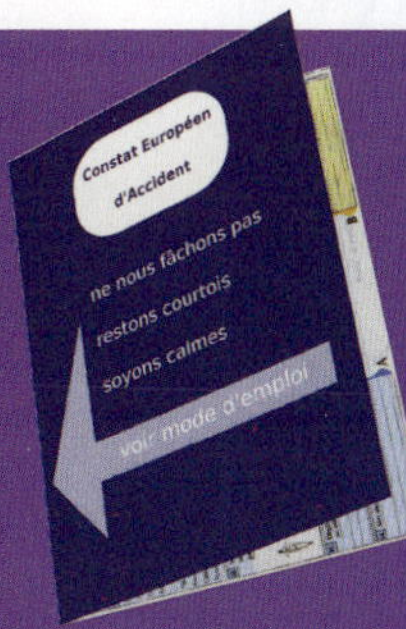

Le moindre accrochage de circulation exige que les automobilistes échangent leurs coordonnées. **Si l'un refuse, il y a délit de fuite.** En revanche, en cas d'accrochage léger, vous avez tout à fait le droit de ne pas établir de constat et de ne pas déclarer l'incident à votre assureur. **Mais évaluez les conséquences :** il se peut que l'autre conducteur rédige de son côté un constat, et qu'il le remplisse unilatéralement, et qu'il expédie ensuite à son assureur en affirmant que vous vous êtes opposé à l'établissement de ce document amiable. **Méfiez-vous** également des chocs qui peuvent vous sembler très légers en apparence, mais coûtent cher à réparer. Le mieux est de remplir un constat et de ne l'envoyer à l'assureur qu'après un chiffrage précis des travaux de remise en état. **Si les réparations sont d'un coût limité,** il est préférable de ne pas déclarer l'incident pour échapper au malus. **Indemniser directement l'autre automobiliste est parfaitement légal.**

VOYAGER
AVEC DES ENFANTS

N'oubliez pas de faire des pauses-détente pour vous dégourdir les jambes !

Où et comment installer les enfants ?

Il est interdit et dangereux de faire voyager un enfant en voiture sans équipement adapté à sa taille. En France, l'utilisation d'un dispositif de retenue adapté est obligatoire jusqu'à l'âge de 10 ans (ou jusqu'à la taille de 1,35 m). Pour les bébés jusqu'à 15 mois, la position dos à la route est de loin la plus recommandée, après désactivation de l'airbag passager s'il est en place avant.

5 GESTES À BANNIR

ENFANT CEINTURÉ AVEC ADULTE

La ceinture entoure le corps de l'adulte et de l'enfant posé sur ses genoux. En cas de ralentissement fort, la sangle va bloquer l'enfant, tandis que votre corps projeté en avant va littéralement l'écraser. Risque de lésions gravissimes sur un simple coup de frein.

BÉBÉ ASSIS SUR LES GENOUX

Tout petit, votre nouveau-né se transforme en projectile au premier ralentissement brusque. Même en l'absence de tout accident, un freinage appuyé suffit à le projeter violemment vers le pare-brise. Vos bras même agrippés à lui ne peuvent pas le retenir. En cas de choc dès 20 km/h., des blessures lourdes peuvent l'handicaper à vie.

CEINTURE SOUS L'ÉPAULE

À partir de 10-11 ans, les enfants commencent à prendre quelques libertés avec la ceinture. Ils décrètent que la sangle près de leur cou les gêne et la font passer sous l'aisselle. Une forte décélération provoquerait une lésion thoracique lourde.

ENFANT, DEBOUT ENTRE LES SIÈGES

Surtout dans les monospaces, les enfants adorent rester debout, à l'arrière, entre les sièges avant, en prenant appui sur les dossiers. Un coup de frein fort et l'enfant se transforme en projectile vers le pare-brise !

SIÈGE SANS HARNAIS ATTACHÉ

De nombreux enfants sont juste posés dans leur siège, sans que le harnais soit fixé. L'utilité du siège est alors réduite à néant. De même, ne laissez pas le harnais trop relâché sur le corps de l'enfant : la retenue en cas de choc ne se ferait qu'avec un temps de retard entraînant alors une compression excessive du thorax.

Comment occuper vos enfants ?

Les enfants aiment jouer. Incitez-les à se distraire avec leurs occupations favorites (console électronique, jeux de poche) et organisez des jeux oraux :

C COMME CHAMPION Désignez une lettre de l'alphabet : le 1er qui trouve dans le paysage environnant 3 éléments commençant par cette lettre a gagné !

JEUX DES PLAQUES Faites une phrase avec les lettres des plaques d'immatriculation des véhicules croisés sur la route. (ex : **AB 123 CD** = > « **A**lexandre **B**oit du **C**hocolat au **D**entifrice… »)

JEU DES VOITURES Choisissez et comptez le nombre de voitures d'une marque ou d'un modèle précis.

C TU OÙ C ? Retrouvez une ville ou un lieu-dit amusant sur les pages de l'atlas. On commence par un indice sous forme de devinette. (ex : « c'est dans la région où sont fabriquées les espadrilles » …)

CHACUN SON SIÈGE

Groupe 0 (0 à 10 kg } 9 mois) et **0+** (0 à 13 kg } 16 mois)

SIÈGE « COQUE » AVEC HARNAIS DOS À LA ROUTE, PLACÉ À L'AVANT OU À L'ARRIÈRE DE LA VOITURE.

Groupe 1 (9 à 18 kg } 9 mois à 4 ans)

SIÈGE AVEC HARNAIS ET RENFORTS LATÉRAUX, PLACÉ À L'ARRIÈRE DU VÉHICULE

Groupe 2 (15 à 25 kg } 3 à 7 ans)
Groupe 3 (22 à 36 kg } 6 à 10 ans)

REHAUSSEUR AVEC OU SANS DOSSIER + CEINTURE DE SÉCURITÉ À L'ARRIÈRE DU VÉHICULE

CONDUIRE
DANS DES CONDITIONS DIFFICILES

GÉRER LES INTEMPÉRIES

PLUIE

Sous la pluie, **le risque d'accident est multiplié par trois :** la visibilité est réduite, les distances de freinage sont allongées de moitié. **Au-dessus de 80 km/h,** une pellicule d'eau peut se former entre le pneu et la chaussée : c'est le phénomène **« d'aquaplaning »**, d'autant plus dangereux que la direction risque alors de ne plus répondre…

En règle générale, il faut **réduire sa vitesse de 20 km/h au moins**, allumer ses feux de croisements, **garder largement ses distances** de sécurité et freiner progressivement par petites impulsions. La pluie vous fait perdre 30 à 50 % d'adhérence et les risques de dérapage se trouvent accrus. **Attention :** une petite pluie fine peut constituer un piège redoutable, la chaussée peut alors devenir aussi glissante que de la neige !

BROUILLARD

Avant le départ, vérifiez l'éclairage de votre véhicule ; sur la route, **allumez vos codes** ou feux de brouillard. **Réduisez votre vitesse** en fonction de la visibilité et gardez largement vos distances de sécurité avec le véhicule qui vous précède.

Utilisez régulièrement **vos essuie-glaces** et **allumez vos feux de détresse** en cas d'arrêt sur la chaussée (panne, bouchon, accident…)

GLACE ET VERGLAS

Une voiture qui perd sa trajectoire sur la glace devient irrattrapable, même entre les mains les plus expertes. Mais le verglas « noir » peut aussi vous surprendre par plaques ponctuelles sur une route totalement dégagée. **Méfiez-vous**, lorsque la température est négative, des zones restées dans l'ombre, des bordures de bois, des secteurs sujets à brouillard.

NEIGE

Elle fait chuter l'adhérence jusqu'à 80 %. Mais attention, le plus traître dans la neige, ce n'est pas la chaussée plus glissante, mais la grande variation entre les niveaux d'adhérence : **la neige fraîche** offre une adhérence certes basse, mais continue. Au contraire, **un tapis neigeux ancien** accentue les adhérences très variables et peu prévisibles d'un mètre à l'autre, et enfin, **la neige fondante** se colle dans les sculptures des pneus et crée un effet « patinoire ».

RESPECTER LES DISTANCES

Votre distance d'arrêt n'est pas aussi courte que la distance de freinage dont est capable votre voiture car elle intègre votre temps de réaction. Au mieux, il vous faut 1 seconde pour réagir avant d'appuyer sur la pédale de frein en cas d'imprévu… voire 2 en cas d'attention relâchée. **À 90 km/h**, en **1 seconde**, vous parcourez **25 mètres** avant de commencer à freiner.

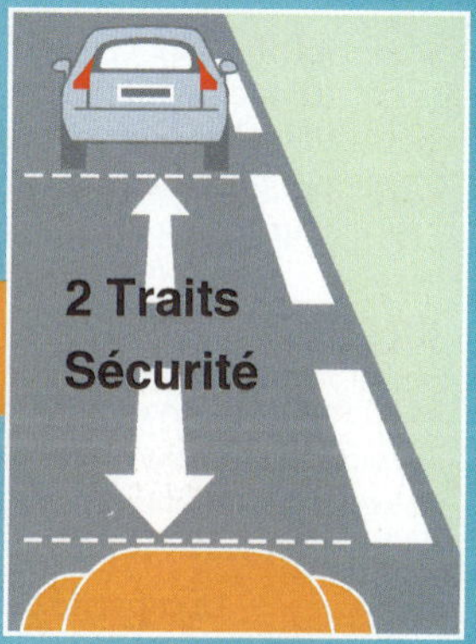
2 Traits
Sécurité

2H DE CONDUITE = TEMPS DE RÉACTION X2

À 130 km/h, cette seconde représente 36 mètres ce qui porte à 129 mètres votre distance de freinage !

10 minutes

UNE PAUSE DE 10 MINUTES MINIMUM TOUTES LES 2 HEURES EST INDISPENSABLE !

MÉDICAMENTS

NIVEAU 1
NIVEAU 2
NIVEAU 3

Fiez-vous aux pictogrammes de couleur inscrits sur les boîtes **(jaune, orange, rouge) :** ils indiquent le degré d'assoupissement que la prise des comprimés engendre.

ÉVITER L'ENGOURDISSEMENT

- étirez-vous
- tendez un à un les bras à l'horizontale devant vous, en « cassant » le poignet vers l'extérieur et en le faisant pivoter
- placez tour à tour les bras à l'horizontale sur les côtés, avant-bras replié, et dirigez-les vers l'arrière en forçant légèrement sur l'articulation des épaules
- faites pivoter votre tête de gauche à droite, et effectuez des petites rotations.

CONDUIRE DE NUIT

La nuit représente moins de 10 % du trafic mais **35 % des blessés** et **44 % des personnes tuées** sur la route.

4 FOIS + DE RISQUE D'AVOIR UN ACCIDENT ENTRE 22H ET 6H DU MATIN !

LES HEURES À ÉVITER

NUIT
2h-5h
JOUR
13h-15h

PNEUS NEIGE OU CHAÎNES ?

- **LES PNEUS NEIGE** sont très utiles durant toute la saison hivernale. Sur la neige, ils permettent de **limiter la perte d'adhérence**, et se révèlent **excellents pour la pluie.** Il faut surtout les monter par quatre.
- **LES CHAÎNES ne sont à utiliser que ponctuellement,** en cas de **chaussée entièrement enneigée.** Elles peuvent être rendues obligatoires par les forces de l'ordre. Les chaînes se montent sur les roues motrices de votre voiture.

L'ENTRETIEN DE VOTRE AUTOMOBILE

PLANNING DE RÉVISION DE LA VOITURE

ESSUIE-GLACE & LAVE-GLACE

ÉCHÉANCE Essuie-glace à vérifier **tous les 3 mois.** Le niveau de lave-glace est à vérifier **avant chaque départ.**

RISQUES Stries lors du balayage.

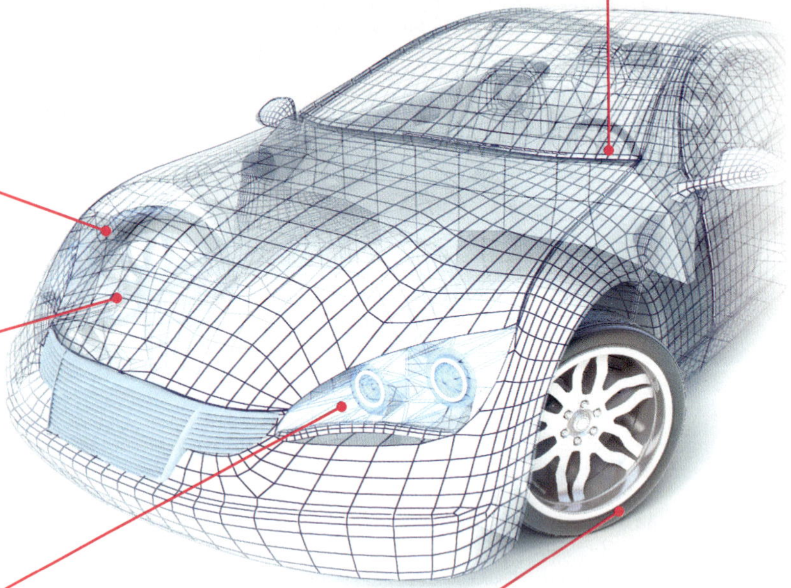

AMORTISSEURS

ÉCHÉANCE À vérifier **tous les 80 000 km.**

RISQUES Perte de la tenue de route de votre voiture (tenue de cap, adhérence sur les chaussées déformées, efficacité au freinage). Risque insidieux, car très progressif, et donnant dans un premier temps une impression de confort.

FREINS

ÉCHÉANCE **Selon recommandation du garagiste.** Si vous entendez un fort bruit métallique lors des ralentissements, c'est que les plaquettes de frein sont arrivées à usure totale.

RISQUES La capacité de freinage est alors réduite de 90 %.

LIQUIDE DE FREINS

ÉCHÉANCE À changer **tous les 2 ans.**

RISQUES Absence soudaine de répondant en appuyant sur la pédale (Formation de bulles dans le circuit de freinage qui se charge progressivement en eau).

ÉCLAIRAGE

ÉCHÉANCE
Code et pleins phares à vérifier **périodiquement.**

PRESSION DES PNEUS

ÉCHÉANCE **Tous les mois, et avant un long déplacement.**

RISQUES Dégradation de la tenue de route, surtout en virage. Allongement des distances de freinage. Échauffement et risque d'éclatement. Usure accélérée de la bande de roulement et fatigue de la structure du pneu.

CONTRÔLE TECHNIQUE

En France, toute voiture âgée de 4 ans doit passer un contrôle technique.

- La première visite doit se faire dans les six mois avant son quatrième anniversaire.
- La date de première immatriculation portée sur la carte grise fait référence pour définir le jour ultime de passage au contrôle. Par la suite, les visites se font tous les deux ans.
- L'administration n'envoie aucune convocation : c'est à vous de présenter spontanément votre voiture dans un centre agréé.
- Le passage coûte autour de 65 € et exige un rendez-vous.

FOCUS PNEUS

Ne prenez la route qu'avec des pneus en bon état. Eux seuls assurent le contact de votre voiture avec la chaussée. Voici ce qui peut les altérer et donc vous obliger à un remplacement.

USURE

INDICATEUR Légalement, la profondeur des sculptures doit être au minimum de 1,6 mm. Le niveau du témoin d'usure est localisé par un triangle sur le flanc *(un bibendum chez Michelin).*

RECOMMANDATION Les pneus se changent au minimum 2 par 2 (par essieu). Même si le pneu n'est pas usé de façon homogène, et à partir du moment où une zone a atteint la hauteur minimum du témoin d'usure. Faites régler en même temps la géométrie des suspensions.

HERNIE

INDICATEUR Petite bosse sur le flanc du pneu.

RECOMMANDATION Si la hernie est grosse, il faut changer le pneu.

DÉCHIRURE

INDICATEUR On peut l'évaluer en soulevant le caoutchouc.

RECOMMANDATION Un simple accroc de surface n'est pas problématique. En revanche, si on voit la trame du pneu, il faut le changer.

SOUS-GONFLAGE PROLONGÉ

INDICATEUR Pas obligatoirement visible à l'extérieur.

RECOMMANDATION Si vous avez roulé plus de 20 km avec un déficit de pression d'un bar (1 kg), il faut faire examiner l'intérieur du pneu par un professionnel (risque de déchapage = perte de la bande de roulement).

CONSEIL DE BIB !

POUR BIEN GONFLER SES PNEUS

- SURGONFLEZ de 0,3 bar (300 grammes) en cas de voiture chargée ou de pneus chauds. (Ou alors reportez-vous aux préconisations du constructeur : sur un nombre croissant de voitures, les préconisations de pression en charge sont nettement plus élevées).
- N'oubliez pas de VÉRIFIER LA PRESSION sur la roue de secours. S'il s'agit d'une roue galette, la pression peut être très élevée (3 à 4 bars).
- SURGONFLEZ de 0,4 bar (400 grammes) à l'arrière du véhicule, si vous tractez une caravane.

LÉGISLATION FRANÇAISE
INFRACTIONS ET SANCTIONS

CONTRAVENTIONS
AVEC RETRAIT DE POINTS

NATURE DE LA FAUTE	AMENDE	RETRAIT DE POINTS	SUSPENSION DE PERMIS	SANCTION POSSIBLE
Non présentation de l'attestation d'assurance	35 €	-	-	-
Usage du téléphone tenu en main en conduisant. Port à l'oreille d' un dispositif audio (oreillette, casque, etc...)	135 €	3	-	-
Circulation sur bande d'arrêt d'urgence	135 €	3	MAXI 3 ANS	-
Changement de direction sans avertissement préalable (clignotant)	35 €	3	MAXI 3 ANS	-
Arrêt ou stationnement dangereux	135 €	3	MAXI 3 ANS	-
Défaut de port de ceinture de sécurité		3	-	-
Défaut de port de casque (2 roues motorisées)		3	-	-
Non-respect de l'arrêt au feu rouge ou au stop ou au cédez le passage		4	MAXI 3 ANS	-
Refus de priorité		4	MAXI 3 ANS	-
Circulation en sens interdit		4	MAXI 3 ANS	-
Marche arrière ou demi-tour sur autoroute et rocade d'accès		4	MAXI 3 ANS	-
Non-respect de la distance de sécurité entre 2 véhicules		3	MAXI 3 ANS	-
Chevauchement de ligne continue		1	MAXI 3 ANS	-
Franchissement de ligne continue		3	MAXI 3 ANS	-
Dépassement dangereux		3	MAXI 3 ANS	-
Non-respect de la priorité aux piétons		6	MAXI 3 ANS	-
Circulation à gauche sur une chaussée à double sens		3	MAXI 3 ANS	-
Circulation de nuit ou par visibilité insuffisante sans éclairage		4	MAXI 3 ANS	-
Conduite en état alcoolique (0,5 à 0,8 g/litre de sang, 0,2g en période probatoire)		6	MAXI 3 ANS	IMMOBILISATION

LES PRINCIPAUX DÉLITS

NATURE DE LA FAUTE	AMENDE	RETRAIT DE POINTS	SUSPENSION DE PERMIS	SANCTION POSSIBLE
Excès de vitesse > 50 km/h	1 500 €	6	MAXI 3 ANS	PASSAGE AU TRIBUNAL AUTOMATIQUE
Défaut d'assurance	3 750 €	-	SUSPENSION/ANNULATION DE 3 ANS (SANS SURSIS NI PERMIS BLANC)	IMMOBILISATION/ CONFISCATION
Refus d'obtempérer	MAXI 7 500 €	6	MAXI 3 ANS (ANNULATION POSSIBLE)	PRISON (MAXI 1 AN)
Mise en danger de la vie d'autrui	MAXI 15 000 €	-	MAXI 5 ANS (ANNULATION)	PRISON (MAXI 1 AN)
Usage de fausses plaques	3 750 €	6	3 ANS	PRISON (MAXI 5 ANS)
Usurpation de plaques	MAXI 30 000 €	6	MAX 3 ANS (ANNULATION)	PRISON (MAXI 7 ANS)
Délit de fuite	MAXI 75 000 €	6	MINI 5ANS (PAS DE PERMIS BLANC)	PRISON (MAXI 3 ANS)
Conduite avec une alcoolémie égale ou supérieure à 0,8 g/litre de sang ou en état d'ivresse manifeste. Refus de se soumettre à une vérification de présence d'alcool dans le sang.	MAXI 4 500 €	6	SUSPENSION/ANNULATION DE 3 ANS (SANS SURSIS NI PERMIS BLANC)	IMMOBILISATION/ PRISON 2 ANS
Récidive de conduite avec une alcoolémie égale ou supérieure à 0,8 g/litre de sang ou en état d'ivresse manifeste	9 000 €	6	ANNULATION DE 3 ANS (SANS SURSIS NI PERMIS BLANC)	IMMOBILISATION/ CONFISCATION/ PRISON 4 ANS
Conduite sous l'effet de drogue ou refus de dépistage de drogue	4 500 €	6	SUSPENSION/ANNULATION DE 3 ANS (SANS SURSIS NI PERMIS BLANC)	IMMOBILISATION/ CONFISCATION/PRISON 2 ANS
Conduite sans permis de conduire	MAXI 15 000 €	-	-	IMMOBILISATION/ CONFISCATION/PRISON 1 AN
Conduite malgré une suspension administrative ou judiciaire du permis de conduire ou une rétention du permis de conduire	MAXI 4 500 €	6	SUSPENSION/ANNULATION DE 3 ANS (SANS SURSIS NI PERMIS BLANC)	IMMOBILISATION/ CONFISCATION/PRISON 2 ANS
Accident occasionnant des blessures graves (incapacité temporaire de travail > 3 mois) avec circonstances aggravantes (emprise d'alcool...)	MAXI 150 000 €	6	MAXI 5 ANS (ANNULATION)	IMMOBILISATION /PRISON (MAXI 10 ANS)
Accident avec homicide involontaire	MAXI 75 000 €	6	MAXI 5 ANS (ANNULATION)	IMMOBILISATION /PRISON (MAXI 5 ANS)

Légende

Routes

Autoroute - Station-service - Aire de repos
Double chaussée de type autoroutier
Autoroute - Route en construction
(le cas échéant : date de mise en service prévue)
Échangeurs : complet - partiels
Numéros d'échangeurs
Route de liaison internationale ou nationale
Route de liaison interrégionale ou de dégagement
Route revêtue - non revêtue
Chemin d'exploitation - Sentier

Largeur des routes

Chaussées séparées
4 voies
2 voies larges
2 voies
1 voie

Distances (totalisées et partielles)

Section à péage
sur autoroute

Section libre sur autoroute

sur route

Numérotation - Signalisation

Route européenne - Autoroute - Route métropolitaine
Route nationale - départementale

Alertes Sécurité

Limites de charge : d'un pont, d'une route
(au-dessous de 19 t.)
Passages de la route :
à niveau - supérieur- inférieur
Hauteur limitée (au-dessous de 4,50 m)
Forte déclivité (flèches dans le sens de la montée)
de 5 à 9%, de 9 à 13%, 13% et plus
Col et sa cote d'altitude
Parcours difficile ou dangereux
Route à sens unique - Route réglementée
Route interdite
Restrictions de circulation
liées à la pollution
Pont mobile - Barrière de péage

Transports

Aéroport - Aérodrome
Transport des autos :
par bateau - par bac
Bac pour piétons et cycles
Covoiturage - Voie ferrée - Gare

Administration

Frontière - Douane
Capitale de division administrative

Sports - Loisirs

Stade - Golf - Hippodrome
Port de plaisance - Baignade - Parc aquatique
Base ou parc de loisirs - Circuit automobile
Piste cyclable / Voie Verte
Refuge de montagne - Sentier de randonnée

Curiosités

Principales curiosités : voir LE GUIDE VERT
Table d'orientation - Panorama - Point de vue
Parcours pittoresque
Édifice religieux - Château - Ruines
Monument mégalithique - Phare - Moulin à vent
Train touristique - Cimetière militaire
Grotte - Autres curiosités

Signes divers

Puits de pétrole ou de gaz - Carrière - Éolienne
Transporteur industriel aérien
Usine - Barrage
Tour ou pylône de télécommunications
Raffinerie - Centrale électrique - Centrale nucléaire
Phare ou balise - Moulin à vent
Château d'eau - Hôpital
Église ou chapelle - Cimetière - Calvaire
Château - Fort - Ruines - Village étape
Grotte - Monument - Altiport
Forêt ou bois - Forêt domaniale

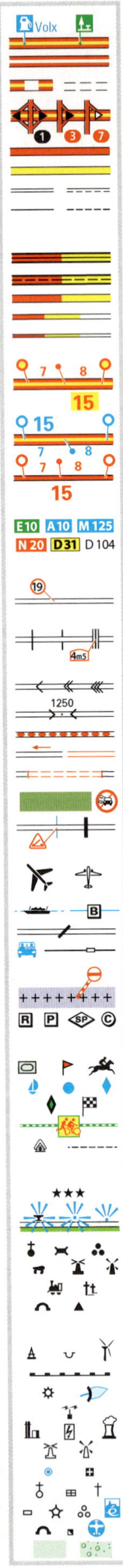

Key

Roads

Motorway - Petrol station - Rest area
Dual carriageway with motorway characteristics
Motorway - Road under construction
(when available : with scheduled opening date)
Interchanges: complete, limited
Interchange numbers
International and national road network
Interregional and less congested road
Road surfaced - unsurfaced
Rough track - Footpath

Road widths

Dual carriageway
4 lanes
2 wide lanes
2 lanes
1 lane

Distances (total and intermediate)

Toll roads
on motorway

Toll-free section on motorway

on road

Numbering - Signs

European route - Motorway - Metropolitan road
National road - Departmental road

Safety Warnings

Load limit of a bridge, of a road
(under 19 t)
Level crossing:
railway passing, under road, over road.
Height limit (under 4.50 m)
Steep hill (ascent in direction of the arrow)
5 - 9%, 9 -13%, 13% +
Pass and its height above sea level
Difficult or dangerous section of road
One way road - Road subject to restrictions
Prohibited road
Traffic restrictions
due to air pollution
Swing bridge - Toll barrier

Transportation

Airport - Airfield
Transportation of vehicles:
by boat - by ferry
Ferry (passengers and cycles only)
Carpooling - Railway - Station

Administration

National boundary - Customs post
Administrative district seat

Sport & Recreation Facilities

Stadium - Golf course - Horse racetrack
Pleasure boat harbour - Bathing place - Water park
Country park - Racing circuit
Cycle paths and nature trails
Mountain refuge hut - Hiking trail

Sights

Principal sights: see THE GREEN GUIDE
Viewing table - Panoramic view - Viewpoint
Scenic route
Religious building - Historic house, castle - Ruins
Prehistoric monument - Lighthouse - Windmill
Tourist train - Military cemetery
Cave - Other places of interest

Other signs

Oil or gas well - Quarry - Wind turbine
Industrial cable way
Factory - Dam
Telecommunications tower or mast
Refinery - Power station - Nuclear Power Station
Lighthouse or beacon - Windmill
Water tower - Hospital
Church or chapel - Cemetery - Wayside cross
Castle - Fort - Ruines - Stopover village
Grotte - Monument - Mountain airfield
Forest or wood - State forest

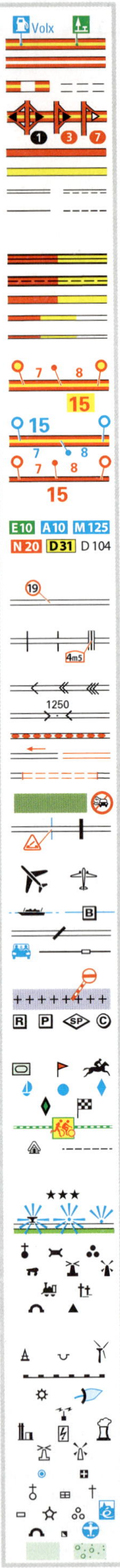

Zeichenerklärung

Straßen

Autobahn - Tankstelle - Tankstelle mit Raststätte
Schnellstraße mit getrennten Fahrbahnen
Autobahn - Straße im Bau (ggf. voraussichtliches
Datum der Verkehrsfreigabe)
Anschlussstellen: Voll - bzw. Teilanschlussstellen
Anschlussstellennummern
Internationale bzw.nationale Hauptverkehrsstraße
Überregionale Verbindungsstraße oder Umleitungsstrecke
Straße mit Belag - ohne Belag
Wirtschaftsweg - Pfad

Straßenbreiten

Getrennte Fahrbahnen
4 Fahrspuren
2 breite Fahrspuren
2 Fahrspuren
1 Fahrspur

Entfernungen (Gesamt- und Teilentfernungen)

Mautstrecke
auf der Autobahn

Mautfreie Strecke auf der Autobahn

auf der Straße

Nummerierung - Wegweisung

Europastraße - Autobahn - Straße der Metropolregion
Nationalstraße - Departementstraße

Sicherheitsalerts

Höchstbelastung einer Straße/Brücke
(angegeben, wenn unter 19 t)
Bahnübergänge: Schienengleich, Unterführung,
Überführung. Beschränkung der Durchfahrtshöhe
(angegeben, wenn unter 4,50 m)
Starke Steigung (Steigung in Pfeilrichtung)
5-9%, 9-13%, 13% und mehr
Pass mit Höhenangabe
Schwierige oder gefährliche Strecke
Einbahnstraße - Straße mit Verkehrsbeschränkungen
Gesperrte Straße
Verkehrsbeschränkungen aufgrund der
Luftverschmutzung
Bewegliche Brücke - Mautstelle

Verkehrsmittel

Flughafen - Flugplatz
Schiffsverbindungen:
per Schiff - per Fähre
Fähre für Personen und Fahrräder
Mitfahrzentrale - Bahnlinie - Bahnhof

Verwaltung

Staatsgrenze - Zoll
Verwaltungshauptstadt

Sport - Freizeit

Stadion - Golfplatz - Pferderennbahn
Yachthafen - Strandbad - Badepark
Freizeitanlage - Rennstrecke
Radwege und autofreie Wege
Schutzhütte - Markierter Wanderweg

Sehenswürdigkeiten

Hauptsehenswürdigkeiten: siehe GRÜNER REISEFÜHRER
Orientierungstafel - Rundblick - Aussichtspunkt
Landschaftlich schöne Strecke
Sakral-Bau - Schloss, Burg - Ruine
Vorgeschichtliches Steindenkmal - Leuchtturm - Windmühle
Museumseisenbahn-Linie - Soldatenfriedhof
Höhle - Sonstige Sehenswürdigkeit

Sonstige Zeichen

Erdöl-, Erdgasförderstelle - Steinbruch - Windkraftanlage
Industrieschwebebahn
Fabrik - Staudamm
Funk-, Sendeturm
Raffinerie - Kraftwerk - Kernkraftwerk
Leuchtturm oder Leuchtfeuer - Windmühle
Wasserturm - Krankenhaus
Kirche oder Kapelle - Friedhof - Bildstock
Schloss, Burg - Fort, Festung - Ruine - Übernachtungsort
Höhle - Denkmal - Landeplatz im Gebirge
Wald oder Gehölz - Staatsforst

Verklaring van de tekens

Wegen
Autosnelweg - Tankstation - Rustplaats
Gescheiden rijbanen van het type autosnelweg
Autosnelweg - Weg in aanleg (indien bekend: datum openstelling)
Aansluitingen: volledig, gedeeltelijk
Afritnummers
Internationale of nationale verbindingsweg
Interregionale verbindingsweg
Verharde weg - Onverharde weg
Landbouwweg - Pad

Breedte van de wegen
Gescheiden rijbanen
4 rijstroken
2 brede rijstroken
2 rijstroken
1 rijstrook

Afstanden (totaal en gedeeltelijk)
Gedeelte met tol op autosnelwegen
Tolvrij gedeelte op autosnelwegen
op andere wegen

Wegnummers - Bewegwijzering
Europaweg - Autosnelweg - Stadsweg
Nationale weg - Departementale weg

Veiligheidswaarschuwingen
Maximum draagvermogen: van een brug, van een weg (indien minder dan 19 t)
Wegovergangen: gelijkvloers, overheen, onderdoor.
Vrije hoogte (indien lager dan 4,5 m)
Steile helling (pijlen in de richting van de helling) 5 - 9%, 9 - 13%, 13% of meer
Bergpas en hoogte boven de zeespiegel
Moeilijk of gevaarlijk traject
Weg met eenrichtingsverkeer - Beperkt opengestelde weg
Verboden weg
Verkeersbeperkingen tegen luchtvervuiling
Beweegbare brug - Tol

Vervoer
Luchthaven - Vliegveld
Vervoer van auto's: per boot - per veerpont
Veerpont voor voetgangers en fietsers
Carpoolplaats - Spoorweg - Station

Administratie
Staatsgrens - Douanekantoor
Hoofdplaats van administratief gebied

Sport - Recreatie
Stadion - Golfterrein - Renbaan
Jachthaven - Zwemplaats - Watersport
Recreatiepark - Autocircuit
Fietspad / Wandelpad in de natuur
Berghut - Afstandswandelpad

Bezienswaardigheden
Belangrijkste bezienswaardigheden: zie DE GROENE GIDS
Oriëntatietafel - Panorama - Uitzichtpunt
Schilderachtig traject
Kerkelijk gebouw - Kasteel - Ruïne
Megaliet - Vuurtoren - Molen
Toeristentreintje - Militaire begraafplaats
Grot - Andere bezienswaardigheden

Diverse tekens
Olie- of gasput - Steengroeve - Windmolen
Kabelvrachtvervoer
Fabriek - Stuwdam
Telecommunicatietoren of -mast
Raffinaderij - Elektriciteitscentrale - Kerncentrale
Vuurtoren of baken - Molen
Watertoren - Hospitaal
Kerk of kapel - Begraafplaats - Kruisbeeld
Kasteel - Fort - Ruïne - Dorp voor overnachting
Grot - Monument - Landingsbaan in de bergen
Bos - Staatsbos

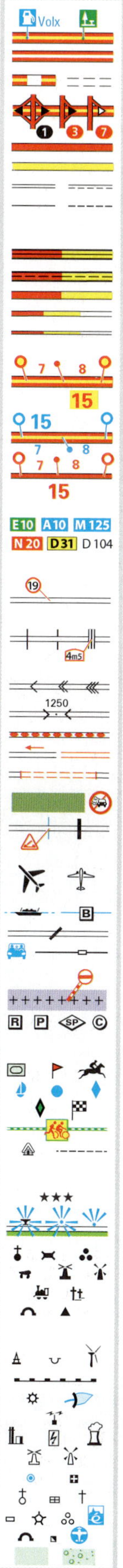

Legenda

Strade
Autostrada - Stazione di servizio - Area di riposo
Doppia carreggiata di tipo autostradale
Autostrada - Strada in costruzione (data di apertura prevista)
Svincoli: completo, parziale
Svincoli numerati
Strada di collegamento internazionale o nazionale
Strada di collegamento interregionale o di disimpegno
Strada rivestita - non rivestita
Strada per carri - Sentiero

Larghezza delle strade
Carreggiate separate
4 corsie
2 corsie larghe
2 corsie
1 corsia

Distanze (totali e parziali)
Tratto a pedaggio su autostrada
Tratto esente da pedaggio su autostrada
su strada

Numerazione - Segnaletica
Strada europea - Autostrada - Strada metropolitane
Strada nazionale - dipartimentale

Segnalazioni stradali
Limite di portata di un ponte, di una strada (inferiore a 19 t.)
Passaggi della strada: a livello, cavalcavia, sottopassaggio
Limite di altezza (inferiore a 4,50 m)
Forte pendenza (salita nel senso della freccia) da 5 a 9%, da 9 a 13%, superiore a 13%
Passo ed altitudine
Percorso difficile o pericoloso
Strada a senso unico - Strada a circolazione regolamentata
Strada vietata
Limitazioni al traffico legate all'inquinamento
Ponte mobile - Casello

Trasporti
Aeroporto - Aerodromo
Trasporto auto: su traghetto - su chiatta
Traghetto per pedoni e biciclette
Carpooling - Ferrovia - Stazione

Amministrazione
Frontiera - Dogana
Capoluogo amministrativo

Sport - Divertimento
Stadio - Golf - Ippodromo
Porto turistico - Stabilimento balneare - Parco acquatico
Area o parco per attività ricreative - Circuito automobilistico
Pista ciclabile / Viottolo
Rifugio - Sentiero per escursioni

Mete e luoghi d'interesse
Principali luoghi d'interesse, vedere LA GUIDA VERDE
Tavola di orientamento - Panorama - Vista
Percorso pittoresco
Edificio religioso - Castello - Rovine
Monumento megalitico - Faro - Mulino a vento
Trenino turistico - Cimitero militare
Grotta - Altri luoghi d'interesse

Simboli vari
Pozzo petrolifero o gas naturale - Cava - Centrale eolica
Teleferica industriale
Fabbrica - Diga
Torre o pilone per telecomunicazioni
Raffineria - Centrale elettrica - Centrale nucleare
Faro o boa - Mulino a vento
Torre idrica - Ospedale
Chiesa o cappella - Cimitero - Calvario
Castello - Forte - Rovine - Paese tappa
Grotta - Monumento - Altiporto
Foresta o bosco - Foresta demaniale

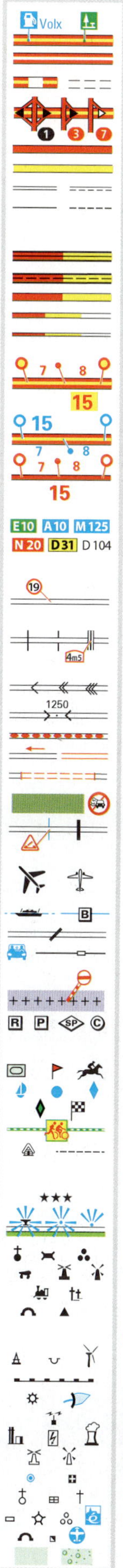

Signos convencionales

Carreteras
Autopista - Estación servicio - Área de descanso
Autovía
Autopista - Carretera en construcción (en su caso : fecha prevista de entrada en servicio)
Enlaces: completo, parciales
Números de los accesos
Carretera de comunicación internacional o nacional
Carretera de comunicación interregional o alternativo
Carretera asfaltada - sin asfaltar
Camino agrícola - Sendero

Ancho de las carreteras
Calzadas separadas
Cuatro carriles
Dos carriles anchos
Dos carriles
Un carril

Distancias (totales y parciales)
Tramo de peaje en autopista
Tramo libre en autopista
en carretera

Numeración - Señalización
Carretera europea - Autopista - Carretera metropolitana
Carretera nacional - provincial

Alertas Seguridad
Carga límite de un puente, de una carretera (inferior a 19 t)
Pasos de la carretera: a nivel, superior, inferior
Altura limitada (inferior a 4,50 m)
Pendiente pronunciada (las flechas indican el sentido del ascenso) de 5 a 9%, 9 a 13%, 13% y superior
Puerto y su altitud
Recorrido difícil o peligroso
Carretera de sentido único - Carretera restringida
Tramo prohibido
Restricciones circulatorias ligadas a la contaminación
Puente móvil - Barrera de peaje

Transportes
Aeropuerto - Aeródromo
Transporte de coches : por barco - por barcaza
Barcaza para el paso de peatones y vehículos dos ruedas
Coche compartido - Línea férrea - Estación

Administración
Frontera - Puesto de aduanas
Capital de división administrativa

Deportes - Ocio
Estadio - Golf - Hipódromo
Puerto deportivo - Zona de baño - Parque acuático
Parque de ocio - Circuito automovilístico
Pista ciclista / Vereda
Refugio de montaña - Sendero balizado

Curiosidades
Principales curiosidades: ver LA GUÍA VERDE
Mesa de orientación - Vista panorámica - Vista parcial
Recorrido pintoresco
Edificio religioso - Castillo - Ruinas
Monumento megalítico - Faro - Molino de viento
Tren turístico - Cementerio militar
Cueva - Otras curiosidades

Signos diversos
Pozos de petróleo o de gas - Cantera - Parque eólico
Transportador industrial aéreo
Fábrica - Presa
Torreta o poste de telecomunicación
Refinería - Central eléctrica - Central nuclear
Faro o baliza - Molino de viento
Fuente - Hospital
Iglesia o capilla - Cementerio - Crucero
Castillo - Fortaleza - Ruinas - Población-etapa
Cueva - Monumento - Altipuerto
Bosque - Patrimonio Forestal del Estado

2
0 2 4 6 8 10 km
A
B
C
D
1
2
3
4
5
6
PAS DE CALAIS
Tunnel sous la Manche
★★Côte d'Opale
CALAIS
Blériot-Plage
Sangatte
Coquelles
Fréthun
Marck
Offekerque
Coulogne
Guemps
Les Attaques
Phare de Walde
TERMINAL TRANSMANCHE
TERMINAL TUNNEL
★★Cap Blanc-Nez
Mont d'Hubert
Escalles
Peuplingues
Bonningues-lès-Calais
Nielles-lès-C.
St-Tricat
Hames-Boucres
Guînes
Andres
Balinghem
Brêmes
Ardres
★Wissant
Hervelinghen
St-Inglevert
★Cap Gris-Nez
Framzelle
Tardinghen
Audembert
Leubringhen
Audinghen
Cran-aux-Oeufs
Bazinghen
Audresselles
Ambleteuse
Marquise
Hydrequent
Rinxent
Leulinghen-Bernes
Landrethun-le-Nord
Ferques
Fiennes
Caffiers
Campagne-lès-Guînes
Rodelinghem
Landrethun-lès-Ardres
Bouquehault
Hermelinghen
Autingues
Beuvrequen
Wacquinghen
Offrethun
Wierre-Effroy
Rety
Hardinghen
Alembon
Sanghen
Licques
Herbinghen
Hocquinghen
Clerques
PARC NATUREL RÉGIONAL DES
Pointe aux Oies
★Wimereux
Wimille
Pittefaux
Maninghen-Henne
Belle-et-Houllefort
Le Wast
Colembert
Boursin
Bainghen
Nabringhen
Surques
Rebergues
★Colonne de la Gde Armée
★★NAUSICAÁ
★BOULOGNE-SUR-MER
St-Martin-Boulogne
La Capelle-lès-B.
Conteville-lès-B.
Pernes-lès-B.
Bellebrune
Alincthun
Longueville
Henneveux
Escœuilles
Brunembert
Le Portel
Outreau
Cap d'Alprech
Echinghen
St-Léonard
Baincthun
Crémarest
Selles
Lottinghen
Coulomby
Desvres
St-Étienne-

E
F
G
H
Koks
St-Idesbald
De Panne
Bray-Dunes
Plopsaland
Adinkerke
DUNKERQUE
Malo-les-Bains
Leffrinckoucke
Zuydcoote
Bommelaers Wall
Ghyvelde
De Moeren
ZONE INDUSTRIELLE PORTUAIRE
Hameau-des-Dunes
Fort-Mardyck
Grde-Synthe
St-Pol-sur-Mer
Rosendaël
Téteghem-Coudekerque-Village
Coudekerque-Branche
Uxem
Les Moëres
Houtem
Grand-Fort-Philippe
Les Escardines
Pit-Fort-Philippe
Gravelines
Loon-Plage
Mardyck
Oye-Plage
St-Georges-sur-l'Aa
Craywick
Spycker
Armbouts-Cappel
Cappelle-la-Grde
Fort Vallières
Benkies-Meulen
Hoymille
Warhem
Hondschoote
Bergues
Brouckerque
Steene
Bierne
Socx
Crochte
Killem
Rexpoëde
Les Cinq Chemins
Quaëdypre
West-Cappel
Oost-Cappel
Bourbourg
St-Folquin
St-Omer-Capelle
Vieille-Eglise
Nouvelle-Eglise
Pitgam
Drincham
Looberghe
Eringhem
Bissezeele
Wylder
Bambecque
Ste-Marie-Kerque
St-Pierre-Brouck
Cappelle-Brouck
Audruicq
Zegerscappel
Esquelbecq
Wormhout
Herzeele
Houtkerque
Bollezeele
Merckeghem
Millam
Ledringhem
Nortkerque
Zutkerque
Ruminghem
Holque
Volckerinckhove
Rubrouck
Arnèke
Oudezeele
Winnezeele
Polincove
Forêt d'Eperlecques
Watten
Blockhaus
Recques-sur-Hem
Wulverdinghe
Lederzeele
Broxeele
Ochtezeele
Zermezeele
Hardifort
Cassel
Steenvoorde
Nordausques
Tournehem-sur-la-Hem
Eperlecques
Serques
St-Momelin
Nieurlet
Buysscheure
Noordpeene
Zuytpeene
Wemaers-Cappel
Terdeghem
St-Sylvestre-Cappel
Moulle
Houlle
Tilques
Salperwick
Clairmarais
Bavinchove
Oxelaëre
Ste-Marie-Cappel
Mentque-Nortbécourt
Moringhem
St-Martin-lez-Tatinghem
ST-OMER
Forêt de Rihoult-Clairmarais
Hondeghem
Quercamps
Boisdinghem
Zudausques
Longuenesse
Arques
Ascenseur
Ebblinghem
Staple
Hazebrouck
Acquin-Westbécourt
Leulinghem
Wisques
Blendecques
Campagne-lès-W.
Renescure
Wallon-Cappel
Lumbres
Setques
Hallines
Wizernes
La Coupole
Esquerdes
Heuringhem
Racquinghem
Blaringhem
Morbecque
Affringues
Bayenghem-lès-S.
Elnes
Wavrans-sur-l'Aa
Helfaut
Pihem

4
0 2 4 6 8 10 km
Middelkerke
Westende-Bad
Westende
Lombardsijde
Nieuwpoort-Bad
Nieuwpoort
Oostduinkerke-Bad
Koksijde-Bad
Koksijde
Oostduinkerke
St-Idesbald
De Panne
(Furnes) Veurne
Oudenburg
Jabbeke
Ettelgem
Snaaskerke
Roksem
Zerkegem
Snellegem
Gistel
Zevekote
Moere
Eernegem
Zedelgem
Aartrijke
Ichtegem
Leke
Mokker
Koekelare
Torhout
Pervijze
Stuivekenskerke
Dodengang
Beerst
Vladslo
Diksmuide (Dixmude)
Esen
Zarren
Handzame
Kortemark
Edewalle
Lichtervelde
Alveringem
Woumen
Klerken
Houthulst
Hooglede
Staden
Lo-Reninge
Lo
Reninge
Merkem
Jonkershove
Westrozebeke
Oostnieuwkerke
Stavele
Oostvleteren
Vleteren
Westvleteren
Beveren
Langemark-Poelkapelle
Passendale
Moorslede
Zonnebeke
Boezinge
Elverdinge
Woesten
Proven
Watou
Poperinge
Vlamertinge
Ieper (Ypres)
Zillebeke
Geluveld
Beselare
Dadizele
Geluwe
Wervik
Menen (Menin)
Dikkebus
Reningelst
Westouter
Heuvelland
Kemmel
Loker
Wijtschate
Mesen (Messines)
Nieuwkerke (Neuve-Eglise)
Ploegsteert
Comines-Warneton (Komen-Waasten)
Comines (Komen)
Warneton (Waasten)
Houthem
Zandvoorde
Kortewilde
Timbriele
Steenvoorde
Godewaersvelde
Boeschepe
Berthen
Mont des Cats
Eecke
St-Jans-Cappel
Flêtre
Caëstre
Méteren
Bailleul
Strazeele
Merris
Nieppe
Steenwerck
Le Bizet
Houplines
Armentières
Frelinghien
Deûlémont
Quesnoy-s-Deûle
Linselles
Bousbecque
Wervicq-Sud
Roncq
Halluin
Bondues
Verlinghem
Wambrechies
Mouvaux
Houtkerque
Oost-Cappel
Roesbrugge-Haringe
Hondschoote
Ledegem
Moorsele
A
B
C
D
8

Eeklo
Waarschoot
Sleidinge
Evergem
Lovendegem
Gent
(Gand)
Drongen
Afsnee
Mariakerke
Wondelgem
Oostkamp
Beernem
Knesselare
Oostwinkel
Ursel
Zomergem
Aalter
Aalterbrug
Hertsberge
Wingene
Ruiselede
Poeke
Lotenhulle
Nevele
Vosselare
St-Martens-Latem
Deurle
De Pinte
St-Denijs-Westrem
Zwijnaarde
Tielt
Pittem
Koolskamp
Ardooie
Dentergem
Deinze
Petegem-aan-de-Leie
Nazareth
Eke
Gavere
Zingem
Semmerzake
Meulebeke
Ingelmunster
Oostrozebeke
Wielsbeke
Izegem
(Roulers)
Roeselare
Lendelede
Olsene
Zulte
Kruishoutem
Waregem
Nokere
Wannegem-Lede
Oudenaarde
(Audenarde)
Harelbeke
Deerlijk
Kuurne
(Courtrai)
Kortrijk
Vichte
Anzegem
Wortegem-Petegem
Zwevegem
Avelgem
Kluisbergen
Berchem
Maarkedal
Mouscron
(Moeskroen)
Dottignies
(Dottenijs)
Spiere-Helkijn
(Espierres-Helchin)
Mont-de-l'Enclus
Ronse
(Renaix)
Ellezelles
Celles
Estaimpuis
Wattrelos
Roubaix
Pecq
E
F
G
H
1
2
3
4
5

9

0 2 4 6 8 10 km
A
B
C
D
1
2
3
4
5
2
11
Wimereux
Colonne de la Grde Armée
NAUSICAÄ
BOULOGNE-SUR-MER
Le Portel
Outreau
Cap d'Alprech
Ningles
Équihen-Plage
St-Étienne-au-Mont
Hardelot-Plage
Neufchâtel-Hardelot
Mont St-Frieux
Dannes
Ste-Cécile-Plage
St-Gabriel-Plage
Pointe de Lornel
Camiers
Côte d'Opale
Baie de Canche
LE TOUQUET-PARIS-PLAGE
Étaples
Stella-Plage
Merlimont-Plage
Merlimont
Parc de Bagatelle
Berck-sur-Mer
Berck-Plage
Baie d'Authie
Fort-Mahon-Plage
Montreuil
Desvres
Samer
Marquise
Pointe aux Oies
Audresselles
Crémarest
Wirwignes
Hucqueliers
Fruges
Beaurainville
Campagne-lès-Hesdin
Hesdin
Valloires
Nempont-St-Firmin
Conchil-le-Temple
Groffliers
Verton
Rang-du-Fliers
Cucq
St-Josse
Parc Naturel Régional des Caps et Marais d'Opale

ST-OMER
Hazebrouck
Aire-s-la-Lys
Thérouanne
Lumbres
La Coupole
Longuenesse
Arques
Blendecques
Isbergues
Lillers
Auchel
Bruay-la-Buissière
Houdain
Fruges
Hesdin
St-Pol-s-Ternoise
Fauquembergues
Annezin
Marles-les-Mines
Calonne-Ricouart
St-Venant
Wizernes
Hallines
Morbecque
Aubigny-en-Artois

0 2 4 6 8 10 km
A
B
C
D
1
2
3
4
5
4
7
13
Poperinge
Geluveld
Zandvoorde
Wervik
Menen (Menin)
Boeschepe
Westouter
Heuvelland
Loker
Kemmel
Mesen (Messines)
Wulvergem
Comines-Warneton (Komen-Waasten)
Comines (Komen)
Bousbecque
Wervicq-Sud
Godewaersvelde
Mont des Cats
Berthen
Mont Noir
Eecke
St-Jans-Cappel
Flêtre
Caëstre
Méteren
Bailleul
Nieuwkerke (Neuve-Église)
Ploegsteert
Warneton (Waasten)
Deûlémont
Linselles
Pradelles
Strazeele
Borre
Merris
Nieppe
Le Bizet
Houplines
Frelinghien
Quesnoy-s-Deûle
Bondues
Mouvaux
Vieux-Berquin
Le Doulieu
Steenwerck
Armentières
Erquinghem-Lys
La Chapelle-d'Armentières
Verlinghem
Wambrechies
Marquette-lez-Lille
Marcq-en-B.
Neuf-Berquin
Sailly-s-la-Lys
Fleurbaix
Bois-Grenier
Perenchies
Frémesques
Lomme
Lambersart
St-André-lez-Lille
La Madeleine
Merville
Estaires
La Gorgue
Nouveau Monde
Capinghem
Ennetières-en-Weppes
Escobecques
Englos
LILLE (RIJSEL)
Hellemmes-Lille
Mons-en-Barœul
St-Floris
Calonne-sur-la-Lys
Lestrem
Laventie
Le Maisnil
Radinghem-en-W.
Sequedin
Haubourdin
Lezennes
Ronchin
Lesquin
Paradis
La Fosse
Fromelles
Aubers
Erquinghem-le-Sec
Beaucamps-Ligny
Loos
Faches-Thumesnil
Santes
Wattignies
Emmerin
Noyelles-lès-S.
Templemars
Vendeville
LILLE-LESQUIN
Vieille-Chapelle
Richebourg
La Couture
Neuve-Chapelle
Herlies
Fournes-en-W.
Wavrin
Mont-Bernanchon
Gonnehem
Hinges
Locon
Lorgies
Illies
Marquillies
Sainghin-en-Weppes
Don
Gondecourt
Houplin-Ancoisne
Seclin
Oblinghem
Vendin-lès-B.
Annezin
Béthune
Essars
Le Hamel
Festubert
Givenchy-lès-la-B.
Violaines
La Bassée
Salomé
Hantay
Herrin
Allennes-les-Marais
Annœullin
Carnin
Chemy
Avelin
Fretin
Ennevelin
Pont-à-Marcq
Le Quesnoy
Cuinchy
Cambrin
Beuvry
Fouquières
Auchy-les-Mines
Haisnes
Douvrin
Wingles
Billy-Berclau
Bauvin
Provin
Meurchin
Camphin-en-Carembault
Phalempin
Attiches
Tourmignies
Mérignies
Gosnay
Vaudricourt
Verquigneul
Verquin
Annequin
Sailly-Labourse
Labourse
Noyelles-lès-V.
Vermelles
Hulluch
Bénifontaine
Carvin
Libercourt
La Neuville
Wahagnies
Thumeries
Hesdigneul
Drouvin-le-Marais
Houchin
Haillicourt
Nœux-les-Mines
Hersin-Coupigny
Mazingarbe
Loos-en-Gohelle
Vendin-le-Vieil
Annay
Pont-à-Vendin
Estevelles
Courrières
Harnes
Oignies
Ostricourt
Moncheaux
Ruitz
Barlin
Sains-en-G.
Grenay
Bully-les-Mines
Lens
Loison-s-Lens
Montigny-en-Gohelle
Dourges
Evin-Malmaison
Leforest
Raimbeaucourt
Bouvigny-Boyeffles
Aix-Noulette
Liévin
Angres
Éleu-dit-Leauwette
Avion
Noyelles-s-Lens
Fouquières-lès-L.
Sallaumines
Billy-Montigny
Hénin-Beaumont
Noyelles-Godault
Courcelles-lès-L.
Auby
Roost-Warendin
Fresnicourt-le-Dolmen
Servins
N.-D. de Lorette
Souchez
Givenchy-en-Gohelle
Méricourt
Rouvroy
Lauwin-Planque
Flers
Estrée-Cauchy
Gouy-Servins
Ablain-St-Nazaire
Carency
Mémorial canadien
Drocourt
Bois-Bernard
Esquerchin
Cuincy
Waziers
Camblain-l'Abbé
Villers-Châtel
Villers-au-Bois
Neuville-St-Vaast
Vimy
Farbus
Willerval
Acheville
Arleux-en-Gohelle
Fresnoy-en-Gohelle
Izel-lès-Équerchin
Quiéry-la-Motte
DOUAI
Sin-le-Noble
Mont-St-Éloi
Capelle-Fermont
Thélus
Bailleul-Sir-Berthoult
Neuvireuil
Courchelettes
Lambres
Aubigny-en-Artois
Frévin-Capelle
Écurie
Roclincourt
Gavrelle
Fresnes-lès-Montauban
Vitry-en-Artois
Brebières
Corbehem
Férin
Gœulzin
Roucourt
Haute-Avesnes
Marœuil

E
F
G
H
5
14
Zwevegem
Otegem
Tiegem
Kerkhove
Mouscron
(Moeskroen)
Dottignies
(Dottenijs)
Spiere-Helkijn
(Espierres-Helchin)
Avelgem
Kluisberg
Mont-de-l'Enclus
Ronse
(Renaix)
Ellezelles
Estaimpuis
Wattrelos
ROUBAIX
Pecq
Celles
Frasnes-lez-Anvaing
Obigies
Mont St-Aubert
Rumillies
Templeuve
TOURNAI
(DOORNIK)
Orcq
Warchin
Gaurain-Ramecroix
Leuze-en-Hainaut
Antoing
Vezon
Péruwelz
Beloeil
Quevaucamps
Rumes
Taintignies
Bruyelle
Péronnes
Brunehaut
Mortagne-du-Nord
Flines-lès-Mortagne
Orchies
Bernissart
St-Amand-les-Eaux
Vieux-Condé
Condé-s/-l'Escaut
Crespin
Quiévrain
Raismes
Bruay-sur-l'Escaut
Anzin
VALENCIENNES
St-Saulve
Onnaing
Marly
Haveluy
Hérin
Denain
Somain
Lallaing
Marchiennes
Fenain
Wallers
Escaudain
Abscon
Aniche
PARC NATUREL RÉGIONAL SCARPE-ESCAUT
PARC NATUREL DES PLAINES DE L'ESCAUT
PARC NATUREL DU PAYS DES COLLINES

0 2 4 6 8 10 km
C
D
1
2
3
4
5
Côte Picarde
Côte d'Albâtre
Onival
Ault
Le Bois-de-Cise
Mers-les-Bains
Le Tréport
Calvaire des Terrasses
Eu
Blingues
Mesnil-Sorel
Brit
Mesnil-Val
Mesnil-Sterling
Criel-Plage
Flocques
Les Quesnets
Etalondes
Ponts-et-Marais
Mont Jolibois
Criel-sur-Mer
Heudelimont
Boscrocourt
La Bourdaine
Le Fresne
Mesnil-en-Caux
Tocqueville-s-Eu
Touffreville-s-Eu
St-Rémy-Boscrocourt
Godelmesnil
Neuvillette
Assigny
Le Thil
St-Sulpice-s-Yères
Biville-s-Mer
Etocquigny
Baromesnil
Penly
Litteville
Canehan
St-Martin-le-Gaillard
Brunville
St-Martin-Plage
Berneval-s-Mer
Berneval-le-Grand
Vassonville
Petit-Caux
St-Martin-en-Campagne
Guilmécourt
Cuverville-sur-Yères
Sept-Meules
Belleville-sur-Mer
Greny
Bois-Ricard
Auquemesnil
Le Coudroy
Melincamp
Grattepanche
N.-D. Bon-Secours
Bracquemont
Puys
Silo
Englesqueville
Tourville-la-Chapelle
St-Quentin-au-Bosc
St-Aignan
Val-du-Roy
DIEPPE
Derchigny
Glicourt
Graincourt
Gouchaupre
Le Burel
Regnetuit
Valleuse
Vasterival
Pourville-s-Mer
Phare d'Ailly
Port-l'Ailly
Grèges
Sauchay-le-Haut
La Vauvaye
Intraville
Taillemesnil
Avesnes-en-Val
Aigumont
Neuville-lès-D.
Coquereaumont
Sauchay-le-Bas
Breuilly
Brétigny
Etrimont
Villy-le-Haut
Ste-Marguerite-s-Mer
Varengeville-s-Mer
Appeville
Thibermont
Le Bucq
Bailly-en-Rivière
Blanques
Maisoncelle
Manoir d'Ango
Hautot-s-Mer
Rouxmesnil-Bouteilles
Etran
Ancourt
Martin-Eglise
Bellengreville
Bray
St-Ouen-s/s-Bailly
Pelvert
Feuilloy
Quiberville
Jardin
Calmont
Torqueville
Envermeu
Monthuit
Montigny
Toufécal
Blainville
Les Vertus
Archelles
St-Laurent
Renouval
Les Ifs
Londe
Fresnoy-Folny
Flainville
Longueil
Le Hameletс
Arques-la-Bataille
St-Nicolas-d'Aliermont
Fumechon
Silo
Tous-les-Mesnils
Offranville
St-Aubin-s-Scie
Gruchet
St-Aubin-le-Cauf
Angreville
Les Vieux Ifs
Bailly-en-Campagne
Englesqueville
St-Denis
Ouville
Douvrend
Le Mont
A
B
C
D
20
22
24
26

Baie d'Authie
Groffliers
Waben
Lépine
Rousset
Nempont-St-Firmin
Maintenay
Buire-le-Sec
St-Rémy-au-Bois
Gouy-St-André
Fort-Mahon-Plage
Quend-Plage-les-Pins
Conchil-le-Temple
Tigny-Noyelle
Colline-Beaumont
Nampont
Montigny
Abbe de Valloires
Argoules
Saulchoy
Brévillers
Mouriez
Capelle-lès-Hesdin
Vieux-Quend
Villers-s-Authie
Quend
Vron
Dominois
Douriez
Fortefontaine
Guigny
Regnauville
Rue
Le Crotoy
Parc ornithologique du Marquenterre
Baie de Somme
St-Quentin-en-Tourmont
Vercourt
Régnière-Écluse
Vironchaux
Ponches-Estruval
Dompierre-sur-Authie
Ligescourt
Raye-s-Authie
Labroye
Forêt de Labroye
Bernay-en-Ponthieu
Arry
Machy
Machiel
Crécy-en-Ponthieu
Estrées-lès-Crécy
Le Boisle
Boufflers
Gueschart
Favières
Forest-Montiers
Forêt de Crécy
Nouvion
Ponthoile
Croix de Bohême
Froyelles
Fontaine-s-Maye
Brailly-Cornehotte
Neuilly-le-Dien
Cayeux-s-Mer
Cap Hornu
St-Valery-s-Somme
Le Hourdel
Brighton
Noyelles-s-Mer
Sailly-Flibeaucourt
Forest-l'Abbaye
Lamotte-Buleux
Canchy
Domvast
Noyelles-en-Chaussée
Gapennes
Neuilly-l'Hôpital
Agenvillers
Yvrench
Yvrencheux
Hautvillers-Ouville
Le Titre
Lanchères
Pendé
Estréboeuf
Boismont
Port-le-Grand
Buigny-St-Maclou
Millencourt-en-Ponthieu
Onceux
St-Riquier
Drucat
Coulonvillers
Maison-Roland
Brutelles
Arrest
Saigneville
Mons-Boubert
Cambron
Abbeville
Caours
Neufmoulin
Vauchelles-les-Quesnoy
Buigny-l'Abbé
Yaucourt-Bussus
Bussus-Bussuel
Gorenflos
Woignarue
Vaudricourt
St-Blimont
Ochancourt
Quesnoy-le-Montant
Bourseville
Friville-Escarbotin
Nibas
Franleu
Valines
Miannay
Monts de Caubert
Bagatelle
Bellancourt
Épagne-Épagnette
Eaucourt-s-Somme
Pont-Remy
Fressenneville
Woincourt
Yzengremer
Feuquières-en-Vimeu
Chépy
Acheux-en-Vimeu
Tœufles
Béhen
Moyenneville
Mareuil-Caubert
Huchenneville
Bray-lès-Mareuil
Francières
Cocquerel
Long
Longpré-les-Corps-Saints
L'Étoile
Dargnies
Aigneville
Tours-en-Vimeu
Ercourt
Grébault-Mesnil
Bailleul
Liercourt
Fontaine-s-Somme
Sorel-en-Vimeu
Bettencourt-Rivière
Embreville
Beauchamps
Buigny-lès-Gamaches
Maisnières
Vismes-au-Val
Frettemeule
Martainneville
Huppy
Limeux
Doudelainville
Gamaches
Tilloy-Floriville
St-Maxent
Cerisy-Buleux
Vaux-Marquenneville
Frucourt
Citerne
Hallencourt
Bouillancourt-en-Séry
Biencourt
Le Translay
Framicourt
Oisemont
Neuville-au-Bois
Forceville-en-Vimeu
Mérélessart
Wiry-au-Mont
Allery
Airaines
Bazinval
Monchaux-Soreng
Rieux
Blangy-s-Bresle
Buttencourt
Rambures
Villeroy
Cannessières
Woirel
Fontaine-le-Sec
Vergies
Métigny
Laleu
Tailly
Warlus
Quesnoy-sur-Airaines
Neslette
Foucaucourt-Hors-Nesle
Mouflières
Frettecuisse
Aumâtre
Heucourt-Croquoison
Épaumesnil
Étréjust
Avelesges
Belloy-St-Léonard
Montagne-Fayel
Nesle-Normandeuse
Senarpont
Lignières-en-Vimeu
Fresnoy-Andainville
St-Maulvis
Avesnes-Chaussoy
Andainville
Fresneville
Aumont
Hallivillers
Camps-en-Amiénois
Dancourt
St-Riquier-en-Rivière
Preuseville
Monchy-le-Preux
Inval-Boiron
Hornoy-le-Bourg
A 16
A 28
D 901
D 925
D 928
D 936
D 940
D 1001

0 2 4 6 8 10 km
Hesdin
St-Pol-s-Ternoise
Frévent
Auxi-le-Château
Doullens
Abbeville
St-Riquier
Bernaville
Flixecourt
Long
Ailly-le-Ht-Clocher
Domart-en-Ponthieu
Canaples
Naours
Cité souterraine de Naours
Beauval
Candas
Fienvillers
Conteville
Labroye
Crécy
Hesdin
Marconne
Ste-Austreberthe
Blangy-sur-Ternoise
Anvin
Maresquel-Ecquemicourt
Aubin-St-Vaast
Beaurainville
Vieil-Hesdin
Fillièvres
Willeman
Linzeux
Bonnières
Villers-l'Hôpital
Boffles
Maizicourt
Montigny-les-Jongleurs
Heuzecourt
Prouville
Beaumetz
Domesmont
Gorges
Berneuil
Vauchelles-les-Quesnoy
Buigny-l'Abbé
Yaucourt-Bussus
Bussus-Bussuel
Coulonvilliers
Agenvillers
Yvrencheux
Gapennes
Domvast
Fontaine-s-Maye
Brailly-Cornehotte
Maison-Ponthieu
Hiermont
Neuilly-l'Hôpital
Canchy
Longpré-les-Corps-Saints
L'Etoile
Condé-Folie
Bettencourt-St-Ouen
Vignacourt
Flesselles
Villers-Bocage
Montonvillers
Bertangles
Talmas
Rubempré
Beauquesne
Terramesnil
Authieule
Hem-Hardinval
Occoches
Lucheux
Grouches-Luchuel
Neuvillette
Barly
Remaisnil
Frohen-s-Authie
Beauvoir-Wavans
Rougefay
Vacquerie-le-Boucq
Boubers-s-Canche
Ligny-s-Canche
Monchel-s-Canche
Conchy-s-Canche
Aubrometz
Galametz
Wail
Le Quesnoy-en-Artois
Guigny
Regnauville
Dompierre-sur-Authie
Raye-sur-Authie
Tollent
Caumont
Quœux-Haut-Maînil
Blangerval-Blangermont
Ecoivres
Sibiville
Sericourt
Canettemont
Rebreuve-s-Canche
Estrée-Wamin
Ivergny
Le Souich
Bouquemaison
Brévillers
Heuzecourt
Croisette
Herlincourt
Hernicourt
Gauchin-Verloingt
Ramecourt
Troisvaux
Ostreville
Humières
Siracourt
Fleury
Bermicourt
Eclimeux
Auchy-lès-Hesdin
Grigny
Wamin
Azincourt
Tramecourt
Ambricourt
Bergueneuse
Tangry
Boyaval
A 16
N 25
A

Houdain
Bruay-la-Buissière
Nœux-les-Mines
Mazingarbe
Hersin-Coupigny
Grenay
Bully-les-Mines
Lens
Liévin
Avion
Loos-en-Gohelle
Harnes
Noyelles-Godault
Hénin-Beaumont
Fouquières-lès-L.
Billy-Montigny
Sallaumines
Méricourt
Rouvroy
Drocourt
Bois-Bernard
Colline de N.-D. de Lorette
Souchez
Ablain-St-Nazaire
Givenchy-en-Gohelle
Mémorial canadien
Vimy
Farbus
Willerval
Arleux-en-Gohelle
Fresnoy-en-Gohelle
Neuvireuil
Izel-lès-Équerchin
Quiéry-la-Motte
Esquerchin
Carency
Camblain-l'Abbé
Neuville-St-Vaast
Thélus
Bailleul-Sir-Berthoult
Mont-St-Éloi
Acq
Écurie
Roclincourt
Gavrelle
Oppy
Fresnes-lès-Montauban
Vitry-en-Artois
Plouvain
Biache-St-Vaast
Hamblain-les-Prés
Sailly-en-Ostrevent
Aubigny-en-Artois
Frévin-Capelle
Haute-Avesnes
Hermaville
Tilloy-lès-Hermaville
Agnez-lès-Duisans
Duisans
Marœuil
Étrun
Anzin-St-Aubin
Ste-Catherine
St-Nicolas
St-Laurent-Blangy
Athies
Fampoux
Feuchy
Rœux
Pelves
ARRAS
Dainville
Achicourt
Agny
Wailly
Beaurains
Tilloy-lès-Mofflaines
Monchy-le-Preux
Boiry-Notre-Dame
Guémappe
Wancourt
Neuville-Vitasse
Mercatel
Avesnes-le-Comte
Wanquetin
Warlus
Berneville
Simencourt
Beaumetz-lès-Loges
Hauteville
Fosseux
Gouy-en-Artois
Monchiet
Barly
Sombrin
Bavincourt
Grosville
Rivière
Ficheux
Blairville
Boisleux-St-Marc
Boiry-Becquerelle
Boyelles
Croisilles
Hénin-sur-Cojeul
St-Martin-s-Cojeul
Héninel
Chérisy
Fontaine-lès-Croisilles
Hendecourt-lès-Cagnicourt
Cagnicourt
Villers-lès-Cagnicourt
Riencourt-lès-Cagnicourt
Quéant
Bullecourt
Écoust-St-Mein
Noreuil
Hamelincourt
St-Léger
Mory
Ervillers
Moyenneville
Adinfer
Ransart
Boiry-Ste-Rictrude
Boiry-St-Martin
Hendecourt-lès-Ransart
Basseux
Bailleulval
Bailleulmont
La Herlière
La Cauchie
Berles-au-Bois
Pommier
Monchy-au-Bois
Humbercamps
Gaudiempré
Warlincourt-lès-Pas
Pas-en-Artois
Hénu
Souastre
Foncquevillers
Hannescamps
Bienvillers-au-Bois
Douchy-lès-Ayette
Ayette
Courcelles-le-Comte
Gomiécourt
Béhagnies
Sapignies
Favreuil
Ablainzevelle
Bucquoy
Gommecourt
Hébuterne
Achiet-le-Grand
Achiet-le-Petit
Bihucourt
Biefvillers-lès-Bapaume
Bapaume
Avesnes-lès-B.
Beugnâtre
Vaulx-Vraucourt
Lagnicourt-Marcel
Morchies
Beugny
Lebucquière
Frémicourt
Bancourt
Riencourt-lès-B.
Bertincourt
Haplincourt
Barastre
Villers-au-Flos
Rocquigny
Ytres
Le Transloy
Lesbœufs
Morval
Ginchy
Combles
Guillemont
Flers
Gueudecourt
Martinpuich
Longueval
Bazentin
Contalmaison
Pozières
Ovillers-la-Boisselle
Thiepval
Authuille
Mémorial Brit.
Le Sars
Courcelette
Grandcourt
Miraumont
Pys
Irles
Grévillers
Warlencourt-Eaucourt
Ligny-Thilloy
Beaulencourt
Puisieux
Serre
Beaumont-Hamel
Beaucourt-sur-l'Ancre
Mailly-Maillet
Auchonvillers
Mémorial Terre-Neuvien
Englebelmer
Mesnil-Martinsart
Martinsart
Hédauville
Forceville
Acheux-en-Amiénois
Louvencourt
Bertrancourt
Colincamps
Courcelles-au-Bois
Sailly-au-Bois
Coigneux
Bayencourt
Couin
St-Léger-lès-Authie
Authie
Bus-lès-Artois
Famechon
Thièvres
Albert
Aveluy
Bouzincourt
Senlis-le-Sec
Millencourt
Hénencourt
Warloy-Baillon
Contay
Vadencourt
Baizieux
Laviéville
Dernancourt
Méaulte
Bécordel-Bécourt
Fricourt
Mametz
Carnoy
Montauban-de-Picardie
Hardecourt-aux-Bois
Maurepas
Maricourt
Curlu
Bray
Ville-sur-Ancre
Buire-s-l'Ancre
Bresle
Franvillers
Heilly
Ribemont
Bouchavesnes-Bergen
Rancourt
Sailly-Saillisel
Mesnil-en-Arrouaise
Étricourt-Manancourt
Équancourt
Moislains
Allaines
Aizecourt-le-Haut
Nurlu
Léchelle
Bus
Harponville
Toutencourt
Varennes
Arquèves
Léalvillers
Raincheval
Marieux
Mondicourt
Grincourt-lès-Pas
Halloy
Sus-St-Léger
Grand-Rullecourt
Liencourt
Beaufort-Blavincourt
Lignereuil
Givenchy-le-Noble
Villers-Sir-Simon
Noyellette
Noyelle-Vion
Habarcq
Montenescourt
Gouves
Lattre-St-Quentin
Izel-lès-Hameau
Penin
Maizières
Averdoingt
Berles-Monchel
Savy-Berlette
Villers-Châtel
Mingoval
Tincques
Villers-Brûlin
Béthonsart
Chelers
Magnicourt-en-Comté
Caucourt
Estrée-Cauchy
Cambligneul
Capelle-Fermont
Agnières
Gauchin-Légal
Hermin
Fresnicourt-le-Dolmen
Olhain
Rebreuve-Ranchicourt
La Comté
Beugin
Servins
Gouy-Servins
Aix-Noulette
Bouvigny-Boyeffles
Maisnil-lès-R.
Ruitz
Barlin
Haillicourt
Divion
Ourton
Auchel
Pernes
Monchy-Breton
Ostreville
Wavrans
Bajus
La Thieuloye
Warluzel
Saulty
L'Arbret
Couturelle
Humbercourt
Lucheux
Sérevillers
Rebreuviette
Frévent
Ivergny
Beaudricourt
Sombrin
Grouches-Luchuel
Doullens

0 2 4 6 8 10 km
PARC NATUREL RÉGIONAL SCARPE ESCAUT
DOUAI
Sin-le-Noble
Waziers
Lallaing
Somain
Denain
Anzin
VAL
Marly
Aulnoy-lez-V.
Trith-St-Léger
Douchy-les-Mines
Bouchain
Lieu-St-Amand
Aniche
Auberchicourt
Arleux
Iwuy
CAMBRAI
Caudry
Le Cateau-Cambrésis
Solesmes
Avesnes-les-Aubert
Marcoing
Bohain-en-Vermandois
Le Catelet
Raismes
Vitry-en-Artois
Brebières
Cantaing-sur-Escaut
Fontaine-Notre-Dame
Proville
Beauvois-en-Cambrésis
Masnières
Gouzeaucourt
Villers-Guislain
Épehy
Sorel
Heudicourt
Ronssoy
Clary
Bertry
Montigny-en-Cambrésis
Busigny
Prémont
Serain
Walincourt-Selvigny
Esnes
Caullery
Haucourt-en-Cambrésis
Ligny-en-Cambrésis
13
24
A
B
C
D
9

Mons (Bergen)
Jemappes
Quaregnon
St-Ghislain
Boussu
Hornu
Colfontaine
Frameries
Pâturages
Quiévrain
Crespin
Condé-sur-Escaut
Onnaing
Quiévrechain
Dour
Blaugies
Erquennes
Eugies
Sars-la-Bruyère
Quévy
Havay
Givry
Harmignies
Estinnes-au-Val
Estinnes-au-Mont
Vellereille-le-Sec
Haulchin
Croix-lez-Rouveroy
Rouveroy
Villers-Sire-Nicole
Grand-Reng
Erquelinnes
Solre-sur-Sambre
Jeumont
Parc Naturel des Hauts Pays
Valenciennes
Le Quesnoy
Bavay
Maubeuge
Louvroil
Hautmont
Feignies
Recquignies
Rousies
Ferrière-la-Grande
Cerfontaine
Colleret
Quiévelon
Obrechies
Choisies
Solrinnes
Dimechaux
Solre-le-Château
Sars-Poteries
Beugnies
Felleries
Liessies
Sémeries
Ramousies
Sains-du-Nord
Glageon
Wignehies
Fourmies
Trélon
Ohain
Anor
Avesnes-sur-Helpe
Avesnelles
Flaumont-Waudrechies
Dompierre-sur-Helpe
St-Hilaire-sur-Helpe
Marbaix
Taisnières-en-Thiérache
Maroilles
Landrecies
Aulnoye-Aymeries
Berlaimont
Sassegnies
Leval
Monceau-St-Waast
Pont-sur-Sambre
Boussières-sur-Sambre
Neuf-Mesnil
Hargnies
Obies
Mecquignies
Gommegnies
Villereau
Potelle
Jolimetz
Louvignies-Quesnoy
Englefontaine
Locquignol
Hecq
Preux-au-Bois
Forêt de Mormal
Parc Régional
Fontaine-au-Bois
Robersart
Bousies
Croix-Caluyau
Forest-en-Cambrésis
Pommereuil
Ors
Catillon-sur-Sambre
Bazuel
Mazinghien
Rejet-de-Beaulieu
Ribeauville
Wassigny
Oisy
Boué
Etreux
La Neuville
Esquéhéries
Le Nouvion-en-Thiérache
Forêt du Nouvion
La Capelle
Buironfosse
Sommeron
Fesmy-le-Sart
Barzy-en-Thiérache
Prisches
Beaurepaire-sur-Sambre
Cartignies
Grand-Fayt
Petit-Fayt
Le Favril
Floyon
Étrœungt
Larouillies
Boulogne-sur-Helpe
Haut-Lieu
Rainsars
Féron
Clairfontaine
Dourlers
St-Aubin
Semousies
Floursies
Wattignies-la-Victoire
Beaufort
Limont-Fontaine
Eclaibes
Écuelin
St-Remy-Chaussée
St-Remy-du-Nord
Saint-Waast
Houdain-lez-Bavay
Taisnières-sur-Hon
Hon-Hergies
Gussignies
Bettrechies
Wargnies-le-Grand
Wargnies-le-Petit
Jenlain
Préseau
Maresches
Villers-Pol
Sepmeries
Orsinval
Salesches
Ghissignies
Vendegies-au-Bois
Poix-du-Nord
Le Cateau
Saultain
Estreux
Curgies
Sebourg
Rombies-et-Marchipont
Angre
Roisin
Autreppe
Montignies-sur-Roc
Onnezies
Athis
Fayt-le-Franc
Wihéries
Audregnies
Baisieux
Elouges
Hensies
Thulin
Montrœul-sur-Haine
Hainin
Thivencelle
Vicq
Fresnes-sur-Escaut
Bernissart
Pommerœul
Tertre
Ghlin
Erquelinnes
Marpent
Boussois
Assevent
Élesmes
Bersillies
Mairieux
Bettignies
Vieux-Reng
Gognies-Chaussée
Blaregnies
Bougnies
Genly
Noirchain
Ciply
Mesvin
Spiennes
Nouvelles
Asquillies
Harveng
Aulnois
Malplaquet
Bois de la Lanière
Fort de Leveau
La Longueville
Audignies
Louvignies-Bavay
Wattignies
Ferrière-la-Petite
Damousies
Bérelles
Eccles
Beaurieux
Clairfayts
Willies
Moulin à eau
Forêt de l'Abbé Val Joly
Bois de la Fagne de Sains
Trélon
Momignies
Baives
Le Gard
Blocus
Vénérolles
Hannapes
Dorengt
Le Sart
Mondrepuis
Rue-Neuve
Pas Bayard

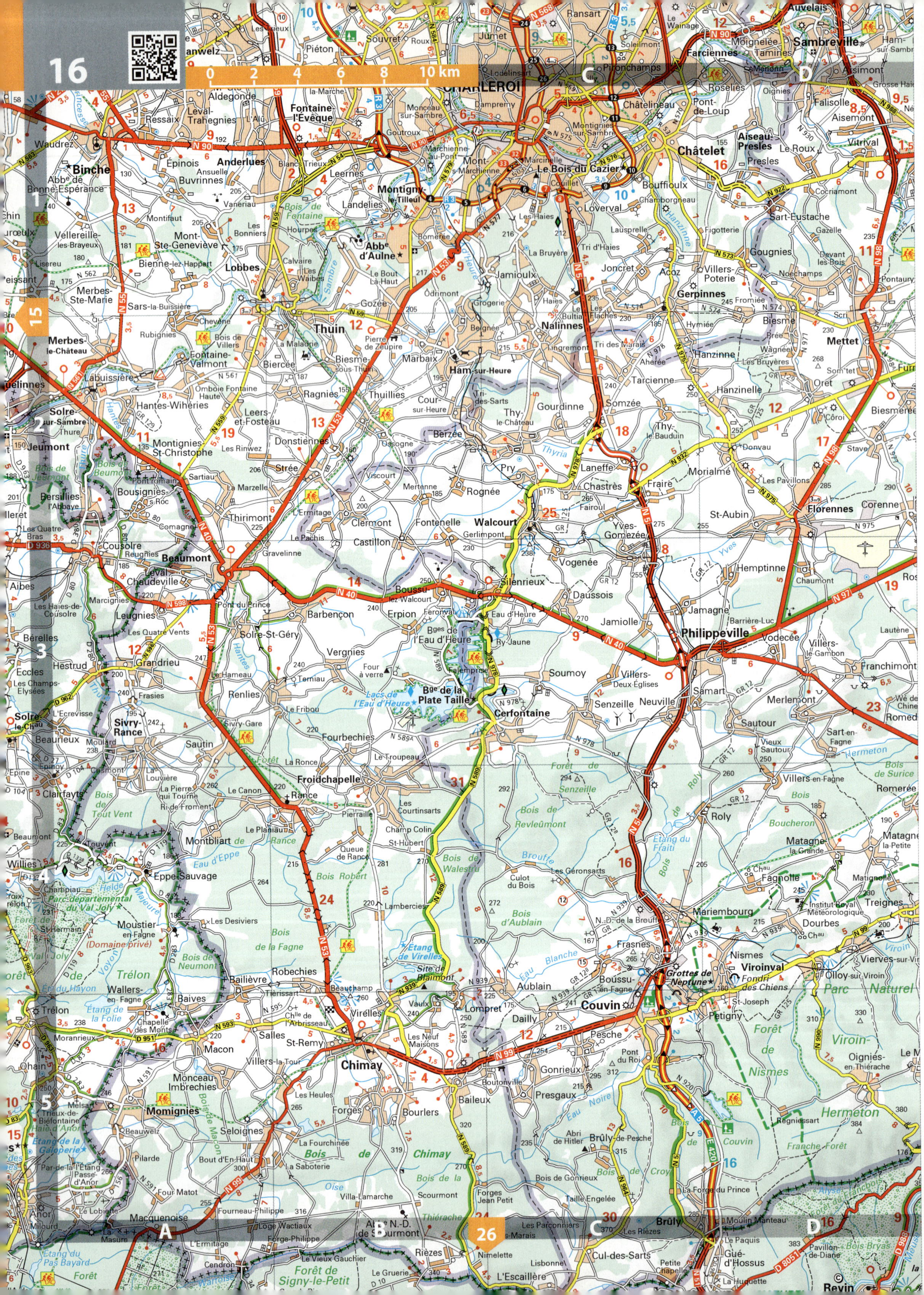
0 2 4 6 8 10 km
Charleroi
Jumet
Ransart
Fleurus
Gosselies
Auvelais
Sambreville
Moignelée
Tamines
Farciennes
Roselies
Aiseau-Presles
Châtelet
Châtelineau
Pont-de-Loup
Falisolle
Aisemont
Vitrival
Fontaine-l'Évêque
Leval-Trahegnies
Anderlues
Binche
Waudrez
Épinois
Buvrinnes
Marchienne-au-Pont
Mont-sur-Marchienne
Le Bois du Cazier
Couillet
Loverval
Bouffioulx
Montigny-le-Tilleul
Landelies
Leernes
Abbaye d'Aulne
Lobbes
Mont-Ste-Geneviève
Bienne-lez-Happart
Merbes-Ste-Marie
Sars-la-Buissière
Thuin
Gozée
Nalinnes
Jamioulx
Joncret
Acoz
Gerpinnes
Villers-Poterie
Gougnies
Sart-Eustache
Biesme
Mettet
Hanzinelle
Hanzinne
Tarcienne
Somzée
Gourdinne
Ham-sur-Heure
Marbaix
Biercée
Ragnies
Thuillies
Merbes-le-Château
Labuissière
Solre-sur-Sambre
Jeumont
Hantes-Wihéries
Montignies-St-Christophe
Leers-et-Fosteau
Donstiennes
Strée
Berzée
Thy-le-Château
Laneffe
Chastrès
Fraire
Morialmé
Florennes
St-Aubin
Yves-Gomezée
Walcourt
Rognée
Fontenelle
Clermont
Castillon
Thirimont
Bousignies
Beaumont
Cousolre
Leval-Chaudeville
Barbençon
Boussu-lez-Walcourt
Silenrieux
Vogenée
Daussois
Jamiolle
Jamagne
Philippeville
Vodecée
Villers-le-Gambon
Franchimont
Erpion
Solre-St-Géry
Vergnies
Grandrieu
Renlies
Soumoy
Villers-Deux-Églises
Senzeille
Neuville
Samart
Merlemont
Cerfontaine
Lacs de l'Eau d'Heure
Bge de la Plate Taille
Sivry-Rance
Sautin
Fourbechies
Froidchapelle
Rance
Sautour
Sart-en-Fagne
Villers-en-Fagne
Romerée
Roly
Matagne-la-Grande
Matagne-la-Petite
Fagnolle
Mariembourg
Treignes
Dourbes
Nismes
Viroinval
Vierves-sur-Viroin
Olloy-sur-Viroin
Frasnes
Grottes de Neptune
Couvin
Petigny
Pesche
Aublain
Dailly
Lompret
Vaulx
Virelles
Chimay
Salles
St-Remy
Macon
Baileux
Bourlers
Forges
Villers-la-Tour
Momignies
Seloignes
Baives
Wallers-en-Fagne
Trélon
Eppe-Sauvage
Montbliart
Moustier-en-Fagne
Parc départemental du Val Joly
Bois de la Fagne
Bois Robert
Bois de Revleumont
Bois d'Aublain
Forêt de Nismes
Parc Naturel Viroin-Hermeton
Oignies-en-Thiérache
Gonrieux
Presgaux
Brûly-de-Pesche
Brûly
Cul-des-Sarts
Gué-d'Hossus
Revin
Rièzes
Macquenoise
Forêt de Signy-le-Petit
Bois de Chimay
Scourmont
Forges Jean Petit
A B C D
1 2 3 4 5
15
26

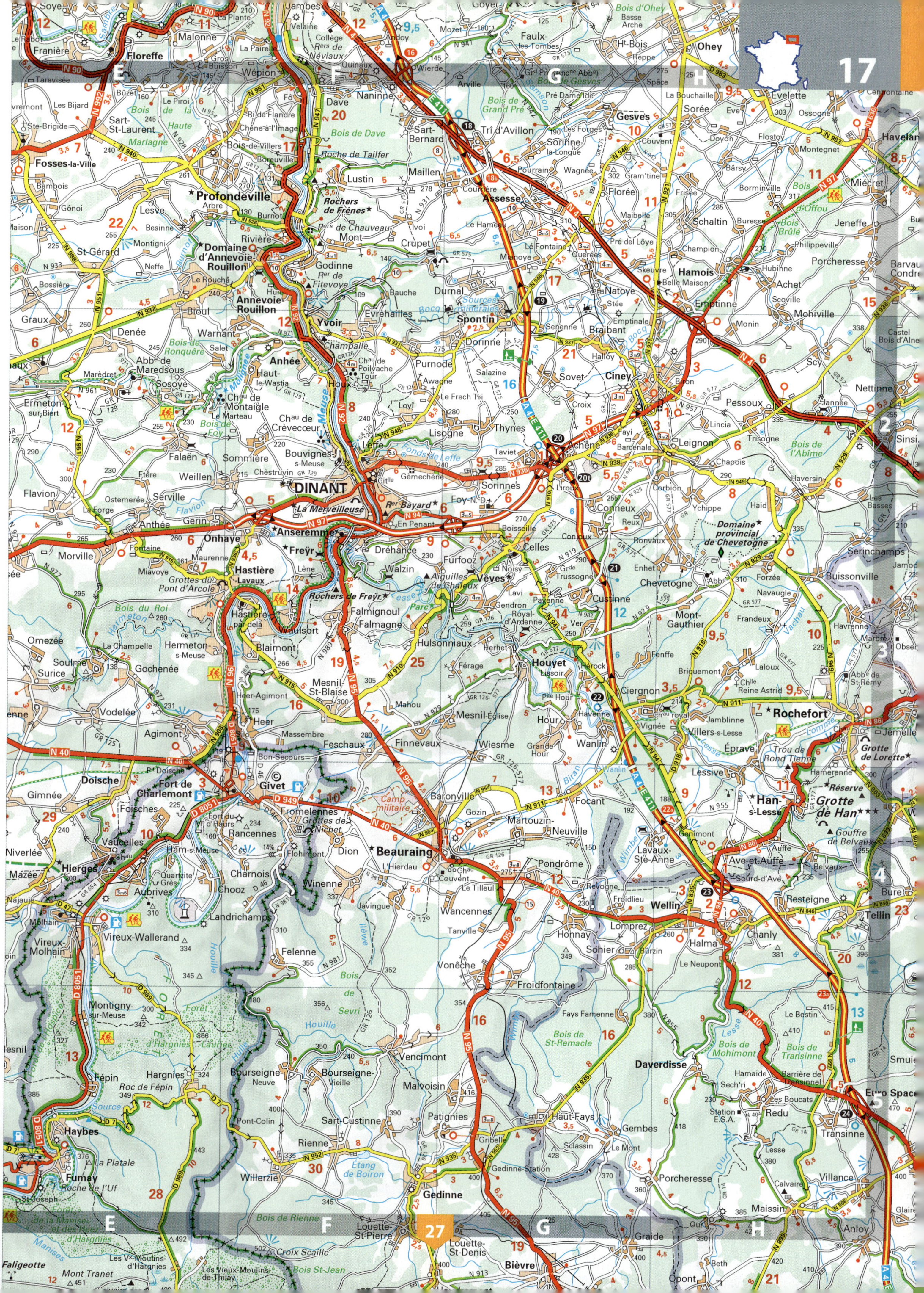
Floreffe
Profondeville
Domaine d'Annevoie-Rouillon
Annevoie-Rouillon
Yvoir
Anhée
Assesse
Spontin
Gesves
Ohey
Hamois
Emptinne
Ciney
Achêne
Leignon
Sorinnes
DINANT
Anseremme
Onhaye
Hastière
La Merveilleuse
Freÿr
Celles
Furfooz
Falmignoul
Houyet
Ciergnon
Rochefort
Han-s-Lesse
Grotte de Han
Grotte de Lorette
Domaine provincial de Chevetogne
Chevetogne
Wanlin
Focant
Beauraing
Givet
Fort de Charlemont
Doische
Hierges
Vireux-Wallerand
Vireux-Molhain
Fépin
Haybes
Fumay
Felenne
Winenne
Wellin
Halma
Tellin
Daverdisse
Gedinne
Bièvre
Louette-St-Pierre
Euro Space
Transinne
Mesnil-St-Blaise
Vodelée
Gimnée
Agimont
Rancennes
Fromelennes
Camp militaire
Willerzie
Vencimont
Malvoisin
Patignies
Haut-Fays
Gembes
Porcheresse
Maissin
Redu
Froidfontaine
Fays Famenne
Ave-et-Auffe
Resteigne
Lessive
Villers-s-Lesse
Eprave
Jamblinne
Lavaux-Ste-Anne
Neuville
Martouzin-Neuville
Baronville
Wiesme
Finnevaux
Mesnil-Église
Vêves
Custinne
Conneux
Haversin
Pessoux
Sinsin
Serinchamps
Buissonville
Havrenne
Nettinne
Jeneffe
Achet
Mohiville
Porcheresse
Havelange
Miécret
Evelette
Sorée
Schaltin
Florée
Natoye
Braibant
Sovet
Purnode
Lisogne
Thynes
Bouvignes-s-Meuse
Sommière
Weillen
Falaën
Sosoye
Maredsous
Denée
Warnant
Bioul
Lustin
Godinne
Dave
Naninne
Wépion
Malonne
Fosses-la-Ville
St-Gérard
Graux
Ermeton-sur-Biert
Flavion
Morville
Hermeton-s-Meuse
Gochenée
Surice
Soulme
Omezée
Romedenne
Niverlée
Mazée
Montigny-sur-Meuse
Hargnies
Bourseigne-Neuve
Bourseigne-Vieille
Rienne
Sart-Custinne
Louette-St-Denis
Graide
Opont

27

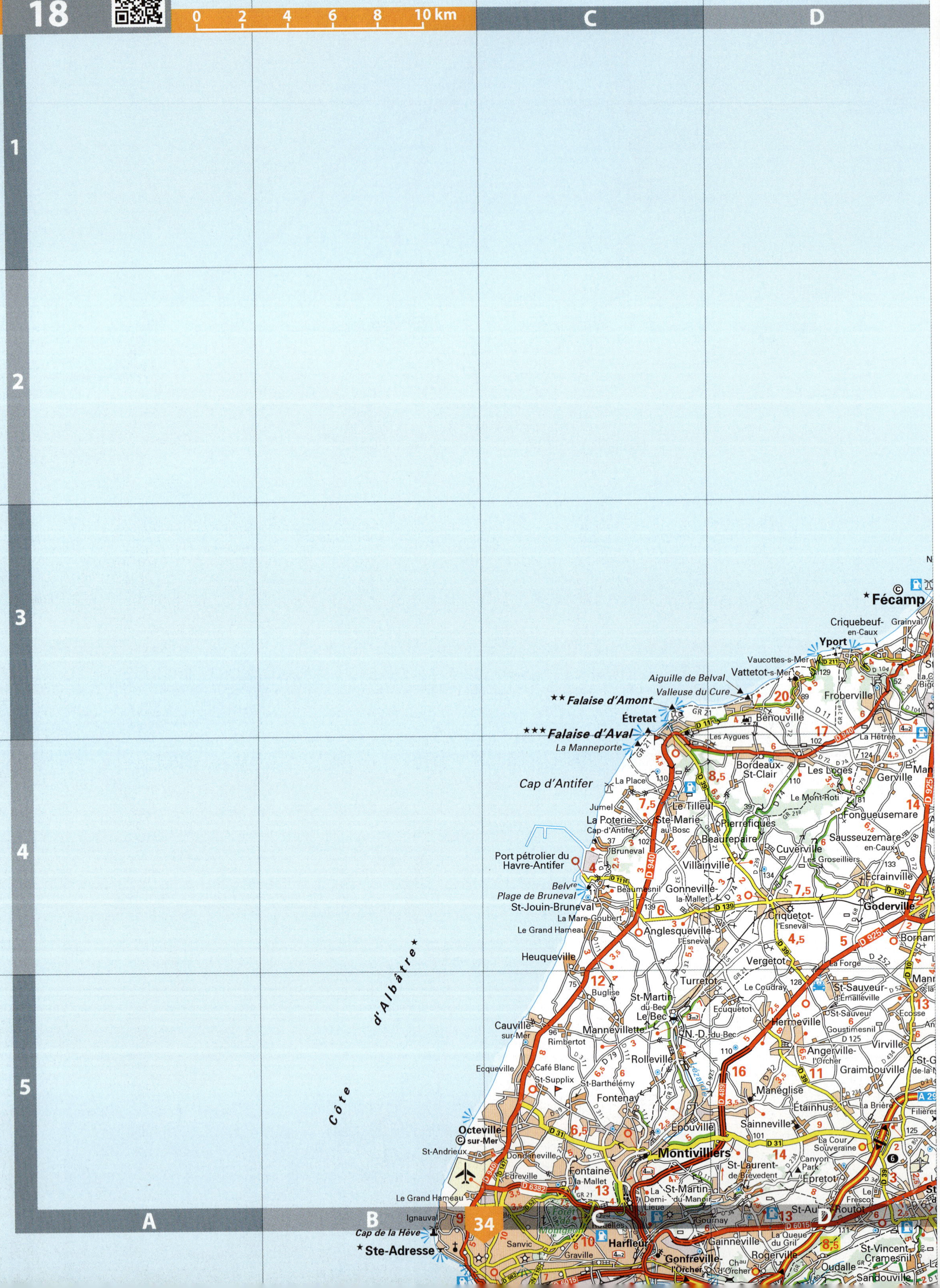
0 2 4 6 8 10 km
C
D
1
2
3
4
5
A
B
Fécamp
Criquebeuf-en-Caux
Grainval
Yport
Vaucottes-s-Mer
Vattetot-s-Mer
Aiguille de Belval
Valleuse du Curé
Froberville
Falaise d'Amont
Étretat
Bénouville
Falaise d'Aval
La Manneporte
Les Aygues
La Hêtrée
Bordeaux-St-Clair
Les Loges
Gerville
Cap d'Antifer
La Place
Le Tilleul
Le Mont-Roti
Fongueusemare
Jumel
La Poterie-Cap-d'Antifer
Ste-Marie-au-Bosc
Pierrefiques
Sausseuzemare-en-Caux
Beaurepaire
Cuverville
Port pétrolier du Havre-Antifer
Bruneval
Villainville
Les Groseilliers
Écrainville
Belle
Plage de Bruneval
Beaumesnil
Gonneville-la-Mallet
St-Jouin-Bruneval
Criquetot-l'Esneval
Goderville
La Mare-Goubert
Le Grand Hameau
Anglesqueville-l'Esneval
Bornam
Heuqueville
Vergetot
La Forge
Côte d'Albâtre
Turretot
Le Coudray
St-Sauveur-d'Émalleville
Buglise
St-Martin-du-Bec
Le Bec
Écuquetot
Cauville-sur-Mer
Mannevillette
Hermeville
Goustimesnil
Rimbertot
N.-D.-du-Bec
Angerville-l'Orcher
Virville
Rolleville
Graimbouville
Ecqueville
Café Blanc
St-Supplix
St-Barthélemy
Manéglise
Fontenay
Étainhus
La Brière
Octeville-sur-Mer
Épouville
Sainneville
La Cour Souveraine
St-Andrieux
Montivilliers
Dondeneville
St-Laurent-de-Brèvedent
Canyon Park
Fontaine-la-Mallet
Épretot
Le Grand Hameau
St-Martin-du-Manoir
Ignauval
La Demi-Lieue
Gournay
Cap de la Hève
Sanvic
Harfleur
Gainneville
La Queue du Gril
Ste-Adresse
Graville
Gonfreville-l'Orcher
Rogerville
Oudalle
St-Vincent-Cramesnil
Sandouville
34

E
F
G
H
Côte d'Albâtre
St-Valery-en-Caux
Falaise d'Aval
Falaise d'Amont
Veules-les-Roses
Sotteville-s-Mer
St-Aubin-s-Mer
Quiberville
Quiberville-Plage
Ste-Marguerite
Phare d'A
Veulettes-s-Mer
Conteville
Malleville-les-Grès
Paluel
Vittefleur
St-Martin-aux-Buneaux
Vinnemerville
Cany-Barville
St-Pierre-en-Port
Écretteville-s-Mer
Életot
Senneville-s-Fécamp
Sassetot-le-Mauconduit
Ancretteville-s-Mer
Criquetot-le-Mauconduit
Ocqueville
Sasseville
Drosay
Ste-Colombe
Ermenouville
Héberville
Fultot
Gonzeville
Bénesville
Le Mesnil-Durdent
Houdetot
Angiens
Blosseville
Gueutteville-les-Grès
Ingouville
St-Sylvain
Manneville-ès-Plains
Le Bourg-Dun
La Chapelle-s-Dun
St-Pierre-le-Viger
Fontaine-le-Dun
Crasville-la-Rocquefort
Autigny
Vénestanville
Bourville
Brametot
Tocqueville-en-Caux
Sassetot-le-Malgardé
Gonnetot
Bretteville-St-Laurent
Reuville
St-Laurent-en-Caux
Auzouville-s-Saâne
Étalleville
Prétot-Vicquemare
Doudeville
Harcanville
Boudeville
Le Torp-Mesnil
Lindebeuf
Yerville
Motteville
Flamanville
Yvetot
Valliquerville
Allouville-Bellefosse
Auzebosc
Touffreville-la-Corbeline
Fréville
Blacqueville
Barentin
Croix-Mare
Pavilly
Caudebec-en-Caux
Maulévrier-Ste-Gertrude
St-Wandrille-Rançon
St-Nicolas-de-Bliquetuit
Villequier
La Frénaye
Lillebonne
Bolbec
Gruchet-le-Valasse
St-Eustache-la-Forêt
Mélamare
St-Antoine-la-Forêt
Les Trois-Pierres
Gommerville
St-Jean-de-la-Neuville
Parc-d'Anxtot
Mirville
Bréauté
Goderville
Houquetot
Beuzeville-la-Grenier
Nointot
Lanquetot
Raffetot
Bolleville
Trouville
Alvimare
Cléville
Foucart
Ricarville
Fauville-en-Caux
Hattenville
Yébleron
Bernières
Auzouville-Auberbosc
Bermonville
St-Pierre-Lavis
Envronville
Hautot-le-Vatois
Écretteville-lès-Baons
Baons-le-Comte
Ste-Marie-des-Champs
Autretot
Veauville-lès-Baons
Rocquefort
Étoutteville
Hautot-St-Sulpice
Héricourt-en-Caux
Anvéville
Amfreville-les-Champs
Yvecrique
Grémonville
Carville-Pot-de-Fer
Robertot
Auffay
Veauville-lès-Quelles
Routes
Hautot-l'Auvray
St-Vaast-Dieppedalle
Grainville-la-Teinturière
Ourville-en-Caux
Le Hanouard
Beuzeville-la-Guérard
Oherville
Sommesnil
Sorquainville
Cleuville
Thiouville
Ancourteville-s-Héricourt
Ste-Marguerite-s-Fauville
Clipponville
Normanville
Ypreville-Biville
Thiétreville
Riville
Gerponville
Bertreville
Bertheauville
Theuville-aux-Maillots
Angerville-la-Martel
Valmont
Thérouldeville
Colleville
Toussaint
Contremoulins
Thiergeville
Daubeuf-Serville
Limpiville
Bec-de-Mortagne
Mentheville
Annouville-Vilmesnil
Bailleul
Bénarville
Tocqueville-les-Murs
Angerville-Bailleul
St-Maclou-la-Brière
Trémauville
Bennetot
Gonfreville-Caillot
Vattetot-s/s-Beaumont
Grainville-Ymauville
Bretteville-du-Grd-Caux
Ganzeville
Tourville-les-Ifs
Épreville
Ste-Hélène-Bondeville
Bec
Beuzevillette
Lintot
La Trinité-du-Mont
Abbé du Valasse
Grand-Camp
St-Nicolas-de-la-Haie
St-Aubin-de-Crétot
St-Gilles-de-Crétot
Louvetot
Anquetierville
Auberville-la-Campagne
Le Becquet
Les Marcottières
Bois-Himont
Écalles-Alix
Mesnil-Panneville
St-Clair-sur-les-Monts
Gideville
Carville-la-Folletière
Bouville
St-Paër
Épinay-s-Duclair
Pont de Brotonne
E 44
A 29
A 150
D 925
D 926
D 131
D 6015
20
35

0 2 4 6 8 10 km
Côte d'Albâtre
10
19
36
DIEPPE
N.-D. Bon-Secours
Neuville-lès-D.
Varengeville-s-Mer
Phare d'Ailly
Pourville-s-Mer
Hautot
Offranville
Longueil
Ouville-la-Rivière
Luneray
Arques-la-Bataille
Martin-Église
St-Nicolas-d'Aliermont
Envermeu
Criel-sur-Mer
Penly
Brunville
Guilmécourt
St-Quentin-au-Bosc
Avesnes-en-Val
Londinières
Bailly-en-Rivière
Les Ifs
Fresnoy-Folny
Wanchy-Capval
Ste-Agathe-d'Aliermont
N.-D.-d'Aliermont
Meulers
Freulleville
St-Vaast-d'Equiqueville
Ricarville-du-Val
Osmoy-St-Valery
Baillolet
Bures-en-Bray
Mesnil-Follemprise
Mesnières-en-Bray
Neufchâtel-en-Bray
Bully
Quièvrecourt
Esclavelles
Massy
Neuville-Ferrières
Ventes-St-Rémy
Bellencombre
Rosay
Maucomble
St-Saëns
Beaumont-le-Hareng
Bosc-Mesnil
Bradiancourt
Neufbosc
Sommery
Mathonville
Montérolier
St-Martin-Osmonville
Rocquemont
Cottévrard
Grigneuseville
Bosc-Bérenger
Critot
Yquebeuf
Estouteville-Écalles
Buchy
Bosc-Roger
Cailly
Vieux-Manoir
Ste-Croix-s-Buchy
Clères
Montville
Malaunay
Barentin
Pavilly
Goupillières
Sierville
Bosc-le-Hard
Grugny
Frichemesnil
Auffay
Tôtes
St-Victor-l'Abbaye
Bracquetuit
Etaimpuis
St-Denis-sur-Scie
Val-de-Saâne
Bertrimont
Beautot
Hugleville-en-Caux
Saussay
Émanville
Limésy
Criquetot-s-Longueville
Longueville-s-Scie
Bacqueville-en-Caux
Belmesnil
Lamberville
Gonneville-s-Scie
St-Mards
Beauval-en-Caux
Heugleville-s-Scie
Cropus
St-Hellier
Sévis
Torcy-le-Grand
St-Honoré
Muchedent
Ardouval
Pommeréval
Fresles
Les Grandes-Ventes
La Chapelle-du-Bourgay
St-Germain-d'Étables
Dampierre-St-Nicolas
Sauqueville
Tourville-s-Arques
Anneville-s-Scie
Dénestanville
Lintot-lès-Bois
Omonville
Bertreville-St-Ouen
Lammerville
Gueures
Avremesnil
Brachy
Auppegard
Thil-Manneville
Ambrumesnil
St-Denis-d'Aclon
Le Bourg-Dun
Gruchet-St-Siméon
Rainfreville
Biville-la-Rivière
Royville
Auzouville-s-Saâne
St-Pierre-Bénouville
Belleville-en-Caux
Calleville-les-Deux-Églises
Imbleville
Bourdainville
Ancretiéville-St-Victor
Gueutteville
Vassonville
St-Maclou-de-Folleville
Fresnay-le-Long
Sauchay
Dercheny
Glicourt
Intraville
Tourville-la-Chapelle
Greny
Auquemesnil
Gouchaupre
Canehan
Cuverville-sur-Yères
Sept-Meules
Baromesnil
St-Rémy-Boscrocourt
Berneval-le-Grand
Belleville-sur-Mer
Bracquemont
Graincourt
Bellengreville
St-Ouen-s-Bailly
Douvrend
Croixdalle
Bailleul-Neuville
Clais
Puits

Gamaches
Blangy-s-Bresle
Oisemont
Airaines
Senarpont
Aumale
Poix-de-Picardie
Formerie
Forges-les-Eaux
Grandvilliers
Marseille-en-Beauvaisis
Gerberoy
Songeons
Hornoy-le-Bourg
Foucarmont
Neufchâtel-en-Bray
Abancourt
Sarcus
Feuquières
Crillon
Saint-Samson
Hallencourt
Liomer
Beaucamps-le-Vieux
Lamaronde
Croixrault
Thieuloy-St-Antoine
Campeaux
Haussez
Mesnil-Mauger
Villers-Vermont
Moliens
Hodeng-Hodenger
Dampierre-en-Bray
Mortemer
Ronchois
Illois
Conteville
Gaillefontaine
Serqueux
Blargies
Romescamps
Quincampoix-Fleuzy
St-Valery
Haudricourt
Élencourt
Sarnois
Briot
Omécourt
Thérines
Fontaine-Lavaganne
Hétomesnil
Gaudechart
Sommereux
Cempuis
Halloy
Offoy
Dargies
Guizancourt
Équennes-Éramecourt
Lachapelle-sous-Gerberoy
Hécourt
Bazancourt
Escames
Sully
Fontenay-Torcy
Doudeauville
Ménerval
Pommereux
Longmesnil
Le Fossé
La Bellière
Compainville
Beaubec-la-Rosière
Nesle-Hodeng
Bouelles
Graval
Callengeville
Aubermesnil
Réalcamp
Campneuseville
Hodeng-au-Bosc
Richemont
Aubéguimont
Marques
Nullemont
Landes-Vieilles-et-Neuves
Le Caule-Ste-Beuve
Ellecourt
Morienne
Fourcigny
Gauville
Offignies
Lignières-Châtelain
Morvillers-St-Saturnin
Caulières
Méréaucourt
Hescamps
Fouilloy
Bettembos
Thieulloy-l'Abbaye
Moyencourt-lès-Poix
Blangy-s-Poix
Saulchoy-s-Poix
Famechon
Bergicourt
Lahaye-St-Romain
Sentelie
Daméraucourt
Lavacquerie
Bussy-lès-Poix
St-Aubin-Montenoy
Molliens-Dreuil
Quesnoy-sur-Airaines
Riencourt
Métigny
Laleu
Warlus
Avelesges
Montagne-Fayel
Allery
Mérélessart
Wiry-au-Mont
Fontaine-le-Sec
Woirel
Vergies
Heucourt-Croquoison
Épaumesnil
Étréjust
Belloy-St-Léonard
Avesnes-Chaussoy
Fresneville
Andainville
Aumâtre
Frettecuisse
Mouflières
Cannessières
Villeroy
Rambures
Bouttencourt
Nesle-Normandeuse
Pierrecourt
Rieux
Monchaux-Soreng
Bazinval
Guerville
Millebosc
Dancourt
Preuseville
Fallencourt
Villers-sous-Foucarmont
Vatierville
Fesques
St-Germain-sur-Eaulne
Sausseuzemare
Grattenoix
Toupray
Beaussault
Louvicamp
Maisnières
Vismes
Frettemeule
Martainneville
Tilloy-Floriville
Bouillancourt-en-Séry
Le Translay
Framicourt
Biencourt
Ramburelles
Forceville-en-Vimeu
Neuville-au-Bois
Citerne
Vaux-Marquenneville
Cerisy-Buleux
Fresnes-Tilloloy
Doudelainville
Huppy
Limeux
Warcheville
Bellifontaine
Fontaine-sur-Somme
Sorel-en-Vimeu
Longpré
Bailleul
Rivière
Hangest-sur-Somme
Soues

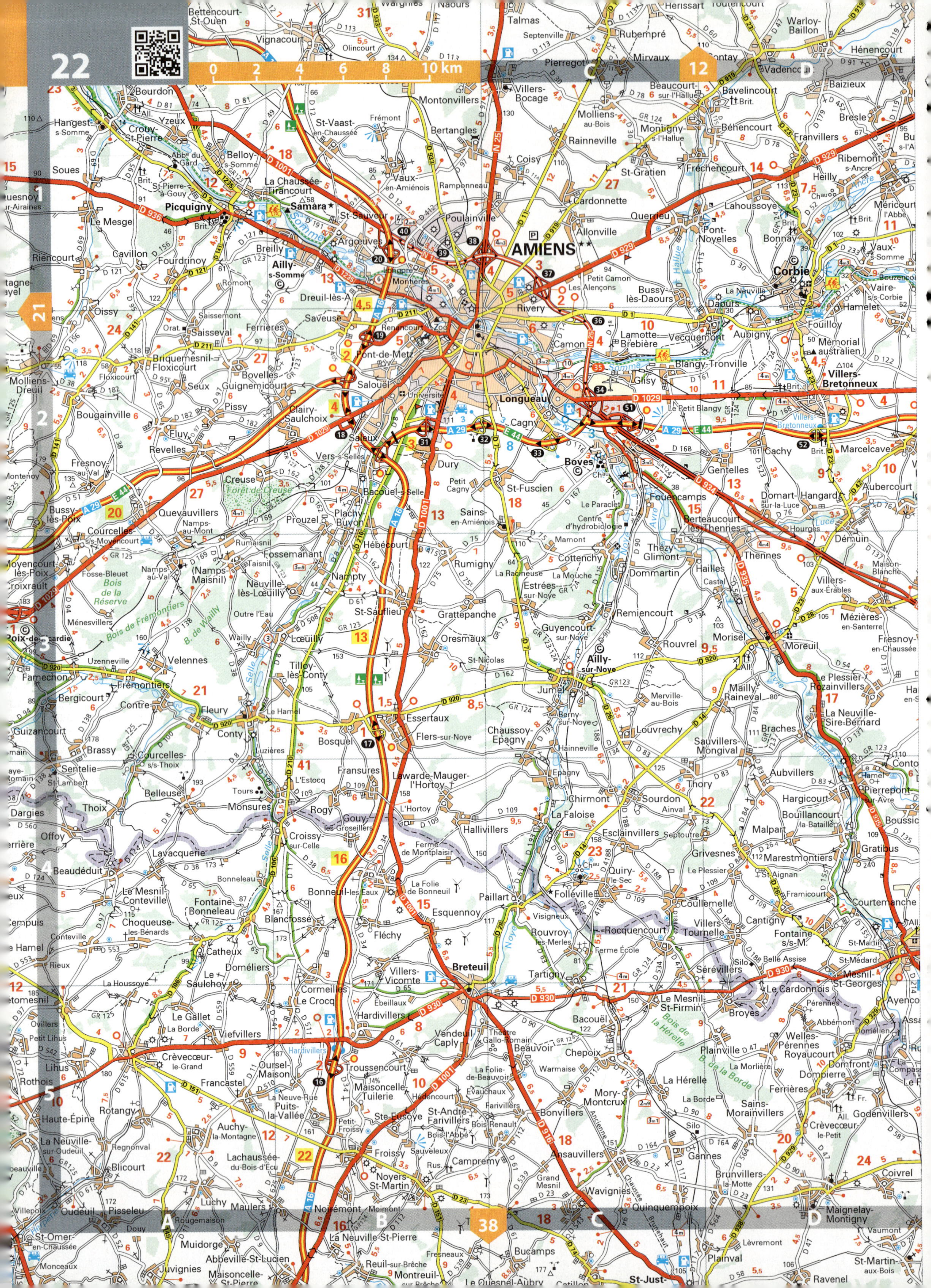
0 2 4 6 8 10 km
AMIENS
Picquigny
Ailly-s-Somme
Corbie
Longueau
Boves
Ailly-sur-Noye
Villers-Bretonneux
Breteuil
Moreuil
Rivery
Camon
Salouël
Saleux
Dury
Cagny
Glisy
Blangy-Tronville
Vecquemont
Daours
Fouilloy
Lamotte-Brebière
Querrieu
Allonville
Cardonnette
Poulainville
Bertangles
Villers-Bocage
Montonvillers
St-Vaast-en-Chaussée
Vaux-en-Amiénois
Rainneville
Coisy
St-Gratien
Fréchencourt
Pont-Noyelles
Argœuves
St-Sauveur
Dreuil-lès-Amiens
Saveuse
Pont-de-Metz
Ferrières
Bovelles
Guignemicourt
Pissy
Clairy-Saulchoix
Vers-s-Selles
Bacouel-s-Selle
Plachy-Buyon
Prouzel
Creuse
Forêt de Creuse
Quevauvillers
Fossemanant
Hébécourt
Nampty
St-Sauflieu
Rumigny
Sains-en-Amiénois
St-Fuscien
Estrées-sur-Noye
Grattepanche
Oresmaux
Guyencourt-sur-Noye
Jumel
Essertaux
Flers-sur-Noye
Chaussoy-Epagny
Bosquel
Fransures
Lawarde-Mauger-l'Hortoy
Rogy
Gouy-les-Groseillers
Croissy-sur-Celle
Hallivillers
Bonneuil-les-Eaux
Esquennoy
Flechy
Paillart
Folleville
Quiry-le-Sec
Rouvroy-les-Merles
Rocquencourt
Tartigny
Villers-Vicomte
Cormeilles
Le Crocq
Hardivillers
Vendeuil-Caply
Beauvoir
Chepoix
Bacouël
Troussencourt
Maisoncelle-Tuilerie
Ste-Eusoye
St-André-Farivillers
Froissy
Noyers-St-Martin
Campremy
Bonvillers
Ansauvillers
Wavignies
Quinquempoix
Mory-Montcrux
La Hérelle
Broyes
Plainville
Le Mesnil-St-Firmin
Le Cardonnois
Sérévillers
Coullemelle
Villers-Tournelle
Cantigny
Fontaine-s-s-M.
Grivesnes
Esclainvillers
Sourdon
Chirmont
La Faloise
Thory
Aubvillers
Malpart
Hargicourt
Braches
Sauvillers-Mongival
Louvrechy
Mailly-Raineval
Merville-au-Bois
Rouvrel
Morisel
Hailles
Thézy-Glimont
Dommartin
Remiencourt
Cottenchy
Fouencamps
Berteaucourt-lès-Thennes
Thennes
Domart-sur-la-Luce
Hangard
Démuin
Gentelles
Cachy
Marcelcave
Aubercourt
Villers-aux-Erables
Mézières-en-Santerre
Le Plessier-Rozainvillers
La Neuville-Sire-Bernard
Pierrepont-sur-Avre
Gratibus
Bouillancourt-la-Bataille
Marestmontiers
Courtemanche
Mesnil-St-Georges
Maignelay-Montigny
Gannes
Brunvillers-la-Motte
Godenvillers
Crèvecœur-le-Petit
Welles-Pérennes
Royaucourt
Dompierre
Ferrières
Sains-Morainvillers
Coivrel
Plainval
St-Just-en-Chaussée
Bucamps
Fresneaux
Moimont
La Neuville-St-Pierre
Reuil-sur-Brêche
Montreuil-sur-Brêche
Le Quesnel-Aubry
Muidorge
Abbeville-St-Lucien
Maisoncelle-St-Pierre
Juvignies
Monceaux
St-Omer-en-Chaussée
Oudeuil
Pisseleu
Luchy
Maulers
Blicourt
La Neuville-sur-Oudeuil
Haute-Epine
Rotangy
Auchy-la-Montagne
Lachaussée-du-Bois-d'Ecu
Puits-la-Vallée
Francastel
Oursel-Maison
Crèvecœur-le-Grand
Viefvillers
Le Gallet
La Borde
Le Saulchoy
Catheux
Choqueuse-les-Bénards
Fontaine-Bonneleau
Blancfosse
Doméliers
Le Mesnil-Conteville
Lavacquerie
Beaudéduit
Belleuse
Monsures
Thoix
Brassy
Courcelles-s/s-Thoix
Sentelie
Conty
Fleury
Contre
Bergicourt
Frémontiers
Velennes
Lœuilly
Tilloy-lès-Conty
Wailly
Neuville-lès-Lœuilly
Namps-Maisnil
Fosse-Bleuet
Bois de la Réserve
Bois de Frémontiers
Courcelles-s/s-Moyencourt
Bussy-lès-Poix
Fresnoy-au-Val
Revelles
Fluy
Bougainville
Seux
Briquemesnil-Floxicourt
Saisseval
Oissy
Fourdrinoy
Cavillon
Le Mesge
Riencourt
Soues
Hangest-s-Somme
Bourdon
Crouy-St-Pierre
Yzeux
Belloy-s-Somme
La Chaussée-Tirancourt
Samara
Breilly
Vignacourt
Bettencourt-St-Ouen
Talmas
Rubempré
Mirvaux
Pierregot
Molliens-au-Bois
Montigny-s-l'Hallue
Beaucourt-sur-l'Hallue
Bavelincourt
Béhencourt
Franvillers
Lahoussoye
Heilly
Ribemont-s-Ancre
Méricourt-l'Abbé
Bonnay
Vaux-s-Somme
Vaire-s/s-Corbie
Hamelet
Aubigny
Mémorial australien
Warloy-Baillon
Hénencourt
Baizieux
Bresle
Vadencourt
Contay
Herissart
Bussy-lès-Daours
Petit Camon
Les Alençons
Fresnoy-en-Chaussée
Caix
A B C D
12
21
38

Albert
Combles
Péronne
Bray-s-Somme
Cappy
Herbécourt
Biaches
Moislains
Roisel
Vermand
Estrées-Mons
Athies
Chaulnes
Rosières-en-Santerre
Harbonnières
Lihons
Vermandovillers
Nesle
Ham
Roye
Montdidier
Guiscard
Noyon
Lassigny
Ressons-sur-Matz
Margny-sur-Matz
Ercheu
Moyencourt
Guerbigny
Villers-lès-Roye
Cuvilly
Dives
Candor
Beaulieu-les-Fontaines
Muirancourt
Crisolles
Bussy
Sermaize
Vauchelles
Suzoy
Pont-l'Évêque
Sempigny
Carlepont
Ourscamp
Salency
Appilly
Babœuf
Mondescourt
Quesmy
Golancourt
Villeselve
Flavy-le-Meldeux
Esmery-Hallon
Muille-Villette
Eppeville
Voyennes
Offoy
Matigny
Douilly
Villers-St-Christophe
Aubigny
Pithon
Sancourt
Falvy
Pargny
Épénancourt
Licourt
Misery
Marchélepot
Pertain
Omiécourt
Hallu
Puzeaux
Punchy
Chilly
Fonches-Fonchette
Liancourt-Fosse
Étalon
Herly
Curchy
Manicourt
Languevoisin-Quiquery
Breuil
Billancourt
Rethonvillers
Crémery
Gruny
Biarre
Balâtre
Carrépuis
Roiglise
Solente
Champien
Ognolles
Margny-aux-Cerises
Le Pavé
Avricourt
Amy
Beuvraignes
Crapeaumesnil
Fresnières
Laucourt
Verpillières
Tilloloy
Dancourt-Popincourt
Fescamps
Piennes-Onvillers
Remaugies
Boulogne-la-Grasse
Conchy-les-Pots
Roye-sur-Matz
Canny-sur-Matz
Laberlière
Plessis-de-Roye
Thiescourt
Gury
Ricquebourg
Élincourt-Ste-Marguerite
Marest
Vandélicourt
Chevincourt
Évricourt
Cannectancourt
Ville
Passel
Chiry-Ourscamp
Laigle
Bourguignon-sous-Coucy
Maucourt
Beaugies-sous-Bois
Caillouël-Crépigny
Grandrû
Frétoy-le-Château
Fréniches
Libermont
Bréviaire
Écuvilly
Catigny
Lagny
Sceaucourt
Plessis-Cacheleux
Porquéricourt
Beaurains-lès-N.
Genvry
Béhéricourt
Morlincourt
Varesnes
Pontoise-lès-Noyon
Bretigny
Ham
Estouilly
Dury
Tugny-et-Pont
Bray-St-Christophe
Cugny
Ollezy
Sommette-Eaucourt
Brouchy
Flez
Monchy-Lagache
Trefcon
Caulaincourt
Poeuilly
Vraignes-en-Vermandois
Hancourt
Bernes
Nobecourt
Cartigny
Tincourt-Boucly
Marquaix
Hervilly
Templeux-la-Fosse
Longavesnes
Villers-Faucon
Aizecourt-le-Bas
Aizecourt-le-Haut
Driencourt
Bussu
Doingt
Courcelles
Buire-Courcelles
Mesnil-Bruntel
Bouvincourt-en-Vermandois
Estrées-en-Chaussée
Devise
Athies
Brie
St-Christ-Briost
Cizancourt
Ennemain
Falvy
Béthencourt-sur-Somme
Mesnil-St-Nicaise
Rouy-le-Petit
Rouy-le-Grand
Y
Croix-Moligneaux
Ugny-l'Équipée
Germaine
Douchy
Quivières
Vaux-en-Vermandois
Beauvois-en-Vermandois
Lanchy
Eterpigny
Barleux
Villers-Carbonnel
Belloy-en-Santerre
Estrées-Deniécourt
Berny-en-Santerre
Fresnes-Mazancourt
Assevillers
Flaucourt
Dompierre-Becquincourt
Fontaine-lès-Cappy
Foucaucourt-en-Santerre
Chuignes
Chuignolles
Proyart
Framerville-Rainecourt
Bayonvillers
Guillaucourt
Caix
Vrély
Méharicourt
Maucourt
Warvillers
Beaufort-en-Santerre
Folies
Rouvroy-en-Santerre
Parvillers-le-Quesnoy
Le Quesnoy
Damery
Fransart
Hattencourt
Fouquescourt
La Chavatte
Fresnoy-lès-Roye
Goyencourt
Andechy
St-Mard
L'Échelle-St-Aurin
Armancourt
Marquivillers
Grivillers
Lignières
Etelfay
Faverolles
Laboissière-en-Santerre
Bouchoir
Arvillers
Erches
Warsy
Becquigny
Fignières
Le Quesnel
Beaucourt-en-Santerre
Cayeux-en-Santerre
Harbonnières
Méricourt-s-Somme
Morcourt
Lamotte-Warfusée
Cerisy
Chipilly
Étinehem
Morlancourt
Sailly-Laurette
Méaulte
Bécordel-Bécourt
Fricourt
Mametz
Carnoy
Maricourt
Curlu
Hem-Monacq
Maurepas
Cléry-s-Somme
Feuillères
Frise
Éclusier-Vaux
Suzanne
Contalmaison
Montauban-de-Picardie
Guillemont
Ginchy
Hardecourt-aux-Bois
Rancourt
Bouchavesnes-Bergen
Allaines
Mont-St-Quentin
Nurlu
Manancourt
Sorel
Liéramont
Gouvernement
Forêt de l'Hôpital
Canal du Nord
Somme
Avre
Verse
A 1 E 15
A 29 E 44
D 1029
D 1017
D 930
D 934
D 1032
D 938

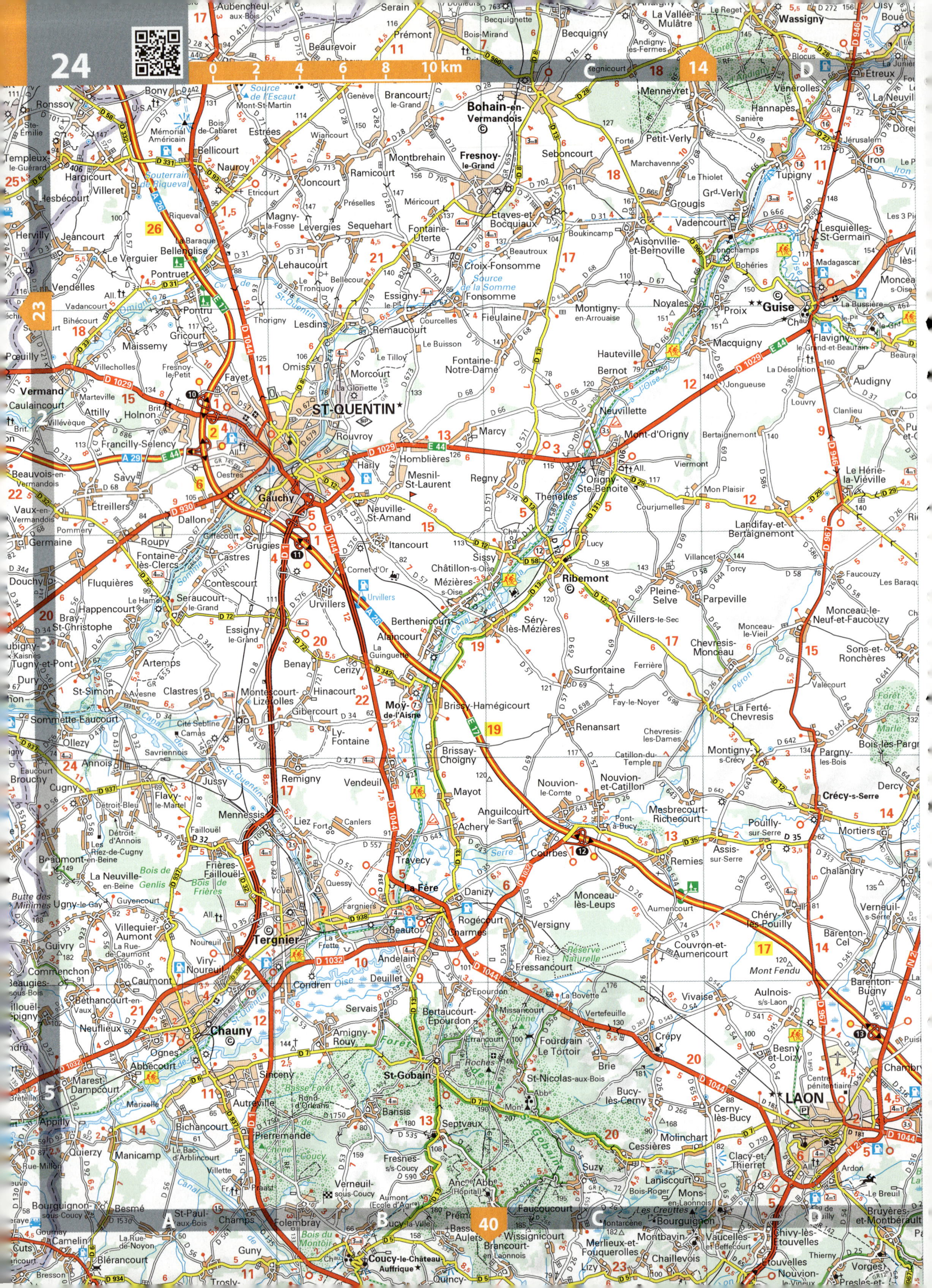
0 2 4 6 8 10 km
Aubencheul-aux-Bois
Serain
Prémont
Beaurevoir
Bohain-en-Vermandois
Becquigny
La Vallée-Mulâtre
Wassigny
Étreux
Bony
Ronssoy
Bellicourt
Nauroy
Estrées
Joncourt
Ramicourt
Montbrehain
Brancourt-le-Grand
Fresnoy-le-Grand
Seboncourt
Mennevret
Petit-Verly
Vénérolles
Hannapes
Tupigny
Iron
Dorengt
Hargicourt
Villeret
Hesbécourt
Jeancourt
Le Verguier
Bellenglise
Magny-la-Fosse
Levergies
Sequehart
Fontaine-Uterte
Étaves-et-Bocquiaux
Grougis
Vadencourt
Lesquielles-St-Germain
Aisonville-et-Bernoville
Longchamps
Bohéries
Pontruet
Lehaucourt
Croix-Fonsomme
Fonsomme
Source de la Somme
Fieulaine
Montigny-en-Arrouaise
Noyales
Proix
Guise
Flavigny-le-Grand-et-Beaurain
La Bussière
Macquigny
Vendelles
Maissemy
Gricourt
Lesdins
Remaucourt
Omissy
Morcourt
Hauteville
Bernot
Audigny
Vermand
Holnon
Attilly
Fayet
ST-QUENTIN
Rouvroy
Neuvillette
Mont-d'Origny
Marcy
Francilly-Selency
Savy
Harly
Homblières
Mesnil-St-Laurent
Regny
Origny-Ste-Benoite
Thenelles
Le Hérie-la-Viéville
Beauvois-en-Vermandois
Vaux-en-Vermandois
Etreillers
Dallon
Gauchy
Neuville-St-Amand
Itancourt
Sissy
Ribemont
Landifay-et-Bertaignemont
Germaine
Roupy
Fontaine-lès-Clercs
Castres
Grugies
Contescourt
Fluquières
Happencourt
Seraucourt-le-Grand
Urvillers
Châtillon-s-Oise
Mézières-s-Oise
Pleine-Selve
Parpeville
Monceau-le-Neuf-et-Faucouzy
Bray-St-Christophe
Essigny-le-Grand
Berthenicourt
Alaincourt
Séry-lès-Mézières
Villers-le-Sec
Chevresis-Monceau
Sons-et-Ronchères
Artemps
Benay
Cerizy
Surfontaine
Tugny-et-Pont
St-Simon
Clastres
Montescourt-Lizerolles
Hinacourt
Moy-de-l'Aisne
Brissy-Hamégicourt
Renansart
La Ferté-Chevresis
Sommette-Eaucourt
Gibercourt
Ly-Fontaine
Ollezy
Annois
Brissay-Choigny
Montigny-s-Crécy
Pargny-les-Bois
Cugny
Jussy
Remigny
Vendeuil
Mayot
Nouvion-le-Comte
Nouvion-et-Catillon
Crécy-s-Serre
Dercy
Flavy-le-Martel
Mennessis
Liez
Anguilcourt-le-Sart
Achery
Mesbrecourt-Richecourt
Pouilly-sur-Serre
Mortiers
Beaumont-en-Beine
Frières-Faillouël
Travecy
Courbes
Remies
Assis-sur-Serre
Chalandry
La Neuville-en-Beine
La Fère
Danizy
Monceau-lès-Leups
Ugny-le-Gay
Villequier-Aumont
Vouël
Tergnier
Beautor
Rogécourt
Charmes
Versigny
Chéry-lès-Pouilly
Verneuil-s-Serre
Guivry
Viry-Noureuil
Andelain
Fressancourt
Couvron-et-Aumencourt
Barenton-Cel
Commenchon
Caumont
Condren
Deuillet
Mont Fendu
Barenton-Bugny
Béthancourt-en-Vaux
Chauny
Servais
Bertaucourt-Epourdon
Aulnois-s-Laon
Neuflieux
Ognes
Amigny-Rouy
Fourdrain
Le Tortoir
Crépy
Besny-et-Loizy
Abbécourt
Marest-Dampcourt
Sinceny
St-Gobain
St-Nicolas-aux-Bois
Brie
Bucy-lès-Cerny
LAON
Autreville
Barisis
Septvaux
Cerny-lès-Bucy
Appilly
Bichancourt
Pierremande
Molinchart
Cessières
Quierzy
Manicamp
Fresnes-s-Coucy
Suzy
Clacy-et-Thierret
Verneuil-sous-Coucy
Laniscourt
Mons-en-Laonnois
Ardon
Bourguignon-sous-Coucy
Besmé
St-Paul-aux-Bois
Champs
Folembray
Coucy-le-Château-Auffrique
Wissignicourt
Faucoucourt
Bourguignon
Vaucelles-et-Beffecourt
Chivy-lès-Étouvelles
Bruyères-et-Montbérault
Camelin
Blérancourt
Guny
Trosly
Brancourt-en-Laonnois
Merlieux-et-Fouquerolles
Chaillevois
Étouvelles
Nouvion-le-Vineux
Vorges
Presles-et-Thierny
A
B
C
D
1
2
3
4
5
14
23
40

Le Nouvion-en-Thiérache
Fourmies
Flamengrie
La Capelle
Clairfontaine
Mondrepuis
Hirson
Anor
Macquenoise
Esquéhéries
Buironfosse
Leschelle
Lavaquerresse
Sommeron
Froidestrées
Wimy
Ohis
Neuve-Maison
St-Michel
Chigny
Englancourt
Erloy
Sorbais
Étréaupont
Autreppes
Marly-Gomont
Proisy
Romery
Malzy
St-Algis
Wiège-Faty
Origny-en-Thiérache
La Hérie
Bucilly
Watigny
Any-Martin-Rieux
Signy-le-Petit
Landouzy-la-Ville
La Bouteille
Fontaine-lès-Vervins
Vervins
Laigny
Voulpaix
La Vallée-au-Blé
Le Sourd
Lemé
Landouzy-la-Cour
Martigny
Leuze
Aubenton
Besmont
Beaumé
Logny-lès-Aubenton
Hannappes
Thenailles
Plomion
Jeantes
Franqueville
Rougeries
Chevennes
Marfontaine
St-Gobert
Gercy
Gronard
Harcigny
Bancigny
Coingt
Iviers
Mont-St-Jean
Les Autels
Hary
Burelles
Prisces
Lugny
Rogny
Houry
Voharies
Berlancourt
Thiernu
Nampcelles-la-Cour
Dagny-Lambercy
St-Clément
Cuiry-lès-Iviers
Dohis
Brunehamel
Morgny-en-Thiérache
Parfondeval
Résigny
Montigny-s/s-Marle
Marle
Cilly
Bosmont-sur-Serre
Vigneux-Hocquet
Tavaux-et-Pontséricourt
Renneval
Archon
Dolignon
Ste-Geneviève
Chéry-lès-Rozoy
Grandrieux
Rouvroy
Rozoy-s-Serre
Raillimont
Voyenne
St-Pierremont
La Neuville-Bosmont
Agnicourt-et-Séchelles
Chaourse
Vincy-Reuil-et-Magny
Montcornet
Soize
Lislet
Montloué
Noircourt
Le Thuel
Berlise
Fraillicourt
Vaux-lès-Rubigny
Rubigny
Renneville
Chaumont-Porcien
Autremencourt
Toulis-et-Attencourt
Montigny-le-Franc
Froidmont-Cohartille
Vesles-et-Caumont
Cuirieux
Éboulea
Clermont-les-Fermes
Grandlup-et-Fay
Goudelancourt-lès-Pierrepont
Pierrepont
Mâchecourt
Bucy-lès-Pierrepont
La Ville-aux-Bois-lès-Dizy
Dizy-le-Gros
Missy-lès-Pierrepont
Chivres-en-Laonnois
Ste-Preuve
Boncourt
Lappion
Liesse-Notre-Dame
Gizy
Sévigny-Waleppe
Hannogne-St-Rémy
Seraincourt
St-Quentin-le-Petit
Banogne-Recouvrance
Samoussy
Marchais
Sissonne
Nizy-le-Comte
La Selve
St-Fergeux
Athies-s/s-Laon
Eppes
Coucy-lès-Eppes
Le Thour
Château-Porcien
Condé-lès-Herpy
Herpy-l'Arlésienne
Veslud
Mauregny-en-Haye
Montaigu
St-Erme-Outre-et-Ramecourt
La Malmaison
St-Germainmont
Courtrizy-et-Fussigny
Montchâlons
Camp de Sissonne

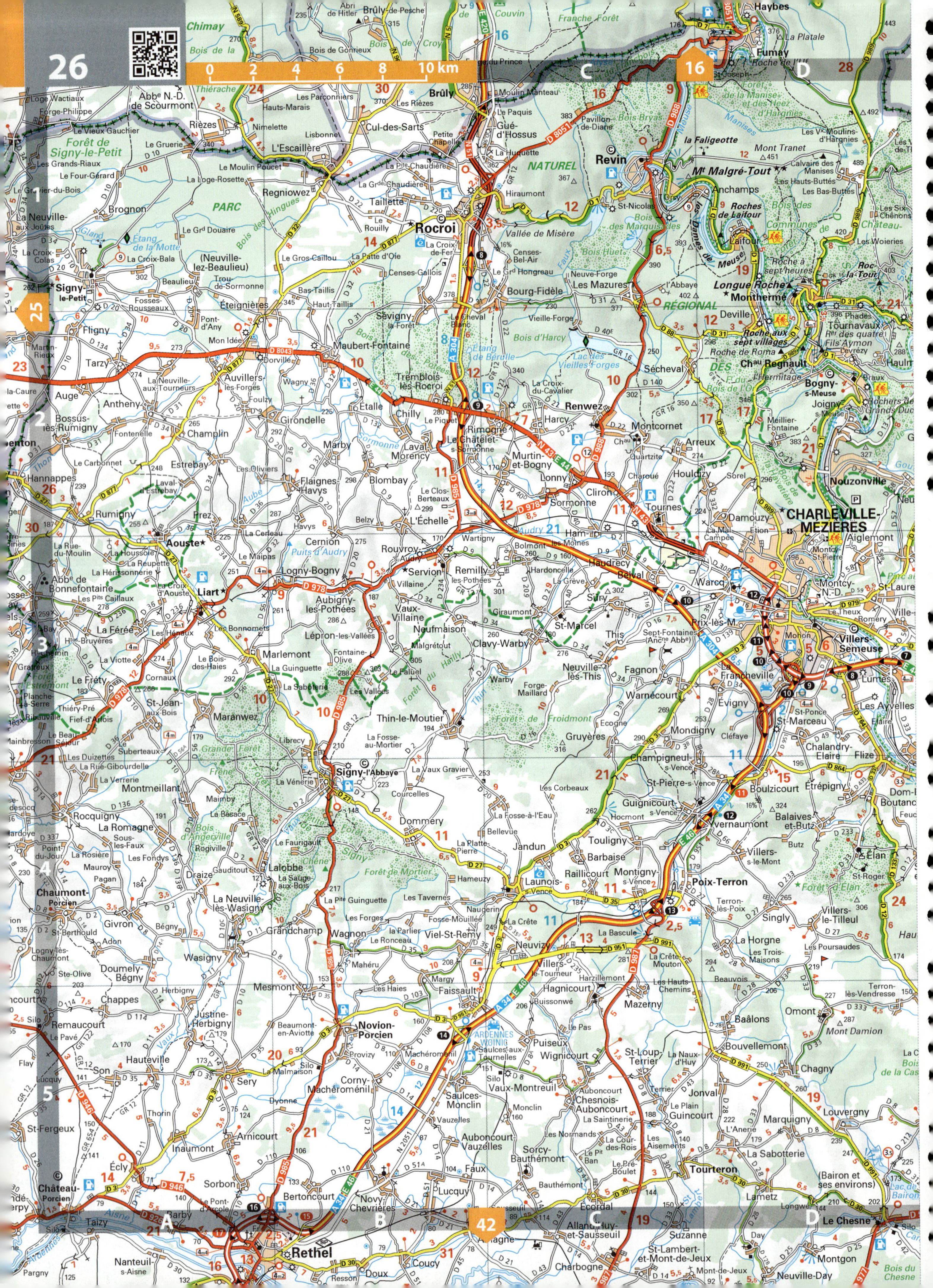
0 2 4 6 8 10 km
Chimay
Brûly-de-Pesche
Couvin
Franche Forêt
Haybes
Fumay
Rocroi
Revin
Bois de Gonrieux
Cul-des-Sarts
Gué-d'Hossus
Forêt de Signy-le-Petit
Signy-le-Petit
Regniowez
Taillette
PARC
NATUREL
RÉGIONAL
Vallée de Misère
Bourg-Fidèle
La Faligeotte
Mt Malgré-Tout
Anchamps
Roches de Laifour
Laifour
Dames de Meuse
Longue Roche
Monthermé
Deville
Roche aux sept villages
Château-Regnault
Bogny-s-Meuse
Joigny-s-Meuse
Les Mazures
Sévigny-la-Forêt
Maubert-Fontaine
Tremblois-lès-Rocroi
Étalle
Chilly
Rimogne
Le Châtelet-s-Sormonne
Murtin-et-Bogny
Renwez
Harcy
Sécheval
Montcornet
Arreux
Houldizy
Tournes
Nouzonville
CHARLEVILLE-MÉZIÈRES
Aiglemont
Auvillers-les-Forges
Girondelle
Champlin
Estrebay
Flaignes-Havys
Blombay
Laval-Morency
Lonny
Sormonne
Cliron
L'Échelle
Rumigny
Aouste
Liart
Logny-Bogny
Aubigny-les-Pothées
Rouvroy
Remilly-les-Pothées
Haudrecy
Belval
Warcq
Prix-lès-Mézières
Villers-Semeuse
La Francheville
Lumes
Vaux-Villaine
Neufmaison
Clavy-Warby
St-Marcel
Sury
Fagnon
Warnécourt
Évigny
St-Marceau
Les Ayvelles
Lépron-les-Vallées
Marlemont
Maranwez
Thin-le-Moutier
Forêt de Froidmont
Gruyères
Mondigny
Champigneul-s-Vence
St-Pierre-s-Vence
Boulzicourt
Étrépigny
Flize
Chalandry-Elaire
Signy-l'Abbaye
Montmeillant
Rocquigny
La Romagne
Dommery
Jandun
Touligny
Guignicourt-s-Vence
Vrignes-aux-Bois
Vernaumont
Balaives-et-Butz
Launois-s-Vence
Raillicourt
Montigny-s-Vence
Poix-Terron
Villers-le-Tilleul
Chaumont-Porcien
Givron
Lalobbe
La Neuville-lès-Wasigny
Wasigny
Grandchamp
Wagnon
Viel-St-Remy
Neuvizy
Villers-le-Tourneur
Singly
Faissault
Mazerny
Baâlons
Omont
Doumely-Bégny
Chappes
Remaucourt
Hauteville
Justine-Herbigny
Novion-Porcien
Puiseux
Wignicourt
St-Loup-Terrier
Bouvellemont
Chagny
Sery
Corny-Machéroménil
Saulces-Monclin
Vaux-Montreuil
Chesnois-Auboncourt
Jonval
Marquigny
Louvergny
St-Fergeux
Inaumont
Amicourt
Auboncourt-Vauzelles
Sorcy-Bauthémont
Tourteron
La Sabotterie
Écly
Château-Porcien
Sorbon
Bertoncourt
Novy-Chevrières
Lucquy
Écordal
Lametz
Le Chesne
Taizy
Barby
Rethel
Nanteuil-s-Aisne
Coucy
Doux
Amagne
Alland'Huy-et-Sausseuil
Charbogne
Suzanne
St-Lambert-et-Mont-de-Jeux
Montgon
Neuville-Day
Bois de la Cassine

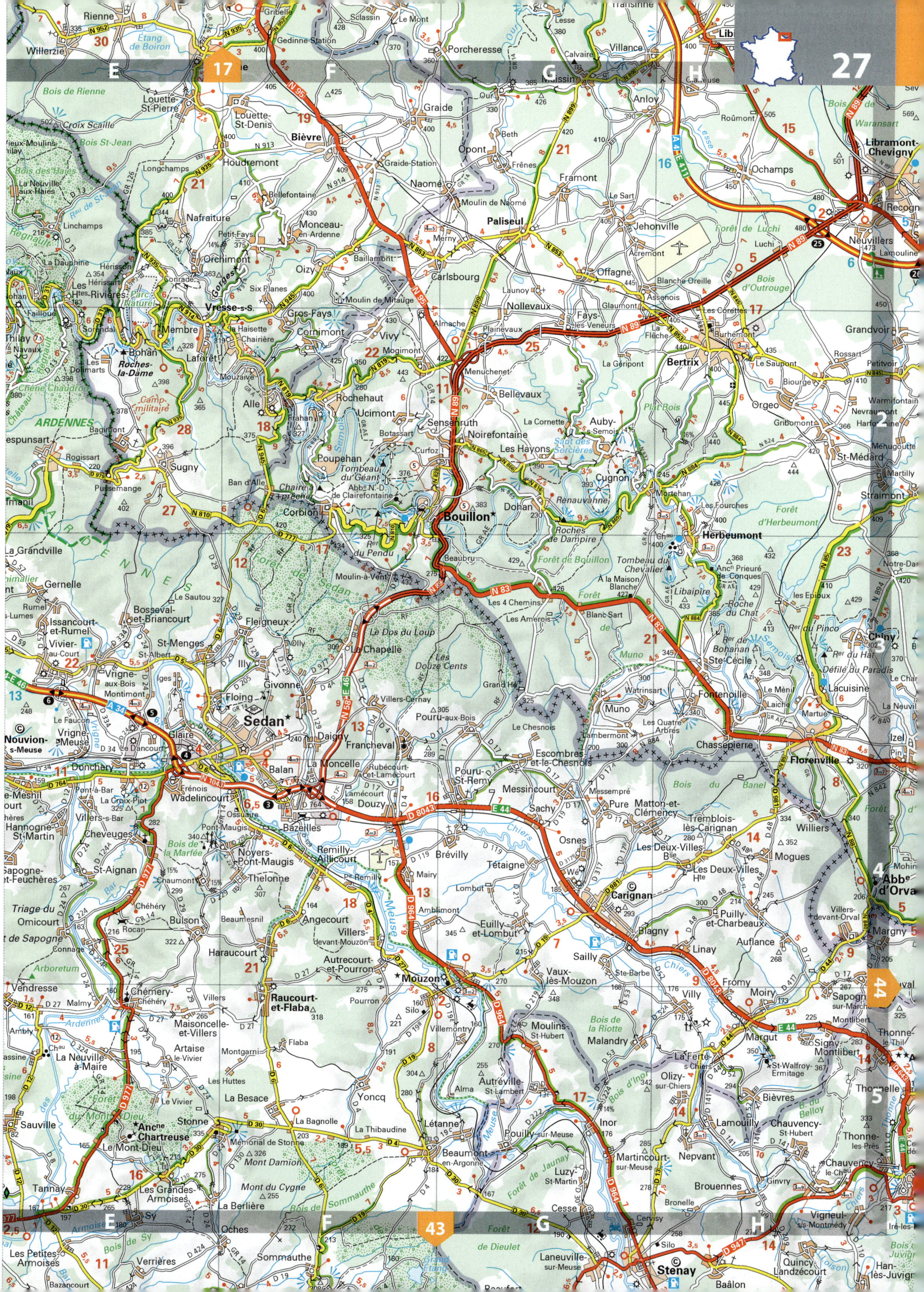
Rienne
Willerzie
Gedinne-Station
Porcheresse
Villance
Louette-St-Pierre
Louette-St-Denis
Bièvre
Graide
Paliseul
Anloy
Libramont-Chevigny
Ochamps
Neufvillers
Recogne
Houdremont
Graide-Station
Naomé
Opont
Framont
Jehonville
Nafraiture
Monceau-en-Ardenne
Orchimont
Oizy
Carlsbourg
Offagne
Assenois
Vresse-s-S.
Gros-Fays
Cornimont
Membre
Laforêt
Bohan
Alle
Nollevaux
Fays-les-Veneurs
Bertrix
Rochehaut
Bellevaux
Orgeo
Sensenruth
Noirefontaine
Auby-s-Semois
Les Hayons
Cugnon
Mortehan
St-Médard
Poupehan
Corbion
Bouillon
Dohan
Herbeumont
Straimont
Sugny
Pussemange
La Grandville
Gernelle
Bosseval-et-Briancourt
St-Menges
Fleigneux
Illy
Givonne
La Chapelle
Issancourt-et-Rumel
Vivier-au-Court
Vrigne-aux-Bois
Vrigne-Meuse
Nouvion-s-Meuse
Sedan
Glaire
Floing
Daigny
Francheval
Pouru-aux-Bois
Pouru-St-Remy
Escombres-et-le-Chesnois
Chassepierre
Florenville
Fontenoille
Muno
Ste-Cécile
Chiny
Lacuisine
Donchery
Balan
La Moncelle
Douzy
Bazeilles
Wadelincourt
Villers-s-Bar
Cheveuges
St-Aignan
Noyers-Pont-Maugis
Thelonne
Remilly-Aillicourt
Brévilly
Tétaigne
Messincourt
Sachy
Matton-et-Clémency
Tremblois-lès-Carignan
Williers
Mogues
Osnes
Carignan
Blagny
Les Deux-Villes
Pure
Angecourt
Bulson
Haraucourt
Villers-devant-Mouzon
Autrecourt-et-Pourron
Mouzon
Euilly-et-Lombut
Vaux-lès-Mouzon
Sailly
Linay
Pouilly-et-Charbeaux
Margny
Sapogne-sur-Marche
Chéhéry
Raucourt-et-Flaba
Maisoncelle-et-Villers
La Neuville-à-Maire
Malandry
Moulins-St-Hubert
Villy
Moiry
Margut
La Ferté-s-Chiers
Signy-Montlibert
Thonne-le-Thil
Thonnelle
Sauville
Stonne
La Besace
Yoncq
Létanne
Autrécourt-St-Lambert
Olizy-sur-Chiers
Bièvres
Lamouilly
Chauvency-St-Hubert
Ancne Chartreuse
Le Mont-Dieu
Beaumont-en-Argonne
Pouilly-sur-Meuse
Inor
Martincourt-sur-Meuse
Nepvant
Brouennes
Luzy-St-Martin
Tannay
Les Grandes-Armoises
Oches
Sommauthe
Laneuville-sur-Meuse
Stenay
Cesse
Baâlon
Les Petites-Armoises
Verrières
Quincy-Landzécourt
Vigneul-s/s-Montmédy
Han-lès-Juvigny
Forêt de Sedan
Forêt de Bouillon
ARDENNES
Chiers
Meuse
Semois
17
43
44
E
F
G
H

0 2 4 6 8 10 km
A
B
C
D
1
2
3
4
5
Renonquet
Burhou
Braye Bay
Quesnard
Saline Bay
Braye
Newtown
Longis Bay
Clonque Bay
Raz Island
St-Anne
Essex
Trois Vaux
Hanging Rock
Tête de Judemarre
Telegraph Bay
Alderney
(Aurigny)
Raz Blanchard
Cap de la Hague
Sémaphore
Roche Gélétan
Les Herbeuses
Gros du Raz
St-Germain-des-Vaux
Anse St-Martin
La Coque
Pointe Jardeheu
Goury
Port-Racine
La Roche
Sémaphore
Auderville
Le Hâble
Omonville-la-Petite
Rue-Desert
Omonville-la-Rogue
Baie d'Écalgrain
Digulleville
Manoir du Tourp
Jobourg
Mont Pális
Eculleville
Rocher du Castel-Vendon
C. R. O. S. S.
Nez de Voidries
Landemer
Dannery
Gréville-Hague
Urville-Nacqueville
Nez de Jobourg
Herqueville
La Rue-de-Beaumont
Beaumont-Hague
Herquemoulin
Baie du Houguet
(La Hague)
Branville-Hague
Nacqueville
Pierres Pouquelées
Léveillé
Rue-d'Ozouville
Prieuré
Anse de Vauville
Ste-Croix-Hague
28
Centre Scientifique
Tonneville
Vauville
Jardin botanique
29
Flottemanville-Hague
Le Petit Thot
La Croix-aux-Rois
La Croix-Frimot
Les Noës
Camp Maneyrol
Calvaire des Dunes
Biville
Gourbesville
Acqueville
Le Val-de-Bas
Carref. des Pelles
Pénitot
31
Vasteville
Herquetot
Héauville
Le Manoir
Teurthéville-Hague
Clairefontaine
Crayille
Siouville-Hague
La Viesville
Quettreville
Virandeville
Les Contes
Flamanville
Couvert
Diélette
Helleville
St-Christophe-du-Foc
La Petite Siouville
Arthur
Bretantot
15
Les Pipets
La Croix-Georges
Divette
Sotteville
Sémaphore
Flamanville
Bonnemains
Tréauville
Cap de Flamanville
Quesnoy
Benoîtville
Houel
Le Point-du-Jour
Les Fontaines
Falaises
Les Pieux
Sciotot
Grosville
Anse de Sciotot
Fme de Becqueville
Le Rozel
Fritot
Le Comte
Bernay
Longueville
St-Germain-le-Gaillard
Pierreville
Pointe du Rozel
Le Poux
Hauteville
17
La Croix-Morain
Surtainville
La Mare-du-Parc
Scye
Béghin
St-Paul
Sénoville
Bastard
Baubigny
15
Sortosville-en-Beaumont
La Vallée
Le Meaudenaville
Les Barrières
St-Pierre-d'Arthéglise
Hatainville
Les Moitiers-d'Allonne
Masse de Roman
La Haye-d'Ectot
Roches du Rit
Carteret
Barneville-Carteret
Chapelle
Cap de Carteret
Rouelle
St-Jean-de-la-Rivière
Barneville-Plage
St-Georges-de-la-Rivière
Bosqueville
ILES ANGLO-NORMANDES
(CHANNEL ISLAND)
MANCHE
ALDERNEY
Cherbourg-en-Cotentin
Diélette
GUERNSEY
SARK
Carteret
JERSEY
Chausey
Granville
Liaison maritime:
passant les autos
ne les passant pas
Liaison aérienne
Dinard
St. Malo

E
F
G
H
1
2
3
4
5
Basses du Renier
Basses du Sen
Raz du Cap Lévi
Anse de la Mondrée
Cap Lévi
Raz de Barfleur
Pointe de Barfleur ★★
Pointe de Querqueville
Querqueville
Ft Central
Ft de l'Ouest
Ft de l'Est
Grande Rade
Île Pelée
Pointe du Brulay
Anse du Brick
CHERBOURG-EN-COTENTIN ★
Cité de la Mer
Équeurdreville-Hainneville
Tourlaville
Bretteville
Belvédère
Maupertus-s-Mer
Carneville
Fermanville
Cosqueville
Gatteville-le-Phare
Barfleur ★
La Bretonne
Landemer
Pointe du Moulard
Maltot
Montfarville
Anneville-en-Saire
La Crasvillerie
St-Pierre-Église
Théville
Tocqueville
Clitourps
Canteloup
Ste-Geneviève
Digosville
Gonneville-Le-Theil
Brillevast
Bois de Blanqueville
Bois de Boutron
Val de Saire ★
Valcanville
Le Vast
Le Vicel
La Pernelle
Réville
Pointe de Saire
Quettehou
Île de Tatihou ★
Fort de l'Ilet
St-Vaast-la-Hougue
Fort de la Hougue
Parc à huîtres
Morsalines
La Glacerie
Le Mesnil-au-Val
Martinvast
Hardinvast
Tollevast
Bois de Barnavast
Teurthéville-Bocage
Saussemesnil
Montaigu-la-Brisette
Videcosville
Crasville
Aumeville-Lestre
St-Martin-le-Gréard
Brix
St-Joseph
Tamerville
Valognes ★
Huberville
Vaudreville
Quinéville
Roches St-Floxel
Hameau-du-Nord
Les Gougins
Hameau-du-Sud
Îles St-Marcouf
accès interdit
Ravenoville-Plage
Rauville-la-Bigot
Sottevast
Négreville
Rocheville
Abbe N.D. de Grâce
Bricquebec-en-Cotentin
Yvetot-Bocage
St-Cyr
Montebourg
St-Floxel
Ozeville
Fontenay-s-Mer
St-Marcouf
Azeville
Ravenoville
Foucarville
Mont Leclerc
Les Dunes-de-Varreville
Utah Beach
Morville
Lieusaint
Colomby
Urville
Hémevez
Sortosville
Écausseville
Émondeville
Magneville
Golleville
Néhou
Ste-Colombe
Biniville
Orglandes
Fresville
Neuville-au-Plain
Ste-Mère-Église
St-Germain-de-Varreville
St-Martin-de-Varreville
Audouville-la-Hubert
Turqueville
La Madeleine
Musée du Débarquement ★★
St-Jacques-de-Néhou
St-Sauveur-le-Vicomte
Fierville-les-Mines
Rauville-la-Place
Crosville-s-Douve
Picauville
Chef-du-Pont
Écoquenéauville
Sébeville
Ste-Marie-du-Mont
Banc du Grand Vey
Brucheville
Hiesville
Besneville

31

0 2 4 6 8 10 km

ILES ANGLO-NORMANDES
(CHANNEL ISLAND)

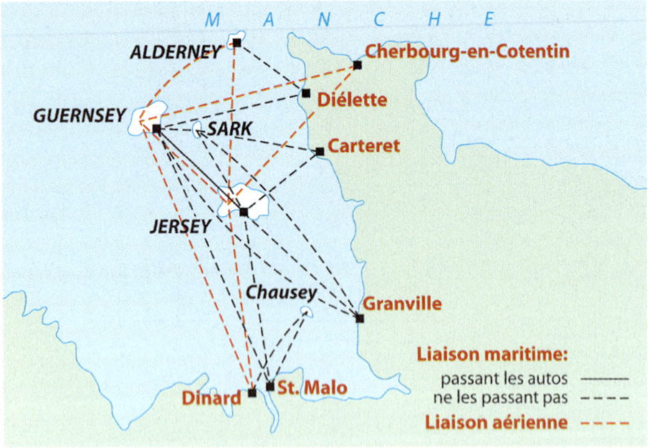

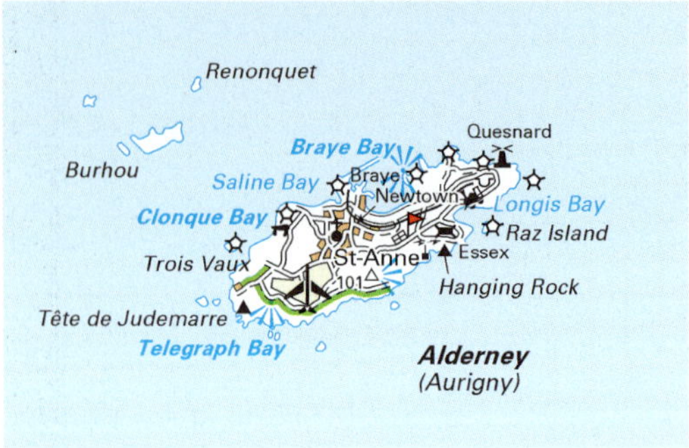

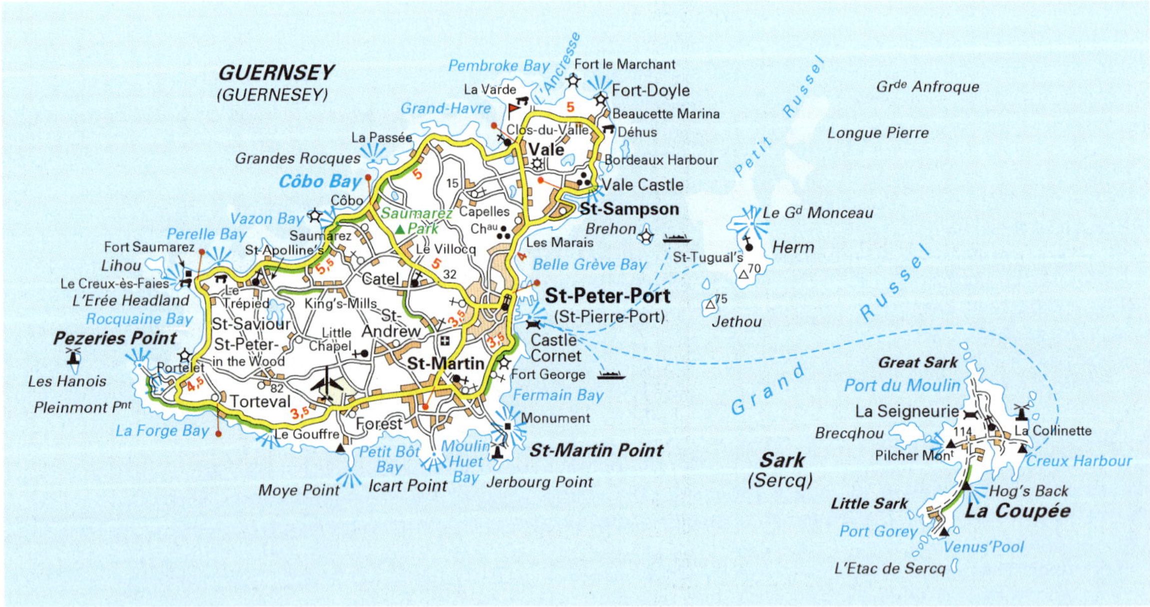

E
F
G
H
28
29
51
32
Valognes
Bricquebec-en-Cotentin
Barneville-Carteret
St-Sauveur-le-Vicomte
Ste-Mère-Église
Carentan
Port-Bail
La Haye-du-Puits
Lessay
Abbatiale
Créances
Pirou
Périers
Marchésieux
St-Sauveur-Lendelin
Coutances
Agon-Coutainville
Gouville-s-Mer
Blainville-s-Mer
Montsurvent
Heugueville
Roches du Sac de Pirou
Mont Castre
Tourbière de Baupte
Montebourg
Pierreville
Sénoville
Sortosville-en-Beaumont
Denneville
Surville
Bretteville-s-Ay
St-Germain-s-Ay
Magneville
Golleville
Orglandes
Picauville
Baupte
Auvers
Sainteny
Raids
Auxais
Lithaire
Doville
Neufmesnil
Varenguebec
Gonfreville
Nay
Millières
Vaudrimesnil
Feugères
Le Mesnil-Vigot
Hauteville
Montcuit
Marigny
Camprond
Cambernon
Savigny
Nicorps
Saussey
Orval
Regnéville-s-Mer
Montchaton
Tourville-s-Sienne
Bricqueville-la-Blouette
Gratot
Brainville
Ancteville
Servigny
Monthuchon
La Vendelée
Muneville-le-Bingard
La Ronde-Haye
Geffosses
Anneville-s-Mer
La Feuillie
St-Patrice-de-Claids
St-Germain-s-Sèves
St-Sébastien-de-Raids
St-Martin-d'Aubigny
Remilly-s-Lozon
Lozon
Carquebut
Liesville-s-Douve
Beuzeville-la-Bastille
Cretteville
Appeville
Amfreville
Turqueville
Écoquenéauville
Fresville
Émondeville
Joganville
Azeville
Écausseville
Sortosville
Hémevez
Urville
Colomby
Lieusaint
Morville
Négreville
Rocheville
Grosville
St-Martin-le-Hébert
Huberville

0 2 4 6 8 10 km

C
D
Iles St-Marcouf
accès interdit
Hameau-du-Sud
St-Marcouf
Ravenoville-Plage
Ravenoville
Foucarville
Mont Leclerc
Les Dunes-de-Varreville
Utah Beach
St-Germain-de-Varreville
St-Martin-de-Varreville
Beuzeville-au-Plain
Turqueville
Audouville-la-Hubert
La Madeleine
Musée du Débarquement ★★
Banc du Grand Vey
Roches de Grandcamp
Grandcamp-Maisy
Pointe du Hoc ★★
St-Pierre-du-Mont
Pointe et raz de la Percée
Omaha Beach
Plages
Vierville-s-Mer
Englesqueville-la-Percée
Cricqueville-en-Bessin
Asnières-en-Bessin
Louvières
St-Laurent-s-Mer
Colleville-s-Mer
U.S.A.
Ste-Honorine-des-Pertes
Port-en-Bessin-Huppain
Sébeville
Boutteville
Ste-Marie-du-Mont
Hiesville
Brucheville
Vierville
Angoville-au-Plain
Blosville
Passe de Carentan
Passe d'Isigny
Gefosse-Fontenay
Osmanville
Isigny-s-Mer
Cardonville
Cambe
Longueville
Deux-Jumeaux
Formigny
Russy
Mosles
Étréham
Carentan
St-Hilaire-Petitville
St-Pellerin
Les Veys
Brévands
Catz
Monfréville
Colombières
Bricqueville
Écrammeville
Aignerville
Trévières
Mandeville-en-Bessin
Tour-en-Bessin
Sully
Vaucelles
Barbeville
Cussy
Crouay
Montmartin-en-Graignes
Neuilly-la-Forêt
Castilly
Vouilly
Rubercy
Saonnet
Blay
Le Breuil-en-Bessin
Graignes-Mesnil-Angot
St-Georges-de-Bohon
St-André-de-Bohon
Le Mesnil-Véneron
St-Jean-de-Daye
Lison
La Folie
St-Marcoult
Cartigny-l'Épinay
St-Martin-de-Blagny
Tournières
Musée de la Mine
Le Molay-Littry
Campigny
Agy
Subles
Ranchy
Tribehou
Airel
St-Fromond
Le Dézert
Cavigny
Moon-sur-Elle
St-Clair-sur-l'Elle
Ste-Marguerite-d'Elle
Cerisy-la-Forêt
Littry
Vaubadon
Castillon
Noron-la-Poterie
Le Tronquay
Le Hommet-d'Arthenay
Les Champs-de-Losque
Remilly-les-Marais
Pont-Hébert
La Meauffe
Villiers-Fossard
Couvains
St-Jean-de-Savigny
Montfiquet
Balleroy-s-Drôme
Trungy
St-Paul-du-Vernay
Le Mesnil-Eury
Amigny
Le Mesnil-Rouxelin
Rampan
St-Georges-Montcocq
La Luzerne
St-André-de-l'Épine
St-Georges-d'Elle
Bérigny
Litteau
La Bazoque
Planquery
Foulognes
Cormolain
Ste-Honorine-de-Ducy
Cahagnolles
Montreuil-sur-Lozon
Hébécrevon
ST-LÔ
Agneaux
St-Gilles
Le Mesnil-Amey
Marigny
La Barre-de-Semilly
St-Pierre-de-Semilly
La Croix-Rouge
St-Germain-d'Elle
Sallen
Livry
Caumont-l'Éventé
Baudre
St-Thomas
Gourfaleur
La Mancellière
St-Jean-des-Baisants
Lamberville
Biéville
Caumont-s-Aure
Sept-Vents
Canisy
Quibou
St-Ébremond-de-Bonfossé
St-Martin-de-Bonfossé
St-Samson-de-Bonfossé
Ste-Suzanne-s-Vire
Condé-s-Vire
Roches de Ham
Torigny-les-Villes
Placy-Montaigu
Le Perron
Dampierre
St-Jean-des-Essartiers
Les Loges
Cahagnes
Dangy
Soulles
Le Mesnil-Herman
St-Romphaire
A
B
C
D
52
31

E
F
G
H
1
2
3
4
5
Côte du Débarquement
Côte de Nacre
Rade de Caen
Gold Beach
Juno Beach
Sword Beach
Centre Juno Beach
Arromanches-les-Bains
Courseulles-s-Mer
St-Aubin-s-Mer
Langrune-s-Mer
Luc-s-Mer
Lion-s-Mer
Ouistreham Riva-Bella
BAYEUX
CAEN
Hérouville-St-Clair
Mondeville
Colombelles
Bénouville
Pegasus Bridge
Hermanville-s-Mer
Douvres-la-Délivrande
Bernières-s-Mer
Merville-Franceville-Plage
Troarn
Évrecy
Villers-Bocage
Bretteville-s-Laize
Fontaine-Henry
Thaon
Creully
Ifs
Cormelles-le-Royal
Giberville
Démouville
Cagny
Bourguébus
Rocquancourt
Fleury-s-Orne
Louvigny
Carpiquet
Bretteville-l'Orgueilleuse
Tilly-s-Seulles
St-Manvieu-Norrey
53
34

0 2 4 6 8 10 km

LE HAVRE
Octeville-sur-Mer
St-Andrieux
Montivilliers
Épouville
Sainneville
Fontaine-la-Mallet
Ste-Adresse
Cap de la Hève
Sanvic
Bléville
Harfleur
Gonfreville-l'Orcher
Gainneville
Rogerville
Oudalle
Sandouville
St-Vigor-d'Ymonville
St-Aubin-Routot
St-Vincent-Cramesnil
Épretot
Graville
Rouelles
PORT 2000
Grand Canal du Havre
Réserve de l'Estuaire
Pont de Normandie
Honfleur
Vasouy
Fiquefleur-Equainville
Côte de Grâce
Cricquebœuf
Pennedepie
Villerville
Hennequeville
Trouville-s-Mer
DEAUVILLE
Bénerville-s-Mer
Blonville-s-Mer
Côte Fleurie
Villers-s-Mer
Falaise des Vaches Noires
Houlgate
Cabourg
Merville-Franceville-Plage
Dives-s-Mer
Gonneville-en-Auge
Varaville
Petiville
Bavent
Goustranville
Basseneville
Bures-s-Dives
Troarn
St-Samson
St-Pierre-du-Jonquet
Janville
St-Ouen-du-Mesnil-Oger
Cléville
Méry-Corbon
Canteloup
Croissanville
Airan
Magny-le-Freule
Mézidon-Canon
Vieux-Fumé
Crèvecœur-en-Auge
Cambremer
Beuvron-en-Auge
Dozulé
Putot-en-Auge
Clermont-en-Auge
Cresseveuille
Angerville
Branville
Beaumont-en-Auge
Bourgeauville
Danestal
Annebault
Heuland
Tourgéville
Glanville
St-Arnoult
Touques
Canapville
Pont-l'Évêque
Reux
Drubec
Clarbec
Pierrefitte-en-Auge
St-Hymer
Manerbe
Formentin
Le Torquesne
Bonnebosq
Repentigny
Léaupartie
Montreuil-en-Auge
La Roque-Baignard
LISIEUX
St-Désir
Beuvillers
Glos
St-Martin-de-la-Lieue
St-Pierre-des-Ifs
Le Mesnil-Guillaume
Ouilly-le-Vicomte
Coquainvilliers
Norolles
Fauguernon
Rocques
Hermival-les-Vaux
Firfol
Marolles
Courtonne-la-Meurdrac
Cordebugle
Blangy-le-Château
Le Brévedent
Le Faulq
St-Philbert-des-Champs
Le Pin
Moyaux
Fumichon
Le Breuil-en-Auge
Fierville-les-Parcs
Le Mesnil-s-Blangy
Manneville-la-Pipard
St-Julien-s-Calonne
Les Authieux-s-Calonne
Bonneville-la-Louvet
St-André-d'Hébertot
St-Benoît-d'Hébertot
Le Theil-en-Auge
Quetteville
Fourneville
Genneville
Beuzeville
Manneville-la-Raoult
Ablon
La Rivière-St-Sauveur
Fatouville-Grestain
Équemauville
Gonneville-s-Honfleur
Barneville-la-Bertran
St-Gatien-des-Bois
Englesqueville-en-Auge
Tourville-en-Auge
Surville
Bonneville-s-Touques
Le Pré-d'Auge
La Boissière
St-Laurent-du-Mont
N.-D.-d'Estrées
N.-D.-de-Livaye
Montreuil-en-Auge
Lécaude
Le Mesnil-Simon
Grandchamp-le-Château
St-Crespin
Le Mesnil-Mauger
Bissières
Ouézy
Le Mesnil-Eudes
St-Germain-de-Livet
St-Jean-de-Livet
St-Martin-de-M.
St-Denis-de-Mailloc
Prêtreville
Auquainville
La Chapelle-Yvon
Le Mesnil-Durand
Coupesarte
Ste-Marie-aux-Anglais
Les Authieux-Papion
Percy-en-Auge
Ouville-la-Bien-Tournée
Magny-la-Campagne
Bretteville-
Condé-s-Ifs
St-Maclou
A 13
A 29
A 131
A 132
E 46
D 613
D 675
D 579
D 6015
18
33
54

19
E
F
G
H
Lillebonne
Tancarville
Pont de Tancarville
Quillebeuf-sur-Seine
Port-Jérôme
N.-D.-de-Gravenchon
Villequier
Caudebec-en-Caux
St-Wandrille-Rançon
Pont de Brotonne
La Mailleraye-sur-Seine
Le Trait
Duclair
Yainville
Jumièges
Heurteauville
Vieux-Port
Aizier
Ételan
Norville
Vatteville-la-Rue
Forêt de Brotonne
PARC NATUREL RÉGIONAL DES BOUCLES DE LA SEINE NORMANDE
Pointe de la Roque
Marais Vernier
Réserve Naturelle des Mannevilles
Ste-Opportune-la-Mare
Trouville-la-Haule
Bourneville-Ste-Croix
Tocqueville
Foulbec
Conteville
Bouquelon
St-Sulpice-de-Grimbouville
St-Maclou
Toutainville
Pont-Audemer
Fourmetot
Manneville-s-Risle
St-Germain-Village
Corneville-s-Risle
Appeville-Annebault
Montfort-s-Risle
Étréville
Éturqueraye
Rougemontiers
Bouquetot
Bourg-Achard
Bosgouet
Routot
Hauville
La Trinité-de-Thouberville
Barneville-s-Seine
Mauny
Grand-Bourgtheroulde
Ch.au de Robert-le-Diable
Le Bosc-Roger-en-Roumois
Bosc-Bénard-Crespy
Flancourt-Crespy-en-Roumois
Boissey-le-Châtel
Voiscreville
Thierville
Glos-s-Risle
Pont-Authou
Le Bec-Hellouin
Malleville-s-le-Bec
St-Philbert-s-Risle
Campigny
Tourville-s-Pont-Audemer
Les Préaux
Vannecrocq
St-Symphorien
Fort-Moville
Triqueville
Epaignes
Selles
St-Siméon
La Noë-Poulain
La Chapelle-Bayvel
Cormeilles
St-Sylvestre-de-Cormeilles
La Poterie-Mathieu
St-Georges-du-Vièvre
St-Grégoire-du-Vièvre
Lieurey
Launay
St-Benoît-des-Ombres
Livet-s-Authou
Brionne
Calleville
Harcourt
Champ de Bataille
Ste-Opportune-du-Bosc
Thibouville
Le Neubourg
Vitot
Épreville-près-le-Neubourg
Le Tremblay-Omonville
Ste-Colombe-la-Commanderie
Beaumont-le-Roger
Serquigny
Nassandres
Fontaine-l'Abbé
Bernay
Menneval
Plasnes
Courbépine
Boissy-Lamberville
Le Theil-Nolent
Thiberville
Duranville
Bournainville-Faverolles
Plainville
Noards
Morainville-Jouveaux
Fresne-Cauverville
Heudreville-en-Lieuvin
Épreville-en-Lieuvin
Giverville
Berthouville
Hecmanville
Franqueville
Aclou
Fontaine-la-Soret
Goupillières
Le Tilleul-Othon
Ecardenville-la-Campagne
Rouge-Perriers
Bray
La Neuville-du-Bosc
Amfreville-St-Amand
La Pyle
Le Bosc-du-Theil
St-Meslin-du-Bosc
Bosrobert
St-Paul-de-Fourques
St-Éloi-de-Fourques
Le Planquay
St-Vincent-du-Boulay
La Chapelle-Hareng
L'Hôtellerie
St-Mards-de-Fresne
St-Victor-de-Chrétienville
Barc
Émanville
A 13
A 28
A 29
E 402
D 613
D 675
SEINE
Risle
5
20
21
22
36
55

0 2 4 6 8 10 km
20
35
56
A
B
C
D
1
2
3
4
5
ROUEN
Mont-St-Aignan
Bois-Guillaume-Bihorel
Darnétal
Bonsecours
Le Mesnil-Esnard
Franqueville-St-Pierre
Sotteville-lès-R.
Le Grd-Quevilly
Le Pt-Quevilly
Petit-Couronne
Grd-Couronne
St-Etienne-du-Rouvray
Canteleu
Maromme
N.-D.-de-Bondeville
Malaunay
Le Houlme
Montville
Isneauville
Quincampoix
Préaux
Martainville-Epreville
Boos
Belbeuf
Oissel
La Bouille
Moulineaux
Chau de Robert-le-Diable
Orival
Cléon
St-Aubin-lès-E.
Elbeuf
Caudebec-lès-E.
St-Pierre-lès-Elbeuf
Pont-de-l'Arche
Val-de-Reuil
Le Vaudreuil
Louviers
Incarville
Alizay
Igoville
Pîtres
Romilly-s-Andelle
Pont-St-Pierre
Côte des Deux Amants
Amfreville-s/s-les-Monts
Poses
Tournedos-s-Seine
Porte-Joie
St-Etienne-du-Vauvray
Heudebouville
Venables
Muids
Vézillon
Chau Gaillard
Les Andelys
Gaillon
St-Aubin-s-G.
Fleury-s-Andelle
Charleval
Vandrimare
Abbe de Fontaine-Guérard
Ménesquevilleu
Écouis
Fresne-l'Archevêque
Le Thuit
Ailly
Acquigny
Pinterville
Heudreville-s-Eure
Autheuil-Authouillet
Champenard
Le Neubourg
Tourville-la-Rivière
Criquebeuf-s-S.
Martot
La Saussaye
Vraiville
Surville
Quatremare
Le Mesnil-Jourdain
Canappeville
Hondouville
Houetteville
La Vacherie
Amfreville-s-Iton
Crestot
Hectomare
Cesseville
Ecquetot
St-Aubin-d'Écrosville
Villettes
Feuguerolles
Brosville
Tourneville
Émalleville
St-Germain-des-Angles
Normanville
Reuilly
Irreville
Cailly-s-Eure
Ste-Colombe-près-Vernon
Chambray
Rouvray
Mercey
St-Vincent-des-Bois
St-Marcel
Bizy
Houlbec-Cocherel
Courcelles-s-Seine
Bouafles
Port-Mort
St-Pierre-la-Garenne
N.-D.-de-l'Isle
Pressagny-l'Orgueilleux
Vasceuil
Perriers-s-Andelle
Rosay-s-Lieure
Forêt de Lyons
Forêt des Andelys
Forêt de Roumare
Forêt de la Londe
SEINE

Gournay-en-Bray
Gisors
Chaumont-en-Vexin
Magny-en-Vexin
Étrépagny
Lyons-la-Forêt
Gerberoy
Songeons
Marines
Ferrières-en-Bray
St-Germer-de-Fly
Beauvoir-en-Lyons
Argueil
Fry
Nolléval
La Feuillie
Bosc-Hyons
Bézancourt
Elbeuf-en-Bray
Avesnes-en-Bray
Dampierre-en-Bray
Brémontier-Merval
Cuy-St-Fiacre
Molagnies
Gancourt-St-Étienne
Bazancourt
Sully
Escames
Buicourt
Hécourt
Hannaches
Senantes
Villers-sur-Auchy
Blacourt
Espaubourg
Cuigy-en-Bray
St-Aubin-en-Bray
Lachapelle-aux-Pots
Savignies
St-Germain-la-Poterie
Le Mont-St-Adrien
Auneuil
La Houssoye
Porcheux
Jouy-sous-Thelle
Le Vaumain
Le Vauroux
Lalandelle
Le Coudray-St-Germer
Sérifontaine
Flavacourt
Talmontiers
Bouchevilliers
Amécourt
Mainneville
Martagny
Mesnil-sous-Vienne
Longchamps
Sancourt
Hébécourt
Heudicourt
St-Denis-le-Ferment
Doudeauville-en-Vexin
Coudray
Puchay
Nojeon-en-Vexin
Saussay-la-Campagne
Le Thil
Farceaux
Boisemont
Hacqueville
Richeville
Suzay
Harquency
Mouflaines
Les Thilliers-en-Vexin
Ste-Marie-de-Vatimesnil
Villers-en-Vexin
Gamaches-en-Vexin
Vesly
Noyers
Dangu
Neaufles-St-Martin
Courcelles-lès-Gisors
Bazincourt-sur-Epte
Éragny-sur-Epte
Bézu-St-Éloi
Bernouville
Chauvincourt-Provemont
Trie-Château
Trie-la-Ville
Énencourt-Léage
Boutencourt
Delincourt
Lattainville
Boury-en-Vexin
Vaudancourt
Montjavoult
Montagny-en-Vexin
Parnes
Guerny
Authevernes
St-Clair-sur-Epte
Château-sur-Epte
Buhy
La Chapelle-en-Vexin
Montreuil-sur-Epte
Ambleville
Omerville
St-Gervais
Serans
Chars
Le Bellay-en-Vexin
Brignancourt
Santeuil
Commeny
Gouzangrez
Guiry-en-Vexin
Wy-dit-Joli-Village
Genainville
Banthelu
Arthies
Maudétour-en-Vexin
Chaussy
Villers-en-Arthies
Vétheuil
Chérence
Amenucourt
Gasny
Giverny
Ste-Geneviève-lès-Gasny
La Roche-Guyon
Vernon
Tilly
Écos
Fourges
Bois-Jérôme-St-Ouen
Heubécourt-Haricourt
Tourny
Guiseniers
Fresne-Léguillon
Loconville
Liancourt-St-Pierre
Boubiers
Lierville
Monneville
Lavilletertre
Neuville-Bosc
Neuilly-en-Vexin
Le Heaulme
Hardivillers-en-Vexin
Boissy-le-Bois
Fresneaux-Montchevreuil
Bachivillers
Valdampierre
Villotran
Beaumont-les-Nonains
La Neuville-Garnier
Le Mesnil-Théribus
Ivry-le-Temple
Parc Naturel Régional du Vexin
Domaine de Villarceaux
Parc St-Paul
Hêtre de la Bunodière
Bray
Lyons
Epte
Troësne
Aubette de Magny
N 31
E 46
D 915
D 981
D 14
D 6014
D 915
E
F
G
H
21
38
57

0 2 4 6 8 10 km
22
37
58
A
B
C
D
1
2
3
4
5
BEAUVAIS
Clermont
Creil
Nogent-sur-Oise
Montataire
Senlis
Chantilly
Méru
Mouy
St-Just-en-Chaussée
L'Isle-Adam
Persan
Beaumont-s-Oise
Abbaye de Royaumont
Lamorlaye
Luzarches
Auvers-sur-Oise
Noailles
Liancourt
Breteuil
Froissy
Crèvecœur-le-Petit
Maignelay-Montigny
Quinquempoix
Ansauvillers
Noyers-St-Martin
Campremy
La Neuville-St-Pierre
Bucamps
Thieux
Le Quesnel-Aubry
Catillon-Fumechon
Le Plessier-sur-St-Just
Montiers
Ravenel
Léglantiers
Angivillers
Lieuvillers
Cressonsacq
Erquinvillers
Cuignières
Rémécourt
Fouilleuse
Bailleul-le-Soc
Maimbeville
St-Aubin-sous-Erquery
Fitz-James
Erquery
Lamécourt
Airion
Étouy
Litz
Bresles
Therdonne
Allonne
Warluis
Frocourt
Auneuil
Abbecourt
St-Sulpice
Ponchon
Hermes
Berthecourt
St-Félix
Heilles
Hondainville
Angy
Cambronne-lès-Clermont
Rantigny
Cauffry
Laigneville
Mogneville
Monchy-St-Éloi
Villers-St-Paul
Verneuil-en-Halatte
Cires-lès-Mello
Mello
Cramoisy
Thiverny
St-Maximin
Apremont
Courteuil
Vineuil-St-Firmin
Gouvieux
Viarmes
Asnières-s-Oise
Noisy-s-Oise
Seugy
Belloy
Fosses
Survilliers
Coye-la-Forêt
Orry-la-Ville
Forêt de Chantilly
Parc naturel régional Oise - Pays de France
Vexin Français
Valmondois
Méry
Ennery
Génicourt
Hérouville-en-Vexin
Labbeville
Nesles-la-Vallée
Frouville
Hédouville
Ronquerolles
Champagne-s-Oise
Bruyères-s-Oise
Bernes-s-Oise
Chambly
Belle-Église
Fresnoy-en-Thelle
Puiseux-le-Hauberger
Neuilly-en-Thelle
Crouy-en-Thelle
Morangles
Précy-sur-Oise
Blaincourt-lès-Précy
St-Leu-d'Esserent
Villers-s-St-Leu
Boran-sur-Oise
Ercuis
Foulangues
Maysel
Ully-St-Georges
Balagny-sur-Thérain
Cauvigny
Ste-Geneviève
Novillers
Laboissière-en-Thelle
Andeville
Lormaison
Corbeil-Cerf
Le Déluge
La Drenne
Ressons-l'Abbaye
Le Coudray-sur-Thelle
Silly-Tillard
La Neuville-d'Aumont
Auteuil
Berneuil-en-Bray
Valdampierre
Pouilly
Villeneuve-les-Sablons
Hénonville
Amblainville
Bornel
Esches
Fosseuse
Anserville
Dieudonné
Ivry-le-Temple
Monts
Berville
Haravilliers
Theuville
Menouville
Vallangoujard
Épiais-Rhus
Marines
Livilliers
Montgeroult
Boissy-l'Aillerie
Épinay-Champlâtreux
Le Plessis-Luzarches
Jagny-s-Bois
Châtenay-en-France
Villaines-s/s-Bois
Maffliers
Montsoult
Villiers-Adam
Presles
Nointel
Mours
Bernes
St-Martin-du-Tertre
Fournival
Avrechy
Valescourt
Nourard-le-Franc
Rotibéquet
Le Mesnil-sur-Bulles
Bulles
Haudivillers
Essuiles
Rémérangles
Wariville
Le Fay-St-Quentin
Laversines
Fouquerolles
Nivillers
Velennes
Bonlier
Tillé
Rochy-Condé
Bailleul-sur-Thérain
Montreuil-sur-Thérain
Villers-St-Sépulcre
La Rue-St-Pierre
La Neuville-en-Hez
Agnetz
Thury-sous-Clermont
Neuilly-sous-Clermont
Ansacq
Bury
Rousseloy
Velennes
Juvignies
Verderel-lès-Sauqueuse
Maisoncelle-St-Pierre
Abbeville-St-Lucien
Muidorge
Fontaine-St-Lucien
Oroër
Guignecourt
Froissy
Oudeuil
Pisseleu
Milly-sur-Thérain
Crillon
Reuil-sur-Brêche
Montreuil-sur-Brêche
Lafraye
La Boudinière
Fresneaux
Coiseaux
Le Plessier-sur-Bulles
Hatton
St-Rimault
Gannes
Brunvillers-la-Motte
Coivrel
Plainval
Lèvremont
Vaumont
St-Martin-aux-Bois
Valescourt
St-Remy-en-l'Eau
La Gloriette
Argenlieu
Noroy
Trois-Étots
Cernoy
Catenoy
Nointel
Avrigny
Sacy-le-Grand
Labruyère
Rosoy
Verderonne
Cinqueux
Angicourt
Rieux
Brenouille
Pont-Ste-Maxence
Beaurepaire
Fleurines
Aumont-en-Halatte
La Haute Pommeraie
Mont-l'Évêque
Avilly-St-Léonard
Pontarmé
Thiers-s-Thève
Mortefontaine-en-Thelle
Lachapelle-St-Pierre
Hodenc-l'Évêque
Le Mesnil-en-Thelle
Chaumontel
Lassy
Surveilliers

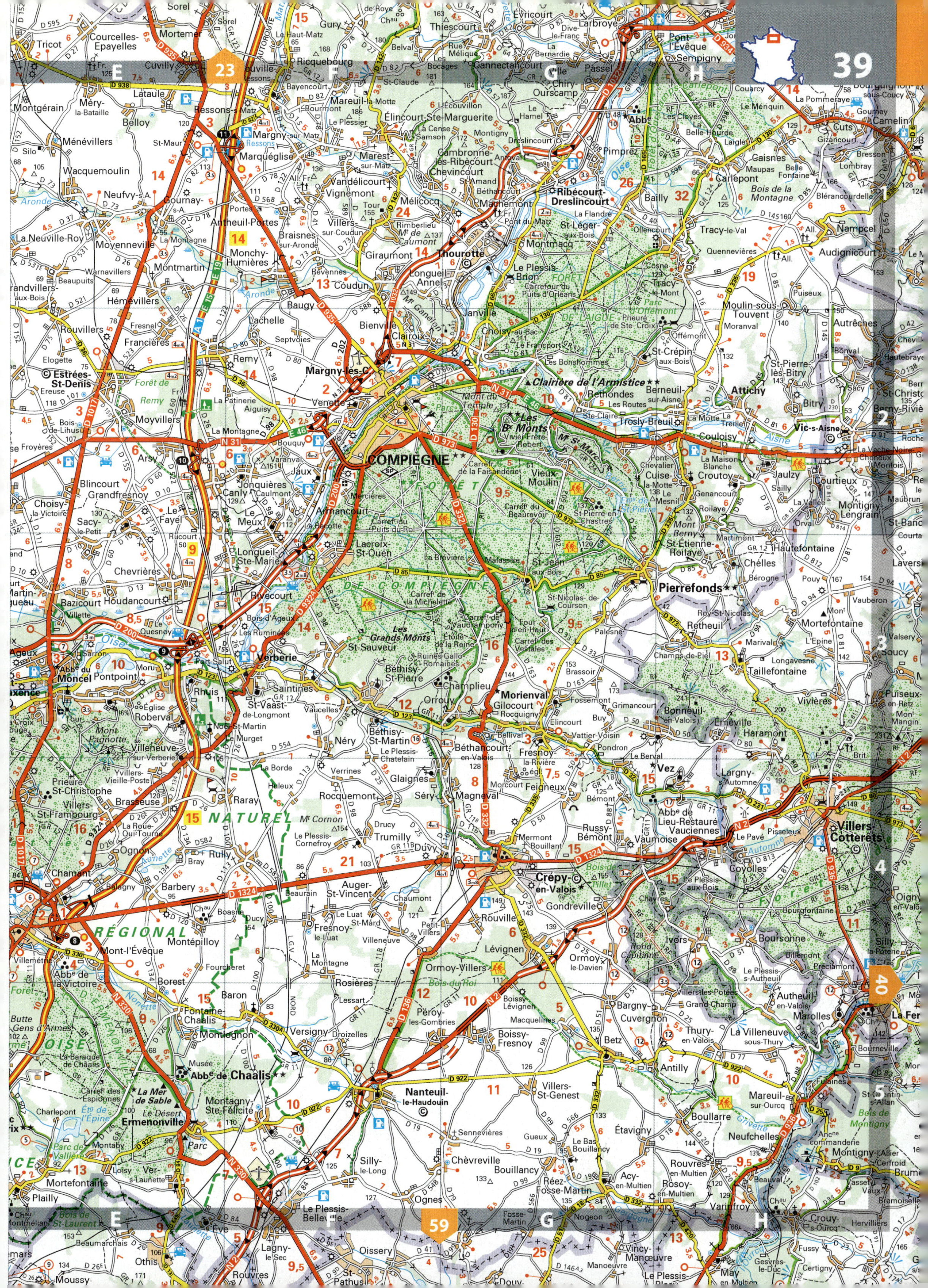
E
F
G
H
23
59
40
COMPIÈGNE
Margny-lès-C.
Venette
Clairoix
Choisy-au-Bac
Janville
Thourotte
Ribécourt-Dreslincourt
Pierrefonds
Crépy-en-Valois
Villers-Cotterêts
Verberie
Pont-Ste-Maxence
Nanteuil-le-Haudouin
Ermenonville
Senlis
Estrées-St-Denis
Attichy
Vic-s-Aisne
Morienval
Béthisy-St-Pierre
Béthisy-St-Martin
Rivecourt
Longueil-Ste-Marie
Lacroix-St-Ouen
Saintines
St-Sauveur
Vez
Gilocourt
Champlieu
Clairière de l'Armistice
Abbe de Chaalis
Mont-l'Évêque
Montépilloy
Betz
Coulolsy
Trosly-Breuil
Ressons-s-Matz
Ricquebourg
Gournay-s-A.
Moyvillers
Jonquières
Fresnoy-le-Luat
Rully
Ormoy-Villers
Lévignen
Silly-le-Long
Boissy-Fresnoy
Péroy-les-Gombries
Versigny
Taillefontaine
Retheuil
Haramont
Largny
Bonneuil-en-Valois
Autheuil-en-Valois
Marolles
La Ferté-Milon
Mareuil-sur-Ourcq
Acy-en-Multien
Rouvres-en-Multien
Forêt de Compiègne
Forêt de Retz
Forêt d'Ermenonville
PARC NATUREL RÉGIONAL OISE PAYS DE FRANCE
Aisne
Oise
Aronde

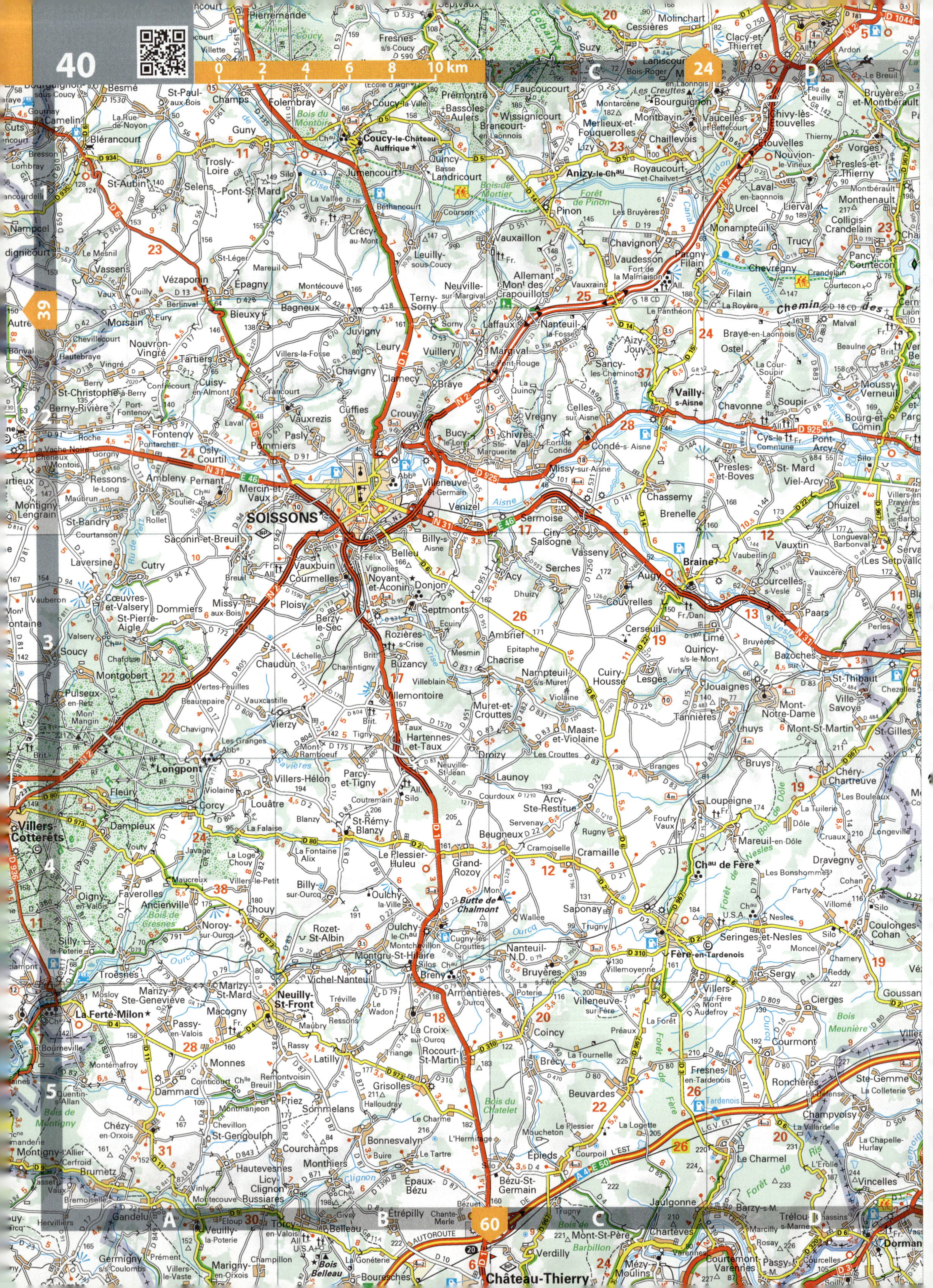
0 2 4 6 8 10 km
24
39
60
SOISSONS
Coucy-le-Château-Auffrique
Anizy-le-Chau
Vailly-s-Aisne
Braine
Fère-en-Tardenois
Villers-Cotterêts
La Ferté-Milon
Neuilly-St-Front
Château-Thierry
Longpont
Chau de Fère
Butte de Chalmont
Chemin des Dames
Bois du Châtelet
Forêt de Fère
Bois de Montigny
Forêt de Pinon
Bois du Mortier
Vauxbuin
Courmelles
Belleu
Billy-s-Aisne
Venizel
Villeneuve-St-Germain
Mercin-et-Vaux
Pernant
Acy
Septmonts
Buzancy
Villemontoire
Hartennes-et-Taux
Oulchy-le-Chau
Grand-Rozoy
Bruyères
Coincy
Beuvardes
Epieds
Jaulgonne
Missy-sur-Aisne
Condé-s-Aisne
Chassemy
Brenelle
Cys-la-Commune
Bourg-et-Comin
Laffaux
Margival
Crouy
Bucy-le-Long
Chivres-Val
Vregny
Jumencourt
Pinon
Chavignon
Braye-en-Laonnois
Ostel
Soupir
Paars
Bazoches-sur-Vesle
Mont-Notre-Dame
Loupeigne
Mareuil-en-Dôle
Seringes-et-Nesles
Cierges
Sergy
Villers-sur-Fère
Ronchères
Fresnes-en-Tardenois
Le Charmel
Dammard
Chézy-en-Orxois
Gandelu
Veuilly-la-Poterie
Torcy
Belleau
Bois Belleau
Marigny-en-Orxois
Bonnesvalyn
Bézu-St-Germain
Rocourt-St-Martin
La Croix-sur-Ourcq
Armentières-s-Ourcq
Montgru-St-Hilaire
Rozet-St-Albin
Noroy-sur-Ourcq
Faverolles
Ancienville
Fleury
Corcy
Louâtre
Villers-Hélon
Parcy-et-Tigny
St-Rémy-Blanzy
Le Plessier-Huleu
Vierzy
Chaudun
Ploisy
Missy-aux-Bois
Dommiers
Cœuvres-et-Valsery
St-Pierre-Aigle
Montgobert
Puiseux-en-Retz
Cutry
Laversine
Saconin-et-Breuil
Ambleny
Fontenoy
Vic-sur-Aisne
Nouvron-Vingré
Morsain
Vézaponin
Epagny
Bieuxy
Juvigny
Leury
Clamecy
Pasly
Vauxrezis
Cuffies
Pommiers
N 2
N 31
D 1
E 46
A 4 - E 50
AUTOROUTE
D 1044

REIMS
Tinqueux
Cormontreuil
St-Léonard
Bétheny
Witry-lès-Reims
Cernay-lès-Reims
Nogent-l'Abbesse
Berru
Beine-Nauroy
Sillery
Puisieux
Taissy
Trois-Puits
Montbré
Villers-Allerand
Rilly-la-Montagne
Chigny-les-Roses
Ludes
Mailly-Champagne
Verzenay
Verzy
Villers-Marmery
Trépail
Vaudemange
Ambonnay
Bouzy
Louvois
Germaine
Ville-en-Selve
Avenay-Val-d'Or
Mutigny
Ay
Dizy
Champillon
Hautvillers
Cumières
Damery
Romery
Fleury-la-Rivière
Nanteuil-la-Forêt
Courtagnon
Sermiers
Pourcy
Marfaux
Chaumuzy
Bligny
Sarcy
Poilly
Aubilly
St-Euphraise-et-Clairizet
Bouilly
Courmas
Ecueil
Chamery
Villers-aux-Nœuds
Champfleury
Bezannes
Ormes
Gueux
Thillois
Champigny
St-Brice-Courcelles
Merfy
St-Thierry
Pouillon
Chenay
Trigny
Prouilly
Pévy
Châlons-s-Vesle
Muizon
Jonchery-sur-Vesle
Branscourt
Courcelles-Sapicourt
Rosnay
Janvry
Germigny
Méry-Prémecy
Bouleuse
Coulommes-la-Montagne
Vrigny
Pargny-lès-R.
Jouy-lès-R.
Les Mesneux
Ville-Dommange
Sacy
Faverolles-et-Coëmy
Treslon
Savigny-s-Ardres
Serzy-et-Prin
Crugny
Arcis-le-Ponsart
Brouillet
Lagery
Lhéry
Tramery
Ville-en-Tardenois
Chambrecy
Romigny
Aougny
Olizy
Champlat-et-Boujacourt
Jonquery
La Neuville-aux-Larris
Cuchery
Belval-sous-Châtillon
Cormoyeux
Baslieux-s-Châtillon
Châtillon-s-Marne
Villers-s-Châtillon
Binson-et-Orquigny
Reuil
Venteuil
Vandières
Verneuil
Passy-Grigny
Anthenay
Fismes
Magneux
Unchair
Hourges
Vandeuil
Breuil-s-Vesle
Courlandon
Baslieux-lès-Fismes
Montigny-s-Vesle
Bouvancourt
Ventelay
Romain
Guyencourt
Bourgogne
Vaux-Varennes
Hermonville
Villers-Franqueux
Cauroy-lès-Hermonville
Cormicy
Bouffignereux
Muscourt
Meurival
Concevreux
Roucy
Maizy
Beaurieux
Chaudardes
Cuiry-lès-Chaudardes
Gernicourt
Pontavert
Berry-au-Bac
Condé-s-Suippe
Aguilcourt
Variscourt
Guignicourt
Menneville
Neufchâtel-s-Aisne
Prouvais
Amifontaine
Juvincourt-et-Damary
Corbeny
Craonne
Craonnelle
Vassogne
Oulches-la-Vallée-Foulon
Paissy
Jumigny
Moulins
Berrieux
Goudelancourt-lès-Berrieux
Aizelles
St-Thomas
Aubigny-en-Laonnois
Courtrizy-et-Fussigny
St-Erme-Outre-et-Ramecourt
Montaigu
Mauregny-en-Haye
Festieux
Veslud
Eppes
Coucy-lès-Eppes
Montchâlons
Orgeval
Bièvres
Ployart-et-Vaurseine
Arrancy
Chermizy-Ailles
Bouconville-Vauclair
Ste-Croix
Neuville
La Malmaison
Proviseux-et-Plesnoy
Évergnicourt
Le Thour
Villers-devant-le-Thour
Avaux
Brienne-s-Aisne
Asfeld
Vieux-lès-Asfeld
Balham
St-Germainmont
Gomont
Blanzy-la-Salonnaise
Aire
Herpy-l'Arlésienne
St-Loup-en-Champagne
Sault-St-Remy
Roizy
Houdilcourt
Poilcourt-Sydney
Pignicourt
Berticourt
Aumenancourt
St-Étienne-s-Suippe
Orainville
Bermericourt
Loivre
Brimont
Courcy
Bourgogne (Bourgogne-Fresne)
Fresne-lès-Reims
Pomacle
Boult-s-Suippe
Bazancourt
Isles-s-Suippe
Warmeriville
Lavannes
Caurel
Bergnicourt
L'Écaille
St-Masmes
Époye
Forêt de la Montagne de Reims
PARC NATUREL RÉGIONAL DE LA MONTAGNE DE REIMS
Mont Sinaï
Faux de Verzy
Fort de la Pompelle
Chemin des Dames
Camp de Sissonne
Bois du Roi
Bois de Courton
Aisne
Vesle
Marne
Suippe
Miette
Ardre
E
F
G
H
1
2
3
4
5
25
42
61

0 2 4 6 8 10 km
41
26
62
Rethel
Sault-lès-Rethel
Barby
Taizy
Nanteuil-s-Aisne
Acy-Romance
Biermes
Doux
Coucy
Amagne
Ecordal
Alland'Huy-et-Sausseuil
Charbogne
Attigny
Givry
Ambly-Fleury
Seuil
Thugny-Trugny
Perthes
Tagnon
Le Châtelet-sur-Retourne
Neuflize
Juniville
Annelles
Ménil-Annelles
Mont-Laurent
Saulces-Champenoises
Vaux-Champagne
Pauvres
Bignicourt
Ville-s-Retourne
Mont-St-Remy
Dricourt
Leffincourt
Machault
Cauroy
Ménil-Lépinois
Aussonce
La Neuville-en-Tourne-à-Fuy
Warmeriville
Bergnicourt
St-Remy-le-Petit
Heutrégiville
Selles
Pontfaverger-Moronvilliers
Bétheniville
Hauviné
St-Clément-à-Arnes
St-Pierre-à-Arnes
St-Étienne-à-Arnes
St-Hilaire-le-Petit
St-Martin-l'Heureux
Dontrien
St-Souplet-sur-Py
Ste-Marie-à-Py
Sommepy-Tahure
Vaudesincourt
Aubérive
Beine-Nauroy
Époye
St-Masmes
Nauroy
Moronvilliers
Mont Cornillet
Prosnes
Val-de-Vesle
Baconnes
Sept-Saulx
Mourmelon-le-Grand
Mourmelon-le-Petit
Livry-Louvercy
St-Hilaire-le-Grand
Jonchery-sur-Suippe
Suippes
Souain-Perthes-lès-Hurlus
Somme-Suippe
Somme-Tourbe
Somme-Bionne
Bouy
Vadenay
Cuperly
Les Grandes-Loges
St-Hilaire-au-Temple
Bussy-le-Château
St-Remy-sur-Bussy
La Cheppe
La Croix-en-Champagne
Vouziers
Semuy
Voncq
Rilly-s-Aisne
Ste-Vaubourg
Chuffilly-Roche
Coulommes-et-Marqueny
Quilly
Grivy-Loisy
Tourcelles-Chaumont
Bourcq
Ste-Marie
Contreuve
Sugny
Semide
Mont-St-Martin
Monthois
Liry
Marvaux-Vieux
Ardeuil-et-Montfauxelles
Manre
Aure
Séchault
Challerange
St-Morel
Savigny-s-Aisne
Falaise
Vandy
Ballay
Le Chesne
Tourteron
Lametz
Suzanne
St-Lambert-et-Mont-de-Jeux
Neuville-Day
Montgon
Fontaine-en-Dormois
Rouvroy-Ripont
Tahure
Butte de Tahure
Butte de Souain
Camp militaire de Suippes
Camp de Mourmelon
Minaucourt-le-Mesnil-lès-Hurlus
Wargemoulin-Hurlus
Laval-s-Tourbe
St-Jean-sur-Tourbe
Massiges
Virginy
Hans
D 946
D 931
D 977
D 980
D 985
D 925
D 20
D 21
D 19
D 994

Chartreuse
Le Mont-Dieu
Mémorial de Stonne
Mont Damion
Mont du Cygne
Beaumont-en-Argonne
Pouilly-sur-Meuse
Martincourt-sur-Meuse
Nepvant
Luzy-St-Martin
Tannay
Les Grandes Armoises
La Berlière
Forêt de Jaunay
Brouennes
Cesse
Vigneul-s/s-Montmédy
Les Petites Armoises
Sy
Oches
Forêt de Dieulet
Stenay
Cervisy
Quincy-Landzécourt
Baâlon
Han-lès-Juvigny
Juvigny-sur-Loison
Verrières
Sommauthe
Laneuville-sur-Meuse
Bazancourt
Brieulles-sur-Bar
St-Pierremont
Vaux-en-Dieulet
Belval-Bois-des-Dames
Beaufort-en-Argonne
Mouzay
Bois du Chênois
Châtillon-sur-Bar
Fontenois
Autruche
Les Champys
Beauclair
Wiseppe
Forêt de Woëvre
Loupy sur-Loison
Autheé
Noirval
Belleville-et-Châtillon-sur-Bar
Fossé
Halles-s/s-les-Côtes
Les Forgettes
Saulmory-Villefranche
Charmois
Germont
Bar-lès-Buzancy
Nouart
Montigny devant-Sassey
Harricourt
Buzancy
Tailly
Sassey-sur-Meuse
La Malmaison
Barricourt
Lion-devant-Dun
Toges
Boult-aux-Bois
Mont-devant-Sassey
Le Gros Chêne
Thénorgues
Les Tuileries
Villers-devant-Dun
Milly-sur-Bradon
Côte St Germain
Brandeville
Briquenay
Sivry-lès-Buzancy
Bayonville
Andevanne
Dun-s-Meuse
Murvaux
Bréhéville
Longwé
Les Quatre Charmes
Verpel
Chennery
Rémonville
Doulcon
B. du Fayel
Landreville
Clery-le-Petit
Fontaines-St-Clair
Forêt de la Croix-aux-Bois
Le Morthomme
Beffu-et-le-Morthomme
Imécourt
Aincreville
Clery-le-Grand
Liny-devant-Dun
La Petite Lissey
Écurey-en-Verdunois
Ladhuy
Bantheville
Champigneulle
Landres-et-St-Georges
St-Georges
Brieulles-sur-Meuse
Haraumont
Réville-aux-Bois
Talma
Grandpré
St-Juvin
Cunel
Vilosnes-Haraumont
Chevières
Romagne-s/s-Montfaucon
U.S.A
Monument Américain
Sivry-sur-Meuse
Termes
Sommerance
Bois d'Ariétal
Marcq
Gesnes-en-Argonne
Dannevoux
Senuc
Fléville
Cierges-s/s-Montfaucon
Mouron
Grandham
Cornay
Exermont
Nantillois
Septsarges
Consenvoye
Vaux-lès-Mouron
Châtel-Chéhéry
Les Granges
Butte de Montfaucon
Gercourt-et-Drillancourt
Drillancourt
Brabant-sur-Meuse
Montcheutin
Le Bois-de-Lord
Eclisfontaine
Épinonville
Ivoiry
Cuisy
Bois d'Autry
St-Lambert
Lançon
Le Mesnil
L'Espérance
Montfaucon-d'Argonne
Béthincourt
Forges-sur-Meuse
Les Francs-Fossés
Autry
Apremont
Baulny
Charpentry
Regnéville-sur-Meuse
Les Bièvres
Charlevaux
Condé-lès-Autry
Montblainville
Véry
Forêt de Montfaucon
Malancourt
Dormoise
Binarville
Cheppy
Haucourt
le Mort-Homme
Côte 304
Côte de l'Oie
Champ
Varennes-en-Argonne
La Mare-aux-Boeufs
Cumières-le-mort-homme
Cernay-en-Dormois
Servon-Melzicourt
Bois du Bel Orme
Bois de Malancourt
Chattancourt
Marre
Bois de la Gruerie
Vacherauville
Butte de Vauquois
Vauquois
Avocourt
Esnes-en-Argonne
La Claire
Fort de Marre
Bois de Ville
Forêt de Servon
Vienne-le-Château
Boureuilles
Forêt de Hesse
Montzéville
Bois Bourrus
Fort de Bois-Bourrus
Melzicourt
La Harazée
St-Thomas-en-Argonne
Le Four-de-Paris
Verrières-en-Hesse
Germonville
Thierville-sur-Meuse
Ville-s-Tourbe
Bois d'Hauzy
La Placardelle
Forêt de Lachalade
Abancourt
Vigneville
Jardin Fontaine
Malmy
La Renarde
La Forestière
Béthelainville
Fromeréville-les-Vallons
Glorieux
Berzieux
Vienne-la-Ville
Forêt des Hauts-Bâtis
Lachalade
Neuvilly-en-Argonne
Naviaux
Les Petits-Bâtis
Carrefour de la Croix de Pierre
Le Claon
Aubréville
Récicourt
Dombasle-en-Argonne
Sivry-la-Perche
Baleycourt
Moiremont
Parois
Brabant-en-Argonne
Jouy-en-Argonne
Fort de Regret
Le Poncelet
Le Neufour
Lochères
Courcelles
Frana
Champ de Tir
Mémorial
La Neuville-au-Pont
Bois de la Viergette
B. du Grd Pays
La Noue St-Vanne
Vraincourt
Blercourt
Moulin-Brûlé
Dommartin-sous-Hans
Florent-en-Argonne
Les Islettes
Le Jarcq
Brocourt-en-Argonne
Nixéville-Blercourt
Maffrecourt
Les Vignettes
Bois-Bachin
Clermont-en-Argonne
Auzéville-en-Argonne
Rampont
Chaudefontaine
Vaux
Étang de Florent
Côte de Biesme
Les Senades
Jubécourt
Lempire-aux-Bois
Braux-Ste-Cohière
La Grange-aux-Bois
La Contrôlerie
Futeau
Beauchamp
Rarécourt
Ville-sur-Cousances
Les Souhesmes-Rampont
Dommartin-Dampierre
Ste-Menehould
Bellefontaine
Vadelaincourt
Lemmes
Bois de Souhesmes
Verrières
Salvange
Julvécourt
Froidos
Orbeval
Dampierre
Argers
Maupertuis
Lavoye
Oches
Élise-Daucourt
Voilemont
Forêt de Beaulieu
Bois de Lavoye
Autrécourt-sur-Aire
Ippécourt
Souilly
Grigny
Châtrices
St-Rouin
Voie Sacrée
Meuse
Aire
Aisne
Biesme
Cousances

0 2 4 6 8 10 km
Margny
Gérouville
Meix-devant-Virton
Robelmont
St-Léger
Châtillon
Villy
Moiry
Sapogne-sur-Marche
Breux
Sommethonne
Virton
Ethe
Bleid
Mussy-la-Ville
Musson
Longwy
Margut
Signy-Montlibert
Avioth
Thonne-le-Thil
Thonne-la-Long
Dampicourt
St-Mard
Ruette
La Ferté
Olizy-sur-Chiers
Bièvres
Thonnelle
Verneuil-Petit
Verneuil-Grand
Rouvroy
Écouviez
Harnoncourt
Halanzy
Lamouilly
Chauvency-St Hubert
Thonne-les-Près
Villers-la-Chèvre
Martincourt-sur-Meuse
Nepvant
Chauvency-le-Château
Montmédy
Lamorteau
Tellancourt
Brouennes
Villécloye
Velosnes
Allondrelle-la-Malmaison
Fresnois-la-Montagne
Vigneul-sous-Montmédy
Iré-les-Prés
Bazeilles-sur-Othain
Épiez-sur-Chiers
Montigny-sur-Chiers
Stenay
Quincy-Landzécourt
Han-lès-Juvigny
Iré-le-Sec
Othe
Charency-Vezin
Cons-la-Grandville
Baâlon
Juvigny-sur-Loison
Flassigny
Villette
Viviers-sur-Chiers
Ugny
Mouzay
Villers-le-Rond
Colmey
Longuyon
Wiseppe
Forêt de Woëvre
Marville
St-Jean-lès-Longuyon
Petit-Xivry
Doncourt-lès-Longuyon
Beuveille
Louppy-sur-Loison
Remoiville
Petit-Failly
Grand-Failly
Noërs
Pierrepont
Saulmory-Villefranche
Jametz
Rupt-sur-Othain
Arrancy-sur-Crusne
Sassey-sur-Meuse
Delut
Han-devant-Pierrepont
Brandeville
Milly-sur-Bradon
Dombras
St-Laurent-sur-Othain
Sorbey
Murvaux
Vittarville
St-Pierrevillers
St-Supplet
Dun-sur-Meuse
Brévilliers
Lissey
Merles-sur-Loison
Villers-lès-Mangiennes
Pillon
Rouvrois-sur-Othain
Nouillonpont
Fontaines-St-Clair
Peuvillers
Duzey
Liny-devant-Dun
Écurey-en-Verdunois
Mangiennes
Muzeray
Damvillers
Billy-sous-Mangiennes
Réville-aux-Bois
Étraye
Spincourt
Brieulles-sur-Meuse
Vilosnes-Haraumont
Wavrille
Romagne-sous-les-Côtes
Vaudoncourt
Loison
Houdelaucourt-sur-Othain
Sivry-sur-Meuse
Dannevoux
Moirey-Flabas-Crépion
Chaumont-devant-Damvillers
Domremy-la-Canne
Ville-devant-Chaumont
Azannes-et-Soumazannes
Gouraincourt
Senon
Consenvoye
Haumont-près-Samogneux
Gremilly
Dommary-Baroncourt
Gercourt-et-Drillancourt
Brabant-sur-Meuse
Amel-s-l'Étang
Éton
Cuisy
Forges-sur-Meuse
Samogneux
Ornes
Maucourt-sur-Orne
Béthincourt
Regnéville-sur-Meuse
Beaumont-en-Verdunois
Gincrey
Louvemont-Côte-du-Poivre
Mogeville
Foameix-Ornel
Champneuville
Bezonvaux
Le Mort-Homme
Cote 304
Cumières-le-mort-homme
Douaumont
Morgemoulin
Rouvres-en-Woëvre
Chattancourt
Vacherauville
Fromezey
Étain
Lanhères
Esnes-en-Argonne
Marre
Charny-sur-Meuse
Bras-sur-Meuse
Fleury-devant-Douaumont
Damloup
Abaucourt-Hautecourt
Warcq
Boinville-en-Woëvre
Montzéville
Belleville-sur-Meuse
Hermeville-en-Woëvre
Eix
Moranville
Gussainville
Buzy-Darmont
Thierville-sur-Meuse
Grimaucourt-en-Woëvre
Blanzée
Braquis
Béthelainville
Fromeréville-les-Vallons
VERDUN
Moulainville
Châtillon-sous-les-Côtes
Parfondrupt
Dombasle-en-Argonne
Sivry-la-Perche
Belrupt
Watronville
Ville-en-Woëvre
Haudainville
Haudiomont
Ronvaux
Manheulles
Hennemont
Pareid
Jouy-en-Argonne
Pintheville
Maizeray

43
64

Messancy
Athus
Aubange
Pétange
Bascharage
Sanem
Mont-St-Martin
Longlaville
Differdange
Herserange
Esch-sur-A.
Schifflange
Kayl
Dudelange
Rumelange
Bettembourg
Hesperange
Mondorf-les-Bains
Villerupt
Audun-le-Tiche
Tiercelet
Bréhain-la-Ville
Crusnes
Errouville
Aumetz
Ottange
Volmerange-les-Mines
Kanfen
Hettange-Grande
Cattenom
Basse-Rentgen
Zoufftgen
Serrouville
Audun-le-Roman
Boulange
Algrange
Fontoy
Nilvange
Hayange
Thionville
Yutz
Florange
Uckange
Fameck
Guénange
Metzervisse
Stuckange
Knutange
Tucquegnieux
Piennes
Landres
Bouligny
Mancieulles
Avril
Briey
Moyeuvre-Gde
Rosselange
Richemont
Amnéville
Hagondange
Rombas
Maizières-lès-M.
Talange
Homécourt
Jœuf
Auboué
Conflans-en-Jarnisy
Jarny
Labry
Batilly
St-Privat-la-Montagne
Woippy
Marange-Silvange
Plesnois
Saulny
St-Julien-lès-M.
Vantoux
Montigny
Longeville-lès-M.
Moulins-lès-M.
Chazelles
Gravelotte
METZ
Vigy
Ennery
Chailly-lès-Ennery
Mondelange
Walygator Parc

0 2 4 6 8 10 km
NATURPARK
Hesperange
Remich
Stadtbredimus
Waldbredimus
Dalheim
Filsdorf
Frisange
Evrange
Mondorf-les-Bains
Mondorff
Burmerange
Wellenstein
Schengen
Perl
Nennig
Tettingen
Wochern
Besch
Remerschen
Apach
Kirsch-lès-Sierck
Manderen
Merschweiller
Malbrouck
Rettel
Sierck-les-Bains
Contz-les-Bains
Haute-Kontz
Basse-Rentgen
Puttelange-lès-Thionville
Beyren-lès-Sierck
Rodemack
Roussy-le-Village
Boust
Cattenom
Berg-s-M.
Hunting
Montenach
Kaltweiler
Fixem
Gavisse
Koenigsmacker
Kerling-lès-Sierck
Oudrenne
Kirschnaumen
Rémeling
Hälstroff
Grindorff-Bizing
Laumesfeld
Waldweistroff
Hackenberg
Basse-Ham
Elzange
Valmestroff
Inglange
Kuntzig
Thionville
Yutz
Manom
Stuckange
Distroff
Volstroff
Metzervisse
Metzeresche
Kédange-s-Canner
Hombourg-Budange
Klang
Dalstein
Menskirch
Chémery-les-Deux
Kemplich
Monneren
Veckring
St-François-Lacroix
Bibiche
Colmen
Neunkirchen-lès-Bouzonville
Bouzonville
Vœlfling-lès-B.
Villing
Heining-lès-B.
Guerstling
Filstroff
Freistroff
Vaudreching
Rémelfang
Brettnach
Holling
Anzeling
Hestroff
Piblange
Ébersviller
Luttange
Guénange
Bousse
Rurange-lès-Thionville
Uckange
Bertrange
Illange
Richemont
Mondelange
Hagondange
Trémery
Flévy
Ennery
Maizières-lès-M.
Walygator Parc
Hauconcourt
Chailly-lès-Ennery
Antilly
Vigy
Argancy
Charly-Oradour
Malroy
Woippy
Chieulles
St-Julien-lès-M.
Vantoux
Nouilly
Noisseville
Servigny-lès-Ste-Barbe
Ste-Barbe
Retonfey
Glatigny
Montoy-Flanville
Ogy
Colligny
Coincy
METZ
Moulins-lès-M.
Marsilly
Ars-Laquenexy
Maizeroy
Courcelles-Chaussy
Landonvillers
Vaudoncourt
Silly-sur-Nied
Les Étangs
Loutremange
Condé-Northen
Hayes
Sanry-lès-Vigy
Burtoncourt
Villers-Bettnach
St-Hubert
Bettelainville
Aboncourt
St-Bernard
Gomelange
Bettange
Éblange
Ottonville
Valmunster
Téterchen
Velving
Mégange
Guinkirchen
Charleville-sous-Bois
Hinckange
Volmerange-lès-Boulay
Boulay-Moselle
Roupeldange
Denting
Coume
Niedervisse
Momerstroff
Halling-lès-Boulay
Narbéfontaine
Helstroff
Varize
Brouck
Bannay
Hallering
Boucheporn
Longeville-lès-St-Avold
Porcelette
Bisten-en-Lorraine
Obervisse
Varsberg
Guerting
Creutzwald
Falck
Hargarten-aux-Mines
Dalem
Tromborn
Berviller-en-Moselle
Rémering
Merten
Oberdorff
Alzing
Bambiderstroff
Vigneulles
Raville
Fouligny
Marange-Zondrange
Bionville-s-Nied
Laudrefang
St-Avold
Serrig
Saar
Kastel-Staadt
Taben-Rodt
Freudenburg
Kirf
Hunsrück
Mettlach
Merzig
Besseringen
Hilbringen
Fitten
Launstroff
Waldwisse
Silwingen
Mondorf
Mechern
Rehlingen
Siersburg
Kerprich
Hemmersdorf
Wallerfangen
Saarburg
Cloef
Orscholz
Hölstroff
Schwerdorff
Büschdorf
Weiten
Britten
Hausbach
Greimerath
Trassem
Merzkirchen
Lenningen
Schengen
Mettlach
Beckerholz
Ittersdorf
Schreckling
Hargarten

E
F
G
H
SCHWARZWÄLDER HOCHWALD
HUNSRÜCK
Weiskirchen
Wadern
Losheim
Tholey
St Wendel
Marpingen
Schmelz
Lebach
Eppelborn
Ottweiler
Illingen
Schiffweiler
Dillingen
Saarwellingen
Heusweiler
Merchweiler
Friedrichsthal
Neunkirchen
Bexbach
Saarlouis
Schwalbach
Quierschied
Riegelsberg
Sulzbach
St Ingbert
Kirkel
Püttlingen
Völklingen
Wadgassen
Dudweiler
Blieskastel
SAARBRÜCKEN
Überherrn
Großrosseln
Forbach
Stiring-Wendel
Spicheren
Kleinblittersdorf
Mandelbachtal
Gersheim
Morsbach
Freyming-Merlebach
Hombourg-Haut
Farébersviller
Rouhling
Sarreguemines
Grosbliederstroff
Woustviller
Puttelange
48
67

0 2 4 6 8 10 km
St Wendel
Ottweiler
Neunkirchen
St Ingbert
Spiesen-Elversberg
Homburg
Kirkel
Blieskastel
Zweibrücken
Landstuhl
Ramstein-Miesenbach
Waldmohr
Schönenberg-Kübelberg
Bruchmühlbach-Miesau
Pirmasens
Sarreguemines
Bitche
Mandelbachtal
Gersheim
Contwig
Hornbach
Rodalben
Glan-Münchweiler
Kusel
Schiffweiler
Bexbach
Bliesmengen-Bolchen
Habkirchen
Rohrbach
Dellfeld
Thaleischweiler-Fröschen
Waldfischbach
Höheinöd
Lemberg
Obersimten
Eppenbrunn
Schweix
Breidenbach
Volmunster
Rimling
Roppeviller
Haspelschiedt
Sturzelbronn
Ludwigswinkel
Camp militaire de Bitche
Zetting
Wiesviller
Siersthal
Simserhof
Petit-Réderching
Gros-Réderching
Woelfling-lès-Sarreguemines
Sarreinsming
Saarbrücken-Ensheim
Reichsswald
A 6
A 8
A 62
E 50
D 620
D 662

47
68

KAISERSLAUTERN
Otterberg
Otterbach
Katzweiler
Mehlingen
Enkenbach-Alsenborn
Hochspeyer
Fischbach
Diemersteiner Wald
Frankenstein
Weidenthal
Carlsberg
Altleiningen
Wattenheim
Bobenheim am Berg
Kallstadt
Bad Dürkheim
Wachenheim
Forst
Deidesheim
Ruppertsberg
Niederkirchen bei Deidesheim
Mußbach
Haßloch
Neustadt an der Weinstraße
Hambach
Hambacher Schloß
Lambrecht
Neidenfels
Lindenberg
Elmstein
Esthal
Frankeneck
Waldleiningen
Trippstadt
Schopp
Schmalenberg
Heltersberg
Geiselberg
Waldfischbach-Burgalben
Merzalben
Leimen
Clausen
Stelzenberg
Hohenecken
NATURPARK
PFÄLZERWALD
Maikammer
St Martin
Edenkoben
Rhodt
Ludwigshöhe
Edesheim
Kirrweiler
Venningen
Groß-fischlingen
Kleinfischlingen
Hochstadt
Essingen
Bornheim
Knöringen
Walsheim
Böchingen
Flemlingen
Roschbach
Burrweiler
Gleisweiler
Hainfeld
Weyher in der Pfalz
Ramberg
Dernbach
Eußerthal
Gräfenhausen
Albersweiler
Siebeldingen
Frankweiler
Landau in der Pfalz
Offenbach an der Queich
Trifels
Annweiler am Trifels
Rinnthal
Wilgartswiesen
Spirkelbach
Wernersberg
Hauenstein
Hinterweidenthal
Münchweiler an der Rodalb
Ruppertsweiler
Schwanheim
Lug
Völkersweiler
Dimbach
Gossersweiler-Stein
Silz
Waldhambach
Waldrohrbach
Eschbach
Leinsweiler
Ranschbach
Birkweiler
Ilbesheim
Arzheim
Mörzheim
Wollmesheim
Impflingen
Insheim
Rohrbach
Göcklingen
Heuchelheim-Klingen
Billigheim-Ingenheim
Steinweiler
Klingenmünster
Münchweiler
Dahn
Erfweiler
Dahner Felsenland
Altdahn
Busenberg
Schindhard
Vorderweidenthal
Birkenhördt
Berwartstein
Erlenbach bei Dahn
Bundenthal
Rumbach
Fischbach bei Dahn
Niederschlettenbach
Böllenborn
Dörrenbach
Oberotterbach
Bad Bergzabern
Pleisweiler-Oberhofen
Gleiszellen-Gleishorbach
Kapellen-Drusweiler
Barbelroth
Oberhausen
Hergersweiler
Winden
Kandel
Minfeld
Dierbach
Vollmersweiler
Niederotterbach
Freckenfeld
Schaidt
Steinfeld
Kapsweyer
Schweighofen
Schweigen-Rechtenbach
Nothweiler
Bobenthal
Schönau
Wissembourg
Altenstadt
Chau de Fleckenstein
Col du Pigeonnier
Ch. de Lutzelhardt
E
F
G
H
69

0 2 4 6 8 10 km
C
D
1
2
3
4
5
Grd Romont
Chenal
Grande Île
Île Longue
La Pierre de Herpin
C Ô T E
D ' É M E R A U D E
Cap Fréhel ★★★
Fort la Latte ★★
Anse des Sévignés
Baie de la Frênaye
Pointe de St-Cast ★★
St-Cast-le-Guildo ★
Pte de la Garde ★★
Pen-Guen
Matignon
Plévenon
St-Géran
La Latte
Roche-Lossoye
Île Agot
Île Ébihens
St-Briac-s-Mer
Lancieux
St-Jacut-de-la-Mer ★
Pte de la Garde Guérin
★★ Pte du Décollé
★★ DINARD
St-Lunaire ★
St-Enogat
Passage du Décollé
Île de Cézembre
Le Grd Jardin
Île Harbour
Grd Bé
★★★ ST-MALO
Paramé
Rochebonne
Pte de la Varde
Les Haies de la Conchée
Rochers sculptés
Rothéneuf
Le Minihic
Pte du Meinga
Les Tintiaux
Île Du Guesclin
★★ Pte du Grouin
Îles des Landes
Port-Mer
Basse-Cancale
Port-Briac
Îles des Rimains
Pointe de la Chaîne
Pointe du Hock
Cancale ★
St-Coulomb
La Guimorais
Le Verger
St-Ideuc
St-Vincent
Le Gué
St-Servan-s-M. ★
Grd Aquarium ★★
★★ Pte de la Vicomte
La Richardais
Pleurtuit
Usine marémotrice
Rance
Le Minihic
La Landriais
St-Jouan-des-Guérets
St-Suliac
St-Méloir-des-Ondes
St-Benoît-des-Ondes
Vildé-la-Marine
Hirel
La Gouesnière
St-Père
Châteauneuf-d'Ille-et-Vilaine
St-Guinoux
Lillemer
La Fresnais
Mirlange
La Quémière
Ploubalay
Trégon
Créhen
St-Lormel
Pluduno
Plessix-Balisson
Trémereuc
Pleslin-Trigavou
Langrolay-sur-Rance
La Ville-ès-Nonais
Dol-de-Bretagne
Roz-Landrieux
Le Vivier-s-Mer
Les Quatre Croix
Le Roblin
La Pigassière
La Guéhairie
La Motte
Landes
Mont Garrot
St-Pierre
St-Pôtan
Ruca
79
A
B
C
D
N 176
E 401
D 155
D 355
D 201
D 603
D 786
D 168

E
31
F
G
Agon-Coutainville
Coutances
Tourville-s-Sienne
Heugueville
Regnéville-s-Mer
Pointe d'Agon
Montmartin-s-Mer
Hauteville-s-Mer
Hauteville-Plage
Annoville
Hyenville
Orval
Nicorps
Saussey
Quettreville-s-Sienne
Hérenguerville
Contrières
Trelly
Guéhébert
Roncey
Grimesnil
Montpinchon
Cerisy-la-Salle
N.-D.-de-Cenilly
St-Martin-de-Cenilly
Lingreville
Le Mesnil-Aubert
Lengronne
St-Denis-le-Gast
Hambye
Abbe de Hambye
Muneville-s-Mer
La Baleine
Bricqueville-s-Mer
Cérences
route submersible
Les Salines
La Planche-Guillemette
St-Martin-de-Bréhal
Bréhal
Chanteloup
Gavray
Le Pignon
Les Huguenans
Chausey
Coudeville-Plage
Coudeville-s-Mer
Le Mesnil-Amand
Ver
Montaigu-les-Bois
Bréville-s-Mer
Donville-les-Bains
Longueville
Hudimesnil
Le Loreur
Le Mesnil-Rogues
Granville
Pointe du Roc
Yquelon
Anctoville-s-Bosq
St-Sauveur-la-Pommeraye
La Meurdraquière
Le Mesnil-Garnier
Villedieu-les-Poêles
Rouffigny
Banc de Tombelaine
St-Pair-s-Mer
St-Planchers
Folligny
Beauchamps
Champrepus
St-Jean-des-Champs
Hocquigny
La Lucerne-d'Outremer
Abbe de La Lucerne
La Haye-Pesnel
Bourguenolles
Kairon-Plage
Le Pont-Bleu
Jullouville
Edenville
Carolles-Plage
St-Pierre-Langers
Champcervon
La Mouche
Le Pignon Butor
Cabane Vauban
Pointe de Champeaux
Carolles
Champeaux
Sartilly
Angey
St-Michel-des-Loups
Ste-Pience
Le Luot
La Chaise-Baudouin
St-Jean-le-Thomas
Dragey-Ronthon
Subligny
Chavoy
St-Georges-de-Livoye
BAIE
DU MONT-SAINT-MICHEL
Bec d'Andaine
Genêts
Bacilly
Marcey-les-Grèves
St-Jean-de-la-Haize
Ponts
Tirepied
St-Brice
La Gohannière
St-Senier-s/s-Avranches
Avranches
La Godefroy
St-Ovin
52
Le Grand-Port
St-Léonard
Vains
Tombelaine
Pointe du Grouin du Sud
Pointe de Roche-Torin
LE MONT-ST-MICHEL
Le Val-St-Père
St-Martin-des-Champs
St-Loup
St-Quentin-s-le-Homme
Marcilly
Chemin Dolais
Cherrueix
Ste-Anne
Polders
Courtils
Céaux
Pontaubault
Ducey
Les Chéris
Poilley
La Larronnière
Le Han
Le Bout-du-Chemin
St-Broladre
Narbonne
La Poultière
Quatre Salines
Beauvoir
Ardevon
Huisnes-s-Mer
Servon
Précey
Juilley
Bge de la Roche-qui-Boit
St-Marcan
Roz-s-Couesnon
Val-St-Revert
Tanis
La Croix-aux-Herbes
Mont Dol
Mont-Dol
St-Georges-de-Gréhaigne
80
Brée
Crollon
St-Aubin-de-Terregatte
Bge de Vezins
St-Laurent-de-Terregatte
St-Senier-de-Beuvron
Baguer-Pican
Mont-Rouault
Macey
Les Chaliers
Vergoncey

0 2 4 6 8 10 km
32
51
81
A
B
C
D
1
2
3
4
5
Condé-s-Vire
Roches de Ham
St-Amand
Torigny-les-Villes
Placy-Montaigu
Le Perron
Dampierre
St-Jean-des-Essartiers
Cahagnes
Jurques
St-Martin-des-Besaces
Dangy
Soulles
Troisgots
Moyon-Villages
Domjean
St-Louet-s-Vire
Tessy-Bocage
Fourneaux
Beuvrigny
Le Mesnil-Auzouf
Maupertuis
Beaucoudray
Abbe de Hambye
Mont Robin
Montabot
Gouvets
Pont-Farcy
Ste-Marie-Outre-l'Eau
Pont-Bellanger
Le Bény-Bocage
Campeaux
Montchamp
Percy-en-Normandie
St-Vigor-des-Monts
Margueray
Beaumesnil
Campagnolles
Étouvy
La Graverie
Estry
La Colombe
Montbray
Morigny
Landelles-et-Coupigny
Le Mesnil-Robert
Le Mesnil-Benoist
Sept-Frères
Villedieu-les-Poêles-Rouffigny
Beslon
Courson
Le Mesnil-Caussois
Mesnil-Clinchamps
Vire
Vire Normandie
Vaudry
Viessoix
Chênedollé
St-Sever-Calvados
Fontenermont
La Chapelle-Cécelin
St-Manvieu-Bocage
Roullours
St-Germain-de-Tallevende-la-Lande-Vaumont
Champ-du-Boult
Coulouvray-Boisbenâtre
La Trinité
Chérencé-le-Héron
St-Martin-le-Bouillant
Les Loges
St-Nicolas-des-Bois
Gathemo
St-Michel-de-Montjoie
Truttemer-le-Grand
Tinchebray-Bocage
Le Ménil-Ciboult
St-Quentin-les-Chardonnets
St-Laurent-de-Cuves
St-Pois
Lingeard
Perriers-en-Beauficel
Beauficel
Sourdeval
St-Christophe-de-Chaulieu
Chaulieu
Brécey
Cuves
Le Mesnil-Gilbert
Brouains
Chérencé-le-Roussel
Le Petit-Celland
Le Grand-Celland
Le Mesnil-Adelée
Juvigny-le-Tertre
Bellefontaine
St-Barthélemy
Le Fresne-Poret
Ger
Reffuveille
Le Mesnil-Ozenne
La Chapelle-Urée
Le Neufbourg
Mortain-Bocage
Romagny-Fontenay
Isigny-le-Buat
Le Mesnil-Thébault
Le Mesnillard
Lonlay-l'Abbaye
La Fosse Arthour
Barenton
St-Georges-de-Rouelley
Parigny
Virey
St-Hilaire-du-Harcouët
Lapenty
Villechien
PARC NORMANDIE

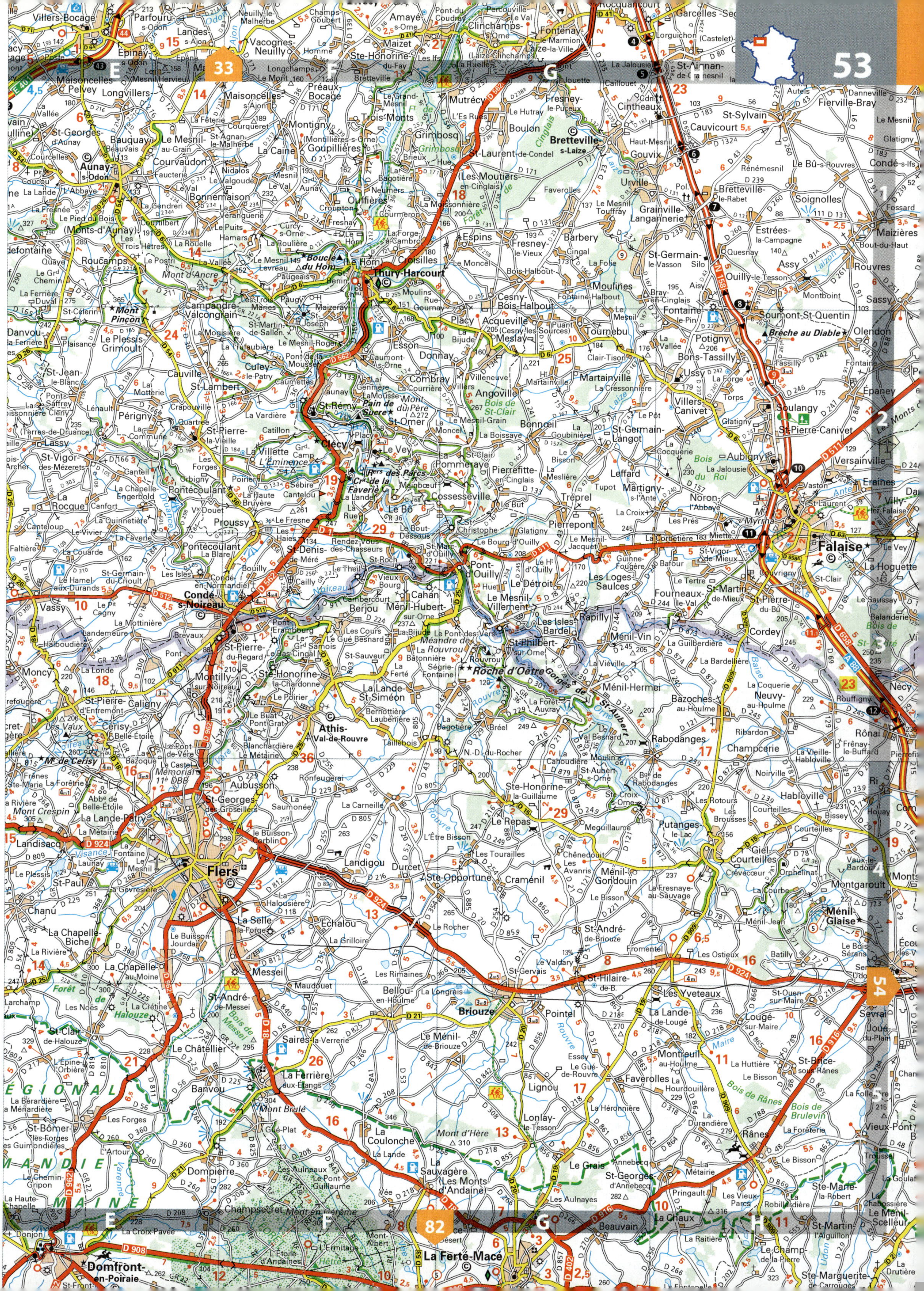
Villers-Bocage
Aunay-s-Odon
Thury-Harcourt
Bretteville-s-Laize
Clécy
Condé-s-Noireau
Pont-d'Ouilly
Falaise
Athis-Val-de-Rouvre
Flers
Briouze
Putanges-le-Lac
Domfront-en-Poiraie
La Ferté-Macé
Roche d'Oëtre
St-Pierre-Canivet
Versainville
Rânes
Ménil-Glaise
Écouché
E
F
G
H
33
54
82
1
2
3

0 2 4 6 8 10 km
34
53
83
A B C D
1 2 3 4 5
Bréville-Quétiéville
Le Mesnil-Mauger
Lécaude
Les Monceaux
Les Authieux-Papion
St-Julien-le-Faucon
Lessard-et-le-Chêne
Le Mesnil-Eudes
Le Mesnil-Guillaume
St-Martin-de-M.
St-Denis-de-Mailloc
Cordebugle
Vieux-Fumé
Percy-en-Auge
Ouville-la-Bien-Tournée
Magny-la-Campagne
Condé-s-Ifs
Thiéville
Bretteville-s-Dives
Vieux-Pont-en-Auge
Coupesarte
Le Mesnil-Durand
Le Mesnil-Germain
Prêtreville
Auquainville
Fervaques
St-Martin-de-Bienfaite
Cernay
Ernes
Maizières
St-Pierre-s-Dives
Hiéville
Mittois
Castillon-en-Auge
St-Michel-de-Livet
Ste-Marguerite-des-Loges
Cheffreville-Tonnencourt
La Croupte
Vendeuvre
Ste-Marguerite-de-Viette
Montviette
Livarot-Pays-d'Auge
N.-D.-de-Courson
Cerqueux
St-Georges-en-Auge
Heurtevent
St-Ouen-le-Houx
Bellou
Préaux-St-Sébastien
Les Moutiers-Hubert
Meulles
Forêt de Montpinçon
Tortisambert
Chiffretot
Forêt de Moutiers-Hubert
Perrières
Vicques
Louvagny
Vaudeloges
Ammeville
Lisores
Familly
Canapville
Avernes-St-Gourgon
Les Autels-St-Bazile
Le Prieuré-St-Michel
Vimoutiers
Barou-en-Auge
Abbeville
Morteaux-Coulibœuf
Norrey-en-Auge
Crouttes
Le Renouard
Pontchardon
Ticheville
Le Bosc-Renoult
Damblainville
Villy-lez-Falaise
Les Moutiers-en-Auge
Le Marais-la-Chapelle
Montreuil-la-Cambe
St-Gervais-des-Sablons
Guerquesalles
Camembert
Les Champeaux
Le Sap-en-Auge
Beaumais
Fresné-la-Mère
La Hoguette
Pertheville-Ners
Louvières-en-Auge
Champosoult
Fresnay-le-Samson
Roiville
Ecorches
Fourches
Ommoy
Fontaine-les-Bassets
Trun
Aubry-le-Panthou
Neuville-sur-Touques
Forêt de Chaumont
Vignats
Merri
Guêpreï
Coulonces
Neauphe-sur-Dive
Coudehard
Survie
La Fresnaie-Fayel
Mardilly
Chaumont
Nécy
Bois de Feuillet
Villedieu-lès-Bailleul
Tournai-sur-Dive
St-Lambert-sur-Dive
Mont-Ormel
St-Pierre-la-Rivière
Montabard
Bailleul
Chambois
Ménil-Hubert-en-Exmes
St-Evroult-de-Montfort
La Trinité-des-Laitiers
Rônai
Aubry-en-Exmes
Fel
Ommoél
Avernes-sous-Exmes
Résenlieu
Gacé
Occagnes
Sévigny
Forêt de Gouffern
Villebadin
Courménil
Coulmer
Cisai-St-Aubin
Moulins-sur-Orne
Argentan
Le Bourg-St-Léonard
Exmes
Croisilles
Orgères
Montgaroult
Urou-et-Crennes
Sai
Silly-en-Gouffern
Le Pin-au-Haras
Ginai
Le Ménil-Vicomte
Échauffour
Ménil-Glaise
Écouché-les-Vallées
Fontenai-sur-Orne
Sarceaux
Juvigny-sur-Orne
Aunou-le-Faucon
Forêt de Petite Gouffern
Haras National du Pin
Ménil-Froger
Lignerès
Champ-Haut
Sevrai
Joué-du-Plain
La Cochère
Almenêches
Nonant-le-Pin
St-Germain-de-Clairefeuille
Le Merlerault
Les Authieux-du-Puits
Planches
Tanques
Fleuré
Boissei-la-Lande
Médavy
Godisson
La Genevraie
Avoine
Vrigny
Le Château-d'Almenêches
Marmouillé
Brullemail
Vieux-Pont
Boucé
St-Christophe-le-Jajolet
Chau d'O
Chailloué
St-Léonard-des-Parcs
Ferrières-la-Verrerie
Francheville
Montmerrei
Mortrée
Macé
Neuville-près-Sées
Le Ménil-Scelleur
La Bellière
Gâprée
Courtomer
St-Hilaire-la-Gérard
Belfonds
Sées
Trémont
St-Germain-le-Vieux
Le Cercueil

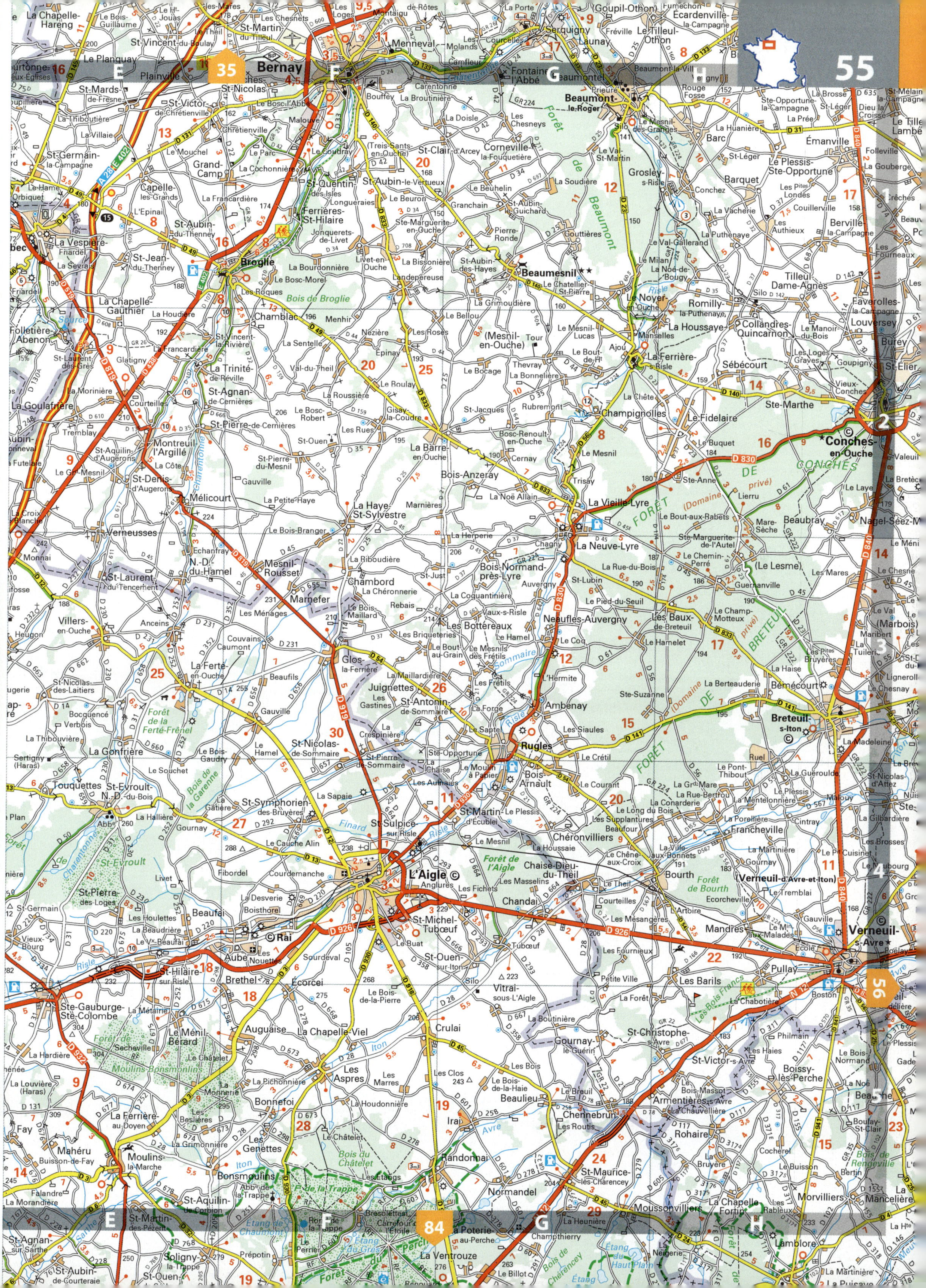
Bernay
Broglie
Beaumont-le-Roger
Beaumesnil
Conches-en-Ouche
La Vieille-Lyre
La Neuve-Lyre
Rugles
L'Aigle
Verneuil-s-Avre
Breteuil-s-Iton
Ambenay
Chambord
Mélicourt
Montreuil-l'Argillé
St-Evroult-N.-D.-du-Bois
Rai
Aube
St-Sulpice-sur-Risle
St-Martin-d'Ecublei
St-Michel-Tubœuf
Chandai
Bourth
Crulai
Irai
Randonnai
Normandel
Moulins-la-Marche
Bonsmoulins
La Ventrouze
Forêt de Beaumont
Forêt de Conches
Forêt de Breteuil
Forêt de l'Aigle
Forêt de Bourth
Bois de Broglie
Champignolles
Le Fidelaire
Ste-Marthe
Grosley-s-Risle
Barc
Émanville
Thevray
Juignettes
Glos-la-Ferrière
Gauville
Beaufai
Auguaise
La Chapelle-Viel
Les Aspres
Bonnefoi
Mahéru
Chéronvilliers
Pullay
Mandres
Les Barils
La Ferrière-sur-Risle
Ste-Gauburge-Ste-Colombe
St-Christophe-sur-Avre
Armentières-sur-Avre
Rohaire
Morvilliers
St-Maurice-lès-Charencey

35
56
84

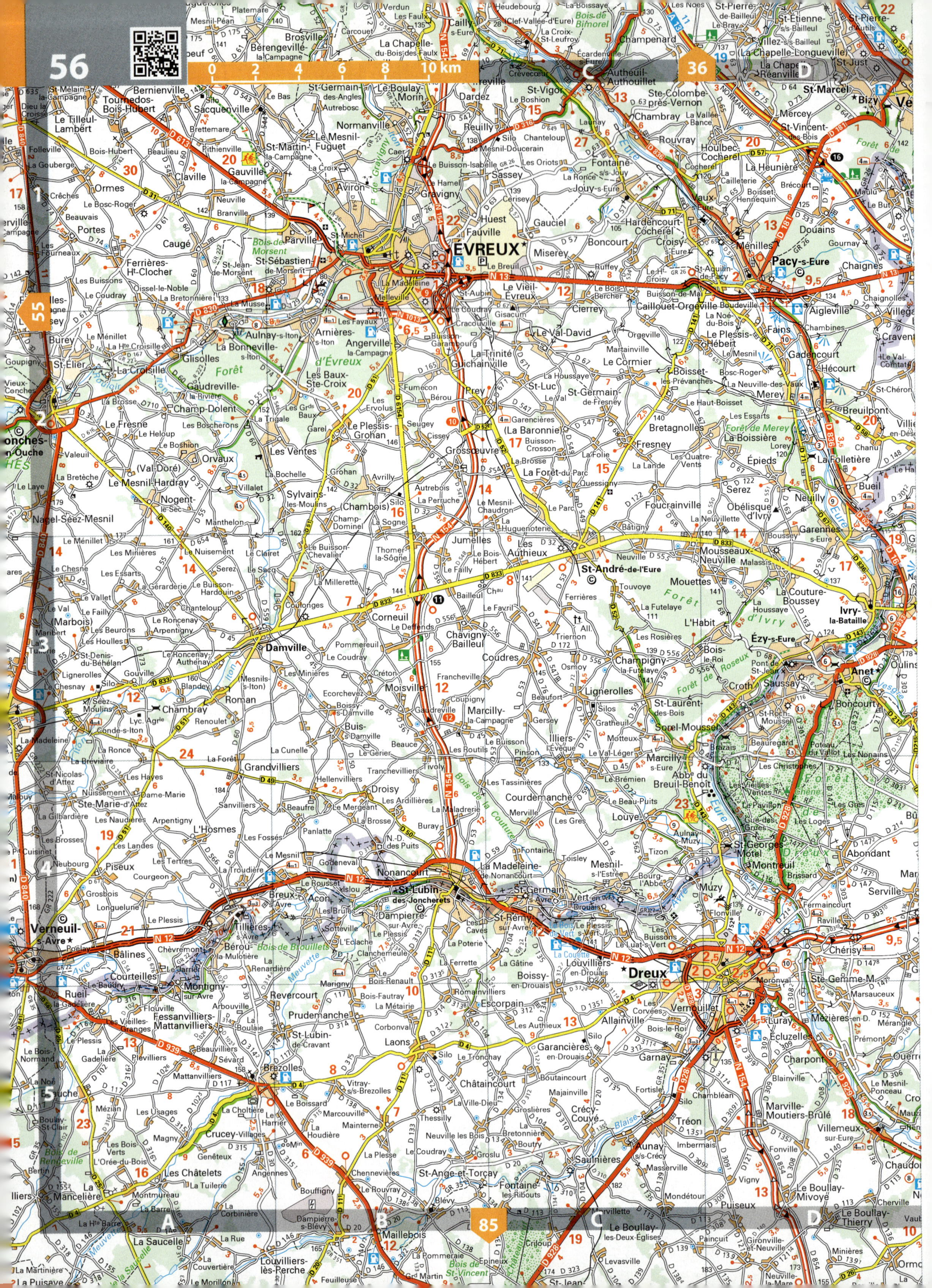
0 2 4 6 8 10 km
36
55
85
A
B
C
D
1
2
3
4
5
ÉVREUX
Dreux
Verneuil-s-Avre
Pacy-s-Eure
Ivry-la-Bataille
Anet
Damville
St-André-de-l'Eure
Nonancourt
St-Lubin-des-Joncherets
Conches-en-Ouche
Brezolles
Vernouillet
Ézy-s-Eure
Gravigny
Guichainville
Le Vieil-Évreux
Arnières-s-Iton
Angerville-la-Campagne
Aulnay-s-Iton
La Bonneville-s-Iton
Gaudreville-la-Rivière
Fauville
Huest
Miserey
Cierrey
Caillouet-Orgeville
Boisset-les-Prévanches
Grossœuvre
Prey
Jumelles
Les Authieux
Champigny-la-Futelaye
Marcilly-la-Campagne
Moisville
Coudres
Chavigny-Bailleul
Marcilly-s-Eure
Mouettes
Croth
Saussay
Sorel-Moussel
Abondant
Chérisy
Luray
Montreuil
Garnay
Tréon
Aunay-s-Crécy
Saulnières
Crécy-Couvé
Châtaincourt
Laons
St-Lubin-de-Cravant
Prudemanche
Revercourt
Tillières-s-Avre
Courteilles
Montigny-sur-Avre
Rueil-la-Gadelière
Les Châtelets
La Saucelle
Maillebois
Louvilliers-lès-Perche
Forêt d'Évreux
Forêt d'Ivry
Forêt de Roseux
Forêt de Merey
Forêt de Dreux
Bois de la Couture
Bois de Broullets
Eure
Avre
Iton
N 12
N 13
N 154

37

PARC NATUREL RÉGIONAL
DE LA HAUTE-VALLÉE
DE CHEVREUSE
Vernon
Giverny
La Roche-Guyon
Bonnières-s.-S.
Rolleboise
Rosny
Mantes-la-Jolie
Mantes-la-Ville
Limay
Porcheville
Gargenville
Issou
Juziers
Meulan-en-Yvelines
Les Mureaux
Verneuil-s-Seine
Vernouillet
Triel-s-Seine
Chanteloup-les-Vignes
Vaux-s-Seine
Vauréal
Pontoise
Aubergenville
Épone
Flins-s-Seine
Bouafle
Maule
Bréval
Longnes
Septeuil
Houdan
Maulette
Thoiry
Beynes
Plaisir
Les Clayes-s-Bois
Élancourt
France Miniature
Trappes
Maurepas
St-Quentin-en-Yvelines
Montfort-l'Amaury
Méré
Les Essarts-le-Roi
Le Perray-en-Yvelines
Rambouillet
Dampierre-en-Yvelines
Chevreuse
Cernay-la-Ville
Vaux de Cernay
Le Tremblay-s-Mauldre
Neauphle-le-Château
Pontchartrain
Jouars
Seine
Forêt de Rosny
Forêt de Rambouillet
Gambais
Condé-s-Vesgre
Adainville
St-Léger-en-Yvelines
Poigny-la-Forêt
Dannemarie
Goussainville
Champagne
Tacoignières
Richebourg
Orgerus
Béhoust
Garancières
Galluis
Villiers-St-Frédéric
Magny-les-Hameaux
Auffargis
Senlisse
Bullion
Gazeran
Épernon
Coulombs
Nogent-le-Roi
Lormaye
58
86

0 2 4 6 8 10 km
38
57
87
A
B
C
D
1
2
3
4
5
PARIS
ST-DENIS
VERSAILLES
ST-GERMAIN-EN-LAYE
Pontoise
Cergy
Cergy-Pontoise
Argenteuil
Nanterre
Neuilly-s-S.
Boulogne-Billancourt
Colombes
Asnières
Clichy
Courbevoie
Levallois-Perret
La Défense
Rueil-Malmaison
St-Cloud
Sèvres
Meudon
Clamart
Montrouge
Malakoff
Issy-les-M.
Vanves
Ivry-s-Seine
Alfortville
Vitry-s-Seine
Villejuif
Cachan
Bagneux
Sceaux
Antony
Châtenay-Malabry
Massy
Palaiseau
Orly
Aéroport de Paris-Orly
Athis-Mons
Juvisy-s-Orge
Savigny-s-Orge
Longjumeau
Viry-Châtillon
Draveil
Montgeron
Créteil
Maisons-Alfort
Charenton-le-Pont
St-Maurice
Vincennes
Montreuil
Bagnolet
Les Lilas
Pantin
Bobigny
Drancy
Aubervilliers
La Courneuve
Le Bourget
Aulnay-s-Bois
Sevran
Villepinte
Le Blanc-Mesnil
Dugny
Garges-lès-G.
Sarcelles
Montmorency
Enghien-les-Bains
Épinay-s-Seine
Gennevilliers
Sartrouville
Houilles
Poissy
Conflans-Ste-Honorine
Maisons-Laffitte
Taverny
Villiers-le-Bel
Goussainville
Roissy-en-France
Aéroport Charles de Gaulle
Gonesse
Livry-Gargan
Les Pavillons-s-Bois
Bondy
Le Raincy
Villemomble
Rosny-s-Bois
Neuilly-Plaisance
Nogent-s-M.
Fontenay-s-Bois
Champigny-s-M.
Joinville-le-Pont
St-Maur-des-Fossés
Choisy-le-Roi
Thiais
Rungis
L'Haÿ-les-Roses
Le Kremlin-Bicêtre
Gentilly
Arcueil
Fresnes
Bièvres
Vélizy-Villacoublay
Viroflay
Chaville
Le Chesnay-Rocquencourt
Marly-le-Roi
Louveciennes
Le Vésinet
Chatou
Croissy
Le Pecq
Montigny-le-Bretonneux
Guyancourt
St-Cyr-l'École
Saclay
Orsay
Gif-s-Yvette
Les Ulis
Évry-Courcouronnes
Ste-Geneviève-des-Bois
Ris-Orangis
Grigny
Villeneuve-St-Georges
Boissy-St-Léger
Tour Eiffel
Arc de Triomphe
Notre-Dame
Forêt de Sénart
Forêt de St-Germain
Forêt de Montmorency
Bois de Boulogne
Bois de Vincennes

39
MEAUX
Lagny-s-Marne
Disneyland Paris
Torcy
Noisiel
Marne-la-Vallée
Ferrières-en-Brie
Coulommiers
Crécy-la-Chapelle
Mitry-Mory
Villeparisis
Claye-Souilly
Dammartin-en-Goële
Tournan-en-Brie
Brie-Comte-Robert
Fontenay-Trésigny
Rozay-en-Brie
Ozoir-la-Ferrière
Pontault-Combault
Chessy
Serris
Bussy-St-Georges
Guermantes
Lizy-s-Ourcq
May-en-Multien
Jouarre
La Ferté-sous-Jouarre
St-Soupplets
Crouy-s-Ourcq
Mortcerf
Villeneuve-le-Comte
Faremoutiers
Touquin
Guignes
Nangis
Chaumes-en-Brie
Évry-Grégy
Coubert
88
60

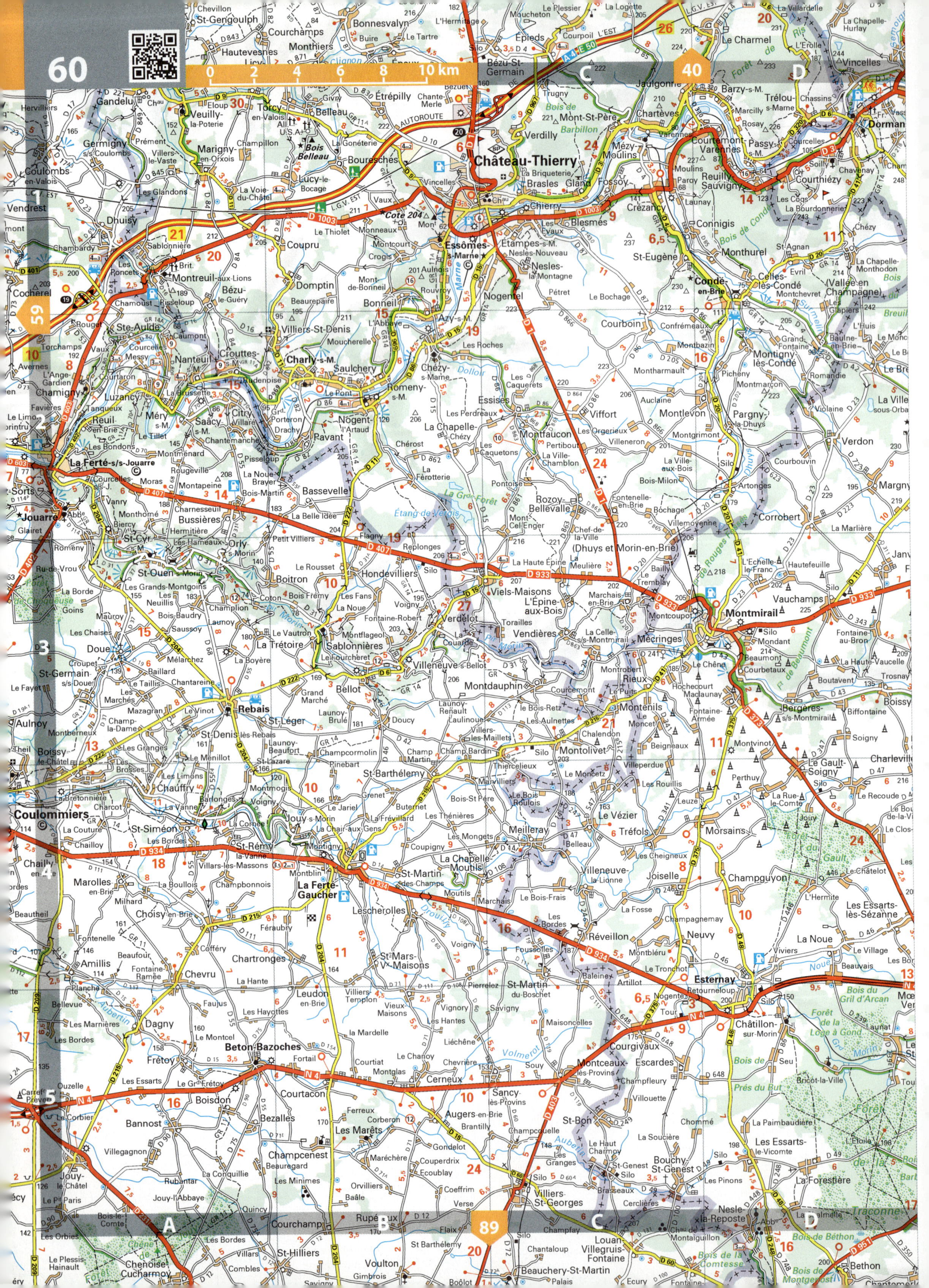
0 2 4 6 8 10 km
Château-Thierry
Montmirail
La Ferté-s/s-Jouarre
Jouarre
Coulommiers
Rebais
La Ferté-Gaucher
Esternay
Charly-s-M.
Viels-Maisons
Montreuil-aux-Lions
Condé-en-Brie
Montmort-Lucy
Sézanne
Villiers-St-Georges
Beton-Bazoches
Courtacon
Réveillon
Sablonnières
Villeneuve-s-Bellot
Montolivet
Meilleray
St-Martin-des-Champs
Champguyon
Le Gault-Soigny
Châtillon-sur-Morin
Nogent-l'Artaud
Essômes-s-Marne
Nesles-la-Montagne
Viffort
Montfaucon
Montlevon
Verdelot
Orly-s-Morin
Bussières
Doue
Chauffry
St-Siméon
Choisy-en-Brie
Chevru
Dagny
Frétoy
Bannost
Louan-Villegruis-Fontaine
Nesle-la-Reposte
Forêt de la Traconne
Marne
Dollau
Petit Morin
Grand Morin
Aubetin
A4 E50
N4
D 933
D 934
D 407
1
2
3
4
5
A
B
C
D
59
40
89

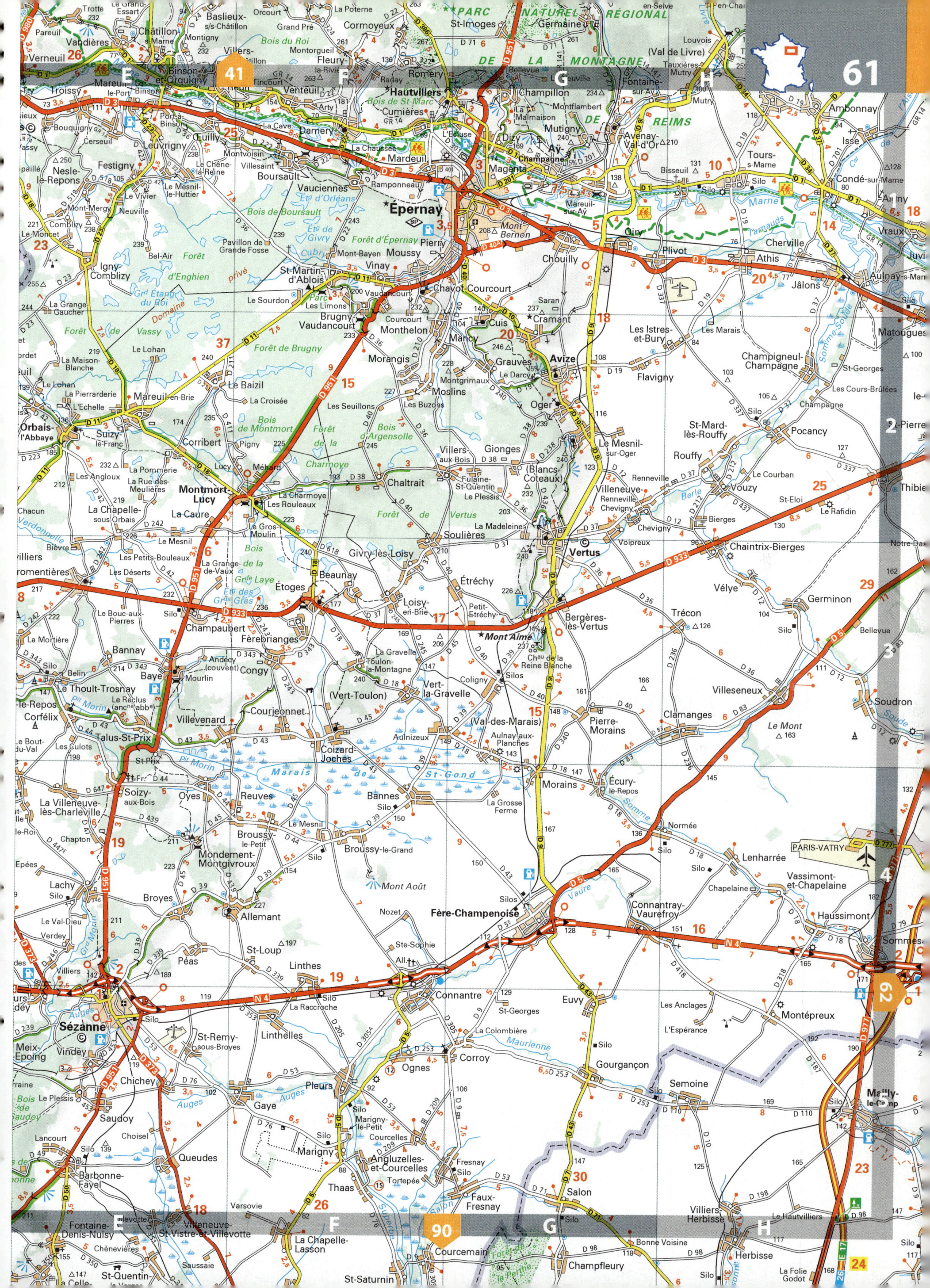
41
E
F
G
H
PARC NATUREL RÉGIONAL DE LA MONTAGNE DE REIMS
Verneuil
Vandières
Châtillon-s-Marne
Baslieux-s/s-Châtillon
Villers-sous-Châtillon
Cormoyeux
Fleury-la-Rivière
Romery
Hautvillers
St-Imoges
Germaine
Louvois
(Val de Livre)
Tauxières-Mutry
Ambonnay
Binson-et-Orquigny
Mareuil-le-Port
Troissy
Reuil
Venteuil
Cumières
Champillon
Montflambert
Fontaine-sur-Ay
Mutry
Port-à-Binson
Damery
Dizy
Mutigny
Avenay-Val-d'Or
Bouquigny
Cerseuil
Leuvrigny
Œuilly
Montvoisin
La Chaussée
Mardeuil
Magenta
Ay-Champagne
Mareuil-sur-Ay
Bisseuil
Tours-s-Marne
Isse
Condé-sur-Marne
Festigny
Nesle-le-Repons
Le Chêne-la-Reine
Villesaint
Boursault
Vauciennes
Étg d'Orléans
Ramponneau
Épernay
Le Mesnil-le-Huttier
Le Vivier
Mont-Mergy
Neuville
Comblizy
Le Moncet
Bois de Boursault
Étg de Givry
Forêt d'Épernay
Mont Bernon
Oiry
Plivot
Cherville
Athis
Aulnay-s-Marne
Vraux
Jâlons
Pavillon de Grande Fosse
Cubry
Mont-Bayen
Moussy
Pierry
Chouilly
Igny-Comblizy
Bel-Air
Forêt d'Enghien
privé
St-Martin-d'Ablois
Vinay
Vaudancourt
Chavot-Courcourt
Grd Étang du Roi
Domaine
La Grange-Gaucher
Le Sourdon
Les Limons
Brugny-Vaudancourt
Courcourt
Monthelon
Mancy
Cuis
Saran
Cramant
Les Istres-et-Bury
Les Marais
Matougues
Forêt de Vassy
Le Lohan
La Maison-Blanche
Forêt de Brugny
Morangis
Grauves
Avize
Le Darcy
Flavigny
Champigneul-Champagne
St-Georges
Les Cours-Brûlées
Le Lohan
La Pierrarderie
L'Échelle
Mareuil-en-Brie
Le Baizil
La Croisée
Les Seuillons
Moslins
Montgrimaux
Oger
Champagne
Orbais-l'Abbaye
Suizy-le-Franc
Corribert
Bois de Montmort
Forêt de la Charmoye
Pigny
Bois d'Argensolle
Les Buzons
Villers-aux-Bois
Gionges
Le Mesnil-sur-Oger
St-Mard-lès-Rouffy
Rouffy
Pocancy
La Pommerie
Les Angloux
La Rue-des-Meulières
Lucy
Méhard
Chaltrait
Fulaine
St-Quentin
Le Plessis
(Blancs-Coteaux)
Renneville
Villeneuve-Renneville-Chevigny
Le Courban
Vouzy
Thibie
Montmort-Lucy
La Chapelle-sous-Orbais
La Caure
La Charmoye
Les Rouleaux
Forêt de Vertus
La Madeleine
Chevigny
Berle
Bierges
St-Eloi
Le Rafidin
Chacun
Verdonnelle
Bièvre
Le Mesnil
Les Petits-Bouleaux
Le Gros-Moulin
Bois
Soulières
Voipreux
Chaintrix-Bierges
Vertus
Les Déserts
La Grange-de-la-Vaux
Grde Laye
Étg des Grs Grès
Beaunay
Givry-lès-Loisy
Étréchy
Vélye
Germinon
Le Bouc-aux-Pierres
Champaubert
Étoges
Loisy-en-Brie
Petit-Étréchy
Bergères-lès-Vertus
Trécon
Bellevue
La Mortière
Bannay
Fèrebrianges
Mont Aimé
Chau de la Reine Blanche
Andecy (couvent)
Congy
La Gravelle
Toulon-la-Montagne
Coligny
Silos
Villeseneux
Soudron
Belin
Baye
Mourlin
Le Thoult-Trosnay
Le Reclus (ancne abbe)
Vert-la-Gravelle
(Vert-Toulon)
Clamanges
Le Mont
Corfélix
Villevenard
Courjeonnet
(Val-des-Marais)
Aulnay-aux-Planches
Pierre-Morains
Talus-St-Prix
Les Culots
Aulnizeux
Coizard-Joches
Marais de St-Gond
Morains
Écury-le-Repos
St-Prix
Pt Morin
Soizy-aux-Bois
Oyes
Reuves
Bannes
La Grosse Ferme
Somme
La Villeneuve-lès-Charleville
Chapton
Broussy-le-Petit
Le Mesnil
Broussy-le-Grand
Normée
Lenharrée
PARIS-VATRY
Mondement-Montgivroux
Épees
Lachy
Broyes
Mont Août
Vaure
Chapelaine
Vassimont-et-Chapelaine
Allemant
Nozet
Fère-Champenoise
Connantray-Vaurefroy
Haussimont
Le Val-Dieu
Verdey
St-Loup
Ste-Sophie
Sommesous
Péas
Linthes
Connantre
Euvy
Les Anclages
Montépreux
Villiers
Sézanne
Vindey
Meix-Saint-Epoing
St-Remy-sous-Broyes
Linthelles
La Raccroche
St-Georges
La Colombière
Maurienne
L'Espérance
Corroy
Ognes
Gourgançon
Chichey
Pleurs
Gaye
Semoine
Mailly-le-Camp
Le Plessis
Saudoy
Choisel
Marigny-le-Petit
Courcelles
Marigny
Queudes
Lancourt
Barbonne-Fayel
Angluzelles-et-Courcelles
Tortepée
Fresnay
Faux-Fresnay
Thaas
Salon
Villiers-Herbisse
Le Hautvilliers
Varsovie
Fontaine-Denis-Nuisy
Chènevières
Villeneuve-St-Vistre-et-Villevotte
La Chapelle-Lasson
Courcemain
Champfleury
Bonne Voisine
Herbisse
La Folie Godot
St-Quentin-le-Verger
Saussaie
St-Saturnin
90
62
24

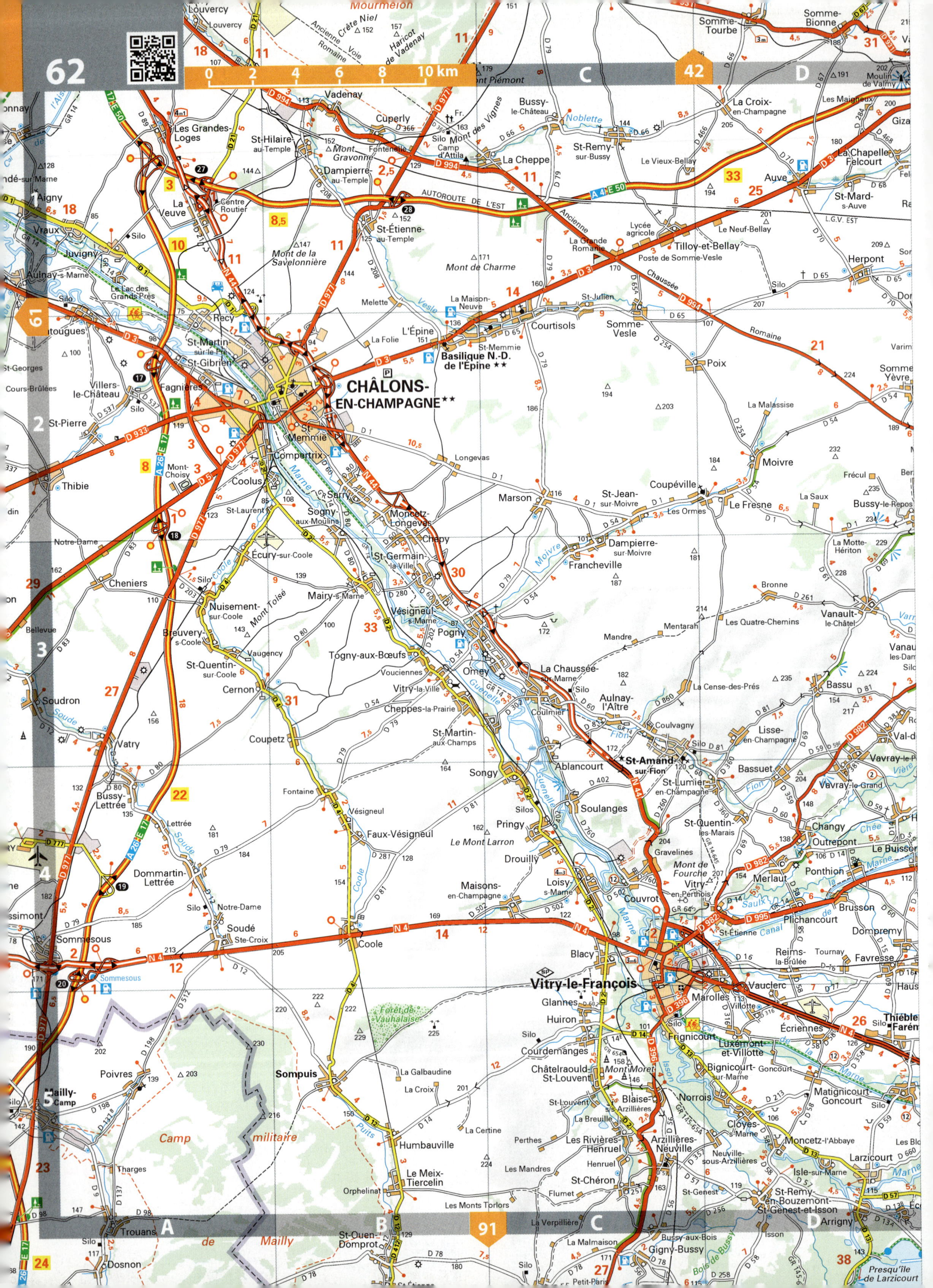
0 2 4 6 8 10 km
CHÂLONS-EN-CHAMPAGNE
Vitry-le-François
Basilique N.-D. de l'Épine
L'Épine
Courtisols
Somme-Vesle
Poix
Moivre
Coupéville
Le Fresne
St-Jean-sur-Moivre
Marson
Dampierre-sur-Moivre
Francheville
Longevas
Moncetz-Longevas
Chepy
St-Germain-la-Ville
Sarry
St-Memmie
Compertrix
Coolus
Fagnières
St-Martin-sur-le-Pré
St-Gibrien
Recy
Juvigny
Aulnay-s-Marne
Vraux
Aigny
La Veuve
Les Grandes-Loges
St-Hilaire-au-Temple
Vadenay
Cuperly
Bussy-le-Château
La Cheppe
St-Remy-sur-Bussy
La Croix-en-Champagne
Somme-Tourbe
Somme-Bionne
Auve
La Chapelle-Felcourt
St-Mard-s-Auve
Herpont
Tilloy-et-Bellay
Le Neuf-Bellay
Le Vieux-Bellay
Dampierre-au-Temple
St-Étienne-au-Temple
Mont de Charme
Mont de la Savelonnière
AUTOROUTE DE L'EST
Ancienne Voie Romaine
Chaussée Romaine
Villers-le-Château
St-Pierre
Thibie
Mont-Choisy
St-Laurent
Écury-sur-Coole
Cheniers
Nuisement-sur-Coole
Breuvery-s-Coole
St-Quentin-sur-Coole
Cernon
Vaugency
Mont Toisé
Mairy-s-Marne
Vésigneul-s-Marne
Pogny
Togny-aux-Bœufs
Vouciennes
Vitry-la-Ville
Cheppes-la-Prairie
St-Martin-aux-Champs
Omey
La Chaussée-sur-Marne
Aulnay-l'Aître
Coulmier
Ablancourt
St-Amand-sur-Fion
St-Lumier-en-Champagne
Soulanges
Songy
Pringy
Drouilly
Loisy-s-Marne
Maisons-en-Champagne
Couvrot
Vitry-en-Perthois
Mont de Fourche
Gravelines
St-Quentin-les-Marais
Bassuet
Lisse-en-Champagne
Coulvagny
Vanault-le-Châtel
Bassu
Vavray-le-Grand
Changy
Outrepont
Le Buisson
Ponthion
Merlaut
Plichancourt
Brusson
Dompremy
St-Étienne
Reims-la-Brûlée
Favresse
Vauclerc
Marolles
Villotte
Écriennes
Thiéblemont-Farémont
Frignicourt
Luxémont-et-Villotte
Bignicourt-sur-Marne
Matignicourt-Goncourt
Norrois
Cloyes-s-Marne
Moncetz-l'Abbaye
Larzicourt
Isle-sur-Marne
St-Remy-en-Bouzemont-St-Genest-et-Isson
Arrigny
Blacy
Glannes
Huiron
Courdemanges
Châtelraould-St-Louvent
Mont Morêt
Blaise-s/s-Arzillières
Arzillières-Neuville
Les Rivières-Henruel
St-Chéron
Gigny-Bussy
Coupetz
Fontaine
Vésigneul
Faux-Vésigneul
Le Mont Larron
Coole
Soudé
Notre-Dame
Ste-Croix
Dommartin-Lettrée
Bussy-Lettrée
Vatry
Soudron
Sommesous
Sompuis
Forêt de Vauhalaise
La Galbaudine
La Croix
La Certine
Humbauville
Le Meix-Tiercelin
Orphelinat
Poivres
Mailly-le-Camp
Camp militaire de Mailly
Tharges
Trouans
Dosnon
St-Ouen-Domprot
Les Monts Torlors
Les Mandres
Perthes
Flumet
La Malmaison
Bussy-aux-Bois
Presqu'île de Larzicourt
A B C D
1 2 3 4 5
42 61 91

Ste-Menehould
Chaudefontaine
Vaux
Verrières
Argers
Dampierre
Élise-Daucourt
Voilemont
Maupertuis
Grigny
Moncets
Daucourt
Châtrices
Villers-en-Argonne
Braux-St-Remy
La Hotte
Passavant-en-Argonne
Beaulieu-en-Argonne
Waly
Froidos
Lavoye
Autrécourt-sur-Aire
Fleury-sur-Aire
Ippécourt
Souilly
St-André-en-Barrois
Julvécourt
Futeau
Les Islettes
Rarécourt
Salvange
Sivry-Ante
Ante
Le Chemin
Éclaires
Brizeaux
Foucaucourt-sur-Thabas
Nubécourt
Bulainville
Le Vieil-Dampierre
Épense
La Neuville-aux-Bois
Les Charmontois
Triaucourt-en-Argonne
(Seuil-d'Argonne)
Èvres
Beauzée-sur-Aire
Pretz-en-Argonne
Deuxnouds-devant-Beauzée
(Les Trois-Domaines)
Heippes
Remicourt
Givry-en-Argonne
Noirlieu
Belval-en-Argonne
Vaubecourt
(Rembercourt-Sommaisne)
Courcelles-sur-Aire
Chaumont-sur-Aire
Érize-la-Petite
Érize-la-Grande
Le Châtelier
St-Mard-sur-le-Mont
Contault
Sommeilles
Vieux Monthiers
Laheycourt
Villotte-devant-Louppy
Lisle-en-Barrois
Rembercourt-aux-Pots
Marat-la-Grande
Possesse
St-Jean-devant-Possesse
Charmont
Nettancourt
Noyers-le-Val
(Noyers-Auzécourt)
Louppy-le-Château
Condé-en-Barrois
Seigneulles
Rosnes
Belrain
(Raival)
Vernancourt
Vroil
Brabant-le-Roi
Revigny-sur-Ornain
Villers-aux-Vents
Laimont
Neuville-sur-Ornain
Bussy-la-Côte
Chardogne
Vavincourt
Rumont
Érize-St-Dizier
Bettancourt-la-Longue
Villers-le-Sec
Sogny-en-l'Angle
Rancourt-sur-Ornain
Remennecourt
Alliancelles
Contrisson
Vassincourt
Mussey
(Val-d'Ornain)
Varney
Behonne
BAR-LE-DUC
Naives-Rosières
Géry
Heiltz-le-Maurupt
Andernay
Mognéville
Sermaize-les-Bains
Couvonges
(Fains-Véel)
Véel
Savonnières-devant-Bar
Resson
Loisey-Culey
Salmagne
Pargny-sur-Saulx
Étrepy
Maurupt-le-Montois
Beurey-sur-Saulx
Robert-Espagne
Trémont-sur-Saulx
Combles-en-Barrois
Longeville-en-Barrois
Silmont
Guerpont
Tannois
Tronville-en-Barrois
Velaines
Cheminon
Trois-Fontaines-l'Abbaye
L'Isle-en-Rigault
Ville-sur-Saulx
Brillon-en-Barrois
Saudrupt
Montplonne
Nant-le-Grand
Nant-le-Petit
Maulan
Givrauval
St-Lumier-la-Populeuse
Scrupt
St-Vrain
Heiltz-le-Hutier
Vouillers
St-Eulien
Villiers-en-Lieu
Chancenay
Baudonvilliers
Haironville
Sommelonne
Rupt-aux-Nonains
Bazincourt-sur-Saulx
Lavincourt
Stainville
Perthes
St-Dizier
Bettancourt-la-Ferrée
Ancerville
Aulnois-en-Perthois
Ménil-sur-Saulx
Le Bouchon-sur-Saulx
Fouchères-aux-Bois
Hauteville
Sapignicourt
Ambrières
Hallignicourt
Moëslains
Valcourt
Laneuville-au-Pont
Landricourt
Eclaron-Braucourt-Ste-Livière
Ste-Marie-du-Lac-Nuisement
Chamouilley
Roches-sur-Marne
Cousances-les-Forges
Savonnières-en-Perthois
Juvigny-en-Perthois
Dammarie-sur-Saulx
Forêt de Beaulieu
Bois de Lavoye
Forêt de Belval
Bois des Argonnelles
Bois de la Penthière
Bois du Haraumont
Forêt de Massonge
Bois de Montfromont
Bois de Velaines
Le Bois Brûlé
Forêt de Trois-Fontaines
Forêt du Haut Juré
Bois de Maurupt
Canal de la Marne au Rhin
Marne
Saulx
Ornain
Aire
Chée
Voie Sacrée Nationale
43
64
92

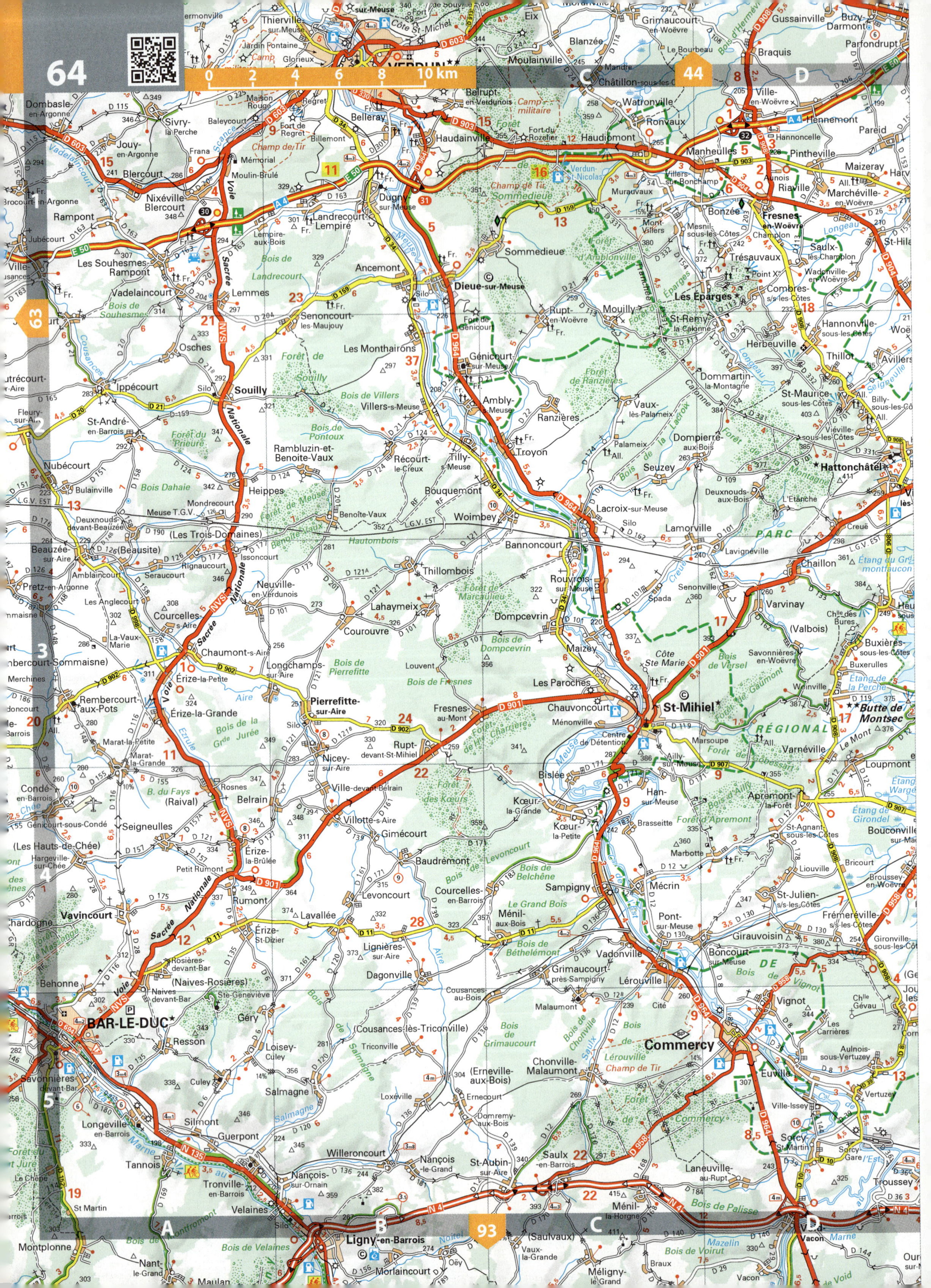
0 2 4 6 8 10 km
44
63
93
Verdun
Thierville-sur-Meuse
Belleray
Haudainville
Haudiomont
Manheulles
Fresnes-en-Woëvre
Dombasle-en-Argonne
Sivry-la-Perche
Jouy-en-Argonne
Nixéville-Blercourt
Dugny-sur-Meuse
Rampont
Landrecourt-Lempire
Sommedieue
Dieue-sur-Meuse
Les Souhesmes-Rampont
Vadelaincourt
Lemmes
Senoncourt-les-Maujouy
Les Monthairons
Génicourt-sur-Meuse
Mouilly
Les Éparges
St-Remy-la-Calonne
Combres-s/s-les-Côtes
Herbeuville
Hannonville-sous-les-Côtes
Thillot
Ippécourt
Souilly
Villers-s-Meuse
Ambly-s-Meuse
Ranzières
Vaux-lès-Palameix
Dommartin-la-Montagne
St-Maurice-sous-les-Côtes
St-André-en-Barrois
Rambluzin-et-Benoite-Vaux
Récourt-le-Creux
Tilly-s-Meuse
Troyon
Dompierre-aux-Bois
Seuzey
Hattonchâtel
Nubécourt
Bulainville
Heippes
Bouquemont
Lacroix-sur-Meuse
Deuxnouds-aux-Bois
Deuxnouds-devant-Beauzée
Mondrecourt
Woimbey
Lamorville
Beauzée-sur-Aire
Issoncourt
Bannoncourt
Lavignéville
Chaillon
Pretz-en-Argonne
Neuville-en-Verdunois
Thillombois
Rouvrois-sur-Meuse
Spada
Varvinay
Courcelles-s-Aire
Lahaymeix
Dompcevrin
Chaumont-s-Aire
Couronvre
Maizey
Côte Ste Marie
Savonnières-en-Woëvre
Érize-la-Petite
Longchamps-sur-Aire
Les Paroches
St-Mihiel
Buxières-sous-les-Côtes
Rembercourt-aux-Pots
Érize-la-Grande
Pierrefitte-sur-Aire
Fresnes-au-Mont
Chauvoncourt
Butte de Montsec
Rupt-devant-St-Mihiel
Marsoupe
Varnéville
PARC NATUREL RÉGIONAL DE LORRAINE
Condé-en-Barrois
Nicey-sur-Aire
Ailly-sur-Meuse
Loupmont
Belrain
Ville-devant-Belrain
Bislée
Han-sur-Meuse
Apremont-la-Forêt
Seigneulles
Villotte-s-Aire
Kœur-la-Grande
Kœur-la-Petite
Brasseitte
St-Agnant-sous-les-Côtes
Boucouville-sur-Madt
Érize-la-Brûlée
Gimécourt
Baudrémont
Marbotte
Liouville
Rumont
Levoncourt
Courcelles-en-Barrois
Sampigny
Mécrin
St-Julien-s/s-les-Côtes
Vavincourt
Lavallée
Ménil-aux-Bois
Pont-sur-Meuse
Girauvoisin
Frémeréville-s/s-les-Côtes
Érize-St-Dizier
Lignières-sur-Aire
Vadonville
Boncourt-sur-Meuse
Gironville-sous-les-Côtes
Rosières-devant-Bar
Naives-devant-Bar
Dagonville
Grimaucourt-près-Sampigny
Lérouville
Behonne
BAR-LE-DUC
Géry
Cousances-aux-Bois
Vignot
Resson
Loisey-Culey
Malaumont
Commercy
Aulnois-sous-Vertuzey
Savonnières-devant-Bar
Salmagne
Chonville-Malaumont
Euville
Longeville-en-Barrois
Silmont
Guerpont
Loxéville
Ernecourt
Vertuzey
Ville-Issey
Tannois
Willeroncourt
Nançois-le-Grand
St-Aubin-sur-Aire
Saulx-en-Barrois
Sorcy-St-Martin
Tronville-en-Barrois
Nançois-sur-Ornain
Laneuville-au-Rupt
Velaines
Ménil-la-Horgne
Ligny-en-Barrois
Montplonne
Nant-le-Grand
Morlaincourt
(Saulvaux)
Vaux-la-Grande
Méligny-le-Grand
Vacon
Troussey

65
45
66
94
METZ
NANCY
Pont-à-Mousson
TOUL
Thiaucourt-Regniéville
Dieulouard
Pompey
Liverdun
Maxéville
Malzéville
Laxou
Vandœuvre-lès-N.
Jarville-la-Malgrange
St-Max
Champigneulles
Frouard
Montigny-lès-M.
Moulins-lès-M.
Scy-Chazelles
Ars-s-Moselle
Jarny
Chambley-Bussières
Nomeny
Jouy-aux-Arches
Novéant-s-Moselle
Vandières
Blénod-lès-Pont-à-Mousson
Jezainville
Domèvre-en-Haye
Gondreville
Dommartin-lès-Toul
Lac de Madine
Sillegny
Verny
Mars-la-Tour
Gorze
Arnaville
Pagny-s-Moselle
Atton
Loisy
Custines
Marbache
Belleville
Villers-en-Haye
Rosières-en-Haye
Manonville
Noviant-aux-Prés
Bernécourt
Flirey
Beaumont
Seicheprey
Essey-et-Maizerais
Pannes
Euvezin
Xammes
Jaulny
Rembercourt-sur-Mad
Waville
Onville
St-Julien-lès-Gorze
Dampvitoux
Hagéville
Xonville
Sponville
Puxieux
Tronville
Vionville
Rezonville
Gravelotte
Ancy-Dornot
Dornot
Vaux
Jussy
Rozérieulles
Lessy
Longeville-lès-M.
Woippy
Augny
Marly
Cuvry
Pouilly
Fleury
Peltre
Chesny
Coin-lès-Cuvry
Pournoy-la-Chétive
Pommérieux
Marieulles
Lorry-Mardigny
Vittonville
Champey-s-Moselle
Bouxières-s/s-Froidmont
Cheminot
Louvigny
Vigny
Goin
Liéhon
Chérisey
Morville-s-Seille
Éply
Raucourt
Mailly-s-Seille
Port-s-Seille
Clémery
Rouves
Bénicourt
Ste-Geneviève
Bezaumont
Landremont
Millery
Autreville-s-Moselle
Belleau
Bratte
Faulx
Malleroy
Montenoy
Bouxières-aux-Dames
Lay-St-Christophe
Eulmont
Agincourt
Dommartemont
Essey-lès-N.
Tomblaine
Saulxure-lès-Nancy
Velaine-en-Haye
Sexey-les-Bois
Fontenoy-s-Moselle
Aingeray
Jaillon
Avrainville
Andilly
Ménil-la-Tour
Bouvron
Francheville
Lagney
Lucey
Bruley
Pagney-derrière-Barine
Écrouves
Foug
Choloy-Ménillot
Chaudeney-sur-Moselle
Villey-le-Sec
Laneuveville-derrière-Foug
Trondes
Boucq
Royaumeix
Sanzey
Minorville
Grosrouvres
Hamonville
Ansauville
Mandres-aux-Quatre-Tours
Rambucourt
Richecourt
Lahayville
Montsec
Nonsard-Lamarche
Bouillonville
Viéville-en-Haye
Villers-s/s-Prény
Prény
Vilcey-s-Trey
Fey-en-Haye
Montauville
Maidières
Mamey
Lironville
Martincourt
Gézoncourt
Griscourt
Rogéville
Tremblecourt
Manoncourt-en-Woëvre
Saizerais
Forêt de l'Avant-Garde
Forêt de Haye
FORÊT DE LA REINE
LORRAINE
NATUREL
Moselle
Rupt de Mad
Seille
Esch
Trey
Metz-Nancy Lorraine
Lorraine T.G.V
A 31
E 21
D 910
D 958
D 657
D 611
D 904
D 903
D 603
D 952

0 2 4 6 8 10 km
METZ
Montigny-lès-M.
Peltre
Laquenexy
Courcelles-Chaussy
Courcelles-sur-Nied
Pange
Marly
Pouilly
Chesny
Sorbey
Mécleuves
Verny
Pournoy-la-Chétive
Coin-lès-Cuvry
Pommérieux
Sillegny
Goin
Pagny-lès-Goin
METZ-NANCY-LORRAINE
Louvigny
Vigny
Buchy
Solgne
Luppy
Béchy
St-Epvre
Flocourt
Han-sur-Nied
Rémilly
Vittoncourt
Adaincourt
Many
Herny
Vatimont
Holacourt
Arraincourt
Brulange
Thicourt
Thonville
Eincheville
Landroff
Faulquemont
Créhange
Elvange
Guinglange
Raville
Fouligny
Servigny-lès-Raville
Varize
Bionville-sur-Nied
Hémilly
Vahl-lès-Faulquemont
Adelange
Boustroff
Mainvillers
Chémery
Baudrecourt
Chenois
Lesse
Destry
Baronville
Morhange
Marthille
Villers-sur-Nied
Lucy
Chicourt
Frémery
Bréhain
Bellange
Achain
Oron
Hannocourt
Château-Bréhain
Haboudange
Dalhain
Vannecourt
Burlioncourt
Vaxy
Puttigny
Obreck
Dédeling
Château-Voué
Sotzeling
Fonteny
Viviers
Tincry
Prévocourt
Xocourt
Liocourt
Puzieux
Delme
Donjeux
Laneuveville-en-Saulnois
Oriocourt
Gerbécourt
Lemoncourt
Jallaucourt
Fresnes-en-Saulnois
Château-Salins
Amelécourt
Lubécourt
Hampont
Morville-lès-Vic
Haraucourt-sur-Seille
Coutures
Salonnes
Vic-sur-Seille
Moyenvic
Marsal
Juvelize
Lezey
Xanrey
Juvrecourt
Bezange-la-Petite
Réchicourt-la-Petite
Bezange-la-Grande
Sornéville
Champenoux
Erbéviller-sur-Amezule
Athienville
Arracourt
Hoéville
Bathelémont
Serres
Valhey
Bauzemont
Hénaménil
Réméréville
Courbesseaux
Gellenoncourt
Drouville
Einville-au-Jard
Raville-sur-Sânon
Crion
Sionviller
Maixe
Bienville-la-Petite
Laneuvelotte
Velaine-s/s-Amance
Cerville
Seichamps
Pulnoy
Essey-lès-N.
Saulxures-lès-Nancy
Buissoncourt
Haraucourt
Varangéville
Art-s-Meurthe
Laneuveville-devant-N.
Jarville-la-Malgrange
Vandœuvre-lès-N.
Villers-lès-N.
Laxou
NANCY
Tomblaine
Maxéville
Malzéville
St-Max
Dommartemont
Agincourt
Dommartin-s/s-Amance
Laître-s/s-Amance
Amance
Eulmont
Lay-St-Christophe
Bouxières-aux-Dames
Champigneulles
Frouard
Pompey
Custines
Malleloy
Faulx
Montenoy
Millery
Belleau
Bratte
Sivry
Moivrons
Villers-lès-Moivrons
Leyr
Armaucourt
Lanfroicourt
Bey-sur-Seille
Bioncourt
Attilloncourt
Pettoncourt
Grémecey
Chambrey
Aboncourt-sur-Seille
Manhoué
Brin-sur-Seille
Moncel-sur-Seille
Mazerulles
Arraye-et-Han
Ajoncourt
Jeandelaincourt
Landremont
Lixières
Mange-Seille
Chenicourt
Aulnois-sur-Seille
Létricourt
Nomeny
Clémery
Port-s-Seille
Morville-s-Seille
Raucourt
Éply
Rouves
Phlin
Abaucourt
Mailly-s-Seille
Thézey-St-Martin
Foville
Alaincourt-la-Côte
Craincourt
Fossieux
Malaucourt-sur-Seille
Vulmont
Sailly-Achâtel
Secourt
Moncheux
Juville
Bacourt
Morville-s-Nied
Tragny
Thimonville
Ancy-lès-Solgne
Silly-en-Saulnois
Liéhon
Chérisey
Pontoy
Orny
Beux
Aube
Lemud
Ancerville
Voimhaut
Sanry-sur-Nied
Bazoncourt
Villers-Stoncourt
Chanville
Maizeroy
Marsilly
Ars-Laquenexy
Colligny
Ogy
Coincy
Mercy
Jury
Fleury
Cuvry
Augny
Pournoy-la-Grasse
Ste-Geneviève
Bezaumont
Autreville-s-Moselle
Loisy
Sillegny
Cheminot
Longeville-lès-Cheminot
Lesménils
Mousson
Ste-Barbe
Servigny-lès-Ste-Barbe
Noisseville
Glatigny
Retonfey
Vaudoncourt
Landonvillers
Les Étangs
Brouck
Boucheporn
Zimming
Longeville-lès-St-Avold
Bambiderstroff
Laudrefang
Tritteling-Redlach
Pontpierre
Téting
Harprich
Suisse
Vigneulles
A B C D
1 2 3 4 5
95
46
65

Sarreguemines
Béning-lès-St-Avold
Théding
Tenteling
Nousseviller-St-Nabor
Hundling
Diebling
Farébersviller
Folpersviller
Guenviller
Henriville
Farschviller
Metzing
Ippling
Rémelfing
Zetting
Wiesviller
Woelfling-lès-Sarreguemines
Gros-Réderching
Hombourg-Haut
Macheren
Lachambre
Loupershouse
Woustviller
Guebenhouse
Ernestviller
Neufgrange
Cappel
Barst
Hoste
Diffembach-lès-Puttelange
Puttelange-aux-Lacs
Hambach
Sittzheim
Wittring
Achen
Etting
Bining
Altviller
Folschviller
Biding
Valette
Vahl-Ebersing
Maxstadt
Laning
Lixing-lès-St-Avold
Grundviller
Rémering-lès-Puttelange
Richeling
Willerwald
Kalhausen
Schmittviller
Leyviller
Altrippe
Frémestroff
St-Jean-Rohrbach
Hilsprich
Holving
Herbitzheim
Sarralbe
Oermingen
Hellimer
Freybouse
Diffembach-lès-Hellimer
Petit-Tenquin
Rahling
Bistroff
Grostenquin
Ste-Croix
Erstroff
Gréning
Kappelkinger
Le Val-de-Guéblange
Keskastel
Dehlingen
Butten
Bérig-Vintrange
Francaltroff
Nelling
Hazembourg
Insming
Kirviller
Hinsingen
Schopperten
Voellerdingen
Lorentzen
Domfessel
Diemeringen
Virming
Vallerange
Léning
Vittersbourg
Honskirch
Bissert
Sarre-Union
Rimsdorf
Mackwiller
Neufvillage
Albestroff
Ste Anne
Givrycourt
Harskirchen
Altwiller
Sarrewerden
Thal-Drulingen
Bermering
Montdidier
Vahl-lès-Bénestroff
Munster
Vibersviller
Burbach
Rexingen
Adamswiller
Racrange
Rodalbe
Nébing
Torcheville
Insviller
Berg
Durstel
Bénestroff
Zarbeling
Lidrezing
Molring
Lhor
Diedendorf
Wolfskirchen
Gungwiller
Bettwiller
Marimont-lès-Bénestroff
Guinzeling
Drulingen
Ottwiller
Bourgaltroff
Guébling
Bassing
Domnom-lès-Dieuze
Mittersheim
Niederstinzel
Eschwiller
Eywiller
Weyer
Lostroff
Fénétrange
Postroff
Siewiller
Cutting
Loudrefing
Baerendorf
Hirschland
Veckersviller
Bidestroff
Vergaville
Guébestroff
Rorbach-lès-Dieuze
Zommange
Forêt de Fénétrange
Romelfing
Kirrberg
Rauwiller
Schalbach
Metting
Val-de-Bride
Dieuze
Angviller-lès-Bisping
Bisping
Berthelming
Hellering-lès-Fénétrange
Bickenholtz
Vescheim
Lindre-Haute
Lindre-Basse
St-Jean-de-Bassel
Bettborn
Oberstinzel
Goerlingen
Fleisheim
Wintersbourg
Mulcey
PARC
Nolweiher
Gosselming
Vieux-Lixheim
Lixheim
Zilling
Blanche-Eglise
Tarquimpol
Guermange
Desseling
Dolving
Hérange
Mittelbronn
Guéblange-lès-Dieuze
Assenoncourt
Parc animalier
Sarraltroff
Hilbesheim
Brouviller
St-Jean-Kourtzerode
Bourscheid
Fribourg
Rhodes
Haut-Clocher
Réding
Waltembourg
Gelucourt
NATUREL
RÉGIONAL
Langatte
Languimberg
Kerprich-aux-Bois
Sarrebourg
Hommarting
Azoudange
Buhl-Lorraine
Arzviller
Bourdonnay
Diane-Capelle
Imling
Niderviller
Guntzviller
Maizières-lès-Vic
Bébing
Schneckenbusch
LORRAINE
Barchain
Brouderdorff
Lagarde
Hertzing
Héming
Xouaxange
Hesse
Plaine-de-Walsch
Hommert
Xures
Basse Xirxange
Port-Ste Marie
Bataville
Gondrexange
Neufmoulins
Hermelange
Hartzviller
Harreberg
Landange
Nitting
Troisfontaines
Moussey
Réchicourt-le-Château
St-Georges
Lorquin
Voyer
Walscheid
Vaucourt
Xousse
Remoncourt
Avricourt
Aspach
Laneuveville-lès-Lorquin
Fraquelfing
Abreschviller
Igney
Foulcrey
Hattigny
Niderhoff
Vasperviller
Métairies-St-Quirin
Amenoncourt
Emberménil
Mont Laval
47
96
89

0 2 4 6 8 10 km
A
B
C
D
1
2
3
4
5
48
67
96
PFÄLZERWALD
Camp militaire de Bitche
PARC NATUREL RÉGIONAL DES VOSGES DU NORD
Bitche
Simserhof
Fort Casso
Rohrbach-lès-Bitche
Petit-Réderching
Siersthal
Lambach
Reyersviller
Enchenberg
Lemberg
Montbronn
St-Louis-lès-Bitche
Goetzenbruck
Meisenthal
Soucht
Pierre des 12 Apôtres
Volksberg
Ratzwiller
Rosteig
Wingen-s-Moder
Wimmenau
Puberg
Tieffenbach
Hinsbourg
Weislingen
Frohmuhl
Waldhambach
Adamswiller
Struth
Asswiller
Petersbach
La Petite-Pierre
Lohr
Erckartswiller
Zittersheim
Sparsbach
Weiterswiller
Neuwiller-lès-Saverne
Dossenheim-s-Zinsel
Eschbourg
Hangviller
Pfalzweyer
Berling
Vilsberg
Ernolsheim-lès-Saverne
St Michel
St-Jean-Saverne
Phalsbourg
Danne-et-Quatre-Vents
Col de Saverne
Ottersthal
Monswiller
Saverne
Lutzelbourg
Dannelbourg
Waltembourg
Henridorff
Haut-Barr
Haegen
Gottenhouse
Otterswiller
Plan incliné
Garrebourg
Hultehouse
Haselbourg
Rocher du Nutzkopf
Dabo
Rocher de Dabo
Reinhardsmunster
Marmoutier
Dimbsthal
Singrist
Hengwiller
Allenwiller
Obersteigen
Wangenbourg-Engenthal
Romanswiller
Wasselonne
Marlenheim
Kirchheim
Odratzheim
Eguelshardt
Mouterhouse
Baerenthal
Philippsbourg
Falkenstein
Niederbronn-les-Bains
Reichshoffen
Oberbronn
Zinswiller
Lichtenberg
Offwiller
Rothbach
Bischholtz
Mulhausen
Ingwiller
Menchhoffen
Schillersdorf
Uhrwiller
Kindwiller
Mietesheim
Mertzwiller
Bitschhoffen
Uttenhoffen
Engwiller
Gundershoffen
Niedermodern
Pfaffenhoffen
Dauendorf
Schweighouse-sur-Moder
Uhlwiller
Ohlungen
Morschwiller
Huttendorf
Bouxwiller
Kirrwiller
Ringeldorf
Bosselshausen
Ringendorf
Zoebersdorf
Hattmatt
Printzheim
Gottesheim
Geiswiller
Wickersheim-Wilshausen
Hochfelden
Mommenheim
Bernolsheim
Brumath
Schwindratzheim
Mutzenhouse
Wingersheim
Donnenheim
Bilwisheim
Mittelschaeffolsheim
Olwisheim
Eckwersheim
Vendenheim
Lampertheim
Mundolsheim
Pfulgriesheim
Griesheim
Dingsheim
Niederhausbergen
Mittelhausbergen
Oberhausbergen
Steinbourg
Dettwiller
Melsheim
Wilwisheim
Lupstein
Littenheim
Altenheim
Duntzenheim
Gougenheim
Furchhausen
Wolschheim
Schwenheim
Friedolsheim
Saessolsheim
Rohr
Kienheim
Durningen
Truchtersheim
Berstett
Lochwiller
Kleingoeft
Reutenbourg
Landersheim
Willgottheim
Zehnacker
Jetterswiller
Hohengoeft
Crastatt
Wintzenheim-Kochersberg
Neugartheim-Ittlenheim
Kuttolsheim
Nordheim
Fessenheim-le-Bas
Furdenheim
Dossenheim-Kochersberg
Stutzheim-Offenheim
Quatzenheim
Hurtigheim
Ittenheim
Handschuheim
Oberschaeffolsheim
Niedersteinbach
Obersteinbach
Windstein
Lembach
Langensoultzbach
Froeschwiller
Wœrth
Morsbronn-les-Bains
Forstheim
Laubach
Hegeney
Eschbach
Fischbach bei Dahn
Schönau
Hirschthal
Ludwigswinkel
Stürzelbronn
Haspelschiedt
Roppeviller
Hanviller
Lengelsheim
Dollenbach
Nousseviller-lès-Bitche
Schorbach
Breidenbach
Hottviller
Wœlfling
Weiskirch
Volmunster
Eschviller
Zilling
Vescheim
Bourscheid
Hérange
Metting
Rauwiller
Siewiller
Bust
Schœnbourg
Hambach
Drulingen
Durstel
Weyer
Ottwiller
Eschwiller
Strasbourg
A 4
E 25
D 1062
D 421
D 1004
D 662
D 919

49
E
F
G
H
Wissembourg
Col du Pigeonnier
Niederschlettenbach
Oberotterbach
Vollmersweiler
Niederotterbach
Minfeld
Freckenfeld
Schweigen-Rechtenbach
Steinfeld
Kapsweyer
Schweighofen
Altenstadt
Büchelberg
Hagenbach
Maximiliansau
Forêt de Wissembourg
Mundatwald
Bienwald
Scheibenhardt
Lauterbourg
Neulauterburg
Berg
Neuburg am Rhein
Rheinstetten
Daxlanden
Forchheim
Mörsch
Neuburgweier
Au am Rhein
Durmersheim
Cleebourg
Riedseltz
Schleithal
Salmbach
Seebach
Niederlauterbach
Neewiller-près-Lauterbourg
Oberlauterbach
Lembach
Drachenbronn-Birlenbach
Ingolsheim
Ouvrage d'artillerie
Hunspach
Lobsann
Lampertsloch
Keffenach
Memmelshoffen
Schœnenbourg
Preuschdorf
Retschwiller
Soultz s/s-Forêts
Aschbach
Trimbach
Hoffen
Stundwiller
Crœttwiller
Eberbach-Seltz
Wintzenbach
Mothern
Illingen
Elchesheim-Illingen
Munchhausen
Bietigheim
Kutzenhausen
Merkwiller-Pechelbronn
Dieffenbach-lès-Wœrth
Oberrœdern
Buhl
Schaffhouse-près-Seltz
Niederrœdern
Steinmauern
Rittershoffen
Hatten
Surbourg
Gunstett
Biblisheim
Betschdorf
Casemate Esch
Seltz
Plittersdorf
Ötigheim
Malsch
Durrenbach
Walbourg
Kesseldorf
Forstfeld
Beinheim
Ottersdorf
Rastatt
Muggensturm
Kauffenheim
Leutenheim
Roppenheim
Wintersdorf
Iffezheim
Kuppenheim
Bischweier
Forêt de Haguenau
Soufflenheim
Rœschwoog
Neuhaeusel
Favorite
Sandweier
Gaggenau
Haguenau
Camp militaire
Schirrhoffen
Schirrhein
Rountzenheim
Auenheim
Sessenheim
Stattmatten
Fort-Louis
Hügelsheim
Haueneberstein
Eberstein burg
Selbach
Kaltenhouse
Oberhoffen-s-Moder
Dengolsheim
Dalhunden
Söllingen
BADEN-AIRPARK
Stollhofen
Sinzheim
BADEN-BADEN
Bischwiller
Rohrwiller
Drusenheim
Herrlisheim
Gries
Weitbruch
Kurtzenhouse
Rheinmünster
Leiberstung
Lichtental
Oberbeuren
Greffern
Grauelsbaum
Schwarzach
Hildmannsfeld
Moos
Oberbruch
Weitenung
Steinbach
Yburg
Neuweier
Geroldsau
Steinberg
Geudertheim
Weyersheim
Offendorf
Helmlingen
Lichtenau
Scherzheim
Balzhofen
Muckenschopf
Unzhurst
Oberweier
Bühl
Bühlertal
Hœrdt
Gambsheim
Kilstett
La Wantzenau
Memprechtshofen
Freistett
Rheinau
Gamshurst
Ottersweier
Sasbachried
Bühler Höhe
Neusatz
Reichstett
Souffelweyersheim
Hœnheim
Bischheim
Schiltigheim
Diersheim
Hausgereut
Rheinbischofsheim
Honau
Hohbühn
Holzhausen
Wagshurst
Achern
Großweier
Sasbach
Sasbachwalden
Obersasbach
Oberachern
Hornisgrinde
Mummelsee
Hochkopf
Fautenbach
Önsbach
Leutesheim
Linx
Zierolshofen
Bodersweier
Querbach
Mösbach
Kappelrodeck
Furschenbach
Seebach
STRASBOURG
Renchen
Ulm
Waldulm
97

0 2 4 6 8 10 km
A
B
C
D
1
2
3
4
5
Légendes
des
Côte
Roches de Portsall
Roches d'Argenton
Pointe de Pontu
Chapelle
Méneham
Plateau d'Amand ar Ross
Karrec-Hir
La Digue
Boutrouilles
St-Egareo
Rudoloc
Neis-Vran
Nodeven
Kerbrezant
Guissény
L'Île Vierge
La Grève Blanche
St-Michel
Île Penenès
Grève du Vougot
Grève de Zorn
Le Libenter
Î. Stagadon
Î. Venan
Chenal de l'Aber Wrac'h
Kelerdut
Église
Iliz-Koz
Lilia
Î. de la Croix
Î. Vrac'h
Presqu'île de St-Marguerite
Î. Cézon
St-Cava
Perros
Î. d'Erch
Île Guenioc
Dunes
Poulloc
Fort
Î. Tariec
B. des Anges
L'Aber-Wrac'h
Aber
Corn Carhai
Rosservor
Î. du Bec
Île Trevors
Î. Garo
Île Carne
Tumulus
Dunes de Corn-ar-Gazel
Brouennou
Gouvent
St-Antoine
Landéda
Paluden
Croix-Rouge
Prat-ar-Coum
Lannilis
Plouguerneau
Lanvaon
Keroudern
Ste-Anne
Antéren
Kerdélant
Le Grouanec
Lannébeur
Kernilis
Prat-Paul
Kerouartz
Pellan
Diouris
Croas-ar-Gall
Brendaouez
St-Frégant
Lanneunval
Penmarch
Keradennec
Guiquelleau
Lavengat
Kerhornaouen
Kervaro
Île Verte
Porsguen
Tremazan
St-Samson
Pointe de Landunvez
Portsall
Bar-ar-Lan
Treompan
Lampaul-Ploudalmézeau
Kerlanou
Streat-Veur
St-Pabu
Aber Benoît
Tréglonou
Kersaint
Ploudalmézeau
Landunvez
St-Gonvel
Penfoul
Île d'Iock
Le Four
Presqu'île St-Laurent
Argenton
Porspoder
Kerouztat
Kergastel
St-Roch
Kernevez
Plourin
Plouguin
Kerantour
Kérivinoc
Coat-Méal
Moulin-du-Châtel
Menez-Bras
Tariec
Kéroune
Plouvien
St-Jaoua
Kerdalaes
Kerarédeau
Loc-Brévalaire
Le Folgoët
Lanarvily
Kergrac'h
St-Jean-Balanant
Landouzan
Locmaria
Le Drennec
Pentreff
Coat-Elez
Lestanet
Breventoc
Le Leuhan
Kerangueven
Larret
Kergadiou
Couloudouarn
Trémobian
Tréouergat
Bourg-Blanc
St-Urfold
Plabennec
Les Liniou
Île Melon
Melon
Lanildut
Brélès
Kergroadès
Rocher du Crapaud
Porscave
Aber Ildut
Brescanvel
Pen-an-Dreff
Lanrivoaré
Guipronvel (Milizac-Guipronvel)
Tollan
Les Trois Curés
Lanorven
Lesquelen
Lannon
Fuzoret
Tumulus
Kerlatas
Mendy
Lanvenec
Milizac
Kéranfiech
Kergoat
Grève de Gouérou
Lampaul-Plouarzel
Erragounan
St-Eloi
Keramazé
Kérivot
Kervalguen
Gouesnou
Kersaint-Plabennec
Porspaul
Lokornou-Vian
Les Plâtresses
Île Ségal
Faix
Chenal de la Helle
Trézien
Plouarzel
Kervéatoux
Ruscumunoc
Pointe de Corsen
Kerloas
Porsmoguer
Kerouzien
Cohars
Lamber
Langongar
Trégorff
Bohars
Tromeur
Loscoat
Kergaradec
Guipavas
Kervao
St-Divy
La Forest-Landerneau
La Haye
74
75

E
F
G
H
1
2
3
4
5
Trou du Serpent
Le Ru
Île-de-Batz
Chapelle Ste-Anne
Jardin exotique
Pnte de Perharidy
Roscoff
Jardin exotique
Le Pouldu
Santec
Île de Sieck
an Annec
Plage des Chardons Bleus
Sémaphore
Brignogan-Plages
Le Garo
Plage du Lividic
Plounéour-Brignogan-plages
Gouletoc
Kérurus
Plounéour-Trez
Grève de Goulven
Grève de Frouden
Plages de Pors-Meur et de Pors-Guen
Baie de Kernic
Poulfoën
St-Eden
Forban
Kerdarne
Kerfissien
Lannurien
Plouescat
Tronjoly
Brélénévez
Kérider
Dosseri
Bougourouan
Moguériec
Bois de Santec
Kerbrat
Kersauson
Kérouzéré
Kersaint
Keragon
Trégor
Sibiril
Cléder
Lanneufeld
Croissant-de-Plougoulm
Plougoulm
St-Pol-de-Léon
Kersaliou
Keradennec
Pempoul
Kernevez
La Madeleine
Rocher Ste-Anne
Baie de Morlaix
Île Callot
Route submersible
Chau du Taureau
Chaise du Curé
Carantec
Île Noire
Pnte de Pen-al-Lann
Cairn de Barnenez
Rade de Morlaix
Pnte de Diben
Le Diben
Pointe de Rochers
Primel-T
Le Guerzit
St-Samson
Terenez
Kernéléhen
St-Gonven
Kergaradec
Woallas
Plouezoc'h
Kerdanet
Kerozal
Trodibon
Locquénolé
Le Dourduff
Dourduff
Pen-an-Traon
Tréfeunteuniou
Ploujean
Kéranroux
Lesneven
Goulven
Tréflez
Keremma
Maison des Dunes
Plouider
Rocher
Kerzéan
Kerlissien
Lanveur
Tréflaouénan
Moulin-du-Châtel
Kerdézant
Mézonan
Lochrist
Plounévez-Lochrist
Gare de Tréflez
Quéran
Croazou
Chau de Kergornadeac
Mengleus
Berven
Plouzévédé
Trézilidé
Mespaul
Stang
Ruplouénan
Plouénan
Kerlaudy
Pont de la Corde
Henvic
Penzé
Taulé
Les Bruyères
Lopreden
Kertanguy
Keruzoret
Kermancouez
Forêt de Lannuzouarn
St-Catherine
Kerdrein
Meslien
Kerouzec
Kervigodou
St-Vougay
Kerjean
Trévin
Plouvorn
Lambader
Croas-ar-Born
Kerbrat
Kerilly
Croix-Neuve
Penhoat
St-Martin-des-Champs
Morlaix
Pont-du-Châtel
Mouster
Runeven
Kerguélen
Kerizinen
Pontéalet
Lanhouarneau
Trégarantec
St-Méen
Kérilien
Plougar
Trémagon
Traonien-Querné
Kergroas
Lichen
Locmélar
St-Derrien
Kéryvon
Lesveoc
Bellevue
Langéoguer
Coativellec
Plougourvest
Guerruas
Kernoter
Kerlaer
Bodilis
Base aéronavale
Kerlidou
La Poterie
Kervoanec
Kerguedal
Moulin-Neuf
Guiclan
Hellin
Locmenven
Ste-Sève
Kervin
Coatilezec
Kervenarc'hant
Vallon-du-Pont
Penvern
Vieux Moulin
Coat-Minioù
Pleyber-Christ
Trébodennic
Kergongar
Kerfelgar
Kergoff
Plounéventer
Tremaouézan
Château
St-Servais
Lanneuffret
Kerivin
Landivisiau
Guerjean
Kermat
St-Jacques
St-Thégonnec
Loc-Eguiner
Lampaul-Guimiliau
Guimiliau
Silo
Lespodou
Pen-ar-Vern
Kergrenn
Kergalen
Trégunvez
Bodister
Le Cloître-St-Thégonnec
Lestreonec
Moulin de Brézal
Créach-Miloc
Kerbenéat
Plouédern
Pont-Christ
Elorn
Kerriou
Runhuel
St-Eloi
Botiguery
La Roche-Maurice
Mescoat
Traonlen
Roch-Fily
Kerévern
Landerneau
St-Derbot
Kerhuon
Loc-Eguiner
Ploudiry
Kermaria
Le Queff
La Martyre
Pencran
St-Antoine
Locmélar
Croix-Rouge
Goazeuzen
St-Sauveur
Penhoat-Huon
Loc-Eguiner-St-Thégonnec
Ste-Brigitte
Kervern
Coat-Losquet
Kerambellec
Le Plessis
Brest
Chapelle
Pont
75
76
72
E 50
D 10
D 58
D 788
D 69
D 712
D 30
D 32

0 2 4 6 8 10 km
C
D
1
2
3
4
5
71
A
B
C
D
76
Île Rouzic
★★ Île Malban
Île Plate
Île Bono
Île aux Moines
Les Sept-Îles
(Réserve naturelle)
Rose ★★
Granit
★★ Île Renote
Pnte de Squéouel
Le Four
Île St-Gildas
Île Tomé
Rochers ★★
★★ Trégastel-Plage
★★ Ploumanach
PERROS-GUIREC
Port-Blanc
Île Grande
Île Aganton
Côte de
★ Le Castel
★ Île Milliau
Trébeurden
★ Pnte de Bihit
Porz Mabo
★ Côte des Bruyères
Baie de Lannion
Pnte de Dourvin
Pointe de Séhar
Pointe de Primel
Primel-Trégastel
Pointe Run Glas
Pnte de Beg-an-Fry
Marc'h Sammet
Les Sables Blancs
Pointe de Locquirec
Locquirec
Trégastel
Penvern
Menhir
Cité des télécoms
Planétarium
St-Quay-Perros
Louannec
Trélévern
Trévou-Tréguignec
Pleumeur-Bodou
Lannion
Kermaria-Sulard
Coatréven
Trézény
Langoat
Rospez
Lanmérin
Quemperven
Ploulec'h
Tréduder
Locquémeau
Trédrez-Locquémeau
St-Michel-en-Grève
St-Efflam
Lieue de Grève
Plestin-les-Grèves
Plougasnou
St-Jean-du-Doigt
Lanmeur
Guimaëc
Ploumilliau
Plouzélambre
Rosanbo
Lanvellec
Plufur
Tréméven
Plouaret
Ploubezre
Kerfons
Chau de Tonquédec
Chau de Coatfrec
Caouënnec-Lanvézéac
Tonquédec
Cavan
Pluzunet
Bégard
Prat
Kergrist
Les Sept-Saints
Le Vieux-Marché
Trégrom
Pédernec
Morlaix
Plouigneau
Plouégat-Guérand
Plouégat-Moysan
Garlan
Plourin-lès-Morlaix
Plougonven
Botsorhel
Guerlesquin
Plougras
Loguivy-Plougras
Plounérin
Plounévez-Moëdec
Belle-Isle-en-Terre
Louargat
Tréglamus
Ménez-Bré
Loc-Envel
Forêt de Coat-an-Hay
Gurunhuel
Lannéanou
Le Cloître-St-Thégonnec
Plougonver
Le Ponthou
Forêt de Beffou
N 12
E 50
D 786
D 767
D 6
D 11
D 712

E
F
G
H
1
2
3
4
5
Pointe du Château
Le Gouffre
Pors-Hir
Pors-Bugalez
Îles d'Er
Créac'h Maout
Sillon de Talbert
Québo
Île Loaven
Plougrescant
Anse de Pors Scaff
Gouermel Plage
Le Roudour
Kermagen
Larmor Pleubian
Lanéros
Île Maudez
Le Rosédo
Le Paon
Sémaphore
La Corderie
St-Michel
Île de Bréhat
Le Bourg
Île Logodec
Port-Béni
Kergrec'h
L'Île à la Poule
Pleubian
St-Antoine
St-Gonéry
Quatre-Vents
Kerbors
Phare de la Croix
Île Béniguet
Lanmodez
Pors-Guyon
St-Gonval
Kermassac'h
La Roche-Jaune
Bellevue
Le Launay
Kerdallec
Pommelin
Île à Bois
Port-Clos
Grève du Guerzido
Kermouster
Loguivy-de-la-Mer
Pointe de l'Arcouest
Kéralio
Plouguiel
Pleumeur-Gautier
St-Adrien
L'Arcouest
Lannevez
Le Bodic
Launay
Le Bot
Jardins de Kerdalo
Trédarzec
Kermenguy
Ploubazlanec
La Croix des Veuves
Le Guilter
Kerfoury
Kersa
Perros-Hamon
Pors-Éven
Kéroc'h
La Croix-Neuve
Lézardrieux
Le Bilo
Tréguier
St-Nicolas
Minihy-T.
Langazou
Ste-Anne
Île St-Riom
Paimpol
Tour
Roches du Roho
Côte du Goëlo
Île Lemenez
Mez de Goëlo
Kérity
Pte de Guilben
Abbe de Beauport
Anse de Paimpol
Pointe de Bilfot
Pouldouran
Troguéry
Pleudaniel
Lancerf
Plounez
Port-Lazo
L'Armorizel
Ste-Barbe
Hengoat
Bolot
Vieux-Bourg
Plouézec
St-Riom
Pointe de Minard
Centre de formation d'Armor
Pommerit-Jaudy
La Roche-Jagu
Kergonlay
Plourivo
Kerléau
Bourg Blanc
Kerfot
St-Yves
Le Questel
Pors Pin
Pointe Berjule
Leinsar-Lan
Barafot
Penhoat
St-Jean
Kermaria
Coat-Nevenez
Kerguen
Ploëzal
Briantel
Quemper-Guézennec
Yvias
La Madeleine
St-Paul
Le Taureau
Bréhec-en-Plouha
Pointe de la Tour
Danot
Tumulus
Petit-St-Loup
Lanloup
Plage Bonaparte
La Noë-Verte
Runan
Pontrieux
Kervic
Kervorgan
Temple
La Trinité
Le Fouët
Lanleff
Pléhédel
Plouëc-du-Trieux
La Corderie
La Belle-Église
Kerouzever
Le Cabaret
St-Jacques
Kermaria
Port-Moguer
Pte de Plouha
Kérouziel
Brélidy
Kergrist
Kerlivan
Kérognan
Tréméven
Kergresquen
St-Laurent
Plouha
Le Palus-Plage
Port-Goret
Pte du Bec de Vir
Île Harbour
Kerprovost
Clérin
St-Clet
Lannebert
Pludual
Kéregal
Kermaria
Trévérec
Croix Kérizel
St-Yves
Tréveneuc
Fonteny
Pte de St-Quay
Roches de St-Quay
Landebaëron
St-Gilles-les-Bois
Gommenec'h
Liscorno
Froideville
Kertugal
St-Quay-Portrieux
St-Laurent
Le Restmeur
Lanvollon
Nonen
Pléguien
Beaugouyen
Carrefour
St-Barnabé
Le Moulin
N.-D. de l'Espérance
Kermoroch
Squiffiec
Pommerit-le-Vicomte
Rangaré
Coat-Aroa
Kerbellec
Le Roha
Étables-sur-Mer
Les Godelins
Binic-Étables-s-Mer
Vieux Poirier
Trégonneau
Kermilon
La Croix Blanche
Tressignaux
Catroual
Le Bois-de-la-Salle
Plourhan
Lantic
St-Roch
Binic
Pte de la Rognouze
Kermarc
Folgoat
Paradis
La Croix-Pierre
Tréguidel
St-Yves
Goudelin
La Riboté
N.-D. de-la-Cour
Prido
Trévenais
Zoo de Trégomeur
Kerhre
Kerlan
Ste-Marguerite
Plouisy
Runévarec
Pabu
St-Patern
Cozen
Guingamp
Le Merzer
La Grandville
Bringolo
St-Quay
Les Courtillons
Le Vaudic
La Ville-Louais
Pte de Pordic
Kernilien
Grâces
St-Agathon
Le Traou
Malaunay
St-Jean-Kerdaniel
La Ville-Chevalier
La Corderie
Le Forville
Trégomeur
Trémeloir
La Toise
Pordic
La Ville-Rouault
La Perrine
Les Rosaires
Keridret
Guern-Hervé
Danouët
Plouagat
Ploumagoar
Lautremen
St-Guignan
Plélo
Châtelaudren
St-Blaise
Tournemine
Rocher des Tablettes
Martin-Plage
Pte du Ro
St-Éloi
La Ville-Fontaine
La Ville-Agan
La Ville-Hervy
St-Laurent-de-la-Mer
Kerviou
Locmaria
Ste-Brigitte
St-Hernin
Kerguillerm
Resmarec
St-Nicolas
St-Mathurin
Goëlo
L'Isle
Les Rampes
Le Sépulcre
Les Villages
Plérin
Sous-la-Tour
Pte de Cesson
Le Vallet
Cesson
Réserve naturelle
Coodout
Dourlan
Bois de Kerauffret
Groas Prigent
Kerroc'h
Lanrodec
Kerguiniou
Kerbaëlen Bois
Runanbuan
St-Adrien
St-Roch
Avaugour
Goudemail
La Croix-des Maisons
Kerhamon
Cédevant
Quinquis
Plerneuf
Trémuson
St-Hervé
Les Mines
Le Meaugon
Ploufragan
Pont-Camp
Plouvara
Seignaux
St-Ilan
Gingliin
Leff
Trieux
Jaudy
Bois de la Roche
Bois de Malaunay
N 12
E 50
D 786
D 7
D 9
D 6
D 15
D 32
D 786
77

0 2 4 6 8 10 km
C
D
70
98
A
B
2
3
4
5
ÎLE D'OUESSANT ★★★
Pte de Cadoran
Île de Keller
Baie de Béninou
Stiff
Pte de Bac'haol
Côte sauvage
Porz Yusin
Frugullou
Niou-Uhella
Kergadou
Baie du Stiff
Men-Korn
Penn-Arlan
Lampaul
Porz Arlan
Kergoff
Feunteun Velen
Porsguen
Baie de Lampaul
Pointe de Pen-ar-Roc'h
Pointe de Porz Doun
La Jument
PARC
Passage du Fromveur
Kéréon
Île de Bannec
Île de Balanec
La Helle
Le Faix
Les Trois Pierres
Lédénès de Molène
Petit Port
Île-Molène
NATUREL
Les Pierres Vertes
Lédénès de Quéménès
Île de Trielen
Île de Lytiry
Île de Quéménès
Île de Morgol
Les Serroux
RÉGIONAL
Île de Béniguet
D'ARMORIQUE
Les Pierres Noires
Kervouroc
Chaussée des Pierres Noires
Chenal de la Helle
Chenal du Four
Les Plâtresses
Roches d'Argenton
Pointe de Landunvez
St-Samson
Portsall
Ploudalmézeau
Île d'Iock
Le Four
St-Gonvel
Landunvez
Argenton
Presqu'île St-Laurent
Porspoder
Kergastel
Plourin
Coulouduarn
Les Liniou
Île Melon
Melon
Lanildut
Brélès
Rocher du Crapaud
Kergroadès
Lanrivoaré
Porscave
Aber Ildut
Grève de Gouérou
Lampaul-Plouarzel
Porspaul
Île Ségal
Trézien
Plouarzel
Kerloas
St-Renan
Ruscumunoc
Pointe de Corsen
Porsmoguer
Grève de Porsmoguer
Ploumoguer
Kerhornou
Illien
Lanfeust
Trébabu
Plouzané
Plage des Blancs Sablons
Grande-Vinotière
L'Ilette
Pte de Kermorvan
★ Le Conquet
Pte des Renards
Plage de Porsliogan
Lochrist
Kérinou
Locmaria-Plouzané
Trégana
D 789
Stèles
Plougonvelin
★★ Pointe de St-Mathieu
St-Mathieu
Abbatiale
Les Vieux Moines
Pointe de Creac'h-Meur
Anse de Bertheaume
Pte du Grand Minou
Pointe du Petit Minou
Goulet
Pointe des Capucins
Pointe du Grand Gouin
Pointe du Toulinguet
Alignements de Lagatjar
★ Camaret-s-Mer
La Parquette
Chenal du Corbeau
Chenal du Petit Leac'h
★★★ Pointe de Penhir
Les Tas de Pois
Château de Dinan
★★ Pointe de Dinan
Lost-Marc'h
Plage de la Palue
★ Cap de la Chèvre
MER
D'IROISE
Tévennec
★★ Pointe du Van
Ar Men
PARC NATUREL RÉGIONAL
Île-de-Sein
Raz de Sein
★ Pointe de Brézellec
Pte de Penharn
★ Réserve du Cap Sizun
Pointe de Castelmeur
St-They
Baie des Trépassés
la Vieille
Sémaphore
Goulien
Cléden-Cap-Sizun
Lesven

Lesneven
Le Folgoët
Loc-Brévalaire
Plouvien
Plouguin
Bourg-Blanc
Plabennec
Gouesnou
Guilers
Bohars
Brest
Océanopolis
Le Relecq-Kerhuon
Pont-de-l'Iroise
Plougastel-Daoulas
Guipavas
Landerneau
Pencran
Plouédern
La Roche-Maurice
La Martyre
Ploudiry
Landivisiau
Bodilis
Base aéronavale
St-Servais
Plounéventer
Trémaouézan
Lanneuffret
St-Thonan
Kersaint-Plabennec
St-Divy
Dirinon
Loperhet
Daoulas
Logonna-Daoulas
Irvillac
Hanvec
St-Eloy
Sizun
Tréflévénez
Le Tréhou
Hôpital-Camfrout
Le Faou
Rumengol
Landévennec
Pointe des Espagnols
Rade de Brest
Roscanvel
Île Longue
Île Trébéron
Île des Morts
Pointe de Kerdéniel
Lanvéoc
Crozon
Morgat
Grandes Grottes
Pointe de St-Hernot
Telgruc-sur-Mer
Argol
Ménez-Hom
Dinéault
Châteaulin
Pont-de-Buis-lès-Quimerch
Port-Launay
St-Coulitz
Plomodiern
Ploéven
Plonévez-Porzay
Quéménéven
Kergoat
Locronan
Douarnenez
Pointe de Talagrip
Pointe de Tréfeuntec
Pointe du Millier
Pointe de Beuzec
Beuzec-Cap-Sizun
Poullan-sur-Mer
Pouldavid
Baie de Douarnenez
Naturel
Régional
Corniche
Terrain militaire
Camp militaire
Brasparts
Briec
Landrévarzec
Pleyben
Lothey
Cast
St-Nic
Trégarvan
Rosnoën
Térénez
Pont de Térénez
Lopérec
Quimerch
Pont-Launay

0 2 4 6 8 10 km
71
75
100
A
B
C
D
1
2
3
4
5
Morlaix
St-Martin
Ste-Sève
Plouigneau
Le Ponthou
Plouégat-Moysan
Trémel
Plufur
Garlan
Lanmeur
Plougonven
Botsorhel
Guerlesquin
Plougras
Lannéanou
Pleyber-Christ
St-Thégonnec Loc-Eguiner
Lampaul-Guimiliau
Guimiliau
Guiclan
Plounéour-Ménez
Le Cloître-St-Thégonnec
Commana
Sizun
Locmélar
St-Sauveur
Scrignac
Bolazec
Berrien
Roc Trévezel
La Feuillée
Botmeur
Brennilis
Huelgoat
Locmaria-Berrien
Poullaouen
Carnoët
Plourac'h
Loqueffret
St-Herbot
Lannédern
Brasparts
Plouyé
Collorec
Plounévézel
Carhaix-Plouguer
Kergloff
Treffrin
Le Cloître-Pleyben
Plonévez-du-Faou
Landeleau
Cléden-Poher
Pleyben
Lennon
Châteauneuf-du-Faou
Spézet
St-Hernin
Motreff
Tréogan
Gouézec
St-Thois
Trévarez
St-Goazec
Laz
Roudouallec
Gourin
Edern
Briec
Trégourez
Leuhan
PARC NATUREL RÉGIONAL D'ARMORIQUE
MONTAGNES NOIRES
MONTS D'ARRÉE
Réservoir de St-Michel
Montagne St-Michel
Signal de Toussaines (Tuchenn Gador)
Roche du Feu
Roc de Toullaëron
N.-D. du Crann
Forêt de Lannuzouarn
N 12
E 50
N 164
D 764
D 785
D 769
D 1
D 15

72
73
101
78
Plouaret
Le Vieux-Marché
Trégrom
Louargat
Plounévez-Moëdec
Belle-Isle-en-Terre
Loguivy-Plougras
Loc-Envel
Forêt de Coat-an-Hay
Coat-an-Noz
Tréglamus
Pédernec
Ménez-Bré
Guingamp
Grâces
Ploumagoar
St-Agathon
Plouisy
Trégonneau
Pabu
Goudelin
Bringolo
Plouagat
Châtelaudren
Gurunhuel
Moustéru
Coadout
Bourbriac
St-Adrien
Avaugour
St-Péver
St-Fiacre
Plésidy
Kerpert
St-Gilles-Pligeaux
Senven-Léhart
St-Connan
St-Gildas
Le Vieux-Bourg
Plougonver
La Chapelle-Neuve
Pont-Melvez
Bulat-Pestivien
Callac
St-Servais
Maël-Pestivien
Calanhel
Duault
Gorges du Corong
Locarn
St-Nicodème
Peumerit-Quintin
Lanrivain
Canihuel
Trémargat
Gorges de Toul-Goulic
Kergrist-Moëlou
Maël-Carhaix
St-Nicolas-du-Pélem
Corlay
Le Haut-Corlay
Plounévez-Quintin
Rostrenen
Plouguernével
Gouarec
Glomel
Laniscat
St-Gelven
Gorges du Daoulas
Plussulien
Ste-Tréphine
St-Igeaux
St-Mayeux
Caurel
Mûr-de-Bretagne
Lac de Guerlédan
St-Aignan
Silfiac
Perret
Mellionnec
Lescouët-Gouarec
Plouray
La Trinité-Langonnet
Ste-Brigitte
Forêt de Quénécan
Kergrist
St-Guen
St-Gilles-Vieux-Marché
St-Martin-des-Prés
Paule
Plélauff
Bon-Repos-s-Blavet
Etang du Blavet
Etang de Kerné Uhel
Bois Meur
Bois d'Avaugour

0 2 4 6 8 10 km
C
73
D
77
102
B
C
D
BAIE DE SAINT-BRIEUC
Petit Léjon
Le Grand Pourier
Rohinet
Rohein
Côte de
Cap d'Erquy
Plage du Guen
Erquy
Plateau des Jaunes
Plage de Caroual
Roches de St-Quay
Île Harbour
Pte du Bec de Vir
Pte de St-Quay
St-Quay-Portrieux
Pte de Plouha
Plage Bonaparte
Port-Moguer
Kermaria
Plouha
Pléhédel
Pludual
Tréveneuc
Étables-sur-Mer
Binic
Pte de la Rognouze
Ste-Marguerite
Pte de Pordic
Les Rosaires
Rocher des Tablettes
Pordic
Pte du Roselier
Martin-Plage
Pointe des Guettes
Plérin
ST-BRIEUC
Ploufragan
Langueux
Trégueux
Hillion
Yffiniac
Réserve naturelle
Le Verdelet
Pte de Pléneuf
Le Val-André
La Guette
Pléneuf-Val-André
St-Alban
Planguenoual
Morieux
Les Ponts-Neufs
Coëtmieux
Andel
Lamballe
Noyal
Plestan
Pommeret
Quessoy
Hénon
Moncontour
Trédaniel
Bréhand
St-Trimoël
Penguily
St-Glen
Trébry
Collinée (Le Mené)
Plémy
Plouguenast
Langast
Gausson
Plaintel
Quintin
Robien
St-Brandan
Lanfains
Plœuc-L'Hermitage
Uzel
St-Hervé
Merléac
Allineuc
Le Bodéo
La Harmoye
Le Quillio
Grâce-Uzel
St-Gilles-Vieux-Marché
Le Leslay
Le Fœil
Plaine-Haute
St-Julien
Chaos du Gouët
St-Donan
Plédran
Pléguien
Lantic
Zoo de Trégomeur
Trégomeur
Tréguidel
Tressignaux
Plélo
Châtelaudren
Plerneuf
Plouvara
Trémuson
La Méaugon
Boqueho
Cohiniac
Forêt de Lorge
Landes du Mené
St-Gouéno
Abbaye de Boquen
Forêt de Boquen
Langourla
Bois de Coron
Grève des Vallées
Bois du Colisant

E
F
G
H
Penthièvre
Cap Fréhel ★★★
Fort la Latte ★★
Sables-d'Or-les-Pins
Pointe de St-Cast ★★
★★★ CÔTE D'ÉMERAUDE
Île de Cézembre
ST-MALO
Paramé
Rothéneuf
Rochers sculptés
Les Haies de la Conchée
Pte du Meinga
Pte de la Varde
DINARD
St-Lunaire
St-Briac-s-Mer
Pte du Décollé
Pte de la Garde Guérin
St-Cast-le-Guildo
Pte de la Garde
St-Servan-s-M.
Grd Aquarium ★★
St-Jacut-de-la-Mer
Lancieux
Matignon
Fréhel
Plurien
Pléboulle
Plévenon
Erquy
Hénanbihen
Ruca
Pléven
St-Pôtan
Pluduno
Plancoët
Créhen
Trégon
Ploubalay
Pleurtuit
Le Minihic-s-Rance
La Richardais
St-Jouan-des-Guérets
Châteauneuf-d'Ille-et-Vilaine
St-Suliac
Langrolay-sur-Rance
Pleslin-Trigavou
Tréméreuc
Plouër-s-Rance
La Vicomté-s-Rance
Pleudihen-s-Rance
Plessix-Balisson
Languenan
Corseul
Quintenic
Landébia
Chau de la Hunaudaye
Plorec-sur-Arguenon
Pléven
Jugon-les-Lacs-Commune nouvelle
Plédéliac
Tramain
Plénée-Jugon
Sévignac
Broons
Dinan
Lanvallay
Taden
Quévert
Vildé-Guingalan
Trélivan
Trébédan
Brusvily
Aucaleuc
St-Carné
Calorguen
Les Champs-Géraux
Évran
St-Hélen
Le Quiou
St-Juvat
Tréfumel
Plumaudan
Yvignac-la-Tour
Guenroc
Plouasne
Caulnes
Bécherel
Montmuran
Miniac-Morvan
Tressé
La Bourbans
N 176
E 401
N 12
E 50
D 766
D 137
103
80

BAIE DU MONT-SAINT-MICHEL
0 2 4 6 8 10 km
LE MONT-ST-MICHEL
Pointe du Grouin du Sud
Pointe de Roche-Torin
Tombelaine
Bec d'Andaine
51
79
104
C
D
A
B
St-Méloir-des-Ondes
St-Benoît-des-Ondes
Vildé-la-Marine
Hirel
Le Vivier-s-Mer
Cherrueix
Chemin Dolais
Ste-Anne
Le Han
La Poultière
Polders
Bailly
Beauvoir
Ardevon
Huisnes-s-Mer
Courtils
Servon
Précey
Pontaubault
Céaux
St-Broladre
St-Marcan
Roz-s-Couesnon
Quatre Salines
Le Palais
Val-St-Revert
St-Georges-de-Gréhaigne
Mont-Dol
Mont Dol
Dol-de-Bretagne
Lillemer
Le Vivier
La Fresnais
Mirlange
La Guéhairie
St-Guinoux
Châteauneuf-d'Ille-et-Vilaine
Roz-Landrieux
Baguer-Pican
Baguer-Morvan
Menhir de Champ-Dolent
Carfantin
Pleine-Fougères
Sains
Pontorson
Moidrey
Macey
Vergoncey
Crollon
La Croix-Avranchin
Villiers-le-Pré
Aucey-la-Plaine
Sacey
Montanel
Carnet
Argouges
Vieux-Viel
Sougéal
Trans-la-Forêt
La Boussac
Epiniac
Miniac-Morvan
Pleugueneuc
Le Tronchet
Lanhélin
Bonnemain
Broualan
Cuguen
Lourmais
Antrain
La Fontenelle
Tremblay
Bazouges-la-Pérouse
Noyal-s-s-Bazouges
Trémeheuc
Combourg
Meillac
La Bourbansais
St-Pierre-de-Plesguen
Lanrigan
St-Léger-des-Prés
Marcillé-Raoul
Rimoux
Romazy
Chauvigné
St-Marc-le-Blanc
Le Rocher-Portail
St-Brice-en-Coglès
St-Ouen-la-Rouërie
Coglès
Bonne-Fontaine
Villeneuve
Cuguen
Dingé
Québriac
Tinténiac
St-Domineuc
Hédé-Bazouges
Guipel
Montreuil-sur-Ille
Feins
Aubigné
Andouillé-Neuville
Sens-de-Bretagne
Vieux-Vy-s-Couesnon
Gahard
St-Christophe-de-Valains
Le Tiercent
Baillé
St-Ouen-des-Alleux
St-Marc-s-Couesnon
Mézières-s-Couesnon
St-Aubin-d'Aubigné
St-Médard-s-Ille
St-Germain-s-Ille
Ercé-près-Liffré
Gosné
St-Aubin-du-Cormier
Chasné-sur-Illet
Mouazé
Melesse
Montreuil-le-Gast
Vignoc
Langouet
Gévezé
St-Gondran
St-Symphorien
Les Iffs
Cardroc
La Chapelle-Chaussée
Montmuran
St-Brieuc-des-Iffs
La Baussaine
Liffré
St-Sulpice-la-Forêt
Chevaigné
Parthenay-de-Bretagne
La Mézière
Forêt de Villecartier
Forêt de Tanouarn
Forêt de Bourgouët
Étang de Boulet
Étang de Trémignon
Forêt du Mesnil
Bois de Soubon
Bois de Gâtine
Forêt de St-Aubin-du-Cormier
Bois de Rumignon
Étang de Chevré

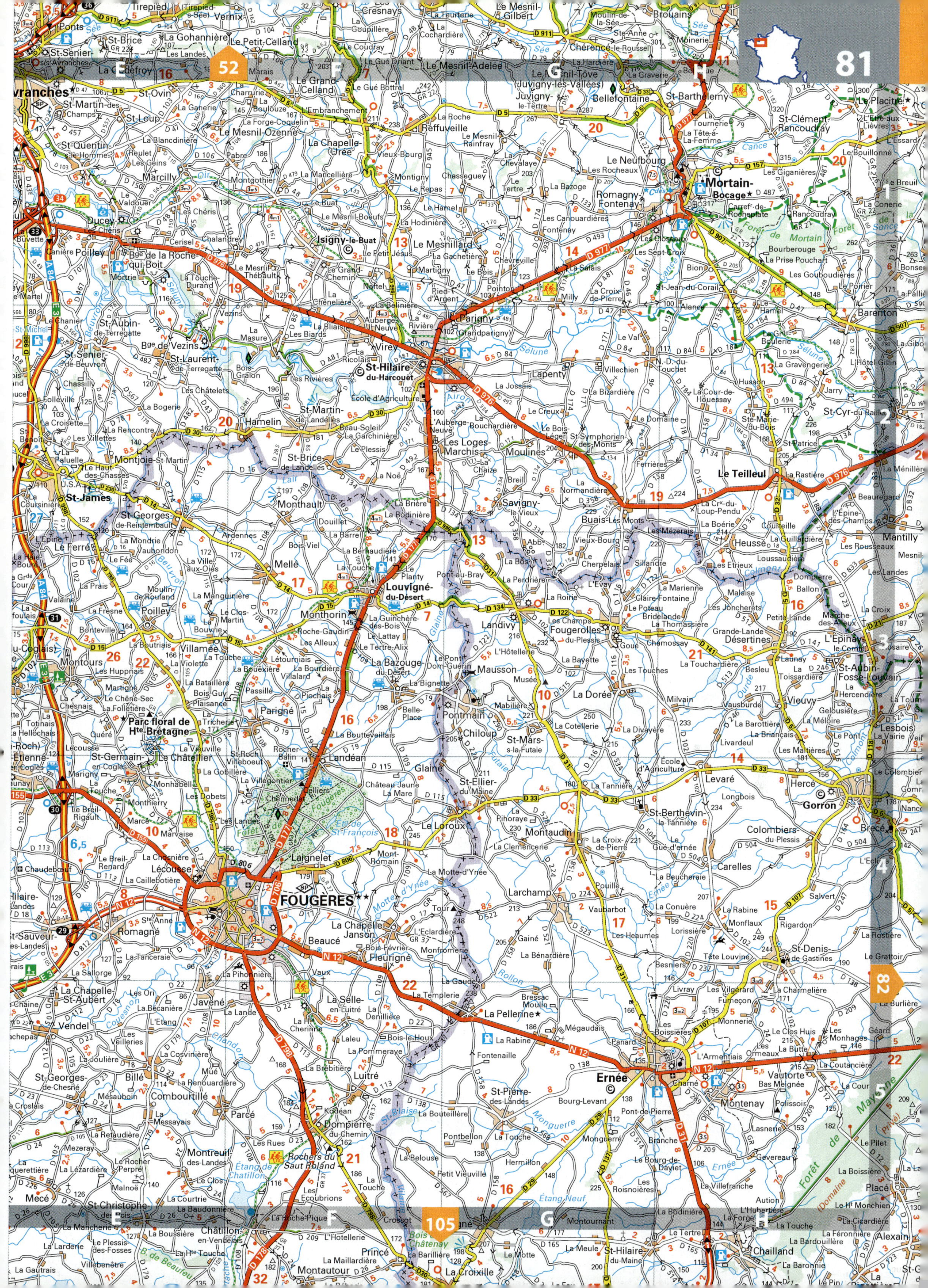

52
E
F
G
H
Avranches
St-Hilaire-du-Harcouët
Isigny-le-Buat
Mortain-Bocage
Le Teilleul
St-James
Louvigné-du-Désert
Fougerolles-du-Plessis
Landivy
Désertines
Gorron
Fougères
Ernée
Landéan
Parigné
Laignelet
Beaucé
Javené
Romagné
Fleurigné
La Pellerine
Juvigny-le-Tertre
Le Neufbourg
Romagny Fontenay
Barenton
Ducey
Poilley
Montjoie-St-Martin
Monthault
St-Georges-de-Reintembault
Le Ferré
Mellé
Poilley
Villamée
St-Germain-en-Coglès
Le Châtellier
Lécousse
Parc floral de Haute Bretagne
Lapenty
Les Loges-Marchis
Moulines
Savigny-le-Vieux
Buais-Les-Monts
Heussé
Mantilly
Larchamp
Vautorte
Montenay
Chailland
Dompierre-du-Chemin
Luitré
Billé
Combourtillé
Parcé
Montreuil-des-Landes
Châtillon-en-Vendelais
Princé
Montautour
Rochers du Sauf Roland
Forêt de Fougères
La Dorée
Pontmain
St-Ellier-du-Maine
Montaudin
Le Loroux
Levaré
Hercé
Colombiers-du-Plessis
Carelles
St-Denis-de-Gastines
St-Pierre-des-Landes
Vendel
St-Georges-de-Chesné
La Chapelle-Janson
La Selle-en-Luitré
Mecé
St-Christophe-des-Bois
Vieux-Vy
Reffuveille
Le Mesnil-Adelée
Chérencé-le-Roussel
Bellefontaine
St-Barthélemy
St-Clément-Rancoudray
St-Cyr-du-Bailleul
105
82

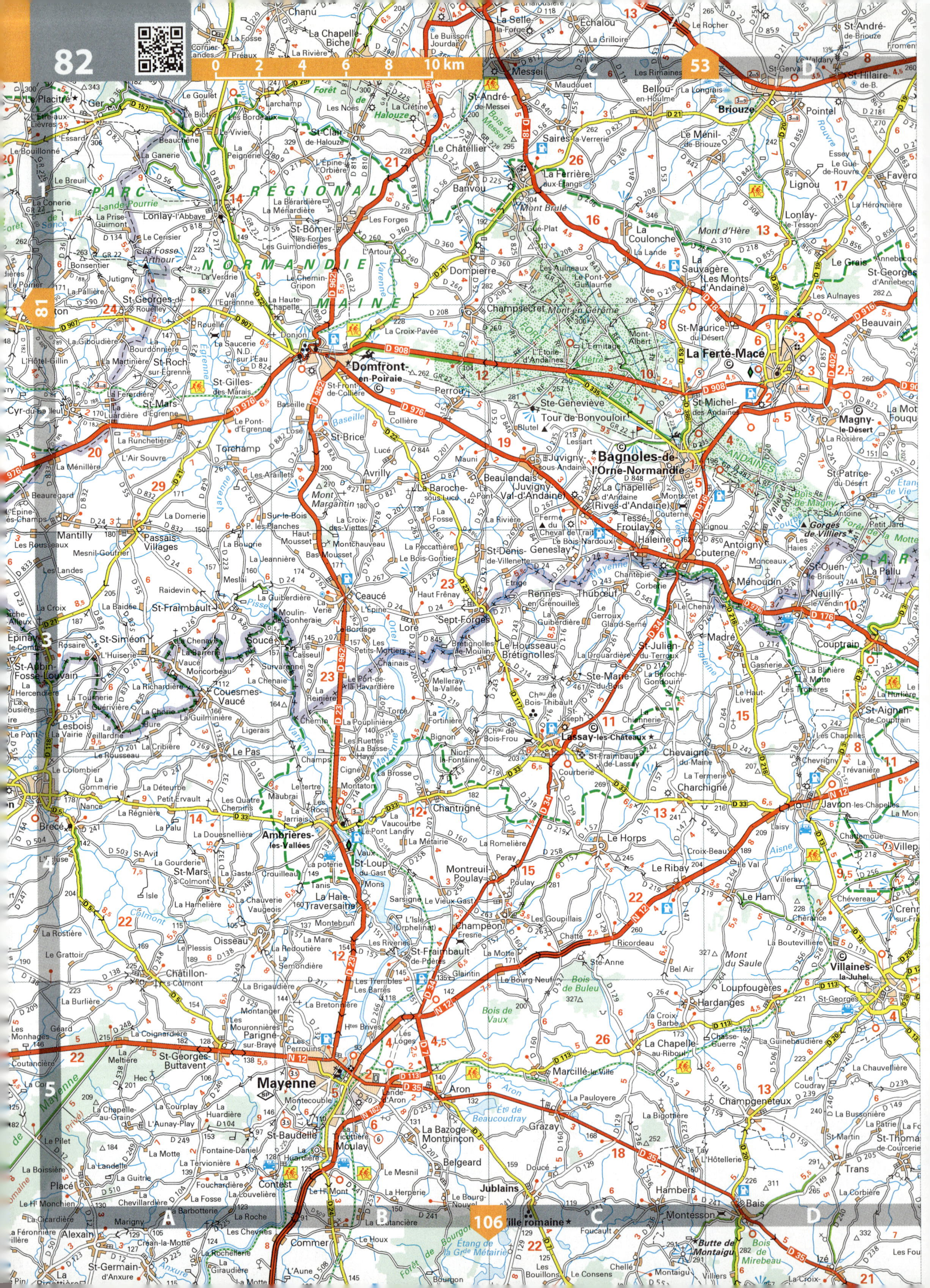
0 2 4 6 8 10 km
53
81
106
A
B
C
D
1
2
3
4
5
PARC RÉGIONAL NORMANDIE MAINE
Chanu
La Chapelle-Biche
La Selle-la-Forge
Échalou
Messei
Briouze
St-Hilaire-de-B.
St-André-de-Messei
Bellou-en-Houlme
Pointel
Forêt de Halouze
St-Clair-de-Halouze
Le Châtellier
Saires-la-Verrerie
La Ferrière-aux-Étangs
Banvou
Mont Brûlé
Lignou
Lonlay-l'Abbaye
St-Bômer-les-Forges
La Coulonche
La Sauvagère
Dompierre
Champsecret
St-Georges-de-Rouelley
Domfront-en-Poiraie
La Ferté-Macé
St-Roch-sur-Égrenne
St-Gilles-des-Marais
St-Mars-d'Égrenne
Le Pont-d'Égrenne
Torchamp
St-Brice
Ste-Geneviève
Tour de Bonvouloir
Bagnoles-de-l'Orne-Normandie
Juvigny-sous-Andaine
Beaulandais
La Chapelle-d'Andaine
Magny-le-Désert
Mont Margantin
Avrilly
La Baroche-sous-Lucé
Passais-Villages
Mantilly
Tessé-Froulay
Haleine
Couterne
Antoigny
Gorges de Villiers
St-Denis-de-Villenette
Geneslay
Rennes-en-Grenouilles
Thubœuf
Ceaucé
Sept-Forges
St-Fraimbault
St-Siméon
Soucé
Madré
Neuilly-le-Vendin
Couptrain
Lesbois
Couesmes-Vaucé
Le Housseau-Brétignolles
Ste-Marie-du-Bois
St-Julien-du-Terroux
St-Aignan-de-Couptrain
Lassay-les-Châteaux
Le Pas
Chevaigné-du-Maine
Charchigné
Javron-les-Chapelles
Brecé
Ambrières-les-Vallées
Chantrigné
Montreuil-Poulay
Le Horps
Le Ribay
Le Ham
Villaines-la-Juhel
St-Mars-sur-Colmont
Oisseau
La Haie-Traversaine
Champéon
St-Fraimbault-de-Prières
Châtillon-sur-Colmont
Parigné-sur-Braye
Hardanges
Loupfougères
Mayenne
St-Georges-Buttavent
Aron
Marcillé-la-Ville
La Chapelle-au-Riboul
Champgenéteux
St-Baudelle
Moulay
La Bazoge-Montpinçon
Grazay
Belgeard
Contest
Jublains
Ville romaine
Hambers
Bais
St-Thomas-de-Courceriers
Trans
Alexain
St-Germain-d'Anxure
Commer
Montesson
Butte de Montaigu
Izé
Mont du Saule
Mont d'Hère
N 12
D 908
D 962
D 976
D 33
D 34
D 35
D 113

Ménil-Glaise
Écouché
Urou-et-Crennes
Sarceaux
Haras National du Pin
Le Pin-au-Haras
Nonant-le-Pin
Le Merlerault
Sevrai
Joué-du-Plain
Rânes
Almenêches
Médavy
Chailloué
Mortrée
Macé
Boissy-Maugis
Sées
Carrouges
Rouperroux
St-Didier-sous-Écouves
Forêt d'Écouves
Radon
Essay
Marchemaisons
Damigny
Cerisé
ALENÇON
Valframbert
La Lacelle
Pré-en-Pail
St-Cyr-en-Pail
Champfrémont
St-Céneri-le-Gérei
St-Léonard-des-Bois
Fresnay-sur-Sarthe
Fyé
Arçonnay
Champfleur
St-Rigomer-des-Bois
Ancinnes
Neufchâtel-en-Saosnois
Forêt de Perseigne
Livet-en-Saosnois
Louvigny
Saosnes
Coulombiers
Thoiré-sous-Contensor
René
Thoigné
Courgains
Mont-St-Jean
Doucelles
Juillé
Nouans
Dangeul
St-Germain-de-Coulamer
PARC NORMANDIE-MAINE
54
107
84

0 2 4 6 8 10 km
Ste-Gauburge-Ste-Colombe
Planches
Le Merlerault
Moulins-la-Marche
Le Mêle-sur-Sarthe
Mortagne-au-Perche
Tourouvre au-Perche
Longny-au-Perche
Rémalard en-Perche
Bellême
Mamers
Courtomer
St-Germain-le-Vieux
Bazoches-sur-Hoëne
Pervenchères
Courgeoût
Courgeon
Mauves-sur-Huisne
Le Pin-la-Garenne
Igé
Berd'huis
Nocé
Serigny
Dame-Marie
Courboyer
St-Cosme-en-Vairais
Marolles-les-Braults
Le Theil
St-Germain-de-la-Coudre
Courgains
Louzes
Aillières-Beauvoir
Villaines-la-Carelle
Vidai
Bures
Laleu
Soligny-la-Trappe
Crulai
Randonnai
Malétable
Moulicent
Marchainville
Autheuil
Feings
Loisail
Réveillon
Parfondeval
Coulimer
Comblot
Corbon
Boissy-Maugis
Forêt de Bellême
Forêt du Perche
Forêt de Perseigne

83
55
108

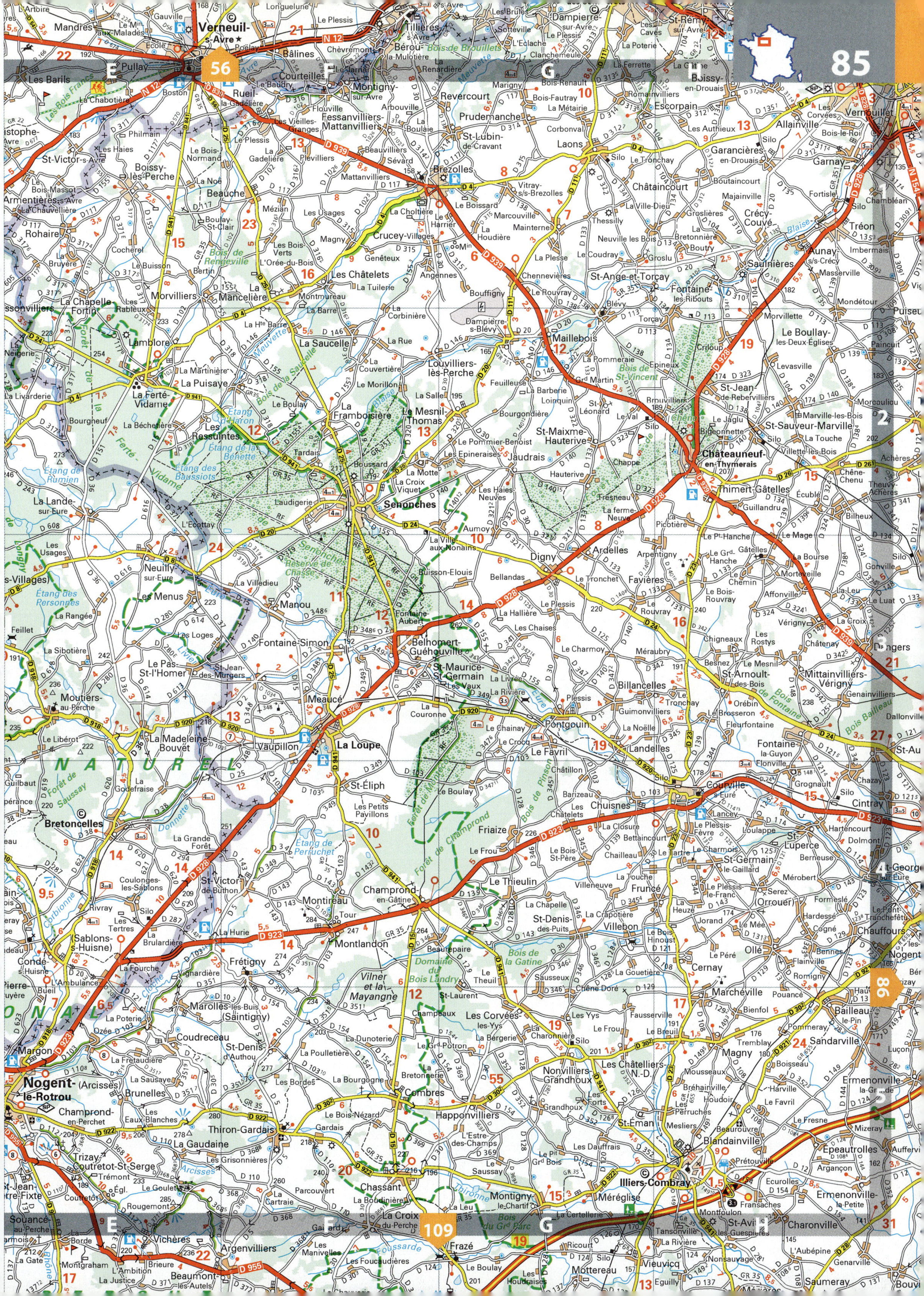
Verneuil-s-Avre
Tillières-s-Avre
Dampierre-sur-Avre
St-Rémy-sur-Avre
Mandres
Pullay
Bâlines
Courteilles
Rueil-la-Gadelière
Montigny-sur-Avre
Revercourt
Prudemanche
St-Lubin-de-Cravant
Laons
Escorpain
Allainville
Vernouillet
Garnay
Brezolles
Châtaincourt
Crécy-Couvé
Boissy-lès-Perche
St-Victor-s-Avre
Beauche
Crucey-Villages
Tréon
Aunay-s/s-Crécy
Saulnières
St-Ange-et-Torçay
Fontaine-les-Ribouts
Les Châtelets
Morvilliers
La Mancelière
La Chapelle-Fortin
Lamblore
La Saucelle
Louvilliers-lès-Perche
Maillebois
Le Boullay-les-Deux-Églises
La Ferté-Vidame
La Puisaye
La Framboisière
Le Mesnil-Thomas
St-Jean-de-Rebervilliers
St-Sauveur-Marville
Les Ressuintes
Jaudrais
St-Maixme-Hauterive
Châteauneuf-en-Thymerais
Thimert-Gâtelles
Senonches
Ardelles
Digny
Favières
Neuilly-sur-Eure
Les Menus
Manou
Fontaine-Simon
Belhomert-Guéhouville
St-Maurice-St-Germain
Le Pas-St-l'Homer
Billancelles
St-Arnoult-des-Bois
Mittainvilliers-Vérigny
Moutiers-au-Perche
Meaucé
La Loupe
Pontgouin
Landelles
Vaupillon
La Madeleine-Bouvet
Fontaine-la-Guyon
Courville-sur-Eure
St-Éliph
Chuisnes
Bretoncelles
Friaize
St-Luperce
St-Germain-le-Gaillard
St-Victor-de-Buthon
Champrond-en-Gâtine
Le Thieulin
Fruncé
Villebon
Montireau
Montlandon
Chauffours
Frétigny
Cernay
Marchéville
Olle
Nogent-le-Rotrou
Margon
Coudreceau
Marolles-les-Buis
St-Denis-d'Authou
Les Corvées-les-Yys
Nonvilliers-Grandhoux
Les Châtelliers-N.-D.
Magny
Sandarville
Ermenonville-la-Grande
Brunelles
Combres
Happonvilliers
St-Éman
Blandainville
Thiron-Gardais
Illiers-Combray
Méréglise
Epeautrolles
Trizay-Coutretot-St-Serge
La Gaudaine
Chassant
Montigny-le-Chartif
Ermenonville-la-Petite
Vichères
Argenvilliers
Frazé
Vieuvicq
Charonville
Saumeray
Beaumont-les-Autels
NATUREL
Forêt de Senonches
Forêt de Champrond
Bois de la Gâtine
Bois du Grand Parc
56
109
98

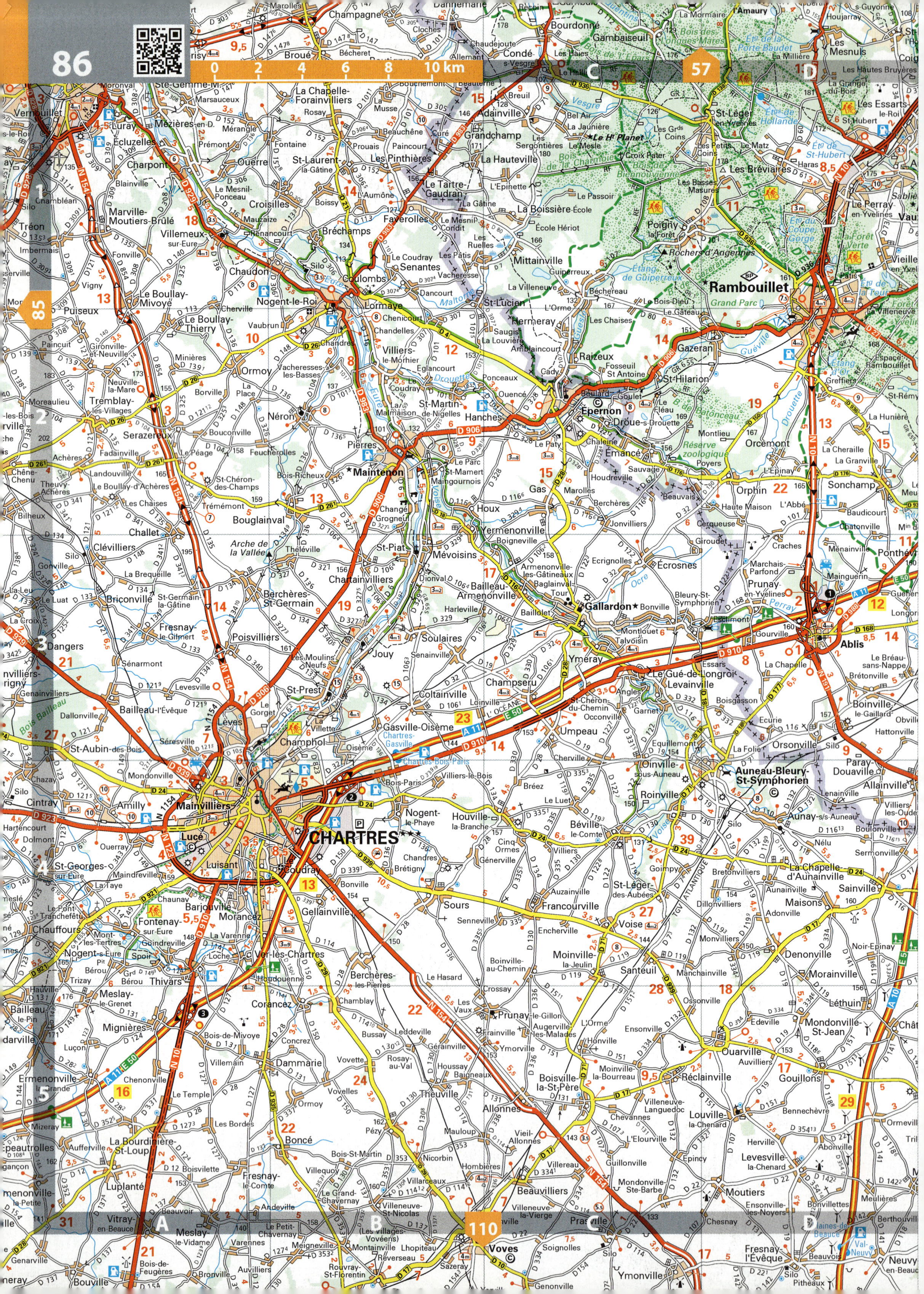
0 2 4 6 8 10 km
57
85
110
CHARTRES
Rambouillet
Epernon
Maintenon
Gallardon
Auneau-Bleury-St-Symphorien
Ablis
Mainvilliers
Lucé
Luisant
Champhol
Lèves
Coulombs
Nogent-le-Roi
Voves
Ymonville
Chauffours
Fontenay-sur-Eure
Ver-lès-Chartres
Mignières
Dammarie
Bonville
Prunay-le-Gillon
Sours
Santeuil
Voise
Francourville
Béville-le-Comte
Roinville
Oinville-sous-Auneau
Orphin
Sonchamp
Gazeran
Hermeray
Raizeux
St-Hilarion
Droue-sur-Drouette
Emancé
Gas
Houx
Yermenonville
St-Piat
Mévoisins
Soulaires
Jouy
Chartainvilliers
St-Prest
Gasville-Oisème
Champseru
Coltainville
Ymeray
Ouarville
Réclainville
Louville-la-Chenard
Levesville-la-Chenard
Gouillons
Denonville
Morainville
Sainville
Mondonville-St-Jean
Bouglainval
Challet
Clévilliers
Briconville
Poisvilliers
Fresnay-le-Gilmert
Dangers
Bailleau-l'Évêque
St-Aubin-des-Bois
Amilly
Cintray
St-Georges-sur-Eure
Nogent-sur-Eure
Mesley-le-Grenet
Thivars
Corancez
Bonce
Berchères-les-Pierres
Les Villages-Vovéens
Vitray-en-Beauce
Meslay-le-Vidame
Bouville
Luplanté
La Bourdinière-St-Loup
Ermenonville-la-Grande
Boisville-la-St-Père
Allonnes
Beauvilliers
Prasville
Moinville-la-Jeulin
Francourville
Villiers-le-Morhier
Chaudon
Croisilles
Faverolles
Les Pinthières
St-Laurent-la-Gâtine
Ouerre
Marville-Moutiers-Brûlé
Villemeux-sur-Eure
Le Boullay-Mivoye
Le Boullay-Thierry
Tremblay-les-Villages
Serazereux
Puiseux
Ormoy
Néron
Pierres
Mittainville
La Boissière-École
Poigny-la-Forêt
St-Léger-en-Yvelines
Les Bréviaires
Le Perray-en-Yvelines
Gambaiseuil
Bourdonné
Condé-s-Vesgre
Adainville
Grandchamp
La Hauteville
Orcemont
Prunay-en-Yvelines
Bleury-St-Symphorien
Ecrosnes
Bailleau-Armenonville
St-Léger-des-Aubées
Houville-la-Branche
Nogent-le-Phaye
Gellainville
Barjouville
Morancez
Le Coudray

58
88
111
E
F
G
H
1
2
3
4
5
St-Quentin-en-Yvelines
Maurepas
Trappes
Guyancourt
Versailles
Antony
Massy
Saclay
Palaiseau
Orsay
Gif-s-Yvette
Les Ulis
Chevreuse
Dampierre-en-Yvelines
Longjumeau
Savigny-s-Orge
Viry-Châtillon
Draveil
Athis-Mons
Juvisy-s-Orge
Morsang-s-Orge
Ste-Geneviève-des-Bois
Ris-Orangis
ÉVRY-COURCOURONNES
Linas
Montlhéry
Arpajon
Brétigny-s-Orge
St-Germain-lès-Arpajon
Limours-en-Hurepoix
Forges-les-Bains
Briis
Breuillet
Dourdan
St-Chéron
Étréchy
Étampes
Chamarande
Lardy
Bouray
Itteville
La Ferté-Alais
Mennecy
Morigny-Champigny
Méréville
Angerville
Malesherbes
Milly-la-Forêt
Maisse
Boissy-le-Sec
Authon-la-Plaine
Saclas
Mondésir
Le Mérévillois
Le Malesherbois
Rochefort-en-Yvelines
Ste-Mesme
Corbreuse
Chalo-St-Mars
Puiselet-le-Marais
La Forêt-Ste-Croix
Marolles-en-Beauce
Mespuits
Champmotteux
Boigneville
Buno-Bonnevaux
Boutigny-sur-Essonne
Vayres-s-Essonne
D'Huison-Longueville
Cerny
Guigneville-s-Essonne
Baulne
Auvers-St-Georges
Villeneuve-s-Auvers
Janville-s-Juine
Torfou
St-Yon
Boissy-s-St-Yon
St-Sulpice-de-Favières
Mauchamps
Souzy-la-Briche
Villeconin
Sermaise
Roinville
Les Granges-le-Roi
Richarville
La Forêt-le-Roi
Plessis-St-Benoist
St-Hilaire
Ormoy-la-Rivière
Boissy-la-Rivière
Guillerval
St-Cyr-la-Rivière
Abbéville-la-Rivière
Fontaine-la-Rivière
Arrancourt
Rouvres-St-Jean
Blandy
Brouy
Congerville-Thionville
Chalou-Moulineux
Monnerville
Pussay
Gommerville
Garancières-en-Beauce
Oysonville
Vierville
Chatignonville
Boutervilliers
Estouches
Pannecières
Thignonville
Audeville
Intville-la-Guétard
Andonville
Autruy-sur-Juine
Marolles-en-Hurepoix
Vert-le-Grand
Vert-le-Petit
Écharcon
Lisses
Fleury-Mérogis
Le Plessis-Pâté
Leudeville
Guibeville
Cheptainville
Avrainville
Égly
Ollainville
Bruyères-le-Châtel
Fontenay-lès-Briis
Vaugrigneuse
Courson-Monteloup
St-Maurice-Montcouronne
Angervilliers
Le Val-St-Germain
Le Marais
PARC NATUREL RÉGIONAL DE LA HAUTE VALLÉE DE CHEVREUSE
PARC NATUREL RÉGIONAL
Camp de Linas-Montlhéry
N 20
N 104
N 118
D 191
D 837

0 2 4 6 8 10 km
59
87
112
A
B
C
D
1
2
3
4
5
Villeneuve-St-Georges
Yerres
Crosne
Abion
Vigneux-s-Seine
Montgeron
Brunoy
Draveil
Épinay s/s-Sénart
Boussy St-Antoine
Forêt de Sénart
Quincy s/s-Sénart
Varennes-Jarcy
Combs-la-Ville
Soisy-s-Seine
Étiolles
Tigery
Lieusaint
Sénart (Ville Nlle)
Moissy-Cramayel
ÉVRY
COURCOURONNES
St-Germain-lès-C.
St-Pierre-du-Perray
Corbeil-Essonnes
Saintry-s-S.
Villabé
Ormoy
Mennecy
Morsang-s-Seine
Le Coudray-Montceaux
Nandy
Savigny-le-Temple
Cesson
Seine-Port
Vert-St-Denis
MELUN
Le Mée-s-Seine
Boissise-la-Bertrand
St-Fargeau-Ponthierry
Pringy
Dammarie-les-Lys
La Rochette
Vaux-le-Pénil
Livry-s-Seine
Chartrettes
Bois-le-Roi
Samois-s-Seine
Héricy
Vulaines-s-Seine
Samoreau
Avon
Thomery
Champagne-s-Seine
St-Mammès
Moret-s-Loing
Veneux-les-Sablons
(Moret-Loing-et-Orvanne)
FONTAINEBLEAU
Forêt de Fontainebleau
Gorges d'Apremont
Gorges de Franchard
Barbizon
Chailly-en-Bière
Fleury-en-Bière
Perthes
Cély
Dannemois
Courances
Milly-la-Forêt
Oncy-s-École
Noisy-s-École
Le Vaudoué
Tousson
Achères-la-Forêt
Arbonne-la-Forêt
Recloses
Ury
Bourron-Marlotte
Montigny-s-Loing
Grez-s-Loing
La Genevraye
Villiers-s-Grez
La Chapelle-la-Reine
Larchant
Nemours
St-Pierre-lès-N.
Darvault
Bagneaux-s-Loing
Buthiers
Boulancourt
Amponville
Rumont
Massif de la Dame Jouanne
Brie-Comte-Robert
Servon
Santeny
Mandres-les-Roses
Périgny
Chevry-Cossigny
Grisy-Suisnes
Évry-Grégy
Soignolles-en-Brie
Limoges-Fourches
Lissy
Réau
Moissy
Le Plessis-Picard
Montereau-s-le-Jard
Voisenon
Rubelles
Vaux-le-Vicomte
Maincy
Moisenay
Blandy-les-Tours
Châtillon-la-Borde
Champeaux
St-Méry
Fouju
Crisenoy
Guignes
Yèbles
Solers
Coubert
Ozouer-le-Voulgis
Liverdy-en-Brie
Châtres
Presles-en-Brie
Tournan-en-Brie
Favières
Gretz-Armainvilliers
Les Chapelles-Bourbon
Neufmoutiers-en-Brie
Crèvecœur-en-Brie
La Houssaye-en-Brie
Marles-en-Brie
Fontenay-Trésigny
Lumigny
Chaumes-en-Brie
Argentières
Verneuil-l'Étang
Beauvoir
Aubepierre
Courtomer
Bernay
Mormant
Andrezel
Ozouer-le-Repos
Quiers
Bréau
St-Ouen-en-Brie
La Chapelle-Gauthier
Fontenailles
Sivry-Courtry
Le Châtelet-en-Brie
Les Écrennes
Fontaine-le-Port
Machault
Valence-en-Brie
Bois de Valence
Forêt de Villefermoy
Échouboulains
Pamfou
Montereau-Fault-Yonne
La Grde-Paroisse
Varennes-s-Seine
Ville-St-Jacques
Montarlot
Villecerf
Dormelles
Noisy-Rudignon
Flagy
Thoury-Férottes
Villemer
Treuzy-Levelay
Nonville
Villemaréchal
Chevry-en-Sereine
Vernou-la-Celle-s-S.
Écuelles
Épisy
Montcourt-Fromonville
Boissy-aux-Cailles
Nanteau-s-Essonne
Le Vaudoué
Moigny-s-École
Videlles
Soisy-s-École
Auvernaux
Chevannes
Champcueil
Nainville-les-Roches
Mondeville
Le Plessis-Chenet

60
113
Beautheil-Saints
Choisy-en-Brie
Lescherolles
Touquin
Chevru
Chartronges
Leudon-en-Brie
St-Mars-Vieux-Maisons
St-Martin-du-Boschet
Le Plessis-Feu-Aussoux
Dagny
Beton-Bazoches
Fretoy
Courgivaux
Escardes
Montceaux-lès-Provins
Vaudoy-en-Brie
Voinsles
Bannost
Boisdon
Courtacon
Cerneux
Sancy-lès-Provins
Bezalles
Les Marêts
Augers-en-Brie
St-Bon
Jouy-le-Châtel
Pécy
Champcenest
Villegagnon
La Chapelle-Iger
Villiers-St-Georges
Bouchy-St-Genest
Rupéreux
Courchamp
St-Hilliers
Louan-Villegruis-Fontaine
Nesle-la-Reposte
Gastins
Chenoise-Cucharmoy
Voulton
Beauchery-St-Martin
Clos-Fontaine
La Croix-en-Brie
Mortery
St-Just-en-Brie
Châteaubleau
Vieux-Champagne
Léchelle
Villenauxe-la-Grande
Montpothier
Nangis
Provins
St-Brice
Rampillon
Vanvillé
Maison-Rouge
La Chapelle-St-Sulpice
St-Loup-de-Naud
Ste-Colombe
Sourdun
La Saulsotte
Chalautre-la-Grande
St-Nicolas-la-Chapelle
Nogent-s-Seine
Poigny
Longueville
Lizines
Savins
Soisy-Bouy
La Chapelle-Rablais
Meigneux
Cessoy-en-Montois
Sognolles-en-Montois
Mons-en-Montois
Jutigny
Thénisy
Le Mériot
Melz-s-Seine
La Motte-Tilly
Villeneuve-les-Bordes
Donnemarie-Dontilly
Sigy
Paroy
Chalmaison
Gouaix
Hermé
Courceroy
Fontaine-Mâcon
Coutençon
Gurcy-le-Châtel
Luisetaines
Les Ormes-s-Voulzie
Everly
Noyen-s-Seine
Villiers-sur-Seine
Gumery
Fontenay-de-Bossery
Montigny-Lencoup
Abbaye de Preuilly
Vimpelles
St-Sauveur-lès-Bray
Grisy-s-Seine
Passy-sur-Seine
Traînel
Laval-en-Brie
Salins
Égligny
Bray-s-Seine
Mousseaux-lès-Bray
Mouy-s-Seine
Jaulnes
Villenauxe-la-Petite
Villuis
Fontaine-Fourches
Bouy-sur-Orvin
Soligny-les-Étangs
Courcelles-en-Bassée
Châtenay-sur-Seine
Gravon
Balloy
Bazoches-lès-Bray
Montigny-le-Guesdier
Baby
La Louptière-Thénard
St-Germain-Laval
La Tombe
Marolles-sur-Seine
Barbey
Cannes-Écluse
Misy-s-Yonne
N.D. de Champrond
Compigny
Plessis-St-Jean
Villeneuve-la-Guyard
Vinneuf
Courlon-s-Yonne
Sergines
Pailly
St-Maurice-aux-Riches-Hommes
Serbonnes
Villeblevin
Chaumont
Champigny
Villemanoche
Michery
Thorigny-s-Oreuse
Pont-s-Yonne
La Chapelle-s-Oreuse
St-Martin-s-Oreuse
Fleurigny
La Postolle
Villeperrot
SEINE
Forêt de Sourdun
Bois de St Martin

0 2 4 6 8 10 km
61
89
114
Sézanne
Fère-Champenoise
Connantre
Euvy
Corroy
Gourgançon
Linthes
Linthelles
St-Remy-sous-Broyes
Chichey
Saudoy
Queudes
Gaye
Pleurs
Marigny
Angluzelles-et-Courcelles
Thaas
Faux-Fresnay
Salon
Courcemain
Champfleury
La Chapelle-Lasson
St-Saturnin
Marsangis
Vouarces
Granges-s-Aube
Anglure
Boulages
Plancy-l'Abbaye
Viâpres-le-Petit
Longueville-sur-Aube
Étrelles-s-Aube
Bagneux
St-Just-Sauvage
Marcilly-s-Seine
Conflans-s-Seine
Romilly-s-Seine
Maizières-la-Grde-Paroisse
Les Granges
Clesles
St-Oulph
Méry-sur-Seine
Châtres
Droupt-Ste-Marie
Droupt-St-Basle
Mesgrigny
Premierfait
Charny-le-Bachot
Rhèges
Bessy
Vallant-St-Georges
St-Mesmin
Rilly-Ste-Syre
Chauchigny
Savières
Villacerf
Payns
Mergey
St-Lyé
TROYES
Barberey-St-Sulpice
La Chapelle-St-Luc
Les Noës-près-Troyes
Ste-Savine
La Rivière-de-Corps
St-André-les-Vergers
Nogent-s-Seine
Villenaux-la-Grande
Nesle-la-Reposte
Bethon
Chantemerle
Montgenost
Plessis-Barbuise
Barbuise
La Villeneuve-au-Châtelot
Villiers-aux-Corneilles
Potangis
Esclavolles-Lurey
Pont-s-Seine
Crancey
Marnay-sur-Seine
St-Hilaire-s/s-Romilly
Gélannes
Pars-lès-Romilly
Origny-le-Sec
St-Aubin
Ferreux-Quincey
La Fosse-Corduan
St-Martin-de-Bossenay
Ossey-les-Trois-Maisons
Orvilliers-St-Julien
Fontaine-les-Grès
Avant-lès-Marcilly
Fay-lès-Marcilly
Rigny-la-Nonneuse
Marigny-le-Châtel
St-Flavy
Échemines
Avon-la-Pèze
Prunay-Belleville
Le Pavillon-Ste-Julie
Villeloup
St-Lupien
Marcilly-le-Hayer
Bercenay-le-Hayer
Faux-Villecerf
Dierrey-St-Pierre
Dierrey-St-Julien
Villadin
Mesnil-St-Loup
Pouy-s-Vannes
Courgenay
Montgueux
Macey
Fontvannes
Estissac
Bucey-en-Othe
Messon
Torvilliers
Planty
Villemaur-sur-Vanne
Neuville-sur-Vanne
Forêt de la Traconne
Parc de Pont
SEINE
Aube
N 4
D 619
D 951
D 373
D 440
D 442
D 660

Haussimont
Sommesous
Soudé
Ste-Croix
Coole
Vitry-le-François
Montépreux
Les Anclages
L'Esperance
Semoine
Mailly-le-Camp
Poivres
Sompuis
La Galbaudine
La Croix
Glannes
Huiron
Courdemanges
Châtelraould-St-Louvent
Mont Moret
Blaise-s/s-Arzillières
Frignicourt
Marolles
Bignicourt-sur-Marne
Norrois
Camp
militaire
de
Mailly
Tharges
Humbauville
Le Meix-Tiercelin
Orphelinat
La Certine
Perthes
Les Mandres
Les Rivières-Henruel
Henruel
St-Chéron
Arzillières-Neuville
Les Monts Torlors
Flumet
Villiers-Herbisse
Le Hautvilliers
Trouans
Dosnon
Herbisse
Voisine
La Folie Godot
Grandville
St-Ouen-Domprot
St-Étienne
La Verpillière
La Malmaison
Bussy-aux-Bois
Gigny-Bussy
Somsois
Petit-Paris
Brandonvillers
Allibaudières
Ste-Tanche
Chapelaine
Lignon
Étang de la Fosse aux Bois
Bois des Lairés
Bréban
Corbeil
Le Plessis
Hancourt
Margerie-Hancourt
Ormes
Le Chêne
Lhuître
Dampierre
St-Utin
Pouan-les-Vallées
Torcy-le-Gd
Torcy-le-Petit
Vinets
Arrembécourt
La Nauroy
St-Léger-sous-Margerie
Villette-sur-Aube
Arcis-s-Aube
St-Nabord-s-Aube
Isle-Aubigny
Ramerupt
Vaucogne
Plaisance
Balignicourt
Petit Fontenay
Chassericourt
Joncreuil
Chavanges
Ortillon
Vaupoisson
Nozay
Chaudrey
Romaines
Morembert
Dommartin-le-Coq
Meldançon
Donnement
Pars-lès-Chavanges
Labraux
St-Étienne-s/s-Barbuise
La Belle Idée
Mesnil-la-Comtesse
Nogent-sur-Aube
Jasseines
Montmorency-Beaufort
Braux
Lentilles
Ste-Thuise
Petit Nogent
Coclois
Brillecourt
Aulnay
Yèvres-le-Petit
Courcelles-s-Voire
Villeret
St-Remy-s/s-Barbuise
Rances
Hampigny
Voué
Montardoise
Mesnil-Lettre
Verricourt
Magnicourt
Chalette-sur-Voire
Rosnay-l'Hôpital
Blignicourt
Vallentigny
La Harmande
Avant-lès-Ramerupt
Pougy
Molins-sur-Aube
Bétignicourt
Lassicourt
Puttevile
Montsuzain
Faloudrel
Lesmont
St-Christophe-Dodinicourt
Musée
Perthes-lès-Brienne
Maizières-lès-Brienne
Aubeterre
Longsols
Les Fontaines
Précy-N.-D.
Précy-St-Martin
St-Léger-s/s-B.
Juzanvigny
Charmont
Charmont-sous-Barbuise
Val-d'Auzon
Montangon
Pel-et-Der
Centre psychothérapique
Brienne-le-Château
Crespy-le-Neuf
Feuges
Fontaine-Luyères
Mortée
Onjon
Blaincourt-sur-Aube
Épagne
Brienne-la-Vieille
Luyères
Villevoque
La Valentine
Villehardouin
Mathaux
Vailly
Bouy-Luxembourg
Piney
Brantigny
Le Grand Brévonnel
Radonvilliers
Dienville
Chaumesnil
St-Germain
Montmoret
Rachisy
Villiers-le-Brûlé
Brévonnes
Chantemerle
L'Étape
Lac Amance
La Rothière
Petit Mesnil
Massonville
École d'Agriculture
Ste-Maure
Champ de Tir
Assencières
La Belle Épine
Sacey
La Loge Lionne
Culoison
Creney-près-T.
L'Espérance
Rouilly-Sacey
Rosson
PARC NATUREL RÉGIONAL DE LA FORÊT D'ORIENT
Lac du Temple
Unienville
Mesnil-Sellières
Bonlieu
Juvanzé
Argentolles
Lavau
Pont-Ste-Marie
Villechétif
Dosches
Géraudot
Sentier des Salamandres
Forêt du Temple
Chêne
Jessains
Trannes
Bouranton
Laubressel
Champigny
Vaudemanche
Réserve Ornithologique
Parc de vision animalier
Maison du Parc
La Ville-aux-Bois
Amance
Bossancourt
St-Parres-aux-Tertres
Thennelières
Bas-Bois
Larivour
Forêt de Piney
Grand Orient
La Loge-aux-Chèvres
Vauchonvilliers
Dolancourt
La Moline
St-Julien-les-Villas
Baires
Menois
Lac d'Orient
Courteranges
Étang du Parc aux Pourceaux
Ruvigny
Lusigny-s-Barse
Mesnil-St-Père
Val Suzenay
Le Gagnage-aux-Chats
Le Chanet
Nigloï
Rouilly-St-Loup
Bréviandes
Rouillerot
Fontaine
Montaulin
Bois de Lusigny
Morge
Le Ménilot
Champ-s-Barse
Maison-des-Champs
Argançon

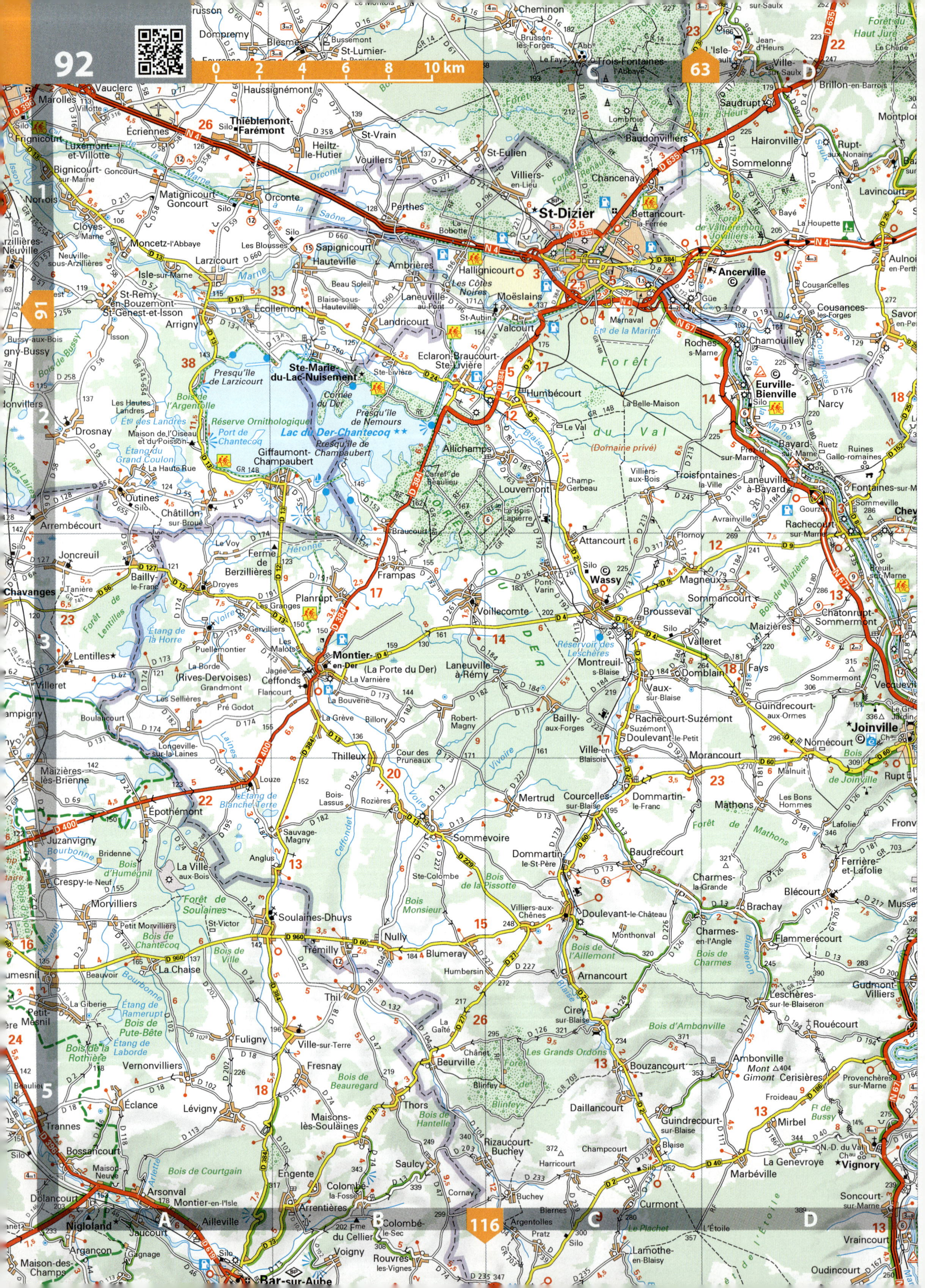
0 2 4 6 8 10 km
63
91
116
St-Dizier
Ancerville
Eurville-Bienville
Joinville
Wassy
Montier-en-Der
Ste-Marie-du-Lac-Nuisement
Lac du Der-Chantecoq
Presqu'île de Larzicourt
Réserve Ornithologique
Port de Chantecoq
Presqu'île de Nemours
Presqu'île de Champaubert
Giffaumont-Champaubert
Éclaron-Braucourt-Ste-Livière
Humbécourt
Allichamps
Louvemont
Attancourt
Brousseval
Valleret
Doulevant-le-Château
Doulevant-le-Petit
Sommevoire
Soulaines-Dhuys
Nully
Blumeray
Beurville
Cirey-sur-Blaise
Bouzancourt
Daillancourt
Vignory
La Genevroye
Marbéville
Juzanvigny
Épothémont
La Ville-aux-Bois
Morvilliers
La Chaise
Ville-sur-Terre
Fresnay
Fuligny
Lévigny
Éclance
Maisons-lès-Soulaines
Thors
Saulcy
Colombé-le-Sec
Voigny
Rouvres-les-Vignes
Bar-sur-Aube
Nigloland
Montier-en-l'Isle
Arsonval
Ailleville
Jaucourt
Arrentières
Colombé-la-Fosse
Engente
Chavanges
Lentilles
Outines
Châtillon-sur-Broué
Drosnay
Arrembécourt
Joncreuil
Bailly-le-Franc
Droyes
Planrupt
Frampas
Robert-Magny
Laneuville-à-Rémy
Thilleux
Rozières
Mertrud
Courcelles-sur-Blaise
Dommartin-le-Franc
Mathons
Baudrecourt
Charmes-la-Grande
Brachay
Blécourt
Ambonville
Rachecourt-sur-Marne
Fontaines-sur-Marne
Chamouilley
Cousances-les-Forges
Narcy
Bayard-sur-Marne
Laneuville-à-Bayard
Troisfontaines-la-Ville
Magneux
Sommancourt
Fays
Domblain
Vaux-sur-Blaise
Rachecourt-Suzémont
Ville-en-Blaisois
Morancourt
Nomécourt
Bettancourt-la-Ferrée
Chancenay
Baudonvilliers
Villiers-en-Lieu
St-Eulien
Perthes
Hallignicourt
Moëslains
Valcourt
Landricourt
Ambrières
Hauteville
Sapignicourt
Orconte
Matignicourt-Goncourt
Moncetz-l'Abbaye
Larzicourt
Isle-sur-Marne
St-Remy-en-Bouzemont-St-Genest-et-Isson
Arrigny
Écollemont
Thiéblemont-Farémont
Vitry-le-François
Marolles
Frignicourt
Saudrupt
Haironville
Sommelonne
Lavincourt
Forêt du Der
Forêt du Val
Bois de Joinville
Forêt de Mathons
Bois d'Ambonville
Les Grands Ordons
Forêt de Soulaines
Bois de Courtgain
Forêt de Lentilles

Ligny-en-Barrois
Tannois
Tronville-en-Barrois
Guerpont
Nançois-sur-Ornain
Willeroncourt
Nançois-le-Grand
St-Aubin-sur-Aire
Saulx-en-Barrois
Laneuville-au-Rupt
Ménil-la-Horgne
Void-Vacon
Bois de Palisse
Morlaincourt
(Chanteraine)
Givrauval
Longeaux
Menaucourt
Chennevières
(Saulvaux)
Vaux-la-Grande
Vaux-la-Petite
Méligny-le-Grand
Méligny-le-Petit
Naives-en-Blois
Vacon
Ourches-sur-Meuse
St-Germain-sur-Meuse
Ugny-sur-Meuse
Rigny-la-Salle
Broussey-en-Blois
Sauvoy
Gombervaux
Bovée-sur-Barboure
Marson-s-Barboure
Boviolles
Naix-aux-Forges
Nantois
St-Amand-sur-Ornain
Tréveray
Reffroy
Villeroy-s-Méholle
Vaucouleurs
Chalaines
Nant-le-Grand
Nant-le-Petit
Maulan
Stainville
Fouchères-aux-Bois
Ménil-sur-Saulx
Le Bouchon-sur-Saulx
Villers-le-Sec
Juvigny-en-Perthois
Dammarie-sur-Saulx
Hévilliers
St-Joire
Laneuville
Mauvages
Montigny-lès-Vaucouleurs
Neuville-lès-Vaucouleurs
Demange-aux-Eaux
Brauvilliers
Morley
Couvertpuis
(Demange-Baudignécourt)
Baudignécourt
Biencourt-sur-Orge
Delouze-Rosières
Rosières-en-Blois
Burey-en-Vaux
Sepvigny
Champougny
Badonvilliers-Gérauvilliers
Épiez-sur-Meuse
Maxey-sur-Vaise
Taillancourt
Montbras
Ecurey
Ribeaucourt
Houdelaincourt
Montiers-sur-Saulx
La Landre
Dommartin-le-St-Père
Bonnet
Abainville
Gondrecourt-le-Château
Amanty
Burey-la-Côte
Paroy-s-Saulx
Le Val Louzet
Bure
Tourailles-sous-Bois
Horville-en-Ornois
Vouthon-Bas
Vouthon-Haut
Goussaincourt
Effincourt
Osne-le-Val
Saudron
Mandres-en-Barrois
Pansey
Gillaumé
Lunéville-en-Ornois
Chassey-Beaupré
Bertheléville
Les Roises
Greux
Domrémy-la-Pucelle
Thonnance-lès-Joinville
Suzannecourt
Montreuil-sur-Thonnance
Échenay
Cirfontaines-en-Ornois
Aingoulaincourt
Soulaincourt
Harméville
Dainville
Vaudeville-le-Haut
Seraumont
Basilique du Bois-Chenu
La Madeleine
Poissons
Sailly
Noncourt-sur-le-Rongeant
Bressoncourt
Thonnance-les-Moulins
Lezéville
Laneuville-au-Bois
Avranville
Chermisey
Coussey
Marcheval
Germay
Brouthières
Germisay
Grand
Mosaïque
Sionne
Frebécourt
St-Urbain-Maconcourt
Annonville
Bettoncourt-le-Haut
Épizon
Midrevaux
Pargny-sous-Mureau
Bourlémont
Mont-lès-Neufchâteau
Vaux-s-St-Urbain
Morionvilliers
Trampot
La Violette
Brechainville
Donjeux
Landéville
Domremy-Landéville
Chambroncourt
Aillianville
Villouxel
Rouvroy-s-Marne
Saucourt-sur-Rognon
Pautaines-Augeville
St-Thiébault
Leurville
Liffol-le-Grand
Fréville
Villiers-sur-Marne
Doulaincourt-Saucourt
Roches-Bettaincourt
Busson
Champaumont
Liffol-le-Petit
Bazoilles-sur-Meuse
Froncles
Buxières
Reynel
Orquevaux
Lafauche
Vesaignes-s/s-Lafauche
Roches-sur-Rognon
Montot-sur-Rognon
Humberville
St-Blin
Prez-sous-Lafauche
Vouécourt
Signéville
Vignes-la-Côte
Manois
Semilly
Harréville-les-Chanteurs
Pompierre
Sartes
Rimaucourt
Chalvraines
Andelot-Blancheville
Viéville
Rochefort-sur-la-Côte
Sommerécourt
Goncourt
Illoud
Vaudrecourt
E
F
G
H
64
94
117

0 2 4 6 8 10 km
65
93
118
A
B
C
D
1
2
3
4
5
NANCY
Laxou
Villers-lès-Nancy
Vandœuvre-lès-Nancy
Jarville-la-Malgrange
Tomblaine
Essey-lès-Nancy
Laneuveville-devant-Nancy
Fléville-devant-Nancy
Heillecourt
Houdemont
Ludres
Chavigny
Neuves-Maisons
Messein
Maron
Chaligny
Pont-St-Vincent
Richardménil
Méréville
Flavigny-s-Moselle
Bainville-s-Madon
Velaine-en-Haye
Fontenoy-s-Moselle
Gondreville
Bois de Haye
Liverdun
Bruley
Pagney-derrière-Barine
St-Michel
Lucey
Ecrouves
Grandmesnil
TOUL
Dommartin-lès-Toul
Chaudeney-sur-Moselle
Villey-le-Sec
Pierre-la-Treiche
Bicqueley
Bois l'Evêque
Terrain militaire
Champ de Tir
Gimeys
Sexey-aux-Forges
Maizières
Thuilley-aux-Groseilles
Viterne
Marthemont
Xeuilley
Frolois
Pierreville
Pulligny
Autrey
Houdelmont
Ceintrey
Voinémont
Benney
Clérey-sur-Brenon
Lemainville
Omelmont
Gerbécourt-et-Haplemont
Ormes-et-Ville
Vézelise
Tantonville
Haroué
Crantenoy
Affracourt
Vaudigny
Xirocourt
St-Firmin
Jevoncourt
Bralleville
Housséville
Diarville
Marainville-s-Madon
Battexey
Xaronval
Vomécourt-sur-Madon
Pont-sur-Madon
Savigny
Ambacourt
Bettoncourt
Chauffecourt
Mazirot
Poussay
Mirecourt
Villers
Vroville
Mattaincourt
Hymont
Velotte-et-Tatignécourt
Valleroy-aux-Saules
Maroncourt
Hagécourt
Madecourt
Dompaire
Bainville-aux-Saules
Begnécourt
Gelvécourt-et-Adompt
Rancourt
Heucheloup
Valfroicourt
Xirouxe
Harévillle
VITTEL
La Neuve ville-sous-Montfort
Côte de Lorima
Remoncourt
Estrennes
Bazoilles-et-Ménil
Rozerotte
Domèvre-sous-Montfort
Girovillers-sous-Montfort
Domjulien
Parey-sous-Montfort
They-sous-Montfort
Grand Montot
Belmont-sur-Vair
St-Remimont
Dombrot-sur-Vair
Mandres-sur-Vair
Norroy
Bulgnéville
Sandaucourt
La Neuveville-sous-Châtenois
Lorraine-Sandaucourt
Rémois
Mannecourt
Houécourt
Viocourt
Gironcourt-s-Vraine
St-Menge
Gemmelaincourt
Viviers-lès-Offroicourt
Offroicourt
Remicourt
Thiraucourt
Ravenel
Rouvres-en-Xaintois
Ménil-en-Xaintois
Dombasle-en-Xaintois
Totainville
Oëlleville
Biécourt
Morelmaison
St-Paul
Le Ménil-s-Vair
Dommartin-sur-Vraine
St-Prancher
Repel
Juvaincourt
Domvallier
Baudricourt
Ramecourt
Puzieux
Frenelle-la-Petite
Frenelle-la-Grande
Boulaincourt
Bouzanville
Chef-Haut
Blémerey
Courcelles
Abconcourt
Beuvezin
Fraisnes-en-Saintois
Gugney
Forcelles-s-Gugney
Grimonviller
Pulney
Fécocourt
Tramont-Lassus
Tramont-Emy
Tramont-St-André
Gémonville
Vandeléville
Dommarie-Eulmont
Thorey-Lyautey
Saxon-Sion
Sion
Vaudémont
Signal de Vaudémont
They-s-Vaudémont
Praye
Chaouilley
Forcelles-St-Gorgon
Etreval
Quevilloncourt
Vronecourt
Souveraincourt
Ognéville
Vitrey
Goviller
Hammeville
Houdreville
Parey-St-Césaire
Thélod
Germiny
Crépey
Selaincourt
Mont d'Anon
Dolcourt
La Feuillée
Puxe
Laloeuf
Gélaucourt
Battigny
Favières
Saulxerotte
Harmonville
Autreville
Punerot
Ruppes
Brixey-aux-Chanoines
Clérey-la-Côte
Sauvigny
Mont-l'Etroit
Burey-la-Côte
Taillancourt
Montbras
Pagny-la-Blanche-Côte
Champougny
Sepvigny
Vieux-Astre
Uruffe
Gibeaumeix
Vannes-le-Châtel
Allamps
La Cristallerie
Housselmont
Saulxures-lès-Vannes
Barisey-au-Plain
Barisey-la-Côte
Colombey-les-Belles
Allain
Bagneux
Bulligny
Crézilles
Ochey
Moutrot
Blénod-lès-Toul
Mont-le-Vignoble
Gye
Charmes-la-Côte
Domgermain
Choloy-Ménillot
Ourches-sur-Meuse
Massey
Ugny-sur-Meuse
Rigny-la-Salle
Rigny-St-Martin
Forêt de Meine
Forêt de l'Essart
Bois de Grammont
Bois de Domgermain
Colombey
Val de Passey
St-Rémy
Maxey-sur-Meuse
Greux
Jubainville
Martigny-les-Gerbonvaux
Graux
Tranqueville-Graux
Boinville
La Hayevaux
Moncel-sur-Vair
Coussey
Soulosse-sous-St-Elophe
St-Elophe
Autigny-la-Tour
Harchéchamp
Frébécourt
Barville
Houéville
Attignéville
Aouze
Pleuvezain
Removille
Maconcourt
Rainville
Vicherey
Soncourt
Aroffe
Vouxey
Dolaincourt
Balléville
Imbrécourt
Courcelles-s/s-Châtenois
Valaincourt
Châtenois
Rollainville
Ste-Anne
Neufchâteau
Rebeuville
L'Etanche
Le Rendez Vous
Rouvres-la-Chétive
Certilleux
Villars
Brechaincourt
Tilleux
Circourt-sur-Mouzon
Landaville
Longchamp-sous-Châtenois
Darney-aux-Chênes
Ollainville
Lemmecourt
Beaufremont
Aulnois
Hagnéville-et-Roncourt
Auzainvilliers
Jainvillotte
Sartes
Pompierre
Gendreville
Outremécourt
Médonville
La Motte
Malaincourt
Morville
Vaudoncourt
Bois de Sauvigny
Bois d'Autigny
Forêt de Neufeys
Bois St-Charles

66
Lunéville
St-Nicolas-de-Port
Dombasle-s-Meurthe
Varangéville
Baccarat
Rambervillers
Charmes
Nomexy
Thaon-les-Vosges
Bayon
Blainville-s-l'Eau
Damelevières
Gerbéviller
Moyen
St-Clément
Golbey
Bruyères
Forêt de Parroy
Forêt de Mondon
Forêt de Vitrimont
Forêt de Rambervillers
Forêt de Charmes
Camp militaire
119
96

0 2 4 6 8 10 km
95
67
120
Blâmont
Cirey-s-Vezouze
Abreschviller
St-Quirin
Dabo
Wangenbourg-Engenthal
Donon
Schirmeck
Le Struthof
Badonviller
Raon-l'Étape
Senones
Moyenmoutier
Étival-Clairefontaine
St-Dié-des-Vosges
Provenchères-et-Colroy
Ste-Marie-aux-Mines
Col de Saales
Saales
Bourg-Bruche
Col du Donon
Mémorial d'Alsace Moselle
Col du Bonhomme
Le Bonhomme
Fraize
Col de Ste-Marie
Lalaye
Urbeis
Villé
Mortagne
Rambervillers
Baccarat
Lachapelle
St-Michel-sur-Meurthe
Nayemont-les-Fosses
Saulcy-s-Meurthe
Anould
Plainfaing
Col du Las
Col d'Urbeis
Col du Hantz
Col de la Chapelotte
Pierre-Percée
Lac de Pierre Percée
Celles-s-Plaine
Allarmont
Vexaincourt
Luvigny
Raon-lès-Leau
Grandfontaine
Wisches
Russ
Barembach
Rothau
Natzwiller
Fouday
Belmont
Champ du Feu
Le Hohwald
Steige
Maisonsgoutte
St-Martin
Bassemberg
Lièpvre
Rombach-le-Franc
Ste-Croix-aux-Mines
Lusse
Wisembach
Ban-de-Laveline
Gemaingoutte
Combrimont
Bertrimoutier
Raves
Neuvillers-sur-Fave
Pair-et-Grandrupt
Ste-Marguerite
Remomeix
Coinches
Mandray
Entre-deux-Eaux
Taintrux
La Bourgonne
La Salle
Hurbache
Denipaire
La Voivre
Ménil-de-Senones
Grandrupt
Vieux Moulin
Belval
Le Saulcy
Le Puid
St-Stail
Saulxures
Colroy-la-Roche
Ranrupt
Plaine
Blancherupt
St-Blaise-la-Roche
Neuviller-la-Roche
Waldersbach
Solbach
Nonhigny
Montreux
Parux
Petitmont
Harbouey
Barbas
Halloville
Domèvre-s-Vezouze
Herbéviller
Montigny
Reherrey
Ste-Pôle
Neufmaisons
Vacqueville
Pexonne
Fenneviller
Bertrichamps
Thiaville-s-Meurthe
Verdenal
Frémonville
Tanconville
Bertrambois
Lafrimbolle
Turquestein-Blancrupt
Val-et-Châtillon
Hattigny
Niderhoff
Fraquelfing
Ibigny
Richeval
Foulcrey
Repaix
Gogney
Igney
Autrepierre
Walscheid
Voyer
Landange
Lorquin
St-Georges
Nitting
Harreberg
Troisfontaines
Biberkirch
Vasperviller
Métairies-St-Quirin
Col de Valsberg
Oberhaslach
Grendelbruch
Lutzelhouse
Col du Nideck
Rocher de Dabo
Col de la Charbonnière
Lutzelhouse
Col des Bagenelles
Le Brézouard
Aubure
Fréland
Orbey
Lapoutroie
Col de Mon Repos
Col du Haut de Ribeauvillé
La Croix-aux-Mines
Col de Pré de Raves
La Petite-Raon
Vieux Moulin
St-Jean-d'Ormont
Ban-de-Sapt
La Grande Fosse
La Petite-Fosse
Col de Hermanpaire
Saint-Léonard
Sarupt
Clefcy
La Chapelle-devant-Bruyères
Corcieux
Vienville
Laveline-devant-Bruyères
Champ-le-Duc
Les Rouges-Eaux
Domfaing
Biffontaine
Mortagne
Grandvillers
Xainfaing

STRASBOURG
Kehl
Schiltigheim
Illkirch-Graffenstaden
Lingolsheim
Ostwald
Molsheim
Mutzig
Obernai
Rosheim
Barr
Sélestat
Ribeauvillé
Erstein
Europa-Park
Marckolsheim
Benfeld
Ebersmunster
Mt Ste-Odile
Le Hohwald
Dambach-la-Ville
Andlau
STRASBOURG ENTZHEIM INTERNATIONAL
Haut-Kœnigsbourg
Herbolzheim
Kenzingen
Ettenheim
Mahlberg
Lahr
Willstätt
Neuried
Schwanau
Rust
Rhinau
Gerstheim
Plobsheim
Fegersheim
Geispolsheim
Entzheim
Dachstein
Wasselonne
Marlenheim
Bergheim
Guémar
Illhaeusern
Sundhouse
Muttersholtz
Hilsenheim
Kogenheim
Huttenheim
Sand
Matzenheim
Osthouse
Boofzheim
Friesenheim
Diebolsheim
Wittisheim
Saasenheim
Schœnau
Bootzheim
Artolsheim
Hessenheim
RHEIN
RHIN
Hohwald
Rhône au Rhin
Canal

68
121

0 2 4 6 8 10 km
A
B
C
D
1
2
3
4
5
D'IROISE
Plage de la Palu
Cap de la Ch
Ar Men
PARC NATUREL RÉGIONAL D'ARMORIQUE
Chaussée de Sein
Île-de-Sein
Raz de Sein
Pont des Chats
Tévennec
Pointe du Van
la Vieille
Sémaphore
Pointe du Raz
Baie des Trépassés
Pointe de Castelmeur
Pointe de Brézellec
Pointe de Penharn
Réserve du Cap Sizun
St-They
Kermeur
Moulin de Kerharo
Mescran
Goulien
Lannourec
Cléden-Cap-Sizun
Quillivic
Lescoff
Lescleden
Plogoff
St-Tremeur
Quatre-Vents
Trevenouen
Port de Bestrée
Pendreff
Landrer
Lézurec
Keraudiern
Pointe de Feunteunod
Penneac'h
Primelin
Esquibien
St-Tugen
Audierne
Custren
Ste-Evette
Anse du Loch
Pointe de Lervily
D 7
D 43
D 784
BAIE
D'AUDI

E
75
F
G
H
BAIE DE DOUARNENEZ
Pointe de Talagrip
Pointe de Tréfeuntec
Anse d'Ar-Vechen
Pointe du Millier
Pointe de Beuzec
Pointe de la Jument
Pointe de Leydé
Les Sables Blancs
Île Tristan
Douarnenez
Tréboul
Locronan
Forêt de Nevet
Montagne de Locronan
Plomodiern
Ste-Marie du Ménez Hom
Plonévez-Porzay
Kergoat
Quéménéven
Châteaulin
St-Coulitz
Briec
Landrévarzec
Quilinen
Beuzec-Cap-Sizun
Poullan-s-Mer
Pont-Croix
Confort-Meilars
Mahalon
Pouldergat
Le Juch
Plogonnec
Guengat
Plouhinec
Plozévet
Landudec
La Trinité
Plogastel-St-Germain
QUIMPER
Ergué-Gabéric
Site du Stangala
Pluguffan
Pouldreuzic
Penhors
Plovan
Chlle de Languidou
Tréogat
Peumerit
Plonéour-Lanvern
Étang de Kergalan
Étang de Trunvel
Tréméoc
Plomelin
Baie de Kérogan
Combrit
Bénodet
Clohars-Fouesnant
Fouesnant
La Forêt-Fouesnant
Pleuven
St-Évarzec
Gouesnach
Pont-l'Abbé
Tréguennec
St-Jean-Trolimon
N.-D. de Tronoën (Calvaire)
Étang de St-Vio
Pointe de la Torche
Plage de Pors-Carn
Plomeur
Kérazan
Île-Tudy
Loctudy
Anse de Bénodet
Pointe de Mousterlin
Penmarch
St-Guénolé
Eckmühl
Pointe de Penmarc'h
Roches de Penmarc'h
Guilvinec
Lechiagat
Treffiagat
Lesconil
Plobannalec-Lesconil
Pointe de St-Oual
Côte de Cornouaille
Île aux Moutons
Îles de Glénan
St-Nicolas
100

0 2 4 6 8 10 km
76
99
122
A
B
C
D
1
2
3
4
5
Châteauneuf-du-Faou
Carhaix-Plouguer
Cléden-Poher
Spézet
N.-D. du Crann
Roc de Toullaëron
MONTAGNES NOIRES
Gourin
Trévarez
Laz
Roudouallec
Briec
Edern
Landudal
Langolen
Coray
Tourch
Elliant
Scaër
Guiscriff
Leuhan
Trégourez
Rosporden
St-Yvi
Kerdévot
Ergué-Gabéric
Bannalec
Quimperlé
Mellac
Tréméven
Querrien
Roches du Diable
Locunolé
Le Faouët
St-Thurien
Le Trévoux
Melgven
Concarneau
Beg-Meil
Pte de Cabellou
Le Cabellou
Pointe de Beg Meil
Baie de la Forêt
La Forêt-Fouesnant
Fouesnant
Cap-Coz
Tréguno
Nizon
Pont-Aven
Bois d'Amour
Riec-sur-Belon
Névez
Kerfany-les-Pins
Port-Manech
Raguenès Plage
Île Raguenès
Pointe de Trévignon
Trévignon
Pointe de la Jument
Baie de Pouldohan
Moëlan-s-Mer
Clohars-Carnoët
Doëlan
Le Pouldu
Anse du Pouldu
Guidel
Guidel-Plages
Rocher Royal
Forêt de Carnoët
Baye
Lothea
Lande-Julien
Île Verte
Îles de Glénan
Cornouaille
LORIENT-BRETAGNE SUD
Gouézec
Roche du Feu
Lennon
Pleyben
Plonévez-du-Faou
Motreff
Tréogan
Bois de Conveau
Rer de la Madeleine
Langonnet
Kernascléden
Lanvénégen
Plouay
Meslan
Ste-Anne
Mine Tréouzal
Forêt de Coat-Loc'h
Coat-Culoden
St-Evarzec
Carn-Yann
Kernével
Loc-Yvi

Rostrenen
Plouguernével
Gouarec
Laniscat
St-Gelven
Glomel
Plélauff
Mellionnec
Lescouët-Gouarec
Silfiac
Ste-Brigitte
Caurel
Mûr-de-Bretagne
St-Aignan
Neulliac
Cléguérec
Séglien
Langoëlan
Plouray
La Trinité-Langonnet
Langonnet
St-Tugdual
Ploërdut
Priziac
Le Croisty
Guémené-s-Scorff
Locmalo
Malguénac
Pontivy
Le Sourn
Lignol
Persquen
Guern
St-Caradec-Trégomel
Kernascléden
Berné
Meslan
Pont-Calleck
Inguiniel
Bieuzy
Melrand
Site de Castennec
St-Nicodème
St-Nicolas-des-Eaux
Bubry
Pluméliau
Plouay
Guilligomarc'h
Quistinic
Lanvaudan
Calan
St-Barthélemy
Poul-Fetan
Baud
Guénin
Inzinzac-Lochrist
Languidic
Pont-Scorff
Caudan
Cléguer
Hennebont
Lanester
Quéven
Camors
La Chapelle-Neuve
Plumelin
Gorges du Daoulas
Lac de Guerlédan
Forêt de Quénécan
Forêt de Camors
Bois de Trémelin
Ferme archéologique de Melrand

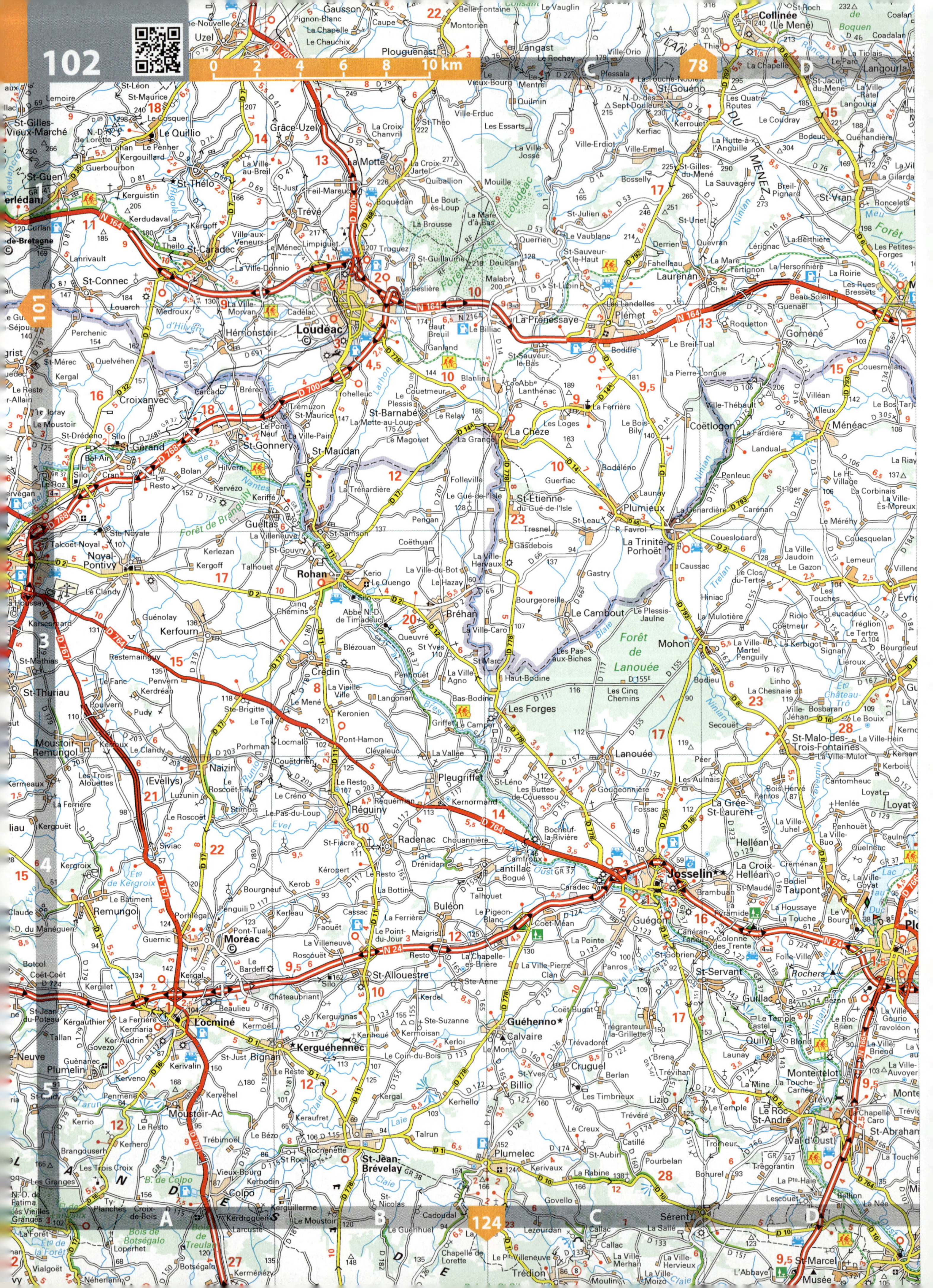
0 2 4 6 8 10 km
78
101
124
Loudéac
Pontivy
Rohan
Josselin
Locminé
Moréac
Réguiny
Plémet
Ploërmel
Mohon
Forêt de Lanouée
Forêt de Loudéac
Forêt de Branguily
Gueltas
Noyal-Pontivy
St-Gérand
Crédin
Pleugriffet
Bréhan
La Trinité-Porhoët
Plumieux
Coëtlogon
Ménéac
Les Forges
Lanouée
Guégon
Guéhenno
St-Jean-Brévelay
Plumelec
Bignan
Kerguéhennec
Moustoir-Ac
Naizin
Kerfourn
Radenac
St-Allouestre
Buléon
Lantillac
Helléan
La Grée-St-Laurent
St-Malo-des-Trois-Fontaines
Taupont
Guillac
Montertelot
Le Roc-St-André
Sérent
Colpo
Uzel
Collinée (Le Mené)
St-Gouéno
Laurenan
Gomené
La Prénessaye
Trévé
Grâce-Uzel
La Motte
Le Quillio
St-Caradec
Hémonstoir
Croixanvec
St-Gonnery
St-Maudan
St-Barnabé
La Chèze
St-Étienne-du-Gué-de-l'Isle
Mûr-de-Bretagne
St-Connec
St-Thuriau
Remungol
Moustoir-Remungol
Evellys
St-Vran
Merdrignac
Langourla
Langast
Plessala
Forêt de Boquen
Gausson
Plouguenast
N 164
N 24
D 700
D 764
D 767
D 768
D 778
D 793
A
B
C
D
1
2
3
4
5

79
E
F
G
H
Broons
Caulnes
Couëlan
Guitté
Guenroc
Plouasne
Caradeuc
Bécherel
Montmuran
St-Pern
Médréac
Irodouër
Landujan
Quédillac
St-Jouan-de-l'Isle
La Chapelle-Blanche
Plumaugat
Lanrelas
Mérillac
Éréac
St-Launeuc
Trémorel
Merdrignac
St-Méen-le-Grand
Gaël
Loscouët-sur-Meu
Illifaut
Mauron
St-Léry
Concoret
Néant-sur-Yvel
Tréhorenteuc
Paimpont
Plélan-le-Grand
Montauban-de-Bretagne
St-Onen-la-Chapelle
Boisgervilly
Médréac
St-M'Hervon
La Chapelle-du-Lou-du-Lac
Romillé
Bédée
Pleumeleuc
La Nouaye
Montfort-sur-Meu
Iffendic
St-Maugan
Breteil
La Chapelle-Thouarault
Talensac
Cintré
Mordelles
Muel
Bléruais
St-Gonlay
St-Malon-sur-Mel
St-Péran
Treffendel
Monterfil
Le Verger
St-Thurial
Baulon
Goven
Bréal-sous-Montfort
Comper
Forêt de Paimpont
Beignon
Les Forges
St-Malo-de-Beignon
Campénéac
Tréhorenteuc
Augan
Porcaro
Guer
Maxent
Bovel
Campel
Maure-de-Bretagne
Mernel
Guignen
Lassy
La Chapelle-Bouëxic
Loutehel
Monteneuf
Les Menhirs de Monteneuf
Réminiac
Caro
Ploërmel
Malestroit
Ruffiac
Carentoir
Quelneuc
Comblessac
St-Séglin
Lieuron
Lohéac
Manoir de l'Automobile
Guipry-Messac
Pipriac
Coëtquidan-St Cyr
Camp militaire
N 164
N 12
N 24
E 50
D 166
D 776
D 772
D 220
D 125
125
126
104
1
2
3
4
5

0 2 4 6 8 10 km
RENNES
St-Grégoire
Cesson-Sévigné
Chantepie
St-Jacques-de-la-Lande
Bruz
Chartres-de-Bretagne
Vern-s-Seiche
Noyal-Châtillon-s-Seiche
Pacé
Montgermont
L'Hermitage
Le Rheu
Vezin-le-Coquet
Mordelles
Chavagne
Betton
Thorigné-Fouillard
Acigné
Noyal-s-Vilaine
Châteaubourg
Châteaugiron
Domloup
Nouvoitou
St-Armel
Bourgbarré
Corps-Nuds
Janzé
Orgères
Laillé
Guichen
Bourg-des-Comptes
Pléchâtel
Poligné
Pancé
Bain-de-Bretagne
Guipry-Messac
Liffré
La Bouëxière
Melesse
La Mézière
Gévezé
Montreuil-le-Gast
Chevaigné
Hédé-Bazouges
St-Aubin-d'Aubigné
St-Aubin-du-Cormier
Gosné
Dourdain
Servon-s-Vilaine
Brécé
Ossé
St-Aubin-du-Pavail
Amanlis
Piré-s-Seiche
Moulins
Boistrudan
Essé
La Roche aux Fées
Retiers
Le Theil-de-Bretagne
Ste-Colombe
Coësmes
Tresbœuf
Le Sel-de-Bretagne
Saulnières
Crevin
St-Senoux
St-Malo-de-Phily
Goven
Bréal-s-Montfort
Pont-Péan
St-Erblon
Ecomusée
Forêt de Rennes
Forêt de Liffré
Forêt de Chevré
La Vilaine
E 50
N 24
N 157
N 137
D 137
D 175
D 173
D 177
D 163
D 41
D 48
D 34
D 29
A 84
80
103
126
A
B
C
D
1
2
3
4
5

Fougères
Ernée
Vitré
Montenay
Chailland
St-Pierre-des-Landes
La Pellerine
Dompierre-du-Chemin
Rochers du Sault Roland
Châtillon-en-Vendelais
Montreuil-des-Landes
Javené
Luitré
Parcé
Billé
Combourtillé
St-Georges-de-Chesné
Vendel
La Chapelle-St-Aubert
Mecé
St-Christophe-des-Bois
Taillis
Val-d'Izé
Balazé
Montautour
Princé
Juvigné
La Croixille
St-Hilaire-du-Maine
Le Bourgneuf-la-Forêt
Bourgon
La Baconnière
St-Germain-le-Guillaume
Andouillé
Alexain
Placé
La Bigottière
Champeaux
Landavran
Montreuil-s/s-Pérouse
St-M'Hervé
La Chapelle-Erbrée
Launay-Villiers
St-Ouën-des-Toits
St-Pierre-la-Cour
Port-Brillet
Olivet
Le Genest-St-Isle
Change
St-Berthevin
Pocé-les-Bois
St-Aubin-des-Landes
Cornillé
Erbrée
Mondevert
Argentré-du-Plessis
Étrelles
Torcé
La Gravelle
Loiron-Ruillé
Forêt de Mayenne
Forêt du Pertre
Forêt de Concise
Le Pertre
St-Cyr-le-Gravelais
Beaulieu-sur-Oudon
Montjean
Ahuillé
L'Huisserie
Montigné-le-Brillant
Nuillé-sur-Vicoin
Courbeveille
Astillé
Cosmes
Cossé-le-Vivien
Méral
St-Poix
Cuillé
Gennes-sur-Seiche
Brielles
St-Germain-du-Pinel
Domalain
Vergéal
Bais
Moutiers
Availles-s-Seiche
Visseiche
La Guerche-de-Bretagne
La Selle-Guerchaise
Gastines
Laubrières
Rannée
Drouges
Fontaine-Couverte
La Roë
Ballots
St-Michel-de-la-Roë
Brains-s-les-Marches
Forêt de la Guerche
Forêt de Craon
Livré-la-Touche
Athée
La Chapelle-Craonnaise
Denazé
Simplé
Peuton
Quelaines-St-Gault
Houssay
Craon
Chelun
Forges-la-Forêt
Musée Robert Tatin
A 81
N 12
N 157
E 50
81
127
106
E
F
G
H
1
2
3
4
5

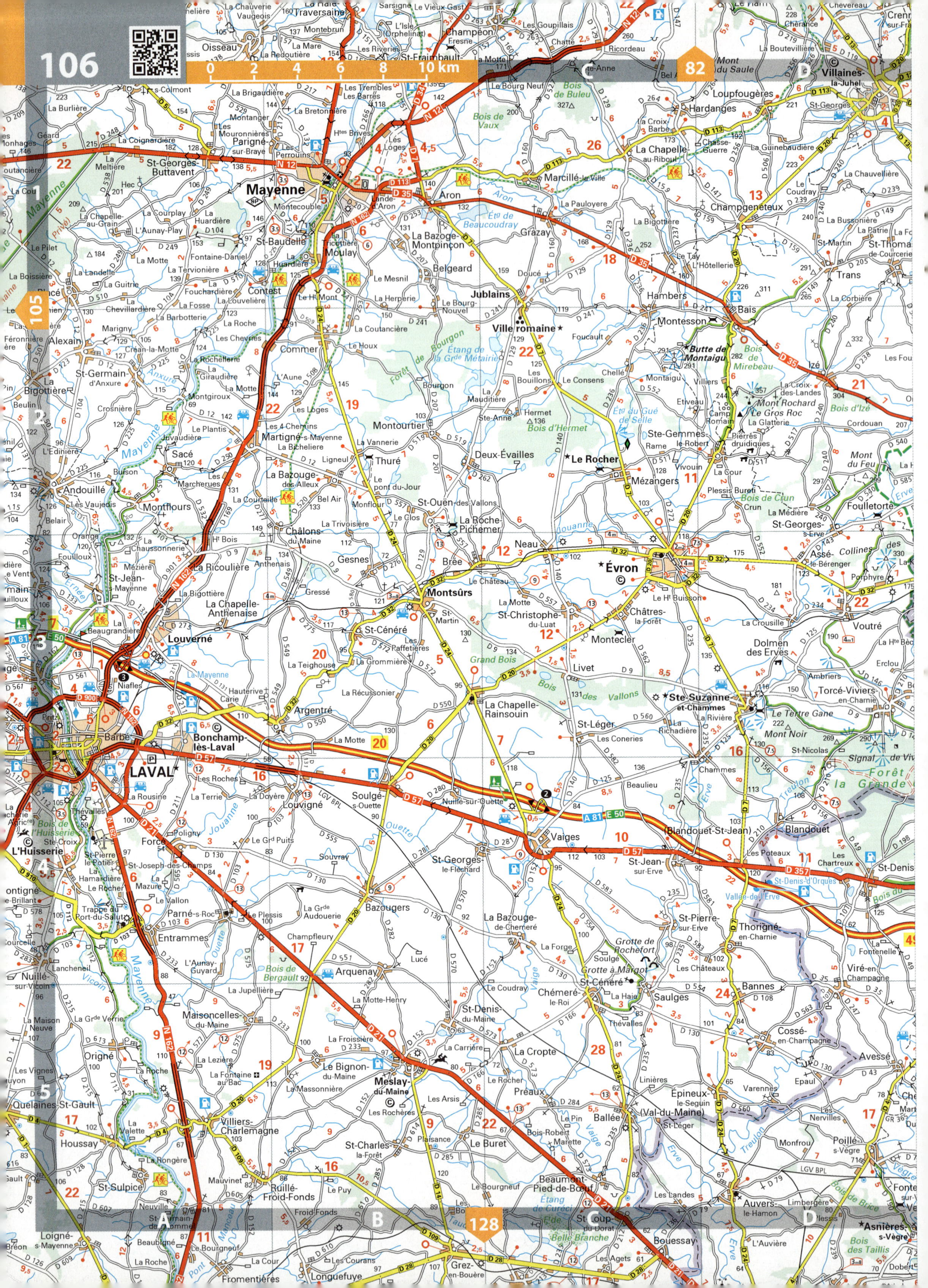
0 2 4 6 8 10 km
82
105
128
Mayenne
Laval
Évron
Montsûrs
Jublains
Ville romaine
Aron
Moulay
St-Baudelle
Commer
Martigné-sur-Mayenne
Louverné
Bonchamp-lès-Laval
Argentré
L'Huisserie
Entrammes
Parné-sur-Roc
Meslay-du-Maine
Vaiges
Ste-Suzanne-et-Chammes
Bais
Villaines-la-Juhel
Champgenéteux
Hambers
Mézangers
Le Rocher
Deux-Évailles
Montourtier
Thuré
Neau
Châtres-la-Forêt
Livet
Soulgé-sur-Ouette
Louvigné
Bazougers
Arquenay
La Chapelle-Rainsouin
St-Georges-le-Fléchard
La Bazouge-de-Chemeré
Chéméré-le-Roi
Saulges
Ballée
Grez-en-Bouère
Villiers-Charlemagne
Houssay
Origné
Nuillé-sur-Vicoin
Andouillé
St-Germain-d'Anxure
Alexain
Contest
Belgeard
La Bazouge-Montpinçon
Grazay
Marcillé-la-Ville
La Chapelle-au-Riboul
Loupfougères
Hardanges
Izé
St-Georges-sur-Erve
Assé-le-Bérenger
Voutré
Torcé-Viviers-en-Charnie
Blandouet
St-Jean-sur-Erve
Thorigné-en-Charnie
Bannes
Cossé-en-Champagne
Épineux-le-Seguin
Auvers-le-Hamon
Bouessay
Beaumont-Pied-de-Bœuf
Le Buret
St-Charles-la-Forêt
Ruillé-Froid-Fonds
Forêt de la Grande Charnie
Bois de Bergault
Bois d'Hermet
Forêt de Bourgon

E
F
G
H
83
108
129
32
St-Céneri-le-Gérei
Moulins-le-Carbonnel
Gesvres
St-Léonard-des-Bois
Vée de Misère
Alpes Mancelles
St-Paul-le-Gaultier
Averton
Courcité
St-Aubin-du-Désert
St-Mars-du-Désert
St-Georges-le-Gaultier
Douillet
Fresnay-s-Sarthe
Assé-le-Boisne
St-Victeur
Fyé
Béthon
Oisseau-le-Petit
Chérisay
Bourg-le-Roi
Coulombiers
Rouessé-Fontaine
Louvigny
St-Rémy-du-Val
Thoiré-s/s-Contensor
Grandchamp
Les Mées
Mont-Méard
St-Germain-de-Coulamer
PARC NATUREL REGIONAL NORMANDIE - MAINE
Montreuil-le-Chétif
Mont-St-Jean
Saut du Cerf
St-Aubin-de-Locquenay
Moitron-s-Sarthe
St-Christophe-du-Jambet
St-Germain-sur-Sarthe
Piacé
Juillé
Vivoin
Beaumont-s-Sarthe
Doucelles
Nouans
Dangeul
Chérancé
René
Thoigné
St-Martin-de-Connée
St-Pierre-sur-Orthe
Vimarcé
Sillé-le-Guillaume
Sillé-Plage
Le Grez
St-Rémy-de-Sillé
Pezé-le-Robert
Ségrie
Vernie
Assé-le-Riboul
Maresché
Crissé
Rouessé-Vassé
Neuvillalais
Mézières-sous-Lavardin
Le Tronchet
St-Marceau
Teillé
Ballon-St Mars
St-Jean-d'Assé
Ste-Sabine-sur-Longève
Rouez
Parennes
Conlie
Cures
Domfront-en-Champagne
La Chapelle-St-Fray
Ste-Jamme-sur-Sarthe
Montbizot
Souligné-s/s-Ballon
Courcebœufs
Souillé
La Guierche
Joué-l'Abbé
Tennie
La Bazoge
Neuvillette-en-Charnie
St-Symphorien
Sourches
Bernay-en-Champagne
Neuvy-en-Champagne
Ruillé-en-Champagne
Lavardin
La Milesse
Neuville-sur-Sarthe
Savigné-l'Évêque
Chemiré-en-Charnie
Épineu-le-Chevreuil
Amné
La Quinte
Aigné
St-Saturnin
Degré
Joué-en-Charnie
Chassillé
Longnes
Brains-sur-Gée
Coulans-s-Gée
Chaufour-N.-D.
Trangé
St-Pavace
Sargé-lès-Le Mans
Coulaines
Yvré-l'Évêque
Loué
Tassillé
Auvers-s/s-Montfaucon
Fay
Rouillon
LE MANS
Changé
Abbaye de l'Épau
Mareil-en-Champagne
St-Christophe-en-Champagne
Brûlon
Cranne-en-Champagne
Souligné-Flacé
St-Georges-du-Bois
Pruillé-le-Chétif
Allonnes
Vallon-sur-Gée
St-Ouen-en-Champagne
Maigné
Étival-lès-le-M.
Louplande
Musée Automobile
Ruaudin
Chantenay-Villedieu
Pirmil
Chemiré-le-Gaudin
Voivres-lès-le-M.
Spay
Arnage
Fercé-s-Sarthe
La Suze
Roëzé-sur-Sarthe
Fillé
Mulsanne
Tassé
Noyen-s-Sarthe
Moncé-en-Belin
St-Gervais
Teloché

0 2 4 6 8 10 km
84
107
130
A
B
C
D
Mamers
Bellême
Igé
St-Cosme-en-Vairais
Nogent-le-Bernard
Bonnétable
La Ferté-Bernard
(Cherré-Au)
Cherreau
Préval
Souvigné-s-Même
Avezé
Ceton
Le Theil
St-Germain-de-la-Coudre
Berd'huis
St-Hilaire-sur-Erre
Ste-Gauburge
Courgains
Monhoudou
Marolles-les-Braults
Mézières-sur-Ponthouin
Courcival
Rouperroux-le-Coquet
Terrehault
St-Georges-du-Rosay
Dehault
Briosne-lès-Sables
Courcemont
Beaufay
Prévelles
St-Aubin-des-Coudrais
St-Denis-des-Coudrais
Villaines-la-Gonais
Cormes
Courgenard
Courtangis
St-Jean-des-Échelles
Lamnay
Montmirail
Melleray
Tuffé Val de la Chéronne
Sceaux-sur-Huisne
St-Maixent
Vouvray-sur-Huisne
Beillé
Connerré
Duneau
Le Luart
Lavaré
Dollon
Vibraye
Champrond
Montfort-le-Gesnois
Sillé-le-Philippe
Savigné-l'Évêque
St-Corneille
Lombron
Fatines
Champagné
Changé
St-Mars-la-Brière
Soulitré
Ardenay-sur-Mérize
Thorigné-sur-Dué
Nuillé-le-Jalais
Le Breil-s-Mérize
Semur-en-Vallon
Coudrecieux
Berfay
Valennes
Bouloire
Surfonds
Maisoncelles
Écorpain
St-Calais
Conflans-sur-Anille
Montaillé
Marolles-lès-St-Calais
Parigné-l'Évêque
Challes
Volnay
St-Mars-de-Locquenay
Brette-les-Pins
Tresson
Évaillé
Ste-Cérotte
Ste-Osmane
St-Gervais-de-Vic
Forêt de Bonnétable
Forêt de Vibraye
A 11-E 50
D 323
D 357
D 301
D 955

85
110
131
Nogent-le-Rotrou
Thiron-Gardais
Illiers-Combray
Brou
Yèvres
Châteaudun
Arrou
Courtalain
Cloyes-s-le-Loir
Montigny-le-Gannelon
Authon-du-Perche
Le Gault-du-Perche
Droué
Mondoubleau
Bonneval
Frazé
Dangeau
Bullou
Logron
Châtillon-en-Dunois
Moulhard
Unverre
Dampierre-sous-Brou
Montigny-le-Chartif
Méréglise
Magny
Sandarville
Saumeray
Alluyes
Marboué
La Bazoche-Gouet
Chapelle-Royale
Charbonnières
Les Autels-Villevillon
Beaumont-les-Autels
Argenvilliers
Miermaigne
Luigny
Béthonvilliers
Coudray-au-Perche
Souancé-au-Perche
Margon
Champrond-en-Perchet
Trizay-Coutretot-St-Serge
Marolles-les-Buis
St-Denis-d'Authou
Combres
Happonvilliers
Nonvilliers-Grandhoux
Les Châtelliers-N.-D.
Blandainville
Epeautrolles
Ermenonville-la-Petite
Charonville
Vieuvicq
Mottereau
Mézières-au-Perche
Montharville
Flacey
Moléans
St-Christophe
St-Denis-les-Ponts
Lanneray
St-Hilaire-sur-Yerre
Langey
Boisgasson
St-Pellerin
La Fontenelle
Le Poislay
Arville
Oigny
Souday
St-Agil
Choue
Boursay
La Chapelle-Vicomtesse
Fontaine-Raoul
Villebout
Romilly
Chauvigny-du-Perche
Cormenon
Baillou
Sargé-sur-Braye
Le Temple
Beauchêne
La Ville-aux-Clercs
Epuisay
Danzé
Morée
Fréteval
Forêt de Fréteval
St-Jean-Froidmentel
Brévainville
Charray
La Ferté-Villeneuil
Romilly-sur-Aigre
Autheuil (Cloyes-les-Trois-Rivières)
La Chapelle-du-Noyer
Moisy
Ouzouer-le-Doyen
PERCHE
Forêt de Montmirail
Forêt de Bois Ruffin
Bois de St-Agil
Bois du Grd Parc
Bois de la Gâtine
Domaine du Bois Landry
Étang des Cailleaux
A 11
E 50
D 955
D 921
D 927
D 923
D 922
D 15
D 13
N 10
D 357

0 2 4 6 8 10 km
86
109
132
A
B
C
D
Châteaudun
Bonneval
Voves
Patay
Orgères-en-Beauce
Janville-en-Beauce
Allaines-Mervilliers
Toury
Ouzouer-le-Marché
Ymonville
Prasville
Beauvilliers
Theuville
Allonnes
Boisville-la-St-Père
Santeuil
Francourville
Voise
Réclainville
Ouarville
Louville-la-Chenard
Moutiers
Fresnay-l'Évêque
Guilleville
Le Puiset
Viabon
Fontenay-sur-Conie
Courbehaye
Sancheville
Neuvy-en-Dunois
Villars
Le Gault-St-Denis
Moriers
Pré-St-Martin
Montboissier
Alluyes
Dancy
Bullainville
Nottonville
Villiers-St-Orien
Varize
Conie-Molitard
Moléans
Donnemain-St-Mamès
Civry
Bazoches-en-Dunois
Péronville
Guillonville
Terminiers
Tillay-le-Péneux
Baigneaux
Lumeau
Poupry
Sougy
Huêtre
Bricy
Coinces
Gémigny
St-Sigismond
Rozières-en-Beauce
Bucy-St-Liphard
Ormes
Ingré
Saran
St-Jean-de-la-Ruelle
Coulmiers
Épieds-en-Beauce
Charsonville
Tournoisis
Villamblain
Villeneuve-sur-Conie
La Chapelle-Onzerain
Villampuy
Ozoir-le-Breuil
St-Cloud-en-Dunois
Lutz-en-Dunois
Le Mée
Verdes
La Ferté-Villeneuil
Thiville
Binas
Base Aérienne
Bois de Moléans
Bois de Montpipeau
Bois de Bucy
Conie
Loir
Aigre
N 154
N 10
D 927
D 955
D 2157
A 10
A 11
E 50
E 5
E 60
Chartres
Ver-lès-Chartres
Corancez
Dammarie
Bonce
Meslay-le-Vidame
Vitray-en-Beauce
Luplanté
Mignières
Fresnay-le-Comte
Meslay-le-Grenet

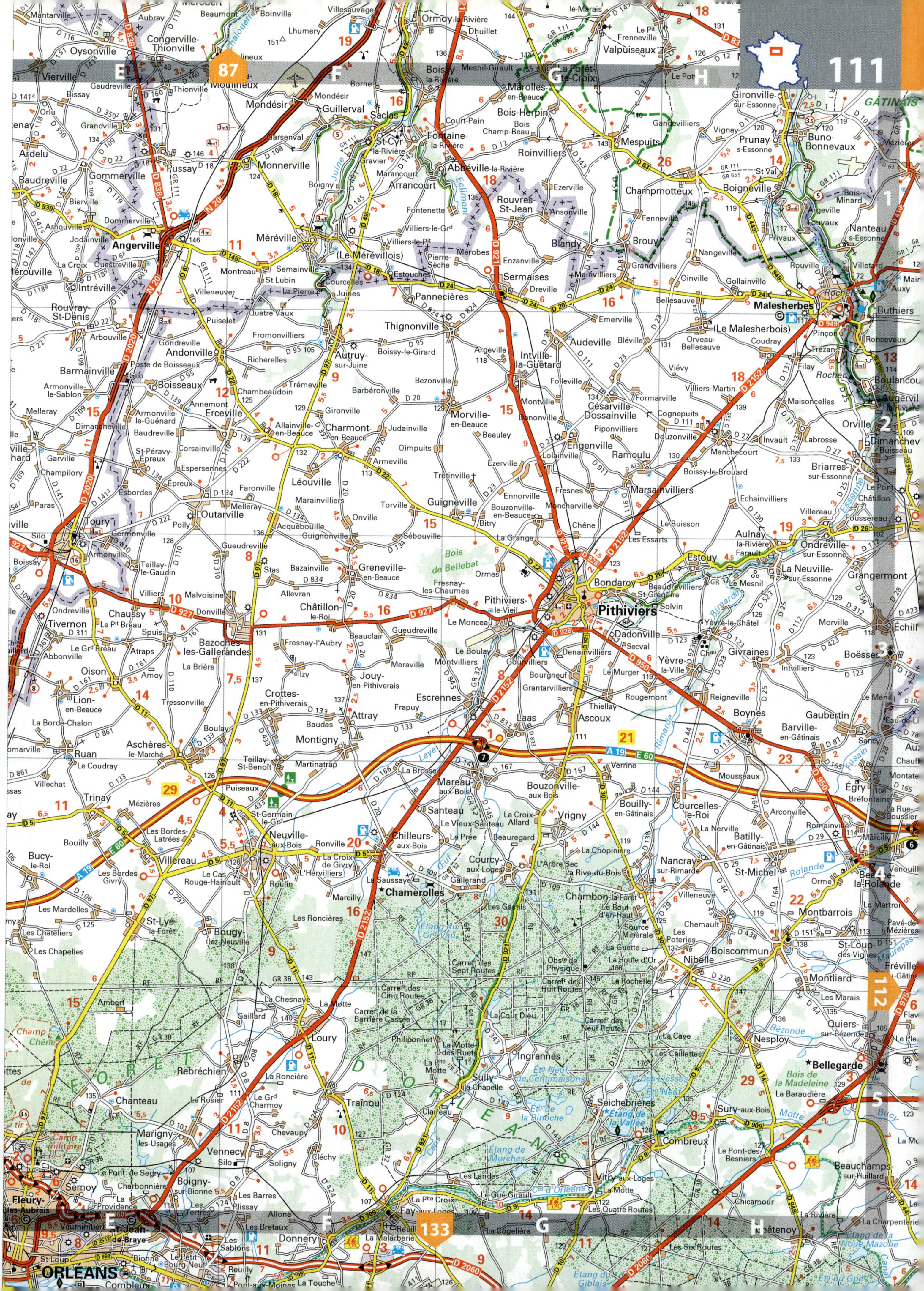
GÂTINAIS
Angerville
Méréville
(Le Mérévillois)
Malesherbes
(Le Malesherbois)
Pithiviers
Pithiviers-le-Vieil
Bellegarde
ORLÉANS
Fleury-les-Aubrais
St-Jean-de-Braye
Neuville-aux-Bois
Chilleurs-aux-Bois
Chamerolles
Boynes
Beaune-la-Rolande
Outarville
Toury
Artenay
Sermaises
Autruy-sur-Juine
Châtillon-le-Roi
Bazoches-les-Gallerandes
Aschères-le-Marché
Loury
Traînou
Vitry-aux-Loges
Seichebrières
Combreux
Sully-la-Chapelle
Ingrannes
Nibelle
Boiscommun
Montbarrois
Nancray-sur-Rimarde
Courcy-aux-Loges
Santeau
Mareau-aux-Bois
Bouzonville-aux-Bois
Escrennes
Ascoux
Laas
Dadonville
Yèvre-la-Ville
Estouy
Bondaroy
Aulnay-la-Rivière
Ondreville-sur-Essonne
Grangermont
Puiseaux
Boigneville
Buno-Bonnevaux
Prunay-s-Essonne
Mespuits
Champmotteux
Brouy
Blandy
Rouvres-St-Jean
Abbéville-la-Rivière
Arrancourt
St-Cyr-la-Rivière
Saclas
Guillerval
Mondésir
Monnerville
Fontaine-la-Rivière
Bois-Herpin
Roinvilliers
Marolles-en-Beauce
La Forêt-le-Roi
Valpuiseaux
Gironville-sur-Essonne
Pannecières
Thignonville
Intville-la-Guétard
Audeville
Césarville-Dossainville
Engenville
Morville-en-Beauce
Guigneville
Charmont-en-Beauce
Léouville
Greneville-en-Beauce
Bois de Bellebat
Erceville
Boisseaux
Andonville
Barmainville
Rouvray-St-Denis
Intréville
Gommerville
Baudreville
Oysonville
Vierville
Congerville-Thionville
Tiverton
Oison
Lion-en-Beauce
Ruan
Trinay
Bucy-le-Roi
Villereau
St-Lyé-la-Forêt
Bougy-lez-Neuville
Rebréchien
Chanteau
Marigny-les-Usages
Vennecy
Boigny-sur-Bionne
Semoy
Donnery
Fay-aux-Loges
Courcelles-le-Roi
Bouilly-en-Gâtinais
Batilly-en-Gâtinais
Barville-en-Gâtinais
Gaubertin
Égry
Nesploy
Quiers-sur-Bézonde
Montliard
Sury-aux-Bois
FORÊT D'ORLÉANS
Étang de la Vallée
Canal d'Orléans
A 19
E 60
N 20
D 2020
D 2152
D 927
D 921
D 950
D 2060
E
F
G
H
87
112
133
1
2
3
4
5
6
13
14

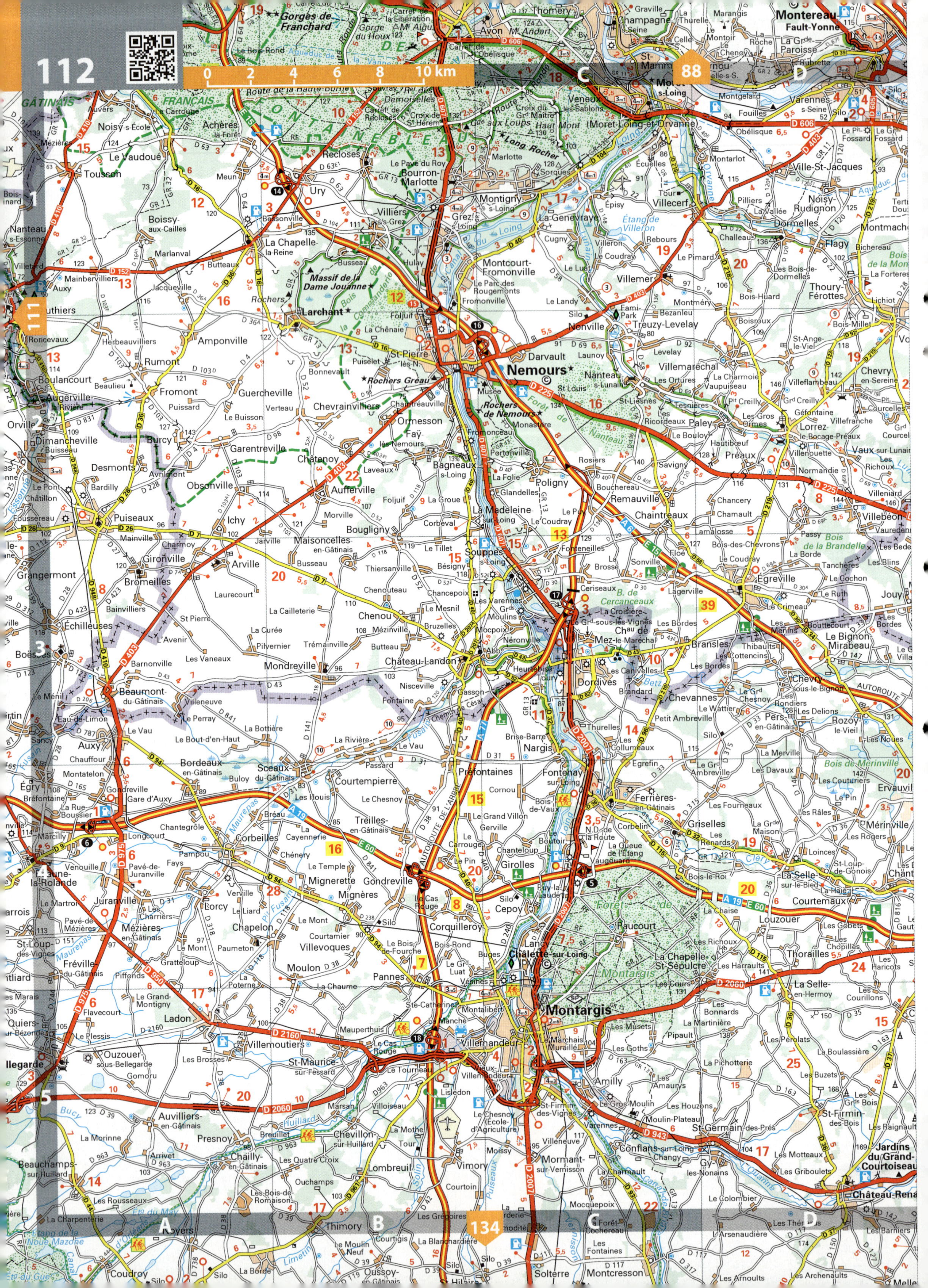

0 2 4 6 8 10 km
88
111
134
A
B
C
D
1
2
3
4
5
Montereau-Fault-Yonne
Nemours
Montargis
Châlette-sur-Loing
Château-Landon
Souppes-sur-Loing
Beaumont-du-Gâtinais
Puiseaux
Ferrières-en-Gâtinais
Moret-Loing-et-Orvanne
Larchant
Bourron-Marlotte
Villemandeur
Amilly
Courtenay
Château-Renard
Dordives
Nargis
Corquilleroy
Pannes
Bellegarde
Lorrez-le-Bocage-Préaux
Égreville
Chevry-sous-le-Bignon
Bransles
Chaintreaux
Remauville
Poligny
Bagneaux-sur-Loing
Aufferville
Ury
La Chapelle-la-Reine
Boulancourt
Fromont
Ichy
Arville
Mondreville
Sceaux-du-Gâtinais
Bordeaux-en-Gâtinais
Auxy
Juranville
Mézières-en-Gâtinais
Ladon
Villemoutiers
St-Maurice-sur-Fessard
Gondreville
Mignerette
Courtempierre
Préfontaines
Fontenay-sur-Loing
Griselles
La Selle-sur-le-Bied
Paucourt
Thorailles
Pers-en-Gâtinais
Rozoy-le-Vieil
Chevannes
Gorges de Franchard
Massif de la Dame Jouanne
Forêt de Montargis
Vimory
Chevillon-sur-Huillard
Lombreuil
Thimory
Solterre
Montcresson
Conflans-sur-Loing
St-Germain-des-Prés
Jardins du Grand-Courtoiseau

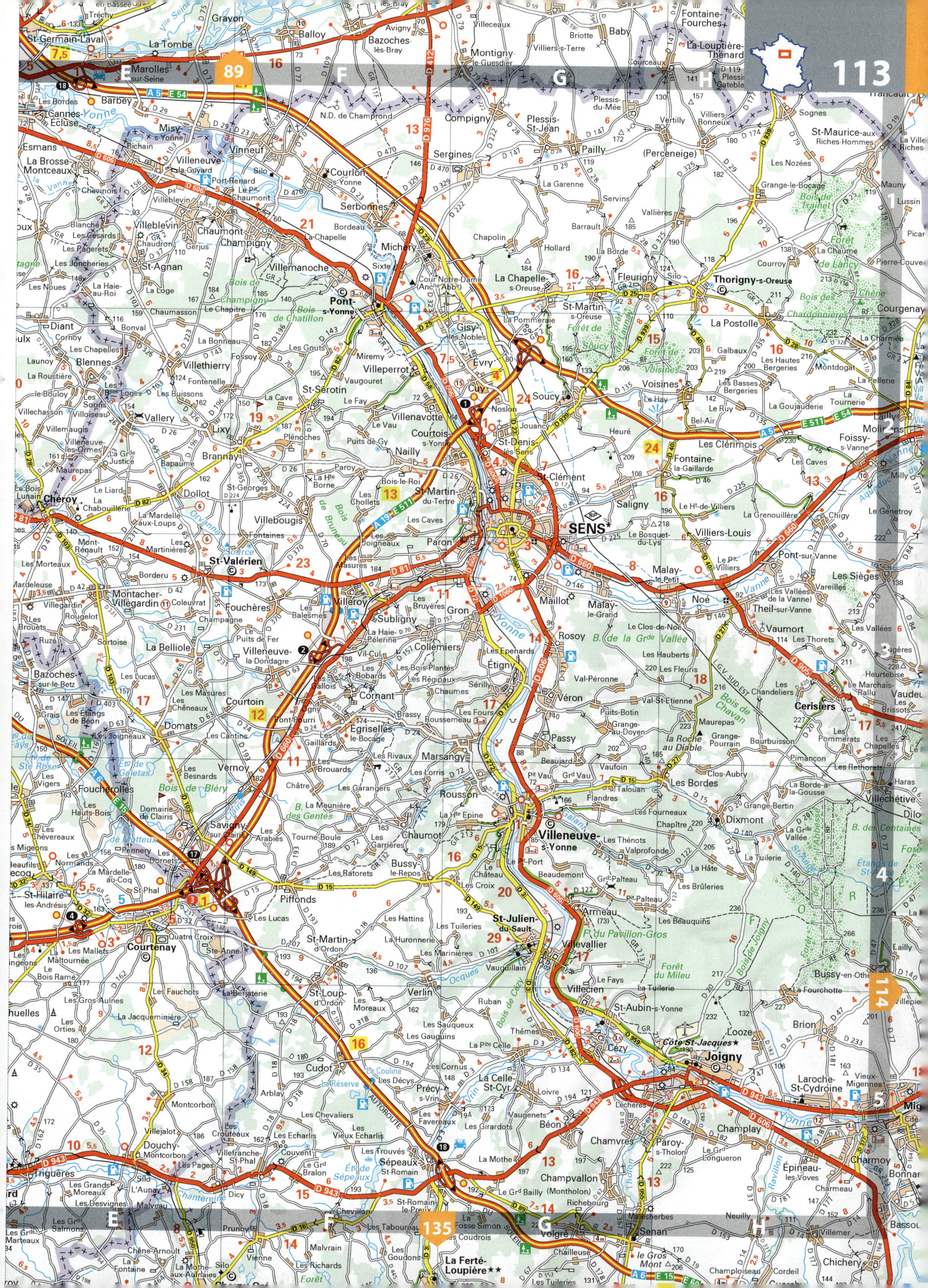

Sens
St-Clément
Paron
Maillot
Malay-le-Grand
Malay-le-Petit
Noé
St-Denis-lès-Sens
Soucy
Saligny
Villeneuve-s-Yonne
St-Julien-du-Sault
Joigny
Cézy
Villevallier
Villecien
St-Aubin-s-Yonne
Côte St-Jacques
Courtenay
Chéroy
St-Valérien
Pont-s-Yonne
Villemanoche
Champigny
Chaumont
Villeblevin
Villeneuve-la-Guyard
Misy-s-Yonne
Vinneuf
Courlon-s-Yonne
Serbonnes
Michery
Gisy-les-Nobles
Évry
Cuy
Villeperrot
Villenavotte
Courtois-s-Yonne
St-Martin-du-Tertre
Nailly
Villeroy
Fouchères
Villebougis
Vallery
Subligny
Collemiers
Étigny
Gron
Rosoy
Véron
Passy
Marsangy
Rousson
Chaumot
Bussy-le-Repos
Piffonds
St-Martin-d'Ordon
St-Loup-d'Ordon
Verlin
Dixmont
Armeau
Thorigny-s-Oreuse
Fleurigny
Pailly
Sergines
Compigny
Plessis-St-Jean
Villiers-Louis
Fontaine-la-Gaillarde
Pont-sur-Vanne
Theil-sur-Vanne
Vaumort
Cerisiers
Les Sièges
Foissy-s-Vanne
Molinons
Sens
Marolles-sur-Seine
Barbey
Cannes-Écluse
Montacher-Villegardin
Domats
Courtoin
Vernoy
Savigny-sur-Clairis
Foucherolles
Douchy-Montcorbon
Triguères
Sépeaux-St-Romain
Précy-s-Vrin
La Celle-St-Cyr
Champvallon
Béon
Chamvres
Paroy-s-Tholon
Champlogny
Laroche-St-Cydroine
Charmoy
Épineau-les-Voves
Brion
Bussy-en-Othe
Villecien
Sénan
Volgré
La Ferté-Loupière
Malvrain
Fontaine-Fourches
La Louptière-Thénard
Sognes
St-Maurice-aux-Riches-Hommes
Courgenay
Foissy
Vaudeurs
Villechétive
Forêt d'Othe
Bois de Chavan
Forêt de Vauluisant
Forêt du Mileu
F. du Pavillon-Gros
E 511
A 5
A 19
A 6
D 606
D 660
D 943
89
113
114
135
E F G H

0 2 4 6 8 10 km
113
90
136
27
TROYES
Avon-la-Pèze
Marigny-le-Châtel
Échemines
Prunay-Belleville
Camp militaire
Obélisque
Le Pavillon-Ste-Julie
Villeloup
St-Lyé
La Malmaison
Mergey
Payns
Barberey-St-Sulpice
Bourdenay
La Villeneuve-aux-Riches-Hommes
Bellevillotte
Marcilly-le-Hayer
St-Lupien
Faux-Villecerf
Dierrey-St-Pierre
Dierrey-St-Julien
Grange l'Évêque
La Chapelle-St-Luc
Les Noës-près-T.
Ste-Savine
Mauny
Lussin
Bercenay-le-Hayer
Chavaudon
Four gaulois
Bois de Cornillon
Villadin
Chanteloup
Bois l'Abbesse
Mesnil-St-Loup
Les Dagues
Mesnil-Vallon
Montgueux
Macey
La Rivière-de-Corps
St-André-les-Vergers
Picardie
Ste-Marie
Vierge-Ste-Espérance
Pierre-Couverte
Pouy-s-Vannes
Palis
Clairlieu
Fontvannes
La Grange-au-Rez
Torvilliers
Planty
Estissac
Vanne
Bucey-en-Othe
Messon
Lépine
Bois de Faucomblé
Les Marchais
Bois de Bagneaux
Les Essarts
Rateau
La Pellerie
Villemaur-sur-Vanne
Neuville-sur-Vanne
Bourg-de-Partie
Thuisy
Bois de Bucey
Le Chaast
Tour
Prugny
St-Germain
Chevillèle
Bagneaux
Villeneuve-l'Archevêque
Vulaines
St-Benoist-s-Vanne
Cosdon
Paisy-Cosdon
Courmononcle
Les Chênetres
Aix-en-Othe
La Vove
Villemoiron-en-Othe
Vaugeley
Chennegy
Télécommunications Spatiales
Vauchassis
Les Grandes Vallées
Laines-aux-Bois
St-Pouange
Milly
Flacy
Rigny-le-Ferron
Les Hauts de Flacy
Le Genetroy
Maison Rouge
Les Châteliers
Vaujurennes
Les Jards
Druisy
Pitoite
Alexandre
Craney
Surancon
La Vente de l'Avocat
Le Valdreux
Bois des Montcelains
Bercenay-en-Othe
Concise
Site de Montaigu
Souligny
Roncenay
Bouilly
Le Bois-de-Rigny
Cérilly
Bérulle
Le Mineroy
Les Chalois
Lailly
Laboutillant
St-Mards-en-Othe
B. de St-Mards
Le Grand-Vauvouard
Champcharme
Champcharme-Haut
Bois des Fays
Sommeval
St-Jean-de-Bonneval
Villery
Les Sièges
La Folie
Les Vallées de Cérilly
Beauchêne
Coulours
Bois des Sièges
Villesabot
Les Cormiers
Fournaudin
Verger
Les Quicarlets
Berluvier
Les Robins
Les Chevreaux
Nervost
Vaubadon
La Belle Fayte
La Mivoie
Maraye-en-Othe
Les Boulins
La Perrière
Champsicourt
Roiselée
Javernant
Longeville-sur-Mogne
Le Cheminot
Crésantignes
Machy
Les Vallées
Augères
L'Ormeau
Les Loges
Grange-Sèche
Villefroide
Forêt de Rajeuses
Les Langots
Beauregard
Bœurs-en-Othe
La Guinand
La Lisière-des-Bois
Le Champion
Nogent-en-Othe
Bois de Maraye
Forêt Chenu
Heurtebise
Le Marchais-Rallu
Vaudeurs
Les Brissots
La Longueraie
Beauciard
Pont-Evrat
Les Birons
La Métairie
La Grde Jarronnée
Les Delavoix
Les Boulins
Francœur
Les Hurpeaux
La Rue-Chèvre
Le Haut-Nogent
Eaux-Puiseaux
Puiseaux
Les Bordes
Vosnon
Chamoy
Fays-la-Chapelle
St-Phal
Les Chapelles
Le Fays
Les Menus-Bois
Coudre
Bois de Turny
La Charbonnière
La Tuilerie
La Guette
Sormery
St-Joseph
Villeneuve-au-Chemin
Le Mesnil-St-Georges
Sivrey
Auxon
Montigny-les-Monts
Les Chanets
Bois de Chamoy
Pont aux Verts
Les Rethorets
Forêt de la Potence
Arces-Dilo
Harcs
Villechétive
Le Charme
Dilo
B. des Centaines
Le Merisier
Forêt de Courbépine
Vaudevannes
Les Fourneaux
Bois Maigre
Chailley
Les Fays
Saudurand
Coursan-en-Othe
La Brosse
Le Marot
Les Chaillots
Montfrey
Champigron
Vert
Roncenay
Courteron
Le Moulin-du-Bois
Chêne-Merlin
La Coudre
Les Teignes
Les Basses Voies
Bois du Perchois
La Loge-Pomblin
Étangs de Vauvige
Vachy
Prunelles
Le Montelard
Le Ruet
Cuchot
Boulay
Courchamp
Linant
l'Hôpital
Lasson
Neuvy-Sautour
Racines
Ervy-le-Châtel
Les Ventes
Monthiérault
Chamblin
Davrey
Hte Vacherie
Avreuil
La Rue-du-Laps
Les Bordes-Avreuil
La Ramée
Paroy-en-Othe
Bailly
Vorvigny
Bellechaume
Mercy
Champlost
Vigny
Venizy
Turny
Bas-Turny
Boudemault
Courcelles
Bas-Chaing
Chaing
Haut-Chaing
Champton
La Vallée
Le Bois Brûlé
Soumaintrain
Jardelet
Boudin
Courtaoult
La Vacherie
Survannes
Vanlay
Chessy-les-Prés
Le Breuil
Maisons-Rouges
Mézières
La Gorvelle
Bligny-en-Othe
Le Vau-du-Puits
Chatton
Les Pommerats
Mont Avrollot
Les Buissons
Champlandry
Vieux Champs
Beugnon
Le Mesnil
Grd Champ
Loge-Borgne
Bois-Gérard
Bernon
Villepied
Brienon-s-Armançon
Avrolles
St-Florentin
Fréveux
Montléu
Germigny
La Chaussée
Les Croûtes
Bois de la Chapelle
Bois de Lignières
Esnon
Créanton
Crécy
Bas-Rebourseaux
Les Vignes
Chéu
Jaulges
Butteaux
Les Plants
La Sogne
Les Millieries
Percey
Flogny-la-Chapelle
Marolles-s/s-Lignières
Lignières
Vieux-Migennes
Migennes
Armançon
Ormoy
Les Régniers
Bouilly
Rebourseaux
Vergigny
La Tuilerie
Villiers-Vineux
Charmoy
Cheny
Chichy
La Malmaison
Mont-St-Sulpice
Forêt de Pontigny
Lordonnois
Camp militaire
Ste-Anne
Charrey
L'Isle
Tronchoy
Bonnard
Hauterive
Ste-Procaire
La Rue Feuillée
Les Prés du Bois
Carisey
Les Millois
Bel-Air
La Croix
Les Baudières
Bassou
Beaumont
Serein
Pontigny
Roffey
Cheney
Seignelay
Rouvray
Abbé
Dyé
Bernouil
Dannemoine
Héry
Venouse
La Tuilerie
Ligny-le-Châtel
Méré
Vézinnes
Chemilly
Chichery

Vailly
Luyères
Silo
Bouy-Luxembourg
Villevoque
La Valentine
Piney
Rachisy
Blaincourt-sur-Aube
Épagne
Villehardouin
Mathaux
Radonvilliers
Dienville
Montmorret
Assenciéres
Creney-près-Troyes
Ste-Maure
Culoison
Argentolles
La Belle Épine
L'Espérance
Mesnil-Sellières
Rouilly-Sacey
Sacey
Rosson
Villiers-le-Brûlé
Brantigny
Brévonnes
Chantemerle
L'Étape
La Rothière
Petit-Mesnil
PARC NATUREL RÉGIONAL DE LA FORÊT D'ORIENT
Lac du Temple
Lac Amance
Unienville
Juvanzé
Beaulieu
La Loge Lionne
Bonlieu
Géraudot
Sentier des Salamandres
Forêt du Temple
Chêne
Jessains
Trannes
Lavau
Pont-Ste-Marie
Villechétif
Bouranton
Dosches
Laubressel
Champigny
Vaudemanche
Réserve Ornithologique
Parc de vision animalier
Maison du Parc
Amance
La Ville-aux-Bois
Vauchonvilliers
Dolancourt
St-Parres-aux-Tertres
Thennelières
Baires
Belley
La Moline
St-Julien-les-Villas
Menois
Bas-Bois
Larivour
Courteranges
Ruvigny
Lac d'Orient
La Loge-aux-Chèvres
Étang du Parc aux Pourceaux
Val Suzenay
Le Gagnage-aux-Chats
Le Chanet
Maison-des-Champs
Rouilly-St-Loup
Bréviandes
Rouillerot
Lusigny-sur-Barse
Fontaine
Montaulin
Bois de Lusigny
Verrières
Daudes
St-Léger-près-Troyes
Buchères
Courgerennes
Maisons-Blanches
Le Ménilot
Mesnil-St-Père
Champ-sur-Barse
Vendeuvre-sur-Barse
Magny-Fouchard
Nuisement
Le Haut-Chêne
Montreuil-sur-Barse
Montiéramey
La Villeneuve-au-Chêne
Puits-et-Nuisement
Montmartin-le-Haut
Meurville
Souleaux
Savoie
Roche
Moussey
Isle-Aumont
St-Thibault
Clérey-Sud
Clérey
Renault
St-Aventin
Troyes-Le Plessis
Troyes-Fresnoy
Fresnoy-le-Château
Le Haut-Villeneuve
Les Bures
Les Bailly
Loge-de Bailly
Chauffour-lès-Bailly
Briel-sur-Barse
Villy-en-Trodes
Bois de Villy en Trodes
Thieffrain
Longpré-le-Sec
Forêt de Bossican
Bierne
Villemereuil
Villy-le-Maréchal
Virloup
Bray
Les Bordes-Aumont
Assenay
La Vendue-Mignot
Cormost
Vaudes
Voves
Courbeton
Villemoyenne
Chappes
Marolles-lès-Bailly
Poligny
Villers
Magnant
Beurey
Blignv
Villy-le-Bois
Montceaux-lès-Vaudes
Céres
La Belle Étoile
Chantemerle
St-Parres-lès-Vaudes
Fouchères
Courtenot
Fralignes
Bois de Bourguignons
Vitry-le-Croisé
Beaucaron
Le Long-du Bois
Nicey
Rumilly-lès-Vaudes
Le Bochot
Enclos
Virey-sous-Bar
Bourguignons
La Borde
Buxières-sur-Arce
Eguilly-sous-Bois
Bertignolles
Bois de Vitry
Fontaine
Maupas
Forêt d'Aumont
Vaux
Jully-sur-Sarce
Bar-sur-Seine
Chervey
Chacenay
Les Vendues-l'Évêque
Forêt de Rumilly
Bois Bréard
Ville-sur-Arce
Noé-les-Mallets
Jeugny
Avalleur
N.-D. du Chêne
Merrey-sur-Arce
Viviers-sur-Artaut
Crogny
Les Bordes-Lantages
Bois du Devois
Forêt (École forestière)
Metz-Robert
Les Loges-Margueron
Les Petites Loges
Les Provots
Vougrey
Villemorien
Maison Rouge
Celles-sur-Ource
Landreville
Le Grand Mallet
Courtançon
L'Étang
Le Vau
Lantages
La Cordelière
Les Bruyères
Polisot
Polisy
Bois du Roi
Loches-sur-Ource
Essoyes
Bois de Praslin
Villiers-s/s-Praslin
Silo
Grange-au-Bois
Buxeuil
N.-D. des Vignes
Verpillières-sur-Ource
Les Granges
Les Poteries
Chaource
Praslin
Arrelles
Forêt de Fiel
Neuville-sur-Seine
Forêt de Cussangy
Les Sadons
Balnot-sur-Laignes
Gyé-sur-Seine
Pargues
Lagesse
Avirey-Lingey
Lingey
Bois de Thouan
Courteron
Cussangy
Maisons-lès-Chaource
Bois du Hayet
St-Roch
Ricey-Bas
Grancey-sur-Ource
Bois de Réveillon
Le Charme
Malassise
Vaudron
Bagneux-la-Fosse
Les Riceys
Haute-Rive
Plaines-St-Lange
Le Châtelier
Chesley
Balnot-la-Grange
Ricey-Haut
Le Magny
Bois de Gyé
Mussy-sur-Seine
Ste-Élisabeth
Beauvoir-sur-Sarce
Gomméville
Prusy
Chaserey
Étourvy
Bragelogne-Beauvoir
Villiers-le-Bois
Forêt des Brosses
Charrey-s-Seine
Noiron-s-Seine
Quincerot
Le Grand-Haut-du-Lais
Molesme
Forêt de Charme Boulerain
Villers-Patras
Obtrée
Binante
Les Cornées
Trichey
Channes
Arthonnay
Béchineul
Villedieu
La Balotière
Pothières
Vannaire
Chaumont-le-Bois
Les Scies
La Fouchère
Ruines gallo-romaines
Forêt de l'Hôpital
Mélisey
Thorey
Villon
Forêt de Maulnes
Panfol
Vertault
Champ-du-Bois
Mt Lassois
Vix
Étrochey
Montliot-et-Courcelles
Val-de-Quenouil
Molesmes
Rugny
Maulnes
Le Haut
Bel-Air
La Seiglière
Champ-d'Rupt
Villiers-les-Moines
Étang Bailly
Lac de Marcenay
Larrey
Bouix

0 2 4 6 8 10 km
92
115
138
A
B
C
D
Soulaines-Dhuys
St-Victor
Nully
Trémilly
Blumeray
Villiers-aux-Chênes
Doulevant-le-Château
Monthonval
Charmes-en-l'Angle
Brachay
Flammerécourt
Mussey
Gudmont-Villiers
Lescheres-sur-le-Blaiseron
Rouécourt
Ambonville
Mont
Gimont
Cerisières
Provenchères-sur-Marne
Froideau
Mirbel
Bussy
Vignory
La Genevroye
Marbéville
Soncourt-sur-Marne
Vraincourt
Oudincourt
Ormoy-lès-Sexfontaines
Lamancine
Annéville-la-Prairie
Sexfontaines
Meures
Marault
Laharmand
Brethenay
Sarcicourt
Jonchery
Euffigneix
Viaduc
Buxières-lès-Villiers
Villiers-le-Sec
CHAUMONT
Bois d'Ambonville
Armancourt
Cirey-sur-Blaise
Bouzancourt
Les Grands Ordons
Daillancourt
Guindrecourt-sur-Blaise
Blaise
Champcourt
Harricourt
Curmont
Le Plachet
L'Étoile
Lamothe-en-Blaisy
Forêt de l'Étoile
Colombey-les-Deux-Églises
Lachapelle-en-Blaisy
Juzennecourt
Blaisy
Gillancourt
Côte d'Alun
St-Martin-sur-la-Renne
Autreville-sur-la-Renne
Braux-le-Châtel
Valdelancourt
Bricon
Montsaon
Semoutiers-Montsaon
Ste-Anastasie
Richebourg
Châteauvillain
Animal'Explora
Forêt de Châteauvillain et d'Arc
Les Essarts
Coupray
Cour-l'Évêque
St-Roch
Arc-en-Barrois
Maison Paulin
La Vendue
Bugnières
Maison-Fouin
Aubepierre-sur-Aube
Parc National de Forêts
Giey-sur-Aujon
Courcelles-sur-Aujon
St-Loup-sur-Aujon
Etufs
Cascade
Thil
Fuligny
Ville-sur-Terre
Fresnay
Bois de Beauregard
Maisons-lès-Soulaines
La Gaité
Beurville
Chânet
Blinfey
Thors
Bois de Hantelle
Rizaucourt-Buchey
Saulcy
Cornay
Buchey
Biernes
Argentolles
Pratz
Mémorial
La Boisserie
Lavilleneuve-aux-Fresnes
Forêt des Dhuits
Montheries
Lavilleneuve-au-Roi
Rennepont
Vaudrémont
Forêt de Bois-Gérard
Aizanville
Orges
Pont-la-Ville
Cirfontaines-en-Azois
Maranville
Moulin
Longchamp-sur-Aujon
Étang de Ramerupt
Bois de Pute-Bête
Étang de Laborde
Bois de la Rothière
La Giberie
Petit-Mesnil
Vernonvilliers
Éclance
Lévigny
Trannes
Bossancourt
Maison-Neuve
Bois de Courtgain
Arsonval
Montier-en-l'Isle
Ailleville
Engente
Colombé-la-Fosse
Arrentières
Colombé-le-Sec
Fme du Cellier
Voigny
Rouvres-les-Vignes
Nigloland
Jaucourt
Arganson
Maison-des-Champs
Bar-sur-Aube
Proverville
Fravaux
Spoy
Ste-Germaine
Couvignon
Fontaine
Lignol-le-Château
La Pirlère
Belroy
Bayel
La Belle Idée
Baroville
Le Val Perdu
Bois de Pimeux
Meurville
Forêt de Bossican
Bergères
Bois de Barramont
La Bretonnière
La Borde
Forges-St-Bernard
Clairvaux
Maison Centrale
Urville
Bligny
Étang du Patis
Arconville
Fraville
Outre-Aube
Fontaine St-Bernard
Ville-s/s-la-Ferté
Juvancourt
Vitry-le-Croisé
Champignol-lez-Mondeville
Fontarce
Fays-Flaut
Laferté-sur-Aube
Varency
Fins
Le Val-du-Four
Essey-les-Ponts
Marmesse
La Forge
Derville
Créancey
Bon Air
Montribourg
La Lucine
Fme du Mont
St-Usage
Les Fosses
Fontette
Villars-en-Azois
Silvarouvres
Dinteville
La Folie
Lanty-sur-Aube
Moulin
Bois de la Longe
Valfond
Bois de Lanty
Ormoy-sur-Aube
Latrecey-Ormoy-sur-Aube
Gevrolles
Montigny-sur-Aube
Mont Rémin
Veuxhaulles-sur-Aube
Bois de Faye
Bois de Dancevoir
Dancevoir
Longue
Boudreville
Lignerolles
Les Goulles
La Chaume
Louesme
Verpillières-sur-Ource
Cunfin
Ste-Anne
Forêt de Beaumont
Beaumont
Bois du Charmoi
Grancey-sur-Ource
Autricourt
Bois des Forts
Forêt de Vigne-Rouget
Champigny
Riel-les-Eaux
Forêt du Montot
Belan-sur-Ource
La Jarrie
Thoires
Bois de la Fontaine
Courban
Le Souhy
Brion-sur-Ource
Bissey-la-Côte
Patras
Obtrée
Chaumont-le-Bois
Mosson
Vannaire
Massingy
Montliot-et-Courcelles
Langres
Layer-sur-Roche
Crépan
Fme Bruant
Montrot
N.-D. de Montrot
Carref. de la Croix-de-Fer
Val des Dames
Corgebin
Maison Renaud
Blessonville
Châteauvillain-Orges
Châteauvillain-Val-Marnay
Forêt de Châteauvillain
Montsaon

Donjeux
Domremy-Landéville
Chambroncourt
Trampot
Bréchainville
Aillianville
Villouxel
Fréville
Leurville
Liffol-le-Grand
Busson
Doulaincourt-Saucourt
Roches-Bettaincourt
Orquevaux
Lafauche
Liffol-le-Petit
Bazoilles-sur-Meuse
Froncles
Reynel
Humberville
Vesaignes-s/s-Lafauche
Prez-sous-Lafauche
Montot-sur-Rognon
Vignes-la-Côte
Manois
St-Blin
Semilly
Pompierre
Harréville-les-Chanteurs
Vouécourt
Signéville
Montéclair
Rimaucourt
Chalvraines
Sommerécourt
Viéville
Andelot-Blancheville
Rochefort-sur-la-Côte
Ecot-la-Combe
Illoud
Vaudrécourt
Chantraines
St-Thiébault
Bourmont-entre-Meuse-et-Mouzon
Soulaucourt-sur-Mouzon
Bologne
Briaucourt
Cirey-lès-Mareilles
Clinchamp
Mareilles
Ozières
Romain-sur-Meuse
Bourg-Ste-Marie
Brainville-sur-Meuse
Graffigny-Chemin
Riaucourt
Darmannes
Bourdons-sur-Rognon
Consigny
Huilliécourt
Hâcourt
Malaincourt-sur-Meuse
Forcey
Thol-lès-Millières
Vroncourt-la-Côte
Doncourt-sur-Meuse
Levécourt
Chaumont-la-Ville
Treix
Condes
Millières
Longchamp
Maisoncelles
Champigneulles-en-Bassigny
Esnouveaux
Germainvilliers
Reclancourt
Audeloncourt
Breuvannes-en-Bassigny
Chamarandes-Choignes
Ageville
Mennouveaux
Clefmont
Cuves
Buxières-lès-Clefmont
Perrusse
Damblain
Laville-aux-Bois
Biesles
Lanques-sur-Rognon
Daillecourt
Meuvy
Basoncourt
Ninville
Choiseul
Colombey-lès-Choiseul
Verbiesles
Noyers
Luzy-sur-Marne
Sarcey
Mandres-la-Côte
Essey-les-Eaux
Rangecourt
Merrey
Neuilly-sur-Suize
Poulangy
Lenizeul
Ravennefontaines
Fresnoy-en-Bassigny
Foulain
Lavilleneuve
Is-en-Bassigny
Louvières
Nogent
(Val-de-Meuse)
Maulain
Provenchères-sur-Meuse
Vesaignes-sur-Marne
Sarrey
Marnay-sur-Marne
Montigny-le-Roi
(Parnoy-en-Bassigny)
Poinson-lès-Nogent
Dammartin-sur-Meuse
Thivet
Vitry-lès-Nogent
Chauffourt
Villiers-sur-Suize
Leffonds
Avrecourt
Damrémont
Faverolles
Rolampont
Dampierre
Frécourt
Bonnecourt
Saulxures
Rançonnières
Marac
Charmes
Changey
Neuilly-l'Évêque
Andilly-en-Bassigny
Poiseul
Vicq
Laneuville
Lavernoy
Beauchemin
Celles-en-Bassigny
Ormancey
Humes-Jorquenay
Bannes
Marcilly-en-Bassigny
Varennes-sur-Amance
St-Martin-lès-Langres
Champigny-lès-Langres
Plesnoy
Chézeaux
Mardor
Orbigny-au-Val
Orbigny-au-Mont
St-Ciergues
Vauxbons
Arbigny-sous-Varennes
Champigny-sous-Varennes
Langres
Lecey
Celsoy
Chatenay
Rochetaillée
Forêt du Heu
Forêt de Clefmont
Bois de Marsois
93
139
118

0 2 4 6 8 10 km
94
117
140
Châtenois
Mirecourt
Vittel
Contrexéville
Darney
Bourbonne-les-Bains
Monthureux-sur-Saône
Lamarche
Vrécourt
Bulgnéville
Martigny-les-Bains
Mont-lès-Lamarche
Serqueux
Châtillon-sur-Saône
Jonvelle
Corre
Vauvillers
Passavant-la-Rochère
Selles
Bleurville
Attigny
Relanges
Lignéville
Provenchères-lès-Darney
Dombrot-le-Sec
They-sous-Montfort
Remoncourt
Valfroicourt
Haréville
Monthureux-le-Sec
Thuillières
Dombasle-devant-Darney
Jésonville
Belrupt
Hennezel
Claudon
Ameuvelle
Fresnes-sur-Apance
Enfonvelle
Fouchécourt
Isches
Tignécourt
Sérécourt
Morizécourt
Godoncourt
Fignévelle
Regnévelle
Bousseraucourt
Vougécourt
Ranzevelle
Montcourt
Demangevelle
Hurecourt
Ormoy
Blondefontaine
Melay
Voisey
Montcharvot
Coiffy-le-Haut
Laneuvelle
Aigremont
Larivière-Arnoncourt
Robécourt
Rozières-sur-Mouzon
Sauville
Urville
Aingeville
Médonville
Malaincourt
Morville
Gendreville
Sartes
Jainvillotte
Beaufremont
Landaville
Rouvres-la-Chétive
Certilleux
Courcelles-sous-Châtenois
Houécourt
Viocourt
Gironcourt-sur-Vraine
La Neuveville-sous-Châtenois
Belmont-sur-Vair
Domjulien
Gemmelaincourt
Remicourt
Offroicourt
Estrennes
Bazoilles-et-Ménil
Domèvre-sous-Montfort
Rozerotte
Madecourt
Valleroy-aux-Saules
Hymont
Mattaincourt
Thiraucourt
Baudricourt
Dombasle-en-Xaintois
Rouvres-en-Xaintois
Ménil-en-Xaintois
Oëlleville
Repel
Frenelle-la-Petite
Puzieux
Ambacourt
Poussay
Mazirot
Villers
Vroville
Velotte-et-Tatignécourt
Racécourt
Maroncourt
Hagécourt
Dompaire
Begnécourt
Gelvécourt-et-Adompt
Bainville-aux-Saules
Rancourt
Légéville-et-Bonfays
Frénois
Pont-lès-Bonfays
Pierrefitte
Esley
Sans-Vallois
Les Vallois
Dommartin-lès-Vallois
Senonges
Lerrain
Escles
Bonvillet
Viomenil
Forêt Domaniale de Darney
Vioménil
Ambiévillers
Pont-du-Bois
Montmotier
Fontenois-la-Ville
Betoncourt-St-Pancras
Mailleroncourt-St-Pancras
Melincourt
Montdoré
Alaincourt
Polaincourt-et-Clairefontaine
Saponcourt
Anchenoncourt-et-Chazel
Magny-lès-Jussey
Betaucourt
Cendrecourt
Tartécourt
Raincourt
Barges
Cemboing
Neuvelle-lès-Voisey
Vernois-sur-Mance
Guyonvelle
Champigny-sous-Varennes
Soyers
Chézeaux
Pouilly-en-Bassigny
Le Châtelet-sur-Meuse
Damblain
Tollaincourt
Romain-aux-Bois
Grignoncourt
Lironcourt
Senaide
Aureil-Maison
Ainvelle
Les Thons
St-Julien
Contrexéville
Suriauville
Crainvilliers
La Vacheresse-et-la-Rouillie
St-Ouen-lès-Parey
Saulxures-lès-Bulgnéville
Auzainvilliers
Hagnéville-et-Roncourt
Sandaucourt
Dombrot-sur-Vair
St-Remimont
Parey-sous-Montfort
Mandres-sur-Vair
Norroy
La Neuveville-sous-Montfort
Valleroy-le-Sec
Col du Poirier
Viviers-le-Gras
Gignéville
Marey
Serocourt
Frain
Nonville
Belmont-lès-Darney
Lichecourt
Le Bambois
Bois de la Vôivre
Lorraine-Sandaucourt
Col des Clochettes
Côte de Hautmont
Col du Haut de Salin
Rocher sculpté
Mont Heuillon
Mont des Fourches
Mont St Etienne
Forêt de Monthureux
Le Grand Pâquis
Bois des Épinaises
Forêt du Fort-Pierre
Bois du Danonce
Forêt de Villars
Les Charmes
Jeunes Bieppes
Bois de la Laut
Bois de Passavant
Bois Barbey
Bois Lessus
Le Grand Bois
Étang des Cerisiers
Les Coupes Mourey
Fouilles gallo-romaines
Parc animalier de la Bannie
Abbé de Morimond
Ft de Selles et Passavant

E
F
G
H
95
120
141
1
2
3
4
5
Nomexy
Châtel-s-Moselle
Thaon-les-Vosges
Golbey
ÉPINAL
Chantraine
Dinozé
Archettes
Arches
Pouxeux
Eloyes
Remiremont
St-Étienne-lès-R.
St-Nabord
Xertigny
Uriménil
Dounoux
Hadol
Plombières-les-Bains
Le Val-d'Ajol
Fougerolles
Luxeuil-
Bains-les-Bains
Hautmougey
St-Loup-sur-Semouse
Bruyères
Docelles
Faucompierre
Charmois-l'Orgueilleux
Uzemain
Darnieulles
Dommartin-aux-Bois
Girancourt
Renauvoid
Deyvillers
Jeuxey
Aydoilles
Dogneville
Longchamp
Vaudéville
Padoux
Dompierre
Girecourt-s-Durbion
Mazeley
Igney
Vaxoncourt
Domèvre-sur-Durbion
Villoncourt
Bayecourt
Sercœur
Dignonville
Chavelot
Gigney
Fomerey
Domèvre-sur-Avière
Hennecourt
Uxegney
Les Forges
Sanchey
Chaumousey
Gorhey
Madonne-et-Lamerey
Bocquegney
Oncourt
Bouxières-aux-Bois
Circourt
Derbamont
Bazegney
Vaubexy
Madegney
Regney
St-Vallier
Bettegney-St-Brice
Frizon
Gugney-aux-Aulx
Girmont
Fontenay
Vomécourt
Badménil-aux-Bois
Pallegney
Zincourt
Vincey
Portieux
Hadigny-les-Verrières
Nonzeville
Destord
Pierrepont-s-l'Arentèle
Gugnécourt
Grandvillers
Brouvelieures
Vervezelle
Mémenil
Viménil
Laval-s-Vologne
Fays
Lépanges-sur-Vologne
Prey
Deycimont
Le Roulier
Charmois-devant-Bruyères
Fiménil
Champ-le-Duc
Beauménil
Herpelmont
Jussarupt
Cheniménil
Xamontarupt
Tendon
Jarménil
Laveline-du-Houx
Le Tholy
La Forge
Cleurie
Le Syndicat
St-Amé
Dommartin-lès-Remiremont
Vecoux
Girmont-Val-d'Ajol
Rupt-s-Moselle
Ferdrupt
Ramonchamp
Corravillers
La Longine
Esmoulières
Faucogney-et-la-Mer
Raddon-et-Chapendu
Ste-Marie-en-Chanois
Amage
Breuches
Aillevillers-et-Lyaumont
Magnoncourt
Corbenay
Bouligney
Cuve
Fleurey-lès-St-Loup
Dampvalley-St-Pancras
Fontaine-lès-Luxeuil
Ainvelle
Hautevelle
Francalmont
Plainemont
Trémonzey
Fontenoy-le-Château
Harsault
Thunimont
Pont-Tremblant
Gremifontaine
La Chapelle-aux-Bois
Le Clerjus
Bellefontaine
Pont-Poirot
Raon-aux-Bois
Forêt de Thiébémont
Bois des Hauts de Raon
Forêt de Tanières
Forêt d'Épinal
Tête des Cuveaux
PARC NATUREL RÉGIONAL
Fort de Razimont
Fort des Adelphes
Fort de la Mouche
Fort de Dogneville
Fort de Longchamp
Fort de Uxegney
Fort de la Grande Haie
Fort de la Voivre
Fort du Parmont
MICHELIN
N 57
D 46
D 420
D 11
D 166
D 159
D 157
D 63
D 434
D 417
D 64
E 23

0 2 4 6 8 10 km
St-Dié-des-Vosges
Provenchères-et-Colroy
Ste-Marie-aux-Mines
Col de Ste-Marie
St-Léonard
Fraize
Plainfaing
Col du Bonhomme
Lapoutroie
Kaysersberg
Orbey
Les Trois-Épis
Turckheim
Gérardmer
Xonrupt-Longemer
Col de la Schlucht
Munster
Hohneck
Le Valtin
Corcieux
Anould
Gerbépal
La Bresse
Cornimont
Saulxures-s-Moselotte
Vagney
Le Markstein
Grand Ballon
Guebwiller
Soultz-Haut-Rhin
Murbach
Lautenbach
Col de Bussang
Bussang
Le Thillot
Fresse-s-Moselle
St-Maurice-sur-Moselle
Ramonchamp
Ballon d'Alsace
Ballon de Servance
Thann
Cernay
Vieil Armand
Hartmannswillerkopf
St-Amarin
Husseren-Wesserling
Urbès
Wildenstein
Grand Ventron
Col de la Schlucht
Route des Crêtes
Metzeral
Mittlach
Sondernach
Wasserbourg
Soultzbach-les-Bains
Wihr-au-Val
Gunsbach
Zimmerbach
Walbach
Le Bonhomme
Fréland
Aubure
Le Brézouard
Col des Bagenelles
Raon-l'Étape
Mandray
Entre-deux-Eaux
Saulcy-s-Meurthe
Taintrux
Rougiffaux
Granges-Aumontzey
Champdray
Rehaupal
Liézey
Le Tholy
Rochesson
Sapois
Thiéfosse
Ventron
Ferdrupt
Le Ménil
Rimbach-près-G.
Jungholtz
Wattwiller
Uffholtz
Steinbach
Bitschwiller-lès-Th.
Willer-s-Thur
Moosch
Malmerspach
Mollau
Storckensohn
Kruth
Oderen
Fellering
96
142
119
A
B
C
D
1
2
3
4
5

97

Sélestat
Ribeauvillé
Cigognes
Kientzheim
Ammerschwihr
Ingersheim
COLMAR
Turckheim
Wettolsheim
Eguisheim
Herrlisheim-près-C.
Hattstatt
Rouffach
Gundolsheim
Merxheim
Raedersheim
Bollwiller
Feldkirch
Parc du Petit Prince
Ecomusée d'Alsace
Pulversheim
Ensisheim
Réguisheim
Meyenheim
Munwiller
Ruelisheim
Battenheim
Wittenheim
Kingersheim
Sausheim
Baldersheim
Ottmarsheim
Niederhergheim
Oberhergheim
Biltzheim
Niederentzen
Oberentzen
Rustenhart
Dessenheim
Hirtzfelden
Roggenhouse
Munchhouse
Rumersheim-le-Haut
Bantzenheim
Chalampé
Blodelsheim
Fessenheim
Balgau
Nambsheim
Heiteren
Geiswasser
Obersaasheim
Algolsheim
Vogelgrun
Volgelsheim
Neuf-Brisach
Wolfgantzen
Weckolsheim
Logelheim
Appenwihr
Sundhoffen
Andolsheim
Horbourg-Wihr
Fortschwihr
Urschenheim
Durrenentzen
Muntzenheim
Kunheim
Biesheim
Widensolen
Artzenheim
Baltzenheim
Jebsheim
Riedwihr
Houssen
Holtzwihr
Wickerschwihr
Bischwihr
Grussenheim
Elsenheim
Ohnenheim
Illhaeusern
Guémar
Bergheim
Heidolsheim
Hessenheim
Marckolsheim
Mackenheim
Bootzheim
Artolsheim
Richtolsheim
Bœsenbiesen
Schwobsheim
Baldenheim
Muttersholtz
Mussig
Sundhouse
Saasenheim
Schœnau
Wittisheim
Hilsenheim
Bindernheim
Europa-Park
Rust
Kappel-Grafenhausen
Ettenheim
Ringsheim
Herbolzheim
Kenzingen
Riegel
Endingen
Sasbach
Jechtingen
Burkheim
Vogtsburg
Oberrotweil
Ihringen
Breisach am Rhein
Merdingen
Gottenheim
Umkirch
FREIBURG IM BREISGAU
Emmendingen
Teningen
March
Hugstetten
Tiengen
Opfingen
Munzingen
Schallstadt
Wolfenweiler
Ebringen
Norsingen
Pfaffenweiler
Bad Krozingen
Hausen an der Möhlin
Hartheim
Bremgarten
Eschbach im Schwarzwald
Heitersheim
Staufen im Breisgau
Sulzburg
Buggingen
Müllheim
Badenweiler
Neuenburg
Auggen
Zienken
Grißheim
Seefelden

143

0 2 4 6 8 10 km
100
Concarneau
Beg-Meil
Bot-Conan
Kerveltrec
de la Forêt
Pointe de Mousterlin
Mousterlin
Pointe de Beg Meil
Le Cabellou
Baie de Pouldohan
Douric-ar-Zin
Kérose
Lanriec
Kerviniou
Lambell
Pendruc
Cosquer
Pointe de la Jument
Kerdallé
Ruat
Lanénos
Kerlin
St-Philibert
Trévignon
Pointe de Trévignon
Trégunc
Croissant-Bouillet
Croissant-Kergos
St-André
Kerminaouët
Penanrun
Névez
Kériquel
Tréhubert
Célan
Kersidan
Kercanic
Raguenès Plage
Île Raguenès
Île Verte
Kerascoët
Rospico
Kerangall
Trémorvezen
Kermen
Kerambail
Kerdruc
Botquélen
Le Hénant
Kerampaou
Kergazuel
Nizon
St-Maudé
Trémalo
Bois d'Amour
Bossulan
Kérandréo
Pont-Aven
Kerangosquer
Croas-Kerrun
Trémor
Rosbras
Goulet-Riec
Port-Manech
Kerfany-les-Pins
Kerdoualen
Lanmeur
Kerviger
Lanneguy
Belon
Kergouloue
Lanriot
Kerduel
Kerroch
St-Pierre
Brigneau
Kergroës
Port de Merrien
Riec-sur-Belon
Kéraël
Croaz-Hent-Loctudy
Laniscar
Kervran
Lanorgard
La Croix-Verte
Quimperlé
St-Jean
Locquillec
Kervidanou
Baye
Lande-Julien
Lisloch
Gare-de-la-Forêt
Moëlan-s-Mer
Kerglien
Clohars-Carnoët
Placamen
St-Cado
Chef-du-Bois
La Grange
St-Thamec
Doëlan
Le Pouldu
de Cornouaille
Île aux Moutons
Îles de Glénan
St-Nicolas
Drenec
Cigogne
Penfret
Loch
ÎLE DE
N 165
E 60
D 783
D 24
D 116
1
2
3
4
5
A
B
C
D

LORIENT
Lanester
Hennebont
Port-Louis
Larmor-Plage
Ploemeur
Quéven
Guidel
Pont-Scorff
Caudan
Inzinzac-Lochrist
Languidic
Landévant
Landaul
Kervignac
Merlevenez
Nostang
Plouhinec
Gâvres
Riantec
Locmiquélic
Belz
Étel
Erdeven
Ploemel
Locoal-Mendon
Brandérion
Carnac
Carnac-Plage
La Trinité-sur-Mer
Plouharnel
St-Pierre-Quiberon
Quiberon
Port-Haliguen
Portivy
Groix
GROIX
LORIENT-BRETAGNE-SUD
Côte des Mégalithes
Côte Sauvage
PRESQU'ÎLE DE QUIBERON
BAIE DE QUIBERON
Basse des Bretons
Passe de l'Ouest
Passe du Sud
Roches de Magouëro
Barre d'Etel
Pte d'Erdeven
Pte de Gâvres
Pte du Talut
Pte de Légenès
Pte du Conguel
Pointe du Perche
Beg Rohu
Beg er Goalennec
Beg er Lan
Beg er Vil
Port Maria
Île Theviec
Î. de la Truie
Plateau des Birvideaux
La Teignouse
Passage de la Teignouse
Chaussée du Béniguet
Île Glazic
Trou de l'Enfer
Pte des Chats
Plage des Grands Sables
Port Tudy
Port Mélite
Port St-Nicolas
Pen-Men
Trou de Tonnerre
Anse du Pouldu
Fort Bloqué
Étang de Lannénec
Les Errants
Alignements
Tumulus
Fort de Penthièvre
Sables Blancs
E
F
G
H
101
124
144

0 2 4 6 8 10 km
102
123
A
B
C
D
1
2
3
4
5
Baud
Locminé
Kerguéhennec
Guéhenno
Camors
Moustoir-Ac
Colpo
St-Jean-Brévelay
Plumelec
Bignan
St-Allouestre
Moréac
Pluvigner
Brandivy
Grand-Champ
Locqueltas
Plaudren
Trédion
Elven
Monterblanc
Ste-Anne-d'Auray
Auray
Plumergat
Brech
Pluneret
Meucon
St-Avé
Plescop
Vannes
Séné
Theix-Noyalo
Sulniac
La Vraie-Croix
Treffléan
Forteresse de Largoët
Plougoumelen
Ploeren
Baden
Arradon
Larmor-Baden
Le Bono
Crac'h
Locmariaquer
Port-Navalo
Arzon
Sarzeau
St-Gildas-de-Rhuys
Surzur
Le Hézo
St-Armel
La Trinité-Surzur
Lauzach
Berric
Ambon
Damgan
Le Tour-du-Parc
Pénestin
Île-aux-Moines
Î. d'Arz
Golfe du Morbihan
Réserve ornithologique
Parc Naturel Régional du Golfe du Morbihan
Landes de Lanvaux
Camp de Meucon
Côte des Mégalithes
Baie de Quiberon
Rade de Penerf
Anse de Suscinio
Pte de Kerpenhir
Pte de St-Jacques
Pte de Penvins
Pte du Halguen
Pte de Kervoyal
Plateau de la Recherche
Passe de la Gde Accroche
N 24
N 165
N 166
D 767
D 775
D 780
E 60
VANNES

103
126
146
Ploërmel
Campénéac
Malestroit
Guer
La Gacilly
Redon
Questembert
Rochefort-en-Terre
Muzillac
La Roche-Bernard
Missillac
St-Gildas-des-Bois
Pipriac
Les Menhirs de Monteneuf
Monteneuf
Réminiac
Carentoir
Ruffiac
St-Marcel
Pleucadeuc
Malansac
St-Gravé
Peillac
Allaire
St-Jacut-les-Pins
Béganne
Péaule
Marzan
Nivillac
Rieux
Fégréac
Sixt-s-Aff
Bains-sur-Oust
Ste-Marie
Avessac
St-Nicolas-de-Redon
Sévérac
Drefféac
Herbignac
Camoël
Férel
Arzal
Parc de Branféré
Parc de la Préhistoire
Forêt de la Bourdonnaye
Forêt de la Roche-Bernard
Landes de Cournon
Coëtquidan-St-Cyr
Vilaine
Oust
Aff
Arz
Canal de Nantes à Brest
Comblessac
Les Brulais
Maure-de-Bretagne
Quelneuc
Glénac
Cournon
St-Congard
St-Laurent-sur-Oust
Caro
Augan
Porcaro
St-Abraham
Missiriac
Molac
Bohal
Lauzach
Pluherlin
Limerzel
Caden
St-Gorgon
Noyal-Muzillac
Le Guerno
Théhillac
St-Dolay
Conquereuil
Massérac
Guémené-Penfao
Langon

0 2 4 6 8 10 km
104
125
147
A
B
C
D
1
2
3
4
5
Guichen
Laillé
Janzé
Corps-Nuds
Chanteloup
Bourg-des-Comptes
Crevin
Guignen
Saulnières
Le Sel-de-Bretagne
St-Senoux
Pléchâtel
Mernel
Poligné
Pancé
Tresbœuf
La Couyère
Lohéac
St-Malo-de-Phily
Manoir de l'Automobile
Lieuron
La Bosse-de-Bretagne
Lalleu
Thourie
Bain-de-Bretagne
Guipry-Messac
Pipriac
Ercé-en-Lamée
Soulvache
Teillay
Sixt-sur-Aff
St-Just
La Noë-Blanche
Sévrignac
Pommeniac
Rougé
Ruffigné
La Dominelais
St-Sulpice-des-Landes
Sion-les-Mines
St-Ganton
Ste-Anne-s-Vilaine
Langon
Grand Fougeray
St-Aubin-des-Châteaux
Renac
La Chapelle-de-Brain
Brain-s-Vilaine
Beslé
Mouais
Pierric
Lusanger
Louisfert
Derval
Masserac
Avessac
Guémené-Penfao
St-Vincent-des-Landes
Treffieux
Issé
Conquereuil
Jans
Marsac-s-Don
Plessé
Vay
Nozay
Abbaretz
Le Gâvre
La Grigonnais
Puceul
Saffré
Blain
Joué-s-Erdre
Forêt du Gâvre
Canal de Nantes à Brest

105
148
128
E
F
G
H
1
2
3
4
5
Châteaubriant
Martigné-Ferchaud
La Guerche-de-Bretagne
Craon
Pouancé
Segré
Candé
Retiers
Cossé-le-Vivien
Renazé
Ballots
La Roë
Laubrières
Cuillé
St-Poix
Méral
Gennes-sur-Seiche
Availles-sur-Seiche
Moutiers
Visseiche
Marcillé-Robert
Arbrissel
Rannée
Drouges
Forges-la-Forêt
Chelun
Eancé
St-Aignan-sur-Roë
Congrier
St-Erblon
Senonnes
Soudan
Noyal-sur-Brutz
Villepot
St-Michel-et-Chanveaux
Combrée
Noëllet
Vergonnes
Bouillé-Ménard
Châtelais
Chazé-Henry
Grugé-l'Hôpital
Bourg-l'Évêque
La Chapelle-Hullin
Juigné-des-Moutiers
La Prévière
Armaillé
Carbay
Erbray
St-Julien-de-Vouvantes
La Chapelle-Glain
La Motte-Glain
Le Pin
Vritz
Freigné
Challain-la-Potherie
Loiré
Angrie
St-Mars-la-Jaille (Vallons-de-l'Erdre)
Riaillé
Bonnœuvre
La Meilleraye-de-Bretagne
St-Sulpice-des-Landes
Moisdon-la-Rivière
Grd-Auverné
Pt-Auverné
Louisfert
Fercé
Rougé
St-Aubin
La Selle-Craonnaise
Niafles
Livré-la-Touche
Athée
Bouchamps-lès-Craon
Chérancé
La Boissière
St-Quentin-les-Anges
St-Saturnin-du-Limet
St-Martin-du-Limet
Noyant-la-Gravoyère
Le Bourg-d'Iré
Ste-Gemmes-d'Andigné
Forêt de la Guerche
Forêt de Juigné
Forêt d'Ombrée
Forêt de Javardan
Domaine de la Petite Couère
Menhir de Pierre Frite
Raguin

0 2 4 6 8 10 km
106
127
149
Cossé-le-Vivien
Astillé
Quelaines-St-Gault
Houssay
Origné
Entrammes
Parné-s-Roc
Bazougers
La Bazouge-de-Chemeré
Maisoncelles-du-Maine
Le Bignon-du-Maine
Meslay-du-Maine
Villiers-Charlemagne
Ruillé-Froid-Fonds
Chémeré-le-Roi
St-Denis-du-Maine
La Cropte
Préaux
Ballée
Le Buret
St-Charles-la-Forêt
Beaumont-Pied-de-Bœuf
St-Loup-du-Dorat
Bouessay
Grez-en-Bouère
Bouère
St-Brice
Sablé-s-Sarthe
La Chapelle-Craonnaise
Denazé
Simplé
Peuton
St-Sulpice
Loigné-s-Mayenne
Marigné-Peuton
Fromentières
Longuefuye
Gennes-sur-Glaize
Laigné
Château-Gontier
Azé
Bazouges
Pommerieux
Ampoigné
Mée
St-Quentin-les-Anges
St-Fort
Chemazé
Coudray
Bierné
Châtelain
Argenton-N.-D.
St-Michel-de-Feins
St-Laurent-des-Mortiers
Souvigné-sur-Sarthe
Vaux
St-Denis-d'Anjou
Miré
Mortiercrolles
Ménil
L'Hôtellerie-de-Flée
St-Sauveur-de-Flée
Daon
Sœurdres
Contigné
Morannes-s-Sarthe
Domaine de la Petite Couère
La Ferrière-de-Flée
Montguillon
La Jaille-Yvon
Marigné
Cherré
Segré
Louvaines
La Chapelle-s-Oudon
Le Bois-Montbourcher
Chambellay
Querré
Châteauneuf-s-Sarthe
Brissarthe
Daumeray
La Lorie
Champigné
Juvardeil
Étriché
Chenillé-Champteussé
Montreuil-s-Maine
Thorigné-d'Anjou
Marans
Le Lion-d'Angers
Haras national
Sceaux-d'Anjou
Tiercé
Cheffes
Le Plessis Bourré
Écuillé
Raguin
Chazé-s-Argos
Erdre-en-Anjou
Grez-Neuville
Montreuil-sur-Loir
Soulaire-et-Bourg
Feneu
Briollay
Seiches-s-le-Loir
Villevêque
Corzé
Le Plessis-Macé
Montreuil-Juigné
Cantenay-Epinard
Écouflant
St-Sylvain-d'Anjou
St-Clément-de-la-Place
Le Louroux-Béconnais
Bécon-les-Granits
Avrillé
St-Jean-de-Marais
La Meignanne
Pellouailles-les-Vignes
Sarrigné
Forêt de Longuenée
Forêt de Vallès
Mayenne
Sarthe
Oudon
Argos
A
B
C
D
1
2
3
4
5

La Flèche
Durtal
Le Lude
La Suze-s-Sarthe
Noyen-s-Sarthe
Malicorne-s-Sarthe
Loué
Brûlon
Sablé-sur-Sarthe
Solesmes
Asnières-s-Vègre
Parcé-s-Sarthe
Allonnes
Spay
Étival-lès-le-M.
Louplande
Voivres-lès-le-M.
Roëzé-sur-Sarthe
Fillé
Guécélard
Parigné-le-Pôlin
Cérans-Foulletourte
Yvré-le-Pôlin
Oizé
Mézeray
La Fontaine-St-Martin
Ligron
Courcelles-la-Forêt
Villaines-s/s-Malicorne
Le Bailleul
Crosmières
La Chapelle-d'Aligné
Précigné
Louailles
Courtillers
Arthezé
Bousse
Clermont-Créans
Mareil-sur-Loir
Luché-Pringé
Thorée-les-Pins
Mansigné
St-Jean-de-la-Motte
Vénevelles
Bazouges-sur-le-Loir
Cré-s-Loir
Clefs-Val-d'Anjou
Savigné-s/s-le-Lude
Vaulandry
Chigné
Genneteil
Marcé
Jarzé Villages
Montigné-lès-Rairies
Les Rairies
Huillé-Lézigné
Baracé
Chevillé
Poillé-s-Vègre
Fontenay-sur-Vègre
Auvers-le-Hamon
Tassillé
St-Christophe-en-Champagne
Viré-en-Champagne
Chantenay-Villedieu
Pirmil
Chemiré-le-Gaudin
Souligné-Flacé
Vallon-sur-Gée
Coulans-s-Gée
Chassillé
Longnes
Pruillé-le-Chétif
St-Georges-du-Bois
Noyant
Chalonnes-sous-le-Lude
Broc
Denezé-s/s-le-Lude
Lasse
Chavaignes
Pontigné
Vieil-Baugé
Sermaise
Musée rég. de l'Air
La Pierre Couverte
Zoo
Forêt de Chambiers
Forêt de Malpaire
Bois de Pins
B. de Moze
Garenne aux Cerfs
Terrain militaire
Loir
Sarthe
Vègre
Erve
Aune
E
F
G
H
1
2
3
4
5
107
130
150

0 2 4 6 8 10 km
Champagné
Changé
Abb^e de l'Épau
Musée Automobile
Ruaudin
Parigné-l'Évêque
Ardenay-sur-Mérize
Surfonds
Soulitré
Le Breil-s-Mérize
Nuillé-le-Jalais
Thorigné-sur-Dué
Lassay
St-Michel-de-Chavaignes
Semur-en-Vallon
Coudrecieux
Bouloire
Maisoncelles
Écorpain
Volnay
St-Mars-de-Locquenay
Challes
Arnage
Mulsanne
Moncé-en-Belin
Brette-les-Pins
Teloché
St-Gervais-en-Belin
Laigné-en-Belin
St-Mars-d'Outillé
Le Grand-Lucé
Villaines-s/s-Lucé
Montreuil-le-Henri
Tresson
Évaillé
Ste-Osmane
Cogners
St-Georges-de-la-Couée
Vancé
Courdemanche
St-Ouen-en-Belin
Écommoy
Marigné-Laillé
Pruillé-l'Éguillé
St-Vincent-du-Lorouër
St-Pierre-du-Lorouër
Yvré-le-Pôlin
St-Biez-en-Belin
Château-l'Hermitage
Forêt de Bercé
Jupilles
Beaumont-Pied-de-Bœuf
Thoiré-sur-Dinan
Pontvallain
Mayet
Verneil-le-Chétif
Lavernat
Sarcé
Aubigné-Racan
Coulongé
Vaas
Luceau
Château-du-Loir
(Montval-s-Loir)
Flée
Marçon
La Chartre-s-le-Loir
Lhomme
Chahaignes
Ruillé-s-Loir
Beaumont-sur-Dême
Villedieu-le-Château
Tréhet
Poncé-s-le-Loir
Nogent-sur-Loir
Dissay-s/s-Courcillon
Vouvray-s-Loir
Épeigné-sur-Dême
Chemillé-sur-Dême
Bueil-en-Touraine
Villebourg
La Bruère-sur-Loir
St-Aubin-le-Dépeint
St-Pierre-de-Chevillé
La Chapelle-aux-Choux
St-Germain-d'Arcé
Chenu
St-Christophe-sur-le-Nais
St-Paterne-Racan
Louestault
Neuvy-le-Roi
Marray
Dissé-s/s-le-Lude
Villiers-au-Bouin
Brèches
La Roche-Racan
Braye-sur-Maulne
Couesmes
Château-la-Vallière
Marcilly
Sonzay
Neuillé-Pont-Pierre
Beaumont-Louestault
A 28
E 502
D 338
D 323
D 357
D 304
D 766
D 959
D 305

108
129

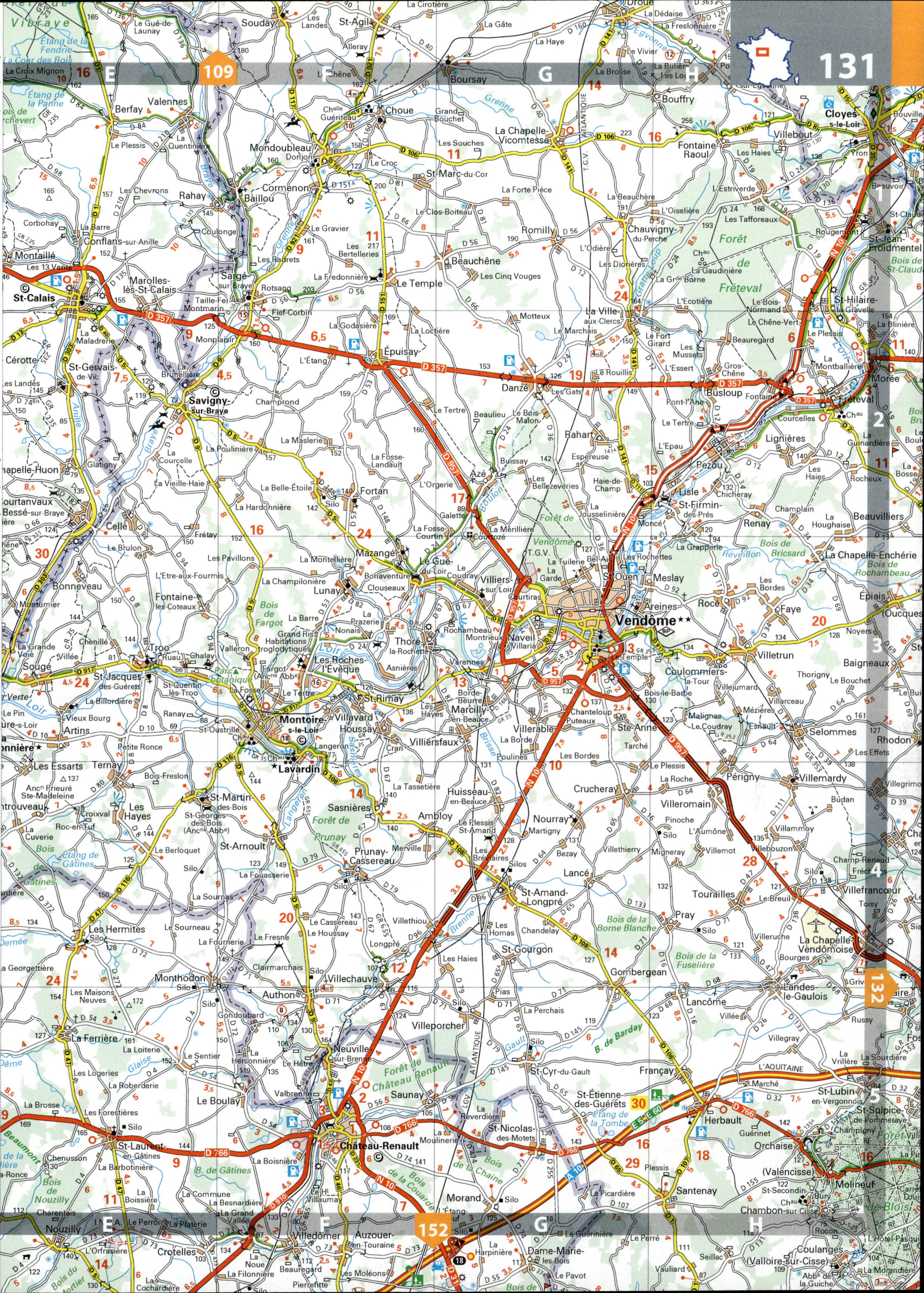

109
152
132
E
F
G
H
St-Calais
Savigny-sur-Braye
Mondoubleau
Épuisay
Danzé
Vendôme
Montoire-s-le-Loir
Lavardin
Château-Renault
St-Amand-Longpré
Sougé
Troo
Fréteval
Morée
Pezou
Cloyes-s-le-Loir
Selommes
Villetrun
Savigny-sur-Braye
Bessé-sur-Braye
Conflans-sur-Anille
Choue
Droué
Boursay
Souday
La Chapelle-Vicomtesse
Fontaine-Raoul
Busloup
Lignières
Naveil
Thoré-la-Rochette
Les Roches-l'Évêque
St-Rimay
Villiersfaux
Crucheray
Lancé
Prunay-Cassereau
Authon
Neuville-sur-Brenne
Saunay
Les Hermites
St-Laurent-en-Gâtines
Nouzilly
Crotelles
Villedômer
Auzouer-en-Touraine
Morand
Dame-Marie-les-Bois
St-Nicolas-des-Motets
St-Cyr-du-Gault
Herbault
Orchaise
Molineuf
St-Lubin-en-Vergonnois
Landes-le-Gaulois
Lancôme
Gombergean
Villefrancœur
La Chapelle-Vendômoise
Périgny
Villemardy
Baigneaux
Forêt de Fréteval
Forêt de Château Renault
Forêt de Prunay
Bois de Fargot
Forêt de Vendôme
Loir
Braye
Brenne

0 2 4 6 8 10 km
110
153
131
Cloyes-sur-le-Loir
Autheuil (Cloyes-les-Trois-Rivières)
Romilly-sur-Aigre
La Ferté-Villeneuil
Charray
Le Mée
Verdes
Ozoue-le-Marché
Brévainville
Ouzouer-le-Doyen
Moisy
Binas
Tripleville
Prénouvellon
Villamblain
Tournoisis
Patay
Coinces
St-Péravy-la-Colombe
St-Sigismond
Gémigny
Épieds-en-Beauce
Coulmiers
Charsonville
Rozières-en-Beauce
Bucy-St-Liphard
Huisseau-sur-Mauves
Baccon
Morée
Fréteval
Autainville
Vievy-le-Rayé
Beauvilliers
St-Laurent-des-Bois
St-Léonard-en-Beauce
Marchenoir
Villermain
Le Bardon
Meung-sur-Loire
Cléry-St-André
Baule
Beaugency
Lailly-en-Val
Cravant
Messas
Villorceau
Lorges
Briou
Le Plessis-l'Échelle
Josnes
Oucques
Roches
Talcy
Concriers
Séris
La Madeleine-Villefrouin
Villeneuve-Frouville
Ste-Gemmes
Baigneaux
Rhodon
Conan
Maves
Villexanton
La Chapelle-St-Martin-en-Plaine
Mer
Avaray
Tavers
St-Laurent-Nouan
Lestiou
Courbouzon
Suèvres
Mulsans
Villerbon
Marolles
Fossé
Villebarou
Cour-sur-Loire
Menars
Montlivault
St-Dyé-sur-Loire
Muides-sur-Loire
Crouy-sur-Cosson
La Ferté-St-Cyr
Thoury
Chambord
Maslives
St-Claude-de-Diray
St-Denis-sur-Loire
Vineuil
BLOIS
St-Gervais-la-Forêt
Huisseau-sur-Cosson
Mont-près-Chambord
Villesavin
Bracieux
Neuvy
Dhuizon
Montrieux-en-Sologne
Chailles
Beauregard
Forêt de Marchenoir
Forêt de Blois
Parc de Chambord
Forêt de Boulogne
Bois de la Ferté
A 10
L'AQUITAINE
LOIRE

ORLÉANS
Fleury-les-Aubrais
St-Jean-de-Braye
St-Jean-de-la-Ruelle
St-Jean-le-Blanc
St-Pryvé-St-Mesmin
St-Hilaire-St-Mesmin
Olivet
Saran
Ormes
Ingré
Chécy
Mardié
Semoy
Combleux
Boigny-sur-Bionne
Marigny-les-Usages
Chanteau
Cercottes
Rebréchien
Loury
Traînou
Vennecy
Donnery
Fay-aux-Loges
Châteauneuf-sur-Loire
Jargeau
Darvoy
Sandillon
St-Denis-en-Val
St-Denis-de-l'Hôtel
St-Cyr-en-Val
La Source
Férolles
Ouvrouer-les-Champs
Sigloy
Germigny-des-Prés
St-Benoît-s-Loire
Guilly
Tigy
Neuvy-en-Sullias
Vienne-en-Val
Marcilly-en-Villette
Ménestreau-en-Villette
La Ferté-St-Aubin
Ardon
Mézières-lez-Cléry
Jouy-le-Potier
Ligny-le-Ribault
Yvoy-le-Marron
Chaumont-sur-Tharonne
Vouzon
Lamotte-Beuvron
Souvigny-en-Sologne
Sennely
Vannes-s-Cosson
Viglain
Isdes
Chaon
Brinon-s-Sauldre
Clémont
Nouan-le-Fuzelier
La Ferté-Beauharnais
La Marolle-en-Sologne
Sully-la-Chapelle
Ingrannes
Seichebrières
Vitry-aux-Loges
St-Martin-d'Abbat
St-Aignan-des-Gués
Forêt d'Orléans
LOIRE
Loiret
Cosson
Beuvron
Sauldre
Forêt de Chaon
E
F
G
H
1
2
3
4
5
111
134
154

0 2 4 6 8 10 km
112
133
155
A
B
C
D
1
2
3
4
5
Montbarrois
Mézières-en-Gâtinais
Lorcy
Chapelon
Villevoques
Corquilleroy
Cepoy
Châlette-sur-Loing
Montargis
St-Loup-des-Vignes
Quiers-sur-Bézonde
Nesploy
Bellegarde
Ouzouer-sous-Bellegarde
Ladon
Villemoutiers
St-Maurice-sur-Fessard
Villemandeur
Amilly
Sury-aux-Bois
Combreux
Auvilliers-en-Gâtinais
Presnoy
Chailly-en-Gâtinais
Chevillon-sur-Huillard
Vimory
Beauchamps-sur-Huillard
Lombreuil
Mormant-sur-Vernisson
Conflans-sur-Loing
Châtenoy
Noyers
Thimory
Coudroy
Lorris
Oussoy-en-Gâtinais
Solterre
Montcresson
Vieilles-Maisons-sur-Joudry
La Cour-Marigny
Ouzouer-des-Champs
Cortrat
Pressigny-les-Pins
Varennes-Changy
Nogent-sur-Vernisson
Montbouy
Montereau
Le Moulinet-sur-Solin
Bouzy-la-Forêt
St-Aignan-des-Gués
Bray-en-Val
Langesse
Les Bordes
Les Choux
Ste-Geneviève-des-Bois
St-Benoît-sur-Loire
Bonnée
Boismorand
St-Père-sur-Loire
Ouzouer-sur-Loire
Dampierre-en-Burly
Les Bézards
Sully-sur-Loire
St-Aignan-le-Jaillard
Les Pêchers
La Bussière
Adon
Viglain
Lion-en-Sullias
Gien
Nevoy
Escrignelles
Villemurlin
St-Florent
St-Gondon
Poilly-lez-Gien
Ouzouer-sur-Trézée
St-Martin-sur-Ocre
St-Brisson-sur-Loire
Briare
Cerdon
Coullons
St-Firmin-sur-Loire
Autry-le-Châtel
Châtillon-sur-Loire
Forêt de St-Brisson
Ousson-sur-Loire
Argent-sur-Sauldre
Clémont
Blancafort
Étang du Puits
Bonny-sur-Loire

Courtenay
Louzouer
Courtemaux
La Selle-en-Hermoy
Chuelles
Château-Renard
Triguères
Jardins du Grand-Courtoiseau
St-Firmin-des-Bois
Melleroy
Douchy-Montcorbon
Charny-Orée-de-Puisaye
St-Martin-d'Ordon
St-Loup-d'Ordon
Verlin
Cudot
Précy-s-Vrin
Sépeaux-St-Romain
La Ferté-Loupière
Villecien
St-Aubin-s-Yonne
Cézy
Champvallon
Chamvres
Paroy-s-Tholon
Volgre
Senan
Villiers-s-Tholon
Aillant-s-Tholon
Chassy
St-Maurice-Thizouaille
St-Maurice-le-Vieil
Les Ormes
Sommecaise
St-Aubin-Château-Neuf
Egleny
Beauvoir
Merry-la-Vallée
Villiers-St-Benoît
La Villotte
Dracy
Toucy
Moulins-s-Ouanne
Lalande
Leugny
Fontenoy
Levis
Lain
Thury
Saints-en-Puisaye
St-Sauveur-en-Puisaye
Moutiers-en-P.
Sainte-Colombe-sur-Loing
Chantier médiéval de Guédelon
Treigny
Ratilly
St-Amand-
Mézilles
Villeneuve-les-Genêts
Tannerre-en-Puisaye
Septfonds
Ronchères
St-Fargeau
St-Privé
Bléneau
Champcevrais
Rogny-les-Sept-Écluses
Écluses
Dammarie-s-Loing
Aillant-s-Milleron
Champignelles
Châtillon-Coligny
St-Maurice-s-Aveyron
La Chapelle-s-Aveyron
Batilly-en-Puisaye
Dammarie-en-Puisaye
Champoulet
Breteau
Lavau
Thou
Faverelles
Arquian
Malicorne
Grandchamp
Villefranche-St-Phal
Chevillon
Prunoy
Parc naturel de Boutissaint
Réservoir du Bourdon
Forêt de Dracy
Bois des Ferriers
Les Taillis de Blèneau
E
F
G
H
113
156
136
1
2
3
4
5

0 2 4 6 8 10 km
114
135
157
A
B
C
D
1
2
3
4
5
Joigny
Migennes
Brienon-s-Armançon
St-Florentin
Mont-St-Sulpice
Hauterive
Seignelay
Pontigny
Ligny-le-Châtel
Chablis
Héry
Venouse
Chemilly-s-Yonne
Gurgy
Appoigny
Monéteau
Charbuy
Perrigny
St-Georges-s-Baulche
Villefargeau
AUXERRE
Augy
Vaux
Champs-s-Yonne
St-Bris-le-Vineux
Chitry
Courgis
Préhy
St-Cyr-les-Colons
Vallan
Jussy
Escolives-Ste-Camille
Coulanges-la-Vineuse
Vincelottes
Vincelles
Irancy
Cravant
Vermenton
Accolay
Bazarnes
Val-de-Mercy
Migé
Coulangeron
Escamps
Gy-l'Évêque
Diges
Pourrain
Chevannes
Mouffy
Charentenay
Fontenailles
Molesmes
Courson-les-Carrières
Fouronnes
Mailly-le-Château
Mailly-la-Ville
Sery
Prégilbert
Ste-Pallaye
Arcy-sur-Cure
Grottes d'Arcy
St-Moré
Voutenay-s-Cure
Joux-la-Ville
Nitry
Lichères-près-Aigremont
Chichée
Fontenay-près-Chablis
Maligny
Villy
Lignorelles
La Chapelle-Vaupelteigne
Beine
Bleigny-le-Carreau
Venoy
Quenne
Villeneuve-St-Salves
Sougères-s-Sinotte
Rouvray
Bonnard
Charmoy
Cheny
Ormoy
Épineau-les-Voves
Laroche-St-Cydroine
Champlay
Chamvres
Looze
Brion
Esnon
Vergigny
Rebourseaux
Bouilly
Germigny
Jaulges
Chéu
Percey
Flogny-la-Chapelle
Villiers-Vineux
Carisey
Varennes
Méré
Dyé
Bernouil
Vézannes
Collan
Tissey
Fleys
Béru
Poilly-sur-Tholon
Fleury-la-Vallée
Chassy
Laduz
Aillant-s-Tholon
Ouanne
Chastenay
Merry-Sec
Taingy
Druyes-les-Belles-Fontaines
Festigny
Merry-Sec
Châtel-Censoir
Lucy-le-Bois
Annay-la-Côte
Sermizelles
N.-D. d'Orient
Girolles
Précy-le-Sec
Forêt de Frétoy
Forêt St-Germain
Forêt de Pontigny
Bois de Maligny
Bois de Senoy
Bois de St-Cyr
Bois des Champs Cousseaux
Bois de Trucy
Bois de Druyes
Bois de Mailly-la-Ville
Yonne
Armançon
Serein
Cure
A 6
E 15
E 60
N 6
N 77
N 151
N 65
D 965
D 943
D 905
D 606
Côte St-Jacques
Camp militaire
Venoy Soleil Levant
Venoy Grosse Pierre
Rochers du Saussois

115
138
158
Tonnerre
Tanlay
Ancy-le-Franc
Montbard
Abbe de Fontenay
Les Riceys
Laignes
Noyers
Montréal
Maulnes
Forêt de Maulnes
Chessy-les-Prés
Vanlay
Turgy
Lagesse
Pargues
Maisons-lès-Chaource
Avirey-Lingey
Bagneux-la-Fosse
Ricey-Haut
Vallières
Bernon
Chesley
Prusy
Chaserey
Etourvy
Villiers-le-Bois
Bragelogne-Beauvoir
Balnot-la-Grange
Beauvoir-sur-Sarce
Quincerot
Channes
Arthonnay
Trichey
Mélisey
Molosmes
Thorey
Rugny
Villon
Lignières
Marolles-s/s-Lignières
Tronchoy
Cheney
Dannemoine
Épineuil
Vézinnes
Junay
Vaulichères
St-Martin-s-Armançon
Commissey
Baon
Cruzy-le-Châtel
Molesme
Villedieu
Vertault
Channay
Nicey
Griselles
Marcenay
Larrey
Bissey-la-Pierre
Serrigny
Pimelles
Gland
Gigny
St-Vinnemer
Argentenay
Ancy-le-Libre
Lézinnes
Yrouerre
Sennevoy-le-Haut
Sennevoy-le-Bas
Balot
Fontaines-les-Sèches
Nesle-et-Massoult
Vireaux
Pacy-s-Armançon
Sambourg
Fresnes
Poilly-sur-Serein
Argenteuil-s-Armançon
Chassignelles
Stigny
Fulvy
Nuits
Ravières
Verdonnet
Planay
Savoisy
Asnières-en-Montagne
Moulins-en-Tonnerrois
Villiers-les-Hauts
Annay-sur-Serein
Mollay
Pasilly
Censy
Sarry
Étivey
Aisy-sur-Armançon
Rougemont
Cry
Perrigny-s-Armançon
Arrans
Buffon
Jouancy
Grimault
Châtel-Gérard
Annoux
Massangis
Dissangis
L'Isle-sur-Serein
Coutarnoux
Ste-Colombe
Thizy
Blacy
Talcy
Angely
Santigny
Vassy-s-Pisy
Pisy
Bierry-les-Belles-Fontaines
Fain-lès-Moutiers
Moutiers-St-Jean
Athie
Quincy-le-Vicomte
Saint-Rémy
Crépand
St-Germain-lès-Senailly
Senailly
Viserny
Villaines-les-Prévôtes
Marmagne
Fain-lès-Montbard
Nogent-lès-Montbard
Courcelles-lès-Montbard
Montigny-Montfort
Champ-d'Oiseau
Lantilly
Provency
Athie
Trévilly
Jeux-lès-Bard
Bard-lès-Époisses
Corsaint
Forêt de St-Jean
Bois de Frétoy
Forêt du Grand Jailly
Canal de Bourgogne

0 2 4 6 8 10 km
116
137
159
Châtillon-s-Seine
Montigny-sur-Aube
Gevrolles
Latrecey-Ormoy-sur-Aube
Veuxhaulles-sur-Aube
Boudreville
Dancevoir
Aubepierre-sur-Aube
Lignerolles
Les Goulles
Gurgy-la-Ville
Gurgy-le-Château
Lucey
Faverolles-lès-Lucey
Buxerolles
Chambain
Colmier-le-Haut
Colmier-le-Bas
Menesble
Recey-sur-Ource
Leuglay
Voulaines-les-Templiers
Louesme
La Chaume
Courban
Bissey-la-Côte
Thoires
Belan-sur-Ource
Riel-les-Eaux
Brion-sur-Ource
Mosson
Massingy
Vix
Montliot-et-Courcelles
Etrochey
Ste-Colombe-sur-Seine
Buncey
Ampilly-le-Sec
Chamesson
Nod-sur-Seine
Aisey-sur-Seine
Coulmier-le-Sec
Puits
Étais
Villaines-en-Duesmois
Magny-Lambert
St-Marc-sur-Seine
Bellenod-sur-Seine
Meulson
Beaunotte
Aignay-le-Duc
Étalante
Moitron
St-Broing-les-Moines
Minot
Bussières
Fraignot-et-Vesvrotte
Échalot
Salives
Poiseul-la-Grange
Léry
Moloy
Lamargelle
Frénois
Baigneux-les-Juifs
Jours-lès-Baigneux
Ampilly-les-Bordes
Chaume-lès-Baigneux
Fontaines-en-Duesmois
Lucenay-le-Duc
Étormay
Bussy-Rabutin
Darcey
Venarey-les-Laumes
Alise-Ste-Reine
Grésigny-Ste-Reine
Ménétreux-le-Pitois
Poiseul-la-Ville-et-Laperrière
Billy-lès-Chanceaux
Chanceaux
Oigny
Quemigny-sur-Seine
Duesme
Mauvilly
Rochefort
Busseaut
Beaulieu
Essarois
Montmoyen
Terrefondrée
Bure-les-Templiers
Chaugey
Beneuvre
FORÊT DE CHÂTILLON
Forêt de Chamesson
Bois de Lucey
Bois de la Chaume
Forêt du Montot
Source de la Coquille
CENTRE D'ÉTUDES NUCLÉAIRES
Animal'Explora
Mt Auxois

117
140
160
Langres
Chalindrey
Villegusien-le-Lac
Selongey
Rolampont
Faverolles
Villiers-sur-Suize
Leffonds
Bugnières
Marac
Beauchemin
Ormancey
Mardor
St-Ciergues
St-Martin-lès-Langres
Humes-Jorquenay
Chaumont
Champigny-lès-Langres
Peigney
Chatenay-Mâcheron
St-Maurice
St-Vallier-s-Marne
Culmont
Torcenay
Perrancey-les-Vieux-Moulins
Sts-Geosmes
Noidant-le-Rocheux
Perrogney-les-Fontaines
Brennes
Bourg
Flagey
Cohons
Orcevaux
Longeau-Percey
Vesvres
Baissey
Aprey
Villiers-lès-Aprey
Leuchey
St-Broingt-les-Fosses
Vaillant
Chassigny
Maâtz
Coublanc
Dommarien
Choilley-Dardenay
Cusey
Isômes
Occey
Sacquenay
Chazeuil
Orville
Fontaine-Française
Véronnes
Til-Châtel
Is-sur-Tille
Marcilly-sur-Tille
Échevannes
Crécey-sur-Tille
Villey-sur-Tille
Poiseul-lès-Saulx
Avelanges
Marey-sur-Tille
Foncegrive
Avot
Cussey-les-Forges
Grancey-le-Château-Neuvelle
Poinsenot
Mouilleron
Chalancey
Vernois-lès-Vesvres
Boussenois
Aujeurres
Praslay
Vivey
Villars-Santenoge
Auberive
Rouelles
Germaines
Vitry-en-Montagne
Bay-sur-Aube
Aulnoy-sur-Aube
Arbot
Rochetaillée
Vauxbons
Voisines
Courcelles-en-Montagne
St-Loup-sur-Aujon
Ternat
Giey-sur-Aujon
Orbigny-au-Val
Orbigny-au-Mont
Neuilly-l'Évêque
Changey
Charmes
Bannes
Dampierre
Poiseul
Bonnecourt
Chauffourt
Vesaignes-sur-Marne
Marnay-sur-Marne
Poinson-lès-Nogent
Vitry-lès-Nogent
Thivet
Percey-le-Grand
Orain
Montigny-Mornay-Villeneuve-sur-V.
Pouilly-sur-Vingeanne
St-Seine-sur-Vingeanne
Fahy-lès-Autrey
Forêt de Champberceau
Forêt de Marey
Forêt de Cussey
Forêt des Louches
Réservoir de la Mouche
Réservoir de Charmes
Lac de la Liez
A 31
A 5
N 19
D 974

0 2 4 6 8 10 km
118
139
161
Bourbonne-les-Bains
Laferté-s-Amance
Jussey
Vitrey-sur-Mance
Fayl-Billot
Combeaufontaine
Champlitte
Scey-s-Saône et-St-Albin
Confracourt
Montcharvot
Châtillon-sur-Saône
Jonvelle
Ameuvelle
Corre
Ranzeville
Vougécourt
Fignévelle
Regnévelle
Serqueux
Fresnes-sur-Apance
Enfonvelle
Bourbévelle
Villars-le-Pautel
Aisey-et-Richecourt
Blondefontaine
Melay
Voisey
Neuvelle-lès-Voisey
Barges
Raincourt
Cendrecourt
Betaucourt
Magny-lès-Jussey
Tartécourt
Cemboing
Rosières-sur-Mance
Betoncourt-sur-Mance
Pisseloup
Chaudenay
Rougeux
Maizières-s-Amance
Hortes
Haute-Amance
Celsoy
Arbigny-sous-Varennes
Champigny-sous-Varennes
Anrosey
Guyonvelle
Chézeaux
Soyers
Varennes-s-Amance
Laneuvelle
Coiffy-le-Bas
Coiffy-le-Ht
Lavernoy
Celles-en-Bassigny
Andilly-en-Bassigny
Rançonnières
Vicq
Saulxures
Avrecourt
Damrémont
Marcilly-en-Bassigny
Poiseul
Ouge
Chauvirey-le-Châtel
Chauvirey-le-Vieil
La Quarte
Preigney
Montigny-lès-Cherlieu
Bougey
Augicourt
Lambrey
Oigney
Purgerot
Chargey-lès-Port
Arbecey
Semmadon
Melin
Cintrey
Pressigny
Poinson-lès-Fayl
(Champsevraine)
Belmont
Genevrières
Saulles
Savigny
Valleroy
Voncourt
Bourguignon-lès-Morey
Farincourt
Molay
Morey
St-Julien
Malvillers
Gourgeon
Lavigney
Cornot
La Neuvelle-lès-Scey
Ferrières-lès-Scey
Chassey-lès-Scey
Rupt-s-Saône
Vy-lès-Rupt
Chantes
Ovanches
Traves
Bucey-lès-Traves
Vauconcourt-Nervezain
Fleurey-Lavoncourt
Villers-Vaudey
Suaucourt-et-Pisseloup
Tornay
Gilley
Argillières
Frettes
Pierrecourt
Larret
Fouvent-le-Bas
(Fouvent-St-Andoche)
Francourt
Renaucourt
Lavoncourt
Mt-St-Léger
Theuley
Grandecourt
Fédry
Volon
Roche-et-Raucourt
Tincey-et-Pontrebeau
Vanne
Ray-sur-Saône
Ferrières-lès-Ray
Soing-Cubry-Charentenay
Noidans-le-Ferroux
Vy-le-Ferroux
Courtesoult-et-Gatey
Brotte-lès-Ray
Membrey
Recologne
Vaite
Margilley
Neuvelle-lès-Champlitte
Montarlot-lès-Champlitte
Framont
Achey
Delain
Denèvre
Montot
Dampierre-sur-Salon
Seveux
Savoyeux
Autet
Mercey-sur-Saône
Motey-sur-Saône
Vellexon-Queutrey-et-Vaudey
Quetrey
Fresne-St-Mamès
Le Pont-de-Planches
Neuvelle-lès-la-Charité
(La Romaine)
St-Gand
Sept Fontaines
Les Bâties
La Vernotte
Bourguignon-lès-la-Charité
Fretigney-et-Velloreille
Écuelle
Oyrières
Vars
Auvet-et-la-Chapelotte
Montureux-et-Prantigny
Beaujeu-St-Vallier-et-Pierrejux
Ste-Reine
Fahy-lès-Autrey
A B C D

Plombières-les-Bains
Le Val-d'Ajol
La Feuillée Nlle
PARC NATUREL RÉGIONAL DES BALLONS DES VOSGES
Fougerolles
St-Loup-sur-Semouse
Luxeuil-les-Bains
St-Sauveur
Froideconche
Mélisey
Lure
Saulx
Vesoul
Port-s-Saône
Villersexel
Rougemont
Faucogney-et-la-Mer
Ambiévillers
Montmotier
Trémonzey
Pont-du-Bois
Selles
Alaincourt
Vauvillers
Montdoré
Mailleroncourt-St-Pancras
Melincourt
Girefontaine
Anjeux
Jasney
Aillevillers-et-Lyaumont
Magnoncourt
Corbenay
Fontaine-lès-Luxeuil
Hauteville
Ainvelle
Plainemont
Dampierre-lès-Conflans
Conflans-sur-Lanterne
Briaucourt
Breuches
Ormoiche
Abelcourt
Ste-Marie-en-Chaux
Baudoncourt
Meurcourt
Villers-lès-Luxeuil
Visoncourt
Servigney
Genevrey
Citers
Quers
Franchevelle
St-Germain
Magnivray
Rignovelle
Lantenot
Linexert
Belmont
Ecromagny
Amblans-et-Velotte
Genevreuille
Magny-Vernois
Frotey-lès-Lure
Roye
Vouhenans
Mollans
Vy-lès-Lure
Les Aynans
Arpenans
Oricourt
Borey
Aillevans
Gouhenans
Longevelle
Villafans
Athesans-Etroitefontaine
Senargent-Mignafans
Esprels
Autrey-le-Vay
Villers-la-Ville
Villargent
Mélecey
Courchaton
Grammont
Fallon
Bournois
Accolans
Abbenans
Bonnal
Cubry
Cuse-et-Adrisans
Gondenans
Montagney-Servigney
Bouhans-lès-Montbozon
Fontenois-lès-Montbozon
Chassey-lès-Montbozon
Dampierre-sur-Linotte
Vy-lès-Filain
Filain
Vellefaux
Vallerois-Lorioz
Echenoz-le-Sec
Le Magnoray
Mailley-et-Chazelot
Velleguindry-et-Levrecey
Andelarrot
Andelarre
Navenne
Quincey
Frotey-lès-V.
Colombe-lès-V.
Villers-le-Sec
Noroy-le-Bourg
Autrey-lès-Cerre
Cerre-lès-Noroy
Montjustin-et-Velotte
Dampvalley-lès-Colombe
Liévans
Calmoutier
Montcey
Comberjon
Coulevon
Pusey
Charmoille
Colombier
Villeparois
Auxon
Flagy
Vellefrie
Varogne
Vilory
Provenchère
Le Val-St-Eloi
Mailleroncourt-Charette
La Villeneuve-Bellenoye-et-la-Maize
Châteney
Châtenois
Creveney
Velleminfroy
Pomoy
Colombotte
Noidans-lès-V.
Chariez
Mont-le-Vernois
Echenoz-la-Méline
Vaivre-et-Montoille
Montigny-lès-V.
Grattery
Amance
Faverney
Breurey-lès-Faverney
Fleurey-lès-Faverney
Amoncourt
Villers-sur-Port
Bougnon
Menoux
Bourguignon-lès-Conflans
Mersuay
Cubry-lès-Faverney
St-Rémy-en-Comté
Anchenoncourt-et-Chazel
Bassigney
Équevilley
La Villedieu-en-Fontenette
Neurey-en-Vaux

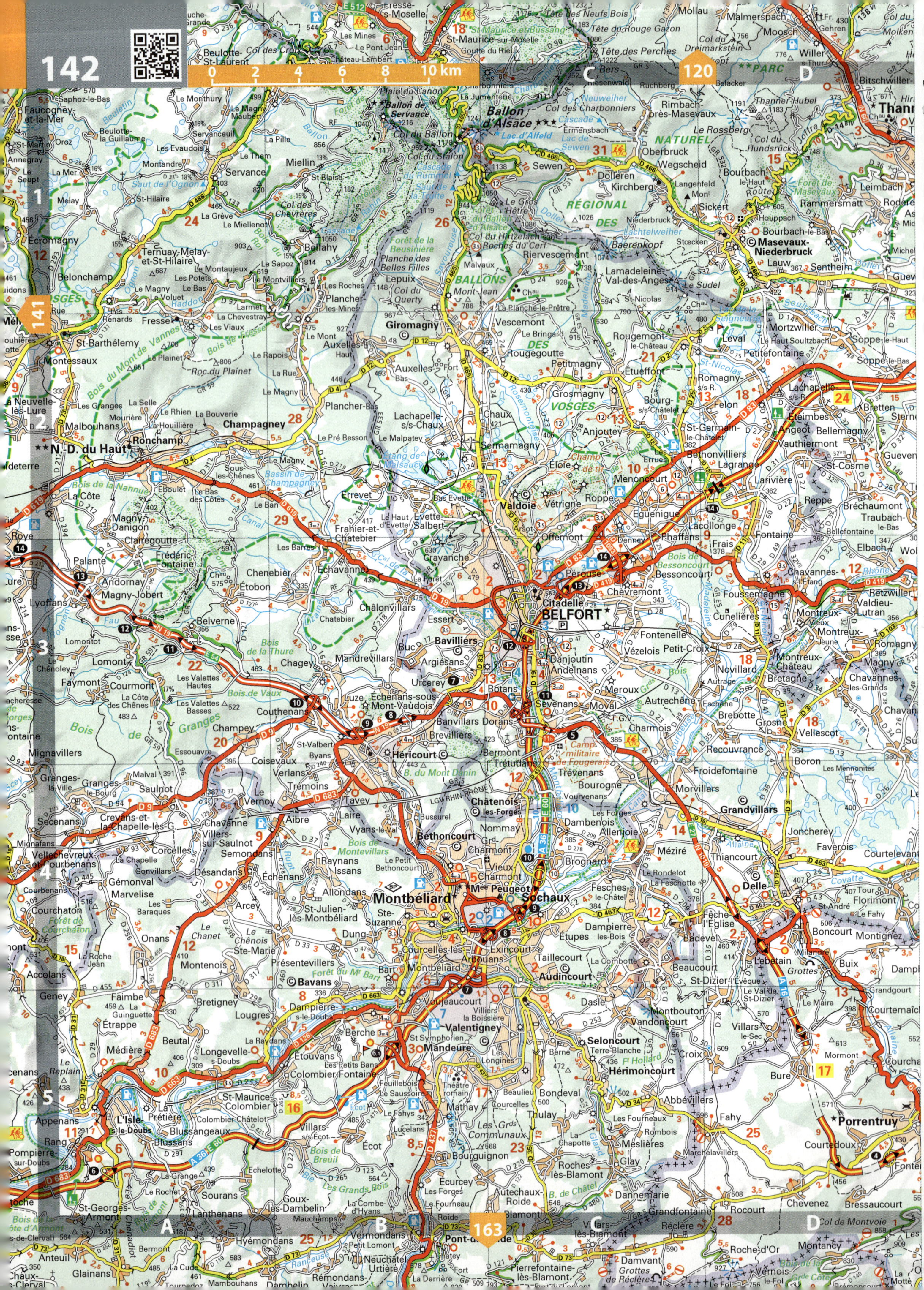
0 2 4 6 8 10 km
120
141
163
Ballon d'Alsace
Ballon de Servance
Thann
Masevaux-Niederbruck
Giromagny
Champagney
Ronchamp
N.-D. du Haut
Valdoie
BELFORT
Citadelle
Héricourt
Châtenois-les-Forges
Grandvillars
Delle
Montbéliard
Sochaux
Audincourt
Valentigney
Mandeure
Hérimoncourt
Seloncourt
L'Isle-sur-le-Doubs
Porrentruy
Bavans
Béthoncourt
Bavilliers
Danjoutin
Plancher-les-Mines
Lure
Saulnot
Villersexel
Pont-de-Roide
Blamont
Glay
Fesches-le-Châtel
Beaucourt
Lachapelle-s/s-Chaux
Rougemont-le-Château
Étueffont
Auxelles-Haut
Auxelles-Bas
Lepuix
Sermamagny
Offemont
Bourogne
Méziré
Morvillars
Fontaine
Frahier-et-Chatebier
Chenebier
Étobon
Belverne
Lomont
Couthenans
Échenans-sous-Mont-Vaudois
Bussurel
Nommay
Exincourt
Arbouans
Dampierre-les-Bois
Étupes
Taillecourt
Vandoncourt
Abbévillers
Fahy
Courtedoux
Bure
Boncourt
Buix
Grandfontaine
Rocourt
Chevenez
Bressaucourt
Damvant
Réclère
Roche-d'Or
Montancy
Glainans
Anteuil
Hyémondans
Bourguignon
Mathay
Écot
Villars-s/s-Écot
Blussangeaux
Blussans
Colombier-Fontaine
Étouvans
Longevelle-s-Doubs
Médière
Beutal
Étrappe
Faimbe
Onans
Arcey
Désandans
Sémondans
Allondans
Dung
Présentevillers
Montenois
Bretigney
Lougres
Dampierre-s-le-Doubs
Berche
Voujeaucourt
Vieux-Charmont
Brognard
Allenjoie
Dambenois
Trévenans
Bermont
Botans
Sévenans
Moval
Meroux
Vézelois
Chèvremont
Pérouse
Cravanche
Essert
Urcerey
Argiésans
Buc
Mandrevillars
Chagey
Chalonvillars
Échavanne
Évette-Salbert
Éloie
Vétrigne
Roppe
Menoncourt
Éguenigue
Phaffans
Lagrange
Larivière
Reppe
Bethonvilliers
Lacollonge
Frais
Fontenelle
Petit-Croix
Novillard
Bretagne
Autrechêne
Brebotte
Charmois
Recouvrance
Froidefontaine
Boron
Vellescot
Chavannes-les-Grands
Montreux-Château
Magny
Romagny
Courtelevant
Faverois
Florimont
Joncherey
Thiancourt
Badevel
Dasle
Montbouton
Croix
Villars-le-Sec
Lebetain
Montignez
Grandgourt
Courtemaîche
Mormont
Felon
Romagny s/s-Rougemont
Lachapelle-s/s-Rougemont
Leval
Petitefontaine
Bourg-s/s-Châtelet
Anjoutey
Grosmagny
Petitmagny
Vescemont
Riervescemont
Lamadeleine-Val-des-Anges
Rougegoutte
Chaux
Plancher-Bas
Fresse
Servance
Miellin
Belfahy
Belonchamp
Ternuay-Melay-et-St-Hilaire
Faucogney-et-la-Mer
St-Barthélemy
Montessaux
Malbouhans
Magny-Danigon
Clairegoutte
Frédéric-Fontaine
Palante
Andornay
Magny-Jobert
Lyoffans
Faymont
Courmont
Les Valettes Hautes
Champey
Coisevaux
Verlans
Trémoins
Le Vernoy
Aibre
Laire
Vyans-le-Val
Tavey
Byans
St-Valbert
Mignavillers
Granges-le-Bourg
Crevans-et-la-Chapelle-lès-G.
Chavanne
Villers-sur-Saulnot
Secenans
Villechevreux
Gémonval
Marvelise
Courchaton
Geney
Accolans
Appenans
Rang
Pompierre-sur-Doubs
St-Georges-Armont
Soye
Raynans
Issans
Échenans
St-Julien-lès-Montbéliard
Ste-Suzanne
Courcelles-lès-Montbéliard
St-Maurice-Colombier
Écurcey
Autechaux-Roide
Dannemarie
Roches-lès-Blamont
Meslières
Thulay
Bondeval
Vermondans
Pierrefontaine-lès-Blamont
Neuchâtel-Urtière
Rémondans-Vaivre
Goux-lès-Dambelin
Sourans
Rosureux
Solemont
Dambelin
Lanthenans
Mambouhans
Bitschwiller
Rimbach-près-Masevaux
Oberbruck
Wegscheid
Dolleren
Kirchberg
Sewen
Sickert
Bourbach-le-Bas
Rammersmatt
Leimbach
Sentheim
Lauw
Mortzwiller
Soppe-le-Haut
Soppe-le-Bas
Bretten
Sternenberg
Étimbes
Angeot
Bellemagny
Vauthiermont
St-Cosme
Bréchaumont
Traubach-le-Bas
Elbach
Chavannes-sur-l'Étang
Retzwiller
Valdieu-Lutran
Fousseraigne
Cunelières
Montreux-Jeune
St-Maurice-sur-Moselle
Le Thillot
Malmerspach
Moosch
Willer-sur-Thur
Col des Charbonniers
Col du Stalon
Col d'Hundsruck
Col de Montvoie
Forêt de Chaux
Forêt du Mt Bart
Bois de la Thure
Bois du Mont de Vannes
Saut de l'Ognon
Camp militaire de Fougerais
Étang de Malsaucy
Bassin de Champagney
PARC NATUREL RÉGIONAL DES BALLONS DES VOSGES
Ballon d'Alsace
Planche des Belles Filles
Col du Querty
Lac d'Alfeld
Lac de Sewen
Baerenkopf
Col de la Chevestraye
Tête des Neufs Bois
Tête du Rouge Gazon
Tête des Perches
Col du Drumont
Col de Bussang
Col de Chantoiseau
Le Mont d'Armont
Mt Peugeot
A 36
E 54
E 60
N 19
D 19
D 83
D 437
D 463
D 465
D 466
D 663
D 683

121
E
F
G
H
Cernay
Wittelsheim
Pfastatt
Lutterbach
Richwiller
Kingersheim
Illzach
Sausheim
Wittenheim
Baldersheim
Battenheim
Bantzenheim
Chalampé
Ottmarsheim
Hombourg
MULHOUSE
Rixheim
Riedisheim
Habsheim
Zimmersheim
Eschentzwiller
Brunstatt-Didenheim
Morschwiller-le-Bas
Reiningue
Schweighouse-Thann
Aspach
Burnhaupt-le-Haut
Burnhaupt-le-Bas
Heimsbrunn
Galfingue
Hochstatt
Frœningen
Bruebach
Flaxlanden
Zillisheim
Dietwiller
Landser
Schlierbach
Kembs
Sierentz
Niffer
Petit-Landau
Steinbrunn-le-Bas
Steinbrunn-le-Haut
Geispitzen
Waltenheim
Uffheim
Illfurth
Spechbach-le-Haut
Spechbach-le-Bas
Bernwiller
Ammerzwiller
Gildwiller
Diefmatten
Falkwiller
Balschwiller
St-Bernard
Eglingen
Hagenbach
Heidwiller
Tagolsheim
Luemschwiller
Walheim
Obermorschwiller
Wahlbach
Rantzwiller
Kœtzingue
Magstatt-le-Haut
Magstatt-le-Bas
Bartenheim
Emlingen
Heiwiller
Stetten
Brinckheim
Kappelen
Zaessingue
Blotzheim
Helfrantzkirch
Michelbach-le-Bas
Dannemarie
Gommersdorf
Altkirch
Wittersdorf
Tagsdorf
Schwoben
Hausgauen
Franken
Hundsbach
Jettingen
Ballersdorf
Carspach
Manspach
Altenach
Fulleren
Hirsingue
Hirtzbach
Bettendorf
Henflingen
Willer
Berentzwiller
Ranspach-le-Bas
Ranspach-le-Haut
Attenschwiller
Hésingue
Hegenheim
Buschwiller
Huningue
St-Louis
Village-Neuf
BALE-MULHOUSE (EURO AIRPORT)
Mertzen
Hindlingen
Friesen
Largitzen
Heimersdorf
Ruederbach
Oberdorf
Grentzingen
Steinsoultz
Knœringue
Michelbach-le-Haut
Folgensbourg
Wentzwiller
Waldighofen
Ueberstrass
Seppois-le-Bas
Seppois-le-Haut
Bisel
Feldbach
Riespach
Roppentzwiller
Muespach
Muespach-le-Haut
Durmenach
Werentzhouse
Hagenthal-le-Bas
Hagenthal-le-Haut
Schönenbuch
Allschwil
BASEL (BÂLE)
Binningen
Oberwil
Bottmingen
Reinach
Neuwiller
Biel
Benken
Leymen
Liebenswiller
Therwil
Ettingen
Aesch
Dornach
Pfeffingen
Mooslargue
Kœstlach
Mœrnach
Ferrette
Vieux-Ferrette
Bouxwiller
Fislis
Linsdorf
Oltingue
Bettlach
Rodersdorf
Biederthal
Raedersdorf
Sondersdorf
Ligsdorf
Winkel
Lutter
Wolschwiller
Kiffis
Metzerlen
Hofstetten
Flüh
Mariastein
Burg im Leimental
Dittingen
Laufen
Zwingen
Röschenz
Liesberg
Roggenburg
Kleinlützel
Lucelle
Pleigne
Movelier
Soyhières
Mettembert
Bourrignon
Delémont
Courroux
Vicques
Rossemaison
Develier
Pleujouse
Charmoille
Miécourt
Alle
Cornol
Fregiécourt
Asuel
Courgenay
St-Ursanne
Montmelon
Boécourt
Bonfol
Beurnevésin
Réchésy
Pfetterhouse
Liebsdorf
Courtavon
Levoncourt
Oberlarg
Vendlincourt
Cœuve
Lugnez
Neuenburg
Auggen
Schliengen
Bad Bellingen
Bamlach
Rheinweiler
Blansingen
Kleinkems
Welmlingen
Efringen-Kirchen
Istein
Huttingen
Wintersweiler
Eimeldingen
Binzen
Fischingen
Märkt
Weil
Lörrach
Erschwil
Büsserach
Breitenbach
Brislach
Fehren
Meltingen
Zullwil
Beinwil
Grindel
Bärschwil
Wahlen
Himmelried
Grellingen
Duggingen

0 2 4 6 8 10 km
123
A
B
C
D
1
2
3
4
5
Erdeven
Plouharnel
Carnac
Alignements
Tumulus
La Trinité-sur-Mer
Carnac-Plage
Pte de Légenès
Crac'h
St-Philibert
Locmariaquer
Baden
Larmor-Baden
Î. Gavrinis
Cairn
Port-Navalo
Arz
Île Theviec
Penthièvre
Fort de Penthièvre
Sables Blancs
Kerhostin
Portivy
Beg en Aud
Pointe du Percho
St-Pierre-Quiberon
Côte Sauvage
Î. de la Truie
Beg Rohu
Kervihan
Saint-Julien
Port-Haliguen
PRESQU'ÎLE DE QUIBERON
Quiberon
Beg er Goalennec
Beg er Lan
Port Maria
Beg er Vil
Pte du Conguel
BAIE DE QUIBERON
Méaban
Côte des Mégalithes
St-Gildas
Plateau des Birvideaux
La Teignousse
Chaussée de la Teignousse
Passage de la Teignousse
Chaussée du Béniguet
Île Glazic
Île Valhuec
Passage du Béniguet
Beg er Vachif
Île d'Houat
Île Cenis
Île-d'Houat
En Thal
Banc de Houat
Banc de Taillefer
Chaussée de l'Île aux Chevaux
Île aux Chevaux
Passage des Sœurs
Pte du Vieux Château
Hœdic
Île de Hœdic
Les Poulains
Pointe des Poulains
Fort Sarah Bernhardt
Plage de Deuborch
Stêr-Vraz et Stêr-Ouen
Pte du Cardinal
Pte du Vieux Château
Pte de Kerzo
Sauzon
Port Jean
Grotte de l'Apothicairerie
Port Fouquet
Pte de Taillefer
Sémaphore
Le Pavillon
Citadelle
Le Palais
Rade du Palais
Pte de Ramonette
Port Güen
Plage de Bordardoué
Port Yorc'h
Plage des Grands Sables
Samzun
Pointe de Kerdonis
Port-An-Dro
Bangor
Port Donnant
Grand Phare
Îles Baguenères
Aiguilles de Port Coton
Port Goulphar
Pte du Talus
Port Kérel
Île de Bangor
Plage d'Herlin
Pte de St Marc
Pte de Pouldon
Locmaria
Port-Maria
Port-Blanc
Pointe du Skeul
BELLE-ÎLE
Côte Sauvage

E
F
G
H
124
146
1
2
3
4
5
VANNES
Theix-Noyalo
Questembert
Séné
Surzur
Sarzeau
Arradon
Île-aux-Moines
Île-d'Arz
GOLFE DU MORBIHAN
Presqu'île de Rhuys
Chau de Suscinio
Anse de Suscinio
Pte de St-Jacques
Pte de Penvins
Le Tour-du-Parc
Damgan
Ambon
Muzillac
Billiers
Arzal
Camoël
Pénestin
Pte du Halguen
Rade de Penerf
Passe de la Grde Accroche
Plateau de la Recherche
Île Dumet
Pte du Bile
Pte de Merquel
Assérac
Herbignac
Piriac-sur-Mer
Pointe du Castelli
Mesquer
St-Molf
La Turballe
Rade du Croisic
Guérande
Kerhinet
Le Croisic
Batz-sur-Mer
LA BAULE
Le Pouliguen
La Baule-Escoublac
Pornichet
Côte d'Amour
Chenal du Nord
La Banche
Le Four
La Calebasse
Les Petits Cardinaux
Les Grands Cardinaux
Parc de Branféré
La Roche Bernard
Berric
Lauzach
Sulniac
Elven
Ploeren
Plescop

0 2 4 6 8 10 km
125
145
164
LA BAULE
Le Pouliguen
Pornichet
Guérande
La Baule-Escoublac
ST-NAZAIRE
Pont routier
LOIRE
Paimbœuf
St-Brevin-les-Pins
St-Brevin-l'Océan
Tharon-Plage
Préfailles
Pte de St-Gildas
Pornic
Chauvé
St-Père-en-Retz
St-Michel-Chef-Chef
La Plaine-s-Mer
La Bernerie-en-Retz
Les Moutiers-en-Retz
Bourgneuf-en-Retz
Arthon-en-Retz
Corsept
St-Viaud
Frossay
Donges
Montoir-de-Bretagne
Trignac
St-Joachim
Île de Fédrun
La Grande-Brière
PARC NATUREL RÉGIONAL DE BRIÈRE
St-Lyphard
Herbignac
Asserac
Mesquer
Piriac
St-Molf
Kerbourg
St-André-des-Eaux
Pont-Château
Missillac
Ste-Reine-de-Bretagne
Crossac
Besné
Prinquiau
Savenay
La Chapelle-Launay
Drefféac
Campbon
Le Croisic
Batz-sur-Mer
Côte de Jade
BAIE DE BOURGNEUF
Pierre Moine
Île du Pilier
ÎLE DE NOIRMOUTIER
Pointe de l'Herbaudière
Pointe de Chémoulin
Pointe de l'Aiguillon
Grd Charpentier
du Nord
Canal de Haute Perche
Pointe de la Noëveillard
Plage de Mombeau
N 165
N 171
D 213
D 751
D 774
A B C D
1 2 3 4 5

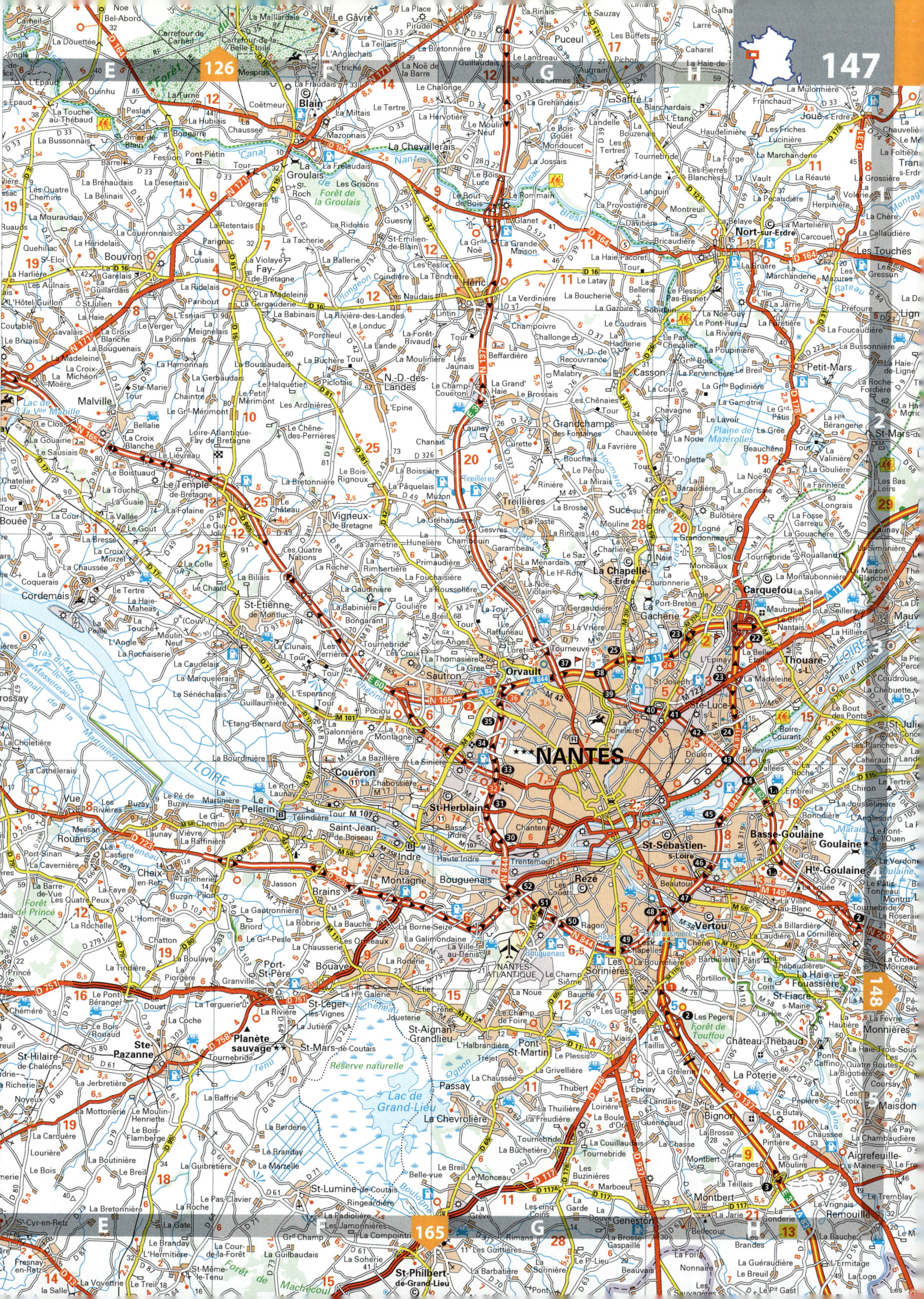
126
E
F
G
H
NANTES
Orvault
Rezé
St-Herblain
Carquefou
Thouaré-s-L.
St-Sébastien-s-Loire
Basse-Goulaine
Vertou
Bouguenais
Couëron
Indre
Sautron
La Chapelle-s-Erdre
Sucé-s-Erdre
Treillières
Grandchamp-des-Fontaines
Nort-sur-Erdre
Héric
Blain
Le Gâvre
Fay-de-Bretagne
Vigneux-de-Bretagne
Le Temple-de-Bretagne
Malville
Cordemais
St-Étienne-de-Montluc
Le Pellerin
Brains
Bouaye
St-Léger-les-Vignes
St-Mars-de-Coutais
Port-St-Père
Ste-Pazanne
St-Aignan-Grandlieu
Pont-St-Martin
Lac de Grand-Lieu
Réserve naturelle
Les Sorinières
La Chevrolière
St-Philbert-de-Grand-Lieu
St-Lumine-de-Coutais
Château-Thébaud
Haute-Goulaine
Goulaine
Montbert
Aigrefeuille-s-Maine
Remouillé
Geneston
Petit-Mars
Saffré
Puceul
Forêt de la Groulais
Canal de Nantes à Brest
Plaine de Mazerolles
LOIRE
Planète sauvage
NANTES ATLANTIQUE
148
165
13
29

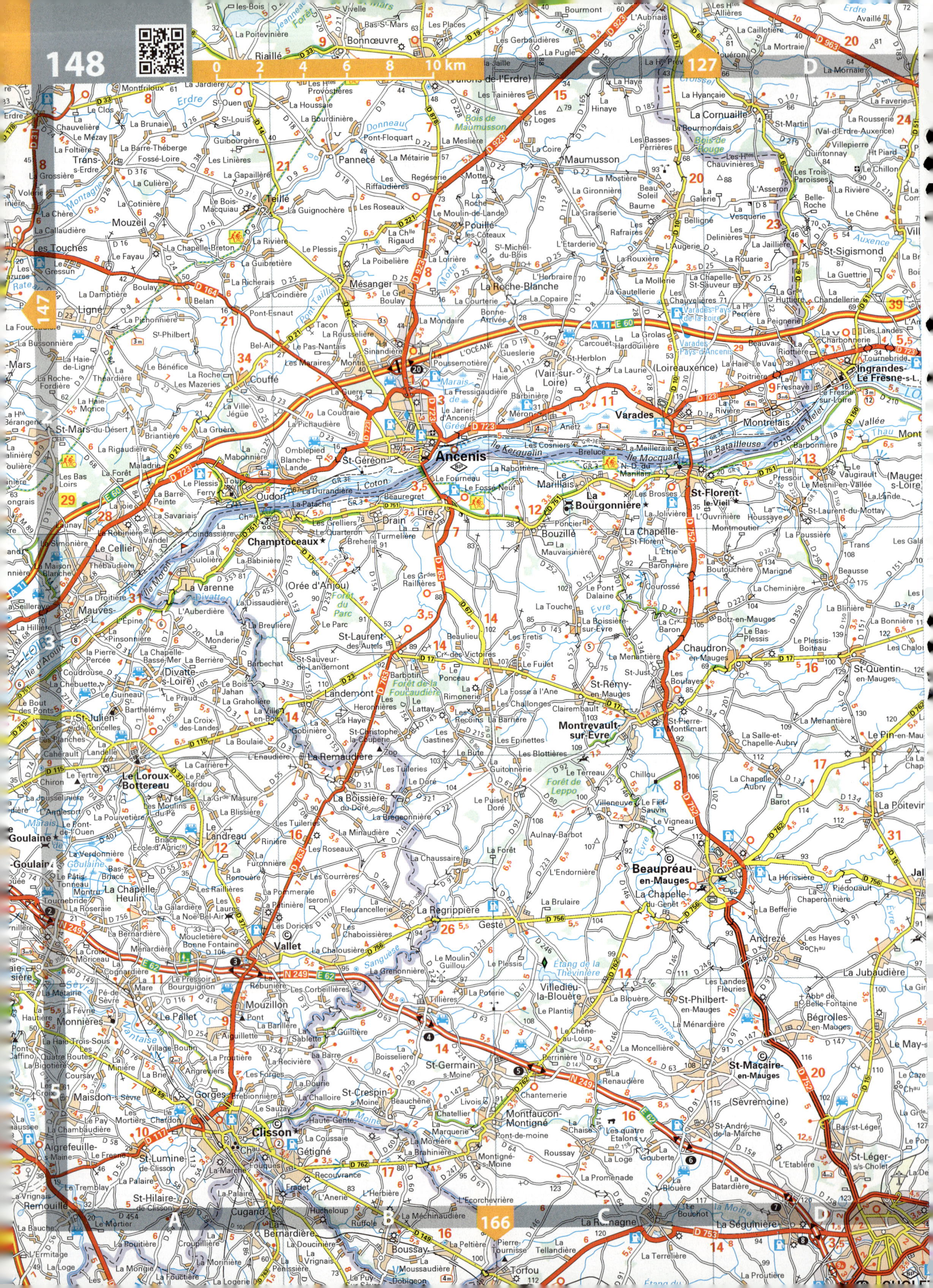
0 2 4 6 8 10 km
127
147
166
A
B
C
D
Ancenis
Varades
Champtoceaux
Oudon
St-Géréon
Mésanger
Couffé
Ligné
Mouzeil
Teillé
Riaillé
Bonnœuvre
Pannecé
Pouillé-les-Côteaux
Maumusson
La Roche-Blanche
St-Herblon
Montrelais
Ingrandes-Le Fresne-s-L.
St-Sigismond
La Cornuaille
Belligné
St-Florent-le-Vieil
La Bourgonnière
Bouzillé
Liré
Drain
Le Cellier
Mauves-s-L.
La Varenne
St-Laurent-des-Autels
Landemont
St-Christophe-la-Couperie
Montrevault-sur-Evre
St-Rémy-en-Mauges
Chaudron-en-Mauges
St-Quentin-en-Mauges
Le Pin-en-Mauges
Beaupréau-en-Mauges
La Chapelle-du-Genêt
Andrezé
La Jubaudière
Bégrolles-en-Mauges
St-Macaire-en-Mauges
St-Philbert-en-Mauges
Villedieu-la-Blouère
La Regrippière
Vallet
La Boissière-du-Doré
La Remaudière
Le Loroux-Bottereau
Le Landreau
St-Julien-de-Concelles
Divatte-sur-Loire
La Chapelle-Heulin
Le Pallet
Mouzillon
Clisson
Gétigné
Gorges
Maisdon-s-Sèvre
Monnières
St-Lumine-de-Clisson
St-Hilaire-de-Clisson
Cugand
Boussay
Torfou
La Bernardière
St-Crespin-s-Moine
St-Germain-s-Moine
Montfaucon-Montigné
La Romagne
La Séguinière
St-Léger-s/s-Cholet
Goulaine
Remouillé
Aigrefeuille-s-Maine
Loire
Sèvre
Evre
A 11 E 60
N 249
N 249 E 62
D 723
D 763
D 752
D 756
D 762
D 753

128
150
167
E
F
G
H
1
2
3
4
5
ANGERS
Avrillé
Beaucouzé
Trélazé
St-Barthélemy-d'Anjou
Pignerolle
Les Ponts-de-Cé
Ste-Gemmes-sur-Loire
Mûrs-Erigné
St-Jean-de-la-Croix
Bouchemaine
St-Georges-sur-Loire
Serrant
St-Germain-des-Prés
Champtocé-s-Loire
La Pommeraye
Chalonnes-s-Loire
Savennières
Béhuard
Rochefort-s-L.
Chaudefonds-s-Layon
Chau de la Hte guerche (Val-du-Layon)
St-Lambert-du-Lattay
Beaulieu-s-Layon
Rablay-s-Layon
Forêt de Beaulieu
Brissac-Quincé
Vauchrétien
Juigné-sur-Loire
St-Saturnin-sur-L.
St-Melaine-sur-A.
Charcé-St-Ellier-s-Aubance
(Brissac-Loire-Aubance)
Chemillé-en-Anjou
Bourgneuf-en-Mauges
St-Laurent-de-la-Plaine
Chanzeaux
(Bellevigne-en-Layon)
Thouarcé
Faye-d'Anjou
Martigné-Briand
Aubigné-sur-L.
Tigné
Vihiers
(Lys-Haut-Layon)
Coron
Vezins
Trémentines
Nuaillé
Melay
Chanteloup-les-Bois
St-Paul-du-Bois
Le Plessis-Macé
Montreuil-Juigné
Cantenay-Epinard
Écouflant
St-Sylvain-d'Anjou
(Verrières-en-Anjou)
Le Plessis-Grammoire
Sarrigné
Andard
Brain-sur-l'Authion
(Loire-Authion)
Saulgé-l'Hôpital
Luigné
Chavagnes
Cernusson
Tremont
Passavant-sur-L.
Cléré-s-Layon
Toutlemonde
Mazières
St-Clément-de-la-Place
St-Lambert-la-Potherie
St-Léger-des-Bois
St-Martin-du-Fouilloux
St-Jean-de-Linières
Bécon-les-Granits
St-Augustin-des-Bois
Forêt de Bécon
Le Louroux-Béconnais
Loire
Louet
Layon
Aubance
Hyrôme
Corniche Angevine
Pic Martin
Île St-Aubin
Sarthe
Brionneau
Coudre
Camp militaire
A 11
A 87
E 501
E 60
D 723
D 160
D 960
D 748
D 761
D 751
D 54
D 84
D 963
D 961
D 347
D 952

129
149
168

0 2 4 6 8 10 km
Baugé-en-Anjou
Pontigné
Chavaignes
Lasse
Auverse
Noyant
Méon
Mouliherne
Linières-Bouton
La Pellerine
Parçay-les-Pins
Le Vieil-Baugé
Landifer
Fontaine-Milon
Bauné
Corzé
Montgeoffroy
Mazé-Milon
Beaufort-en-Anjou
La Lande-Chasles
Jumelles
Longué-Jumelles
Vernantes
Vernoil-le-Fourrier
Courléon
St-Mathurin-s-Loire
St-Rémy-la-Varenne
St-Maur
La Ménitré
PARC NATUREL RÉGIONAL
Les Rosiers-sur-Loire
Gennes
Chemellier
Cunault
Trèves
St-Clément-des-Levées
St-Martin-de-la-Place
Neuillé
Vivy
Blou
St-Philbert-du-Peuple
Mouliherne
Allonnes
Brain-s-Allonnes
La Breille-les-Pins
St-Nicolas-de-Bourgueil
Bourgueil
LOIRE
SAUMUR
Villebernier
Varrains
Souzay-Champigny
Parnay
Turquant
Montsoreau
Candes-St-Martin
Fontevraud-l'Abbaye
Chouzé-sur-Loire
Varennes-s-Loire
Doué-la-Fontaine
Village Troglodytique
Louresse-Rochemenier
Dénezé-s-Doué
Rou-Marson
Verrie
Distré
Artannes-s-Thouet
St-Cyr-en-Bourg
Brézé
Montreuil-Bellay
Le Puy-N.-D.
Concourson-s-Layon
Les Verchers-s-Layon
Vaudelnay
Épieds
Roiffé
Couziers
Thizay
Lerné
Seuilly
Morton
Raslay
Les Trois-Moutiers
St-Léger-de-Montbrillais
Antoigné
Bouillé-Loretz
St-Martin-de-Sanzay
Vienne
Authion
Lathan
Forêt de Chandelais
Forêt de Fontevraud
Camp militaire
A 85
E 60
D 347
D 938
D 952

130
152
169
Château-la-Vallière
Villiers-au-Bouin
Brèches
Couesmes
Neuillé-Pont-Pierre
Souvigné
Sonzay
Semblançay
Lublé
St-Laurent-de-Lin
Channay-s-Lathan
Courcelles-de-Touraine
Rillé
Savigné-sur-Lathan
Hommes
Champchevrier
Cléré-les-Pins
Ambillou
Pernay
St-Roch
Charentilly
Mettray
La Membrolle-sur-Choisille
St-Cyr-sur-Loire
Fondettes
Luynes
TOURS
Joué-lès-Tours
Ballan-Miré
Savonnières
Villandry
Langeais
Cinq-Mars-la-Pile
Mazières-de-Touraine
Avrillé-les-Ponceaux
Gizeux
Continvoir
St-Michel-sur-Loire
Lignières-de-Touraine
Bréhémont
Benais
Restigné
Ingrandes-de-Touraine
St-Patrice
Rivarennes
Rigny-Ussé
Ussé
Huismes
Azay-le-Rideau
Cheillé
Saché
Artannes-sur-Indre
Monts
Montbazon
Druye
Vallères
Thilouze
Villeperdue
Ste-Catherine-de-Fierbois
Ste-Maure-de-Touraine
Chinon
Rivière
Anché
Sazilly
Tavant
L'Île-Bouchard
Crouzilles
Trogues
Noyant-de-Touraine
Neuil
Crissay-sur-Manse
Avon-les-Roches
Pouzay
Theneuil
Rivau
Ligré
Marçay
Champigny-
Forêt de Chinon
Landes du Ruchard
Camp militaire du Ruchard
Forêt de Villandry
Bois de Crémille
Landes de Brévande
Étang de Val Joyeux
Forêt de Château-la-Vallière
Bois de Tivoli
Bois d'Ambillou
Bois de la Motte
Étang du Croulay
PARC NATUREL
TOURAINE
LOIRE
Indre

0 2 4 6 8 10 km
Château-Renault
Morand
Orchaise
(Valencisse)
Molineuf
Chambon-sur-Cisse
Santenay
Plessis
131
151
170
Nouzilly
Crotelles
Villedômer
Auzouer-en-Touraine
Dame-Marie-les-Bois
Coulanges
(Valloire-sur-Cisse)
Chouzy-s-Cisse
Monnaie
Onzain
Mesland
Reugny
Vernou-sur-Brenne
Vouvray
Rochecorbon
Parçay-Meslay
Grange de Meslay
Noizay
Nazelles-Négron
Pocé-sur-Cisse
Montreuil-en-Touraine
Limeray
Cangey
Mosnes
Veuves
Monteaux
(Veuzain-s-Loire)
Chaumont-sur-Loire
Rilly-sur-Loire
Amboise
Chargé
St-Règle
Souvigny-de-Touraine
Vallières-les-Grandes
Montlouis-sur-Loire
St-Pierre-des-Corps
Larçay
St-Avertin
Chambray-lès-Tours
Véretz
Azay-sur-Cher
Lussault-sur-Loire
Pagode de Chanteloup
Parc des mini-châteaux
FORÊT D'AMBOISE
Montrichard Val de cher
Chissay-en-Touraine
Chenonceaux
Chisseaux
Civray-de-Touraine
Bléré
La Croix-en-Touraine
Dierre
St-Martin-le-Beau
Athée-sur-Cher
St-Georges-sur-Cher
Faverolles-sur-Cher
St-Julien-de-Chédon
Francueil
Épeigné-les-Bois
Montbazon
Veigné
Esvres
Truyes
Cormery
Courçay
Cigogné
Sublaines
Luzillé
Montpoupon
Céré-la-Ronde
Le Liège
Biard-la-Chapelle
St-Branchs
Tauxigny
Reignac-sur-Indre
Chédigny
Azay-sur-Indre
St-Quentin-sur-Indrois
Genillé
Montrésor
Chemillé-sur-Indrois
Beaumont-Village
Louans
Le Louroux
St-Bauld
Manthelan
Dolus-le-Sec
Chambourg-sur-Indre
Chanceaux-près-Loches
Loches
Beaulieu-lès-Loches
Ferrière-sur-Beaulieu
Chartreuse du Liget
Sennevières
Loché-sur-Indrois
Perrusson
La Chapelle-Blanche-St-Martin
Mouzay
Grillemont
A B C D
1 2 3 4 5 6

132
Vineuil
Les Grotteaux
Huisseau-sur-Cosson
Réserve Nationale de Chasse
Dhuizon
St-Gervais-la-Forêt
Mont-près-Chambord
Villesavin
Neuvy
Montrieux-en-Sologne
Chailles
Beauregard
Cellettes
Bracieux
Bauzy
Tour-en-Sologne
Cour-Cheverny
Cheverny
Fontaines-en-Sologne
Vernou-en-Sologne
Chitenay
Troussay
Cormeray
Seur
Les Montils
Monthou-sur-Bièvre
Ouchamps
Courmemin
Fougères-sur-Bièvre
Feings
Fresnes
Contres
Forêt de Cheverny
Millançay
Veilleins
Soings-en-Sologne
Mur-de-Sologne
Thenay
Oisly
Sassay
Choussy
Rougeou
Lassay-sur-Croisne
Le Moulin
Romorantin-Lanthenay
Monthou-sur-Cher
Le Gué-Péan
Thésée
Couddes
Chémery
Méhers
St-Romain-sur-Cher
Gy-en-Sologne
Pruniers-en-Sologne
Pouillé
Mareuil-sur-Cher
Billy
Villefranche-sur-Cher
Noyers-sur-Cher
Selles-sur-Cher
St-Aignan
Seigy
Châtillon-sur-Cher
Meusnes
Gièvres
St-Julien-sur-Cher
La Chapelle-Montmartin
Zoo-parc de Beauval
Couffy
Chabris
Châteauvieux
Lye
Fontguenand
Varennes-s-Fouzon
Val-Fouzon
Menetou-sur-Nahon
Sembleçay
St-Christophe-en-Bazelle
Villentrois
Faverolles-en-Berry
Dun-le-Poëlier
Bagneux
Forêt de Gâtine
Valençay
Poulaines
Nouans-les-Fontaines
Luçay-le-Mâle
Veuil
Buxeuil
Vicq-sur-Nahon
Écueillé
171
154

0 2 4 6 8 10 km
133
153
172
Neung-sur-Beuvron
La Ferté-Beauharnais
St-Viâtre
Nouan-le-Fuzelier
Pierrefitte-sur-Sauldre
Brinon-s-Sauldre
Clémont
Marcilly-en-Gault
Millançay
Souesmes
Ménétréol-s-Sauldre
Salbris
Selles-St-Denis
La Ferté-Imbault
Loreux
Villeherviers
Romorantin
Theillay
Nançay
Neuvy-sur-Barangeon
Orçay
Langon-sur-Cher
Mennetou-sur-Cher
St-Julien-sur-Cher
St-Loup-sur-Cher
Châtres-sur-Cher
Maray
Thénioux
Méry-sur-Cher
Vierzon
Vouzeron
St-Laurent
St-Georges-sur-la-Prée
Genouilly
Graçay
St-Outrille
Nohant-en-Graçay
Massay
Méreau
Lury-sur-Arnon
Quincy
Brinay
Foëcy
Vignoux-sur-Barangeon
Allouis
Mehun-sur-Yèvre
Chéry
Reboursin
Cerbois
Lucay-le-Libre
Preuilly
Forêt de Bruadan
Forêt de Vierzon
Forêt de Vouzeron
Sauldre
Cher
Yèvre
Arnon
Camp militaire
Vélodrome
A 85
A 20
A 71
L'OCCITANE
D 2020
D 922
D 724
D 944
D 2076

134
173
156
E
F
G
H
Argent-sur-Sauldre
Blancafort
Aubigny-sur-Nère
Oizon
Concressault
Barlieu
Cernoy-en-Berry
Pierrefitte-ès-Bois
Châtillon-sur-Loire
Bonny-s-Loire
Beaulieu-s-Loire
Belleville-sur-Loire
Santranges
Sury-près-Léré
Sury-ès-Bois
Vailly-sur-Sauldre
Dampierre-en-Crot
Ennordres
La Verrerie
Villegenon
Thou
Savigny-en-Sancerre
Assigny
Subligny
Presly
Jars
Le Noyer
La Chapelle-d'Angillon
Ivoy-le-Pré
La Chapelotte
Sury-en-Vaux
Menetou-Râtel
Verdigny
Sancerre
Ménétréol-sous-Sancerre
Méry-ès-Bois
Henrichemont
Neuilly-en-Sancerre
Sens-Beaujeu
Crézancy-en-Sancerre
Bué
Achères
La Borne
Neuvy-Deux-Clochers
Vinon
Gardefort
Humbligny
Veaugues
St-Palais
Menetou-Salon
Quantilly
Morogues
Parassy
Montigny
Jalognes
St-Martin-d'Auxigny
Aubinges
St-Céols
St-Georges-sur-Moulon
Vignoux-sous-les-Aix
Les Aix-d'Angillon
Rians
Soulangis
Azy
Pigny
Lugny-Champagne
Vasselay
St-Michel-de-Volangis
Etréchy
St-Eloy-de-Gy
Fussy
Ste-Solange
Brécy
Chaumoux-Marcilly
Sévry
Asnières
St-Doulchard
St-Germain-du-Puy
Villabon
Nohant-en-Goût
Forêt d'Ivoy
Bois de Vèvre
Forêt de St-Palais
Forêt de Menetou
Bois des Brosses

0 2 4 6 8 10 km
135
155
174
Cosne-Cours-sur-Loire
La Charité-s-Loire
Pouilly-s-Loire
Donzy
St-Amand-en-Puisaye
Entrains-s-Nohain
Sancerre
Prémery
Chantier médiéval de Guédelon
Parc naturel de Boutissaint
Réservoir du Bourdon
Ratilly
Treigny
Bonny-s-Loire
Neuvy-s-Loire
Myennes
Cours
St-Père
Pougny
St-Vérain
Alligny-Cosne
Bitry
Dampierre-s-s-Bouhy
Bouhy
Ciez
Perreuse
Sainpuits
Lainsecq
Thury
Étais-la-Sauvin
Menestreau
Couloutre
Perroy
La Chapelle-St-André
Menou
Colméry
Cessy-les-Bois
St-Malo-en-Donziois
Châteauneuf-Val-de-Bargis
Champlemy
Nannay
Chasnay
Arbourse
Vielmanay
St-Andelain
Tracy-sur-Loire
Thauvenay
Ménétréol-sous-Sancerre
St-Satur
Mesves-s-Loire
Bulcy
Narcy
Garchy
Varennes-lès-Narcy
Raveau
St-Martin-des-Champs
Sancerre
Charentonnay
Argenvières
Champvoux
Chaulgnes
Murlin
La Celle-sur-Nièvre
Beaumont-la-Ferrière
Sichamps
Nolay
Forêt de Donzy
Forêt des Bertranges
Forêt de Bellary
Forêt des Courgeonneries
Forêt des Dames
Loire
Nohain
Mazou
Nièvre

E
F
G
H
1
2
3
4
5
136
158
175
Forêt de Frétoy
Druyes-les-Belles-Fontaines
Coulanges-sur-Yonne
Festigny
Andryes
Surgy
Pousseaux
Lucy-sur-Yonne
Châtel-Censoir
Merry-sur-Yonne
Mailly-la-Ville
Grottes d'Arcy
St-Moré
Voutenay
Bois-d'Arcy
Sermizelles
Blannay
Givry
Avallon
Annay-la-Côte
Girolles
Montillot
Asnières-sous-Bois
Vézelay
St-Père
Fontaines Salées
Pierre-Perthuis
Asquins
Domecy-sur-le-Vault
Pontaubert
Island
Tharoiseau
Menades
Clamecy
Oisy
Billy-sur-Oisy
Trucy-l'Orgueilleux
Armes
Chevroches
Dornecy
Brèves
Rix
Breugnon
Corvol-l'Orgueilleux
Villiers-sur-Yonne
Asnois
Metz-le-Comte
Teigny
Nuars
Amazy
Tannay
Saligny
St-Germain-des-Bois
Villiers-le-Sec
St-Pierre-du-Mont
Cuncy-lès-Varzy
Varzy
Beuvron
Vignol
Saizy
Neuffontaines
St-Aubin-des-Chaumes
Bazoches
Domecy-sur-Cure
Fontenay-près-Vézelay
Foissy-lès-Vézelay
Chastellux
Marcy
Grenois
Talon
Asnan
Challement
Taconnay
Dirol
Ruages
Moissy-Moulinot
Anthien
Pouques-Lormes
Lormes
Empury
St-Martin-du-Puy
Corvol-d'Embernard
Chevannes-Changy
Brinon-sur-Beuvron
Moraches
Héry
Germenay
Marigny-sur-Yonne
Chitry-les-Mines
Chaumot
Corbigny
Magny-Lormes
Gâcogne
Vauclaix
Cervon
Authiou
Bussy-la-Pesle
Champlin
Neuilly
Champallement
Guipy
Pazy
Arthel
Arzembouy
Butte de Montenoison
Montenoison
St-Révérien
Vitry-Laché
Marcilly
Sardy-lès-Epiry
Epiry
Mouron-sur-Yonne
Forêt de Montreuillon
Montreuillon
Mhère
Moussy
Lurcy-le-Bourg
Crux-la-Ville
La Collancelle
Bazolles
St-Franchy
Ste-Marie
St-Benin-des-Bois
St-Saulge
Achun
Aunay-en-Bazois
Blismes
Montigny-en-Morvan
Mont-et-Marré
Châtin
Dun-sur-Grandry

0 2 4 6 8 10 km
137
157
176
Montréal
Époisses
Semur-en-Auxois
Avallon
Savigny-en-Terre-Plaine
Guillon
Toutry
Vieux-Château
Montberthault
Courcelles-Frémoy
Bourbilly
Précy-sous-Thil
Bierre-lès-Semur
Ste-Magnance
Rouvray
Sincey-lès-Rouvray
Quarré-les-Tombes
St-Léger-Vauban
La Roche-en-Brenil
St-Germain-de-Modéon
Juillenay
Montlay-en-Auxois
Molphey
St-Didier
St-Agnan
Saulieu
Dun-les-Places
St-Brisson
Champeau-en-Morvan
Thoisy-la-Berchère
Liernais
Gouloux
Montsauche-les-Settons
Les Settons
Alligny-en-Morvan
Moux-en-Morvan
Ménessaire
Chissey-en-Morvan
Savilly
Bard-le-Régulier
Marcheseuil
Manlay
Planchez
Chaumard
Ouroux-en-Morvan
Lac de Pannecière-Chaumard
Brazey-en-Morvan
Vianges
Villiers-en-Morvan
Blanot
Sussey
Censerey
Diancey
Forêt de Thoisy
Lac des Settons
Parc Naturel Régional du Morvan
Marigny
Chalaux
Brassy
Sceaux
Trévilly
Forléans
Marcigny-sous-Thil
Fontangy
Missery
Villargoix
Corrombles
Genay
Millery
Flée
Brianny
Villeneuve-sous-Charigny
Roilly
Jeux-lès-Bard
Montigny-Montfort
Lantilly
Massingy-lès-Semur
Courcelles-lès-Semur
Pont-et-Massène
St-Euphrône
A6
D 906
D 980
D 70
Barnay
Cussy-en-Morvan
Lucenay-l'Évêque
Corancy
Lavault-de-Frétoy
Châtin

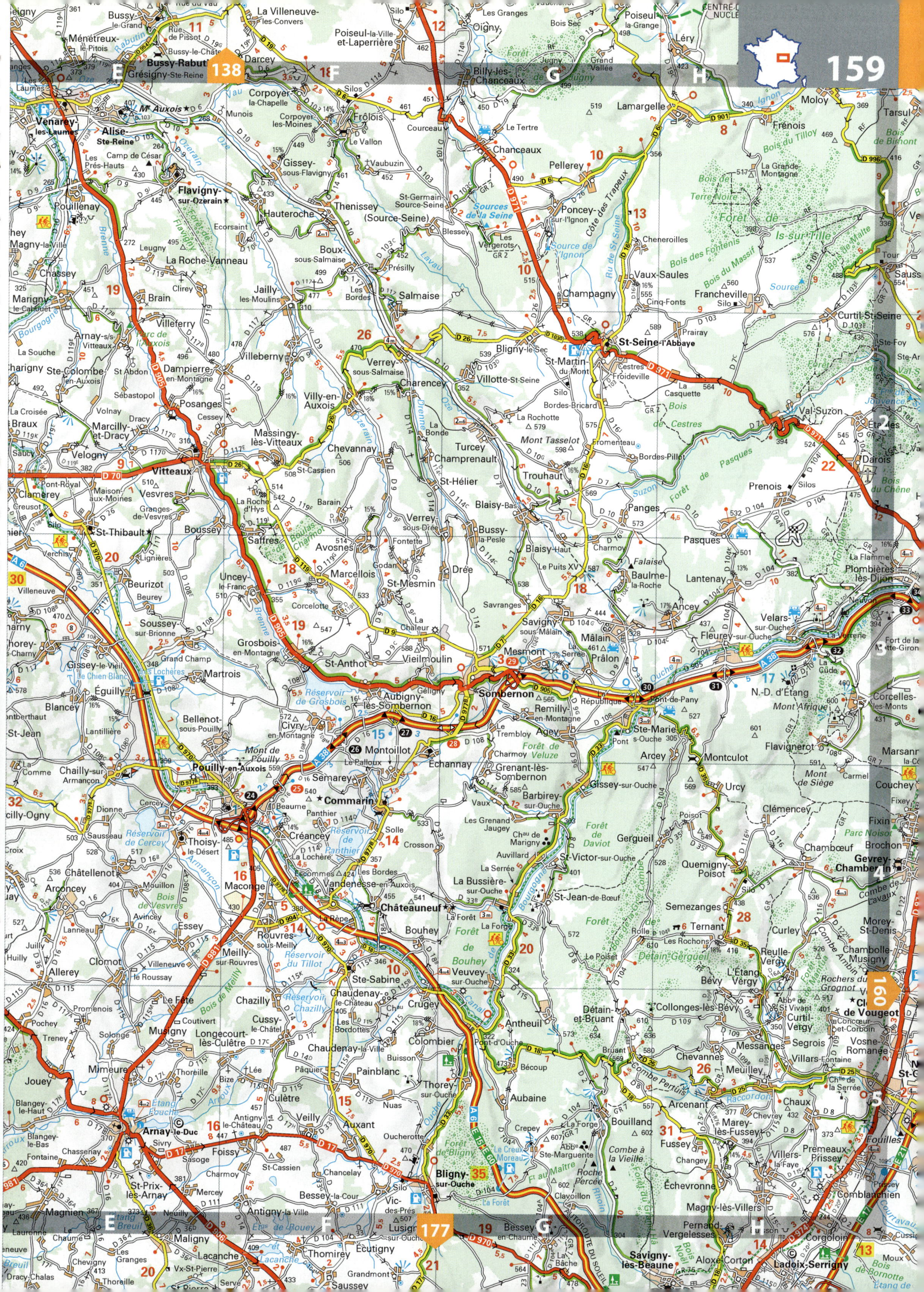
138
160
177
E
F
G
H
Venarey-les-Laumes
Alise-Ste-Reine
Flavigny-sur-Ozerain
Bussy-Rabutin
Darcey
Frôlois
Chanceaux
Billy-lès-Chanceaux
Lamargelle
Moloy
Poncey-sur-l'Ignon
Sources de la Seine
Salmaise
St-Seine-l'Abbaye
Val-Suzon
Vitteaux
Posanges
Villy-en-Auxois
Verrey-sous-Salmaise
Blaisy-Bas
St-Thibault
Sombernon
Pouilly-en-Auxois
Commarin
Châteauneuf
Ste-Sabine
Arnay-le-Duc
Bligny-sur-Ouche
Savigny-lès-Beaune
Ladoix-Serrigny
Gevrey-Chambertin
Clos de Vougeot
Plombières-lès-Dijon
Velars-sur-Ouche
Fleurey-sur-Ouche
Mâlain
Pralon
Ste-Marie-sur-Ouche
Gissey-sur-Ouche
Barbirey-sur-Ouche
La Bussière-sur-Ouche
St-Victor-sur-Ouche
Montculot
Urcy
Semezanges
Détain-et-Bruant
Collonges-lès-Bévy
Bouilland
Échevronne
Forêt de Is-sur-Tille
Réservoir de Grosbois
Réservoir de Panthier
Réservoir de Cercey
Réservoir du Tillot
Réservoir de Chazilly
A 6
A 38
D 971
D 905
D 970
D 981

0 2 4 6 8 10 km
139
159
178
A
B
C
D
1
2
3
4
5
DIJON
Is-sur-Tille
Til-Châtel
Marcilly-sur-Tille
Gemeaux
Pichanges
Épagny
Marsannay-le-Bois
Savigny-le-Sec
Messigny-et-Vantoux
Asnières-lès-Dijon
Bellefond
Ruffey-lès-Echirey
Varois-et-Chaignot
Orgeux
Hauteville-lès-Dijon
Ahuy
Daix
Fontaine-lès-Dijon
Talant
Plombières-lès-Dijon
St-Apollinaire
Quetigny
Chevigny-St-Sauveur
Sennecey-lès-Dijon
Chenôve
Longvic
Neuilly-lès-Dijon
Crimolois
Ouges
Marsannay-la-Côte
Perrigny-lès-Dijon
Couchey
Fixin
Brochon
Gevrey-Chambertin
Morey-St-Denis
Chambolle-Musigny
Clos de Vougeot
Vosne-Romanée
Nuits-St-Georges
Agencourt
St-Philibert
Broindon
Épernay-sous-Gevrey
Savouges
Corcelles-lès-Cîteaux
St-Bernard
Villebichot
Boncourt-le-Bois
St-Nicolas-lès-Cîteaux
Abbaye de Cîteaux
Gerland
Quincey
Izeure
Bessey-lès-Cîteaux
Aubigny-en-Plaine
Aiserey
Échigey
Rouvres-en-Plaine
Thorey-en-Plaine
Marliens
Genlis
Varanges
Fauverney
Bretenière
Magny-sur-Tille
Izier
Cessey-sur-Tille
Bressey-sur-Tille
Remilly-sur-Tille
Arc-sur-Tille
Couternon
Binges
Belleneuve
Labergement-Foigney
Longchamp
Chambeire
Tellecey
Cirey-lès-Pontailler
Mirebeau-sur-Bèze
Magny-St-Médard
Arceau
Beire-le-Châtel
Brognon
Flacey
Spoy
Vievigne
Noiron-sur-Bèze
Bèze
Lux
Véronnes
Bourberain
Fontenelle
Dampierre-et-Flée
Beaumont-sur-Vingeanne
Blagny-sur-Vingeanne
Champagne-sur-Vingeanne
Oisilly
Renève
Cheuge
Jancigny
Bézouotte
Charmes
Cuiseray
Marandeuil
Drambon
Trochères
Étevaux
Savolles
Magny
Arçon
Montmançon
Maxilly-sur-Saône
St-Sauveur
Talmay
Heuilley-sur-Saône
Perrigny-sur-l'Ognon
Pontailler-sur-Saône
St-Léger-Triey
Vonges
Lamarche-sur-Saône
Poncey-lès-Athée
Flammerans
Athée
Magny-Montarlot
Premières
Collonges-lès-Premières
Villers-les-Pots
Auxonne
Tillenay
Soirans
Tréclun
Champdôtre
Pont
Labergement-lès-Auxonne
Villers-Rotin
Billey
Flagey-lès-Auxonne
Les Maillys
Trouhans
Montot
Brazey-en-Plaine
St-Usage
St-Jean-de-Losne
Losne
Échenon
St-Symphorien-sur-Saône
Laperrière-sur-Saône
Samerey
Champvans
Damparis
Foucherans
Abergement-la-Ronce
Aumur
Magny-lès-Aubigny
Esbarres
Charrey-sur-Saône
Bonnencontre
Broin
Auvillars-sur-Saône
Lechâtelet
Pagny-la-Ville
Pagny-le-Château
Chaugey
Orville
Silo
Crécey-sur-Tille
Villey-sur-Tille
Échevannes
Saulx-le-Duc
Tarsul
Diénay
Villecomte
Vernot
Chaignay
Saussy
Pouilly-sur-Vingeanne
St-Seine-sur-Vingeanne
Fahy-lès-Autrey
Licey-sur-Vingeanne
Broye-les-Loups-et-Verfontaine
Essertenne-et-Cecey
A 31
A 39
A 36
E 21
D 974
D 905
D 70
LGV RHIN-RHÔNE

140
E
F
G
H
Écuelle
Oyrières
Vars
Autet
Mercey-sur-Saône
Savoyeux
Vaudey
Le Pont-de-Planches
Motey-sur-Saône
St-Gand
Bourguignon-lès-la-Charité
Grandvelle-et-le-Perrenot
Maizières
Vereux
La Rente Rouge
Montureux-et-Prantigny
Auvet-et-la-Chapelotte
Beaujeu-St-Vallier-et-Pierrejux
Ste-Reine
La Vernotte
Les Bâties
Fretigney-et-Velloreille
Autrey-lès-Gray
Chargey-lès-Gray
Igny
La Chapelle-St-Quillain
Vaux-le-Moncelot
Recologne-lès-Rioz
Bouhans-et-Feurg
Rigny
Vellemoz
Étrelles-et-la-Montbleuse
Frasne-le-Château
Nantilly
Arc-lès-Gray
St-Broing
Sauvigney-lès-Gray
Angirey
Villers-Chemin-et-Mont-lès-Étrelles
Villers-Bouton
Gray
Ancier
Vantoux-et-Longevelle
Vellefrey-et-Vellefrange
Gray-la-Ville
Velesmes-Echevanne
St-Loup-Nantouard
Citey
Vellefaire
Cordonnet
Velet
Battrans
Bucey-lès-Gy
Oiselay-et-Grachaux
Montarlot-lès-Rioz
Mantoche
Villefrancon
Gy
Bonnevent-Velloreille
Esmoulins
Velloreille-lès-Choye
Choye
Apremont
Champvans
Cresancey
Onay
Chaux-la-Lotière
Boult
Noiron
Le Tremblois
Champtonnay
Bellevue
Montboillon
Germigney
Cugney
Autoreille
Charcenne
Arsans
Venère
Gézier-et-Fontenelay
Étuz
Voray-sur-l'Ognon
Lieucourt
Tromarey
Courcuire
Bussières
Vadans
Bonboillon
Cussey-sur-l'Ognon
Chambornay-lès-Pin
Chevigney
Valay
Avrigney-Virey
Beaumotte-lès-Pin
Sauvagney
Geneuille
Aubigney
Chancey
Pin
Vregille
Moncley
Auxon-Dessus
Devecey
Châtillon-le-Duc
La Résie-St-Martin
Hugier
Cult
Émagny
Chevigney-sur-l'Ognon
Broye-Aubigney-Montseugny
Motey-Besuche
Marnay
Brussey
Auxon-Dessous
Miserey-Salines
Chaumercenne
Sauvigney-lès-Pesmes
Bay
Ruffey-le-Château
Chaucenne
Cléry
Pesmes
Montagney
Sornay
Recologne
Noironte
Pouilley-les-Vignes
Bard-lès-Pesmes
Chenevrey-et-Morogne
Burgille
Audeux
Pirey
École-Valentin
Mutigney
Malans
Abbaye d'Acey
Jallerange
Courchapon
Franey
Placey
Champagney
Champagney
Bresilley
Thervay
Pagney
Lavernay
Champvans-les-Moulins
Serre-les-Sapins
Dammartin-Marpain
Le Moutherot
Lantenne-Vertière
Mazerolles-le-Salin
Franois
Chaudanne
Vitreux
Corcondray
Vaux-les-Prés
Ougney
Étrabonne
Pointre
Brans
Taxenne
Mercey-le-Grand
Corcelles-Ferrières
Villers-Buzon
Chemaudin
Dannemarie-sur-Crète
Montmirey-le-Château
Saligney
Rouffange
Romain
Ferrières-les-Bois
Pouilley-Français
Avanne-Aveney
Offlanges
Montmirey-la-Ville
Serre-les-Moulières
Gendrey
Louvatange
Berthelange
Grandfontaine
Montferrand-le-Château
Moissey
Peintre
Sermange
Mercey
Velesmes-Essarts
Rancenay
Vriange
Auxange
St-Vit
Thoraise
Torpes
Pugey
Massif de la Serre
Menotey
Malange
Amange
Évans
Salans
Roset-Fluans
Busy
Romange
Lavans-lès-D.
Les Minerais
Montepain
Dampierre
Gredisans
Archelange
Osselle-Routelle
Boussières
Lavangeot
Orchamps
Ranchot
La Barre
Rans
Fraisans
Grottes d'Osselle
Chenecey-Buillon
Charnay
Châtenois
Authume
Audelange
Our
Courtefontaine
Abbans-Dessous
Abbans-Dessus
Éclans-Nenon
Étrepigney
La Bretenière
Villars-St-Georges
Chouzelot
Rochefort-sur-Nenon
Plumont
Byans-sur-Doubs
Cessey
Baverans
Falletans
Fourg
Quingey
Palantine
Rurey
Brevans
Azans
Lavans-Quingey
Rouhe
Goux-s/s-Landet
Châtillon-sur-Lison
Lombard
Pessans
Mesmay
Liesle
Pointvillers
Cussey-s/s-Lison
Brères
Montfort
Lizine
Crissey
Villette-lès-D.
Chatelay
Champagne-sur-Loue
Buffard
Samson
Ronchaux
Échay
Paroy
Bartherans
Chay
Forêt de Chaux
Forêt de Belle Vaivre
Forêt des Hauts-Bois
Bois de Vaudenay
Saône
Ognon
Doubs
Loue
179
162

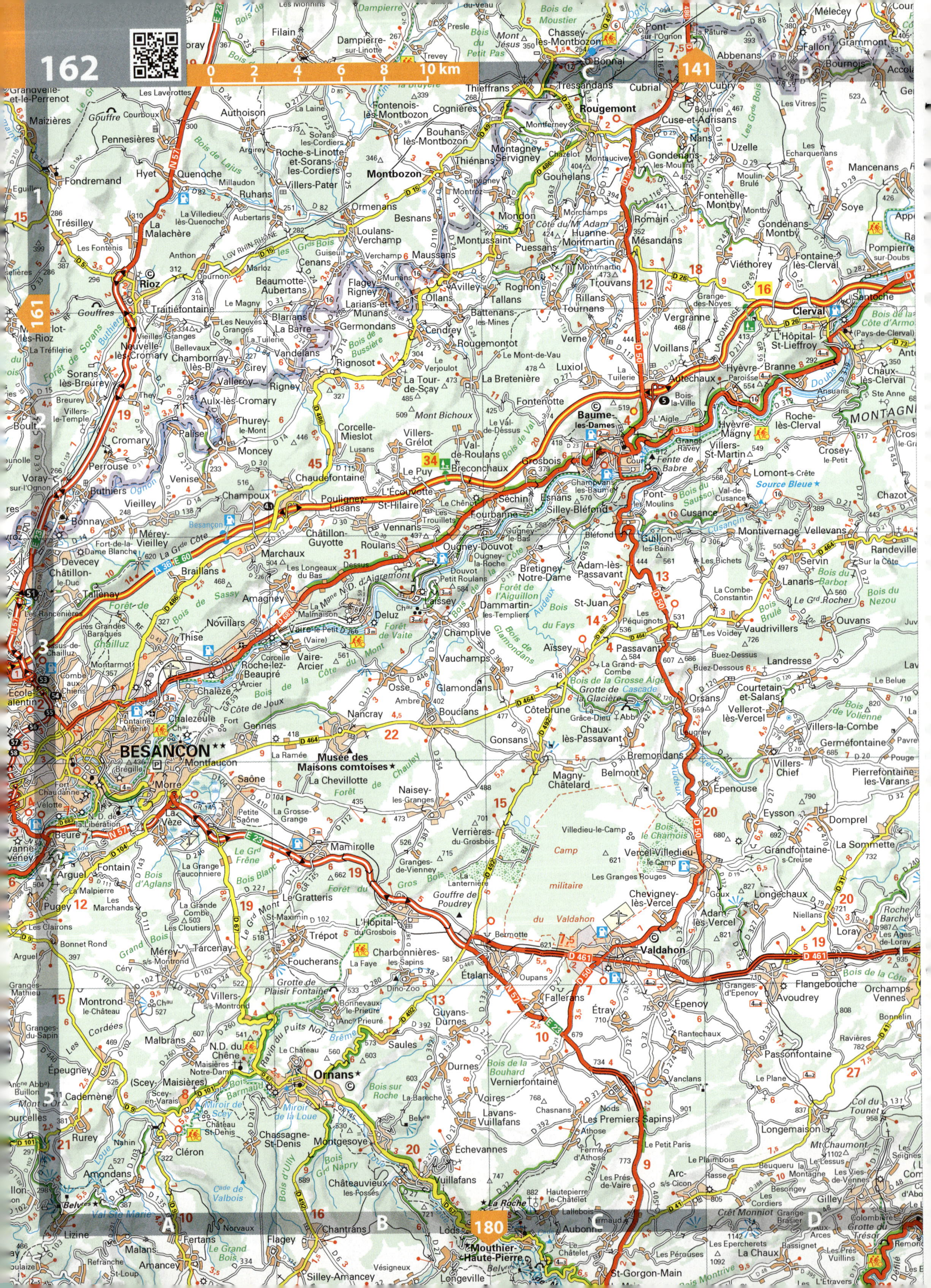
0 2 4 6 8 10 km
141
161
180
C
D
A
B
1
2
3
4
5
BESANÇON
Montbozon
Rougemont
Baume-les-Dames
Clerval
Rioz
Valdahon
Ornans
Musée des Maisons comtoises
Camp militaire du Valdahon
Roulans
Marchaux
Saône
Vercel-Villedieu-le-Camp
Pierrefontaine-les-Varans
Mamirolle
Étalans
Amancey
Mouthier-Haute-Pierre
Fente de Babre
Source Bleue
Grotte de la Glacière
Col du Tounet

142
181
E
F
G
H
Montenois
Bavans
Audincourt
Valentigney
Mandeure
Seloncourt
Hérimoncourt
Porrentruy
L'Isle-sur-le-Doubs
Blussangeaux
Blussans
Écot
Bourguignon
Pont-de-Roide
Vermondans
Montécheroux
St-Hippolyte
Belvoir
Sancey
Vaucluse
Maîche
Fessevillers
Trévillers
Goumois
Saignelégier
Le Noirmont
Les Breuleux
Charquemont
Les Fontenelles
Le Russey
Échelles de la Mort
Cirque de Consolation
Roche du Prêtre
Le Bizot
Gorges du Doubs
La Chaux-de-Fonds
Saut du Doubs
Les Brenets
Villers-le-Lac
Morteau
Le Locle
St-Imier
Renan
Courtelary
Cernier
Tête de Ran
Vue des Alpes
Mont d'Amin
Franches Montagnes
Chasseral
St-Blaise
Neuchâtel
Valangin
Lomont
Glère
Ocourt
Soubey
Damvant
Montjoie-le-Château
Vaufrey
Chamesol
Liebvillers
Noirefontaine
Fleurey
Valoreille
Montandon
Thiébouhans
Damprichard
Charmauvillers
Les Bois
La Ferrière
Sonvilier
Villeret
Cormoret
Fuans
Guyans-Vennes
Plaimbois-du-Miroir
Bonnétage
Mont-de-Laval
Laval-le-Prieuré
Montlebon
Grand'Combe-Châteleu
Lignières

0 2 4 6 8 10 km
146
Pierre Moine
BOURGNEUF
Pointe de la Gardette
Pointe des Charniers
Le Grand-Viel
L'Herbaudière
La Linière
Guérande
Luzay
Plantier
Plage des Souzeaux
Pointe des Dames
Bois de la Chaise
Le Sableau
ÎLE DE NOIRMOUTIER
Pointe de Devin
Océanile
Noirmoutier-en-l'Île
La Vendette
La Préoire
Bressuire
Le Bosse
L'Épine
La Mongendrie
La Guérinière
Le Bonhomme
Le Fier
La Tresson
Pointe de la Loire
Roches de la Loire
La Maison-Rouge
Barbâtre
Passage du Gois
(Route praticable à basse mer)
Port du Bec
Les Onchères
La Frandière
La Fosse
Pointe de la Fosse
Pointe N.D. de Monts
La Grande Côte
Pey de la Blet
Forêt des Pays de Monts
Fief-Haut
Les Marguerites
N.-D.-de-Monts
Plage du Pont d'Yeu
La Tonnelle
Plage de la Tonnelle
Pont d'Yeu
CÔTE
Côte des Monts
DE
LUMIÈRE
Plage St-Jean
St-Jean-de-Monts
Plage des Demoiselles
Le Petit-Bec
Le Grand-Bec
Les Mouettes
La Pège
La Parée-Préneau
Forêt des Pays de Monts
Les Loires
Sion-s-l'Océan
Corniche Vendéenne
Pte de Grosse Terre
Pte de la Garenne
Le Pont-Jaunay
N.-D. des Dunes
La Sauzaie
Brétignolles-s-Mer
La Parée
Le Marais-Gi
Pointe de la Coupelasse
La Coupelasse
Le Fain
Roches de Bouin
Parc à Huîtres
Le Bernard
Les Brochets
Bouin
Les Virées
Les Champs
Île de Bouin
Les Billarderies
Epoids
La Croix Rouge
Bellevue
Le Port
Cossonnière
Beauvoir-sur-Mer
Le Petit-Fresne
Fromentine
La Barre-de-Monts
Écomusée du Daviaud
Le Grand Pont
Le Poirot
Kulmino
Grande Croix
La Mouraine
Le Vieux Cerne
Le Plaud
Le Perrier
La Cailletene
Le Porteau
Bourrine à Rosalie
Le Pré-aux-Filles
St-Urbain
La Croix-Verte
St-Gervais
La Bonnetière
Bordevert
Le Pt Moulin
La Raguenerie
La Gaubretière
Abbe de l'Île Chauvet
Les Quatre Moulins
La Croix-Joslain
Les Bouchauds
Sallertaine
Raire
Challans
La Pauniere
Licheret
La Gobetière
Pierre Levée
Le Grand Pinier
La Rivière
Le Petit Marais
Soullans
Les Mattes
Musée Milcendeau-Jean Yole
La Fradinière
Les Chapelles
Orouet
La Bourrine du Bois Jucaud
Le Bois-Jucaud
Le Pissot
La Conge
St-Hilaire-de-Riez
Le Plessis
St-Gilles-Croix-de-Vie
Croix-de-Vie
La Bégaudière
Givrand
Les Rouches
N.-D.-de-Riez
Pré-Vincent
Les Moutiers-en-Retz
Lyorne
Sables
Le Collet
Bourgneuf-en-Retz
(Villeneuve-en-Retz)
Les Rivières
Polders St-Séran
Le Pont-du-Fresne
La Guillaudière
Le Marais-Moreau
Port-la-Roche
La Pierre-Blanche
La Lande
Pont Habert
Les Chiens Perrins
Pte du But
La Planche à Puare
Port-Joinville
Cadouère
Ker-Châlon
Grd Phare
Fort de Pierre-Levée
(L'Île-d'Yeu)
Ker-Chauvineau
Ker-Bossy
Saint-Sauveur
Le Vx Château
Marais-Salé
Pte du Châtelet
La Croix
Plage des Sabias
Port-de-la-Meule
Tour
Côte Sauvage
Pte de la Tranche
Anse des Vieilles
Pte des Corbeaux
A B C D
1 2 3 4 5

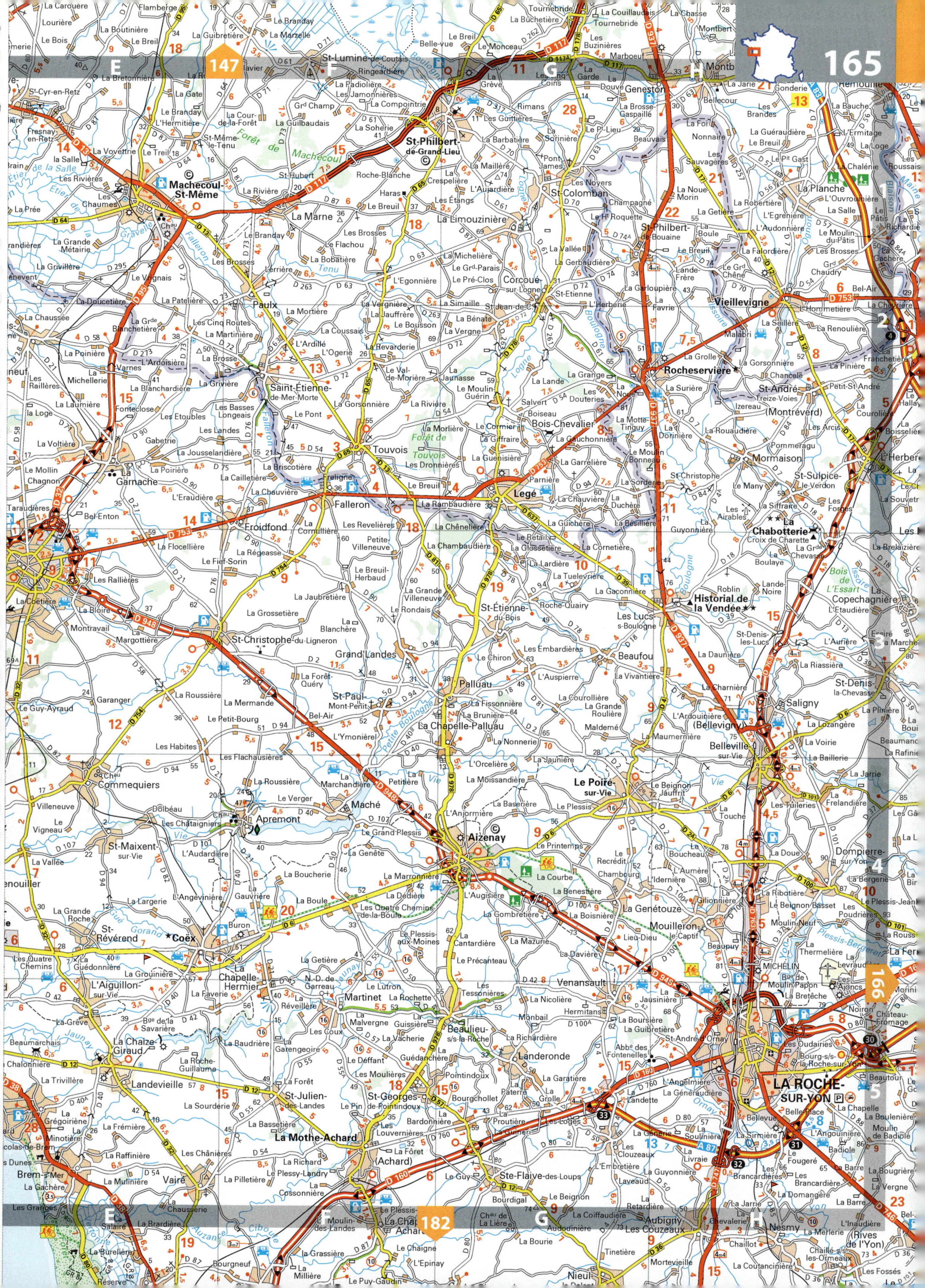
147
166
182
Machecoul-St-Même
St-Philbert-de-Grand-Lieu
St-Lumine-de-Coutais
La Marne
St-Colomban
Corcoué-sur-Logne
St-Philbert-de-Bouaine
Vieillevigne
Rocheservière
Paulx
Saint-Étienne-de-Mer-Morte
Touvois
Legé
Falleron
Froidfond
Garnache
Challans
St-Christophe-du-Ligneron
Grand'Landes
Palluau
St-Paul-Mont-Penit
La Chapelle-Palluau
St-Étienne-du-Bois
Beaufou
Les Lucs-s-Boulogne
Historial de la Vendée
Belleville-sur-Vie
Saligny
Le Poiré-sur-Vie
Aizenay
Apremont
Maché
Commequiers
Coëx
St-Maixent-sur-Vie
St-Révérend
L'Aiguillon-sur-Vie
La Chapelle-Hermier
Martinet
Beaulieu-s/s-la-Roche
Landeronde
Venansault
Mouilleron-le-Captif
LA ROCHE-SUR-YON
La Chaize-Giraud
Landevieille
St-Julien-des-Landes
La Mothe-Achard
St-Georges-de-Pointindoux
Ste-Flaive-des-Loups
Aubigny
Nesmy
Brem-s-Mer
Vairé
Dompierre-sur-Yon
La Chabotterie
Mormaison
St-Sulpice-le-Verdon
L'Herbergement
Forêt de Machecoul
Forêt de Touvois
Bois-Chevalier

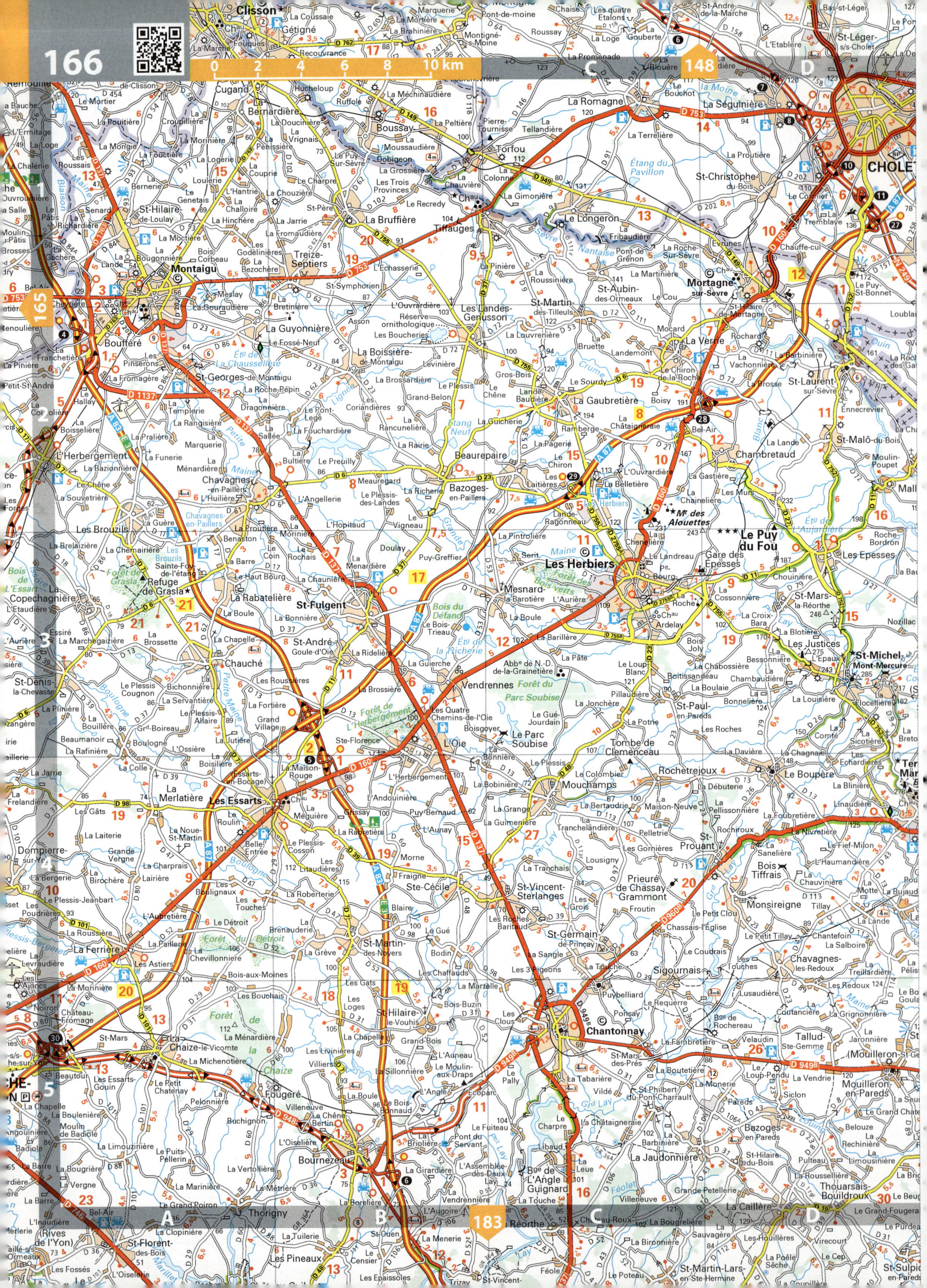

0 2 4 6 8 10 km
148
165
183
Clisson
Gétigné
Cugand
La Bernardière
Boussay
Torfou
La Romagne
La Séguinière
Cholet
St-Christophe-du-Bois
Le Longeron
Tiffauges
La Bruffière
St-Hilaire-de-Loulay
Montaigu
Treize-Septiers
Mortagne-sur-Sèvre
Boufféré
La Guyonnière
La Boissière-de-Montaigu
Les Landes-Genusson
St-Martin-des-Tilleuls
St-Aubin-des-Ormeaux
La Verrie
St-Georges-de-Montaigu
La Gaubretière
St-Laurent-sur-Sèvre
L'Herbergement
Beaurepaire
Chambretaud
St-Malo-du-Bois
Mallièvre
Chavagnes-en-Paillers
Bazoges-en-Paillers
Les Brouzils
Le Puy du Fou
Les Herbiers
Les Épesses
St-Fulgent
Mesnard-la-Barotière
Copechagnière
Refuge de Grasla
St-André-Goule-d'Oie
Chauché
St-Mars-la-Réorthe
Les Justices
St-Michel-Mont-Mercure
St-Denis-la-Chevasse
Vendrennes
St-Paul-en-Pareds
L'Oie
Le Boupère
Mouchamps
Rochetrejoux
Les Essarts
La Merlatière
Dompierre-sur-Yon
Ste-Cécile
St-Vincent-Sterlanges
St-Prouant
Bois Tiffrais
Monsireigne
La Ferrière
St-Germain-de-Prinçay
Sigournais
Chavagnes-les-Redoux
St-Martin-des-Noyers
St-Hilaire-le-Vouhis
Chantonnay
Tallud-Ste-Gemme
Chaize-le-Vicomte
Fougeré
Mouilleron-en-Pareds
Bournezeau
La Jaudonnière
Thouarsais-Bouildroux
Thorigny
Réorthe
St-Florent-des-Bois
Les Pineaux
St-Martin-Lars-en-Ste-Hermine

Chanteloup-les-Bois
Nuaillé
Toutlemonde
Mazières-en-Mauges
Maulévrier
Yzernay
Somloire
La Plaine
St-Paul-du-Bois
St-Maurice-Etusson
Genneton
Cersay
Bouillé-St-Paul
Ulcot
Massais
Les Cerqueux
St-Pierre-des-Échaubrognes
Argenton-les-Vallées
(Argentonnay)
Nueil-les-Aubiers
St-Clémentin
(Voulmentin)
St-Aubin-du-Plain
Moutiers-sous-Argenton
Coulonges-Thouarsais
Luché-Thouarsais
Mauléon
Ch^au de la Durbelière
St-Aubin-de-Baubigné
La Petite-Boissière
Combrand
St-Amand-sur-Sèvre
Bretignolles
Montravers
Cerizay
Cirières
Bressuire
Faye-l'Abbesse
Chiché
Pouzauges
Puy Crapaud
St-Mesmin
St-André-sur-Sèvre
La Forêt-sur-Sèvre
Courlay
Chanteloup
Boismé
Montournais
Réaumur
Menomblet
Moncoutant
Pugny
Largeasse
Clessé
St-Germain-de-Longue-Chaume
Amailloux
Moutiers-s/s-Chantemerle
St-Pierre-du-Chemin
La Chapelle-St-Étienne
Neuvy-Bouin
Fenery
Adilly
Cheffois
La Tardière
Breuil-Barret
La Châtaigneraie
La Chapelle-aux-Lys
St-Paul-en-Gâtine
L'Absie
Vernoux-en-Gâtine
Pougne-Hérisson
St-Aubin-le-Cloud
Azay-s-Thouet
Le Tallud
Secondigny
Scillé
Loge-Fougereuse
Antigny
149
168
184

0 2 4 6 8 10 km
150
167
185
Thouars
Loudun
Parthenay
Airvault
St-Jouin-de-Marnes
Oiron
Bellay
Les Trois-Moutiers
Ste-Radegonde
St-Jacques-de-Thouars
St-Varent
St-Loup-s-Thouet
St-Loup-Lamairé
Moncontour
Mirebeau
Marnes
Taizé
Brie
Martaizé
Aulnay
La Chaussée
Guesnes
Angliers
Chalais
Mouterre-Silly
Arçay
Ranton
Glénouze
Curçay-sur-Dive
Ternay
Pouançay
Berrie
Morton
Raslay
Bournand
Vézières
Beuxes
Basses
Sammarçolles
Messemé
Boussais
Tessonnière
Louin
Maisontiers
Gourgé
Viennay
Châtillon-sur-Thouet
La Peyratte
Pressigny
Aubigny
Thénezay
Oroux
Doux
Craon
Assais-les-Jumeaux
La Grimaudière
Chouppes
Amberre
Cuhon
Massognes
Maisonneuve
Vouzailles
Champigny-le-Sec
Le Rochereau
Maillé
Ayron
Villiers
Frozes
Yversay
Vouillé
Chiré-en-Montreuil
Chalandray
La Ferrière-en-Parthenay
Vautebis
Saurais
La Chapelle-Bertrand
Pompaire
St-Pierre
Geay
Glénay
Luché-Thouarsais
Coulonges-Thouarsais
Mauzé-Thouarsais
Argenton-l'Église
Bouillé-Loretz
Brion-près-Thouet
St-Martin-de-Sanzay
Louzy
St-Léger-de-Montbrun
St-Martin-de-Mâcon
Missé
Luzay
Pas-de-Jeu
St-Laon
St-Clair
St-Généroux
Irais
Availles-Thouarsais
Parc d'Oiron
Forêt d'Autun
Bois du Roux
Bois du Mai
Cirque de Missé
Réserve Géologique
Thouet
Dive
N 149
E 62
D 938
D 347
D 759
D 725
D 37
D 46
D 61
D 14

151
L'Île-Bouchard
Ste-Maure-de-Touraine
PARC NATUREL RÉGIONAL LOIRE-ANJOU-TOURAINE
Champigny-sur-Veude
Richelieu
Chezelles
La Tour-St-Gelin
Courcoué
Luzé
Marcilly-sur-Vienne
Nouâtre
Maillé
La Celle-St-Avant
Ports
Port-de-Piles
Sepmes
Draché
Marcé-sur-Esves
Descartes
Balesmes
Buxeuil
Les Ormes
Dangé-St-Romain
St-Rémy-sur-Creuse
Leugny
Faye-la-Vineuse
Razines
Braye-sous-Faye
Marigny-Marmande
Antogny-le-Tillac
Jaulnay
Mondion
Vellèches
Vaux-sur-Vienne
Leigné-sur-Usseau
St-Gervais-les-Trois-Clochers
St-Christophe
Sérigny
Orches
Savigny-sous-Faye
Berthegon
Doussay
Cernay
Sossais
Usseau
Ingrandes
Oyré
Antran
Thuré
St-Genest-d'Ambière
Lencloître
Scorbé-Clairvaux
Châtellerault
Senillé-St-Sauveur
Coussay-les-Bois
Naintré
Cenon-sur-Vienne
Availles-en-Châtellerault
Leigné-les-Bois
Ouzilly
Colombiers
Marigny-Brizay
Vendeuvre-du-Poitou
Beaumont
St-Cyr
Dissay
Vouneuil-s-Vienne
Monthoiron
Chenevelles
Archigny
Bonneuil-Matours
Jaunay-Clan
Futuroscope
St-Georges-lès-Baillargeaux
Chasseneuil-du-Poitou
Migné-Auxances
La Chapelle-Moulière
Ste-Radegonde
La Puye
Forêt de la Groie
Forêt de Châtellerault
Réserve naturelle du Pinail
186
170

0 2 4 6 8 10 km
152
169
187
A
B
C
D
1
2
3
4
5
Loches
Beaulieu-lès-Loches
Chartreuse du Liget
Villeloin-Coulangé
Beautertre
Bussière
Sennevières
Aubigny
Loché-sur-Indrois
Le Fay
Les Usages
La Chapelle-Blanche-St-Martin
Mouzay
Grillemont
Vou
Le Cep
Morand
Fretay
Perrusson
Les Fourneaux
St-Jean-St-Germain
L'Auverrière
Le Châtelier
Varennes
Gastines
St-Germain
Rigny
Bourg-Neuf
Pyramide St Hubert
Bois de Beaugerais
Le Rein-du-Bois
Civray-sur-Esves
Ligueil
Chillois
Cercay
Ciran
La Fontaine
La Houssière
Les Brandelles
St-Senoch
Verneuil-sur-Indre
St-Martin-de-Bridoré
St-Hippolyte
Les Bordes
Le Grd Village
Vitray
St-Paul
Esves
Epigny
Allet
La Chaume
Étang Gargeau
Esves-le-Moutier
Les Repenellières
Les Courtinais
Bois de Verneuil
Les Martinaux
La Recordelière
Bridoré
Fléré-la-Rivière
Ballon
Le Donjon
Val-au-Bœuf
St-Cyran-du-Jambot
Chaudenay
La Motte-Blanche
Chaillou
Bois du Brandon
Cussay
La Thilouardière
La Vernaterie
La Girardière
La Bretonnière
La Boitière
Les Bournaichères
La Bauchetière
Les Bourdeaux
Les Cornetteries
La Cigogne
Nizereille
Le Bossard
La Marquetière
Pauvrelay
Le Châtelier
La Royauté
Paulmy
Ferrière-Larçon
Betz-le-Château
Village-aux-Moreaux
Le Bois-Farraud
Moulinne
Le Reuille
La Bâtaillerie
Grand-Rys
Châtillon-sur-Indre
St-Médard
Neuilly-le-Brignon
Descartes
La Courance
Bourdel
Larcy
Mt Garni
Ribault
Le Bois d'Aix
La Brissandière
Ste-Jullite
St-Flovier
La Berjottière
St-Saturnin
La Salle
Les Roches
Semblançay
Le Tranger
Les Marquets
Le Crançay
Forêt de Ste Jullite
Les Bédonnières
L'Estrac
Le Breuil-aux-Gittons
Abilly
La Celle-Guenand
Forêt du Grd Pressigny
St-Michel
La Guerrière
Les Cautronnières
Clion
La Raillère
Les Boulaires
Les Cornetteries
Les Effes
Le Grand-Pressigny
La Belletière
La Grande Échottière
La Côte
Le Petit-Pressigny
Asnières
La Bobinière
Les Grds Morins
Mozay
La Jarrie
Aigronne
Foux
Charnizay
Obterre
Cléré-du-Bois
Richaudière
Murs
Courvaux
Étableau
Favier
Le Tremblais
Villeplate
Les Vigeants
Le Bois-des-Cours
Bois des Courtis
La Fauvelière
La Carte
Limeray
L'Étang
Les Michauds
Les Bertrands
Étang de l'Île
Bois de la Chanteloup
La Tremblais
Les Barreaux
La Muanne
Étang Neuf
Forêt de Preuilly
Fougereau
Parc Zoologique
La Hte-Touche
Villiers
L'Herbure
La Guerche
Barrou
Le Village du Bois
Le Chêne-Charpentier
Les Viaullières
Chaumussay
Les Grds Goupillères
La Petite Boussée
Le Tronçay
L'Ougerie
La Pétonnière
La Caillonnière
Étang de Notz
Notz-Marafin
Rocreuse
Mairé
Les Carrés
La Salvardière
Lésigny
Preuilly-sur-Claise
Vinceuil
Azay-le-Ferron
La Séboissonière
Montbron
Liniers
Carcot
Paulnay
Touche-de-Lay
Les Htes-Thurinières
Mouchaux
La Boutelaye
Le Carloy
Chambon
Boussay
La Buttière
Les Gaillards
Le Grd Village
Cheptardière
La Couture
Luchet
L'Oasis
Marlanges
Le Thurrault
Les Froux
La Jaltière
Les Buffrières
Rouvray
Parc de Boussay
Bossay-sur-Claise
La Caltière
Champ-d'Œuf
Le Châtelier
Prung
St-Julien
Le Claveau
Mézières-en-Brenne
Les Draux
La Fougère
Villejésus
St-Lifard
Sérigny
Le Champion
Lejon
La Ramée
Étang du Moury
St-Michel-en-Brenne
Beauregard
Coussay-les-Bois
La Revaudière
Les Moraux
La Vervolière
Neussoun
Harembure
Bel-Air
La Bonnerie
Notz-l'Abbé
Martizay
La Mardelle
Clérolles
Claise
Le Tran
Ftg du Couvent
La Roche-Marteau
La Roche-Posay
Confluent
Yzeures-sur-Creuse
Les Ferrands
Lignez
Cinge
Les Bergereaux
Jappereraude
Étang Bondes
Blizon
Réserve naturelle
Chérine
Étang Beauregard
Veaux
Leigné-les-Bois
Étabts Thermaux
La Merci-Dieu
Napre
Marigny
Varennes
Gaudru
Le Coudray
Les Vallées
La Foi
Étang Poiliers
Étang de Mardasson
Baudrussais
Gabriau
La Gabrière
Loups
Russais
Salvert
Crémille
Mousseau
La Bessardière
Thais
Néons-s-Creuse
Launay
Tournon-St-Pierre
Les Bordes
Lingé
Le Grand-Aslon
Le Temple
Ftg de Gabriau
Ftg de la Gabrière
Le Maupas
Plumartin
Chancelay
Champagne
Bois-Garnault
Tournon-St-Martin
La Borde
Lureuil
Le Chopinière
Le Blizon
Faguet
Le Grand-Village
Forêt de Pleumartin
La Châtaigneraie
Les Touches
Plénions
Mézeray
La Serenne
La Bergerie
Les Robins
Mallet
Bel-Air
Le Boisgoulard
Surjoux
St-Marc
Le Bouchet
NATU
Les Bouchaux
La Bourelière
Vicq-sur-Gartempe
Lavaud
La Chauvellière
Brillebault
Jarrige
Les Sablons
Terrain militaire
Pérusse
Le Soudun
Pré Picault
La Varenne
La Billarderie
Le Sandillat
Rosnay
La Boutinière
Les Cotets
Lussais
Angles-sur-l'Anglin
Château
Preuilly-la-Ville
Lurais
Chaume
La Boudinière
Douadic
Étang de la Mer Rouge
Bois du Bouchet
La Chaume
Les Six Maisons
Bas-Bourg
Le Bois
Les Tessonnières
Cherves
Champcornu
Vaugirard
Le Fresne
La Coudraie
Dadé
Petit Dépot
Bois du Chillou
St-Pierre-de-Maillé
Rochers
Les Berthonnières
Fourniou
Fontgombault
Pouligny-St-Pierre
Avignon
Dintes
La Ligne
Le Chillou
Mazaire
La Roche-à-Gué
La Guignotière
Coreil
Rive
Villebernier
Asnières
Les Roches
Péziers
Le Breuil
Azé
La Molière
Cenan
Piogeard
La Rivière
Le Bois
Sauzelles
Bénavant
Mont-la-Chapelle
Les Clous
Coulvray
Madrolles
Nervaux
Étang des Fourdines
La Puye
La Bussière
Les Grands Marsilly
Chamousseau
Tilloux
Bousseronde
St-Aigny
Le Blanc
Les Chézeaux
Avant
La Brassardière
Vilnet
Ruffec
Peulorge
La Musardière
Le Rateau
Les Bergeas
Roche-Bellusson
Mérigny
Le Breuil
Varennes
La Roche
Ciron
Creuse
Claise
Gartempe
Brenne
Indre

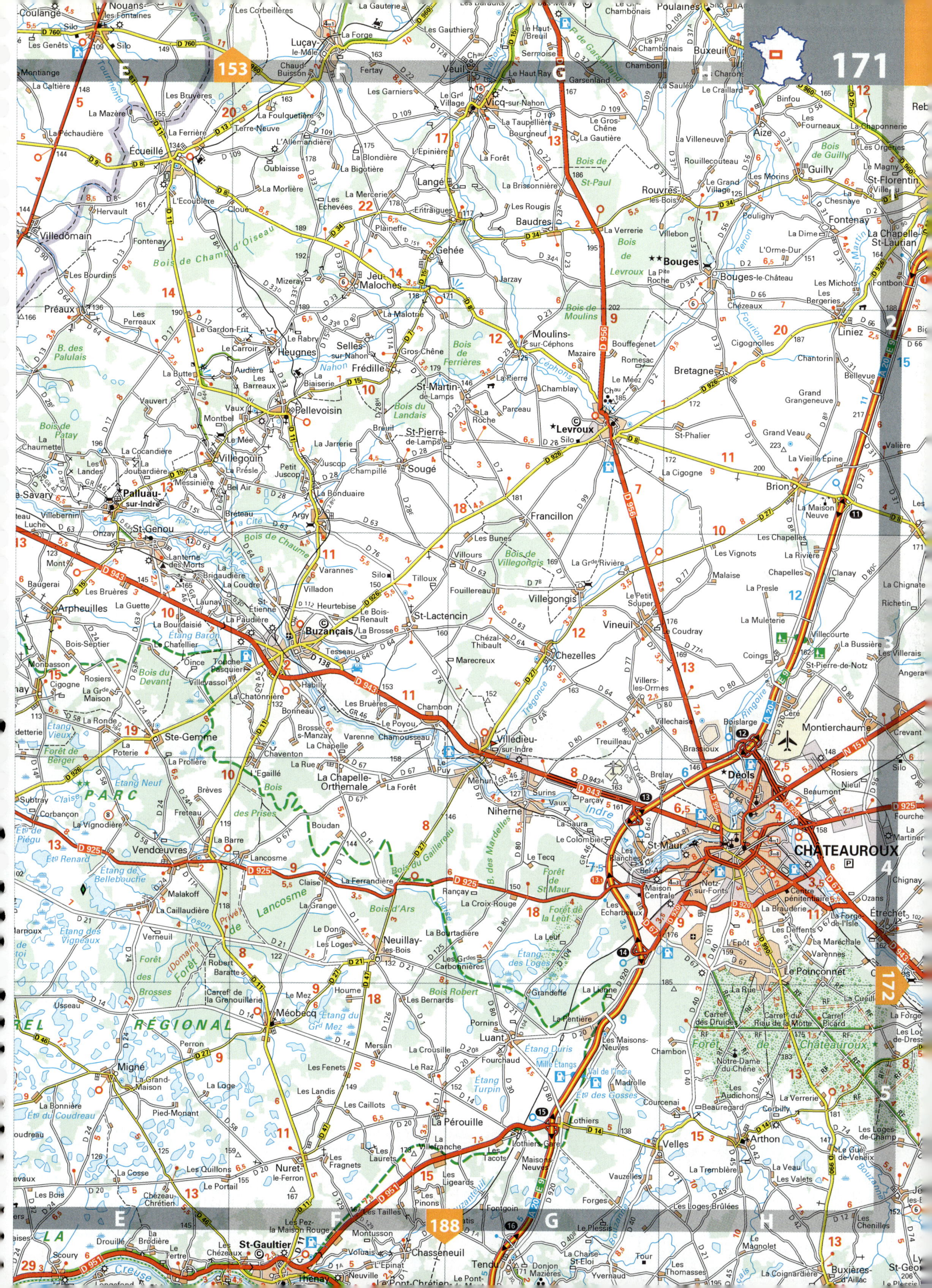

153
E
F
G
H
Nouans-les-Fontaines
Lucay-le-Mâle
Écueillé
Villedômain
Préaux
Heugnes
Pellevoisin
Villegouin
Palluau-sur-Indre
St-Genou
Arpheuilles
Buzançais
Vicq-sur-Nahon
Langé
Gehée
Jeu-Maloches
Selles-sur-Nahon
Frédille
St-Martin-de-Lamps
St-Pierre-de-Lamps
Sougé
Levroux
Moulins-sur-Céphons
Baudres
Rouvres-les-Bois
Bouges-le-Château
Bretagne
Brion
Liniez
Guilly
St-Florentin
Fontenay
Francillon
Villegongis
Vineuil
Chezelles
St-Lactencin
Villedieu-sur-Indre
Niherne
St-Maur
Déols
CHÂTEAUROUX
Montierchaume
Ste-Gemme
Vendœuvres
La Chapelle-Orthemale
Neuillay-les-Bois
Méobecq
Migné
Luant
La Pérouille
Velles
Arthon
St-Gaultier
Chasseneuil
Forêt de Châteauroux
Bois de Chaume
Bois des Prises
PARC
RÉGIONAL
Indre
188
172

0 2 4 6 8 10 km
154
171
189
Vatan
St-Florentin
La Chapelle-St-Laurian
Ménétréols-sous-Vatan
Reboursin
Lucay-le-Libre
Meunet-sur-Vatan
Giroux
Paudy
Reuilly
Lazenay
Diou
Ste-Lizaigne
Mizières
Mizières
Poisieux
Charost
St-Georges-sur-Arnon
Issoudun
Les Bordes
Lizeray
St-Valentin
La Champenoise
St-Aoustrille
Neuvy-Pailloux
Thizay
Ste-Fauste
Brives
Vouillon
Diors
Mâron
AUROUX
Ardentes
Sassierges-St-Germain
Ambrault
Bommiers
Pruniers
Meunet-Planches
St-Aubin
Condé
Ségry
Chouday
St-Ambroix
Saugy
Civray
Rosières
Lunery
Primelles
Mareuil-sur-Arnon
Nouan
Chezal-Benoît
St-Baudel
Montlouis
La Celle-Condé
Lignières
Le Plaix
St-Hilaire-en-Lignières
Touchay
Ids-St-Roch
Jardins N.-D. d'Orsan
Rezay
St-Christophe-en-Boucherie
La Berthenoux
Verneuil-sur-Igneraie
St-Août
Montipouret
Mers-sur-Indre
St-Chartier
Maisonnais
Mehun-sur-Yèvre
Ste-Thorette
La Chapelle-St-Ursin
St-Florent-sur-Cher
St-Caprais
Villeneuve-sur-Cher
Morthomiers
Les Chaumes
Preuilly
Limeux
Cerbois
Lury-sur-Arnon
Chante-Renard
Forêt de Bommiers
Bois de Chaumont
Bois du Roi
Forêt de Thoux
N 151
D 925
D 940
D 918
D 960
A 20
A 71

BOURGES
St-Doulchard
St-Germain-du-Puy
Asnières
Fussy
Ste-Solange
Brécy
Villabon
Baugy
Villequiers
Moulins-sur-Yèvre
Osmoy
Savigny-en-Septaine
Avord
Farges-en-Septaine
Camp d'Avord
Nohant-en-Goût
Soye-en-Septaine
Crosses
Jussy-Champagne
Bengy-sur-Craon
Nérondes
Laverdines
Chassy
Trouy
Plaimpied-Givaudins
St-Just
Lissay-Lochy
Senneçay
Vorly
Annoix
Vornay
Raymond
Flavigny
Cornusse
Levet
St-Germain-des-Bois
Dun-sur-Auron
Osmery
Lugny-Bourbonnais
Bussy
Lantan
Blet
Charly
Chalivoy-Milon
Ourouer-les-Bourdelins
Serruelles
Contres
Chavannes
Parnay
Cogny
Sagonne
Givardon
Chaumont
Thaumiers
Le Pondy
Uzay-le-Venon
Crézançay-sur-Cher
St-Loup-des-Chaumes
BOIS DE MEILLANT
Forêt de Maulne
Meillant
Sarzay
Arpheuilles
Bannegon
Neuilly-en-Dun
Vallenay
Bruère-Allichamps
Farges-Allichamps
Noirlac
La Celle
St-Pierre-les-Étieux
Bessais-le-Fromental
Charenton-du-Cher
Ainay-le-Château
Orval
St-Amand-Montrond
Colombiers
Drevant
Bouzais
Marçais
Orcenais
Morlac
La Groutte
Ainay-le-Vieil
Coust
St-Bonnet-Tronçais
Isle-et-Bardais
Vernais
Cossonnais
Faverdines
La Celette
La Perche
Braize
Lételon
155
190
174
E
F
G
H
1
2
3
4
5

0 2 4 6 8 10 km
A
B
C
D
1
2
3
4
5
156
173
191
192
NEVERS
Varennes-Vauzelles
Fourchambault
Pougues-les-Eaux
Garchizy
Marzy
Coulanges-lès-Nevers
Sermoise-sur-Loire
Challuy
Germigny-sur-Loire
Marseilles-lès-Aubigny
Jouet-sur-l'Aubois
Cours-les-Barres
Torteron
La Guerche-sur-l'Aubois
La Chapelle-Hugon
Grossouvre
Sancoins
Mornay-sur-Allier
Apremont-sur-Allier
Saincaize-Meauce
Gimouille
Magny-Cours
St-Parize-le-Châtel
St-Pierre-le-Moûtier
Langeron
Chantenay-St-Imbert
Tresnay
Villeneuve-sur-Allier
Lurcy-Lévis
Pouzy-Mésangy
Couleuvre
Aubigny
St-Léopardin-d'Augy
Château-sur-Allier
Le Veurdre
Neure
Azy-le-Vif
Toury-sur-Jour
Neuville-lès-Decize
Luthenay-Uxeloup
Imphy
Chevenon
St-Ouen-sur-Loire
Béard
Fleury-sur-Loire
Sauvigny-les-Bois
St-Éloi
Montigny-aux-Amognes
St-Jean-aux-Amognes
Guérigny
Urzy
Varennes
Parigny-les-Vaux
St-Aubin-les-Forges
Poiseux
Nolay
Bizy
Champvoux
La Marche
Argenvières
Précy
Garigny
Villequiers
Mornay-Berry
St-Hilaire-de-Gondilly
Menetou-Couture
Chassy
Tendron
Flavigny
Germigny-l'Exempt
Vereaux
Givardon
Augy-sur-Aubois
Neuilly-en-Dun
Tronsanges
Cuffy
Cours-les-Barres
Mars-sur-Allier
Neuvy-le-Barrois
Bois de Bourrain
Bois d'Apremont
Forêt de Chabet
Forêt du Perray
Bois des Amognes
Arboretum de Balaine
Loire
Allier
Nièvre
Aubois
Canal latéral à la Loire
N 7
A 77
D 976
D 2076
D 978A
D 981

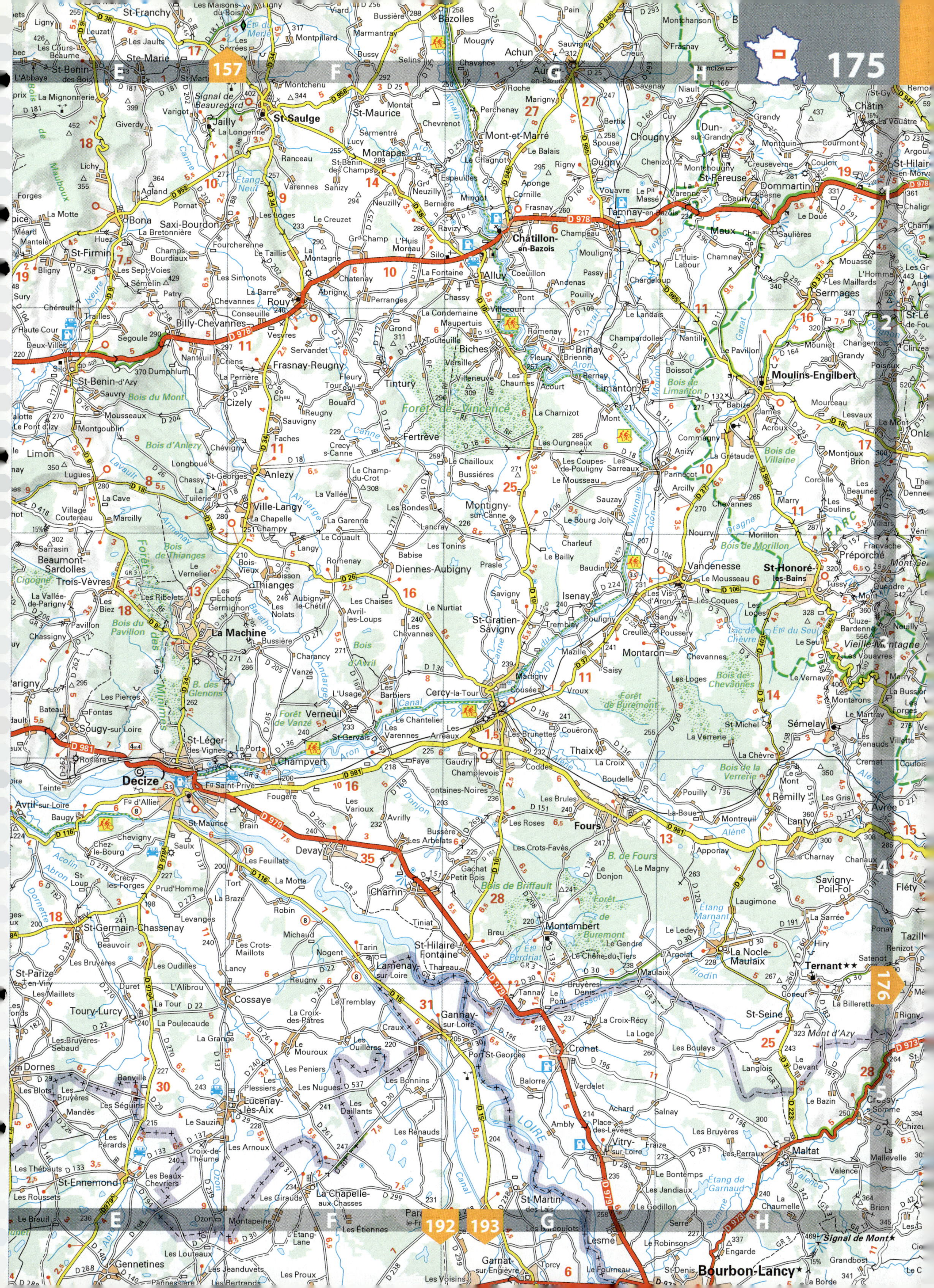
St-Saulge
Châtillon-en-Bazois
Moulins-Engilbert
St-Honoré-les-Bains
Decize
La Machine
Cercy-la-Tour
Fours
Luzy
St-Benin-d'Azy
Billy-Chevannes
Rouy
Frasnay-Reugny
Cizely
Anlezy
Ville-Langy
Thianges
Diennes-Aubigny
Montigny-sur-Canne
St-Gratien-Savigny
Biches
Alluy
Tintury
Fertrève
Forêt de Vincence
Verneuil
Champvert
St-Léger-des-Vignes
Sougy-sur-Loire
Devay
Charrin
St-Hilaire-Fontaine
Gannay-sur-Loire
Cronat
Vitry-sur-Loire
Maltat
Bourbon-Lancy
Cossaye
Lucenay-lès-Aix
Toury-Lurcy
St-Germain-Chassenay
Vandenesse
Montaron
Sémelay
Rémilly
La Nocle-Maulaix
Ternant
St-Seine
Savigny-Poil-Fol
Thaix
Montambert
Isenay
Limanton
Sermages
Dommartin
St-Péreuse
Tamnay-en-Bazois
Chougny
Achun
Aunay-en-Bazois
Bazolles
Montapas
Mont-et-Marré
Bona
Saxi-Bourdon
Jailly
St-Franchy
St-Firmin
Trois-Vèvres
Beaumont-Sardolles
Fleury
Sauvigny
Limon
Verneuil
Avril-sur-Loire
St-Ennemond
Gennetines
Garnat-sur-Engièvre
St-Martin-des-Lais
Lesme
Forêt de Vincence
Bois de Briffault
Forêt de Buremont
LOIRE
D 978
D 981
D 979
D 973
D 985
D 37
N 81
PARC
157
176
192
193
E
F
G
H
1
2
3
4
5

0 2 4 6 8 10 km
158
175
193
A
B
C
D
Château-Chinon
AUTUN
Montceau-les-Mines
Luzy
Toulon-sur-Arroux
Étang-s-Arroux
Mont Beuvray
MORVAN
PARC NATUREL RÉGIONAL DU MORVAN
La Celle-en-Morvan
Roussillon-en-Morvan
Arleuf
Glux-en-Glenne
St-Léger-s-Beuvray
La Grande-Verrière
Monthelon
Mesvres
Broye
Marmagne
St-Symphorien-de-Marmagne
Uchon
Signal d'Uchon
La Tagnière
Charbonnat
La Comelle
Laizy
Brion
Larochemillay
Millay
Chiddes
Savigny-Poil-Fol
Cuzy
Issy-l'Évêque
Marly-sous-Issy
Grury
Uxeau
Ste-Radegonde
Montmort
La Boulaye
St-Eugène
St-Didier-s-Arroux
St-Nizier-s-Arroux
Dettey
Montcenis
St-Berain-sous-Sanvignes
Sanvignes-les-Mines
Blanzy
Dompierre-sous-Sanvignes
St-Romain-sous-Versigny
Reclesne
Sommant
Lucenay-l'Évêque
Cussy-en-Morvan
Anost
La Petite-Verrière
Tavernay
St-Forgeot
Curgy
Sully
Dracy-St-Loup
Cordesse
Igornay
Barnay
Savilly
Chissey-en-Morvan
Manlay
Onlay
Villapourçon
Préporché
Fâchin
St-Léger-de-Fougeret
St-Hilaire-en-Morvan
Chaligny
Tazilly
Fléty
Ternant
Rémilly
Sémelay
Avrée
Toulongeon
La Chapelle-sous-Uchon
Antully
Auxy
Montjeu
Croix de la Libération
Forêt de Planoise
Forêt de Glenne
Bois du Grand Bessay
Forêt de Martenet
Étang de Martenet
Mont Dône
Mont Tharot
Temple des Mille Bouddhas
Circuit de Moto-Cross International

Arnay-le-Duc
Bligny-sur-Ouche
Savigny-lès-Beaune
Ladoix-Serrigny
BEAUNE
Pommard
Volnay
Meursault
Nolay
La Rochepot
Épinac
Sully
Chagny
Le Creusot
Montchanin
Blanzy
Couches
Givry
CHALON-SUR-SAÔNE
St-Rémy
Buxy
Sennecey-le-Grand
Mont-St-Vincent
Cirque du Bout du Monde
Mt de Sène
159
178
194

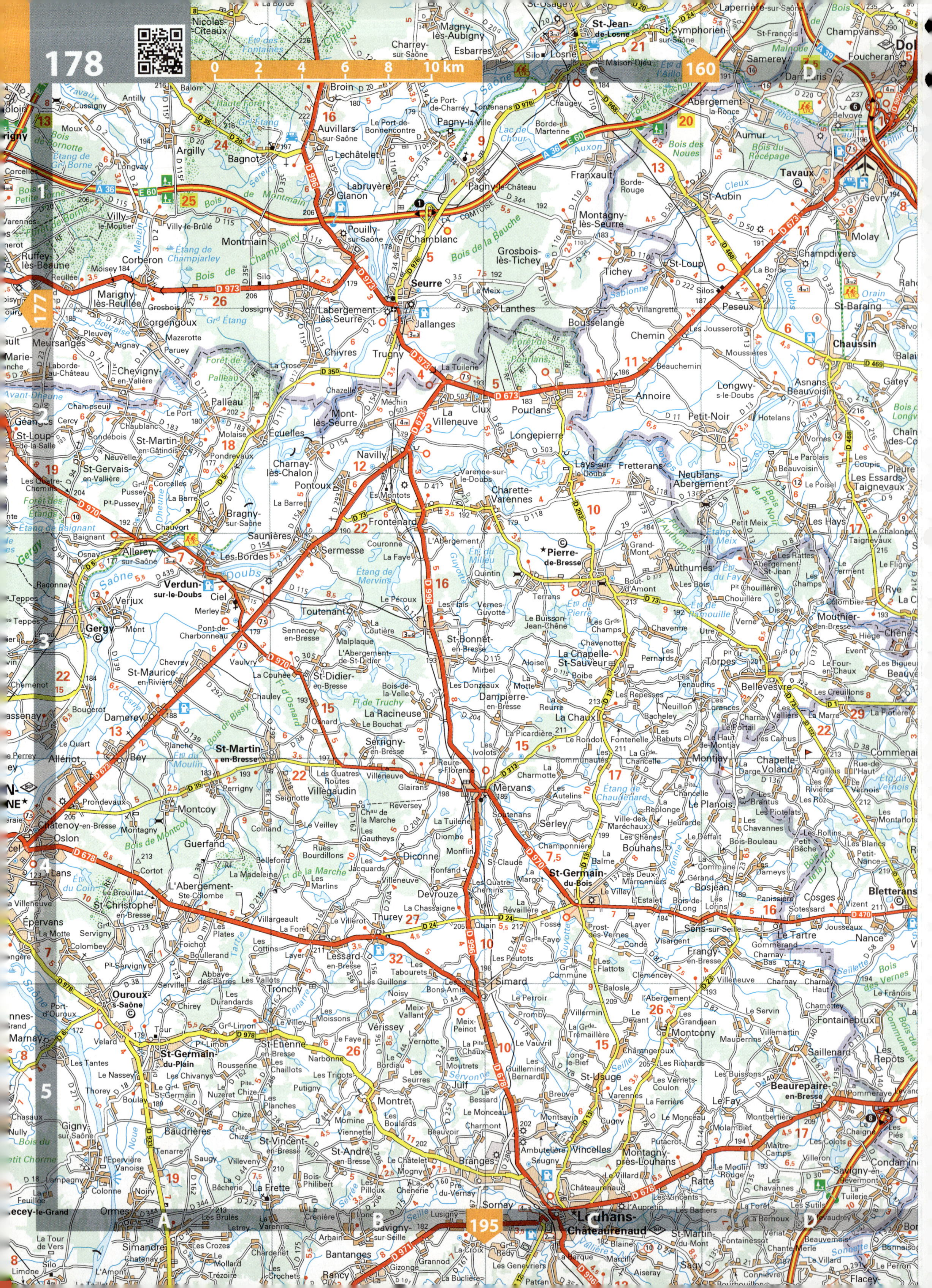
0 2 4 6 8 10 km
160
177
195
St-Jean-de-Losne
St-Symphorien-sur-Saône
Magny-lès-Aubigny
Esbarres
Charrey-sur-Saône
Nicolas-Cîteaux
Laperrière-sur-Saône
Champvans
Foucherans
Samerey
Abergement-la-Ronce
Aumur
Tavaux
Damparis
Broin
Auvillars-sur-Saône
Lechâtelet
Labruyère
Glanon
Pagny-la-Ville
Pagny-le-Château
Bagnot
Argilly
Villy-le-Moutier
Villy-le-Brûlé
Montmain
Corberon
Pouilly-sur-Saône
Chamblanc
Grosbois-lès-Tichey
Franxault
Montagny-lès-Seurre
St-Aubin
Molay
Tichey
St-Loup
Champdivers
Seurre
Jallanges
Labergement-lès-Seurre
Marigny-lès-Reullée
Corgengoux
Meursanges
Chevigny-en-Valière
Chivres
Trugny
Lanthes
Bousselange
Chemin
Peseux
Chaussin
Annoire
Longwy-s-le-Doubs
Asnans-Beauvoisin
Petit-Noir
Pourlans
Clux
La Villeneuve
Mont-lès-Seurre
Écuelles
Palleau
St-Martin-en-Gâtinois
St-Gervais-en-Vallière
Navilly
Charnay-lès-Chalon
Pontoux
Longepierre
Lays-sur-le-Doubs
Fretterans
Neublans-Abergement
Charette-Varennes
Frontenard
Bragny-sur-Saône
Saunières
Sermesse
Les Bordes
Allerey-sur-Saône
Verdun-sur-le-Doubs
Ciel
Verjux
Gergy
Pierre-de-Bresse
Authumes
Les Hays
Toutenant
St-Bonnet-en-Bresse
La Chapelle-St-Sauveur
Torpes
Bellevesvre
St-Maurice-en-Rivière
St-Didier-en-Bresse
Dampierre-en-Bresse
La Racineuse
La Chaux
Damerey
St-Martin-en-Bresse
Serrigny-en-Bresse
Allériot
Bey
Villegaudin
Mervans
Montjay
Chapelle-Voland
Le Planois
Montcoy
Guerfand
Oslon
Lans
St-Christophe-en-Bresse
L'Abergement-Ste-Colombe
Diconne
Devrouze
Serley
St-Germain-du-Bois
Bouhans
Bosjean
Sens-sur-Seille
Frangy-en-Bresse
Bletterans
Cosges
Épervans
Thurey
Lessard-en-Bresse
Simard
Tronchy
Ouroux-s-Saône
St-Germain-du-Plain
St-Étienne-en-Bresse
Vérissey
Montret
St-Usuge
Montcony
Beaurepaire-en-Bresse
Saillenard
Baudrières
St-Vincent-en-Bresse
St-André-en-Bresse
Branges
Vincelles
Montagny-près-Louhans
Ratte
Sornay
Savigny-sur-Seille
Louhans-Châteaurenaud
St-Martin-du-Mont
Sagy
Simandre
Bantanges
Ormes
Lacrost

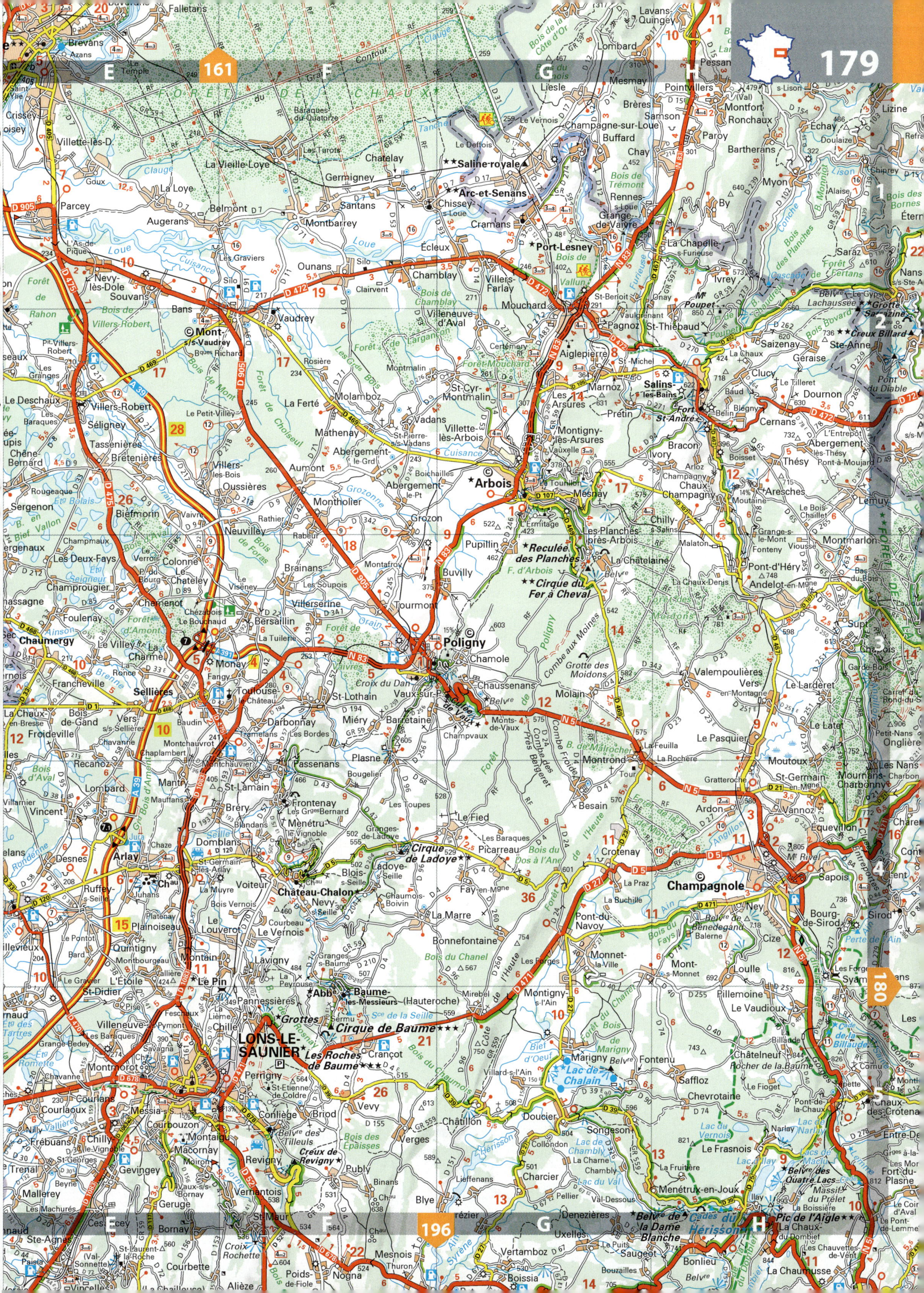

E
F
G
H
161
196
180
FORÊT DE CHAUX
Brevans
Falletans
Villette-lès-Dole
La Vieille-Loye
Germigney
Chatelay
Saline royale
Arc-et-Senans
Chissey-s-Loue
Cramans
Liesle
Champagne-sur-Loue
Buffard
Mesmay
Lavans-Quingey
Lombard
Pessans
Pointvillers
Montfort
Ronchaux
Samson
Paroy
Bartherans
Echay
Lizine
Myon
Rennes-s-Loue
Grange-de-Vaivre
Port-Lesney
Parcey
Augerans
Belmont
Montbarrey
Santans
Ecleux
Chamblay
Villers-Farlay
Mouchard
Villeneuve-d'Aval
Nevy-lès-Dole
Souvans
Bans
Mont-s/s-Vaudrey
Vaudrey
Oussières
Villers-Robert
Séligney
Tassenières
Bretenières
Le Deschaux
Chêne-Bernard
Sergenon
Biefmorin
Neuvilley
Rathier
Aumont
Montholier
Molamboz
Mathenay
Abergement-le-Grd
Abergement-le-Pt
Vadans
Villette-lès-Arbois
St-Cyr-Montmalin
Arbois
Les Arsures
Aiglepierre
Marnoz
Salins-les-Bains
Fort St-André
Pretin
Montigny-lès-Arsures
Mesnay
Les Planches-près-Arbois
Reculée des Planches
Cirque du Fer à Cheval
La Châtelaine
Ivrey
Mt Poupet
St-Thiébaud
Saizenay
Géraise
Clucy
Dournon
Cernans
Thésy
Aresches
Ivory
Chilly-s-Salins
Chaux-Champagny
Andelot-en-Montagne
Pont-d'Héry
Lemuy
Montmarlon
Ste-Anne
Creux Billard
Grotte Sarrazine
Nans
Colonne
Le Chateley
Champrougier
Foulenay
Chaumergy
Le Villey
Francheville
Sellières
Bersaillin
Brainans
Villerserine
Grozon
Pupillin
Buvilly
Tourmont
Poligny
Chamole
Chaussenans
Barretaine
Vaux-sur-Poligny
Miéry
Plasne
St-Lothain
Darbonnay
Toulouse-le-Château
Molain
Valempoulières
Le Larderet
Le Latet
Montrond
La Rochère
Le Pasquier
Moutoux
St-Germain
Mournans-Charbonny
Ardon
Équevillon
Champagnole
Sapois
Crotenay
Besain
Le Fied
Cirque de Ladoye
Picarreau
Fay-en-Montagne
La Marre
Bonnefontaine
Ladoye-s-Seille
Blois-s-Seille
Château-Chalon
Nevy-s-Seille
Voiteur
Frontenay
Passenans
St-Lamain
Brery
Domblans
Arlay
Ruffey-s-Seille
Desnes
Vincent
Lombard
Mantry
Recanoz
Froideville
Plainoiseau
Quintigny
L'Étoile
St-Didier
Le Pin
Montmorot
Courlans
Courlaoux
Messia
Chilly-le-Vignoble
Frébuans
Trenal
Macornay
Montaigu
Conliège
Perrigny
LONS-LE-SAUNIER
Les Roches de Baume
Cirque de Baume
Baume-les-Messieurs
Crançot
Grottes
Pannessières
Lavigny
Le Vernois
Revigny
Creux de Revigny
Vevy
Briod
Verges
Publy
Châtillon
Blye
Poids-de-Fiole
Mesnois
Nogna
Montigny-s-l'Ain
Marigny
Lac de Chalain
Doucier
Fontenu
Songeson
Charcier
Menétrux-en-Joux
Belvédère de la Dame Blanche
Cascades du Hérisson
Pic de l'Aigle
Bonlieu
La Chaumusse
Chevrotaine
Saffloz
Châtelneuf
Le Frasnois
Pillemoine
Le Vaudioux
Loulle
Mont-s-Monnet
Monnet-la-Ville
Pont-du-Navoy
Cize
Bourg-de-Sirod
Syam
Sirod
Gevingey
Cesancey
Ste-Agnès
Courbette
Geruge
Alièze
Uxelles
Denezières
Vertamboz
Boissia
Saugeot

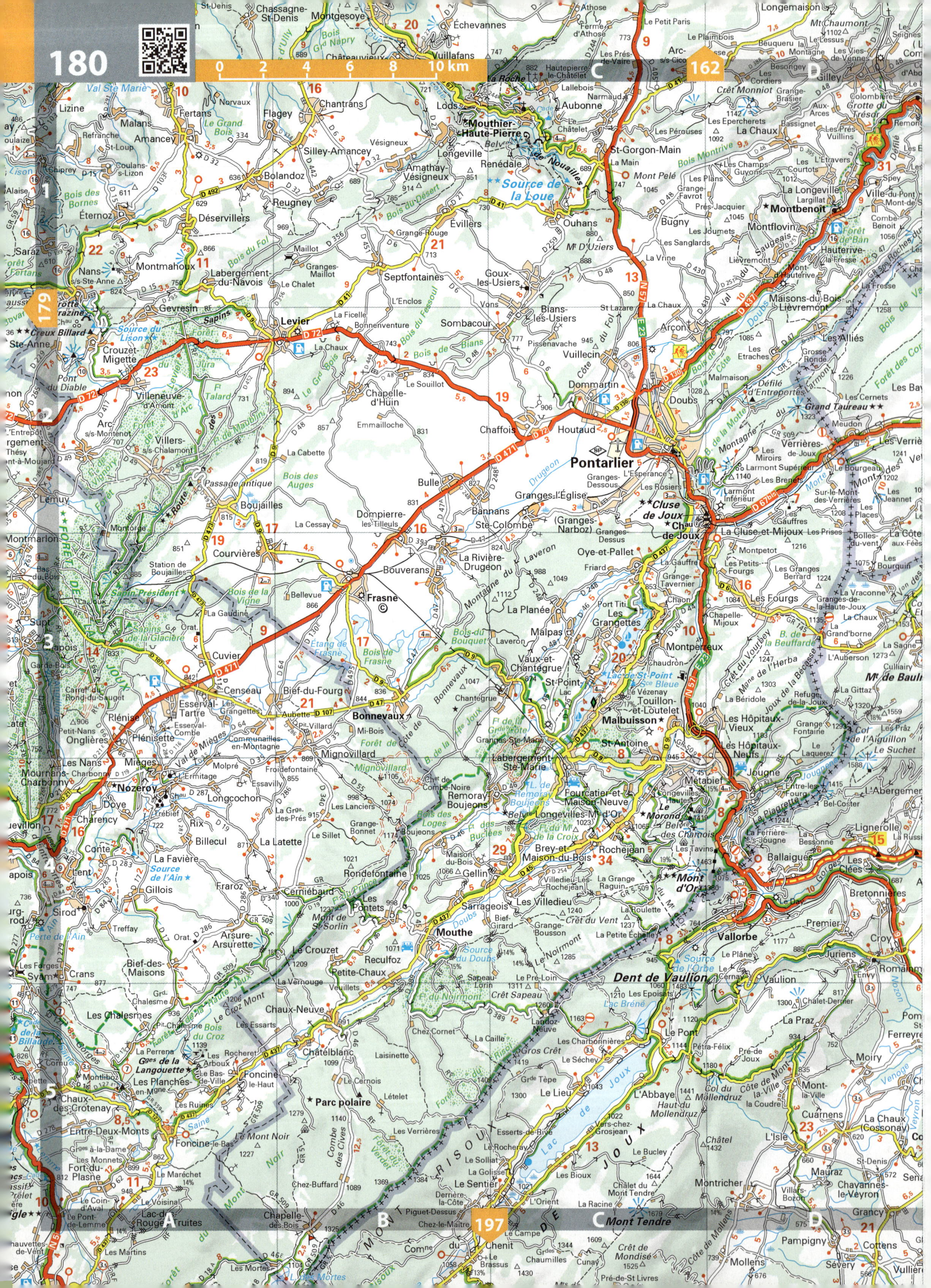
0 2 4 6 8 10 km
162
179
197
Pontarlier
Levier
Frasne
Nozeroy
Mouthe
Vallorbe
Malbuisson
Doubs
Mouthier-Haute-Pierre
Source de la Loue
Ornans
Montbenoît
Cluse de Joux
La Cluse-et-Mijoux
Labergement-Ste-Marie
Métabief
Jougne
Ballaigues
Les Hôpitaux-Vieux
Les Hôpitaux-Neufs
Mont d'Or
Dent de Vaulion
Lac de Joux
Le Pont
L'Abbaye
Le Sentier
Le Brassus
Chapelle-des-Bois
Foncine-le-Haut
Chaux-Neuve
Parc polaire
Bonnevaux
Bouverans
Boujailles
Courvières
Chaffois
Houtaud
Dommartin
Vuillecin
Bulle
Bannans
Ste-Colombe
Granges-l'Église
Oye-et-Pallet
Les Grangettes
Montperreux
Chaon
La Planée
Malpas
Vaux-et-Chantegrue
St-Point-Lac
Lac de St-Point
Mignovillard
Cerniébaud
Rochejean
Longevilles-Mt-d'Or
Sarrageois
Gellin
Reculfoz
Petite-Chaux
Les Pontets
Rondefontaine
Le Crouzet
Chaux-des-Crotenay
Entre-Deux-Monts
Crans
Les Chalesmes
Gilloris
Sirod
Conte
Charency
Mièges
Plénise
Plénisette
Onglières
Esserval-Tartre
Censeau
Cuvier
Arsure-Arsurette
Billecul
Rix
Longcochon
Molpré
Villers-sous-Chalamont
Arc-sous-Montenot
Villeneuve-d'Amont
Crouzet-Migette
Septfontaines
Évillers
Goux-les-Usiers
Bians-les-Usiers
Sombacour
Ouhans
Renédale
Lods
Longeville
Vuillafans
Échevannes
Chantrans
Flagey
Silley-Amancey
Amancey
Malans
Fertans
Bolandoz
Reugney
Déservillers
Éternoz
Montmahoux
Labergement-du-Navois
Nans-sous-Ste-Anne
Ste-Anne
Gevresin
Amathay-Vésigneux
St-Gorgon-Main
Bugny
Arçon
Maisons-du-Bois-Lièvremont
Hauterive-la-Fresse
Ville-du-Pont
Les Alliés
Verrières-de-Joux
Les Fourgs
Le Frasnois
Mont Tendre
Romainmôtier
Juriens
Premier
Orbe
Mouthe
Vaulion
Montricher
Mollens
Séverÿ
Cottens
Pampigny
L'Isle
Le Lieu
Crêt Sapeau
Laisinette
Châtelblanc
Fort-du-Plasne
Foncine-le-Bas
Lac-des-Rouges-Truites
Les Planches-en-Montagne
Bief-des-Maisons
Syam
Trembly

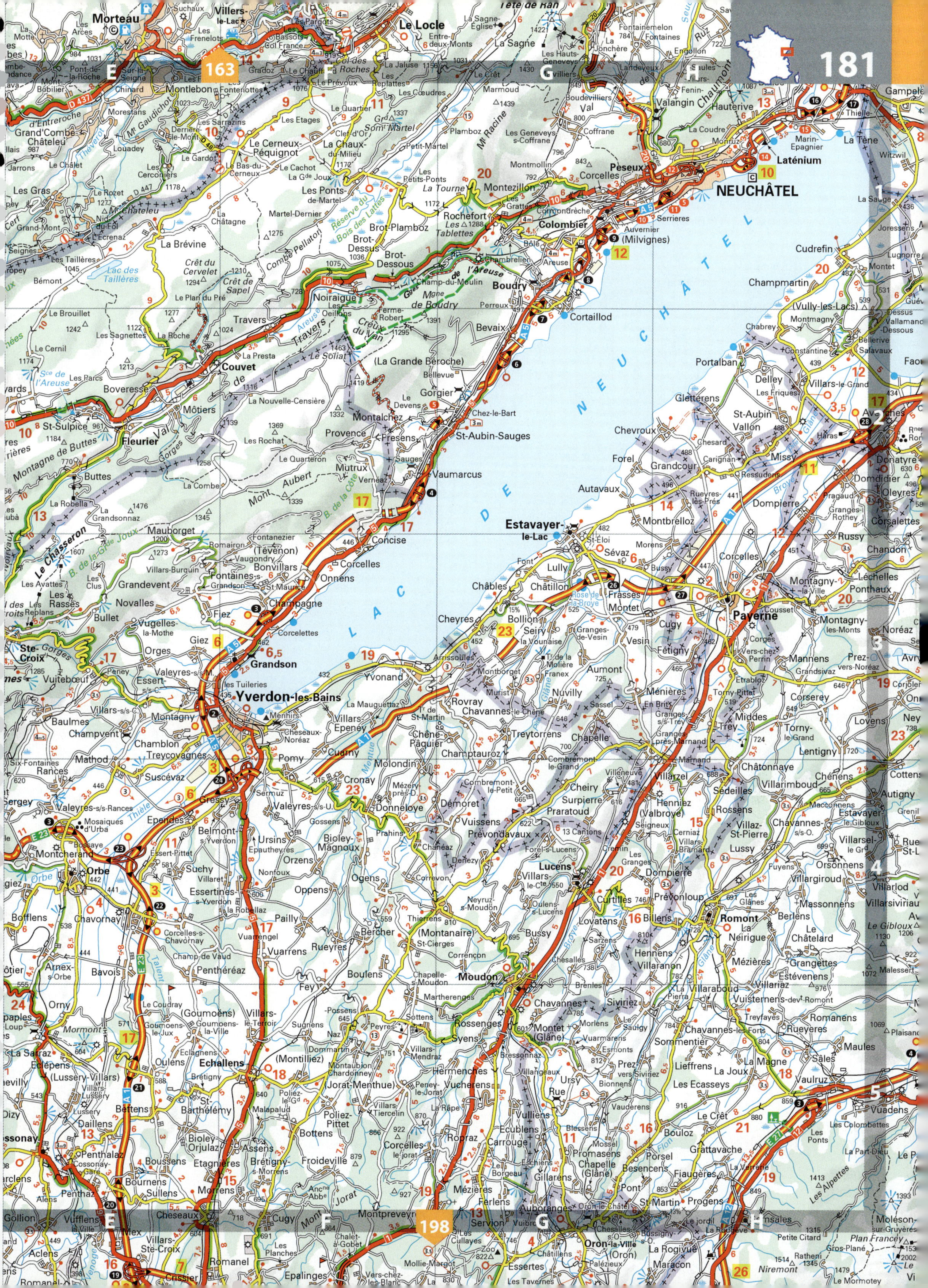
Morteau
Villers-le-Lac
Le Locle
La Sagne
Les Ponts-de-Martel
La Chaux-du-Milieu
Le Cerneux-Péquignot
La Brévine
Rochefort
Colombier
Peseux
NEUCHÂTEL
Laténium
Hauterive
Marin-Epagnier
Auvernier (Milvignes)
Serrières
Boudry
Cortaillod
Noiraigue
Travers
Couvet
Môtiers
Fleurier
St-Sulpice
Buttes
Le Chasseron
Bevaix
Gorgier
St-Aubin-Sauges
Vaumarcus
Concise
Provence
Mutrux
Grandson
Yverdon-les-Bains
Champagne
Onnens
Bonvillars
Fontaines-s-Grandson
Grandevent
Novalles
Bullet
Ste-Croix
Vuiteboeuf
Orges
Montagny
Chamblon
Treycovagnes
Baulmes
Valeyres-s/s-Rances
Orbe
Chavornay
Essertines-s-Yverdon
Pailly
Echallens
Bercher
Vuarrens
Rueyres
Moudon
Lucens
Thierrens
Donneloye
Cronay
Molondin
Démoret
Bioley-Magnoux
Ursins
Orzens
Oppens
Ogens
Boulens
Bottens
Froideville
Etagnières
Assens
Morrens
Cheseaux
Cugy
Epalinges
Montpreveyres
Mézières
Servion
Oron-la-Ville
Ropraz
Carrouge
Vucherens
Syens
Chavannes
Rue
Ursy
Vuisternens-dev.-Romont
Romont
Billens
Prez-vers-Siviriez
Siviriez
Villaraboud
Sommentier
Vaulruz
Sâles
Vuadens
Romanens
Rueyres
La Joux
Le Crêt
Grattavache
Progens
Maracon
La Rogivue
Semsales
Estavayer-le-Lac
Font
Lully
Châbles
Cheyres
Yvonand
Rovray
Chavannes-le-Chêne
Chêne-Pâquier
Cuarny
Pomy
Combremont-le-Grand
Cheiry
Surpierre
Praratoud
Vuissens
Prévondavaux
Granges-près-Marnand
Villeneuve
Henniez (Valbroye)
Seigneux
Dompierre
Villarzel
Sédeilles
Rossens
Lussy
Ménières
Nuvilly
Aumont
Murist
Montborget
Seiry
Bollion
Cugy
Vesin
Fétigny
Payerne
Corcelles
Montagny-la-Ville
Grandcour
Chevroux
Forel
Autavaux
Montbrelloz
Sévaz
Frasses
Montet
Dompierre
Missy
Avenches
Domdidier
Donatyre
Cudrefin
Champmartin
Portalban
Delley
Gletterens
St-Aubin
Vallon
Villars-le-Grand
Constantine
Chabrey
Montmagny
Corserey
Torny-le-Grand
Lentigny
Chénens
Villarimboud
Châtonnaye
Villaz-St-Pierre
Chavannes-s/s-O.
Orsonnens
Villargiroud
Massonnens
Berlens
Le Châtelard
Grangettes
Estévenens
Mézières
Villarlod
Villarsiviriaux
Middes
Trey
Prez-vers-Noréaz
Mannens
Grandsivaz
Fribourg
LAC DE NEUCHÂTEL
A1
A5
E
F
G
H
163
198
1
2
3
4
5

0 2 4 6 8 10 km
165
La Mothe-Achard
Les Chânières
La Richard
Le Plessy-Landry
Louvernières
La Forêt
(Achard)
Le Guy
Ste-Flaive-des-Loups
Bourdigal
Le Beignon
La Génerie
Soulinière
Les Clouzeaux
L'Embretière
La Livraie
Lave
Guyonnière
La Sirmière
L'Angouinière
Badiole
Le Fougeré
Brancardières
Les Brancardière
La Barre
La Domangère
Les Granges
La Chausserie
Le Plessis-Jousselin
La Chapelle-Achard
Le Moulin-des-Landes
Chau de La Lière
La Coiffaudière
Retardière
Aubigny
Les Couzeaux
Audouinière
La Bourie
Tinetière
Mortevieille
Nesmy
Chaillot
La Coutancinière
La Merlerie
Chaillé-s/s-les-Ormeaux
Salaire
La Bardière
Les Burelières
Réserve ornithologique
L'Allerie
Sauveterre
Bourgneuf
St-Mathurin
L'Île-d'Olonne
Champclou
Le Pont-Chartran
La Grassière
La Millière
Le Chaigne
L'Epinay
Le Puy-Gaudin
Le Girouard
Nieul-le-Dolent
La Janière
La Boissière-des-Landes
L'Epinette
La Maugerie
La Vergne
La Guitardière
Fregneau
Courtesolles
Les Oulières
La Barbière-Marchande
Vertonne
Thibaudière
La Vergne
Olonne-s-Mer
Pierre Levée
Ste-Foy
Grosbreuil
La Prémaudière
La Bénatonnière
La Martinière
L'Emerière
La Remeliière
La Philipière
La Chevalerie
La Glorandière
La Bigeoire
Beauchêne
Miotières
La Bergerie
La Bauduère
La Girvière
L'Aubraie
La Rouliere
Phare des Barges
La Chaume
Pointe de l'Aiguille
Fort St-Nicolas
Rudeliere
LES SABLES-D'OLONNE
La Corniche
Puits d'Enfer
Anse de Cayola
L'Etablière
L'Epinette
La Rainerie
Le Bois-Guiton
La Guigneraie
La Lièvre
Bois-Grolland
Bois-Jaulin
Le Pain
Le Moulin-des-Landes
Poiroux
St-Avaugourd-des-Landes
St-Vincent-sur-Graon
Moutiers-les-Mauxfaits
Le Champ-St-Père
Château-d'Olonne
Beausejour
Zoo
La Mouzinière
La Pironnière
Musée automobile de Vendée
Saint-Jean-d'Orbestier
Les Arpents
Maison-Neuve
Dagoterie
Talmont-St-Hilaire
Vieux Bourg
Sorin
Bgie de Finfarine
La Clémantinière
La Guignardière
Avrillé
Bois-Renard
La Bouchetière
Bois-Lambert
Grande-Chevalerie
St-Sornin
La Garenne
St-Cyr-en-Talmondais
Le Poteau
Le Givre
Pont Rouge
La Brunière
Revroc
Le Porteau
Port-Bourgenay
Querry-Pigeon
Les Eaux
Les Hautes Mers
La Guittière
L'Ensoviere
Les Côtes
St-Hilaire-la-Forêt
Dolmen de la Frébouchère
Le Plessis
Le Bernard
Le Breuil
La Jonchère
La Nozière
Plage du Veillon
Pointe du Payré
Ilaude
La Vinière
Abbe de N.D. de Lieu-Dieu
Les Airies
Le Pont-Métayer
Bouillac
La Grange
Longeville-s-Mer
Fontaine
Cigogne
Jard-sur-Mer
St-Vincent-s-Jard
La Raisinière
Maison de Clemenceau
La Chaine
La Mongerie
Les Rabouillères
Les Rivières
Morica
Four
Roche de L'Islatte
Le Rocher
Saligotière
Angles
L'Alouette
Les Conches
Canal de Ceinture
Le Port-de-Moricq
La Ville-d'Angles
Milieu
Les Tendes
La Banche
Les Mottes
La Terrière
Parc Floral
Pointe du Grouin du Cou
Pointe du Chiquet
La Grière
Ste-Anne
La Belle-Henriette
La Tranche-sur-Mer
Anse du Maupas
La Grière-Plage
Pte du Rocher
Les Jars
La Faute-sur-Mer
Côte des Fl
PERTUIS
BRE
Pte du Lizay
Conche des Baleines
La Rivière
Les Portes-en-Ré
Les Baleines
L'Arche de Noé
Le Gillieux
Réserve Naturelle
Fier d'Ars
Pte du Fier
Loix
Pte du Grouin
Rade de St-Martin
Fosse de Loix
St-Clément-des-Baleines
Ars-en-Ré
Pte de Grignon
Le Martray
La Passe
St-Martin
Citadelle
La Couarde-s-Mer
Le Bois-Plage-en-Ré
La Gollandière
Gros-Jonc
Morinant
Pte de Chanchardon
Phare de Chanchardon
Les Grenettes
La Noue
Ste-M
A
B
C
D
1
2
3
4
5
ÎLE DE RÉ

166
200
184
E
F
G
H
Bournezeau
Thorigny
Les Pineaux
Château-Guibert
Mareuil-s-Lay-Dissais
Moutiers-s-Lay
Bessay
Ste-Pexine
Ste-Hermine
St-Juire-Champgillon
St-Martin-Lars-en-Ste-Hermine
La Caillère
La Chapelle-Thémer
Thiré
St-Martin-des-Fontaines
Marsais-Ste-Radégonde
Bourneau
L'Hermenault
St-Valérien
Pouillé
St-Etienne-de-Brillouet
St-Aubin-la-Plaine
St-Jean-de-Beugné
Sérigné
Longèves
Petosse
Ste-Gemme-la-Plaine
Nalliers
Mouzeuil-St-Martin
Les Magnils-Reigniers
Corpe
La Bretonnière
Péault
Rosnay
La Couture
Luçon
Chasnais
Lairoux
Curzon
La Court-d'Aron
Les Quatre Chemins
La Chauvetterie
Moreilles
Triaize
St-Denis-du-Payré
Grues
St-Michel-en-l'Herm
L'Aiguillon-sur-Mer
Champagné-les-Marais
Puyravault
Ste-Radégonde-des-Noyers
Chaillé-les-Marais
Vouillé-les-Marais
Le Poiré-s-Velluire
Velluire
Le Langon
Auzay
Chaix
Fontaines
Montreuil
Vix
La Taillée
Le Gué-de-Velluire
L'Île-d'Elle
Marans
Charron
Esnandes
Villedoux
Marsilly
Andilly
St-Ouen-d'Aunis
Longèves
Nieul-s-Mer
Lagord
L'Houmeau
Puilboreau
St-Xandre
Dompierre
Ste-Soulle
Vérines
Nuaillé-d'Aunis
Anais
Angliers
Ferrières
Courçon
St-Jean-de-Liversay
Taugon
La Ronde
St-Sauveur-d'Aunis
Périgny
LA ROCHELLE
Bourgneuf
St-Médard-d'Aunis
Clavette
St-Rogatien
Montroy
Pointe d'Arçay
Pointe de l'Aiguillon
Anse de l'Aiguillon
Pte St-Clément
Pte du Plomb
Pte de Chauveau
Pte de Sablanceaux
Rivedoux-Plage
Flotte
MARAIS
INTERRÉGIONAL
DU
Réserve naturelle
Digue des Wagons
Canal de Pomère
Sèvre Niortaise
Canal des Cinq Abbés
Ceinture des Hollandais
D 949
D 137
D 938
D 938 ter
D 746
D 25
D 105
D 114
D 137
N 11
N 237
E 3
E 601
A 83

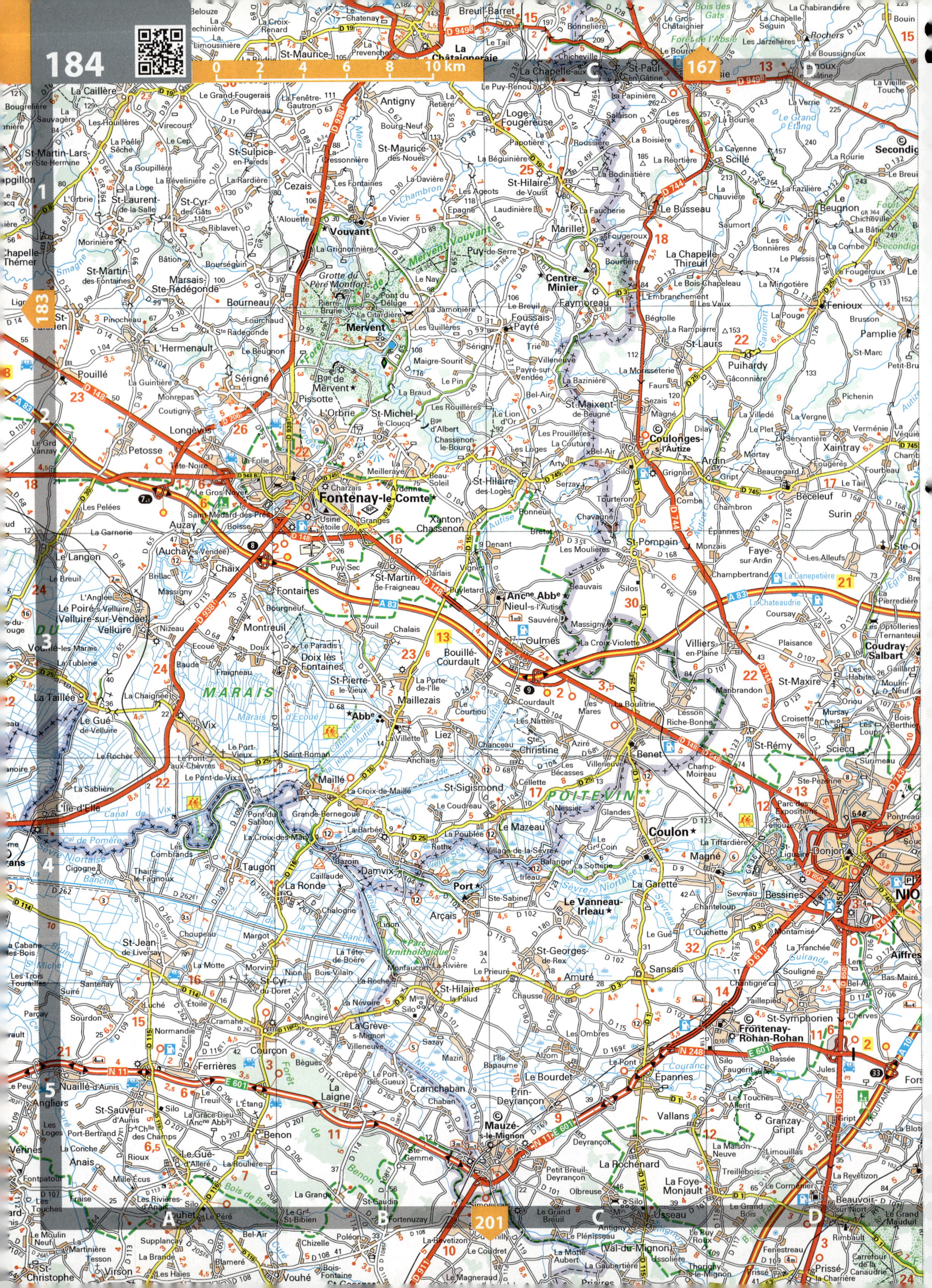
0 2 4 6 8 10 km
167
183
201
Fontenay-le-Comte
Vouvant
Mervent
Forêt de Mervent Vouvant
L'Hermenault
Pouillé
Sérigné
Pissotte
L'Orbrie
Longèves
Petosse
Auzay
Chaix
Fontaines
Montreuil
Doix lès Fontaines
St-Martin-de-Fraigneau
Xanton-Chassenon
St-Hilaire-des-Loges
Coulonges-s-l'Autize
Foussais-Payré
St-Maixent-de-Beugné
Faymoreau
Marillet
St-Hilaire-de-Voust
Antigny
Cezais
St-Sulpice-en-Pareds
St-Cyr-des-Gâts
La Caillère
St-Laurent-de-la-Salle
Marsais-Ste-Radégonde
Bourneau
Le Busseau
La Chapelle-Thireuil
Fenioux
St-Laurs
Puihardy
Ardin
Béceleuf
Faye-sur-Ardin
St-Pompain
Villiers-en-Plaine
Coudray-Salbart
St-Maxire
St-Rémy
Sciecq
Benet
Nieul-s-l'Autise
Oulmes
Bouillé-Courdault
St-Pierre-le-Vieux
Maillezais
Liez
Damvix
Maillé
Vix
Le Poiré-s-Velluire
Velluire
L'Île-d'Elle
MARAIS POITEVIN
Coulon
Magné
Niort
Bessines
Arçais
St-Hilaire-la-Palud
Le Vanneau-Irleau
Sansais
Amuré
St-Georges-de-Rex
La Rochénard
Frontenay-Rohan-Rohan
St-Symphorien
Épannes
Vallans
Granzay-Gript
Mauzé-s-le-Mignon
Prin-Deyrançon
Usseau
Courçon
La Laigne
Cramchaban
Taugon
La Ronde
St-Jean-de-Liversay
St-Cyr-du-Doret
Benon
Ferrières
Nuaillé-d'Aunis
Anais
St-Sauveur-d'Aunis
A 83
N 11
E 601
N 248
D 148
D 938
D 744

E
F
G
H
Parthenay
Châtillon-sur-Thouet
La Peyratte
La Ferrière-en-Parthenay
Chalandray
Azay-s-Thouet
Le Tallud
St-Pierre
Pompaire
La Chapelle-Bertrand
Saurais
Allonne
Vasles
Latillé
St-Martin-du-Fouilloux
Beaulieu-s/s-Parthenay
Soutiers
St-Pardoux
La Boissière-en-Gâtine
Reffannes
Vouhé
Vausseroux
Mazières-en-Gâtine
Les Groseillers
St-Lin
Vautebis
Les Forges
Benassay
Lavausseau
Verruyes
St-Marc-la-Lande
Champdeniers
Champeaux
St-Georges-de-Noisné
Clavé
Coutières
Chantecorps
Ménigoute
Sanxay
Curzay-sur-Vonne
Jazeneuil
La Chapelle-Bâton
St-Christophe-sur-Roc
Augé
Saivres
Exireuil
St-Maixent-l'École
Soudan
Lusignan
Rouillé
Cherveux
Échiré
St-Gelais
Chauray
François
Ste-Néomaye
Nanteuil
St-Martin-de-St-Maixent
Pamproux
Salles
Tumulus
Bougon
Soignon
Souvigné
La Mothe-St-Héray
Exoudun
St-Sauvant
La Crèche
Romans
Aigonnay
Prailles
Chenay
Vouillé
Mougon
Thorigné
Beaussais-Vitré
Sepvret
Chey
Vançais
Lezay
Prahecq
Celles-s-Belle
St-Martin-de-Bernegoue
Ste-Blandine
Juscrops
Ste-Soline
Melle
St-Hilaire
St-Léger-de-la-Martinière
St-Coutant
Vanzay
Brûlain
St-Romans-des-Champs
St-Médard
Périgné
Mazières-s-Béronne
Sompt
Les Alleuds
Limalonges
Forêt de la Saisine
Forêt de Montbeil
Forêt du Fouilloux
Champ de Tir
A 10
N 149
D 611
D 948
D 950
D 150

168
186
202

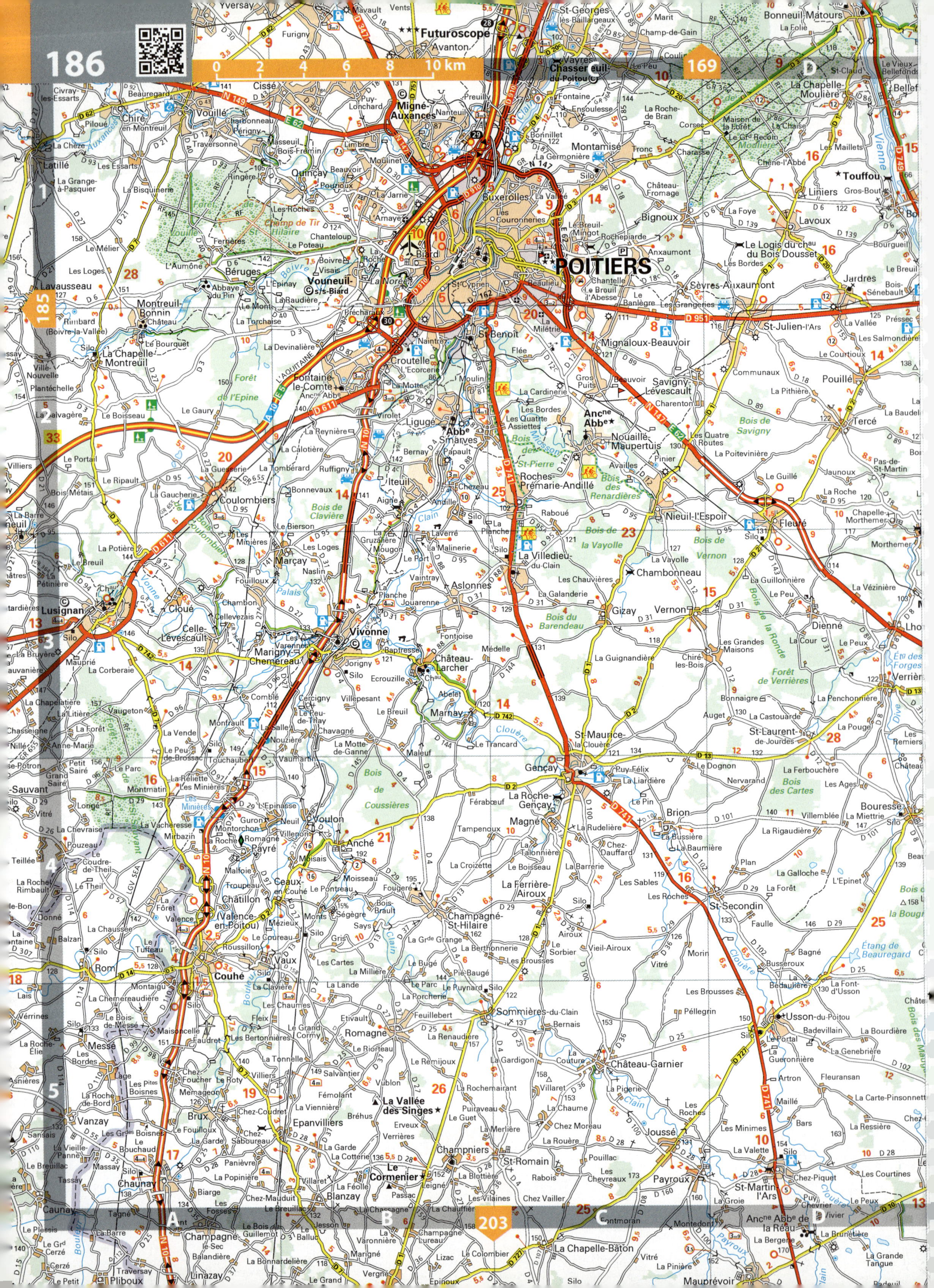

0 2 4 6 8 10 km
169
185
203
33
Futuroscope
Avanton
Migné-Auxances
Chasseneuil-du-Poitou
St-Georges-lès-Baillargeaux
Bonneuil-Matours
La Chapelle-Moulière
Cissé
Vouillé
Chiré-en-Montreuil
Latillé
Buxerolles
Montamisé
POITIERS
Biard
Béruges
Vouneuil-s/s-Biard
St-Benoit
Mignaloux-Beauvoir
Sèvres-Anxaumont
St-Julien-l'Ars
Touffou
Liniers
Lavoux
Bignoux
Jardres
Pouillé
Tercé
Savigny-Lévescault
Nouaillé-Maupertuis
Fontaine-le-Comte
Croutelle
Ligugé
Smarves
Roches-Prémarie-Andillé
Montreuil-Bonnin
La Chapelle-Montreuil
Lavausseau
Coulombiers
Iteuil
Nieuil-l'Espoir
Fleuré
La Villedieu-du-Clain
Aslonnes
Vivonne
Marçay
Lusignan
Cloué
Celle-Lévescault
Marigny-Chémereau
Château-Larcher
Marnay
Gizay
Vernon
Dienné
Chambonneau
Forêt de Verrières
Verrières
St-Laurent-de-Jourdes
Gençay
St-Maurice-la-Clouère
Brion
Magné
La Ferrière-Airoux
Champagné-St-Hilaire
St-Secondin
Usson-du-Poitou
Anché
Voulon
Payré
Châtillon
Vaux
Couhé
Romagne
Sommières-du-Clain
Château-Garnier
La Vallée des Singes
Champniers
St-Romain
Joussé
Payroux
St-Martin-l'Ars
Le Cormenier
Brux
Chaunay
Epanvilliers
Vanzay
Blanzay
La Chapelle-Bâton
Mauprévoir
Champagné-le-Sec
Linazay
Pliboux
Forêt de l'Epine
Bois de Clavière
Bois de la Vayolle
Bois de Coussières
Bois des Cartes
Bois du Barendeau
N 10
N 147
N 149
D 611
D 741
D 951
E 5
E 62
A 10

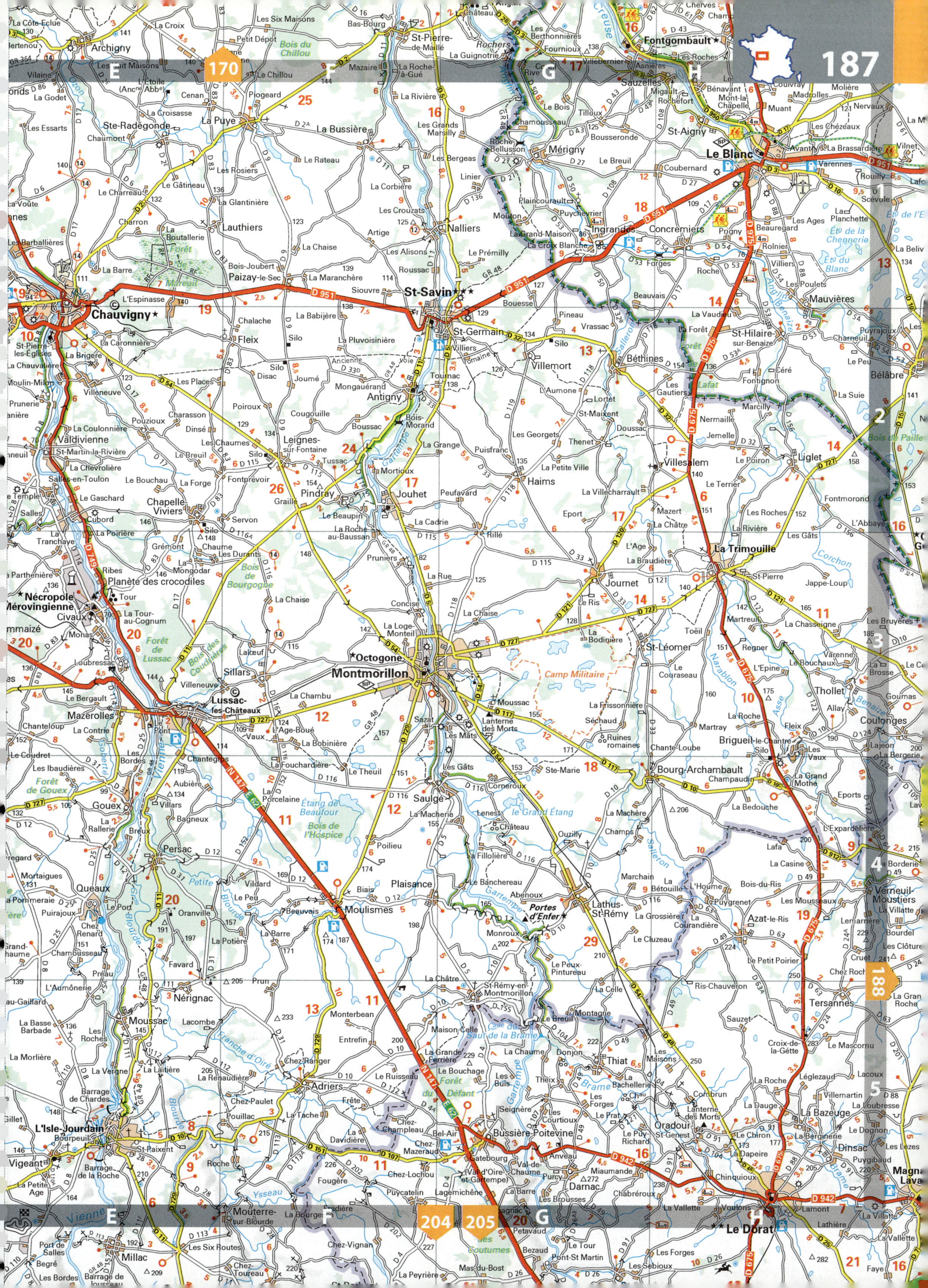
Chauvigny
St-Savin
St-Germain
Le Blanc
Montmorillon
Octogone
Lussac-les-Châteaux
La Trimouille
L'Isle-Jourdain
Le Dorat
Bussière-Poitevine
Béthines
Lathus-St-Rémy
Moulismes
Mérigny
Nalliers
Antigny
Jouhet
Haims
Journet
Bourg-Archambault
Saulgé
Plaisance
Persac
Queaux
Adriers
Moussac
Nérignac
Availles-Limouzine
Azat-le-Ris
Tersannes
Oradour-St-Genest
Dinsac
Darnac
Thiat
St-Léomer
Brigueil-le-Chantre
Liglet
Villesalem
Fontgombault
Ingrandes
Concremiers
St-Aigny
Sauzelles
Pouligny
Leignes-sur-Fontaine
Pindray
Valdivienne
Civaux
Mazerolles
Gouex
Sillars
Ste-Radégonde
Archigny
La Puye
La Bussière
Paizay-le-Sec
Lauthiers
Fleix
Camp Militaire
Portes d'Enfer
Nécropole Mérovingienne
Planète des crocodiles
Forêt de Lussac
Bois de Bourgogne
Forêt de Mareuil
Étang de Beaufour
Bois de l'Hospice
Le Grand Étang
Vienne
Gartempe
Anglin
Benaize
Creuse
N 147
E 62
D 951
D 675
D 727
D 729
D 54
D 942
170
204
205
188

0 2 4 6 8 10 km
187
171
206
A
B
C
D
1
2
3
4
5
BRENNE
St-Gaultier
Argenton-sur-Creuse
St-Marcel
Le Pont-Chrétien-Chabenet
Chasseneuil
Le Menoux
Ceaulmont
Gargilesse-Dampierre
Cuzion
Bellâbre
Chalais
Luzeret
Prissac
La Garde-Giron
Château-Guillaume
Lignac
Chaillac
St-Benoît-du-Sault
Parnac
Chazelet
Vigoux
Celon
Bazaiges
Baraize
Roussines
Sacierges-St-Martin
St-Civran
St-Gilles
Eguzon-Chantôme
Crozant
La Châtre-Langlin
Mouhet
St-Sébastien
Azerables
Lussac-les-Églises
Beaulieu
Les Grds-Chézeaux
St-Georges-les-Landes
St-Sulpice-les-Feuilles
Mailhac-s-Benaize
Cromac
Jouac
Coulonges
Tilly
St-Martin-le-Mault
Verneuil-Moustiers
St-Léger-Magnazeix
Arnac-la-Poste
St-Hilaire-la-Treille
Dompierre-les-Églises
Magnac-Laval
La Souterraine
St-Agnant-de-Versillat
St-Germain-Beaupré
St-Léger-Bridereix
Colondannes
Lafat
La Chapelle-Baloue
Vareilles
Naillat
Ruffec
Ciron
Rivarennes
Thenay
Oulches
Romefort
Scoury
Chitray
Forêt de la Luzeraize
Bois de Thenay
Forêt des Corollans
Forêt de St Benoît
Forêt du Puy-de-Bois
Bois de Paillet

172
E
F
G
H
Arthon
Velles
Jeu-les-Bois
Mers-sur-Indre
Montipouret
Corlay
Vinceuil
Verneuil-sur-Igneraie
La Berthenoux
Thevet-St-Julien
Vicq-Exemplet
Buxières-d'Aillac
St-Georges
Lys-St-Georges
Tranzault
Nohant-Vic
St-Chartier
Nohant
Lourouer-St-Laurent
Bouesse
Neuvy-St-Sépulchre
Sarzay
Montgivray
La Châtre
Lacs
Montlevicq
Châteaumeillant
Gournay
Maillet
Mouhers
Fougerolles
Le Magny
Briantes
Champillet
Cluis
St-Denis-de-Jouhet
Chassignolles
La Motte-Feuilly
Feusines
Urciers
Pouligny-St-Martin
Pouligny-Notre-Dame
Lignerolles
Montchevrier
Crozon-sur-Vauvre
Crevant
Ste-Sévère-sur-Indre
Orsennes
Aigurande
Vigoulant
Sazeray
Lourdoueix-St-Michel
Méasnes
La Forêt-du-Temple
Nouziers
Tercillat
Bussière-St-Georges
Mortroux
Moutier-Malcard
La Cellette
Nouzerines
Nouzerolles
Linard
Malval
Genouillac
Bétête
Maison-Feyne
Chambon-Ste-Croix
Chéniers
Bonnat
St-Dizier-les-Domaines
Malleret-Boussac
Villard
Dun-le-Palestel
St-Sulpice-le-Dunois
La Celle-Dunoise
Le Bourg-d'Hem
Champsanglard
Châtelus-Malvaleix
Jalesches
Clugnat
Anzême
Jouillat
Ladapeyre
Bussière-Dunoise
Fleurat
Glénic
Ajain
St-Vaury
St-Sulpice-le-Guérétois
207
190

0 2 4 6 8 10 km
173
189
208
Le Châtelet
Puy-Ferrand
Maisonnais
Ardenais
Faverdines
Ainay-le-Vieil
Urçay
Meaulne
Vitray
St-Christophe-le-Chaudry
Reigny
Châteaumeillant
Culan
Vesdun
Épineuil-le-Fleuriel
Vallon-en-Sully
Saulzais-le-Potier
St-Vitte
St-Désiré
Sidiailles
St-Saturnin
Nassigny
Chazemais
Courçais
Viplaix
Mesples
Préveranges
St-Marien
St-Palais
Chambérat
La Chapelaude
Estivareilles
Vaux
St-Victor
Verneix
Huriel
Domérat
MONTLUÇON
Désertines
Boussac
Boussac-Bourg
Leyrat
St-Sauvier
Treignat
Archignat
Quinssaines
Prémilhat
Lavault-Ste-Anne
Néris-les-Bains
Lavaufranche
Soumans
Toulx-Ste-Croix
Verneiges
Bord-St-Georges
Lamaids
Viersat
Teillet-Argenty
Lignerolles
Ste-Thérence
Villebret
St-Genest
Durdat-Larequille
Budelière
Lépaud
Auge
Trois-Fonds
Chambon-sur-Voueize
St-Silvain-sous-Toulx
Évaux-les-Bains
Forêt de Tronçais
Bois de Meillant
A 71
A 714
N 145
E 62
D 943

E
F
G
H
174
1
2
3
4
5
192
209
Bourbon-l'Archambault
Souvigny
Cosne-d'Allier
Montmarault
Commentry
Cérilly
Ygrande
St-Menoux
Couzon
Bagneux
Agonges
Franchesse
St-Plaisir
Theneuille
Le Vilhain
Louroux-Bourbonnais
Vieure
Gipcy
St-Hilaire
Meillers
Noyant-d'Allier
Châtillon
Cressanges
Tronget
Le Montet
Buxières-les-Mines
Tortezais
Sauvagny
Venas
Chavenon
St-Sornin
Murat
Villefranche-d'Allier
Deneuille-les-Mines
Bizeneuille
Chappes
Deux-Chaises
Treban
Le Theil
Laféline
St-Priest-en-Murat
Sazeret
St-Marcel-en-Murat
Voussac
Bézenet
Doyet
Montvicq
Malicorne
St-Bonnet-de-Four
Blomard
Target
Louroux-de-Beaune
Beaune-d'Allier
Vernusse
Colombier
Chirat-l'Église
Monestier
Deneuille-lès-C.
Chantelle
Fleuriel
Bransat
Cesset
Lapeyrouse
Buxières-s/s-Montaigut
La Celle
Louroux-de-Bouble
Coutansouze
Bellenaves
Échassières
Durmignat
Etroussat
Taxat-Senat
Charroux
St-Angel
Chateloy
St-Caprais
Le Brethon
Isle-et-Bardais
Couleuvre
Limoise
Bel-Air
St-Léopardin-d'Augy
Montilly
Marigny
Chamaron
Forêt de Civrais
Forêt de Dreuille
Forêt de Messarges
Forêt de Vacheresse
Forêt de Lespinasse
Aumance
Bandais
Morgon
Burge
Ours
Queune
Oeil
Bouble
Venant
Sioule
D 953
D 945
D 2371
E 62
N 79
A 71
E 11

0 2 4 6 8 10 km
175
191
210
A
B
C
D
1
2
3
4
5
MOULINS
Yzeure
Avermes
Trévol
Neuvy
Coulandon
Bressolles
Toulon-sur-Allier
Chemilly
Besson
Bessay-sur-Allier
Châtel-de-Neuvre
La Ferté-Hauterive
Monétay-s-Allier
Contigny
St-Loup
Saulcet
St-Pourçain-sur-Sioule
Louchy-Montfand
Varennes-s-Allier
Paray-s/s-Briailles
Loriges
Créchy
Billy
St-Didier-la-Forêt
St-Germain-des-Fossés
Seuillet
Magnet
St-Félix
Sanssat
St-Gérand-le-Puy
Périgny
Lapalisse
St-Prix
Droiturier
Servilly
Montaigu-le-Blin
Rongères
Montoldre
Boucé
Cindré
Trézelles
Varennes-sur-Tèche
Chavroches
Vieux-Chambord
Treteau
Jaligny-sur-Besbre
Thionne
St-Voir
Gouise
St-Gérand-de-Vaux
Neuilly-le-Réal
Mercy
Chapeau
Thiel-sur-Acolin
Montbeugny
Lusigny
Chevagnes
Paray-le-Frésil
Garnat-sur-Engièvre
Beaulon
Dompierre-sur-Besbre
St-Pourçain-sur-Besbre
Thoury
Vaumas
Beauvoir
St-Léon
Châtelperron
Sorbier
Montcombroux-les-Mines
Bert
Barrais-Bussolles
Chézy
Gennetines
Montilly
Marigny
Meillard
Verneuil-en-Bourbonnais
Chareil-Cintrat
Fourilles
Bayet
Barberier
Marcenat
Anc^ne Abb^e de St Gilbert
Ch^au de Montaigu-le-Blin
Parc le Pal
Puy St-Ambroise
Forêt de Munet
Bois des Bordes
Bois de la Ronde
Bois de Leyde
Bois de Chapeau
Bois de Vauvre
F^t des Mouzières
Forêt de St-Gilbert
Forêt de Marcenat
Allier
Loire
Besbre
Sioule
N7
N79
E62
N209
D 779
D 973
D 480
D 989
D 2009

176
194
211
Bourbon-Lancy
Signal de Mont
Maltat
Grury
Uxeau
Ste-Radegonde
Forêt de Martenet
Gueugnon
Vendenesse-s-Arroux
Bois de Beaumont
Chalmoux
Neuvy-Grandchamp
Étang de Brifaut
Étang de Beauchamp
Bois de Vesvre
Curdin
Chassy
Oudry
Génelard
St-Aubin-sur-Loire
Gilly-sur-Loire
Perrigny-sur-Loire
Les Guerreaux
Rigny-sur-Arroux
Clessy
Forêt de Cantarand
St-Vincent-Bragny
Palinges
Digoine
Pierrefitte-sur-Loire
St-Agnan
Digoin
Coulanges
Saligny-sur-Roudon
Molinet
La Motte-St-Jean
St-Léger-lès-Paray
Volesvres
Vitry-en-Charollais
Paray-le-Monial
Hautefond
Lugny-lès-Charolles
Chassenard
Varenne-St-Germain
St-Yan
Monétay-sur-Loire
St-Léger-sur-Vouzance
St-Didier-en-Donjon
L'Hôpital-le-Mercier
Poisson
Nochize
Neuilly-en-Donjon
Luneau
Versaugues
Montceaux-l'Étoile
Le Donjon
Vindecy
Avrilly
Anzy-le-Duc
Varenne-l'Arconce
St-Didier-en-Brionnais
Oyé
Lenax
Le Bouchaud
Bourg-le-Comte
Baugy
Marcigny
Sarry
Briant
Lodde
Céron
Chambilly
St-Christophe-en-Brionnais
Montaiguët-en-Forez
Urbise
Semur-en-Brionnais
Andelaroche
Artaix
St-Martin-du-Lac
St-Julien-de-Jonzy
Ligny-en-Brionnais
Sail-les-Bains
Chenay-le-Châtel
Melay
Mailly
St-Bonnet-de-Cray
St-Maurice-lès-Châteauneuf
St-Pierre-Laval
Vivans
Iguerande
St-Pierre-la-Noaille
Fleury-la-Montagne
St-Edmond
Maizilly
La Pacaudière
Loire
Arroux
Arconce
E
F
G
H

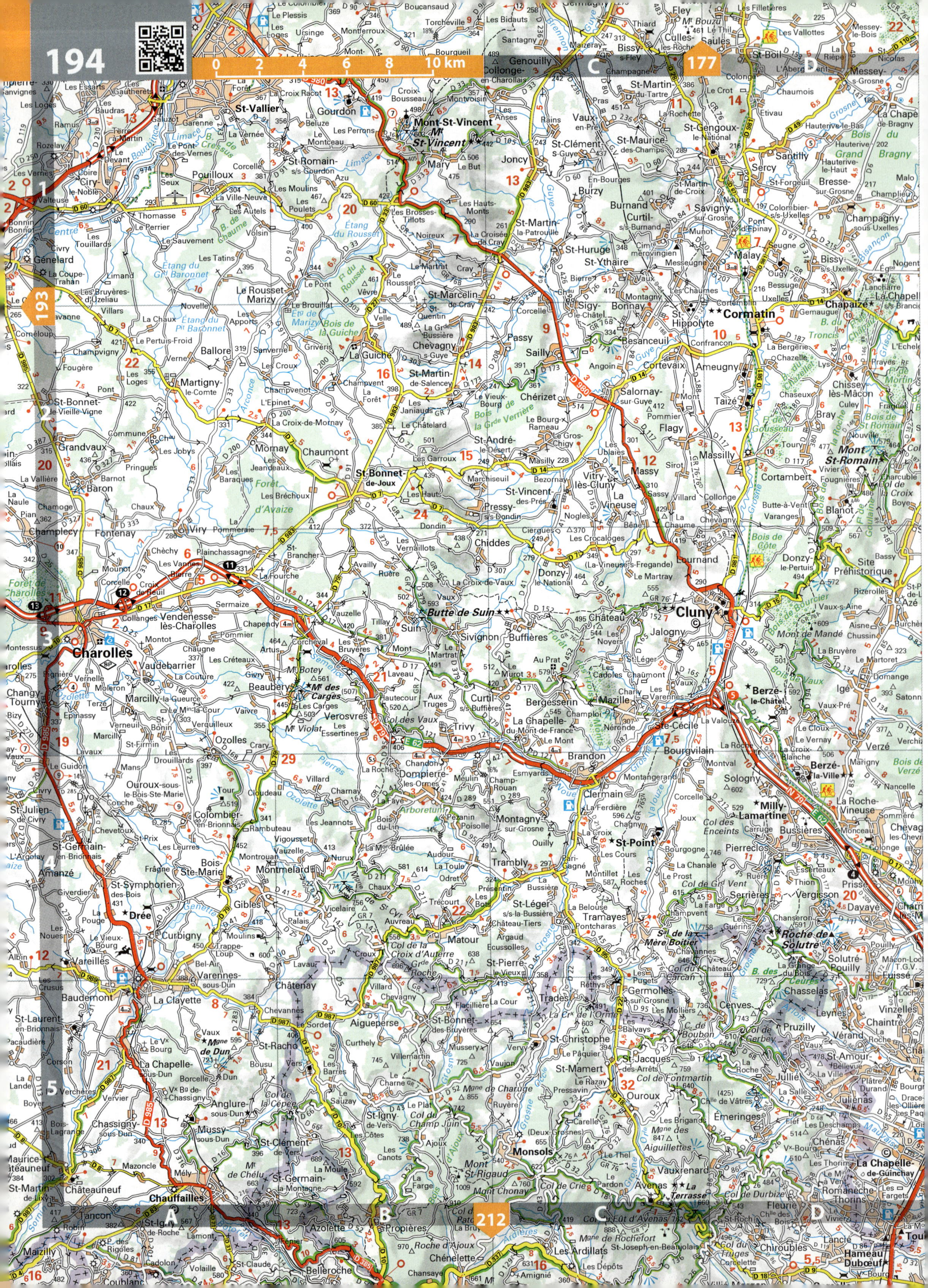
0 2 4 6 8 10 km
177
193
212
A
B
C
D
Mont-St-Vincent
St-Vallier
Gourdon
Génelard
Charolles
Cluny
Cormatin
Chapaize
St-Bonnet-de-Joux
Butte de Suin
Mont St-Romain
Berzé-le-Châtel
Berzé-la-Ville
Milly-Lamartine
Roche de Solutré
La Clayette
Dree
Monsols
Chauffailles
Châteauneuf
St-Point
Pierreclos
Tramayes
Matour
Joncy
Salornay-sur-Guye
Massilly
Sologny
Ste-Cécile
Bourgvilain
Azolette
Belleroche
Propières
Ouroux
Avenas
Fleurie
Chiroubles
Chénas
La Chapelle-de-Guinchay
Romanèche-Thorins
Crèches-s-Saône
Vinzelles
Pruzilly
Leynes
Chasselas
Vergisson
Prissé
Davayé
St-Gengoux-le-National
Malay
Mont des Cargès
Paray-le-Monial
Baudemont
Varennes-sous-Dun
Anglure-sous-Dun
Mussy-sous-Dun
Chassigny-sous-Dun
Gibles
Bois-Ste-Marie
Colombier-en-Brionnais
St-Julien-de-Civry
St-Germain-en-Brionnais
St-Symphorien-des-Bois
Curbigny
Ozolles
Dompierre-les-Ormes
Trivy
Brandon
Clermain
Montagny-sur-Grosne
Trambly
St-Léger-s-la-Bussière
Germolles-sur-Grosne
Trades
St-Christophe
Aigueperse
St-Igny-de-Vers
St-Clément-de-Vers
Mont St-Rigaud
Mont Chonay
Vauxrenard
Émeringes
Juliénas
Jullié
St-Amour-Bellevue
Vendenesse-lès-Charolles
Viry
Chaumont
Chiddes
Sivignon
Suin
Verosvres
Beaubery
Vaudebarrier
Cortambert
Blanot
Donzy-le-Pertuis
Azé
Igé
Verzé
La Roche-Vineuse
Bussières
Taizé
Ameugny
Flagy
Lournand
Jalogny
Château
Mazille
Bergesserin
La Chapelle-du-Mont-de-France
Pressy-s-Dondin
Cherizet
Saint-André-le-Désert
Sigy-le-Châtel
Bonnay
St-Hippolyte
Sailly
Passy
Chevagny-s-Guye
La Guiche
Martigny-le-Comte
Ballore
Marizy
Le Rousset-Marizy
Pouilloux
Ciry-le-Noble
Mary
Genouilly
Culles-les-Roches
Bissy-s-Fley
St-Boil
Sercy
Santilly
Messey-sur-Grosne
St-Martin-du-Tartre
St-Clément-s-Guye
Vaux-en-Pré
Burzy
St-Huruge
St-Ythaire
Chissey-lès-Mâcon
Bray
Vitry-lès-Cluny
La Vineuse
Massy
Donzy-le-National
Site Préhistorique
Col des Enceints
Col de la Croix d'Auterre
Col de Fontmartin
Col de Crie
Col du Fût d'Avenas
Hameau Duboeuf

Louhans-Châteaurenaud
Tournus
Cuisery
Sennecey-le-Grand
Romenay
St-Trivier-de-Courtes
Pont-de-Vaux
Mâcon
Replonges
Montrevel-en-Bresse
Attignat
Bourg-en-Bresse
Brou
Vonnas
Pont-de-Veyle
St-Cyr-s-M.
Montpont-en-Bresse
Coligny
Bâgé-le-Châtel
St-Laurent-s-Saône
Ferme-Mée de la Forêt
Réserve naturelle
Brancion
Lugny
Huilly
Jouvençon
Brienne
Ratenelle
La Truchère
Sermoyer
Arbigny
Vescours
Grandval
Courtes
Cormoz
St-Nizier-le-Bouchoux
Foissiat
Jayat
Malafretaz
Marboz
Viriat
Polliat
Confrançon
Curtafond
St-Didier-d'Aussiat
St-Sulpice
Marsonnas
Béréziat
Dommartin
Boissey
Chevroux
Gorrevod
Feillens
Manziat
Asnières-sur-Saône
Ozan
Reyssouze
St-Bénigne
Servignat
Mantenay-Montlin
St-Julien-s-R.
Lescheroux
Vernoux
Curciat-Dongalon
Varennes-St-Sauveur
Condal
Dommartin-lès-Cuiseaux
Domsure
Beaupont
Bény
Meillonnas
Crottet
Grièges
Cruzilles-lès-Mépillat
Perrex
Mézériat
Vandeins
Buellas
Montcet
Montracol
St-Rémy
Chaveyriat
Chanoz-Châtenay
St-Julien-s-Veyle
Biziat
Laiz
St-André-de-Bâgé
Crêches-sur-Saône
Chaintré
Thoissey
St-Symphorien-d'Ancelles
Sancé
Hurigny
Charnay-lès-Mâcon
Varennes-lès-Mâcon
Clessé
Viré
Uchizy
Chardonnay
Montbellet
Fleurville
St-Albain
La Salle
Senozan
Plottes
Ozenay
Martailly-lès-Brancion
Royer
Le Villars
Préty
Lacrost
Lalheue
Laives
Bantanges
Rancy
Ménetreuil
La Chapelle-Naude
Ste-Croix
Frontenaud
Sagy
Savigny-sur-Seille
La Genête
Le Miroir
Dommartin
Sornay
Branges
Bouhans
St-Vincent-en-Bresse
St-André-en-Bresse
La Frette
Baudrières
Ormes
Simandre
Loisy
La Chapelle-Thècle
Veilly
Montrevel
Ste-Croix
Bruailles
St-Martin-du-Mont
St-Étienne-du-Bois
Jasseron
Bourg-en-Bresse
Péronnas
St-Denis-lès-Bourg
Montagnat
Certines
Forêt du Villard
Étang de Pontrembe
Étang de Montordé
Étang Moret
Étang Montbardon
Bois de Vescours
Col de Brancion
Col des Chèvres
Col de Beaufer
Col de la Pistole
Saône
Seille
Reyssouze
Veyle
Sâne Vive
Solnan
Sevron
Vallière
Sâne Morte
Irance
Avanon
A 6
A 39
A 40
E 21
E 62
D 975
D 1079
D 906
D 933
D 971
D 996
D 1083
178
196
213
E
F
G
H

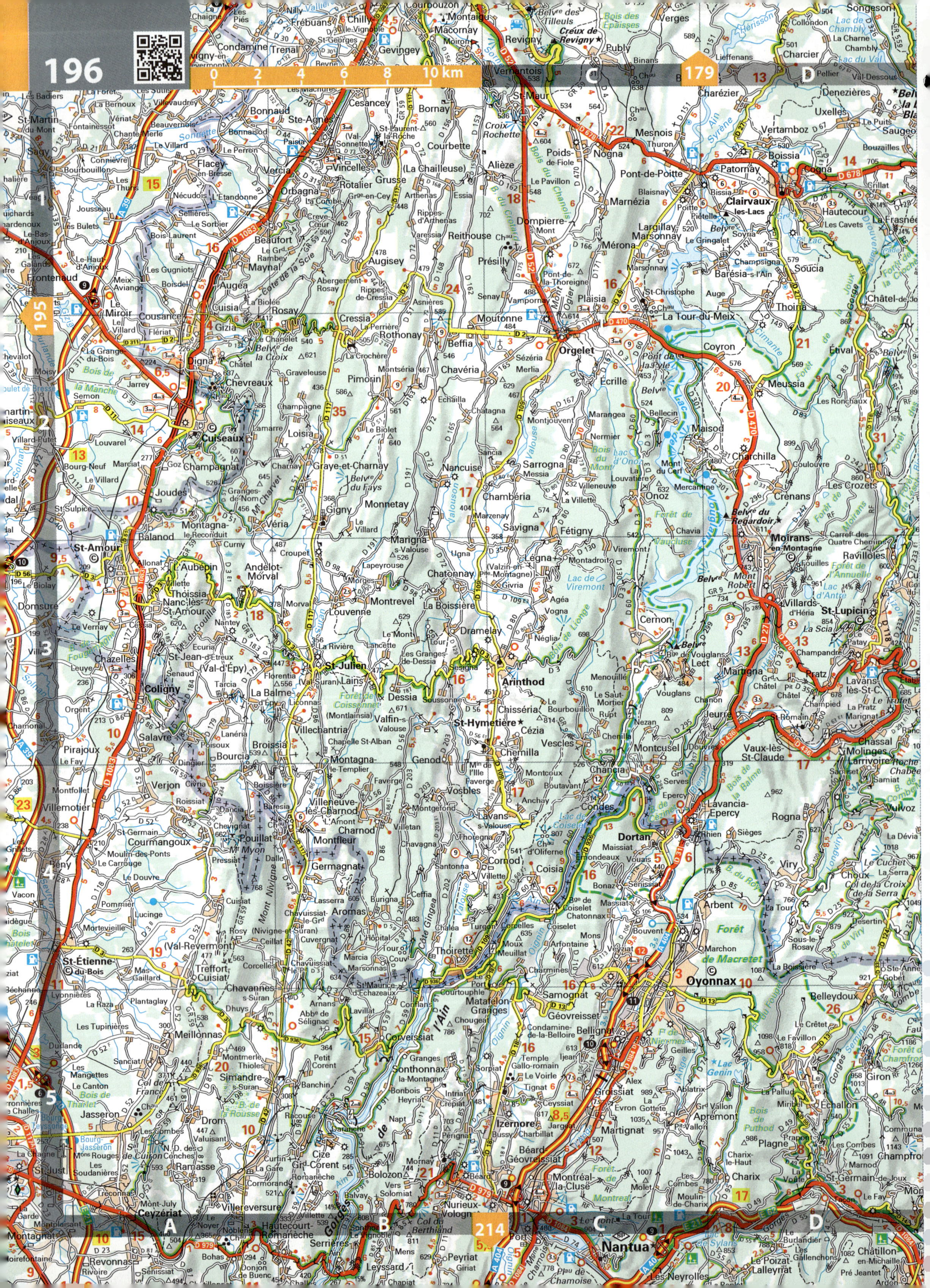
0 2 4 6 8 10 km
179
195
214
Orgelet
Moirans-en-Montagne
Oyonnax
Nantua
St-Amour
Coligny
Cuiseaux
St-Julien
Arinthod
Clairvaux-les-Lacs
Izernore
Ceyzériat
St-Étienne-du-Bois
Dortan
St-Lupicin
Thoirette
Montrevel
Meussia
Jasseron
Vertamboz
Charchilla
La Tour-du-Meix
Chavéria
Cressia
Sarrogna
St-Hymetière
Treffort-Cuisiat
Montfleur
Val-Revermont
Samognat
Matafelon-Granges
Arbent
Lavans-lès-St-C.
Villards d'Héria
Chevreaux
Balanod
Marigna-s-Valouse
Louvenne
Forêt de Macretet
Lac de Vouglans
Cernon
Gigny
Valfin-s-Valouse
Vosbles
Corveissiat
Simandre
Meillonnas
Drom
Ramasse
Montréal-la-Cluse
Géovreissiat
Bellignat
Groissiat
Martignat
Apremont
Charix
Condes
Chancia
Jeurre
Vaux-lès-St-Claude
Rogna
Viry
Belleydoux
Echallon
Plagne
St-Germain-de-Joux
Châtillon-en-Michaille

180
198
215
E
F
G
H
Genève
Annemasse
Nyon
Gex
Divonne-les-Bains
Ferney-Voltaire
St-Genis-Pouilly
St-Claude
Morez
Les Rousses
St-Laurent-en-Grandvaux
Morbier
Rolle
Gland
Versoix
Carouge
Meyrin
Vernier
Thoiry
St-Cergue
La Dôle
Col de la Faucille
Mont-Rond
Colomby de Gex
Crêt de la Neige
Crêt de Chalam
Crêt Pela
Mont Tendre
Le Sentier
Vallée de Joux
Lac de Joux
Lac des Rousses
Septmoncel
Lajoux
Mijoux
Prémanon
Bois-d'Amont
Bellefontaine
Chapelle-des-Bois
Foncine-le-Bas
Entre-Deux-Monts
Pic de l'Aigle
Palais des Nations
Chêne-Bougeries
Thônex
Gaillard
Coppet
Mies
Céligny
Prangins
Trélex
Gingins
Arzier
Bassins
Marchissy
Longirod
St-George
Gimel
Saubraz
Bière
Berolle
Collonge-Bellerive
Hermance
Douvaine
Jussy
Meinier
Vandœuvres
Cologny
Pregny
Bernex
Confignon
Lancy
Onex
Satigny
Dardagny
Russin
Chancy
Avusy
Sezegnin
Soral
Collonges-sous-Salève
Les Neyrolles
Bellecombe
Lélex
Chézery-Forens
Péron
Farges
Collonges
Pont des Pierres
PARC NATUREL RÉGIONAL DU HAUT-JURA
MONTS JURA

0 2 4 6 8 10 km
181
197
216
A
B
C
D
LAUSANNE
LÉMAN
LAC
ÉVIAN-LES-BAINS
THONON-LES-BAINS
Morges
Ouchy
Renens
Pully
Lutry
Vevey
La Tour-de-Peilz
Rolle
Aubonne
St-Prex
Cossonay
Prilly
Ecublens
Préverenges
St-Sulpice
Epalinges
Cully
Chexbres
St-Saphorin
Corniche de Lavaux
Meillerie
Lugrin
St-Gingolph
Amphion-les-Bains
Ripaille
Yvoire
Excenevex
Sciez
Douvaine
Allinges
Margencel
Armoy
Reyvroz
Vailly
Lullin
Bellevaux
La Baume
Le Biot
Abondance
Châtel
La Chapelle-d'Abondance
Morzine
Avoriaz
Les Gets
Montriond
St-Jean-d'Aulps
Seytroux
Boëge
Bogève
Habère-Lullin
Habère-Poche
Saxel
Machilly
St-Cergues
Fillinges
Onnion
Mieussy
St Jeoire
Taninges
Thollon-les-M.
Pic de Mémise
Dent d'Oche
Bernex
Novel
Vacheresse
Chevenoz
Gges du Pt du Diable
Col du Corbier
Roc d'Enfer
Col de Cou
Les Voirons
Mont Chéry
Col de Joux Plane
Tête du Linga
Les Cornettes de Bises
Mt Pèlerin
Mt Gardy

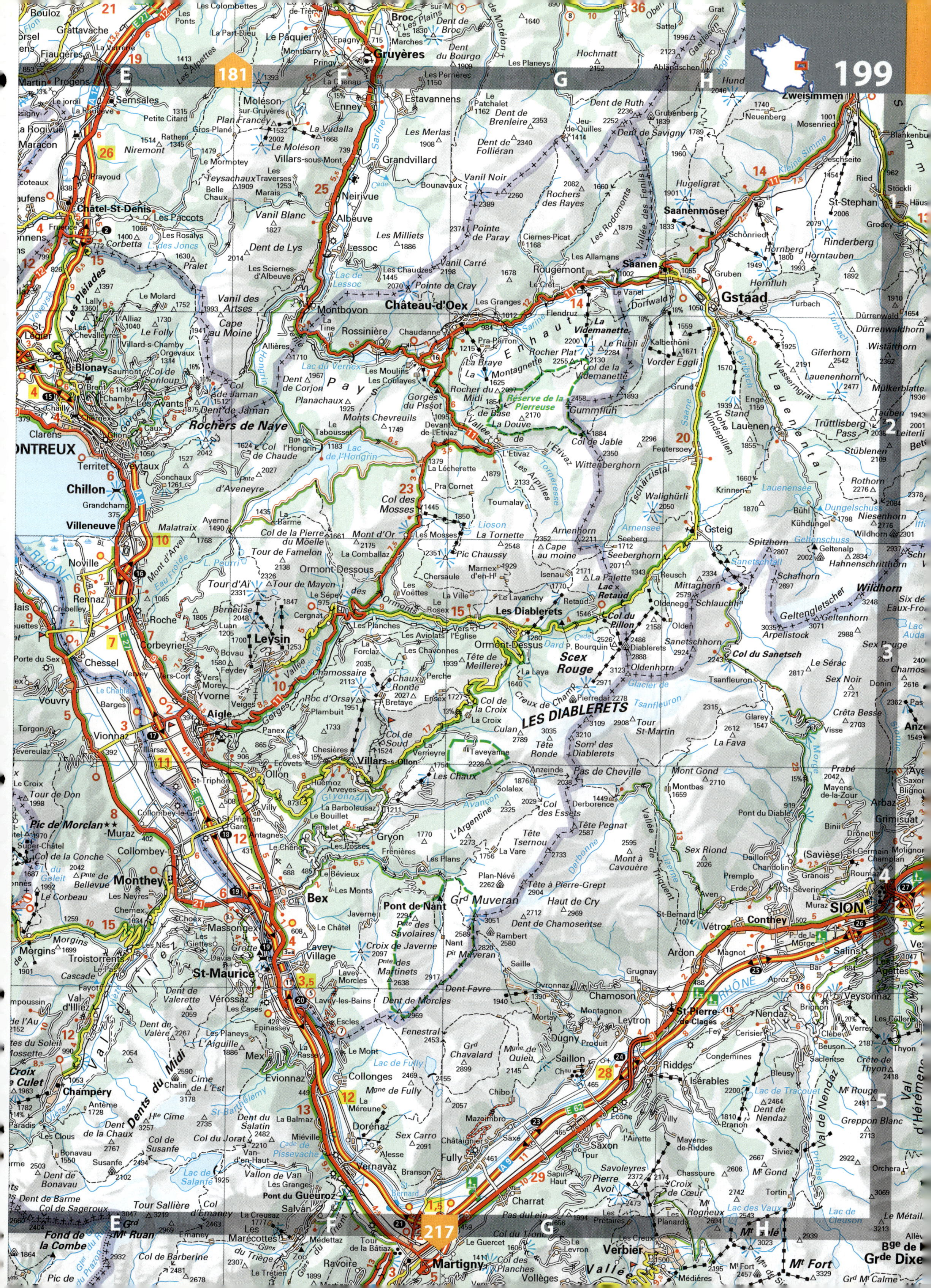
181
199
217
E
F
G
H
Gruyères
Broc
Bulle
Semsales
Châtel-St-Denis
Moléson-sur-Gruyères
Villars-sous-Mont
Grandvillard
Neirivue
Albeuve
Lessoc
Montbovon
Rossinière
Château-d'Oex
Rougemont
Saanen
Gstaad
Zweisimmen
St-Stephan
Saanenmöser
Schönried
Rinderberg
Hornberg
Turbach
Lauenen
Lauenensee
Trüttlisberg Pass
Gsteig
Arnensee
Feutersoey
Wildhorn
Geltengletscher
Arpelistock
Sanetschhorn
Col du Sanetsch
Les Diablerets
Scex Rouge
LES DIABLERETS
Glacier de Tsanfleuron
Col du Pillon
Oldenhorn
Pays d'Enhaut
Réserve de la Pierreuse
Gummfluh
Col des Mosses
Les Mosses
Pic Chaussy
Lac de l'Hongrin
Rochers de Naye
Dent de Jaman
Les Pléiades
Blonay
Vevey
Montreux
Clarens
Territet
Chillon
Villeneuve
Noville
Rennaz
Roche
Corbeyrier
Leysin
Yvorne
Aigle
Ollon
Villars-s-Ollon
Gryon
Bex
Col de la Croix
Pas de Cheville
Grd Muveran
Pont de Nant
Dent de Morcles
Vionnaz
Collombey-Muraz
Monthey
Massongex
St-Maurice
Lavey-Village
Évionnaz
Collonges
Dorénaz
Vernayaz
Fully
Charrat
Martigny
Saillon
Leytron
Chamoson
Ardon
Vétroz
Conthey
SION
Savièse
Nendaz
Veysonnaz
Haute-Nendaz
Riddes
Iserables
Saxon
Verbier
Champéry
Morgins
Troistorrents
Val-d'Illiez
Dents du Midi
Pic de Morclan
Salvan
Col de la Forclaz
Col de Sageroux
Mt Ruan
Fond de la Combe
RHÔNE
Le Chablais
Tour St-Martin
Haut de Cry
Mt Gond
Mt Fort
Mt Rogneux
Grde Dixence
Val de Nendaz
Vallée de la Morge
Vallée de Triquent
Sex Rouge
Wasserngrat
Lauenental
Tornettaz
Eau Froide
Grande Eau
Avançon
Lac de Salanfe
Lac de Fully
Lac de Cleuson
Lac de Tracouet
Lac des Vaux
Lac de Vernex
Lac de Lessoc
Vanil Noir
Vanil Carré
Dent de Brenleire
Dent de Folliéran
Pointe de Paray
Dent de Lys
Vanil Blanc
Le Moléson
Niremont
Dent de Corjon
Tour d'Aï
Tour de Mayen
Tour de Famelon
Mont d'Or
Malatraix
Cape au Moine
Tête de Meilleret
Tête Ronde
Sommet des Diablerets
Tête Pegnat
Tête à Pierre-Grept
Dent de Chamosentse
Sex Rond
Pte de Bellevue
Col de la Conche
Col de Coux
Tour Sallière
Dent de Valère
Cime de l'Est
Mt Chemin

0 2 4 6 8 10 km
183
LA ROCHELLE
Ste-Marie-de-Ré
Pte de Chauveau
Phare de Chauveau
Tour du Lavardin
Les Minimes
Aytré
Pte de Roux
La Plage d'Aytré
Pte du Chay
Angoulins
St-Jean-des-Sables
Lagord
L'Houmeau
Puilboreau
Périgny
St-Rogatien
Dompierre-s-Mer
Bourgneuf
Montroy
Clavette
La Jarrie
Croix-Chapeau
Salles-s-Mer
La Jarne
Aigrefeuille-d'Aunis
PERTUIS D'ANTIOCHE
Tour d'Antioche
Rocher d'Antioche
Pte de Chassiron
Phare de Chassiron
Plage de Soubrejon
St-Denis-d'Oléron
La Brée-les-Bains
Anse de Maleconche
Plage de la Gautrelle
Anse du Marais Salé
St-Georges-d'Oléron
Pte de Chaucre
Plage des Sables-Vigniers
Pte de Chardonnière
Boyardville
St-Pierre-d'Oléron
La Cotinière
Côte Sauvage
ÎLE D'OLÉRON
Plage de Vert-Bois
Le Grd-Village-Plage
Dolus-d'Oléron
Le Château-d'Oléron
Citadelle
Port des Salines
Fort Louvois
Plage de la Giraudière
St-Trojan-les-Bains
Pte de Manson
Pte de Gatseau
La Grande Plage
Pertuis de Maumusson
Pointe Espagnole ou Pointe d'Arvert
Plage de l'Embellie
Forêt de la Coubre
La Tremblade
Arvert
Étaules
Les Mathes
La Coubre
Bonne Anse
Zoo
St-Augustin
218
Châtelaillon-Plage
Pte de Châtelaillon
Rade des Basques
Pte du Parc
Île-d'Aix
Fort Liedot
Pte de Coudepont
Fort Boyard
Pte des Saumonards
Ste Catherine
Fort Enet
Pte de la Fumée
Anse de Fouras
Fouras-les-Bains
Rade de l'Île d'Aix
Île Madame
Passe aux Bœufs (Route submersible)
Réserve naturelle des Marais de Moëze
Tour de Juliard
Coureau d'Oléron
Pte des Chardons
Réserve naturelle du Marais d'Yves
Baie d'Yves
Yves
Thairé
St-Vivien
Port-des-Barques
ROCHEFORT
Vergeroux
Tonnay-Charente
Soubise
St-Nazaire-s-Charente
St-Froult
Moëze
Échillais
Brouage
Hiers-Brouage
Beaugeay
Bourcefranc-le-Chapus
Marennes
St-Just-Luzac
St-Agnant
St-Jean-d'Angle
St-Sornin
Nieulle-s-Seudre
Chaillevette
Mornac-s-Seudre
L'Éguille
Le Gua
A B C D
1 2 3 4 5

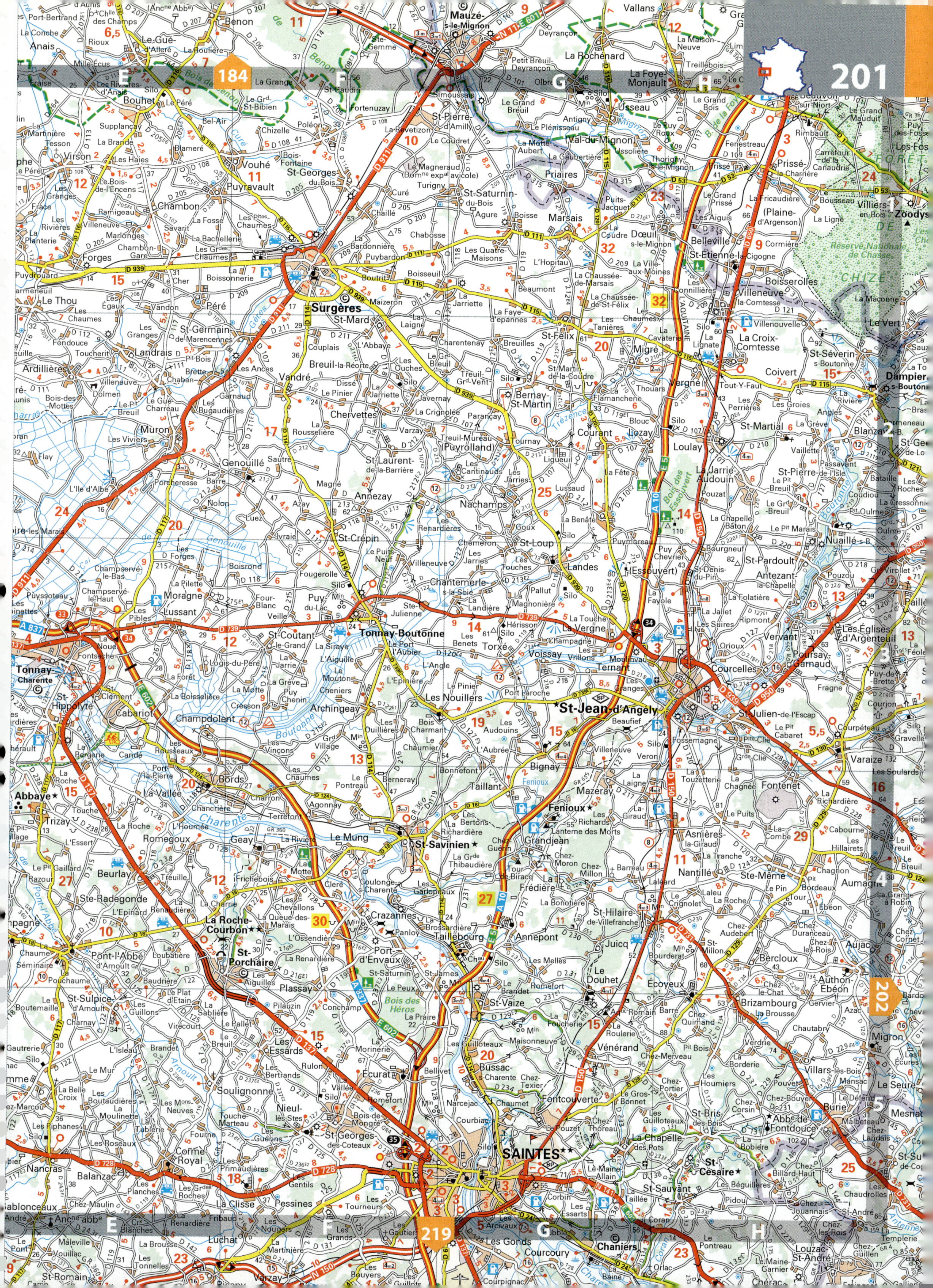
Mauzé-s-le-Mignon
Surgères
St-Jean-d'Angély
Tonnay-Boutonne
Tonnay-Charente
St-Savinien
Taillebourg
SAINTES
Chaniers
La Roche-Courbon
St-Porchaire
Pont-l'Abbé-d'Arnoult
Fenioux
Aulnay
Loulay
Matha
Brizambourg
Burie
Écoyeux
Villiers-en-Bois
Zoodyssée
Dampierre-s-Boutonne
Nachamps
Bernay-St-Martin
St-Félix
Vandré
Genouillé
Muron
Puy-du-Lac
Archingeay
Les Nouillers
Torxé
Voissay
Annepont
Juicq
Vénérand
Fontcouverte
St-Césaire
Chérac
Courcelles
St-Julien-de-l'Escap
Varaize
Fontenet
Asnières-la-Giraud
Nantillé
Aumagne
Chizé
Prissé-la-Charrière
Usseau
Priaires
Marsais
Migré
Vergné
Courant
La Jarrie-Audouin
Nuaillé-s-B.
St-Pardoult
Antezant
Vervant
Poursay-Garnaud
Les Églises-d'Argenteuil
Bords
Champdolent
Cabariot
St-Hippolyte
Beurlay
Ste-Radegonde
Plassay
Écurat
St-Georges-des-Coteaux
Corme-Royal
Balanzac
Nancras
Luchat
Pessines
Le Douhet
St-Hilaire-de-Villefranche
Mazeray
Bignay
Taillant
Bercloux
Authon-Ébéon
Migron
Villars-les-Bois
Le Seure
Mesnac
St-Sauvant
Chez-Quimand
Réserve Nationale de Chasse

184
202
219

0 2 4 6 8 10 km
Melle
St-Hilaire
Chef-Boutonne
Aulnay
Matha
St-Jean-d'Angély
St-Julien-de-l'Escap
Loulay
Chizé
Zoodyssée
Forêt de Chizé
Réserve Nationale de Chasse
Villiers-en-Bois
Brioux-sur-Boutonne
Lusseray
Fontenille-St-Martin-d'Entraigues
Dampierre-s-Boutonne
Villefollet
Forêt d'Aulnay
Forêt de Chef-Boutonne
Villiers-Couture
Néré
Saleignes
Romazières
Les Éduts
Cherbonnières
Loiré-s-Nie
Varaize
Gibourne
Aumagne
Bagnizeau
Fontaine-Chalendray
Bazauges
Beauvais-s-Matha
Bresdon
St-Ouen
Massac
Louzignac
Siecq
Neuvicq-le-Château
Macqueville
Sonnac
Thors
Brizambourg
Burie
Mesnac
Cherves-Richemont
Sigogne
Rouillac
Mareuil
Vaux-Rouillac
St-Césaire
Nantillé
Ste-Même
Migron
Le Seure
Bréville
Courbillac
Houlette
Ste-Sévère
Verdille
Ranville-Breuillaud
Oradour
Lupsault
Chives
Aubigné
Loubillé
Couture-d'Argenson
Villemain
Paizay-le-Chapt
Sompt
Gournay-Loizé
Maisonnay
St-Génard
D 950
D 939
D 731
D 150
A 10

201
185
220

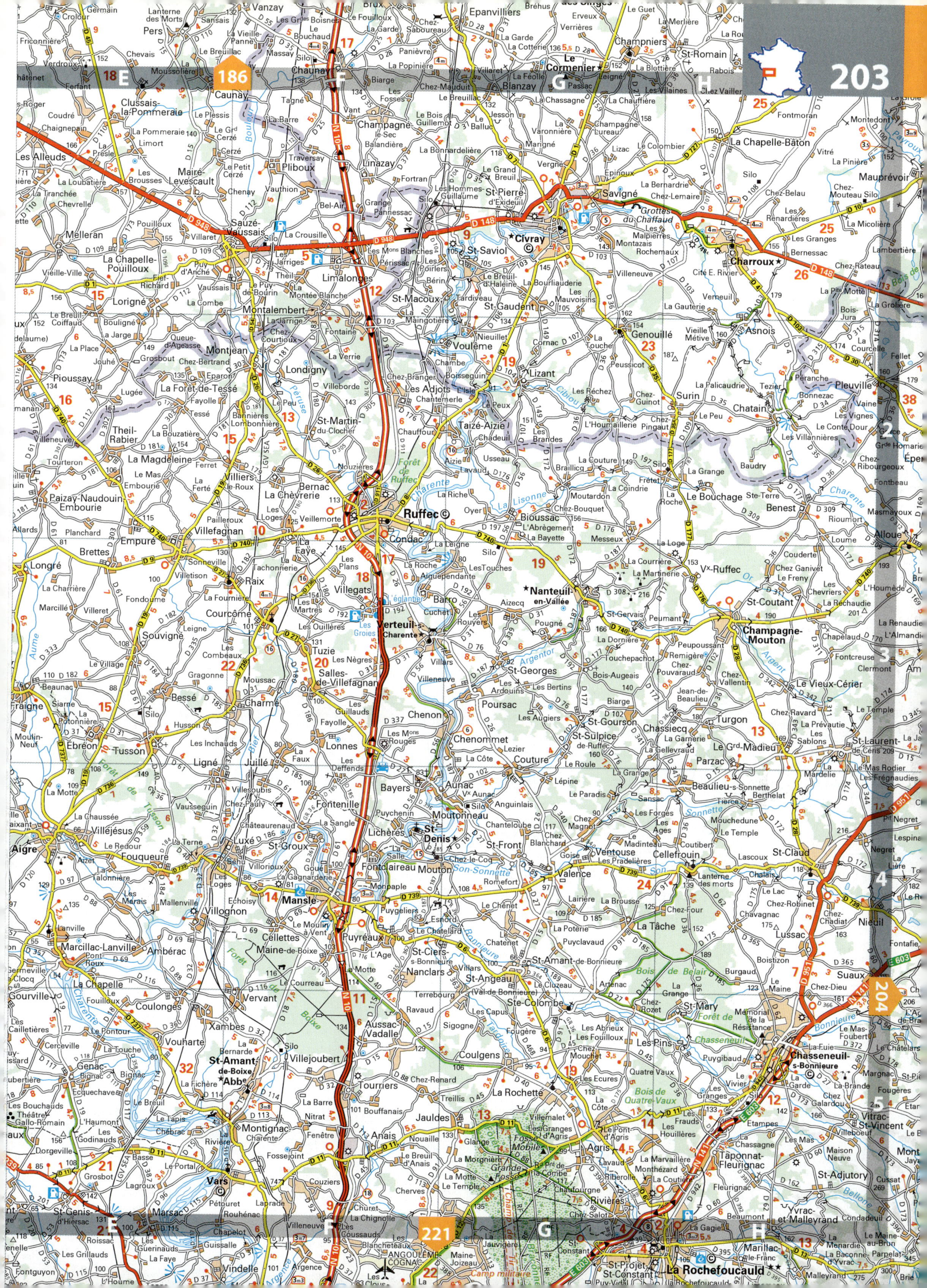
186
221
204
E
F
G
H
Ruffec
Civray
Charroux
Champagne-Mouton
Nanteuil-en-Vallée
Verteuil-sur-Charente
Mansle
Aigre
Chasseneuil-s-Bonnière
La Rochefoucauld
Sauzé-Vaussais
Chaunay
Le Cormenier
Savigné
Genouillé
Pleuville
Alloue
Villefagnan
Montjean
Londigny
Limalonges
St-Saviol
Lizant
Taizé-Aizie
Condac
Bioussac
Courcôme
Raix
Tuzie
Salles-de-Villefagnan
St-Georges
Poursac
Chenon
Lonnes
Couture
Aunac
Bayers
Moutonneau
Lichères
St-Front
Valence
Cellefrouin
Ventouse
St-Claud
Nieuil
Lussac
Suaux
Fontenille
Luxé
St-Groux
Villognon
Puyréaux
Coulgens
La Rochette
Agris
Rivières
Montignac-Charente
Vars
Marsac
Villejoubert
St-Amant-de-Boixe
Xambes
Vouharte
Coulonges
Marcillac-Lanville
Ambérac
Tusson
Ébréon
Ligné
Juillé
Charmé
Bessé
Souvigné
Villejésus
Fouqueure
La Chapelle
Gourville
Chassiecq
Turgon
Parzac
Beaulieu-s-Sonnette
Le Grand-Madieu
Surin
Chatain
Le Bouchage
Benest
Vieux-Ruffec
St-Coutant
Lorigné
Melleran
Pioussay
Paizay-Naudouin-Embourie
Brettes
Empuré
Theil-Rabier
La Forêt-de-Tessé
Montalembert
Clussais-la-Pommeraie
Les Alleuds
La Chapelle-Bâton
Asnois
Vouleme
Champagné-le-Sec
Linazay
Blanzay
Epanvilliers
Forêt de Ruffec
Forêt de Boixe
Bois de Belair
Forêt de Quatre-Vaux
Charente
Son-Sonnette
D 948
D 148
D 740
D 739
D 951
N 10
D 11
D 941

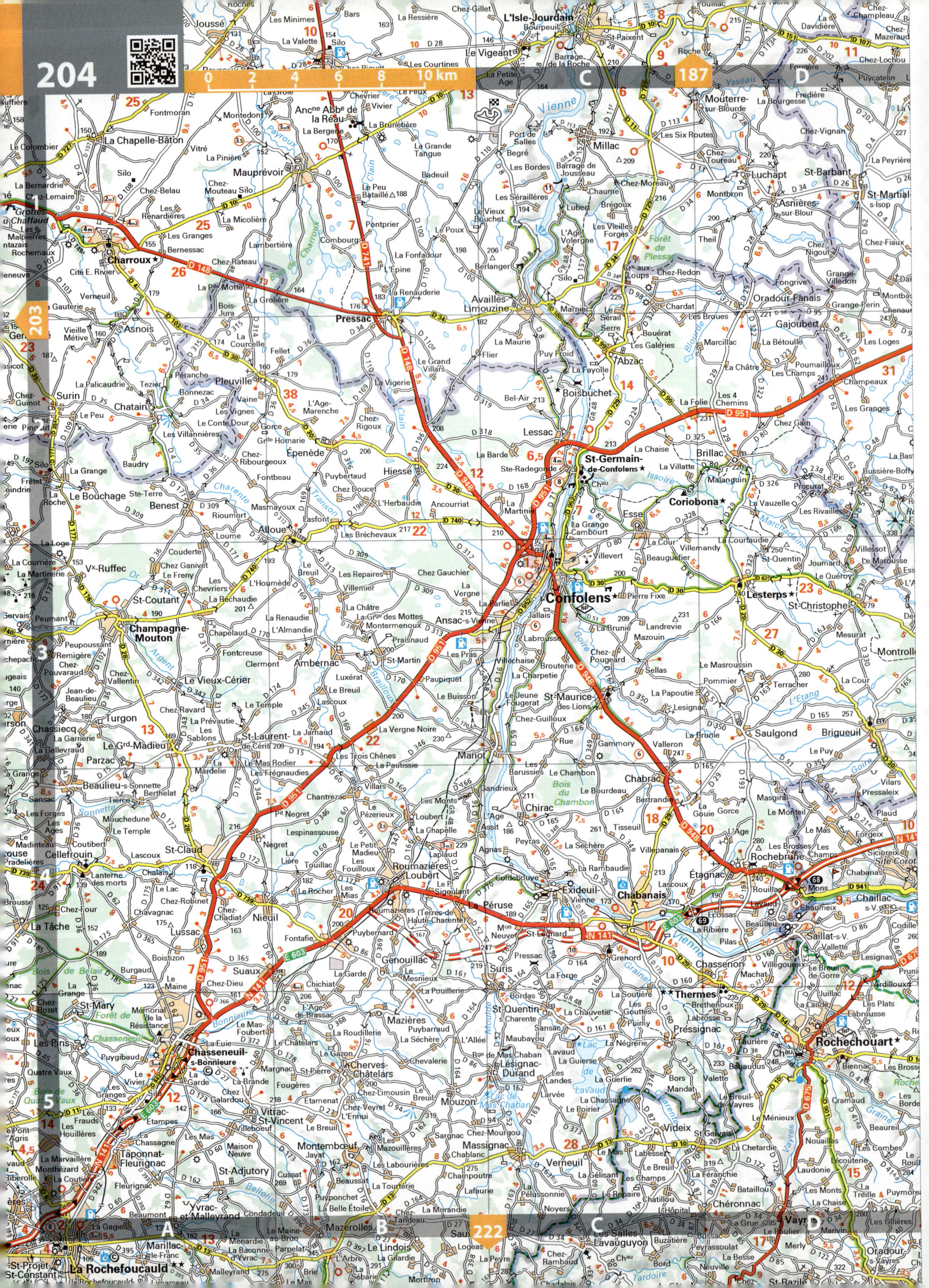
187
203
222
0 2 4 6 8 10 km
A
B
C
D
1
2
3
4
5
L'Isle-Jourdain
Le Vigeant
Charroux
Pressac
Availles-Limouzine
Millac
Mauprévoir
La Chapelle-Bâton
St-Germain-de-Confolens
Confolens
Lesterps
Brillac
Abzac
Oradour-Fanais
Champagne-Mouton
Pleuville
Épenède
Hiesse
Lessac
Alloue
Benest
St-Coutant
Ansac-s-Vienne
Esse
St-Maurice-des-Lions
Saulgond
Brigueuil
Chabrac
Chirac
Étagnac
Rochechouart
Chabanais
Exideuil
Roumazières-Loubert
La Péruse
Chasseneuil-s-Bonnieure
St-Claud
Nieuil
Suaux
Lussac
Parzac
Turgon
Cellefrouin
Genouillac
Mazières
St-Quentin-s-Charente
Lésignac-Durand
Massignac
Montembœuf
Verneuil
Videix
Chassenon
Saillat-s-Vienne
Chaillac-s-Vienne
Cherves-Châtelars
Vitrac-St-Vincent
St-Adjutory
Taponnat-Fleurignac
La Rochefoucauld
Vayres
Coriobona
Manot
Le Lindois
Mazerolles

187
188
206
223
E
F
G
H
1
2
3
4
5
Le Dorat
Magnac-Laval
Bellac
Châteauponsac
Mortemart
Nantiat
Oradour-s-Glane
St-Junien
LIMOGES
Aixe-s-Vienne
Isle
Couzeix
Ambazac
Panazol
Feytiat
Solignac
Condat-s-Vienne
Compreignac
Razès
Bessines
St-Sulpice-les-Feuilles
Lac de St-Pardoux
Mts de Blond
Forêt de Rancon
Forêt des Coutumes
Bois du Roi
Le Palais-s-Vienne
Rilhac-Rancon
Verneuil
Peyrilhac
Nieul
Chaptelat
St-Victurnien
St-Yrieix-s/s-Aixe
Séreilhac
St-Laurent-s-Gorre
Beynac
Bosmie-l'Aiguille

0 2 4 6 8 10 km
188
205
224
A
B
C
D
1
2
3
4
5
La Souterraine
Châteauponsac
St-Sornin-Leulac
St-Amand-Magnazeix
Fromental
Bessines
Folles
Laurière
Bersac
St-Sulpice-Laurière
Razès
St-Pardoux
Lac de St-Pardoux
Compreignac
St-Sylvestre
Ambazac
Monts d'Ambazac
La Jonchère-St-Maurice
St-Léger-la-M.
St-Laurent-les-Eglises
Pont du Dognon
St-Martin-Terressus
Rilhac-Rancon
Le Palais-s-Vienne
Panazol
St-Just-le-Martel
Royères
St-Priest-Taurion
St-Léonard-de-Noblat
Pont-de-Noblat
Feytiat
Eyjeaux
Boisseuil
Solignac
Aureil
Eybouleuf
St-Denis-des-Murs
Champnétery
Moissannes
Sauviat-sur-Vige
St-Amand-Jartoudeix
St-Priest-Palus
Montboucher
Chatelus-le-Marcheix
St-Martin-Ste-Catherine
St-Pierre-Chérignat
Les Billanges
Châtelus
Arrènes
St-Goussaud
Bénévent-l'Abbaye
Marsac
Chamborand
St-Etienne-de-Fursac
St-Pierre-de-Fursac
Le Grand-Bourg
St-Priest-la-Plaine
St-Silvain-Montaigut
Montaigut-le-Blanc
Mourioux-Vieilleville
Ceyroux
Aulon
Augères
Azat-Châtenet
Janaillat
St-Dizier-Leyrenne
Masbaraud-Mérignat
Bourganeuf
Faux-Mazuras
St-Junien-la-Bregère
St-Moreil
Cheissoux
Bujaleuf
St-Julien-le-Petit
Peyrat-le-Château
Augne
St-Amand-le-Petit
Eymoutiers
Masléon
Geneytouse
Prieuré de l'Artige
Ligoure
St-Paul
Rozières-St-Georges
Forêt de Mérignat
Fleurat
St-Vaury
Noth
Lizières
Bois des Echelles
Taurion
Vienne
Maulde
Gartempe
Ardour
Pierre Branlante
Puy de Goth

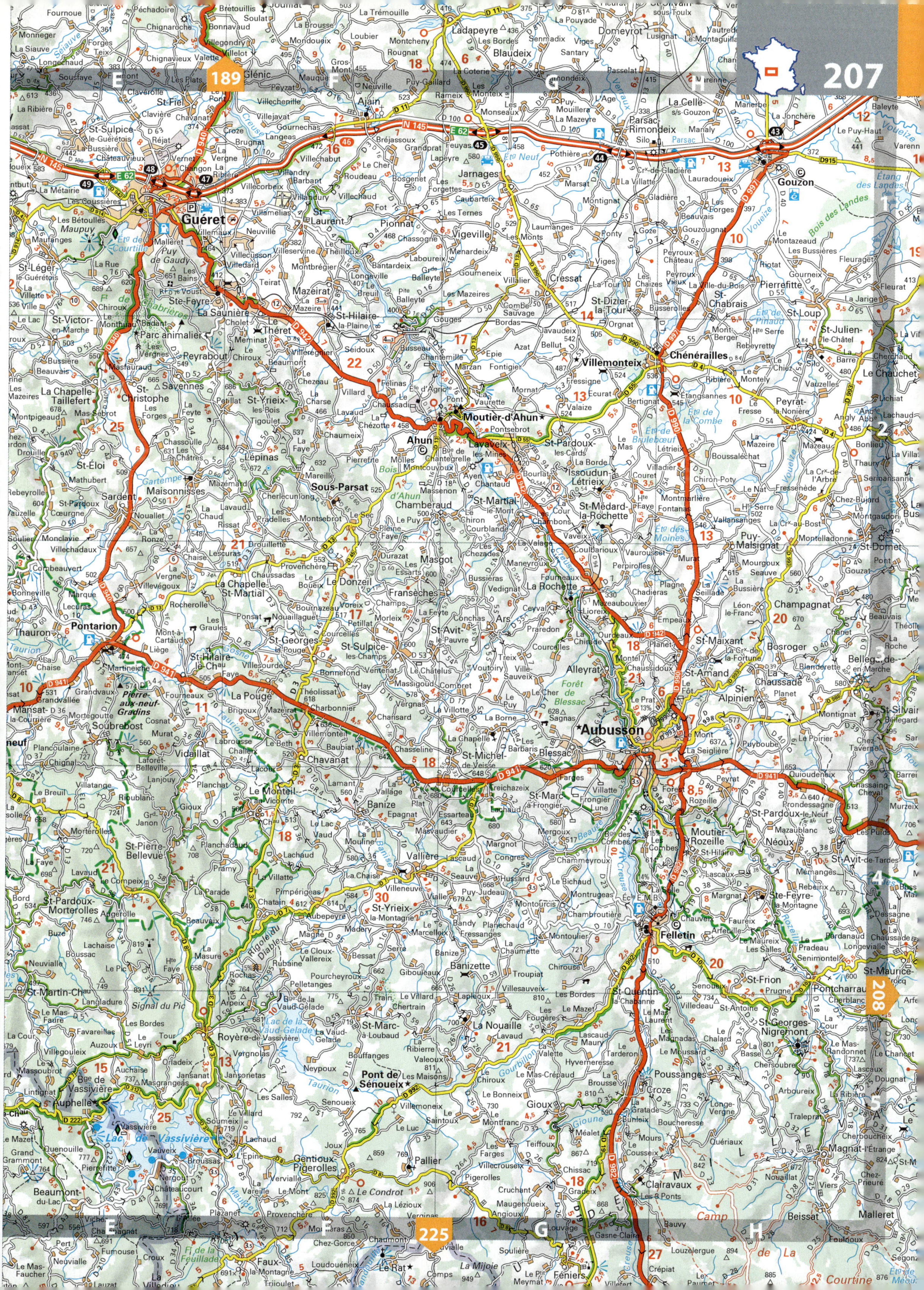

Guéret
Gouzon
Chénérailles
Moutier-d'Ahun
Ahun
Aubusson
Felletin
Pontarion
Bourganeuf
St-Vaury
Jarnages
Parsac-Rimondeix
Pionnat
Vigeville
St-Laurent
Ste-Feyre
La Saunière
Peyrabout
Savennes
St-Christophe
St-Yrieix-les-Bois
Sous-Parsat
Chamberaud
St-Martial-le-Mont
Lavaveix-les-Mines
St-Pardoux-les-Cards
Issoudun-Létrieix
St-Médard-la-Rochette
Puy-Malsignat
Champagnat
St-Maixant
St-Amand
St-Alpinien
Bellegarde-en-Marche
Blessac
Alleyrat
St-Avit-le-Pauvre
St-Georges-la-Pouge
St-Hilaire-le-Château
Vidaillat
Chavanat
Banize
Vallière
St-Yrieix-la-Montagne
Moutier-Rozeille
Néoux
St-Pardoux-le-Neuf
Ste-Feyre-la-Montagne
St-Frion
St-Quentin-la-Chabanne
Poussanges
Croze
St-Georges-Nigremont
La Nouaille
St-Marc-à-Loubaud
Pont de Sénoueix
Royère-de-Vassivière
Lac de Vassivière
Gentioux-Pigerolles
Pallier
Gioux
Clairavaux
Magnat-l'Étrange
Malleret
St-Pardoux-Morterolles
Soubrebost
Maisonnisses
Sardent
Mazeirat
St-Hilaire-la-Plaine
Villemonteix
Fresselines
Pierrefitte
St-Chabrais
St-Dizier-la-Tour
Cressat
Lépinas
Le Donzeil
Fransèches
Masgot
La Rochette
Vaureille
Les Plats
Ajain
Glénic
189
225
208
E
F
G
H
N 145
E 62
D 941
D 942
D 990
D 982

0 2 4 6 8 10 km
190
207
226
A
B
C
D
1
2
3
4
5
Gouzon
Chambon-s-Voueize
Evaux-les-Bains
Chambonchard
Marcillat-en-Combraille
Lussat
Pierrefitte
St-Chabrais
St-Loup
Tardes
Chénérailles
St-Julien-le-Châtel
Le Chauchet
Sannat
Reterre
Fontanières
Château-s-Cher
St-Hilaire
Pionsat
St-Marcel-en-Marcillat
St-Fargeol
Peyrat-la-Nonière
St-Priest
Mainsat
Arfeuille-Châtain
Rougnat
Auzances
St-Maurice-près-Pionsat
Charron
Bussières
Roche-d'Agoux
La Serre-Bussière-Vieille
Puy-Malsignat
St-Domet
Bussière-Nouvelle
Champagnat
St-Maixant
Bosroger
Bellegarde-en-Marche
Lupersat
Le Compas
Les Mars
Dontreix
Vergheas
Charensat
Biollet
St-Amand
St-Alpinien
St-Silvain-Bellegarde
Sermur
Tour-St-Austrille
Brousse
Châtelard
Lioux-les-Monges
Mautes
Montel-de-Gelat
Villosanges
Moutier-Rozeille
Néoux
St-Pardoux-le-Neuf
St-Avit-de-Tardes
La Villetelle
St-Bard
La Villeneuve
Mérinchal
Crocq
St-Oradoux-près-Crocq
La Mazière-aux-Bons-Hommes
St-Avit
Condat-en-Combraille
Tralaigues
Landogne
Felletin
Ste-Feyre-la-Montagne
St-Pardoux-d'Arnet
Basville
Pontcharraud
St-Frion
St-Quentin-la-Chabanne
St-Georges-Nigremont
Montel-Guillaume
Giat
Fernoël
Voingt
Combrailles
St-Étienne-des-Champs
Puy-St-Gulmier
Poussanges
Magnat-l'Étrange
St-Agnant-près-Crocq
Flayat
Clairavaux
Malleret
Beissat
Verneugheol
Sauvagnat
Prondines
Herment
Camp de La Courtine
D 941
D 990
D 982
D 915
D 988

E
F
G
H
191
227
210
St-Eloy-les-Mines
Montaigut
Moureuille
Durmignat
Échassières
Lapeyrouse
Menat
Gorges de Chouvigny
Chouvigny
Ébreuil
Gannat
Bellenaves
Charroux
Naves
Vicq
Veauce
Lalizolle
Sussat
Neuf-Église
Lisseuil
St-Rémy-de-Blot
Pouzol
Marcillat
St-Pardoux
Ste-Christine
Ayat-s-Sioule
Châteauneuf-les-Bains
St-Gervais-d'Auvergne
Blot-l'Église
Combronde
Jozerand
Aigueperse
Artonne
St-Myon
Davayat
St-Bonnet-près-Riom
Châtel-Guyon
Mozac
Riom
Ennezat
Volvic
Châteaugay
Cébazat
Gerzat
Clermont-Ferrand
Chamalières
Royat
Beaumont
Aubière
Aulnat
Montferrand
Manzat
Loubeyrat
Charbonnières-les-Vieilles
Gour de Tazenat
St-Georges-de-Mons
Queuille
Méandre de Queuille
Viaduc des Fades
Les Ancizes-Comps
Miremont
Montfermy
St-Ours
Pontgibaud
Vulcania
Puy de Dôme
Orcines
Pulvérières
Tournoël
Parc Naturel Régional des Volcans d'Auvergne
Sioule
Gorges de la Sioule
Youx
La Crouzille
La Cellette
Gouttières
St-Julien-la-Geneste
Espinasse
Mayet
Sauret-Besserve
Besserve
Fontelun
Combrailles
Bromont-Lamothe
La Goutelle
St-Pierre-le-Chastel
Mazaye
Ceyssat
Olby
Tinguad
Cisternes-la-Forêt
Gelles
Puy de Louchadière
Puy de Côme
Puy de Pariou
Col de la Nugère
Col des Goules
Chaîne des Puys
Sayat
Blanzat
Nohanent
Malauzat
Ménétrol
Marsat
Enval
Prompsat
Yssac-la-Tourette
Gimeaux
Teilhède
Cellule
Pessat-Villeneuve
Clerlande
Le Cheix
Chappes
Varennes-sur-Morge
Martres-sur-Morge
Sardon
Thuret
St-Agoulin
Chaptuzat
Vensat
Effiat
Bussières
St-Priest-d'Andelot
Jenzat
Le Mayet-d'École
Mazerier
Taxat-Senat
Biozat
Vinzelles
Champs
Montcel
Loubeyrat
St-Hilaire-la-Croix
Chapdes-Beaufort
Charbonnières-les-Varennes
St-Jacques-d'Ambur
Sauterre
Vitrac
Servant

192
209
228
0 2 4 6 8 10 km
VICHY
Bellerive-sur-Allier
Cusset
St-Yorre
Gannat
Thiers
Puy-Guillaume
Maringues
Lezoux
Randan
Châteldon
Ennezat
Courpière
Pont-du-Château
St-Germain-des-Fossés
Le Mayet-de-Montagne
Châtel-Montagne
Abrest
Hauterive
Aigueperse
Pont-de-Dore
Peschadoires
Mariol
Arronnes
Busset
Molles
Ferrières-sur-Sichon
Aulteribe
Escoutoux
Celles-sur-Durolle
Chabreloche
Vollore-Ville
Vollore-Montagne
Lempty
Seychalles
Vinzelles
Luzillat
Limons
Paslières
Noalhat
Dorat
Orléat
Cognat-Lyonne
Effiat
Montpensier
Chappes
Entraigues
Culhat
Beauregard-l'Évêque
Moissat
Ravel
Bort-l'Étang
Néronde-s-Dore
St-Jean-d'Heurs
Charmes
Biozat
Escurolles
Saulzet
Vendat
Charmeil
Creuzier-le-Vieux
Creuzier-le-Neuf
Seuilhet
Billezois
Isserpent
La Chapelle
Nizerolles
Serbannes
Brugheas
Espinasse-Vozelle
Hauterive
St-Sylvestre-Pragoulin
St-Priest-Bramefant
Ris
Villeneuve-les-Cerfs
St-Clément-de-Régnat
Thuret
Sardon
Surat
St-Ignat
St-Laure
Bulhon
Crevant-Laveine
Vensat
Mons
Beaumont-lès-R.
St-Denis-Combarnazat
St-André-le-Coq
Montgacon
Glozel
St-Rémy-sur-Durolle
La Monnerie-le-Montel
Palladuc
Viscomtat
Ste-Agathe
Margerides
Puy de Montoncel
Bois des Cheirs
Puy du Roc
Col de la Charme
Aubusson-d'Auvergne

193
229
212
E
F
G
H
1
2
3
4
5
St-Pierre-Laval
St-Martin-d'Estreaux
La Pacaudière
Le Crozet
Changy
Arfeuilles
St-Bonnet-des-Quarts
Ambierle
St-Forgeux-Lespinasse
St-Germain-Lespinasse
Noailly
La Bénisson-Dieu
Briennon
Pouilly-s/s-Charlieu
St-Nizier-s/s-Charlieu
Charlieu
St-Denis-de-Cabanne
Chandon
Villers
Nandax
Boyer
Coutouvre
St-Hilaire-s/s-Charlieu
Vougy
Mably
St-Romain-la-Motte
St-Haon-le-Châtel
St-Haon-le-Vieux
Renaison
St-André-d'Apchon
Pouilly-les-Nonains
Riorges
ROANNE
Le Coteau
Perreux
Montagny
Commelle-Vernay
St-Vincent-de-Boisset
N.-D.-de-Boisset
Parigny
Pradines
Régny
Villerest
St-Jean-St-Maurice-s-Loire
Lentigny
Ouches
St-Alban-les-Eaux
Arcon
Villemontais
Cherier
St-Cyr-de-Favières
L'Hôpital-s-Rhins
St-Symphorien-de-Lay
Neaux
Lay
Cordelle
Vendranges
Bully
St-Priest-la-Roche
Neulise
St-Just-en-Chevalet
Cremeaux
St-Polgues
Dancé
Vézelin-s-Loire
Amions
St-Paul-de-Vézelin
St-Jodard
Souternon
Grézolles
St-Julien-d'Oddes
St-Marcel-d'Urfé
Champoly
Les Salles
Cervières
Noirétable
St-Germain-Laval
Pommiers
St-Georges-de-Baroille
Balbigny
Nervieux
Mizérieux
St-Marcel-de-Félines
Pouilly-lès-Feurs
Épercieux-St-Paul
Cleppé
Feurs
Bussy-Albieux
Arthun
Ste-Foy-St-Sulpice
St-Sixte
L'Hôpital-sous-Rochefort
St-Laurent-Rochefort
St-Didier-s-Rochefort
St-Priest-la-Vêtre
St-Julien-la-Vêtre
St-Jean-la-Vêtre
St-Thurin
St-Martin-la-Sauveté
La Sauveté
Boën
Trelins
Ste-Agathe-la-Bouteresse
Sail-s/s-Couzan
Palogneux
Monts de la Madeleine
Bois de Châtellus
Forêt de Lespinasse
Forêt de Bas
Gorges de la Loire
Loire
Canal de Roanne à Digoin
A 89
A 72
N 7
N 82
D 482
D 1089
D 8
D 53

0 2 4 6 8 10 km
194
211
230
Belmont-de-la-Loire
Cours
Thizy-les-Bourgs
Amplepuis
Tarare
Beaujeu
Lamure-sur-Azergues
Villefranche-sur-Saône
Le Bois-d'Oingt
L'Arbresle
Anse
Chambost-Allières
Chamelet
Ternand
Oingt
Ranchal
Monsols
Régnié-Durette
Quincié-en-Beaujolais
Salles-Arbuissonnas-en-Beaujolais
Vaugneray
Feurs
Sain-Bel
Bully
Chessy
Châtillon
Charbonnières-les-Bains
St-Laurent-de-Chamousset
Violay
Affoux
Joux
Valsonne
Dième
Grandris
Propières
Azolette
Les Ardillats
Marchampt
Cogny
Jarnioux
Theizé
Lacenas
Denicé
Rivolet
Montmelas-St-Sorlin
Blacé
Arnas
Limas
Pommiers
Lachassagne
Marcy
Lucenay
Morancé
Dommartin
Lozanne
Fleurieux
Éveux
Savigny
Bibost
Bessenay
Montrottier
Brullioles
Longessaigne
Villechenève
Panissières
Montchal
Bussières
Ste-Agathe-en-Donzy
Ste-Colombe
Machézal
Chirassimont
Fourneaux
Régny
Pont-Trambouze
Sevelinges
Coublanc
Écoche
Arcinges
Le Cergne
Cublize
Ronno
St-Appolinaire
St-Clément-s-Valsonne
Dareizé
St-Loup
Pontcharra
St-Marcel-l'Éclairé
St-Forgeux
St-Romain-de-Popey
Ancy
Chevinay
Pollionnay
Courzieu
Flécheres

195

E
F
G
H
Bourg-en-Bresse
Thoissey
Châtillon-s-Chalaronne
St-Trivier-s-Moignans
Villars-les-Dombes
St-Paul-de-Varax
Chalamont
Trévoux
Ambérieux-en-Dombes
St-André-de-Corcy
Pérouges
Meximieux
Montluel
Miribel
Neuville-s-Saône
Villeurbanne
LYON
Vaulx-en-Velin
Meyzieu
Décines-Charpieu
Bron
Genas
Pont-de-Chéruy
Charvieu-Chavagneux
Crémieu
Colombier-Saugnieu
LYON-ST-EXUPÉRY
Parc des Oiseaux
Camp de la Valbonne
Île de Miribel-Jonage
Parc archéologique de Larina
Rhône
Ain
Saône
Forêt de Seillon
Forêt de Chassagne
Forêt de Rêna
Ab^{ye} de N.-D.-des-Dombes
Étang du Grand Birieux
Marais des Échets
RHÔNE-ALPES

214
231

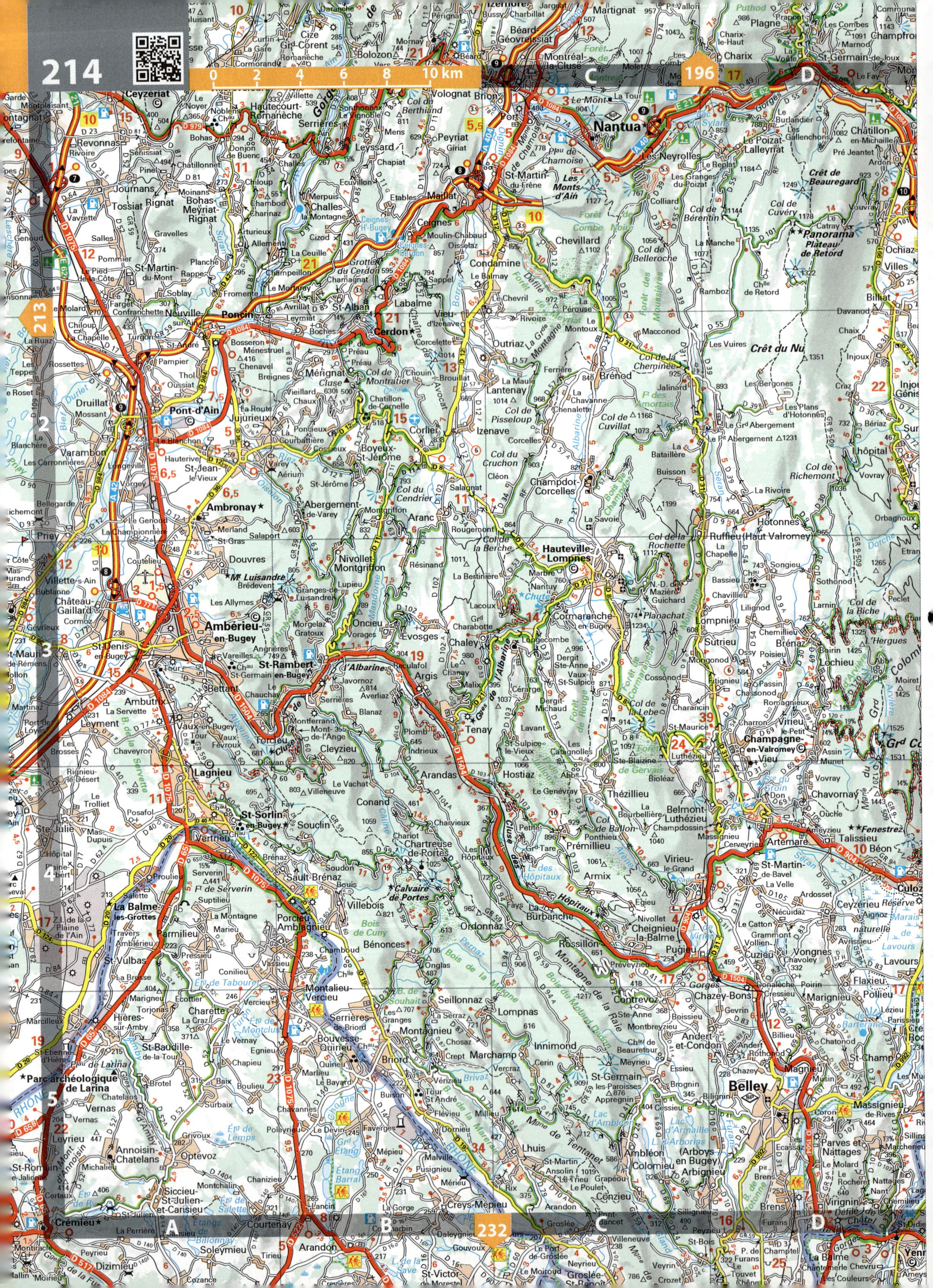
0 2 4 6 8 10 km
196
213
232
Nantua
Pont-d'Ain
Ambérieu-en-Bugey
Ambronay
Lagnieu
St-Rambert-en-Bugey
Hauteville-Lompnes
Belley
Champagne-en-Valromey
Cerdon
Poncin
St-Sorlin-en-Bugey
Virieu-le-Grand
Artemare
Culoz
Crémieu
Montréal-la-Cluse
Ceyzériat
Parc archéologique de Larina
Lhuis
Chartreuse de Portes
Col de la Rochette
Crêt du Nu
Panorama Plateau de Retord
Cluse des Hôpitaux

197
E
F
G
H
Pont des Pierres
St-Julien-en-Genevois
Carouge
Gaillard
Collonges
Fort l'Écluse
Bellegarde-s-Valserine
Vulbens
Chêne
Reignier-Esery
Arbusigny
La Muraz
Cruseilles
Frangy
Musièges
Sallenoves
Seyssel
Clermont
Thorens-Glières
Tête du Parmelan
Annecy-le-Vieux
ANNECY
Meythet
Cran-Gevrier
Seynod
Rumilly
Lac d'Annecy
Menthon-St-Bernard
Talloires-Montmin
Duingt
Sévrier
Alby-s-Chéran
Crêt de Châtillon
Albens
Chanaz
Lac du Bourget
Abbe de Hautecombe
Grésy-s-Aix
AIX-LES-BAINS
Pont du Diable
La Tournette
Col de la Forclaz
Lathuile
Doussard
Faverges
216
233
1
2
3
4
5

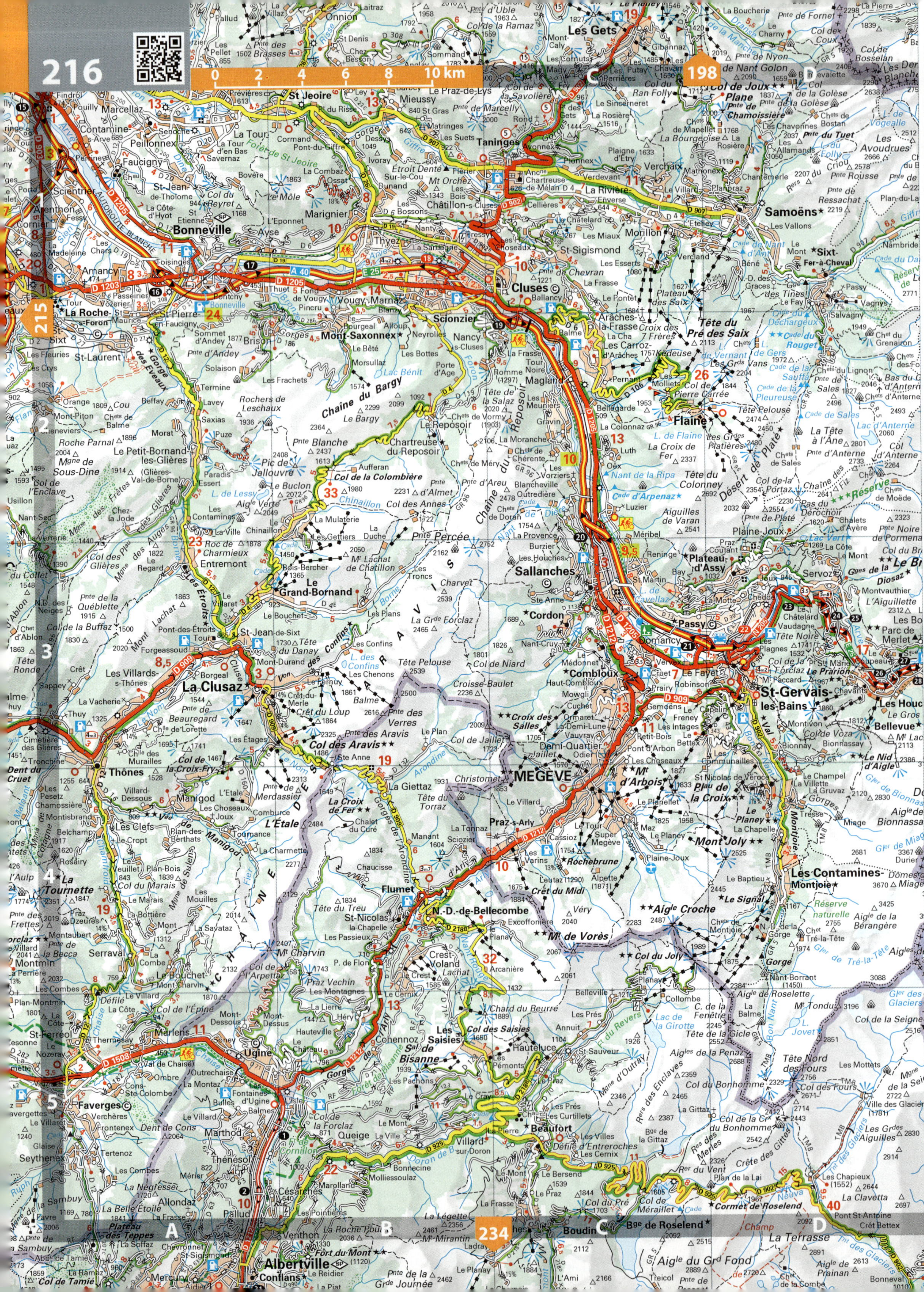
0 2 4 6 8 10 km
198
215
234
Les Gets
Taninges
Samoëns
Sixt-Fer-à-Cheval
St Jeoire
Mieussy
Marignier
Bonneville
Cluses
Thyez
Scionzier
Marnaz
Mont-Saxonnex
Nancy-s-Cluses
La Roche-s-Foron
St-Pierre-en-Faucigny
Amancy
Faucigny
Contamine
Peillonnex
Arenthon
Magland
Flaine
Désert de Platé
Tête du Pré des Saix
Chaîne du Bargy
Chartreuse du Reposoir
Le Reposoir
Col de la Colombière
Pic de Jallouvre
Le Grand-Bornand
Pointe Percée
Sallanches
Cordon
Passy
Plateau d'Assy
Servoz
St-Gervais-les-Bains
Combloux
Megève
Praz-s-Arly
Demi-Quartier
La Clusaz
Col des Aravis
Thônes
Manigod
La Giettaz
Flumet
N.-D.-de-Bellecombe
St-Nicolas-la-Chapelle
Mt d'Arbois
Mont Joly
Les Contamines-Montjoie
Aigle Croche
Col du Joly
Col des Saisies
Les Saisies
Hauteluce
Beaufort
Ugine
Faverges
Serraval
La Tournette
Albertville
Conflans
Boudin
Cormet de Roselend
Col du Bonhomme
Tête Nord des Fours
Aiguille de Bionnassay
Chaîne des Aravis
Chaîne des Aravis
Chaîne de Reposoir
A

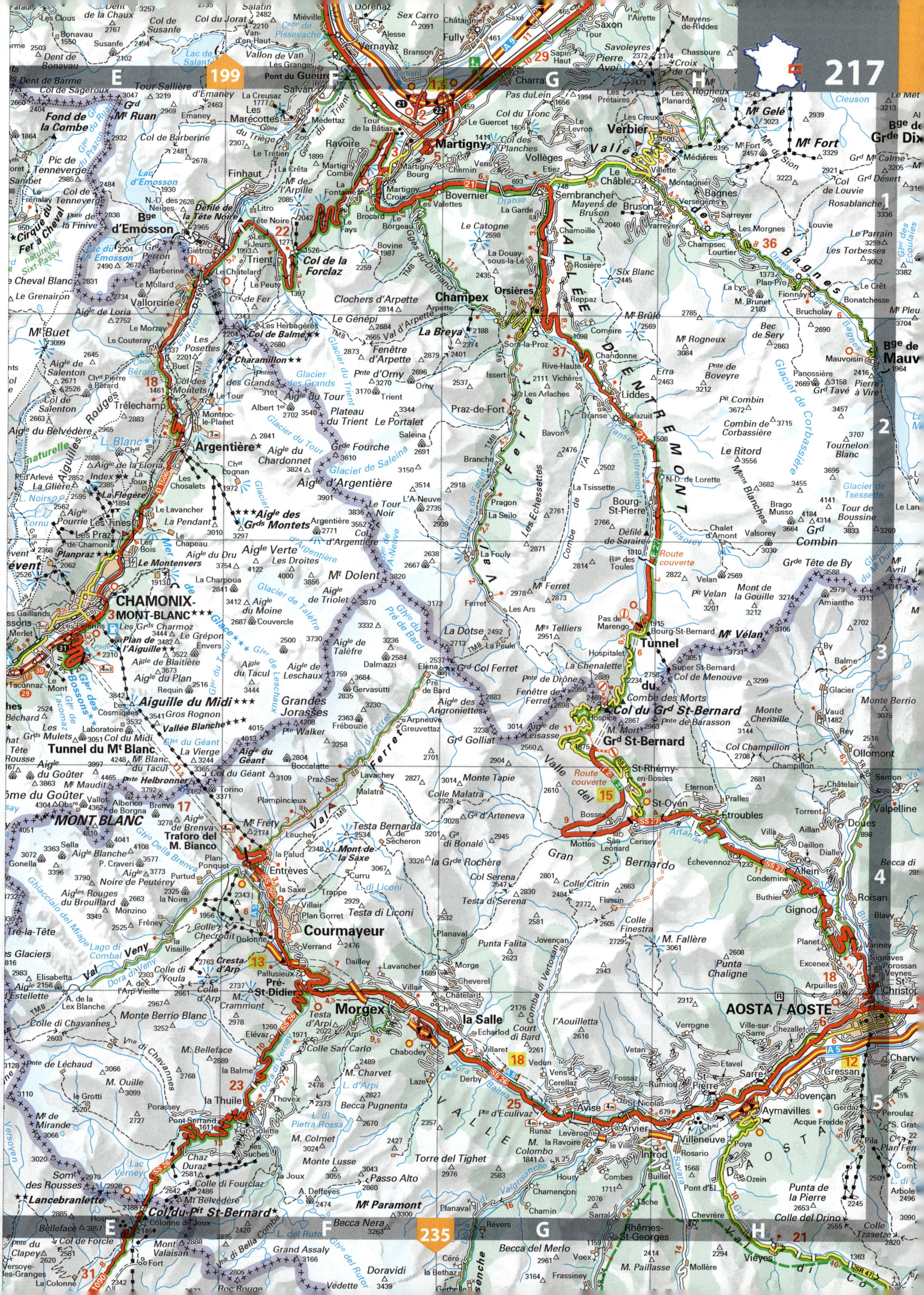
Martigny
Verbier
Champex
Orsières
VALLÉE D'ENTREMONT
Val Ferret
Argentière
CHAMONIX-MONT-BLANC
Aiguille du Midi
MONT BLANC
Tunnel du Mt Blanc
Traforo del M. Bianco
Grandes Jorasses
Col du Gd St-Bernard
Gd St-Bernard
Tunnel
Bourg-St-Pierre
Courmayeur
Pré-St-Didier
Morgex
la Salle
la Thuile
Col du Pt St-Bernard
AOSTA / AOSTE
Col de la Forclaz
Col de Balme
Trient
Vallorcine
Bge d'Emosson
Grd Combin
Gran S. Bernardo
VALLE D'AOSTA
Étroubles
St-Rhémy-en-Bosses
Sarre
Aymavilles
Villeneuve
Arvier
Avise
Rhêmes-St-Georges
Lancebranlette
199
235
E
F
G
H
1
2
3
4
5

0 2 4 6 8 10 km
200
236
A
B
C
D
1
2
3
4
5
La Coubre
Pointe de la Coubre
Bonne Anse
La Palmyre
Zoo
St-Augustin
Plage de la Palmyre
Plage de la Gde Côte
La Grande Côte
Phare de Terre-Nègre
St-Palais-s-Mer
Arvert
Étaules
Chaillevette
Mornac-s-Seudre
L'Éguille
Breuillet
St-Sulpice-de-Royan
Saujon
Médis
Vaux-s-Mer
Pontaillac
ROYAN
St-Georges-de-Didonne
Semussac
Pte de Vallières
Pte de Suzac
Plage de Suzac
Plage de l'Arnèche
Plage des Vergnes
Plage des Nonnes
Meschers-s-Gironde
Talmont-s-Gironde
Cordouan
Pointe de Grave
Musée
Port Bloc
Fort du Verdon
Port Médoc
Le Verdon-sur-Mer
Pte de la Chambrette
Le Royannais
Grands-Maisons
ZONE PORTUAIRE
Les Huttes
Soulac-sur-Mer
Le Jeune Soulac
Neyran
Les Coustaux
Banc des Olives
L'Amélie-sur-Mer
Lillan
Pointe de la Négade
Lède de la Négade
Talais
Les Mattes
Pointe aux Oiseaux
Port-de-St Vivien
Grayan
Grayan-et-l'Hôpital
Daugagnan
Les Eyres
Le Gurp
Lède du Gurp
Étang de la Barreyre
Dépée
Euronat
St-Vivien-de-Médoc
Jau-Dignac-et-Loirac
Richard
La Brasserie
Lède de la Canillouse
Montalivet-les-Bains
Vensac
Mayan
Meugas
Queyrac
Centre Hélio-Marin
Vendays-Montalivet
Forêt de Vendays
Marais de Lespaut
Gaillan-en-Médoc
Lesparre-Médoc
Prignac-en-Médoc
Civrac-en-Médoc
Bergerand
La Bresquette
St-Isidore
Le Pin-Sec
Forêt du Junca
Naujac-sur-Mer
Lizan
Magagnan
St-Gaux
Conneau
Escot

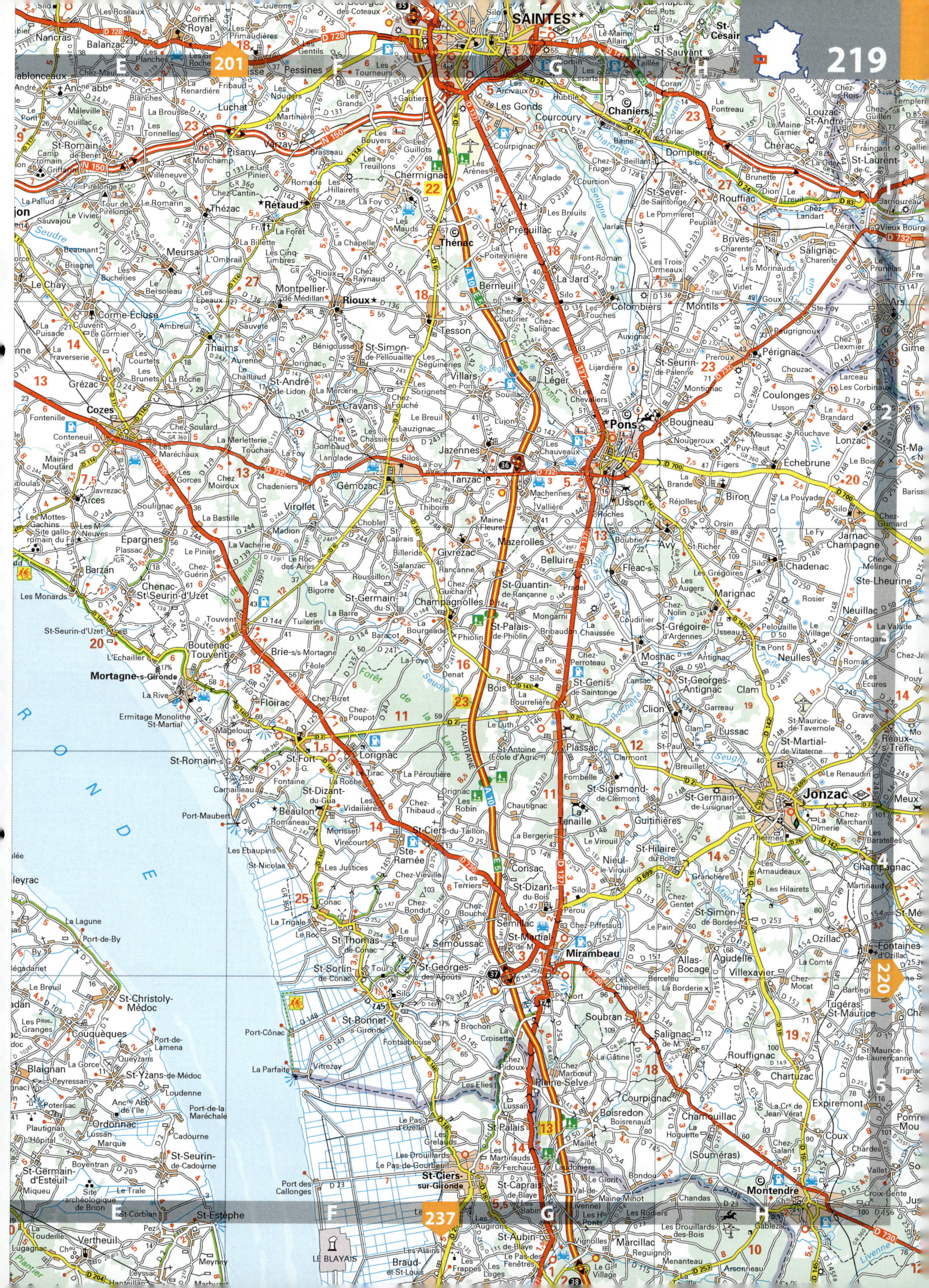

Saintes
Pessines
Chaniers
Courcoury
Les Gonds
Dompierre-s-C.
Rouffiac
St-Sever-de-Saintonge
Pisany
Varzay
Rétaud
Thézac
Chermignac
Thénac
Préguillac
Meursac
Berneuil
La Jard
Colombiers
Montils
Brives-s-Charente
Salignac-Charente
Corme-Écluse
Rioux
Montpellier-de-Médillan
Tesson
St-Simon-de-Pellouaille
Pérignac
Thaims
St-André-de-Lidon
Villars-en-Pons
St-Léger
St-Seurin-de-Palenne
Cozes
Grézac
Pons
Bougneau
Coulonges
Échebrune
Gémozac
Tanzac
Jazennes
Belluire
Mazerolles
Usson
Biron
Arces
Virollet
Epargnes
Givrezac
Champagnolles
Avy
Jarnac-Champagne
Chadenac
Barzan
Chenac-St-Seurin-d'Uzet
Marignac
St-Grégoire-d'Ardennes
St-Germain-du-Seudre
Brie-s/s-Mortagne
Mortagne-s-Gironde
Boutenac-Touvent
Floirac
Mosnac
Neulles
St-Georges-Antignac
St-Genis-de-Saintonge
Clion
Clam
Lussac
Plassac
St-Fort-s-G.
Lorignac
St-Dizant-du-Gua
Beaulon
St-Germain-de-Lusignan
Jonzac
St-Sigismond-de-Clermont
Guitinières
St-Ciers-du-Taillon
Consac
St-Dizant-du-Bois
Semillac
St-Martial
Mirambeau
St-Thomas-de-Conac
St-Sorlin-de-Conac
St-Bonnet-s-Gironde
Allas-Bocage
Villexavier
St-Georges-des-Agouts
Salignac-de-M.
Soubran
Rouffignac
Chartuzac
Expiremont
St-Christoly-Médoc
Couquèques
Blaignan
St-Yzans-de-Médoc
Ordonnac
St-Seurin-de-Cadourne
St-Germain-d'Esteuil
St-Palais
Pleine-Selve
Boisredon
Courpignac
Chamouillac
St-Ciers-sur-Gironde
St-Caprais-de-Blaye
St-Aubin-de-Blaye
Montendre
Marcillac
St-Estèphe
Vertheuil
LE BLAYAIS
GIRONDE

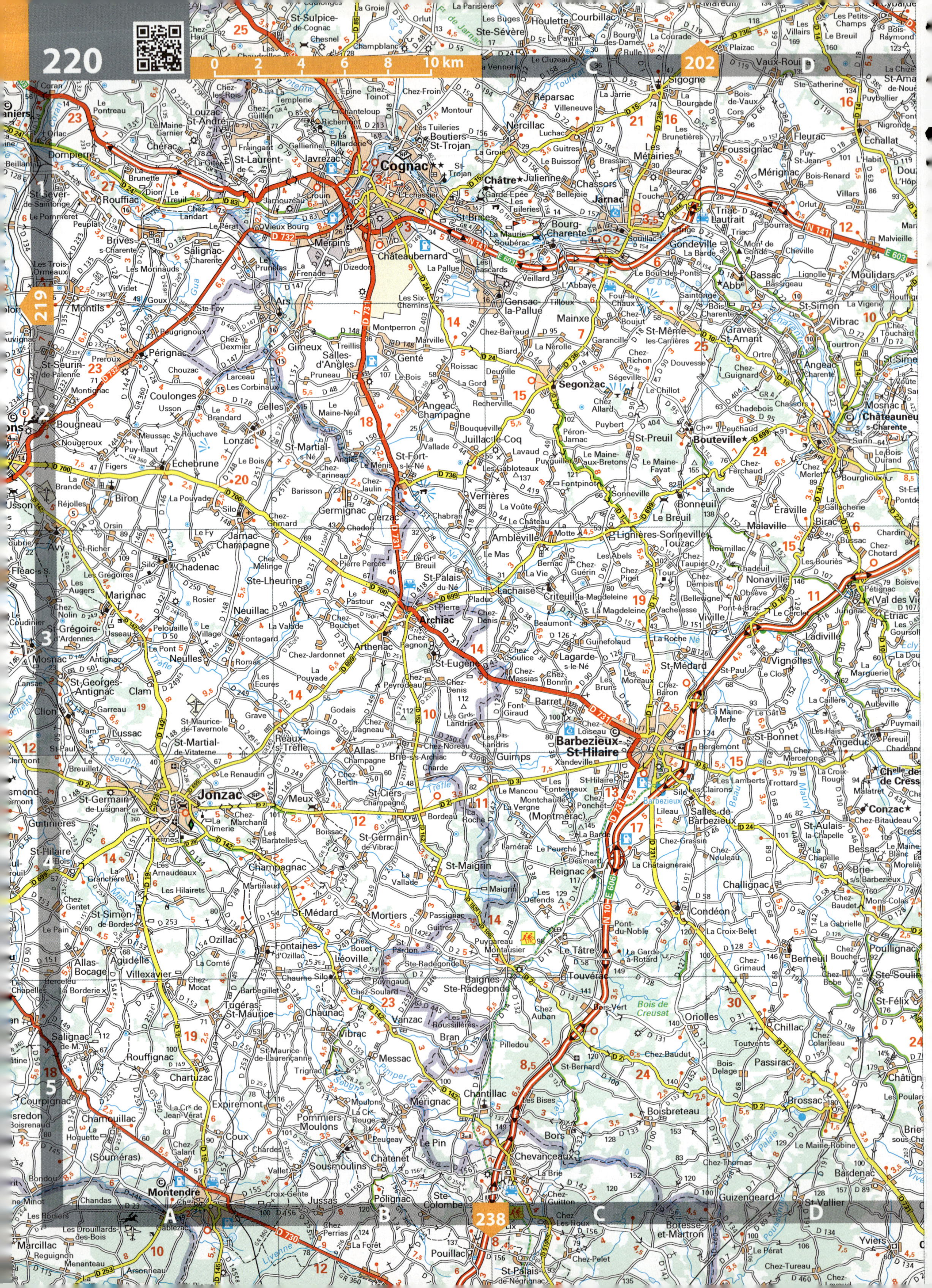

0 2 4 6 8 10 km
202
219
238
A
B
C
D
1
2
3
4
5
Cognac
Jarnac
Châteaubernard
Segonzac
Châteauneuf-s-Charente
Archiac
Barbezieux-St-Hilaire
Jonzac
Montendre
Pons
St-Fort-s-le-Né
Lignières-Sonneville
Bouteville
Baignes-Ste-Radegonde
Brossac
Chevanceaux
Montlieu
Salles-de-Barbezieux
Bourg-Charente
Gondeville
Châtre
Nercillac
Sigogne
Reparsac
Mérignac
Triac-Lautrait
St-Laurent-de-C.
Javrezac
Brives-s-Charente
Salignac-s-Charente
Pérignac
Gimeux
Genté
Gensac-la-Pallue
Angeac-Champagne
Juillac-le-Coq
Ambleville
Verrières
Germignac
Neuillac
Marignac
Chadenac
Biron
Echebrune
Lonzac
St-Martial-s-Né
Celles
Réaux-s-Trèfle
Allas-Champagne
St-Ciers-Champagne
Brie-s-Archiac
Guimps
St-Germain-de-Vibrac
St-Maigrin
Reignac
Condéon
Challignac
Touvérac
Le Tâtre
Champagnac
St-Médard
Léoville
Ozillac
Fontaines-d'Ozillac
Chaunac
Vibrac
Messac
Mérignac
Chantillac
Sousmoulins
Pommiers-Moulons
Chamouillac
Vanzac
Bran
Passirac
Oriolles
Chillac
Boisbreteau
Bors
Guizengeard
Condéon
Angeduc
Berneuil
Pouillac
Bessac
Conzac
Ladiville
Vignolles
Malaville
Éraville
Birac
Mosnac
Graves-St-Amant
Saint-Simon
Vibrac
Bassac
Fleurac
Foussignac

203
222
239
E
F
G
H
ANGOULÊME
La Rochefoucauld
Ruelle-s-Touvre
Gond-Pontouvre
St-Yrieix-s-C.
Soyaux
Puymoyen
Touvre
Magnac
Mornac
L'Isle-d'Espagnac
Fléac
Linars
Trois-Palis
St-Michel
La Couronne
Roullet-St-Estèphe
Vœuil-et-Giget
Mouthiers-s-Boëme
Logis de Forge
Torsac
Dignac
Garat
Bouëx
Sers
Vouzan
Grassac
Marthon
Feuillade
Chazelles
Pranzac
Rancogne
Vilhonneur
Montbron
Vouthon
Rougnac
La Rochebeaucourt-et-Argentine
Mareuil
Vieux-Mareuil
Villebois-Lavalette
Blanzaguet-St-Cybard
Gurat
Champagne-et-Fontaine
Gouts-Rossignol
Cherval
La Chapelle-Montabourlet
Léguillac-de-Cercles
Cercles
La Tour-Blanche
Verteillac
Bourg-des-Maisons
Coutures
Bertric-Burée
Montmoreau-St-Cybard
Aignes-et-Puypéroux
Salles-Lavalette
Nanteuil-Auriac-de-Bourzac
Montignac-le-Coq
Pillac
St-Séverin
Aubeterre-s-Dronne
Chalais
Blanzac-Porcheresse
St-Cybard
Plassac-Rouffiac
Voulgézac
La Mercerie
Fouquebrune
Magnac-Lavalette-Villars
Édon
Combiers
Gardes-le-Pontaroux
Champnier
Brie
Asnières-s-Nouère
Hiersac
Vindelle
Balzac
Marsac
St-Genis-d'Hiersac
Claix
Juillaguet
Ronsenac
Vaux-Lavalette
Vendoire
La Chapelle-Grésignac
St-Martial-Viveyrol
Bouteilles-St-Sébastien
Lusignac
St-Paul-Lizonne
Allemans
Celles
Grottes du Quéroy
Forêt d'Horte
Forêt de Dirac
Bois de Jovelle

0 2 4 6 8 10 km
La Rochefoucauld
Montbron
Marthon
Eymouthiers
Écuras
Busserolles
Bussière-Badil
St-Mathieu
Champniers-et-Reilhac
Piégut-Pluviers
Marval
Augignac
Abjat-s-Bandiat
Nontron
St-Martial-de-Valette
St-Pardoux-la-Rivière
Javerlhac-et-la-Chapelle-St-Robert
Teyjat
Varaignes
Souffrignac
Feuillade
Rudeau-Ladosse
La Rochebeaucourt-et-Argentine
Mareuil
Vieux-Mareuil
Champeaux-et-la-Chapelle-Pommier
La Chapelle-Montmoreau
Milhac-de-Nontron
St-Front-la-Rivière
Grottes de Villars
Villars
Puyguilhem
St-Jean-de-Côle
Quinsac
Champagnac-de-Belair
Condat-s-Trincou
La Chapelle-Faucher
Brantôme-en-Périgord
St-Pancrace
St-Crépin-de-Richemont
Richemont
Cantillac
Bourdeilles
Valeuil
Lisle
Biras
Agonac
Sencenac-Puy-de-Fourches
Cercles
La Tour-Blanche
Léguillac-de-Cercles
Paussac-et-St-Vivien
Bourg-des-Maisons
Chapdeuil
Champs-Romain
St-Saud-Lacoussière
Sorges-et-Ligueux-en-Périgord
Négrondes
St-Front-d'Alemps
Eyvirat
Thiviers
PARC NATUREL RÉGIONAL PÉRIGORD-LIMOUSIN
Forêt d'Horte
Bois de Beaussac
Forêt de St James
Bois de Jovelle
Dronne
Nizonne
Bandiat
Côle
Trincou

204
221
240

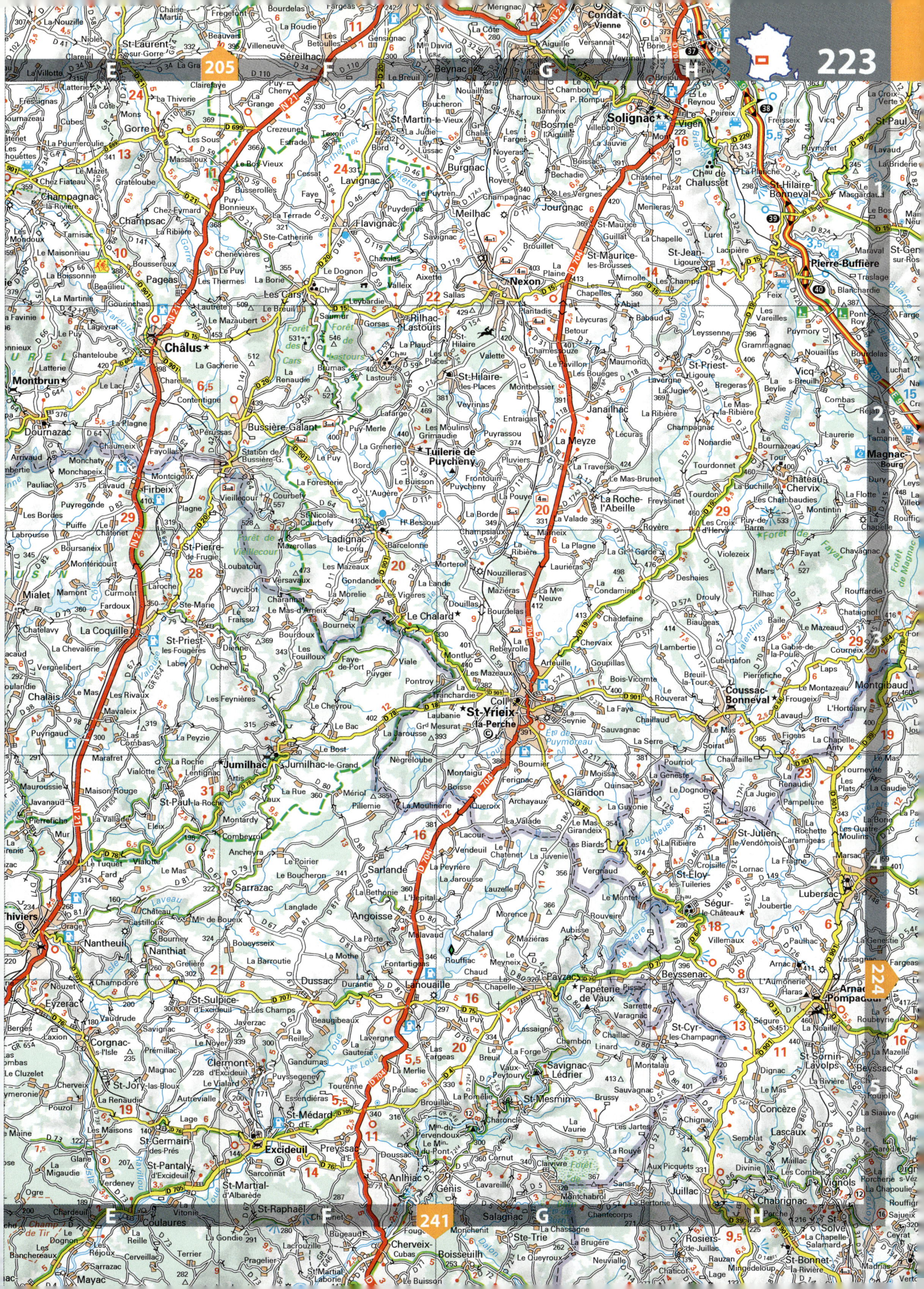
205
224
241
Solignac
St-Hilaire-Bonneval
Pierre-Buffière
Nexon
Châlus
Montbrun
Bussière-Galant
Tuilerie de Puycheny
La Meyze
Magnac-Bourg
Coussac-Bonneval
St-Yrieix-la-Perche
Jumilhac
Jumilhac-le-Grand
Thiviers
Nantheuil
Glandon
Ségur-le-Château
Beyssenac
Arnac-Pompadour
Lubersac
Payzac
Lanouaille
Excideuil
Savignac-Lédrier
St-Mesmin
Génis
Anlhiac
Juillac
Chabrignac
Vignols
Sarlande
Angoisse
La Coquille
Firbeix
St-Pierre-de-Frugie
Dournazac
Champsac
Pageas
Flavignac
Meilhac
Jourgnac
Burgnac
Lavignac
Les Cars
Rilhac-Lastours
Ladignac-le-Long
Le Chalard
St-Sulpice-d'Excideuil
Clermont-d'Excideuil
St-Médard-d'Excideuil
St-Germain-des-Prés
Corgnac-sur-l'Isle
St-Jory-las-Bloux
Sereilhac
St-Laurent-sur-Gorre
Gorre
Beynac
Condat-sur-Vienne
St-Martin-le-Vieux
Janailhac
Vicq-sur-Breuilh
St-Priest-Ligoure
Glanges
Concèze
Salagnac
Ste-Trie
Cherveix-Cubas
Boisseuilh

0 2 4 6 8 10 km
206
223
242
A
B
C
D
1
2
3
4
5
Solignac
St-Hilaire-Bonneval
Pierre-Buffière
St-Jean-Ligoure
St-Genest-sur-Roselle
St-Bonnet-Briance
Linards
Châteauneuf-la-Forêt
Neuvic-Entier
Ste-Anne-St-Priest
Eymoutiers
St-Paul
Masléon
Roziers-St-Georges
Glanges
St-Méard
Sussac
Domps
Vicq-s-Breuilh
Magnac-Bourg
Château-Chervix
St-Germain-les-Belles
La Croisille-s-Briance
Mt Gargan
St-Gilles-les-Forêts
Surdoux
Chamberet
La Porcherie
Meuzac
Masseret
Lamongerie
Coussac-Bonneval
Montgibaud
Benayes
Salon-la-Tour
Meilhards
Soudaine-Lavinadière
Rilhac-Treignac
Affieux
Peyrissac
St-Julien-le-Vendômois
St-Eloy-les-Tuileries
Ségur-le-Château
Lubersac
St-Pardoux-Corbier
St-Martin-Sepert
St-Ybard
Uzerche
Espartignac
Condat-s-Ganaveix
Eyburie
Chamboulive
Pierrefitte
Le Lonzac
Beyssenac
Arnac-Pompadour
Troche
Vigeois
St-Cyr-les-Champagnes
St-Sornin-Lavolps
Beyssac
Perpezac-le-Noir
Lagraulière
Seilhac
St-Jal
St-Clément
Orgnac-s-Vézère
Juillac
Chabrignac
Estivaux
St-Bonnet-l'Enfantier
Sadroc
St-Pardoux-l'Ortigier
Chanteix
Naves
St-Mexant
Lac de Pontcharal
Forêt de Fayat
Forêt de Magnac
A 20
D 1120
D 979
D 940

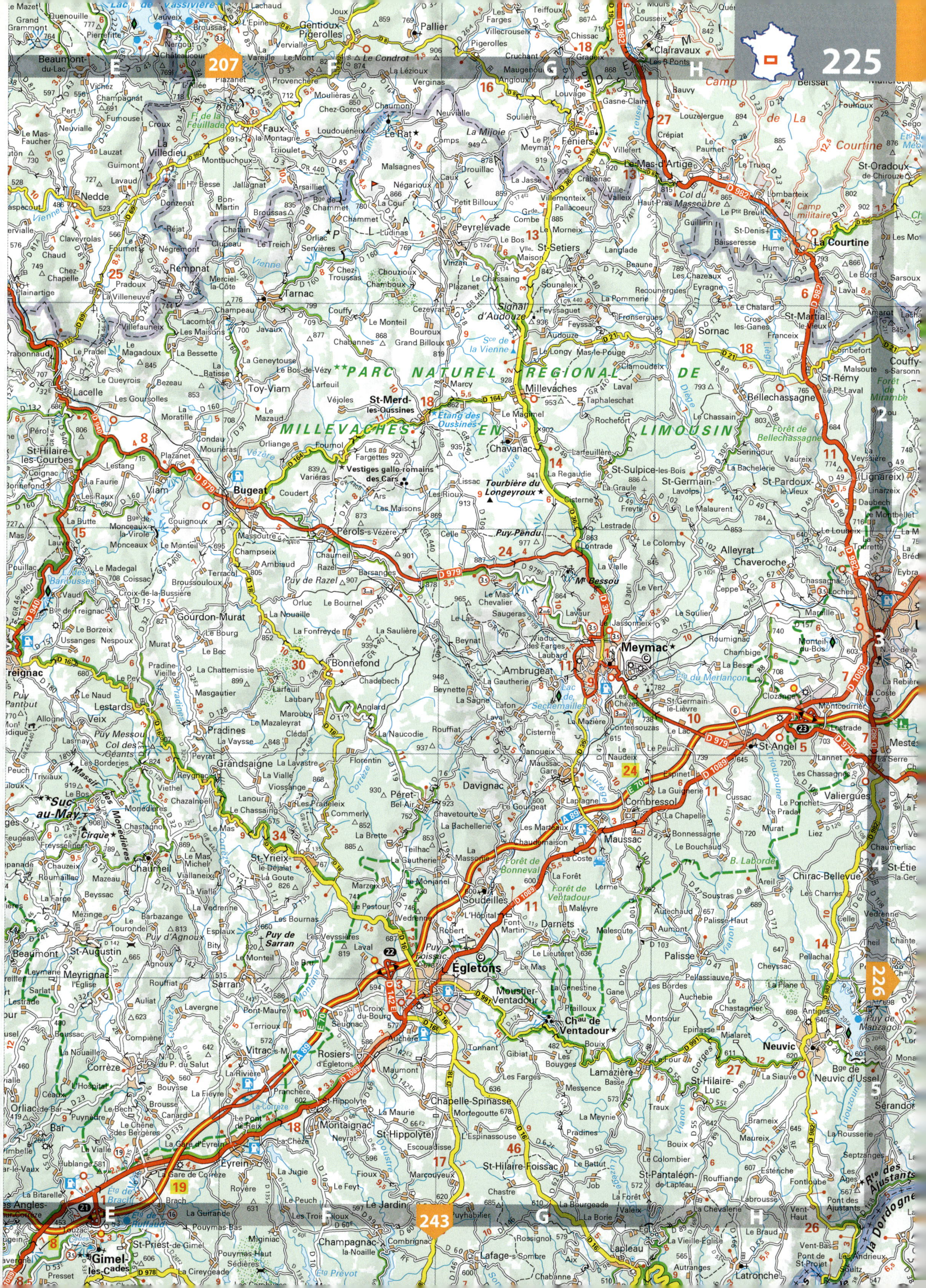

PARC NATUREL RÉGIONAL DE MILLEVACHES EN LIMOUSIN
Meymac
Égletons
Bugeat
Neuvic
La Courtine
Tarnac
Peyrelevade
Millevaches
Sornac
St-Setiers
Chavanac
Toy-Viam
Lacelle
St-Merd-les-Oussines
St-Yrieix
Sarran
Rosiers-d'Égletons
Montaignac
St-Hippolyte
Chapelle-Spinasse
Moustier-Ventadour
Ch^au^ de Ventadour
Soudeilles
Darnets
Maussac
Combressol
Davignac
Ambrugeat
St-Angel
Alleyrat
Chaveroche
St-Sulpice-les-Bois
St-Germain-Lavolps
St-Pardoux-le-Vieux
Bellechassagne
St-Rémy
St-Martial-le-Vieux
Féniers
Le Mas-d'Artige
Gentioux-Pigerolles
Faux-la-Montagne
Rempnat
Nedde
Beaumont-du-Lac
Pérols-s-Vézère
Chaumeil
Gourdon-Murat
Bonnefond
Pradines
Grandsaigne
Lestards
Veix
Chamberet
Suc au May
Massif des Monédières
St-Augustin
Meyrignac-l'Église
Corrèze
Orliac-de-Bar
Bar
Eyrein
Gimel-les-Cascades
St-Priest-de-Gimel
Champagnac-la-Prune
Marcouyeux
Lafage-s-Sombre
St-Pantaléon-de-Lapleau
St-Hilaire-Luc
Palisse
Chirac-Bellevue
Valiergues
Péret-Bel-Air
Lamazière-Basse
Lapleau
Mt Bessou
Signal d'Audouze
Tourbière du Longeyroux
Puy Pendu
Puy de Sarran
Puy d'Agnoux
Puy Messou
Puy de Razel
Forêt de Bonneval
Forêt de Ventadour
Étang des Oussines
Vestiges gallo-romains des Cars
Camp militaire
Rte des Ajustants
La Dordogne
Vézère
Corrèze
Luzège
Diège
Triouzoune
A 89
D 979
D 1089
D 982
D 16
E
F
G
H
1
2
3
4
5

207
226
243

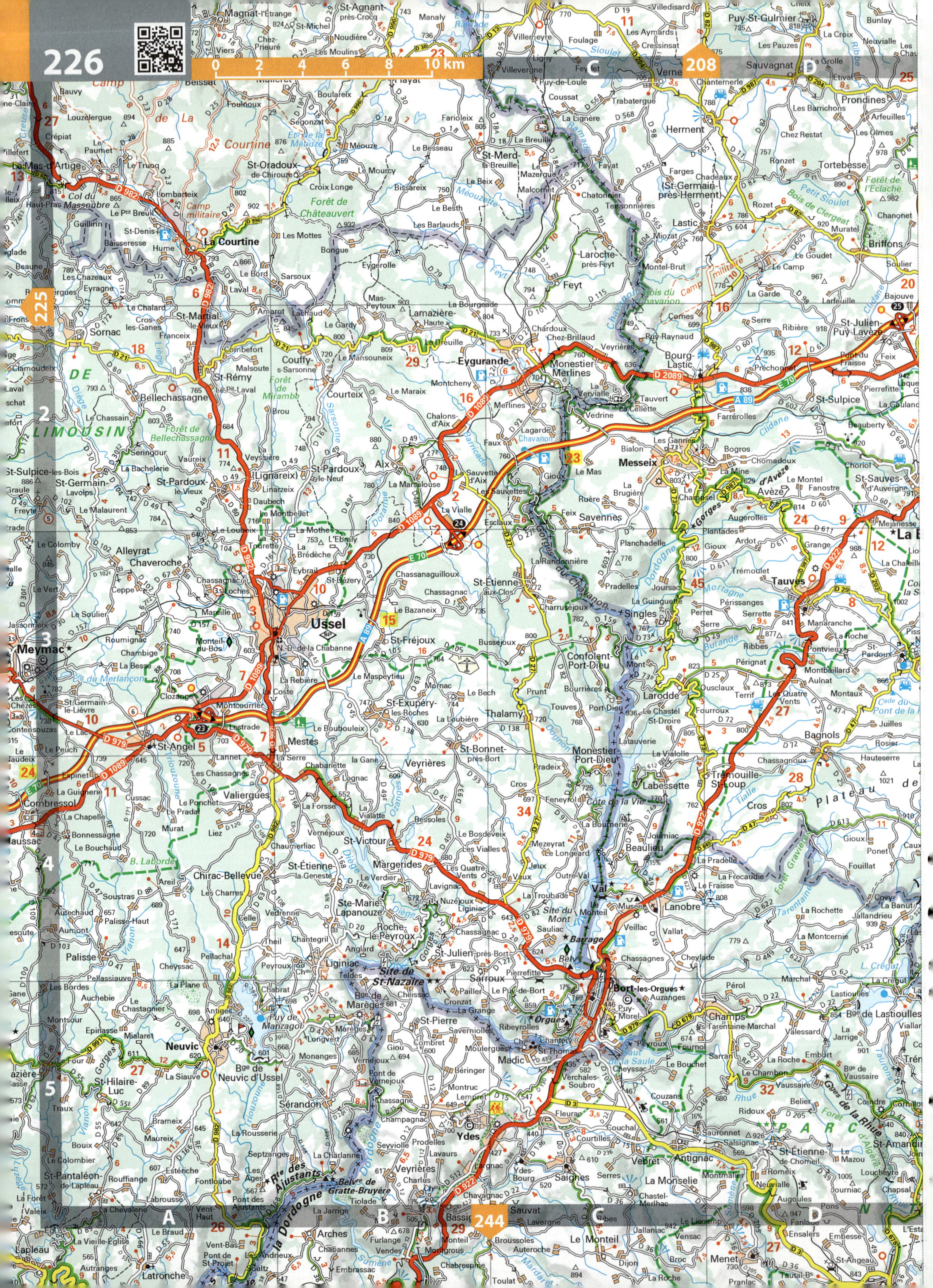
0 2 4 6 8 10 km
A
B
C
D
1
2
3
4
5
208
225
244
La Courtine
Forêt de Châteauvert
Camp militaire
St-Oradoux-de-Chirouze
St-Merd-la-Breuille
Herment
St-Germain-près-Herment
Lastic
Briffons
Feyt
Laroche-près-Feyt
Eygurande
Monestier-Merlines
Bourg-Lastic
Messeix
St-Sulpice
Tortebesse
Puy-St-Gulmier
Sornac
St-Rémy
Couffy-s-Sarsonne
Lamazière-Haute
Courteix
Merlines
Aix
Bellechassagne
LIMOUSIN
St-Sulpice-les-Bois
St-Germain-Lavolps
St-Pardoux-le-Vieux
St-Pardoux-le-Neuf
Lignareix
Savennes
Avèze
Gorges d'Avèze
Tauves
Alleyrat
Chaveroche
Ussel
St-Fréjoux
St-Étienne-aux-Clos
Singles
Larodde
Meymac
St-Exupéry-les-Roches
Thalamy
Confolent-Port-Dieu
Port-Dieu
St-Angel
Mestes
Valiergues
Veyrières
St-Bonnet-près-Bort
Monestier-Port-Dieu
Labessette
Trémouille-St-Loup
Bagnols
Plateau
Combressol
Chirac-Bellevue
St-Étienne-la-Geneste
St-Victour
Margerides
Beaulieu
Lanobre
Ste-Marie-Lapanouze
Roche-le-Peyroux
Site de St-Nazaire
Sarroux
Bort-les-Orgues
Val
Champs
Champs-s-Tarentaine-Marchal
Lastioulles
Neuvic
Puy de Manzagol
Bge de Neuvic d'Ussel
Ligniac
St-Pierre
Madic
Orgues
St-Hilaire-Luc
Sérandon
Ydes
Saignes
Antignac
Vebret
La Monselie
PARC
Côtes de la Rhue
St-Étienne-de-Chomeil
St-Pantaléon-de-Lapleau
Rte des Ajustants
La Dordogne
Belvé de Gratte-Bruyère
Arches
Bassignac
Sauvat
Le Monteil
Lapleau
Latronche
Menet
Trizac

Clermont-Ferrand
Chamalières
Royat
Beaumont
Aubière
Cournon-d'Auvergne
Puy de Dôme
Orcines
Ceyssat
Mazaye
Olby
Plateau de Gergovie
Romagnat
Pérignat-lès-Sarliève
La Roche-Blanche
Le Cendre
Orcival
Rochefort-Montagne
Aydat
Parc Naturel Régional des Volcans d'Auvergne
Saint-Nectaire
Murol
Lac Chambon
Puy de Bessolles
Le Mont-Dore
La Bourboule
Murat-le-Quaire
Laqueuille
Roche Tuilière
Roche Sanadoire
Puy de Sancy
Monts Dore
Chastreix
Super-Besse
Besse-et-St-Anastaise
Lac Pavin
Puy de Montchal
Vassivière
Picherande
Valbeleix
La Roche Nité
Compains
Égliseneuve-d'Entraigues
Espinchal
Chanterelle
Condat
Le Luguet
Cézallier
Anzat-le-Luguet
Ardes
Rentières
Colamine-s/s-Vodable
Champeix
Neschers
Montpeyroux
Coudes
Chadeleuf
Issoire
St-Floret
Saurier
Grandeyrolles
Verrières
Creste
St-Diéry
Cotteuges
Solignat
Vodable
Antoingt
Villeneuve
Le Breuil-sur-Couze
Apchat
Augnat
Madriat
Blesle
Lempdes
Veyre-Monton
Les Martres-de-Veyre
St-Saturnin
St-Sandoux
La Sauvetat
Plauzat
Ludesse
Olloix
Gorges de Courgoul
Chambon-sur-Lac
Mazoires
St-Alyre-ès-Montagne
Montgreleix
Marcenat
Lugarde
Bagnard
Montboudif
St-Genès-Champespe
La Tour-d'Auvergne
Bagnols
Cisternes-la-Forêt
Gelles
228
245
209
23

0 2 4 6 8 10 km
210
227
246
A
B
C
D
1
2
3
4
5
Billom
Courpière
Vertaizon
Pérignat-sur-Allier
St-Georges-sur-Allier
Mirefleurs
Les Martres-de-Veyre
Busséol
St-Julien-de-Coppel
Montmorin
Égliseneuve-près-Billom
Mauzun
Estandeuil
Fayet-le-Château
St-Dier-d'Auvergne
Sauviat
Domaize
Tours-s-Meymont
Olliergues
Marat
Vertolaye
Augerolles
Olmet
La Chabasse
St-Gervais-sous-Meymont
Ceilloux
Cunlhat
La Chapelle-Agnon
Bertignat
Grandval
Auzelles
Brousse
Sugères
Vic-le-Comte
Manglieu
Yronde-et-Buron
St-Babel
Aulhat-Flat
Orbeil
Sauxillanges
Égliseneuve-des-Liards
St-Quentin-s-S.
Condat-lès-Montboissier
Échandelys
St-Amant-Roche-Savine
St-Éloy-la-Glacière
Issoire
Parentignat
Usson
St-Rémy-de-Chargnat
Varennes-s-U.
Chaméane
St-Genès-la-Tourette
Aix-la-Fayette
Fournols
Le Monestier
St-Ferréol-des-Côtes
Nonette
Le Breuil-sur-Couze
St-Martin-des-Plains
Bansat
La Chapelle-sur-Usson
Vernet-la-Varenne
Champagnat-le-Jeune
Ste-Catherine
St-Germain-l'Herm
St-Bonnet-le-Chastel
Novacelles
St-Bonnet-le-Bourg
St-Germain-Lembron
Auzat-la-Combelle
Jumeaux
Brassac-les-Mines
Charbonnier-les-Mines
Ste-Florine
Esteil
Peslières
Valz-s/s-Châteauneuf
St-Martin-d'Ollières
Fayet-Ronaye
Doranges
St-Sauveur-la-Sagne
Auzon
St-Hilaire
Chassignolles
St-Vert
St-Alyre-d'Arlanc
La Chapelle-Geneste
Lempdes-sur-Allagnon
Frugères-les-Mines
Vergongheon
Azérat
Champagnac-le-Vieux
Laval-sur-Doulon
La Chaise-Dieu
Bournoncle-St-Pierre
Agnat
St-Géron
Lorlanges
Léotoing
Cohade
Paulhac
Brioude
Javaugues
Connangles
Gorges de l'Alagnon
PARC NATUREL RÉGIONAL DU LIVRADOIS-FOREZ
MONTS DU LIVRADOIS
D 906
D 996
D 999
A 75

E
F
G
H
211
247
230
Boën
Feurs
Montbrison
Ambert
Arlanc
St-Anthème
St-Georges-en-Couzan
Chalmazel-Jeansagnière
Pierre sur Haute
Champdieu
Savigneux
St-Romain-le-Puy
Sury-le-Comtal
St-Just-St-Rambert
St-Marcellin-en-Forez
St-Jean-Soleymieux
St-Bonnet-le-Château
Usson-en-Forez
Craponne-sur-Arzon
Viverols
Aurec-sur-Loire
Monistrol-sur-Loire
Bas-en-Basset
St-Pal-de-Chalencon
Apinac
Estivareilles
Montarcher
Marols
Chalain-d'Uzore
Marcilly-le-Châtel
Sail-sous-Couzan
Château de Couzan
La Bastie-d'Urfé
Ste-Agathe-la-Bouteresse
Trelins
Poncins
Magneux-Haute-Rive
Boisset-lès-Montrond
Grézieux-le-Fromental
L'Hôpital-le-Grand
Craintilleux
Précieux
Veauchette
Chambles
Plateau de la Danse
Rochebaron
Malvalette
Beauzac
Julianges
Beaune
Lagricol
Chalencon
Col des Supeyres
Col de la Croix de l'Homme Mort
Moulin Richard-de-Bas
Rocher de la Volpie
Col du Béal
Mts du Forez
Monts du Forez

0 2 4 6 8 10 km
212
229
248
Feurs
St-Laurent-de-Chamousset
Ste-Foy-l'Argentière
Vaugneray
St-Symphorien-sur-Coise
Chazelles-s-Lyon
Montrond-les-Bains
St-Galmier
Veauche
Andrézieux-Bouthéon
St-Just-St-Rambert
St-Chamond
Rive-de-Gier
Mornant
ST-ETIENNE
La Ricamarie
Le Chambon-Feugerolles
Firminy
Unieux
St-Genest-Malifaux
Bourg-Argental
Pélussin
Signal de St-André
Crêt de l'Œillon
Crêt de la Perdrix
Mont Pilat
PARC NATUREL RÉGIONAL DU PILAT
Le Bessat
Gouffre d'Enfer
Plateau de la Danse
Lac de Grangent
Chapelle-Villars
Longes
Condrieu
Taluyers
Thurins
Yzeron
Brindas
Messimy
Chaponost
Soucieu-en-Jarrest
Orliénas
St-Didier-en-Velay
St-Victor-Malescours
Marlhes
St-Régis-du-Coin
Jonzieux
Planfoy
Rochetaillée
Sorbiers
La Talaudière
St-Priest-en-Jarez
Villars
La Fouillouse
St-Héand
Fontanès
Marcenod
Chevrières
Grammond
St-Denis-s-Coise
Larajasse
Coise
Aveizieux
Chamboeuf
St-Médard-en-Forez
Cuzieu
Rivas
Bellegarde-en-Forez
Maringes
Viricelles
Grézieu-le-Marché
Pomeys
Meys
Virigneux
Valeille
Haute-Rivoire
Souzy
Les Halles
Montromant
Duerne
Aveize
Yzeron
Courzieu
Brullioles
Brussieu
St-Genis-l'Argentière
St-Martin-en-Haut
Rontalon
St-Laurent-d'Agny
St-Andéol-le-Château
St-Jean-de-Touslas
Dargoire
Tartaras
St-Romain-en-Gier
Trèves
Échalas
Châteauneuf
Genilac
Lorette
La Grand-Croix
St-Paul-en-Jarez
Farnay
Doizieux
La Valla-en-Gier
St-Martin-la-Plaine
St-Joseph
St-Christo-en-Jarez
Valfleury
Cellieu
Chagnon
Tarentaise
Graix
St-Appolinard
Véranne
Maclas
Roisey
Bessey
Colombier
St-Julien-Molin-Molette
Brossainc
Vinzieux
Savas
Peaugres
Burdignes
St-Sauveur-en-Rue
St-Marcel-les-Annonay
Boulieu-lès-A.
La Versanne
Marthes
St-Romain-les-Atheux
St-Ferréol-d'Auroure
Pont-Salomon
St-Just-Malmont
La Chapelle-d'Aurec
La Séauve-sur-Semène
Fraisses
Roche-la-Molière
St-Genest-Lerpt
Caloire
Chambles
Çaloire
Sury-le-Comtal
St-Cyprien
Craintilleux
Veauchette
Unias
St-Laurent-la-Conche
Salt-en-Donzy
St-Barthélemy-Lestra
Chambost-Longessaigne
St-Clément-les-Places
St-Cyr-les-Vignes
St-André-le-Puy
Montagny
Chassagny
Givors
Millery

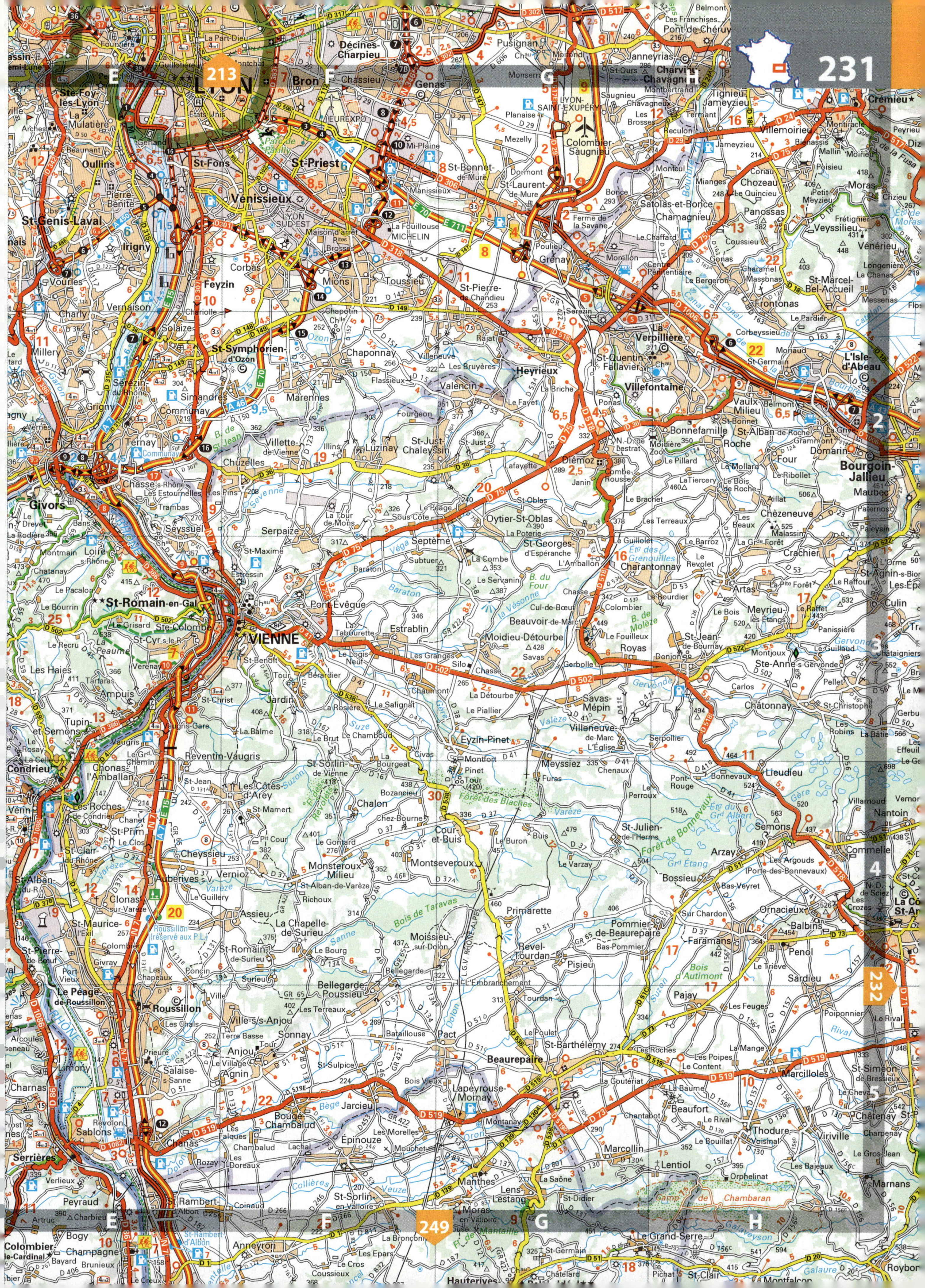

Lyon
213
Bron
Chassieu
Décines-Charpieu
Genas
Pusignan
Janneyrias
Pont-de-Chéruy
Crémieu
Ste-Foy-lès-Lyon
La Mulatière
Oullins
St-Fons
St-Priest
Vénissieux
St-Genis-Laval
Irigny
Feyzin
Corbas
Mions
Toussieu
St-Bonnet-de-Mure
St-Laurent-de-Mure
Lyon-Saint-Exupéry
Colombier-Saugnieu
Satolas-et-Bonce
Grenay
Villemoirieu
Chozeau
Panossas
Vourles
Vernaison
Charly
Millery
Solaize
St-Symphorien-d'Ozon
Chaponnay
Heyrieux
La Verpillière
St-Quentin-Fallavier
Villefontaine
L'Isle-d'Abeau
Frontonas
St-Marcel-Bel-Accueil
Sérézin-du-Rhône
Simandres
Communay
Marennes
Valencin
Grigny
Ternay
Givors
Chasse-s-Rhône
Villette-de-Vienne
Chuzelles
Luzinay
St-Just-Chaleyssin
Diémoz
Bonnefamille
Roche
St-Alban-de-Roche
Four
Bourgoin-Jallieu
Seyssuel
Serpaize
Septème
Oytier-St-Oblas
St-Georges-d'Espéranche
Charantonnay
Chèzeneuve
Crachier
Artas
Meyrieu-les-Étangs
St-Romain-en-Gal
Ste-Colombe
St-Cyr-s-le-Rhône
Vienne
Pont-Évêque
Estrablin
Moidieu-Détourbe
Beauvoir-de-Marc
Royas
St-Jean-de-Bournay
Ste-Anne-s-Gervonde
Les Haies
Ampuis
Tupin-et-Semons
Condrieu
Reventin-Vaugris
Savas-Mépin
Châtonnay
Eyzin-Pinet
Meyssiez
Lieudieu
Les Côtes-d'Arey
Chalon
Cour-et-Buis
Montseveroux
St-Julien-de-l'Herms
Semons
Arzay
Bossieu
Chonas-l'Amballan
Les Roches-de-Condrieu
St-Prim
St-Clair-du-Rhône
Cheyssieu
Vernioz
Monsteroux-Milieu
St-Alban-de-Varèze
Primarette
Pommier-de-Beaurepaire
Ornacieux
Balbins
St-Alban-du-Rhône
Clonas-sur-Varèze
Auberives-sur-Varèze
Assieu
La Chapelle-de-Surieu
Moissieu-sur-Dolon
Revel-Tourdan
Pisieu
Faramans
Penol
Sardieu
St-Maurice-l'Exil
St-Pierre-de-Bœuf
St-Romain-de-Surieu
Bellegarde-Poussieu
Pajay
Le Péage-de-Roussillon
Roussillon
Ville-s-s-Anjou
Sonnay
Pact
Beaurepaire
St-Barthélemy
Marcilloles
Salaise-s-Sanne
Anjou
Agnin
Lapeyrouse-Mornay
Beaufort
Thodure
Viriville
Limony
Charnas
Serrières
Sablons
Chanas
Bougé-Chambalud
Jarcieu
Épinouze
Manthes
Marcollin
Lentiol
Chambaran
Peyraud
St-Rambert-d'Albon
Anneyron
St-Sorlin-en-Valloire
Moras-en-Valloire
Lens-Lestang
Le Grand-Serre
Colombier-le-Cardinal
Champagne
Hauterives
249
232

0 2 4 6 8 10 km
214
231
250
Crémieu
Bourgoin-Jallieu
L'Isle-d'Abeau
La Tour-du-Pin
Morestel
Les Abrets en Dauphiné
St-Genix-sur-Guiers
Le Pont-de-Beauvoisin
Aoste
Belley
Virieu
Le Grand-Lemps
Voiron
Rives
Moirans
Tullins
Voreppe
St-Laurent-du-Pont
La Côte-St-André
St-Étienne-de-St-Geoirs
St-Geoire-en-Valdaine
Chirens
Charavines
Lac de Paladru
Walibi
Les Avenières Veyrins-Thuellin
Brégnier-Cordon
Izieu
Champagneux
St-Chef
Salagnon
St-Savin
Nivolas-Vermelle
Sérézin-de-la-Tour
Châteauvillain
Biol
Le Pin
Apprieu
Colombe
Bévenais
Brézins
Sillans
Izeaux
Renage
Beaucroissant
Vourey
St-Quentin
Veurey-Voroize
Montferrat
Valencogne
Pressins
La Bâtie-Montgascon
Fitilieu
Chimilin
Romagnieu
Faverges-de-la-Tour
Dolomieu
Chélieu
Doissin
Montagnieu
Blandin
Panissage
Bizonnes
Eydoche
Flachères
Châbons
Burcin
Oyeu
Longechenal
Mottier
Nantoin
Champier
Commelle
Gillonnay
St-Hilaire-de-la-Côte
Marnans
Bressieux
Brion
Plan
St-Michel-de-St-Geoirs
Montferrat
Coublevie
St-Jean-de-Moirans
Massieu
Merlas
St-Bueil
Voissant
St-Béron
Miribel-les-Échelles
St-Aupre
St-Étienne-de-Crossey
St-Nicolas-de-Macherin
La Buisse
Pommiers-la-Placette
Le Pont-de-Beauvoisin
Domessin
La Bridoire
Avressieux
Rochefort
Belmont-Tramonet
Verel-de-Montbel
Dullin
Gerbaix
Ste-Marie-d'Alvey
Yenne
St-Paul-d'Izeaux
Cras
Polienas
Noyarey
St-Égrève
Fontanil-Cornillon
Proveysieux
Quaix-en-Chartreuse
Mont-St-Martin
Roybon
Chasselay
Vatilieu
Serre-Nerpol
Quincieu
Montaud
Sassenage
Plaine de Bièvre
Plaine du Liers
Parc Naturel Régional de Chartreuse
Butte de Montceau
Rhône
Guiers
Bourbre
A 43
A 48
A 49
E 70
E 711
E 713
D 1006
D 1075
D 1085
D 1092
D 1516
D 519
D 520
D 522

215
251
234
E
F
G
H
AIX-LES-BAINS
CHAMBERY
La Motte-Servolex
Le Bourget-du-Lac
La Ravoire
Challes-les-Eaux
Montmélian
Pontcharra
Allevard
Le Touvet
Crolles
St-Pierre-d'Albigny
Chamousset
Aiton
Grésy-sur-Isère
St-Alban-Leysse
Col du Granier
Cirque de St-Même
St-Pierre-de-Chartreuse
Charmant Som
Chamechaude
PARC NATUREL RÉGIONAL DU MASSIF DES BAUGES
CHARTREUSE
BELLEDONNE
La Rochette
Grésy-s-Aix
Mont Revard
Croix du Nivolet
Pont du Diable
Montagne de l'Épine
Lac d'Aiguebelette
Aiguebelette
St-Christophe
Les Échelles
Les Adrets
Le Sappey-en-Chartreuse
Brignoud
Villard-Bonnot

0 2 4 6 8 10 km
216
233
252
Albertville
Conflans
Ugine
Frontenex
Grignon
Gilly-sur-Isère
Mercury
Tours-en-Savoie
La Bâthie
Cevins
Rognaix
St-Paul-sur-Isère
Esserts-Blay
Monthion
N.-D.-des-Millières
Ste-Hélène-s-Isère
Bonvillard
Bonvillaret
Montgilbert
Aiguebelle
Randens
Montsapey
Le Grand Filon
Argentine
St-Georges-d'Hurtières
St-Alban-d'Hurtières
Épierre
St-Léger
La Chapelle
St-François-Longchamp
Montgellafrey
Les Chavannes-en-Maurienne
St-Martin-sur-la-Chambre
La Chambre
St-Étienne-de-Cuines
Ste-Marie-de-Cuines
Montvernier
Pontamafrey-Montpascal
Le Châtel
Hermillon
St-Jean-de-Maurienne
St-Pancrace
Villargondran
St-Julien-Mont-Denis
St-Martin-de-la-Porte
Montricher-Albanne
Valloire
Col de la Madeleine
Col du Glandon
Col de la Croix de Fer
Le Cheval Noir
Grand Perron des Encombres
Le Mollard des Bœufs
Valmorel
Crève Tête
Feissons-sur-Isère
Aigueblanche
La Léchère
Bonneval
St-Oyen
Moûtiers
Salins
Brides-les-Bains
Hautecour
N.-D.-du-Pré
St-Marcel
Bozel
Champagny-en-Vanoise
St-Bon-Tarentaise
Courchevel
Courchevel 1550
Courchevel 1850
Méribel
Méribel-Mottaret
Les Allues
St-Martin-de-Belleville
Les Menuires
Val-Thorens
Pralognan-la-Vanoise
Aime-la-Plagne
La Plagne
Plagne 1800
Plagne Villages
Mâcot-la-Plagne
Peisey-Nancroix
Landry
Bourg-St-Maurice
Les Chapelles
Le Roignais
Le Grd Mont
Bge de Roselend
Beaufort
Boudin
Arêches
Col du Pré
Aigle du Grd Fond
Vallée des Chapieux
Cirque de Génépy
Roc de Chanrouge
Mt du Vallon
Roc des Trois Marches
Cime de Caron
Aigle de Péclet
Aigle de Polset
Dent Parrachée
Aussois
Modane
Parc National de la Vanoise
Bellecôte
Sommet Bellecôte
Mt Blanc
Mt Bochor
La Saulire
Croix des Verdons
Dent de la Portetta
Grde Casse
Col de la Lune

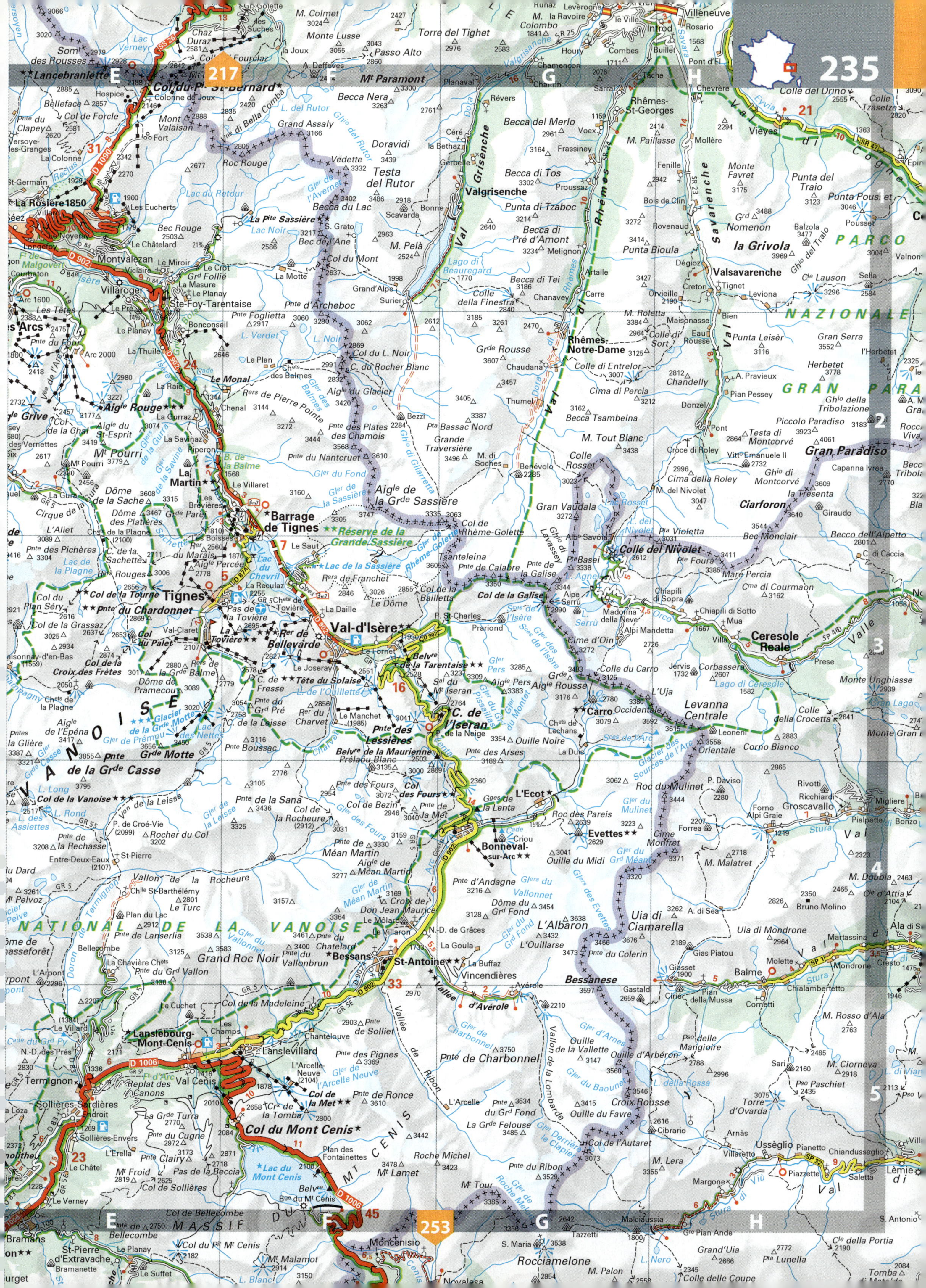
217
253
E
F
G
H
1
2
3
4
5
Lancebranlette
Col du Pt St-Bernard
La Rosière 1850
Montvalezan
Villaroger
Ste-Foy-Tarentaise
Arcs
Aigle Rouge
Mt Pourri
La Martin
Barrage de Tignes
Réserve de la Grande Sassière
Lac de la Sassière
Tignes
Lac du Chevril
Col de la Tourne
Pte du Chardonnet
Val-d'Isère
Belvre de la Tarentaise
Tête du Solaise
C. de l'Iseran
Pte des Lessières
Belvre de la Maurienne
Grde Motte
Pte de la Grde Casse
Col de la Vanoise
V A N O I S E
NATIONAL DE LA VANOISE
Grand Roc Noir
Bessans
St-Antoine
Vallée d'Avérole
L'Ecot
Bonneval-sur-Arc
Evettes
L'Albaron
Bessanese
Pte de Charbonnel
Lanslebourg-Mont-Cenis
Lanslevillard
Val Cenis
Termignon
Sollières-Sardières
Col du Mont Cenis
Lac du Mont Cenis
MASSIF DU Mt CENIS
Rocciamelone
Moncenisio
Novalesa
Bramans
St-Pierre d'Extravache
Testa del Rutor
Valgrisenche
Val Grisenche
Val di Rhêmes
Rhêmes-St-Georges
Rhêmes-Notre-Dame
Valsavarenche
la Grivola
Gran Paradiso
GRAN PARADISO
PARCO NAZIONALE
Ciarforon
Colle del Nivolet
Ceresole Reale
Valle
Levanna Centrale
Uia di Ciamarella
Groscavallo
Balme
Usseglio
Val di Cogne
Aigle de la Grde Sassière
Gran Vaudala
Col de la Galise
Pointe de Charbonnel
Roc du Mulinet
Carro
Introd
Villeneuve
Vieyes
Cogne

0 2 4 6 8 10 km
218
254
A
B
C
D
1
2
3
4
5
Côte d'Argent
Lesparre-Médoc
Berganton
St-Isidore
Le Pin-Sec
Forêt du Flamand
La Brésquette
Escot
Bouries
Conneau
Plassan
Gausseron
Liard
St-Gaux
Artigaillon
Naujac-sur-Mer
La Prise
Magagnan
Lizan
Lagune
Cazeaux
Hourtin-Plage
Louley
Le Pit Mont
Contaut
Marais dit Palu
C.F.M.
Lande de Vignolles
Las Genêts
Cartignac
Le Port
Piqueyrot
Hourtin
Bas-Bré
Lagunan
Silo
Hourtin-Port
Haut-Bré
Pey-de-Camin
Lachanau
Sémignan
Berle de Caillava
Lac d'Hourtin-Carcans
Pointe-Blanche
Le Crohot de France
La Gracieuse
Phares d'Hourtin
Dunes et lettes
Lupian
PARC NATUREL RÉGIONAL DU MÉDOC
Ste-Hélène-de-Hourtin
Garthieu
Mourlan
Forêt de St-Laurent et Benon
Craste Lambert
Ste-Hélène-de-l'étang
Berdillan
Le Crohot des Cavales
Bombannes
Pipeyrous
Couyras
Craste de la Queytive
Villeneuve
Carcans-Plage
Couyrasseau
Maubuisson
Le Pouch
Carcans
Troussas
Berron
Cap-de-Ville
Mayne-Pauvre
Le Montaut
Canal des Étangs
Réserve naturelle
Étang de Cousseau
Raouset
L'Alexandre
Devinas
Brach
Lande de Ludée
Marais de Jonction
Landes de Méogas
Grand Ludée
Petit Ludée
Lacanau-Océan
Le Huga
Talaris
L'Ardilouse
Le Moutchic
Méogas
Constantenins
Carreyre
Landes du Bourg
Lande de Villeneuve Taussac
Narsot
Lac de Lacanau
Le Tedey
Le Port
Mejos
Taussac
Le Devès
Lacanau
La Grde Escourre
Le Lion
Les Nerps
Aux Andraux
Au Chalet
Planque-Peyre
Ste-Hélène
Longarisse
Le Bernos
Craste de la Levade
Lède du Grd Bernos
Tronquats
Mistre
Le Grand Courgas
Le Petit Courgas
Bedillon
Le Pleg
Étang de Batejin
Landes de Lacousteyre
Landes du Gartiou-Croutat
Craste de Castagnot
Dunes du Hughey
Étang de Batourtot
Saumos
Landes d'Eyron
Le Gressier
Grand Bos
Petit Bos
Le Porge-Océan
Étang de Lède Basse
Maisonneuve
Serigas
Lescarran
Le Temple
Gleyse Vielle
Vignas
Le Porge
Sautuges
Dunes de Partillot
Forêt du Porge
Le Crastieu
La Jenny
Laruau
Bois de Boutas
Lande des Courtious Brûlés
Lauros
Le Pas-du-Bouc
Terrain militaire
Silo
Dune du Grd Crohot
Grand Crohot Océan
Les Dorat
Maisonnieu
Lège-Cap Ferret
Mautans
Blagon

BORDEAUX
Blaye
Citadelle
Pauillac
Margaux
Mérignac
Eysines
Le Bouscat
Cenon
Lormont
Talence
Pessac
Bassens
Ambarès-et-Lagrave
St-André-de-Cubzac
Bourg
St-Ciers-sur-Gironde
St-Savin
Castelnau-de-Médoc
St-Médard-en-Jalles
Blanquefort
Parempuyre
Lesparre
St-Laurent-Médoc
St-Julien-Beychevelle
Cussac-Fort-Médoc
Lamarque
Moulis-en-Médoc
Listrac-Médoc
Macau
Ludon-Médoc
Le Pian-Médoc
St-Estèphe
Mouton Rothschild
Lafite-Rothschild
St-Seurin-de-Cadourne
Étauliers
Reignac
St-Christoly-de-Blaye
Cavignac
St-Yzan-de-Soudiac
Marcillac
Berson
Plassac
Gironde
Garonne
Dordogne
Bec d'Ambès
Ambès
Île Verte
Île de Patiras
Île Nouvelle
LE BLAYAIS
Carbon-Blanc
Artigues-près-Bordeaux
St-Loubès
Montussan
Floirac
Bouliac
St-Jean-d'Illac
Martignas-sur-Jalle
Planète Bordeaux
Camp militaire de Souge
BORDEAUX-MÉRIGNAC

219
238
255

0 2 4 6 8 10 km
220
237
256
A
B
C
D
1
2
3
4
5
Montguyon
Montlieu-la-Garde
Bussac-Forêt
Bedenac
St-Savin
Cavignac
Marsas
Marcenais
Lapouyade
Laruscade
Guîtres
Coutras
St-Aigulin
La Clotte
Chamadelle
Les Églisottes-et-Chalaures
St-Médard-de-Guizières
Abzac
St-Seurin-sur-l'Isle
Galgon
St-Denis-de-Pile
Les Billaux
Libourne
Vayres
St-André-de-Cubzac
Cubzac-les-Ponts
St-Loubès
Ste-Eulalie
Ambarès-et-Lagrave
Carbon-Blanc
Montussan
Beychac-et-Caillau
Arveyres
Pomerol
Montagne
Puisseguin
Lussac
St-Émilion
St-Christophe-des-Bardes
St-Sulpice-de-Faleyrens
Vignonet
Castillon-la-Bataille
Branne
Génissac
Nérigean
Tizac-de-Curton
Camarsac
Sallebœuf
Pompignac
Artigues-près-Bordeaux
Tresses
Fargues-St-Hilaire
Bonnetan
Loupes
Croignon
Baron
Grézillac
Lugaignac
St-Quentin-de-Baron
Izon
Vérac
Périssac
Lugon-et-l'Île-du-Carnay
Saillans
Fronsac
St-Michel-de-Fronsac
Asques
Bourg
Virsac
St-Gervais
Peujard
St-Laurent-d'Arce
Gauriaguet
Aubie-et-Espessas
Cézac
Cubnezais
St-Mariens
Civrac-de-Blaye
St-Yzan-de-Soudiac
Pugnac
Clérac
Cercoux
Le Fouilloux
Boscamnant
La Barde
Neuvicq
Orignolles
Chepniers
Corignac
Pouillac
Bors
Chevanceaux
Coux
Donnezac
Marcillac
Saugon
Reignac
Sauvignac
Yviers
Rioux-Martin
Les Peintures
Lagorce
Bayas
Maransin
Tizac-de-Lapouyade
Sablons
St-Martin-de-Laye
St-Ciers-d'Abzac
Bonzac
Savignac-de-l'Isle
Lalande-de-Pomerol
Néac
Les Artigues-de-Lussac
Petit-Palais-et-Cornemps
St-Sauveur-de-Puynormand
Porchères
Camps-sur-l'Isle
Le Fieu
Gardegan-et-Tourtirac
Ste-Colombe
St-Magne-de-Castillon
St-Philippe-d'Aiguille
St-Genès-de-Castillon
St-Pey-d'Armens
St-Laurent-des-Combes
St-Hippolyte
St-Étienne-de-Lisse
Parsac
St-Georges
Planète Bordeaux
Relais de Canteloup
Terrain militaire
Centre pénitencier

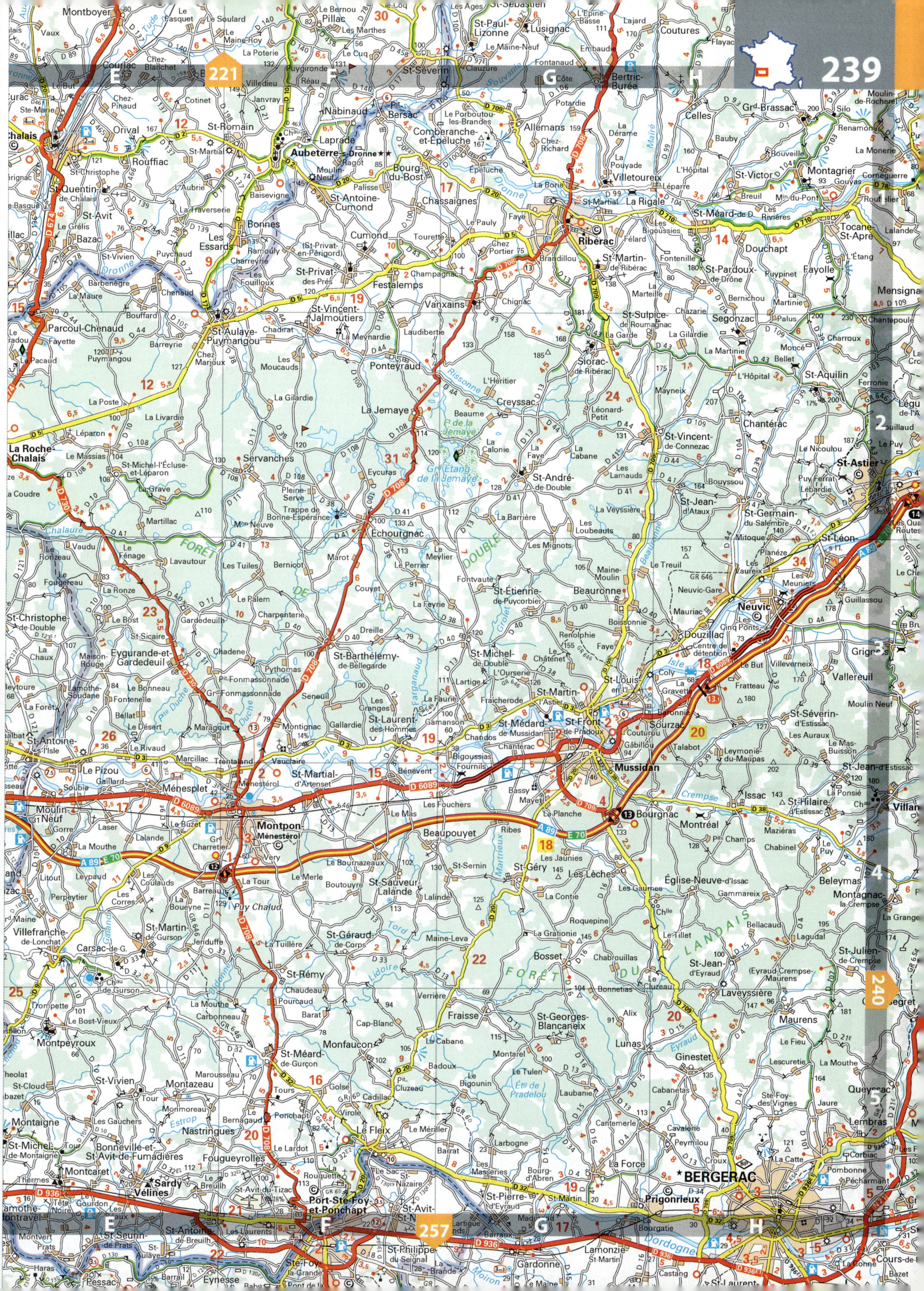

Montboyer
Vaux
Courlac
Chalais
Orival
Rouffiac
St-Quentin-de-Chalais
St-Avit
Bazac
St-Romain
Nabinaud
Laprade
Aubeterre-s-Dronne
Bersac
Comberanche-et-Épeluche
Allemans
Bertric-Burée
Celles
Grd-Brassac
Montagrier
Pillac
Bonnes
Les Essards
St-Antoine-Cumond
Cumond
Bourg-du-Bost
Chassaignes
Villetoureix
La Rigale
Ribérac
St-Méard-de-D.
Douchapt
Tocane-St-Apre
St-Victor
Parcoul-Chenaud
St-Aulaye-Puymangou
St-Privat-des-Prés
St-Vincent-Jalmoutiers
Festalemps
Vanxains
St-Martin-de-Ribérac
St-Sulpice-de-Roumagnac
Segonzac
St-Pardoux-de-Drône
Siorac-de-Ribérac
Ponteyraud
St-Aquilin
La Jemaye
Creyssac
La Roche-Chalais
Servanches
St-Michel-l'Écluse-et-Léparon
Échourgnac
St-André-de-Double
St-Vincent-de-Connezac
Chantérac
St-Astier
St-Jean-d'Ataux
St-Germain-du-Salembre
St-Léon-s-l'Isle
Neuvic
Douzillac
Beauronne
St-Étienne-de-Puycorbier
Vallereuil
St-Christophe-de-Double
Eygurande-et-Gardedeuil
St-Barthélemy-de-Bellegarde
St-Michel-de-Double
St-Martin-l'Astier
St-Front-de-Pradoux
St-Médard-de-Mussidan
Mussidan
Sourzac
St-Séverin-d'Estissac
St-Antoine-s-l'Isle
Le Pizou
Ménesplet
Montpon-Ménestérol
St-Martial-d'Artenset
Beaupouyet
Bourgnac
Issac
St-Hilaire-d'Estissac
Villamblard
Moulin-Neuf
St-Sauveur-Lalande
St-Géry
Les Lèches
Église-Neuve-d'Issac
Beleymas
Montagnac-la-Crempse
Villefranche-de-Lonchat
Carsac-de-G.
St-Martin-de-Gurson
St-Géraud-de-Corps
St-Rémy
Bosset
St-Jean-d'Eyraud
Laveyssière
St-Julien-de-Crempse
Montpeyroux
Fraisse
St-Georges-Blancaneix
Lunas
Maurens
Monfaucon
St-Méard-de-Gurçon
Ginestet
Montazeau
St-Vivien
Nastringues
Le Fleix
Fougueyrolles
Bonneville-et-St-Avit-de-Fumadières
Montcaret
Vélines
Port-Ste-Foy-et-Ponchapt
St-Pierre-d'Eyraud
Prigonrieux
BERGERAC
Lembras
Gardonne
Lamonzie-St-Martin
St-Seurin-de-Prats
Pessac
Eynesse
Ste-Foy-la-Grande
Forêt de la Double
Forêt du Landais
Dronne
Isle
Dordogne
Crempse
Étang de la Jemaye
221
257
240
E
F
G
H

0 2 4 6 8 10 km
A
B
C
D
222
239
258
PÉRIGUEUX
BERGERAC
Trélissac
Boulazac-Isle-Manoire
Coulounieix-Chamiers
Chancelade
Marsac-s-l'Isle
Champcevinel
Château-l'Évêque
St-Astier
Annesse-et-Beaulieu
Razac-s-l'Isle
Montrem
Neuvic
St-Léon-s-l'Isle
Mussidan
Vergt
Villamblard
Douville
Manzac-s-Vern
Grignols
Vallereuil
Église-Neuve-de-Vergt
Ste-Marie-de-Chignac
Marsaneix
Lacropte
Ste-Alvère
Cendrieux
Clermont-de-Beauregard
Beauregard-et-Bassac
Lalinde
Mouleydier
Creysse
Lamonzie-Montastruc
Queyssac
Lembras
Trémolat
Limeuil
Paunat
Pezuls
Ste-Foy-de-Longas
St-Marcel-du-Périgord
Pressignac-Vicq
Liorac-s-Louyre
St-Félix-de-Villadeix
Campsegret
Maurens
Laveyssière
Ginestet
Prigonrieux
Bourgnac
Montréal
Issac
Beleymas
Montagnac-la-Crempe
St-Jean-d'Estissac
St-Séverin-d'Estissac
Jaure
Bourrou
Grun-Bordas
Chalagnac
Creyssensac-et-Pissot
St-Paul-de-Serre
Coursac
Breuilh
Salon
Veyrines-de-Vergt
St-Michel-de-Villadeix
Fouleix
St-Amand-de-Vergt
St-Maime-de-Péreyrol
Sarliac-s-l'Isle
Escoire
Bassillac
Eyliac
St-Pierre-de-Chignac
La Douze
Mauzens-Miremont
St-Avit-de-Vialard
Cornille
Agonac
Sencenac-Puy-de-Fourches
Bussac
Biras
Lisle
Montagrier
Tocane-St-Apre
Douchapt
Mensignac
Segonzac
St-Aquilin
Léguillac-de-l'Auche
Chantérac
St-Vincent-de-Connezac
St-Germain-du-Salembre
Douzillac
Sourzac
Forêt de Montclard
Vern
Isle
Crempse
Dordogne
Louyre
Caudeau
Cingle de Trémolat

Excideuil
St-Raphaël
Coulaures
Mayac
Cherveix-Cubas
Hautefort
Tourtoirac
St-Robert
Ayen
Objat
Temple-Laguyon
Nailhac
Badefols-d'Ans
Puy d'Yssandon
Brouchaud
Gabillou
Ste-Orse
Granges-d'Ans
La Chapelle-St-Jean
Châtres
Villac
Montagnac-d'Auberoche
Bauzens
Limeyrat
Ajat
Peyrignac
Azerat
Rastignac
La Bachellerie
Beauregard-de-Terrasson
Terrasson-Lavilledieu
Mansac
St-Pantaléon-de-Larche
Thenon
Le Lardin-St-Lazare
Condat-s-Vézère
Pazayac
Larche
Auriac-du-Périgord
Chavagnac
Coly
Montignac
Aubas
St-Amand-de-Coly
La Dornac
Fanlac
Lascaux
Rouffignac-St-Cernin-de-Reilhac
Plazac
Thonac
Losse
Valojoulx
La Chapelle-Aubareil
Jayac
Nadaillac
St-Léon-s-Vézère
Sergeac
Archignac
St-Geniès
Paulin
Fleurac
Tursac
La Roque St-Christophe
Site de la Madeleine
Salignac-Eyvigues
Les Eyzies-de-Tayac-Sireuil
Marcillac-St-Quentin
St-Crépin-et-Carlucet
Grand Roc
Font-de-Gaume
Marquay
Château de Commarque
Cabanes du Breuil
Jardins d'Eyrignac
Borrèze
Le Bugue
Campagne
Meyrals
Sarlat-la-Canéda
Orliaguet
St-Cyprien
Carlux
Beynac-et-Cazenac
Calviac-en-Périgord
Carsac-Aillac
Ste-Mondane
Montfort
St-Julien-de-Lampon
223
259
242

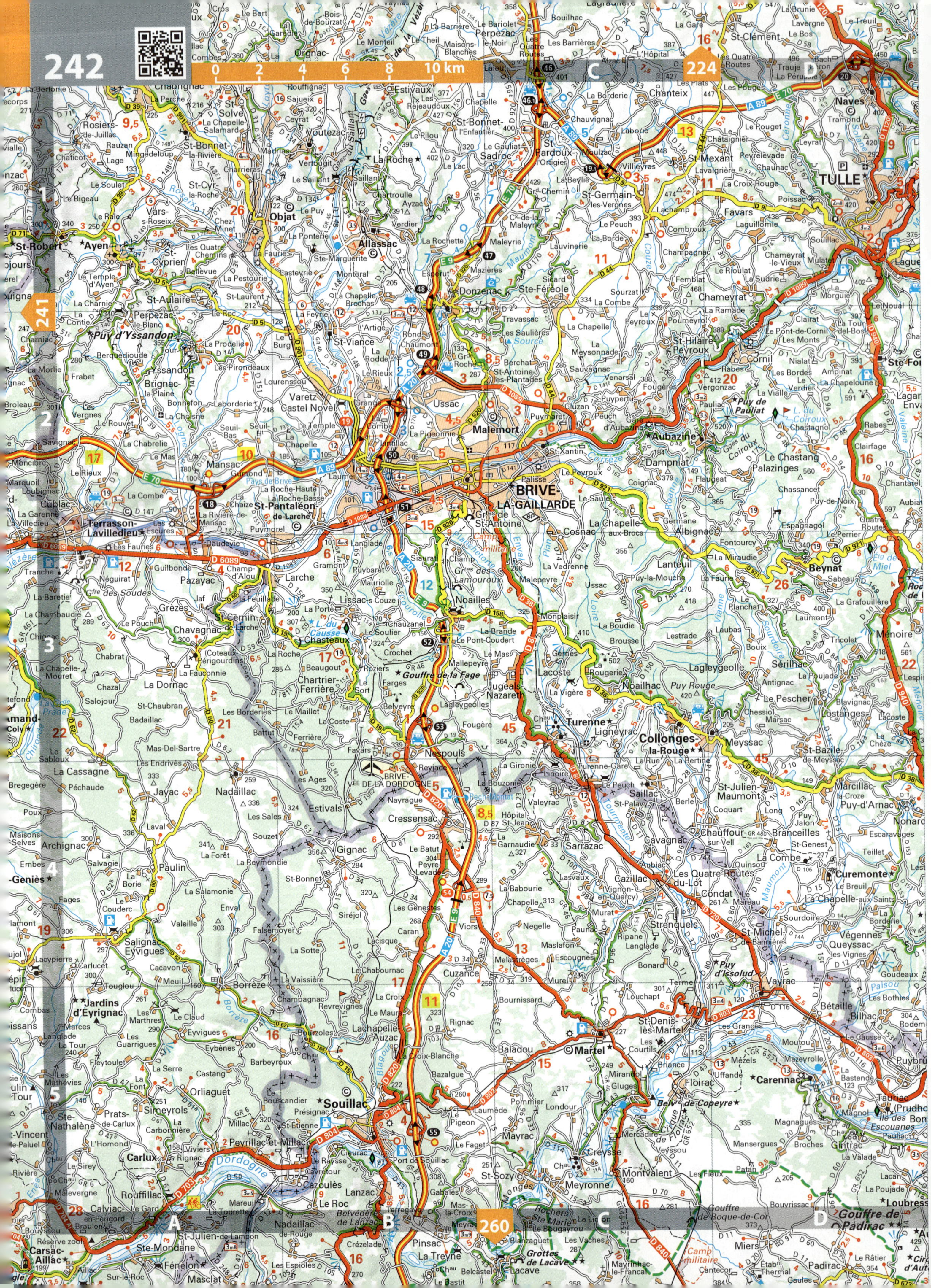
0 2 4 6 8 10 km
241
224
260
A
B
C
D
1
2
3
4
5
TULLE
BRIVE-LA-GAILLARDE
Malemort
Objat
Allassac
Donzenac
Ussac
St-Pantaléon-de-Larche
Terrasson-Lavilledieu
Ayen
St-Robert
Puy d'Yssandon
Yssandon
Varetz
Mansac
Larche
Lissac-s-Couze
Noailles
Turenne
Collonges-la-Rouge
Meyssac
Beynat
Aubazine
Cornil
Naves
Chanteix
St-Clément
Sadroc
St-Pardoux-l'Ortigier
Ste-Féréole
Gouffre de la Fage
Nespouls
Cressensac
Jugeals-Nazareth
Cosnac
Lanteuil
Chauffour-sur-Vell
Vayrac
Martel
Souillac
Sarrazac
Cuzance
Cazillac
Strenquels
Floirac
Carennac
Belvédère de Copeyre
Gouffre de Padirac
Padirac
Meyronne
Creysse
Montvalent
Pinsac
Lanzac
Cazoulès
Peyrillac-et-Millac
Carlux
Rouffillac
Calviac-en-Périgord
Carsac-Aillac
Ste-Mondane
Fénelon
Masclat
Nadaillac
Borrèze
Salignac-Eyvigues
Jardins d'Eyrignac
Paulin
Jayac
Nadaillac
Archignac
Chavagnac
Grèzes
Chartrier-Ferrière
Estivals
Gignac
Lachapelle-Auzac
Baladou
Mayrac
St-Sozy
Lacave
Grottes de Lacave
Puy d'Issolud
St-Denis-lès-Martel
Curemonte
Branceilles
Marcillac-la-Croze
Puy-d'Arnac
St-Julien-Maumont
Saillac
Ligneyrac
Lostanges
St-Bazile-de-Meyssac
Noailhac
Lacoste
Sérilhac
Ménoire
Albignac
Dampniat
Palazinges
Le Chastang
Puy de Pauliat
Gorge du Coiroux
St-Hilaire-Peyroux
Chameyrat
Favars
St-Germain-les-Vergnes
Perpezac-le-Blanc
St-Cyprien
Brignac-la-Plaine
Pazayac
St-Cernin-de-Larche
Vignols
Voutezac
Estivaux
Perpezac-le-Noir
Lagraulière
Meymac
Sauvagnac
Causse

Gimel-les-Cascades
Marcillac-la-Croisille
Bge de la Valette
Bge de l'Aigle
Dordogne
Bassignac-le-Haut
Champagnac-la-Prune
La Roche-Canillac
Bge du Chastang
St-Privat
Argentat
Hautefage
Tours de Merle
Goulles
Pleaux
Rilhac-Xaintrie
Chaussenac
Brageac
Mercœur
Camps-St-Mathurin-Léobazel
Laroquebrou
St-Gerons
Bge de St-Etienne-Cantalès
Lacapelle-Viescamp
Beaulieu-s-D
Biars-s-Cère
Bretenoux
Castelnau
St-Céré
Montal
Laval-de-Cère
Siran
Glénat
La Ségalassière
Montvert
Sousceyrac-en-Quercy
N.-D. de Verdale
Latouille-Lentillac
St-Paul-des-Landes
Cère
Maronne
Glane

0 2 4 6 8 10 km
226
243
262
C
D
A
B
Ydes
Saignes
Bassignac
Sauvat
Antignac
Vebret
La Monselie
St-Etienne-de-Chomeil
Riom-ès-Montagnes
Menet
Trizac
Valette
Arches
Sourniac
Jaleyrac
Méallet
Auzers
Moussages
Le Vigean
Mauriac
Brageat
St-Thomas
Trémolière
Anglards-de-Salers
Vallée de St-Vincent
St-Vincent-de-Salers
Le Vaulmier
Salins
Chambres
Bage de l'Aigle
Chalvignac
Latronche
Sérandon
La Vigne
Escoraillles
Drugeac
St-Bonnet-de-Salers
Salers
St-Paul-de-Salers
Col de Neronne
Puy Violent
Le Falgoux
Ally
Chaussenac
Barriac-les-Bosquets
Pleaux
Rilhac-Xaintrie
St-Martin-Valmeroux
Fontanges
Ste-Eulalie
Chau de Branzac
St-Christophe-les-Gorges
St-Martin-Cantalès
Besse
St-Chamant
St-Projet-de-Salers
Monts du Cantal
Mandailles-St-Julien
St-Cirgues-de-Malbert
St-Illide
Arnac
St-Cernin
Anjony
Tournemire
Girgols
Col de Bruel
Vallée de la Jordanne
L'Élancèze
St-Cirgues-de-Jordanne
Lascelle
Thiézac
St-Santin-Cantalès
St-Victor
Freix-Anglards
Marmanhac
Laroquevieille
Vic-sur-Cère
Pas de Cère
Montvert
Laroquebrou
Nieudan
Ayrens
Teissières
Jussac
Sedaiges
Crêtes
Route des Crêtes
Naucelles
Reilhac
St-Simon
Polminhac
Pesteils
St-Gérons
Bge de St-Etienne-Cantalès
St-Etienne-Cantalès
St-Paul-des-Landes
AURILLAC
Arpajon-sur-Cère
Yolet
St-Etienne-de-Carlat
Carlat
Rocher de Carlat
Messilhac
Lacapelle-Viescamp
Ytrac
Vézac
Glénat
La Ségalassière
Omps
Sansac-de-Marmiesse
Roannes-St-Mary
St-Mamet-la-Salvetat
Rouget-Pers
Roumégoux
Labrousse
Déb. 2020
Cère
Maronne
Auze
Mars
Dordogne
Jordanne
Authre
N 122
D 120
D 922
D 680

Condat
Montgreleix
Le Luguet
Anzat-le-Luguet
Marcenat
Lugarde
St-Bonnet-de-Condat
Landeyrat
Pradiers
Allanche
St-Saturnin
Ségur-les-Villas
Vernols
Cézérat
Molèdes
Laurie
Ste-Madeleine
Molompize
Charmensac
Peyrusse
Ferrières-St-Mary
Valjouze
Dienne
Chavagnac
Chalinargues
Neussargues-Moissac
Murat
Lavigerie
Laveissière
Le Lioran
Super-Lioran
Plomb du Cantal
Puy Mary
Puy de Peyre-Arse
Col de Cabre
Col d'Entremont
Plateau du Limon
Monts du Cantal
Volcans d'Auvergne
Coltines
Ussel
Talizat
Vieillespesse
Andelat
Roffiac
St-Flour
St-Georges
Viaduc de Garabit
Chau d'Alleuze
Valuéjols
Paulhac
Cussac
Les Ternes
Villedieu
Neuvéglise
Pierrefort
Pont de Tréboul
Gorges de la Truyère
Chaudes-Aigues
Brezons
St-Martin-sous-Vigouroux
Thérondels
Lacapelle-Barrès
Narnhac
Malbo
Cézens
Gourdièges
Oradour
Fridefont
Belvédère de Mallet
Faverolles
Anglards-de-St-Flour
Lavastrie
Sériers
Tanavelle
Mentières
Tiviers
Coren
Montchamp
Bonnac
St-Mary-le-Plain
St-Poncy
Rézentières
Col de la Fageole
Vabres
Rochers de Turlande
Belvédère du Vézou

0 2 4 6 8 10 km
228
Chaise-Dieu
245
264
LIVRADOIS - FOREZ
Brioude
Paulhac
Lamothe
Fontannes
Vieille-Brioude
Lavaudieu
St-Laurent-Chabreuges
St-Beauzire
Lespinasse
Massiac
Lubilhac
St-Just-près-Brioude
Domeyrat
Javaugues
Frugières-le-Pin
St-Préjet-Armandon
Collat
Allègre
Sembadel
La Chomette
Salzuit
Chassagnes
Paulhaguet
Mazerat-Aurouze
Ste-Marguerite
Josat
La Chapelle-Bertin
Villeneuve-d'Allier
St-Ilpize
Blassac
Lavoûte-Chilhac
Chilhac
Cerzat
Couteuges
St-Privat-du-Dragon
Varennes-St-Honorat
St-Georges-d'Aurac
Chavaniac-Lafayette
Ste-Eugénie-de-Villeneuve
Fix-St-Geneys
Vissac-Auteyrac
Plateau d'Ally
Ally
Mercœur
La Chapelle-Laurent
St-Cirgues
Aubazat
St-Austremoine
Arlet
Zazeyrat-d'Allier
Mazeyrat-d'Allier
Langeac
Allier
Chazelles
Rageade
Soulages
Cronce
Ferrussac
Chastel
Védrines-St-Loup
Chanteuges
St-Arcons-d'Allier
Pinols
Tailhac
Pébrac
Desges
St-Julien-des-Chazes
Prades
Gorges de l'Allier
Charraix
Cubelles
Monistrol-d'Allier
Forêt de la Margeride
Vabres
Ruynes-en-Margeride
Clavières
Mont Mouchet
Auvers
La Besseyre-St-Mary
Venteuges
Saugues
Chaliers
Loubaresse
Paulhac-en-Margeride
Lorcières
Julianges
Montgrand
Grèzes
Esplantas-Vazeilles
Croisances
St-Préjet-d'Allier
Chanaleilles
Thoras
Albaret-Ste-Marie
Blavignac
St-Léger-du-Malzieu
Le Malzieu-Ville
Le Malzieu-Forain
Chambon-le-Château
St-Symphorien
Les Monts-Verts
St-Pierre-le-Vieux
M O N T A G N E

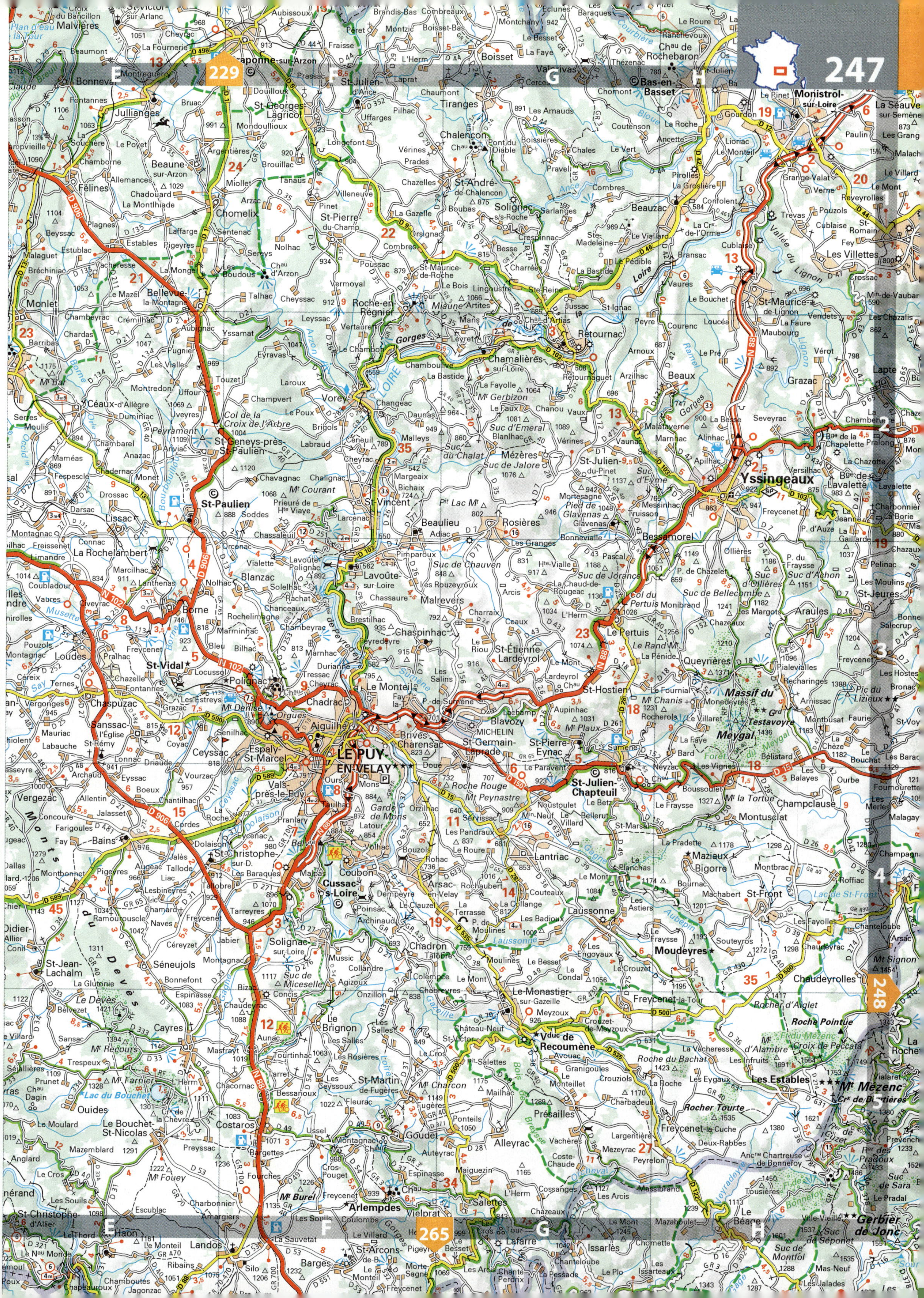

Le Puy-en-Velay
Yssingeaux
Monistrol-sur-Loire
Bas-en-Basset
Craponne-sur-Arzon
Retournac
Vorey
St-Paulien
Lavoûte-sur-Loire
St-Julien-Chapteuil
Solignac-sur-Loire
Cussac-s-Loire
Le Monastier-sur-Gazeille
Arlempdes
Costaros
Le Bouchet-St-Nicolas
Landos
Pradelles
Fay-sur-Lignon
Les Estables
Mt Mezenc
Gerbier de Jonc
Moudeyres
Tence
Massif du Meygal
Espaly-St-Marcel
Vals-près-le-Puy
Aiguilhe
Chadrac
Brives-Charensac
Polignac
Chaspinhac
Blavozy
St-Germain-Laprade
Loudes
Allègre
Bellevue-la-Montagne
Chomelix
Beaune-sur-Arzon
Roche-en-Régnier
Chamalières-sur-Loire
Beaux
Araules
Queyrières
Champclause
Chaudeyrolles
St-Front
Laussonne
Lantriac
Coubon
Le Brignon
Cayres
Séneujols
St-Jean-Lachalm
Ouides
Alleyrac
Goudet
Ussel
Barges
St-Arcons-de-Barges
Issarlès
Lac du Bouchet
Lac de St-Front
Gorges de la Loire
Loire
E
F
G
H
229
248
265

0 2 4 6 8 10 km
230
247
266
A
B
C
D
Bourg-Argental
Annonay
St-Marcel-lès-Annonay
Boulieu-lès-Annonay
Davézieux
Ste-Sigolène
St-Pal-de-Mons
St-Victor-Malescours
St-Romain-Lachalm
Marlhes
Jonzieux
St-Régis-du-Coin
St-Sauveur-en-Rue
Burdignes
Riotord
Dunières
Raucoules
Montfaucon-en-Velay
Montregard
St-Bonnet-le-Froid
St-Julien-Molhesabate
St-Julien-Vocance
Vocance
Monestier
Vanosc
Villevocance
Roiffieux
Quintenas
St-Alban-d'Ay
St-Romain-d'Ay
St-Symphorien-de-Mahun
Satillieu
Lalouvesc
Col du Rouvey
Tence
Le Mas-de-Tence
St-André-en-Vivarais
St-Pierre-sur-Doux
La Chapelle-s/s-Rochepaule
Rochepaule
Devesset
Lafarre
Pailharès
St-Félicien
Vaudevant
St-Victor
Le Chambon-sur-Lignon
Mazet-St-Voy
St-Jeure-d'Andaure
Ch^au de Rochebloine
Nozières
Empurany
Arlebosc
Labatie-d'Andaure
St-Agrève
Désaignes
Lamastre
Le Crestet
Col du Buisson
Col de Juvenet
Col du Marchand
Mars
Devesset
Les Vastres
Fay-sur-Lignon
St-Clément
Lachapelle-s/s-Chanéac
Chanéac
St-Martin-de-Valamas
Ch^au de Rochebonne
St-Jean-Roure
St-Prix
St-Basile
Gilhoc-sur-Ormèze
St-Barthélemy-Grozon
Col de Montreynaud
Col des Fans
Le Cheylard
St-Cierge-le-Chevlard
St-Michel-d'Aurance
St-Apollinaire-de-Rias
Châteauneuf-de-Vernoux
Vernoux-en-Vivarais
Ch^au de la Tourrette
Mt Mézenc
Mt Signon
Mariac
Accons
St-Christol
Beauvène
Chalencon
St-Julien-le-Roux
St-Maurice-en-Chalencon
St-Martial
St-Andéol-de-Fourchades
St-Genest-Lachamp
St-Pierreville
St-Sauveur-de-Montagut
Dunières-s-Eyrieux
Corniche
PARC
NATUREL
Rochepaule
Eyrieux
Doux
Cance
Lignon
Dunière
Fayol
Le Chambon
Gerbier de Jonc

231
E
F
G
H
Serrières
Sablons
Peyraud
Colombier-le-Cardinal
St-Désirat
Andance
Andancette
Anneyron
Albon
Tour
Hauterives
Palais Idéal
Le Grand-Serre
Montfalcon
Moras-en-Valloire
Manthes
Lens-Lestang
St-Sorlin-en-Valloire
Epinouze
Châteauneuf-de-Galaure
St-Martin-d'Août
Tersanne
Beausemblant
Laveyron
St-Vallier
Sarras
Claveyson
Ratières
Montchenu
Bathernay
Montrigaud
Miribel
St-Bonnet-de-Valclérieux
St-Antoine-l'Abbaye
Forêt de Thivolet
Crépol
Le Chalon
Margès
St-Michel-sur-Savasse
Montmiral
Arthémonay
Geyssans
St-Donat-sur-l'Herbasse
Bren
Marsaz
Ponsas
Serves-sur-Rhône
Érôme
Gervans
Larnage
Crozes-Hermitage
Chantemerle-les-Blés
Chavannes
Mercurol-Veaunes
Tain-l'Hermitage
Tournon-s-R.
Chanos-Curson
Clérieux
St-Bardoux
Peyrins
Mours-St-Eusèbe
Génissieux
Parnans
Châtillon-St-Jean
Triors
Romans-sur-Isère
Bourg-de-Péage
St-Paul-lès-Romans
Eymeux
Jaillans
Chatuzange-le-Goubet
Beaumont-Monteux
Châteauneuf-sur-Isère
Pont-de-l'Isère
La Roche-de-Glun
Mauves
Glun
Plats
Châteaubourg
Panorama
St-Romain-de-Lerps
Cornas
St-Péray
Guilherand-Granges
Alixan
Besayes
Marches
Rochefort-Samson
Barbières
St-Marcel-lès-Valence
Bourg-lès-Valence
VALENCE
Montélier
Charpey
St-Vincent-la-Commanderie
Col de Tourniol
Léoncel
Col de la Bataille
Chabeuil
Malissard
Châteaudouble
Montvendre
Combovin
Barcelonne
Portes-lès-Valence
Beaumont-lès-Valence
Montéléger
Beauvallon
Étoile-sur-Rhône
Soyons
Toulaud
St-Georges-les-Bains
Charmes
Château de Pierre-Gourde
Grotte de Soyons
Col de Bacchus
Plan-de-Baix
La Baume-Cornillane
Upie
Ourches
Beauchastel
St-Laurent-du-Pape
La Voulte-s-Rhône
Corniche du Rhône
267
250
A 7
A 49
E 713
D 532

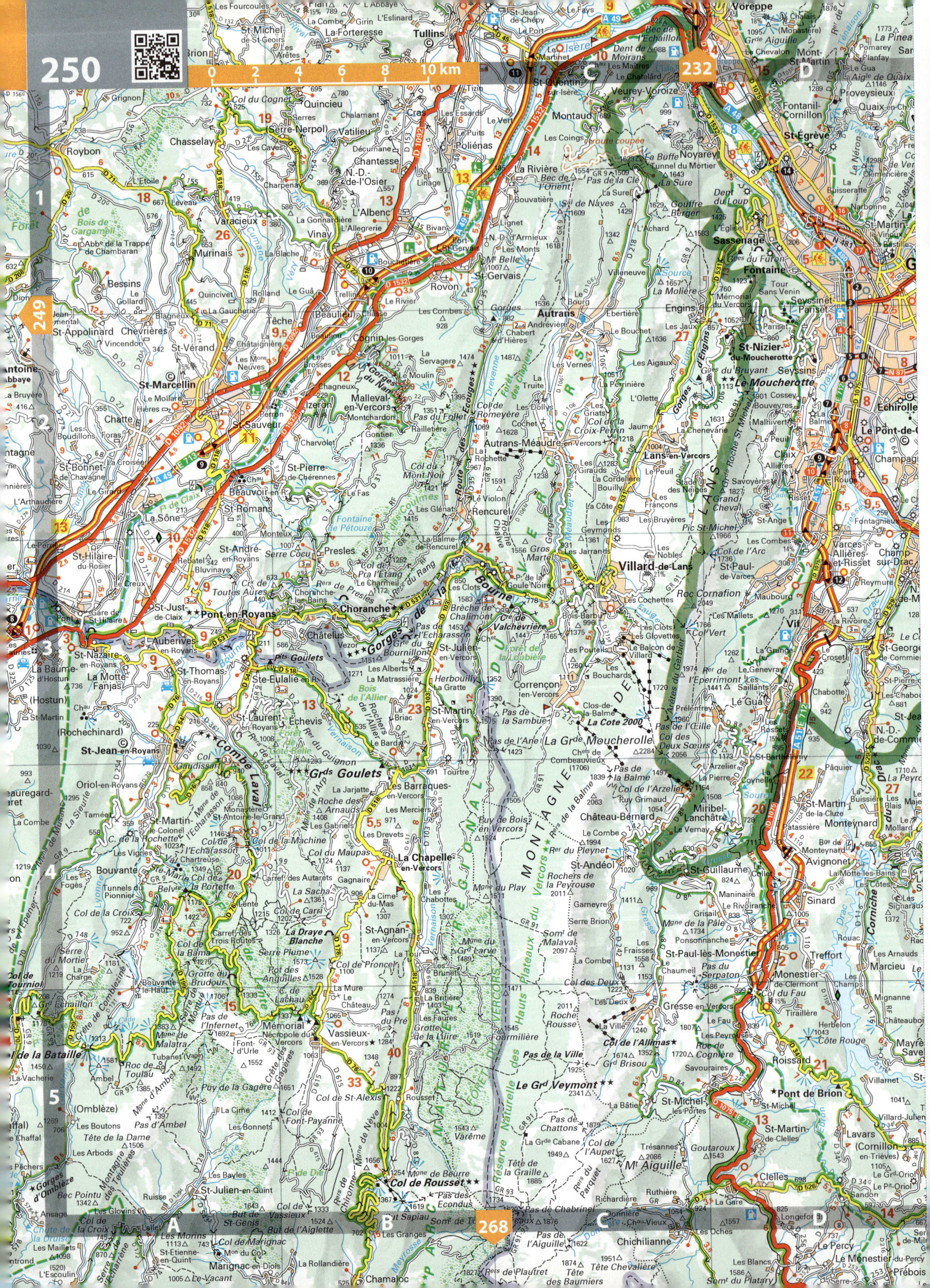

0 2 4 6 8 10 km
249
232
268
A
B
C
D
1
2
3
4
5
Voreppe
Tullins
Moirans
Veurey-Voroize
Noyarey
Sassenage
Fontaine
St-Égrève
Seyssinet-Pariset
Seyssins
Échirolles
Le Pont-de-Claix
Champagnier
Vif
Varces-Allières-et-Risset
St-Nizier-du-Moucherotte
Le Moucherotte
Engins
Lans-en-Vercors
Villard-de-Lans
Autrans
Autrans-Méaudre-en-Vercors
Rencurel
Corrençon-en-Vercors
La Gde Moucherolle
Col de l'Arzelier
Château-Bernard
Miribel-Lanchâtre
St-Guillaume
St-Andéol
Gresse-en-Vercors
Le Grd Veymont
Col de l'Allimas
Monestier-de-Clermont
Roissard
Pont de Brion
Mt Aiguille
Chichilianne
Clelles
St-Martin-de-Clelles
Lavars
Sinard
Avignonet
Monteynard
Treffort
Quaix-en-Chartreuse
Proveysieux
St-Marcellin
Chatte
St-Sauveur
Vinay
L'Albenc
Cras
Poliénas
St-Gervais
Rovon
St-Quentin-sur-Isère
Montaud
Beaulieu
Cognin-les-Gorges
Malleval-en-Vercors
Izeron
St-Pierre-de-Chérennes
Beauvoir-en-Royans
St-Romans
La Sône
St-Hilaire-du-Rosier
St-Just-de-Claix
Pont-en-Royans
Choranche
Presles
St-André-en-Royans
Auberives-en-Royans
St-Nazaire-en-Royans
St-Thomas-en-Royans
Ste-Eulalie-en-Royans
St-Laurent-en-Royans
Échevis
St-Jean-en-Royans
Oriol-en-Royans
Combe Laval
Grds Goulets
Pts Goulets
Gorges de la Bourne
St-Julien-en-Vercors
St-Martin-en-Vercors
La Chapelle-en-Vercors
St-Agnan-en-Vercors
Vassieux-en-Vercors
Col de Rousset
Col de St-Alexis
Bouvante
Col de la Bataille
Col de la Machine
Col du Pionnier
Forêt de Lente
Roybon
Chasselay
Murinais
Varacieux
Serre-Nerpol
Quincieu
Vatilieu
Chantesse
N.-D.-de-l'Osier
Bessins
St-Appolinard
Chevrières
St-Vérand
St-Bonnet-de-Chavagne
Le Grd Veymont
Réserve Naturelle des Hauts Plateaux du Vercors
Montagne de Lans
Gorges d'Omblèze
Plan-de-Baix
St-Julien-en-Quint
Marignac-en-Diois
Chamaloc
Col de Menée
Col de Grimone
La Cote 2000
Col de l'Écharasson
Montagne de Musan

251
233
269
252
Crolles
Meylan
GRENOBLE
St-Martin-d'Hères
Eybens
Uriage-les-Bains
Chamrousse
Vizille
Séchilienne
Laffrey
La Mure
Le Bourg-d'Oisans
Vaujany
Alpe-d'Huez
Les Deux-Alpes
Bg du Chambon
Mont-de-Lans
Venosc
Allemont
Pic du Lac Blanc
Pic de l'Étendard
Col du Glandon
Col de la Croix de Fer
Défilé de Maupas
CHAÎNE DE BELLEDONNE
Grd Pic de Belledonne
Massif d'Allevard
Le Rocher Blanc
Le Taillefer
Valbonnais
Entraigues
Corps
Bge du Sautet
N.-D. de la Salette
Mt Gargas
Pic d'Olan
Cime du Vallon
MASSIF DES
PARC NATIONAL
Valgaudemar
Combe de Malaval
Mens
Pellafol
St-Firmin

0 2 4 6 8 10 km
234
251
270
A
B
C
D
1
2
3
4
5
St-Jean-d'Arvers
Villargondran
St-Julien-Mont-Denis
Montricher-Albanne
St-Martin-d'Arc
St-Michel-de-Maurienne
Valloire
Valmeinier
Col du Télégraphe
Modane
Fourneaux
St-André
Aussois
Avrieux
L'Esseillon
Villarodin-Bourget
La Norma
Valfréjus
Tunnel du Fréjus
Bardonecchia
Mt Thabor
Roche Bernaude
Col du Galibier
Pic des Trois Évêchés
Grand Galibier
Col du Lautaret
Pic Blanc du Galibier
Oratoire du Chazelet
La Grave
Villar-d'Arène
La Meije
Le Râteau
Lac du Goléon
Le Goléon
Aiguilles d'Arves
Névache
Vallée de la Clarée
Vallée de la Guisane
Le Monêtier-les-Bains
La Salle-les-Alpes
Chantemerle
Serre-Chevalier
Col du Granon
Montgenèvre
Col de l'Échelle
BRIANÇON
St-Chaffrey
Puy-St-Pierre
Puy-St-André
Villar-St-Pancrace
Croix de Toulouse
Barre des Écrins
Pré de Mme Carle
Ailefroide
Mt Pelvoux
Pelvoux
Vallouise
Puy-St-Vincent
Les Vigneaux
L'Argentière-la-Bessée
St-Martin-de-Queyrières
Prelles
Mt Dauphin
DES ÉCRINS
ÉCRINS***
PARC
La Bérarde
Pic Coolidge
Glacier Noir
Glacier Blanc
Pic de Neige Cordier
Les Rouies
Pic du Béal Traversier
Pic de Peygu
Sommet des Anges
Le Lauzet
Vallée de Celse Nière
Champ de Tir
Lac de Combeynot
Roc Noir de Combeynot
Sirac
Aigle de Morges

Col du Mont Cenis
Lac du Mont Cenis
Plan des Fontainettes
Roche Michel
Mt Lamet
La Grde Felouse
Col de l'Autaret
M. Lera
Margone
Sollières-Envers
Pte du Cugne
L'Erella
Pte Clairy
Pas de la Beccia
Le Châtel
Mt Froid
Col de Sollière
Le Verney
Bramans
Col de Bellecombe
Pte de Bellecombe
MASSIF
Moncenisio
Col du Pt Mt Cenis
St-Pierre d'Extravache
Bramanette
Le Planay
Le Suffet
Mt Malamot
L. Bianco
Cime de Bard
Mt Giusalet
Novalesa
Sant'Anna
Villaretto
Molaretto Cenisio
Venàus
Bar Cenisio
S. Martino
Costa
Bonetti
Trinità
Mompantero
Braida
Foresto di Susa
Falcemagna
Tour
la Riposa
le Grangie
Cà d'Asti
Rocciamelone
S. Maria
Tazzetti
M. Palon
Colle Croce di Ferro
Malciaussia
L. Nero
Grde Pian Ande
Grand'Uia
Pta Lunella
Cle della Portia
Colle delle Coupe
Tomba di Matolda
S. Anto
Longe Côte
Roche d'Etache
St-Barthélemy
Vallon d'Etache
Vallon d'Ambin
Dent d'Ambin
Col de Clapier
Pta Mulatera
Chets de la Combe d'Etache
Mt d'Ambin
Vaccarone
C.A.I.
Pra Piano
Gde de Scolette
Col d'Etache
Col de Pelouse
Glier Sommeiller
Pte Ferrand
Giaglione
Olmo
Arc d'Auguste
Susa
Arnodera
Bussoleno
S. Giorio di Susa
Chianocco
Molè
Bigiardi
Bruzolo di Susa
Maffiotto
Pavaglione
Grange
Mollette
S. Didero
Borgone Susa
Mocchie
Frassinere
Valeriano
Rognosa d'Etiache
Col d'Ambin
Pte Sommeiller
Cma del Vallone
Levi-Molinari
Viberti
San Colombano
Ramats
Chiomonte
Gravere
Madonna della Rosa
Meana di Susa
Menolzio
Mattie
Assière
Coldimosso
Tignai
Giordani
Pognant
Martinetti
Adret
Villar Focchiardo
S. Antonino di Susa
Mongirardo
Pta Valfredda
Galambra
Cima del Vallonetto
Exilles
Cels
Frais
Pian Mesdi
Pian Gelassa
Colletto
Madonna della Salette
Amprimo
Grávio
Deveys
Eclause
Colle dell'Argentera
M. Segurét
Alpe d'Arguel
Pta del Mezzodi
Colle delle Vallette
Cima Ciantiplagna
Colle delle Finestre
M. Orsiera
Toesca
M Salancia
Carra Saettiva
Indiritto
M. Jafferau
M. Vin Vert
Salbertrand
Oulme
Colle dell'Assietta
Testa dell'Assietta
M. Pelvo
Colle dell'Orsiera
Cle Malanotte
Pta il Villano
Cle delle Valette
M. Rocciavre
Rca Rossa
La Falconiera
Val Sargone
Frein
M. Pramand
Montagne Seu
Balboutet
Pourrieres
Usseaux
Selleries
Madonna degli Angeli
Forno
l'Aquila
Savoulx
Signols
Monfol
Colle Lauson
Fraisse
M. Blegier
Laux
Fenestrelle
Agnelli
Fond du Faux
Mentoulles
Ceresey
Gad
Oulx
Sauze d'Oulx
M. Genevris
Colle Blegier
Grd Puy
Souchères-Basses
Gran Cime
Chambons
Villaretto
Roussa
Cle la Rousse
Sangone
M. Uia
M. Brocciarda
Ribo
Castello
Madna Catolivier
Jouvenceaux
Bonafous
Ciao Pais
Clotes
Pragelato
Souchères-Hautes
M. Albergian
Balma
Roure
Vazon
Amazas
Allevé
Grangie
Soubras
Sportinia
Colle Bourget
M. Triplex
Traverses
Cle dell'Albergian
Fea Nera
Truc Cialabrie
Chasteiran
Castel del Bosco
M.Cucetto
Gran Dub
Désertes
Balbières
Colombière
Autagne
Chezal
Plan
Colle Basset
Pta Raccias
Pta Midi o Muret
Garnier
Meano
Brancato
Chisone
Tre Valli
Pomaretto
Rivoira
Tagliaretto
M Balm
Fenils
Rca d'Aiglière
Solomiac
Mollières
M. Fraitève
Laval
Borgata-Sestriere
Pta del Beth
Germanasca
Balsiglia
Gros Passet
Massello
Maniglia
Chiabrano
San Martino di Perrero
Bovile
Perosa Argentina
Pinasca
Dubbione
Cesana Torinese
Sestriere
San Sicario
Champlas du col
Champlas Seguin
M. Sises
M. Banchetta
Pso della Banchetta
Bric Ghinivert
M. Pelato
M. Laparè
Campolasalza
Salza di Pinerolo
Chiotti
Riclaretto
Inverso Pinasca
Viviani
Fraita
Clavière
Rascia
Sagna Longa
Bousson
Sauze di Cesana
Rollières
Passo S. Giacomo
Pta Rognosa
Fontane
M. Trusciera
Rodoretto
Perrero
Trossieri
Faetto
Pno Bruciato
Villar Perosa
Cima del Bosco
Thures
Thures Gorlier
M. Platasse
Brusa del Plan
M. Pinerol
Balma
Rca Bianca
Pramollo
Ruà
Gondini
Costabella
S. Germano Chisone
Francia
Charvia
Nero
Lause
Ruilles
Chabaud
Rocce Platasse
Cle Clapis
M. Barifreddo
Cle Valletta
Prali
Gran Truc
Col de Gimont
Col de Bousson
Roc del Boucher
Thuras
Argentiera
Colle di Rodoretto
Orgière
Ghigo
Pta Gardetta
M.la Buffa
Inverso Porte
M.Castelletto
Pralarossa
Les Fraches
Lachau
Le Bourget
Col de Chabaud
Crête de Dormillouse
Pta Clapiera
Pta Vergia
Pomieri
M. Nero
Cappello d'Envie
Pradeltorno
Roccapiatta
Cervières
Prafauchier
Les Chalps
Mt Terre Noire
Pic du Grd Glaiza
Bric Froid
Cima Roudel
Passo della Longia
Ribba
Pta Cialancia
Punta Cornour
Serre
Angrogna
Lasserou
Laus
Cime de la Charvie
Col de la Mayt
Col de Turres
Pic Charbonnel
Grd Queyron
M. Vandalino
Cma Chiapos
Torre Pèllice
Le Blétonnet
Turge de la Suffie
Les Fonds
Pic du Malrif
Pic de Clausis
La Montette
Col d'Abriès
Lago Verde
Refuge Napoléon
Pic de Rochebrune
Pic de Pt Rochebrune
B. de Mamozel
Pra-Roubaud
Le Roux
Valpreveyre
Bric Bouchet
Burfarant
Bòbbio Pèllice
Villar Pèllice
Luserna S. Giovanni
Lusernetta
Col d'Izoard
Somt du Grd Vallon
Lacs du Malrif
Serre de l'Aigle
Pic de Malaure
Col de Malaure
Villanova
Malpertus
Perla
Rorà
Bricherasio
Pic de Côte Belle
Col de Péas
Le Lombard
Malrif
Le Villard
Abriès
Gilly
Crête de Gilly
Col d'Urine
Ferrera
Pèllice
Pta del Fin
Bordella
Col du Tronchet
Pic de l'Agrenier
Eygliers
Tête du Pelvas
Raymond
Carbonieri
Valanza
Brunissard
PARC
Chalvet
Aiguilles
Forêt de Marassan
Curbarant
Colle del Baracun
Willy Jervis
M. Cavallo
Montoso
La Chalp
Souliers
Château-Ville-Vieille
Ristolas
La Monta
Pic de Lauze
Rge Napoléon
Col de la Croix
Pralapia
Les Maisons
Le Pasquier
Rouet
Ville-Vieille
Crête du Moure-Froid
Peinin
Pic Maloquesse
L'Echalp
Mt Parroussin
Pta Pleng
M. Frioland
Alpe Uvert
Rucas
Pilone d. Pic
Château Queyras
Les Moulins
Meyries
Les Prats
Pic Arnaudet
Pic du Fond
Pic de Ségure
235
271
E
F
G
H
1
2
3
4
5

0 2 4 6 8 10 km
A
B
C
D
1
2
3
4
5
236
272
Lège-Cap Ferret
Grand Crohot Océan
Dune du Gd Crohot
Le Pas-du-Bouc
Lauros
Canal
Les Dorat
Maisonnieu
Silo
Terrain militaire
Bois de Boutas
des Courtious Brûlés
Mautans
Blagon
D 106
Le Cousteau de la Machine
Réserve naturelle
Arès
La Grde Heyre
Les Chalets
Les Nargues
Jossaume
La Huilfarde
La Pignada
Jane-de-Boy
Claouey
Andernos-les-Bains
Le Mauret
Dune de Bayle
Les Jacquets
Le Truc Vert
Le Petit Piquey
Le Grand Piquey
Pirailian
Le Canon
L'Herbe
Villa-Algérienne
La Vigne
Belisaire
Cap Ferret
Cap Ferret
Banc du Toulinguet
Réserve naturelle du Banc d'Arguin
Dune du Pilat
BASSIN
D'ARCACHON
Parcs à huîtres
Île aux Oiseaux
Pnte de Branne
Taussat
Le Renet
Cassy
Le Nan
Lanton
Certes
PARC NATUREL RÉGIONAL
La Pointe Emile
Lubec
Hougueyra
La Possession
La Courbe
Audenge
Les Trucailles
Réservoirs à Poissons
Bas-Vallon
Vigneau
Tagon
Les Argentières
Parc ornithologique du Teich
Biganos
Quartier Bas
Lacanau-de-Mios
Florence
Les Douils
Facture
Lacanau
Le Teich
Ruat
Lamothe
Balanos
ARCACHON
Pnte de l'Aiguillon
Port de Larros
Gujan-Mestras
La Hume
Les Bordes
Les Abatilles
Le Moulleau
Pyla-sur-Mer
La Teste-de-Buch
Meyran
Pilat-Plage
Les Miguelots
Éch. : Mi-2021
Le Truc de la Truque
Forêt d'Arcachon
Forêt
Nezer
Le Courneau
Zoo
Montmorency
Mios
Le Voisin
Caze
Arnauton
Petit Caudos
Moura
Peyot
Lillet
Hobre
Peylahon
Peylon
Larrieu
Argilas
Gassian
Castandet
Paris
Arnautille
Salles
Caudos
Le Caplanne
Peyb
Perrin
Bade
Le Mayne
Béguey
Lanot
Bilos
Eyre
Forêt usagère
Gaillouneys
Dunes de Ginestras
de la Teste
Le Petit Nice
Champ de Tir
Pointe d'Arcachon
La Salie-Nord
La Salie-Sud
Cazaux
Canal des Landes
Étang de Cazaux et de Sanguinet
Langeot
Bernon
Louse
Sanguinet
Lombard
Le Bougès
Méoule
Once
Courneilley
Le Clerc
Forêt de Lagnereau
Le Petit Lagnereau
Forêt de Salles
Sillac
Lugos
Forêt de Lugos
Silo
Gare de Lugos
Camontès
Marian
Curepipe
Dunes des Places
Les Hautes Rives
Port-Maguide
Petite Male
Ispes
Biscarrosse-Plage
En Mayotte
Navarrosse
La Broustasse
Goubern
En Belliard
Millas
Bosque
En Bergoin
Forêt usagère de Biscarrosse
Narp
Pit Étang de Biscarrosse
Trappe
En Hill
Biscarrosse
Hourtiquets
En Bonnet
Forêt de Biscarrosse
CENTRE D'ESSAIS DES LANDES
Étang de Biscarrosse et de Parentis
Lahitte
Les Moulies
Le Bôo
Naoutoy
Le Lac
Parentis-en-Born
Bourruque
Mothes
Nigon
Lilgire
CENTRE D'ESSAIS
Le Mure
Bidaou
La Crabette
La Pointe des Landes
Larreillet

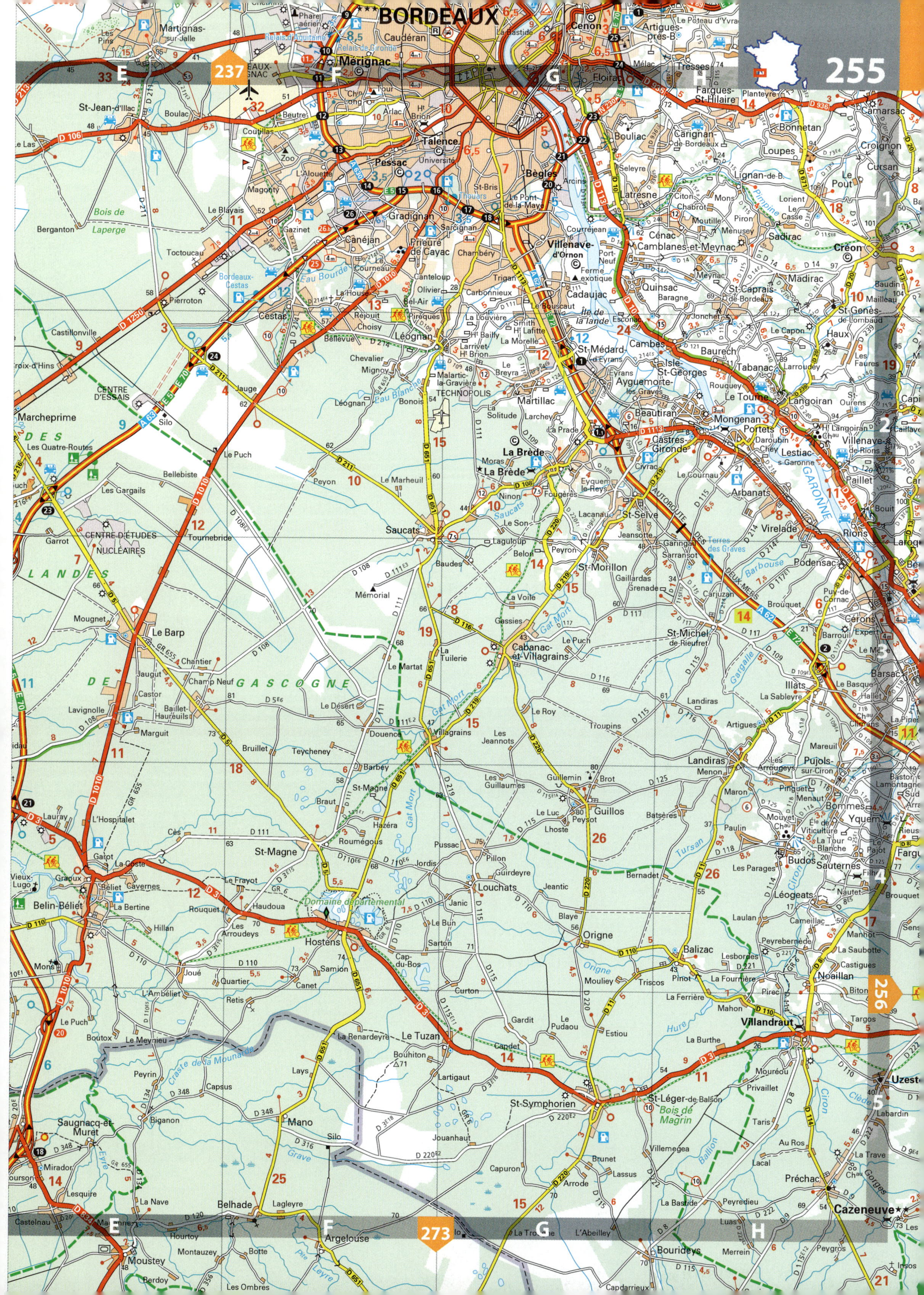
BORDEAUX
Mérignac
Caudéran
Cenon
Floirac
Talence
Pessac
Bègles
Gradignan
Villenave-d'Ornon
Canéjan
Cestas
Léognan
Martillac
La Brède
Saucats
Cadaujac
St-Médard-d'Eyrans
Ayguemorte-les-Graves
Beautiran
Castres-Gironde
St-Selve
Portets
Arbanats
Virelade
Podensac
Cérons
Barsac
Illats
Landiras
Pujols-sur-Ciron
Budos
Sauternes
Léogeats
Noaillan
Villandraut
Balizac
Origne
Guillos
Cabanac-et-Villagrains
Villagrains
St-Magne
Hostens
Louchats
Le Tuzan
St-Symphorien
St-Léger-de-Balson
Préchac
Cazeneuve
Belin-Béliet
Le Barp
Marcheprime
Saugnacq-et-Muret
Mano
Belhade
Argelouse
Moustey
Bouliac
Latresne
Carignan-de-Bordeaux
Cénac
Camblanes-et-Meynac
Quinsac
St-Caprais-de-Bordeaux
Créon
Sadirac
Madirac
Langoiran
Lestiac-s-Garonne
Paillet
Rions
Cambes
Baurech
Tabanac
Le Tourne
Isle-St-Georges
Mongenan
Landes de Gascogne
GARONNE
Bois de Laperge
Bois de Magrin
Domaine départemental
TECHNOPOLIS
CENTRE D'ESSAIS
CENTRE D'ÉTUDES NUCLÉAIRES
Terres des Graves
E
F
G
H
237
256
273

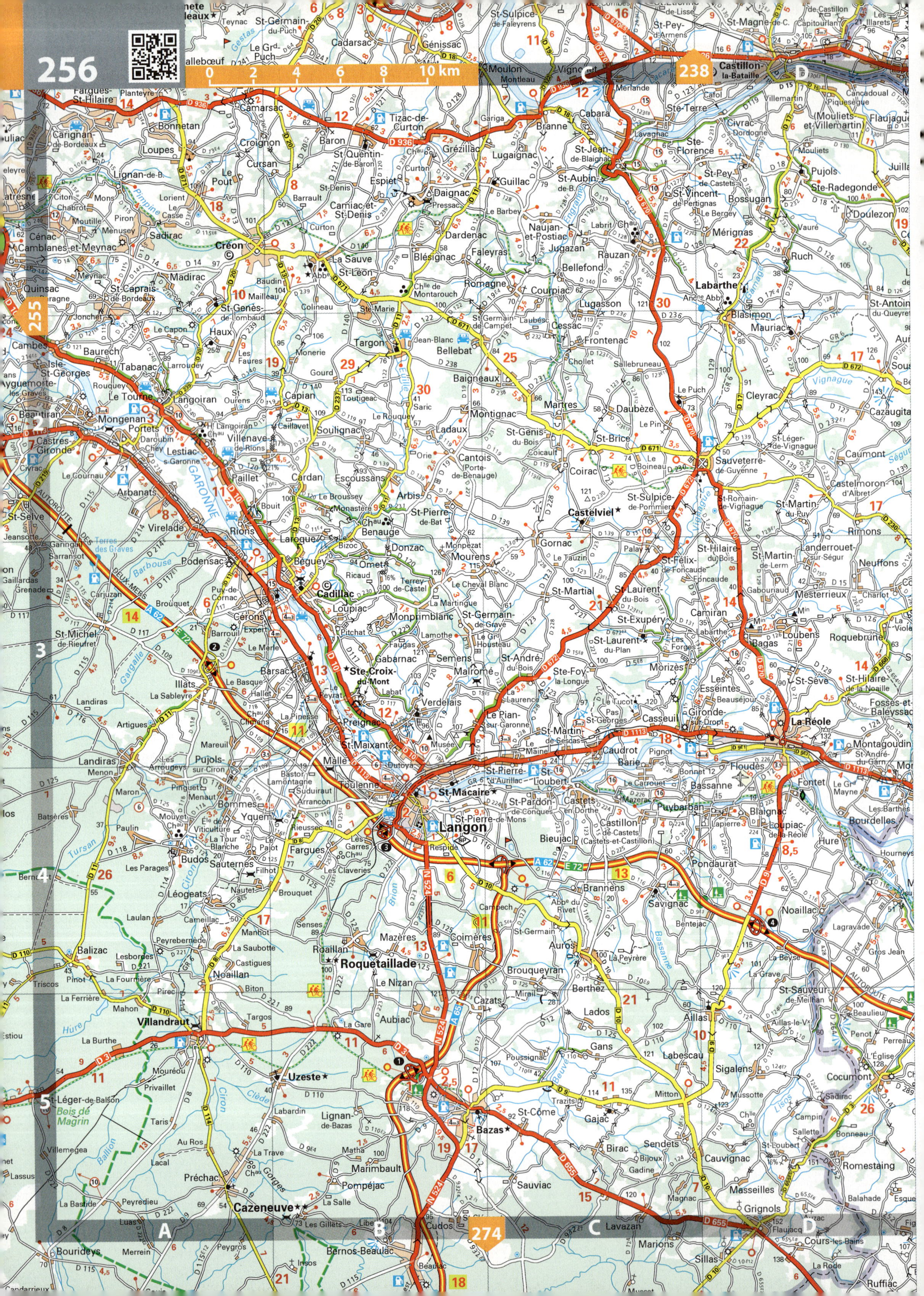
0 2 4 6 8 10 km
Créon
St-Quentin-de-Baron
Tizac-de-Curton
Grézillac
Branne
Castillon-la-Bataille
Cabara
St-Jean-de-Blaignac
Guillac
Daignac
Dardenac
Blésignac
Naujan-et-Postiac
Rauzan
Pujols
Ste-Radegonde
Doulezon
Mérignas
Labarthe
Blasimon
Mauriac
Carignan-de-Bordeaux
Loupes
Lignan-de-Bordeaux
Sadirac
Camblanes-et-Meynac
Quinsac
Madirac
St-Caprais-de-Bordeaux
Haux
Cambes
Baurech
Tabanac
Le Tourne
Langoiran
Capian
Targon
Bellebat
Soulignac
Cardan
Escoussans
Frontenac
Daubèze
Sauveterre-de-Guyenne
Coirac
Castelviel
Gornac
Cleyrac
Cazaugitat
Caumont
Castelmoron-d'Albret
Rimons
Landerrouet-sur-Ségur
Neuffons
Portets
Virelade
Podensac
Rions
Langoiran
Cadillac
Loupiac
Béguey
Omet
Donzac
Mourens
St-Martial
St-Laurent-du-Bois
St-Félix-de-Foncaude
Monprimblanc
St-Germain-de-Grave
Semens
Gabarnac
Ste-Croix-du-Mont
Verdelais
St-André-du-Bois
Le Pian-sur-Garonne
St-Martin-de-Sescas
Caudrot
Barie
Casseuil
Gironde-sur-Dropt
La Réole
Bagas
Loubens
Roquebrune
Morizès
Camiran
Cérons
Barsac
Preignac
St-Michel-de-Rieufret
Illats
Landiras
Pujols-sur-Ciron
Budos
Sauternes
Fargues
Bommes
Toulenne
St-Macaire
Langon
St-Pierre-de-Mons
Bieujac
Castets-en-Dorthe
Castillon-de-Castets
Puybarban
Bassanne
Pondaurat
Blaignac
Fontet
Montagoudin
Hure
Bourdelles
Noaillac
Savignac
Brannens
Auros
Roquetaillade
Mazères
Coimères
Léogeats
Balizac
Noaillan
Villandraut
Uzeste
Aubiac
Bazas
Gajac
Lados
Gans
Aillas
Sigalens
Cocumont
Romestaing
Grignols
Masseilles
Cauvignac
Lignan-de-Bazas
Marimbault
Pompéjac
Sauviac
Birac
Préchac
Cazeneuve
Bernos-Beaulac
Cudos
Lavazan
Marions
Sillas
Bourideys
Cours-les-Bains
Ruffiac
St-Léger-de-Balson
Bois de Magrin
Garonne
Ciron
A 62
E 72
D 10
D 655
N 524
A B C D
1 2 3 4 5

238
255
274

239
258
275
Ste-Foy-la-Grande
Port-Ste-Foy-et-Ponchapt
Vélines
Sardy
Bonneville-et-St-Avit-de-Fumadières
Fougueyrolles
St-Avit-St-Nazaire
Montcaret
Gardonne
Prigonrieux
Lamonzie-St-Martin
Bergerac
St-Laurent-des-Vignes
Pineuilh
St-André-et-Appelles
Eynesse
Les Lèves-et-Thoumeyragues
St-Quentin-de-Caplong
Caplong
La Roquille
Razac-de-Saussignac
Saussignac
Gageac-et-Rouillac
Monbazillac
Bridoire
Ribagnac
Colombier
Rouffignac-de-Sigoulès
Sigoulès
Pomport
Cunèges
Monestier
Thénac
Flaugeac
Singleyrac
Sadillac
St-Perdoux
Massugas
Riocaud
Margueron
Pellegrue
Landerrouat
Villeneuve-de-Duras
St-Astier
Loubès-Bernac
St-Sernin
St-Jean-de-Duras
Soumensac
Ste-Eulalie-d'Eymet
Fonroque
Razac-d'Eymet
St-Aubin-de-Cadelech
Plaisance
Esclottes
Savignac-de-Duras
Baleyssagues
Dieulivol
Duras
St-Ferme
Monségur
Eymet
Serres-et-Montguyard
Lalandusse
Cahuzac
Auriac-sur-Dropt
Pardaillan
La Sauvetat-du-Dropt
Agnac
St-Pierre-sur-Dropt
Moustier
Taillecavat
Lévignac-de-Guyenne
St-Géraud
Monteton
Allemans-du-Dropt
Roumagne
St-Pardoux-Isaac
Lauzun
Bourgougnague
Douzains
Miramont-de-Guyenne
Puysserampion
Cambes
Peyrière
Lavergne
Montignac-de-Lauzun
Caubon-St-Sauveur
St-Avit
Lachapelle
Mauvezin-s-Gupie
Castelnau-sur-Gupie
Lagupie
Escassefort
Seyches
Armillac
Laperche
Villebramar
Montignac-Toupinerie
St-Barthélemy-d'Agenais
Beaupuy
Ste-Bazeille
Couthures-sur-Garonne
Virazeil
Marmande
Gaujac
Puymiclan
Tombebœuf
Tourtrès
Agmé
Labretonie
Montastruc
Birac-sur-Trec
Longueville
Gontaud-de-Nogaret
Hautesvignes
Verteuil-d'Agenais
Brugnac
Coulx
Monclar
Montpouillan
Taillebourg
Fourques-sur-Garonne
Caumont-sur-Garonne
Fauguerolles
Fauillet
Varès
Grateloup-St-Gayrand
Ste-Marthe
Le Mas-d'Agenais
Sénestis
Tonneins
Laparade
Castelmoron
Fongrave
Grézet-Cavagnan
Lagruère
Calonges
Bouglon
Argenton
Ste-Gemme-Martaillac
GARONNE
Dordogne
Dropt

0 2 4 6 8 10 km
240
257
276
A
B
C
D
1
2
3
4
5
Dordogne
St-Laurent-des-Vignes
Moulin-de-Malfourat
Monbazillac
Rouffignac-de-Sigoulès
Pomport
Bridoire
Sigoulès
Ribagnac
Colombier
Flaugeac
Mescoules
Singleyrac
Sadillac
St-Julien-d'Eymet
St-Capraise-d'Eymet
Razac-d'Eymet
St-Aubin-de-Cadelech
Eymet
Serres-et-Montguyard
Lalandusse
Cahuzac
Castillonnès
Lauzun
Bourgougnague
St-Colomb-de-Lauzun
Lavergne
Montignac-de-Lauzun
Armillac
Laperche
Villebramar
Tombebœuf
Tourtrès
Montastruc
Coulx
Brugnac
Monclar
Grateloup-St-Gayrand
Castelmoron
Fongrave
Laparade
St-Étienne-de-Fougères
Ste-Livrade
Casseneuil
Villeneuve-s-Lot
Pujols
Bias
Allez-et-Cazeneuve
St-Sylvestre
Penne-d'Agenais
Trentels
Monségur
St-Aubin
Condezaygues
Monflanquin
Lacaussade
Montagnac-s-Lède
Salles
Gavaudun
Paulhiac
Laussou
Dévillac
St-Avit
Lacapelle-Biron
Biron
Vergt-de-Biron
St-Martin-de-Villeréal
Rayet
Parranquet
Gaugeac
Monpazier
Marsalès
Lavalade
St-Cassien
Tourliac
Rampieux
St-Romain-de-Monpazier
Lolme
Ste-Croix
Montferrand-du-Périgord
St-Avit-Rivière
St-Avit-Sénieur
Beaumont-du-Périgord
Naussannes
Monsac
Bannes
Bayac
Cadouin
Molières
Badefols-s-D.
Trémolat
Alles-s-D.
Lalinde
Couze-et-St-Front
Varennes
Lanquais
Verdon
Faux
St-Aubin-de-Lanquais
Monmadalès
Montaut
Issigeac
Monsaguel
Bouniagues
St-Cernin-de-Labarde
Conne-de-Labarde
St-Nexans
St-Agne
Cours-de-Pile
St-Germain-et-Mons
Bergerac
St-Sauveur-de-Bergerac
Mouleydier
Pécharmant
Creysse
St-Capraise-de-Lalinde
Bardou
St-Léon-d'Issigeac
Boisse
Monmarvès
Plaisance
Faurilles
Cavarc
St-Quentin-du-Dropt
Ste-Radegonde
Doudrac
Rives
Villeréal
St-Étienne-de-Villeréal
Montaut
Ferrensac
Bournel
Montauriol
Sérignac-Péboudou
Douzains
Lougratte
St-Eutrope-de-Born
Ségalas
St-Maurice-de-Lestapel
Monviel
Monbahus
Moulinet
Cancon
Boudy-de-Beauregard
Beaugas
St-Pastour
Pailloles
Castelnaud-de-Gratecambe
La Sauvetat-s-Lède
Savignac-s-Leyze
Lédat
Pinel-Hauterive
Monbazillac
Dropt
Couze
Lède
Tolzat
Lot

241
E
F
G
H
Sarlat-la-Canéda
Beynac-et-Cazenac
Marqueyssac
La Roque-Gageac
Castelnaud-la-Chapelle
Domme
Montfort
Carsac-Aillac
Le Buisson-de-Cadouin
Siorac-en-Périgord
Belvès
Gourdon
Grottes de Cougnac
Salviac
Cazals
Dégagnac
Villefranche-du-Périgord
Frayssinet-le-Gélat
Les Arques
Lherm
Catus
Bonaguil
Montcabrier
Fumel
Puy-l'Évêque
Castelfranc
Crayssac
Espère
Luzech
Mercuès
CAHORS
Pont Valentré
Sauveterre-la-Lémance
St-Cyprien
Montayral
Soturac
Duravel
Prayssac
Albas
Bélaye
Grézels
Catus
Gigouzac
St-Denis-Catus
Nuzéjouls
Calamane
Douelle
St-Cirq-Madelon
Milhac
Payrignac
Nabirat
Daglan
St-Pompont
Campagnac-lès-Quercy
Prats-du-Périgord
Besse
Mazeyrolles
Marminiac
Montcléra
St-Caprais
Goujounac
Pomarède
Cassagnes
Thédirac
Montgesty
Rampoux
Lavercantière
Concorès
Peyrilles
Uzech
Boissières
277
260

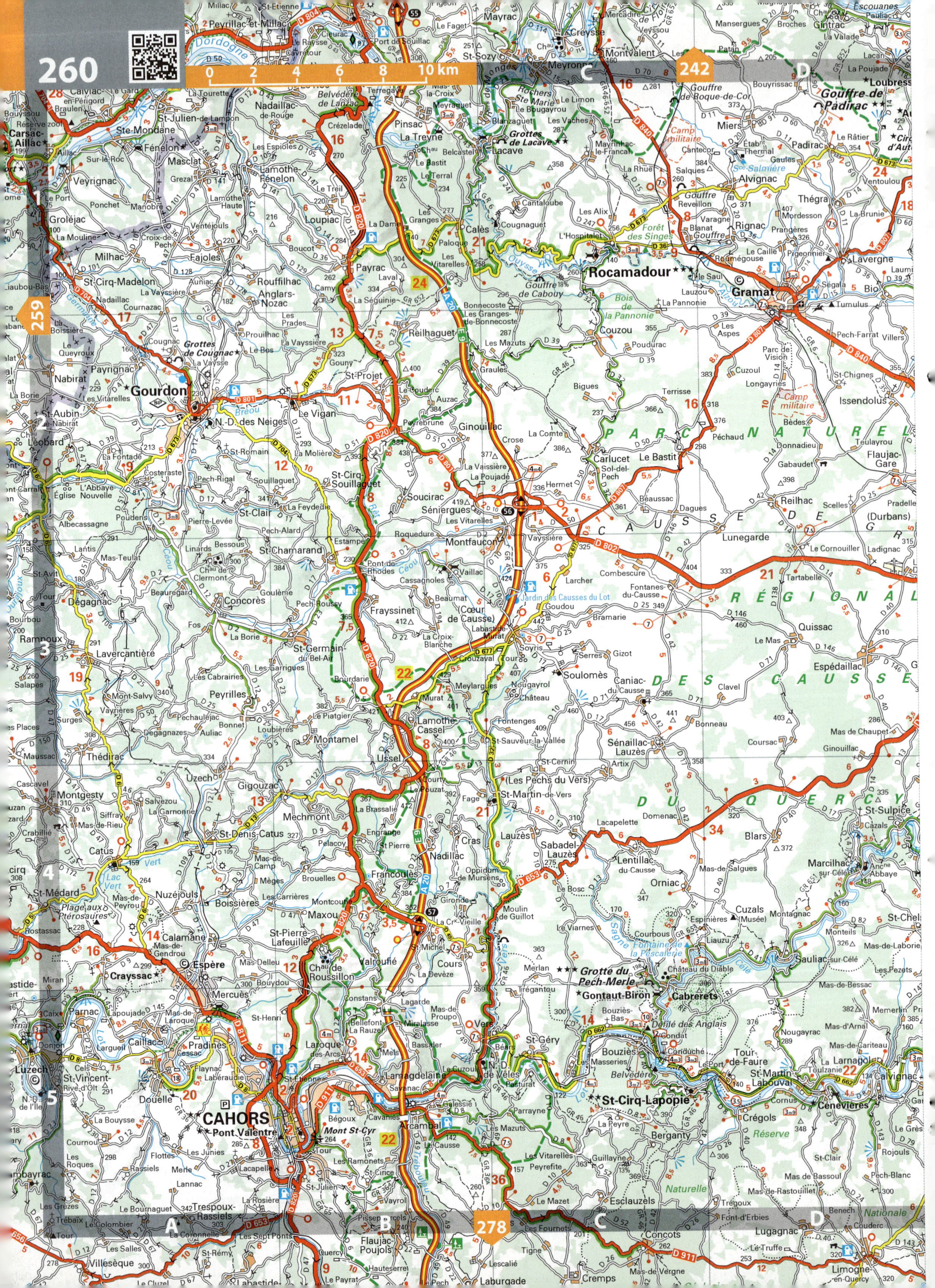

0 2 4 6 8 10 km
242
259
278
A
B
C
D
1
2
3
4
5
Rocamadour
Gramat
Gourdon
CAHORS
Pont Valentré
St-Cirq-Lapopie
Cabrerets
Grotte du Pech-Merle
Gouffre de Padirac
Grottes de Lacave
Grottes de Cougnac
Gouffre de Cabouy
Forêt des Singes
Jardin des Causses du Lot
Mont St-Cyr
Luzech
Calvignac
Cénevières
Labastide-Murat
Gramat
Payrac
Souillac
Milhac
Montfaucon
Lalbenque
St-Géry
Bouziès
Vers
Catus
Mercuès
Espère
Nuzéjouls
Crayssac
Douelle
Pradines
Le Vigan
N.-D. des Neiges
Soucirac
Sénièrgues
Frayssinet
Reilhaguet
Calès
Lacave
Meyronne
Alvignac
Miers
Padirac
Thégra
Rignac
Lavergne
Issendolus
Reilhac
Quissac
Espédaillac
Livernon
Marcilhac-sur-Célé
Sauliac-sur-Célé
Cras
Nadillac
Lauzès
Sabadel-Lauzès
Orniac
Blars
Caniac-du-Causse
Soulomès
St-Martin-de-Vers
Cours
Valroufié
Laroque-des-Arcs
Lamagdelaine
Arcambal
Vers
Concots
Cremps
Limogne-en-Quercy
Crégols
Esclauzels
Berganty
Tour-de-Faure
St-Martin-Labouval
PARC NATUREL RÉGIONAL DES CAUSSES DU QUERCY

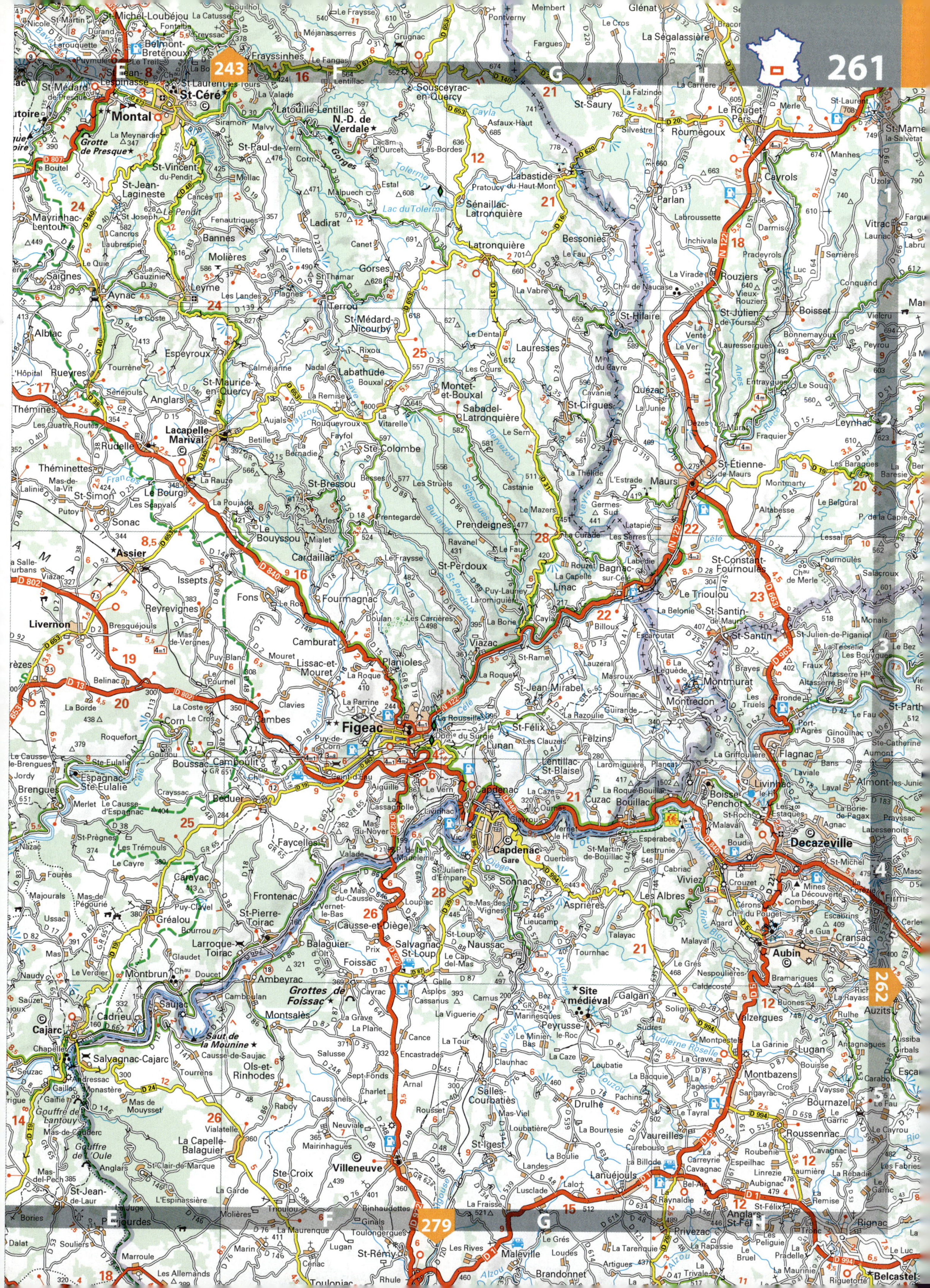

St-Céré
Montal
Figeac
Capdenac
Capdenac Gare
Decazeville
Aubin
Cransac
Cajarc
Villeneuve
Lacapelle-Marival
Assier
Livernon
Latronquière
Sousceyrac-en-Quercy
Leyme
Aynac
Maurs
St-Constant-Fournoulès
Flagnac
Livinhac-le-Haut
Viviez
Firmi
Montbazens
Asprières
Salles-Courbatiès
Peyrusse-le-Roc
Site médiéval
Saut de la Mounine
Grottes de Foissac
Gouffre de Lantouy
Grotte de Presque
Lac du Tolerme
N.-D. de Verdale
Bagnac-sur-Célé
Cardaillac
Fourmagnac
Camburat
Lissac-et-Mouret
Faycelles
Frontenac
Larroque-Toirac
St-Pierre-Toirac
Montbrun
Saujac
Balaguier-d'Olt
Salvagnac-St-Loup
Naussac
Foissac
Salvagnac-Cajarc
Belcastel
Rignac
Maleville
Lanuéjouls
Vaureilles
Drulhe
Galgan
Roussennac
Bournazel
Lugan
Valzergues
Montredon
Felzins
Linac
Prendeignes
St-Perdoux
Viazac
Planioles
Lunan
St-Félix
Fons
Cambes
Camboulit
Boussac
Béduer
Reyrevignes
Issepts
Thémines
Théminettes
Rudelle
Le Bourg
Sonac
Rueyres
Albiac
Espeyroux
Anglars
St-Maurice-en-Quercy
Labathude
Montet-et-Bouxal
Sabadel-Latronquière
Lauresses
Quézac
St-Cirgues
Roumégoux
Parlan
Cayrols
Rouziers
St-Julien-de-Toursac
Boisset
Leynhac
St-Étienne-de-Maurs
Vitrac
St-Saury
Le Rouget-Pers
Sénaillac-Latronquière
Labastide-du-Haut-Mont
Bessonies
Gorses
Ladirat
Molières
Bannes
St-Médard-Nicourby
Terrou
Ste-Colombe
St-Bressou
Le Bouyssou
Fourmagnac
E
F
G
H
243
279
262
1
2
3
4
5

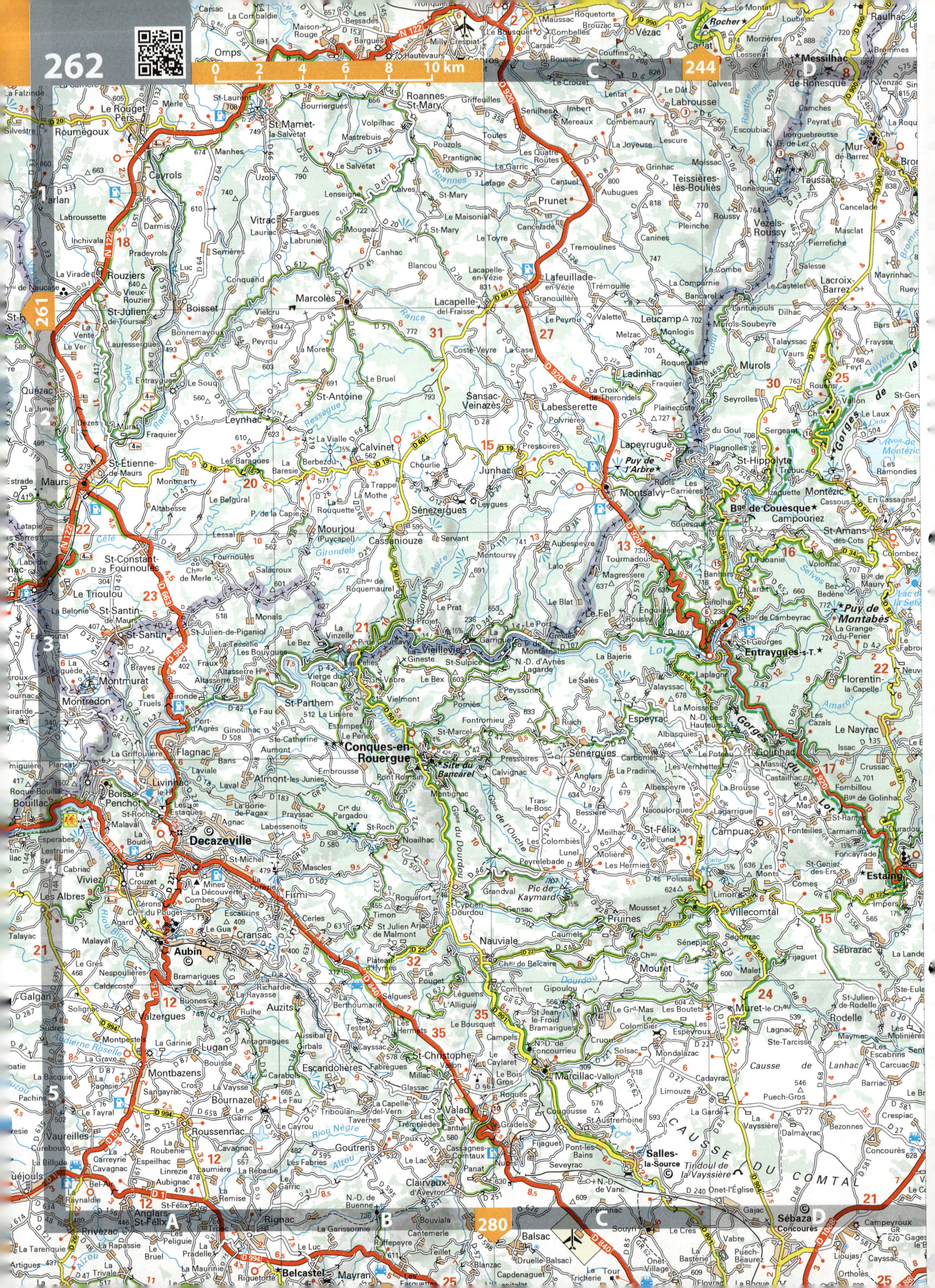

0 2 4 6 8 10 km
244
261
280
A
B
C
D
1
2
3
4
5
Decazeville
Conques-en-Rouergue
Site du Bancarel
Aubin
Cransac
Firmi
Viviez
Livinhac-le-Haut
Flagnac
Montsalvy
Puy de l'Arbre
Entraygues-s-T.
Bge de Couesque
Estaing
Marcillac-Vallon
Salles-la-Source
Valady
Nauviale
Mouret
Pruines
Villecomtal
Sébrazac
Espeyrac
Sénergues
Grand-Vabre
Vieillevie
St-Parthem
Maurs
St-Étienne-de-Maurs
Montmurat
Montredon
Boisset
Marcolès
Calvinet
Junhac
Sénezergues
Cassaniouze
Lapeyrugue
Labesserette
Ladinhac
Leucamp
Lafeuillade-en-Vézie
Prunet
Roannes-St-Mary
St-Mamet-la-Salvetat
Vitrac
Cayrols
Roumégoux
Rouziers
St-Julien-de-Toursac
Vieillevie
Lot
Dourdou
Gorges du Lot
Causse du Comtal
Causse de Lanhac
Rodelle
Muret-le-Chau
Campuac
Golinhac
Le Nayrac
Florentin-la-Capelle
St-Amans-des-Cots
Campouriez
Montézic
Puy de Montabès
Murols
St-Hippolyte
Gorges de la Truyère
Lacroix-Barrez
Mur-de-Barrez
Messilhac
Raulhac
Vézac
Labrousse
Teissières-lès-Bouliès
Vezels-Roussy
Rignac
Belcastel
Anglars-St-Félix
Montbazens
Valzergues
Lugan
Auzits
Escandolières
Goutrens
Clairvaux-d'Aveyron
Balsac
Sébazac-Concourès
Peyrusse
Galgan
Vaureilles
Privezac
Pic de Kaymard
Montignac
Noailhac
Prayssac
Almont-les-Junies
St-Santin
St-Constant-Fournoulès
Le Trioulou
Agnac
Boisse-Penchot
Bouillac
N 122
D 920
D 840
D 601
D 963
D 901
D 904
D 994

E
F
G
H
245
264
281
Gorges de la Truyère
Pont de Tréboul
Chaudes-Aigues
Lacalm
St-Juéry
Fournels
Termes
Bge de Sarrans
Lussac
Deux-Verges
Chauchailles
St-Rémy-de-Chaudes-Aigues
Argences en Aubrac
La Trinitat
Grandvals
Brion
Malbouzon
St-Urcize
Roc du Cayla
Forêt du Prieur
Laguiole
Recoules-d'Aubrac
Nasbinals
Prinsuéjols
Marchastel
La Fage-Montivernoux
Soulages-Bonneval
Montpeyroux
Curières
Puy de Gudette
Aubrac
Bois de Rigambal
Forêt de la Roquette Bonneval
Signal de Mailhebiau
Lac de Souveyrols
PARC NATUREL RÉGIONAL DE L'AUBRAC
MONTS D'AUBRAC
Condom-d'Aubrac
St-Chély-d'Aubrac
Prades-d'Aubrac
Espalion
Bessuéjouls
St-Pierre
St-Côme-d'Olt
Castelnau-de-Mandailles
Roquelaure
Lassouts
St-Geniez-d'Olt et d'Aubrac
Ste-Eulalie-d'Olt
Pomayrols
La Capelle-Bonance
St-Martin-de-Lenne
St-Saturnin-de-Lenne
Campagnac
Trélans
St-Germain-du-Teil
St-Laurent-d'Olt
Bozouls
Trou de Bozouls
Gabriac
Bertholène
Palmas d'Aveyron
Vimenet
CAUSSE DE
D 921
D 987
D 900
D 988
D 28
D 920
A 75

0 2 4 6 8 10 km
Le Malzieu-Ville
St-Chély-d'Apcher
Aumont-Aubrac
St-Alban-sur-Limagnole
Ste-Eulalie
Grandrieu
Châteauneuf-de-Randon
Marvejols
Mende
Chirac
Le Monastier-Pin-Moriès
St-Germain-du-Teil
La Canourgue
Banassac-Canilhac
Chanac
Barjac
Balsièges
Badaroux
Lanuéjols
St-Étienne-du-Valdonnez
Bagnols-les-Bains
Chanaleilles
Serverette
Javols
Rieutort-de-Randon
Estables
St-Amans
La Villedieu
Le Born
Pelouse
Laubert
Allenc
Chadenet
Ste-Hélène
St-Sauveur-de-Peyre
Ste-Colombe-de-Peyre
Fontans
Rimeize
Prunières
La Chaze-de-Peyre
Antrenas
Montrodat
Grèzes
Esclanèdes
Brenoux
Sabot de Malepeyre
Parc à loups du Gévaudan
Roc de Peyre
Signal de Randon
Roc de Fenestre
Col du Cheval Mort
Col de la Pierre Plantée
Col de Montmirat
Lac de Charpal
Plateau du Palais du Roi
Truc de Fortunio
Causse de Changefège
Causse de Mende
MARGERIDE
Réserve de Bisons d'Europe
A 75
N 88
N 106
D 806
D 809
263
246
282
A B C D
1 2 3 4 5

Langogne
Pradelles
Coucouron
St-Paul-de-Tartas
Naussac
Barrage de Naussac
St-Étienne-du-Vigan
Lespéron
St-Flour-de-Mercoire
St-Alban-en-Montagne
Le Plagnal
Col de la Chavade
Mayres
Barnas
Thueyts
Montpezat-s/-Bauzon
Lanarce
Issanlas
Lavillatte
Le Lac-d'Issarlès
Ste-Eulalie
Usclades-et-Rieutord
St-Cirgues-en-Montagne
Mazan-l'Abbaye
Cellier-du-Luc
Laveyrune
Luc
St-Laurent-les-Bains
Borne
Col de Meyrand
Loubaresse
Valgorge
La Bastide-Puylaurent
Chasseradès
St-Frézal-d'Albuges
Belvezet
Prévenchères
Montselgues
Thines
Planzolles
Villefort
La Garde-Guérin
Altier
Cubières
Cubiérettes
Le Bleymard
Les Vans
Malons-et-Elze
St-André-Capcèze
Ponteils-et-Brésis
Concoules
Mas Camargues
Pic Cassini
Col de Finiels
Sommet de Finiels
Arlempdes
Landos
Barges
Rauret
Grandrieu
Châteauneuf-de-Randon
Auroux
Chaudeyrac
Cheylard-l'Évêque
Pierrefiche
Rocles
Chastanier
Fontanes
Le Moure de la Gardille
Forêt de Mercoire
Montbel
Massif de Prataubérat
Dompnac
Beaumont
St-Mélany
Sablières
Faugères
Payzac
Chambonas
St-Genest-de-Beauzon
Lablachère
Le Tanargue
D'ARDÈCHE
Serre de la Croix de Bauzon
Col de la Cr. de Bauzon
Montagne du Goulet
MONT LOZÈRE
NATIONAL
E
F
G
H
247
283
266

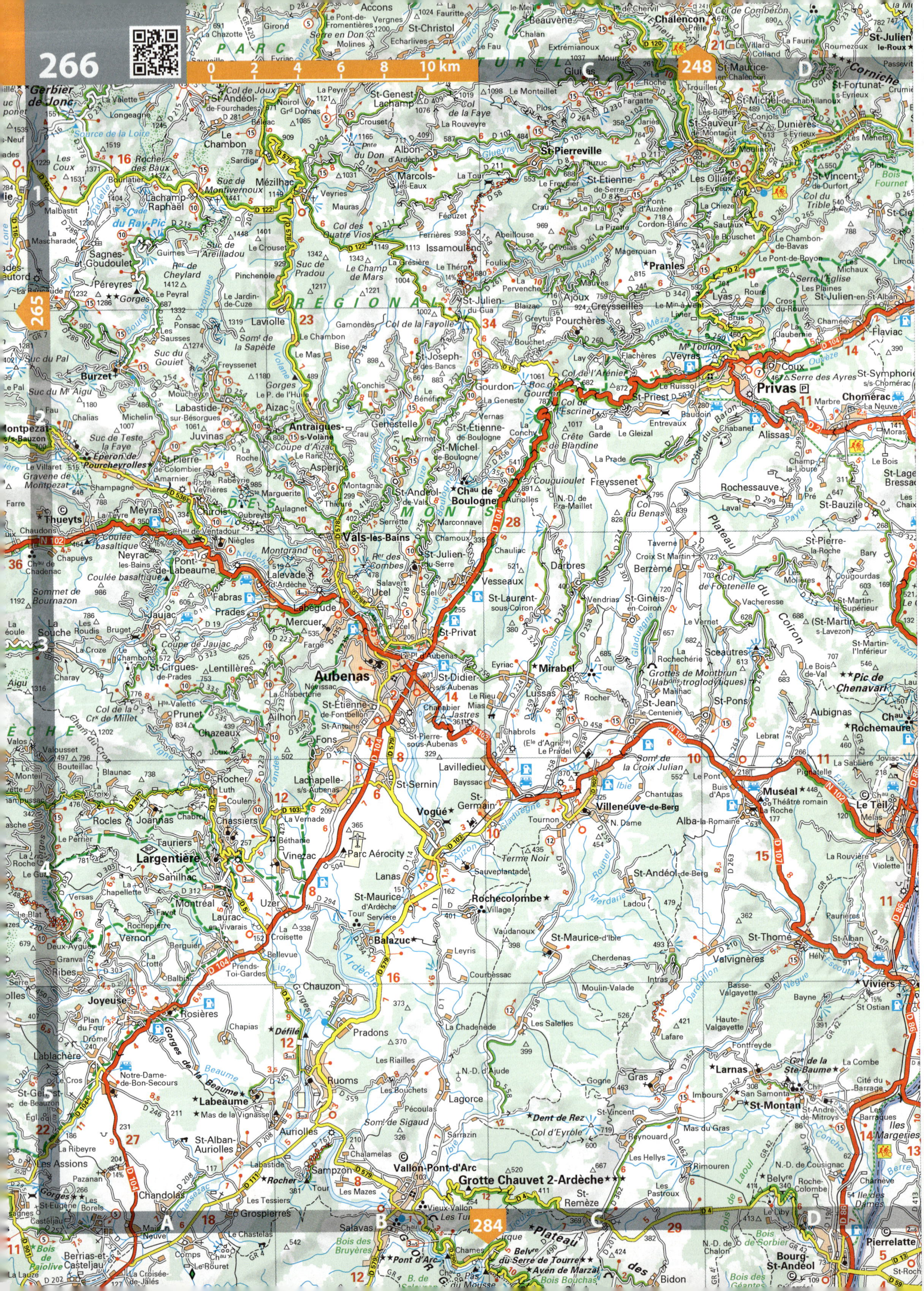
0 2 4 6 8 10 km
PARC NATUREL RÉGIONAL DES MONTS D'ARDÈCHE
Gerbier de Jonc
St-Andéol-de-Fourchades
Le Chambon
Mézilhac
Lachamp-Raphaël
Sagnes-et-Goudoulet
Burzet
Antraigues-s-Volane
Vals-les-Bains
Thueyts
Neyrac-les-Bains
Pont-de-Labeaume
Aubenas
Jaujac
Largentière
Joyeuse
Vogüé
Lanas
Balazuc
Ruoms
Vallon-Pont-d'Arc
Grotte Chauvet 2-Ardèche
Labeaume
Chandolas
Grospierres
Salavas
St-Pierreville
Les Ollières-s-Eyrieux
Pranles
Privas
Flaviac
Coux
Veyras
St-Priest
Gourdon
Col de l'Escrinet
Mirabel
Lussas
St-Privat
Villeneuve-de-Berg
Alba-la-Romaine
Le Teil
Viviers
St-Montan
Larnas
Bourg-St-Andéol
Pierrelatte
Chomérac
Aubignas
Rochemaure
Pic de Chenavari
Valvignères
St-Thomé
Rochecolombe
Lavilledieu
St-Sernin
Fons
Chalencon
Vernoux
Gluiras
Beauvène
St-Julien-le-Roux
Dunières-s-Eyrieux
Le Pouzin
Meysse
Vallée de l'Ibie
Gorges de l'Ardèche
Pont d'Arc
Berrias-et-Casteljau
Les Vans

265
248
284

Montélimar
Crest
Dieulefit
Grignan
Nyons
Valréas
Livron-sur-Drôme
Loriol-sur-Drôme
Le Pouzin
La Voulte-s-Rhône
Allex
Grane
Chabrillan
Eurre
Aouste-sur-Sye
Saillans
Bourdeaux
Saou
Soyans
Marsanne
Cléon-d'Andran
Sauzet
Savasse
La Bégude-de-Mazenc
Le Poët-Laval
Donzère
La Garde-Adhémar
Pierrelatte
Taulignan
Montbrison
Rousset-les-Vignes
St-Pantaléon-les-Vignes
Chamaret
Colonzelle
Grillon
Richerenches
Montjoyer
Réauville
Roussas
Valaurie
Allan
Malataverne
Châteauneuf-du-Rhône
N.-D. de Montchamp
Espeluche
Puygiron
La Bâtie-Rolland
St-Gervais-sur-R.
Charols
Manas
Puy-St-Martin
Roynac
La Laupie
Bonlieu-sur-Roubion
St-Marcel-lès-Sauzet
Condillac
La Coucourde
Les Tourrettes
Saulce-s-Rhône
Cliousclat
Mirmande
Félines-s-Rimandoule
Pont-de-Barret
Francillon-sur-Roubion
Mornans
Le Poët-Célard
Vesc
Teyssières
Beaufort-sur-Gervanne
Plan-de-Baix
Montclar-sur-Gervanne
Cobonne
Vaunaveys-la-Rochette
La Baume-Cornillane
Upie
Montoison
Ambonil
Étoile-sur-Rhône
Beaumont-lès-Valence
Montéléger
Montmeyran
Ourches
Suze
Chabeuil
Rhône
Drôme
Roubion
Jabron
E
F
G
H
249
285
268
AUTOROUTE DU SOLEIL

0 2 4 6 8 10 km
250
267
286
Die
Jardin des découvertes
Saillans
Châtillon-en-Diois
Luc-en-Diois
La Motte-Chalancon
Rémuzat
Col de Rousset
Cirque d'Archiane
Col de Menée
Col de Grimone
Col de Cabre
St-Nazaire-le-Désert
Valdrôme
Montagne de Couspeau
Ste-Croix
Pontaix
Barsac
Aurel
Espenel
Vercheny
Recoubeau-Jansac
Menglon
Montlaur-en-Diois
Beaurières
Jonchères
Poyols
Beaumont-en-Diois
Bellegarde-en-Diois
Charens
Volvent
Chalancon
Arnayon
Rottier
Cornillon-sur-l'Oule
Cornillac
Pommerol
Villeperdrix
Sahune
Verclause
St-André-de-Rosans
Rosans
Moydans
Ribeyret
L'Épine
Montjay
Aucelon
Pradelle
Pennes-le-Sec
Rochefourchat
Brette
La Chaudière
Gumiane
Bruis
Montmorin
Ste-Marie
Glandage
Lus-la-Croix-Haute
St-Maurice-en-Trièves
Lalley
Chichilianne
Treschenu-Creyers
Marignac-en-Diois
Chamaloc
Romeyer
Laval-d'Aix
Molières-Glandaz
Aix-en-Diois
Solaure-en-Diois
St-Roman
Barnave
Rimon-et-Savel
St-Benoit-en-Diois
Miscon
Lesches-en-Diois
Val-Maravel
La Beaume
La Bâtie-des-Fonds
La Charce
Montréal-les-Sources
Eyroles
Condorcet
Aubres
Les Pilles
Curnier
Arpavon
Pelonne
Drôme
Eygues
Oule
A
B
C
D
3
4
5

Mens
Corps
Bge du Sautet
L'Obiou
St-Baudille-et-Pipet
Tréminis
Chauffayer
St-Firmin
Aspres-lès-Corps
Pellafol
Beaufin
Monestier-d'Ambel
Défilé de la Souloise
St-Disdier
Dévoluy
Agnières-en-Dévoluy
Superdévoluy
Col du Noyer
St-Eusèbe-en-Champsaur
St-Bonnet-en-Champsaur
Chaillol
St-Michel-de-Chaillol
St-Julien-en-Champsaur
St-Léger-les-Mélèzes
Ancelle
Vieux Chaillol
Pic de Bure
Col Bayard
Laye
Poligny
Charance
GAP
Montmaur
Veynes
Aspres-sur-Buëch
Furmeyer
La Roche-des-Arnauds
Manteyer
Rambaud
La Bâtie-Neuve
La Bâtie-Vieille
Pic de Gleize
Col de Manse
Châteauneuf-d'Oze
Montagne de Céüse
Pelleautier
Neffes
Jarjayes
Châteauvieux
Tallard
Sigoyer
Fouillouse
La Saulce
Lardier-et-Valença
Vitrolles
Barcillonnette
Esparron
Le Saix
Chabestan
Aspremont
La Bâtie-Montsaléon
Serres
Savournon
Le Bersac
Montrond
Monêtier-Allemont
Ventavon
Curbans
Piégut
Rochebrune
Bréziers
Espinasses
Remollon
Théus
Valserres
Avançon
N.-D.-du-Laus
Gigors
Bellaffaire
Turriers
Claret
Lazer
Eyguians
Trescléoux
Saléon
La Motte-du-Caire
Bayons
Clamensane

0 2 4 6 8 10 km
252
269
288
PARC NATIONAL DES ÉCRINS
L'Argentière-la-Bessée
Vallée de Freissinières
Freissinières
Dormillouse
Champcella
St-Crépin
Guillestre
Mont-Dauphin
Eygliers
Risoul 1850
St-Clément-sur-Durance
Châteauroux-les-Alpes
Embrun
Baratier
Les Orres
Crévoux
St-Sauveur
Réallon
Puy-Sanières
St-Apollinaire
Savines-le-Lac
Prunières
Chorges
Montgardin
Avançon
Pontis
Le Sauze-du-Lac
Bgᵉ de Serre-Ponçon
Espinasses
La Bréole
Ubaye
Le Lauzet-Ubaye
Méolans-Revel
Les Thuiles
St-Pons
Barcelonnette
Pra Loup
Le Sauze
Super-Sauze
Seyne
Selonnet
St-Martin-lès-Seyne
Bellaffaire
Turriers
Ancelle
St-Léger-les-Mélèzes
Orcières-Merlette
Orcières
Champoléon
Sirac
Pic de Rochelaire
Le Mourre Froid
Grᵈ Pinier
Tête de Vautisse
Pic du Béal Traversier
Pic de Boussolenc
Grᵈ Bérard
Tête de Dormillouse
Les Choucières Vertes
Pic de la Cavale
Mᵗ Guillaume
Cirque du Bragousse
Demoiselles coiffées
Abbaye de Boscodon
Forêt de Boscodon
Col de Parpaillon
Col des Thuiles
Col du Fanget
Col de Moissière
Col Lebraut
Col de Pontis
Col de Vars
Gouffre de Gourfouran
Serre-Ponçon
Lac
Durance
Blanche
Drac
N 94
D 900
D 954
A B C D
1 2 3 4 5

253
289
E
F
G
H
1
2
3
4
5
Abriès
Ristolas
Château-Ville-Vieille
Ville-Vieille
Château Queyras
Molines-en-Queyras
RÉGIONAL
St-Véran
QUEYRAS
Ceillac
PARC
NATUREL
Pic de l'Agrenier
Col d'Urine
Col de la Croix
Pic de Maloqueste
Pic Arnaudet
Pic du Fond de Peinin
Petit Belvédère
Grand Belvédère
M. Granero
Col de la Traversette
Crissolo
Ostana
Oncino
Le Pain de Sucre
Col Agnel
Col de Vallante
M. Viso
Visolotto
Viso Mozzo
Tête des Toillies
Pic de Caramantran
Col St-Véran
Costa Ciabert
Chianale
Pontechianale
Castello
Bric de Rubren
Col du Longet
Tour Real
Cima delle Lobbie
Colle di Luca
Pta Rasciassa
M. Reisasso
Cima di Crosa
Le Longet
Péouvou
Rocher de l'Échasse
Lac Ste-Anne
Col Girardin
Col Tronchet
Maurin
Combe-Brémond
Tête de Malacoste
Pic du Pelvat
Bellino
Casteldelfino
Sampeyre
Valle Varaita
Pelvat de Chabrière
Col de l'Autaret
Dents de Maniglia
Pic du Fond du Roure
Brec de l'Homme
Lacs des 9 Couleurs
Aigle de Chambeyron
Brec de Chambeyron
Col de la Gypière
M. Albrage
Elva
Stroppo
Macra
Pont du Châtelet
St-Paul-sur-Ubaye
Col de Stroppia
Roche Blanche
Rocca Bianca
Tête de Sautron
Col de Sautron
M. Boulliagna
Acceglio
Prazzo
Marmora
Col de Mary
Meyronnes
Larche
Col de Larche
(Colle della Maddalena)
Tête de Siguret
Tête de Moïse
Col de Ruburent
Argentera
Tête de Fer
Jausiers
La Condamine-Châtelard
Pas de Grégoire
Tête de l'Enchastraye
Pas de la Cavale
Col de Pouriac
Col des Fourches
Cime de la Bonette
Col de Restefond
Col de Fer
Pietraporzio
Sambuco
Vinadio
Aisone
Valle Stura
Cime de Voga
Enchastrayes
Col de la Moutière
Tête de Gaudon
PARC NATIONAL DU MERCANTOUR

0 2 4 6 8 10 km
254
292
A
B
C
D
1
2
3
4
5
Côte d'Argent
Biscarrosse
Hourtiquets
Forêt
CENTRE D'ESSAIS DES LANDES
Zone militaire interdite
Étang de Biscarrosse et de Parentis
Parentis-en-Born
Les Mouliès
Le Bôo
Naoutoy
Bourruque
Ycho
Pons
Les Espalanques
Herran
Lucats
Les Forges
Haou
Dupouy
Gastes
Le Pourjeau
Esleys
Hillan
Maynage
Lafont
Pelouche
Mongaillard
Forêt de Piche
St-Trosse
Forêt de Ligautenx
Ste-Eulalie-en-Born
P. de l'Oustaline
Grand Ligautenx
Petit Ligautenx
Pontenx-les-Forges
Menaut
Souleyraou
Guirosse
Bestaven
Bouricos
Baxente
Lüe
Gaillard
Étang d'Aureilhan
Aureilhan
St-Paul-en-Born
Jean de Grabe
La Barde
Haza
Larrousseau
Cantaloup
Médous
Gillet
Grué
Cantaure
Marine
Mimizan-Plage
Merquedey
Vigon
Daricau
Mimizan
Baschoc
Villenave
Ménéou
Terrenave
Angoulin
Réserve
Salin
Chéou
Esting
Archus
Lette d'Esting
Leych
Gaye
Jouanicot
Escource
Bias
Jouanon
Bouheben
Cap-de-Pin
Capas
Lisacq
Forêt de St-Julien-en-Born
Larden
Salbert
Lestajaou
Lesbordes
Contis-Plage
P. Rose
Tresse
La Lette
Le Cusson
Caoule
Guetch
Mézos
Onesse-Laharie
Silo
Les Pignats
Tuquelets du Nord
Tuquelets du Sud
Contis-les-Marais
Courant de Contis
St-Julien-en-Born
Casteja
Lafitte
Cap-de-l'Homy Plage
Laharie
Tuc Gaillat
Le Cout
Lit-et-Mixe
Uza
Grand Coulin
Harenoin
Hourre
Sindères
Padaou
Lévignacq
Moulin-Vieux
Garrosse
Miquéou
Lugadets
Naboude
Mixe
Vignacot
Carpit
Louise
Bernadic
Le Bouscat
Frouas
Lesperon
Le Souquet
Mathiouic
Caillaube
St-Girons-Plage
St-Girons
Boucaou
Cerboueyre
Bernadon
Labaste
Criéré
(Vielle-St-Girons)
Forêt de Vielle-St-Girons
Jeantot
Gracian
L'Océan
Péliou
Gournau
Rion-des-Landes
Arnaoutchot
Mansenes
Vielle
Linxe
Lassalle
Pouin
Leurteyroun
Huchet
Courant d'Huchet
Pas du Loup
Étang de Léon
Pichelèbe
Réserve naturelle
Escalus
(St-Michel-Escalus)
Castets
Lestage
Boos
Autoroute des Landes

Muret
Bidaou
La Crabette
Mirador
Lesquire
Silo
Jouanhaut
Capuron
La Nave
Belhade
Lagleyre
Castelnau
Marianne
Hourtoy
Argelouse
La Trougne
L'Abeilley
Bourideys
Montauzey
Botte
Moustey
Berdoy
Les Ombres
Capdarrieux
Mothes
Malet
Vieux Richet
Richet
Moucheruc
Bourdieu
Liposthey
Haut-Richet
Harribey
Barthe
La Ville
Lavigne
Menroux
Pissos
Sore
Pignada
Lagassey
Callen
Escourssolles
Bern
Traouguet
Dumène
Grison
Gruey
Le Thus
Daugnagne
La Crotte
PARC NATUREL RÉGIONAL
Luxey
Bel-Air
Silo
Cantegrit
Le Hallot
Peyronnet
Houssats
Forêt de Trensacq
DES LANDES
Mahan
Guisoua
Labrit
Guidenson
Lagavarre
Labouheyre
Commensacq
Trensacq
Capbat
La Gelère
Sarroucas
DE GASCOGNE
Écomusée la Grande Lande (Marquèze)
Lesgoudies
Nan
Solférino
Sabres
Perrègue
Las Broudes
Mautoire
Lompré
Marais du Platiet
Peyticq
Le Sen
Pouybaquedis
Silo
Couartes
Maguide
Pouy Blanc
Labrit
La Place
Maurin
Marais de l'Anguille
Luglon
Vert
Forêt de Morcenx
Cornalis
Marais du Brau de Pian
Peyrau
Cache
Bélis
Hourats
Taulado
Sanglia
Bezin
Garein
Puy Luçon
Brocas
Réserve
Parc-de-Poussade
Choux
Arjuzanx
Branenx
Moulin Vieux
Morcenx-Bourg
Castillon
Arengosse
Bagatelle
Guillemensous
La Chapelle
Barbet
Canenx-et-Réaut
chasse
Le Fruit
Pelegarie
Marais de la Gourmue
Cère
Geloux
Ygos-St-Saturnin
Lagraulet
Maisonnave
d'Arjuzanx
Villenave
Réaut
Serroun
Mougnoc
La Bastide
Ousse-Suzan
Marrouat
Lucbardez-et-Bargues
Matha
Birbe
Parentis-d'Uchacq
Rey
Piroc
Suzan
Bouniart
Garbay
St-Avit
St-Martin-d'Oney
Menjoulicq
Le Caloy
Beylongue
Silos
Pouy
Coumet
Uchacq-et-Parentis
Campet-et-Lamolère
Lamolère
Mellan
Raubet
Base aérienne
MONT-DE-MARSAN
Autoroute des Landes
D 834
D 626
D 651
D 43
D 44
D 38

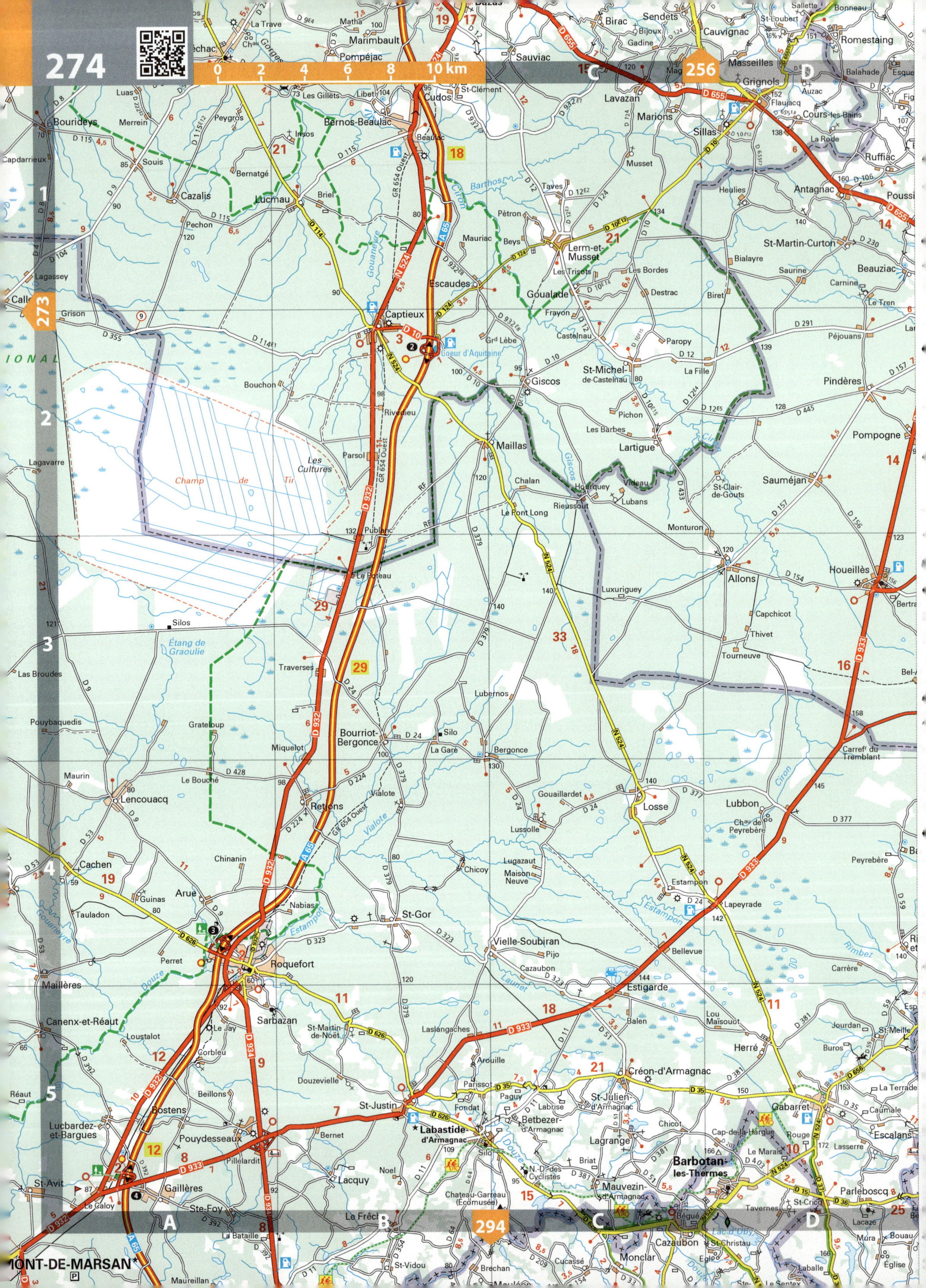
0 2 4 6 8 10 km
256
273
294
Captieux
Escaudes
Lerm-et-Musset
Goualade
Lucmau
Cazalis
Bourideys
Souis
Bernos-Beaulac
Cudos
Marimbault
Pompéjac
Sauviac
Lavazan
Marions
Cauvignac
Masseilles
Grignols
Sillas
Antagnac
St-Martin-Curton
Beauziac
Pindères
Pompogne
Sauméjan
Houeillès
Allons
Giscos
St-Michel-de-Castelnau
Lartigue
Maillas
Champ de Tir
Les Cultures
Bouchon
Rivedieu
Parsol
Publanc
Le Poteau
Silos
Étang de Graoulie
Traverses
Bourriot-Bergonce
Bergonce
Lubbon
Losse
Retjons
Lencouacq
Cachen
Arue
St-Gor
Vielle-Soubiran
Roquefort
Sarbazan
Estigarde
Créon-d'Armagnac
St-Justin
Labastide-d'Armagnac
Gabarret
Barbotan-les-Thermes
Parleboscq
Escalans
Lacquy
Pouydesseaux
Gaillères
Bostens
Canenx-et-Réaut
Maillères
St-Avit
Le Galoy
MONT-DE-MARSAN
Mauvezin-d'Armagnac
Lagrange
St-Julien-d'Armagnac
Betbezer-d'Armagnac
Cazaubon
Monclar
Herré
Lapeyrade
Estampon
Gouaneyre
Douze
Ciron
A B C D
1 2 3 4 5

Ste-Marthe
Le Mas-d'Agenais
Sénestis
Fauillet
Varès
Grateloup-St-Gayrand
Tonneins
Grézet-Cavagnan
Bouglon
Argenton
Ste-Gemme-Martaillac
Lagruère
Calonges
Villeton
Fongrave
Laparade
Clairac
Le Temple-sur-Lot
Granges-sur-Lot
Lafitte-sur-Lot
Castelnau (Labastide-Castel-Amouroux)
Razimet
Monheurt
Bourran
St-Sardos
Montpezat
Leyritz-Moncassin
Puch-d'Agenais
Nicole
Casteljaloux
Villefranche-du-Queyran
Aiguillon
Lacépède
Damazan
St-Léger
Lagarrigue
Galapian
Prayssas
St-Léon
Anxez
Frégimont
Caubeyres
Buzet-sur-Baïse
Port-Ste-Marie
Lusignan-Petit
Fargues-s-Ourbise
St-Pierre-de-Buzet
Clermont-Dessous
St-Laurent
Ambrus
Feugarolles
Bruch
St-Hilaire-de-Lusignan
Colayrac-St-Cirq
Mongaillard
Xaintrailles
Vianne
Montesquieu
Sérignac-sur-G.
Pompiey
Lavardac
Barbaste
Espiens
Walibi Aquitaine
Roquefort
Durance
Boussès
Nérac
Moncaut
Aubiac
Calignac
Saumont
Laplume
Réaup-Lisse
Andiran
Fieux
Nomdieu
Mézin
Francescas
Lamontjoie
Poudenas
Sos
Lannes
Moncrabeau
Ligardes
Ste-Maure-de-Peyriac
St-Pé-St-Simon
Fourcès
Gazaupouy
La Romieu
Castelnau-d'Auzan
Montréal-du-Gers
Larroque-sur-l'Osse
Condom
Larroque-Engalin
Beaumont
Cassaigne
Caussens
Blaziert
Marsolan
Lagarde

0 2 4 6 8 10 km
Villeneuve-s-Lot
258
Pujols
Penne-d'Agenais
Fongrave
Le Temple-s-Lot
Granges-sur-Lot
Monbalen
Laroque-Timbaut
Beauville
Prayssas
Lusignan-Petit
Laugnac
Colayrac-St-Cirq
Brax
Le Passage
AGEN
Bon-Encontre
Boé
Walibi Aquitaine
Layrac
Puymirol
Valence-d'Agen
Astaffort
Laplume
Moirax
Auvillar
Lectoure
296
275
Montesquieu
Francescas
La Romieu
Miradoux
St-Nicolas-de-la-Balerme
Caudecoste

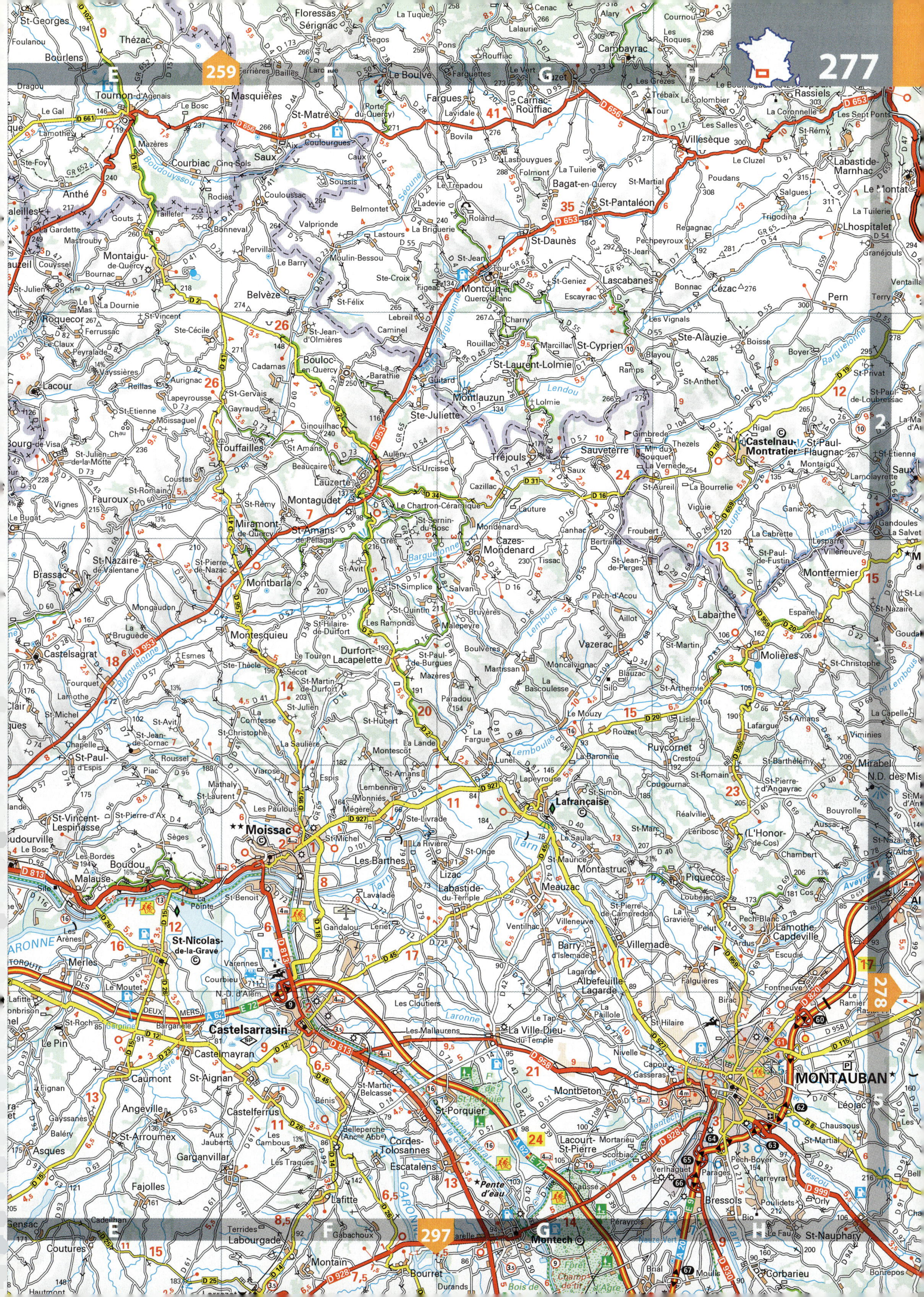

259
278
297
St-Georges
Thézac
Bourlens
Tournon-d'Agenais
Floressas
Sérignac
Masquières
St-Matré
Saux
Courbiac
Anthé
Montaigu-de-Quercy
Belvèze
Roquecor
Lacour
Bouloc-en-Quercy
Touffailles
Lauzerte
Montagudet
Miramont-de-Quercy
Montbarla
Montesquieu
Castelsagrat
Brassac
St-Nazaire-de-Valentane
Durfort-Lacapelette
St-Paul-d'Espis
St-Vincent-Lespinasse
Moissac
Boudou
Malause
St-Nicolas-de-la-Grave
Castelsarrasin
Castelmayran
Caumont
St-Aignan
Angeville
St-Arroumex
Castelferrus
Garganvillar
Fajolles
Labourgade
Montain
Montech
Cordes-Tolosannes
Escatalens
St-Porquier
Lafitte
Bourret
Montcuq-en-Quercy-Blanc
St-Daunès
Ste-Juliette
Montlauzun
St-Laurent-Lolmie
St-Cyprien
Lascabanes
Bagat-en-Quercy
St-Pantaléon
Fargues
Carnac-Rouffiac
Cambayrac
Villesèque
Labastide-Marnhac
Lhospitalet
Cézac
Pern
Castelnau-Montratier
Sauveterre
Tréjouls
Cazes-Mondenard
Vazerac
Molières
Puycornet
Lafrançaise
L'Honor-de-Cos
Piquecos
Lamothe-Capdeville
Meauzac
Barry-d'Islemade
Villemade
Albefeuille-Lagarde
La Ville-Dieu-du-Temple
Montbeton
Lacourt-St-Pierre
Bressols
MONTAUBAN
Léojac
St-Nauphary
Corbarieu
Labarthe
Montfermier
Lizac
Labastide-du-Temple
Les Barthes
Lapeyrouse
Montastruc
GARONNE
Tarn
Lemboulas
Barguelonne

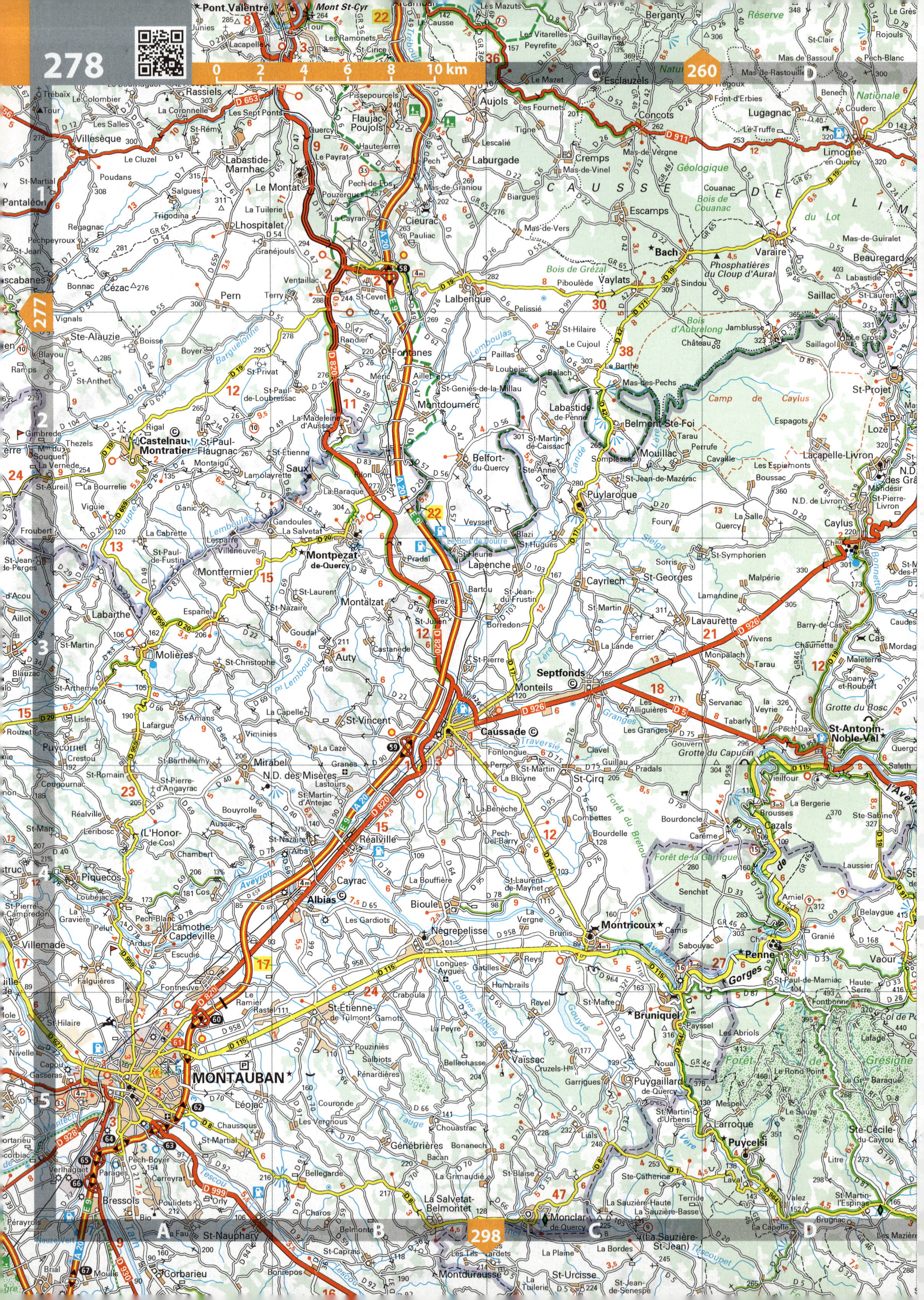
0 2 4 6 8 10 km
260
277
298
Pont Valentré
Rassiels
Flaujac-Poujols
Aujols
Esclauzels
Concots
Lugagnac
Limogne-en-Quercy
Villesèque
Labastide-Marnhac
Laburgade
Cremps
Causse de Limogne
Lhospitalet
Cieurac
Escamps
Bach
Varaire
Vaylats
Lalbenque
Beauregard
Cézac
Pern
Ventaillac
St-Cevet
Fontanes
Saillac
Vignals
Ste-Alauzie
St-Paul-de-Loubressac
Montdoumerc
Labastide-de-Penne
Belmont-Ste-Foi
Camp de Caylus
Castelnau-Montratier
St-Paul-Flaugnac
Belfort-du-Quercy
Puylaroque
Lacapelle-Livron
Caylus
Montpezat-de-Quercy
Lapenche
Cayriech
St-Georges
Montfermier
Montalzat
Labarthe
Molières
Auty
Septfonds
Lavaurette
St-Vincent
Caussade
St-Antonin-Noble-Val
Mirabel
N.D. des Misères
L'Honor-de-Cos
Réalville
Grotte du Capucin
Forêt de la Garrigue
Piquecos
Cayrac
Albias
Bioule
Montricoux
Lamothe-Capdeville
Nègrepelisse
Penne
Bruniquel
Gorges de l'Aveyron
MONTAUBAN
Léojac
Vaïssac
Puygaillard-de-Quercy
Larroque
Puycelsi
Forêt de la Grésigne
Ste-Cécile-du-Cayrou
Génébrières
La Salvetat-Belmontet
Monclar-de-Quercy
Bressols
St-Nauphary
Corbarieu
Montdurausse
Vaour

261
280
299
Villeneuve
Villefranche-de-Rouergue
Rieupeyroux
Najac
Laguépie
Cordes-s-Ciel
Carmaux
ALBI
Monestiés
Valderiès
Mirandol-Bourgnounac
Pampelonne
Parisot
Caylus
St-Antonin-Noble-Val
Varen
Cornusson
Puylagarde
Vailhourles
Lunac
La Fouillade
Sanvensa
Monteils
Morlhon-le-Haut
Rignac
Belcastel
Baraqueville
Naucelle
Tanus
Crespin
Castelnau-de-Montmiral
Vaour
Montrosier
Milhars
Marnaves
Mouzieys-Panens
Vindrac-Alayrac
Virac
Milhavet
Noailles
Villeneuve-s-Vère
Mailhoc
Cagnac-les-Mines
St-Benoît-de-C.
Blaye-les-Mines
Rosières
Ste-Gemme
Trévien
Almayrac
Jouqueviel
Montirat
St-Christophe
Lescure
St-Juéry
Arthès
Mauriac
Broze
Bernac
Senouillac
Cestayrols
Labastide-Gabausse
Le Garric
Taïx
Combefa
Andillac
Cahuzac-s-Vère
Vieux
Donnazac
Frausseilles
Souel
Livers-Cazelles
Salles
St-Marcel-Campes
Laparrouquial
Le Ségur
Lacapelle-Ségalar
St-Martin-Laguépie
Lexos
Féneyrols
Ginals
Verfeil
Espinas
Lardaille
Abbᵉ de Beaulieu-en-Rouergue
Abbᵉ de Loc-Dieu
Martiel
Savignac
Toulonjac
Maleville
Brandonnet
Compolibat
Prévinquières
Privezac
Anglars-St-Félix
La Capelle-Bleys
La Salvetat-Peyralès
Lescure-Jaoul
Bor-et-Bar
Castanet
Tayrac
Pradinas
Crespin
Montauriol

0 2 4 6 8 10 km
262
279
299
RODEZ
Le Monastère
Olemps
Onet-le-Château
Sébazac-Concourès
Salles-la-Source
Causse du Comtal
Balsac
Druelle
Luc-la-Primaube
Baraqueville
Flavin
Ste-Radegonde
Belcastel
Mayran
Colombiès
Moyrazès
Rieupeyroux
La Capelle-Bleys
Castanet
Pradinas
La Salvetat-Peyralès
Sauveterre-de-Rouergue
Naucelle
Camjac
Centrès
Manhac
Camboulazet
Calmont
Cassagnes-Bégonhès
Salmiech
Comps-la-Grand-Ville
Arvieu
Trémouilles
Auriac-Lagast
Tayrac
Castelmary
Crespin
Tauriac-de-N.
Meljac
Rullac-St-Cirq
La Selve
Durenque
Mirandol-Bourgnounac
Pampelonne
Viaduc du Viaur
Tanus
Tréban
Ste-Gemme
Montauriol
Lédas-et-Penthiès
Lédergues
Réquista
Moularès
Lacapelle-Pinet
Crespin
St-Jean-Delnous
Faussergues
Valence-d'Albigeois
Connac
Brousse-le-Château
Rosières
Valderiès
St-Julien-Gaulène
Saussenac
Assac
Cadix
Coupiac
St-Michel-de-L.
Ambialet
St-Juéry
Trébas
Montclar

PARC NATUREL RÉGIONAL DES GRANDS CAUSSES
CAUSSE DE SÉVÉRAC
PLATEAU DU LÉVÉZOU
CAUSSE
Forêt des Palanges
Sévérac-d'Aveyron
Millau
Viaduc de Millau
Pont-de-Salars
St-Affrique
Laissac
Micropolis
Comberoumal
Roquefort-s-Soulzon
La Cavalerie
Ste-Eulalie-de-Cernon
Salles-Curan
Lac de Pareloup
Cité de pierres de Montpellier-le-Vieux
St-Beauzély
Castelnau-Pégayrols
St-Rome-de-Tarn
Peyre
Compeyre
Rivière-s-Tarn
Mostuéjouls
Peyreleau
Ségur
Vézins-de-Lévézou
St-Léons
Curan
Arques
Le Vibal
Canet-de-Salars
Prades-Salars
Palmas d'Aveyron
Gaillac-d'Aveyron
Séverac-l'Église
Bertholène
Montrozier
Agen-d'Aveyron
Le Massegros
Aguessac
Paulhe
Creissels
St-Georges-de-Luzençon
Le Truel
Ayssènes
St-Victor-et-Melvieu
Montjaux
Verrières
St-Saturnin-de-Lenne
St-Martin-de-Lenne
Campagnac
La Tieule
Le Recoux
Longviala
Bouloc
Salvage
Nayrac
Crassous
Tiergues
Lapanouse-de-Cernon
Tournemire
Calmels-et-le-Viala
Viala-du-Pas-de-Jaux
Sargels
Mélac
La Bastide-Pradines
Larzac
Camp du Larzac
A 75
E 11
N 88
D 911
D 999
D 992
263
300
282
E F G H
1 2 3 4 5

0 2 4 6 8 10 km
264
281
301
302
CAUSSE DE SAUVETERRE
CAUSSE MÉJEAN
CAUSSE NOIR
PARC NATIONAL DES CÉVENNES
PARC RÉGIONAL DES GRANDS CAUSSES
Camp militaire du Larzac
Florac
Meyrueis
Le Vigan
Ste-Énimie
La Malène
Gorges du Tarn
Gorges de la Jonte
Gorges de la Dourbie
Canyon de la Dourbie
Point Sublime
Cirque de St-Chély
Cirque des Baumes
Les Détroits
Roc du Serre
Aven Armand
Grotte de Dargilan
Chaos de Nîmes le Vieux
Mont Aigoual
Observatoire
Abîme de Bramabiau
Col de la Séreyrède
Col du Minier
Corniche des Cévennes
Corniche du Causse Méjean
Corniche du Causse Noir
Cité de pierres de Montpellier-le-Vieux
Roquesaltes (Rochers)
Le Rajol
Cantobre
Nant
La Cavalerie
L'Hospitalet-du-Larzac
Sauclières
Trèves
Dourbies
Valleraugue
L'Espérou
Le Rozier
Peyreleau
Ispagnac
Quézac
Castelbouc
Le Massegros
Vebron
Les Vignes
St-Rome-de-Dolan
Lanuéjols
Revens
Camprieu
St-Sauveur-Camprieu
Aulas
Arrigas
Alzon
Avèze
Montdardier
Cirque de Madasse
Hures-la-Parade
Drigas
Nivoliers
Mas-St-Chély
Col de Perjuret
Col de Faubel
Montbrun
Bédouès-Cocurès
Le Pompidou
Col des Faïsses
Col de Solpérière
Barre-des-Cévennes
Rousses
Fraissinet-de-Fourques
St-André-de-Vézines
La Roque-Ste-Marguerite
St-Saturnin
Sabot de Malepeyre
Chau de la Caze

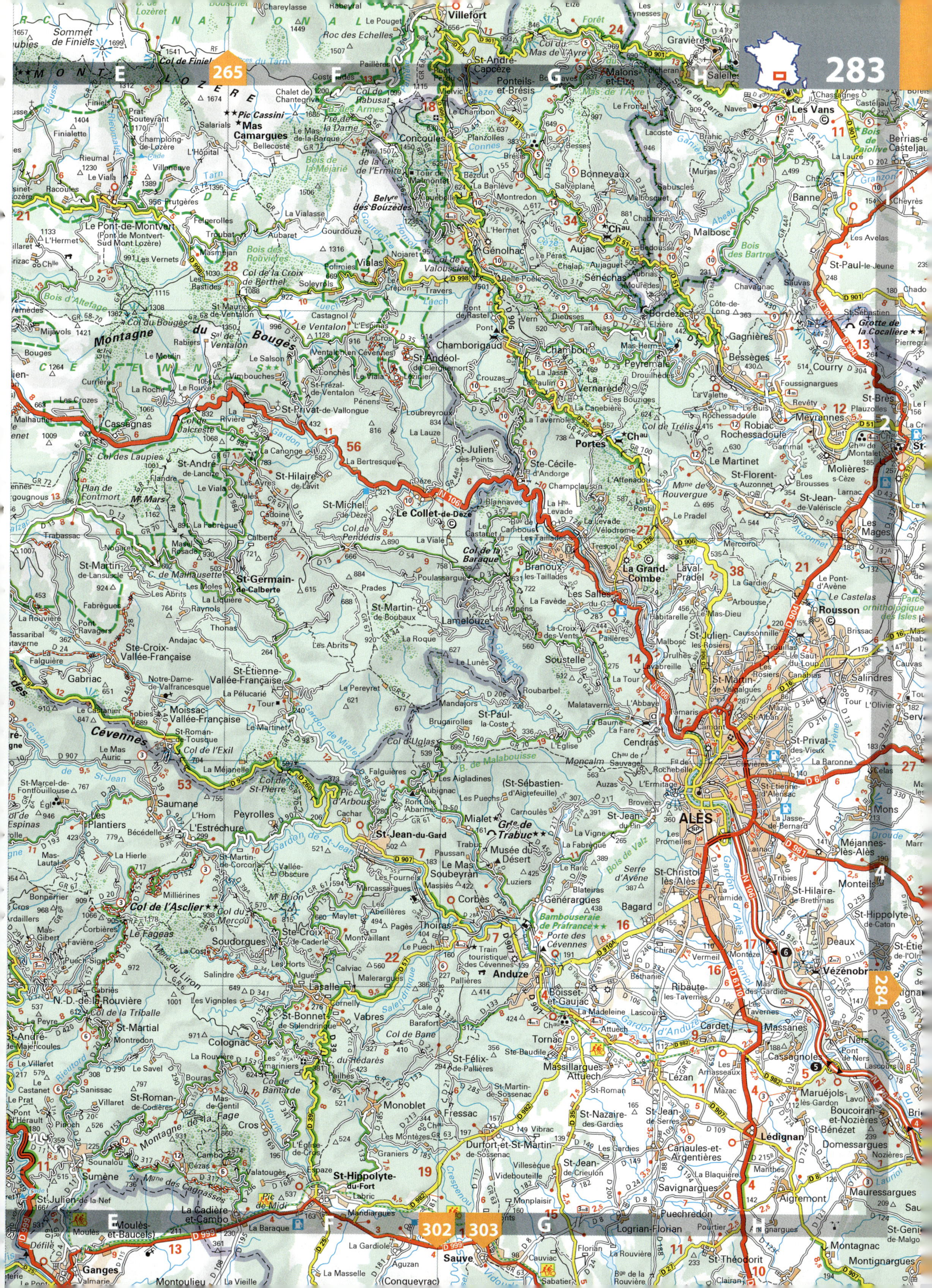
Villefort
Les Vans
Génolhac
Chamborigaud
Le Collet-de-Dèze
St-Germain-de-Calberte
La Grand-Combe
Alès
St-Jean-du-Gard
Anduze
St-Hippolyte-du-Fort
Sauve
Ganges
Lédignan
Vézenobres
Rousson
Salindres
Bessèges
St-Ambroix
Montagne du Bougès
Cévennes
Col de l'Asclier
Mas Camargues
Pic Cassini
Col de Finiel
Le Pont-de-Montvert
Florac
Ste-Croix-Vallée-Française
St-Étienne-Vallée-Française
Moissac-Vallée-Française
Musée du Désert
Bambouseraie de Prafrance
Cassagnas
St-Privat-de-Vallongue
Portes
Chambon
Molières-s-Cèze
Robiac-Rochessadoule
Meyrannes
St-Martin-de-Valgalgues
St-Christol-lès-Alès
Boisset-et-Gaujac
Massillargues-Attuech
Durfort-et-St-Martin-de-Sossenac
Quissac
Logrian-Florian
St-Théodorit
Mialet
Soustelle
Cendras
Lasalle
Monoblet
Vabres
Colognac
Sumène
Moulès-et-Baucels
265
302
303
284

0 2 4 6 8 10 km
Grotte Chauvet 2-Ardèche
Vallon-Pont-d'Arc
Sampzon
Auriolles
St-Alban-Auriolles
Grospierres
Salavas
Pont d'Arc
Labastide-de-Virac
Plateau des Gras
Bidon
Bourg-St-Andéol
Pierrelatte
St-Remèze
Aven de Marzal
Belvédère de Gaud
Balcon d'Autridge
Hte Corniche
Grand Belvédère
Belvre du Ranc-Pointu
St-Marcel-d'Ardèche
Aven de la Forestière
Aven d'Orgnac
Orgnac-l'Aven
Barjac
Vagnas
Beaulieu
Berrias-et-Casteljau
Bessas
St-André-de-Cruzières
St-Sauveur-de-Cruzières
St-Paul-le-Jeune
Le Garn
Aiguèze
St-Martin-d'Ardèche
Laval-St-Roman
St-Julien-de-Peyrolas
Pont-St-Esprit
Lapalud
St-Just-d'Ardèche
Lamotte-du-Rhône
Issirac
St-Privat-de-Champclos
Montclus
St-Ambroix
St-Jean-de-Maruéjols-et-Avéjan
St-Victor-de-Malcap
Rochegude
Tharaux
Chartreuse de Valbonne
Salazac
Carsan
St-Paulet-de-Caisson
St-Alexandre
St-Laurent-de-Carnols
St-Christol-de-Rodières
St-André-de-Roquepertuis
Goudargues
Cornillon
Méjannes-le-Clap
Rivières
Potelières
St-Denis
Allègre-les-Fumades
Chau d'Allègre
Gouffre des Aiguières
La Roque-sur-Cèze
St-Michel-d'Euzet
St-Nazaire
St-Gervais
Bagnols-s-Cèze
Vénéjan
Verfeuil
Cade du Sautadet
St-André-d'Olérargues
Sabran
Orsan
Navacelles
Lussan
Guidon du Bouquet
Bouquet
Brouzet-lès-Alès
Vallérargues
St-Marcel-de-Careiret
Seynes
Salindres
Servas
Les Plans
Mons
St-Just-et-Vacquières
La Bruguière
St-Laurent-la-Vernède
Cavillargues
St-Pons-la-Calm
Tresques
Laudun-l'Ardoise
Méjannes-lès-Alès
Belvézet
Fontarèches
Pougnadoresse
Le Pin
Connaux
Gaujac
Euzet
Bois de St-Quentin
Bois de Vallabrix
Vallabrix
St-Hippolyte-de-Caton
St-Étienne-de-l'Olm
Baron
Aigaliers
Foissac
St-Quentin-la-Poterie
St-Victor-des-Oules
La Capelle-et-Masmolène
Pouzilhac
St-Victor-la-Coste
St-Hippolyte-de-Montaigu
Montaren-et-St-Médiers
Serviers-et-Labaume
Vézénobres
St-Maurice-de-Cazevieille
St-Césaire-de-Gauzignan
Cruviers-Lascours
Castelnau-Valence
Collorgues
Garrigues-Ste-Eulalie
Aubussargues
Arpaillargues-et-Aureillac
Uzès
Flaux
Valliguières
Forêt de Malmont
St-Maximin
Argilliers
Castillon-du-Gard
St-Hilaire-d'Ozilhan
Brignon
Moussac
St-Dézéry
Bourdic
Blauzac
St-Chaptes
Sanilhac-Sagriès
Collias
Vers-Pont-du-Gard
Pont du Gard
Remoulins
Fournès
Estézargues
Maruessargues
Sauzet
St-Geniès-de-Malgoirès
Montignargues
La Rouvière
Dions
Ste-Anastasie
Gorges du Gardon
St-Bonnet-du-Gard
Rhône
Ardèche
Cèze
A B C D
266 283 303 304

267
286
304
305
Grignan
La Garde-Adhémar
Valréas
Nyons
St-Paul-Trois-Châteaux
St-Restitut
Richerenches
Visan
Vinsobres
Mirabel-aux-Baronnies
Bollène
Suze-la-Rousse
Tulette
Buisson
St-Roman-de-Malegarde
Vaison-la-Romaine
Mondragon
Rochegude
Ste-Cécile-les-Vignes
Cairanne
Rasteau
Roaix
Séguret
Malaucène
N.-D. du Groseau
Mornas
Sérignan-du-Comtat
Travaillan
Sablet
Gigondas
Violès
Piolenc
ORANGE
Camaret-sur-Aigues
Vacqueyras
N.-D. d'Aubune
Beaumes-de-Venise
Jonquières
Courthézon
Sarrians
Aubignan
Caromb
Bédoin
Loriol-du-Comtat
Carpentras
Mazan
Châteauneuf-du-Pape
Bédarrides
Monteux
Roquemaure
Sorgues
Entraigues-sur-la-Sorgue
Althen-des-Paluds
Pernes-les-Fontaines
St-Didier
Venasque
Villeneuve-lès-Avignon
Le Pontet
Vedène
St-Saturnin-lès-Avignon
Jonquerettes
L'Isle-sur-la-Sorgue
Fontaine-de-Vaucluse
Abbé de Sénanque
AVIGNON
Gordes
Village des Bories

269
288
306
307
Laragne-Montéglin
Sisteron
Château-Arnoux-St-Auban
Forcalquier
Les Mées
Peyruis
Volonne
Mallemoisson
Le Chaffaut-St-Jurson
Oraison
Montrond
Ventavon
Monêtier-Allemont
Upaix
Le Poët
Mison
Valernes
Sigoyer
Thèze
Vaumeilh
Nibles
Valavoire
Châteaufort
Authon
St-Geniez
Entrepierres
Salignac
Aubignosc
Peipin
Château-Neuf-Val-St-Donat
Montfort
Mallefougasse-Augès
Cruis
St-Étienne-les-Orgues
Ongles
Lurs
Ganagobie
Mane
Dauphin
St-Maime
Villeneuve
La Brillanne
Niozelles
Pierrerue
Sigonce
Montlaux
Malijai
L'Escale
Mirabeau
Aiglun
Thoard
Puimichel
Entrevennes
Bras-d'Asse
Estoublon
Le Castellet
Brunet
Signal de Lure
Montagne de Lure
Col de Pierre Écrite
Route Napoléon
Rochers des Mées
Durance
Bléone
Jabron
Vançon
Buëch
Les Monges
Noyers-sur-Jabron
St-Vincent-sur-Jabron
Châteauneuf-Miravail
Ribiers
Antonaves
Eourres
Salérans
Séderon
Hautes-Duyes
Champtercier
Prieuré de Salagon
Observatoire de Haute Provence
N.-D. des Anges

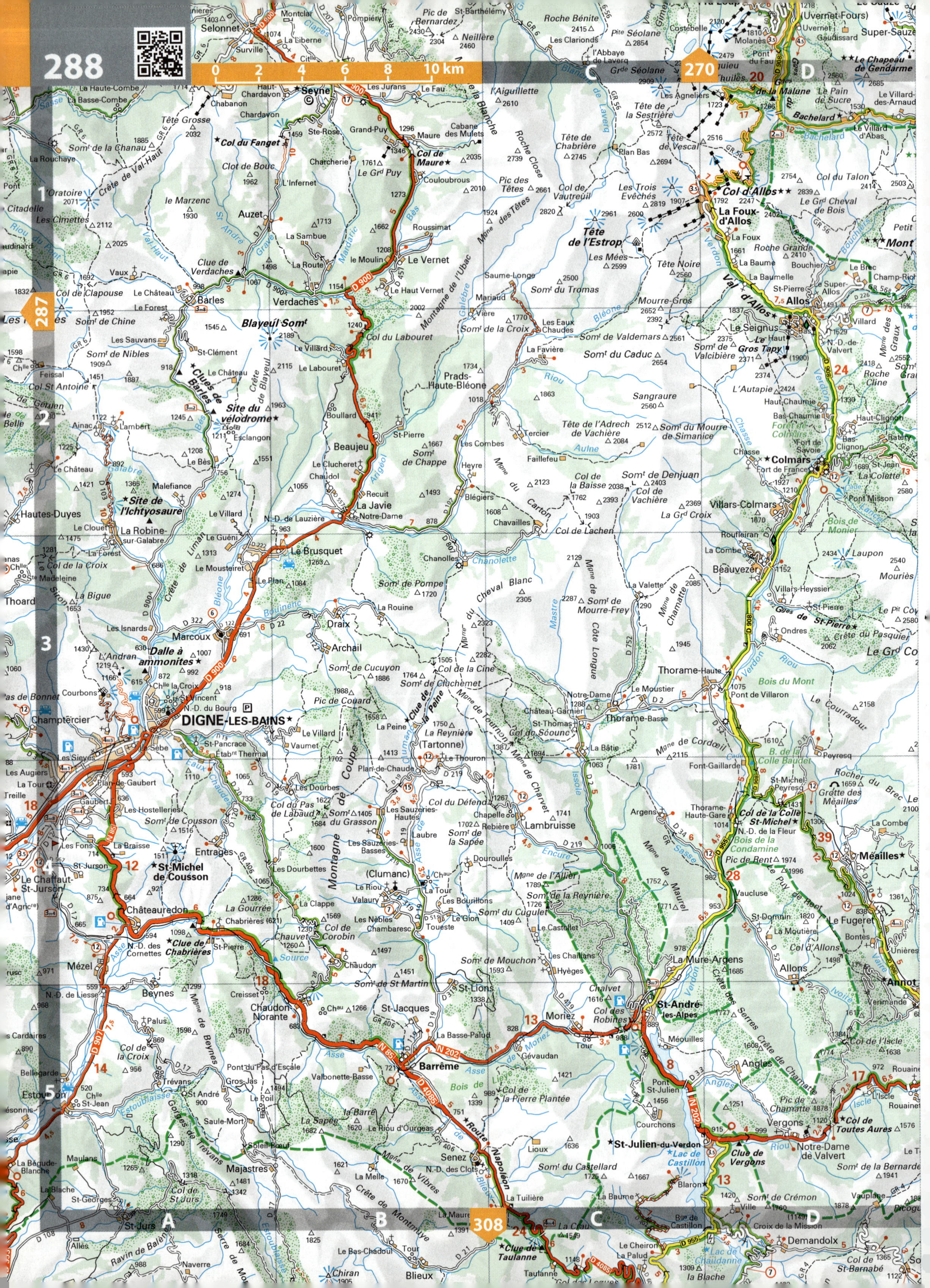
0 2 4 6 8 10 km
270
287
308
A
B
C
D
1
2
3
4
5
Selonnet
Seyne
Col du Fanget
Clot de Bouc
le Marzenc
Auzet
Verdaches
Clue de Verdaches
Bârles
Blayeul Somt
Col du Labouret
Clues de Barles
Site du vélodrome
Beaujeu
La Javie
Le Brusquet
Marcoux
Draix
Archail
Dalle à ammonites
DIGNE-LES-BAINS
Champtercier
Entrages
St-Michel de Cousson
Châteauredon
Clue de Chabrières
Mézel
Beynes
Chaudon-Norante
Barrême
Route Napoléon
Senez
Majastres
St-Jurs
Clue de Taulanne
Prads-Haute-Bléone
Col du Mourre Gros
Col de Maure
Le Vernet
Tête de l'Estrop
Les Trois Evêchés
Col d'Allos
La Foux-d'Allos
Allos
Colmars
Beauvezer
Thorame-Haute
Thorame-Basse
Site de l'Ichtyosaure
La Robine-sur-Galabre
Col de la Cine
Col du Défend
Lambruisse
Col de la Colle St-Michel
Méailles
Le Fugeret
St-André-les-Alpes
Moriez
St-Julien-du-Verdon
Lac de Castillon
Clue de Vergons
Col de Toutes Aures
Annot
Vergons
Angles
La Mure-Argens
Demandolx
Castellane

Cime de la Bonette
St-Dalmas-le-Selvage
St-Étienne-de-Tinée
Auron
Las Donnas
Isola
Isola 2000
Col de la Cayolle
Entraunes
St-Martin-d'Entraunes
Châteauneuf-d'Entraunes
Villeneuve-d'Entraunes
Péone
Valberg
Beuil
Roubion
Roure
St-Sauveur-sur-Tinée
Guillaumes
Sauze
Mt St-Honorat
Gges de Daluis
Daluis
Gges du Cians
St-Léger
Pont de St-Léger
Puget-Théniers
Entrevaux
Touët-sur-Var
Villars-sur-Var
Thiéry
Clans
Marie
Ilonse
Rimplas
Tournefort
Massoins
Malaussène
Toudon
La Penne
Sigale
Roquesteron
Aiglun
Briançonnet
Gars
Conségudes
Clue d'Aiglun
Clue de Rouaine
Clue de St-Auban
Ubraye
Amirat
Collongues
Sallagriffon
St-Pierre
Ascros
St-Antonin
Cuébris
Pierlas
Lieuche
La Croix-sur-Roudoule
Puget-Rostang
Auvare
Rigaud
Croix du Sapet
Mt Mounier
Corborant
Vinadio
Sambuco
Pietraporzio
PARC NATIONAL DU MERCANTOUR
Gorges de Valabres
D 6202
D 4202
N 202
271
309
291

0 2 4 6 8 10 km
289
288
308
309
A
B
C
D
1
2
3
4
5
St-Étienne-de-Tinée
Auron
Las Donnas
Isola
Isola 2000
Mt St-Sauveur
Entraunes
Col des Champs
Col de la Cayolle
St-Martin-d'Entraunes
Villeneuve-d'Entraunes
Châteauneuf-d'Entraunes
Péone
Valberg
Beuil
Roubion
Roure
St-Sauveur-sur-Tinée
Guillaumes
Croix du Sapet
Gorges de Daluis
Daluis
Sausses
St-Léger
Pont de St-Léger
La Croix-sur-Roudoule
Puget-Rostang
Puget-Théniers
Touët-sur-Var
Gorges du Cians
Rigaud
Lieuche
Thiéry
Tournefort
Massoins
Villars-sur-Var
Malaussène
Annot
Entrevaux
Clue de Rouaine
Montagne de Gourdan
La Rochette
St-Pierre
Ascros
Toudon
St-Antonin
Cuébris
Vieux-Pierrefeu
Roquesteron
Sigale
Clue du Riolan
Clue d'Aiglun
Aiglun
Conségudes
Les Ferres
Bouyon
Clue de St-Auban
St-Auban
Briançonnet
Gars
Col de Bleine
Montagne du Cheiron
Gréolières
Coursegoules
Bézaudun-les-Alpes
Cipières
Valderoure
Séranon
Caille
Andon
Baou de St-Jeannet
Col de Vence
Vence
Plateau de Calern
PARC NATIONAL DU MERCANTOUR
PARC NATUREL RÉGIONAL DES PRÉALPES D'AZUR
N 202
D 6202
D 4202
D 2202
D 2211

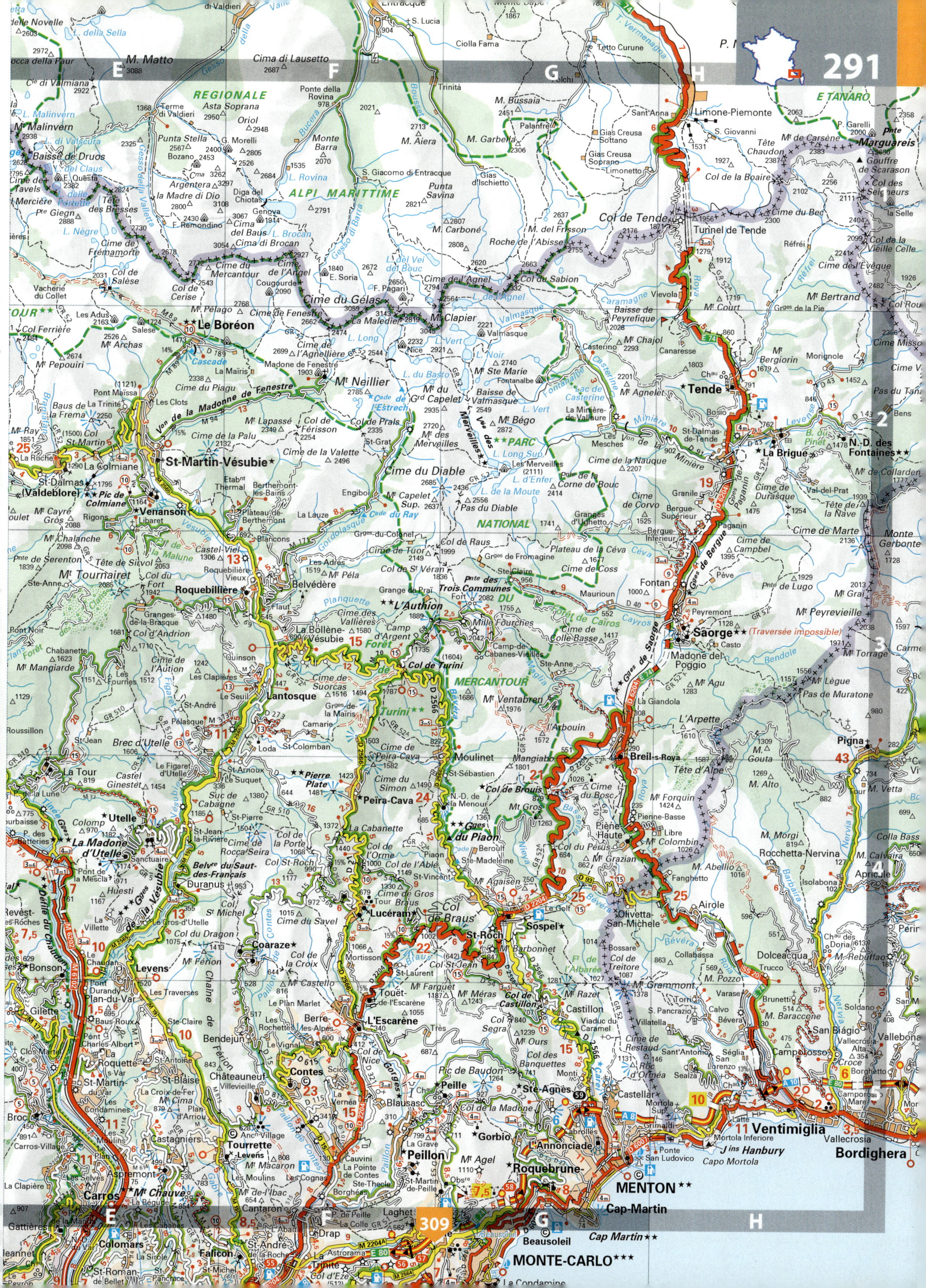
E
F
G
H
REGIONALE
ALPI MARITTIME
PARC
NATIONAL
DU
MERCANTOUR
E TANARO
Limone-Piemonte
Col de Tende
Tunnel de Tende
Tende
La Brigue
N.-D. des Fontaines
St-Dalmas-de-Tende
Saorge
Breil-s-Roya
Sospel
Menton
Cap-Martin
Monte-Carlo
Beausoleil
Roquebrune
Ventimiglia
Bordighera
Dolceacqua
Pigna
Airole
Olivetta-San-Michele
Le Boréon
St-Martin-Vésubie
Venanson
Roquebillière
Belvédère
Lantosque
L'Authion
Col de Turini
Peïra-Cava
Moulinet
Lucéram
L'Escarène
Coaraze
Levens
Contes
Tourrette-Levens
Peillon
Peille
Ste-Agnès
Gorbio
Carros
Colomars
St-André
Falicon
Drap
Laghet
La Trinité
Èze
Utelle
La Madone d'Utelle
Duranus
La Bollène-Vésubie
St-Dalmas (Valdeblore)
La Colmiane
Mt Clapier
Cime du Gélas
Mt Bégo
Cime du Diable
Pas du Diable
Vallée des Merveilles
Fontan
Sospel
Castillon
Col de Braus
L'Annonciade
Mt Agel
Cime de Marte
Mt Bertrand
Mte Marguareis
Rocchetta-Nervina
Apricale
Isolabona
Perinaldo
Camporosso
Vallecrosia
Capo Mortola
Jins Hanbury
Mortola Inferiore
Latte
Valmasque
Castérino
Mt Agnelet
Mt Chajol
Trinità
Entracque
M. Matto
Cima di Lausetto
Mt Malinvern
Baisse de Druos
309

0 2 4 6 8 10 km
272
312
Vielle-St-Girons
Linxe
Étang de Léon
Léon
St-Michel-Escalus
Castets
Taller
Moliets-et-Maa
Moliets-Plage
Messanges
Vieux-Boucau-les-Bains
Azur
Magescq
Soustons
Seignosse-le-Penon
Seignosse-les-Estagnots
Seignosse
Hossegor
Capbreton
Tosse
St-Geours-de-Maremne
St-Vincent-de-Tyrosse
St-Paul-lès-Dax
Saubusse
Angresse
Bénesse-Maremne
Saubion
Orist
Peyrehorade
Labenne
Labenne-Océan
Ondres-Plage
Ondres
Tarnos-Plage
Tarnos
St-Martin-de-Seignanx
Boucau
Anglet
BAYONNE
Mouguerre
Urt
Bidache
Hastingues
Sames
Sorde-l'Abbaye
Guiche
Bardos
Briscous
Cagnotte
Heugas
Pouillon
Orthevielle
Port-de-Lanne
Biarrotte
Biaudos
St-André-de-Seignanx
St-Barthélemy
St-Laurent-de-Gosse
Ste-Marie-de-Gosse
St-Martin-de-Hinx
Saubrigues
St-Jean-de-Marsacq
Josse
Pey
St-Étienne-d'Orthe
Bélus
St-Lon-les-Mines
Seyresse
Œyreluy
St-Pandelon
Herm
Mées
Angoumé
Rivière-Saas-et-Gourby
Tercis-les-Bains
Orx
Lahonce
Urcuit
La Bastide-Clairence
Labastide-Villefranche
Arancou

E
F
G
H
273
313
294
Rion-des-Landes
Beylongue
Boos
Laluque
Lesgor
Carsen-Ponson
St-Yaguen
Meilhan
Tartas
Carcarès-Ste-Croix
Bégaar
Pontonx-s/-l'Adour
Campagne
St-Perdon
Uchacq-et-Parentis
Campet-et-Lamolère
Haut-Mauco
Gourbera
Souprosse
Audon
Gouts
Lamothe
Cauna
Bas-Mauco
Aurice
St-Vincent-de-Paul
Berceau de St-Vincent-de-Paul
Téthieu
Préchacq-les-Bains
Gousse
Vicq-d'Auribat
Onard
Cassen
St-Geours-d'Auribat
Louer
Poyanne
Laurède
Nerbis
Mugron
Toulouzette
St-Sever
DAX
Yzosse
Candresse
Narrosse
Goos
Gamarde-les-Bains
Montfort-en-Chalosse
Nousse
Lourquen
Lahosse
Hinx
Sort-en-Chalosse
Poyartin
Gibret
Baigts
Hauriet
St-Aubin
Montaut
Banos
Audignon
Larbey
Maylis
Caupenne
Bergouey
Doazit
Horsarrieu
Saugnac-et-Cambran
Garrey
Ozourt
Castelnau-Chalosse
Donzacq
Bastennes
Gaujacq
Serreslous-et-Arribans
St-Cricq-Chalosse
Hagetmau
Dumes
Eyres-Moncube
Ste-Colombe
Mimbaste
Bénesse-lès-Dax
Clermont
Pomarez
Arsague
Amou
Brassempouy
Cazalis
Momuy
Labastide-Chalosse
Lacrabe
Morganx
Monségur
Pouillon
Estibeaux
Mouscardès
Castel-Sarrazin
Nassiet
Castaignos-Souslens
Marpaps
Argelos
Poudenx
Peyre
Misson
Habas
Tilh
Labatut
Ossages
St-Girons-en-Béarn
Bonnegarde
Beyries
Bassercles
Castelner
Sault-de-Navailles
Labeyrie
Puyoô
Ramous
Bellocq
Baigts-de-Béarn
Bonnut
Lacadée
St-Médard
Sallespisse
Hagetaubin
Morlanne
Casteide-Candau
Bérenx
Salles-Mongiscard
Orthez
Balansun
Mesplède
Pomps
Carresse-Cassaber
Salies-de-Béarn
Lahontan
St-Cricq-du-Gave
Castagnède
Lanneplaà
Castétis
Argagnon
Arthez-de-Béarn
Castillon
Biron
Sarpourenx
Laà-Mondrans
Doazon
Grotte du Pape
Adour
Luy
Gave de Pau

0 2 4 6 8 10 km
274
293
314
MONT-DE-MARSAN
St-Pierre-du-Mont
Base aérienne
Bretagne-de-Marsan
Mazerolles
Bougue
Laglorieuse
Villeneuve-de-Marsan
St-Cricq-Villeneuve
Perquie
Pujo-le-Plan
St-Gein
Hontanx
Artassenx
Bascons
Castandet
Maurrin
Benquet
Grenade-sur-l'Adour
St-Maurice-sur-Adour
Larrivière-St-Savin
Bordères-et-Lamensans
Cazères-sur-l'Adour
Le Vignau
Lussagnet
Le Houga
Forêt de Géaune
Aire-sur-l'Adour
Barcelonne-du-Gers
Duhort-Bachen
Renung
Eugénie-les-Bains
Classun
Buanes
St-Loubouer
Vielle-Tursan
Bahus-Soubiran
Castelnau-Tursan
Pécorade
Urgons
Geaune
Samadet
Aubagnan
Coudures
Sarraziet
Montsoué
Eyres-Moncube
Montgaillard
Fargues
Serres-Gaston
Ste-Colombe
Payros-Cazautets
Clèdes
Sorbets
Latrille
Maurrin
Miramont-Sensacq
Sarron
St-Agnet
Ségos
Lannux
Aurensan
Vergoignan
Arblade-le-Bas
Gée-Rivière
Bernède
Corneillan
St-Mont
Riscle
Tarsac
St-Germé
Maulichères
Labarthète
Viella
Projan
Verlus
Portet
Diusse
Aubous
Aydie
Castetpugon
Garlin
Moncla
Lauret
Pimbo
Philondenx
Puyol-Cazalet
Lacajunte
Arboucave
Arzacq-Arraziguet
Poursiugues-Boucoue
Boueilh-Boueilho-Lasque
Coublucq
Vignes
Piets-Plasence-Moustrou
Cabidos
Montagut
Malaussanne
Mont-Disse
Conchez-de-Béarn
Cadillon
Aurions-Idernes
Séméacq-Blachon
Lasserre
Crouseilles
Monpezat
Castillon
Arricau-Bordes
Lembeye
Gayon
Lespielle
Burosse-Mendousse
Mascaraàs-Haron
St-Jean-Poudge
Ribarrouy
Taron-Sadirac-Viellenave
Claracq
Garlède-Mondebat
Méracq
Mialos
Fichous-Riumayou
Sévignacq
Lalonquette
Miossens-Lanusse
Carrère
Lannecaube
Lalongue
Mouhous
Uzan
Geus-d'Arzacq
Pomps
Morlanne
Bouillon
Garos
Louvigny
Arreule
Lonçon
Auga
Viven
Arnos
Mazerolles
Monségur
Morganx
Mant
Monget
Arget
Labastide-d'Armagnac
Lagrange
Mauvezin-d'Armagnac
Cazaubon
Monclar
Mauléon-d'Armagnac
Lannemaignan
Arthez-d'Armagnac
Montégut
Estang
Castex-d'Armagnac
Monguilhem
Maupas
Toujouse
Bourdalat
Monlezun-d'Armagnac
Panjas
Laujuzan
Mormès
Perchède
Magnan
Arblade-le-Haut
Lanne-Soubiran
Luppé-Violles
St-Griède
St-Martin-d'Armagnac
Lelin-Lapujolle
Caumont
Maumusson-Laguian
Cannet
Lacquy
Le Frêche
Ste-Foy
Pouydesseaux
Bernet
Ognoas
St-Vidou
Bourdalat
Gaube
Laberenc
Lesbordes

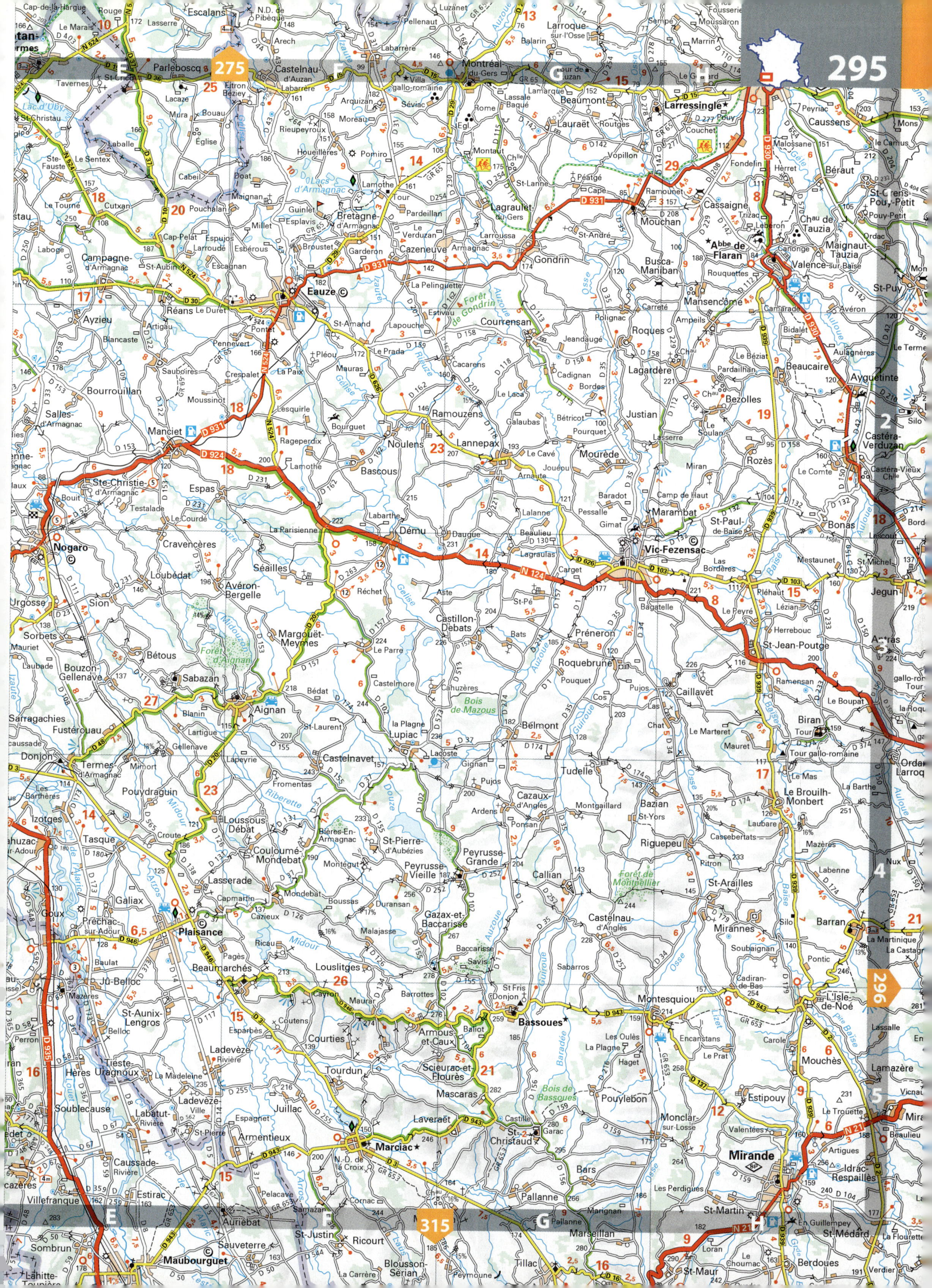

Parleboscq
275
Castelnau-d'Auzan
Montréal-du-Gers
Larroque-sur-l'Osse
Larressingle
Lauraët
Beaumont
Cazeneuve
Gondrin
Mouchan
Lagraulet-du-Gers
Bretagne-d'Armagnac
Eauze
Campagne-d'Armagnac
Réans
Ayzieu
Courrensan
Roques
Lagardère
Valence-sur-Baïse
Abbaye de Flaran
Mansencôme
Beaucaire
Ayguetinte
Castéra-Verduzan
Bezolles
Justian
Mourède
Rozès
Manciet
Bourrouillan
Salles-d'Armagnac
Ramouzens
Noulens
Lannepax
Bascous
Ste-Christie-d'Armagnac
Nogaro
Espas
Dému
Vic-Fezensac
Marambat
St-Paul-de-Baïse
Bonas
Séailles
Cravencères
Loubédat
Avéron-Bergelle
Margouët-Meymes
Castillon-Debats
Préneron
Roquebrune
St-Jean-Poutge
Bétous
Sabazan
Aignan
Caillavet
Biran
Fustérouau
Termes-d'Armagnac
Castelnavet
Lupiac
Belmont
Tudelle
Le Brouilh-Monbert
Pouydraguin
Loussous-Débat
Couloumé-Mondebat
St-Pierre-d'Aubézies
Peyrusse-Grande
Peyrusse-Vieille
Cazaux-d'Anglès
Bazian
Riguepeu
St-Arailles
Tasque
Lasserade
Galiax
Plaisance
Préchac-sur-Adour
Gazax-et-Baccarisse
Callian
Castelnau-d'Anglès
Mirannes
Barran
Ju-Belloc
Beaumarchés
Louslitges
Bassoues
Montesquiou
L'Isle-de-Noé
296
St-Aunix-Lengros
Courties
Armous-et-Cau
Scieurac-et-Flourès
Mascaras
Ladevèze-Rivière
Tourdun
Mouchès
Estipouy
Hères
Uragnoux
Soublecause
Ladevèze-Ville
Juillac
Pouylebon
Monclar-sur-Losse
Armentieux
Marciac
St-Christaud
Mirande
Caussade-Rivière
Estirac
Villefranque
Auriébat
St-Justin
Ricourt
315
Pallanne
Marseillan
St-Martin
St-Médard
Sombrun
Maubourguet
Sauveterre
Blousson-Sérian
Tillac
Berdoues
St-Maur

0 2 4 6 8 10 km
276
295
316
A
B
C
D
Lectoure
Fleurance
AUCH
Gimont
Mauvezin
Gramont
St-Clar
Preignan
Lavardens
Samatan
Larroque-Engalin
St-Avit-Frandat
Castéra-Lectourois
Castet-Arrouy
Lachapelle
Puygaillard-de-Lomagne
Balignac
Lavit
Montgaillard
Marsac
Plieux
L'Isle-Bouzon
Terraube
Roquepine
Marsolan
Blaziert
Miradoux
St-Puy
Monluc
Mas-d'Auvignon
Pauilhac
Castelnau-d'Arbieu
Avezan
St-Léonard
Tournecoupe
Gaudonville
Lamothe-Goas
La Sauvetat
Ste-Radegonde
Céran
Brugnens
Cadeilhan
Bivès
Estramiac
Avensac
Marignac
Homps
Maubec
Monfort
Solomiac
Montestruc-sur-Gers
Réjaumont
Castéra-Verduzan
Aygueinte
Préchac
Puységur
Roquefort
Gavarret-sur-Aulouste
Miramont-Latour
Tourrenquets
Goutz
Taybosc
Ste-Gemme
St-Brès
Sérempuy
Mirepoix
Puycasquier
Mansempuy
Crastes
Augnax
St-Antonin
Roquelaure
Montaut-les-Créneaux
Nougaroulet
Ansan
St-Sauvy
Touget
Blanquefort
Jegun
St-Lary
Peyrusse-Massas
Castillon-Massas
Ordan-Larroque
Duran
Montégut
Leboulin
Lahitte
Marsan
Aubiet
Lussan
L'Isle-Arné
Juilles
Pessan
Pavie
Auterive
Lasseube-Propre
Boucagnères
Haulies
Castelnau-Barbarens
St-Caprais
Bédéchan
Aurimont
Montiron
St-André
Tirent-Pontéjac
Lahas
Bézéril
Noilhan
Saramon
Polastron
St-Martin-Gimois
Orbessan
Durban
Sansan
Traversères
Lartigue
Labéjan
Miramont-d'Astarac
Lamazère
Lasséran
St-Jean-le-Comtal
Ornézan
Seissan
Monferran-Plavès
Lamaguère
Sémézies-Cachan
St-Élix-d'Astarac
Montamat
St-Soulan
N 21
N 124

Asques
St-Arroumex
Garganvillar
Cordes-Tolosannes
Escatalens
Lacourt-St-Pierre
Fajolles
Lafitte
Pente d'eau
Bressols
Labourgade
Montech
Gabachoux
St-Nauphary
Coutures
Montain
Bourret
Corbarieu
Larrazet
Durands
Bois de Boutanelle
Forêt d'Agre
Sérignac
Labastide-St-Pierre
Reyniès
Lac de Boulet
St-Sardos
Finhan
Montbartier
Orgueil
Belbèse
Mas-Grenier
Monbéqui
Vigueron
Beaumont-de-Lomagne
Bessens
Campsas
Nohic
Auterive
Comberouger
Dieupentale
Verdun-s-Garonne
Fabas
Bouillac
Canals
Escazeaux
Savenès
Fronton
Faudoas
Les Quatres Chemins
Villaudric
Grisolles
Beaupuy
Pompignan
St-Rustice
Gariès
Lagraulet-St-Nicolas
Aucamville
Le Causé
Le Burgaud
Bellesserre
Brignemont
Cabanac-Séguenville
St-Cézert
Ondes
Castelnau-d'Estrétefonds
Bouloc
Cox
Grenade
Villeneuve-lès-Bouloc
Drudas
Launac
Puysségur
St-Jory
St-Sauveur
Cologne
Pelleport
Larra
Bruguières
Merville
Cadours
Le Grès
Ardizas
Caubiac
Thil
Bretx
Lespinasse
Gratentour
Encausse
St-Paul-s-Save
Daux
Seilh
Gagnac
St-Alban
Castelginest
Thoux
Garac
Montaigut-s-Save
Roquelaure-St-Aubin
Vignaux
Menville
Aussonne
Fenouillet
Bellegarde-Ste-Marie
Le Castéra
Lévignac
Mondonville
Aucamville
Monbrun
Beauzelle
Cornebarrieu
Ste-Livrade
Pradère-les-Bourguets
Razengues
Beaupuy
Ségoufielle
Lasserre
Forêt de Bouconne
Blagnac
Mérenville
L'Isle-Jourdain
Brax
Colomiers
Pibrac
Clermont-Savès
Léguevin
Pujaudran
Monferran-Savès
Frégouville
Marestaing
Tournefeuille
Castillon-Savès
La Salvetat-St-Gilles
Auradé
Lias
Plaisance-du-Touch
Caumont
Fontenilles
Endoufielle
Bonrepos-sur-Aussonnelle
Fonsorbes
Cugnaux
Saiguède
Empeaux
Cazaux-Savès
Portet-s-Garonne
Villeneuve-Tolosane
Labastide-Savès
St-Thomas
St-Lys
Pinsaguel
Seysses-Savès
Pompiac
Frouzins
Roques
Seysses
Ste-Foy-de-Peyrolières
Lacroix-Falgarde
Roquettes
GARONNE
277
298
317

0 2 4 6 8 10 km
278
297
318
TOULOUSE
Puycelsi
Monclar-de-Quercy
Montdurausse
Verlhac-Tescou
Montgaillard
Salvagnac
Villemur-sur-Tarn
Bondigoux
Layrac-s-Tarn
Mirepoix-sur-Tarn
Villematier
La Magdelaine-sur-Tarn
Bessières
Buzet-sur-Tarn
Mézens
Rabastens
Couffouleux
St-Sulpice-la-Pointe
Giroussens
Lavaur
Labastide-St-Georges
Lisle-sur-Tarn
Gaillac
Montans
Parisot
Loupiac
Grazac
St-Urcisse
Castelnau-de-Montmiral
Mauriac
Broze
Vieux
Cahuzac
Vaqcquiers
Montjoire
Paulhac
Bazus
Gémil
Montastruc-la-Conseillère
Garidech
Roquesérière
Azas
Lugan
St-Jean-Lherm
Montpitol
Garrigues
Verfeil
Bonrepos-Riquet
Gragnague
Castelmaurou
Rouffiac-Tolosan
St-Marcel-Paulel
L'Union
Balma
Montrabé
Pin-Balma
Mondouzil
Flourens
Quint-Fonsegrives
Drémil-Lafage
Aigrefeuille
Lauzerville
Lanta
St-Pierre
Teulat
Bourg-St-Bernard
Francarville
Saussens
Vendine
Villeneuve-lès-Lavaur
Maurens-Scopont
Roquevidal
Loubens-Lauragais
Caraman
Auriac-sur-Vendinelle
Mascarville
Prunet
Aurin
Maureville
Préserville
Odars
Labège
Escalquens
Belbèze
Fourquevaux
Ramonville-St-Agne
Castanet-Tolosan
Auzielle
Lacougotte-Cadoul
Viviers-lès-Lavaur
Montcabrier
Bannières
Belcastel
Massac-Séran
Teyssode
Pratviel
Marzens
Aucamville
Fonbeauzard
Launaguet
St-Jean
Castelginest
Pechbonnieu
St-Loup-Cammas
Gratentour
Montberon
Labastide-St-Sernin
Gargas
Villariès
Villeneuve-lès-Bouloc
Vacquiers
Villaudric
Fronton

Albi
St-Juéry
Lescure-d'Albigeois
St-Michel-de-L.
Arthès
Marssac-s-T.
Terssac
Le Séquestre
Rivières
Lagrave
Puygouzon
Cambon
Cunac
Saliès
Rouffiac
Carlus
Castelnau-de-Lévis
Fréjairolles
Labastide-Dénat
Poulan-Pouzols
Aussac
Cadalen
Técou
Fénols
Orban
Dénat
Lamillarié
Lombers
Réalmont
Ronel
Roumégoux
Fauch
Mouzieys-Teulet
Villefranche-d'Albigeois
Ambialet
Bellegarde-Marsal
Teillet
Le Travet
Mont-Roc
Labessière-Candeil
Lasgraisses
Sieurac
Laboutarie
Busque
Graulhet
Montdragon
St-Julien-du-Puy
St-Genest-de-Contest
St-Lieux-Lafenasse
St-Antonin-de-Lacalm
Arifat
Montredon-Labessonnié
Vénès
Lautrec
Moulayrès
Brousse
Missècle
Peyregoux
Puycalvel
Vialas
Serviès
Damiatte
St-Paul-Cap-de-Joux
Guitalens-L'Albarède
Cuq
Jonquières
Laboulbène
St-Germier
Vabre
Lacrouzette
Roquecourbe
Burlats
Castres
Carbes
Fréjeville
Sémalens
Vielmur-s-Agout
Prades
Appelle
Puylaurens
St-Germain-des-Prés
Cambounet-s-le-Sor
Saïx
Soual
Viviers-lès-Montagnes
Navès
Lagarrigue
Valdurenque
Noailhac
Boissezon
Labruguière
Caucalières
Payrin-Augmontel
Aussillon
Escoussens
Massaguel
Lescout
Lempaut
Blan
Péchaudier
St-Sernin-lès-Lavaur
St-Affrique-les-Montagnes
Dourgne
Belleserre
Palleville
Garrevaques
Lagardiolle
St-Avit
Pont-de-Larn
Bout-du-Pont-de-Larn
Sidobre
Tarn
Agout
Dadou
Thoré
279
319
300

0 2 4 6 8 10 km
281
299
320
A
B
C
D
1
2
3
4
5
Brousse-le-Château
St-Izaire
St-Affrique
Vabres-l'Abbaye
Tour
Coupiac
Plaisance
Curvalle
Martrin
PARC
NATUREL
RÉGIONAL
DES
GRANDS
CAUSSES
Balaguier-s-Rance
St-Sernin-s-Rance
Alban
Le Fraysse
Miolles
Pousthomy
Montfranc
Massals
Montlaur
Combret
Belmont-s-Rance
Camarès
St-Juéry
Rebourguil
Laval-Roquecezière
St-Salvi-de-Carcavès
Le Masnau-Massuguiès
St-Sever-du-Moustier
Murasson
Senaux
Escroux
Gijounet
Lacaune
Pierre Plantée
Moulin-Mage
Barre
Peux-et-Couffouleux
Prohencoux
St-Pierre-de-Trivisy
Lacaze
Vabre
Espérausses
Berlats
Brassac
Nages
MONTS DE LACAUNE
PARC NATUREL RÉGIONAL DU HAUT-LANGUEDOC
Murat-s-Vèbre
Lamontélarié
La Salvetat-sur-Agout
Fraisse-sur-Agout
Anglès
Le Soulié
St-Pons-de-Thomières
Riols
MONTS DE L'ESPINOUSE
St-Étienne-d'Albagnan
St-Vincent-d'Olargues
Le Vintrou
Bout-du-Pont-de-Larn
Rouairoux

Roquefort-s-Soulzon
282
Ste-Eulalie-de-Cernon
L'Hospitalet-du-Larzac
GRANDS CAUSSES
St-Jean-d'Alcapiès
Viala-du-Pas-de-Jaux
Pic de Cougouille
La Blaquererie
Cazejourdes
Combe-Redonde
Alzon
Campestre-et-Luc
La Couvertoirade
Caussenuéjouls
Rocher du Larzac
Tour des Aiguillons
Cornus
(St-Jean-et-St-Paul)
Versols-et-Lapeyre
St-Beaulize
(Marnhagues-et-Latour)
St-Félix-de-Sorgues
Fondamente
Montpaon
Le Caylar
Plateau de Guilhaumard
Aven de Mas-Raynal
Les Rives
Sorbs
Le Cros
St-Michel
Pas de l'Escalette
St-Félix-de-l'Héras
Romiguières
Gissac
Sylvanès
Montagnol
Col Notre-Dame
Ceilhes-et-Rocozels
Roqueredonde
Fayet
Tauriac-de-Camarès
Brusque
Cirque de Labeil
Pégairolles-de-l'Escalette
Laroux
Poujols
Cirque du Bout du Monde
St-Pierre-de-la-Fage
Soubès
St-Étienne-de-Gourgas
Fozières
Prieuré St-Michel-de-Grandmont
Lodève
Soumont
Mélagues
Puy du Lion
Avène
Les Plans
Joncels
Col de Montmare
Mont Agut
Le Bousquet-d'Orb
Lunas
Olmet-et-Villecun
Le Puech
Celles
Lac du Salagou
Octon
St-Geniès-de-Varensal
St-Étienne-Estréchoux
Camplong
Dio-et-Valquières
La Tour-sur-Orb
Brenas
Mérifons
Clermont-l'Hérault
Cirque de Mourèze
Mourèze
Villeneuvette
Castanet-le-Haut
Sommet de l'Espinouse
St-Gervais-sur-Mare
Col de l'Ourtigas
Rosis
Taussac-la-Billière
Villemagne-l'Argentière
Bédarieux
Carlencas-et-Levas
Salasc
Lieuran-Cabrières
Mont Caroux
Lamalou-les-Bains
Hérépian
Colombières-sur-Orb
Le Poujol-sur-Orb
Les Aires
Pézènes-les-Mines
Valmascle
Cabrières
Péret
Aspiran
Pic de la Coquillade
Faugères
Roquessels
Vailhan
Fontès
Neffiès
Adissan
Caussiniojouls
Laurens
Gabian
Roujan
Cassan
Caux
Nizas
St-Nazaire-de-Ladarez
Autignac
Roquebrun
Berlou
Vieussan
321
302
Lézignan-la-Cèbe

0 2 4 6 8 10 km
283
301
322
A
B
C
D
1
2
3
4
5
Ganges
St-Julien-de-la-Nef
Sumène
St-Hippolyte-du-Fort
Alzon
Cirque de Navacelles
Vissec
Blandas
Rogues
Gorniès
St-Laurent-le-Minier
Cazilhac
Laroque
Agonès
Brissac
St-Bauzille-de-Putois
Grotte des Demoiselles
Montoulieu
Pompignan
Ferrières-les-Verreries
Claret
St-Maurice-Navacelles
Montagne de la Séranne
St-André-de-Buèges
St-Jean-de-Buèges
Pégairolles-de-Buèges
Causse-de-la-Selle
St-Martin-de-Londres
Notre-Dame-de-Londres
Pic St-Loup
Cazevieille
St-Mathieu-de-Tréviers
Valflaunès
Lauret
Le Triadou
Les Matelles
St-Vincent-de-Barbeyrargues
Prades-le-Lez
St-Clément-de-Rivière
St-Gély-du-Fesc
Murles
Viols-le-Fort
Puéchabon
Argelliers
St-Guilhem-le-Désert
Grotte de Clamouse
Arboras
Montpeyroux
St-Jean-de-Fos
Aniane
Gignac
St-André-de-Sangonis
Jonquières
St-Félix-de-Lodez
Clermont-l'Hérault
Canet
Brignac
Pouzols
Popian
St-Bauzille-de-la-Sylve
Le Pouget
Vendémian
Tressan
Plaissan
Aspiran
Paulhan
Campagnan
St-Pargoire
Usclas-d'Hérault
St-Pons-de-Mauchiens
Villeveyrac
Abbaye de Valmagne
La Boissière
Vailhauquès
Combaillaux
Montarnaud
St-Paul-et-Valmalle
Murviel-lès-Montpellier
Pignan
Saussan
Fabrègues
Cournonterral
Cournonsec
Montbazin
Gigean
Lavérune
Juvignac
Grabels
Montferrier-sur-Lez
Clapiers
St-Georges-d'Orques
St-Jean-de-Védas
Villeneuve-lès-Maguelone
Mireval
Vic-la-Gardiole
Maguelone
Montpellier Fabrègues
St-Guiraud
St-Saturnin-de-Lucian
St-Jean-de-la-Blaquière
Mont St-Baudille
Lodève

284
E
F
G
H
Durfort-et-St-Martin-de-Sossenac
Canaules-et-Argentières
Lédignan
Domessargues
Moussac
Ste-Eulalie
St-Chaptes
Aigremont
Mauressargues
Sauzet
Puechredon
Logrian-Florian
Sauve
St-Théodorit
Montagnac
Montignargues
La Rouvière
Dions
Gouffre Espeluca
Ste-Anastasie
Le Castélas
Quissac
Bragassargues
Cannes-et-Clairan
Moulézan
St-Bauzély
Fons
Gajan
La Calmette
Forêt de Coutach
Orthoux-Sérignac
Quilhan
Liouc
Montmirat
St-Mamert-du-Gard
Camp Militaire des Garrigues
Pic de Guerre
Poulx
Sardan
Crespian
Vic-le-Fesq
Parignargues
St-Pierre-de-Vacquière
Tour de Tholozan
Combas
Montpezat
Brouzet-lès-Quissac
Les-Hauts-de-Nîmes
NÎMES
Tour Magne
Arènes
Gailhan
Lecques
Carnas
St-Clément
Fontanès
Les Baraques-de-Fontanès
St-Côme-et-Maruéjols
Clarensac
Caveirac
Sauteyrargues
Vabre
Bois de Paris
Asperes
Salinelles
St-Julien-de-Salinelles
Souvignargues
St-Étienne-d'Escattes
St-Dionisy
Langlade
Milhaud
Caissargues
Puech-Carbonnier
Garrigues
Campagne
Aujargues
Calvisson
Nages-et-Solorgues
Boissières
Sommières
Villevieille
Roc de Gachonne
Congénies
Bernis
Garons
Buzignargues
Galargues
Saussines
Junas
Aubais
Uchaud
Aubord
Nîmes-Arles-Camargue
St-Bauzille-de-Montmel
Montaud
St-Hilaire-de-Beauvoir
Boisseron
Aigues-Vives
Mus
Vergèze
Vestric-et-Candiac
Générac
St-Jean-de-Cornies
Beaulieu
St-Christol
St-Séries
Villetelle
Codognan
Beauvoisin
Puech de Dardaillon
St-Drézéry
Restinclières
Saturargues
Gallargues-le-Montueux
Candiac
Sussargues
Vérargues
Ambrussum
Mas d'Hivernaty
Vauvert
St-Geniès-des-Mourgues
Lunel
Aimargues
Le Cailar
Castries
Baillargues
St-Brès
Valergues
Lunel-Viel
Vendargues
Marsillargues
Franquevaux
Le Crès
St-Aunès
Mudaison
Lansargues
St-Just
St-Nazaire-de-Pézan
St-Laurent-d'Aigouze
Gallician
Étang de Scamandre
MONTPELLIER
Candillargues
Étang du Charnier
Mauguio
Tour Carbonnière
Étang de Mauguio ou de l'Or
Montpellier-Méditerranée
Parc des Expositions
Pérols
Aigues-Mortes
Sylvéréal
Avignon
La Grande-Motte
Carnon-Plage
Le Grau-du-Roi
Seaquarium
Port-Camargue
Palavas-les-Flots
Golfe d'Aigues-Mortes
Pointe de l'Espiguette
L'Espiguette
Étang du Roi
323
304

0 2 4 6 8 10 km
284
303
325
A
B
C
D
1
2
3
4
5
AVIGNON
Villeneuve-lès-Avignon
Rochefort-du-Gard
Le Pontet
Morières-lès-A.
Montfavet
Remoulins
Fournès
Estézargues
Domazan
Saze
Les Angles
Les Issarts
Barbentane
Rognonas
Châteaurenard
Noves
Aramon
Théziers
Montfrin
Meynes
Sernhac
Lédenon
Cabrières
Poulx
St-Gervasy
Bezouce
Marguerittes
Redessan
Manduel
Rodilhan
Bouillargues
Garons
Bellegarde
St-Gilles
Beaucaire
Jonquières-St-Vincent
Vallabrègues
Tarascon
Boulbon
Abbaye St-Michel-de-Frigolet
La Montagnette
Graveson
Maillane
Eyragues
St-Rémy-de-Provence
Les Antiques
Glanum
Mas-Blanc-des-Alpilles
St-Étienne-du-Grès
St-Gabriel
Chaîne des Alpilles
Les Baux-de-Provence
Fontvieille
Moulin de Daudet
Paradou
Maussane-les-Alpilles
Mouriès
Abbaye de Montmajour
ARLES
Fourques
Raphèle-lès-Arles
St-Martin-de-Crau
St-Hippolyte
Moulès
Saliers
Gimeaux
Musée de la Camargue
PARC NATUREL RÉGIONAL DE CAMARGUE
Étang de Vaccarès
PLAINE DE LA CRAU
Le Sambuc
Salin-de-Badon
Étang de Malagroy
Méjanes
Villeneuve
Mas-Thibert
Marais du Vigueirat
Grand Rhône
Petit Rhône
Durance
Rhône
NÎMES-ARLES-CAMARGUE
Aqueduc romains
Rochers d'Entreconque
Parc militaire de Baussenq
Étang de Consécanière
Maguelonne

E
F
G
H
285
286
326
306
Jonquerettes
St-Saturnin-lès-Avignon
Vellerон
Cambuisson
La Crémade
Pouraque
Les Vergiers
Les Beylons
Murs
Fontjouvale
Lioux
L'Isle-sur-la-Sorgue
Le Thor
Châteauneuf-de-Gadagne
Caumont-sur-Durance
Saumane-de-Vaucluse
Fontaine-de-Vaucluse
Abbaye de Sénanque
Gordes
Village des Bories
Cabrières-d'Avignon
Lagnes
Les Cèdres
Joucas
Roussillon
Chaussée des Géants
Villars
Gargas
Apt
St-Michel
Velorgues
Chartreuse de Bonpas
Les Vignères
Petit Palais
Trente-Mouttes
Coustellet
Beaumettes
St-Pantaléon
N.-D.-de-Lumières
Goult
La Verrière
Pont Julien
L'Isolette
Les Tourrettes
Cabannes
Cavaillon
St-Andiol
Robion
Taillades
Maubec
Oppède
Ménerbes
Lacoste
Bonnieux
Buoux
Sivergues
Prieuré de St-Symphorien
Fort de Buoux
Vidauque
Oppède-le-Vieux
Petit Luberon
MONTAGNE DU LUBERON
Enclos des Bories
Plan-d'Orgon
Mollégès
Cheval-Blanc
Massif des Cèdres
Tête des Buisses
Gerbaud
Vaugines
Orgon
N.-D.-de-Beauregard
Durance
Rocher des Onze Heures
Belvédère les Portalets
Roquefraîche
Cap de Serre
Lourmarin
Puyvert
Eygalières
NATUREL
Les Plaines
La Fabrique
Le Perier
Redon
La Lempe
Mérindol
Puget
Lauris
Cadenet
Sénas
Malespine
Mallemort
Le Colombier
Brame-Jean
DES
Roquemartine
Castelas de Roquemartine
Les Marmets
La Baronnerie
Charleval
Abbaye de Silvacane
La Roque-d'Anthéron
Bassin de St-Christophe
Aureille
Eyguières
Grottes de Calès
Lamanon
Alleins
Vernègues
Temple romain
Cazan
Plateau de Sèze
Chaîne des Côtes
St-Estève-Janson
Rognes
Les Paluds
La Jasse
Mas-Neuf
Aurons
Lambesc
Aigueballe
St-Suffren
L'Étape
Chaîne de la Trévaresse
Château la Coste
La Calanque
Salon-de-Provence
Pélissanne
La Barben
Zoo
St-Cannat
Les Décanis
La Madeleine
Istres
Miramas
Grans
Lançon-Provence
Val-d'Estable
Caseneuve
Forêt de St-Cannat
Les Quatre-Termes
La Montauronne
Éguilles
Camp militaire
Centre d'essais
Le Pont-de-Rhaud
Contoux
Cornillon-Confoux
Champ de Tir
La Fare-les-Oliviers
Coudoux
Ventabren
Miramas-le-Vx
St-Chamas
St-Léger
Pont Flavien
Calissanne
Les Guigues
Les Baisses
Pont de la Fare
La Bastide Neuve
Velaux
Les Tuilières
Les Milles
Oppidum du Castellan
Port de Beau Rivage
La Bosque
Meynes
Aqueduc de Roquefavour
Saragousse
Mauran
St-Estève
La Suzanne
Bouquet
Istres-le-Tubé
Port des Heures Claires
Les Quatre-Vents
ÉTANG DE BERRE
Rassuen
Ventillon
Berre-l'Étang
Rognac
Vitrolles
Port du Passet
Hydroaéodrome
L'Agneau
Massane
St-Mitre-
Les Carabins
Aix-en-Provence
La Mérindole
Aix-la-Duranne
La Tour-d'Arbois
Calas
La Mounine
LA PROVENÇALE
AUTOROUTE DU SOLEIL

0 2 4 6 8 10 km
287
305
327
Apt
Saignon
Céreste
Reillanne
Oppedette
Viens
Gignac
Mane
Prieuré de Salagon
Sauvan
St-Michel-l'Observatoire
Observatoire de Hte Provence
Villeneuve
St-Maime
Dauphin
Volx
Manosque
Pierrevert
Montfuron
Villemus
Montjustin
Vitrolles-en-Luberon
Grand Lubéron
Mourre Nègre
Auribeau
Castellet
Sivergues
Cabrières-d'Aigues
La Motte-d'Aigues
Peypin-d'Aigues
St-Martin-de-la-Brasque
Grambois
La Bastide-des-Jourdans
Beaumont-de-Pertuis
Cucuron
Vaugines
Sannes
Ansouis
Villelaure
La Tour-d'Aigues
Pertuis
Mirabeau
St-Paul-lès-Durance
Centre d'Études de Cadarache (C.E.A.)
Vinon-sur-Verdon
Gréoux-les-Bains
Ginasservis
Corbières-en-Provence
Ste-Tulle
Meyrargues
Peyrolles-en-Provence
Jouques
Le Puy-Ste-Réparade
Venelles
Rians
Esparron
Vauvenargues
Montagne Ste-Victoire
AIX-EN-PROVENCE
Le Tholonet
Puyloubier
Pourrières
Ollières
Seillons-Source-d'Argens
St-Maximin-la-Ste-Baume
Trets
Rousset
Fuveau
Gardanne
Bouc-Bel-Air
Meyreuil
Châteauneuf-le-Rouge
PARC NATUREL RÉGIONAL DU LUBERON
Durance
Verdon
A B C D
1 2 3 4 5

287
288
308
328
E
F
G
H
Oraison
Valensole
Puimoisson
Riez
Moustiers-Ste-Marie
Allemagne-en-Provence
St-Martin-de-Brômes
Montagnac-Montpezat
Ste-Croix-du-Verdon
Les Salles-sur-Verdon
Aiguines
Bauduen
N.-D. de Baudinard
Baudinard-sur-Verdon
St-Laurent-du-Verdon
Quinson
Artignosc-s-Verdon
Esparron-de-Verdon
Gréoux
Montmeyan
Régusse
Moissac-Bellevue
Aups
Vérignon
Tourtour
Villecroze
Salernes
Sillans-la-Cascade
Fox-Amphoux
Tavernes
Varages
La Verdière
Barjols
Pontevès
Cotignac
Entrecasteaux
St-Antonin-du-Var
Lorgues
Carcès
Montfort-sur-Argens
Correns
Châteauvert
Brue-Auriac
Notre-Dame
Bras
Le Val
Vins-sur-Caramy
Cabasse
Le Thoronet
Abbe du Thoronet
Flayosc
Ampus
La Palud-sur-Verdon
Rougon
Pont de l'Artuby
Balcons de la Mescla
Point Sublime
Majastres
St-Jurs
PARC
NATUREL
RÉGIONAL
DU
VERDON
Lac de Sainte Croix
GRAND CANYON
Corniche Sublime
Cirque de Vaumale
Gorges du Verdon
CAMP
MILITAIRE
Grand Plan de Canjuers
Bois de Malassoque
Bois de Pelenq
Bois de Bessillon
Gros Bessillon
Bois de Queiraud
Cascade
Argens
Ste-Maxime
Mont-St-Maxime
Roumoules
Valbonne
Brunet
St-Julien-d'Asse
Bras-d'Asse
St-Martin-de-Pallières
Rians

0 2 4 6 8 10 km
Castellane
Col des Leques
Cadières de Brandis
Demandolx
Clue de Taulanne
Lac de Castillon
Julien-du-Verdon
Vergons
Clue de Vergons
Soleilhas
St-Auban
Clue de St-Auban
Briançonnet
Gars
Amirat
Collongues
Les Mujouls
Clue d'Aiglun
Col de Bleine
Valderoure
Séranon
Caille
Andon
Col de Valferrière
Thorenc
Montagne de l'Audibergue
Escragnolles
Pas de la Faye
St-Vallier-de-Thiey
Cabris
Spéracèdes
Le Tignet
St-Cézaire-sur-Siagne
Grottes de St-Cézaire
Souterroscope de la Baume Obscure
Mons
Roche Taillée
Fayence
Tourrettes
Callian
Montauroux
Lac de St-Cassien
Seillans
Bargemon
Claviers
Callas
Col du Bel-Homme
CANJUERS
Comps-sur-Artuby
Bargème
La Bastide
La Roque-Esclapon
Châteauvieux
Brenon
Trigance
Balcons de la Mescla
Pont de l'Artuby
VERDON
MILITAIRE
Rougon
Point Sublime
Route Napoléon
Châteaudouble
Ampus
Montferrat
Figanières
Draguignan
Flayosc
Trans-en-Provence
Lorgues
Les Arcs
Taradeau
Vidauban
La Motte
Le Muy
Roquebrune-sur-Argens
Puget-s-Argens
Fréjus
Fréjus-Plage
St-Raphaël
Boulouris
Agay
Bagnols-en-Forêt
Les Adrets-de-l'Estérel
Mt Vinaigre
MASSIF DE L'ESTEREL
Forêt de St-Paul
St-Paul-en-Forêt
Le Lion
Golfe
Sommet du Peynier
Ste-Roseline
St-Martin
Massif du Tanneron
Peymeinade
Ste-Maxime

307
289
329

289
290
E
F
G
H
NICE
GRASSE
CANNES
ANTIBES
Vallauris
Le Cannet
Golfe-Juan
Juan-les-Pins
Cap d'Antibes
Mandelieu-la-Napoule
La Napoule
Théoule-sur-Mer
Mougins
Mouans-Sartoux
Pégomas
Valbonne
Sophia-Antipolis
Biot
Villeneuve-Loubet
Villeneuve-Loubet-Plage
Cagnes-s-M.
Cros-de-Cagnes
St-Laurent-du-Var
St-Paul-de-Vence
La Colle-sur-Loup
Vence
Tourrettes-sur-Loup
Gourdon
Le Bar-s-Loup
Carros
Levens
Coursegoules
Gréolières
Bouyon
Gattières
Colomars
Falicon
Contes
Tourrette-Levens
Peillon
L'Escarène
La Turbie
Èze
Beaulieu-sur-Mer
Villefranche-sur-Mer
St-Jean-Cap-Ferrat
Cap Ferrat
MONTE-CARLO
MONACO
Beausoleil
Cap-d'Ail
Cap-Martin
Île Ste-Marguerite
Île St-Honorat
Îles de Lérins
Golfe de la Napoule
Golfe Juan
Baie des Anges
CÔTE D'AZUR
l'Esterel
Le Trayas
Anthéor
Pic du Cap Roux
Pte de l'Esquillon
PARC NATUREL RÉGIONAL DES PRÉALPES D'AZUR
NICE CÔTE-D'AZUR
Marineland
Plateau du Milieu
Golfe de St-Hospice

0 2 4 6 8 10 km
C
292
D
Capbreton
Labenne-Océan
Labenne
Ondres-Plage
Ondres
Tarnos-Plage
Tarnos
St-Martin-de-Seignanx
Boucau
La Barre
Chiberta
L. de Chiberta
Chambre d'Amour
Pnte St-Martin
Rer de la Vierge
BAYONNE
Anglet
BIARRITZ
Ilbarritz
L. de Mouriscot
Bidart
Bassussarry
Arcangues
Ste-Madeleine Les Embruns
Plage de Parlementia
Guéthary
Arbonne
Ahetze
Villefranque
Ustaritz
CÔTE BASQUE
ST-JEAN-DE-LUZ
Pnte de Ste-Barbe
Corniche Basque
Socoa
Ciboure
I. Amuitz
Cabo Higer
Pnte de Ste-Anne
Punta Turulla
Na Sa de Guadalupe
Hendaye-Plage
Abbadie
Hondarribia Fuenterrabía
Hendaye
Urrugne
Alto del Jaizkibel
Monte Jaizkibel
Irun
Behobie
Biriatou
San Martzial
Col d'Ibardin
Olhette
Ascain
St-Pée-s-Nivelle
Espelette
Souraïde
Larressore
Halsou
Jatxou
Sare
La Rhune
Col de St-Ignace
Ainhoa
Itxassou
Elizalde
Lezo
Gurutze
Ergoien
Peñas de Haya
Pagogaña
Castillo del Inglés
Endarlatsa
Bera
Lesaka
Pic d'Ibantelli
Zugarramurdi
Urdazubi/Urdax
Grottes de Sare
Col de Lizarrieta
Etxalar
Dantxarinea
Col des Trois-Croix
Pic du Mondarrain
Artzamendi
Pic d'Iguzki
Goizueta
Arantza
Igantzi
Sunbilla
Bidasoa
Parque Natural Señorío de Bertiz
Legate
Erratzu
Arizkun
A B C D
1 2 3 4 5

St-Vincent-de-Tyrosse
Bénesse-Maremne
Saubrigues
Orx
Peyrehorade
Orthevielle
Port-de-Lanne
Ste-Marie-de-Gosse
Biarrotte
Biaudos
St-André-de-Seignanx
St-Laurent-de-Gosse
Hastingues
Sames
Guiche
Urt
Urcuit
Briscous
Bardos
Bidache
Came
Labatut
Puyoô
Bellocq
Salies-de-Béarn
Carresse-Cassaber
Sauveterre-de-Béarn
Orègue
Hasparren
La Bastide-Clairence
Ayherre
Grottes d'Isturitz et d'Oxocelhaya
Isturitz
St-Martin-d'Arberoue
Méharin
Masparraute
Garris
St-Palais
Béhasque-Lapiste
Hélette
Armendarits
Iholdy
Irissarry
Ossès
Suhescun
St-Martin-d'Arrossa
Bidarray
Louhossoa
Ostabat-Asme
Larceveau-Arros-Cibits
Juxue
Lacarre
Musculdy
Ordiarp
Mauléon-Licharre
St-Étienne-de-Baïgorry
Ispoure
St-Jean-Pied-de-Port
Col d'Osquich
Cagnotte
Pouillon
Misson
Habas
Estibeaux
Mouscardès
Sorde-l'Abbaye
Cauneille
Oeyregave
Leren
Escos
Abitain
Osserain-Rivareyte
Orthez
Nabas
Charritte-de-Bas
Aroue-Ithorots-Olhaïby
Uhart-Mixe
Orsanco
Mendionde
Macaye

0 2 4 6 8 10 km
292
310
330
Bayonne
Anglet
Boucau
Tarnos
St-Martin-de-Seignanx
St-Pierre-d'Irube
Mouguerre
Lahonce
Urcuit
Urt
Briscous
Hasparren
La Bastide-Clairence
Bidache
Came
Peyrehorade
Hastingues
Sames
Guiche
Bardos
Labastide-Villefranche
Bergouey-Viellenave
Ustaritz
Villefranque
Larressore
Espelette
Souraïde
Cambo-les-Bains
Itxassou
Ainhoa
Louhossoa
Hélette
Iholdy
Méharin
Garris
St-Palais
Orsanco
Bidarray
Ossès
St-Martin-d'Arrossa
Irissarry
Suhescun
Jaxu
Mongelos
Ibarrolle
Larceveau-Arros-Cibits
St-Étienne-de-Baïgorry
St-Jean-Pied-de-Port
Uhart-Cize
Ispoure
Lecumberry
Mendive
Aldudes
Urepel
Banca
Arnéguy
Estérençuby
Elizondo
Urdazubi/Urdax
Pico Gorramakil
Grottes d'Isturitz et d'Oxocelhaya
Route impériale des Cimes
Col d'Ispéguy
Col de Méhatché
Artzamendi
Mondarrain
Gaves Réunis
Adour
Nive
Joyeuse
Bidouze
Vallée des Aldudes

293
Orthez
Puyoô
Salies-de-Béarn
Sauveterre-de-Béarn
Navarrenx
Mourenx
Lacq
Artix
Mauléon-Licharre
Oloron-Ste-Marie
L'Hôpital-St-Blaise
Arzacq-Arraziguet
Castetis
Argagnon
Sault-de-Navailles
Arthez-de-Béarn
Monein
Lucq-de-Béarn
Aramits
Arette
Ordiarp
Aussurucq
Tardets-Sorholus
Sainte-Engrâce
Montory
Lurbe-St-Christau
Issor
Ledeuix
Moumour
Esquiule
Barcus
Gurs
Dognen
Sus
Castetnau-Camblong
Charre
Lichos
Aroue-Ithorots-Olhaiby
Domezain-Berraute
Osserain-Rivareyte
Athos-Aspis
Abitain
Carresse-Cassaber
Bellocq
Ramous
Baigts-de-Béarn
Bérenx
Salles-Mongiscard
Lanneplaà
L'Hôpital-d'Orion
Orion
Burgaronne
Barraute-Camu
Laàs
Narp
Ossenx
Audaux
Bugnein
Bastanès
Méritein
Castetbon
Loubieng
Ozenx-Montestrucq
Laà-Mondrans
Biron
Sarpourenx
Castetner
Maslacq
Sauvelade
Lagor
Os-Marsillon
Noguères
Pardies
Abos
Tarsacq
Besingrand
Denguin
Parbayse
Cuqueron
Lahourcade
Cardesse
Estialescq
Goès
Escout
Précilhon
Herrère
Gurmençon
Agnos
Bidos
Verdets
Saucède
Préchacq-Navarrenx
Préchacq-Josbaig
Geüs-d'Oloron
Aren
St-Goin
Géronce
Orin
Moncayolle-Larrory-Mendibieu
Berrogain-Laruns
Chéraute
Viodos-Abense-de-Bas
Espès-Undurein
Ainharp
Garindein
Musculdy
Gotein-Libarrenx
Idaux-Mendy
Menditte
Sauguis-St-Étienne
Trois-Villes
Alos-Sibas-Abense
Laguinge-Restoue
Lichans-Sunhar
Sunharette
Roquiague
Pagolle
Lohitzun-Oyhercq
Charritte-de-Bas
Etcharry
Espiute
Gestas
Rivehaute
Nabas
Montfort
Araujuzon
Araux
Viellenave-de-Navarrenx
Susmiou
Angous
Arrast-Larrebieu
Ogenne-Camptort
Vielleségure
Lay-Lamidou
Lucq-de-Béarn
Ogeu-les-Bains
Buziet
Eysus
Asasp
Bisaro
Col d'Etche
Col de Sustary
Pic des Vautours
Forêt des Arbailles
314
331
Ouv. été 2021

0 2 4 6 8 10 km
294
313
332
PAU
Lescar
Lons
Billère
Jurançon
Gelos
Bizanos
Idron
Lée
Morlaàs
Serres-Castet
Montardon
Buros
Maucor
Sendets
Ousse
Artigueloutan
Soumoulou
Nousty
Espoey
Livron
Barzun
Pontacq
Nay
Coarraze
Igon
Lestelle-Bétharram
Montaut
LOURDES
St-Pé-de-Bigorre
Arudy
Sévignacq-Meyracq
Rébénacq
Gan
Bosdarros
Lasseube
Lasseubetat
Buzy
Buziet
Ogeu-les-Bains
Aubertin
St-Faust
Laroin
Artiguelouve
Arbus
Siros
Aussevielle
Denguin
Poey-de-Lescar
Uzein
Sauvagnon
Navailles-Angos
Astis
Auriac
Thèze
Lalonquette
Garlin
Arzacq-Arraziguet
Vignes
Méracq
Pouliacq
Coublucq
Claracq
Moncla
Castetpugon
Diusse
Aubous
Aydie
Conchez-de-Béarn
Mont-Disse
Cadillon
Lembeye
Simacourbe
Lalonquère-Juillacq
Gerderest
Anoye
Momy
Lucarré
Baleix
Bentayou-Sérée
Maure
Villenave-près-Béarn
Pontiacq-Viellepinte
Escaunets
Sedzère
Urost
Lombia
Saubole
Eslourenties-Daban
Gardères
Luquet
Limendous
Lourenties
Espéchède
Andoins
Ouillon
Serres-Morlaàs
Sevignacq
Riupeyrous
Higuères-Souye
Bernadets
St-Castin
St-Armou
Barinque
Lasclaveries
Miossens-Lanusse
Doumy
Argelos
Viven
Auga
Lème
Larreule
Uzan
Mazerolles
Momas
Aubin
Bournos
Caubios-Loos
Viellenave-d'Arthez
Bougarber
Beyrie-en-Béarn
Cescau
Casteide-Cami
Labastide-Monréjeau
Boumourt
Arnos
Pomps
Bouillon
Garos
Louvigny
Mialos
Séby
Lonçon
Morlanne
Piets-Plasence-Moustrou
Cabidos
Montagut
Malaussanne
Mongets
Philondenx
Poursiugues-Boucoue
Lacajunte
Puyol-Cazalet
Miramont-Sensacq
Sarron
St-Agnet
Projan
Verlus
Viella
Cannet
Castelnau-Rivière-Basse
Tadousse-Ussau
Mascaraàs-Haron
Baliracq-Maumusson
Ribarrouy
Taron-Sadirac-Viellenave
Burosse-Mendousse
Viâler
Arricau-Bordes
Gayon
Lespielle
Castillon
Aurions-Idernes
Arrosès
Lasserre
Crouseilles
Monpezat
Sémeacq-Blachon
Moncaup
Corbère-Abères
Bassillon-Vauzé
Samsons-Lion
Peyrelongue-Abos
Lussagnet-Lusson
Monassut-Audiracq
Escoubès
Coslédaà-Lube-Boast
Sévignacq
Lalongue
Mouhous
Lannecaube
Carrère
Gabaston
Lespourcy
St-Laurent-Bretagne
Abère
Lucgarier
Gomer
Hours
Lagos
Beuste
Baudreix
Bordères
Bénéjacq
Labatmale
Lamarque-Pontacq
St-Vincent
Barlest
Loubajac
Bartrès
Peyrouse
Mirepeix
Bourdettes
Arros-de-Nay
Pardies-Piétat
Boeil-Bezing
Bordes
Baliros
Angaïs
Assat
Narcastet
Rontignon
Uzos
Mazères-Lezons
Aressy
Meillon
St-Abit
Haut-de-Bosdarros
Asson
Bruges-Capbis-Mifaget
Lys
Bescat
Sanctuaire
Montaut
Plateau de Ger
Ossun
Ger
Pontacq
Saux
Pouey-Mayou
Forêt d'Ossun
Forêt de Mourle
Forêt Bastard
PAU-PYRÉNÉES
Lac d'Uzein
Escou
Herrère
Estialescq
Saou
Brana
Labarthe
Haut-de-Gan
Ste-Colome
Izeste
Pont-du-Moulin
Capbis
Pédestarrès
Les Pindats
N.-D. de Piétat
A 64
A 65
E 80
D 817
D 834
D 936
D 938
D 940
D 943
D 945
D 946
N 134

295
333
316
E
F
G
H
1
2
3
4
Plaisance
Marciac
Bassoues
Montesquiou
L'Isle-de-Noé
Mirande
Maubourguet
Vic-en-Bigorre
Rabastens-de-Bigorre
Pontous-de-Laguian
Miélan
Trie-sur-Baïse
Tarbes
Aureilhan
Séméac
Soues
Barbazan-Debat
Tournay
Lannemezan
Capvern-les-Bains
Castelnau-d'Anglès
Estipouy
Idrac-Respailles
Berdoues
Belloc-St-Clamens
St-Élix-Theux
Montaut
Sadournin
Puydarrieux
Campuzan
Galan
Castelbajac
Bois de Bassoues
Forêt de Berdoues
Forêt de Betplan
Bois du Commandeur
Bois de Lasseube
Plateau de Lannemezan

0 2 4 6 8 10 km
Masseube
Simorre
Samatan
Gimont
Lombez
L'Isle-en-Dodon
Boulogne-sur-Gesse
Castelnau-Magnoac
Saramon
Aurignac
Montréjeau
Miramont-d'Astarac
Seissan
Ornézan
Villefranche
Polastron
Montamat
Sauveterre
Puymaurin
Anan
Nénigan
Lunax
Péguilhan
Mondilhan
Blajan
Nizan-Gesse
St-Plancard
Cardeilhac
Larcan
Latoue
Aulon
Peyrouzet
St-Élix-Séglan
Montoulieu-St-Bernard
Boussan
Castéra-Vignoles
Montbernard
Salerm
Lilhac
Fabas
St-Frajou
Montesquieu-Guittaut
St-Ferréol-de-Comminges
Escanecrabe
Ciadoux
Montgaillard-sur-Save
Charlas
Sarremezan
St-Loup-en-Comminges
Monléon-Magnoac
Villemur
Aries-Espénan
Sariac-Magnoac
Thermes-Magnoac
Panassac
Chélan
Arrouède
Monlaur-Bernet
Viozan
Aujan-Mournède
Samaran
Esclassan-Labastide
Bellegarde
Betcave-Aguin
Tachoires
Lamaguère
Faget-Abbatial
Monferran-Plavès
Pouy-Loubrin
Moncorneil-Grazan
Labarthe
Lourties-Monbrun
Clermont-Pouyguillès
Moncassin
St-Arroman
Loubersan
Durban
Sansan
Orbessan
Traversères
Lartigue
Haulies
Castelnau-Barbarens
Boulaur
Tirent-Pontéjac
Aurimont
St-André
Montiron
Lahas
Noilhan
Bézéril
St-Martin-Gimois
St-Soulan
Mongausy
Sémézies-Cachan
St-Élix-d'Astarac
Pellefigue
Gaujac
Sabaillan
Tournan
Espaon
Cadeillan
Boissède
Molas
Martisserre
Mirambeau
Frontignan-Savès
Agassac
Ambax
Castelgaillard
Puylausic
Montadet
Garravet
Mauvezin
Coueilles
Riolas
St-Laurent
Peyrissas
Eoux
Benque
Cazeneuve-Montaut
Proupiary
Auzas
Laffite-Toupière
Mancioux
Sepx
Lodes
St-Ignan
Saux-et-Pomarède
Lieoux
Castillon
Arnaud-Guilhem
Lespugue
Montmaurin
Sarrecave
Bazordan
Boudrac
Balesta
Cazaril-Tambourès
Sédeilhac
Loudet
Villeneuve-Lécussan
Lécussan
Anquevielle
Le Cuing
Landorthe
Labroquère
Ponlat-Taillebourg
St-Médard
Lesparrou
Recurt
Monlong
Lassales
N.-D. de Garaison
Gaussan
Caubous
Cizos
Devèze
Pouy
Lalanne
Betbèze
Puntous
Barthe
Larroque
Peyret-St-André
Cuélas
Ponsan-Soubiran
Sauviac
Lagarde-Hachan
Idrac-Respaillès
St-Médard
Lamazère
Labéjan
St-Jean-le-Comtal
Lasseube-Propre
Auterive
Boucagnères
Pessan
Lussan
Pépieux
L'Isle-Arné
St-Caprais
Bédéchan
Gimont
Maurens
Garbic
Aurignac
Montréjeau
Valentine

296
315
334

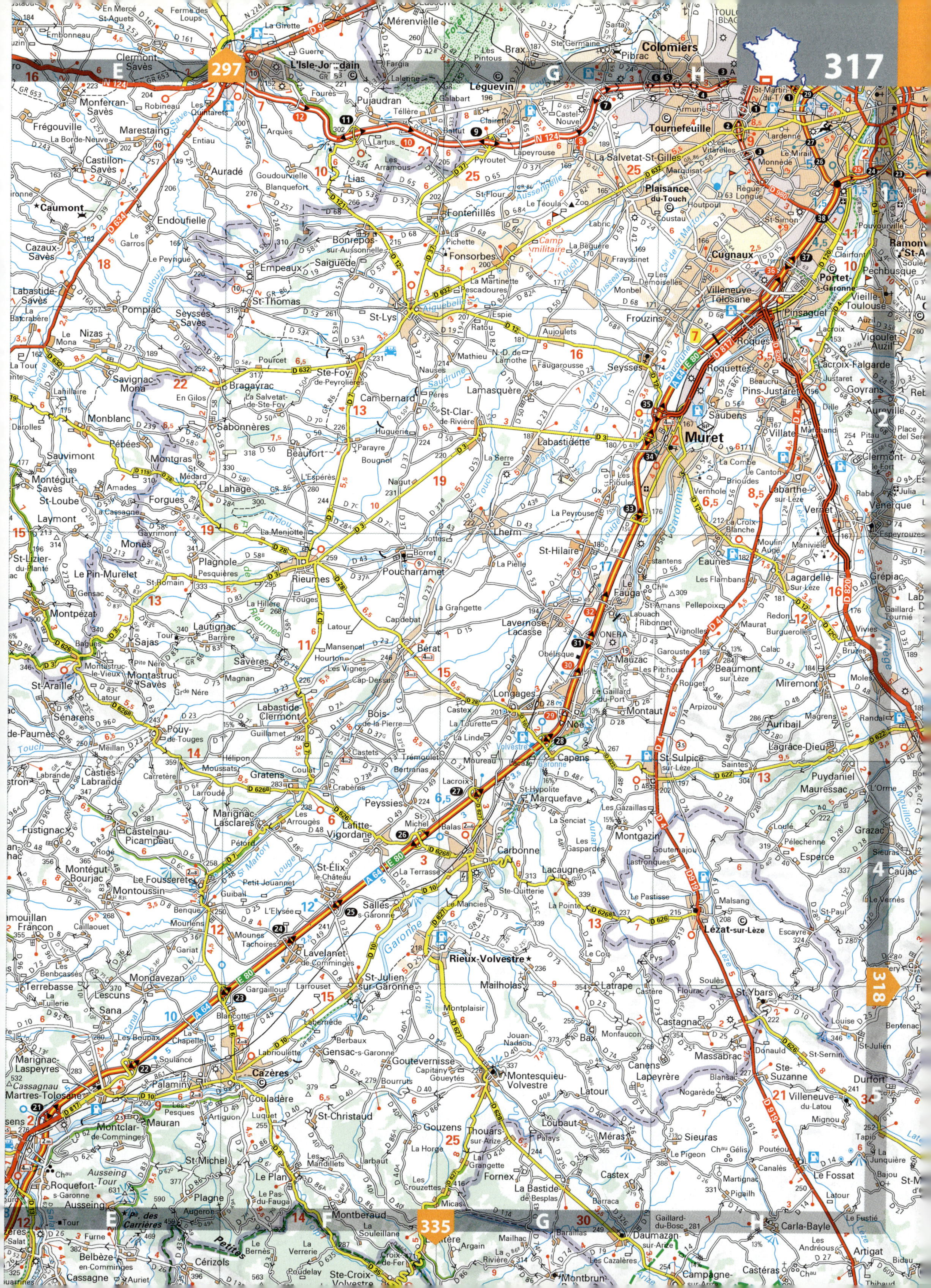
L'Isle-Jourdain
Léguevin
Colomiers
Pibrac
Tournefeuille
La Salvetat-St-Gilles
Plaisance-du-Touch
Fonsorbes
Fontenilles
St-Lys
Cugnaux
Villeneuve-Tolosane
Portet-s-Garonne
Pinsaguel
Roques
Roquettes
Seysses
Frouzins
Muret
Saubens
Pins-Justaret
Labarthe-sur-Lèze
Lagardelle-sur-Lèze
Eaunes
Lherm
Poucharramet
Rieumes
Sabonnères
Savignac-Mona
Bragayrac
Ste-Foy-de-Peyrolières
Empeaux
Saiguède
Bonrepos-sur-Aussonnelle
St-Thomas
Pompiac
Samatan
Monblanc
Montgras
Forgues
Plagnole
Lahage
Beaufort
Le Pin-Murelet
Montpézat
Lautignac
Sajas
Savères
Bérat
Labastide-Clermont
Longages
Noé
Capens
Carbonne
Marquefave
Peyssies
Lafitte-Vigordane
Gratens
Marignac-Lasclares
St-Élix-le-Château
Salles-s-Garonne
Lavelanet-de-Comminges
St-Julien-sur-Garonne
Rieux-Volvestre
Mailholas
Montesquieu-Volvestre
Gouzens
Cazères
Martres-Tolosane
Mauran
Montclar-de-Comminges
Roquefort-s-Garonne
Plagne
Le Plan
Montberaud
Daumazan-sur-Arize
Carla-Bayle
Lézat-sur-Lèze
St-Sulpice-sur-Lèze
Montaut
Beaumont-sur-Lèze
Auribail
Miremont
Puydaniel
Mauressac
Grazac
Esperce
Caujac
St-Ybars
Ste-Suzanne
Villeneuve-du-Latou
Massabrac
Castagnac
Latrape
Canens
Lapeyrère
Montgazin
Goutevernisse
Thouars-sur-Arize
Fornex
La Bastide-de-Besplas
Castex
Méras
Sieuras
Le Fossat
Artigat
Durfort
Vernet
Venerque
Clermont-le-Fort
Lacroix-Falgarde
Goyrans
Vigoulet-Auzil
Vieille-Toulouse
Villate
Le Fauga
Mauzac
Lavernose-Lacasse
St-Hilaire
Labastidette
St-Clar-de-Rivière
Lamasquère
Le Lherm
Castelnau-Picampeau
Montoussin
Le Fousseret
Fustignac
Montégut-Bourjac
Pouy-de-Touges
Castiès-Labrande
Sénarens
St-Araille
Montastruc-Savès
Mondavezan
Lescuns
Sana
Francon
Marignac-Laspeyres
Palaminy
Couladère
St-Michel
Montégut-Savès
Sauvimont
Laymont
Nizas
Labastide-Savès
Cazaux-Savès
Endoufielle
Auradé
Castillon-Savès
Frégouville
Monferran-Savès
Marestaing
Clermont-Savès
Caumont
Pujaudran
Lias
Ramonville-St-Agne
16
18
22
19
13
14
12
10
15
11
21
25
297
335
318

0 2 4 6 8 10 km
TOULOUSE
Ramonville-St-Agne
Castanet-Tolosan
Escalquens
Labège
Auzielle
Lauzerville
Aigrefeuille
Quint-Fonsegrives
Flourens
Drémil-Lafage
Vallesvilles
Saussens
Lanta
Bourg-St-Bernard
Francarville
Montcabrier
Bannières
Villeneuve-lès-Lavaur
Maurens-Scopont
Roquevidal
Cambon-lès-Lavaur
Cuq-Toulza
Loubens-Lauragais
Le Faget
Prunet
Mascarville
Albiac
Caraman
La Salvetat-Lauragais
Auriac-sur-Vendinelle
Mouzens
Puéchoursi
Le Cabanial
Préserville
Odars
Fourquevaux
Tarabel
Maureville
Caragoudes
Mourvilles-Basses
Ségreville
Cambiac
Falga
St-Julia
Nogaret
Roumens
Labastide-Beauvoir
Toutens
Varennes
St-Germier
Beauville
Maurens
Vaux
St-Félix-Lauragais
Baziège
Montgiscard
Donneville
Deyme
Corronsac
Pompertuzat
Montbrun-Lauragais
Belbèze-de-Lauragais
Ayguesvives
Villenouvelle
Montgaillard-Lauragais
Trébons-sur-la-Grasse
Cessales
Juzes
St-Vincent
Bélesta-en-Lauragais
Mourvilles-Hautes
Les Cassés
Vallègue
Rieumajou
Montesquieu-Lauragais
Vieillevigne
St-Rome
Villefranche-de-Lauragais
Folcarde
Avignonet-Lauragais
Seuil de Naurouze
Montferrand
Airoux
Soupex
St-Paulet
Montmaur
Renneville
Gardouch
Labastide-d'Anjou
Ricaud
Nailloux
Seyre
Montclar-Lauragais
Beauteville
Gourvieille
Baraigne
Molleville
Mas-Stes-Puelles
Montgeard
Monestrol
Lagarde
Caignac
St-Michel-de-Lanès
Belflou
Marquein
Salles-sur-l'Hers
Cumiès
Villeneuve-la-Comptal
Fendeille
Gibel
Calmont
Fajac-la-Relenque
La Louvière-Lauragais
Mézerville
Ste-Camelle
Montauriol
Payra-sur-l'Hers
Peyrefitte-sur-l'Hers
Mayreville
St-Amans
Mazères
Molandier
St-Sernin
Pech-Luna
Belpech
Cahuzac
Pécharic-et-le-Py
Ribouisse
Plaigne
Villautou
Lafage
Gaudiès
Montaut
Canal du Midi
Auterive
Cintegabelle
Mauvaisin
Aignes
Grépiac
Labruyère-Dorsa
Aurague
Noueilles
Issus
Espanès
Venerque
Clermont-le-Fort
Vigoulet-Auzil
Goyrans
Rebigue
Mervilla
Péchabou
Pechbusque
Caujac
Grazac
Lissac
Labatut
Canté
Gaillac-Toulza
Marliac
Saverdun
Brie
Justiniac
Esplas
Unzent
Le Vernet
Bonnac
Villeneuve-du-Paréage
St-Martin-d'Oydes
Lescousse
St-Amans
Bézac
St-Michel
Artigat
Trémoulet
Lapenne
La Bastide-de-Lordat
Roc Redon
Le Carlaret
Camp militaire
Salles-sur-l'Hers
298
317
336
A
B
C
D
1
2
3
4
5

299
Castres
Sémalens
Saïx
Mazamet
Labruguière
Aussillon
Revel
Sorèze
Durfort
Vaudreuille
Dourgne
Massaguel
Arfons
Lacombe
Laprade
Fontiers-Cabardès
Cuxac-Cabardès
Caudebronde
Mas-Cabardès
Roquefère
Les Martys
Saissac
Montolieu
Castelnaudary
Bram
Pezens
Conques-sur-Orbiel
Villemoustaussou
Pennautier
Villegailhenc
Fanjeaux
Montréal
CARCASSONNE
LA CITÉ
Cazilhac
Palaja
Alzonne
Ste-Eulalie
PARC NATUREL RÉGIONAL DU HAUT-LANGUEDOC
MONTAGNE NOIRE
Forêt de Montaud
Pic de Montaud
Bassin de St-Ferréol
Prise d'Alzeau
Lac de la Cavayère
Terrain militaire
320
337

0 2 4 6 8 10 km
300
319
338
HAUT-LANGUEDOC
MONTS DE L'ESPINOUSE
NOIRE
La Salvetat-sur-Agout
St-Pons-de-Thomières
Grotte de La Devèze
Riols
Prémian
St-Étienne-d'Albagnan
St-Vincent-d'Olargues
Olargues
Col de Fontfroide
Roc de Layrac
Col du Poirier
Le Soulié
Anglès
Lasfaillades
Le Rialet
Lac des Saints-Peyres
Lac de la Raviège
Le Vintrou
Bout-du-Pont-de-Larn
St-Amans-Valtoret
St-Amans-Soult
Sauveterre
Rouairoux
Labastide-Rouairoux
Lacabarède
Albine
Courniou
Verreries-de-Moussans
Col de la Fenille
Col de Sérières
Pic de Nore
Pradelles-Cabardès
Castans
Lespinassière
Col de Salette
Roc Suzadou
Boisset
Ferrals-les-Montagnes
Cassagnoles
Rieussec
Vélieux
Minerve
Ponts naturels
Canyon de la Cesse
St-Julien-de-Molières
Citou
Cabrespine
Gouffre de Cabrespine
Roc de l'Aigle
Trassanel
Caunes-Minervois
Félines-Minervois
Pic St-Martin
Centeilles
La Livinière
Siran
Cesseras
Azillanet
Aigne
Aigues-Vives
Agel
Bize-Minervois
Argeliers
Mirepeisset
Ginestas
Le Somail
Cassagnoles
Pardailhan
Babeau-Bouldoux
Ferrières-Poussarou
Col de Rodomouls
Assignan
St-Jean-de-Minervois
Villespassans
Caunette
Villeneuve-Minervois
Peyriac-Minervois
Rieux-Minervois
Laure-Minervois
Villarzel-Cabardès
Bagnoles
Malves-en-Minervois
Villalier
Azille
Pépieux
Olonzac
Homps
Tourouzelle
Oupia
Pouzols-Minervois
Argens-Minervois
Roubia
Paraza
Canet
Raissac-d'Aude
Marcorignan
Villedaigne
Lézignan-Corbières
Puichéric
La Redorte
St-Frichoux
Aigues-Vives
Étang asséché de Marseillette
Trèbes
Marseillette
Capendu
Barbaira
Douzens
Moux
Comigne
Fontcouverte
Montbrun-des-Corbières
Conilhac-Corbières
Escales
Castelnau-d'Aude
Roquecourbe-Minervois
Blomac
St-Couat-d'Aude
Floure
Fontiès-d'Aude
Monze
Pradelles-en-Val
Montagne d'Alaric
Fabrezan
Ferrals-les-Corbières
Boutenac
Cruscades
Ornaisons
Luc-sur-Orbieu
Bizanet
Montredon-des-Corbières
Névian
Canal du Midi
Autoroute des Deux Mers
A61
D 612
D 610
D 6113

E
F
G
H
301
322
339
1
2
3
4
5
Bédarieux
Lamalou-les-Bains
Hérépian
Colombières-sur-Orb
Mons
Le Poujol-sur-Orb
Les Aires
Faugères
Roquessels
Caussiniojouls
Cabrerolles
Pic de la Coquillade
Laurens
Autignac
Gabian
Fouzilhon
Pouzolles
Magalas
Roujan
Margon
Neffiès
Vailhan
Fontès
Adissan
Caux
Nizas
Lézignan-la-Cèbe
Alignan-du-Vent
Abeilhan
Servian
Valros
Tourbes
Montblanc
Bessan
Espondeilhan
Coulobres
Puissalicon
St-Geniès-de-Fontedit
Puimisson
Pailhès
Thézan-lès-Béziers
Lieuran-lès-Béziers
Bassan
Boujan-sur-Libron
Corneilhan
Lignan-sur-Orb
Murviel-lès-Béziers
Cessenon-sur-Orb
Prades-sur-Vernazobre
Cazedarnes
Pierrerue
Cébazan
Creissan
Puisserguier
Cazouls-lès-Béziers
Maraussan
Maureilhan
BÉZIERS
Cers
Villeneuve-lès-Béziers
Sauvian
Sérignan
Vendres
Valras-Plage
Portiragnes
Portiragnes-Plage
Sérignan-Plage
Écluses de Fonséranes
Colombiers
Oppidum d'Ensérune
Nissan-lez-Ensérune
Lespignan
Capestang
Montady
Quarante
Cruzy
Poilhes
Montels
Ouveillan
Sallèles-d'Aude
Cuxac-d'Aude
Coursan
Salles-d'Aude
Fleury
Armissan
Vinassan
NARBONNE
St-Pierre-la-Mer
Narbonne-Plage
Gouffre de l'Œil Doux
Grau de Vendres
PARC NATUREL RÉGIONAL
Canal du Midi
Orb
BÉZIERS CAP D'AGDE

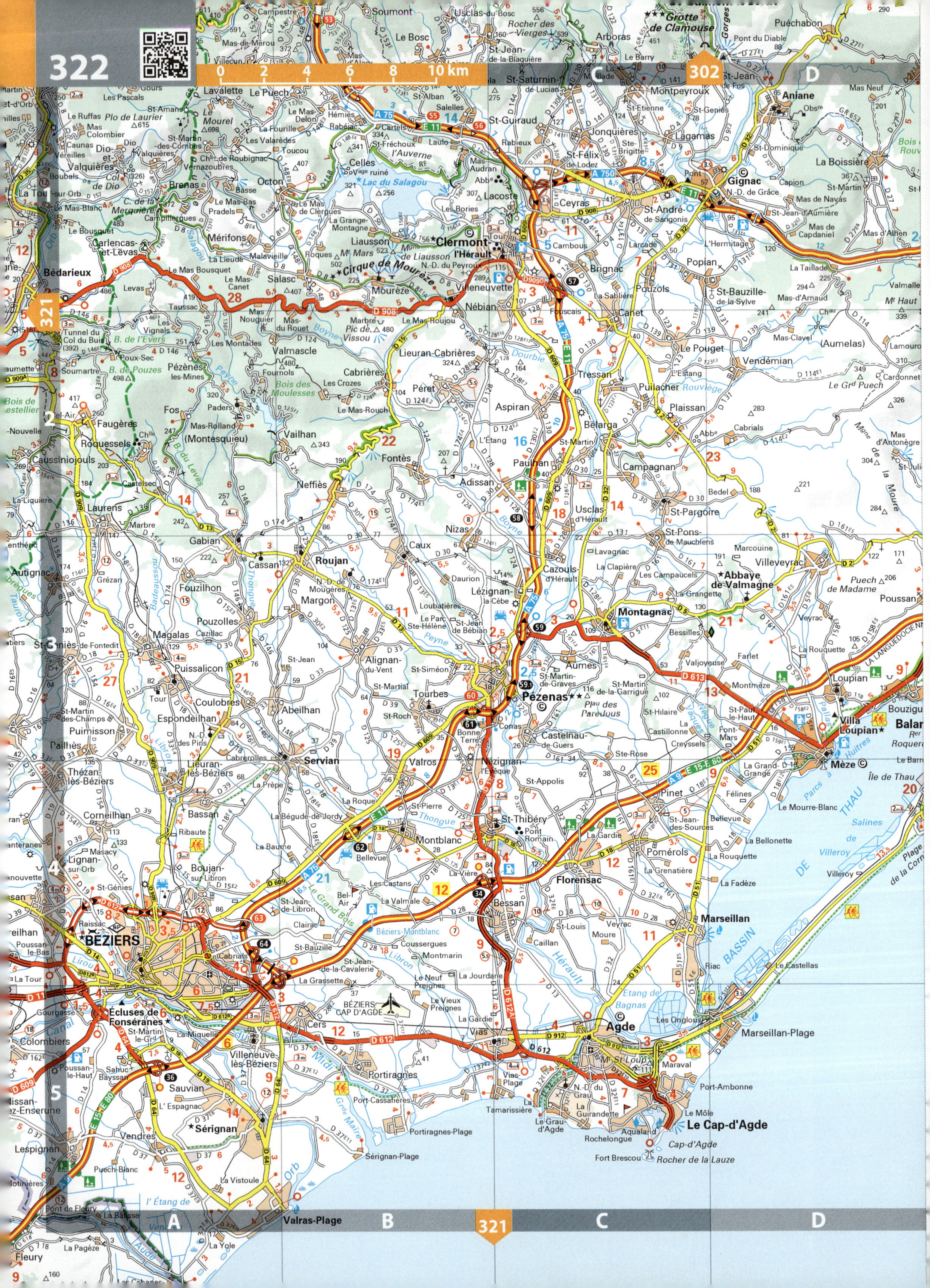
0 2 4 6 8 10 km
302
321
A
B
C
D
Grotte de Clamouse
Arboras
Puéchabon
St-Jean-de-Fos
Aniane
Montpeyroux
St-Guiraud
Jonquières
St-Saturnin-de-Lucian
Usclas-du-Bosc
Soumont
Le Bosc
Lavalette
Le Puech
St-Alban
Celles
Lac du Salagou
Octon
Brenas
Mérifons
Salasc
Mourèze
Cirque de Mourèze
Liausson
Clermont-l'Hérault
St-Félix-de-Lodez
Ceyras
St-André-de-Sangonis
Gignac
La Boissière
St-Martin
Capion
Mas de Navas
St-Jean-d'Aumière
Popian
St-Bauzille-de-la-Sylve
Vendémian
Le Pouget
Brignac
Canet
Pouzols
Nébian
Villeneuvette
Bédarieux
Carlencas-et-Levas
Le Bousquet
Valquières
Dio-et-Valquières
Les Pascals
Lieuran-Cabrières
Cabrières
Péret
Aspiran
Tressan
Puilacher
Plaissan
Bélarga
Campagnan
St-Pargoire
Paulhan
Adissan
Usclas-d'Hérault
St-Pons-de-Mauchiens
Fontès
Vailhan
Neffiès
Fos
Faugères
Roquessels
Caussiniojouls
Laurens
Gabian
Cassan
Roujan
Caux
Nizas
Lézignan-la-Cèbe
Cazouls-d'Hérault
Montagnac
Abbaye de Valmagne
Villeveyrac
Poussan
Loupian
Mèze
Bouzigues
Balaruc
Autignac
Fouzilhon
Margon
Pouzolles
Magalas
Puissalicon
Coulobres
Abeilhan
Espondeilhan
Servian
Alignan-du-Vent
Tourbes
Pézenas
Aumes
Castelnau-de-Guers
Nézignan-l'Évêque
Valros
St-Thibéry
Montblanc
Bessan
Florensac
Pomérols
Pinet
Marseillan
Marseillan-Plage
Agde
Le Cap-d'Agde
Vias
Portiragnes
Villeneuve-lès-Béziers
Cers
Sauvian
Sérignan
Vendres
Valras-Plage
Lespignan
Béziers
Boujan-sur-Libron
Lignan-sur-Orb
Corneilhan
Thézan-lès-Béziers
Puimisson
Bassan
Lieuran-lès-Béziers
Écluses de Fonséranes
Béziers Cap d'Agde
Étang de Thau
Bassin de Thau
Sète
Fleury
La Yole
Sérignan-Plage
Portiragnes-Plage
Tamarissière
Cap d'Agde
Fort Brescou
Rocher de la Lauze

MONTPELLIER
Castelnau-le-Lez
Le Crès
Clapiers
Montferrier-sur-Lez
Jacou
Vendargues
Castries
Baillargues
St-Brès
Lunel
Lunel-Viel
Valergues
Lansargues
Mudaison
Candillargues
Mauguio
Marsillargues
St-Just
St-Nazaire-de-Pézan
St-Aunès
Juvignac
Grabels
St-Gély-du-Fesc
St-Clément-de-Rivière
Prades-le-Lez
Assas
Teyran
St-Georges-d'Orques
Lavérune
Pignan
Murviel-lès-Montpellier
Saussan
Fabrègues
Cournonterral
Cournonsec
Montbazin
Gigean
St-Jean-de-Védas
Lattes
Pérols
Villeneuve-lès-Maguelone
Palavas-les-Flots
Carnon-Plage
La Grande-Motte
Le Grau-du-Roi
Seaquarium
Port-Camargue
Pointe de l'Espiguette
L'Espiguette
Maguelone
Mireval
Vic-la-Gardiole
Frontignan
Frontignan-Plage
Sète
La Corniche
Balaruc-les-Bains
Montagne de la Gardiole
Étang de Mauguio ou de l'Or
Étang de Pérols
Golfe d'Aigues-Mortes
GOLFE DU
MONTPELLIER-MÉDITERRANÉE
PARC DES EXPOSITIONS
Combaillaux
Vailhauquès
Montarnaud
St-Paul-et-Valmalle
Murles
Argelliers
E
F
G
H
2
3
4
5
303
324

0 2 4 6 8 10 km
304
323
Vauvert
St-Gilles
Fourques
Lunel
Aimargues
Le Cailar
Marsillargues
St-Laurent-d'Aigouze
Gallician
Franquevaux
Étang de Scamandre
Étang du Charnier
Musée de la Camargue
Albaron
Aigues-Mortes
Le Grau-du-Roi
Sylvéréal
Avignon
Mas de Capette
Le Ménage
Méjanes
Villeneuve
Étang de Vaccarès
PARC
NATUREL
RÉGIONAL
DE
LA
CAMARGUE
PLAINE
Petite Camargue
Étang du Roi
Étang de l'Arameau
Étang de Malagroy
Étang de Monro
Étang de l'Impérial
Bois des Rièges
Île de Mornes
Les Frignants
Pont-de-Gau
Parc ornithologique
Maguelonne
Musée
Stes-Maries-de-la-Mer
Port Gardian
Grau d'Orgon
Digue à la Mer
Phare de la Gacholle
Golfe de Beauduc
Pointe du Sablon
Beauduc
L I O N
Fiélouse
La Capelière
Salins du Midi
Caves de Listel
Rhône Vif
D 570
D 58
D 979
D 37
D 6572
N 572
A
B
C
D
1
2
3
4
5

305
326
E
F
G
H
2
3
4
5
Eyguières
Salon-de-Provence
Pélissanne
Mouriès
de Montmajour
Meunerie romaine
Tours de Castillon
Le Grd Berbegal
Raphèle-lès-Arles
St-Martin-de-Crau
St-Hippolyte
Moulès
Caphan
Tourniaire
Vilpail
Bois-Vert
La Samatane
La Lieutenante
Poscros
Le Luquier
La Calanque
La Jasse
Grd Brahis
Le Merle (École d'Agric.re)
Les Cabanes
Mas-Neuf
Les Paluds
Curebourse
Les Blazots
Bel-Air
Centre de détention
Aurons
Lançon-Provence
Gigery
Grans
Miramas
Beauchamps
Suffren
Camp militaire
Canal d'Istres
Étang d'Entressen
Entressen
Le Vallon
Les Poulagères
Pt Rouvian
PLAINE
DE
LA
CRAU
Parc militaire de Baussenq
La Dynamite
Mas de Fray
Mas des Aulnes
Mas de Pernes
Étang des Aulnes
Vergières
Le Grd Mas
Le Mas-Chauvet
Le Verry
CENTRE D'ESSAIS
ISTRES-LE-TUBÉ
La Bayanne
Sulauze
Le Retour-des-Aires
La Ste-Croix
Belval
Le Pont-de-Rhaud
Contoux
Miramas-le-Vx
Cornillon-Confoux
Champ de Tir
St-Chamas
St-Léger
Pont Flavien
Calissanne
Les Guigues
Les Baisses
Port de Beau Rivage
La Bosque
Mauran
St-Estève
La Suzanne
Bouquet
N.-D. de Caderot
Étang de l'Olivier
Oppidum du Castellan
Istres
Boucasson
Rassuen
Port des Heures Claires
Les Quatre-Vents
ÉTANG
DE
BERRE
Ranquet
Massane
Varage
St-Mitre-les-Remparts
Lavalduc
Étg de Lavalduc
Étg de Citis
Oppidum St-Blaise
Étg de l'Estomac
Étg d'Engrenier
Étg du Pourra
Les Carabins
Valin
Fos-s-Mer
Le Ventillon
L'Euillane
Les Bannes
La Fossette
Étang du Landre
Marais du Retour
Mas d'Icart
Marais de Capeau
Marais du Vigueirat
Canal du Vigueirat
Fossé de Meyranne
Mas de l'Hoste
Mas de Lanau
Bellan
Beynes
L'Armellière
Mas Giraud
Mas-Thibert
Pt-St-Jean
Capeau
Le Sambuc
La Forêt
Grd Boisviel
La Pte Porcelette
Le Radeau
Rebatun
Le Relais
Tour du Valat
Mas de Peint
Le Pt Ràtis
Marais de St-Seren
Musée
Tour de Parade
La Porcelette
Boisverdun
Chatrouse
Peaudure
Les Marquises
La Louisiane
Pt Badon
Gd Badon
Le Vedeau
La Grd Ponche
Chamone
La Bélugue
L'Eysselle
Bac de Barcarin
Salin-de-Giraud
Faraman
Étang de Faraman
Plage de Piémanson
Grand Plan du Bourg
Rizières
Salin du Relai
Salin du Caban
Étg de l'Oiseau
Port-St-Louis-du-Rhône
la Palissade
Phare de St-Louis
Terminal à Conteneurs
Terminal minéralier
Terminal méthanier
Terminal pétrolier
Port de Fos
Pointe de St-Gervais
Plage-de-Fos
Port-de-Bouc
La Lèque
GRAND RHÔNE
Étg de Grde Palun
They de Roustan
They de la Gracieuse
GOLFE DE FOS
Port pétrolier de Lavéra
Lavéra
Ponteau
Cal. des Renaires
Plage des Laurons
Pointe de Bonnieu
Les Ragues d'Arnette
La Couronne
Carro
Cap Couronne
Ste-Croix
Les Tamaris
Ile Aragnon
Martigues
N.-D. des Marins
Croix Ste
Cal de Caronte
La Mède
Châteauneuf-les-Martigues
Les Ventrons
St-Pierre
St-Julien-les-Martigues
Agut
Les Rouges
La Folie
Sausset-les-Pins
Carry-le-Rouet
Val-de-Ré
La Bastide-Blanche
Bois de Châteauneuf
Chaîne de Valtrède
Bois de Carry
Les Tourels
Port de la Pointe
La Pointe
Côte
A 54
A 55
E 80
N 113
N 568
N 569
D 113
D 5
D 10

0 2 4 6 8 10 km
305
Istres
Oppidum du Castellan
Beau Rivage
Mauran
St-Estève
La Suzanne
Bouquet
Meynes
Aqueduc de Roquefavour
St-Pons
Milles
La Mérindolle
Aix-la-Duranne
Réservoir du Réaltor
Le Ventillon
Ranquet
Lavalduc
Massane
Varage
St-Mitre-les-Remparts
Oppidum St-Blaise
Les Carabins
Fos-s-Mer
Ét. de Lavalduc
Ét. de Citis
Ét. de l'Estomac
Ét. d'Engrenier
Ét. du Pourra
Pointe de St-Gervais
Plage-de-Fos
Terminal méthanier
Terminal pétrolier
Port de Fos
Port-de-Bouc
La Lèque
Phare de St-Louis
N.-D. de Caderot
Berre-l'Étang
Port du Passet
Port de la Pointe
L'Agneau
Hydroaérodrome
Étang de Vaïne
La Pointe
MARSEILLE-PROVENCE
Rognac
Vitrolles
Les Pins
Montvallon
Le Griffon
Stadium
Les Pinchinades
Aix-en-Provence T.G.V.
Les Plaines d'Arbois
Cabriès
Plan-de-Campagne
Les Pennes-Mirabeau
DE
BERRE
N.-D. des Marins
Martigues
Marignane
Canal de Marseille au Rhône
Ét. de Bolmon
St-Victoret
Pas-des-Lanciers
La Mède
Les Tourels
Châteauneuf-les-Martigues
Bricard
Gignac-la-Nerthe
La Nerthe
Le Rove
Plan-des-Pennes
Jas-de-Rhodes
La Gavotte
St-Antoine
L'Estaque
Souterrain du Rove
Lavéra
Port pétrolier de Lavéra
Ponteau
GOLFE
DE
FOS
Cal. des Renaires
They de la Gracieuse
Les Ventrons
St-Pierre
St-Julien-les-Martigues
Agut
Les Rouges
Vallon de Valtrède
Bois de Châteauneuf
Chaîne de l'Estaque
La Bastide-Blanche
Parc d'attractions
Le Douard
Ensuès-la-Redonne
Val-de-Ricard
Bois de Carry
La Folie
Plage des Laurons
Pointe de Bonnieu
Les Ragues d'Arnette
La Couronne
Carro
Cap Couronne
Ste-Croix
Les Tamaris
Sausset-les-Pins
Carry-le-Rouet
Le Rouet-Plage
Méjean
La Redonne
Les Figuières
Madrague-de-Gignac
Niolon
La Vesse
Anse de l'Estaque
St-Louis
La Madrague-de-la-Ville
Rade de Marseille
Île Aragnon
Côte Bleue
Cal. de l'Escalayolle
Cal. des Sces Salées
MARSEILLE
Île Ratonneau
Le Frioul
Ch.au d'If
Île Pomègues
Cap Caveaux
Îles du Frioul
Rade d'Endoume
Tunnel Prado Carénage
Plages du Prado
Bonneveine
La Pointe-Rouge
La Madrague-de-Montredon
Mt Rose
Cap Croisette
Île Tiboulen
Île Maïre
Les Goudes
Callelongue
Île de Jarre
Île de Planier
Île de Riou
A
B
C
D
1
2
3
4
5

E
F
G
H
306
328
Montagne du Cengle
Châteauneuf-le-Rouge
Meyreuil
Rousset
Puyloubier
Pourcieux
St-Maximin-la-Ste-Baume
Mont Aurélien
Olympe
Bouc-Bel-Air
Gardanne
Fuveau
Peynier
Trets
Simiane-Collongue
Gréasque
Belcodène
Mimet
PARC NATUREL RÉGIONAL
Oratoire St-Jean-du-Puy
Montagne de Regagnas
Pas de la Couelle
Rougiers
Vieux-Rougiers
St-Savournin
Cadolive
Peypin
La Bouilladisse
St-Zacharie
Nans-les-Pins
Auriol
La Destrousse
Chaîne de l'Étoile
Plan-de-Cuques
Allauch
Roquevaire
Plan-d'Aups-Ste-Baume
Forêt domaniale de la Ste-Baume
Signal de la Ste-Baume
St-Pilon
MASSIF DE LA SAINTE BAUME
Col de l'Espigoulier
Gémenos
Riboux
Aubagne
La Penne-sur-Huveaune
Carnoux-en-Provence
Cuges-les-Pins
O.K. Corral (Parc d'attractions)
Castellet Paul-Ricard
St-Marcel
PARC NATIONAL DES CALANQUES
Roquefort-la-Bédoule
Ste-Anne-du-Castellet
Col de la Gineste
Cassis
Ceyreste
Le Castellet
Le Beausset
La Cadière-d'Azur
St-Cyr-sur-Mer
Les Lecques
La Ciotat
Clos des plages
Cap Canaille
Sémaphore
Cal. de Sormiou
Cal. de Morgiou
Cal. de Sugiton
Cal. de Port-Miou
Cal. de Port-Pin
Cal. d'En-Vau
Les Calanques
Île Calseraigne
Cal. de Figuerolles
Cap de l'Aigle
Île Verte
Bandol
Île de Bendor
Sanary-sur-Mer
Le Gros Cerveau
Ollioules
Évenos
Six-Fours-les-Plages
Institut Océanographique Paul Ricard
Îles des Embiez
Île du Grd Gaou
N.-D. du Mai
Presqu'île du Cap Sicié
Cap Sicié
Marseille

0 2 4 6 8 10 km
307
327
A
B
C
D
1
2
3
4
5
Brignoles
Le Val
Vins-sur-Caramy
Carcès
Correns
Montfort-sur-Argens
Abbe du Thoronet
Le Thoronet
Cabasse
Mgne de la Boissière
Le Luc
Le Cannet-des-Maures
Tourves
La Celle
Camps-la-Source
Flassans-sur-Issole
Besse-s-Issole
Ste-Anastasie-sur-Issole
Gonfaron
Pignans
Carnoules
Puget-Ville
Rocbaron
Forcalqueiret
Garéoult
Néoules
Mazaugues
La Roquebrussanne
Méounes-lès-Montrieux
Signes
Belgentier
Cuers
Pierrefeu-du-Var
Collobrières
N.-D. des Anges
Solliès-Toucas
Solliès-Pont
Solliès-Ville
La Farlède
La Crau
Hyères
La Londe-les-Maures
Bormes-les-Mimosas
La Valette-du-Var
La Garde
Le Pradet
Carqueiranne
TOULON
La Seyne-s-Mer
St-Mandrier-sur-Mer
Presqu'île de St-Mandrier
Cap Sicié
Cap Cépet
Hyères-Plage
Port d'Hyères
Ayguade-Ceinturon
Salins des Pesquiers
Giens
Presqu'île de Giens
RADE D'HYÈRES
Golfe de Giens
ÎLES
Île de Porquerolles
Porquerolles
Cap des Mèdes
Cap Rousset
Cap d'Arme
Cap de Léoube
Cap de Brégançon
Cap de l'Estérel
Île du Grd Ribaud
MASSIF
Mont Caume
Mt Faron
Barre de Cuers
Montagne de la Loube
Barre de St-Quinis
Sommet de Laquina
Col de Babaou
Forêt des Morières
A 8
A 57
A 570
D N7
E 80

308
Les Arcs
Taradeau
Vidauban
Roquebrune-sur-Argens
Fréjus
Fréjus-Plage
Boulouris
Sémaphore
Cap du Dramont
Golfe de Fréjus
St-Aygulf
Corniche
M A U R E S
Col de Valdingarde
Col de Gratteloup
Vieux-Revest
Le Revest
Les Ricards
Val d'Esquières
Les Issambres
Les Calanques
Pte des Issambres
San-Peïre-s-Mer
La Nartelle
Cap des Sardinaux
Tourelle de la Sèche-à-l'Huile
Ste-Maxime
Golfe de St-Tropez
Grde Pointe
Beauvallon
ST-TROPEZ
Port-Grimaud
Les Marines-de-Cogolin
Grimaud
La Garde-Freinet
Col de Vignon
Roches Blanches
Plan-de-la-Tour
Cogolin
Gassin
Ramatuelle
Plage de Tahiti
Anse de Pampelonne
Plage de Pampelonne
Cap Camarat
Phare de Camarat
Presqu'île de St-Tropez
Cap de St-Tropez
Tourelle de la Moutte
Pte des Rabiou
Plage des Salins
Pte de Capon
Cap du Pinet
Pte de la Bonne Terrasse
Col de Collebasse
Gigaro
Plage de l'Escalet
La Bastide-Blanche
Cap Taillat
Plage de la Briande
Cap Lardier
Pte Andati
La Croix-Valmer
Baie de Cavalaire
Cavalaire-s-Mer
Cap Cavalaire
Col du Canadel
Le Dattier
Rayol-Canadel-s-Mer
Domaine du Rayol
Pte de la Chappe
Corniche des Maures
Cavalière
Aiguebelle
Pramousquier
Cap Nègre
Pte de Layet
Le Lavandou
St Clair
Plage de la Favière
Port de Bormes-les-Mimosas
La Favière
Baie de Gau
Pte de l'Esquillette
Cap-Bénat
Cap Bénat
Cap Blanc
Monastère de la Verne
La Môle
Collobrières
Col de Landon
Cogolin
D'HYÈRES
Île de Port-Cros
(Parc National)
Port-Cros
Port-Man
Col des 4 Chemins
Pte du Vallon
Rer de la Gabinière
Passe des Grottes
Île du Levant
Pte de Calle-Rousse
Pte du Castellas
Calanque de l'Estable
Phare du Titan
Pte de l'Areste
Calanque de l'Avis
Zone interdite
Héliopolis
Le Grd Avis
Le Grd Cap
Pte Maupertuis
E F G H
1 2 3 4 5

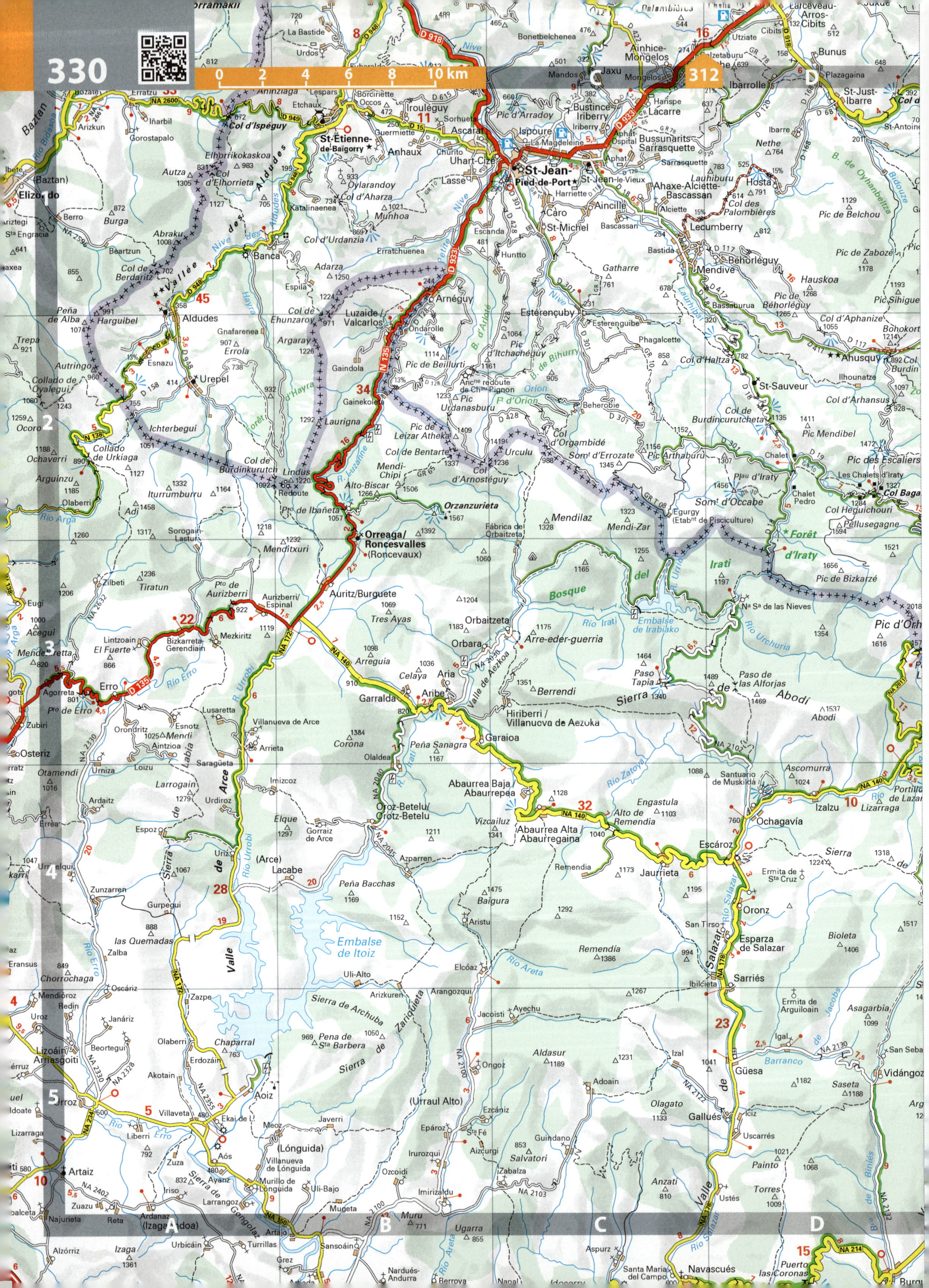
0 2 4 6 8 10 km
312
St-Jean-Pied-de-Port
St-Étienne-de-Baïgorry
Ispoure
Ascarat
Uhart-Cize
Lasse
Anhaux
Irouléguy
Bustince-Iriberry
Lacarre
Aincille
Caro
St-Michel
Estérençuby
Arnéguy
Luzaide/Valcarlos
Ondarolle
Mendive
Béhorléguy
Lecumberry
Ahaxe-Alciette-Bascassan
Bussunarits-Sarrasquette
Ibarrolle
St-Just-Ibarre
Bunus
Hosta
Aïnhice-Mongelos
Jaxu
Mongelos
Ahusquy
St-Sauveur
Chalet Pedro
Col Bagargui
Forêt d'Iraty
Pic des Escaliers
Pic d'Orhy
Irati
Bosque del Irati
Embalse de Irabiako
Nª Sª de las Nieves
Sierra de Abodi
Abodi
Paso Tapia
Paso de las Alforjas
Santuario de Muskilda
Ochagavía
Izalzu
Escároz
Jaurrieta
Oronz
Esparza de Salazar
Sarriés
Güesa
Gallués
Uscarrés
Navascués
Valle de Salazar
Abaurrea Baja/Abaurrepea
Abaurrea Alta/Abaurregaina
Garaioa
Aribe
Garralda
Orbaitzeta
Orbara
Arria
Hiriberri/Villanueva de Aezkoa
Valle de Aezkoa
Orreaga/Roncesvalles (Roncevaux)
Auritz/Burguete
Mezkiritz
Erro
Zubiri
Agorreta
Lintzoain
Bizkarreta-Gerendiain
Alto de Ibañeta
Lindus
Urepel
Aldudes
Banca
Vallée des Aldudes
Esnazu
Elizondo
Baztan
Col d'Ispéguy
Col d'Urdanzia
Col d'Elhorrieta
Col de Burdinkurutch
Alto-Biscar
Orzanzurieta
Mendilaz
Mendi-Zar
Col d'Orgambidé
Col d'Arnostéguy
Col de Bentarte
Urculu
Pic de Beillurti
Col d'Haltza
Col de Burdincurutcheta
Pic Arthaburu
Plau d'Iraty
Somt d'Occabe
Les Chalets d'Iraty
Pic de Bizkarzé
Oroz-Betelu/Orotz-Betelu
Arrieta
Villanueva de Arce
Lusarreta
Urdiroz
Imízcoz
Gorraiz de Arce
Uriz
(Arce)
Lacabe
Embalse de Itoiz
Valle de Arce
Sierra de Labia
Zunzarren
Gurpegui
Zalba
Oscáriz
Zazpe
Chaparral
Erdozáin
Aoiz
Villaveta
Ekai de L.
Meoz
Aós
(Lónguida)
Villanueva de Lónguida
Murillo de Lónguida
Uli-Bajo
Mugueta
Artajo
Urroz
Artaiz
Sierra de Gongolaz
Sierra de Zariquieta
(Urraul Alto)
Ongoz
Aldasur
Adoain
Olagüe
Izal
Iciz
Ibilcieta
Remendía
Vizcaiuz
Azparren
Peña Bacchas
Baigura
Aristu
Elcóaz
Arizkuren
Uli-Alto
Sierra de Archuba
Pena de Sta Barbera
Jacoisti
Ayechu
Epároz
Aizcurgi
Salvatori
Irurozqui
Imirizaldu
Zabalza
Ozcoidi
Javerri
Muru
Ugarra
Aspurz
Santa María del Campo
Puerto de las Coronas
Vidángoz
Izalzu
Igal
Barranco
Ermita de Arguiloain
Bioleta
Asagarbia
Saseta
Painto
Torres
Ustés
Urbicáin
Turrillas
Izaga
Sansoáin
Grez
Reta
Zuazu
Najurieta
Alzórriz
Lizoáin
Arriasgoiti
Redín
Mendióroz
Uroz
Janáriz
Beortegui
Olaberri
Akotain
Liberri
Zuza
Ayanz
Larrangoz
Iriso
Ardanaz (Izagaondoa)
Orondritz
Esnotz
Aintzioa
Mendi
Urniza
Loizu
Larrogain
Ardaitz
Espoz
Saragüeta
Otamendi
Eugi
Acegui
Mendeaerreta
Osteriz
Erro
Rio Erro
Rio Urrobi
Rio Irati
Rio Areta
Rio Salazar
Rio Arga
A B C D

313
332
E
F
G
H
Pagolle
Chéraute
Mauléon-Licharre
Hoquy
Géronce
Dous
Orin
Moumour
Verdets
Ledeuix
Verlée
Estos
Goès
Précilhon
Escout
Oloron-Ste-Marie
Ouv. été 2021
Bidos
Bouderon
Herrère-de-Bas
Herrère
Carrères
Garindein
Musculdy
Osquich
Ordiarp
Libarrenx
Roquiague
Gotein-Libarrenx
Idaux-Mendy
Mendy
Ste-Barbe
Caparnia
Barcus
Paradis
Esquiule
Bois de Josbaig
Som. de Cambillou
Pondeilh
Légugnon
B. de Bervielle
St-Pée-de-Bas
St-Pée-d'en-Haut
Agnos
Soeix
Gurmençon
Boués
Carrère
Pic d'Elaudy
Col de Napale
Aussurucq
Menditte
L'Hôpital-St-Blaise
St-Étienne
Sauguis-St-Étienne
La Madeleine
Minone
Chabalgoïti
B. de Gouloume
Féas
Ance
Forêt des Arbailles
Etchekortia
Suhare
Ossas-Suhare
Trois-Villes
Col de Sustary
Tardets-Sorholus
Sommet d'Erretzu
Cihigue
Camou-Cihigue
Alos-Sibas-Abense
Abense-de-Haut
Pic des Vautours
Alçay-Alçabéhéty-Sunharette
Sunharette
Sibas
Sunhar
Restoue
Lichans-Sunhar
Laguinge-Restoue
Montory
Lanne-en-Barétous
Forez
Arette
Aramits
Serreuille
Soum d'Aulis
Col d'Etche
F. de Labaig
Forêt de Bugangue
Bois de Bugangue
Soum de Ségu
Issor
Bisarce
Asasp
Eysus
Arros-d'Oloron
Boy
Tour
Étabt thermal
Lurbe-St-Christau
St-Christau
Ogeu-les-Bains
Gave d'Ossau
Bois du Bager
Bois du Pacq
Bois d'Arudy
Pic Mail-Arrouy
Olatze
Potto
Charritte-de-Haut
Arhan
Lacarry-Arhan-Charritte-de-Haut
Etchebar
Athérey
Haux
Licq-Athérey
Pic Laramendy
Pic d'Arguibelle
Barlanès
Etcheber
Vert d'Arette
Soum de Liorry
Col de Lie
Soum d'Ire
Lourdios-Ichère
Trône du Roi
Défilé d'Escot
Escot
B. de la Pène d'Escot
Barescou
Pic Roumendarès
Marie-Blanque
Pic de l'Ourlène
Col d'Aran
Sarrance
Pic Salhagagne
Bois de Harribelsette
Pic de Sudou
Col d'Ordabure
La Mouline
Candau
Col d'Ichère
Bois d'Ichère
Le Layens
Pont-Suzon
Pic Montagnon
Pic Maïlh Massibe
Penin
Larrau
Laugibar
Gave de Larrau
Pic d'Igountze
Col de Lakurde
La Caserne
Pic d'Arbouty
Pic d'Issarbe
B. d'Arbouty
Pic de Legorre
Pic Soulaing
Col de Labays
Col de Suscousse
Bois d'Issaux
Col de Houratate
Col de Bouezou
Plau d'Ourdinse
Pic de Mousté
Bedous
Aydius
Pic Bareillo
B. de St-Joseph
St-Joseph
Crevasses d'Holcarté
Negumendi
Sarimendi
Col d'Erroymendi
Gorges de Kakuetta
Ste-Engrâce
Grand Etroit
Pic de Guilhers
Pas de Guilhers
Forêt d'Issaux
Osse-en-Aspe
Athas
Orcun
Jouers
Accous
Col d'Arrioutort
Chardékagagna
Orhogorrigagna
Gorges d'Ujarre
Larrégorry
Col de Soudet
Col de la Pierre St-Martin
La Verna
Arette-Pierre-St-Martin
P. d'Arlas
Pescamou
Pas d'Azuns
B. de Pétraoube
Lées-Athas
Lées
Mail d'Eygarri
Obélisque Despourrins
Pic de Bergon
Montagnon d'Iseye
Pic Lakhoura
Portillo de Eraice
Tête Sauvage
Pic du Soumcouy
Pic de Coutende
Pic d'Anie
Labérouat
Pic d'Ourtasse
Pont d'Esquit
Pic d'Arapoup
L'Estanguet
Col d'Iseye
Pic d'Ancher
Cette-Eygun
Pic Permayou
Lac d'Isabe
el Castillo
Alto Laza
Venta de Arrako
Larrondo
Budogula
Longa
Sierra
Le Billare
Bois de Bresme
Lescun
Table des trois Rois
Dec de Lhurs
Gave de Lescun
Lhers
Camy
Tuquet
Vallée d'Aspe
Etsaut
Pic de Sesques
Capéran de Sesques
Uztárroz
Punta de Arniota
Igardacua
Maz
Pic d'Ansabère
Petrechema
Bois de Lazerque
Borce
Pont de Sebers
Gües du P. d'Enfer
Fort du Portalet
B. du Pacq
Isaba
Barranco de Belabarce
NA 2000
Zuriza
Peña Escaurre
Pic de Laraille
Pic Lariste
Ibon de Acherito
Col de Pau
Pic de Burcq
Pic de Labigouer
Parc National des Pyrénées
Urdos
Soum de la Hourquette
Larry
C. d'Ayous
Pic Hourquette
B. du Baralet
La Cristallère
Pic du Baralet
Bárbara
Roncal
Sierra de Arrigorrieta
Alano
Tacheras
Chipeta
La Mina
Pic Rouge
Rio Aragon Subordan
Pic d'Arlet
Pic des Moines
Urzainqui
Punta Barrena
Calveira
Valle de Hecho
Forca
Monte Campanil
Puerto de Acheri
Pic de Gabedaille
Les Forges d'Abel
Escale d'Aigue-Torte
Ibon de Astanès
Pic d'Arnousse
Peyreneré
Col du Somport
Candanchú
Tunnel du Somport
Ermita de San Sebastián
Ermita de la Virgen de Zuberoa
Garde
Sierra de San Miguel
Barranco de Gadalar
Choza Funia
Sagarra
Sierra de los Cuellos de Lenito
Punta del Raso
Visaurin
Sierra de Bernera
Sierra de Aisa o de Aspe
Pico de la Garganta
Ermita de Ntra Sra del Camino
Ermita de Puyeta
Ansó
La Cuta
Siresa
Ramirez
Morral
Algarralleta
Fago
Moreniello
Hecho
Bordas del Levati
Canfranc-Estación
Larrón

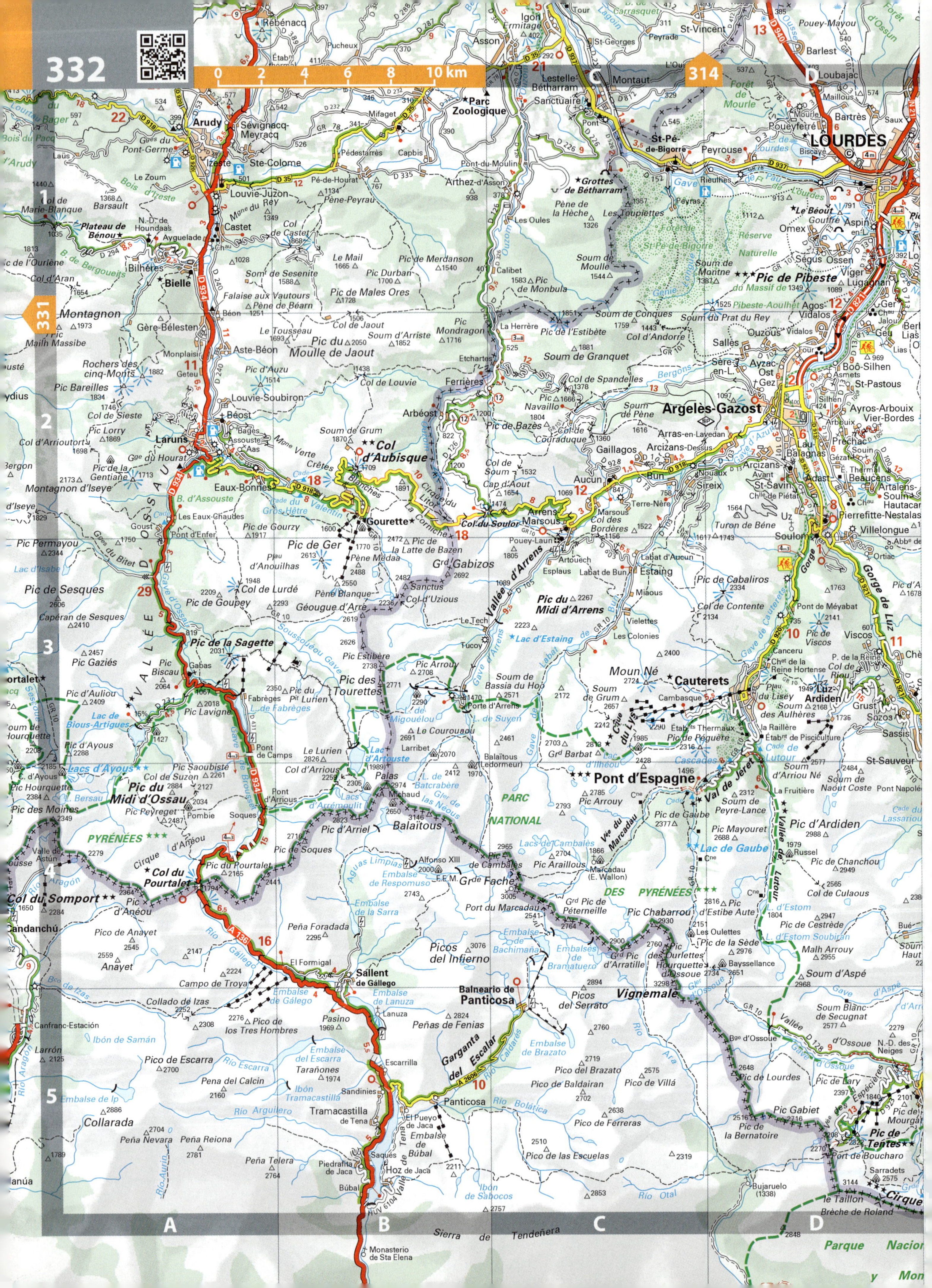
0 2 4 6 8 10 km
314
331
LOURDES
Argelès-Gazost
Cauterets
Pont d'Espagne
Laruns
Arudy
Col d'Aubisque
Col du Soulor
Gourette
Eaux-Bonnes
Arrens
Pic de Pibeste
Pic du Midi d'Ossau
Col du Pourtalet
Col du Somport
Vignemale
Balaïtous
Sallent de Gállego
Balneario de Panticosa
Panticosa
Luz-Ardiden
Val de Jéret
Vallée d'Ossau
Vallée d'Arrens
PARC NATIONAL DES PYRÉNÉES
Grottes de Bétharram
Parc Zoologique
St-Pé-de-Bigorre
Lestelle-Bétharram
Louvie-Juzon
Bielle
Bilhères
Castet
Aste-Béon
Louvie-Soubiron
Béost
Ferrières
Arbéost
Aucun
Marsous
Estaing
Gaillagos
Arcizans-Avant
Pierrefitte-Nestalas
Soulom
Villelongue
Agos-Vidalos
Ayzac-Ost
Gez
Saint-Savin
Sère-en-L.
Salles
Ouzous
Lugagnan
Omex
Ségus
Ossen
Viger
Peyrouse
Bartrès
Rébénacq
Sévignacq-Meyracq
Izeste
Ste-Colome
Asson
Igon
Montaut
Pic de Ger
Grd Gabizos
Pic de Cabaliros
Pic Arrouy
Pic du Midi d'Arrens
Lac d'Estaing
Lac de Fabrèges
Lac d'Artouste
Lac de Bious-Artigues
Lac de Gaube
Pic d'Ardiden
Pic de Chabarrou
Pico de Anayet
Picos del Infierno
Garganta del Escalar
Embalse de Búbal
Embalse de Lanuza
Escarrilla
Tramacastilla de Tena
Sandiniés
Piedrafita de Jaca
Biescas
Canfranc-Estación
Candanchú
Collarada
Sierra de Tendeñera
Monasterio de Sta Elena
Cirque de Gavarnie
Brèche de Roland
Parque Nacional
D 918
D 934
D 920
D 921
A 136
N 260
A 2606
A B C D
1 2 3 4 5

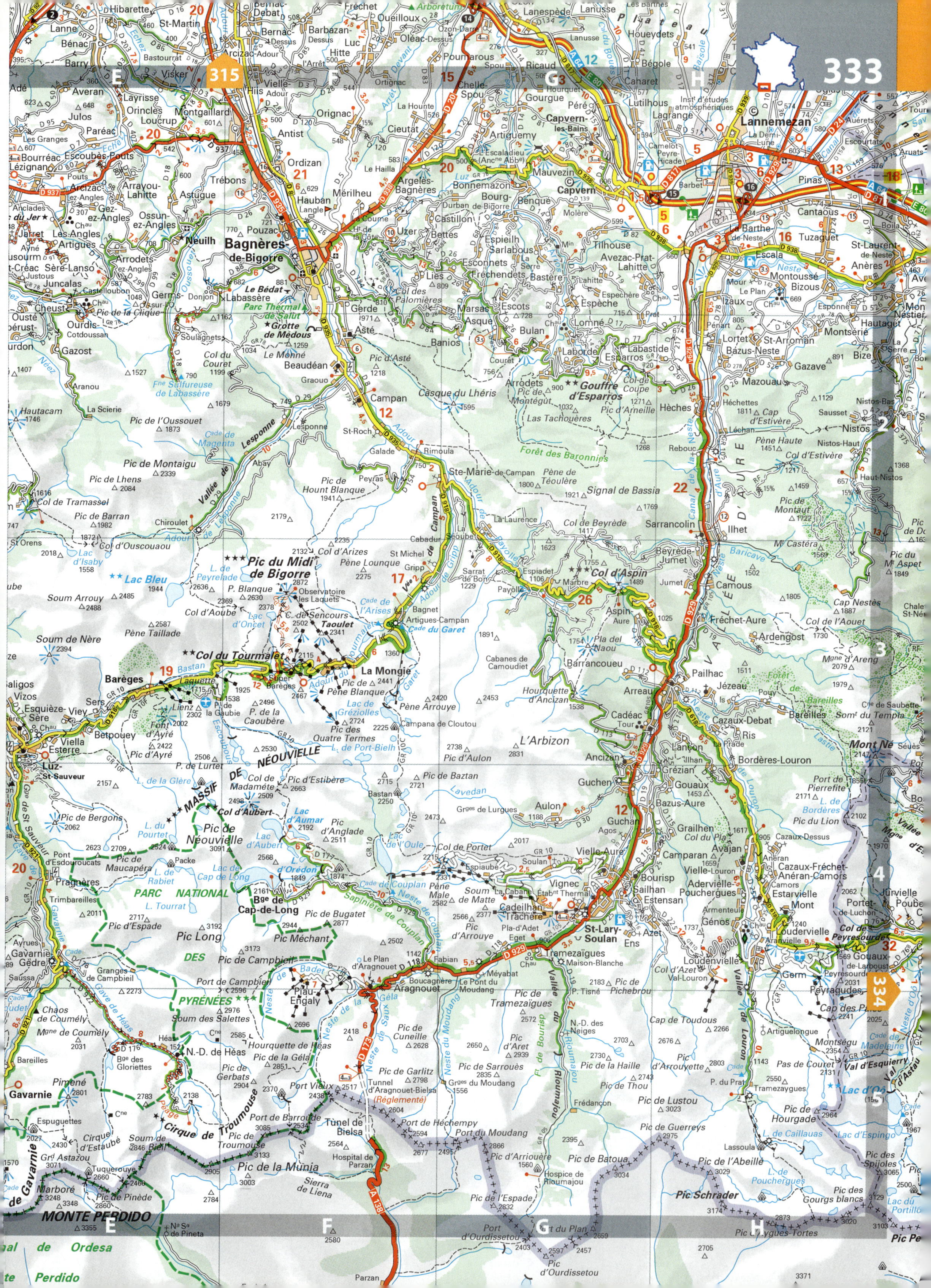
Lannemezan
Bagnères-de-Bigorre
Capvern
Capvern-les-Bains
Campan
Arreau
St-Lary-Soulan
Luz-St-Sauveur
Barèges
Gavarnie
Pic du Midi de Bigorre
Col du Tourmalet
La Mongie
Col d'Aspin
Gouffre d'Esparros
Grotte de Médous
MASSIF DE NÉOUVIELLE
PARC NATIONAL DES PYRÉNÉES
Pic Long
Pic de Campbieil
Cirque de Troumouse
Tunnel de Bielsa
Aragnouet
Pic de la Munia
Lac Bleu
Lac d'Oô
Pic Schrader
MONTE PERDIDO
Ordesa
Perdido
Vallée d'Aure
Loudenvielle
Bordères-Louron
Sarrancolin
Hèches
La Barthe-de-Neste
St-Laurent-de-Neste
Tuzaguet
Escala
Labassère
Le Bédat
Astugue
Trébons
Pouzac
Montgaillard
Orignac
Ordizan
Mérilheu
Uzer
Bettes
Lies
Asque
Banios
Gerde
Asté
Beaudéan
Pic d'Asté
Casque du Lhéris
Ste-Marie-de-Campan
Payolle
Forêt des Baronnies
Signal de Bassia
L'Arbizon
Pic de Montaigu
Hautacam
Pic de Néouvielle
Pic d'Espade
Pic de Bugatet
Pic Méchant
Col de Portet
Vielle-Aure
Vignec
Cadeilhan-Trachère
Fabian
Col de Peyresourde
Pic de Garlitz
Pic de la Géla
Port de Barroude
Sierra de Liena
Parzan
Marboré
Pic de Pinède
Pic de l'Abeille
Pic des Gourgs blancs
Pic de Lustou
Pic de Tramezaïgues
Pic d'Aret
Pic de Sarrouès
Pic de Batoua
Port du Plan
Pic d'Ourdissetou
Port d'Ourdissetou
2
3
4
5
E
F
G
H
315
334

0 2 4 6 8 10 km
316
333
A
B
C
D
1
2
3
4
5
St-Gaudens
Montréjeau
Valentine
Villeneuve-de-Rivière
Labarthe-Rivière
Miramont-de-Comminges
Estancarbon
Pointis-Inard
Labarthe-Inard
Landorthe
Savarthès
St-Médard
Beauchalot
Montespan
Salies-du-Salat
Mane
Figarol
Aspet
Izaut-de-l'Hôtel
Arbon
Milhas
Razecueillé
Portet-d'Aspet
Col de Portet d'Aspet
St-Lary
Sengouagnet
Juzet-d'Izaut
Encausse-les-Thermes
Soueich
Ganties
Régades
Aspret-Sarrat
Rieucazé
Ardiège
Clarac
Ausson
Pointis-de-Rivière
Huos
Gourdan-Polignan
Labroquère
Valcabrère
St-Bertrand-de-Comminges
Barbazan
Sauveterre-de-Comminges
Loures-Barousse
Izaourt
Luscan
Génos
Malvezie
Lourde
Ore
St-Pé-d'Ardet
Moncaup
Antichan-de-Frontignes
Bastion des Frontignes
Frontignan-de-Comminges
Siradan
Saléchan
Fronsac
Chaum
Bezins-Garraux
Eup
Marignac
St-Béat
Lez
Cierp-Gaud
Signac
Binos
Bachos
Guran
Burgalays
Lège
Cazaux-Layrisse
Baren
Arlos
Fos
Argut-Dessous
Melles
Pic de Cagire
Col de Menté
Tuc de l'Étang
Pic du Gar
Sost
Mauléon-Barousse
Ferrère
Esbareich
Gembrie
Samuran
Bagiry
Troubat
Thèbe
Antichan
Anla
Ilheu
Créchets
Gaudent
Sacoué
Bramevaque
Ourde
Cazarilh
Seich
Nistos
Col de l'Aubisque
Mont Né
Port de Balès
Bourg-d'Oueil
Cirès
Caubous
Mayrègne
Kiosque de Mayrègne
Sommet d'Antenac
St-Paul-d'Oueil
Benque-Dessous-et-Dessus
Saccourvielle
Moustajon
Juzet-de-Luchon
Salles-et-Pratviel
Antignac
Cier-de-Luchon
Gouaux-de-Luchon
Artigue
Sode
Bagnères-de-Luchon
Montauban-de-Luchon
St-Mamet
Superbagnères
Castillon-de-Larboust
Cazeaux-de-Larboust
Garin
Billière
St-Aventin
Jurvielle
Poubeau
Cathervielle
Portet-de-Luchon
Col de Peyresourde
Oô
Granges d'Astau
Pic de Céciré
Vallée du Lys
Bordes-du-Lys
Gouffre d'Enfer
Lac Vert
Pic des Crabioules
Lac d'Oô
Pic de Sacroux
Col de la Glère
Hospice de France
Port de Vénasque
Pas de l'Escalette
Pic de Bacanère
Plan de Montmajou
Bausen
Canejan
Pontaut
Les
Bossòst
Col du Portillon
Era Bordeta
Arres
Vilamòs
Es Bòrdes
Begòs
Arròs
Vila
Montcorbau
Aubèrt
Betlan
Vilac
Vielha
Escunhau
Casarilh
Gausac
Casau
Arties
Salardú
Gessa
Baqueira
Montlude
Vall de Varradòs
Pic de Maubermé
Pic de Crabère
Estany Layó
Pic de Serre Haute
Col d'Aoueran
Irazein
Antras
Sentein
Bonac
Orgibet
Augirein
Galey
St-Jean-du-Castillonnais
Le Couret
Couledoux
Le Puech
Laouech
Cazarilh
Henne-Morte
Herran
Lacave
Arbas
Fougaron
Chein-Dessus
Estadens
Montgaillard-de-Salies
Rouède
Castelbiague
Lespiteau
Pujos
Col de Larrieu
Mancioux
St-Martory
Lestelle
Arnaud-Guilhem
Castillon-de-St-Martory
Proupiary
Laffite-Toupière
Cazeneuve-Montaut
Auzas
Latoue
Larcan
Laffiteau
Lodes
Cardeilhac
St-Ignan
Bessou
Pomarède
Le Cuing
Franquevielle
Ponlat-Taillebourg
Les Tourreilles
Cuguron
Bordes-de-Rivière
Martres-de-Rivière
Labroquère
Nestier
Montégut
Lombrès
Tibiran-Jaunac
Mazères-de-Neste
Aventignan
St-Paul
St-Laurent-de-Neste
Anères
Uzès
Aruats
Escoubas
Peyrouse
Pic de Montlude
Vall d'Aran
Val d'Aran
N 125
N 230
A 64
E 80
D 817
Reserva Nacional
Pic de Mont Las
Cap de Pouy de Hourmigué
Pic de Pouy Usclat
Pic du Burat
Pic de Palarquère
Col d'Artigascou
Tuc de Seneviès
Cap de Gauch
Pic de la Calabasse
Col d'Auarde
Pic de Paloumère
Col de Buret
Tuc de Paillère
Pic de Poujastou
Pic de la Pique
Pic de Sauvegarde
Pic Ferriguère
Pic d'Arrès
Entecada
Pico de Mompius
Uelhs deth Joèu
Asseradora
Tuca-Betrém
Campalias
Pic Lézat

317
E
F
G
H
1
2
3
4
5
336
Montclar-de-Comminges
Mauran
St-Michel
Le Plan
Gouzens
Thouars-sur-Arize
Loubaut
Méras
Sieuras
Le Pigeon
Castex
Roquefort-s-Garonne
Ausseing
Montberaud
Lahitère
La Bastide-de-Besplas
Gaillard-du-Bosc
Carla-Bayle
Le Fustié
Artigat
Montbrun-Bocage
Daumazan-sur-Arize
Campagne-sur-Arize
Castéras
Lanoux
Pailhès
Belbèze-en-Comminges
Cassagne
Cérizols
Escoulis
Ste-Croix-Volvestre
Cap d'Argain
Fabas
Marsoulas
Betchat
Mérigon
Montfa
Camarade
Sabarat
Les Bordes-sur-Arize
M O N T A G N E
Touille
Bédeille
Tourtouse
Lasserre
Montardit
Mauvezin-de-Ste-Croix
Cabanères
Grotte du Mas-d'Azil
Le Mas-d'Azil
Gabre
La Bastide-du-Salat
Barjac
Contrazy
PARC NATUREL
RÉGIONAL
DES
PYRÉNÉES
ARIÉGEOISES
Mercenac
Taurignan-Castet
Lacave
Mauvezin-de-Prat
Prat-Bonrepaux
Caumont
Taurignan-Vieux
Clermont
Allières
Lorp-Sentaraille
Montesquieu-Avantès
Durban-sur-Arize
Montseron
Suzan
La Bastide-de-Sérou
Francazal
Cazavet
Montgauch
St-Lizier
Montjoie-en-Couserans
Lescure
Rimont
Castelnau-Durban
Larbont
Nescus
Montégut-en-Couserans
St-Girons
Baliar
Combelongue
Esplas-de-Sérou
Sentenac-de-Sérou
Montagagne
Eycheil
Moulis
Rivèrenert
Arrout
Villeneuve
Engomer
Audressein
Argein
Cescau
Lacourt
Erp
MASSIF
Som^t de Portel
Castillon-en-Couserans
Gorges de Ribaouto
Alos
Soueix-Rogalle
Biert
Massat
Les Bordes-s-Lez
Uchentein
Arrien-en-Bethmale
Bethmale
Vallée de Bethmale
Aleu
Oust
Sentenac-d'Oust
Seix
Vallée du Garbet
Ercé
Pic de Montgarié
Tuc de Quer Ner
Mont Valier
Col de Pause
Pic de Fonta
Vallée d'Ustou
Pic de Montbéas
Aulus-les-Bains
Couflens
Pic de la Pale
Port d'Aula
Salau
Pic de Soubirou
Pic de Certascan
Pic Rouge de Bassiès
Pico de Moreda
Mont Rouch
Pic de Turguilla
Pointe des Trois Comtes
Auzat
Vicdessos
Pic des Trois Seigneurs
Bassiès
L'Artigue
Montcalm

0 2 4 6 8 10 km
318
335
340
Pamiers
Mirepoix
Varilhes
FOIX
Montgaillard
Lavelanet
Tarascon-s-Ariège
Parc de la Préhistoire
Ax-les-Thermes
Montségur
Pic de St-Barthélemy
Signal de Chioula
Grotte de Niaux
Carrière de Trimouns
Pic des Trois Seigneurs
Vicdessos
Auzat
Les Cabannes
Luzenac
Dreuilhe
Laroque-d'Olmes
Léran
Belloc
La Bastide-sur-l'Hers
Mazères
Dalou
Ségura
Saverdun
Crampagna
Loubens
Cadarcet
La Bastide-de-Sérou
Baulou
Vernajoul
Ganac
Brassac
Bénac
Burret
Surba
Bompas
Mercus-Garrabet
Arignac
Ussat
Ornolac-Ussat-les-Bains
Verdun
Aulos
Sinsat
Unac
Caussou
Prades
Montaillou
Camurac
Comus
Belcaire
Orlu
Orgeix
Savignac-les-Ormeaux
Vaychis
Ignaux
Sorgeat
Ascou
Roquefixade
Nalzen
Freychenet
Montferrier
Villeneuve-d'Olmes
Bénaix
L'Aiguillon
Fougax-et-Barrineuf
Celles
St-Paul-de-Jarrat
Montoulieu
Prayols
Ferrières-sur-Ariège
St-Jean-de-Verges
Gudas
Arabaux
Pradières
L'Herm
Soula
Leychert
Roquefort-les-Cascades
Péreille
Ilhat
Carla-de-Roquefort
Lieurac
Sautel
Esclagne
Pradettes
Tabre
Aigues-Vives
Limbrassac
Dun
Calzan
Malléon
Ventenac
Coussa
Les Pujols
Vernajoul
Rieucros
Manses
Teilhet
Vals
Coutens
Besset
Tourtrol
Vira
Arvigna
Les Issards
Ludiès
St-Amadou
Le Carlaret
La Bastide-de-Lordat
Trémoulet
Lapenne
St-Félix-de-Tournegat
Escosse
St-Victor-Rouzaud
Madière
Artix
Benagues
Montégut-Plantaurel
Cazaux
Rieux-de-Pelleport
Aigues-Juntes
Pic de Montcoustan
Montels
Alzen
Serres-sur-Arget
St-Martin-de-Caralp
St-Pierre-de-Rivière
Saurat
Bédeilhac-et-Aynat
Rabat-les-Trois-Seigneurs
Gourbit
Génat
Niaux
Capoulet-et-Junac
Miglos
Lercoul
Siguer
Gestiès
Goulier
Orus
Suc-et-Sentenac
Illiers-et-Laramade
Lapège
Pic de Montcalm
Montagne de Tabe
Pic de Soularac
Gorges de la Frau
Pas de l'Ours
Col de Marmare
Col de Chioula
Col de Port
Col de Marrous
Col del Bouich
Col des Caougnous
Col de la Lauze
Col de Montségur
Massif de l'Aston
Plantaurel

318
335
340

Fanjeaux
Lasserre-de-Prouille
Villeneuve-lès-Montréal
Alairac
Lavalette
Fenouillet-du-Razès
Orsans
Ferran
Cailhavel
Cailhau
Couffoulens
Leuc
Preixan
La Courtète
Mazerolles-du-Razès
Gramazie
Montgrenier
Villarzel-du-Razès
Montclar
Rouffiac-d'Aude
Hounoux
Cambieure
Brugairolles
Verzeille
St-Gaudéric
Belvèze-du-Razès
Malviès
Villefloure
Montgradail
Routier
St-Martin-de-Villereglan
Cépie
Pomas
Escueillens-et-St-Just-de-Bélengard
Bellegarde-du-Razès
Alaigne
Lauraguel
Ladern-sur-Lauquet
St-Hilaire
Lignairolles
Gaja-et-Villedieu
Pieusse
Monthaut
Donazac
Pauligne
Greffeil
Loupia
Limoux
Villebazy
Peyrefitte-du-Razès
Malras
Villar-St-Anselme
Pomy
Villelongue-d'Aude
La Digne-d'Aval
St-Polycarpe
Corbières
Courtauly
Ajac
La Bezole
Castelreng
La Digne-d'Amont
Cournanel
Clermont-sur-Lauquet
Camon
Magrie
Belcastel-et-Buc
Caunette-s-Lauquet
Tourreilles
Villardebelle
Sonnac-sur-l'Hers
St-Benoît
Col de l'Espinas
Roquetaillade
Alet-les-Bains
Missègre
Chalabre
St-Couat-du-Razès
Bourigeole
Bouriège
Véraza
Montbel
Montjardin
Conilhac-de-la-Montagne
Terroles
Valmigère
Le Cazal-Ste-Marie
La Serpent
Festes-et-St-André
Luc-s-Aude
Peyrolles
Arques
Villefort
Antugnac
Couiza
Cassaignes
Ste-Colombe-sur-l'Hers
Rivel
Montazels
Espéraza
Coustaussa
Serres
Rouvenac
St-Jean-de-Paracol
Campagne-sur-Aude
Rennes-le-Chau
Puivert
Rennes-les-Bains
Sougraigne
Bélesta
Nébias
Granès
St-Ferriol
Fourtou
Quillan
St-Just-et-le-Bézu
Ginoles
Coudons
Belvis
St-Julia-de-Bec
Pic de Bugarach
Bugarach
Camps-sur-l'Agly
Belvianes-et-Cavirac
St-Louis-et-Parahou
St-Martin-Lys
Belfort-sur-Rebenty
Joucou
Quirbajou
Marsa
Caudiès-de-Fenouillèdes
Prugnanes
Roquefeuil
Espezel
Galinagues
Belcaire
Mazuby
Axat
Artigues
Puilaurens
Fenouillet
Fosse
Niort-de-Sault
Rodome
Aunat
Bessède-de-Sault
Gorges de St-Georges
Mérial
Le Clat
Salvezines
La Fajolle
Fontanès-de-Sault
Gincla
Vira
Le Vivier
Campagna-de-Sault
Forêt de Gesse
Forêt de Navarre
Ste-Colombe-sur-Guette
Sarrat Naout
Escouloubre
Roquefort-de-Sault
Montfort-sur-Boulzane
Mijanès
Rouze
Le Puch
Counozouls
Rabouillet
Sournia
Pic de Tarbezou
Carcanières
Quérigut
Col de Jau
Roc Cornut
E
F
G
H
1
2
3
4
5
319
338
341

0 2 4 6 8 10 km
320
337
342
C
D
A
B
1
2
3
4
5
Capendu
Moux
Douzens
Conilhac-Corbières
Ornaisons
Bizanet
Montredon-des-Corbières
Fontcouverte
Boutenac
Ferrals-les-Corbières
Fabrezan
Monze
Pradelles-en-Val
Montlaur
Camplong-d'Aude
Vaugelas
Ribaute
Lagrasse
Tournissan
St-Laurent-de-la-Cabrerisse
Thézan-des-Corbières
Montséret
St-André-de-Roquelongue
Abbe de Fontfroide
Massif de Fontfroide
Mas-des-Cours
Fajac-en-Val
Arquettes-en-Val
Servies-en-Val
Villar-en-Val
Villetritouls
Rieux-en-Val
Labastide-en-Val
Taurize
Caunettes-en-Val
Mayronnes
St-Pierre-des-Champs
Talairan
Coustouge
Fontjoncouse
Jonquières
St-Martin-des-Puits
Plateau de Lacamp
Clermont-sur-Lauquet
Caunette-s-Lauquet
Lairière
Chau de Durfort
Gges du Termenet
Villerouge-Termenès
Col du Prat
Albas
Durban-Corbières
Villesèque-des-Corbières
Portel-des-Corbières
Montjoi
Vignevielle
Termes
Félines-Termenès
Pech de Guillaumet
Cascastel-des-Corbières
Villeneuve-les-Corbières
Salza
Bouisse
Lanet
Mouthoumet
Laroque-de-Fa
Davejean
Pech Montaut
Col de Bedos
Palairac
Quintillan
Serre de Quintillan
St-Jean-de-Barrou
Fraissé-des-Corbières
Albières
Pic Cascagne
Col de la Gineste
Col d'Amiel
Col de Couisse
Col de Ferréol
Embres-et-Castelmaure
Castelmaure
Feuilla
Col de Feuilla
Auriac
Dernacueillette
Maisons
Massac
Montgaillard
Tour des Géographes
N.-D. de Faste
Ségure
Col d'Extrême
Montoulié de Périllou
Fourtou
Col de Redoulade
Col de Céděillan
Pech de Fraysse
Tuchan
Chau d'Aguilar
Pech de Genièvre
Périllos (Village en ruine)
Soulatgé
Rouffiac-des-Corbières
Col de Grès
Roc Fourcat
Padern
Opoul-Périllos
Chau de Peyrepertuse
Cubières-sur-Cinoble
Duilhac-s/s-Peyrepertuse
Gorges de Galamus
Camps-sur-l'Agly
Paziols
Vingrau
Fort de Salses
Cucugnan
Chau de Quéribus
St-Antoine-de-Galamus
Prugnanes
Grau de Maury
Mas Janeill
Centre européen de Préhistoire
Tautavel
St-Paul-de-Fenouillet
Maury
Lesquerde
Clue de la Fou
Fosse
Col del Mas
Latour-de-France
Estagel
Cases-de-Pène
Espira-de-l'Agly
Rivesaltes
St-Martin
St-Arnac
Serre de Vergès
Lansac
Rasiguères
Planèzes
Calce
Baixas
Peyrestortes
Le Vivier
Felluns
Ansignan
Prats-de-Sournia
Trilla
Bge de Caramany
Cassagnes
Montner
Força Réal
Col de la Dona
Pézilla-de-Conflent
Sournia
Caramany
Col de la Bataille
St-Estève
Campoussy
Trévillach
Bélesta
Corneilla-la-Rivière
Pézilla-la-Rivière
Villeneuve-la-Rivière
Baho
Roc Cornut
Tarerach
Montalba-le-Château
Néfiach
Millas
Col de Guers

321
343
E
F
G
H
1
2
3
4
5
PARC NATUREL RÉGIONAL DE LA NARBONNAISE★
MÉDITERRANÉE
Armissan
Vires
St-Pierre-la-Mer
Port de Brossolette
Narbonne-Plage
Moujan
Pech Redon
L'Hospitalet
Coffre de Pech Redon
Rouquette
Montagne de la Clape
Terrain militaire
Les Hauts de Narbonne
Aussières
Joncquières
Montplaisir
Rochegrise
Fontfroide
Lunes
Craboules
Montfort
Les Monges
N.-D. des Auzils
Le Pech-Rouge
Les Ayguades
Cimetière marin
Le Rec d'Argent
La Nautique
Mandirac
Les Pesquis
Bages
Prat de Cest
Étg de Mateille
Étang de Gruissan
Gruissan★
Gruissan-Plage
Musée
Île St-Martin
Étg de Campignol
L'Évêque
Salin de St-Martin
L'Ayrolle
Étang de l'Ayrolle
Estarac
Étg du Doul
Peyriac-de-Mer
Î. de Planasse
Réserve africaine
Île de l'Aute
Le Hameau du Lac
Île Ste-Lucie
Étang de Bages et de Sigean
Grau de la Vieille Nouvelle
Salin de Ste-Lucie
La Courtive
Les Cabanes
Villefalse
Gd Salin
Les Mattes
Sigean★
Port-la-Nouvelle
Parc éolien des Corbières maritimes★
Cap Romarin
Marbre
St-Martin
Roquefort-des-Corbières
La Palme
Salin de Lapalme
Étg de Lapalme
Les Cabanes-de-Lapalme
St-Pancrace
Grau de la Franqui
La Franqui
Cap Leucate★
Caves
Treilles
Leucate
Leucate-Plage
Fitou
Les Cabanes-de-Fitou
St-Aubin
Grau de Leucate
Port-Fitou
Étang de Leucate ou de Salses
Pnte de la Corrège
Port-Leucate
LA CATALANE
Aquamagic
Salses-le-Château
Grde Dosse
Paquebot Lydia (ensablé)
Garrieux
Île de la Coudalère
Luna Park
Port-Barcarès
Centre nautique
Camp militaire
Port St-Ange
Le Barcarès
St-Hippolyte
St-Laurent-de-la-Salanque
Torreilles-Plage
Agly
Clairа
Jouègue
Torreilles
Pia
Villelongue-de-la-Salanque
Ste-Marie-la-Mer
Ste-Marie-Plage
Bompas
Têt
Canet-en-Roussillon
PERPIGNAN
Cabestany
Canet-Plage
L'Esparrou
D 6009
D 6139
D 627
D 83
D 617
D 81
D 32
D 332
A 9
E 15

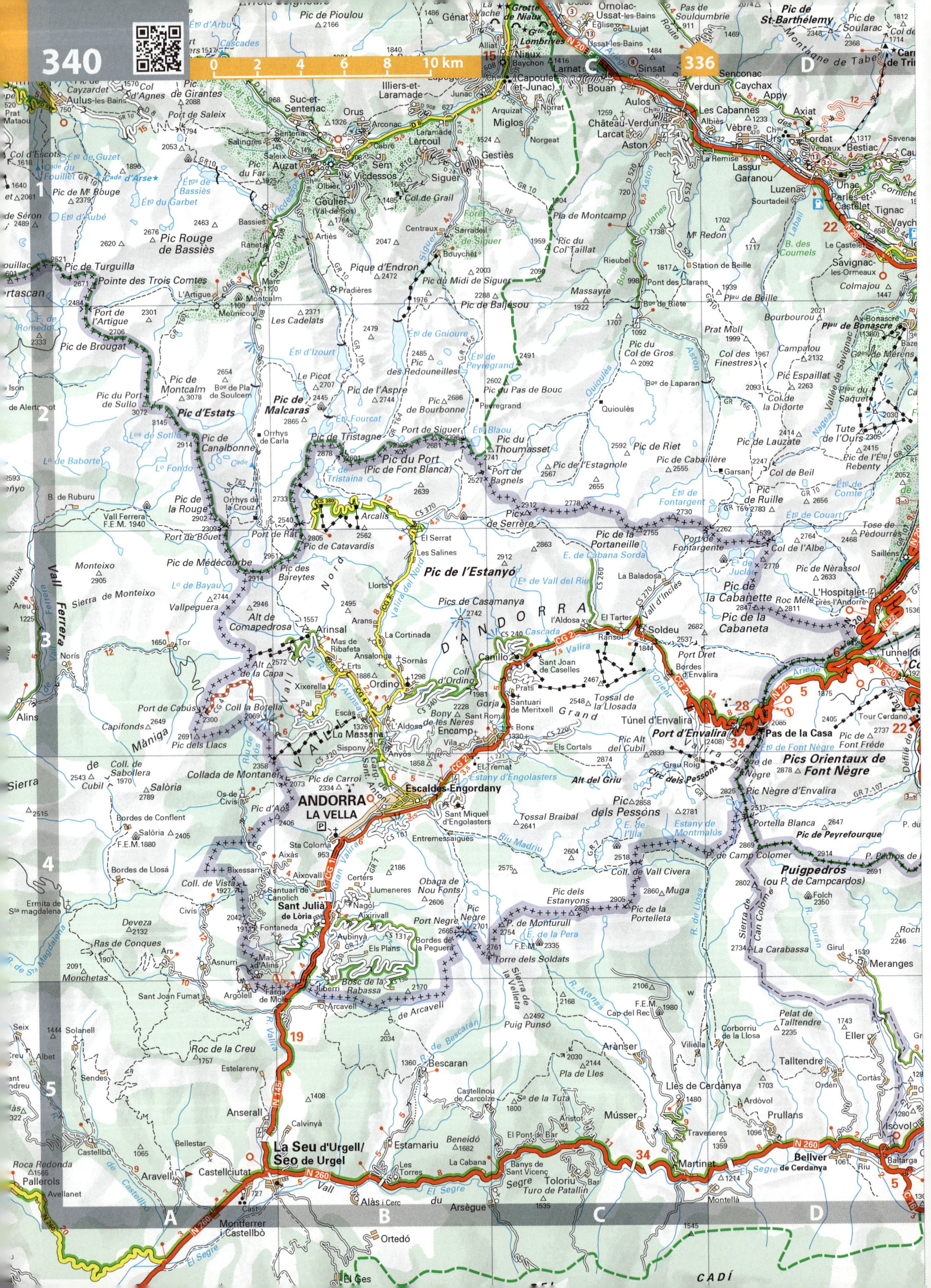

0 2 4 6 8 10 km
336
A
B
C
D
1
2
3
4
5
Pic de Pioulou
Génat
Grotte de Niaux
Grotte de Lombrives
Ornolac-Ussat-les-Bains
Pas de Souloumbrie
Pic de St-Barthélemy
Montagne de Tabe
Cayzardet
Aulus-les-Bains
Col d'Agnes
Pic de Girantes
Suc-et-Sentenac
Illiers-et-Laramade
Niaux
Capoulet-et-Junac
Larnat
Bouan
Sinsat
Verdun
Senconac
Caychax
Appy
Axiat
Lordat
Bestiac
Port de Saleix
Orus
Arconac
Miglos
Arquizat
Norrat
Aulos
Château-Verdun
Larcat
Aston
Les Cabannes
Albiès
Vèbre
Urs
Lercoul
Gestiès
Norgeat
Col d'Escots
Étg de Guzet
Saleix
Auzat
Vicdessos
Sem
Siguer
Pic du Far
Goulier (Val-de-Sos)
Col de Grail
La Remise
Lassur
Garanou
Luzenac
Unac
Perles-et-Castelet
Tignac
Vaychis
Pic de Mt Rouge
Étg d'Arse
Étg du Garbet
Étg de Bassiès
Étg d'Aubé
Pic Rouge de Bassiès
Bassiès
Artiès
Olbier
Centraux
Sarradeil
Forêt de Siguer
Bouychet
Pla de Montcamp
Mt Redon
Pic du Col Taillat
Rieubel
Bois de Gudanes
Station de Beille
Pont des Clarans
B. des Coumels
Le Castelet
Savignac-les-Ormeaux
Colmajou
Pic de Turguilla
Pointe des Trois Comtes
Pique d'Endron
Pic du Midi de Siguer
Pic de Baljesou
Massayre
Plau de Beille
Marc
Montcalm
L'Artigue
Pradières
Port de l'Artigue
Pic de Brougat
Les Cadelats
Étg de Gnioure
Étg d'Izourt
Étg de Peyregrand
Pic des Redouneilles
Pic du Col de Gros
Prat Moll
Col des Finestres
Bourbourou
Plau de Bonascre
Campalou
Pic de Montcalm
Bge de Pla de Soulcem
Le Picot
Pic de l'Aspre
Pic de Bourbonne
Pic du Pas de Bouc
Peyregrand
Bge de Laparan
Quioulès
Pic Espaillat
Col de la Didorte
Pic du Port de Sullo
Pic d'Estats
Pic de Malcaras
Étg Fourcat
Orrhys de Carla
Pic de Tristagne
Port de Siguer
Étg Blaou
Pic du Thoumasset
Pic de Riet
Pic de Lauzate
Tute de l'Ours
Pic de l'Étg Rebenty
Pic de Canalbonne
Pic du Port (Pic de Font Blanca)
Port de Bagnels
Pic de l'Estagnole
Pic de Cabaillère
Garsan
Col de Beil
Pic de Ruille
Étg de Comte
Lo de Baborte
Lo Fondo
Pic de la Rouge
Orrhys de la Crouz
Arcalis
Port de Rat
Pic de Catavardis
El Serrat
Les Salines
Pic de Serrère
Étg de Fontargent
Étg de Couart
Tose de Pèdourrès
B. de Ruburu
Vall Ferrera F.E.M.
Port de Bouet
Pic de la Portaneille
E. de Cabana Sorda
Port de Fontargente
Col de l'Albe
Saillens
Monteixo
Pic de Médécourbe
Pic des Bareytes
Pic de l'Estanyo
Es de Vall del Riu
La Baladosa
Étg de Juclar
Pic de Nérassol
L'Hospitalet-près-l'Andorre
Vall Ferrera
Sierra de Monteixo
Lo de Bayau
Vallpeguera
Llorts
Pics de Casamanya
Vall d'Incles
Pic de la Cabanette
Roc Mele
Pic de la Cabaneta
Alt de Comapedrosa
Arinsal
Arans
La Cortinada
D'ANDORRA
l'Aldosa
El Tarter
Soldeu
Ransol
Mas de Ribafeta
Ansalonga
Sornàs
Canillo
Cascada
Valira
Port Dret
Bordes d'Envalira
Tunnel de Puymorens
Norís
Tor
Alt de la Capa
Erts
Ordino
Coll d'Ordino
Sant Joan de Caselles
Prats
Santuari de Meritxell
Tossal de la Llosada
Grand Valira
Port d'Envalira
Pas de la Casa
Tour Cordano
Pic de Font Frède
Alins
Port de Cabús
Coll la Botella
Xixerella
Pal
Escàs
La Massana
Sispony
Bony de les Neres
Encamp
Sant Romà
Gorja
Vila
Bons
Els Cortals
Túnel d'Envalira
Pic Alt del Cubil
Grau Roig
Cap de Font Nègre
Pics Orientaux de Font Nègre
Capifonds
Màniga
Pic dels Llacs
Anyós
El Tremat
Estany d'Engolasters
Alt del Griu
Circ dels Pessons
Pic Nègre d'Envalira
Coll. de Sabollera
Cubil
Salòria
Collada de Montaner
Pic de Carroi
Escaldes-Engordany
ANDORRA LA VELLA
Sant Miquel d'Engolasters
Tossal Braibal
Pic dels Pessons
Estany de Montmalús
Portella Blanca
Pic de Peyrefourque
Pic d'Aos
Os de Civís
Bordes de Conflent
F.E.M.
Sta Coloma
Aixàs
Entremesaigues
Riu Madriu
E. de l'Illa
Coll. de Vall Civera
P. de Camp Colomer
Puigpedrós (ou P. de Campcardos)
Bordes de Llosá
Bixessarri
Aixovall
Certers
Llumeneres
Obaga de Nou Fonts
Muga
Coll. de Vista
Santuari de Canolich
Sant Julià de Lòria
Nagol
Pic Negre
Pic dels Estanyons
Pic de la Portelleta
Folch
Ermita de Sta magdalena
Civis
Fontaneda
Aixirivall
Port Negre
P. de Monturull
E. de la Pera
Sierra de Can Colomé
R. Durán
Roch
Deveza
Ras de Conques
Aubinyà
Els Plans
Bordes de la Peguera
Torre dels Soldats
La Carabassa
Girul
Meranges
Ars
Asnurri
Mas d'Alins
Bosc de la Rabassa
Monchetas
Sant Joan Fumat
Argolell
Farga de Moles
Juberri
Arcavell
S. de Arcavell
Sierra de la Vellela
R. Aransa
Cap del Rec
Pelat de Tallténdre
Eller
Seix
Solanell
Albet
Sendes
Roc de la Creu
Estelareny
Puig Punsó
Bescaran
Pla de Lles
Aránser
Viliella
Corborriu de la Llosa
Talltendre
Cortàs
Orden
Ardòvol
Prullans
Isòvol
Anserall
Calvinyà
Castellnou de Carcolze
Sa de la Tuta
Aristot
Músser
Lles de Cerdanya
Traveseres
Estamariu
Beneidó
El Pont de Bar
Castellbó
Bellestar
La Seu d'Urgell/Seo de Urgel
La Cabana
Martinet
Bellver de Cerdanya
Baltarga
Riu
Roca Redonda
Pallerols
Aravell
Castellciutat
Les Torres
Banys de Sant Vicenç
Segre
Toloriu
Turo de Patallin
Bar
Montellà
El Segre
Avellanet
Cast
Alàs i Cerc
Arsègue
Montferrer i Castellbò
Ortedó
El Ges
CADÍ
N 260
N 145
N 20
N 22
N 320
CG 1
CG 2
CG 3
CG 4

E
F
G
H
337
342
Axat
Ax-les-Thermes
Signal de Chioula
Sorgeat
Ascou
Orgeix
Orlu
Prades
Montaillou
Camurac
Comus
Belcaire
Roquefeuil
Espezel
Galinagues
Mazuby
Niort-de-Sault
Mérial
Rodome
Aunat
Bessède-de-Sault
Joucou
Quirbajou
Marsa
Artigues
Gorges de St-Georges
Le Clat
La Fajolle
Campagna-de-Sault
Fontanès-de-Sault
Escouloubre
Rouze
Mijanès
Le Puch
Artigues
Le Pla
Carcanières
Quérigut
Col de Moulis
Roquefort-de-Sault
Villeneuve
Col de Jau
Forêt de Gesse
Forêt de Navarre
Ste-Colombe-sur-Guette
Gincla
Salvezines
Puilaurens
Montfort-sur-Boulzane
Counozouls
Pic Dourmidou
Forêt de Salvanère
Forêt de Gravas
Forêt de Lapazeuil
Madrès
Pic de Tour
Urbanya
Nohèdes
Mt Coronat
Villefranche
Serdinya
Jujols
Evol
Olette
Oreilla
Ayguatébia-Talau
Railleu
Sansa
Caudiès-de-Conflent
Matemale
Les Angles
Formiguères
Puyvalador
Réal
Fontrabiouse
Rieutort
Pic de Ginèvre
Le Roc Blanc
Porteille d'Orlu
Mérens-les-Vals
Pic Péric
Pic Pédrous
Pic Carlit
Col de Puymorens
Porté-Puymorens
Porta
PARC NATUREL RÉGIONAL DES PYRÉNÉES CATALANES
Font-Romeu-Odeillo-Via
Ermitage
Mont-Louis
La Llagonne
Fetges
Sauto
Fontpédrouse
Thuès-Entre-Valls
Gorges de la Carança
Canaveilles
Nyer
Souanyas
Escaro
Col de Mantet
Mantet
Pic de Gallinas
Pic Redoun
La Cabanasse
St-Pierre-dels-Forcats
Planès
Bolquère
Odeillo
Targassonne
Égat
Angoustrine
Villeneuve-des-Escaldes
Dorres
Ur
Enveigt
Latour-de-Carol
Llívia
Estavar
Saillagouse
Eyne
Err
Llo
Gorges du Sègre
Puigcerdà
Bourg-Madame
Ste-Léocadie
Nahuja
Osséja
Palau-de-Cerdagne
Valcebollère
Puig d'Estaque
Err-Puigmal 2900
Puigmal
Pic de Sègre
Núria
Vall de Núria
Pic de Finestrelles
Pic de la Vache
Pic du Géant
Valter 2000
Roc Colom
Pic de Mantinello
Setcases
Queralbs
Pic de Dorria
Serrat
Puig Cerveris
Vilallonga de Ter
Alp
Das
Urús
La Molina
Toses
Dòrria
Túnel de Cadí
Guils de Cerdanya
Bolvir de Cerdanya
Ger
Saga
Queixans
Urtx
Sanavastre
Prats de Cerdanya

0 2 4 6 8 10 km
338
341
Prugnanes
St-Paul-de-Fenouillet
Clue de la Fou
Grau de Maury
Maury
Centre européen de Préhistoire
Tautavel
Puilaurens
Fenouillet
Caudiès
Salvezines
St-Martin
St-Arnac
Lansac
Felluns
Ansignan
Rasiguères
Planèzes
Latour-de-France
Estagel
Calce
Cassagnes
Caramany
Trilla
Pézilla-de-Conflent
Prats-de-Sournia
Sournia
Rabouillet
Vira
Le Vivier
Gincla
Montner
Força Réal
Corneilla-la-Rivière
Pézilla-la-Rivière
Bélesta
Trévillach
Campoussy
Tarerach
Montalba-le-Château
Sylvestre
Néfiach
Millas
St-Féliu-d'Amont
St-Féliu-d'Avall
Ille-sur-Têt
Rodès
Corbère
Corbère-les-Cabanes
St-Michel-de-Llotes
Bouleternère
Vinça
Marquixanes
Eus
Arboussols
Molitg-les-Bains
Mosset
PARC NATUREL RÉGIONAL DES PYRÉNÉES CATALANES
Prades
Catllar
Ria-Sirach
Codalet
Espira-de-Conflent
Rigarda
Joch
Finestret
Thuir
Castelnou
Ste-Colombe-de-la-Commanderie
Llupia
Terrats
Fourques
Camélas
Casefabre
Prieuré de Serrabone
Boule-d'Amont
Glorianes
Baillestavy
Abbaye St-Michel-de-Cuxa
Villefranche-de-Conflent
Fort Libéria
Corneilla-de-Conflent
Grottes des Canalettes
Serdinya
Fuilla
Taurinya
Clara
Estoher
Vernet-les-Bains
Sahorre
Fillols
Castell
Abbaye St-Martin
Pic du Canigou
Canigou
Valmanya
La Bastide
Prunet-et-Belpuig
St Marsal
Taulis
Montauriol
Tordères
Llauro
Calmeilles
Oms
Vivès
Céret
St-Jean-Pla-de-Corts
Reynès
Amélie-les-Bains-Palalda
Palalda
Montbolo
Arles-sur-Tech
Corsavy
Montferrer
Gorges de la Fou
Le Tech
Prats-de-Mollo-la-Preste
Serralongue
St-Laurent-de-Cerdans
Coustouges
Lamanère
Col d'Ares
Roc Colom
Pic de Costabonne
Mantet
Py
Sahorre
Massif du Canigou
Roc de France
Col de la Descarga
Puig de l'Estelle
Mollò
Camprodon
Vilallonga de Ter
Llanars
Comanegra
Sant Llorenç de la Muga
A B C D
1 2 3 4 5

Port-Barcarès
Le Barcarès
Rivesaltes
St-Hippolyte
St-Laurent-de-la-Salanque
Torreilles
Torreilles-Plage
Ste-Marie-Plage
Peyrestortes
Claira
Pia
Bompas
Villelongue-de-la-Salanque
Ste-Marie-la-Mer
St-Estève
Canet-en-Roussillon
PERPIGNAN
Canet-Plage
Baho
Cabestany
Toulouges
St-Nazaire
Saleilles
Canohès
Alénya
Théza
Pollestres
Ponteilla
Villeneuve-de-la-Raho
St-Cyprien-Plage
Corneilla-del-Vercol
Montescot
St-Cyprien
Bages
Elne
Latour-Bas-Elne
Trouillas
Villemolaque
St-Jean-Lasseille
Ortaffa
Banyuls-dels-Aspres
Brouilla
Palau-del-Vidre
Argelès-s-Mer
Argelès-Plage
Tresserre
St-Génis-des-Fontaines
St-André
Collioure
Port-Vendres
Le Boulou
Sorède
Laroque-des-Albères
Montesquieu-des-Albères
Villelongue-dels-Monts
Cap Béar
Banyuls-sur-Mer
Cap Réderis
Le Perthus
Col du Perthus/Coll del Pertús
Cerbère
Cap Cerbère
Portbou
Colera
La Jonquera
Llançà
El Port de Llançà
Espolla
Rabós
Vilamaniscle
Agullana
Capmany
Darnius
Masarac
Garriguella
Vilajuïga
Biure
Boadella d'Empordà
CÔTE VERMEILLE
Cap Gros

0 2 4 6 8 10 km
C
D
1
2
3
4
5
A
B
FRANCE
ITALIE
Genova
Savona
Nice
Marseille
Toulon
Livorno
Piombino
Bastia
l'Île-Rousse
CORSE
Ajaccio
Propriano
Porto-Vecchio
MER MÉDITERRANÉE
MER TYRRHÉNIENNE
SARDEGNA
LIAISONS MARITIMES PERMANENTES
Anse de Malfalco
Marine d'Alga
Pnta di Solche
Mte S. Colombano
Pnta di l'Acciolu
Anse de Pinzuta
Mte Orlando
DÉSERT
Plage de l'Ostriconi
Anse de Peraiola
Ogliastro
Monetta
Lozari
Ile de la Pietra
L'Île-Rousse
Parc de Saleccia
Pnta Vallitoni
Marine de Davia
Monticello
Corbara
Cima lo Caigo
Mte Negro
Capo Niello
Capo Mirabo
Bocca di Carbonaja
Algajola
Sta-Reparata-di-Balagna
Marine de St-Ambroggio
Pnta di Spano
Pigna
St Antonino
Belgodere
Palasca
Baie d'Algajo
La Trinité
Pte de la Revellata
Pnta Caldano
Calvi
Golfe de Calvi
Golfe de la Revellata
Grotte des Veaux Marins
Col de Salvi
Lavatoggio
Speloncato
Ville-di-Paraso
Bocca di a Battaglia
Bocca Capanna
Camp militaire
346

E
F
G
H
1
2
3
4
5
CAP CORSE
I. de la Giraglia (Réserve naturelle)
Pnta di Agnello
Barcaggio
Capo Grosso
Tollare
Cima di a Campana
Pnta di Corno di Becco
Mte Maggiore
Iles Finocchiarola (Réserve naturelle)
Capo Bianco
Poggio
Ersa
Sta Maria
Granaggiolo
Col St-Nicolas
Baie de Tamarone
Belvre du Moulin Mattei
Cannelle
Botticella
Rogliano
Baie de Centuri
Centuri-Port
Macinaggio
I. de Capense (Réserve naturelle)
Centuri
Camera
Olivo
Vignale
Annonciation (ancien couvent)
Sottana
Bettolacce
Tomino
Morsiglia
Mte di u Castello
Meria
Marine de Meria
Mucchieta
Capo Corvoli
Pastina
Meria
Golfe d'Aliso
Mte Fornello
Pnta della Filetta Soprana
Mte Castello
Morteda
Ancien couvent St-François
Col de Ste Lucie
Luri
Alessandro
Pino
Tour de Sénèque
Poggio
Piazza
Campo
Sta-Severa
Mte Minervio
Pnta Minervio
Fieno
Castiglione
Tufo
Marine de Luri
Minerbio
Mte Licciola
Castello
Mte Castello
Adamo
Barrettali
Piazza
Marine de Porticciolo
Mte di St' Angelo
Ortali
Cagnano
Tour de Losse
Marine de Giottani
Mte Alticcione
Ghilloni
La Pedina
Conchiglio
Pietracorbara
Mte di a Croce
Marinca
Canari
Cortina
Orneto
Marine de Pietracorbara
Pinzuta
Selmacci
Piazza
Mte Cuccaro
Cima di e Follicce
Punta di Canelle
St Michel
Marine de Canelle
Abro
Ogliastro
Sisco
Moline
Crosciano
Ste Catherine
Marine de Sisco
Barrigioni
Balba
Vicaja
Lainosa
Rocher d'Albo
Guado Grande
Olcani
Mte Corvo
Marine d'Albo
Mte Merizatodio
Monte Stello
Silgaggia
Fort
Couvent
Nonza
Bocca di Sta Maria
Sta-Maria-Assunta
Castello
Erbalunga
Brando
Mte Capra
Pozzo
Poretto
Grillasca
Celle
Olmeta-di-Capocorso
Lavasina
GOLFE DE ST FLORENT
Marine de Negru
Sta-Maria-di-Lota
Partine
Figarella
Mte Pruno
Mandriale
Miomo
Bocca di S Leonardo
Acquatella
St-Hyacinthe
Braccolaccia
Muchieta
Grigione
San Martino-di-Lota
Canale
Marine de Farinole
Pietranera
Palagaccio
Farinole
Cima di Gratera
Ville-di-Pietrabugno
Alzeto
Guaitella
Ste Lucie
Pnta Vecchiaia
P. de Patrimonio
Serra di Pigno
Cardo
Col de S. Bernardino
Patrimonio
Palazzo
Citadelle
les Marines du Soleil
Poggio
Monserato
BASTIA
Suerta
Barbaggio
Treperi
Mte Secco
Mte St' Angelo
Col de Teghime
Ancne Cath. de Nebbio
P. de Chiurlino
Fiuminale
Furiani
La Marana
Mte a Torra
Mte a Mazzola
Olivacce
St-François
Poggio-d'Oletta
Oletta
Biguglia
Cima di u Zuccarello
Bge de Padula
Casatorra
Mte di Tuda
Casetta
Olmeta-di-Tuda
Défilé de Lancone
Col de S. Stefano
Vallecalle
Bevinco
Pineto
Ile S. Damiano
Les Sables de Biguglia
Réserve Naturelle
Biguglia
Fusaja
Rapale
Mte Torricelle
Ortale
Valrose
San Michele
Egl. de San Cesareo
Pieve
Mon d'arrêt
Camp militaire
Plage de la Marana
Murato
Rutali
Cima di Taffoni
Borgo
Revinco
BASTIA-PORETTA
Plage de Pineto
Lucciana
Crocetta
La Canonica
Ancne cath.
Fouilles de Mariana
San Parteo
Casamozza
Cap Sud
Vignale
Scolca
Fontanone
Volpajola
Campitello
Cima di Tanova
Bigorno
Col de Bigorno
Mte Maggiore
Mte Reghia di Pozzo
Pietralba
Pedano
Cima di Pinzali
Cima di Mutereno
Mte Buggientone
Bocca di Tenda
Egl. de San Nicolao
Sorio
San-Gavino-di-Tenda
Sto-Pietro-di-Tenda
Lavandaggio
Mte Asto
Lama
Urtaca
St Laurent
Cima di Mitilelli
Bocca a Croce
Novella
Cima a Muzelli
Bocca di S. Pancrazio
Mte Ambrica
La Balanina
Mont Filetto
Cima di Pedi Pilato
Ruaghiola
Champ de Tir
Aliso
Bacciulu
P. du Diable
Bocca di Vezzu
Pnta di Santolino
Anse de Faggiola
Plage de Saleccia
Punta di Curza
Plage de Loto
Etang de Loto
Pnta Mortella
Ghignu
Mont Robbia
Zente
Flume Santo
DES AGRIATES
Mont Genova
Mte di Arazza
Cima d'Ifana
Mte Castagne
Vaghio
St-Florent
Phare de Fornali
Mte Lavezzo
Casta
S. Pancrace
Poggio
Mortella
Flume Albino
Strutta
Etang de Biguglia
347

0 2 4 6 8 10 km
C
D
1
2
3
4
5
A
B
348
L'Île-Rousse
Ile de la Pietra
Plage de l'Ostriconi
Anse de Peraiola
Lozari
Monticello
Corbara
Sta-Reparata-di-Balagna
Belgodère
Palasca
Algajola
Marine de St-Ambroggio
Pnta di Spano
Mte S. Angelo
Pigna
St-Antonino
Aregno
la Trinité
Lavatoggio
Lumio
Calvi
Golfe de Calvi
Golfe de la Revellata
Pte de la Revellata
Grotte des Veaux Marins
Anse de Recisa
N. D. de la Serra
Pta Cataraghiu
Champ de Tir
Baie de Nichiareto
Pnta di Cantaleli
Capo a u Cavallo
Sémaphore
Pietra Major
Camp militaire
Fiume Secco
Col de Salvi
Avapessa
St-Rainier
Muro
Montegrosso
Montemaggiore
Cassano
Zilia
Feliceto
Nessa
Speloncato
Pioggiola
Olmi-Cappella
Vallica
Mausoléo
Gorges de la Tartagine
Calvi-Ste-Catherine
Ste-Restitude
Calenzana
Moncale
Mte Grosso
Cima Gazèle
S. Parteo
Bocca Serria
Capo Rutalbo
Capo Piano
Mte Cintu
Capo Porcarello
Suare
Capo Mondolo
San Quilico
Argentella
Capo di a Morsetta
Baie de Crovani
Capo a Vacelle
Capo Iovo
Capo a Dente
Col de Tartagine
Mte Padro
Capo Selolla
Asco
Gorges
Pont Genois
Bocca di Marsolinu
Pièvre
Capo Ghinepaco
Capo di l'Argentella
Feraoya
Mte Martino
Amago
Capo di Vegno
Chaos de Bocca Rezza
Bonifato
Cirque de Bonifato
Capo Ladroncello
Réserve de faune d'Asco
Pnta Gialba
Spasimata
Pnta Ciuttone
Bocca Bassa
Golfe de Galéria
Casa-Vecchia
Bocca di Bonassa
Santa Lucia
Prezzuna
Capo Formicolaio
Capo a u Ceppo
La Mufrella
Haut-Asco
Capo Bianco
Capo Razino
Pnta Jumentella
Pnta Stollo
Pnta Rossa
Capo Porcolicato
Galéria
Olmo
Léva
Tour
Crête de Chiumi
Lucca
Pnta Scala
Capo Stranciacone
Altore
Capo a u Perdato
Capo Terri Corscia
Mte Cinto
Capo Tubani
Chiornia
Tuarelli
Vallée du Fango
Capo Tondo
Calcai
Colombo
Capo Ovaggia
Manso
Forêt de Filosorma
Capo a e Poste
Pnta Minuta
Mte Falo
Lac Cinto
Bergerie de Bicharello
Pnta Validori
Golfe de Focolara
Focolara
Pnta Nera
Punta Palazzu
Bocca di Fuata
Elbo
I. de Gargalo
Golfe de Solana
Ombria
Capo di Tartavello
Col de Palmarella
Girolata
Scandola
Réserve Naturelle
Golfe de Girolata
Punta Rossa
Pnta Muchillina
Pnta Scandola
Capo d'Osani
Capo Senino
Pnta a la Scopa
Osani
Col de la Croix
Plage de Tuara
Capo Rosso
Capo Manganello
Capo di Elito
Bardiana
Monte-Estremo
Capo Bugello
Capo Rossa
Capo Uccello
Paglia Orba
Trouée du Tafonato
Capo Tafonato
Ciottulu di i Mori
Calasima
Albertacce
Calacuccia
Sidossi
Casamaccioli
Corscia
Lozzi
Poggio
Pietra-Zitamboli
Bocca a l'Arinella
Capo di a Mesia
Capo di Curzo
Capo Toso
Capo a u Cellu
A Tossella
Col de Capronale
E Custole
Capo di Guagnerola
Pnta Licciola
Pnta Scopiccia
Bergeries de Radule
Cascade de Radule
Le Forcelle
Frascaja
Capo di Valandro
Capo di a Candela
Curzo
Partinello
Serriera
Capo Paolo
Bocca a u Verghiolu
Col de Cocavera
Col de Vergio
Vergio
Forêt de Valdu Niellu
Capo Facciato
Pnta Artica
Plage de Gradelle
Plage de Caspio
Golfe de Porto
Pnta Bianca
Plage de Bussaglia
Marine de Porto
Porto
P. de Pianella
Ota
Gges de Spelunca
Évisa
Col de Salto
Forêt d'Aïtone
Cades d'Aïtone
Col de St Pierre
Mte Tozzo
Lac de Nino
U Territore
Capo di Melo
Cimatella
Anse de Ficajola
Les Calanche
Piana
Capo d'Orto
Capo Vardiola
Tour de Turghiu
Col d'Osini
Col de Lava
Cristinacce
Marignana
Col de Sevi
Capo S. Angelo
Capo Macendole
Bocca di San Martino
Mte Rao
Renno
Letia
Soccia
Orto
Poggiolo
Guagno
Lac de Capitello
Lac de Melo
Lac de Creno
Mte St'Eliseo
Pnta a i Tuselli
Plage d'Arone
Golfe de Topiti
P. de Chiuni
Maizone
Revinda
Capu di Calazzu
Vico
Murzo
Bocca di Sorru
Pnta di Porcile
Couvent de St-François
P. de Fornello
Capo Grosso

BASTIA
St-Florent
Anc^ne Cath. de Nebbio
Col de Teghime
Barbaggio
Patrimonio
Furiani
P. de Chiurlino
La Marana
Poggio-d'Oletta
Oletta
Biguglia
Olmeta-di-Tuda
Col de S. Stefano
Défilé de Lancone
Vallecalle
Pineto
Les Sables de Biguglia
Réserve Naturelle
Étang de Biguglia
Sto-Pietro-di-Tenda
San-Gavino-di-Tenda
Rapale
San Michele
Murato
Rutali
Urtaca
Mte Asto
Lama
Borgo
Bastia-Poretta
Lucciana
La Canonica (Anne cath.)
Fouilles de Mariana
Plage de la Marana
Plage de Pineto
Pietralba
Vignale
Scolca
Campitello
Volpajola
Bigorno
Lento
Cap Sud
Casamozza
Prunelli-di-Casacconi
Vescovato
Olmo
Venzolasca
Canavaggia
Ponte Nuovo
Castifao
Moltifao
Querciolo
Anghione
Loreto-di-Casinca
Sorbo-Ocagnano
Castellare-di-Casinca
Penta-di-Casinca
Castello-di-Rostino
Valle-di-Rostino
Crocicchia
Ortiporio
Penta-Acquatella
Silvareccio
Porri
Folelli
San-Pellegrino
Parc Galea
Ponte Leccia
Piedigriggio
Morosaglia
Stretta
Giocatojo
Casabianca
Poggio-Marinaccio
Casalta
Taglio-Isolaccio
Fium Alto
Via ferrata de la Manicella
Popolasca
Prato-di-Giovellina
La Porta
Quercitello
Ficaja
Scata
Pruno
Pero-Casevecchie
Talasani
Poggio-Mezzana
Castineta
Gavignano
Mte S. Petrone
Croce
Polveroso
San-Damiano
Velone-Orneto
Ste Lucie de Moriani
Moriani-Plage
Castiglione
Saliceto
Nocario
Verdèse
Couvt d'Orezza
Piazzole
Monacia-d'Orezza
San-Giovanni-di-Moriani
Sta-Lucia-di-Moriani
San-Nicolao
Lano
Campana
Piedicroce
Rapaggio
Parata
Omessa
Erone
San Quilico
Pie-d'Orezza
Stazzona
Valle-d'Orezza
Sta-Reparata-di-Moriani
Castirla
Soveria
Pedipartino
Carcheto-Brustico
Carpineto
Felce
Sta-Maria-Poggio
Taverna
Port de Campoloro
Tralonca
Rusio
Carticasi
Tarrano
Cervione
Ste Christine
Valle-di-Campoloro
Prunete
Piobetta
Pietricaggio
Valle-d'Alesani
Mte Cecu
Sermano
Bustanico
Perelli
Piazzali
Ortale
St Andréa-di-Cotone
Careggia
San-Giuliano
Corte
Sta-Lucia-di-Mercurio
Castellare-di-Mercurio
Novale
Pietra-di-Verde
Chiatra
Alzi
Mazzola
Alando
Favalello
St Andréa-di-Bozio
Piànello
Moïta
Canale-di-Verde
Linguizzetta
Phare d'Alistro
Col de Casardo
Matra
Campi
Col de San Cervone
Zuani
Zalana
Erbajolo
Tox
Belvé
Focicchia
Altiani
Ampriani
Tallone
Casanova
Poggio-di-Venaco
Riventosa
Col de Bellagranajo
Venaco
Pietraserena
Piedicorte-di-Gaggio
Pancheraccia
Bravone
Marine de Bravone
Mte Cardo
Lac de Bellebone
Mte Rotondo
Pont Génois
Giuncaggio
Nocela
Rospigliani
Fajo
Champ de Tir
Pt du Vecchio
Casabertola
Col de Morello
Vivario
Vezzani
Antisanti
Tallone
Riva-Bella
Étang de Terrenzana
Casevecchie
Muracciole
Pietroso
Campo-Quercio
Vaccaja
Étang de Diane
Col de Sorba
Ghisoni
Aghione
Plage de Padulone
Mte d'Oro
E
F
G
H
1
2
3
4
5
345
349

0 2 4 6 8 10 km
346
350
A
B
C
D
1
2
3
4
5
GOLFE DE SAGONE
GOLFE D'AJACCIO
GOLFE DE VALINCO
AJACCIO
Cargèse
Pnte de Cargèse
Piana
Col de Lava
Capo Rosso
Vico
Sagone
Tiuccia
Calcatoggio
Appietto
Afa
Alata
Villanova
Capo di Feno
Pnte de la Parata
Îles Sanguinaires
Grande Sanguinaire
Porticcio
Pietrosella
Acqua Doria
Coti-Chiavari
Col de Cortone
Serra-di-Ferro
Porto-Pollo
Olmeto-Plage
Propriano
Site préhistorique de Filitosa
Sollacaro
Olmeto
Castello de Cuntorba
Casalabriva
Petreto-Bicchisano
Grosseto-Prugna
Albitreccia
Cauro
Eccica-Suarella
Bastelicaccia
Peri
Tavaco
Sarrola-Carcopino
Ucciani
Carbuccia
Vero
Bocca di Tartavellu
Muna
Murzo
Rosazia
Salice
Rezza
Guagno
Poggiolo
Orto
Soccia
Lopigna
Arro
Ambiegna
Casaglione
Sari-d'Orcino
Cannelle
Coggia
Balogna
Arbori
Letia
Renno
Marignana
Cathédrale St'Appiano
Plage du Liamone
Tour d'Ancone
Pnte de Palmentoio
Port Provençal
Plage de Chiuni
Plage de Pero
Plage de Ménasina
Golfe de Lava
Anse de Minaccia
Capitello
Porticcio
Plage d'Agosta
Pnte de Sette Nave (Presqu'île d' Isolella)
Plage de Ruppione
Port de Chiavari
Golfe d'Arena Rossa
Cala di Cacao
Capu di Muru
Capu Neru
Plage de Cupabia
Baie de Cupabia
Tour de Capannella
Pnta di Porto Pollo
Col de Bellevalle
Pila-Canale
Cognocoli-Monticchi
Quilico
Guargualé
Urbalacone
Col de St-Georges
Stèle
Col de Mercujo
Tolla
Cuttoli-Corticchiato
Ocana
Col de Carazzi
Renoso
Statue-menhir de Tavera
Pont de Zipitoli
Bocca di Sorru
Col de Sevi
Capo Macendolé
Bocca di San Martino
AJACCIO NAPOLEON BONAPARTE
Col de la Seghia
Cittle
Chle des Grecs
Nécropole
Marina Viva
Fozzano
Pont Spin'a Cavallu
Col de Sta-Giulia
Sources thermales de Baracci
Viggianello
Vetaro
T 20
T 40
D 81
D 111
D 55

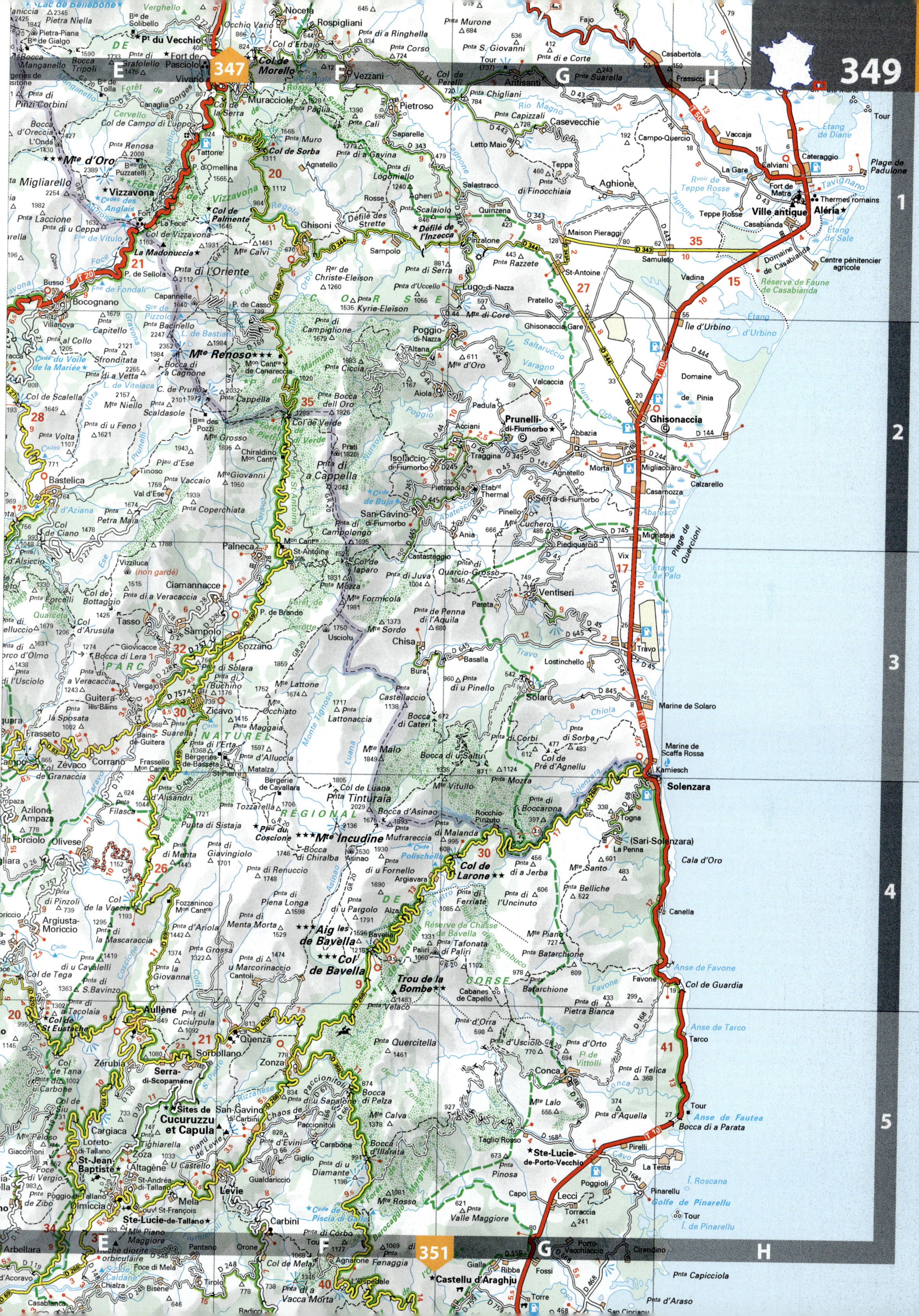
347
351
E
F
G
H
1
2
3
4
5
Col de Morello
Vezzani
Pietroso
Casevecchie
Aghione
Aléria
Ville antique
Fort de Matra
Cateraggio
Plage de Padulone
Étang de Diane
Vaccaja
Calviani
La Gare
Teppe Rosse
Casabianda
Thermes romains
Étang de Sale
Centre pénitencier agricole
Réserve de Faune de Casabianda
Domaine de Casabianda
Vadina
Mte d'Oro
Vizzavona
Forêt de Vizzavona
Col de Vizzavona
Col de Sorba
Ghisoni
Défilé de l'Inzecca
Défilé des Strette
Sampolo
Pinzalone
Maison Pieraggi
Samuleto
St-Antoine
Ghisonaccia-Gare
Ghisonaccia
Île d'Urbino
Étang d'Urbino
Domaine de Pinia
Mte Renoso
Lugo-di-Nazza
Poggio-di-Nazza
Kyrie-Eleison
Prunelli-di-Fiumorbo
Abbazia
Morta
Migliacciaro
Casamozza
Calzarello
Isolaccio-di-Fiumorbo
Pietrapola
Serra-di-Fiumorbo
San-Gavino-di-Fiumorbo
Bocognano
Bastelica
Col de Verde
Pta di a Cappella
Migliaciaro
Piediquarcio
Vix
Plage de Quercioni
Ventiseri
Solaro
Travo
Lostinchello
Marine de Solaro
Marine de Scaffa Rossa
Kamiesch
Solenzara
(Sari-Solenzara)
Cala d'Oro
Canella
Anse de Favone
Favone
Col de Guardia
Anse de Tarco
Tarco
Conca
Ste-Lucie-de-Porto-Vecchio
Anse de Fautea
Bocca di a Parata
Pinarellu
Golfe de Pinarellu
Î. Roscana
Î. de Pinarellu
Lecci
Torraccia
Palneca
Ciamannacce
Tasso
Sampolo
Cozzano
Zicavo
Mte Incudine
Col de Larone
Aig. de Bavella
Col de Bavella
Trou de la Bombe
Quenza
Zonza
Aullène
Serra-di-Scopamène
Sorbollano
Sites de Cucuruzzu et Capula
Levie
Ste-Lucie-de-Tallano
Carbini
San-Gavino-di-Carbini
Castellu d'Araghju
Quercitella
Mte Calva
Capo
Valle Maggiore
Fossi
Torre
Cirendino
Pta Capicciola
Pta d'Araso
Porto-Vecchio
Chisa
Mte Formicola
Vizzaluca
Ciamannacce
PARC NATUREL RÉGIONAL DE CORSE
Olivese
Zévaco
Corrano
Guitera-les-Bains
Argiusta-Moriccio
Zérubia
Cargiaca
Loreto-di-Tallano
Altagène
Mela
Olmiccia
Arbellara
Fozzano
Forêt de l'Ospedale

D'AJACCIO
0 2 4 6 8 10 km
348
Plage de Ruppione
Port de Chiavari
Acelasca
Verghia
Pozzaccio
Portigliolo
Pnte di a Castagna
La Castagna
Golfe d'Arena Rossa
Ancn pénitencier de Chiavari
Col de Cortone
Campestra
Coti-Chiavari
Carapeno
Ariezza
Saparella
Acqua Doria
Figoni
Cala di Cacao
Monte Blanco
Pnta Guardiola
Tour
Pnta di Tavis
Pnta Tonda
Cala d'Orzo
Capu di Muru
Capu Neru
Cala di Cigliu
Marmontaju
Suara
Plage de Cupabia
Serra-di-Ferro
Baie de Cupabia
Tour de Capannella
Porto-Pollo
Pnta di Porto Pollo
Pietra Rossa
Pnta di u Forcone
Favallelo
Abbartello
Olmeto-Plage
Tour de Micalona
Castello de Cuntorba
Mte Barbato
P. du Taravo
Site préhistorique de Filitosa
Stiliccione
Zivignola
Tassinca
Pratavone
Bastiano
Pnta di Rossagio
Sta-Manza
Pila-Canale
Marato
Cognocoli-Monticchi
P. dell'Orco
Col de Gradello
Forêt
P. de Copala
P. de Calzola
Contra Maiore
Calvese
Sollacaro
Pnta di Buturetto
Olmeto
Milucia
Castello della Rocca
Casalabriva
Col de Celaccia
Pnta Finocchiaia
Pnta Cavallini
Pecorareccia
Mte S. Pietro
Furchicciolі
Petreto-Bicchisano
Bicchisano
Taccana
Ponte Vecchiu
Pnta di Pisola
Taravo
Martini
Sta-Maria-Figaniella
Fozzano
Sources thermales de Baracci
Baracci
Tour de la Calanca
Viggianello
Vetaro
Propriano
Col de Sta-Giulia
Pont Spin'a Cavallu
P. de Rena Bianca
Rizzanèse
GOLFE DE VALINCO
Plage de Portigliolo
Portigliolo
Pnta di Cardicciani
Pnte de Campomoro
Campomoro
Tour
Belvédère
Belvédère-Campomoro
Pnta di u Turcu
Pnta di Muru
Col de Bilia
Bilia
Tivolaggio
Sartène
Bocca di Biscelli
Pnta d'Arbori
Bocca Albitrina
Col de Suara
Bocca di Piavone
Pnta di Manna Molina
Pnta di Cuccari
Grossa
Alo-Bisucce
Zevoli
Pnta di u Monte
Cala di Agugliа
Pnta d'Eccica
Pnta Quarcioqua
Avena
Orasi
Giunchetu
Castello di Cagalla
Cala di Conca
Tour de Senetosa
Punta di Senetosa
Pnta Capannaccia
Alignements de Palaggiu
Bocca di Capirossu
Pnta Pastania
Pnta di Castello
Bergerie
Tizzano
Fort
Pnta Pietra Nera
Loreto
Mégalithes de Cauria
Zivia
Pnta di Villa
Pnta Cauria
Cap de Zivia
Golfe de Murtoli
Murtoli
Rocher du Lion
Plage d'Erbaju
Golfe de Roccapina
Tour
Cap de Roccapina
Maison Cantonnière
Îlots des Moines
RÉSERVE
A
B
C
D
1
2
3
4
5

349
E
F
G
H
1
2
3
4
5
Aullène
Quenza
Zonza
Serra-di-Scopamène
Sites de Cucuruzzu et Capula
San-Gavino-di-Carbini
Levie
St-Jean-Baptiste
Olmiccia
Ste-Lucie-de-Tallano
Altagène
Zoza
Sorbollano
Zérubia
Cargiaca
Loreto-di-Tallano
Mela
Carbini
Orone
Pantano
Arbellara
Granace
Foce
Vignalella
Col de Bavella
Aig. les de Bavella
Trou de la Bombe
Col de Tega
Col de St Eustache
Col de Mela
Col de Bacinu
Col de Taglio Maggiore
Tunnel de Scaffi d'Ocholo
Castellu d'Araghju
Ste-Lucie-de-Porto-Vecchio
Conca
Pinosa
Capo
Lecci
Torraccia
Porto-Vecchiaccio
Cirendino
Pinarello
Golfe de Pinarello
Î. de Pinarello
Î. Roscana
Anse de Fautea
Bocca di a Parata
Tarco
Anse de Tarco
Anse de Favone
Favone
Col de Guard
Pirelli
La Testa
Poggioli
Valle Maggiore
Fossi
Ribba
Torre
Ste-Trinité
Golfo di Sogno
Cala Rossa
San Ciprianu
Pnte San Ciprianu
Fanal de Giovan-Lungo
Golfe de Porto-Vecchio
Porto-Vecchio
Pnte de la Chiappa
Piccovagia
Î. Farina
Î. Forana
Pnta Cerbicale
Rer de la Vacca
Îles Cerbicale
Î. Piana
Î. Pietricaggiosa
Î. di u Toro
Plage de Palombaggia
Tamariccio
Capo d'Asciaio
Bocca dell'Oro
Plage de Sta-Giulia
Golfe de Sta-Giulia
Sta-Giulia
Porto Novo
Bocca d'Arésia
Suartone
Pnta di Sponsaglia
Baie de Rondinara
Pnta di Rondinara
Réserve Naturelle des Tre Palude de Suartone
Golfe de Sta Manza
Pnte de Capicciola
Rocchi Bianchi
Ponti di a Nava
Punta Rossa
Plages de Maora et de Sta-Manza
Gurgazu
Î. Gavetti
Î. Poraggia
Plage de Calalonga
Î. Ratino
Île Cavallo
Plage de Piantarella
Î. Piana
Pnte de Sperone
Î. de S. Baïnzo
Île Lavezzi
Î.Perduto
Cimre de l'Achiarino
Cimre de Furcone
Pyramide de la Sémillante
Écueil de Lavezzi
Archipel des Lavezzi
Sotta
Chetebbiu
Ceccia
Pascialello
Tappa
Precojo
Cardetto
Uscido
Bocca S. Pietra
Conte
Pietra-Longa-Salvini
San Quilico
Chera
Saparelli
Chiova-d'Asino
Ste-Lucie
Figari
Figari-Sud-Corse
Poggiale
Ogliastrello
Tarrabucceta
Pruno
Salvadilevo
Piscia
San Gavino
Monacia-d'Aullène
Pianottoli-Caldarello
Mte Quieta
Mte Milese
Tour
La Testa
Î.Bruzzi
Pnta de Figari
Golfe de Figari
Anse Fornello
Pnta di Ventilegne
Golfe de Ventilegne
Plage de Tonnara
Î. de la Tonnara
Port de Stagnolo
Bocca d'Arbia
Ermitage de la Trinité
Grte du Sdragonato
Bonifacio
Capo Pertusato
Sémaphore
St-Julien
La Madonetta
Capo di Feno
Cala di Paragnano
Col de Foce de Lera
Col de Parmentile
Mte Corbo
Muratello
Chipponu
Burrivoli
Pietralonga-Filippi
Stabiacco
Naseo
Gianuccio
L'Uomo di Cagna
L'Uomo di Monaco
Montagne de Cagna
Pnta d'Ovace
Pnta di Compolelli
Pnta di Litia
Senza Nome
Bocche di Bonifacio
Parc Marin International
Bouches de Bonifacio
Réserve Naturelle des Bouches de Bonifacio
Parco Nazionale dell' Arcipelago della Maddalena
Isola Maddalena
I. la Presa
I. Sta Maria
I. Piana
I. Corcelli
I. Barrettini
I. Rázzoli
I. Budelli
M. Budello
Pta Marginetto
Pta Abbatóggia
Pta Lungo
Pta Massimo
Spalmatore
Pta Galera
Pta Cannone
Cala Maiore
Cala Trinita
I. Giardinelli
I. Spargiotto
I. Spargi
Pta Monterosso
Pta Falcone
I. Marmorata
I. Monica
T 10
T 40
D 859

FRANCE ADMINISTRATIVE

numéro ↓ nom ↓ chef-lieu ↓

01 Ain - *Bourg-en-Bresse*
02 Aisne - *Laon*
03 Allier - *Moulins*
04 Alpes-de-Haute-Provence - *Digne-les-Bains*
05 Hautes-Alpes - *Gap*
06 Alpes-Maritimes - *Nice*
07 Ardèche - *Privas*
08 Ardennes - *Charleville-Mézières*
09 Ariège - *Foix*
10 Aube - *Troyes*
11 Aude - *Carcassonne*
12 Aveyron - *Rodez*
13 Bouches-du-Rhône - *Marseille*
14 Calvados - *Caen*
15 Cantal - *Aurillac*
16 Charente - *Angoulême*
17 Charente-Maritime - *La Rochelle*
18 Cher - *Bourges*
19 Corrèze - *Tulle*
2A Corse-du-Sud - *Ajaccio*
2B Haute-Corse - *Bastia*
21 Côte-d'Or - *Dijon*
22 Côtes-d'Armor - *St-Brieuc*
23 Creuse - *Guéret*
24 Dordogne - *Périgueux*
25 Doubs - *Besançon*
26 Drôme - *Valence*
27 Eure - *Évreux*
28 Eure-et-Loir - *Chartres*
29 Finistère - *Quimper*
30 Gard - *Nîmes*
31 Haute-Garonne - *Toulouse*
32 Gers - *Auch*
33 Gironde - *Bordeaux*
34 Hérault - *Montpellier*
35 Ille-et-Vilaine - *Rennes*
36 Indre - *Châteauroux*
37 Indre-et-Loire - *Tours*
38 Isère - *Grenoble*
39 Jura - *Lons-le-Saunier*
40 Landes - *Mont-de-Marsan*
41 Loir-et-Cher - *Blois*
42 Loire - *St-Étienne*
43 Haute-Loire - *Le Puy-en-Velay*
44 Loire-Atlantique - *Nantes*
45 Loiret - *Orléans*
46 Lot - *Cahors*
47 Lot-et-Garonne - *Agen*
48 Lozère - *Mende*
49 Maine-et-Loire - *Angers*
50 Manche - *St-Lô*
51 Marne - *Châlons-en-Champagne*
52 Haute-Marne - *Chaumont*
53 Mayenne - *Laval*
54 Meurthe-et-Moselle - *Nancy*
55 Meuse - *Bar-le-Duc*
56 Morbihan - *Vannes*
57 Moselle - *Metz*
58 Nièvre - *Nevers*
59 Nord - *Lille*
60 Oise - *Beauvais*
61 Orne - *Alençon*
62 Pas-de-Calais - *Arras*
63 Puy-de-Dôme - *Clermont-Ferrand*
64 Pyrénées-Atlantiques - *Pau*
65 Hautes-Pyrénées - *Tarbes*
66 Pyrénées-Orientales - *Perpignan*
67 Bas-Rhin - *Strasbourg*
68 Haut-Rhin - *Colmar*
69 Rhône - *Lyon*
70 Haute-Saône - *Vesoul*
71 Saône-et-Loire - *Mâcon*
72 Sarthe - *Le Mans*
73 Savoie - *Chambéry*
74 Haute-Savoie - *Annecy*
75 Ville de Paris - *Paris*
76 Seine-Maritime - *Rouen*
77 Seine-et-Marne - *Melun*
78 Yvelines - *Versailles*
79 Deux-Sèvres - *Niort*
80 Somme - *Amiens*
81 Tarn - *Albi*
82 Tarn-et-Garonne - *Montauban*
83 Var - *Toulon*
84 Vaucluse - *Avignon*
85 Vendée - *La Roche-sur-Yon*
86 Vienne - *Poitiers*
87 Haute-Vienne - *Limoges*
88 Vosges - *Épinal*
89 Yonne - *Auxerre*
90 Territoire-de-Belfort - *Belfort*
91 Essonne - *Évry-Courcouronnes*
92 Hauts-de-Seine - *Nanterre*
93 Seine-Saint-Denis - *Bobigny*
94 Val-de-Marne - *Créteil*
95 Val-d'Oise - *Pontoise*

RESTRICTIONS DE CIRCULATION LIÉES À LA POLLUTION DANS LES VILLES

- Villes soumises à restrictions
- Villes concernées à partir de 2021

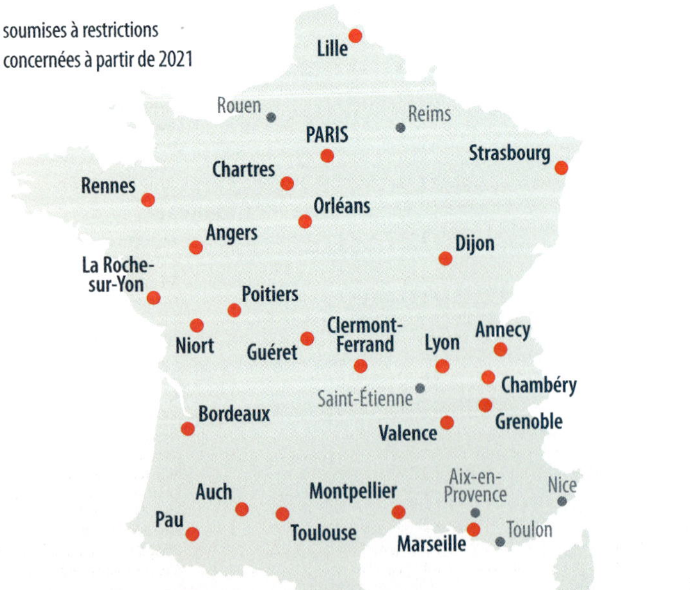

www.certificat-air.gouv.fr
Sous réserve de l'adhésion d'autres métropoles ou territoires.

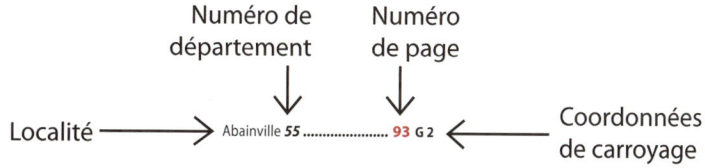

Numéro de département — Numéro de page

Localité → Abainville 55 .... 93 G 2 ← Coordonnées de carroyage

A

Aast 64 .... 314 D 4
Abainville 55 .... 93 G 2
Abancourt 59 .... 14 B 3
Abancourt 60 .... 21 G 4
Abaucourt 54 .... 65 H 3
Abaucourt-lès-Souppleville 55 .... 44 C 5
Abbans-Dessous 25 .... 161 H 5
Abbans-Dessus 25 .... 161 H 5
Abbaretz 44 .... 126 D 5
Abbécourt 02 .... 24 A 5
Abbecourt 60 .... 38 A 3
Abbenans 25 .... 141 H 5
Abbeville 80 .... 11 G 3
Abbéville-la-Rivière 91 .... 87 F 5
Abbéville-lès-Conflans 54 .... 45 E 5
Abbeville-Saint-Lucien 60 .... 38 B 1
Abbévillers 25 .... 142 C 5
Abeilhan 34 .... 321 G 2
Abelcourt 70 .... 141 F 2
L'Aber-Wrac'h 29 .... 70 C 4
Abère 64 .... 314 C 3
L'Abergement-Clémenciat 01 .... 213 F 1
L'Abergement-de-Cuisery 71 .... 195 F 1
L'Abergement-de-Varey 01 .... 214 B 2
Abergement-la-Ronce 39 .... 178 D 1
Abergement-le-Grand 39 .... 179 F 2
Abergement-le-Petit 39 .... 179 F 2
Abergement-lès-Thésy 39 .... 179 H 2
Abergement-Saint-Jean 39 .... 178 D 3
L'Abergement-Sainte-Colombe 71 .... 178 A 4
Abidos 64 .... 313 H 2
Abilly 37 .... 169 H 2
Abîme Pont de l' 74 .... 215 G 5
Abitain 64 .... 311 H 3
Abjat-sur-Bandiat 24 .... 222 C 2
Ablain-Saint-Nazaire 62 .... 8 A 5
Ablaincourt-Pressoir 80 .... 23 F 2
Ablainzevelle 62 .... 13 G 4
Ablancourt 51 .... 62 C 3
Ableiges 95 .... 57 H 1
Les Ableuvenettes 88 .... 118 D 2
Ablis 78 .... 86 D 3
Ablon 14 .... 34 D 2
Ablon-sur-Seine 94 .... 58 C 5
Aboën 42 .... 229 H 4
Aboncourt 54 .... 94 C 4
Aboncourt 57 .... 46 B 4
Aboncourt-Gesincourt 70 .... 140 D 3
Aboncourt-sur-Seille 57 .... 66 B 4
Abondance 74 .... 198 C 4
Abondant 28 .... 56 D 4
Abos 64 .... 313 H 3
Abreschviller 57 .... 96 C 1
Abrest 03 .... 210 B 2
Les Abrets en Dauphiné 38 .... 232 C 3
Abriès 05 .... 253 F 5
Abscon 59 .... 14 C 2
L'Absie 79 .... 167 F 5
Abzac 16 .... 204 C 2
Abzac 33 .... 238 C 4
Accarias Col 38 .... 251 E 5
Accia Pont de l' 2B .... 347 E 4
Accolans 25 .... 141 H 5
Accolay 89 .... 136 C 4
Accons 07 .... 248 B 5
Accous 64 .... 331 H 3
Achain 57 .... 66 D 3
Achen 57 .... 67 H 1
Achenheim 67 .... 97 G 1
Achères 18 .... 155 F 4
Achères 78 .... 58 A 2
Achères-la-Forêt 77 .... 88 A 5
Achery 02 .... 24 B 4
Acheux-en-Amiénois 80 .... 13 E 5
Acheux-en-Vimeu 80 .... 11 F 4
Acheville 62 .... 8 C 5
Achey 70 .... 140 A 5
Achicourt 62 .... 13 G 2
Achiet-le-Grand 62 .... 13 G 4
Achiet-le-Petit 62 .... 13 G 4
Achun 58 .... 157 G 5
Achy 60 .... 21 H 5
Acigné 35 .... 104 C 3
Aclou 27 .... 35 G 5
Acon 27 .... 56 B 4
Acq 62 .... 13 F 2
Acqueville 14 .... 53 G 2
Acqueville 50 .... 28 D 3
Acquigny 27 .... 36 B 5
Acquin 62 .... 3 E 5
Acy 02 .... 40 C 3
Acy-en-Multien 60 .... 39 G 5
Acy-Romance 08 .... 42 A 1
Adaincourt 57 .... 66 C 2
Adainville 78 .... 57 F 5
Adam-lès-Passavant 25 .... 162 C 3
Adam-lès-Vercel 25 .... 162 C 4
Adamswiller 67 .... 67 H 3
Adast 65 .... 332 D 2
Adé 65 .... 314 D 5
Adelange 57 .... 66 D 2
Adelans-et-le-Val-de-Bithaine 70 .... 141 G 3
Adervielle 65 .... 333 H 4
Adilly 79 .... 168 A 5
Adinfer 62 .... 13 F 3
Adissan 34 .... 302 A 5
Les Adjots 16 .... 203 F 2
Adon 45 .... 134 D 3
Les Adrets 38 .... 233 F 5
Les Adrets-de-l'Esterel 83 .... 308 D 4
Adriers 86 .... 187 F 5
Aérocity Parc 07 .... 266 B 4
Afa 2A .... 348 C 3
Affieux 19 .... 224 D 3
Affléville 54 .... 45 E 4
Affoux 69 .... 212 B 4
Affracourt 54 .... 94 D 3
Affringues 62 .... 7 E 2
Agassac 31 .... 316 D 3
Agay 83 .... 329 H 1
Agde 34 .... 322 C 5
Agel 34 .... 320 D 4
Agen 47 .... 276 B 3
Agen-d'Aveyron 12 .... 280 D 1
Agencourt 21 .... 160 A 5
Agenville 80 .... 12 B 4
Agenvillers 80 .... 11 H 2
Les Ageux 60 .... 39 E 3
Ageville 52 .... 117 F 3
Agey 21 .... 159 G 3
Aghione 2B .... 349 G 1
Agincourt 54 .... 65 H 5
Agmé 47 .... 257 G 5
Agnac 47 .... 257 G 3
Agnat 43 .... 228 B 5
Agneaux 50 .... 32 A 5
Agnetz 60 .... 38 C 2
Agnez-lès-Duisans 62 .... 13 F 2
Agnicourt-et-Séchelles 02 .... 25 F 3
Agnières 62 .... 8 A 5
Agnières 80 .... 21 H 4
Agnières-en-Dévoluy 05 .... 269 F 2
Agnin 38 .... 231 F 5
Agnos 64 .... 331 H 1
Agny 62 .... 13 G 3
Agon-Coutainville 50 .... 31 F 5
Agonac 24 .... 240 C 1
Agonès 34 .... 302 C 1
Agonges 03 .... 191 H 1
Agonnay 17 .... 201 F 4
Agos-Vidalos 65 .... 332 D 2
Agris 16 .... 203 G 5
Agudelle 17 .... 219 H 4
Les Agudes 31 .... 333 H 4
Aguessac 12 .... 281 H 3
Aguilar Château d' 11 .... 338 C 3
Aguilcourt 02 .... 41 G 2
Aguts 81 .... 298 D 5
Agy 14 .... 32 D 3
Ahaxe-Alciette-Bascassan 64 .... 330 C 1
Ahetze 64 .... 310 C 3
Ahéville 88 .... 94 D 5
Ahuillé 53 .... 105 H 4
Ahun 23 .... 207 F 2
Ahusquy 64 .... 330 D 2
Ahuy 21 .... 160 A 2
Aibes 59 .... 15 H 3
Aibre 25 .... 142 B 4
Aïcirits 64 .... 311 G 4
Aiffres 79 .... 185 E 4
Aigaliers 30 .... 284 B 4
L'Aigle 61 .... 55 F 4
Aigle Barrage de l' 19 .... 243 H 1
Aiglemont 08 .... 26 D 3
Aiglepierre 39 .... 179 G 2
Aigleville 27 .... 56 D 1
Aiglun 04 .... 287 H 4
Aiglun 06 .... 309 E 1
Aignan 32 .... 295 F 3
Aignay-le-Duc 21 .... 138 C 4
Aigne 34 .... 320 C 4
Aigné 72 .... 107 G 4
Aignerville 14 .... 32 C 3
Aignes 31 .... 318 B 4
Aignes-et-Puypéroux 16 .... 221 F 4
Aigneville 80 .... 11 F 4
Aigny 51 .... 61 H 1
Aigonnay 79 .... 185 F 4
Aigoual Mont 48 .... 282 D 4
Aigre 16 .... 203 E 4
Aigrefeuille 31 .... 298 B 5
Aigrefeuille-d'Aunis 17 .... 200 D 1
Aigrefeuille-sur-Maine 44 .... 147 H 5
Aigremont 30 .... 283 H 5
Aigremont 52 .... 118 A 4
Aigremont 78 .... 57 H 3
Aigremont 89 .... 136 D 4
Aiguebelette-le-Lac 73 .... 233 E 2
Aiguebelle 73 .... 234 A 2
Aiguebelle 83 .... 329 E 4
Aigueblanche 73 .... 234 B 3
Aiguefonde 81 .... 319 H 2
Aigueperse 63 .... 209 H 3
Aigueperse 69 .... 194 B 5
Aigues-Juntes 09 .... 336 A 2
Aigues-Mortes 30 .... 303 G 5
Aigues-Vives 09 .... 336 D 2
Aigues-Vives 11 .... 320 A 5
Aigues-Vives 30 .... 303 G 3
Aigues-Vives 34 .... 320 D 4
Aiguèze 30 .... 284 C 2
Aiguilhe 43 .... 247 F 3
Aiguilles 05 .... 253 F 5
L'Aiguillon 09 .... 336 D 3
Aiguillon 47 .... 275 G 2
L'Aiguillon-sur-Mer 85 .... 183 E 4
L'Aiguillon-sur-Vie 85 .... 165 E 5
Aiguines 83 .... 307 G 2
Aigurande 36 .... 189 F 3
Ailefroide 05 .... 252 B 4
Ailhon 07 .... 266 B 3
Aillant-sur-Milleron 45 .... 135 E 3
Aillant-sur-Tholon 89 .... 135 H 2
Aillas 33 .... 256 D 5
Ailleux 42 .... 211 F 5
Aillevans 70 .... 141 G 4
Ailleville 10 .... 116 A 2
Aillevillers-et-Lyaumont 70 .... 119 F 5
Aillianville 52 .... 93 G 4
Aillières-Beauvoir 72 .... 84 A 4
Aillon-le-Jeune 73 .... 233 G 1
Aillon-le-Vieux 73 .... 233 G 1
Ailloncourt 70 .... 141 G 3
Ailly 27 .... 36 C 5
Ailly-le-Haut-Clocher 80 .... 11 H 4
Ailly-sur-Meuse 55 .... 64 C 4
Ailly-sur-Noye 80 .... 22 C 3
Ailly-sur-Somme 80 .... 22 B 1
Aimargues 30 .... 303 G 3
Aime-la-Plagne 73 .... 234 C 2
Ain Source de l' 39 .... 180 A 4
Ainac 04 .... 288 A 2
Ainay-le-Château 03 .... 173 G 5
Ainay-le-Vieil 18 .... 173 F 5
Aincille 64 .... 330 C 1
Aincourt 95 .... 57 G 1
Aincreville 55 .... 43 G 2
Aingeray 54 .... 65 G 5
Aingeville 88 .... 118 A 2
Aingoulaincourt 52 .... 93 F 3
Ainharp 64 .... 311 H 5
Ainhice-Mongelos 64 .... 311 F 5
Ainhoa 64 .... 310 D 4
Ainvelle 70 .... 141 F 2
Ainvelle 88 .... 118 B 4
Airaines 80 .... 11 H 5
Airan 14 .... 34 A 5
Aire 08 .... 41 H 1
Aire-sur-la-Lys 62 .... 7 G 2
Aire-sur-l'Adour 40 .... 294 C 3
Airel 50 .... 32 B 4
Les Aires 34 .... 301 F 5
Airion 60 .... 38 C 2
Airon-Notre-Dame 62 .... 6 B 5
Airon-Saint-Vaast 62 .... 6 B 5
Airoux 11 .... 318 D 3
Airvault 79 .... 168 B 3
Aiserey 21 .... 160 B 5
Aisey-et-Richecourt 70 .... 118 C 5
Aisey-sur-Seine 21 .... 138 B 3
Aisne 85 .... 183 G 3
Aisonville-et-Bernoville 02 .... 24 C 1
Aïssey 25 .... 162 C 3
Aisy-sous-Thil 21 .... 158 C 2
Aisy-sur-Armançon 89 .... 137 G 4
Aiti 2B .... 347 F 3
Aiton 73 .... 233 H 2
Aix 19 .... 226 B 2
Aix Île d' 17 .... 200 C 2
Les Aix-d'Angillon 18 .... 155 G 5
Aix-en-Diois 26 .... 268 B 2
Aix-en-Ergny 62 .... 6 D 3
Aix-en-Issart 62 .... 6 C 4
Aix-en-Othe 10 .... 114 B 2
Aix-en-Pévèle 59 .... 9 E 4
Aix-en-Provence 13 .... 306 A 5
Aix-la-Fayette 63 .... 228 C 3
Aix-les-Bains 73 .... 233 F 1
Aix-Noulette 62 .... 8 A 5
Aixe-sur-Vienne 87 .... 205 F 5
Aizac 07 .... 266 B 2
Aizanville 52 .... 116 C 3
Aize 36 .... 171 H 1
Aizecourt-le-Bas 80 .... 23 H 1
Aizecourt-le-Haut 80 .... 23 G 1
Aizecq 16 .... 203 G 3
Aizelles 02 .... 41 E 1
Aizenay 85 .... 165 G 4
Aizier 27 .... 35 F 2
Aizy-Jouy 02 .... 40 C 2
Ajac 11 .... 337 F 2
Ajaccio 2A .... 348 B 3
Ajain 23 .... 207 F 1
Ajat 24 .... 241 E 2
Ajoncourt 57 .... 66 B 4
Ajou 27 .... 55 G 2
Ajoux 07 .... 266 C 1
Alaigne 11 .... 337 F 1
Alaincourt 02 .... 24 B 3
Alaincourt 70 .... 118 D 5
Alaincourt-la-Côte 57 .... 66 B 3
Alairac 11 .... 319 G 5
Alaise 25 .... 179 H 1
Alan 31 .... 316 D 5
Alando 2B .... 347 E 4
Alata 2A .... 348 B 3
Alba-la-Romaine 07 .... 266 D 4
Alban 81 .... 300 A 1
Albaret-le-Comtal 48 .... 245 H 5
Albaret-Sainte-Marie 48 .... 246 A 5
Albarine Gorges de l' 01 .... 214 C 3
L'Albaron 13 .... 304 A 4
Albas 11 .... 338 C 2
Albas 46 .... 259 G 5
Albé 67 .... 97 E 4
Albefeuille-Lagarde 82 .... 277 G 5
L'Albenc 38 .... 250 B 1
Albens 73 .... 215 F 5
Albepierre-Bredons 15 .... 245 F 3
L'Albère 66 .... 343 E 4
Albert 80 .... 13 F 5
Albert-Louppe Pont 29 .... 75 F 2
Albertacce 2B .... 346 D 4
Albertville 73 .... 234 A 1
Albestroff 57 .... 67 F 2
Albi 81 .... 299 F 1
Albiac 31 .... 298 C 5
Albiac 46 .... 261 E 2
Albias 82 .... 278 B 4
Albières 11 .... 338 A 3
Albiès 09 .... 336 C 5
Albiez-le-Jeune 73 .... 252 A 1
Albiez-le-Vieux 73 .... 252 A 1
Albignac 19 .... 242 D 2
Albigny 74 .... 215 G 3
Albigny-sur-Saône 69 .... 213 E 4
Albine 81 .... 320 A 2
Albiosc 04 .... 307 E 2
Albitreccia 2A .... 348 D 4
Albon 26 .... 249 E 1
Albon-d'Ardèche 07 .... 266 B 1
Alboussière 07 .... 249 E 4
Les Albres 12 .... 261 G 4
Albussac 19 .... 243 E 3
Alby-sur-Chéran 74 .... 215 F 4
Alçay-Alçabéhéty-Sunharette 64 .... 331 E 2
Aldudes 64 .... 330 A 1
Alembon 62 .... 2 D 5
Alençon 61 .... 83 G 4
Alénya 66 .... 343 F 2
Aléria 2B .... 349 H 1
Alès 30 .... 283 H 4
Alet-les-Bains 11 .... 337 G 2
Alette 62 .... 6 C 4
Aleu 09 .... 335 G 3
Alex 74 .... 215 H 3
Alexain 53 .... 106 A 2
Aleyrac 26 .... 267 F 4
Alfortville 94 .... 58 C 4
Algajola 2B .... 344 C 5
Algans 81 .... 298 D 5
Algolsheim 68 .... 121 G 3
Algrange 57 .... 45 G 3
Alièze 39 .... 196 C 1
Alignan-du-Vent 34 .... 321 H 2
Alincourt 08 .... 42 A 2
Alincourt 60 .... 37 G 4
Alincthun 62 .... 2 C 5
Alise-Sainte-Reine 21 .... 159 E 1
Alissas 07 .... 266 D 2
Alix 69 .... 212 D 4
Alixan 26 .... 249 G 4
Alizay 27 .... 36 B 3
Allain 54 .... 94 B 2
Allaines 80 .... 23 G 1
Allaines-Mervilliers 28 .... 110 D 2
Allainville 28 .... 56 C 5
Allainville 78 .... 86 D 4
Allainville-en-Beauce 45 .... 111 F 2
Allaire 56 .... 125 G 4
Allamont 54 .... 65 E 1
Allamps 54 .... 94 A 2
Allan 26 .... 267 E 4
Allanche 15 .... 245 F 1
Alland'Huy-et-Sausseuil 08 .... 42 C 1
Allarmont 88 .... 96 B 2
Allas-Bocage 17 .... 219 H 4
Allas-Champagne 17 .... 220 B 3
Allas-les-Mines 24 .... 259 F 1
Allassac 19 .... 242 B 1
Allauch 13 .... 327 E 2
Allègre 43 .... 247 E 2
Allègre Château d' 30 .... 284 A 3
Allègre-les-Fumades 30 .... 284 A 3
Alleins 13 .... 305 G 3
Allemagne-en-Provence 04 .... 307 E 2
Allemanche-Launay-et-Soyer 51 .... 90 B 2
Allemans 24 .... 239 G 1
Allemans-du-Dropt 47 .... 257 G 3
Allemant 02 .... 40 C 1
Allemant 51 .... 61 E 4
Allemont 38 .... 251 G 2
Allenay 80 .... 11 E 3
Allenc 48 .... 264 D 4
Allenjoie 25 .... 142 C 4
Allennes-les-Marais 59 .... 8 C 4
Allenwiller 67 .... 68 B 5
Allerey 21 .... 159 E 5
Allerey-sur-Saône 71 .... 178 A 3
Allériot 71 .... 178 A 4
Allery 80 .... 11 H 5
Alles-sur-Dordogne 24 .... 258 D 1
Les Alleuds 49 .... 149 H 3
Les Alleuds 79 .... 203 E 1
Les Alleux 08 .... 42 D 1
Alleuze 15 .... 245 H 4
Allevard 38 .... 233 G 4
Allèves 74 .... 215 G 5
Allex 26 .... 267 F 1
Alleyrac 43 .... 247 G 5
Alleyras 43 .... 246 D 5
Alleyrat 19 .... 225 H 3
Alleyrat 23 .... 207 G 3
Allez-et-Cazeneuve 47 .... 276 B 1
Alliancelles 51 .... 63 E 3
Alliat 09 .... 336 B 4
Allibaudières 10 .... 91 E 2
Allichamps 52 .... 92 C 2
Allier 65 .... 315 F 5
Allières 09 .... 335 H 2
Les Alliés 25 .... 180 D 2
Alligny-Cosne 58 .... 156 B 2
Alligny-en-Morvan 58 .... 158 C 4
Allimas Col de l' 38 .... 250 C 5
Allineuc 22 .... 78 A 5
Allinges 74 .... 198 B 3
Allogny 18 .... 155 E 4
Allondans 25 .... 142 B 4
Allondaz 73 .... 216 A 5
Allondrelle-la-Malmaison 54 .... 44 C 1
Allonne 60 .... 38 A 2
Allonne 79 .... 185 E 1
Allonnes 28 .... 86 C 5
Allonnes 49 .... 150 C 3
Allonnes 72 .... 107 G 5
Allons 04 .... 288 D 4
Allons 47 .... 274 D 3
Allonville 80 .... 22 C 1
Allonzier-la-Caille 74 .... 215 G 2
Allos 04 .... 288 D 2
Allos Col d' 04 .... 288 D 1
Allouagne 62 .... 7 H 4
Alloue 16 .... 204 B 2
Allouis 18 .... 154 D 5
Allouville-Bellefosse 76 .... 19 G 5
Les Allues 73 .... 234 C 3
Les Alluets-le-Roi 78 .... 57 H 3
Alluy 58 .... 175 G 1
Alluyes 28 .... 109 H 2
Ally 15 .... 244 B 2
Ally 43 .... 246 A 2
Almayrac 81 .... 279 G 4
Almenêches 61 .... 54 B 5
Almont-les-Junies 12 .... 261 H 4
Alos 09 .... 335 F 3
Alos 81 .... 279 E 5
Alos-Sibas-Abense 64 .... 331 F 1
Alouettes Mont des 85 .... 166 C 2
Aloxe-Corton 21 .... 177 H 1
Alpe-d'Huez 38 .... 251 G 2
Alpuech 12 .... 263 F 2
Alquines 62 .... 2 D 5
Alrance 12 .... 281 E 4
Alsting 57 .... 47 G 5
Altagène 2A .... 349 E 5
Alteckendorf 67 .... 68 C 4
Altenach 68 .... 143 E 3
Altenbach 68 .... 120 C 5
Altenheim 67 .... 68 B 4
Altenstadt 67 .... 69 F 1
Althen-des-Paluds 84 .... 285 G 5
Altiani 2B .... 347 F 5
Altier 48 .... 265 F 5

Altillac 19 243 E4
Altkirch 68 143 F3
Altorf 67 97 F2
Altrippe 57 67 F1
Altviller 57 67 E1
Altwiller 67 67 G2
Aluze 71 177 G3
Alvignac 46 260 D1
Alvimare 76 19 F5
Alzen 09 336 A2
Alzi 2B 347 F4
Alzing 57 46 C4
Alzon 30 282 C5
Alzonne 11 319 F4
Amage 70 141 H2
Amagne 08 42 B1
Amagney 25 162 B3
Amailloux 79 168 A4
Amance 10 91 H5
Amance 54 66 B5
Amance 70 141 E2
Amancey 25 180 A1
Amancy 74 216 A1
Amange 39 161 E4
Amanlis 35 104 C4
Amanty 55 93 H2
Amanvillers 57 45 G5
Amanzé 71 193 H4
Amareins 01 213 E2
Amarens 81 279 E5
Amathay-Vésigneux 25 180 B1
Amayé-sur-Orne 14 33 F5
Amayé-sur-Seulles 14 32 D5
Amazy 58 157 F3
Ambacourt 88 94 D4
Ambarès-et-Lagrave 33 237 G4
Ambax 31 316 D3
Ambazac 87 205 H3
Ambel 38 269 F1
Ambenay 27 55 G3
Ambérac 16 203 E4
Ambérieu-en-Bugey 01 214 A3
Ambérieux-d'Azergues 69 212 D3
Ambérieux-en-Dombes 01 213 F3
Ambernac 16 204 B3
Amberre 86 168 D4
Ambert 63 229 E3
Ambès 33 237 G3
Ambeyrac 12 261 F4
Ambialet 81 299 H1
Ambiegna 2A 348 C2
Ambierle 42 211 F2
Ambiévillers 70 118 D4
Ambillou 37 151 F2
Ambillou-Château 49 149 H4
Ambilly 74 197 H5
Amblaincourt 55 63 H2
Amblainville 60 38 A4
Amblans-et-Velotte 70 141 G3
Ambleny 02 40 A2
Ambléon 01 214 C5
Ambleteuse 62 2 B4
Ambleville 16 220 C3
Ambleville 95 37 F5
Amblie 14 33 F3
Amblimont 08 27 F4
Ambloy 41 131 F4
Ambly-Fleury 08 42 B1
Ambly-sur-Meuse 55 64 B2
Amboise 37 152 C2
Ambon 56 124 D4
Ambonil 26 267 F1
Ambonnay 51 61 H1
Ambonville 52 92 D5
Ambourville 76 35 H1
Ambrault 36 172 B4
Ambres 81 298 D3
Ambricourt 62 7 F4
Ambrief 02 40 B3
Ambrières 51 63 E5
Ambrières-les-Vallées 53 82 B4
Ambrines 62 13 E2
Ambronay 01 214 A2
Ambrugeat 19 225 G3
Ambrumesnil 76 20 A2
Ambrus 47 275 F2
Ambutrix 01 214 A3
Amécourt 27 37 F2
Amel-sur-l'Étang 55 44 D4
Amelécourt 57 66 C4
Amélie-les-Bains-Palalda 66 342 C4
L'Amélie-sur-Mer 33 218 C3
Amendeuix-Oneix 64 311 G4
Amenoncourt 54 96 A1
Amenucourt 95 37 F5
Ames 62 7 G3
Amettes 62 7 G4
Ameugny 71 194 D2
Ameuvelle 88 118 C5
Amfreville 14 33 H3
Amfreville 50 29 G5
Amfreville-Saint-Amand 27 35 H4
Amfreville-la-Mi-Voie 76 36 B2
Amfreville-les-Champs 27 36 C3
Amfreville-les-Champs 76 19 H4
Amfreville-sous-les-Monts 27 36 C3
Amfreville-sur-Iton 27 36 B5
Amfroipret 59 15 F2
Amiens 80 22 B2
Amifontaine 02 41 F1
Amigny 50 32 A4
Amigny-Rouy 02 24 B5
Amillis 77 60 A4
Amilly 28 86 A4
Amilly 45 112 C5
Amions 42 211 G4
Amirat 06 289 F5
Ammerschwihr 68 121 E2
Ammertzwiller 68 143 E2
Ammeville 14 54 B2
Amné 72 107 F4
Amnéville 57 45 G4
Amoncourt 70 141 E3
Amondans 25 162 A5
Amont-et-Effreney 70 119 G5
Amorots-Succos 64 311 G4
Amou 40 293 G4
Amphion-les-Bains 74 198 B3
Ampiac 12 280 C1
Ampilly-le-Sec 21 138 A3
Ampilly-les-Bordes 21 138 B5
Amplepuis 69 212 A3
Amplier 62 12 D4
Ampoigné 53 128 A2
Amponville 77 112 A2
Ampriani 2B 347 G5
Ampuis 69 231 E3
Ampus 83 307 H4
Amuré 79 184 C5
Amy 60 23 F4
Anais 16 203 F5
Anais 17 183 H5
Anan 31 316 C3
Ance 64 331 G1
Anceaumeville 76 20 B5
Anceins 61 55 E3
Ancelle 05 269 H2
Ancemont 55 64 B1
Ancenis 44 148 B2
Ancerville 55 63 G5
Ancerville 57 66 B1
Ancerviller 54 96 A2
Ancey 21 159 H3
Anchamps 08 26 D1
Anché 37 151 E5
Anché 86 186 B4
Anchenoncourt-et-Chazel 70 141 E2
Ancienville 02 40 A4
Ancier 70 161 F1
Ancinnes 72 83 H4
Ancizan 65 333 G3
Les Ancizes-Comps 63 209 E4
Ancône 26 267 E3
Ancourt 76 10 B5
Ancourteville-sur-Héricourt 76 19 G4
Ancretiéville-Saint-Victor 76 20 A4
Ancretteville-sur-Mer 76 19 F3
Ancteville 50 31 G5
Anctoville 14 33 E5
Anctoville-sur-Boscq 50 51 F3
Ancy 69 212 C5
Ancy-Dornot 57 65 G1
Ancy-le-Franc 89 137 F3
Ancy-le-Libre 89 137 F3
Andaine *Bec d'* 50 51 F4
Andainville 80 21 G2
Andance 07 249 E1
Andancette 26 249 E1
Andard 49 149 H1
Andé 27 36 C4
Andechy 80 23 E4
Andel 22 78 D3
Andelain 02 24 B4
Andelaroche 03 193 E5
Andelarre 70 141 E5
Andelarrot 70 141 E5
Andelat 15 245 G3
Andelnans 90 142 C3
Andelot 52 117 F2
Andelot-en-Montagne 39 179 H3
Andelot-lès-Saint-Amour 39 196 A3
Andelu 78 57 G3
Les Andelys 27 36 D4
Andernay 55 63 F4
Andernos-les-Bains 33 254 C1
Anderny 54 45 F3
Andert-et-Condon 01 214 D5
Andevanne 08 43 G2
Andeville 60 38 A4
Andigné 49 128 A4
Andillac 81 279 E5
Andilly 17 183 G5
Andilly 54 65 F5
Andilly 74 215 G2
Andilly 95 58 B2
Andilly-en-Bassigny 52 117 H5
Andiran 47 275 F4
Andlau 67 97 E3
Andoins 64 314 C4
Andolsheim 68 121 F3
Andon 06 308 D2
Andonville 45 111 E2
Andornay 70 142 A3
Andouillé 53 106 A2
Andouillé-Neuville 35 80 C5
Andouque 81 280 B5
Andrein 64 311 H3
Andres 62 2 D4
Andrest 65 315 E3
Andrésy 78 58 A2
Andrezé 49 148 D4
Andrezel 77 88 C2
Andrézieux-Bouthéon 42 230 A3
Andryes 89 157 E1
Anduze 30 283 G4
Anéran-Camors 65 333 H4
Anères 65 333 H1
Anet 28 56 D3
Anetz 44 148 C2
Angaïs 64 314 C4
Angé 41 152 D3
Angeac-Champagne 16 220 B2
Angeac-Charente 16 220 D2
Angecourt 08 27 F4
Angeduc 16 220 D3
Angely 89 137 E5
Angeot 90 142 D2
Angers 49 149 G1
Angerville 14 34 A4
Angerville 91 87 E5
Angerville-Bailleul 76 19 E4
Angerville-la-Campagne 27 56 B2
Angerville-la-Martel 76 19 F3
Angerville-l'Orcher 76 18 D5
Angervilliers 91 87 F2
Angeville 82 277 E5
Angevillers 57 45 G3
Angey 50 51 G4
Angicourt 60 38 D3
Angiens 76 19 H2
Angirey 70 161 G1
Angivillers 60 38 D1
Anglade 33 237 F1
Anglards-de-Saint-Flour 15 245 H4
Anglards-de-Salers 15 244 C2
Anglars 46 261 E2
Anglars-Juillac 46 259 G5
Anglars-Nozac 46 259 H1
Anglars-Saint-Félix 12 261 H5
Anglefort 01 215 E3
Anglemont 88 95 H4
Angles 04 288 D5
Les Angles 30 285 E5
Les Angles 65 333 E1
Les Angles 66 341 G3
Anglès 81 300 B5
Angles 85 182 D3
Les Angles-sur-Corrèze 19 243 E1
Angles-sur-l'Anglin 86 170 B5
Anglesqueville-la-Bras-Long 76 19 H3
Anglesqueville-l'Esneval 76 18 D4
Anglet 64 292 A5
Angliers 17 183 G5
Angliers 86 168 D2
Anglure 51 90 C2
Anglure-sous-Dun 71 194 A5
Anglus 52 92 B4
Angluzelles-et-Courcelles 51 61 F5
Angoisse 24 223 F4
Angomont 54 96 B2
Angos 65 315 F5
Angoulême 16 221 F2
Angoulins 17 200 C1
Angoumé 40 292 D3
Angous 64 313 F4
Angoustrine 66 341 F4
Angoville 14 53 G2
Angoville-au-Plain 50 32 A2
Angoville-en-Saire 50 29 G2
Angoville-sur-Ay 50 31 F3
Angres 62 8 B5
Angresse 40 292 B3
Angrie 49 127 H5
Anguilcourt-le-Sart 02 24 C4
Angviller-lès-Bisping 57 67 F4
Angy 60 38 C3
Anhaux 64 330 B1
Anhiers 59 9 E5
Aniane 34 302 B4
Aniche 59 14 B2
Anisy 14 33 G3
Anizy-le-Château 02 40 C1
Anjeux 70 119 E5
Anjony *Château d'* 15 244 C3
Anjou 38 231 F5
Anjouin 36 154 A5
Anjoutey 90 142 C2
Anla 65 334 A2
Anlezy 58 175 F2
Anlhiac 24 223 F5
Annay 58 156 A1
Annay 62 8 C4
Annay-la-Côte 89 157 H1
Annay-sur-Serein 89 137 E4
Annebault 14 34 B3
Annebecq 14 52 B2
Annecy 74 215 G3
Annecy-le-Vieux 74 215 G3
Annelles 08 42 B3
Annemasse 74 197 H5
Annéot 89 157 H1
Annepont 17 201 G4
Annequin 62 8 A4
Annesse-et-Beaulieu 24 240 B2
Annet-sur-Marne 77 59 F2
Anneux 59 14 A4
Anneville-en-Saire 50 29 H3
Annéville-la-Prairie 52 116 D2
Anneville-sur-Mer 50 31 F5
Anneville-sur-Scie 76 20 B2
Anneville-sur-Seine 76 35 H1
Anneyron 26 249 F1
Annezay 17 201 F2
Annezin 62 8 A4
Annœullin 59 8 C4
Annoire 39 178 C2
Annois 02 24 A4
Annoisin-Chatelans 38 214 A5
Annoix 18 173 F2
Annonay 07 248 D1
Annonville 52 93 E4
Annot 04 289 E5
Annouville-Vilmesnil 76 19 E4
Annoux 89 137 F5
Annoville 50 51 F1
Anor 59 15 H5
Anos 64 314 B3
Anost 71 176 B1
Anould 88 120 B2
Anoux 54 45 E4
Anoye 64 314 D3
Anquetierville 76 35 F1
Anrosey 52 140 B2
Ansac-sur-Vienne 16 204 C3
Ansacq 60 38 C3
Ansan 32 296 C3
Ansauville 54 65 E4
Ansauvillers 60 22 C5
Anse 69 212 D3
Anserville 60 38 B4
Ansignan 66 338 A5
Ansigny 73 215 F4
Ansost 65 315 F2
Ansouis 84 306 A3
Anstaing 59 9 E3
Antagnac 47 274 D1
Anterrieux 15 263 G1
Anteuil 25 163 E2
Antezant 17 201 H3
Anthé 47 277 E1
Anthelupt 54 95 F1
Anthenay 51 41 E5
Antheny 08 26 A2
Anthéor 83 309 E5
Antheuil 21 159 G5
Antheuil-Portes 60 39 F1
Anthien 58 157 G3
Anthon 38 213 H5
Anthy-sur-Léman 74 198 A3
Antibes 06 309 F4
Antibes *Cap d'* 06 309 F4
Antichan 65 334 A2
Antichan-de-Frontignes 31 334 B2
Antignac 15 226 C5
Antignac 17 219 H3
Antignac 31 334 A4
Antigny 85 184 B1
Antigny 86 187 F2
Antigny-la-Ville 21 159 F5
Antilly 57 45 H5
Antilly 60 39 G5
Antin 65 315 G3
Les Antiques 13 304 D2
Antisanti 2B 347 G5
Antist 65 333 F1
Antogny le Tillac 37 169 G2
Antoigné 49 168 B1
Antoigny 61 82 D3
Antoingt 63 227 H3
Antonaves 05 287 E2
Antonne-et-Trigonant 24 240 D2
Antony 92 58 B4
Antorpe 25 161 G4
Antraigues-sur-Volane 07 266 B2
Antrain 35 80 C3
Antran 86 169 G3
Antras 09 334 D4
Antras 32 296 A3
Antrenas 48 264 A4
Antugnac 11 337 G3
Antully 71 177 E3
Anvéville 76 19 G4
Anville 16 202 D5
Anvin 62 7 F4
Any-Martin-Rieux 02 25 H2
Anzat-le-Luguet 63 227 G5
Anzeling 57 46 C4
Anzême 23 189 F5
Anzex 47 275 E2
Anzin 59 9 G5
Anzin-Saint-Aubin 62 13 G2
Anzy-le-Duc 71 193 G4
Aoste 38 232 C2
Aougny 51 41 E4
Aouste 08 26 A3
Aouste-sur-Sye 26 267 G2
Aouze 88 94 B4
Apach 57 46 B2
Apchat 63 227 H5
Apchon 15 245 E1
Apinac 42 229 G5
Apothicairerie *Grotte de l'* 56 144 B3
Appelle 81 299 E5
Appenai-sous-Bellême 61 84 C5
Appenans 25 142 A5
Appenwihr 68 121 F3
Appeville 50 31 H2
Appeville-Annebault 27 35 F3
Appietto 2A 348 C2
Appilly 60 23 H5
Appoigny 89 136 B2
Apprieu 38 232 C4
Appy 09 336 C5
Apremont 01 196 C5
Apremont 08 43 F3
Apremont 60 38 D4
Apremont 70 161 E2
Apremont 73 233 F3
Apremont 85 165 F4
Apremont-la-Forêt 55 64 D4
Apremont-sur-Allier 18 174 B3
Aprey 52 139 F3
Apt 84 305 H1
Arabaux 09 336 B2
Arâches 74 216 C2
Araghju *Castellu d'* 2A 351 G2
Aragnouet 65 333 F4
Aragon 11 319 H4
Aramits 64 331 G1
Aramon 30 304 C1
Aranc 01 214 B2
Arance 64 313 H2
Arancou 64 311 G3
Arandas 01 214 B4
Arandon 38 232 B1
Araujuzon 64 313 F3
Araules 43 247 H3
Araux 64 313 F3
Aravis *Col des* 74 216 B4
Arbanats 33 255 H2
Arbas 31 334 D2
Arbecey 70 140 D3
Arbellara 2A 351 E2
Arbent 01 196 D4
Arbéost 65 332 B2
Arbérats-Sillègue 64 311 H4
Arbignieu 01 214 D5
Arbigny 01 195 F2
Arbigny-sous-Varennes 52 140 A2
Arbin 73 233 G3
Arbis 33 256 B2
Arblade-le-Bas 32 294 C3
Arblade-le-Haut 32 294 D3
Arbois 39 179 G2
Arbois *Mont d'* 74 216 C4
Arbon 31 334 C2
Arbonne 64 310 C3
Arbonne-la-Forêt 77 88 A4
Arboras 34 302 A3
Arbori 2A 348 C1
Arbot 52 139 E2
Arbouans 25 142 B4
Arboucave 40 294 A4
Arbouet-Sussaute 64 311 H4
Arbourse 58 156 C4
Arboussols 66 342 B2
L'Arbresle 69 212 C4
L'Arbret 62 13 E3
Arbrissel 35 105 E5
Arbus 64 314 A3
Arbusigny 74 215 H1
Arc 1800 73 234 D2
Arc-en-Barrois 52 116 D5
Arc-et-Senans 25 179 G1
Arc-lès-Gray 70 161 E1
Arc-sous-Cicon 25 162 C5
Arc-sous-Montenot 25 180 A2
Arc-sur-Tille 21 160 B3
Arcachon 33 254 B2
Arçais 79 184 B4
Arcambal 46 260 B5
Arcangues 64 310 C3
Arçay 18 173 E2
Arçay 86 168 C2
Arceau 21 160 B2
Arcenant 21 159 H5
Arcens 07 248 A5
Arces 17 219 E2
Arces 89 114 A4
Arcey 21 159 H3
Arcey 25 142 A4
Archail 04 288 B3
Archamps 74 215 G1
Archelange 39 161 E5
Archéodrome 21 177 H2
Arches 15 244 B1
Arches 88 119 G3
Archettes 88 119 G2
Archiac 17 220 B3
Archiane *Cirque d'* 26 268 C1
Archignac 24 241 H4
Archignat 03 190 B4
Archigny 86 169 H5
Archingeay 17 201 F3
Archon 02 25 H3
Arcier 25 162 A3
Arcine 74 215 E1
Arcinges 42 212 A1
Arcins 33 237 F3
Arcis-le-Ponsart 51 41 E4
Arcis-sur-Aube 10 91 E3
Arcizac-Adour 65 315 E5
Arcizac-ez-Angles 65 333 E1
Arcizans-Avant 65 332 D2
Arcizans-Dessus 65 332 C2
Arcomie 48 246 A5
Arcomps 18 173 E5
Arçon 25 180 C2
Arcon 42 211 F3
Arconcey 21 159 E4
Arçonnay 72 83 G4
Arconsat 63 210 D4
Arconville 10 116 A3
L'Arcouest *Pointe de* 22 73 F2
Les Arcs 73 234 D1
Les Arcs 83 308 A5
Arcueil 94 58 C4
Arcy-Sainte-Restitue 02 40 C4
Arcy-sur-Cure 89 136 C5
Ardelles 28 85 G3
Ardelu 28 87 E5
Ardenais 18 190 B1
Ardenay-sur-Mérize 72 108 A5
Ardengost 65 333 H3
Ardenne *Abbaye d'* 14 33 G4
Ardentes 36 172 A5
Ardes-sur-Couze 63 227 H5
Ardeuil-et-Montfauxelles 08 42 D3

Ardevon 50 ..... 51 G5
Ardiège 31 ..... 334 B1
Les Ardillats 69 ..... 212 C1
Ardilleux 79 ..... 202 D2
Ardillières 17 ..... 201 E2
Ardin 79 ..... 184 C2
Ardizas 32 ..... 297 E3
L'Ardoise 30 ..... 285 E4
Ardoix 07 ..... 249 E2
Ardon 39 ..... 179 H4
Ardon 45 ..... 133 E3
Ardouval 76 ..... 20 C3
Ardres 62 ..... 2 D4
Arèches 73 ..... 234 C1
Aregno 2B 346 C2
Areines 41 ..... 131 G3
Aren 64 ..... 313 G4
Arenberg 59 ..... 9 G5
Arengosse 40 ..... 273 F5
Arenthon 74 ..... 216 A1
Arès 33 ..... 254 B1
Ares *Col d'* 66 ..... 342 B5
Ares *Col des* 31 ..... 334 B2
Aresches 39 ..... 179 H2
Aressy 64 ..... 314 B5
Arette 64 ..... 331 G2
Arette-Pierre-Saint-Martin 64 ..... 331 G3
Arfeuille-Châtain 23 ..... 208 B2
Arfeuilles 03 ..... 210 D1
Arfons 81 ..... 319 F3
Argagnon 64 ..... 313 G2
Arganchy 14 ..... 32 D4
Argançon 10 ..... 116 A2
Argancy 57 ..... 45 H5
Argein 09 ..... 335 E3
Argelès 65 ..... 333 F1
Argelès-Gazost 65 ..... 332 D2
Argelès-Plage 66 ..... 343 G3
Argelès-sur-Mer 66 ..... 343 F3
Argeliers 11 ..... 320 D4
Argelliers 34 ..... 302 C3
Argelos 40 ..... 293 H4
Argelos 64 ..... 314 B2
Argelouse 40 ..... 273 G1
Argences 14 ..... 33 H5
Argens 04 ..... 288 C4
Argens-Minervois 11 ..... 320 C5
Argent-sur-Sauldre 18 ..... 155 F1
Argentan 61 ..... 54 A4
Argentat 19 ..... 243 F3
Argentenay 89 ..... 137 F3
Argenteuil 95 ..... 58 B2
Argenteuil-sur-Armançon 89 ..... 137 F3
Argentière 74 ..... 217 E2
L'Argentière-la-Bessée 05 ..... 252 C5
Argentières 77 ..... 59 G5
Argentine 73 ..... 234 A3
Argentolles 52 ..... 116 C2
Argenton 29 ..... 70 A5
Argenton 47 ..... 275 E1
Argenton-l'Église 79 ..... 168 A1
Argenton-les-Vallées 79 ..... 167 H2
Argenton-Notre-Dame 53 ..... 128 C3
Argenton-sur-Creuse 36 ..... 188 C1
Argentré 53 ..... 106 B3
Argentré-du-Plessis 35 ..... 105 F3
Argenvières 18 ..... 156 B5
Argenvilliers 28 ..... 109 F2
Argers 51 ..... 63 E1
Arget 64 ..... 294 A5
Argiésans 90 ..... 142 B3
Argillières 70 ..... 140 B4
Argilliers 30 ..... 284 C5
Argilly 21 ..... 178 A1
Argis 01 ..... 214 B3
Argiusta-Moriccio 2A 349 E4
Argœuves 80 ..... 22 B1
Argol 29 ..... 75 F4
Argonay 74 ..... 215 G3
Argouges 50 ..... 80 D2
Argoules 80 ..... 11 G1
Argueil 76 ..... 37 E1
Arguel 25 ..... 162 A4
Arguel 80 ..... 21 G2
Arguenos 31 ..... 334 C3
Argut-Dessous 31 ..... 334 B3
Argut-Dessus 31 ..... 334 C3
Argy 36 ..... 171 F2
Arhansus 64 ..... 311 G5
Aries-Espénan 65 ..... 316 A4
Arifat 81 ..... 299 H3
Arignac 09 ..... 336 B4
Arinthod 39 ..... 196 C3
Arith 73 ..... 215 G5
Arjuzanx 40 ..... 273 E5
Arlanc 63 ..... 229 E4
Arlay 39 ..... 179 E4
Arlebosc 07 ..... 248 D3
Arlempdes 43 ..... 247 F5
Arles 13 ..... 304 B4
Arles-sur-Tech 66 ..... 342 C4
Arlet 43 ..... 246 B3
Arleuf 58 ..... 176 B1
Arleux 59 ..... 14 A2
Arleux-en-Gohelle 62 ..... 8 C5
Arlos 31 ..... 334 B3
Armaillé 49 ..... 127 G3
Armancourt 60 ..... 39 F2
Armancourt 80 ..... 23 E4
Armaucourt 54 ..... 66 B4
Armbouts-Cappel 59 ..... 3 G3
Armeau 89 ..... 113 G4
Armendarits 64 ..... 311 F4
Armenonville-les-Gâtineaux 28 ..... 86 C3
Armenteule 65 ..... 333 H4
Armentières 59 ..... 8 C2
Armentières-en-Brie 77 ..... 59 H2
Armentières-sur-Avre 27 ..... 55 G5
Armentières-sur-Ourcq 02 ..... 40 B5
Armentieux 32 ..... 295 F5
Armes 58 ..... 157 F2
Armillac 47 ..... 257 G4
Armissan 11 ..... 321 F5
Armistice *Clairière de l'* 60 ..... 39 G2
Armix 01 ..... 214 C4
Armous-et-Cau 32 ..... 295 F5
Armoy 74 ..... 198 B3
Arnac 15 ..... 243 H3
Arnac-la-Poste 87 ..... 188 B5
Arnac-Pompadour 19 ..... 223 H5
Arnac-sur-Dourdou 12 ..... 301 E3
Arnage 72 ..... 107 H5
Arnancourt 52 ..... 92 C4
Arnas 69 ..... 212 D2
Arnaud-Guilhem 31 ..... 334 D1
Arnave 09 ..... 336 B4
Arnaville 54 ..... 65 G2
Arnay-le-Duc 21 ..... 159 E5
Arnay-sous-Vitteaux 21 ..... 159 E2
Arnayon 26 ..... 268 A4
Arné 65 ..... 316 A5
Arnéguy 64 ..... 330 B1
Arnèke 59 ..... 3 G4
Arnicourt 08 ..... 26 A5
Arnières-sur-Iton 27 ..... 56 B2
Arnoncourt-sur-Apance 52 ..... 118 A4
Arnos 64 ..... 313 H2
Arnouville-lès-Gonesse 95 ..... 58 C2
Arnouville-lès-Mantes 78 ..... 57 F3
Aroffe 88 ..... 94 B4
Aromas 39 ..... 196 B4
Aron 53 ..... 82 B5
Arone *Plage d'* 2A 348 A1
Aroue 64 ..... 311 H4
Aroz 70 ..... 140 D4
Arpaillargues-et-Aureillac 30 ..... 284 B5
Arpajon 91 ..... 87 G2
Arpajon-sur-Cère 15 ..... 244 C5
Arpavon 26 ..... 286 A1
Arpenans 70 ..... 141 G4
Arpenaz *Cascade d'* 74 ..... 216 C2
Arpheuille 18 ..... 173 F4
Arpheuilles 36 ..... 171 E3
Arpheuilles-Saint-Priest 03 ..... 190 D5
Arphy 30 ..... 282 D5
Arquenay 53 ..... 106 B4
Arques 11 ..... 337 H3
Arques 12 ..... 281 E2
Les Arques 46 ..... 259 G3
Arques 62 ..... 3 G5
Arques-la-Bataille 76 ..... 20 B2
Arquettes-en-Val 11 ..... 338 A1
Arquèves 80 ..... 13 E5
Arquian 58 ..... 156 B1
Arrabloy 45 ..... 134 D4
Arracourt 54 ..... 66 D5
Arradon 56 ..... 124 B4
Arraincourt 57 ..... 66 C2
Arrancourt 91 ..... 87 F5
Arrancy 02 ..... 41 E1
Arrancy-sur-Crusne 55 ..... 44 D2
Arrans 21 ..... 137 H4
Arras 62 ..... 13 G2
Arras-en-Lavedan 65 ..... 332 D2
Arras-sur-Rhône 07 ..... 249 E2
Arrast-Larrebieu 64 ..... 313 F4
Arraute-Charritte 64 ..... 311 G3
Arraye-et-Han 54 ..... 66 B4
Arrayou-Lahitte 65 ..... 333 E1
Arre 30 ..... 282 C5
Arreau 65 ..... 333 H3
Arrelles 10 ..... 115 F4
Arrembécourt 10 ..... 91 H2
Arrènes 23 ..... 206 C2
Arrens *Porte d'* 65 ..... 332 B3
Arrens-Marsous 65 ..... 332 C2
Arrentès-de-Corcieux 88 ..... 120 A2
Arrentières 10 ..... 92 B5
Arrest 80 ..... 11 F3
Arreux 08 ..... 26 C2
Arriance 57 ..... 66 C2
Arricau-Bordes 64 ..... 314 D2
Arrien 64 ..... 314 C4
Arrien-en-Bethmale 09 ..... 335 E3
Arrigas 30 ..... 282 C5
Arrigny 51 ..... 92 A2
Arro 2A 348 C2
Arrodets 65 ..... 333 G2
Arrodets-ez-Angles 65 ..... 333 E1
Arromanches-les-Bains 14 ..... 33 E2
Arronnes 03 ..... 210 C2
Arronville 95 ..... 38 A5
Arros-de-Nay 64 ..... 314 B5
Arros-d'Oloron 64 ..... 331 H1
Arrosès 64 ..... 294 D5
Arrou 28 ..... 109 G3
Arrouède 32 ..... 316 B3
Arrout 09 ..... 335 E3
Arry 57 ..... 65 G2
Arry 80 ..... 11 F1
Ars 16 ..... 220 B2
Ars 23 ..... 207 G3
Ars-en-Ré 17 ..... 182 C5
Ars-Laquenexy 57 ..... 65 H1
Ars-les-Favets 63 ..... 209 E1
Ars-sur-Formans 01 ..... 213 E3
Ars-sur-Moselle 57 ..... 65 G1
Arsac 33 ..... 237 F4
Arsac-en-Velay 43 ..... 247 F4
Arsague 40 ..... 293 F4
Arsans 70 ..... 161 F2
L'Arsenal 42 ..... 211 G2
Arsonval 10 ..... 92 A5
Arsure-Arsurette 39 ..... 180 A4
Les Arsures 39 ..... 179 G2
Arsy 60 ..... 39 E2
Art-sur-Meurthe 54 ..... 95 E1
Artagnan 65 ..... 315 E3
Artaise-le-Vivier 08 ..... 27 E5
Artaix 71 ..... 193 G5
Artalens-Souin 65 ..... 332 D2
Artannes-sur-Indre 37 ..... 151 H4
Artannes-sur-Thouet 49 ..... 150 B4
Artas 38 ..... 231 H3
Artassenx 40 ..... 294 B2
Artemare 01 ..... 214 D4
Artemps 02 ..... 24 A3
Artenay 45 ..... 110 D4
Arthaz-Pont-Notre-Dame 74 ..... 197 H5
Arthel 58 ..... 157 E4
Arthémonay 26 ..... 249 G2
Arthenac 17 ..... 220 B3
Arthenas 39 ..... 196 B1
Arthès 81 ..... 299 G1
Arthez-d'Armagnac 40 ..... 294 C1
Arthez-d'Asson 64 ..... 332 C1
Arthez-de-Béarn 64 ..... 313 H2
Arthezé 72 ..... 129 F3
Arthies 95 ..... 57 G1
Arthon 36 ..... 171 H5
Arthon-en-Retz 44 ..... 146 D5
Arthonnay 89 ..... 115 F5
Arthous *Abbaye d'* 40 ..... 292 D5
Arthun 42 ..... 211 G5
Artigat 09 ..... 335 H1
Artige *Prieuré de l'* 87 ..... 206 B5
Artignosc-sur-Verdon 83 ..... 307 F3
Artigue 31 ..... 334 B4
Artiguedieu 32 ..... 316 A2
Artigueloutan 64 ..... 314 C4
Artiguelouve 64 ..... 314 A3
Artiguemy 65 ..... 333 G1
Artigues 09 ..... 337 E5
Artigues 11 ..... 337 G4
Artigues 65 ..... 333 E1
Artigues 83 ..... 306 D4
Artigues-Campan 65 ..... 333 F3
Les Artigues-de-Lussac 33 ..... 238 C4
Artigues-près-Bordeaux 33 ..... 237 G5
Artins 41 ..... 131 E3
Artix 09 ..... 336 A2
Artix 46 ..... 260 C4
Artix 64 ..... 313 H2
Artolsheim 67 ..... 97 G5
Artonges 02 ..... 60 D2
Artonne 63 ..... 209 H3
Artres 59 ..... 14 D2
Artuby *Pont de l'* 83 ..... 307 H2
Artzenheim 68 ..... 121 F2
Arudy 64 ..... 332 A1
Arue 40 ..... 274 A4
Arvant 43 ..... 228 A5
Arvert 17 ..... 200 C5
Arveyres 33 ..... 238 B5
Arvieu 12 ..... 280 D3
Arvieux 05 ..... 271 E1
Arvigna 09 ..... 336 C2
Arvillard 73 ..... 233 G3
Arville 41 ..... 109 E4
Arville 77 ..... 112 A3
Arvillers 80 ..... 23 E3
Arx 40 ..... 275 E4
Arzacq-Arraziguet 64 ..... 294 A5
Arzal 56 ..... 125 E5
Arzano 29 ..... 101 E4
Arzay 38 ..... 231 H4
L'Arzelier *Col de* 38 ..... 250 C4
Arzembouy 58 ..... 157 E4
Arzenc-d'Apcher 48 ..... 263 H1
Arzenc-de-Randon 48 ..... 264 D3
Arzens 11 ..... 319 G5
Arzillières-Neuville 51 ..... 62 C5
Arzon 56 ..... 124 A4
Arzviller 57 ..... 67 H5
Asasp 64 ..... 331 H1
Ascain 64 ..... 310 C4
Ascarat 64 ..... 330 B1
Aschbach 67 ..... 69 F2
Aschères-le-Marché 45 ..... 111 E3
Asclier *Col de l'* 30 ..... 283 E4
Asco 2B 346 D3
Asco *Gorges de l'* 2B 347 E3
Ascou 09 ..... 336 D5
Ascou-Pailhérès 09 ..... 337 E5
Ascoux 45 ..... 111 G3
Ascros 06 ..... 289 G5
Asfeld 08 ..... 41 H1
Aslonnes 86 ..... 186 B3
Asnan 58 ..... 157 F3
Asnans 39 ..... 178 D2
Asnelles 14 ..... 33 F2
Asnières 27 ..... 35 E4
Asnières *Ancienne Abbaye d'* 49 ..... 150 B5
Asnières-en-Bessin 14 ..... 32 C2
Asnières-en-Montagne 21 ..... 137 G4
Asnières-en-Poitou 79 ..... 202 C1
Asnières-la-Giraud 17 ..... 201 H4
Asnières-lès-Bourges 18 ..... 155 E5
Asnières-lès-Dijon 21 ..... 160 A2
Asnières-sous-Bois 89 ..... 157 G1
Asnières-sur-Blour 86 ..... 204 D1
Asnières-sur-Nouère 16 ..... 221 E1
Asnières-sur-Oise 95 ..... 38 C5
Asnières-sur-Saône 01 ..... 195 E3
Asnières-sur-Seine 92 ..... 58 B3
Asnières-sur-Vègre 72 ..... 129 F2
Asnois 58 ..... 157 F2
Asnois 86 ..... 203 H2
Aspach 57 ..... 67 G5
Aspach 68 ..... 143 F3
Aspach-le-Bas 68 ..... 143 E1
Aspach-Michelbach 68 ..... 143 E1
Aspères 30 ..... 303 E2
Asperjoc 07 ..... 266 B2
Aspet 31 ..... 334 C2
Aspin *Col d'* 65 ..... 333 G3
Aspin-Aure 65 ..... 333 G3
Aspin-en-Lavedan 65 ..... 332 D1
Aspiran 34 ..... 302 A5
Aspremont 05 ..... 269 E4
Aspremont 06 ..... 291 E5
Les Aspres 61 ..... 55 F5
Aspres-lès-Corps 05 ..... 269 G1
Aspres-sur-Buëch 05 ..... 269 E4
Aspret-Sarrat 31 ..... 334 C1
Asprières 12 ..... 261 G4
Asque 65 ..... 333 G2
Asques 33 ..... 237 H4
Asques 82 ..... 277 E5
Asquins 89 ..... 157 G1
Assac 81 ..... 280 C5
Assainvillers 80 ..... 23 E5
Assais 79 ..... 168 B4
Assas 34 ..... 302 D3
Assat 64 ..... 314 B4
Assay 37 ..... 169 E1
Assé-le-Bérenger 53 ..... 106 D3
Assé-le-Boisne 72 ..... 83 F5
Assé-le-Riboul 72 ..... 107 G2
Assenay 10 ..... 115 E3
Assencières 10 ..... 91 F5
Assenoncourt 57 ..... 67 F4
Assérac 44 ..... 145 H3
Assevent 59 ..... 15 H2
Assevillers 80 ..... 23 F2
Assier 46 ..... 261 E3
Assieu 38 ..... 231 F4
Assignan 34 ..... 320 D3
Assigny 18 ..... 155 H1
Assigny 76 ..... 10 C5
Les Assions 07 ..... 265 H5
Assis-sur-Serre 02 ..... 24 D4
Asson 64 ..... 314 C5
Asswiller 67 ..... 68 A3
Assy 14 ..... 53 H1
Astaffort 47 ..... 276 B4
Astaillac 19 ..... 243 E5
Asté 65 ..... 333 F2
Aste-Béon 64 ..... 332 A2
Astérix *Parc* 60 ..... 38 D5
Astet 07 ..... 265 G2
Astillé 53 ..... 105 H5
Astis 64 ..... 314 B2
Aston 04 ..... 269 H5
Aston 09 ..... 336 B5
Astugue 65 ..... 333 E1
Athée 21 ..... 160 D4
Athée 53 ..... 105 G5
Athée-sur-Cher 37 ..... 152 B3
Athesans 70 ..... 141 H4
Athie 21 ..... 137 G5
Athie 89 ..... 158 A1
Athienville 54 ..... 66 C5
Athies 62 ..... 13 G2
Athies 80 ..... 23 G2
Athies-sous-Laon 02 ..... 24 D5
Athis 51 ..... 61 H1
Athis-Mons 91 ..... 58 C5
Athis-Val de Rouvre 61 ..... 53 F3
Athos-Aspis 64 ..... 311 H3
Athose 25 ..... 162 C5
Attainville 95 ..... 58 C1
Attancourt 52 ..... 92 C3
Les Attaques 62 ..... 2 D3
Attenschwiller 68 ..... 143 G3
Attiches 59 ..... 8 D4
Attichy 60 ..... 39 H2
Attignat 01 ..... 195 H4
Attignat-Oncin 73 ..... 233 E3
Attignéville 88 ..... 94 A4
Attigny 08 ..... 42 C1
Attigny 88 ..... 118 C3
Attilloncourt 57 ..... 66 B4
Attilly 02 ..... 24 A2
Attin 62 ..... 6 C4
Atton 54 ..... 65 G3
Attray 45 ..... 111 F3
Attricourt 70 ..... 160 D1
Atur 24 ..... 240 C2
Aubagnan 40 ..... 294 A3
Aubagne 13 ..... 327 F2
Aubaine 21 ..... 159 G5
Aubais 30 ..... 303 F3
Aubarède 65 ..... 315 G4
Aubas 24 ..... 241 G3
Aubazat 43 ..... 246 B2
Aubazines 19 ..... 242 D2
Aube 57 ..... 66 B2
Aube 61 ..... 55 F4
Aubéguimont 76 ..... 21 F3
Aubenas 07 ..... 266 B3
Aubenas-les-Alpes 04 ..... 287 E5
Aubenasson 26 ..... 267 H2
Aubencheul-au-Bac 59 ..... 14 B3
Aubencheul-aux-Bois 02 ..... 14 B5
Aubenton 02 ..... 25 H2
Aubepierre 77 ..... 88 D2
Aubepierre-sur-Aube 52 ..... 116 C5
L'Aubépin 39 ..... 196 A3
Auberchicourt 59 ..... 14 B2
Aubercourt 80 ..... 22 D2
Aubergenville 78 ..... 57 G2
Aubérive 51 ..... 42 B4
Auberive 52 ..... 139 E3
Auberives-en-Royans 38 ..... 250 A3
Auberives-sur-Varèze 38 ..... 231 E4
Aubermesnil-aux-Érables 76 ..... 21 E2
Aubermesnil-Beaumais 76 ..... 20 B2
Aubers 59 ..... 8 B3
Aubertans 70 ..... 162 B1
Aubertin 64 ..... 314 A4
Auberville 14 ..... 34 B3
Auberville-la-Campagne 76 ..... 19 F5
Auberville-la-Manuel 76 ..... 19 F2
Auberville-la-Renault 76 ..... 19 E4
Aubervilliers 93 ..... 58 C3
Aubeterre 10 ..... 91 E4
Aubeterre-sur-Dronne 16 ..... 239 F1
Aubeville 16 ..... 220 D3
Aubevoye 27 ..... 36 C5
Aubiac 33 ..... 256 B5
Aubiac 47 ..... 276 B3
Aubiat 63 ..... 209 H3
Aubie-et-Espessas 33 ..... 237 H3
Aubière 63 ..... 227 H1
Les Aubiers 79 ..... 167 F2
Aubiet 32 ..... 296 C4
Aubignan 84 ..... 285 G4
Aubignas 07 ..... 266 D3
Aubigné 35 ..... 80 B5
Aubigné 79 ..... 202 D2
Aubigné-Racan 72 ..... 130 A4
Aubigné-sur-Layon 49 ..... 149 H4
Aubigney 70 ..... 161 E3
Aubignosc 04 ..... 287 G3
Aubigny 03 ..... 174 C5
Aubigny 14 ..... 53 H2
Aubigny 79 ..... 168 B4
Aubigny 80 ..... 23 H3
Aubigny-au-Bac 59 ..... 14 B2
Aubigny-aux-Kaisnes 02 ..... 23 H3
Aubigny-en-Artois 62 ..... 13 F2
Aubigny-en-Laonnois 02 ..... 41 E1
Aubigny-en-Plaine 21 ..... 160 B5
Aubigny-la-Ronce 21 ..... 177 F2
Aubigny-les Clouzeaux 85 ..... 182 D1
Aubigny-les-Pothées 08 ..... 26 B3
Aubigny-lès-Sombernon 21 ..... 159 F3
Aubigny-sur-Nère 18 ..... 155 E1
Aubilly 51 ..... 41 F4
Aubin 12 ..... 261 H4
Aubin 64 ..... 314 A2
Aubin-Saint-Vaast 62 ..... 6 D5
Aubinges 18 ..... 155 G4
Aubisque *Col d'* 64 ..... 332 B2
Auboncourt-Vauzelles 08 ..... 26 B5
Aubonne 25 ..... 180 C1
Aubord 30 ..... 303 H3
Auboué 54 ..... 45 F5
Aubous 64 ..... 294 D5
Aubrac 12 ..... 263 G3
Aubres 26 ..... 285 H1
Aubréville 55 ..... 43 G5
Aubrives 08 ..... 17 E4
Aubrometz 62 ..... 12 C2
Aubry-du-Hainaut 59 ..... 9 G5
Aubry-en-Exmes 61 ..... 54 B4
Aubry-le-Panthou 61 ..... 54 C3
Aubure 68 ..... 96 D5
Aubussargues 30 ..... 284 B5
Aubusson 23 ..... 207 G3
Aubusson 61 ..... 53 F4
Aubusson-d'Auvergne 63 ..... 228 D1
Aubvillers 80 ..... 22 D4
Auby 59 ..... 8 D5
Aucaleuc 22 ..... 79 G4
Aucamville 31 ..... 297 H4
Aucamville 82 ..... 297 G2
Aucazein 09 ..... 335 E3
Aucelon 26 ..... 268 B3
Aucey-la-Plaine 50 ..... 80 D2
Auch 32 ..... 296 B4
Auchel 62 ..... 7 H4
Auchonvillers 80 ..... 13 F5
Auchy-au-Bois 62 ..... 7 G3
Auchy-la-Montagne 60 ..... 22 A5
Auchy-lès-Hesdin 62 ..... 7 E5
Auchy-les-Mines 62 ..... 8 B4
Auchy-lez-Orchies 59 ..... 9 E4
Aucun 65 ..... 332 C2
Audaux 64 ..... 313 F3
Audéjos 64 ..... 313 H2
Audelange 39 ..... 161 E5
Audeloncourt 52 ..... 117 G3
Audembert 62 ..... 2 B4
Audencourt 59 ..... 14 D4
Audenge 33 ..... 254 C2
Auderville 50 ..... 28 C2
Audes 03 ..... 190 C3
Audeux 25 ..... 161 G3
Audeville 45 ..... 111 G2
Audierne 29 ..... 99 E2
Audignicourt 02 ..... 40 A1
Audignies 59 ..... 15 F2
Audignon 40 ..... 293 H3
Audigny 02 ..... 24 D2
Audincourt 25 ..... 142 C5
Audincthun 62 ..... 7 E3
Audinghen 62 ..... 2 B4
Audon 40 ..... 293 F2

Audouville-la-Hubert 50 29 H5
Audrehem 62 2 D5
Audressein 09 335 E3
Audresselles 62 2 A4
Audrieu 14 33 E4
Audrix 24 241 E5
Audruicq 62 3 E4
Audun-le-Roman 54 45 F3
Audun-le-Tiche 57 45 F2
Auenheim 67 69 F3
Auffargis 78 57 G5
Auffay 76 20 B4
Aufferville 77 112 B2
Auffreville-Brasseuil 78 57 F2
Auflance 08 27 H4
Auga 64 314 B2
Augan 56 103 E5
Auge 08 26 A2
Auge 23 190 B5
Augé 79 185 F3
Auge-Saint-Médard 16 202 D4
Augea 39 196 A1
Auger-Saint-Vincent 60 39 F4
Augerans 39 179 E1
Augères 23 206 D2
Augerolles 63 228 D1
Augers-en-Brie 77 60 B5
Augerville-la-Rivière 45 111 H2
Augès 04 287 F4
Augeville 52 93 F4
Augicourt 70 140 C3
Augignac 24 222 C2
Augirein 09 334 D3
Augisey 39 196 B1
Augnat 63 227 H4
Augnax 32 296 C3
Augne 87 206 B5
Augny 57 65 G1
Auguaise 61 55 F5
Augy 02 40 C3
Augy 89 136 B3
Augy-sur-Aubois 18 174 A4
Aujac 17 201 H4
Aujac 30 283 G1
Aujan-Mournède 32 316 A3
Aujargues 30 303 F2
Aujeurres 52 139 F3
Aujols 46 278 B1
Aulac *Col d'* 15 244 D2
Aulan 26 286 B2
Aulas 30 282 D5
Aulhat-Flat 63 228 A3
Aulhat-Saint-Privat 63 228 A3
Aullène 2A 349 E5
Aulnat 63 209 H5
Aulnay 10 91 G3
Aulnay 17 202 B2
Aulnay 86 168 D3
Aulnay-aux-Planches 51 61 G3
Aulnay-la-Rivière 45 111 H3
Aulnay-l'Aître 51 62 C3
Aulnay-sous-Bois 93 58 D2
Aulnay-sur-Iton 27 56 A2
Aulnay-sur-Marne 51 61 H1
Aulnay-sur-Mauldre 78 57 G2
Les Aulneaux 72 84 A4
Aulnizeux 51 61 F3
Aulnois 88 94 A5
Aulnois-en-Perthois 55 63 G5
Aulnois-sous-Laon 02 24 D5
Aulnois-sous-Vertuzey 55 64 D5
Aulnois-sur-Seille 57 66 B3
Aulnoy 77 59 H3
Aulnoy-lez-Valenciennes 59 14 D2
Aulnoy-sur-Aube 52 139 E2
Aulnoye-Aymeries 59 15 F3
Aulon 23 206 D2
Aulon 31 316 C5
Aulon 65 333 G4
Aulos 09 336 B5
Ault 80 10 D3
Aulteribe *Château d'* 63 210 C5
Aulus-les-Bains 09 335 H5
Aulx-lès-Cromary 70 162 A2
Aumagne 17 201 H4
Aumale 76 21 G3
Aumâtre 80 11 G5
Aumelas 34 302 B4
Auménancourt 51 41 G2
Aumerval 62 7 G4
Aumes 34 322 C3
Aumessas 30 282 C5
Aumetz 57 45 F2
Aumeville-Lestre 50 29 G4
Aumont 39 179 F2
Aumont 80 21 H2
Aumont-Aubrac 48 264 A2
Aumont-en-Halatte 60 38 D4
Aumontzey 88 120 A2
Aumur 39 178 D1
Aunac 16 203 F4
Aunat 11 337 F5
Aunay-en-Bazois 58 157 G5
Aunay-les-Bois 61 84 A2
Aunay-sous-Auneau 28 86 D4
Aunay-sous-Crécy 28 56 C5
Aunay-sur-Odon 14 53 E1
Auneau-Bleury-
Saint-Symphorien 28 86 D4
Auneuil 60 37 H2
Aunou-le-Faucon 61 54 B4
Aunou-sur-Orne 61 83 H2
Auppegard 76 20 A2
Aups 83 307 G4
Auquainville 14 54 C1
Auquemesnil 76 10 D5
Auradé 32 297 E5
Auradou 47 276 D1
Auragne 31 318 A3
Auray 56 124 A3
Aure 08 42 C3
Aurec-sur-Loire 43 229 H5
Aureil 87 205 H5
Aureilhan 40 272 B2
Aureilhan 65 315 F4
Aureille 13 305 E3
Aurel 26 268 A2
Aurel 84 286 B3
Aurelle-Verlac 12 263 G5
Aurensan 32 294 C4
Aurensan 65 315 E4
Aureville 31 318 A2
Auriac 11 338 A3
Auriac 19 243 G2
Auriac 64 314 B2
Auriac-de-Bourzac 24 221 F5
Auriac-du-Périgord 24 241 F3
Auriac-Lagast 12 280 D4
Auriac-l'Église 15 245 H1
Auriac-sur-Dropt 47 257 F3
Auriac-sur-Vendinelle 31 298 D5
Auriat 23 206 C4
Auribail 31 317 H3
Auribeau 84 306 A1
Auribeau-sur-Siagne 06 309 E4
Aurice 40 293 H2
Auriébat 65 315 F2
Aurières 63 227 F1
Aurignac 31 316 D5
Aurillac 15 244 C5
Aurimont 32 296 C5
Aurin 31 298 B5
Auriol 13 327 F2
Auriolles 07 266 B5
Auriolles 33 257 E2
Aurions-Idernes 64 294 D5
Auris 38 251 G3
Auron 06 289 F2
Aurons 13 305 F4
Auros 33 256 C4
Aurouër 03 174 D5
Auroux 48 265 E2
Aussac 81 299 E2
Aussac-Vadalle 16 203 F5
Ausseing 31 335 E1
Aussevielle 64 314 A3
Aussillon 81 319 H2
Aussois 73 252 D1
Ausson 31 334 B1
Aussonce 08 42 A3
Aussonne 31 297 H4
Aussos 32 316 B3
Aussurucq 64 331 E1
Autainville 41 132 B2
Autechaux 25 162 C2
Autechaux-Roide 25 142 C5
Les Autels 02 25 H3
Les Autels-Saint-Bazile 14 54 B2
Les Autels-Villevillon 28 109 F3
Auterive 31 318 A3
Auterive 32 296 B5
Auterive 82 297 E2
Auterrive 64 311 H3
Autet 70 140 B5
Auteuil 60 38 A3
Auteuil 78 57 G3
Autevielle-Saint-Martin-
Bideren 64 311 H3
Authe 08 43 E1
Autheuil 28 109 H5
Autheuil 61 84 C2
Autheuil-Authouillet 27 36 C5
Autheuil-en-Valois 60 39 H5
Autheux 80 12 C4
Authevernes 27 37 F4
Authezat 63 227 H2
Authie 14 33 G4
Authie 80 13 E4
Authieule 80 12 D4
Les Authieux 27 56 C3
Les Authieux-du-Puits 61 54 D5
Les Authieux-Papion 14 54 B1
Authieux-Ratiéville 76 20 B5
Les Authieux-
sur-Calonne 14 34 D3
Les Authieux-sur-
le-Port-Saint-Ouen 76 36 B3
Authiou 58 157 E4
Authoison 70 162 A1
Authon 04 287 H2
Authon 17 201 H4
Authon 41 131 F5
Authon-du-Perche 28 109 E2
Authon-la-Plaine 91 87 E4
Authou 27 35 G4
Authuille 80 13 F5
Authume 39 161 E5
Authumes 71 178 C3
Autichamp 26 267 G2
Autignac 34 321 G2
Autigny 76 19 H3
Autigny-la-Tour 88 94 A4
Autigny-le-Grand 52 92 D3
Autigny-le-Petit 52 92 D3
Autingues 62 2 D4
Autoire 46 261 E1
Autoreille 70 161 G2
Autouillet 78 57 G3
Autrac 43 227 H5
Autrans 38 250 C2
Autrans-Méaudre-
en-Vercors 38 250 C2
Autrèche 37 152 C1
Autrechêne 90 142 C3
Autrêches 60 39 H2
Autrecourt-et-Pourron 08 27 F4
Autrécourt-sur-Aire 55 63 G1
Autremencourt 02 25 E4
Autrepierre 54 96 A1
Autreppes 02 25 F1
Autretot 76 19 G4
Autreville 02 24 A5
Autreville 88 94 B3
Autréville-
Saint-Lambert 55 27 G5
Autreville-
sur-la-Renne 52 116 C3
Autreville-sur-Moselle 54 65 G4
Autrey 54 94 D2
Autrey 88 95 H5
Autrey-le-Vay 70 141 G5
Autrey-lès-Cerre 70 141 G4
Autrey-lès-Gray 70 161 E1
Autricourt 21 116 A4
Autruche 08 43 E1
Autruy-sur-Juine 45 111 F2
Autry 08 43 E3
Autry-Issards 03 191 H2
Autry-le-Châtel 45 134 C5
Autun 71 176 D2
Auty 82 278 B3
Auvare 06 289 F4
Auve 51 62 D1
Auvernaux 91 88 A3
Auvers 43 246 B4
Auvers 50 31 H3
Auvers-le-Hamon 72 106 D5
Auvers-Saint-Georges 91 87 G3
Auvers-
sous-Montfaucon 72 107 F4
Auvers-sur-Oise 95 58 B1
Auverse 49 150 D1
Auvet-et-la-Chapelotte 70 161 E1
Auvillar 82 276 D4
Auvillars 14 34 B4
Auvillars-sur-Saône 21 178 B1
Auvillers-les-Forges 08 26 A2
Auvilliers 76 21 E3
Auvilliers-en-Gâtinais 45 112 A5
Aux-Aussat 32 315 G2
Aux Marais 60 38 A2
Auxais 50 31 H4
Auxange 39 161 F4
Auxant 21 159 F5
Auxelles-Bas 90 142 B2
Auxelles-Haut 90 142 B2
Auxerre 89 136 B3
Auxey-Duresses 21 177 G2
Auxi-le-Château 62 12 B3
Auxillac 48 264 A5
Auxon 10 114 D3
Auxon 70 141 E4
Auxon-Dessous 25 161 H3
Auxon-Dessus 25 161 H3
Auxonne 21 160 D4
Auxy 45 112 A3
Auxy 71 176 D2
Auzainvilliers 88 118 B2
Auzances 23 208 C3
Auzas 31 316 D5
Auzat 09 336 A5
Auzat-la-Combelle 63 228 A4
Auzay 85 183 H3
Auzebosc 76 19 G5
Auzécourt 55 63 F3
Auzelles 63 228 C2
Auzers 15 244 C1
Auzet 04 288 B1
Auzéville-en-Argonne 55 43 G5
Auzeville-Tolosane 31 298 A5
Auzielle 31 298 B5
Auzits 12 262 B5
Auzon 43 228 B5
Auzouer-en-Touraine 37 152 B1
Auzouville-Auberbosc 76 19 F5
Auzouville-l'Esneval 76 19 H4
Auzouville-sur-Ry 76 36 C2
Auzouville-sur-Saâne 76 20 A3
Availles-
en-Châtellerault 86 169 G4
Availles-Limouzine 86 204 C1
Availles-sur-Chizé 79 202 B1
Availles-sur-Seiche 35 105 E5
Availles-Thouarsais 79 168 B3
Avajan 65 333 H4
Avallon 89 158 A1
Les Avanchers-
Valmorel 73 234 B3
Avançon 05 269 H4
Avançon 08 42 A1
Avanne 25 161 H4
Avant-lès-Marcilly 10 90 A4
Avant-lès-Ramerupt 10 91 F4
Avanton 86 169 E5
Avapessa 2B 346 C2
Avaray 41 132 C4
Avaugour *Chapelle d'* 22 77 G2
Avaux 08 41 G1
Aveize 69 230 B1
Aveizieux 42 230 B3
Avelanges 21 139 E5
Avelesges 80 11 H5
Avelin 59 8 D3
Aveluy 80 13 F5
Aven Armand 48 282 B3
Avenas 69 212 C1
Avenay 14 33 F5
Avenay-Val-d'Or 51 61 G1
Avène 34 301 F3
Aveney 25 161 H4
Avenheim 67 68 C5
Les Avenières
Veyrins-Thuellin 38 232 C1
Avensac 32 296 D2
Avensan 33 237 E3
Aventignan 65 334 A1
Averan 65 315 E5
Averdoingt 62 12 D2
Averdon 41 132 A4
Avermes 03 192 A1
Avernes 95 57 G1
Avernes-Saint-Gourgon 61 54 D2
Avernes-sous-Exmes 61 54 C4
Avéron-Bergelle 32 295 E3
Averton 53 83 E5
Avesnelles 59 15 G4
Avesnes 62 6 D3
Avesnes-Chaussoy 80 21 G2
Avesnes-en-Bray 76 37 F1
Avesnes-en-Saosnois 72 108 A2
Avesnes-en-Val 76 10 D5
Avesnes-le-Comte 62 13 E2
Avesnes-le-Sec 59 14 C3
Avesnes-les-Aubert 59 14 C3
Avesnes-lès-Bapaume 62 13 G4
Avesnes-sur-Helpe 59 15 G4
Avessac 44 125 H4
Avessé 72 106 D5
Aveux 65 334 A2
Avezac-Prat 65 333 G1
Avezan 32 296 C1
Avèze 30 282 D5
Avèze 63 226 D2
Avezé 72 108 C2
Aviernoz 74 215 H2
Avignon 84 285 F5
Avignon-
lès-Saint-Claude 39 197 E3
Avignonet 38 250 D4
Avignonet-Lauragais 31 318 C3
Avillers 54 44 D3
Avillers 88 94 D5
Avillers-Sainte-Croix 55 64 D2
Avilley 25 162 B1
Avilly-Saint-Léonard 60 38 D4
Avion 62 8 B5
Avioth 55 44 B1
Aviré 49 128 A4
Avirey-Lingey 10 115 F4
Aviron 27 56 B1
Avize 51 61 G2
Avocourt 55 43 G4
Avoine 37 150 D4
Avoine 61 54 A5
Avoise 72 129 F2
Avolsheim 67 97 F1
Avon 77 88 C4
Avon 79 185 H3
Avon-la-Pèze 10 90 B4
Avon-les-Roches 37 151 F5
Avondance 62 7 E4
Avord 18 173 G1
Avoriaz 74 198 D5
Avosnes 21 159 F2
Avot 21 139 E5
Avoudrey 25 162 D4
Avrainville 52 92 D2
Avrainville 54 65 F5
Avrainville 88 94 D4
Avrainville 91 87 G2
Avranches 50 51 H4
Avranville 88 93 G4
Avrechy 60 38 C2
Avrecourt 52 117 H5
Avrée 58 175 H4
Avregny 74 215 G2
Avremesnil 76 20 A2
Avressieux 73 232 D2
Avreuil 10 114 D4
Avricourt 54 96 A1
Avricourt 57 96 A1
Avricourt 60 23 G4
Avrieux 73 252 D1
Avrigney 70 161 G3
Avrigny 60 39 E2
Avril 54 45 F4
Avril-sur-Loire 58 175 E4
Avrillé 49 149 G1
Avrillé 85 182 C2
Avrillé-les-Ponceaux 37 151 E2
Avrilly 03 193 F4
Avrilly 27 56 B2
Avrilly 61 82 B2
Avroult 62 7 E2
Avy 17 219 G3
Awoingt 59 14 B4
Ax-les-Thermes 09 336 D5
Axat 11 337 G4
Axiat 09 336 C5
Ay-Champagne 51 61 G1
Ay-sur-Moselle 57 45 H4
Ayat-sur-Sioule 63 209 F2
Aydat 63 227 G2
Aydie 64 294 D5
Aydius 64 331 H3
Aydoilles 88 119 G2
Ayen 19 241 H1
Ayencourt 80 22 D5
Ayette 62 13 G3
Ayguade-Ceinturon 83 328 C4
Ayguatébia-Talau 66 341 H3
Ayguemorte-les-Graves 33 255 G2
Ayguesvives 31 318 B2
Ayguetinte 32 295 H2
Ayherre 64 311 F3
Ayn 73 232 D2
Aynac 46 261 E1
Les Aynans 70 141 H4
Ayrens 15 244 B4
Ayron 86 168 C5
Ayros-Arbouix 65 332 D2
Ayse 74 216 A1
Ayssènes 12 281 E4
Aytré 17 200 C1
Les Ayvelles 08 26 D3
Ayzac-Ost 65 332 D2
Ayzieu 32 295 E2
Azannes-
et-Soumazannes 55 44 C4
Azans 39 161 E5
Azas 31 298 B3
Azat-Châtenet 23 206 D2
Azat-le-Ris 87 187 H4
Azay-le-Brûlé 79 185 F3
Azay-le-Ferron 36 170 C3
Azay-le-Rideau 37 151 G4
Azay-sur-Cher 37 152 A3
Azay-sur-Indre 37 152 B4
Azay-sur-Thouet 79 185 E1
Azé 41 131 G2
Azé 53 128 B2
Azé 71 194 D3
Azelot 54 94 D1
Azerables 23 188 C4
Azerailles 54 95 H2
Azerat 24 241 F2
Azérat 43 228 B5
Azereix 65 315 E5
Azet 65 333 G4
Azeville 50 29 G5
Azillanet 34 320 C4
Azille 11 320 B4
Azilone-Ampaza 2A 349 E4
Azincourt 62 7 E4
Azolette 69 212 B1
Azoudange 57 67 F5
Azur 40 292 B2
Azy 18 155 H5
Azy-le-Vif 58 174 D4
Azy-sur-Marne 02 60 B2
Azzana 2A 348 D1

B

Baâlon 55 43 H1
Baâlons 08 26 D5
Babaou *Col de* 83 328 D3
Babeau-Bouldoux 34 320 D2
Babœuf 60 23 H5
Le Babory-de-Blesle 43 245 H1
Baby 77 89 G4
Baccarat 54 95 H3
Baccon 45 132 C2
Bach 46 278 C1
Bachant 59 15 G3
Bachas 31 316 D4
La Bachellerie 24 241 F2
Bachivillers 60 37 H3
Bachos 31 334 B3
Bachy 59 9 E3
Bacilly 50 51 G4
Le Bacon 48 264 A1
Baconnes 51 42 A5
La Baconnière 53 105 H2
Bacouël 60 22 C5
Bacouel-sur-Selle 80 22 B2
Bacourt 57 66 C3
Bacquepuis 27 36 A5
Bacqueville 27 36 D3
Bacqueville-en-Caux 76 20 A3
Badailhac 15 244 D5
Badaroux 48 264 C4
Badecon-le-Pin 36 188 D2
Badefols-d'Ans 24 241 G1
Badefols-
sur-Dordogne 24 258 D1
Baden 56 124 A4
Badens 11 320 A5
Badevel 25 142 C4
Badinières 38 232 A3
Badménil-aux-Bois 88 95 G5
Badonviller 54 96 A2
Badonvilliers 55 93 H2
Baerendorf 67 67 H3
Baerenthal 57 68 C2
La Baffe 88 119 G2
Baffie 63 229 E4
Bagard 30 283 G4
Bagargui *Col* 64 330 D2
Bagas 33 256 D3
Bagat-en-Quercy 46 277 G1
Bagatelle *Parc de* 62 6 B5
Bâgé-la-Ville 01 195 F4
Bâgé-le-Châtel 01 195 F4
Bagert 09 335 F1
Bages 11 339 E1
Bages 66 343 E3
Bagiry 31 334 B2
Bagnac-sur-célé 46 261 G3
Bagneaux 89 114 A2
Bagneaux-sur-Loing 77 112 B2
Bagnères-de-Bigorre 65 333 F1
Bagnères-de-Luchon 31 334 A4
Bagneux 02 40 B1
Bagneux 03 191 H1
Bagneux 36 153 H5
Bagneux 49 150 B4
Bagneux 51 90 C2
Bagneux 54 94 B2
Bagneux 79 168 A1
Bagneux 92 58 B4
Bagneux-la-Fosse 10 115 F5
Bagnizeau 17 202 B4

Bagnoles 11 320 A4
Bagnoles-de-l'Orne 61 82 C2
Bagnolet 93 58 C3
Bagnols 63 226 D3
Bagnols 69 212 C4
Bagnols-en-Forêt 83 308 C4
Bagnols-les-Bains 48 264 D4
Bagnols-sur-Cèze 30 284 D3
Bagnot 21 178 B1
Baguer-Morvan 35 80 A2
Baguer-Pican 35 80 B2
Baho 66 343 E2
Bahus-Soubiran 40 294 B3
Baigneaux 28 110 D3
Baigneaux 33 256 C2
Baigneaux 41 132 A3
Baignes 70 141 E5
Baignes-Sainte-Radegonde 16 220 C4
Baigneux-les-Juifs 21 138 B5
Baignolet 28 110 B3
Baigts 40 293 G3
Baigts-de-Béarn 64 293 F5
Baillargues 34 303 E4
Baillé 35 80 D4
Bailleau-le-Pin 28 85 H5
Bailleau-l'Évêque 28 86 A3
Bailleau-sous-Gallardon 28 86 C3
Baillestavy 66 342 B3
Baillet-en-France 95 58 B1
Bailleul 59 4 B5
Bailleul 61 54 B4
Le Bailleul 72 129 F3
Bailleul 80 11 G4
Bailleul *Château de* 76 19 E4
Bailleul-aux-Cornailles 62 7 G5
Bailleul-la-Vallée 27 35 E4
Bailleul-le-Soc 60 38 D2
Bailleul-lès-Pernes 62 7 G4
Bailleul-Neuville 76 20 D3
Bailleul-Sir-Berthoult 62 13 G2
Bailleul-sur-Thérain 60 38 B2
Bailleulmont 62 13 F3
Bailleulval 62 13 F3
Bailleval 60 38 D3
Baillolet 76 20 D3
Baillou 41 109 E5
Bailly 60 39 G1
Bailly 78 58 A3
Bailly-aux-Forges 52 92 C3
Bailly-Carrois 77 89 E2
Bailly-en-Rivière 76 10 D5
Bailly-le-Franc 10 92 A3
Bailly-Romainvilliers 77 59 F3
Bain-de-Bretagne 35 126 C2
Baincthun 62 6 B2
Bainghen 62 2 D5
Bains 43 247 E4
Bains-de-Guitera 2A 349 E3
Bains-les-Bains 88 119 E4
Bains-sur-Oust 35 125 H3
Bainville-aux-Miroirs 54 95 E3
Bainville-aux-Saules 88 118 D2
Bainville-sur-Madon 54 94 C2
Bairols 06 289 H4
Bais 35 105 E4
Bais 53 106 D2
Baisieux 59 9 E3
Baissey 52 139 G3
Baives 59 16 A5
Baix 07 267 E2
Baixas 66 338 D5
Baizieux 80 22 D1
Le Baizil 51 61 E2
Bajamont 47 276 C2
Bajonnette 32 296 C2
Bajus 62 7 H5
Balacet 09 335 E4
Baladou 46 242 C5
Balagny-sur-Thérain 60 38 C3
Balaguères 09 335 E3
Balaguier d'Olt 12 261 F4
Balaguier-sur-Rance 12 300 B1
Balaine *Arboretum de* 03 174 D5
Balaiseaux 39 179 E2
Balaives-et-Butz 08 26 D4
Balan 01 213 G4
Balan 08 27 F4
Balanod 39 196 A2
Balansun 64 293 G5
Balanzac 17 201 E5
Balaruc-le-Vieux 34 323 E3
Balaruc-les-Bains 34 323 E3
Balâtre 80 23 G4
Balazé 35 105 E2
Balazuc 07 266 B4
Balbigny 42 211 H5
Balbins 38 231 H4
Balbronn 67 97 E1
Balcon de Merlet *Parc du* 74 216 D3
Baldenheim 67 97 F5
Baldersheim 68 143 G1
La Baleine 50 51 H2
Baleines *Phare des* 17 182 C4
Baleix 64 314 D3
Balesmes 37 169 H2
Balesmes-sur-Marne 52 139 G2
Balesta 31 316 A5
Baleyssagues 47 257 E2
Balgau 68 121 G4
Balham 08 41 H1
Balignac 82 296 D1
Balignicourt 10 91 G3
Bâlines 27 56 A4
Balinghem 62 2 D4
Baliracq-Maumusson 64 294 C5
Baliros 64 314 B4
Balizac 33 255 H4
Balizy 91 58 C5
Ballainvilliers 91 58 B5
Ballaison 74 197 H4
Ballan-Miré 37 151 H3
Ballancourt-sur-Essonne 91 87 H3
Ballans 17 202 C5
Ballay 08 42 D2
Balledent 87 205 G2
Ballée 53 106 C5
Balleray 58 174 D1
Balleroy-sur-Drôme 14 32 D4
Ballersdorf 68 143 E3
Balléville 88 94 B4
Ballon 17 200 D2
Ballon de Servance 70 142 B1
Ballon-Saint Mars 72 107 H3
Ballons 26 286 D2
Ballore 71 194 A2
Ballots 53 105 F5
Balloy 77 89 F4
Balma 31 298 A4
La Balme 73 232 D1
La Balme-de-Sillingy 74 215 F3
La Balme-de-Thuy 74 215 H3
La Balme-d'Épy 39 196 A3
La Balme-les-Grottes 38 214 A4
Balmont 74 215 G4
Balnot-la-Grange 10 115 F5
Balnot-sur-Laignes 10 115 G4
Balogna 2A 348 C1
Balot 21 137 H3
Balsac 12 280 C1
Balschwiller 68 143 E2
Balsièges 48 264 C5
Baltzenheim 68 121 G2
Balzac 16 221 F1
Bambecque 59 3 H3
Bambiderstroff 57 66 D1
Ban-de-Laveline 88 96 C5
Ban-de-Sapt 88 96 B4
Le Ban-Saint-Martin 57 45 H5
Ban-sur-Meurthe-Clefcy 88 120 B2
Banassac-Canilhac 48 264 A5
Banat 09 336 A4
Banca 64 330 A1
Bancarel *Site du* 12 262 B4
Bancigny 02 25 G3
Bancourt 62 13 H4
Bandol 83 327 H4
Baneins 01 213 F1
Baneuil 24 258 C1
Bangor 56 144 B4
Banhars 12 262 D3
Banios 65 333 G2
Banize 23 207 F4
Bannalec 29 100 C4
Bannans 25 180 B2
Bannay 18 156 A3
Bannay 51 61 E3
Bannay 57 46 C5
Banne 07 283 H1
Bannegon 18 173 H4
Bannes 46 261 E1
Bannes 51 61 F4
Bannes 52 117 G5
Bannes 53 106 D5
Banneville-la-Campagne 14 33 H4
Bannières 81 298 C4
Bannoncourt 55 64 C3
Bannost 77 60 A5
Banogne-Recouvrance 08 25 H5
Banon 04 286 D4
Banos 40 293 H3
Bans 39 179 E2
Bansat 63 228 B4
Bantanges 71 195 G1
Banteux 59 14 B5
Banthelu 95 37 G5
Bantheville 55 43 G2
Bantigny 59 14 B3
Bantouzelle 59 14 B5
Bantzenheim 68 121 F5
Banvillars 90 142 B3
Banville 14 33 F3
Banvou 61 53 E5
Banyuls-dels-Aspres 66 343 E3
Banyuls-sur-Mer 66 343 G4
Baon 89 137 F2
Baons-le-Comte 76 19 G4
Baou de 4 Oures 83 328 A4
Bapaume 62 13 G4
Bapeaume-lès-Rouen 76 36 A1
Bar 19 225 E5
Bar-le-Duc 55 63 H4
Bar-lès-Buzancy 08 43 F1
Bar-sur-Aube 10 116 A2
Le Bar-sur-Loup 06 309 E2
Bar-sur-Seine 10 115 G3
Baracé 49 128 D4
Baracuchet *Col de* 63 229 F3
Baraffes 62 7 H5
Baraigne 11 318 D4
Baraize 36 188 D2
Baralle 62 14 A3
Baraqueville 12 280 B2
Barastre 62 13 H5
Baratier 05 270 C3
Barbachen 65 315 F2
Barbaggio 2B 345 G4
Barbaira 11 320 A5
Barbaise 08 26 C4
Barbas 54 96 A1
Barbaste 47 275 F3
Barbâtre 85 164 B2
Barbazan 31 334 B2
Barbazan-Debat 65 315 F5
Barbazan-Dessus 65 315 F5
Barbechat 44 148 A3
La Barben 13 305 G4
Barbentane 13 304 C1
Barberaz 73 233 F2
Barberey-aux-Moines 10 90 D5
Barberey-Saint-Sulpice 10 90 D5
Barberier 03 192 A5
Barbery 14 53 G1
Barbery 60 39 E4
Barbeville 14 32 D3
Barbey 77 89 E5
Barbey-Seroux 88 120 A2
Barbezières 16 202 D4
Barbezieux 16 220 C4
Barbières 26 249 H4
Barbirey-sur-Ouche 21 159 G4
Barbizon 77 88 B4
Barbonne-Fayel 51 61 E5
Barbonval 02 40 D2
Barbonville 54 95 E2
Barbotan-les-Thermes 32 274 D5
Le Barboux 25 163 F5
Barbuise 10 90 A2
Barby 08 42 A1
Barby 73 233 F2
Barc 27 55 H1
Barcaggio 2B 345 F1
Le Barcarès 66 339 E5
Barcelonne 26 249 G5
Barcelonne-du-Gers 32 294 C3
Barcelonnette 04 270 D5
Barchain 57 67 G5
Barchetta 2B 347 G2
Barcillonnette 05 269 F5
Barcugnan 32 315 H3
Barcus 64 331 F1
Barcy 77 59 G1
Bard 42 229 G2
Bard-le-Régulier 21 158 D5
Bard-lès-Époisses 21 158 C1
Bard-lès-Pesmes 70 161 F3
La Barde 17 238 D2
Bardenac 16 220 D5
Bardiana 2B 346 B4
Bardigues 82 276 D5
Le Bardon 45 132 D2
Bardos 64 292 C5
Bardou 24 258 C2
Bardouville 76 35 H2
Barèges 65 333 E3
Bareilles 65 333 H3
Barembach 67 96 D2
Baren 31 334 B4
Barentin 76 20 A5
Barenton 50 81 H2
Barenton-Bugny 02 24 D4
Barenton-Cel 02 24 D4
Barenton-sur-Serre 02 24 D4
Barésia-sur-l'Ain 39 196 D1
Barfleur 50 29 H2
Barfleur *Pointe de* 50 29 H2
Bargème 83 308 B2
Bargemon 83 308 B3
Barges 21 160 A4
Barges 43 265 F1
Barges 70 140 C2
Bargny 60 39 G5
Barie 33 256 C4
Les Barils 27 55 H4
Barinque 64 314 C2
Barisey-au-Plain 54 94 B2
Barisey-la-Côte 54 94 B2
Barisis 02 24 B5
Barizey 71 177 G4
Barjac 09 335 F1
Barjac 30 284 B2
Barjac 48 264 B4
Barjols 83 307 E4
Barjon 21 138 D5
Barjouville 28 86 A4
Barles 04 288 A1
Barlest 65 314 D5
Barleux 80 23 G2
Barlieu 18 155 G1
Barlin 62 8 A4
Barly 62 13 E3
Barly 80 12 C3
Barmainville 28 111 E2
Barnas 07 265 H3
Barnave 26 268 B2
Barnay 71 176 D1
Barnenez *Tumulus de* 29 71 H3
Barneville-Carteret 50 31 E2
Barneville-la-Bertran 14 34 C2
Barneville-sur-Seine 27 35 H2
La Baroche-Gondouin 53 82 C3
La Baroche-sous-Lucé 61 82 B2
Les Baroches 54 45 F4
Baromesnil 76 10 D5
Baron 30 284 A4
Baron 33 256 B1
Baron 60 39 F5
Baron 71 194 A2
Baron-sur-Odon 14 33 F5
Baronville 57 66 D2
Barou-en-Auge 14 54 A2
Baroville 10 116 A2
Le Barp 33 255 E3
La Barque 13 306 B5
Barquet 27 55 H1
Barr 67 97 F3
Barracone 2A 348 D3
Barrais-Bussolles 03 192 D5
Barran 32 295 H4
Barrancoueu 65 333 G3
Les Barraques-en-Vercors 26 250 B4
Barras 04 287 H3
Barraute-Camu 64 313 F2
Barraux 38 233 F4
La Barre 39 161 F5
La Barre 70 162 B2
Barre 81 300 D3
La Barre-de-Monts 85 164 C2
La Barre-de-Semilly 50 32 B5
Barre-des-Cévennes 48 282 D2
La Barre-en-Ouche 27 55 F2
Barrême 04 288 B5
Barret 16 220 C3
Barret-de-Lioure 26 286 C3
Barret-sur-Méouge 05 287 E2
Barretaine 39 179 F3
Barrettali 2B 345 F2
Barriac-les-Bosquets 15 243 H2
Barricourt 08 43 F1
Barro 16 203 F3
Barrou 37 170 A3
Le Barroux 84 285 H3
Barry 65 315 E5
Barry 84 285 E1
Barry-d'Islemade 82 277 G4
Bars 24 241 F3
Bars 32 295 G5
Barsac 26 268 A2
Barsac 33 256 B3
Barsanges 19 225 F3
Barst 57 67 F1
Bart 25 142 B4
Bartenheim 68 143 G3
Barthe 65 316 A4
Barthe *Barrage de la* 12 263 E1
La Barthe-de-Neste 65 333 H1
Bartherans 25 179 H1
Les Barthes 82 277 F4
Bartrès 65 332 D1
Barville 27 35 E5
Barville 61 84 A3
Barville 76 19 G3
Barville 88 94 A4
Barville-en-Gâtinais 45 111 H3
Barzan 17 219 E3
Barzun 64 314 D5
Barzy-en-Thiérache 02 15 F5
Barzy-sur-Marne 02 60 D1
Bas-en-Basset 43 229 H5
Bas-et-Lezat 63 210 A3
Bas-Lieu 59 15 G4
Bas-Mauco 40 293 H2
Bas-Rupts 88 120 B3
Bascons 40 294 B2
Bascous 32 295 F2
Baslieux 54 45 E2
Baslieux-lès-Fismes 51 41 E3
Baslieux-sous-Châtillon 51 41 E5
Basly 14 33 G3
Bassac 16 220 D1
Bassan 34 321 G3
Bassanne 33 256 C4
Basse-Goulaine 44 147 H4
Basse-Ham 57 45 H3
Basse-Indre 44 147 F4
Basse-Rentgen 57 45 H2
Basse-sur-le-Rupt 88 120 A4
La Basse-Vaivre 70 118 D5
La Bassée 59 8 B3
Bassemberg 67 96 D4
Basseneville 14 34 A4
Bassens 33 237 G5
Bassens 73 233 F2
Bassercles 40 293 H5
Basses 86 168 D1
Basseux 62 13 F3
Bassevelle 77 60 B2
Bassignac 15 244 B1
Bassignac-le-Bas 19 243 E4
Bassignac-le-Haut 19 243 G2
Bassigney 70 141 F2
Bassillac 24 240 D2
Bassillon-Vauzé 64 314 D2
Bassing 57 67 F3
Bassoles-Aulers 02 40 B1
Bassoncourt 52 117 H3
Bassou 89 114 A5
Bassoues 32 295 G5
Bassu 51 62 D3
Bassuet 51 62 D4
Bassurels 48 282 D3
Bassussarry 64 310 D3
Bassy 74 215 E3
Bastanès 64 313 G3
Bastelica 2A 349 E2
Bastelicaccia 2A 348 C3
Bastennes 40 293 G4
Bastia 2B 345 G4
La Bastide 66 342 C3
La Bastide 83 308 B2
La Bastide-Clairence 64 311 F3
La Bastide-de-Besplas 09 317 G5
La Bastide-de-Bousignac 09 336 D2
La Bastide de Couloumat 11 318 C5
La Bastide-de-Lordat 09 336 C1
La Bastide-de-Sérou 09 335 H2
La Bastide-d'Engras 30 284 C4
La Bastide-des-Jourdans 84 306 B2
La Bastide-du-Salat 09 335 E2
La Bastide-l'Évêque 12 279 G1
La Bastide-Pradines 12 281 G5
La Bastide-Puylaurent 48 265 F3
La Bastide-Solages 12 300 A1
La Bastide-sur-l'Hers 09 336 D3
La Bastidonne 13 327 F3
La Bastidonne 84 306 B3
La Bastie-d'Urfé *Château de* 42 229 G1
Le Bastit 46 260 C2
Basville 23 208 B4
La Bataille 79 202 D2
Bataille *Col de la* 26 250 A5
La Batarelle 13 327 E2
Bataville 57 67 F5
Bathelémont 54 66 D5
Bathernay 26 249 G2
La Bâthie 73 234 B1
La Bâtie-Crémezin 26 268 D3
La Bâtie-des-Fonds 26 268 D4
La Bâtie-Divisin 38 232 C3
La Bâtie-Montgascon 38 232 C2
La Bâtie-Montsaléon 05 269 E5
La Bâtie-Neuve 05 269 H3
La Bâtie-Rolland 26 267 F4
La Bâtie-Vieille 05 269 H3
Les Bâties 70 161 G1
Batilly 54 45 F5
Batilly 61 53 H4
Batilly-en-Gâtinais 45 111 H4
Batilly-en-Puisaye 45 135 E5
Bats 40 294 A4
Batsère 65 333 G1
Battenans-les-Mines 25 162 B1
Battenans-Varin 25 163 F3
Battenheim 68 121 E5
Battexey 88 94 D4
Battigny 54 94 C3
Battrans 70 161 F2
Batz *Île de* 29 71 G3
Batz-sur-Mer 44 145 G5
Batzendorf 67 68 D4
Baubigny 21 177 G2
Baubigny 50 28 D5
La Bauche 73 233 E3
Baud 56 101 H5
Baudement 51 90 B2
Baudemont 71 194 A5
Baudignan 40 274 D4
Baudignécourt 55 93 G2
Baudinard-sur-Verdon 83 307 F3
Baudoncourt 70 141 G2
Baudonvilliers 55 63 F5
Baudre 50 32 B5
Baudrecourt 52 92 C4
Baudrecourt 57 66 C2
Baudreix 64 314 C5
Baudrémont 55 64 B4
Baudres 36 171 G1
Baudreville 28 87 E5
Baudreville 50 31 F2
Baudricourt 88 94 C5
Baudrières 71 178 A5
Bauduen 83 307 G2
Baugé-en-Anjou 49 129 F5
Baugy 18 173 H1
Baugy 60 39 F1
Baugy 71 193 G5
Baulay 70 140 D2
La Baule 44 145 H5
Baule 45 132 D3
La Baule-Escoublac 44 145 H5
Baulme-la-Roche 21 159 G3
Baulne 91 87 H3
Baulne-en-Brie 02 60 D2
Baulny 55 43 F3
Baulon 35 103 H4
Baulou 09 336 A2
La Baume 74 198 C4
Baume *Cirque de* 39 179 F5
La Baume-Cornillane 26 267 G1
La Baume-de-Transit 26 285 F1
La Baume-d'Hostun 26 249 H3
Baume-les-Dames 25 162 C2
Baume-les-Messieurs 39 179 F5
Bauné 49 150 A1
Baupte 50 31 H3
Bauquay 14 53 E1
Baurech 33 255 H2
La Baussaine 35 79 H5
Bauvin 59 8 C4
Les Baux-de-Breteuil 27 55 H3
Les Baux-de-Provence 13 304 D3
Les Baux-Sainte-Croix 27 56 B2
Bauzemont 54 66 D5
Bauzy 41 153 G1
Bavans 25 142 B5
Bavay 59 15 F2
Bavelincourt 80 22 D1
Bavella *Col de* 2A 349 F4
Bavent 14 33 H4
Baverans 39 161 E5
Bavilliers 90 142 C3
Bavinchove 59 3 H5
Bavincourt 62 13 E3
Bax 31 317 G5
Bay 08 26 A3
Bay 70 161 F3
Bay-sur-Aube 52 139 E2
Bayac 24 258 C1
Bayard *Château de* 38 233 G4
Bayard *Col* 05 269 G3
Bayas 33 238 C3
Baye 29 100 C5
Baye 51 61 E3
Bayecourt 88 95 G5

A B C D E F G H I J K L M N O P Q R S T U V W X Y Z

Bayel 10 116 B 2
Bayencourt 80 13 E 4
Bayenghem-lès-Éperlecques 62 3 E 4
Bayenghem-lès-Seninghem 62 7 E 2
Bayers 16 203 F 4
Bayet 03 192 A 5
Bayeux 14 33 E 3
Bayon 54 95 E 3
Bayon-sur-Gironde 33 237 G 3
Bayonne 64 292 A 5
Bayons 04 287 H 1
Bayonville 08 43 F 2
Bayonville-sur-Mad 54 65 G 2
Bayonvillers 80 23 E 2
Bazac 16 239 E 1
Bazaiges 36 188 D 2
Bazailles 54 45 E 3
Bazainville 78 57 F 4
Bazancourt 51 41 H 2
Bazancourt 60 21 F 5
Bazarnes 89 136 C 4
Bazas 33 256 B 5
Bazauges 17 202 C 4
Bazegney 88 95 E 5
Bazeilles 08 27 F 4
Bazeilles-sur-Othain 55 44 B 2
Bazelat 23 188 D 4
Bazemont 78 57 G 2
Bazens 47 275 G 2
Bazentin 80 13 G 5
Bazenville 14 33 E 3
Bazet 65 315 E 4
La Bazeuge 87 187 H 5
Bazian 32 295 G 4
Bazicourt 60 39 E 3
Baziège 31 318 B 2
Bazien 88 95 H 3
Bazillac 65 315 F 3
Bazincourt-sur-Epte 27 37 G 3
Bazincourt-sur-Saulx 55 63 G 5
Bazinghen 62 2 B 4
Bazinval 76 11 E 5
La Bazoche-Gouet 28 109 F 3
Bazoches 58 157 H 3
Bazoches-au-Houlme 61 53 H 3
Bazoches-en-Dunois 28 110 B 4
Bazoches-lès-Bray 77 89 F 4
Bazoches-les-Gallerandes 45 111 F 3
Bazoches-les-Hautes 28 110 D 3
Bazoches-sur-Guyonne 78 57 G 4
Bazoches-sur-Hoëne 61 84 B 2
Bazoches-sur-le Betz 45 113 E 3
Bazoches-sur-Vesles 02 40 D 3
La Bazoge 50 52 B 5
La Bazoge 72 107 G 3
La Bazoge-Montpinçon 53 82 B 5
Bazoges-en-Paillers 85 166 B 2
Bazoges-en-Pareds 85 166 D 5
Bazoilles-et-Ménil 88 94 D 5
Bazoilles-sur-Meuse 88 93 H 5
Bazolles 58 157 F 5
Bazoncourt 57 66 B 1
Bazonville 54 45 F 3
La Bazoque 14 32 C 4
La Bazoque 61 53 E 3
Bazoques 27 35 F 5
Bazordan 65 316 A 5
La Bazouge-de-Chemeré 53 106 C 4
La Bazouge-des-Alleux 53 106 B 2
La Bazouge-du-Désert 35 81 F 3
Bazougers 53 106 B 4
Bazouges 53 128 B 2
Bazouges-Cré-sur-Loir 72 129 F 4
Bazouges-la-Pérouse 35 80 C 3
Bazouges-sous-Hédé 35 80 A 4
Bazouges-sur-le-Loir 72 129 F 4
Bazuel 59 15 E 4
Bazugues 32 315 H 2
Bazus 31 298 A 3
Bazus-Aure 65 333 G 4
Bazus-Neste 65 333 H 2
Le Béage 07 265 H 1
Béal *Col du* 63 229 E 1
Béalcourt 80 12 C 3
Béalencourt 62 7 E 5
Béard 58 174 D 3
Béard-Géovreissiat 01 196 C 5
Beaubec-la-Rosière 76 21 E 4
Beaubery 71 194 B 3
Beaubray 27 55 H 2
Beaucaire 30 304 B 2
Beaucaire 32 295 H 2
Beaucamps-le-Jeune 80 21 G 3
Beaucamps-le-Vieux 80 21 G 2
Beaucamps-Ligny 59 8 C 3
Beaucé 35 81 F 4
Beaucens 65 332 D 2
Le Beaucet 84 285 H 5
Beauchalot 31 334 D 1
Beauchamp 95 58 B 1
Beauchamps 50 51 H 3
Beauchamps 80 11 E 4
Beauchamps-sur-Huillard 45 112 A 5
Beaucharmoy 52 118 A 4
Beauchastel 07 267 E 1
Beauche 28 56 A 5
Beauchemin 52 117 E 5
Beauchêne 41 109 F 5
Beauchêne 61 52 D 5
Beauchery-Saint-Martin 77 89 H 2
Beauclair 55 43 G 1
Beaucoudray 50 52 A 1
Beaucourt 90 142 C 4
Beaucourt-en-Santerre 80 23 E 3
Beaucourt-sur-l'Ancre 80 13 F 5
Beaucourt-sur-l'Hallue 80 22 D 1
Beaucouzé 49 149 F 1
Beaucroissant 38 232 B 5
Beaudéan 65 333 F 2
Beaudéduit 60 22 A 4
Beaudignies 59 15 E 3
Beaudricourt 62 12 D 3
Beaufai 61 55 E 4
Beaufay 72 108 A 3
Beauficel 50 52 B 4
Beauficel-en-Lyons 27 37 E 2
Beaufin 38 269 F 1
Beaufort 31 317 F 2
Beaufort 34 320 C 4
Beaufort 38 231 H 5
Beaufort 39 196 B 1
Beaufort 59 15 G 3
Beaufort 73 216 C 5
Beaufort-Blavincourt 62 13 E 2
Beaufort-en-Argonne 55 43 G 1
Beaufort-en-Anjou 49 150 A 2
Beaufort-en-Santerre 80 23 E 3
Beaufort-sur-Gervanne 26 267 H 1
Beaufou 85 165 G 3
Beaufour 14 34 B 4
Beaufremont 88 94 A 5
Beaugas 47 258 B 4
Beaugeay 17 200 D 4
Beaugency 45 132 C 3
Beaugies-sous-Bois 60 23 H 4
Beaujeu 04 288 B 2
Beaujeu 69 212 C 1
Beaujeu-Saint-Vallier-et-Pierrejux 70 161 F 1
Beaulac 33 274 B 1
Beaulandais 61 82 B 2
Beaulencourt 62 13 H 5
Beaulieu 07 284 A 1
Beaulieu 08 26 A 1
Beaulieu 14 52 D 2
Beaulieu 15 226 C 4
Beaulieu 21 138 C 3
Beaulieu 25 142 C 5
Beaulieu 34 303 E 3
Beaulieu 36 188 B 4
Beaulieu 38 250 B 1
Beaulieu 43 247 F 3
Beaulieu 58 157 F 4
Beaulieu 61 55 G 5
Beaulieu 63 228 A 4
Beaulieu-en-Argonne 55 63 G 1
Beaulieu-en-Rouergue *Abbaye de* 82 279 E 3
Beaulieu-les-Fontaines 60 23 G 4
Beaulieu-lès-Loches 37 152 C 5
Beaulieu-sous-Bressuire 79 167 G 3
Beaulieu-sous-la-Roche 85 165 G 5
Beaulieu-sous-Parthenay 79 185 F 1
Beaulieu-sur-Dordogne 19 243 E 4
Beaulieu-sur-Layon 49 149 G 3
Beaulieu-sur-Loire 45 155 H 1
Beaulieu-sur-Mer 06 309 H 2
Beaulieu-sur-Oudon 53 105 G 4
Beaulieu-sur-Sonnette 16 203 H 4
Beaulon 03 192 D 1
Beaumais 14 54 A 2
Beaumarchés 32 295 F 5
Beaumat 46 260 B 3
Beaumé 02 25 H 2
La Beaume 05 268 D 3
Beauménil 88 119 H 2
Beaumerie-Saint-Martin 62 6 C 4
Beaumes-de-Venise 84 285 G 3
Beaumesnil 14 52 B 2
Beaumesnil 27 55 G 1
Beaumettes 84 305 G 1
Beaumetz 80 12 B 4
Beaumetz-lès-Aire 62 7 F 3
Beaumetz-lès-Cambrai 62 13 H 4
Beaumetz-lès-Loges 62 13 F 3
Beaumont 07 265 H 4
Beaumont 19 225 E 4
Beaumont 32 295 G 1
Beaumont 43 246 B 1
Beaumont 54 65 E 4
Beaumont 63 227 G 1
Beaumont 74 215 G 1
Beaumont 86 169 F 5
Beaumont 89 136 B 2
Beaumont-de-Lomagne 82 297 E 1
Beaumont-de-Pertuis 84 306 C 3
Beaumont-du-Gâtinais 77 112 A 3
Beaumont-du-Lac 87 207 E 5
Beaumont-du-Périgord 24 258 C 2
Beaumont-du-Ventoux 84 285 H 3
Beaumont-en-Argonne 08 27 F 5
Beaumont-en-Auge 14 34 C 3
Beaumont-en-Beine 02 23 H 4
Beaumont-en-Cambrésis 59 14 D 4
Beaumont-en-Diois 26 268 C 3
Beaumont-en-Verdunois 55 44 B 4
Beaumont-en-Véron 37 150 D 4
Beaumont-Hague 50 28 D 2
Beaumont-Hamel 80 13 F 5
Beaumont-la-Ferrière 58 156 C 5
Beaumont-la-Ronce 37 130 D 5
Beaumont-le-Hareng 76 20 C 4
Beaumont-le-Roger 27 55 G 1
Beaumont-les-Autels 28 109 F 2
Beaumont-les-Nonains 60 37 H 3
Beaumont-lès-Randan 63 210 B 3
Beaumont-lès-Valence 26 249 F 5
Beaumont-Monteux 26 249 F 4
Beaumont-Pied-de-Bœuf 53 106 C 5
Beaumont-Pied-de-Bœuf 72 130 B 3
Beaumont-Sardolles 58 175 E 3
Beaumont-sur-Dême 72 130 C 4
Beaumont-sur-Grosne 71 177 H 5
Beaumont-sur-Lèze 31 317 H 3
Beaumont-sur-Oise 95 38 B 5
Beaumont-sur-Sarthe 72 107 G 2
Beaumont-sur-Vesle 51 41 H 4
Beaumont-sur-Vingeanne 21 160 D 1
Beaumont-Village 37 152 D 5
Beaumontel 27 35 G 5
Beaumotte-lès-Montbozon 70 162 B 1
Beaumotte-lès-Pin 70 161 G 3
Beaunay 51 61 F 3
Beaune 21 177 H 1
Beaune 73 234 B 5
Beaune-d'Allier 03 191 F 5
Beaune-la-Rolande 45 111 H 4
Beaune-le-Chaud 63 227 G 1
Beaune-le-Froid 63 227 F 2
Beaune-les-Mines 87 205 H 4
Beaune-sur-Arzon 43 247 E 1
Beaunotte 21 138 C 4
Beaupont 01 195 H 3
Beauport *Abbaye de* 22 73 F 3
Beaupouyet 24 239 F 4
Beaupréau-en-Mauges 49 148 D 4
Beaupuy 31 298 A 4
Beaupuy 32 297 E 4
Beaupuy 47 257 E 4
Beaupuy 82 297 F 2
Beauquesne 80 12 D 5
Beaurain 59 14 D 3
Beaurains 62 13 G 2
Beaurains-lès-Noyon 60 23 G 5
Beaurainville 62 6 D 5
Beaurecueil 13 306 B 5
Beauregard 01 212 D 3
Beauregard 46 278 D 1
Beauregard-Baret 26 249 H 4
Beauregard-de-Terrasson 24 241 G 2
Beauregard-et-Bassac 24 240 B 4
Beauregard-l'Évêque 63 210 A 5
Beauregard-Vendon 63 209 H 3
Beaurepaire 38 231 G 5
Beaurepaire 60 38 D 3
Beaurepaire 76 18 C 4
Beaurepaire 85 166 C 2
Beaurepaire-en-Bresse 71 178 D 5
Beaurepaire-sur-Sambre 59 15 F 5
Beaurevoir 02 14 C 5
Beaurières 26 268 C 3
Beaurieux 02 41 E 2
Beaurieux 59 16 A 3
Beauronne 24 239 G 3
Beausemblant 26 249 E 1
Beausoleil 06 309 H 5
Beaussac 24 221 H 3
Beaussais-Vitré 79 185 G 4
Beaussault 76 21 E 4
Beausse 49 148 D 3
Le Beausset 83 327 H 3
Beauteville 31 318 C 3
Beautheil 77 59 H 4
Beautheil-Saints 77 59 H 4
Beautiran 33 255 H 2
Beautor 02 24 B 4
Beautot 76 20 A 4
Beauvain 61 82 D 2
Beauvais 60 38 A 2
Beauvais-sur-Matha 17 202 C 4
Beauvais-sur-Tescou 81 298 B 1
Beauval 80 12 D 4
Beauval-en-Caux 76 20 A 3
Beauvallon 26 249 F 5
Beauvallon 83 329 F 2
Beauvau 49 129 E 5
Beauvène 07 248 C 5
Beauvernois 71 178 D 3
Beauvezer 04 288 D 3
Beauville 31 318 C 2
Beauville 47 276 D 2
Beauvilliers 28 86 C 5
Beauvilliers 41 132 A 2
Beauvilliers 89 158 B 2
Beauvoir 50 51 F 5
Beauvoir 60 22 C 5
Beauvoir 77 88 D 2
Beauvoir 89 135 H 3
Beauvoir *Château de* 03 192 D 3
Beauvoir-de-Marc 38 231 G 3
Beauvoir-en-Lyons 76 37 E 1
Beauvoir-en-Royans 38 250 A 2
Beauvoir-sur-Mer 85 164 C 2
Beauvoir-sur-Niort 79 201 H 1
Beauvoir-sur-Sarce 10 115 F 5
Beauvoir-Wavans 62 12 C 3
Beauvois 62 7 F 5
Beauvois-en-Cambrésis 59 14 C 4
Beauvois-en-Vermandois 02 23 H 2
Beauvoisin 26 286 A 1
Beauvoisin 30 303 H 3
Beauvoisin 39 178 D 2
Beaux 43 247 H 2
Beauzac 43 247 H 1
Beauzée-sur-Aire 55 63 H 2
Beauzelle 31 297 H 4
Beauziac 47 274 D 1
Bébing 57 67 G 5
Beblenheim 68 121 E 2
Bec-de-Mortagne 76 19 E 4
Le Bec-Hellouin 27 35 G 4
Le Bec-Thomas 27 36 A 4
Beccas 32 315 F 2
Béceleuf 79 184 D 2
Béchamps 54 45 E 5
Bécherel 35 103 H 1
Bécheresse 16 221 E 3
Béchy 57 66 B 2
Bécon-les-Granits 49 149 E 1
Béconne 26 267 G 4
Bécordel-Bécourt 80 23 E 1
Bécourt 62 6 D 2
Becquigny 02 14 D 5
Becquigny 80 23 E 4
Bédarieux 34 301 F 4
Bédarrides 84 285 F 4
Beddes 18 190 A 1
Bédéchan 32 296 C 5
Bédée 35 103 H 2
Bédeilhac-et-Aynat 09 336 A 4
Bédeille 09 335 F 1
Bédeille 64 314 D 3
Bedenac 17 238 B 2
Bédoin 84 286 A 3
Bédouès 48 282 D 1
Bédouès-Cocurès 48 282 D 1
Bedous 64 331 H 3
Béduer 46 261 F 4
Beffes 18 174 B 1
Beffia 39 196 B 2
Beffu-et-le-Morthomme 08 43 E 2
Beg-Meil 29 99 H 4
Bégaar 40 293 F 2
Bégadan 33 218 D 5
Béganne 56 125 F 4
Bégard 22 72 D 4
Bègles 33 255 G 1
Begnécourt 88 118 D 2
Bégole 65 315 G 5
Bégrolles-en-Mauges 49 148 D 5
La Bégude-de-Mazenc 26 267 F 4
Bègues 03 209 H 1
Béguey 33 256 B 3
Béguios 64 311 G 4
Béhagnies 62 13 G 4
Béhasque-Lapiste 64 311 H 4
Béhen 80 11 G 4
Béhencourt 80 22 D 1
Béhéricourt 60 23 H 5
Behlenheim 67 68 D 5
Béhobie 64 310 A 4
Behonne 55 63 H 3
Béhorléguy 64 330 D 1
Béhoust 78 57 F 3
Behren-lès-Forbach 57 47 F 5
Béhuard 49 149 F 2
Beignon 56 103 F 4
Beillé 72 108 B 4
Beine 89 136 C 3
Beine-Nauroy 51 41 H 4
Beinheim 67 69 G 3
Beire-le-Châtel 21 160 B 2
Beire-le-Fort 21 160 C 4
Beissat 23 207 H 5
Bel-Air 49 127 H 3
Bel-Homme *Col du* 83 308 B 3
Bélâbre 36 188 A 2
Belan-sur-Ource 21 116 A 5
Bélarga 34 302 A 5
Bélaye 46 259 G 5
Belberaud 31 318 B 2
Belbèse 82 297 F 1
Belbeuf 76 36 B 2
Belbèze-de-Lauragais 31 318 A 2
Belbèze-en-Comminges 31 335 E 1
Belcaire 11 337 E 4
Belcastel 12 280 B 1
Belcastel 81 298 C 4
Belcastel *Château de* 46 260 B 1
Belcastel-et-Buc 11 337 H 2
Belcodène 13 327 F 1
Bélesta 09 336 D 3
Bélesta 66 338 B 5
Bélesta-en-Lauragais 31 318 D 2
Beleymas 24 239 H 4
Belfahy 70 142 B 1
Belfays 25 163 G 3
Belflou 11 318 C 4
Belfonds 61 83 G 2
Belfort 90 142 C 3
Belfort-du-Quercy 46 278 B 2
Belfort-sur-Rebenty 11 337 E 4
Belgeard 53 82 B 5
Belgentier 83 328 B 3
Belgodère 2B 344 D 5
Belhade 40 273 G 1
Belhomert-Guéhouville 28 85 F 3
Le Bélieu 25 163 E 5
Béligneux 01 213 G 4
Belin-Béliet 33 255 E 4
Bélis 40 273 H 4
Bellac 87 205 F 2
Bellaffaire 04 269 H 5
Bellagranajo *Col de* 2B 347 F 5
Bellaing 59 9 G 5
Bellancourt 80 11 H 3
Bellange 57 66 D 3
Bellavilliers 61 84 B 4
Le Bellay-en-Vexin 95 37 G 5
Belle-Église 60 38 B 4
Belle-et-Houllefort 62 2 C 5
Belle-Île 56 144 B 4
Belle-Isle-en-Terre 22 72 C 5
Belleau 02 60 B 1
Belleau 54 65 H 4
Bellebat 33 256 B 2
Bellebrune 62 2 C 5
Bellechassagne 19 225 H 2
Bellechaume 89 114 A 4
Bellecombe 39 197 E 4
Bellecombe 73 234 B 3
Bellecombe-en-Bauges 73 215 G 5
Bellecombe-Tarendol 26 286 B 1
Bellefond 21 160 A 2
Bellefond 33 256 C 1
Bellefonds 86 186 D 1
Bellefontaine 39 197 F 1
Bellefontaine 50 52 B 5
Bellefontaine 88 119 F 4
Bellefontaine 95 38 D 5
Bellefosse 67 96 D 3
Bellegarde 30 304 A 3
Bellegarde 32 316 B 2
Bellegarde 45 111 H 5
Bellegarde-du-Razès 11 337 E 1
Bellegarde-en-Diois 26 268 B 4
Bellegarde-en-Forez 42 230 A 2
Bellegarde-en-Marche 23 207 H 3
Bellegarde-Marsal 81 299 G 1
Bellegarde-Poussieu 38 231 F 5
Bellegarde-Sainte-Marie 31 297 F 4
Bellegarde-sur-Valserine 01 215 E 1
Belleherbe 25 163 E 3
Bellemagny 68 142 D 2
Bellême 61 84 C 4
Bellenaves 03 209 G 1
Bellencombre 76 20 C 4
Belleneuve 21 160 C 2
Bellenglise 02 24 A 1
Bellengreville 14 33 H 5
Bellengreville 76 10 C 5
Bellenod-sur-Seine 21 138 B 4
Bellenot-sous-Pouilly 21 159 E 3
Bellentre 73 234 D 2
Belleray 55 64 B 1
Bellerive-sur-Allier 03 210 B 2
Belleroche 42 212 B 1
Belleserre 81 319 E 2
Bellesserre 31 297 F 2
Belleu 02 40 B 3
Belleuse 80 22 A 4
Bellevaux 74 198 B 4
Bellevesvre 71 178 D 3
Belleville-sur-Vie 85 165 H 4
Belleville 54 65 G 4
Belleville 69 212 D 1
Belleville 79 201 H 1
Belleville-en-Caux 76 20 A 4
Belleville-sur-Bar 08 43 E 1
Belleville-sur-Loire 18 156 A 1
Belleville-sur-Mer 76 10 B 5
Belleville-sur-Meuse 55 44 B 5
Belleville-sur-Vie 85 165 H 4
Bellevue 44 147 H 3
Bellevue *Grotte de* 46 260 D 4
Bellevue Coëtquidan 56 103 F 4
Bellevue-la-Montagne 43 247 E 1
Belley 01 214 D 5
Belley 10 91 E 5
Belleydoux 01 196 D 5
Bellicourt 02 24 A 1
La Bellière 61 54 A 5
La Bellière 76 21 E 5
Bellignat 01 196 C 5
Belligné 44 148 C 1
Bellignies 59 15 F 2
La Belliole 89 113 E 3
Belloc 09 336 D 2
Belloc-Saint-Clamens 32 315 H 2
Bellocq 64 293 E 5
Bellon 16 221 E 5
Bellonne 62 14 A 2
Bellot 77 60 B 3
Bellou 14 54 C 2
Bellou-en-Houlme 61 53 F 5
Bellou-le-Trichard 61 108 B 2
Bellou-sur-Huisne 61 84 D 4
Belloy 60 37 H 1
Belloy-en-France 95 58 C 1
Belloy-en-Santerre 80 23 F 2
Belloy-Saint-Léonard 80 11 H 5
Belloy-sur-Somme 80 22 A 1
Belluire 17 219 G 3
Belmesnil 76 20 A 3
Belmont 25 162 C 4
Belmont 32 295 G 3
Belmont 38 232 A 3
Belmont 39 179 E 1
Belmont 52 140 A 3
Belmont 67 96 D 3
Belmont 70 141 H 2
Belmont-Bretenoux 46 243 E 5
Belmont-d'Azergues 69 212 D 4
Belmont-de-la-Loire 42 212 A 1
Belmont-lès-Darney 88 118 C 3
Belmont-Luthézieu 01 214 D 4
Belmont-Sainte-Foi 46 278 C 2
Belmont-sur-Buttant 88 96 A 5

Belmont-sur-Rance 12 300 C2
Belmont-sur-Vair 88 94 B5
Belmont-Tramonet 73 232 D2
Belmontet 46 277 F1
Belon 29 100 C5
Belonchamp 70 142 A1
Belpech 11 318 C5
Belrain 55 64 B4
Belrupt 88 118 D3
Belrupt-en-Verdunois 55 64 B1
Bélus 40 292 D4
Belval 08 26 C3
Belval 50 51 H1
Belval 88 96 C3
Belval-Bois-des-Dames 08 43 F1
Belval-en-Argonne 51 63 F2
Belval-sous-Châtillon 51 41 F5
Belvédère 06 291 F3
Belvédère-Campomoro 2A 350 C2
Belverne 70 142 A3
Belvès 24 259 E1
Belvès-de-Castillon 33 238 D5
Belvèze 82 277 F1
Belvèze-du-Razès 11 337 F1
Belvézet 30 284 B4
Belvezet 48 265 E4
Belvianes-et-Cavirac 11 337 G4
Belvis 11 337 F4
Belvoir 25 163 E2
Belz 56 123 G3
Bémécourt 27 55 H3
Bénac 09 336 A3
Bénac 65 315 E5
Benagues 09 336 B1
Benais 37 151 E3
Bénaix 09 336 D3
Bénaménil 54 95 H2
Bénarville 76 19 E4
Benassay 86 185 H1
La Benâte 17 201 G2
La Bénate 44 165 G2
Benauge *Château de* 33 256 B2
Benay 02 24 B3
Benayes 19 224 B3
Bendejun 06 291 F5
Bendor *Île de* 83 327 H4
Bendorf 68 143 F4
Bénéjacq 64 314 C5
Benerville-sur-Mer 14 34 B2
Bénesse-lès-Dax 40 293 E4
Bénesse-Maremne 40 292 B4
Benest 16 203 H2
Bénestroff 57 67 E3
Bénesville 76 19 H3
Benet 85 184 C3
Beneuvre 21 138 D4
Bénévent-l'Abbaye 23 206 C2
Beney-en-Woëvre 55 65 E2
Benfeld 67 97 G3
Bengy-sur-Craon 18 173 H2
Bénifontaine 62 8 B4
Béning-lès-Saint-Avold 57 47 F5
La Bénisson-Dieu 42 211 G1
Bénivay-Ollon 26 285 H1
Bennecourt 78 57 E1
Bennetot 76 19 F4
Benney 54 94 D2
Bennwihr 68 121 E2
Bénodet 29 99 H4
Benoisey 21 137 H5
Benoîtville 50 28 D4
Benon 17 183 H5
Bénonces 01 214 B4
Bénouville 14 33 H4
Bénouville 76 18 D3
Benque 31 316 D4
Benqué 65 333 G1
Benque-Dessous-et-Dessus 31 334 A4
Benquet 40 294 A2
Bentayou-Sérée 64 314 D3
Bény 01 195 H4
Le Bény-Bocage 14 52 C2
Bény-sur-Mer 14 33 G3
Béon 01 214 D4
Béon 89 113 G5
Béost 64 332 A2
La Bérarde 38 252 A4
Bérat 31 317 F3
Béraut 32 295 H1
Berbérust-Lias 65 332 D1
Berbezit 43 246 D1
Berbiguières 24 259 F1
Berc 48 264 A1
Bercenay-en-Othe 10 114 C2
Bercenay-le-Hayer 10 90 A5
Berche 25 142 B5
Berchères-la-Maingot 28 86 A3
Berchères-les-Pierres 28 86 B4
Berchères-sur-Vesgre 28 57 E3
Berck-Plage 62 6 A5
Berck-sur-Mer 62 6 A5
Bercloux 17 201 H4
Berd'Huis 61 84 D5
Berdoues 32 315 H2
Bérelles 59 15 H3
Bérengeville-la-Campagne 27 36 A5
Berentzwiller 68 143 G3
Bérenx 64 293 F5
Béréziat 01 195 G3
Berfay 72 108 D5
Berg 67 67 H3
Berg-sur-Moselle 57 46 B2
Berganty 46 260 C5
Bergbieten 67 97 F1
Bergerac 24 257 H1
Bergères 10 116 A2
Bergères-lès-Vertus 51 61 G3
Bergères-sous-Montmirail 51 60 D3
Bergesserin 71 194 C3
Bergheim 68 97 E5
Bergholtz 68 120 D4
Bergholtzzell 68 120 D4
Bergicourt 80 22 A3
Bergnicourt 08 42 A2
Bergonne 63 228 A3
Bergouey 40 293 G3
Bergouey 64 311 G3
La Bergue 74 197 H5
Bergueneuse 62 7 F4
Bergues 59 3 G3
Bergues-sur-Sambre 02 15 F5
Berguette 62 7 H3
Berhet 22 72 D3
Bérig-Vintrange 57 67 E2
Bérigny 50 32 C4
Berjou 61 53 F3
Berlaimont 59 15 F3
Berlancourt 02 25 E3
Berlancourt 60 23 H4
Berlats 81 300 B4
Berlencourt-le-Cauroy 62 12 D2
Berles-au-Bois 62 13 F3
Berles-Monchel 62 13 E2
La Berlière 08 27 E5
Berling 57 68 A4
Berlise 02 25 H4
Berlou 34 321 E2
Bermerain 59 14 D3
Berméricourt 51 41 G2
Bermeries 59 15 F2
Bermering 57 67 E2
Bermesnil 80 21 F2
Bermicourt 62 7 F5
Bermont 90 142 C3
Bermonville 76 19 F4
Bernac 16 203 F2
Bernac 81 299 E1
Bernac-Debat 65 315 F5
Bernac-Dessus 65 315 F5
Bernadets 64 314 B3
Bernadets-Debat 65 315 G3
Bernadets-Dessus 65 315 G5
Le Bernard 85 182 C2
La Bernardière 85 166 A1
Bernardswiller 67 97 F2
Bernardvillé 67 97 E3
Bernâtre 80 12 B3
Bernaville 80 12 C4
Bernay 17 201 G2
Bernay 27 35 F5
Bernay 72 107 F4
Bernay-en-Brie 77 59 G5
Bernay-en-Ponthieu 80 11 F1
Berné 56 101 E3
Bernécourt 54 65 E4
Bernède 32 294 C4
La Bernerie-en-Retz 44 146 D5
Bernes 80 23 H1
Bernes-sur-Oise 95 38 B5
Bernesq 14 32 C3
Berneuil 16 220 D4
Berneuil 17 219 G1
Berneuil 80 12 C4
Berneuil 87 205 F2
Berneuil-en-Bray 60 38 A3
Berneuil-sur-Aisne 60 39 H2
Berneval-le-Grand 76 10 B5
Berneville 62 13 F2
Bernex 74 198 C3
Bernienville 27 56 A1
Bernières 76 19 E4
Bernières-d'Ailly 14 54 A2
Bernières-le-Patry 14 52 D3
Bernières-sur-Mer 14 33 G3
Bernières-sur-Seine 27 36 C4
Bernieulles 62 6 C3
Bernin 38 233 E5
Bernis 30 303 G3
Bernolsheim 67 68 D4
Bernon 10 114 D5
Bernos-Beaulac 33 274 B1
Bernot 02 24 C2
Bernouil 89 136 D2
Bernouville 27 37 F3
Bernwiller 68 143 E2
Berny-en-Santerre 80 23 F2
Berny-Rivière 02 40 A2
Bérou-la-Mulotière 28 56 A4
Berrac 32 275 H5
Berre-les-Alpes 06 291 F5
Berre-l'Étang 13 326 C1
Berriac 11 319 H5
Berrias-et-Casteljau 07 284 A1
Berric 56 124 D4
Berrie 86 168 B1
Berrien 29 76 C2
Berrieux 02 41 F1
Berrogain-Laruns 64 313 F4
Berru 51 41 H3
Berrwiller 68 120 D5
Berry-au-Bac 02 41 F2
Berry-Bouy 18 172 D1
Le Bersac 05 269 E5
Bersac-sur-Rivalier 87 206 B2
Bersaillin 39 179 F3
Bersée 59 8 D4
Bersillies 59 15 H2
Berson 33 237 G2
Berstett 67 68 D5
Berstheim 67 68 D4
Bert 03 192 D4
Bertangles 80 22 B1
Bertaucourt-Epourdon 02 24 B5
Berteaucourt-les-Dames 80 12 B5
Berteaucourt-lès-Thennes 80 22 D3
Bertheauville 76 19 F3
Berthecourt 60 38 B3
Berthegon 86 169 E3
Berthelange 25 161 G4
Berthelming 57 67 G4
Berthen 59 4 A5
Berthenay 37 151 G3
Berthenicourt 02 24 B3
Berthenonville 27 37 F5
La Berthenoux 36 189 H1
Berthez 33 256 C4
Bertholène 12 281 E1
Berthouville 27 35 F4
Bertignat 63 228 D2
Bertignolles 10 115 H3
Bertincourt 62 13 H4
Bertoncourt 08 26 B5
Bertrambois 54 96 B1
Bertrancourt 80 13 E4
Bertrange 57 45 H3
Bertre 81 298 D5
Bertren 65 334 B2
Bertreville 76 19 F3
Bertreville-Saint-Ouen 76 20 A3
Bertric-Burée 24 221 G5
Bertrichamps 54 96 A3
Bertricourt 02 41 G2
Bertrimont 76 20 A4
Bertrimoutier 88 96 C5
Bertry 59 14 D4
Béru 89 136 D3
Béruges 86 186 A1
Bérulle 10 114 B3
Bérus 72 83 G4
Berven 29 71 F4
Berville 14 54 B1
Berville 76 19 H4
Berville 95 38 A4
Berville-en-Roumois 27 35 H3
Berville-la-Campagne 27 55 H1
Berville-sur-Mer 27 34 D2
Berville-sur-Seine 76 35 H1
Berviller-en-Moselle 57 46 D4
Berzé-la-Ville 71 194 D4
Berzé-le-Châtel 71 194 D3
Berzème 07 266 C3
Berzieux 51 43 E4
Berzy-le-Sec 02 40 B3
La Besace 08 27 F5
Besain 39 179 G4
Besançon 25 162 A3
Bésayes 26 249 G4
Bescat 64 314 A5
Bésignan 26 286 B1
Bésingrand 64 313 H3
Beslé 44 126 A3
La Beslière 50 51 G3
Beslon 50 52 A3
Besmé 02 40 A1
Besmont 02 25 H2
Besnans 70 162 B1
Besné 44 146 C1
Besneville 50 31 F2
Besny-et-Loizy 02 24 D5
Bessac 16 220 D4
Bessais-le-Fromental 18 173 H5
Bessamorel 43 247 H3
Bessan 34 322 C4
Bessancourt 95 58 B1
Bessans 73 235 F4
Bessas 07 284 A1
Le Bessat 42 230 C5
Bessay 85 183 F1
Bessay-sur-Allier 03 192 B3
Besse 15 244 B3
Bessé 16 203 E3
La Besse 19 243 G2
Besse 24 259 F3
Besse-en-Chandesse 63 227 F3
Besse-en-Oisans 38 251 H3
Bessé-sur-Braye 72 131 E2
Besse-sur-Issole 83 328 C2
Bessède-de-Sault 11 337 F5
Bessèges 30 283 H2
Bessenay 69 212 C5
Bessens 82 297 G1
Besset 09 336 D1
Bessey 42 230 D4
Bessey-en-Chaume 21 177 G1
Bessey-la-Cour 21 159 F5
Bessey-lès-Cîteaux 21 160 B5
La Besseyre-Saint-Mary 43 246 B4
Bessières 31 298 B2
Bessines 79 184 D4
Bessines-sur-Gartempe 87 205 H2
Bessins 38 250 A1
Besson 03 192 A3
Bessoncourt 90 142 C3
Bessonies 46 261 G1
Les Bessons 48 264 A2
Bessuéjouls 12 263 E4
Bessy 10 90 D2
Bessy-sur-Cure 89 136 C5
Bestiac 09 336 C5
Bétaille 46 242 D5
Betaucourt 70 140 D2
Betbèze 65 316 A5
Betbezer-d'Armagnac 40 274 C5
Betcave-Aguin 32 316 B2
Betchat 09 335 E1
Bétête 23 189 H4
Béthancourt-en-Valois 60 39 G3
Béthancourt-en-Vaux 02 24 A5
Bétharram *Grottes de* 64 332 C1
Béthelainville 55 43 H4
Béthemont-la-Forêt 95 58 B1
Béthencourt 59 14 D4
Béthencourt-sur-Mer 80 11 E4
Béthencourt-sur-Somme 80 23 G3
Bétheniville 51 42 B3
Bétheny 51 41 G3
Béthincourt 55 43 H3
Béthines 86 187 G2
Béthisy-Saint-Martin 60 39 F3
Béthisy-Saint-Pierre 60 39 F3
Bethmale 09 335 E3
Bethon 51 90 A2
Béthon 72 83 G4
Bethoncourt 25 142 B4
Béthonsart 62 7 H5
Béthonvilliers 28 109 E2
Bethonvilliers 90 142 C2
Béthune 62 8 A4
Bétignicourt 10 91 G4
Beton-Bazoches 77 60 A5
Betoncourt-lès-Brotte 70 141 G3
Betoncourt-les-Ménétriers 70 140 C4
Betoncourt-Saint-Pancras 70 118 D5
Betoncourt-sur-Mance 70 140 B2
Bétous 32 295 E3
Betplan 32 315 F2
Betpouey 65 333 E3
Betpouy 65 315 H4
Bétracq 64 294 D5
Betschdorf 67 69 F2
Bettaincourt-sur-Rognon 52 93 E5
Bettainvillers 54 45 F4
Bettancourt-la-Ferrée 52 63 F5
Bettancourt-la-Longue 51 63 E3
Bettange 57 46 C4
Bettant 01 214 A3
Bettborn 57 67 G4
Bettegney-Saint-Brice 88 95 E5
Bettelainville 57 46 B4
Bettembos 80 21 G3
Bettencourt-Rivière 80 11 H4
Bettencourt-Saint-Ouen 80 12 B5
Bettendorf 68 143 F3
Bettes 65 333 F1
Betteville 76 19 H5
Bettignies 59 15 G2
Betting 57 47 E5
Bettlach 68 143 G4
Betton 35 104 B2
Betton-Bettonet 73 233 H2
Bettoncourt 88 94 D4
Bettoncourt-le-Haut 52 93 F4
Bettrechies 59 15 F2
Bettviller 57 68 A1
Bettwiller 67 67 H3
Betz 60 39 G5
Betz-le-Château 37 170 B2
Beugin 62 7 H5
Beugnâtre 62 13 H4
Beugneux 02 40 C4
Beugnies 59 15 H4
Le Beugnon 79 184 D1
Beugnon 89 114 C4
Beugny 62 13 H4
Beuil 06 289 G3
Le Beulay 88 96 C4
Beulotte-Saint-Laurent 70 119 H5
Beure 25 162 A4
Beurey 10 115 H2
Beurey-Bauguay 21 159 E4
Beurey-sur-Saulx 55 63 G4
Beurières 63 229 E4
Beurizot 21 159 E3
Beurlay 17 201 E4
Beurville 52 92 B5
Beussent 62 6 C3
Beuste 64 314 C5
Beutal 25 142 A5
Beutin 62 6 B4
Beuvardes 02 40 C5
Beuveille 54 44 D2
Beuvezin 54 94 C4
Beuvillers 14 34 C5
Beuvillers 54 45 F3
Beuvrages 59 9 G5
Beuvraignes 80 23 F4
Beuvray *Mont* 71 176 B3
Beuvrequen 62 2 B5
Beuvreuil 76 37 F1
Beuvrigny 50 52 B1
Beuvron 58 157 E3
Beuvron-en-Auge 14 34 A4
Beuvry 62 8 A4
Beuvry-la-Forêt 59 9 E4
Beux 57 66 B2
Beuxes 86 168 D1
Beuzec-Cap-Sizun 29 99 E2
Beuzeville 27 34 D3
Beuzeville-au-Plain 50 29 G5
Beuzeville-la-Bastille 50 31 H2
Beuzeville-la-Grenier 76 19 E5
Beuzeville-la-Guérard 76 19 F4
Beuzevillette 76 19 F5
Bévenais 38 232 B4
Beveuge 70 141 H5
Béville-le-Comte 28 86 C4
Bévillers 59 14 C4
Bevons 04 287 F3
Bévy 21 159 H5
Bey 01 195 E5
Bey 71 178 A3
Bey-sur-Seille 54 66 B4
Beychac-et-Caillau 33 237 H5
Beychevelle 33 237 F2
Beylongue 40 293 F1
Beynac 87 205 G5
Beynac-et-Cazenac 24 259 F1
Beynat 19 242 D3
Beynes 04 288 A5
Beynes 78 57 G3
Beynost 01 213 F4
Beyrède *Col de* 65 333 G2
Beyrède-Jumet 65 333 H3
Beyren-lès-Sierck 57 45 H2
Beyrie-en-Béarn 64 314 A3
Beyrie-sur-Joyeuse 64 311 G4
Beyries 40 293 H4
Beyssac 19 223 H5
Beyssac *Château de* 24 241 F5
Beyssenac 19 223 G4
Le Bez 81 300 A5
Bez-et-Esparon 30 282 C5
Bézac 09 336 B1
Bezalles 77 60 A5
Bézancourt 76 37 F2
Bezange-la-Grande 54 66 C5
Bezange-la-Petite 57 66 D5
Bezannes 51 41 G4
Les Bézards 45 134 D3
Bézaudun-les-Alpes 06 309 F1
Bézaudun-sur-Bîne 26 267 H3
Bezaumont 54 65 G4
Bèze 21 160 C1
Bézenac 24 259 F1
Bézenet 03 191 F4
Bézéril 32 296 D5
Béziers 34 321 G3
Bezinghem 62 6 C3
Bezins-Garraux 31 334 B3
La Bezole 11 337 F2
Bezolles 32 295 H2
Bezons 95 58 B2
Bezonvaux 55 44 C5
Bezouce 30 304 A1
Bézouotte 21 160 C2
Bézu-la-Forêt 27 37 F2
Bézu-le-Guéry 02 60 A1
Bézu-Saint-Éloi 27 37 F3
Bézu-Saint-Germain 02 40 C5
Bézues-Bajon 32 316 B3
Biache-Saint-Vaast 62 13 H2
Biaches 80 23 G1
Bians-les-Usiers 25 180 C2
Biard 86 186 B1
Les Biards 50 81 F2
Biarne 39 160 D5
Biarre 80 23 G4
Biarritz 64 310 C2
Biarritz-Bayonne-Anglet *Aéroport de* 64 310 C2
Biarrotte 40 292 C4
Biars-sur-Cère 46 243 E5
Bias 40 272 B3
Bias 47 258 B5
Biaudos 40 292 B4
Bibiche 57 46 C3
Biblisheim 67 69 E2
Bibost 69 212 C5
Bichancourt 02 24 A5
Biches 58 175 G2
Bickenholtz 57 67 H4
Bicqueley 54 94 B1
Bidache 64 292 D5
Bidarray 64 311 E5
Bidart 64 310 C3
Bidestroff 57 67 E3
Biding 57 67 E1
Bidon 07 284 C1
Bidos 64 331 H1
Biécourt 88 94 C4
Biederthal 68 143 G4
Bief 25 163 F2
Bief-des-Maisons 39 180 A4
Bief-du-Fourg 39 180 B3
Biefmorin 39 179 E2
Biefvillers-lès-Bapaume 62 13 G4
Bielle 64 332 A1
Bielsa *Tunnel de* 65 333 F5
Bienassis *Château de* 22 78 D2
Biencourt 80 11 F5
Biencourt-sur-Orge 55 93 F2
Bienville 60 39 F2
Bienville-la-Petite 54 95 F1
Bienvillers-au-Bois 62 13 F3
Biermes 08 42 B1
Biermont 60 23 F5
Bierné 53 128 C2
Bierne 59 3 G3
Biernes 52 92 C5
Bierre-lès-Semur 21 158 D2
Bierry-les-Belles-Fontaines 89 137 G5
Biert 09 335 G3
Bierville 76 36 C1
Biesheim 68 121 F3
Biesles 52 117 F3
Bietlenheim 67 69 E4
Bieujac 33 256 C4
Bieuxy 02 40 A2
Bieuzy 56 101 G4
Bieuzy-Lanvaux 56 124 A2

Biéville 50 32 C5
Biéville-Beuville 14 33 G4
Biéville-en-Auge 14 34 A5
Biéville-Quétiéville 14 34 A5
Biéville-sur-Orne 14 33 G4
Bièvres 02 41 E1
Bièvres 08 27 H5
Bièvres 91 58 B4
Biffontaine 88 96 A5
Biganos 33 254 C2
Bignac 16 203 E5
Bignan 56 102 B5
Bignay 17 201 G3
La Bigne 14 52 D1
Bignicourt 08 42 B2
Bignicourt-sur-Marne 51 62 C5
Bignicourt-sur-Saulx 51 63 E4
Le Bignon 44 147 H5
Le Bignon-du-Maine 53 106 B5
Le Bignon-Mirabeau 45 112 D3
Bignoux 86 186 C1
Bigny 18 173 E4
Bigorno 2B 347 F2
La Bigottière 53 105 H2
Biguglia 2B 345 G5
Bihucourt 62 13 G4
Bilazais 79 168 B2
Bile *Pointe du* 56 145 G3
Bilhères 64 332 A1
Bilia 2A 350 D2
Bilieu 38 232 C4
Billac 19 242 D5
Billancelles 28 85 G3
Billancourt 80 23 G3
Les Billanges 87 206 C3
Billaude *Cascade de la* 39 179 H5
Les Billaux 33 238 B4
Billé 35 81 E5
Billecul 39 180 A4
Billère 64 314 B3
Billey 21 160 D5
Billezois 03 210 C1
Billiat 01 214 D2
Billième 73 215 E5
Billière 31 334 A4
Billiers 56 124 D5
Billio 56 102 C5
Billom 63 228 B1
Billy 03 192 B5
Billy 14 33 H5
Billy 41 153 G3
Billy-Berclau 62 8 C4
Billy-Chevannes 58 175 E2
Billy-le-Grand 51 42 A5
Billy-lès-Chanceaux 21 138 C5
Billy-Montigny 62 8 C5
Billy-sous-les-Côtes 55 64 D2
Billy-sous-Mangiennes 55 44 C3
Billy-sur-Aisne 02 40 B3
Billy-sur-Oisy 58 157 E1
Billy-sur-Ourcq 02 40 B4
Biltzheim 68 121 E4
Bilwisheim 67 68 D4
Bimont 62 6 D3
Binarville 51 43 E4
Binas 41 132 B2
Bindernheim 67 97 G4
Binges 21 160 C3
Binic 22 73 H5
Bining 57 68 A1
Biniville 50 29 F5
Binos 31 334 B3
Binson-et-Orquigny 51 41 E5
Bio 46 260 D1
Biol 38 232 B3
La Biolle 73 215 F5
Biollet 63 208 D3
Bion 50 52 C5
Bioncourt 57 66 B4
Bionville 54 96 B2
Bionville-sur-Nied 57 66 C1
Biot 06 309 F3
Le Biot 74 198 C4
Bioule 82 278 B4
Bioussac 16 203 G2
Biozat 03 210 A2
Birac 16 220 D2
Birac 33 256 C5
Birac-sur-Trec 47 257 F5
Biran 32 295 H3
Biras 24 240 B1
Biriatou 64 310 B4
Birieux 01 213 G3
Birkenwald 67 68 B5
Birlenbach 67 69 E1
Biron 17 219 H2
Biron 24 258 D3
Biron 64 313 G2
Bisanne *Signal de* 73 216 B5
Biscarrosse 40 254 B5
Biscarrosse-Plage 40 254 A5
Bischheim 67 97 H1
Bischholtz 67 68 C3
Bischoffsheim 67 97 F2
Bischtroff-sur-Sarre 67 67 G3
Bischwihr 68 121 F2
Bischwiller 67 69 E4
Bisel 68 143 E4
Bisinao 2A 348 D4
Bisinchi 2B 347 F2
Bislée 55 64 C4
Bisping 57 67 F4
Bissert 67 67 G2
Bisseuil 51 61 H1
Bissey-la-Côte 21 116 A5
Bissey-la-Pierre 21 137 H2
Bissey-sous-Cruchaud 71 177 G5
Bissezeele 59 3 G3
Bissières 14 34 A5
Bissy-la-Mâconnaise 71 195 E2
Bissy-sous-Uxelles 71 194 D1
Bissy-sur-Fley 71 177 F5
Bisten-en-Lorraine 57 46 D5
Bistroff 57 67 E2
Bitche 57 68 B1
Bitry 58 156 B1
Bitry 60 39 H2
Bitschhoffen 67 68 D3
Bitschwiller-lès-Thann 68 142 D1
Biver 13 327 E1
Bivès 32 296 C2
Biviers 38 251 E1
Biville 50 28 D3
Biville-la-Baignarde 76 20 A3
Biville-la-Rivière 76 20 A3
Biville-sur-Mer 76 10 C5
Bivilliers 61 84 C2
Bizanet 11 320 D5
Bizanos 64 314 B4
Bize 52 140 A2
Bize 65 334 A2
Bize-Minervois 11 320 D4
Bizeneuille 03 191 E3
Le Bizet 59 8 C2
Biziat 01 195 F5
Bizonnes 38 232 B4
Le Bizot 25 163 F4
Les Bizots 71 176 D4
Bizou 61 84 D3
Bizous 65 333 H1
Blacé 69 212 D2
Blaceret 69 212 D2
Blacourt 60 37 G1
Blacqueville 76 19 H5
Blacy 51 62 C4
Blacy 89 137 F5
Blaesheim 67 97 G2
Blagnac 31 297 H4
Blagny 08 27 G4
Blagny-sur-Vingeanne 21 160 D2
Blaignac 33 256 D4
Blaignan 33 219 E5
Blain 44 147 F1
Blaincourt-lès-Précy 60 38 C4
Blaincourt-sur-Aube 10 91 G4
Blainville-Crevon 76 36 C1
Blainville-sur-l'Eau 54 95 F2
Blainville-sur-Mer 50 31 F5
Blainville-sur-Orne 14 33 H4
Blairville 62 13 F3
Blaise 08 42 D2
Blaise 52 92 C5
Blaise-sous-Arzillières 51 62 C5
Blaison-Saint-Sulpice 49 149 H2
Blaisy 52 116 D2
Blaisy-Bas 21 159 G2
Blaisy-Haut 21 159 G3
Blajan 31 316 B4
Blajoux 48 282 C1
Blamont 25 163 G2
Blâmont 54 96 A1
Blan 81 299 E5
Le Blanc 36 187 H1
Blanc *Lac* 68 120 C2
Le Blanc-Mesnil 93 58 D2
Blanc-Misseron 59 9 H5
Blanc-Nez *Cap* 62 2 B3
Blancafort 18 155 F1
Blancey 21 159 E3
Blancfossé 60 22 B4
Blanche-Église 57 67 E4
Blanchefontaine 25 163 F3
Blanchefosse 08 25 H3
Blancherupt 67 96 D3
Blancheville 52 117 E2
Blandainville 28 85 H5
Blandas 30 302 A1
Blandin 38 232 B3
Blandouet 53 106 D4
Blandy 77 88 C2
Blandy 91 87 G5
Blangermont 62 12 C2
Blangerval 62 12 C2
Blangy-le-Château 14 34 D4
Blangy-sous-Poix 80 21 H3
Blangy-sur-Bresle 76 11 F5
Blangy-sur-Ternoise 62 7 F5
Blangy-Tronville 80 22 C2
Blannay 89 157 H1
Blanot 21 158 C5
Blanot 71 194 D2
Blanquefort 32 296 C4
Blanquefort 33 237 F5
Blanquefort-
sur-Briolance 47 259 E3
Blanzac 16 221 E3
Blanzac 43 247 F3
Blanzac 87 205 F1
Blanzac-lès-Matha 17 202 B4
Blanzaguet-
Saint-Cybard 16 221 G4
Blanzat 63 209 G5
Blanzay 86 186 B5
Blanzay-sur-Boutonne 17 201 H2
Blanzée 55 44 C5
Blanzy 71 176 D5
Blanzy-la-Salonnaise 08 41 H1
Blanzy-lès-Fismes 02 40 D3
Blargies 60 21 G4
Blarians 25 162 B2
Blaringhem 59 7 G2
Blars 46 260 D4
Blaru 78 56 D1
Blasimon 33 256 D2
Blaslay 86 169 E5
Blassac 43 246 B2
Blaudeix 23 189 H5
Blausasc 06 291 F5
Blauvac 84 286 A4
Blauzac 30 284 B5
Blavignac 48 246 A5
Blavozy 43 247 G3
Blay 14 32 D3
Blaye 33 237 F2
Blaye-les-Mines 81 279 G5
Blaymont 47 276 D2
Blaziert 32 296 A1
Blécourt 52 92 D4
Blécourt 59 14 B3
Blégiers 04 288 B2
Bleigny-le-Carreau 89 136 C2
Bleine *Col de* 06 308 D1
Blémerey 54 95 H1
Blémerey 88 94 C4
Blendecques 62 3 F5
Bléneau 89 135 E4
Blennes 77 113 E2
Blénod-lès-Pont-
à-Mousson 54 65 G3
Blénod-lès-Toul 54 94 B1
Bléquin 62 6 D2
Blérancourt 02 40 A1
Blercourt 55 43 H5
Bléré 37 152 C3
Blériot-Plage 62 2 C3
Bléruais 35 103 G3
Blésignac 33 256 B1
Blesle 43 227 H5
Blesme 51 63 E4
Blesmes 02 60 C1
Blessac 23 207 G3
Blessonville 52 116 D4
Blessy 62 7 G3
Blet 18 173 H3
Bletterans 39 179 E4
Bleurville 88 118 C3
Bleury-
Saint-Symphorien 28 86 C3
Blevaincourt 88 118 A3
Blèves 72 84 A3
Blévy 28 85 G2
Le Bleymard 48 265 E5
Blicourt 60 22 A5
Blienschwiller 67 97 E4
Blies-Ébersing 57 47 H5
Blies-Guersviller 57 47 G5
Bliesbruck 57 47 H5
Blieux 04 307 H1
Blignicourt 10 91 H3
Bligny 10 116 A3
Bligny 51 41 F4
Bligny-en-Othe 89 114 A4
Bligny-le-Sec 21 159 G2
Bligny-lès-Beaune 21 177 H2
Bligny-sur-Ouche 21 159 F5
Blincourt 60 39 E2
Blingel 62 7 E5
Blis-et-Born 24 241 E2
Blismes 58 157 H5
Blodelsheim 68 121 G5
Blois 41 132 A5
Blois-sur-Seille 39 179 F4
Blomac 11 320 B5
Blomard 03 191 G5
Blombay 08 26 B2
Blond 87 205 F2
Blondefontaine 70 118 B5
Blonville-sur-Mer 14 34 B3
Blosseville 76 19 H2
Blosville 50 31 H2
Blot-l'Église 63 209 G2
Blotzheim 68 143 G3
Blou 49 150 C2
Blousson-Sérian 32 315 F2
La Bloutière 50 52 A2
Bloye 74 215 F4
Bluffy 74 215 H4
Blumeray 52 92 B4
Blussangeaux 25 142 A5
Blussans 25 142 A5
Blye 39 179 F5
Blyes 01 213 H4
Le Bô 14 53 F2
Bobigny 93 58 D3
Bobital 22 79 G4
Le Bocasse 76 20 B5
La Bocca 06 309 E4
Bocca Bassa *Col de* 2B 346 A3
Bocca di Vezzu 2B 345 E5
Bocé 49 150 C1
Bocognano 2A 349 E2
Bocquegney 88 119 E2
Bocquencé 61 55 E3
Le Bodéo 22 78 A5
Bodilis 29 71 F5
Boé 47 276 B3
Boëcé 61 84 B3
Boëge 74 198 A5
Boeil-Bezing 64 314 C4
Le Boël 35 104 A4
Boën-sur-Lignon 42 229 G1
Bœrsch 67 97 E2
Boeschepe 59 4 A5
Boëseghem 59 7 G2
Bœsenbiesen 67 97 G5
Boësse 79 167 G2
Boëssé-le-Sec 72 108 C3
Boësses 45 112 A3
Bœurs-en-Othe 89 114 B3
Boffles 62 12 C3
Boffres 07 248 D5
Bogève 74 198 A5
Bogny-sur-Meuse 08 26 D2
Bogros 63 226 D2
Bogy 07 249 E1
Bohain-en-Vermandois 02 24 C1
Bohal 56 125 E2
La Bohalle 49 149 H2
Bohars 29 75 E2
Bohas 01 214 A1
Boigneville 91 87 H5
Boigny-sur-Bionne 45 111 E5
Boinville-en-Mantois 78 57 F2
Boinville-en-Woëvre 55 44 D5
Boinville-le-Gaillard 78 86 D3
Boinvilliers 78 57 F2
Boiry-Becquerelle 62 13 G3
Boiry-Notre-Dame 62 13 H2
Boiry-Saint-Martin 62 13 G3
Boiry-Sainte-Rictrude 62 13 G3
Bois 17 219 G3
Le Bois 73 234 B3
Bois-Anzeray 27 55 G2
Bois-Arnault 27 55 G4
Bois-Aubry *Abbaye de* 37 169 G2
Bois-Bernard 62 8 C5
Bois-Chenu
Basilique du 88 93 H3
Bois-Chevalier
Château de 44 165 G2
Bois-Colombes 92 58 B3
Bois-d'Amont 39 197 G1
Bois-d'Arcy 78 58 A4
Bois-d'Arcy 89 157 G1
Bois-de-Céné 85 165 E2
Bois-de-Champ 88 96 A5
Bois-de-Gand 39 179 E3
Bois-de-la-Chaize 85 164 B1
Bois-de-la-Pierre 31 317 F3
Bois-d'Ennebourg 76 36 C2
Le Bois-d'Oingt 69 212 C4
Bois Dousset
Château du 86 186 D1
Bois-du-Four 12 281 G2
Bois-Grenier 59 8 C2
Bois-Guilbert 76 20 D5
Bois-Guillaume-Bihorel 76 36 B1
Le Bois-Hellain 27 35 E3
Bois-Héroult 76 20 D5
Bois-Herpin 91 87 G5
Bois-Himont 76 19 G5
Bois-Jérôme-
Saint-Ouen 27 37 E5
Bois-la-Ville 25 162 C2
Bois-le-Roi 27 56 C3
Bois-le-Roi 77 88 B3
Bois-lès-Pargny 02 24 D3
Bois-l'Évêque 76 36 C2
Bois Noirs 42 210 D4
Bois-Normand-
près-Lyre 27 55 G3
Le Bois-Plage-en-Ré 17 182 D5
Le Bois-Robert 76 20 B2
Bois-Sainte-Marie 71 194 A4
Bois-Sir-Amé
Château de 18 173 F3
Bois-Thibault
Château de 53 82 C3
Boisbergues 80 12 C4
Boisbreteau 16 220 C5
Boiscommun 45 111 H4
Boisdinghem 62 3 E5
Boisdon 77 60 A5
Boisemont 27 37 E3
Boisemont 95 57 H1
Boisgasson 28 109 G4
Boisgervilly 35 103 G2
Boisjean 62 6 C5
Le Boisle 80 11 H1
Boisleux-au-Mont 62 13 G3
Boisleux-Saint-Marc 62 13 G3
Boismé 79 167 H4
Boismont 54 44 D3
Boismont 80 11 F3
Boismorand 45 134 D3
Boisney 27 35 F5
Boisrault 80 21 G2
Boisredon 17 219 G5
Boisroger 50 31 F5
Boissay 76 36 D1
La Boisse 01 213 G4
Boisse 24 258 B2
Boisse-Penchot 12 261 H4
Boisseau 41 132 A3
Boisseaux 45 111 E2
Boissède 31 316 C3
Boissei-la-Lande 61 54 B5
Boisserolles 79 201 H1
Boisseron 34 303 F3
Les Boisses 73 235 F2
Boisset 15 261 H1
Boisset 34 320 C3
Boisset 43 229 G5
Boisset-et-Gaujac 30 283 G5
Boisset-lès-Montrond 42 229 H2
Boisset-les-Prévanches 27 56 C2
Boisset-Saint-Priest 42 229 H3
Boissets 78 57 E3
Boissettes 77 88 B3
Boisseuil 87 205 H5
Boisseuilh 24 241 G1
Boissey 01 195 F3
Boissey 14 54 B1
Boissey-le-Châtel 27 35 G3
Boissezon 81 299 H5
Boissia 39 196 D1
La Boissière 14 34 C5
La Boissière 27 56 D2
La Boissière 34 302 B4
La Boissière 39 196 B3
La Boissière 53 127 H3
La Boissière
Ancienne Abbaye 49 129 H5
La Boissière-d'Ans 24 241 E1
La Boissière-
de-Montaigu 85 166 B2
La Boissière-
des-Landes 85 182 D1
La Boissière-du-Doré 44 148 B4
La Boissière-École 78 57 F5
La Boissière-en-Gâtine 79 185 E1
La Boissière-sur-Èvre 49 148 C3
Boissières 30 303 G2
Boissières 46 259 H4
Boissise-la-Bertrand 77 88 B3
Boissise-le-Roi 77 88 A3
Boissy-aux-Cailles 77 88 A5
Boissy-en-Drouais 28 56 C5
Boissy-Fresnoy 60 39 G5
Boissy-la-Rivière 91 87 F5
Boissy-l'Aillerie 95 57 H1
Boissy-Lamberville 27 35 F5
Boissy-le-Bois 60 37 H4
Boissy-le-Châtel 77 60 A4
Boissy-le-Cutté 91 87 G3
Boissy-le-Repos 51 60 D3
Boissy-le-Sec 91 87 F3
Boissy-lès-Perche 28 55 H5
Boissy-Mauvoisin 78 57 E2
Boissy-Saint-Léger 94 58 D4
Boissy-sans-Avoir 78 57 G4
Boissy-sous-Saint-Yon 91 87 G3
Boissy-sur-Damville 27 56 B3
Boistrudan 35 104 D4
Boisville-la-Saint-Père 28 86 C5
Boisyvon 50 52 A3
Boitron 61 83 H2
Boitron 77 60 B3
Bolandoz 25 180 A1
Bolazec 29 76 D2
Bolbec 76 19 E5
Bollène 84 285 E2
La Bollène-Vésubie 06 291 F3
Bolleville 50 31 F3
Bolleville 76 19 F5
Bollezeele 59 3 G4
La Bolline 06 289 H3
Bollwiller 68 121 E5
Bologne 52 117 E2
Bolozon 01 196 B5
Bolquère 66 341 G4
Bolsenheim 67 97 G3
Bombannes 33 236 B2
Bombon 77 88 D2
Bommes 33 255 H4
Bommiers 36 172 B4
Bompas 09 336 B4
Bompas 66 339 E5
Bomy 62 7 F3
Bon-Encontre 47 276 B3
Bona 58 175 E1
Bonac-Irazein 09 335 E4
Bonaguil *Château de* 47 259 E4
Bonas 32 295 H2
Bonascre *Plateau de* 09 340 D2
Bonboillon 70 161 F3
Boncé 28 86 B5
Bonchamp-lès-Laval 53 106 A3
Boncourt 02 25 F5
Boncourt 27 56 C1
Boncourt 28 56 D3
Boncourt 54 45 E5
Boncourt-le-Bois 21 160 A5
Boncourt-sur-Meuse 55 64 C4
Bondaroy 45 111 G3
Bondeval 25 142 C5
Bondigoux 31 298 A2
Les Bondons 48 282 D1
Bondoufle 91 87 H2
Bondues 59 8 D2
Bondy 93 58 D3
Bonen 22 77 F5
Bonette *Cime de la* 04 289 E1
Bongheat 63 228 B1
Le Bonhomme 68 120 C2
Bonhomme *Col du* 88 120 C2
Bonifacio 2A 351 F4
Bonifato *Cirque de* 2B 346 C3
Bonlier 60 38 A1
Bonlieu 39 197 E1
Bonlieu-sur-Roubion 26 267 F3
Bonloc 64 311 E4
Bonnac 09 318 B5
Bonnac 15 245 H2
Bonnac-la-Côte 87 205 H4
Bonnal 25 141 G5
Bonnard 89 114 A5
Bonnat 23 189 F4
Bonnatrait 74 198 A3
Bonnaud 39 196 A1
Bonnay 25 162 A2
Bonnay 71 194 C2
Bonnay 80 22 D1
Bonne 74 197 H5
Bonne-Fontaine 57 68 A4
Bonne-Fontaine
Château de 35 80 C3
Bonnebosq 14 34 B4
Bonnecourt 52 117 G5
Bonnée 45 134 A3
Bonnefamille 38 231 H2
Bonnefoi 61 55 F5

Bonnefond *19* 225 F 3
Bonnefont *65* 315 H 4
Bonnefontaine *39* 179 G 4
Bonnefontaine *Ancienne Abbaye de* *08* 25 H 3
Bonnegarde *40* 293 G 4
Bonneil *02* 60 B 1
Bonnelles *78* 87 E 2
Bonnemain *35* 80 A 3
Bonnemaison *14* 53 E 1
Bonnemazon *65* 333 G 1
Bonnencontre *21* 178 B 1
Bonnes *16* 239 F 1
Bonnes *86* 186 D 1
Bonnesvalyn *02* 40 B 5
Bonnet *55* 93 G 2
Bonnétable *72* 108 B 3
Bonnétage *25* 163 F 4
Bonnetan *33* 255 H 1
Bonneuil *16* 220 C 2
Bonneuil *36* 188 A 4
Bonneuil-en-France *95* 58 C 2
Bonneuil-en-Valois *60* 39 G 3
Bonneuil-les-Eaux *60* 22 B 4
Bonneuil-Matours *86* 169 G 5
Bonneuil-sur-Marne *94* 58 D 4
Bonneval *28* 110 A 3
Bonneval *43* 247 E 1
Bonneval *73* 234 B 2
Bonneval-en-Diois *26* 268 D 3
Bonneval-sur-Arc *73* 235 G 4
Bonnevaux *25* 180 B 3
Bonnevaux *30* 283 G 1
Bonnevaux *74* 198 C 4
Bonnevaux-le-Prieuré *25* 162 B 5
Bonneveau *41* 131 E 3
Bonnevent-Velloreille *70* 161 H 2
Bonneville *16* 202 D 4
La Bonneville *50* 31 G 2
Bonneville *74* 216 A 1
Bonneville *80* 12 C 5
Bonneville-Aptot *27* 35 G 4
Bonneville-et-Saint-Avit-de-Fumadières *24* 239 E 5
Bonneville-la-Louvet *14* 34 D 3
La Bonneville-sur-Iton *27* 56 A 2
Bonneville-sur-Touques *14* 34 C 3
Bonnières *60* 37 H 1
Bonnières *62* 12 C 3
Bonnières-sur-Seine *78* 57 E 1
Bonnieux *84* 305 H 2
Bonningues-lès-Ardres *62* 2 D 5
Bonningues-lès-Calais *62* 2 C 4
Bonnœil *14* 53 G 2
Bonnœuvre *44* 127 F 5
Bonnut *64* 293 G 5
Bonny-sur-Loire *45* 156 A 1
Le Bono *56* 124 A 3
Bonrepos *65* 315 H 5
Bonrepos-Riquet *31* 298 B 4
Bonrepos-sur-Aussonnelle *31* 297 F 5
Bons-en-Chablais *74* 198 A 4
Bons-Tassilly *14* 53 H 2
Bonsecours *76* 36 B 2
Bonsmoulins *61* 55 E 5
Bonson *06* 291 E 4
Bonson *42* 229 H 3
Bonvillard *73* 234 A 2
Bonvillaret *73* 234 A 2
Bonviller *54* 95 F 1
Bonvillers *60* 22 C 5
Bonvillet *88* 118 C 3
Bonvouloir *Tour de* *61* 82 C 2
Bony *02* 24 A 1
Bonzac *33* 238 C 4
Bonzée-en-Woëvre *55* 64 D 1
Boô-Silhen *65* 332 D 2
Boofzheim *67* 97 G 4
Boos *40* 293 E 1
Boos *76* 36 B 2
Bootzheim *67* 97 G 5
Boqueho *22* 78 A 3
Boquen *Abbaye de* *22* 78 D 5
Bor-et-Bar *12* 279 G 3
Boran-sur-Oise *60* 38 C 5
Borce *64* 331 H 4
Borcq-sur-Airvault *79* 168 B 3
Bord-Saint-Georges *23* 190 A 5
Bordeaux *33* 237 G 5
Bordeaux-en-Gâtinais *45* 112 A 4
Bordeaux-Mérignac *Aéroport de* *33* 237 F 5
Bordeaux-Saint-Clair *76* 18 D 4
Bordères *64* 314 C 5
Bordères-et-Lamensans *40* 294 B 2
Bordères-Louron *65* 333 H 3
Bordères-sur-l'Échez *65* 315 E 4
Les Bordes *36* 172 B 2
Les Bordes *45* 134 A 3
Bordes *64* 314 B 5
Bordes *65* 315 G 5
Les Bordes *71* 178 A 3
Les Bordes *89* 113 H 4
Les Bordes-Aumont *10* 115 E 2
Bordes-de-Rivière *31* 334 B 1
Les Bordes-sur-Arize *09* 335 H 1
Les Bordes-sur-Lez *09* 335 E 3
Bordezac *30* 283 H 2
Bords *17* 201 E 4
Borée *07* 248 A 5
Le Boréon *06* 291 E 2
Boresse-et-Martron *17* 238 D 1
Borest *60* 39 E 5
Borey *70* 141 G 4
Borgo *2B* 347 G 2
Bormes-les-Mimosas *83* 328 D 4
Le Born *31* 298 A 1
Le Born *48* 264 C 4
Born-de-Champs *24* 258 C 2
Bornambusc *76* 18 D 4
Bornay *39* 196 B 1
Borne *07* 265 G 3
La Borne *18* 155 G 4
Borne *43* 247 E 3
Bornel *60* 38 B 4
Borny *57* 65 H 1
Boron *90* 142 D 4
Borre *59* 3 H 5
Borrèze *24* 241 H 5
Bors *16* 220 C 5
Bors *16* 221 F 5
Bort-les-Orgues *19* 226 C 5
Bort-l'Étang *63* 210 B 5
Borville *54* 95 F 3
Le Bosc *09* 336 A 3
Le Bosc *34* 301 H 3
Bosc-Bénard-Commin *27* 35 H 3
Bosc-Bérenger *76* 20 C 4
Bosc-Bordel *76* 20 D 5
Bosc-Édeline *76* 20 D 5
Le Bosc du Theil *27* 35 H 4
Bosc-Guérard-Saint-Adrien *76* 20 B 5
Bosc-Hyons *76* 37 F 2
Bosc-le-Hard *76* 20 B 5
Bosc-Mesnil *76* 20 D 4
Le Bosc-Morel *27* 55 F 1
Le Bosc-Renoult *61* 54 D 2
Bosc-Renoult-en-Ouche *27* 55 G 2
Bosc-Renoult-en-Roumois *27* 35 G 3
Le Bosc-Roger-en-Roumois *27* 35 H 3
Bosc-Roger-sur-Buchy *76* 20 D 5
Boscamnant *17* 238 D 2
Boscherville *27* 35 H 3
Boscodon *Abbaye de* *05* 270 C 4
Bosdarros *64* 314 B 5
Bosgouet *27* 35 H 2
Bosguérard-de-Marcouville *27* 35 H 3
Bosjean *71* 178 D 4
Bosmie-l'Aiguille *87* 223 G 1
Bosmont-sur-Serre *02* 25 F 3
Bosmoreau-les-Mines *23* 206 D 3
Bosnormand *27* 35 H 3
Le Bosquel *80* 22 B 3
Bosquentin *27* 37 E 2
Bosrobert *27* 35 G 4
Bosroger *23* 207 H 3
Bossancourt *10* 92 A 5
Bossay-sur-Claise *37* 170 B 4
La Bosse *25* 163 E 4
La Bosse *41* 132 A 2
La Bosse *72* 108 B 3
La Bosse-de-Bretagne *35* 104 B 5
Bossée *37* 152 A 5
Bosselshausen *67* 68 C 3
Bossendorf *67* 68 C 4
Bosserville *54* 94 D 1
Bosset *24* 239 G 4
Bosseval-et-Briancourt *08* 27 E 3
Bossey *74* 215 G 1
Bossieu *38* 231 H 4
Les Bossons *74* 217 E 3
Bossugan *33* 256 D 1
Bossus-lès-Rumigny *08* 26 A 2
Bost *03* 210 C 1
Bostens *40* 274 A 5
Bostz *Château du* *03* 192 A 3
Bosville *76* 19 G 3
Botans *90* 142 C 3
Botforn *29* 99 G 4
Botmeur *29* 76 A 3
Botsorhel *29* 72 B 5
Les Bottereaux *27* 55 F 3
Botticella *2B* 345 F 1
Botz-en-Mauges *49* 148 D 3
Bou *45* 133 G 2
Bouafle *78* 57 H 2
Bouafles *27* 36 D 4
Bouan *09* 336 B 5
Bouaye *44* 147 F 4
Boubers-lès-Hesmond *62* 6 D 4
Boubers-sur-Canche *62* 12 C 2
Boubiers *60* 37 G 4
Bouc-Bel-Air *13* 327 E 1
Boucagnères *32* 296 B 5
Boucard *Château de* *18* 155 G 3
Boucau *64* 292 A 5
Boucé *03* 192 C 4
Boucé *61* 54 A 5
Boucey *50* 80 C 2
Le Bouchage *16* 203 H 2
Le Bouchage *38* 232 C 1
Bouchain *59* 14 C 2
Bouchamps-lès-Craon *53* 127 H 2
Le Bouchaud *03* 193 F 4
Le Bouchaud *39* 179 F 3
Bouchavesnes-Bergen *80* 23 G 1
Bouchemaine *49* 149 G 2
Boucheporn *57* 46 D 5
Bouchet *26* 285 F 2
Le Bouchet-Mont-Charvin *74* 216 A 4
Bouchet *Château du* *36* 170 D 5
Bouchet *Lac du* *43* 247 E 5
Le Bouchet-Saint-Nicolas *43* 247 E 5
Bouchevilliers *27* 37 F 2
Bouchoir *80* 23 E 3
Les Boucholeurs *17* 200 C 2
Bouchon *80* 12 B 5
Le Bouchon-sur-Saulx *55* 63 H 5
Les Bouchoux *39* 197 E 4
Bouchy-Saint-Genest *51* 60 C 5
Boucieu-le-Roi *07* 248 D 3
Bouclans *25* 162 B 3
Boucoiran-et-Nozières *30* 284 A 5
Bouconville *08* 42 D 3
Bouconville-sur-Madt *55* 65 E 4
Bouconville-Vauclair *02* 41 E 1
Bouconvillers *60* 37 H 5
Boucq *54* 65 E 5
Boudes *63* 227 H 4
Boudeville *76* 19 H 3
Boudin *73* 234 C 1
Boudou *82* 277 E 4
Boudrac *31* 316 A 5
Boudreville *21* 116 B 5
Boudy-de-Beauregard *47* 258 B 4
Boué *02* 15 F 5
Bouée *44* 147 E 2
Boueilh-Boueilho-Lasque *64* 294 B 5
Bouelles *76* 21 E 4
Bouër *72* 108 C 4
Bouère *53* 128 D 2
Bouessay *53* 128 D 2
Bouesse *36* 189 E 1
Bouëx *16* 221 G 2
La Bouëxière *35* 104 D 2
Bouffémont *95* 58 B 1
Boufféré *85* 166 A 2
Bouffignereux *02* 41 F 2
Boufflers *80* 11 H 2
Bouffry *41* 109 F 5
Bougainville *80* 22 A 2
Bougarber *64* 314 A 2
Bougé-Chambalud *38* 231 F 5
Bouges-le-Château *36* 171 H 1
Bougey *70* 140 C 3
Bougival *78* 58 A 3
Bouglainval *28* 86 B 2
Bougligny *77* 112 B 2
Bouglon *47* 275 E 1
Bougneau *17* 219 G 2
Bougnon *70* 141 E 3
Bougon *79* 185 G 4
Bougue *40* 294 B 1
Bouguenais *44* 147 G 4
Bougy *14* 33 F 5
Bougy-lez-Neuville *45* 111 E 4
Bouhans *71* 178 C 4
Bouhans-et-Feurg *70* 161 E 1
Bouhans-lès-Lure *70* 141 G 3
Bouhans-lès-Montbozon *70* 162 B 1
Bouhet *17* 201 E 1
Bouhey *21* 159 F 4
Bouhy *58* 156 C 1
Bouilh *Château du* *33* 237 H 4
Bouilh-Devant *65* 315 G 3
Bouilh-Péreuilh *65* 315 F 4
Bouilhonnac *11* 320 A 5
Bouillac *12* 261 G 4
Bouillac *24* 259 E 2
Bouillac *82* 297 F 2
La Bouilladisse *13* 327 F 1
Bouillancourt-en-Séry *80* 11 F 5
Bouillancourt-la-Bataille *80* 22 D 4
Bouillancy *60* 39 G 5
Bouilland *21* 159 G 5
Bouillargues *30* 304 A 2
La Bouille *76* 36 A 3
Bouillé-Courdault *85* 184 B 3
Bouillé-Loretz *79* 168 A 1
Bouillé-Ménard *49* 127 H 3
Bouillé-Saint-Paul *79* 167 H 1
La Bouillie *22* 79 E 2
Le Bouillon *61* 83 G 2
Bouillon *64* 294 A 5
Bouillonville *54* 65 E 3
Bouillouses *Lac des* *66* 341 F 3
Bouilly *10* 114 D 2
Bouilly *51* 41 F 4
Bouilly *89* 114 B 5
Bouilly-en-Gâtinais *45* 111 G 4
Bouin *62* 6 D 5
Bouin *79* 203 E 2
Bouin *85* 164 D 1
Bouin-Plumoison *62* 6 D 5
Bouisse *11* 338 A 2
Bouix *21* 138 A 2
Boujailles *25* 180 A 2
Boujan-sur-Libron *34* 321 G 3
Boujeons *25* 180 B 4
Boulages *10* 90 C 2
Boulaincourt *88* 94 C 4
Boulancourt *77* 111 H 2
Boulange *57* 45 F 3
Boulaur *32* 296 C 5
Le Boulay *37* 131 F 5
Le Boulay *88* 119 H 2
Boulay-les-Barres *45* 110 D 5
Boulay-les-Ifs *53* 83 E 4
Le Boulay-Morin *27* 56 B 1
Boulay-Moselle *57* 46 C 5
La Boulaye *71* 176 B 5
Boulazac-Isle-Manoire *24* 240 C 2
Boulbon *13* 304 C 1
Boulc *26* 268 C 2
Boule d'Amont *66* 342 C 3
Bouleternère *66* 342 C 2
Bouleurs *77* 59 G 3
Bouleuse *51* 41 F 4
Bouliac *33* 255 G 1
Boulieu-lès-Annonay *07* 248 D 1
Bouligneux *01* 213 F 2
Bouligney *70* 119 E 5
Bouligny *55* 45 E 4
Boulin *65* 315 F 4
Boullarre *60* 39 H 5
Le Boullay-les-Deux-Églises *28* 85 H 2
Boullay-les-Troux *91* 58 A 5
Le Boullay-Mivoye *28* 56 D 5
Le Boullay-Thierry *28* 86 A 2
Boulleret *18* 156 A 2
Boulleville *27* 35 E 2
Bouloc *31* 297 H 3
Bouloc-en-Quercy *82* 277 F 2
Boulogne *85* 166 A 3
Boulogne *Château de* *07* 266 B 2
Boulogne-Billancourt *92* 58 B 3
Boulogne-la-Grasse *60* 23 E 5
Boulogne-sur-Gesse *31* 316 B 4
Boulogne-sur-Helpe *59* 15 G 4
Boulogne-sur-Mer *62* 2 B 5
Bouloire *72* 108 B 5
Boulon *14* 53 G 1
Boulot *70* 161 H 2
Le Boulou *66* 343 E 4
Boulouris *83* 329 H 1
La Boulouze *50* 52 A 5
Boult *70* 161 H 2
Boult-aux-Bois *08* 43 E 1
Boult-sur-Suippe *51* 41 H 2
Le Boulvé *46* 259 F 5
Boulzicourt *08* 26 D 4
Boumois *Château de* *49* 150 B 3
Boumourt *64* 314 A 2
Bouniagues *24* 257 H 2
Le Boupère *85* 166 D 4
Bouquehault *62* 2 D 4
Bouquelon *27* 35 E 2
Bouquemaison *80* 12 D 3
Bouquemont *55* 64 C 2
Bouquet *30* 284 A 3
Bouquetot *27* 35 G 2
Bouqueval *95* 58 C 1
Bouranton *10* 91 E 5
Bouray-sur-Juine *91* 87 G 3
Bourbach-le-Bas *68* 142 D 1
Bourbach-le-Haut *68* 142 D 1
La Bourbansais *Château de* *35* 79 H 4
Bourberain *21* 160 C 1
Bourbévelle *70* 118 C 5
Bourbon-Lancy *71* 193 E 1
Bourbon-l'Archambault *03* 191 G 1
Bourbonne-les-Bains *52* 118 A 5
La Bourboule *63* 227 E 2
Bourbourg *59* 3 F 3
Bourbriac *22* 77 G 2
Bourcefranc-le-Chapus *17* 200 C 4
Bourcia *39* 196 A 4
Bourcq *08* 42 C 2
Bourdainville *76* 20 A 4
Bourdalat *40* 294 C 2
Bourdeau *73* 233 E 1
Bourdeaux *26* 267 H 3
Bourdeilles *24* 222 B 5
Le Bourdeix *24* 222 B 2
Bourdelles *33* 256 D 4
Bourdenay *10* 90 A 5
Le Bourdet *79* 184 C 5
Bourdettes *64* 314 B 5
Bourdic *30* 284 B 5
La Bourdinière-Saint-Loup *28* 86 A 5
Bourdon *80* 22 A 1
Bourdonnay *57* 67 E 5
Bourdonné *78* 57 F 4
Bourdons-sur-Rognon *52* 117 F 2
Bourecq *62* 7 G 3
Bouresches *02* 60 B 1
Bouresse *86* 186 D 4
Bouret-sur-Canche *62* 12 D 2
Boureuilles *55* 43 F 4
Bourg *33* 237 G 3
Le Bourg *46* 261 E 2
Bourg *52* 139 G 3
Bourg-Achard *27* 35 H 3
Bourg-Archambault *86* 187 G 4
Bourg-Argental *42* 248 C 1
Bourg-Beaudouin *27* 36 C 2
Bourg-Blanc *29* 70 C 5
Bourg-Bruche *67* 96 C 4
Bourg-Charente *16* 220 C 1
Le Bourg-d'Arud *38* 251 H 3
Bourg-de-Bigorre *65* 333 G 1
Bourg-de-Péage *26* 249 G 3
Bourg-de-Sirod *39* 179 H 4
Bourg-de-Thizy *69* 212 A 2
Bourg-de-Visa *82* 277 E 2
Bourg-des-Comptes *35* 104 A 5
Bourg-des-Maisons *24* 221 H 5
Le Bourg-d'Hem *23* 189 F 5
Le Bourg-d'Iré *49* 127 H 4
Le Bourg-d'Oisans *38* 251 G 3
Bourg-d'Oueil *31* 334 A 4
Bourg-du-Bost *24* 239 F 1
Le Bourg-Dun *76* 19 H 2
Bourg-en-Bresse *01* 195 H 5
Bourg-et-Comin *02* 40 D 2
Bourg-Fidèle *08* 26 C 1
Bourg-la-Reine *92* 58 C 4
Bourg-Lastic *63* 226 C 2
Bourg-le-Comte *71* 193 F 4
Bourg-le-Roi *72* 83 G 5
Bourg-lès-Valence *26* 249 F 4
Bourg-l'Évêque *49* 127 H 3
Bourg-Madame *66* 341 F 5
Bourg-Saint-Andéol *07* 284 D 1
Bourg-Saint-Bernard *31* 298 C 5
Bourg-Saint-Christophe *01* 213 H 4
Le Bourg-Saint-Léonard *61* 54 B 4
Bourg-Saint-Maurice *73* 234 D 1
Bourg-Sainte-Marie *52* 117 H 2
Bourg-sous-Châtelet *90* 142 C 2
Bourgaltroff *57* 67 E 3
Bourganeuf *23* 206 D 3
Bourgbarré *35* 104 B 4
Bourgeauville *14* 34 B 3
Bourges *18* 173 E 1
Le Bourget *93* 58 C 2
Le Bourget-du-Lac *73* 233 E 1
Bourget-en-Huile *73* 233 H 3
Bourgheim *67* 97 F 3
Bourghelles *59* 9 E 3
Bourgnac *24* 239 G 4
Bourgneuf *17* 183 G 5
Bourgneuf *73* 233 H 2
Bourgneuf-en-Mauges *49* 149 E 3
Bourgneuf-en-Retz *44* 146 D 5
Le Bourgneuf-la-Forêt *53* 105 G 2
Bourgogne *51* 41 G 3
Bourgoin-Jallieu *38* 232 A 2
Bourgon *53* 105 F 2
La Bourgonce *88* 96 A 4
La Bourgonnière *Chapelle de* *49* 148 C 2
Bourgougnague *47* 257 G 3
Bourguébus *14* 33 H 5
Bourgueil *37* 150 D 3
Bourguenolles *50* 51 H 3
Le Bourguet *83* 308 A 2
Bourguignon *25* 142 B 5
Bourguignon-lès-Conflans *70* 141 E 2
Bourguignon-lès-la-Charité *70* 161 H 1
Bourguignon-lès-Morey *70* 140 B 3
Bourguignon-sous-Coucy *02* 24 A 5
Bourguignon-sous-Montbavin *02* 40 C 1
Bourguignons *10* 115 G 3
Bourgvilain *71* 194 C 4
Bourideys *33* 273 H 1
Bouriège *11* 337 F 2
Bourigeole *11* 337 F 2
Bourisp *65* 333 G 4
Bourlens *47* 259 E 5
Bourlon *62* 14 A 3
Bourmont *52* 117 H 2
Bournainville-Faverolles *27* 35 E 5
Bournan *37* 170 A 1
Bournand *86* 168 D 1
Bournazel *12* 261 H 5
Bournazel *81* 279 F 4
Bourneau *85* 184 B 1
Bournel *47* 258 C 3
Bourneville-Sainte-Croix *27* 35 F 2
Bournezeau *85* 166 B 5
Bourniquel *24* 258 C 1
Bournois *25* 141 H 5
Bournoncle-Saint-Pierre *43* 228 A 5
Bournoncles *15* 245 H 5
Bournonville *62* 6 C 2
Bournos *64* 314 B 2
Bourogne *90* 142 C 4
Bourran *47* 275 G 1
Bourré *41* 152 D 3
Bourréac *65* 333 E 1
Bourret *82* 297 F 1
Bourriot-Bergonce *40* 274 B 3
Bourron-Marlotte *77* 88 B 5
Bourrou *24* 240 B 3
Bourrouillan *32* 295 E 2
Bours *62* 7 G 4
Bours *65* 315 E 4
Boursault *51* 61 F 1
Boursay *41* 109 F 4
Bourscheid *57* 67 H 4
Bourseul *22* 79 F 3
Bourseville *80* 11 E 3
Boursières *70* 141 E 4
Boursies *59* 14 A 4
Boursin *62* 2 C 5
Boursonne *60* 39 H 4
Bourth *27* 55 G 4
Bourthes *62* 6 D 3
Bourtzwiller *68* 143 F 1
Bourville *76* 19 H 3
Boury-en-Vexin *60* 37 F 4
Bousbach *57* 47 F 5
Bousbecque *59* 4 D 5
Le Bouscat *33* 237 G 5
Bousies *59* 15 E 4
Bousignies *59* 9 F 5
Bousignies-sur-Roc *59* 16 A 2
Le Bousquet *11* 337 F 5
Le Bousquet-d'Orb *34* 301 F 3
Boussac *12* 280 B 2
Boussac *23* 190 A 4
La Boussac *35* 80 B 2
Boussac *46* 261 E 3
Boussac-Bourg *23* 190 A 4
Boussais *79* 168 A 3
Boussan *31* 316 D 4
Boussay *37* 170 B 3
Boussay *44* 166 B 1

A B C D E F G H I J K L M N O P Q R S T U V W X Y Z

Bousse 57 ... 45 H4
Bousse 72 ... 129 G3
Bousselange 21 ... 178 C2
Boussenac 09 ... 335 H3
Boussenois 21 ... 139 F4
Boussens 31 ... 317 E5
Bousseraucourt 70 ... 118 C5
Boussès 47 ... 275 E3
Bousseviller 57 ... 48 C5
Boussey 21 ... 159 E2
Boussicourt 80 ... 22 D4
Boussières 25 ... 161 H4
Boussières-en-Cambrésis 59 ... 14 C4
Boussières-sur-Sambre 59 ... 15 G3
Boussois 59 ... 15 H2
Boussy 74 ... 215 F4
Boussy-Saint-Antoine 91 ... 58 D5
Boust 57 ... 45 H2
Boustroff 57 ... 66 D2
Le Bout-d'Oye 62 ... 3 E2
Bout-du-Lac 74 ... 215 H4
Bout du Monde *Cirque du* 21 ... 177 F2
Bout-du-Pont-de-Larn 81 ... 319 H2
Boutancourt 08 ... 26 D4
Boutavent 60 ... 21 G4
La Bouteille 02 ... 25 G2
Bouteilles-Saint-Sébastien 24 ... 221 G5
Boutenac 11 ... 338 C1
Boutenac-Touvent 17 ... 219 F3
Boutencourt 60 ... 37 G3
Boutervilliers 91 ... 87 F4
Bouteville 16 ... 220 C2
Bouthéon 42 ... 230 A3
Boutiers-Saint-Trojan 16 ... 220 B1
Boutigny 77 ... 59 G2
Boutigny-sur-Essonne 91 ... 87 H4
Boutigny-sur-Opton 28 ... 57 E4
Bouttencourt 80 ... 11 F5
Boutteville 50 ... 32 A2
Boutx 31 ... 334 C3
Bouvaincourt-sur-Bresle 80 ... 11 E4
Bouvancourt 51 ... 41 F3
Bouvante 26 ... 250 A4
Bouvante-le-Haut 26 ... 250 A5
Bouvelinghem 62 ... 3 E5
Bouvellemont 08 ... 26 D5
Bouvent 01 ... 196 C4
Bouverans 25 ... 180 B3
Bouvesse-Quirieu 38 ... 214 B5
Bouvières 26 ... 268 A4
Bouvignies 59 ... 9 E5
Bouvigny-Boyeffles 62 ... 8 A5
Bouville 28 ... 110 A2
Bouville 76 ... 19 H5
Bouville 91 ... 87 G4
Bouvincourt-en-Vermandois 80 ... 23 H2
Bouvines 59 ... 9 E3
Bouvresse 60 ... 21 G4
Bouvron 44 ... 147 E1
Bouvron 54 ... 65 F5
Boux-sous-Salmaise 21 ... 159 F1
Bouxières-aux-Bois 88 ... 95 E5
Bouxières-aux-Chênes 54 ... 66 B4
Bouxières-aux-Dames 54 ... 65 H5
Bouxières-sous-Froidmont 54 ... 65 G2
Bouxurulles 88 ... 95 E4
Bouxwiller 67 ... 68 B3
Bouxwiller 68 ... 143 F4
Bouy 51 ... 42 A5
Bouy-Luxembourg 10 ... 91 F4
Bouy-sur-Orvin 10 ... 89 H4
Bouyon 06 ... 309 F1
Le Bouyssou 46 ... 261 F2
Bouzais 18 ... 173 F5
Bouzancourt 52 ... 92 C5
Bouzanville 54 ... 94 D4
Bouze-lès-Beaune 21 ... 177 G1
Bouzèdes *Belvédère des* 30 ... 283 F1
Bouzel 63 ... 210 A5
Bouzemont 88 ... 95 E5
Bouzeron 71 ... 177 G3
Bouzic 24 ... 259 G2
Bouziès 46 ... 260 C5
Bouzigues 34 ... 322 D3
Bouzillé 49 ... 148 C2
Bouzin 31 ... 316 D5
Bouzincourt 80 ... 13 F5
Bouzon-Gellenave 32 ... 295 E3
Bouzonville 57 ... 46 C4
Bouzonville-aux-Bois 45 ... 111 G4
Bouzonville-en-Beauce 45 ... 111 G2
Bouzy 51 ... 61 H1
Bouzy-la-Forêt 45 ... 134 A2
Bovée-sur-Barboure 55 ... 93 G1
Bovel 35 ... 103 H4
Bovelles 80 ... 22 A2
Boves 80 ... 22 C2
Boviolles 55 ... 93 F1
Boyardville 17 ... 200 B3
Boyaval 62 ... 7 G4
Boyelles 62 ... 13 G3
Boyer 42 ... 211 H2
Boyer 71 ... 195 E1
Boyeux-Saint-Jérôme 01 ... 214 B2
Boynes 45 ... 111 H3
Boz 01 ... 195 F3
Bozas 07 ... 248 D3
Bozel 73 ... 234 C3
Bozouls 12 ... 263 E5
Brabant-en-Argonne 55 ... 43 G5
Brabant-le-Roi 55 ... 63 F3
Brabant-sur-Meuse 55 ... 43 H3
Brach 33 ... 236 D3
Brachay 52 ... 92 D4
Braches 80 ... 22 D3
Brachy 76 ... 20 A2
Bracieux 41 ... 153 G1
Bracon 39 ... 179 H2
Bracquemont 76 ... 10 B5
Bracquetuit 76 ... 20 B4
Bradiancourt 76 ... 20 D4
Braffais 50 ... 51 H4
Bragassargues 30 ... 303 F1
Bragayrac 31 ... 317 E2
Brageac 15 ... 243 H2
Bragelogne 10 ... 115 F5
Bragny-sur-Saône 71 ... 178 A2
La Brague 06 ... 309 F3
Brahic 07 ... 283 H1
Braillans 25 ... 162 A3
Brailly-Cornehotte 80 ... 11 H2
Brain 21 ... 159 E1
Brain-sur-Allonnes 49 ... 150 D3
Brain-sur-l'Authion 49 ... 149 H2
Brain-sur-Longuenée 49 ... 128 A5
Brain-sur-Vilaine 35 ... 126 A3
Brainans 39 ... 179 F3
Braine 02 ... 40 C3
Brains 44 ... 147 F4
Brains-sur-Gée 72 ... 107 F4
Brains-sur-les-Marches 53 ... 105 E5
Brainville 50 ... 31 G5
Brainville 54 ... 65 E1
Brainville-sur-Meuse 52 ... 117 H2
Braisnes-sur-Aronde 60 ... 39 F1
Braize 03 ... 173 G5
Bralleville 54 ... 94 D4
Bram 11 ... 319 F5
Bramabiau *Abîme du* 30 ... 282 C4
Bramans 73 ... 253 E1
Brametot 76 ... 19 H3
Bramevaque 65 ... 334 A2
Bran 17 ... 220 B5
Branceilles 19 ... 242 D4
Branches 89 ... 136 A2
Brancion 71 ... 195 E2
Brancourt-en-Laonnois 02 ... 40 C1
Brancourt-le-Grand 02 ... 24 B1
Brandérion 56 ... 123 G2
Brandeville 55 ... 43 H2
Brandivy 56 ... 124 A2
Brando 2B ... 345 G3
Brandon 71 ... 194 C4
Brandonnet 12 ... 279 G1
Brandonvillers 51 ... 91 H2
Branféré *Parc zoologique de* 56 ... 125 E4
Branges 02 ... 40 C4
Branges 71 ... 178 B5
Brangues 38 ... 232 C1
Brannay 89 ... 113 F2
Branne 25 ... 162 D2
Branne 33 ... 256 C1
Brannens 33 ... 256 C4
Branoux-les-Taillades 30 ... 283 G3
Brans 39 ... 161 E4
Bransat 03 ... 192 A4
Branscourt 51 ... 41 F3
Bransles 77 ... 112 C3
Brantes 84 ... 286 B3
Brantigny 88 ... 95 E4
Brantôme-en-Périgord 24 ... 222 C5
Branville 14 ... 34 B3
Branville-Hague 50 ... 28 D3
Braquis 55 ... 44 D5
Bras 83 ... 307 E5
Bras-d'Asse 04 ... 287 H5
Bras-sur-Meuse 55 ... 44 B5
Brasc 12 ... 280 D5
Brasles 02 ... 60 C1
Braslou 37 ... 169 F2
Brasparts 29 ... 76 A3
Brassac 09 ... 336 A3
Brassac 81 ... 300 A4
Brassac 82 ... 277 E3
Brassac-les-Mines 63 ... 228 A4
Brasseitte 55 ... 64 C4
Brassempouy 40 ... 293 G4
Brasseuse 60 ... 39 E4
Brassy 58 ... 158 A4
Brassy 80 ... 22 A3
Bratte 54 ... 65 H4
Braucourt 52 ... 92 B2
Braud-et-Saint-Louis 33 ... 237 F1
Braus *Col de* 06 ... 291 F4
Brauvilliers 55 ... 92 D2
Braux 04 ... 289 E4
Braux 08 ... 26 D2
Braux 10 ... 91 H3
Braux 21 ... 159 E2
Braux-le-Châtel 52 ... 116 C3
Braux-Saint-Remy 51 ... 63 E1
Braux-Sainte-Cohière 51 ... 43 E5
Bravone 2B ... 347 H5
Brax 31 ... 297 G4
Brax 47 ... 275 H3
Bray 27 ... 35 H5
Bray 71 ... 194 D2
Bray-Dunes 59 ... 3 H1
Bray-en-Val 45 ... 134 A3
Bray-et-Lû 95 ... 37 F5
Bray-la-Campagne 14 ... 33 H5
Bray-lès-Mareuil 80 ... 11 G4
Bray-Saint-Christophe 02 ... 24 A3
Bray-sur-Seine 77 ... 89 F4
Bray-sur-Somme 80 ... 23 E1
Braye 02 ... 40 B2
Braye-en-Laonnois 02 ... 40 D2
Braye-en-Thiérache 02 ... 25 F3
Braye-sous-Faye 37 ... 169 F2
Braye-sur-Maulne 37 ... 130 A5
Brazey-en-Morvan 21 ... 158 D5
Brazey-en-Plaine 21 ... 160 C5
Bréal-sous-Montfort 35 ... 103 H3
Bréal-sous-Vitré 35 ... 105 F3
Bréançon 95 ... 37 H5
Bréau 77 ... 88 D2
Bréau-et-Salagosse 30 ... 282 D5
Bréauté 76 ... 19 E4
Bréban 51 ... 91 G2
Brebières 62 ... 14 A2
Brebotte 90 ... 142 D3
Brécé 35 ... 104 C3
Brecé 53 ... 82 A4
Brécey 50 ... 52 A4
Brech 56 ... 124 A2
Brechainville 88 ... 93 G4
Bréchamps 28 ... 57 E5
Bréchaumont 68 ... 142 D2
Brèche au Diable 14 ... 53 H2
Brèches 37 ... 130 B5
Breconchaux 25 ... 162 B2
Brectouville 50 ... 52 B1
Brécy 02 ... 40 C5
Brécy 18 ... 155 G5
Brécy-Brières 08 ... 42 D3
La Brède 33 ... 255 G2
Brée 53 ... 106 B3
La Brée-les-Bains 17 ... 200 A2
Bréel 61 ... 53 G3
Brégnier-Cordon 01 ... 232 C1
Brégy 60 ... 59 G1
Bréhain 57 ... 66 D3
Bréhain-la-Ville 54 ... 45 E2
Bréhal 50 ... 51 G2
Bréhan 56 ... 102 B3
Bréhand 22 ... 78 C4
Bréhat *Île de* 22 ... 73 G2
Bréhec-en-Plouha 22 ... 73 G3
Bréhémont 37 ... 151 F3
Bréhéville 55 ... 43 H2
Breidenbach 57 ... 48 C5
Breil 49 ... 150 D1
Le Breil-sur-Mérize 72 ... 108 B4
Breil-sur-Roya 06 ... 291 G3
La Breille-les-Pins 49 ... 150 D3
Breilly 80 ... 22 B1
Breistroff-la-Grande 57 ... 45 H2
Breitenau 67 ... 96 D4
Breitenbach 67 ... 96 D4
Breitenbach-Haut-Rhin 68 ... 120 C3
Brélès 29 ... 70 B5
Brélidy 22 ... 73 E4
Brem-sur-Mer 85 ... 165 E5
Bréménil 54 ... 96 B2
Brêmes 62 ... 2 D4
Bremmelbach 67 ... 69 E1
Brémoncourt 54 ... 95 E3
Bremondans 25 ... 162 C3
Brémontier-Merval 76 ... 37 E1
Brémoy 14 ... 52 D1
Brémur-et-Vaurois 21 ... 138 B3
Bren 26 ... 249 F2
Brenac 11 ... 337 F3
Brenas 34 ... 301 G4
Brenat 63 ... 228 A3
Brénaz 01 ... 214 D3
Brenelle 02 ... 40 C2
Brengues 46 ... 261 E4
Brennes 52 ... 139 G3
Brennilis 29 ... 76 B3
Brénod 01 ... 214 C2
Brenon 83 ... 308 B2
Brenouille 60 ... 38 D3
Brenoux 48 ... 264 C5
Brens 01 ... 214 D5
Brens 81 ... 298 D1
Brenthonne 74 ... 198 A4
Breny 02 ... 40 B4
La Bréole 04 ... 270 A4
Brères 25 ... 179 G1
Bréry 39 ... 179 E4
Bresdon 17 ... 202 C4
Les Bréseux 25 ... 163 G3
Bresilley 70 ... 161 F3
Bresle 80 ... 22 D1
Bresles 60 ... 38 B2
Bresnay 03 ... 192 A3
Bresolettes 61 ... 84 C2
La Bresse 88 ... 120 B4
Bresse-sur-Grosne 71 ... 194 D1
Bressey-sur-Tille 21 ... 160 B3
Bressieux 38 ... 232 A5
Bressolles 01 ... 213 G4
Bressolles 03 ... 192 A2
Bressols 82 ... 277 H5
Bresson 38 ... 251 E2
Bressoncourt 52 ... 93 F3
Bressuire 79 ... 167 G3
Brest 29 ... 75 E2
Brestot 27 ... 35 G3
Bretagne 36 ... 171 H2
Bretagne 90 ... 142 D3
Bretagne-d'Armagnac 32 ... 295 F1
Bretagne-de-Marsan 40 ... 294 A1
Bretagnolles 27 ... 56 D2
Breteau 45 ... 135 E4
Breteil 35 ... 103 H2
Bretenière 21 ... 160 B4
La Bretenière 25 ... 162 B2
La Bretenière 39 ... 161 F5
Bretenières 39 ... 179 E2
Bretenoux 46 ... 243 E5
Breteuil 60 ... 22 B5
Breteuil *Château de* 78 ... 57 H5
Breteuil-sur-Iton 27 ... 55 H3
Brethel 61 ... 55 F5
Brethenay 52 ... 117 E3
Le Brethon 03 ... 191 E2
Bretigney 25 ... 142 A5
Bretigney-Notre-Dame 25 ... 162 C3
Bretignolles 79 ... 167 F3
Brétignolles *Château de* 37 ... 151 E5
Brétignolles-le-Moulin 53 ... 82 C3
Bretignolles-sur-Mer 85 ... 165 E5
Bretigny 21 ... 160 B2
Brétigny 27 ... 35 G4
Brétigny 60 ... 23 H5
Brétigny-sur-Orge 91 ... 87 H2
Bretoncelles 61 ... 85 E4
La Bretonnière-La Claye 85 ... 183 E2
Bretonvillers 25 ... 163 E4
Brette 26 ... 268 A3
Brette-les-Pins 72 ... 108 A5
Bretten 68 ... 142 D2
Brettes 16 ... 203 E3
Bretteville 50 ... 29 F3
Bretteville-du-Grand-Caux 76 ... 19 E4
Bretteville-le-Rabet 14 ... 53 H1
Bretteville-l'Orgueilleuse 14 ... 33 F4
Bretteville-Saint-Laurent 76 ... 19 H3
Bretteville-sur-Ay 50 ... 31 F3
Bretteville-sur-Dives 14 ... 54 A1
Bretteville-sur-Laize 14 ... 53 G1
Bretteville-sur-Odon 14 ... 33 G4
Brettnach 57 ... 46 C4
Bretx 31 ... 297 G3
Breuches 70 ... 141 G2
Breuchotte 70 ... 141 H2
Breugnon 58 ... 157 E2
Le Breuil 03 ... 210 D1
Le Breuil 51 ... 60 D2
Le Breuil 69 ... 212 C4
Le Breuil 71 ... 177 E4
Breuil 80 ... 23 G3
Breuil-Barret 85 ... 167 F5
Le Breuil-Bernard 79 ... 167 G5
Breuil-Bois-Robert 78 ... 57 F2
Breuil-Chaussée 79 ... 167 G3
Le Breuil-en-Auge 14 ... 34 C4
Le Breuil-en-Bessin 14 ... 32 C3
Le Breuil-la-Réorte 17 ... 201 F2
Breuil-le-Sec 60 ... 38 D2
Breuil-le-Vert 60 ... 38 C3
Breuil-Magné 17 ... 200 D3
Breuil-Mingot *Château du* 86 ... 186 C1
Le Breuil-sous-Argenton 79 ... 167 H2
Le Breuil-sur-Couze 63 ... 228 A4
Breuil-sur-Marne 52 ... 92 D3
Breuil-sur-Vesle 51 ... 41 E3
Breuilaufa 87 ... 205 F2
Breuilh 24 ... 240 C3
Breuillet 17 ... 218 C1
Breuillet 91 ... 87 G2
Breuilpont 27 ... 56 D2
Breurey-lès-Faverney 70 ... 141 E3
Breuschwickersheim 67 ... 97 G1
Breuvannes 52 ... 117 H3
Breuvery-sur-Coole 51 ... 62 A3
Breuville 50 ... 29 E4
Breux 55 ... 44 B1
Breux-Jouy 91 ... 87 G2
Breux-sur-Avre 27 ... 56 B4
Brévainville 41 ... 109 H5
Bréval 78 ... 57 E2
Brévands 50 ... 32 A2
Brevans 39 ... 161 E5
Le Brévedent 14 ... 34 D4
Brèves 58 ... 157 F2
Les Bréviaires 78 ... 57 G5
Bréviandes 10 ... 115 E2
La Brévière 14 ... 54 C2
Bréville 14 ... 33 H4
Bréville 16 ... 202 C5
Bréville-sur-Mer 50 ... 51 F2
Brévillers 62 ... 11 H1
Brévillers 80 ... 12 D3
Brevilliers 70 ... 142 B3
Brévilly 08 ... 27 G4
Brévonnes 10 ... 91 G5
Bréxent-Énocq 62 ... 6 B4
Brey-et-Maison du-Bois 25 ... 180 C4
Brézal *Moulin de* 29 ... 71 F5
Brézé 49 ... 150 C5
Brézellec *Pointe de* 29 ... 98 D2
Bréziers 05 ... 270 A5
Brézilhac 11 ... 319 F5
Brézins 38 ... 232 A5
Brézolles 28 ... 56 A5
Brezons 15 ... 245 E4
Le Brézouard 68 ... 96 C5
Briançon 05 ... 252 D4
Briançonnet 06 ... 308 C1
Brianny 21 ... 158 D2
Briant 71 ... 193 H4
Briantes 36 ... 189 G2
Briare 45 ... 134 D5
Briarres-sur-Essonne 45 ... 111 H2
Brias 62 ... 7 G5
Briastre 59 ... 14 D4
Briatexte 81 ... 298 D3
Briaucourt 52 ... 117 E2
Briaucourt 70 ... 141 F2
Bricon 52 ... 116 C4
Briconville 28 ... 86 A3
Bricot-la-Ville 51 ... 60 D5
Bricquebec-en-Cotentin 50 ... 29 E5
Bricquebosq 50 ... 28 D4
Bricqueville 14 ... 32 C3
Bricqueville-la-Blouette 50 ... 51 G1
Bricqueville-sur-Mer 50 ... 51 F2
Bricy 45 ... 110 D5
Brides-les-Bains 73 ... 234 C3
La Bridoire 73 ... 232 D3
Bridoire *Château de* 24 ... 257 H1
Bridoré 37 ... 170 C1
Brie 02 ... 24 C5
Brie 09 ... 318 A5
Brie 16 ... 221 F1
Brie 35 ... 104 C5
Brie 79 ... 168 C2
Brie 80 ... 23 G2
Brie-Comte-Robert 77 ... 59 E5
Brié-et-Angonnes 38 ... 251 E2
Brie-sous-Archiac 17 ... 220 B3
Brie-sous-Barbezieux 16 ... 220 D4
Brie-sous-Chalais 16 ... 220 D5
Brie-sous-Matha 17 ... 202 C5
Brie-sous-Mortagne 17 ... 219 F3
Briec 29 ... 100 A2
Briel-sur-Barse 10 ... 115 G2
Brielles 35 ... 105 F4
Brienne 71 ... 195 F1
Brienne-la-Vieille 10 ... 91 H4
Brienne-le-Château 10 ... 91 H4
Brienne-sur-Aisne 08 ... 41 G2
Briennon 42 ... 211 G1
Brienon-sur-Armançon 89 ... 114 A5
Brières-les-Scellés 91 ... 87 F4
Brieuil-sur-Chizé 79 ... 202 B1
Brieulles-sur-Bar 08 ... 43 E1
Brieulles-sur-Meuse 55 ... 43 G2
Brieux 61 ... 54 A3
Briey 54 ... 45 F4
Briffons 63 ... 226 D1
Brignac 34 ... 302 A4
Brignac 56 ... 103 E2
Brignac 87 ... 206 B4
Brignac-la-Plaine 19 ... 241 H2
Brignais 69 ... 231 E1
Brignancourt 95 ... 37 H5
Brigné 49 ... 149 H4
Brignemont 31 ... 297 E3
Brignogan-Plages 29 ... 71 E3
Brignoles 83 ... 328 B1
Brignon 30 ... 284 A5
Le Brignon 43 ... 247 F5
Brignoud 38 ... 251 F1
La Brigue 06 ... 291 H2
Brigueil-le-Chantre 86 ... 187 H3
Brigueuil 16 ... 204 D3
Briis-sous-Forges 91 ... 87 F2
Brillac 16 ... 204 D2
La Brillanne 04 ... 287 F5
Brillecourt 10 ... 91 G3
Brillevast 50 ... 29 G3
Brillon 59 ... 9 F5
Brillon-en-Barrois 55 ... 63 G4
Brimeux 62 ... 6 C4
Brimont 51 ... 41 G3
Brin-sur-Seille 54 ... 66 B4
Brinay 18 ... 154 C5
Brinay 58 ... 175 G2
Brinckheim 68 ... 143 G3
Brindas 69 ... 230 D1
Bringolo 22 ... 73 F5
Brinon-sur-Beuvron 58 ... 157 E4
Brinon-sur-Sauldre 18 ... 154 D1
Briod 39 ... 179 F5
Briollay 49 ... 128 C5
Brion 01 ... 214 C1
Brion 36 ... 171 H2
Brion 38 ... 232 A5
Brion 48 ... 263 H2
Brion 49 ... 150 B2
Brion 71 ... 176 C3
Brion 86 ... 186 C4
Brion 89 ... 113 H5
Brion *Pont de* 38 ... 250 D5
Brion-près-Thouet 79 ... 168 B1
Brion-sur-Ource 21 ... 116 A5
La Brionne 23 ... 206 D1
Brionne 27 ... 35 G4
Briord 01 ... 214 B5
Briosne-lès-Sables 72 ... 108 A3
Briot 60 ... 21 H4
Briou 41 ... 132 B3
Brioude 43 ... 246 B1
Brioux-sur-Boutonne 79 ... 202 C1
Briouze 61 ... 53 G5
Briquemesnil-Floxicourt 80 ... 22 A2
Briquenay 08 ... 43 E2
Briscous 64 ... 292 B5
Brison 73 ... 215 E5
Brison-Saint-Innocent 73 ... 215 E5
Brissac 34 ... 302 C1
Brissac *Château de* 49 ... 149 H3
Brissac-Quincé 49 ... 149 H3
Brissarthe 49 ... 128 D4
Brissay-Choigny 02 ... 24 B3
Brissy-Hamégicourt 02 ... 24 B3
Brive-la-Gaillarde 19 ... 242 B2
Brives 36 ... 172 B4
Brives-Charensac 43 ... 247 F3
Brives-sur-Charente 17 ... 219 H1
Brivezac 19 ... 243 E4
Brix 50 ... 29 E4
Brixey-aux-Chanoines 55 ... 94 A3
Brizambourg 17 ... 201 H5
Brizay 37 ... 169 F1

Brizeaux 55 ... 63 G1
Brizon 74 ... 216 B2
Le Broc 06 ... 291 E5
Broc 49 ... 129 H5
Le Broc 63 ... 228 A3
Brocas 40 ... 273 H4
Brochon 21 ... 160 A4
Brocottes 14 ... 34 A4
Brocourt 80 ... 21 G2
Brocourt-en-Argonne 55 ... 43 G5
Broglie 27 ... 55 F1
Brognard 25 ... 142 C4
Brognon 08 ... 26 A1
Brognon 21 ... 160 B2
Broin 21 ... 178 B1
Broindon 21 ... 160 A4
Broissia 39 ... 196 B3
Brombos 60 ... 21 G4
Bromeilles 45 ... 112 A3
Brommat 12 ... 262 D1
Bromont-Lamothe 63 ... 209 E5
Bron 69 ... 231 F1
Broncourt 52 ... 140 B3
Bronvaux 57 ... 45 G5
Broons 22 ... 79 F5
Broons-sur-Vilaine 35 ... 104 D3
La Broque 67 ... 96 D2
Broquiers 60 ... 21 G4
Broquiès 12 ... 281 E5
Brossac 16 ... 220 D5
Brossainc 07 ... 230 D5
Brossay 49 ... 150 A5
La Brosse-Montceaux 77 ... 89 E5
Brosses 89 ... 157 G1
Brosville 27 ... 36 B5
Brotonne *Pont de* 76 ... 35 G1
Brotte-lès-Luxeuil 70 ... 141 G3
Brotte-lès-Ray 70 ... 140 B5
Brottes 52 ... 117 E3
Brou 01 ... 195 H5
Brou 28 ... 109 G2
Brou-sur-Chantereine 77 ... 59 E3
Brouage 17 ... 200 C4
Brouains 50 ... 52 B4
Broualan 35 ... 80 B3
Brouay 14 ... 33 F4
Brouchaud 24 ... 241 E2
Brouchy 80 ... 23 H4
Brouck 57 ... 46 C5
Brouckerque 59 ... 3 F3
Brouderdorff 57 ... 67 H5
Broué 28 ... 57 E4
Brouennes 55 ... 27 H5
Le Brouilh-Monbert 32 ... 295 H4
Brouilla 66 ... 343 E3
Brouillet 51 ... 41 E4
Brouis *Col de* 06 ... 291 G4
Brouqueyran 33 ... 256 C4
La Brousse 17 ... 202 B4
Brousse 23 ... 208 C3
Brousse 63 ... 228 B2
Brousse 81 ... 299 F3
Brousse-le-Château 12 ... 280 D5
Brousses-et-Villaret 11 ... 319 G3
Brousseval 52 ... 92 C3
Broussey-en-Blois 55 ... 93 G1
Broussey-en-Woëvre 55 ... 64 D4
Broussy-le-Grand 51 ... 61 F4
Broussy-le-Petit 51 ... 61 F4
Broût-Vernet 03 ... 210 A1
Brouthières 52 ... 93 F4
Brouvelieures 88 ... 95 H5
Brouville 54 ... 95 H2
Brouviller 57 ... 67 H4
Brouy 91 ... 87 G5
Brouzet-lès-Alès 30 ... 284 A3
Brouzet-lès-Quissac 30 ... 303 E2
Les Brouzils 85 ... 166 A2
Brovès 83 ... 308 B3
Broxeele 59 ... 3 G4
Broye 71 ... 176 D3
Broye-les-Loups-
et-Verfontaine 70 ... 160 D1
Broye-lès-Pesmes 70 ... 161 E3
Broyes 51 ... 61 E4
Broyes 60 ... 22 D5
Broze 81 ... 298 D1
Brû 88 ... 95 H4
Bruailles 71 ... 195 H1
Bruay-la-Buissière 62 ... 7 H4
Bruay-sur-l'Escaut 59 ... 9 G5
Bruc-sur-Aff 35 ... 125 H2
Brucamps 80 ... 12 B5
Bruch 47 ... 275 G3
Brucheville 50 ... 32 A2
Brucourt 14 ... 34 A4
Brue-Auriac 83 ... 307 E5
Bruebach 68 ... 143 F2
Brueil-en-Vexin 78 ... 57 G1
Bruère-Allichamps 18 ... 173 E4
La Bruère-sur-Loir 72 ... 130 B4
La Bruffière 85 ... 166 B1
Brugairolles 11 ... 337 F1
Le Brugeron 63 ... 228 D1
Bruges 33 ... 237 F5
Bruges 64 ... 332 B1
Brugheas 03 ... 210 B2
Brugnac 47 ... 257 H5
Brugnens 32 ... 296 C2
Brugny-Vaudancourt 51 ... 61 F1
La Bruguière 30 ... 284 B4
Bruguières 31 ... 297 H3
Bruille-lez-Marchiennes 59 ... 9 E5
Bruille-Saint-Amand 59 ... 9 G4
Bruis 05 ... 268 C4
Brûlain 79 ... 185 E5
Les Brulais 35 ... 103 G5
Brulange 57 ... 66 D2
La Brûlatte 53 ... 105 G3
Bruley 54 ... 65 F5
Brullemail 61 ... 54 D5
Brullioles 69 ... 212 C5
Brûlon 72 ... 107 E5
Brumath 67 ... 68 D4
Brumetz 02 ... 40 A5
Brunehamel 02 ... 25 H3
Brunelles 28 ... 85 E5
Les Brunels 11 ... 319 E3
Brunembert 62 ... 2 D5
Brunémont 59 ... 14 A2
Brunet 04 ... 307 E1
Bruniquel 82 ... 278 C5
Brunissard 05 ... 253 E5
Brunoy 91 ... 58 D5
Brunstatt-Didenheim 68 ... 143 F2
Brunville 76 ... 10 C5
Brunvillers-la-Motte 60 ... 22 D5
Le Brusc 83 ... 327 H5
Brusque 12 ... 301 E3
Le Brusquet 04 ... 288 B3
Brussey 70 ... 161 G3
Brussieu 69 ... 230 C1
Brusson 51 ... 62 D4
Brusvily 22 ... 79 G4
Brutelles 80 ... 11 E3
Bruville 54 ... 65 F1
Brux 86 ... 186 A5
La Bruyère 70 ... 141 H2
Bruyères 88 ... 95 H5
Bruyères-
et-Montbérault 02 ... 40 D1
Bruyères-le-Châtel 91 ... 87 G2
Bruyères-sur-Fère 02 ... 40 C4
Bruyères-sur-Oise 95 ... 38 C5
Bruys 02 ... 40 D3
Bruz 35 ... 104 A4
Bry 59 ... 15 E2
Bry-sur-Marne 94 ... 58 D3
Bû 28 ... 57 E4
Le Bû-sur-Rouvres 14 ... 53 H1
Buais-les-Monts 50 ... 81 G2
Buanes 40 ... 294 A3
Bubertré 61 ... 84 C2
Bubry 56 ... 101 G4
Buc 78 ... 58 A4
Buc 90 ... 142 B3
Bucamps 60 ... 38 C1
Bucéels 14 ... 33 E4
Bucey-en-Othe 10 ... 114 C2
Bucey-lès-Gy 70 ... 161 G2
Bucey-lès-Traves 70 ... 140 D4
Buchelay 78 ... 57 F2
Buchères 10 ... 115 E2
Buchey 52 ... 92 C5
Buchy 57 ... 66 B2
Buchy 76 ... 20 D5
Bucilly 02 ... 25 G2
Bucquoy 62 ... 13 F4
Bucy-le-Long 02 ... 40 B2
Bucy-le-Roi 45 ... 111 E4
Bucy-lès-Cerny 02 ... 24 C5
Bucy-lès-Pierrepont 02 ... 25 F4
Bucy-Saint-Liphard 45 ... 110 C5
Budelière 23 ... 190 C5
Buding 57 ... 46 B3
Budling 57 ... 46 B3
Budos 33 ... 255 H4
Bué 18 ... 155 H3
Bueil 27 ... 56 D2
Bueil-en-Touraine 37 ... 130 C5
Buellas 01 ... 195 G5
Le Buet 74 ... 217 E2
Buethwiller 68 ... 143 E2
Buffard 25 ... 179 G1
Buffières 71 ... 194 C3
Buffignécourt 70 ... 140 D2
Buffon 21 ... 137 G4
Bugarach 11 ... 337 H4
Bugard 65 ... 315 G5
Bugeat 19 ... 225 F2
Bugnein 64 ... 313 F3
Bugnicourt 59 ... 14 B2
Bugnières 52 ... 116 D5
Bugny 25 ... 180 C1
Le Bugue 24 ... 241 E5
Buhl 67 ... 69 F2
Buhl 68 ... 120 D4
Buhl-Lorraine 57 ... 67 H5
Buhy 95 ... 37 F4
Buicourt 60 ... 37 G1
Buigny-l'Abbé 80 ... 11 H3
Buigny-lès-Gamaches 80 ... 11 E4
Buigny-Saint-Maclou 80 ... 11 G3
Buire 02 ... 25 G1
Buire-au-Bois 62 ... 12 B3
Buire-Courcelles 80 ... 23 H1
Buire-le-Sec 62 ... 6 C5
Buire-sur-l'Ancre 80 ... 23 E1
Buironfosse 02 ... 25 E1
Le Buis 87 ... 205 G2
Buis-les-Baronnies 26 ... 286 A2
Buis-sur-Damville 27 ... 56 B3
Buissard 05 ... 269 H2
La Buisse 38 ... 232 C5
La Buissière 38 ... 233 F4
Le Buisson 48 ... 264 A3
Le Buisson 51 ... 62 D4
Buisson 84 ... 285 G2
Le Buisson-
de-Cadouin 24 ... 258 D1
Buissoncourt 54 ... 66 B5
Buissy 62 ... 14 A3
Bujaleuf 87 ... 206 C5
Bulainville 55 ... 63 H1
Bulan 65 ... 333 G2
Bulat-Pestivien 22 ... 77 F2
Bulcy 58 ... 156 B4
Buléon 56 ... 102 B4
Bulgnéville 88 ... 118 B2
Bulhon 63 ... 210 B4
Bullainville 28 ... 110 B3
Bulle 25 ... 180 B2
Bullecourt 62 ... 13 H3
Bulles 60 ... 38 C1
Bulligny 54 ... 94 B2
Bullion 78 ... 87 E2
Bullou 28 ... 109 H2
Bully 14 ... 33 G5
Bully 42 ... 211 G4
Bully 69 ... 212 C4
Bully 76 ... 20 D3
Bully-les-Mines 62 ... 8 A4
Bulson 08 ... 27 E4
Bult 88 ... 95 G5
Bun 65 ... 332 C2
Buncey 21 ... 138 A2
Buneville 62 ... 12 D2
Buno-Bonnevaux 91 ... 87 H5
Bunodière *Hêtre de la* 76 ... 37 E1
Bunus 64 ... 311 G5
Bunzac 16 ... 221 G1
Buoux 84 ... 305 H2
Burbach 67 ... 67 H3
La Burbanche 01 ... 214 C4
Burbure 62 ... 7 H3
Burcin 38 ... 232 B4
Burcy 14 ... 52 D3
Burcy 77 ... 112 A2
Burdignes 42 ... 248 C1
Burdignin 74 ... 198 A5
Bure 55 ... 93 F3
Bure 57 ... 45 F2
Buré 61 ... 84 A3
Bure-les-Templiers 21 ... 138 D3
Burelles 02 ... 25 F3
Bures 54 ... 66 D5
Bures 61 ... 84 A2
Bures-en-Bray 76 ... 20 C3
Bures-les-Monts 14 ... 52 C2
Bures-sur-Dives 14 ... 33 H4
Bures-sur-Yvette 91 ... 58 A5
Le Buret 53 ... 106 B5
Burey 27 ... 56 A2
Burey-en-Vaux 55 ... 93 H2
Burey-la-Côte 55 ... 94 A3
Burg 65 ... 315 G5
Burgalays 31 ... 334 B3
Burgaronne 64 ... 311 H3
Le Burgaud 31 ... 297 F2
Burgille 25 ... 161 G3
Burgnac 87 ... 223 G1
Burgy 71 ... 195 E3
Burie 17 ... 201 H5
Buriville 54 ... 95 H2
Burlats 81 ... 299 H4
Burlioncourt 57 ... 66 D3
Burnand 71 ... 194 C1
Burnevillers 25 ... 163 H2
Burnhaupt-le-Bas 68 ... 143 E2
Burnhaupt-le-Haut 68 ... 143 E2
Buron 63 ... 228 A2
Buros 64 ... 314 B3
Burosse-Mendousse 64 ... 294 C5
Burret 09 ... 336 A3
Bursard 61 ... 83 H3
Burthecourt-
aux-Chênes 54 ... 95 E1
Burtoncourt 57 ... 46 B4
Bury 60 ... 38 C3
Burzet 07 ... 266 A2
Burzy 71 ... 194 C1
Bus 62 ... 13 H5
Bus-la-Mésière 80 ... 23 E4
Bus-lès-Artois 80 ... 13 E4
Bus-Saint-Rémy 27 ... 37 F5
Busca-Maniban
Château de 32 ... 295 G1
Buschwiller 68 ... 143 H3
Busigny 59 ... 14 D5
Busloup 41 ... 131 H2
Busnes 62 ... 7 H3
Busque 81 ... 299 E3
Bussac 24 ... 240 B1
Bussac-Forêt 17 ... 237 H1
Bussac-sur-Charente 17 ... 201 G5
Bussaglia *Plage de* 2A ... 346 B5
Bussang 88 ... 120 B5
Bussang *Col de* 88 ... 120 B5
Le Busseau 79 ... 184 C1
Busseau-sur-Creuse 23 ... 207 F2
Busseaut 21 ... 138 B3
Busséol 63 ... 228 A1
Busserolles 24 ... 222 C1
Busserotte-
et-Montenaille 21 ... 139 E4
Busset 03 ... 210 C2
Bussiares 02 ... 60 A1
La Bussière 45 ... 134 D4
La Bussière 86 ... 187 F1
Bussière-Badil 24 ... 222 B2
Bussière-Boffy 87 ... 204 D2
Bussière-Dunoise 23 ... 189 E5
Bussière-Galant 87 ... 223 F2
Bussière-Nouvelle 23 ... 208 B3
Bussière-Poitevine 87 ... 187 G5
Bussière-
Saint-Georges 23 ... 189 H3
La Bussière-sur-Ouche 21 ... 159 G4
Bussières 21 ... 138 D4
Bussières 42 ... 212 A5
Bussières 63 ... 208 D2
Bussières 70 ... 161 H2
Bussières 71 ... 194 D4
Bussières 77 ... 60 A2
Bussières 89 ... 158 B2
Bussières-et-Pruns 63 ... 210 A3
Busson 52 ... 93 F5
Bussu 80 ... 23 G1
Bussunarits-
Sarrasquette 64 ... 330 C1
Bussurel 70 ... 142 B4
Bussus-Bussuel 80 ... 11 H3
Bussy 18 ... 173 G3
Bussy 60 ... 23 G5
Bussy-Albieux 42 ... 211 G5
Bussy-en-Othe 89 ... 114 A4
Bussy-la-Côte 55 ... 63 G3
Bussy-la-Pesle 21 ... 159 G2
Bussy-la-Pesle 58 ... 157 E4
Bussy-le-Château 51 ... 62 C1
Bussy-le-Grand 21 ... 138 A5
Bussy-le-Repos 51 ... 63 E2
Bussy-le-Repos 89 ... 113 F4
Bussy-lès-Daours 80 ... 22 C1
Bussy-lès-Poix 80 ... 21 H2
Bussy-Lettrée 51 ... 62 A4
Bussy-Rabutin
Château de 21 ... 138 A5
Bussy-Saint-Georges 77 ... 59 E3
Bussy-Saint-Martin 77 ... 59 E3
Bust 67 ... 68 A3
Bustanico 2B ... 347 F4
Bustince-Iriberry 64 ... 330 C1
Buswiller 67 ... 68 C3
Busy 25 ... 161 H4
Butgnéville 55 ... 64 D1
Buthiers 70 ... 162 A2
Buthiers 77 ... 111 H2
Butot 76 ... 20 A5
Butot-Vénesville 76 ... 19 F2
Butry-sur-Oise 95 ... 58 B1
Butteaux 89 ... 114 C5
Butten 67 ... 68 A2
Buverchy 80 ... 23 G3
Buvilly 39 ... 179 F3
La Buxerette 36 ... 189 F2
Buxerolles 21 ... 138 D3
Buxerolles 86 ... 186 C1
Buxerulles 55 ... 64 D3
Buxeuil 10 ... 115 G4
Buxeuil 36 ... 153 H5
Buxeuil 86 ... 169 H2
Buxières-d'Aillac 36 ... 189 E1
Buxières-lès-Clefmont 52 ... 117 G3
Buxières-les-Mines 03 ... 191 G3
Buxières-lès-Villiers 52 ... 116 D3
Buxières-sous-les-Côtes 55 ... 64 D3
Buxières-
sous-Montaigut 63 ... 209 F1
Buxières-sur-Arce 10 ... 115 H3
Buxy 71 ... 177 G5
Buysscheure 59 ... 3 G4
Buzan 09 ... 335 E3
Buzançais 36 ... 171 F3
Buzancy 02 ... 40 B3
Buzancy 08 ... 43 F2
Buzeins 12 ... 281 G1
Buzet-sur-Baïse 47 ... 275 F2
Buzet-sur-Tarn 31 ... 298 B3
Buziet 64 ... 314 A5
Buzignargues 34 ... 303 E3
Buzon 65 ... 315 F2
Buzy 55 ... 44 D5
Buzy 64 ... 314 A5
By 25 ... 179 H1
Byans-sur-Doubs 25 ... 161 G5

C

Cabanac 65 ... 315 G4
Cabanac-Cazaux 31 ... 334 C2
Cabanac-et-Villagrains 33 ... 255 G3
Cabanac-Séguenville 31 ... 297 E2
La Cabanasse 66 ... 341 G4
Cabanès 12 ... 279 H3
Cabanès 81 ... 299 E3
Les Cabanes-de-Fitou 11 ... 339 E3
Le Cabanial 31 ... 318 D2
Les Cabannes 09 ... 336 B5
Cabannes 13 ... 305 E1
Les Cabannes 81 ... 279 F4
Cabara 33 ... 256 C1
Cabariot 17 ... 201 E3
Cabas-Loumassès 32 ... 316 B3
Cabasse 83 ... 328 C1
Cabasson 83 ... 328 D4
Le Cabellou 29 ... 100 A4
Cabestany 66 ... 343 F2
Cabidos 64 ... 294 A5
Cabourg 14 ... 34 A3
Cabre *Col de* 05 ... 268 D4
Cabrerets 46 ... 260 C5
Cabrerolles 34 ... 301 F5
Cabrespine 11 ... 320 A3
Cabrières 30 ... 304 A1
Cabrières 34 ... 301 H5
Cabrières-d'Aigues 84 ... 306 A2
Cabrières-d'Avignon 84 ... 305 F1
Cabriès 13 ... 326 D1
Cabris 06 ... 308 D3
Cachan 94 ... 58 C4
Cachen 40 ... 274 A4
Cachy 80 ... 22 D2
Cadalen 81 ... 299 E2
Cadarache *Barrage de* 13 ... 306 C3
Cadarcet 09 ... 336 A2
Cadarsac 33 ... 238 B5
Cadaujac 33 ... 255 G1
Cadéac 65 ... 333 G3
Cadeilhan 32 ... 296 C2
Cadeilhan-Trachère 65 ... 333 G4
Cadeillan 32 ... 316 D2
Cademène 25 ... 162 A5
Caden 56 ... 125 F4
Les Cadeneaux 13 ... 326 D1
Cadenet 84 ... 305 H3
Caderousse 84 ... 285 E4
La Cadière-d'Azur 83 ... 327 H4
La Cadière-et-Cambo 30 ... 302 D1
Cadillac 33 ... 256 B3
Cadillac-en-Fronsadais 33 ... 237 H4
Cadillon 64 ... 294 D5
Cadix 81 ... 280 C5
Cadolive 13 ... 327 F1
Cadouin 24 ... 258 D1
Cadours 31 ... 297 E3
Cadrieu 46 ... 261 E5
Caen 14 ... 33 G4
Caëstre 59 ... 4 A5
Caffiers 62 ... 2 C4
Cagnac-les-Mines 81 ... 279 G5
Cagnano 2B ... 345 G2
Cagnes-sur-Mer 06 ... 309 G3
Cagnicourt 62 ... 13 H3
Cagnoncles 59 ... 14 C3
Cagnotte 40 ... 292 D4
Cagny 14 ... 33 H5
Cagny 80 ... 22 C2
Cahagnes 14 ... 32 D5
Cahagnolles 14 ... 32 D4
Cahaignes 27 ... 37 E4
Cahan 61 ... 53 F3
Caharet 65 ... 315 G5
Cahon 80 ... 11 F3
Cahors 46 ... 260 B5
Cahus 46 ... 243 E5
Cahuzac 11 ... 318 D5
Cahuzac 47 ... 258 B3
Cahuzac 81 ... 319 F2
Cahuzac-sur-Adour 32 ... 295 E4
Cahuzac-sur-Vère 81 ... 279 E5
Caignac 31 ... 318 C4
Le Cailar 30 ... 303 G4
Cailhau 11 ... 337 F1
Cailhavel 11 ... 319 F5
Cailla 11 ... 337 G4
Caillac 46 ... 259 H5
Caillavet 32 ... 295 H3
Caille 06 ... 308 C2
La Caille *Ponts de la* 74 ... 215 G2
La Caillère 85 ... 183 H1
Cailleville 76 ... 19 G2
Caillouël-Crépigny 02 ... 23 H5
Caillouet-Orgeville 27 ... 56 C1
Cailloux-sur-Fontaines 69 ... 213 E4
Cailly 76 ... 20 C5
Cailly-sur-Eure 27 ... 36 C5
La Caine 14 ... 53 F1
Cairanne 84 ... 285 F2
Le Caire 04 ... 269 G5
Cairon 14 ... 33 F4
Caisnes 60 ... 39 H1
Caissargues 30 ... 303 H2
Caix 80 ... 23 E2
Caixas 66 ... 342 D3
Caixon 65 ... 315 E2
Cajarc 46 ... 261 E5
Cala Rossa 2A ... 351 G2
Calacuccia 2B ... 346 D4
Calais 62 ... 2 C3
Calamane 46 ... 259 H4
Calan 56 ... 101 E5
Calanhel 22 ... 77 E2
Calas 13 ... 326 D1
Calavanté 65 ... 315 F5
Calcatoggio 2A ... 348 C2
Calce 66 ... 338 C5
Caldégas 66 ... 341 F4
Calenzana 2B ... 346 C2
Calès 24 ... 258 D1
Calès 46 ... 260 B1
Calignac 47 ... 275 G4
Caligny 61 ... 53 E3
Callac 22 ... 77 E3
Callac 56 ... 124 D2
Callas 83 ... 308 B4
Callen 40 ... 273 H1
Callengeville 76 ... 21 E2
Calleville 27 ... 35 G4
Calleville-
les-Deux-Églises 76 ... 20 A4
Callian 32 ... 295 G4
Callian 83 ... 308 C3
Calmeilles 66 ... 342 D3
Calmels-et-le-Viala 12 ... 300 C1
La Calmette 30 ... 303 G1
Calmont 12 ... 280 C2
Calmont 31 ... 318 B4
Calmoutier 70 ... 141 F4
Caloire 42 ... 230 A4
Calonges 47 ... 275 F1
Calonne-Ricouart 62 ... 7 H4
Calonne-sur-la-Lys 62 ... 8 A3
Calorguen 22 ... 79 G4
La Calotterie 62 ... 6 B4
Caluire-et-Cuire 69 ... 213 E5
Calvaire des Dunes 50 ... 28 D3
Calvi 2B ... 346 B2
Calviac 46 ... 243 F5
Calviac-en-Périgord 24 ... 259 H1
Calvignac 46 ... 260 D5
Calvinet 15 ... 262 B2
Calvisson 30 ... 303 G2

A B C D E F G H I J K L M N O P Q R S T U V W X Y Z

Calzan 09 ..... 336 C2
Camalès 65 ..... 315 E3
Camarade 09 ..... 335 G1
Camarès 12 ..... 300 D2
Camaret-sur-Aigues 84 ..... 285 F3
Camaret-sur-Mer 29 ..... 74 D3
Camarsac 33 ..... 255 H1
Cambayrac 46 ..... 259 G5
La Cambe 14 ..... 32 B2
Cambernard 31 ..... 317 F2
Cambernon 50 ..... 31 H5
Cambes 33 ..... 255 H2
Cambes 46 ..... 261 F3
Cambes 47 ..... 257 F3
Cambes-en-Plaine 14 ..... 33 G4
Cambia 2B 347 F4
Cambiac 31 ..... 318 C2
Cambieure 11 ..... 337 F1
Camblain-Châtelain 62 ..... 7 H4
Camblain-l'Abbé 62 ..... 8 A5
Camblanes-et-Meynac 33 ..... 255 G1
Cambligneul 62 ..... 8 A5
Cambo-les-Bains 64 ..... 310 D4
Cambon 81 ..... 299 G1
Cambon-et-Salvergues 34 ..... 300 D4
Cambon-lès-Lavaur 81 ..... 298 D5
Camboulazet 12 ..... 280 C3
Camboulit 46 ..... 261 F4
Cambounès 81 ..... 300 A5
Cambounet-sur-le-Sor 81 ..... 299 F5
Le Cambout 22 ..... 102 C3
Cambrai 59 ..... 14 B3
Cambremer 14 ..... 34 B5
Cambrin 62 ..... 8 B4
Cambron 80 ..... 11 G3
Cambronne-lès-Clermont 60 ..... 38 C3
Cambronne-lès-Ribécourt 60 ..... 39 G1
Camburat 46 ..... 261 F3
Came 64 ..... 292 D5
Camélas 66 ..... 342 D2
Camelin 02 ..... 40 A1
Camembert 61 ..... 54 C3
Cametours 50 ..... 31 H5
Camiac-et-Saint-Denis 33 ..... 256 B1
Camiers 62 ..... 6 B3
Camiran 33 ..... 256 D3
Camjac 12 ..... 280 B3
Camlez 22 ..... 72 D3
Les Cammazes 81 ..... 319 F3
Camoël 56 ..... 125 E5
Camon 09 ..... 337 E2
Camon 80 ..... 22 C2
Camors 56 ..... 101 H5
Camou-Cihigue 64 ..... 331 E1
Camou-Mixe-Suhast 64 ..... 311 H4
Camous 65 ..... 333 H3
Le Camp-du-Castellet 83 ..... 327 G3
Campagna-de-Sault 11 ..... 337 E5
Campagnac 12 ..... 263 H5
Campagnac 81 ..... 279 E5
Campagnac-lès-Quercy 24 ..... 259 G2
Campagnan 34 ..... 302 A5
Campagne 24 ..... 241 E5
Campagne 34 ..... 303 E2
Campagne 40 ..... 293 H1
Campagne 60 ..... 23 G4
Campagne-d'Armagnac 32 ..... 295 E1
Campagne-lès-Boulonnais 62 ..... 6 D3
Campagne-lès-Guînes 62 ..... 2 D4
Campagne-lès-Hesdin 62 ..... 6 C5
Campagne-lès-Wardrecques 62 ..... 3 G5
Campagne-sur-Arize 09 ..... 335 H1
Campagne-sur-Aude 11 ..... 337 G3
Campagnolles 14 ..... 52 C2
Campan 65 ..... 333 F2
Campana 2B 347 G3
Campandré-Valcongrain 14 ..... 53 E1
Camparan 65 ..... 333 G4
Campbon 44 ..... 146 D1
Campeaux 14 ..... 52 C2
Campeaux 60 ..... 21 G5
Campel 35 ..... 103 G5
Campénéac 56 ..... 103 E4
Campes 81 ..... 279 F4
Campestre-et-Luc 30 ..... 301 H1
Campet-et-Lamolère 40 ..... 293 H1
Camphin-en-Carembault 59 ..... 8 C4
Camphin-en-Pévèle 59 ..... 9 E3
Campi 2B 347 G4
Campigneulles-les-Grandes 62 ..... 6 B5
Campigneulles-les-Petites 62 ..... 6 B4
Campigny 14 ..... 32 D3
Campigny 27 ..... 35 F3
Campile 2B 347 G2
Campistrous 65 ..... 315 H5
Campitello 2B 347 F2
Camplong 34 ..... 301 F4
Camplong-d'Aude 11 ..... 338 B1
Campneuseville 76 ..... 21 F2
Campo 2A 348 D3
Campoloro *Port de* 2B 347 H4
Campôme 66 ..... 342 A2
Campouriez 12 ..... 262 D2
Campoussy 66 ..... 342 B2
Campremy 60 ..... 22 C5
Camprond 50 ..... 31 H5
Camps 19 ..... 243 F4
Camps-en-Amiénois 80 ..... 21 H2
Camps-la-Source 83 ..... 328 B1
Camps-sur-l'Agly 11 ..... 338 A4
Camps-sur-l'Isle 33 ..... 238 D4
Campsas 82 ..... 297 H1
Campsegret 24 ..... 240 B5
Campuac 12 ..... 262 D4
Campugnan 33 ..... 237 G2
Campuzan 65 ..... 315 H4
Camurac 11 ..... 336 D5
Can Parterre 66 ..... 342 C4
Canadel *Col du* 83 ..... 329 E4
Canadel-sur-Mer 83 ..... 329 E4
Canaille *Cap* 13 ..... 327 F4
Canale-di-Verde 2B 347 H4
Canals 82 ..... 297 G2
Canaples 80 ..... 12 C5
Canappeville 27 ..... 36 B5
Canapville 14 ..... 34 C3
Canapville 61 ..... 54 D2
Canari 2B 345 F2
Canaules-et-Argentières 30 ..... 283 H5
Canavaggia 2B 347 F2
Canaveilles 66 ..... 341 H3
Cancale 35 ..... 50 D4
Canchy 14 ..... 32 C2
Canchy 80 ..... 11 G2
Cancon 47 ..... 258 B4
Candas 80 ..... 12 C4
Candé 49 ..... 127 G5
Candé-sur-Beuvron 41 ..... 153 E1
Candes-Saint-Martin 37 ..... 150 D4
Candillargues 34 ..... 303 F4
Candor 60 ..... 23 G5
Candresse 40 ..... 293 E3
Canehan 76 ..... 10 D5
Canéjan 33 ..... 255 F1
Canens 31 ..... 317 H5
Canenx-et-Réaut 40 ..... 273 H5
Canet 11 ..... 320 D5
Canet 34 ..... 302 A5
Canet-de-Salars 12 ..... 281 E3
Canet-en-Roussillon 66 ..... 343 F2
Canet-Plage 66 ..... 343 F2
Canettemont 62 ..... 12 D2
Cangey 37 ..... 152 C2
Caniac-du-Causse 46 ..... 260 C3
Canigou *Pic du* 66 ..... 342 B3
Canihuel 22 ..... 77 G4
Canilhac 48 ..... 263 H5
Canisy 50 ..... 32 A5
Canlers 62 ..... 7 E4
Canly 60 ..... 39 E2
Cannectancourt 60 ..... 23 G5
Cannelle 2A 348 C2
Cannelle 2B 345 F1
Cannes 06 ..... 309 F4
Cannes-Écluse 77 ..... 89 E5
Cannes-et-Clairan 30 ..... 303 F1
Cannessières 80 ..... 11 G5
Le Cannet 06 ..... 309 F4
Cannet 32 ..... 294 D4
Le Cannet-des-Maures 83 ..... 328 D1
Canny-sur-Matz 60 ..... 23 F5
Canny-sur-Thérain 60 ..... 21 F5
Canohès 66 ..... 343 E2
Canon 14 ..... 34 A5
Le Canon 33 ..... 254 B2
La Canonica 2B 347 H2
La Canonica *Ancienne Cathédrale de* 2B 347 H2
La Canourgue 48 ..... 264 A5
Canouville 76 ..... 19 F2
Cantaing-sur-Escaut 59 ..... 14 B4
Cantaous 65 ..... 333 H1
Cantaron 06 ..... 309 H2
Canté 09 ..... 318 A4
Cantebonne 54 ..... 45 F2
Canteleu 76 ..... 36 A2
Canteleux 62 ..... 12 D3
Canteloup 14 ..... 34 A5
Canteloup 50 ..... 29 G3
Cantenac 33 ..... 237 F3
Cantenay-Épinard 49 ..... 128 C5
Cantiers 27 ..... 37 E4
Cantigny 80 ..... 22 D4
Cantillac 24 ..... 222 B4
Cantin 59 ..... 14 A2
Cantobre 12 ..... 282 B5
Cantoin 12 ..... 263 F1
Cantois 33 ..... 256 B2
Canville-la-Rocque 50 ..... 31 F2
Canville-les-Deux-Églises 76 ..... 19 H3
Cany-Barville 76 ..... 19 F3
Caorches-Saint-Nicolas 27 ..... 35 F5
Caouënnec-Lanvézéac 22 ..... 72 D3
Caours 80 ..... 11 G3
Cap Corse 2B 345 G1
Cap-Coz 29 ..... 100 A4
Le Cap-d'Agde 34 ..... 322 C5
Cap-d'Ail 06 ..... 309 H5
Cap-de-l'Homy-Plage 40 ..... 272 A4
Cap-de-Long *Barrage de* 65 ..... 333 F4
Cap Ferrat 06 ..... 309 H2
Cap-Ferret 33 ..... 254 A3
Cap-Martin 06 ..... 309 H5
Cap Sizun *Réserve du* 29 ..... 98 D2
Capbis 64 ..... 332 B1
Capbreton 40 ..... 292 A3
Capdenac 46 ..... 261 G4
Capdenac-Gare 12 ..... 261 G4
Capdrot 24 ..... 259 E2
La Capelle 02 ..... 25 F1
La Capelle 48 ..... 282 B1
Capelle 59 ..... 14 D3
La Capelle-Balaguier 12 ..... 261 F5
La Capelle-Bleys 12 ..... 279 H2
La Capelle-Bonance 12 ..... 263 G5
La Capelle-et-Masmolène 30 ..... 284 C4
Capelle-Fermont 62 ..... 13 F2
La Capelle-lès-Boulogne 62 ..... 2 B5
Capelle-les-Grands 27 ..... 55 E1
Capelle-lès-Hesdin 62 ..... 11 H1
Capendu 11 ..... 320 B5
Capens 31 ..... 317 G3
Capestang 34 ..... 321 E4
Capian 33 ..... 256 B2
Capinghem 59 ..... 8 C2
Caplong 33 ..... 257 E1
Capoulet-et-Junac 09 ..... 336 B5
Cappel 57 ..... 67 F1
Cappelle-Brouck 59 ..... 3 F3
Cappelle-en-Pévèle 59 ..... 9 E4
Cappelle-la-Grande 59 ..... 3 G2
Cappy 80 ..... 23 F1
La Capte 83 ..... 328 C5
Captieux 33 ..... 274 B2
Capula *Castello de* 2A 349 F5
Capvern 65 ..... 333 G1
Capvern-les-Bains 65 ..... 333 G1
Carabès *Col de* 05 ..... 268 D4
Caradeuc *Château de* 35 ..... 103 H1
Caragoudes 31 ..... 318 C2
Caraman 31 ..... 298 C5
Caramany 66 ..... 338 B5
Carantec 29 ..... 71 H3
Carantilly 50 ..... 32 A5
Carayac 46 ..... 261 E4
Carbay 49 ..... 127 F3
Carbes 81 ..... 299 F4
Carbini 2A 351 F2
Carbon-Blanc 33 ..... 237 G5
Carbonne 31 ..... 317 G4
Carbuccia 2A 348 D2
Carcagny 14 ..... 33 E4
Carcanières 09 ..... 337 F5
Carcans 33 ..... 236 C3
Carcans-Plage 33 ..... 236 B2
Carcarès-Sainte-Croix 40 ..... 293 G1
Carcassonne 11 ..... 319 H5
Carcen-Ponson 40 ..... 293 F1
Carcès 83 ..... 307 G5
Carcheto-Brustico 2B 347 G3
Cardaillac 46 ..... 261 F3
Cardan 33 ..... 255 H2
Cardeilhac 31 ..... 316 B5
Cardesse 64 ..... 313 H4
Cardet 30 ..... 283 H5
Cardo-Torgia 2A 348 D4
Cardonnette 80 ..... 22 C1
Le Cardonnois 80 ..... 22 D5
Cardonville 14 ..... 32 B2
Cardroc 35 ..... 103 H1
Careil 44 ..... 145 H4
Carelles 53 ..... 81 H4
Carency 62 ..... 8 A5
Carennac 46 ..... 242 D5
Carentan 50 ..... 32 A3
Carentoir 56 ..... 125 G2
Cargèse 2A 348 A1
Cargiaca 2A 349 E5
Carhaix-Plouguer 29 ..... 76 D4
Carignan 08 ..... 27 G4
Carignan-de-Bordeaux 33 ..... 255 G1
Carisey 89 ..... 114 C5
Carla-Bayle 09 ..... 335 H1
Carla-de-Roquefort 09 ..... 336 C3
Le Carlaret 09 ..... 336 C1
Carlat 15 ..... 244 D5
Carlencas-et-Levas 34 ..... 301 G4
Carlepont 60 ..... 39 H1
Carling 57 ..... 47 E5
Carlipa 11 ..... 319 F4
Carlucet 24 ..... 241 H4
Carlucet 46 ..... 260 C2
Carlus 81 ..... 299 F1
Carlux 24 ..... 241 H5
Carly 62 ..... 6 B2
Carmaux 81 ..... 279 G5
Carnac 56 ..... 123 H4
Carnac-Plage 56 ..... 123 H4
Carnac-Rouffiac 46 ..... 277 G1
Carnas 30 ..... 303 E2
La Carneille 61 ..... 53 F4
Carnet 50 ..... 80 D2
Carnetin 77 ..... 59 E3
Carneville 50 ..... 29 F2
Carnières 59 ..... 14 C4
Carnin 59 ..... 8 C4
Carniol 04 ..... 286 D5
Carnoët 22 ..... 76 D3
Carnon-Plage 34 ..... 303 E5
Carnoules 83 ..... 328 C2
Carnoux-en-Provence 13 ..... 327 F3
Carnoy 80 ..... 23 F1
Caro 56 ..... 103 E5
Caro 64 ..... 330 C1
Carolles 50 ..... 51 F4
Caromb 84 ..... 285 H4
Carpentras 84 ..... 285 G4
Carpineto 2B 347 G4
Carpiquet 14 ..... 33 F4
Carquebut 50 ..... 31 H2
Carquefou 44 ..... 147 H3
Carqueiranne 83 ..... 328 B5
La Carquois 22 ..... 79 E1
Carrépuis 80 ..... 23 F4
Carrère 64 ..... 314 C2
Carresse 64 ..... 293 E5
Carri *Col de* 26 ..... 250 B4
Carrières-sous-Bois 78 ..... 58 A2
Carrières-sous-Poissy 78 ..... 58 A2
Carrières-sur-Seine 78 ..... 58 B3
Carro 13 ..... 325 H4
Carros 06 ..... 309 G2
Carrouges 61 ..... 83 E2
Les Carroz-d'Arâches 74 ..... 216 C2
Carry-le-Rouet 13 ..... 326 C2
Cars 33 ..... 237 F2
Les Cars 87 ..... 223 F1
Les Cars *Ruines gallo-romaines* 19 ..... 225 F2
Carsac-Aillac 24 ..... 259 G1
Carsac-de-Gurson 24 ..... 239 E4
Carsan 30 ..... 284 D2
Carsix 27 ..... 35 G5
Carspach 68 ..... 143 E3
Cartelègue 33 ..... 237 G2
Carteret 50 ..... 31 E2
Carticasi 2B 347 F4
Cartignies 59 ..... 15 G4
Cartigny 80 ..... 23 H1
Cartigny-l'Épinay 14 ..... 32 B3
Carves 24 ..... 259 F1
Carville 14 ..... 52 C2
Carville-la-Folletière 76 ..... 19 H5
Carville-Pot-de-Fer 76 ..... 19 G3
Carvin 62 ..... 8 C4
Cas *Château de* 82 ..... 278 D3
Casabianca 2B 347 G3
Casaglione 2A 348 C2
Casalabriva 2A 348 D5
Casalta 2B 347 G3
Casamaccioli 2B 346 D4
Casamozza 2B 347 G2
Casanova 2B 347 E5
Casardo *Col de* 2B 347 F4
Casatorra 2B 345 G5
Cascastel-des-Corbières 11 ..... 338 C2
Casefabre 66 ..... 342 C3
Caseneuve 84 ..... 306 A1
Cases-de-Pène 66 ..... 338 C5
Casevecchie 2B 349 G1
Cassaber 64 ..... 293 E5
Cassagnabère-Tournas 31 ..... 316 C5
Cassagnas 48 ..... 283 E2
La Cassagne 24 ..... 241 H3
Cassagne 31 ..... 335 E1
Cassagnes 46 ..... 259 F4
Cassagnes 66 ..... 338 B5
Cassagnes-Bégonhès 12 ..... 280 C3
Cassagnoles 30 ..... 283 H5
Cassagnoles 34 ..... 320 B3
La Cassaigne 11 ..... 319 E5
Cassaigne 32 ..... 295 H1
Cassaignes 11 ..... 337 G3
Cassaniouze 15 ..... 262 B2
Cassano 2B 346 C2
Cassel 59 ..... 3 H5
Cassen 40 ..... 293 F2
Casseneuil 47 ..... 258 B5
Les Cassés 11 ..... 318 D3
Casset *Cascade du* 05 ..... 252 A5
Casseuil 33 ..... 256 C3
Cassignas 47 ..... 276 C2
La Cassine 08 ..... 27 E5
Cassis 13 ..... 327 F3
Casson 44 ..... 147 G2
Cassuéjouls 12 ..... 263 F2
Cast 29 ..... 75 H5
Castagnac 31 ..... 317 H5
Castagnède 31 ..... 335 E2
Castagnède 64 ..... 311 H3
Castagniers 06 ..... 291 E5
Castaignos-Souslens 40 ..... 293 H4
Castandet 40 ..... 294 B2
Castanet 12 ..... 279 H2
Castanet 81 ..... 279 F5
Castanet 82 ..... 279 F2
Castanet-le-Haut 34 ..... 301 E4
Castanet-Tolosan 31 ..... 318 A2
Castans 11 ..... 320 A3
Casteide-Cami 64 ..... 314 A2
Casteide-Candau 64 ..... 293 H5
Casteide-Doat 64 ..... 315 E3
Casteil 66 ..... 342 A4
Castel-Sarrazin 40 ..... 293 F4
Castel Vendon *Rocher du* 50 ..... 28 D2
Castelbajac 65 ..... 315 H5
Castelbiague 31 ..... 334 D2
Castelbouc *Château de* 48 ..... 282 C1
Castelculier 47 ..... 276 C3
Le Castelet 09 ..... 336 C5
Castelferrus 82 ..... 277 F5
Castelfranc 46 ..... 259 G5
Castelgaillard 31 ..... 316 D3
Castelginest 31 ..... 297 H4
Casteljaloux 47 ..... 275 E1
Casteljau 07 ..... 284 A1
Castella 47 ..... 276 C2
Castellane 04 ..... 308 A1
Castellar 06 ..... 291 G5
Le Castellard-Mélan 04 ..... 287 H2
Castellare-di-Casinca 2B 347 G2
Castellare-di-Mercurio 2B 347 F4
Le Castellet 04 ..... 287 G5
Le Castellet 83 ..... 327 H3
Castellet 84 ..... 306 A1
Castellet-les-Sausses 04 ..... 289 E4
Castelli *Pointe du* 44 ..... 145 G4
Castello 2B 345 F2
Castello-di-Rostino 2B 347 F3
Castelmary 12 ..... 279 H3
Castelmaurou 31 ..... 298 A4
Castelmayran 82 ..... 277 E5
Castelmoron-d'Albret 33 ..... 256 D2
Castelmoron-sur-Lot 47 ..... 275 H1
Castelnau-Barbarens 32 ..... 296 C5
Castelnau-Bretenoux *Château de* 46 ..... 243 E5
Castelnau-Chalosse 40 ..... 293 F3
Castelnau-d'Anglès 32 ..... 295 G4
Castelnau-d'Arbieu 32 ..... 296 C1
Castelnau-d'Aude 11 ..... 320 B5
Castelnau-d'Auzan-Labarrère 32 ..... 275 E5
Castelnau-de-Brassac 81 ..... 300 A4
Castelnau-de-Guers 34 ..... 322 C3
Castelnau-de-Lévis 81 ..... 299 F1
Castelnau-de-Mandailles 12 ..... 263 F4
Castelnau-de-Médoc 33 ..... 237 E3
Castelnau-de-Montmiral 81 ..... 298 D1
Castelnau-d'Estrétefonds 31 ..... 297 H3
Castelnau-Durban 09 ..... 335 H2
Castelnau-le-Lez 34 ..... 302 D4
Castelnau-Magnoac 65 ..... 316 A4
Castelnau-Montratier 46 ..... 277 H2
Castelnau-Pégayrols 12 ..... 281 F4
Castelnau-Picampeau 31 ..... 317 E4
Castelnau-Rivière-Basse 65 ..... 295 E5
Castelnau-sur-Gupie 47 ..... 257 E4
Castelnau-sur-l'Auvignon 32 ..... 275 H5
Castelnau-Tursan 40 ..... 294 B4
Castelnau-Valence 30 ..... 284 A5
Castelnaud-de-Gratecambe 47 ..... 258 C4
Castelnaud-la-Chapelle 24 ..... 259 F1
Castelnaudary 11 ..... 319 E4
Castelnavet 32 ..... 295 F4
Castelner 40 ..... 293 H5
Castelnou 66 ..... 342 D3
Castelpers 12 ..... 280 B4
Castelreng 11 ..... 337 F2
Castels 24 ..... 241 F5
Castelsagrat 82 ..... 277 E3
Castelsarrasin 82 ..... 277 F5
Castelvieilh 65 ..... 315 F4
Castelviel 33 ..... 256 C2
Castennec *Site de* 56 ..... 101 H4
Le Castéra 31 ..... 297 F4
Castéra-Bouzet 82 ..... 276 D5
Castéra-Lanusse 65 ..... 315 G5
Castéra-Lectourois 32 ..... 276 B5
Castéra-Lou 65 ..... 315 F3
Castéra-Loubix 64 ..... 314 D3
Castéra-Verduzan 32 ..... 295 H2
Castéra-Vignoles 31 ..... 316 C4
Castéras 09 ..... 335 H1
Casterets 65 ..... 316 B4
Castéron 32 ..... 296 D1
Castet 64 ..... 332 A1
Castet-Arrouy 32 ..... 276 C5
Castetbon 64 ..... 313 F2
Castétis 64 ..... 313 G2
Castetnau-Camblong 64 ..... 313 F3
Castetner 64 ..... 313 G2
Castetpugon 64 ..... 294 C5
Castets 40 ..... 292 D1
Castets-en-Dorthe 33 ..... 256 C4
Castex 09 ..... 317 G5
Castex 32 ..... 315 G3
Castex-d'Armagnac 32 ..... 294 D1
Casties-Labrande 31 ..... 317 E4
Castifao 2B 347 E2
Castiglione 2B 347 E3
Castillon 06 ..... 291 G5
Castillon 14 ..... 32 D4
Castillon 64 ..... 313 H2
Castillon 64 ..... 314 D2
Castillon 65 ..... 333 F1
Castillon *Barrage de* 04 ..... 308 B1
Castillon *Col de* 06 ..... 291 G5
Castillon-de-Castets 33 ..... 256 C4
Castillon-de-Larboust 31 ..... 334 A4
Castillon-de-Saint-Martory 31 ..... 334 D1
Castillon-Debats 32 ..... 295 G3
Castillon-du-Gard 30 ..... 284 D5
Castillon-en-Auge 14 ..... 54 B1
Castillon-en-Couserans 09 ..... 335 E3
Castillon-la-Bataille 33 ..... 238 D5
Castillon-Massas 32 ..... 296 A3
Castillon-Savès 32 ..... 297 E5
Castillonnès 47 ..... 258 B3
Castilly 14 ..... 32 B3
Castin 32 ..... 296 A3
Castineta 2B 347 F3
Castirla 2B 347 E4
Castres 02 ..... 24 A3
Castres 81 ..... 299 G5
Castres-Gironde 33 ..... 255 H2
Castries 34 ..... 303 E4
Le Cateau-Cambrésis 59 ..... 14 D4
Le Catelet 02 ..... 14 B5
Le Catelier 76 ..... 20 B3
Catenay 76 ..... 36 C1
Catenoy 60 ..... 38 D2
Cateri 2B 346 C2
Cathervielle 31 ..... 334 A4
Catheux 60 ..... 22 A4
Catigny 60 ..... 23 G4

Catillon-Fumechon *60* .... 38 C 1
Catillon-sur-Sambre *59* .... 15 E 5
Catllar *66* .... 342 A 2
Les Catons *73* .... 233 E 1
Catonvielle *32* .... 297 E 4
Cattenières *59* .... 14 C 4
Cattenom *57* .... 45 H 2
Catteville *50* .... 31 F 2
Catus *46* .... 259 H 4
Catz *50* .... 32 A 3
Caubeyres *47* .... 275 F 2
Caubiac *31* .... 297 F 3
Caubios-Loos *64* .... 314 B 2
Caubon-Saint-Sauveur *47*. 257 F 3
Caubous *31* .... 334 A 4
Caubous *65* .... 316 A 4
Caucalières *81* .... 299 H 5
La Cauchie *62* .... 13 F 3
Cauchy-à-la-Tour *62* .... 7 H 4
Caucourt *62* .... 7 H 5
Caudan *56* .... 101 E 5
Caudebec-en-Caux *76* .... 35 G 1
Caudebec-lès-Elbeuf *76* ...... 36 A 3
Caudebronde *11* .... 319 H 3
Caudecoste *47* .... 276 C 4
Caudéran *33* .... 237 F 5
Caudeval *11* .... 337 E 1
Caudiès-de-Conflent *66* ..... 341 G 3
Caudiès-
de-Fenouillèdes *66* .... 337 H 4
Caudon-de-Vitrac *24* .... 259 G 1
Caudos *33* .... 254 C 3
Caudrot *33* .... 256 C 3
Caudry *59* .... 14 C 4
Cauffry *60* .... 38 D 3
Caugé *27* .... 56 A 1
Caujac *31* .... 318 A 4
Caulaincourt *02* .... 23 H 2
Le Caule-Sainte-Beuve *76* ... 21 E 3
Caulières *80* .... 21 G 3
Caullery *59* .... 14 C 4
Caulnes *22* .... 103 F 1
La Caume
Panorama de 13 .... 304 D 3
Caumont *02* .... 24 A 5
Caumont *09* .... 335 F 2
Caumont *27* .... 35 H 2
Caumont *32* .... 294 D 3
Caumont *33* .... 256 D 2
Caumont *62* .... 12 B 2
Caumont *82* .... 277 E 5
Caumont *Château de 32* .... 297 E 5
Caumont-l'Éventé *14* .... 32 D 5
Caumont-sur-Durance *84*. 305 E 1
Caumont-sur-Garonne *47*. 257 F 5
Caumont-sur-Orne *14* .... 53 F 2
Cauna *40* .... 293 H 2
Caunay *79* .... 185 H 5
Cauneille *40* .... 292 D 5
Caunes-Minervois *11* .... 320 A 4
La Caunette *34* .... 320 C 3
Caunette-sur-Lauquet *11*.. 337 H 2
Caunettes-en-Val *11* .... 338 B 2
Caupenne *40* .... 293 G 3
Caupenne-
d'Armagnac *32* .... 294 D 2
La Caure *51* .... 61 E 2
Caurel *22* .... 77 H 5
Caurel *51* .... 41 H 3
Cauria *Mégalithes de 2A* .... 350 D 3
Cauro *2A* .... 348 D 3
Cauroir *59* .... 14 C 3
Cauroy *08* .... 42 B 3
Cauroy-lès-Hermonville *51*. 41 F 3
Le Causé *82* .... 297 E 2
Cause-de-Clérans *24* .... 240 C 5
Caussade *82* .... 278 B 3
Caussade-Rivière *65* .... 295 E 5
Causse-Bégon *30* .... 282 B 4
Causse-de-la-Selle *34* .... 302 B 2
Causse Noir
Corniche du 12 .... 282 A 3
Caussens *32* .... 295 H 1
Causses-et-Veyran *34* .... 321 F 2
Caussidières *31* .... 318 B 3
Caussiniojouls *34* .... 301 F 5
Caussols *06* .... 309 E 2
Caussou *09* .... 336 C 5
Cauterets *65* .... 332 D 3
Cauverville-en-Roumois *27*. 35 F 3
Cauvicourt *14* .... 53 H 1
Cauvignac *33* .... 256 C 5
Cauvigny *60* .... 38 B 3
Cauville *14* .... 53 E 2
Cauville-sur-Mer *76* .... 18 C 5
La Cauvinière *Haras 14* .... 54 D 1
Caux *34* .... 321 H 2
Caux-et-Sauzens *11* .... 319 G 5
Cauzac *47* .... 276 D 2
Cavagnac *46* .... 242 C 4
Cavaillon *84* .... 305 F 2
Cavalaire-sur-Mer *83* .... 329 F 3
La Cavalerie *12* .... 281 H 5
Cavalière *83* .... 329 E 4
Cavaliers *Falaise des 83* ..... 307 H 2
Cavan *22* .... 72 D 4
Cavanac *11* .... 319 H 5
Cavarc *47* .... 258 B 2
Caveirac *30* .... 303 G 2
Caves *11* .... 339 E 3
Cavignac *33* .... 237 H 3
Cavigny *50* .... 32 B 4
Cavillargues *30* .... 284 C 4
Cavillon *80* .... 22 A 1
Cavron-Saint-Martin *62* .... 6 D 5
Caychax *09* .... 336 C 5
Cayeux-en-Santerre *80* .... 23 E 2
Cayeux-sur-Mer *80* .... 11 E 2
Le Cayla *Musée 81* .... 279 E 5
Le Caylar *34* .... 301 H 2
Caylus *82* .... 278 D 3
La Cayolle *Col de 06* .... 289 E 1
Cayrac *82* .... 278 B 4
Cayres *43* .... 247 E 5
Cayriech *82* .... 278 C 3
Le Cayrol *12* .... 263 E 4
Cayrols *15* .... 261 H 1
Cazac *31* .... 316 D 3
Cazalis *33* .... 274 A 1
Cazalis *40* .... 293 H 4
Cazalrenoux *11* .... 319 E 5
Cazals *46* .... 259 G 3
Cazals *82* .... 278 D 4
Cazals-des-Baylès *09* .... 337 E 1
Cazaril-Laspènes *31* .... 334 A 4
Cazaril-Tambourès *31* .... 316 A 5
Cazarilh *65* .... 334 A 3
Cazats *33* .... 256 B 5
Cazaubon *32* .... 294 D 1
Cazaugitat *33* .... 256 D 2
Cazaunous *31* .... 334 C 2
Cazaux *09* .... 336 A 2
Cazaux *33* .... 254 B 4
Cazaux-d'Anglès *32* .... 295 G 4
Cazaux-Debat *65* .... 333 H 3
Cazaux-Fréchet *65* .... 333 H 4
Cazaux-Layrisse *31* .... 334 B 4
Cazaux-Savès *32* .... 297 E 5
Cazaux-Villecomtal *32* ...... 315 F 2
Cazavet *09* .... 335 E 2
La Caze *Château de 48* ...... 282 B 1
Cazeaux-de-Larboust *31* ... 334 A 4
Cazedarnes *34* .... 321 E 3
Cazenave-Serres-
et-Allens *09* .... 336 B 4
Cazeneuve *32* .... 295 F 1
Cazeneuve-Montaut *31* ..... 316 D 5
Cazères *31* .... 317 F 5
Cazères-sur-l'Adour *40* ..... 294 B 2
Cazes-Mondenard *82* .... 277 G 3
Cazevieille *34* .... 302 C 3
Cazideroque *47* .... 277 E 1
Cazilhac *11* .... 319 H 5
Cazilhac *34* .... 302 C 1
Cazilhac *Château de 34* ...... 301 F 3
Cazillac *46* .... 242 C 4
Cazoulès *24* .... 242 B 5
Cazouls-d'Hérault *34* .... 322 C 3
Cazouls-lès-Béziers *34* ..... 321 F 3
Ceaucé *61* .... 82 B 3
Ceaulmont *36* .... 188 D 2
Céaux *50* .... 51 G 5
Céaux-d'Allègre *43* .... 247 E 2
Ceaux-en-Couhé *86* .... 186 B 4
Ceaux-en-Loudun *86* .... 169 E 1
Cébazan *34* .... 321 E 3
Cébazat *63* .... 209 H 5
Ceccia
Site préhistorique 2A ...... 351 G 3
Ceffia *39* .... 196 B 4
Ceffonds *52* .... 92 B 3
Ceignac *12* .... 280 C 2
Ceignes *01* .... 214 B 1
Ceilhes-et-Rocozels *34* ..... 301 F 4
Ceillac *05* .... 271 E 2
Ceilloux *63* .... 228 C 2
Ceintrey *54* .... 94 D 2
La Celette *18* .... 190 C 1
La Celle *03* .... 191 E 5
La Celle *18* .... 173 F 4
Cellé *41* .... 131 E 2
La Celle *63* .... 208 C 5
La Celle *83* .... 328 B 1
La Celle-Condé *18* .... 172 D 4
La Celle-Dunoise *23* .... 189 E 4
La Celle-en-Morvan *71* ...... 176 C 2
La Celle-Guenand *37* .... 170 B 2
La Celle-les-Bordes *78* .... 87 E 2
Celle-Lévescault *86* .... 186 A 3
La Celle-Saint-Avant *37* ..... 169 H 1
La Celle-Saint-Cloud *78* ...... 58 A 3
La Celle-Saint-Cyr *89* .... 113 G 5
La Celle-
sous-Chantemerle *51* ...... 90 B 2
La Celle-sous-Gouzon *23* .. 207 H 1
La Celle-
sous-Montmirail *02* .... 60 C 3
La Celle-sur-Loire *58* .... 156 A 2
La Celle-sur-Morin *77* .... 59 G 4
La Celle-sur-Nièvre *58* ...... 156 C 4
La Celle-sur-Seine *77* .... 88 C 4
Cellefrouin *16* .... 203 H 4
Celles *09* .... 336 B 3
Celles *15* .... 245 G 3
Celles *17* .... 220 B 2
Celles *24* .... 239 H 1
Celles *34* .... 301 H 4
Celles-en-Bassigny *52* ...... 117 H 5
Celles-lès-Condé *02* .... 60 D 1
Celles-sur-Aisne *02* .... 40 C 2
Celles-sur-Belle *79* .... 185 F 5
Celles-sur-Durolle *63* .... 210 D 4
Celles-sur-Ource *10* .... 115 G 4
Celles-sur-Plaine *88* .... 96 B 3
La Cellette *23* .... 189 G 3
La Cellette *63* .... 209 E 2
Cellettes *16* .... 203 F 4
Cellettes *41* .... 153 F 1
Le Cellier *44* .... 148 A 3
Cellier-du-Luc *07* .... 265 F 2
Celliers *73* .... 234 B 3
Cellieu *42* .... 230 C 3
Cellule *63* .... 209 H 3
Celon *36* .... 188 C 2
Celony *13* .... 306 A 5
Celoux *15* .... 246 A 2
Celsoy *52* .... 139 H 2
Cély *77* .... 88 A 4
Cemboing *70* .... 140 C 2
Cempuis *60* .... 21 H 4
Cénac *33* .... 255 H 1
Cénac-et-Saint-Julien *24* ... 259 G 1
Cenans *70* .... 162 B 1
Cendras *30* .... 283 H 3
Le Cendre *63* .... 227 H 1
Cendrecourt *70* .... 140 D 2
Cendrey *25* .... 162 B 2
Cendrieux *24* .... 240 D 4
Cénevières *46* .... 260 D 5
Cenne-Monestiés *11* .... 319 F 4
Cenomes *12* .... 301 E 2
Cenon *33* .... 237 G 5
Cenon-sur-Vienne *86* .... 169 G 4
Censeau *39* .... 180 A 3
Censerey *21* .... 158 D 4
Censy *89* .... 137 F 4
Les Cent-Acres *76* .... 20 B 3
Centeilles *Chapelle de 34* ... 320 B 4
Centrès *12* .... 280 B 3
Centuri *2B* .... 345 F 1
Centuri-Port *2B* .... 345 F 1
Cenves *69* .... 194 D 5
Cépet *31* .... 297 H 3
Cépie *11* .... 337 G 1
Cepoy *45* .... 112 C 4
Céran *32* .... 296 B 2
Cérans-Foulletourte *72* ...... 129 H 2
Cerbère *66* .... 343 H 4
Cerbois *18* .... 172 C 1
Cercié *69* .... 212 D 1
Cercier *74* .... 215 F 2
Cercles *24* .... 221 H 5
Cercottes *45* .... 110 D 5
Cercoux *17* .... 238 C 2
Le Cercueil *61* .... 83 G 2
Cercy-la-Tour *58* .... 175 G 3
Cerdon *01* .... 214 B 2
Cerdon *45* .... 134 A 5
Cerdon *Grottes du 01* .... 214 B 1
Cère *40* .... 273 H 5
Cère *Pas de 15* .... 244 D 4
Céré-la-Ronde *37* .... 152 D 4
Cerelles *37* .... 151 H 1
Cérences *50* .... 51 G 2
Céreste *04* .... 306 B 1
Céret *66* .... 342 D 4
Cerfontaine *59* .... 15 H 2
Le Cergne *42* .... 212 A 1
Cergy *95* .... 58 A 1
Cergy-Pontoise
Ville nouvelle 95 .... 58 A 1
Cérilly *03* .... 191 E 1
Cérilly *21* .... 138 A 2
Cérilly *89* .... 114 A 3
Cerisé *61* .... 83 G 4
Cerisières *52* .... 92 D 5
Cerisiers *89* .... 113 H 3
Cerisy *80* .... 23 E 2
Cerisy-Belle-Étoile *61* .... 53 E 3
Cerisy-Buleux *80* .... 11 F 5
Cerisy-la-Forêt *50* .... 32 C 4
Cerisy-la-Salle *50* .... 51 H 1
Cerizay *79* .... 167 F 3
Cérizols *09* .... 335 E 1
Cerizy *02* .... 24 B 3
La Cerlangue *76* .... 35 E 1
La Cerleau *08* .... 26 A 2
Cernans *39* .... 179 H 2
Cernay *14* .... 54 D 1
Cernay *28* .... 85 H 4
Cernay *68* .... 143 E 1
Cernay *86* .... 169 E 3
Cernay-en-Dormois *51* .... 42 D 4
Cernay-la-Ville *78* .... 57 H 5
Cernay-l'Église *25* .... 163 G 3
Cernay-lès-Reims *51* .... 41 H 4
Cerneux *77* .... 60 B 5
Cernex *74* .... 215 F 2
Cerniébaud *39* .... 180 B 4
Cernion *08* .... 26 B 3
Cernon *39* .... 196 C 3
Cernon *51* .... 62 A 3
Cernoy *60* .... 38 D 2
Cernoy-en-Berry *45* .... 155 G 1
Cernusson *49* .... 149 G 4
Cerny *91* .... 87 H 3
Cerny-en-Laonnois *02* .... 40 D 2
Cerny-lès-Bucy *02* .... 24 D 5
Céron *71* .... 193 F 5
Cérons *33* .... 256 B 3
Cerqueux *14* .... 54 D 1
Les Cerqueux *49* .... 167 F 1
Les Cerqueux-
sous-Passavant *49* .... 149 G 5
Cerre-lès-Noroy *70* .... 141 G 4
Cers *34* .... 321 H 4
Cersay *79* .... 167 H 1
Cerseuil *02* .... 40 C 3
Cersot *71* .... 177 F 5
Certémery *39* .... 179 G 2
Certilleux *88* .... 94 A 5
Certines *01* .... 213 H 1
Cervens *74* .... 198 A 4
Cervières *05* .... 252 D 5
Cervières *42* .... 211 E 5
Cerville *54* .... 66 B 5
Cervione *2B* .... 347 H 4
Cervon *58* .... 157 G 4
Cerzat *43* .... 246 C 2
Cesancey *39* .... 196 B 1
Césarches *73* .... 216 A 5
Césarville-Dossainville *45* . 111 G 2
Cescau *09* .... 335 E 3
Cescau *64* .... 314 A 2
Cesny-aux-Vignes *14* .... 34 A 5
Cesny-Bois-Halbout *14* .... 53 G 1
Cessac *33* .... 256 C 2
Cessales *31* .... 318 C 2
Cesse *55* .... 43 G 1
Cesseins *01* .... 213 E 2
Cessenon-sur-Orb *34* .... 321 F 2
Cessens *73* .... 215 E 5
Cesseras *34* .... 320 C 4
Cesset *03* .... 192 A 5
Cesseville *27* .... 36 A 4
Cessey *25* .... 161 H 5
Cessey-sur-Tille *21* .... 160 C 3
Cessières *02* .... 24 C 5
Cessieu *38* .... 232 A 2
Cesson *22* .... 78 B 3
Cesson *77* .... 88 B 2
Cesson-Sévigné *35* .... 104 B 3
Cessoy-en-Montois *77* .... 89 F 3
Cessy *01* .... 197 F 4
Cessy-les-Bois *58* .... 156 C 3
Cestas *33* .... 255 F 1
Cestayrols *81* .... 279 F 5
Ceton *61* .... 108 D 2
Cette-Eygun *64* .... 331 H 4
Céüze *05* .... 269 F 4
Cevins *73* .... 234 B 2
Ceyras *34* .... 302 A 4
Ceyrat *63* .... 227 G 1
Ceyreste *13* .... 327 G 3
Ceyroux *23* .... 206 D 2
Ceyssac *43* .... 247 F 4
Ceyssat *63* .... 227 F 1
Ceyzériat *01* .... 214 A 1
Ceyzérieu *01* .... 214 D 4
Cézac *33* .... 237 H 3
Cézac *46* .... 277 H 1
Cezais *85* .... 184 B 1
Cézan *32* .... 296 A 2
Cezay *42* .... 211 F 5
Cézens *15* .... 245 F 4
Cézia *39* .... 196 C 3
Cézy *89* .... 113 G 5
Chaalis *Abbaye de 60* .... 39 E 5
Chabanais *16* .... 204 C 4
La Chabanne *03* .... 211 E 3
La Chabasse *Église de 63* ... 228 D 1
Chabestan *05* .... 269 E 4
Chabeuil *26* .... 249 G 5
Chablis *89* .... 136 D 3
Chabons *38* .... 232 B 4
La Chabossière *44* .... 147 F 4
La Chabotterie
Château de 85 .... 165 H 2
Chabottes *05* .... 269 H 2
Chabournay *86* .... 169 E 5
Chabrac *16* .... 204 C 4
Chabreloche *63* .... 210 D 4
Chabrières *04* .... 288 A 4
Chabrignac *19* .... 223 H 5
Chabrillan *26* .... 267 F 2
Chabris *36* .... 153 H 4
Chacé *49* .... 150 B 4
Chacenay *10* .... 115 H 3
Chacrise *02* .... 40 B 3
Chadeleuf *63* .... 227 H 3
Chadenac *17* .... 219 H 3
Chadenet *48* .... 264 D 4
Chadrac *43* .... 247 F 3
Chadron *43* .... 247 F 4
Chadurie *16* .... 221 F 3
Le Chaffal *26* .... 249 H 5
Le Chaffaut-
Saint-Jurson *04* .... 287 H 4
Chaffois *25* .... 180 C 2
Chagey *70* .... 142 B 3
Chagnolet *17* .... 183 F 5
Chagnon *42* .... 230 C 3
Chagny *08* .... 26 D 5
Chagny *71* .... 177 G 2
Chahaignes *72* .... 130 C 3
Chahains *61* .... 83 F 2
Chaignay *21* .... 160 A 1
Chaignes *27* .... 56 D 1
Chail *79* .... 185 G 5
Chaillac *36* .... 188 B 3
Chaillac-sur-Vienne *87* .... 204 D 4
Chailland *53* .... 105 H 2
Chaillé-les-Marais *85* .... 183 G 3
Chaillé-
sous-les-Ormeaux *85* .... 182 D 1
Chailles *41* .... 153 E 1
Chaillevette *17* .... 200 C 5
Chaillevois *02* .... 40 C 1
Chailley *89* .... 114 B 4
Chaillol *05* .... 269 H 2
Chaillon *55* .... 64 D 3
Chailloué *61* .... 54 C 5
Chailly-en-Bière *77* .... 88 B 4
Chailly-en-Brie *77* .... 60 A 4
Chailly-en-Gâtinais *45* .... 112 A 5
Chailly-lès-Ennery *57* .... 45 H 5
Chailly-sur-Armançon *21* .. 159 E 4
Chainaz-les-Frasses *74* ...... 215 F 5
Chaînée-des-Coupis *39* ...... 178 D 2
Chaingy *45* .... 133 E 2
Chaintré *71* .... 194 D 5
Chaintreaux *77* .... 112 C 2
Chaintrix-Bierges *51* .... 61 H 3
La Chaise *10* .... 92 A 4
La Chaise-Baudouin *50* .... 51 H 4
La Chaise-Dieu *43* .... 228 D 5
Chaise-Dieu-du-Theil *27* ...... 55 G 4
Chaix *85* .... 183 H 3
La Chaize-Giraud *85* .... 165 E 5
La Chaize-le-Vicomte *85* ... 166 A 5
Chalabre *11* .... 337 E 2
Chalagnac *24* .... 240 C 3
Chalain *Lac de 39* .... 179 G 5
Chalain-d'Uzore *42* .... 229 G 1
Chalain-le-Comtal *42* .... 229 H 2
Chalaines *55* .... 93 H 1
Chalais *16* .... 239 E 1
Chalais *24* .... 223 E 3
Chalais *36* .... 188 A 2
Chalais *86* .... 168 D 2
Chalam *Crêt de 01* .... 197 E 5
Chalamont *01* .... 213 H 3
Chalampé *68* .... 121 G 5
Chalancey *52* .... 139 F 4
Chalancon *26* .... 268 B 4
Chalandray *86* .... 168 C 5
Chalandrey *50* .... 52 A 5
Chalandry *02* .... 24 D 4
Chalandry-Elaire *08* .... 26 D 3
Le Chalange *61* .... 84 A 2
Le Chalard *87* .... 223 F 3
Chalautre-la-Grande *77* .... 89 H 3
Chalautre-la-Petite *77* .... 89 G 3
Chalautre-la-Reposte *77* ...... 89 E 3
Chalaux *58* .... 158 A 3
La Chaldette *48* .... 263 G 2
Chaleins *01* .... 213 E 2
Chalencon *07* .... 248 C 5
Chalencon *Château de 43*.. 247 G 1
Les Chalesmes *39* .... 180 A 5
Châlette-sur-Loing *45* .... 112 C 5
Chalette-sur-Voire *10* .... 91 G 4
Chaley *01* .... 214 B 3
Chalèze *25* .... 162 A 3
Chalezeule *25* .... 162 A 3
Chaliers *15* .... 246 A 4
Chalifert *77* .... 59 F 3
Chaligny *54* .... 94 C 1
Chalinargues *15* .... 245 F 2
Chalindrey *52* .... 139 H 2
Chalivoy-Milon *18* .... 173 H 3
Challain-la-Potherie *49* ..... 127 G 4
Challans *85* .... 165 E 3
Challement *58* .... 157 F 3
Challerange *08* .... 42 D 3
Challes *72* .... 108 A 5
Challes-la-Montagne *01* ..... 214 B 1
Challes-les-Eaux *73* .... 233 F 2
Challet *28* .... 86 A 2
Challex *01* .... 197 F 5
Challignac *16* .... 220 D 4
Challonges *74* .... 215 E 2
Challuy *58* .... 174 C 2
Chalmaison *77* .... 89 G 3
Chalmazel-
Jeansagnière *42* .... 229 F 1
Chalmessin *52* .... 139 E 4
Chalmoux *71* .... 193 E 1
Chalo-Saint-Mars *91* .... 87 F 4
Le Chalon *26* .... 249 G 2
Chalon *38* .... 231 F 4
Chalon-sur-Saône *71* .... 177 H 4
Chalonnes-
sous-le-Lude *49* .... 129 H 5
Chalonnes-sur-Loire *49* ..... 149 E 2
Chalons *17* .... 200 D 5
Châlons-du-Maine *53* .... 106 B 2
Châlons-
en-Champagne *51* .... 62 B 2
Châlons-sur-Vesle *51* .... 41 F 3
Châlonvillars *70* .... 142 B 3
Chalou-Moulineux *91* .... 87 E 4
La Chalp *05* .... 271 E 1
Chaltrait *51* .... 61 F 2
Chalus *63* .... 228 A 4
Châlus *87* .... 223 E 2
Chalusset *Château de 87* ... 223 H 1
Chalvignac *15* .... 243 H 1
Chalvraines *52* .... 117 G 2
Chamadelle *33* .... 238 D 3
Chamagne *88* .... 95 E 3
Chamagnieu *38* .... 231 H 1
Chamalières *63* .... 209 G 5
Chamalières-sur-Loire *43*.. 247 G 2
Chamaloc *26* .... 268 B 1
Chamant *60* .... 39 E 4
Chamarande *91* .... 87 G 3
Chamarandes *52* .... 117 E 3
Chamaret *26* .... 267 F 5
La Chamba *42* .... 229 E 1
Chambain *21* .... 138 D 3
Chambeire *21* .... 160 C 3
Chambellay *49* .... 128 B 4
Chambéon *42* .... 229 H 1
Chambérat *03* .... 190 B 3
Chamberaud *23* .... 207 F 2
Chamberet *19* .... 224 D 3
Chambéria *39* .... 196 B 2
Chambéry *73* .... 233 F 2
Chambéry-le-Vieux *73* .... 233 F 2
Chambeugle *89* .... 135 F 2
Chambezon *43* .... 228 A 5
Chambilly *71* .... 193 G 5
Chamblac *27* .... 55 F 2
Chamblanc *21* .... 178 B 1
Chamblay *39* .... 179 F 1
Chambles *42* .... 230 A 4
Chamblet *03* .... 191 E 4
Chambley-Bussières *54* .... 65 F 1
Chambly *60* .... 38 B 5
Chambœuf *21* .... 159 H 4
Chambœuf *42* .... 230 A 2

Chambois 61 ... 54 B4
Chambolle-Musigny 21 ... 160 A4
Le Chambon 07 ... 266 A1
Chambon 17 ... 201 E1
Chambon 18 ... 173 E4
Chambon 30 ... 283 G2
Chambon 37 ... 170 A3
Chambon *Barrage du* 38 ... 251 H3
Chambon *Lac* 63 ... 227 F3
Chambon *Lac de* 36 ... 188 D3
Le Chambon-Feugerolles 42 ... 230 A4
Chambon-la-Forêt 45 ... 111 G4
Chambon-le-Château 48 ... 264 D1
Chambon-Sainte-Croix 23 ... 189 E4
Chambon-sur-Cisse 41 ... 152 D1
Chambon-sur-Dolore 63 ... 228 D3
Chambon-sur-Lac 63 ... 227 F3
Le Chambon-sur-Lignon 43 ... 248 A3
Chambon-sur-Voueize 23 ... 208 B1
Chambonas 07 ... 265 H5
Chambonchard 23 ... 208 C1
La Chambonie 42 ... 229 E1
Chamborand 23 ... 206 C1
Chambord 27 ... 55 F3
Chambord 41 ... 132 C5
Chamboret 87 ... 205 F3
Chamborigaud 30 ... 283 G2
Chambornay-lès-Bellevaux 70 ... 162 A2
Chambornay-lès-Pin 70 ... 161 H2
Chambors 60 ... 37 G4
Chambost-Allières 69 ... 212 B3
Chambost-Longessaigne 69 ... 212 B5
La Chambotte 73 ... 215 E5
Chamboulive 19 ... 224 D4
Chambourcy 78 ... 58 A3
Chambourg-sur-Indre 37 ... 152 B5
Chambray 27 ... 56 A3
Chambray 27 ... 56 C1
Chambray-lès-Tours 37 ... 151 H3
La Chambre 73 ... 234 A4
Chambrecy 51 ... 41 F4
Les Chambres 50 ... 51 G4
Chambretaud 85 ... 166 D2
Chambrey 57 ... 66 C4
Chambroncourt 52 ... 93 F4
Chambroutet 79 ... 167 G3
Chambry 02 ... 24 D5
Chambry 77 ... 59 G2
Chaméane 63 ... 228 B3
Chamelet 69 ... 212 C3
Chameroy 52 ... 139 F2
Chamery 51 ... 41 G5
Chamesey 25 ... 163 E3
Chamesol 25 ... 163 G2
Chamesson 21 ... 138 A3
Chameyrat 19 ... 242 D1
Chamigny 77 ... 60 A2
Chamilly 71 ... 177 G3
Chammes 53 ... 106 C4
Chamole 39 ... 179 G3
Chamonix-Mont-Blanc 74 ... 217 E3
Chamouillac 17 ... 219 H5
Chamouille 02 ... 40 D1
Chamouilley 52 ... 92 D2
Chamousset 73 ... 233 H2
Chamoux 89 ... 157 G2
Chamoux-sur-Gelon 73 ... 233 H2
Chamoy 10 ... 114 D3
Champ de Bataille *Château du* 27 ... 35 H5
Le Champ-de-la-Pierre 61 ... 83 E2
Champ-d'Oiseau 21 ... 137 H5
Champ-Dolent 27 ... 56 A2
Champ-Dolent *Menhir de* 35 ... 80 B2
Champ-du-Boult 14 ... 52 B3
Champ du Feu 67 ... 96 D3
Champ-Haut 61 ... 54 D4
Champ-Laurent 73 ... 233 H3
Champ-le-Duc 88 ... 119 H2
Le Champ-près-Froges 38 ... 233 F5
Le Champ-Saint-Père 85 ... 182 D2
Champ-sur-Barse 10 ... 115 G2
Champ-sur-Drac 38 ... 250 D3
Le Champ-sur-Layon 49 ... 149 G3
Champagnac 15 ... 226 B5
Champagnac 17 ... 219 H4
Champagnac-de-Belair 24 ... 222 C5
Champagnac-la-Noaille 19 ... 243 F1
Champagnac-la-Prune 19 ... 243 F2
Champagnac-la-Rivière 87 ... 223 E1
Champagnac-le-Vieux 43 ... 228 C5
Champagnat 23 ... 207 H3
Champagnat 71 ... 196 A2
Champagnat-le-Jeune 63 ... 228 B4
Champagne 07 ... 249 E1
Champagne 17 ... 201 E4
Champagne 28 ... 57 E4
Champagné 72 ... 108 A4
Champagne-au-Mont-d'Or 69 ... 213 E5
Champagne-en-Valromey 01 ... 214 D3
Champagne-et-Fontaine 24 ... 221 G4
Champagné-le-Sec 86 ... 203 F1
Champagné-les-Marais 85 ... 183 F3
Champagne-Mouton 16 ... 203 H3
Champagné-Saint-Hilaire 86 ... 186 B4
Champagne-sur-Loue 39 ... 179 G1
Champagne-sur-Oise 95 ... 38 B5
Champagne-sur-Seine 77 ... 88 C4
Champagne-sur-Vingeanne 21 ... 160 D1
Champagne-Vigny 16 ... 221 E3
Champagneux 73 ... 232 D2
Champagney 25 ... 161 H3
Champagney 39 ... 161 E3
Champagney 70 ... 142 A2
Champagnier 38 ... 250 D2
Champagnole 39 ... 179 H4
Champagnolles 17 ... 219 G3
Champagny 21 ... 159 G1
Champagny 39 ... 179 H2
Champagny-en-Vanoise 73 ... 234 D3
Champagny-sous-Uxelles 71 ... 194 D1
Champallement 58 ... 157 E4
Champanges 74 ... 198 B3
Champaubert 51 ... 61 E3
Champcella 05 ... 270 C1
Champcenest 77 ... 60 B5
Champcerie 61 ... 53 H4
Champcervon 50 ... 51 G3
Champcevinel 24 ... 240 C2
Champcevrais 89 ... 135 E4
Champcey 50 ... 51 G4
Champclause 43 ... 247 H4
Champcourt 52 ... 92 C5
Champcueil 91 ... 88 A3
Champdeniers 79 ... 185 E2
Champdeuil 77 ... 88 C2
Champdieu 42 ... 229 G2
Champdivers 39 ... 178 D1
Champdolent 17 ... 201 E3
Champdor-Corcelles 01 ... 214 C2
Champdôtre 21 ... 160 C4
Champdray 88 ... 120 A2
Champeau-en-Morvan 21 ... 158 B4
Champeaux 35 ... 105 E2
Champeaux 50 ... 51 F4
Les Champeaux 61 ... 54 C3
Champeaux 77 ... 88 C2
Champeaux 79 ... 185 E2
Champeaux-et-la-Chapelle-Pommier 24 ... 222 B4
Champeaux-sur-Sarthe 61 ... 84 B2
Champeix 63 ... 227 H2
Champenard 27 ... 36 C5
La Champenoise 36 ... 172 A2
Champenoux 54 ... 66 B5
Champéon 53 ... 82 C4
Champétières 63 ... 228 D3
Champey 70 ... 142 A3
Champey-sur-Moselle 54 ... 65 G2
Champfleur 72 ... 83 G4
Champfleury 10 ... 90 D2
Champfleury 51 ... 41 G4
Champforgeuil 71 ... 177 H3
Champfrémont 53 ... 83 F4
Champfromier 01 ... 197 E5
Champgenéteux 53 ... 82 D5
Champguyon 51 ... 60 D4
Champhol 28 ... 86 B3
Champien 80 ... 23 F4
Champier 38 ... 232 A4
Champigné 49 ... 128 C4
Champignelles 89 ... 135 F3
Champigneul-Champagne 51 ... 61 H2
Champigneul-sur-Vence 08 ... 26 C4
Champigneulle 08 ... 43 F2
Champigneulles 54 ... 65 H5
Champigneulles-en-Bassigny 52 ... 117 H3
Champignol-lez-Mondeville 10 ... 116 A3
Champignolles 21 ... 177 F1
Champignolles 27 ... 55 G2
Champigny 51 ... 41 G3
Champigny 89 ... 89 F5
Champigny-en-Beauce 41 ... 132 A4
Champigny-la-Futelaye 27 ... 56 C3
Champigny-le-Sec 86 ... 168 D5
Champigny-lès-Langres 52 ... 117 F5
Champigny-sous-Varennes 52 ... 140 A2
Champigny-sur-Aube 10 ... 91 E2
Champigny-sur-Marne 94 ... 58 D4
Champigny-sur-Veude 37 ... 169 E1
Champillet 36 ... 189 H2
Champillon 51 ... 61 G1
Champis 07 ... 249 E4
Champlan 91 ... 58 B5
Champlat-et-Boujacourt 51 ... 41 F5
Champlay 89 ... 113 H5
Champlecy 71 ... 193 H3
Champlemy 58 ... 156 D4
Champlieu 71 ... 194 D1
Champlieu *Ruines gallo-romaines de* 60 ... 39 F3
Champlin 08 ... 26 A2
Champlin 58 ... 157 E4
Champlitte-et-le-Prélot 70 ... 140 A4
Champlitte-la-Ville 70 ... 140 A5
Champlive 25 ... 162 B3
Champlon 55 ... 64 D1
Champlost 89 ... 114 B4
Champmillon 16 ... 221 E2
Champmotteux 91 ... 87 H5
Champnétery 87 ... 206 C5
Champneuville 55 ... 44 B5
Champniers 16 ... 221 F1
Champniers 86 ... 186 B5
Champniers-et-Reilhac 24 ... 222 C1
Champoléon 05 ... 270 A1
Champoly 42 ... 211 E4
Champosoult 61 ... 54 C3
Champougny 55 ... 94 A2
Champoulet 45 ... 135 E4
Champoux 25 ... 162 A2
Champrenault 21 ... 159 F2
Champrepus 50 ... 51 H3
Champrond 72 ... 108 D4
Champrond-en-Gâtine 28 ... 85 F4
Champrond-en-Perchet 28 ... 85 E5
Champrosay 91 ... 58 C5
Champrougier 39 ... 179 E3
Champs 02 ... 40 A1
Champs 61 ... 84 C2
Champs 63 ... 209 H2
Champs *Col des* 06 ... 289 E2
Les Champs-de-Losque 50 ... 32 A4
Les Champs-Géraux 22 ... 79 H4
Champs-Romain 24 ... 222 D3
Champs-sur-Marne 77 ... 59 E3
Champs-sur-Tarentaine 15 ... 226 C5
Champs-sur-Yonne 89 ... 136 B4
Champsac 87 ... 223 E1
Champsanglard 23 ... 189 F5
Champsecret 61 ... 82 B2
Champseru 28 ... 86 C3
Champsevraine 52 ... 140 A3
Champtercier 04 ... 287 H3
Champtocé-sur-Loire 49 ... 149 E2
Champtoceaux 49 ... 148 B2
Champtonnay 70 ... 161 F2
Champvallon 89 ... 113 G5
Champvans 39 ... 160 D5
Champvans 70 ... 161 E2
Champvans-les-Baume 25 ... 162 C2
Champvans-les-Moulins 25 ... 161 H3
Champvert 58 ... 175 F3
Champvoisy 51 ... 40 D5
Champvoux 58 ... 156 B5
Chamrousse 38 ... 251 F2
Chamvres 89 ... 113 G5
Chanac 48 ... 264 B5
Chanac-les-Mines 19 ... 243 E1
Chanaleilles 43 ... 264 C1
Chanas 38 ... 231 E5
Chanat-la-Mouteyre 63 ... 209 G5
Chanay 01 ... 214 D2
Chanaz 73 ... 215 E4
Chançay 37 ... 152 B2
Chancé 35 ... 104 D4
Chanceaux 21 ... 159 G1
Chanceaux-près-Loches 37 ... 152 B5
Chanceaux-sur-Choisille 37 ... 151 H1
Chancelade 24 ... 240 C2
Chancenay 52 ... 63 F5
Chancey 70 ... 161 F3
Chancia 39 ... 196 C4
Chandai 61 ... 55 G4
Chandolas 07 ... 284 A1
Chandon 42 ... 211 H1
Chanéac 07 ... 248 A5
Chaneins 01 ... 213 E2
Chânes 71 ... 194 D5
Le Change 24 ... 240 D2
Changé 53 ... 105 H3
Change 71 ... 177 F2
Changé 72 ... 107 H5
Changey 52 ... 117 F5
Changis-sur-Marne 77 ... 59 H2
Changy 42 ... 211 F1
Changy 51 ... 62 D4
Changy-Tourny 71 ... 193 H3
Chaniat 43 ... 228 C5
Chaniaux 48 ... 265 F3
Chaniers 17 ... 219 G1
Channay 21 ... 137 H2
Channay-sur-Lathan 37 ... 151 E1
Channes 10 ... 115 F5
Chanonat 63 ... 227 H1
Chanos-Curson 26 ... 249 F3
Chanousse 05 ... 286 D1
Chanoy 52 ... 117 F5
Chanoz-Châtenay 01 ... 213 F1
Chanteau 45 ... 111 E5
Chantecoq 45 ... 112 D4
Chantecorps 79 ... 185 G2
Chanteheux 54 ... 95 G1
Chanteix 19 ... 242 C1
Chantelle 03 ... 191 H5
Chanteloup 27 ... 56 A3
Chanteloup 35 ... 104 B4
Chanteloup 50 ... 51 G2
Chanteloup 79 ... 167 G4
Chanteloup *Pagode de* 37 ... 152 B2
Chanteloup-en-Brie 77 ... 59 F3
Chanteloup-les-Bois 49 ... 149 F5
Chanteloup-les-Vignes 78 ... 57 H2
Chantelouve 38 ... 251 F4
Chantemerle 05 ... 252 C4
Chantemerle 51 ... 90 A2
Chantemerle-les-Blés 26 ... 249 F2
Chantemerle-lès-Grignan 26 ... 267 F5
Chantemerle-sur-la-Soie 17 ... 201 G3
Chantemesle 95 ... 57 F1
Chantenay-Saint-Imbert 58 ... 174 C5
Chantenay-Villedieu 72 ... 107 E5
Chantepie 35 ... 104 B3
Chantérac 24 ... 239 H2
Chanterelle 15 ... 227 E5
Chantes 70 ... 140 D4
Chantesse 38 ... 250 B1
Chanteuges 43 ... 246 C3
Chantillac 16 ... 220 B5
Chantilly 60 ... 38 D4
Chantôme 36 ... 188 D3
Chantonnay 85 ... 166 C5
Chantraine 88 ... 119 F2
Chantraines 52 ... 117 E2
Chantrans 25 ... 180 B1
Chantrigné 53 ... 82 B4
Chanturgue *Plateau de* 63 ... 209 H5
Chanu 61 ... 53 E4
Chanville 57 ... 66 C1
Chanzeaux 49 ... 149 F3
Chaon 41 ... 133 H5
Chaouilley 54 ... 94 C3
Chaource 10 ... 115 E4
Chaourse 02 ... 25 G4
Chapaize 71 ... 194 D1
Chapareillan 38 ... 233 F3
Chaparon 74 ... 215 H4
Chapdes-Beaufort 63 ... 209 F4
Chapdeuil 24 ... 221 H5
Chapeau 03 ... 192 C2
Chapeauroux 48 ... 265 E1
Chapeiry 74 ... 215 F4
Chapelaine 51 ... 91 H2
La Chapelaude 03 ... 190 C3
La Chapelle 03 ... 210 C2
La Chapelle 08 ... 27 F3
La Chapelle 16 ... 203 E4
La Chapelle 19 ... 225 H4
La Chapelle 73 ... 234 A4
La Chapelle-Achard 85 ... 182 B1
La Chapelle-Agnon 63 ... 228 D2
La Chapelle-Anthenaise 53 ... 106 A3
La Chapelle-au-Mans 71 ... 193 F1
La Chapelle-au-Moine 61 ... 53 E4
La Chapelle-au-Riboul 53 ... 82 C5
La Chapelle-Aubareil 24 ... 241 G4
La Chapelle-aux-Bois 88 ... 119 F4
La Chapelle-aux-Brocs 19 ... 242 C2
La Chapelle-aux-Chasses 03 ... 175 F5
La Chapelle-aux-Choux 72 ... 130 A5
La Chapelle-aux-Filtzméens 35 ... 80 A4
La Chapelle-aux-Lys 85 ... 184 C1
La Chapelle-aux-Naux 37 ... 151 F3
La Chapelle-aux-Saints 19 ... 242 D4
La Chapelle-Baloue 23 ... 188 D4
La Chapelle-Basse-Mer 44 ... 148 A3
La Chapelle-Bâton 17 ... 201 H2
La Chapelle-Bâton 79 ... 185 E2
La Chapelle-Bâton 86 ... 203 H1
La Chapelle-Bayvel 27 ... 35 E3
La Chapelle-Bertin 43 ... 246 D2
La Chapelle-Bertrand 79 ... 185 G1
La Chapelle-Biche 61 ... 53 E4
La Chapelle-Blanche 22 ... 103 G1
La Chapelle-Blanche 73 ... 233 G3
La Chapelle-Blanche-Saint-Martin 37 ... 170 A1
La Chapelle-Bouëxic 35 ... 103 H5
La Chapelle-Caro 56 ... 102 D5
La Chapelle-Cécelin 50 ... 52 A3
La Chapelle-Chaussée 35 ... 80 A5
La Chapelle-Craonnaise 53 ... 105 G5
La Chapelle-d'Abondance 74 ... 198 D4
La Chapelle-d'Alagnon 15 ... 245 F3
La Chapelle-d'Aligné 72 ... 129 E3
La Chapelle-d'Andaine 61 ... 82 C2
La Chapelle-d'Angillon 18 ... 155 E3
La Chapelle-d'Armentières 59 ... 8 C2
La Chapelle-d'Aunainville 28 ... 86 D4
La Chapelle-d'Aurec 43 ... 229 H5
La Chapelle-de-Bragny 71 ... 194 D1
La Chapelle-de-Brain 35 ... 126 A3
La Chapelle-de-Guinchay 71 ... 194 D5
La Chapelle-de-la-Tour 38 ... 232 B2
La Chapelle-de-Mardore 69 ... 212 A2
La Chapelle-de-Surieu 38 ... 231 F4
Chapelle-des-Bois 25 ... 197 G1
La Chapelle-des-Fougeretz 35 ... 104 A2
La Chapelle-des-Marais 44 ... 146 B1
La Chapelle-des-Pots 17 ... 201 G5
La Chapelle-devant-Bruyères 88 ... 120 A2
Chapelle-d'Huin 25 ... 180 B2
La Chapelle-du-Bard 38 ... 233 G4
La Chapelle-du-Bois 72 ... 108 C2
La Chapelle-du-Bois-des-Faulx 27 ... 36 B5
La Chapelle-du-Bourgay 76 ... 20 B2
La Chapelle-du-Châtelard 01 ... 213 G2
La Chapelle-du-Chêne 85 ... 129 E2
La Chapelle-du-Fest 50 ... 32 C5
La Chapelle-du-Genêt 49 ... 148 C4
La Chapelle-du-Lou-du-Lac 35 ... 103 H1
La Chapelle-du-Mont-de-France 71 ... 194 C3
La Chapelle-du-Mont-du-Chat 73 ... 233 E1
La Chapelle-du-Noyer 28 ... 109 H4
La Chapelle-en-Juger 50 ... 32 A5
La Chapelle-en-Lafaye 42 ... 229 G4
La Chapelle-en-Serval 60 ... 38 D5
La Chapelle-en-Valgaudémar 05 ... 251 H5
La Chapelle-en-Vercors 26 ... 250 B4
La Chapelle-en-Vexin 95 ... 37 F5
La Chapelle-Enchérie 41 ... 131 H3
La Chapelle-Engerbold 14 ... 53 E2
La Chapelle-Erbrée 35 ... 105 F3
La Chapelle-Faucher 24 ... 222 C5
La Chapelle-Felcourt 51 ... 62 D1
La Chapelle-Forainvilliers 28 ... 57 E5
La Chapelle-Fortin 28 ... 55 H5
La Chapelle-Gaceline 56 ... 125 G2
La Chapelle-Gaudin 79 ... 167 H2
La Chapelle-Gaugain 72 ... 130 D3
La Chapelle-Gauthier 27 ... 55 E2
La Chapelle-Gauthier 77 ... 88 D3
La Chapelle-Geneste 43 ... 228 D5
La Chapelle-Glain 44 ... 127 F4
La Chapelle-Gonaguet 24 ... 240 B1
La Chapelle-Grésignac 24 ... 221 G4
Chapelle-Guillaume 28 ... 109 E3
La Chapelle-Hareng 27 ... 35 E5
La Chapelle-Haute-Grue 14 ... 54 C2
La Chapelle-Hermier 85 ... 165 F5
La Chapelle-Heulin 44 ... 148 A4
La Chapelle-Hugon 18 ... 174 A3
La Chapelle-Hullin 49 ... 127 G3
La Chapelle-Huon 72 ... 131 E2
La Chapelle-Iger 77 ... 59 H5
La Chapelle-Janson 35 ... 81 F4
La Chapelle-la-Reine 77 ... 88 A5
La Chapelle-Largeau 79 ... 167 E2
La Chapelle-Lasson 51 ... 90 C2
La Chapelle-Launay 44 ... 146 D2
La Chapelle-Laurent 15 ... 246 A2
La Chapelle-lès-Luxeuil 70 ... 141 G2
La Chapelle-Marcousse 63 ... 227 H4
La Chapelle-Montabourlet 24 ... 221 H4
La Chapelle-Montbrandeix 87 ... 222 D2
La Chapelle-Monthodon 02 ... 60 D1
La Chapelle-Montligeon 61 ... 84 C3
La Chapelle-Montlinard 18 ... 156 B5
La Chapelle-Montmartin 41 ... 153 H4
La Chapelle-Montmoreau 24 ... 222 B4
La Chapelle-Montreuil 86 ... 186 A2
Chapelle-Morthemer 86 ... 186 D2
La Chapelle-Moulière 86 ... 186 D1
La Chapelle-Moutils 77 ... 60 B4
La Chapelle-Naude 71 ... 195 H1
La Chapelle-Neuve 22 ... 77 E2
La Chapelle-Neuve 56 ... 101 H5
La Chapelle-Onzerain 45 ... 110 B4
La Chapelle-Orthemale 36 ... 171 F4
La Chapelle-Palluau 85 ... 165 G3
La Chapelle-Péchaud 24 ... 259 F1
La Chapelle-Pouilloux 79 ... 203 E1
La Chapelle-près-Sées 61 ... 83 H2
La Chapelle-Rablais 77 ... 88 D3
La Chapelle-Rainsouin 53 ... 106 B3
La Chapelle-Rambaud 74 ... 215 H1
La Chapelle-Réanville 27 ... 36 D5
La Chapelle-Rousselin 49 ... 149 E4
Chapelle-Royale 28 ... 109 F3
La Chapelle-Saint-André 58 ... 156 D2
La Chapelle-Saint-Aubert 35 ... 81 E5
La Chapelle-Saint-Aubin 72 ... 107 G4
La Chapelle-Saint-Étienne 79 ... 167 F5
La Chapelle-Saint-Florent 49 ... 148 C3
La Chapelle-Saint-Fray 72 ... 107 G3
La Chapelle-Saint-Géraud 19 ... 243 F4
La Chapelle-Saint-Jean 24 ... 241 G2
La Chapelle-Saint-Laud 49 ... 129 E5
La Chapelle-Saint-Laurent 79 ... 167 G4
La Chapelle-Saint-Laurian 36 ... 172 A1
La Chapelle-Saint-Luc 10 ... 90 D5
La Chapelle-Saint-Martial 23 ... 207 F3
La Chapelle-Saint-Martin 73 ... 232 D1
La Chapelle-Saint-Martin-en-Plaine 41 ... 132 B4
La Chapelle-Saint-Maurice 74 ... 215 G5
La Chapelle-Saint-Mesmin 45 ... 133 E2
La Chapelle-Saint-Ouen 76 ... 36 D1
La Chapelle-Saint-Quillain 70 ... 161 G1

La Chapelle-Saint-Rémy 72 ... 108 B3
La Chapelle-Saint-Sauveur 44 ... 148 D1
La Chapelle-Saint-Sauveur 71 ... 178 C3
La Chapelle-Saint-Sépulcre 45 ... 112 D4
La Chapelle-Saint-Sulpice 77 ... 89 F3
La Chapelle-Saint-Ursin 18 ... 173 E1
La Chapelle-Souëf 61 ... 84 C5
La Chapelle-sous-Brancion 71 ... 195 E2
La Chapelle-sous-Dun 71 ... 194 A5
La Chapelle-sous-Orbais 51 ... 61 E2
La Chapelle-sous-Uchon 71 ... 176 C3
Chapelle-Spinasse 19 ... 225 F5
La Chapelle-sur-Aveyron 45 ... 135 E2
La Chapelle-sur-Chézy 02 ... 60 B2
La Chapelle-sur-Coise 69 ... 230 C2
La Chapelle-sur-Crécy 77 ... 59 G3
La Chapelle-sur-Dun 76 ... 19 H2
La Chapelle-sur-Erdre 44 ... 147 G3
La Chapelle-sur-Furieuse 39 ... 179 G1
La Chapelle-sur-Loire 37 ... 151 E4
La Chapelle-sur-Oreuse 89 ... 89 G5
La Chapelle-sur-Oudon 49 ... 128 A4
La Chapelle-sur-Usson 63 ... 228 B4
La Chapelle-sur-Vire 50 ... 52 B1
La Chapelle-Taillefert 23 ... 207 E2
La Chapelle-Thècle 71 ... 195 G1
La Chapelle-Thémer 85 ... 183 G1
La Chapelle-Thireuil 79 ... 184 D1
La Chapelle-Thouarault 35 ... 103 H2
La Chapelle-Urée 50 ... 52 A5
Chapelle-Vallon 10 ... 90 D4
La Chapelle-Vaupelteigne 89 ... 136 C2
La Chapelle-Vendômoise 41 ... 131 H4
La Chapelle-Vicomtesse 41 ... 109 F5
La Chapelle-Viel 61 ... 55 F5
La Chapelle-Villars 42 ... 230 D3
Chapelle-Viviers 86 ... 187 E2
Chapelle-Voland 39 ... 178 D4
La Chapelle-Yvon 14 ... 54 D1
Les Chapelles 53 ... 82 D3
Les Chapelles 73 ... 234 D2
Les Chapelles-Bourbon 77 ... 59 F4
Chapelon 45 ... 112 B4
La Chapelotte 18 ... 155 G3
Chapet 78 ... 57 H2
Les Chapieux 73 ... 216 D5
Chapois 39 ... 179 H3
Chaponnay 69 ... 231 F2
Chaponost 69 ... 230 D1
Chaponost *Arches de* 69 ... 231 E1
Chappes 03 ... 191 F4
Chappes 08 ... 26 A5
Chappes 10 ... 115 F3
Chappes 63 ... 210 A4
Chaptelat 87 ... 205 G4
Chaptuzat 63 ... 209 H3
Charade 63 ... 227 G1
Charancieu 38 ... 232 C3
Charancin 01 ... 214 C3
Charantonnay 38 ... 231 G3
Charavines 38 ... 232 C4
Charbogne 08 ... 42 C1
Charbonnat 71 ... 176 B4
Charbonnier-les-Mines 63 ... 228 A4
Charbonnières 28 ... 109 E2
Charbonnières 71 ... 195 E3
Charbonnières-les-Bains 69 ... 212 D5
Charbonnières-les-Sapins 25 ... 162 B4
Charbonnières-les-Varennes 63 ... 209 G4
Charbonnières-les-Vieilles 63 ... 209 G3
Charbuy 89 ... 136 A3
La Charce 26 ... 268 C4
Charcé-Saint-Ellier-sur-Aubance 49 ... 149 H3
Charcenne 70 ... 161 G2
Charchigné 53 ... 82 C4
Charchilla 39 ... 196 D2
Charcier 39 ... 179 G5
Chard 23 ... 208 C4
Chardeny 08 ... 42 C2
Chardes 17 ... 219 H5
Chardogne 55 ... 63 G3
Chardonnay 71 ... 195 E2
Chareil-Cintrat 03 ... 192 A5
Charencey 21 ... 159 F2
Charency 39 ... 180 A4
Charency-Vezin 54 ... 44 C2
Charens 26 ... 268 C4
Charensat 63 ... 208 D3
Charentay 69 ... 212 D2
Charentenay 70 ... 140 C5
Charentenay 89 ... 136 B5
Charentilly 37 ... 151 H1
Charenton 58 ... 156 B4
Charenton-du-Cher 18 ... 173 G5
Charenton-le-Pont 94 ... 58 C4
Charentonnay 18 ... 156 A5
Charette 38 ... 214 A5
Charette-Varennes 71 ... 178 C2
Charey 54 ... 65 F2
Charézier 39 ... 196 D1
Chargé 37 ... 152 C2
Chargey-lès-Gray 70 ... 161 E1
Chargey-lès-Port 70 ... 140 D3
Chariez 70 ... 141 E4
Charigny 21 ... 158 D2
La Charité-sur-Loire 58 ... 156 B5
Charix 01 ... 196 D5
Charlas 31 ... 316 B5
Charleval 13 ... 305 G3
Charleval 27 ... 36 D2
Charleville 51 ... 61 E4
Charleville-Mézières 08 ... 26 D3
Charleville-sous-Bois 57 ... 46 B5
Charlieu 42 ... 211 H1
Charly 18 ... 173 H3
Charly 69 ... 231 E2
Charly-Oradour 57 ... 45 H5
Charly-sur-Marne 02 ... 60 B2
Charmant 16 ... 221 F3
Charmauvillers 25 ... 163 G3
Charmé 16 ... 203 F3
La Charme 39 ... 179 E3
Le Charme 45 ... 135 F3
La Charmée 71 ... 177 G5
Charmeil 03 ... 210 B1
Le Charmel 02 ... 40 D5
Charmensac 15 ... 245 H2
Charmentray 77 ... 59 F2
Charmes 02 ... 24 B4
Charmes 03 ... 210 A2
Charmes 21 ... 160 C2
Charmes 52 ... 117 F5
Charmes 88 ... 95 E4
Charmes-en-l'Angle 52 ... 92 D4
Charmes-la-Côte 54 ... 94 A1
Charmes-la-Grande 52 ... 92 C4
Charmes-Saint-Valbert 70 ... 140 B3
Charmes-sur-l'Herbasse 26 ... 249 G2
Charmes-sur-Rhône 07 ... 249 E5
Charmette *Col de la* 38 ... 232 D5
Les Charmettes 73 ... 233 F2
Charmoille 25 ... 163 F3
Charmoille 70 ... 141 E4
Charmoilles 52 ... 117 F5
Charmois 54 ... 95 F2
Charmois 90 ... 142 C3
Charmois-devant-Bruyères 88 ... 119 G2
Charmois-l'Orgueilleux 88 ... 119 E3
Charmont 51 ... 63 E3
Charmont 95 ... 37 G5
Charmont-en-Beauce 45 ... 111 F2
Charmont-sous-Barbuise 10 ... 91 E4
Les Charmontois 51 ... 63 F2
Charmoy 10 ... 90 A4
Charmoy 52 ... 140 A2
Charmoy 71 ... 176 D4
Charmoy 89 ... 113 H5
Charnas 07 ... 231 E5
Charnat 63 ... 210 B3
Charnay 25 ... 161 H5
Charnay 69 ... 212 D4
Charnay-lès-Chalon 71 ... 178 B2
Charnay-lès-Mâcon 71 ... 195 E4
Charnècles 38 ... 232 C5
Charnizay 37 ... 170 B3
Charnod 39 ... 196 B4
Charnois 08 ... 17 F4
Charnoz-sur-Ain 01 ... 213 H4
Charny 21 ... 159 E3
Charny 77 ... 59 F2
Charny-Orée-de-Puisaye 89 ... 135 F2
Charny-le-Bachot 10 ... 90 D2
Charny-sur-Meuse 55 ... 44 B5
Charolles 71 ... 194 A3
Charols 26 ... 267 G3
Charonville 28 ... 109 H2
Chârost 18 ... 172 C2
Charousse 74 ... 216 C3
Charpentry 55 ... 43 F3
Charpey 26 ... 249 G4
Charpont 28 ... 56 D5
Charquemont 25 ... 163 G3
Charrais 86 ... 168 D5
Charraix 43 ... 246 C4
Charras 16 ... 221 H3
Charray 28 ... 109 H5
Charre 64 ... 313 F3
Charrecey 71 ... 177 F3
Charrey-sur-Saône 21 ... 160 B5
Charrey-sur-Seine 21 ... 115 H5
Charrin 58 ... 175 F4
Charritte-de-Bas 64 ... 313 F3
Charron 17 ... 183 F4
Charron 23 ... 208 C2
Charroux 03 ... 209 H1
Charroux 86 ... 203 H1
Chars 95 ... 37 H5
Charsonville 45 ... 110 B5
Chartainvilliers 28 ... 86 B3
Chartèves 02 ... 60 C1
La Chartre-sur-le-Loir 72 ... 130 C4
Chartrené 49 ... 150 B1
Chartres 28 ... 86 A4
Chartres-de-Bretagne 35 ... 104 B3
Chartrettes 77 ... 88 B3
Chartrier-Ferrière 19 ... 242 B3
Chartronges 77 ... 60 B4
Chartuzac 17 ... 219 H5
Charvieu-Chavagneux 38 ... 213 H5
Charvonnex 74 ... 215 G2
Chas 63 ... 228 A1
Chaserey 10 ... 115 E5
Chasnais 85 ... 183 E2
Chasnans 25 ... 162 C5
Chasnay 58 ... 156 C4
Chasné-sur-Illet 35 ... 80 C5
Chaspinhac 43 ... 247 F3
Chaspuzac 43 ... 247 E3
La Chassagne 39 ... 179 E3
Chassagne 63 ... 227 H4
Chassagne-Montrachet 21 ... 177 G2
Chassagne-Saint-Denis 25 ... 162 A5
Chassagnes 07 ... 265 H5
Chassagnes 43 ... 246 C2
Chassagny 69 ... 230 D2
Chassaignes 24 ... 239 F1
Chassal 39 ... 196 D3
Chassant 28 ... 85 F5
Chassé 72 ... 83 H4
Chasse-sur-Rhône 38 ... 231 E2
Chasseguey 50 ... 52 B5
Chasselas 71 ... 194 D5
Chasselay 38 ... 250 A1
Chasselay 69 ... 213 E4
Chassemy 02 ... 40 C2
Chassenard 03 ... 193 F3
Chasseneuil 36 ... 188 C1
Chasseneuil-du-Poitou 86 ... 186 C1
Chasseneuil-sur-Bonnieure 16 ... 203 H5
Chassenon 16 ... 204 D4
Chasseradès 48 ... 265 F4
Chassey 21 ... 159 E1
Chassey-Beaupré 55 ... 93 G3
Chassey-le-Camp 71 ... 177 G3
Chassey-lès-Montbozon 70 ... 141 G5
Chassey-lès-Scey 70 ... 140 D4
Chassezac *Belvédère du* 48 ... 265 F5
Chassiecq 16 ... 203 H3
Chassiers 07 ... 266 A4
Chassieu 69 ... 213 F5
Chassignelles 89 ... 137 G3
Chassignieu 38 ... 232 B3
Chassignolles 36 ... 189 G2
Chassignolles 43 ... 228 C5
Chassigny 52 ... 139 H3
Chassigny-sous-Dun 71 ... 194 A5
Chassillé 72 ... 107 E4
Chassiron *Phare de* 17 ... 200 A2
Chassors 16 ... 220 C1
Chassy 18 ... 174 A1
Chassy 71 ... 193 G1
Chassy 89 ... 135 H2
Le Chastang 19 ... 242 D2
Chastang *Barrage du* 19 ... 243 F2
Chastanier 48 ... 265 E2
Chasteaux 19 ... 242 B3
Chastel 43 ... 246 B3
Chastel-Arnaud 26 ... 268 A2
Chastel-Nouvel 48 ... 264 C4
Chastel-sur-Murat 15 ... 245 F3
Chastellux-sur-Cure 89 ... 157 H2
Chastenay 89 ... 136 A4
Chasteuil 04 ... 308 A1
Chastreix 63 ... 227 E3
La Châtaigneraie 85 ... 167 E5
Chatain 86 ... 203 H2
Châtaincourt 28 ... 56 C5
Châtas 88 ... 96 C4
Château 71 ... 194 C3
Château-Arnoux-Saint-Auban 04 ... 287 G3
Château-Bas 13 ... 305 G3
Château-Bernard 38 ... 250 C4
Château-Bréhain 57 ... 66 C3
Château-Chalon 39 ... 179 F4
Château-Chervix 87 ... 223 H2
Château-Chinon 58 ... 176 A1
Le Château-d'Almenêches 61 ... 54 B5
Château-des-Prés 39 ... 197 E2
Le Château-d'Oléron 17 ... 200 B4
Château-d'Olonne 85 ... 182 A1
Château-du-Loir 72 ... 130 B4
Château-Farine 25 ... 161 H4
Château-Gaillard 01 ... 214 A3
Château Gaillard 27 ... 36 D4
Château-Gaillard 28 ... 111 E3
Château-Garnier 86 ... 186 C5
Château-Gombert 13 ... 327 E2
Château-Gontier 53 ... 128 B2
Château-Guibert 85 ... 183 E1
Château-Guillaume 36 ... 188 A3
Château-la-Vallière 37 ... 151 F1
Château-l'Abbaye 59 ... 9 G4
Château-Lambert 70 ... 120 A5
Château-Landon 77 ... 112 B3
Château-Larcher 86 ... 186 B3
Château-l'Évêque 24 ... 240 C1
Château-l'Hermitage 72 ... 130 A3
Château-Porcien 08 ... 42 A1
Château-Queyras 05 ... 271 E1
Château-Regnault 08 ... 26 D2
Château-Renard 45 ... 112 D5
Château-Renault 37 ... 131 F5
Château-Rouge 57 ... 46 D4
Château-Salins 57 ... 66 C4
Château-sur-Allier 03 ... 174 B4
Château-sur-Cher 63 ... 208 C2
Château-sur-Epte 27 ... 37 F4
Château-Thébaud 44 ... 147 H5
Château-Thierry 02 ... 60 C1
Château-Verdun 09 ... 336 B5
Château-Ville-Vieille 05 ... 271 E1
Château-Voué 57 ... 66 D3
Châteaubernard 16 ... 220 B1
Châteaubleau 77 ... 89 E2
Châteaubourg 07 ... 249 E4
Châteaubourg 35 ... 104 D3
Châteaubriant 44 ... 127 E3
Châteaudouble 26 ... 249 G5
Châteaudouble 83 ... 308 A4
Châteaudun 28 ... 109 H4
Châteaufort 04 ... 287 G1
Châteaufort 78 ... 58 A5
Châteaugay 63 ... 209 H5
Châteaugiron 35 ... 104 C3
Châteaulin 29 ... 75 H5
Châteaumeillant 18 ... 190 A2
Châteauneuf 21 ... 159 F4
Châteauneuf 39 ... 161 F4
Châteauneuf 42 ... 230 D3
Châteauneuf 71 ... 194 A5
Châteauneuf 73 ... 233 H2
Châteauneuf 85 ... 164 D2
Châteauneuf-de-Bordette 26 ... 285 H1
Châteauneuf-de-Chabre 05 ... 287 F1
Châteauneuf-de-Gadagne 84 ... 305 E1
Châteauneuf-de-Galaure 26 ... 249 F1
Châteauneuf-de-Randon 48 ... 264 D3
Châteauneuf-de-Vernoux 07 ... 248 D5
Châteauneuf-d'Entraunes 06 ... 289 F3
Châteauneuf-d'Ille-et-Vilaine 35 ... 79 H3
Châteauneuf-d'Oze 05 ... 269 F4
Châteauneuf-du-Faou 29 ... 76 B5
Châteauneuf-du-Pape 84 ... 285 F4
Châteauneuf-du-Rhône 26 ... 267 E4
Châteauneuf-en-Thymerais 28 ... 85 H2
Châteauneuf-Grasse 06 ... 309 E3
Châteauneuf-la-Forêt 87 ... 224 C1
Châteauneuf-le-Rouge 13 ... 306 B5
Châteauneuf-les-Bains 63 ... 209 F3
Châteauneuf-les-Martigues 13 ... 326 C2
Châteauneuf-lès-Moustiers 04 ... 307 H1
Châteauneuf-Miravail 04 ... 287 E3
Châteauneuf-sur-Charente 16 ... 220 D2
Châteauneuf-sur-Cher 18 ... 173 E3
Châteauneuf-sur-Isère 26 ... 249 F4
Châteauneuf-sur-Loire 45 ... 133 H2
Châteauneuf-sur-Sarthe 49 ... 128 D4
Châteauneuf-Val-de-Bargis 58 ... 156 C4
Châteauneuf-Val-Saint-Donat 04 ... 287 G3
Châteauneuf-Villevieille 06 ... 291 F5
Châteauponsac 87 ... 205 H1
Châteauredon 04 ... 288 A4
Châteaurenard 13 ... 304 D1
Châteaurenaud 71 ... 178 C5
Châteauroux 36 ... 171 H4
Châteauroux-les-Alpes 05 ... 270 C2
Châteauvert 83 ... 307 F5
Châteauvieux 05 ... 269 G4
Châteauvieux 41 ... 153 E4
Châteauvieux 83 ... 308 B2
Châteauvieux-les-Fossés 25 ... 162 B5
Châteauvilain 38 ... 232 A3
Châteauvillain 52 ... 116 C4
Le Châtel 73 ... 234 A5
Châtel 74 ... 198 D4
Châtel-Censoir 89 ... 157 F1
Chatel-Chéhéry 08 ... 43 F3
Châtel-de-Joux 39 ... 196 D2
Châtel-de-Neuvre 03 ... 192 A3
Châtel-Gérard 89 ... 137 F5
Châtel-Guyon 63 ... 209 G4
Châtel-Montagne 03 ... 210 D2
Châtel-Moron 71 ... 177 F4
Châtel-Saint-Germain 57 ... 65 G1
Châtel-sur-Moselle 88 ... 95 F4
Châtelaillon-Plage 17 ... 200 C2
Châtelain 53 ... 128 C2
La Châtelaine 39 ... 179 G3
Châtelais 49 ... 127 H3
Châtelard 23 ... 208 C3
Châtelard 38 ... 251 G3
Le Châtelard 73 ... 233 G1
Châtelaudren 22 ... 73 G5
Chatelay 39 ... 179 F1
Châtelblanc 25 ... 180 B5
Châteldon 63 ... 210 C3
Le Châtelet 18 ... 190 A1
Châtelet *Pont du* 04 ... 271 E3
Le Châtelet-en-Brie 77 ... 88 C3
Le Châtelet-sur-Retourne 08 ... 42 A2
Le Châtelet-sur-Sormonne 08 ... 26 B2
Les Châtelets 28 ... 56 A5
Le Chateley 39 ... 179 E3
Le Châtelier 51 ... 63 F2
Châtellenot 21 ... 159 E4
Châtellerault 86 ... 169 G4
Le Châtellier 35 ... 81 E3
Le Châtellier 61 ... 53 E5
Les Châtelliers-Châteaumur 85 ... 167 E3
Les Châtelliers-Notre-Dame 28 ... 85 G5
Châtelneuf 39 ... 179 H5
Châtelneuf 42 ... 229 G2
Chateloy 03 ... 191 E2
Châtelperron 03 ... 192 D3
Châtelraould-Saint-Louvent 51 ... 62 C5
Châtelus 03 ... 211 E1
Châtelus 38 ... 250 B3
Châtelus 42 ... 230 B2
Châtelus-le-Marcheix 23 ... 206 C3
Châtelus-Malvaleix 23 ... 189 G5
Châtenay 01 ... 213 H2
Châtenay 28 ... 86 D5
Châtenay 38 ... 231 H5
Châtenay 71 ... 194 A5
Châtenay-en-France 95 ... 58 D1
Châtenay-Mâcheron 52 ... 139 H2
Châtenay-Malabry 92 ... 58 B4
Châtenay-sur-Seine 77 ... 89 E4
Chatenay-Vaudin 52 ... 139 H2
Chatenet 17 ... 220 B5
Le Châtenet-en-Dognon 87 ... 206 B4
Châteney 70 ... 141 G3
Châtenois 39 ... 161 E5
Châtenois 67 ... 97 E4
Châtenois 70 ... 141 G3
Châtenois 88 ... 94 B5
Châtenois-les-Forges 90 ... 142 C4
Châtenoy 45 ... 134 A2
Châtenoy 77 ... 112 B2
Châtenoy-en-Bresse 71 ... 177 H4
Châtenoy-le-Royal 71 ... 177 H4
Châtignac 16 ... 220 D5
Chatignonville 91 ... 87 E3
Châtillon 03 ... 191 H3
Châtillon 39 ... 179 G5
Châtillon 69 ... 212 D4
Châtillon 86 ... 186 A4
Châtillon 92 ... 58 B4
Châtillon *Crêt de* 74 ... 215 G4
Châtillon-Coligny 45 ... 135 E3
Châtillon-en-Bazois 58 ... 175 G1
Châtillon-en-Diois 26 ... 268 C2
Châtillon-en-Dunois 28 ... 109 G3
Châtillon-en-Michaille 01 ... 214 D1
Châtillon-en-Vendelais 35 ... 105 F2
Châtillon-Guyotte 25 ... 162 B2
Châtillon-la-Borde 77 ... 88 C3
Châtillon-la-Palud 01 ... 213 H3
Châtillon-le-Duc 25 ... 161 H3
Châtillon-le-Roi 45 ... 111 F3
Châtillon-lès-Sons 02 ... 24 D3
Châtillon-Saint-Jean 26 ... 249 H3
Châtillon-sous-les-Côtes 55 ... 44 C5
Châtillon-sur-Bar 08 ... 43 E1
Châtillon-sur-Broué 51 ... 92 A2
Châtillon-sur-Chalaronne 01 ... 213 F1
Châtillon-sur-Cher 41 ... 153 F4
Châtillon-sur-Cluses 74 ... 216 C1
Châtillon-sur-Colmont 53 ... 82 A5
Châtillon-sur-Indre 36 ... 170 D2
Châtillon-sur-Lison 25 ... 161 H5
Châtillon-sur-Loire 45 ... 134 D5
Châtillon-sur-Marne 51 ... 41 E5
Châtillon-sur-Morin 51 ... 60 D5
Châtillon-sur-Oise 02 ... 24 C3
Châtillon-sur-Saône 88 ... 118 B5
Châtillon-sur-Seine 21 ... 138 A2
Châtillon-sur-Thouet 79 ... 168 A5
Chatin 58 ... 175 H1
Chatoillenot 52 ... 139 G4
Châtonnay 38 ... 231 H3
Chatonnay 39 ... 196 B3
Chatonrupt 52 ... 92 D3
Chatou 78 ... 58 A3
La Châtre 36 ... 189 G1
La Châtre-Langlin 36 ... 188 B3
Châtres 10 ... 90 C3
Châtres 24 ... 241 G2
Châtres 77 ... 59 F5
Châtres-la-Forêt 53 ... 106 C3
Châtres-sur-Cher 41 ... 154 A4
Châtrices 51 ... 63 F1
Chattancourt 55 ... 43 H4
Chatte 38 ... 250 A2
Chatuzange-le-Goubet 26 ... 249 G4
Chaucenne 25 ... 161 H3
Chauchailles 48 ... 263 H1
Chauché 85 ... 166 A3
Le Chauchet 23 ... 208 B2
Chauchigny 10 ... 90 D4
Chauconin 77 ... 59 F2
Chauconin-Neufmontiers 77 ... 59 F2
Chaucre 17 ... 200 A2
Chaudanne *Barrage de* 04 ... 308 B1
Chaudardes 02 ... 41 E2
Chaudebonne 26 ... 268 A4
Chaudefonds-sur-Layon 49 ... 149 F3
Chaudefontaine 25 ... 162 B2
Chaudefontaine 51 ... 43 E5

Chaudenay 52 139 H 2
Chaudenay 71 177 G 2
Chaudenay-la-Ville 21 159 F 5
Chaudenay-le-Château 21 159 F 5
Chaudeney-sur-Moselle 54 94 B 1
Chaudes-Aigues 15 263 G 1
Chaudeyrac 48 265 E 3
Chaudeyrolles 43 247 H 4
La Chaudière 26 268 A 3
Chaudière *Col de la* 26 267 H 3
Chaudon 28 57 E 5
Chaudon-Norante 04 288 B 5
Chaudrey 10 91 F 3
Chaudron-en-Mauges 49 148 D 3
Chaudun 02 40 B 3
Chauffailles 71 194 A 5
Chauffayer 05 269 G 1
Chauffecourt 88 94 D 4
Chauffour-lès-Bailly 10 115 G 2
Chauffour-lès-Étréchy 91 87 F 3
Chauffour-sur-Vell 19 242 C 4
Chauffours 28 85 H 4
Chauffourt 52 117 G 5
Chauffry 77 60 A 4
Chaufour-lès-Bonnières 78 56 D 1
Chaufour-Notre-Dame 72 107 G 4
Chaugey 21 178 C 1
Chaulgnes 58 156 C 5
Chaulhac 48 246 A 5
Chaulieu 50 52 C 4
La Chaulme 63 229 F 4
Chaulnes 80 23 F 2
Chaum 31 334 B 3
Chaumard 58 158 A 5
La Chaume 21 138 C 2
La Chaume 85 182 A 1
Chaume-et-Courchamp 21 139 G 5
Chaume-lès-Baigneux 21 138 B 5
Chaumeil 19 225 E 4
Chaumercenne 70 161 F 3
Chaumeré 35 104 D 4
Chaumergy 39 179 E 3
Chaumes-en-Brie 77 59 F 5
Chaumesnil 10 91 H 4
Chaumont 18 173 H 4
Chaumont 39 197 E 3
Chaumont 52 117 E 3
Chaumont 61 54 D 3
Chaumont 74 215 F 2
Chaumont 89 89 E 5
Chaumont *Château de* 71 194 B 2
Chaumont-d'Anjou 49 129 E 5
Chaumont-devant-Damvillers 55 44 B 4
Chaumont-en-Vexin 60 37 G 4
Chaumont-la-Ville 52 117 H 3
Chaumont-le-Bois 21 115 H 5
Chaumont-le-Bourg 63 229 E 4
Chaumont-Porcien 08 26 A 4
Chaumont-sur-Aire 55 63 H 2
Chaumont-sur-Loire 41 152 D 1
Chaumont-sur-Tharonne 41 133 F 5
Chaumontel 95 38 C 5
Chaumot 58 157 G 4
Chaumot 89 113 F 4
Chaumousey 88 119 E 2
Chaumoux-Marcilly 18 155 H 5
Chaumussay 37 170 A 3
La Chaumusse 39 197 E 1
Chaumuzy 51 41 F 5
Chaunac 17 220 B 5
Chaunay 86 186 A 5
Chauny 02 24 A 5
Chauray 79 185 E 4
Chauriat 63 228 A 1
Chausey *Îles* 50 50 D 2
La Chaussade 23 207 H 3
La Chaussaire 49 148 B 4
Chaussan 69 230 D 2
La Chaussée 76 20 B 2
La Chaussée 86 168 D 3
La Chaussée-d'Ivry 28 56 D 3
La Chaussée-Saint-Victor 41 132 A 5
La Chaussée-sur-Marne 51 62 C 3
La Chaussée-Tirancourt 80 22 A 1
Chaussenac 15 243 H 2
Chaussenans 39 179 G 3
Chausseterre 42 211 E 4
Chaussin 39 178 D 2
Chaussoy-Epagny 80 22 C 3
Chaussy 45 111 E 3
Chaussy 95 37 F 5
Le Chautay 18 174 B 2
Chauvac 26 286 C 1
Chauvé 44 146 D 4
Chauve d'Aspremont *Mont* 06 291 E 5
Chauvency-le-Château 55 27 H 5
Chauvency-Saint-Hubert 55 27 H 5
Chauvigné 35 80 D 4
Chauvigny 86 187 E 1
Chauvigny-du-Perche 41 109 F 5
Chauvincourt 27 37 F 3
Chauvirey-le-Châtel 70 140 B 2
Chauvirey-le-Vieil 70 140 B 3
Chauvoncourt 55 64 C 3
Chauvry 95 58 B 1
Chaux 21 159 H 5
La Chaux 25 180 D 1
La Chaux 61 83 E 2
La Chaux 71 178 C 3
Chaux 90 142 B 2
Chaux-Champagny 39 179 H 2
Chaux-des-Crotenay 39 180 A 5
Chaux-des-Prés 39 197 E 2
La Chaux-du-Dombief 39 197 E 1
La Chaux-en-Bresse 39 179 E 3
Chaux-la-Lotière 70 161 H 2
Chaux-lès-Clerval 25 162 D 2
Chaux-lès-Passavant 25 162 C 3
Chaux-lès-Port 70 140 D 3
Chaux-Neuve 25 180 B 5
Chauzon 07 266 B 5
Chavagnac 15 245 F 2
Chavagnac 24 241 H 3
Chavagne 35 104 A 3
Chavagnes 49 149 H 3
Chavagnes-en-Paillers 85 166 A 2
Chavagnes-les-Redoux 85 166 D 4
Chavagneux-Montbertand 38 231 H 1
Chavaignes 49 150 C 1
Chavanac 19 225 G 2
Chavanat 23 207 F 3
Chavanatte 90 142 D 3
Chavanay 42 231 E 4
Chavanges 10 91 H 3
Chavaniac-Lafayette 43 246 D 2
Chavannaz 74 215 F 2
Chavanne 39 179 E 5
Chavanne 70 142 A 4
La Chavanne 73 233 G 3
Chavannes 18 173 E 3
Chavannes 26 249 F 3
Les Chavannes-en-Maurienne 73 234 A 4
Chavannes-les-Grands 90 142 D 3
Chavannes-sur-l'Étang 68 142 D 3
Chavannes-sur-Reyssouze 01 195 F 3
Chavannes-sur-Suran 01 196 B 5
Chavanod 74 215 F 4
Chavanoz 38 213 H 5
Les Chavants 74 216 D 3
Chavaroux 63 210 A 5
La Chavatte 80 23 F 3
Chaveignes 37 169 F 1
Chavelot 88 95 F 5
Chavenat 16 221 F 4
Chavenay 78 57 H 3
Chavençon 60 37 H 4
Chavenon 03 191 F 3
Chavéria 39 196 C 2
Chaveroche 19 225 H 3
Chaveyriat 01 195 G 5
Chavignol 18 155 H 3
Chavignon 02 40 C 1
Chavigny 02 40 B 2
Chavigny 54 94 D 1
Chavigny *Château de* 37 150 D 5
Chavigny-Bailleul 27 56 B 3
Chaville 92 58 B 4
Chavin 36 188 D 2
Chavoire 74 215 G 3
Chavonne 02 40 D 2
Chavornay 01 214 D 4
Chavot-Courcourt 51 61 F 1
Chavoy 50 51 H 4
Chavroches 03 192 C 4
Le Chay 17 219 E 1
Chay 25 179 G 1
Chazay-d'Azergues 69 212 D 4
La Chaze-de-Peyre 48 264 A 2
Chazé-Henry 49 127 G 3
Chazé-sur-Argos 49 127 H 4
Chazeaux 07 266 A 3
Le Chazelet 05 252 A 3
Chazelet 36 188 C 2
Chazelles 15 246 B 3
Chazelles 16 221 G 2
Chazelles 39 196 A 3
Chazelles 43 246 C 4
Chazelles-sur-Albe 54 96 A 1
Chazelles-sur-Lavieu 42 229 G 3
Chazelles-sur-Lyon 42 230 B 2
Chazelot 25 162 C 1
Chazemais 03 190 C 3
Chazeuil 21 139 G 5
Chazeuil 58 157 E 4
Chazey-Bons 01 214 D 5
Chazey-sur-Ain 01 213 H 4
Chazilly 21 159 F 5
Chazot 25 163 E 2
Chazoy 25 161 G 3
La Chebuette 44 147 H 3
Chécy 45 133 F 2
Chedde 74 216 D 3
Chédigny 37 152 C 4
Chef-Boutonne 79 202 D 1
Chef-du-Pont 50 31 H 2
Chef-Haut 88 94 C 4
Cheffes 49 128 C 5
Cheffois 85 167 E 5
Cheffreville-Tonnencourt 14 54 C 1
Le Chefresne 50 52 A 2
Chéhéry 08 27 E 4
Cheignieu-la-Balme 01 214 C 4
Cheillé 37 151 F 4
Cheilly-lès-Maranges 71 177 F 3
Chein-Dessus 31 334 D 2
Cheissoux 87 206 C 5
Le Cheix 63 209 H 3
Le Cheix 63 227 G 3
Cheix-en-Retz 44 147 E 4
Chélan 32 316 A 3
Chelers 62 7 H 5
Chélieu 38 232 B 3
Chelle-Debat 65 315 G 4
Chelle-Spou 65 333 G 1
Chelles 60 39 H 3
Chelles 77 59 E 3
Chelun 35 127 F 2
Chemaudin 25 161 H 4
Chemault 45 111 H 4
Chemazé 53 128 A 3
Chemellier 49 149 H 3
Chemenot 39 179 E 3
Chéméré 44 146 D 5
Chéméré-le-Roi 53 106 C 5
Chémery 41 153 F 3
Chémery 57 66 D 2
Chémery-Chéhéry 08 27 E 5
Chémery-les-Deux 57 46 C 3
Chemilla 39 196 C 3
Chemillé-en-Anjou 49 149 F 4
Chemillé-sur-Dême 37 130 D 4
Chemillé-sur-Indrois 37 152 D 5
Chemilli 61 84 B 4
Chemilly 03 192 A 2
Chemilly 70 140 D 4
Chemilly-sur-Serein 89 136 D 3
Chemilly-sur-Yonne 89 136 B 2
Chemin 39 178 C 2
Le Chemin 51 63 F 1
Chemin-d'Aisey 21 138 A 3
Cheminas 07 249 E 2
Cheminon 51 63 F 4
Cheminot 57 65 H 2
Chemiré-en-Charnie 72 107 E 4
Chemiré-le-Gaudin 72 107 F 5
Chemiré-sur-Sarthe 49 128 D 3
Chemy 59 8 C 4
Chenac-Saint-Seurin-d'Uzet 17 219 E 3
Chenailler-Mascheix 19 243 E 3
La Chenalotte 25 163 F 5
Chénas 69 194 D 5
Chenaud 24 239 E 1
Chenay 51 41 F 3
Chenay 72 83 H 3
Chenay 79 185 G 4
Chenay-le-Châtel 71 193 F 5
Le Chêne 10 91 E 2
Chêne-Arnoult 89 135 F 2
Chêne-Bernard 39 179 E 2
Chêne-Chenu 28 85 H 2
Chêne-en-Semine 74 215 E 2
Chêne-Sec 39 178 D 3
Chenebier 70 142 B 3
Chenecey-Buillon 25 161 H 5
Cheneché 86 169 E 4
Chênedollé 14 52 D 3
Chênedouit 61 53 G 4
Chênehutte-les-Tuffeaux 49 150 B 3
Chénelette 69 212 B 1
Chénérailles 23 207 H 2
Chenereilles 42 229 G 4
Chenereilles 43 248 A 2
Chénerilles 04 287 H 4
Chenevelles 86 169 H 5
Chenevières 54 95 G 2
Chenevrey-et-Morogne 70 161 F 3
Chênex 74 215 F 1
Cheney 89 137 E 2
Chenicourt 54 66 B 3
Chenières 54 45 E 2
Chéniers 23 189 F 4
Cheniers 51 62 A 3
Chenillé-Champteussé 49 128 B 4
Chenillé-Changé 49 128 B 4
Cheniménil 88 119 G 2
Chennebrun 27 55 G 5
Chennegy 10 114 C 2
Chennevières 55 93 F 1
Chennevières-lès-Louvres 95 58 D 1
Chennevières-sur-Marne 94 58 D 4
Chenois 57 66 C 2
Chenoise-Cucharmoy 77 89 F 2
Chenommet 16 203 G 3
Chenon 16 203 G 3
Chenonceau *Château de* 37 152 C 3
Chenonceaux 37 152 C 3
Chenou 77 112 B 3
Chenôve 21 160 A 3
Chenôves 71 177 G 5
Chens-sur-Léman 74 197 H 4
Chenu 72 130 B 5
Cheny 89 114 A 5
Chepniers 17 238 B 1
Chepoix 60 22 C 5
La Cheppe 51 62 C 1
Cheppes-la-Prairie 51 62 B 3
Cheppy 55 43 G 4
Cheptainville 91 87 G 3
Chepy 51 62 B 3
Chépy 80 11 F 4
Chérac 17 219 H 1
Chérancé 53 127 H 2
Chérancé 72 83 H 5
Chéraute 64 313 F 4
Chéray 17 200 A 3
Cherbonnières 17 202 B 3
Cherbourg-en-Cotentin 50 29 E 3
Chérence 95 57 F 1
Chérencé-le-Héron 50 52 A 3
Chérencé-le-Roussel 50 52 B 4
Chéreng 59 9 E 3
Les Chères 69 212 D 4
Chérêt 02 40 D 1
Chériennes 62 12 B 2
Cherier 42 211 F 3
Chérigné 79 202 C 1
Les Chéris 50 51 H 5
Chérisay 72 83 G 5
Chérisey 57 65 H 2
Cherisy 28 56 D 4
Chérisy 62 13 H 3
Chérizet 71 194 C 2
Chermignac 17 219 F 1
Chermisey 88 93 H 4
Chermizy-Ailles 02 41 E 1
Chéronnac 87 204 D 5
Chéronvilliers 27 55 G 4
Chéroy 89 113 E 2
Cherré 49 128 C 4
Cherré 72 108 C 3
Cherreau 72 108 C 2
Cherrueix 35 51 E 5
Cherval 24 221 G 4
Cherveix-Cubas 24 241 F 1
Cherves 86 168 C 5
Cherves-Châtelars 16 204 B 5
Cherves-de-Cognac 16 202 B 5
Chervettes 17 201 F 2
Cherveux 79 185 E 3
Chervey 10 115 H 3
Cherville 51 61 H 1
Chervinges 69 212 D 3
Chéry 18 154 C 5
Chéry-Chartreuve 02 40 D 4
Chéry-lès-Pouilly 02 24 D 4
Chéry-lès-Rozoy 02 25 G 3
Chesley 10 115 E 5
Le Chesnay-Rocquencourt 78 58 A 3
Le Chesne 08 42 D 1
Le Chesne 27 56 A 3
Chesnel 16 202 B 5
Chesnois-Auboncourt 08 26 C 5
Chesny 57 65 H 1
Chessenaz 74 215 E 2
Chessy 69 212 C 4
Chessy 77 59 F 3
Chessy-les-Prés 10 114 C 4
Chéu 89 114 B 5
Cheuge 21 160 D 2
Cheust 65 333 E 1
Cheux 14 33 F 4
Chevagnes 03 192 C 1
Chevagny-les-Chevrières 71 194 D 4
Chevagny-sur-Guye 71 194 B 2
Chevaigné 35 104 B 2
Chevaigné-du-Maine 53 82 D 4
Le Chevain 72 83 G 4
Cheval-Blanc 84 305 F 2
La Chevalerie 17 200 B 4
Chevaline 74 215 H 5
La Chevallerais 44 147 G 1
Le Chevalon 38 232 D 5
Chevanceaux 17 220 C 5
Chevannay 21 159 F 2
Chevannes 21 159 H 5
Chevannes 45 112 D 3
Chevannes 89 136 A 3
Chevannes 91 88 A 3
Chevannes-Changy 58 157 E 4
Chevennes 02 25 E 2
Chevenon 58 174 D 3
Chevenoz 74 198 C 3
Cheverny 41 153 F 1
Cheveuges 08 27 E 4
Chevières 08 43 E 3
Chevigney 70 161 E 3
Chevigney-lès-Vercel 25 162 C 4
Chevigney-sur-l'Ognon 25 161 G 3
Chevigny 39 161 E 4
Chevigny-en-Valière 21 178 A 2
Chevigny-Saint-Sauveur 21 160 B 3
Chevillard 01 214 C 1
Chevillé 72 107 E 5
Chevillon 52 92 D 2
Chevillon 89 135 G 2
Chevillon-sur-Huillard 45 112 B 5
La Chevillotte 25 162 B 4
Chevilly 45 110 D 4
Chevilly-Larue 94 58 C 4
Chevinay 69 212 C 5
Chevincourt 60 39 F 1
Cheviré-le-Rouge 49 129 F 5
Chevrainvilliers 77 112 B 2
Chèvre *Cap de la* 29 75 E 5
Chevreaux 39 196 A 2
Chevregny 02 40 D 1
Chèvremont 90 142 C 3
La Chèvrerie 16 203 F 2
Chèvrerie *Vallon de la* 74 198 B 5
Chevresis-les-Dames 02 24 C 3
Chevresis-Monceau 02 24 D 3
Chevreuse 78 58 A 5
Chèvreville 50 52 B 5
Chèvreville 60 39 G 5
Chevrier 74 215 E 1
Chevrières 38 250 A 2
Chevrières 42 230 B 2
Chevrières 60 39 E 3
Chevroches 58 157 F 2
La Chevrolière 44 147 G 5
Chevrotaine 39 179 H 5
Chevroux 01 195 F 3
Chevroz 25 161 H 2
Chevru 77 60 A 4
Chevry 01 197 F 4
Chevry 39 196 D 3
Chevry 50 52 A 1
Chevry-Cossigny 77 59 E 5
Chevry-en-Sereine 77 112 D 2
Chevry-sous-le-Bignon 45 112 D 3
Chey 79 185 G 4
Cheylade 15 245 E 2
Le Cheylard 07 248 B 5
Cheylard-l'Évêque 48 265 E 3
Le Cheylas 38 233 F 4
Cheyssieu 38 231 E 4
Chezal-Benoît 18 172 C 4
La Chèze 22 102 C 2
Chèze 65 332 D 3
Chézeaux 52 140 B 2
Chezelle 03 191 H 5
Chezelles 36 171 G 3
Chezelles 37 169 F 1
Chézeneuve 38 231 H 2
Chézery-Forens 01 197 E 5
Chézy 03 192 B 1
Chézy-en-Orxois 02 40 A 5
Chézy-sur-Marne 02 60 B 2
Chiappa *Pointe de la* 2A 351 G 2
Chiatra 2B 347 H 4
Chiché 79 167 H 4
Chicheboville 14 33 H 5
Chichée 89 136 D 3
Chichery 89 136 B 2
Chichey 51 61 E 5
Chichilianne 38 268 C 1
Chicourt 57 66 C 3
Chiddes 58 176 A 3
Chiddes 71 194 B 3
Chidrac 63 227 H 3
Chierry 02 60 C 1
Chieulles 57 45 H 5
Chigné 49 129 H 5
Chignin 73 233 F 2
La Chignolle 16 203 F 5
Chigny 02 25 E 1
Chigny-les-Roses 51 41 G 5
Chigy 89 113 H 2
Chilhac 43 246 B 2
Chillac 16 220 D 5
Chille 39 179 E 5
Chilleurs-aux-Bois 45 111 F 4
Le Chillou 79 168 B 4
Chilly 08 26 B 2
Chilly 74 215 F 2
Chilly 80 23 F 3
Chilly-le-Vignoble 39 179 E 5
Chilly-Mazarin 91 58 C 5
Chilly-sur-Salins 39 179 H 2
Chimilin 38 232 C 2
Le Chinaillon 74 216 B 2
Chindrieux 73 215 E 4
Chinon 37 151 E 5
Chinon *Centre de production nucléaire* 37 150 D 4
Chioula *Col de* 09 336 D 5
Chipilly 80 23 E 1
Chirac 16 204 C 4
Chirac 48 264 A 4
Chirac-Bellevue 19 226 B 4
Chirassimont 42 212 A 4
Chirat-l'Église 03 191 G 5
Chiré-en-Montreuil 86 186 A 1
Chirens 38 232 C 4
Chirmont 80 22 C 4
Chirols 07 266 A 2
Chiroubles 69 212 D 1
Chiry-Ourscamp 60 23 G 5
Chis 65 315 F 4
Chisa 2B 349 F 3
Chissay-en-Touraine 41 152 D 3
Chisseaux 37 152 C 3
Chisséria 39 196 C 3
Chissey-en-Morvan 71 158 C 5
Chissey-lès-Mâcon 71 194 D 2
Chissey-sur-Loue 39 179 F 1
Chitenay 41 153 E 1
Chitray 36 188 B 1
Chitry 89 136 C 3
Chitry-les-Mines 58 157 G 4
Chiuni *Plage de* 2A 348 A 1
Chives 17 202 D 3
Chivres 21 178 B 2
Chivres-en-Laonnois 02 25 F 4
Chivres-Val 02 40 C 2
Chivy-lès-Étouvelles 02 40 D 1
Chizé 79 202 B 1
Chocques 62 7 H 3
Choignes 52 117 E 3
Choilley 52 139 G 4
Choisel 78 57 H 5
Choiseul 52 117 H 4
Choisey 39 178 D 1
Choisies 59 15 H 3
Choisy 74 215 G 2
Choisy-au-Bac 60 39 G 2
Choisy-en-Brie 77 60 A 4
Choisy-la-Victoire 60 39 E 2
Choisy-le-Roi 94 58 C 4
Cholet 49 166 D 1
Cholonge 38 251 E 3
Choloy-Ménillot 54 94 A 1
Chomelix 43 247 E 1
Chomérac 07 266 D 2
La Chomette 43 246 C 1
Chonas-l'Amballan 38 231 E 4
Chonville 55 64 C 5
Chooz 08 17 E 4

Choqueuse-les-Bénards 60 22 A 4
Choranche 38 250 B 3
Chorey-lès-Beaune 21 177 H 1
Chorges 05 270 A 3
Chouain 14 33 E 4
Chouday 36 172 C 3
Choue 41 109 E 5
Chougny 58 175 H 1
Chouilly 51 61 G 1
Chouppes 86 168 D 4
Chourgnac 24 241 F 1
Choussy 41 153 E 3
Chouvigny 03 209 G 2
Chouvigny *Gorges de* 63 209 G 2
Choux 39 196 D 4
Les Choux 45 134 C 3
Chouy 02 40 A 4
Chouzé-sur-Loire 37 150 D 4
Chouzelot 25 161 H 5
Chouzy-sur-Cisse 41 152 D 1
Choye 70 161 G 2
Chozeau 38 231 H 1
Chuelles 45 112 D 5
Chuffilly-Roche 08 42 C 1
Chuignes 80 23 F 2
Chuignolles 80 23 F 2
Chuisnes 28 85 G 4
Chusclan 30 285 E 3
Chuyer 42 230 D 4
Chuzelles 38 231 F 2
Ciadoux 31 316 C 4
Ciamannacce 2A 349 E 3
Cians *Gorges du* 06 289 G 5
Ciboure 64 310 B 3
Cideville 76 19 H 5
Ciel 71 178 A 3
Cier-de-Luchon 31 334 B 4
Cier-de-Rivière 31 334 B 1
Cierges 02 40 D 5
Cierges-sous-Montfaucon 55 43 G 3
Cierp-Gaud 31 334 B 3
Cierrey 27 56 C 1
Cierzac 17 220 B 2
Cieurac 46 278 B 1
Cieutat 65 333 F 1
Cieux 87 205 F 3
Ciez 58 156 C 2
Cigné 53 82 B 4
Cigogné 37 152 B 4
Cilly 02 25 F 3
Cinais 37 150 D 5
Cindré 03 192 C 4
Cinq-Chemins 74 198 A 3
Cinq-Mars-la-Pile 37 151 G 3
Cinquétral 39 197 E 3
Cinqueux 60 38 D 3
Cintegabelle 31 318 A 4
Cintheaux 14 53 H 1
Cintray 27 55 H 4
Cintray 28 86 A 4
Cintré 35 103 H 3
Cintrey 70 140 B 3
La Ciotat 13 327 F 4
Cipières 06 309 E 1
Ciral 61 83 E 3
Ciran 37 170 B 1
Circourt 88 95 E 5
Circourt-sur-Mouzon 88 94 A 5
Ciré-d'Aunis 17 200 D 2
Cirès 31 334 A 4
Cires-lès-Mello 60 38 C 4
Cirey 21 177 F 2
Cirey 70 162 A 2
Cirey-lès-Mareilles 52 117 F 2
Cirey-lès-Pontailler 21 160 C 3
Cirey-sur-Blaise 52 92 C 5
Cirey-sur-Vezouze 54 96 B 1
Cirfontaines-en-Azois 52 116 C 3
Cirfontaines-en-Ornois 52 93 F 3
Cirières 79 167 F 3
Ciron 36 188 A 1
Cirque *Belvédère du* 05 271 G 1
Ciry-le-Noble 71 194 A 1
Ciry-Salsogne 02 40 C 2
Cisai-Saint-Aubin 61 54 D 4
Cisery 89 158 B 1
Cissac-Médoc 33 237 E 1
Cissé 86 169 E 5
Cisternes-la-Forêt 63 209 E 5
Cistrières 43 228 D 5
Cîteaux *Abbaye de* 21 160 B 5
Citerne 80 11 G 5
Citers 70 141 G 3
Citey 70 161 G 1
Citou 11 320 A 3
Citry 77 60 A 2
Civaux 86 187 E 3
Civens 42 212 A 5
Civières 27 37 E 5
Civrac-de-Blaye 33 237 H 2
Civrac-en-Médoc 33 218 D 5
Civrac-sur-Dordogne 33 256 D 1
Civray 18 172 D 2
Civray 86 203 G 1
Civray-de-Touraine 37 152 C 3
Civray-sur-Esves 37 169 H 1
Civrieux 01 213 E 3
Civrieux-d'Azergues 69 212 D 4
Civry 28 110 A 4
Civry-en-Montagne 21 159 F 3
Civry-la-Forêt 78 57 E 3
Civry-sur-Serein 89 137 E 5
Cizancourt 80 23 G 2
Cizay-la-Madeleine 49 150 B 4
Cize 01 196 B 5
Cize 39 179 H 4
Cizely 58 175 E 2
Cizos 65 316 A 4
Clacy-et-Thierret 02 24 D 5
Cladech 24 259 F 1
Claira 66 339 E 5
Clairac 47 275 G 1
Clairavaux 23 207 G 5
Clairefontaine-en-Yvelines 78 87 E 2
Clairefougère 61 52 D 3
Clairegoutte 70 142 A 3
Clairfayts 59 16 A 4
Clairfontaine 02 25 G 1
Clairmarais 62 3 F 5
Clairoix 60 39 F 2
Clairvaux 10 116 B 3
Clairvaux-d'Aveyron 12 262 B 5
Clairvaux-les-Lacs 39 196 D 1
Clairvivre 24 223 H 5
Clairy-Saulchoix 80 22 B 2
Clais 76 20 D 3
Claix 16 221 E 3
Claix 38 250 D 2
Clam 17 219 H 3
Clamanges 51 61 H 3
Clamart 92 58 B 4
Clamecy 02 40 B 2
Clamecy 58 157 F 2
Clamensane 04 287 H 1
Clamerey 21 159 E 2
Clamouse *Grotte de* 34 302 B 3
Clans 06 289 H 4
Clans 70 141 E 4
Clansayes 26 285 E 1
Le Claon 55 43 F 5
Claouey 33 254 B 1
Le Clapier 12 301 F 2
Clapiers 34 302 D 4
La Claquette 67 96 D 3
Clara 66 342 B 3
Clarac 31 334 B 1
Clarac 65 315 G 5
Claracq 64 294 B 5
Clarafond 74 215 E 2
Clarbec 14 34 C 4
Clarens 65 315 H 5
Clarensac 30 303 G 2
Claret 04 269 G 5
Claret 34 302 D 2
Clarques 62 7 F 2
La Clarté 22 72 C 2
Clary 59 14 C 5
Classun 40 294 B 3
Clastres 02 24 A 3
Clasville 76 19 F 3
Le Clat 11 337 F 5
Claudon 88 118 C 4
Les Claux 05 270 D 3
Le Claux 15 245 E 2
Clavans-en-Haut-Oisans 38 251 H 3
Clavé 79 185 F 2
Claveisolles 69 212 B 2
Clavette 17 200 D 1
Claveyson 26 249 F 2
Clavières 15 246 A 4
Claviers 83 308 B 4
Claville 27 56 A 1
Claville-Motteville 76 20 B 5
Clavy-Warby 08 26 B 3
La Claye 85 183 E 2
Claye-Souilly 77 59 E 2
Clayes 35 104 A 2
Les Clayes-sous-Bois 78 57 H 4
La Clayette 71 194 A 5
Clayeures 54 95 F 3
Clazay 79 167 G 4
Clécy 14 53 F 2
Cléden-Cap-Sizun 29 98 D 2
Cléden-Poher 29 76 C 4
Cléder 29 71 F 3
Clèdes 40 294 B 4
Cleebourg 67 69 E 1
Clefmont 52 117 G 3
Clefs-Val-d'Anjou 49 129 G 5
Les Clefs 74 216 A 4
Cléguer 56 101 E 5
Cléguérec 56 101 H 2
Clelles 38 250 D 5
Clémencey 21 159 H 4
Clémensat 63 227 H 3
Clémery 54 65 H 3
Clémont 18 133 H 5
Clénay 21 160 B 2
Clenleu 62 6 C 4
Cléon 76 36 A 3
Cléon-d'Andran 26 267 F 3
Cleppé 42 211 H 5
Clérac 17 238 C 2
Cléré-du-Bois 36 170 C 3
Cléré-les-Pins 37 151 F 2
Cléré-sur-Layon 49 149 H 5
Clères 76 20 B 5
Clérey 10 115 F 2
Clérey-la-Côte 88 94 A 3
Clérey-sur-Brenon 54 94 D 2
Clergoux 19 243 F 1
Clérieux 26 249 F 3
Les Clérimois 89 113 H 2
Le Clerjus 88 119 F 4
Clerlande 63 209 H 4
Clermain 71 194 C 4
Clermont 09 335 G 2
Clermont 40 293 E 4
Clermont 60 38 C 2
Clermont 74 215 E 3
Clermont *Abbaye de* 53 105 G 3
Clermont-Créans 72 129 G 4
Clermont-de-Beauregard 24 240 B 4
Clermont-Dessous 47 275 G 2
Clermont-d'Excideuil 24 223 F 5
Clermont-en-Argonne 55 43 G 5
Clermont-en-Auge 14 34 B 4
Clermont-Ferrand 63 209 H 5
Clermont-le-Fort 31 317 H 2
Clermont-les-Fermes 02 25 F 4
Clermont-l'Hérault 34 302 A 4
Clermont-Pouyguillès 32 316 A 2
Clermont-Savès 32 297 E 4
Clermont-Soubiran 47 276 D 3
Clermont-sur-Lauquet 11 337 H 2
Cléron 25 162 A 5
Clerques 62 2 D 5
Clerval 25 162 D 2
Cléry 21 161 E 3
Cléry 73 234 A 1
Cléry-en-Vexin 95 37 G 5
Cléry-le-Grand 55 43 G 2
Cléry-le-Petit 55 43 G 2
Cléry-Saint-André 45 132 D 3
Cléry-sur-Somme 80 23 G 1
Clesles 51 90 C 3
Clessé 71 195 E 3
Clessé 79 167 H 5
Clessy 71 193 G 2
Cléty 62 7 F 2
Cleurie 88 119 H 3
Cleuville 76 19 F 4
Cléville 14 34 A 5
Cléville 76 19 F 5
Clévilliers 28 86 A 3
Cleyrac 33 256 D 2
Cleyzieu 01 214 B 3
Clézentaine 88 95 G 3
Clichy 92 58 C 3
Clichy-sous-Bois 93 58 D 3
Climbach 67 69 E 1
Le Climont 67 96 D 4
Clinchamp 52 117 G 2
Clinchamps-sur-Orne 14 33 G 5
Clion 17 219 H 3
Clion 36 170 D 2
Le Clion-sur-Mer 44 146 C 5
Cliousclat 26 267 F 2
Cliponville 76 19 G 4
Cliron 08 26 C 2
Clis 44 145 G 4
La Clisse 17 201 F 5
Clisson 44 148 A 5
Clitourps 50 29 G 3
Clohars-Carnoët 29 100 C 5
Clohars-Fouesnant 29 99 H 4
Le Cloître-Pleyben 29 76 B 4
Le Cloître-Saint-Thégonnec 29 76 B 2
Clomot 21 159 E 4
Clonas-sur-Varèze 38 231 E 4
Clos *Futaie des* 72 130 C 3
Clos-Fontaine 77 89 E 2
La Clotte 17 238 C 2
Clouange 57 45 G 4
Cloué 86 186 A 3
Les Clouzeaux 85 165 G 5
Cloyes-sur-le-Loir 28 109 G 5
Cloyes-sur-Marne 51 62 D 5
Clucy 39 179 H 2
Clugnat 23 189 H 4
Cluis 36 189 E 2
Clumanc 04 288 B 4
Cluny 71 194 D 3
La Clusaz 74 216 A 3
La Cluse 01 214 C 1
La Cluse 05 269 F 2
La Cluse-et-Mijoux 25 180 D 2
Les Cluses 66 343 E 4
Cluses 74 216 C 1
Clussais-la-Pommeraie 79 203 E 1
Clux 71 178 B 2
Coadout 22 73 E 5
Coaraze 06 291 F 4
Coarraze 64 314 C 5
Coat-Méal 29 70 C 5
Coatascorn 22 73 E 4
Coatfrec *Château de* 22 72 C 3
Coatréven 22 72 D 3
Cobonne 26 267 G 1
Cobrieux 59 9 E 3
Cocalière *Grotte de la* 30 283 H 2
La Cochère 61 54 C 4
Cocherel 27 56 C 1
Cocherel 77 59 H 1
Cocheren 57 47 F 5
Coclois 10 91 F 3
Cocquerel 80 11 H 4
Cocumont 47 256 D 5
Codalet 66 342 A 3
Codognan 30 303 G 3
Codolet 30 285 E 3
Coëmont 72 130 B 4
Coësmes 35 104 D 5
Coëtlogon 22 102 C 2
Coëtmieux 22 78 C 3
Coëtquidan-Saint-Cyr *Camp de* 56 103 F 4
Cœuilly 94 58 D 4
Cœuvres-et-Valsery 02 40 A 3
Coëx 85 165 E 4
Coggia 2A 348 B 1
Coglès 35 80 D 3
Cogna 39 196 D 1
Cognac 16 220 B 1
Cognac-la-Forêt 87 205 E 5
Cognat-Lyonne 03 210 A 2
Cogners 72 130 D 2
Cognet 38 251 E 5
Cognières 70 162 C 1
Cognin 73 233 E 2
Cognin-les-Gorges 38 250 B 2
Cognocoli-Monticchi 2A 348 D 4
Cogny 18 173 G 3
Cogny 69 212 C 3
Cogolin 83 329 F 3
Cohade 43 228 B 5
Cohan 02 40 D 4
Cohennoz 73 216 B 5
Cohiniac 22 78 A 3
Cohons 52 139 G 3
Coiffy-le-Bas 52 118 A 5
Coiffy-le-Haut 52 118 A 5
Coigneux 80 13 E 4
Coignières 78 57 H 4
Coigny 50 31 H 2
Coimères 33 256 B 4
Coin-lès-Cuvry 57 65 H 1
Coin-sur-Seille 57 65 H 2
Coinces 45 110 C 5
Coinches 88 96 C 5
Coincourt 54 66 D 5
Coincy 02 40 C 5
Coincy 57 66 B 1
Coings 36 171 H 3
Coingt 02 25 G 3
Coirac 33 256 C 2
Coise 69 230 B 2
Coise-Saint-Jean-Pied-Gauthier 73 233 G 2
Coiserette 39 197 E 4
Coisevaux 70 142 B 3
Coisia 39 196 C 4
Coisy 80 22 C 1
Coivert 17 201 H 2
Coivrel 60 22 D 5
Coizard-Joches 51 61 F 3
Colayrac-Saint-Cirq 47 275 H 3
Colembert 62 2 C 5
Coligny 01 196 A 3
Coligny 51 61 G 3
Colincamps 80 13 F 4
Collan 89 136 D 2
La Collancelle 58 157 G 5
Collandres 15 244 D 1
Collandres-Quincarnon 27 55 H 1
Collanges 63 228 A 4
Collat 43 246 D 1
La Colle-sur-Loup 06 309 F 2
Collégien 77 59 E 3
Collemiers 89 113 F 3
Colleret 59 15 H 2
Le Collet 88 120 C 3
Le Collet-d'Allevard 38 233 G 4
Le Collet-de-Dèze 48 283 F 2
Colletot 27 35 F 3
Colleville 76 19 E 3
Colleville-Montgomery 14 33 H 3
Colleville-sur-Mer 14 32 D 2
Collias 30 284 C 5
Colligis-Crandelain 02 40 D 1
Colligny 57 66 B 1
Colline-Beaumont 62 11 F 1
Collinée 22 78 D 5
Collioure 66 343 G 4
Collobrières 83 328 D 3
Collonge-en-Charollais 71 194 C 1
Collonge-la-Madeleine 71 177 E 2
Collonges 01 215 E 1
Collonges-au-Mont-d'Or 69 213 E 5
Collonges-la-Rouge 19 242 C 3
Collonges-lès-Bévy 21 159 H 5
Collonges-lès-Premières 21 160 C 4
Collonges-sous-Salève 74 215 G 1
Collongues 06 289 F 5
Collongues 65 315 F 4
Collorec 29 76 B 4
Collorgues 30 284 A 5
Colmar 68 121 E 3
Colmars 04 288 D 2
Colmen 57 46 C 3
Colméry 58 156 D 3
Colmesnil-Manneville 76 20 A 2
Colmey 54 44 C 2
Colmier-le-Bas 52 138 D 3
Colmier-le-Haut 52 138 D 3
Colognac 30 283 F 5
Cologne 32 297 E 3
Colomars 06 309 G 2
Colombe 38 232 B 4
La Colombe 41 132 B 2
La Colombe 50 52 A 2
Colombé-la-Fosse 10 92 B 5
Colombé-le-Sec 10 116 B 2
Colombe-lès-Bithaine 70 141 G 3
Colombe-lès-Vesoul 70 141 F 4
Colombelles 14 33 H 4
Colombes 92 58 B 2
Colombey-les-Belles 54 94 B 2
Colombey-lès-Choiseul 52 117 H 3
Colombey-les-Deux-Églises 52 116 C 2
Colombier 03 191 E 5
Colombier 21 159 F 5
Colombier 24 257 H 1
Colombier 42 230 D 5
Colombier 70 141 F 4
Colombier-Châtelot 25 142 A 5
Colombier-en-Brionnais 71 194 A 4
Colombier-Fontaine 25 142 B 5
Colombier-le-Cardinal 07 249 E 1
Colombier-le-Jeune 07 248 D 4
Colombier-le-Vieux 07 248 D 3
Colombier-Saugnieu 69 231 G 1
Colombière *Col de la* 74 216 B 2
Colombières 14 32 C 3
Colombières-sur-Orb 34 301 E 5
Colombiers 17 219 G 2
Colombiers 18 173 F 5
Colombiers 34 321 F 4
Colombiers 61 83 G 3
Colombiers 86 169 F 4
Colombiers-du-Plessis 53 81 H 4
Colombiers-sur-Seulles 14 33 F 3
Colombiès 12 280 B 1
Colombotte 70 141 F 4
Colomby 50 29 F 5
Colomby-Anguerny 14 33 G 3
Colomby de Gex *Mont* 01 197 F 4
Colomby-sur-Thaon 14 33 G 3
Colomiers 31 297 H 4
Colomieu 01 214 C 5
Colonard-Corubert 61 84 C 4
Colondannes 23 188 D 5
Colonfay 02 25 E 2
Colonne 39 179 E 3
Colonzelle 26 267 F 5
Colpo 56 102 A 5
Colroy-la-Grande 88 96 C 4
Colroy-la-Roche 67 96 D 3
Coltainville 28 86 B 3
Coltines 15 245 G 3
Coly 24 241 G 3
Combaillaux 34 302 C 4
Combas 30 303 F 2
La Combe-de-Lancey 38 251 F 1
La Combe des Eparres 38 232 A 3
Combe Laval 26 249 H 4
Combeaufontaine 70 140 C 3
Combefa 81 279 G 5
La Combelle 63 228 A 4
Comberanche-et-Épeluche 24 239 G 1
Comberjon 70 141 F 4
Comberouger 82 297 F 2
Combéroumal *Prieuré de* 12 281 G 3
Combertault 21 177 H 2
Les Combes 25 163 E 5
Combes 34 301 F 5
Combiers 16 221 H 3
Comblanchien 21 159 H 5
Combles 80 13 H 5
Combles-en-Barrois 55 63 G 4
Comblessac 35 103 G 5
Combleux 45 133 F 2
Comblot 61 84 C 3
Combloux 74 216 C 3
Combon 27 35 H 5
Combourg 35 80 A 3
Combourtillé 35 81 E 5
Combovin 26 249 G 5
Combrailles 63 208 D 5
Combrand 79 167 F 3
Combray 14 53 F 2
Combre 42 212 A 2
Combrée 49 127 G 3
Combres 28 85 F 5
Combres-sous-les-Côtes 55 64 D 1
Combressol 19 225 G 4
Combret 12 300 B 2
Combreux 45 111 H 5
Combrimont 88 96 C 5
Combrit 29 99 G 4
Combronde 63 209 H 3
Combs-la-Ville 77 58 D 5
La Comelle 71 176 B 3
Comiac 46 243 F 5
Comigne 11 320 B 5
Comines 59 4 C 5
Commana 29 76 A 2
Commarin 21 159 F 4
Commeaux 61 54 A 4
Commelle 38 231 H 4
Commelle-Vernay 42 211 G 3
Commenailles 39 178 D 4
Commenchon 02 24 A 4
Commensacq 40 273 E 2
Commentry 03 191 E 5
Commeny 95 37 G 5
Commequiers 85 165 E 4
Commer 53 106 B 2
Commercy 55 64 D 5
Commerveil 72 84 A 5
Commes 14 32 D 2
Commissey 89 137 F 2
Communailles-en-Montagne 39 180 A 3
Communay 69 231 E 2
Compaing *Pas de* 15 245 E 4
Compains 63 227 F 4
Compainville 76 21 E 4
Compans 77 59 E 2
Le Compas 23 208 C 3
Compertrix 51 62 A 2
Compeyre 12 281 H 3
Compiègne 60 39 F 2
Compigny 89 89 G 5
Compolibat 12 279 H 1
La Compôte 73 233 H 1
Comprégnac 12 281 G 4

Compreignac 87 ... 205 H3
Comps 26 ... 267 H4
Comps 30 ... 304 B2
Comps 33 ... 237 G3
Comps-la-Grand-Ville 12 ... 280 D3
Comps-sur-Artuby 83 ... 308 A2
La Comté 62 ... 7 H5
Comus 11 ... 336 D4
Conan 41 ... 132 A3
Conand 01 ... 214 B4
Conat 66 ... 342 A3
Conca 2A ... 349 G5
Concarneau 29 ... 100 A4
Concevreux 02 ... 41 E2
Concèze 19 ... 223 H5
Conches-en-Ouche 27 ... 56 A2
Conches-sur-Gondoire 77 ... 59 F3
Conchez-de-Béarn 64 ... 294 C5
Conchil-le-Temple 62 ... 6 B5
Conchy-les-Pots 60 ... 23 F5
Conchy-sur-Canche 62 ... 12 C2
Les Concluses 30 ... 284 B3
Concorès 46 ... 259 H3
Concoret 56 ... 103 F3
Concots 46 ... 278 C1
Concoules 30 ... 283 G1
Concourson-sur-Layon 49 . 149 H5
Concremiers 36 ... 187 H1
Concressault 18 ... 155 G1
Concriers 41 ... 132 B3
Condac 16 ... 203 F2
Condal 71 ... 195 H2
Condamine 01 ... 214 C1
Condamine 39 ... 178 D5
La Condamine-
Châtelard 04 ... 271 E4
Condat 15 ... 227 E5
Condat 46 ... 242 C4
Condat-en-Combraille 63 . 208 C5
Condat-
lès-Montboissier 63 ... 228 C3
Condat-sur-Ganaveix 19 ... 224 C4
Condat-sur-Trincou 24 ... 222 C5
Condat-sur-Vézère 24 ... 241 G3
Condat-sur-Vienne 87 ... 205 G5
Condé 36 ... 172 B3
Condé-en-Barrois 55 ... 63 H3
Condé-en-Brie 02 ... 60 D1
Condé-Folie 80 ... 11 H4
Condé-lès-Autry 08 ... 43 E3
Condé-lès-Herpy 08 ... 41 H1
Condé-Northen 57 ... 46 C5
Condé-Sainte-Libiaire 77 ... 59 F3
Condé-sur-Aisne 02 ... 40 C2
Condé-sur-Ifs 14 ... 54 A1
Condé-sur-Iton 27 ... 56 A3
Condé-sur-l'Escaut 59 ... 9 H4
Condé-sur-Marne 51 ... 61 H1
Condé-sur-Noireau 14 ... 53 F3
Condé-sur-Risle 27 ... 35 F3
Condé-sur-Sarthe 61 ... 83 G4
Condé-sur-Seulles 14 ... 33 E4
Condé-sur-Suippe 02 ... 41 F2
Condé-sur-Vesgre 78 ... 57 F4
Condé-sur-Vire 50 ... 32 B5
Condeau 61 ... 85 E4
Condécourt 95 ... 57 H1
Condeissiat 01 ... 213 G1
Condéon 16 ... 220 C4
Condes 39 ... 196 C4
Condes 52 ... 117 E3
Condette 62 ... 6 B3
Condezaygues 47 ... 258 D5
Condillac 26 ... 267 E3
Condom 32 ... 275 G5
Condom-d'Aubrac 12 ... 263 F3
Condorcet 26 ... 268 A5
Condren 02 ... 24 B5
Condrieu 69 ... 231 E4
Conflandey 70 ... 141 E3
Conflans-en-Jarnisy 54 ... 45 E5
Conflans-
Sainte-Honorine 78 ... 58 A2
Conflans-sur-Anille 72 ... 108 D5
Conflans-sur-Lanterne 70 . 141 F2
Conflans-sur-Loing 45 ... 112 C5
Conflans-sur-Seine 51 ... 90 B2
Confolens 16 ... 204 C3
Confolens *Cascade de* 38 ... 251 G4
Confolent-Port-Dieu 19 ... 226 C3
Confort 01 ... 215 E1
Confort-Meilars 29 ... 99 E2
Confracourt 70 ... 140 C4
Confrançon 01 ... 195 G5
Congé-sur-Orne 72 ... 107 H2
Congénies 30 ... 303 F2
Congerville 91 ... 87 E4
Congerville-Thionville 91 ... 87 E4
Congis-sur-Thérouanne 77 .. 59 G1
Congrier 53 ... 127 G2
Congy 51 ... 61 F3
Conie-Molitard 28 ... 110 A3
Conilhac-Corbières 11 ... 320 C5
Conilhac-
de-la-Montagne 11 ... 337 G3
Conjux 73 ... 215 E5
Conlie 72 ... 107 F3
Conliège 39 ... 179 F5
Connac 12 ... 280 D5
Connangles 43 ... 246 D1
Connantray-Vaurefroy 51 ... 61 G4
Connantre 51 ... 61 F5
Connaux 30 ... 284 D4
Conne-de-Labarde 24 ... 258 B1
Connelles 27 ... 36 C4
Connerré 72 ... 108 B4
Connezac 24 ... 222 B3
Connigis 02 ... 60 C1
Conquereuil 44 ... 126 B4
Conque-en-Rouergue 12 .. 262 B4
Conques-sur-Orbiel 11 ... 319 H4
Le Conquet 29 ... 74 C2
Conqueyrac 30 ... 302 D1
Cons-la-Grandville 54 ... 44 D2
Cons-Sainte-Colombe 74 .. 216 A5
Consac 17 ... 219 G4
Conségudes 06 ... 309 F1
Consenvoye 55 ... 43 H3
Consigny 52 ... 117 G2
Consolation *Cirque de* 25 ... 163 E4
Consolation-
Maisonnettes 25 ... 163 E4
Contalmaison 80 ... 13 G5
Contamine-Sarzin 74 ... 215 F2
Contamine-sur-Arve 74 ... 216 A1
Les Contamines-
Montjoie 74 ... 216 D4
Contault 51 ... 63 E2
Contay 80 ... 13 E5
Conte 39 ... 180 A4
Contes 06 ... 291 F5
Contes 62 ... 6 D5
Contescourt 02 ... 24 A3
Contest 53 ... 82 B5
Conteville 14 ... 33 H5
Conteville 27 ... 35 E2
Conteville 60 ... 22 A4
Conteville 76 ... 21 F4
Conteville 80 ... 12 B3
Conteville-en-Ternois 62 ... 7 G5
Conteville-lès-Boulogne 62 ... 2 B5
Conthil 57 ... 66 D3
Contigné 49 ... 128 C3
Contigny 03 ... 192 A4
Contilly 72 ... 84 A4
Continvoir 37 ... 151 E2
Contis-Plage 40 ... 272 A3
Contoire 80 ... 22 D4
Contrazy 09 ... 335 G2
Contré 17 ... 202 B2
Contre 80 ... 22 A3
Contréglise 70 ... 140 D2
Contremoulins 76 ... 19 E3
Contres 18 ... 173 E4
Contres 41 ... 153 F2
Contreuve 08 ... 42 C2
Contrevoz 01 ... 214 C5
Contrexéville 88 ... 118 B2
Contrières 50 ... 51 G1
Contrisson 55 ... 63 F3
Conty 80 ... 22 A3
Contz-les-Bains 57 ... 46 B2
Conzieu 01 ... 214 C5
Coole 51 ... 62 B4
Coolus 51 ... 62 B2
La Copechagnière 85 ... 166 A3
Copponex 74 ... 215 G2
Coq *Col du* 38 ... 233 E5
Coquainvilliers 14 ... 34 C4
Coquelles 62 ... 2 C3
La Coquille 24 ... 223 E3
Corancez 28 ... 86 B5
Corancy 58 ... 176 A1
Coray 29 ... 100 B2
Corbara 2B ... 344 C5
Corbarieu 82 ... 297 H1
Corbas 69 ... 231 F1
Corbehem 62 ... 14 A2
Corbeil 51 ... 91 G2
Corbeil-Cerf 60 ... 38 A3
Corbeil-Essonnes 91 ... 88 A2
Corbeilles 45 ... 112 A4
Corbel 73 ... 233 E4
Corbelin 38 ... 232 C2
Corbenay 70 ... 119 F5
Corbeny 02 ... 41 F1
Corbère 66 ... 342 C2
Corbère-Abères 64 ... 314 D2
Corbère-les-Cabanes 66 ... 342 D2
Corberon 21 ... 178 A1
Corbès 30 ... 283 G4
Corbie 80 ... 22 D2
Le Corbier 73 ... 252 A1
La Corbière 70 ... 141 H2
Corbières 11 ... 337 E2
Corbières-en-Provence 04 . 306 C2
Corbigny 58 ... 157 G4
Corbon 14 ... 34 A5
Corbon 61 ... 84 C4
Corbonod 01 ... 215 E3
Corbreuse 91 ... 87 E3
Corcelle-Mieslot 25 ... 162 B2
Corcelles 01 ... 214 C2
Corcelles 58 ... 174 B2
Corcelles 70 ... 142 A4
Corcelles-
en-Beaujolais 69 ... 212 D1
Corcelles-Ferrières 25 ... 161 G4
Corcelles-les-Arts 21 ... 177 G2
Corcelles-lès-Cîteaux 21 ... 160 B5
Corcelles-les-Monts 21 ... 159 H3
Corcieux 88 ... 120 B2
Corcondray 25 ... 161 G4
Corconne 30 ... 303 E1
Corcoué-sur-Logne 44 ... 165 G1
Corcy 02 ... 40 A4
Cordéac 38 ... 251 E5
Cordebugle 14 ... 34 D5
Cordelle 42 ... 211 G3
Cordemais 44 ... 147 E3
Cordes-sur-Ciel 81 ... 279 F4
Cordes-Tolosannes 82 ... 277 F5
Cordesse 71 ... 176 D1
Cordey 14 ... 53 H3
Cordieux 01 ... 213 G4
Cordiron 25 ... 161 G3
Cordon 74 ... 216 C3
Cordonnet 70 ... 161 H2
Coren 15 ... 245 H3
Corenc 38 ... 251 E1
Corent 63 ... 227 H2
Corfélix 51 ... 61 E3
Corgengoux 21 ... 178 A2
Corgenon 01 ... 195 G5
Corgirnon 52 ... 139 H2
Corgnac-sur-l'Isle 24 ... 223 E5
Corgoloin 21 ... 177 H1
Corignac 17 ... 237 H1
Corlay 22 ... 77 H4
Corlée 52 ... 139 G2
Corlier 01 ... 214 B2
Cormainville 28 ... 110 B3
Cormaranche-
en-Bugey 01 ... 214 C3
Cormatin 71 ... 194 D2
Corme-Écluse 17 ... 219 E1
Corme-Royal 17 ... 201 E5
Cormeilles 27 ... 34 D4
Cormeilles 60 ... 22 B4
Cormeilles-en-Parisis 95 ... 58 B2
Cormeilles-en-Vexin 95 ... 37 H5
Cormelles-le-Royal 14 ... 33 G5
Le Cormenier 79 ... 184 D5
Cormenon 41 ... 109 E5
Cormeray 41 ... 153 F1
Cormeray 50 ... 80 D2
Cormery 37 ... 152 A4
Cormes 72 ... 108 D3
Cormet de Roselend 73 ... 216 D5
Cormicy 51 ... 41 F2
Le Cormier 27 ... 56 C2
Cormolain 14 ... 32 C5
Cormont 62 ... 6 B3
Cormontreuil 51 ... 41 G4
Cormoranche-
sur-Saône 01 ... 195 E5
Cormost 10 ... 115 E3
Cormot-le-Grand 21 ... 177 F2
Cormoyeux 51 ... 41 F5
Cormoz 01 ... 195 H3
Corn 46 ... 261 E3
Cornac 46 ... 243 E5
Cornant 89 ... 113 F3
Cornas 07 ... 249 F4
Cornay 08 ... 43 F3
Corné 49 ... 149 H1
Cornebarrieu 31 ... 297 H4
Corneilhan 34 ... 321 G3
Corneilla-de-Conflent 66 .. 342 A3
Corneilla-del-Vercol 66 ... 343 F2
Corneilla-la-Rivière 66 ... 342 D2
Corneillan 32 ... 294 C4
Corneuil 27 ... 56 B3
Corneville-
la-Fouquetière 27 ... 55 G1
Corneville-sur-Risle 27 ... 35 F3
Cornier 74 ... 215 H1
Corniéville 55 ... 64 D5
Cornil 19 ... 242 D2
Cornillac 26 ... 268 B5
Cornille 24 ... 240 D1
Cornillé 35 ... 105 E3
Cornillé-les-Caves 49 ... 150 A1
Cornillon 30 ... 284 C2
Cornillon-Confoux 13 ... 305 F5
Cornillon-en-Trièves 38 ... 250 D5
Cornillon-sur-l'Oule 26 ... 268 B5
Cornimont 88 ... 120 A4
Cornod 39 ... 196 B4
Cornot 70 ... 140 C4
La Cornuaille 49 ... 148 D1
Cornus 12 ... 301 G1
Cornusse 18 ... 173 H2
Cornusson *Château de* 82 .. 279 E3
Corny 27 ... 36 D3
Corny-Machéroménil 08 ... 26 B5
Corny-sur-Moselle 57 ... 65 G2
Coron 49 ... 149 F5
Corong *Gorges du* 22 ... 77 E3
Corpe 85 ... 183 F2
Corpeau 21 ... 177 G2
Corpoyer-la-Chapelle 21 ... 159 F1
Corps 38 ... 251 F5
Corps-Nuds 35 ... 104 B4
Corquilleroy 45 ... 112 B4
Corquoy 18 ... 172 D3
Corrano 2A ... 349 E3
Corravillers 70 ... 119 H5
Corre 70 ... 118 C5
Corrençon-en-Vercors 38 .. 250 C3
Correns 83 ... 307 F5
Corrèze 19 ... 225 E5
Corribert 51 ... 61 E2
Corrobert 51 ... 60 D2
Corrombles 21 ... 158 C1
Corronsac 31 ... 318 A2
Corroy 51 ... 61 F5
Corsaint 21 ... 158 C1
Corsavy 66 ... 342 C4
Corscia 2B ... 346 D4
Corsen *Pointe de* 29 ... 74 C2
Corsept 44 ... 146 C3
Corseul 22 ... 79 F3
Cortambert 71 ... 194 D2
Corte 2B ... 347 E4
Cortevaix 71 ... 194 C2
Cortone *Col de* 2A ... 348 C5
Cortrat 45 ... 134 D2
Les Corvées-les-Yys 28 ... 85 G5
Corveissiat 01 ... 196 B5
Corvol-d'Embernard 58 ... 157 E4
Corvol-l'Orgueilleux 58 ... 157 E2
Corzé 49 ... 128 D5
Cos 09 ... 336 A2
Cosges 39 ... 178 D4
Coslédaà-Lube-Boast 64 ... 314 C2
Cosmes 53 ... 105 H5
Cosnac 19 ... 242 C3
Cosne-d'Allier 03 ... 191 F3
Cosne-sur-Loire 58 ... 156 A2
Cosnes-et-Romain 54 ... 44 D1
Cosqueville 50 ... 29 G2
Cossaye 58 ... 175 E5
Cossé-d'Anjou 49 ... 149 F5
Cossé-en-Champagne 53 .. 106 D5
Cossé-le-Vivien 53 ... 105 H5
Cossesseville 14 ... 53 F2
Cosswiller 67 ... 97 E1
Costa 2B ... 346 D2
Costaros 43 ... 247 F5
Les Costes 05 ... 269 G1
Les Costes-Gozon 12 ... 281 E5
La Côte 70 ... 141 H3
Cote 304 55 ... 43 H4
La Côte-d'Aime 73 ... 234 D2
La Côte-d'Arbroz 74 ... 198 C5
La Côte-en-Couzan 42 ... 211 E5
La Côte-Saint-André 38 ... 232 A4
Le Coteau 42 ... 211 G3
Côtebrune 25 ... 162 C3
Les Côtes-d'Arey 38 ... 231 F4
Les Côtes-de-Corps 38 ... 251 F5
Coti-Chiavari 2A ... 348 C5
Cotignac 83 ... 307 G5
La Cotinière 17 ... 200 A3
Cottance 42 ... 212 A5
Cottenchy 80 ... 22 C3
Cottévrard 76 ... 20 C4
Cottier 25 ... 161 G4
Cottun 14 ... 32 D3
Cou *Col de* 74 ... 198 A4
La Couarde 79 ... 185 G4
La Couarde-sur-Mer 17 ... 182 D5
Couargues 18 ... 156 A4
Coubert 77 ... 59 E5
Coubeyrac 33 ... 257 E1
Coubisou 12 ... 263 E4
Coubjours 24 ... 241 G1
Coublanc 52 ... 139 H4
Coublanc 71 ... 212 A1
Coublevie 38 ... 232 C5
Coublucq 64 ... 294 B5
Coubon 43 ... 247 F4
La Coubre *Phare de* 17 ... 218 B1
Coubron 93 ... 58 D3
Couches 71 ... 177 F3
Couchey 21 ... 160 A4
La Coucourde 26 ... 267 E3
Coucouron 07 ... 265 G1
Coucy 08 ... 42 B1
Coucy-la-Ville 02 ... 40 B1
Coucy-le-Château-
Auffrique 02 ... 40 B1
Coucy-lès-Eppes 02 ... 25 E5
Couddes 41 ... 153 F3
Coudehard 61 ... 54 C3
Coudekerque-Branche 59 ... 3 G2
Coudekerque-Village 59 ... 3 G2
Coudes 63 ... 228 A2
Coudeville-sur-Mer 50 ... 51 F2
Le Coudon 83 ... 328 B4
Coudons 11 ... 337 F4
Coudoux 13 ... 305 G5
Coudray 27 ... 37 E3
Le Coudray 28 ... 86 B4
Le Coudray 44 ... 126 A5
Coudray 45 ... 111 H2
Coudray 53 ... 128 B3
Coudray-au-Perche 28 ... 109 E2
Le Coudray-Macouard 49 .. 150 B4
Le Coudray-Montceaux 91 .. 88 A2
Coudray-Rabut 14 ... 34 C3
Le Coudray-
Saint-Germer 60 ... 37 G2
Coudray-Salbart
Château de 79 ... 184 D3
Le Coudray-sur-Thelle 60 ... 38 A3
La Coudre 79 ... 167 G2
Les Coudreaux 77 ... 59 E3
Coudreceau 28 ... 85 E5
Coudrecieux 72 ... 108 C5
Coudres 27 ... 56 C3
Coudroy 45 ... 134 B2
Coudun 60 ... 39 F1
Coudures 40 ... 294 A3
Coueilles 31 ... 316 D3
Couëlan *Château de* 22 ... 103 F1
Couëron 44 ... 147 F4
Couesmes 37 ... 130 B5
Couesmes-en-Froulay 53 ... 82 A3
Couesque *Barrage de* 12 ... 262 D2
Les Couets 44 ... 147 G4
Couffé 44 ... 148 A2
Couffoulens 11 ... 337 G1
Couffy 41 ... 153 F4
Couffy-sur-Sarsonne 19 ... 226 B2
Couflens 09 ... 335 F5
Coufouleux 81 ... 298 C2
Cougnac *Grottes de* 46 ... 259 H2
Couhé 86 ... 186 A4
Couilly-Pont-
aux-Dames 77 ... 59 G3
Couin 62 ... 13 E4
Couiza 11 ... 337 G3
Couladère 31 ... 317 F5
Coulaines 72 ... 107 H4
Coulandon 03 ... 192 A2
Coulangeron 89 ... 136 A4
Coulanges 03 ... 193 E2
Coulanges 41 ... 152 D1
Coulanges-la-Vineuse 89 .. 136 B4
Coulanges-lès-Nevers 58 .. 174 C2
Coulanges-sur-Yonne 89 ... 157 F1
Coulans-sur-Gée 72 ... 107 F4
Coulans-sur-Lizon 25 ... 180 A1
Coulaures 24 ... 241 E1
Couledoux 31 ... 334 C3
Couleuvre 03 ... 174 A5
Coulevon 70 ... 141 F4
Coulgens 16 ... 203 G5
Coulimer 61 ... 84 B3
Coullemelle 80 ... 22 C4
Coullemont 62 ... 13 E3
Coullons 45 ... 134 B5
Coulmer 61 ... 54 D4
Coulmier-le-Sec 21 ... 138 A3
Coulmiers 45 ... 110 C5
Coulobres 34 ... 321 G2
Coulogne 62 ... 2 D3
Couloisy 60 ... 39 H2
Coulombiers 72 ... 83 G5
Coulombiers 86 ... 186 A2
Coulombs 14 ... 33 F3
Coulombs 28 ... 57 E5
Coulombs-en-Valois 77 ... 60 A1
Coulomby 62 ... 6 D2
Coulommes 77 ... 59 G3
Coulommes-
et-Marqueny 08 ... 42 C1
Coulommes-
la-Montagne 51 ... 41 F4
Coulommiers 77 ... 59 H4
Coulommiers-la-Tour 41 ... 131 H3
Coulon 79 ... 184 C4
Coulonces 14 ... 52 C3
Coulonces 61 ... 54 B3
La Coulonche 61 ... 53 F5
Coulongé 72 ... 130 A4
Coulonge-
sur-Charente 17 ... 201 F4
Coulonges 16 ... 203 E4
Coulonges 17 ... 219 H2
Coulonges 27 ... 56 B3
Coulonges 86 ... 188 A3
Coulonges-Cohan 02 ... 40 D4
Coulonges-les-Sablons 61 ... 85 E4
Coulonges-sur-l'Autize 79 . 184 C2
Coulonges-sur-Sarthe 61 ... 84 A3
Coulonges-Thouarsais 79 .. 167 H2
Coulonvillers 80 ... 11 H3
Couloumé-Mondebat 32 .. 295 F4
Coulounieix-Chamiers 24 .. 240 C2
Coulours 89 ... 114 A3
Couloutre 58 ... 156 C2
Coulouvray-Boisbenâtre 50 . 52 A3
Coulvain 14 ... 52 D1
Coulx 47 ... 257 H5
Coume 57 ... 46 D5
Counozouls 11 ... 337 G5
Coupelle-Neuve 62 ... 7 E4
Coupelle-Vieille 62 ... 7 E4
Coupesarte 14 ... 54 B1
Coupetz 51 ... 62 B3
Coupéville 51 ... 62 D2
Coupiac 12 ... 300 B1
Coupray 52 ... 116 C5
Coupru 02 ... 60 B1
Couptrain 53 ... 82 D3
Coupvray 77 ... 59 F3
Couquèques 33 ... 219 E5
Cour-Cheverny 41 ... 153 F1
Cour-et-Buis 38 ... 231 G4
Cour-l'Évêque 52 ... 116 C5
La Cour-Marigny 45 ... 134 C2
Cour-Maugis-
sur-Maugis 61 ... 84 D4
Cour-Saint-Maurice 25 ... 163 F3
Cour-sur-Loire 41 ... 132 B5
Courances 91 ... 88 A4
Courant 17 ... 201 G2
Courban 21 ... 116 B5
La Courbe 61 ... 53 H4
Courbehaye 28 ... 110 B3
Courbépine 27 ... 35 F5
Courbes 02 ... 24 C4
Courbesseaux 54 ... 66 C5
Courbette 39 ... 196 B1
Courbeveille 53 ... 105 H4
Courbevoie 92 ... 58 B3
Courbiac 47 ... 277 E1
Courbillac 16 ... 202 C5
Courboin 02 ... 60 C2
Courbons 04 ... 288 A3
Courbouzon 39 ... 179 E5
Courbouzon 41 ... 132 C4
Courboyer *Manoir de* 61 ... 84 C4
Courçais 03 ... 190 B3
Courçay 37 ... 152 B4
Courceaux 89 ... 89 G4
Courcebœufs 72 ... 107 H3
Courcelette 80 ... 13 G5
Courcelle 91 ... 58 A5
Courcelles 17 ... 201 H3
Courcelles 25 ... 161 H5
Courcelles 54 ... 94 C4
Courcelles 58 ... 157 E2
Courcelles 90 ... 142 D4
Courcelles-au-Bois 80 ... 13 F4
Courcelles-Chaussy 57 ... 66 B1
Courcelles-de-Touraine 37 .. 151 E1
Courcelles-en-Barrois 55 ... 64 C4
Courcelles-en-Bassée 77 ... 89 E4

Courcelles-en-Montagne 52 139 F2
Courcelles-Epayelles 60 23 E5
Courcelles-Frémoy 21 158 C2
Courcelles-la-Forêt 72 129 G3
Courcelles-le-Comte 62 13 G4
Courcelles-le-Roi 45 111 H4
Courcelles-lès-Gisors 60 37 F4
Courcelles-lès-Lens 62 8 D5
Courcelles-lès-Montbard 21 137 H5
Courcelles-lès-Montbéliard 25 142 B4
Courcelles-lès-Semur 21 158 D2
Courcelles-Sapicourt 51 41 F4
Courcelles-sous-Châtenois 88 94 B4
Courcelles-sous-Moyencourt 80 22 A3
Courcelles-sous-Thoix 80 22 A4
Courcelles-sur-Aire 55 63 H2
Courcelles-sur-Aujon 52 139 E2
Courcelles-sur-Blaise 52 92 C4
Courcelles-sur-Nied 57 66 B1
Courcelles-sur-Seine 27 36 D5
Courcelles-sur-Vesle 02 40 D3
Courcelles-sur-Viosne 95 57 H1
Courcelles-sur-Voire 10 91 H3
Courcelles-Val-d'Esnoms 52 139 F4
Courcemain 51 90 C2
Courcemont 72 108 A3
Courcerac 17 202 B4
Courcerault 61 84 C4
Courceroy 10 89 H3
Courchamp 21 139 H5
Courchamp 77 89 G2
Courchamps 02 40 A5
Courchamps 49 150 B4
Courchapon 25 161 G3
Courchaton 70 141 H5
Courchelettes 59 8 D5
Courchevel 73 234 C4
Courcité 53 83 E5
Courcival 72 108 A2
Courcôme 16 203 F3
Courçon 17 183 H5
Courcoué 37 169 F1
Courcouronnes 91 87 H2
Courcoury 17 219 G1
Courcuire 70 161 G2
Courcy 14 54 A2
Courcy 50 31 G5
Courcy 51 41 G3
Courcy-aux-Loges 45 111 G4
Courdemanche 27 56 C4
Courdemanche 72 130 C3
Courdemanges 51 62 C5
Courdimanche 95 57 H1
Courdimanche-sur-Essonne 91 87 H4
Couret 31 334 C2
Courgains 72 83 H5
Courgeac 16 221 E4
Courgenard 72 108 D3
Courgenay 89 90 A5
Courgent 78 57 F3
Courgeon 61 84 C3
Courgeoût 61 84 B3
Courgis 89 136 C3
Courgivaux 51 60 C5
Courgoul 63 227 G3
Courjeonnet 51 61 F3
Courlac 16 221 E5
Courlandon 51 41 E3
Courlans 39 179 E5
Courlaoux 39 179 E5
Courlay 79 167 G4
Courlay-sur-Mer 17 218 C1
Courléon 49 150 D2
Courlon 21 139 E4
Courlon-sur-Yonne 89 89 F5
Courmangoux 01 196 A4
Courmas 51 41 F4
Courmelles 02 40 B3
Courmemin 41 153 G2
Courménil 61 54 C4
Courmes 06 309 E2
Courmont 02 40 D5
Courmont 70 142 A3
Cournanel 11 337 G2
La Courneuve 93 58 C2
Courniou 34 320 C2
Cournols 63 227 G2
Cournon 56 125 G3
Cournon-d'Auvergne 63 227 H1
Cournonsec 34 302 C5
Cournonterral 34 302 C5
La Couronne 13 325 H4
La Couronne 16 221 E2
Courouvre 55 64 B3
Courpalay 77 59 G5
Courpiac 33 256 C1
Courpière 63 228 C1
Courpignac 17 219 H5
Courquetaine 77 59 F5
Courrensan 32 295 G2
Courrières 62 8 C4
Courris 81 299 H1
Courry 30 283 H2
Cours 46 260 B4
Cours 47 276 B1
Le Cours 56 124 D2
Cours 58 156 B2
Cours 69 212 A2
Cours 79 185 E2
Cours-de-Monségur 33 257 E3
Cours-de-Pile 24 258 B1
Cours-les-Bains 33 274 D1
Cours-les-Barres 18 174 B2
Coursac 24 240 B2
Coursan 11 321 F5
Coursan-en-Othe 10 114 C4
Coursegoules 06 309 F1
Courset 62 6 C2
Courseulles-sur-Mer 14 33 F3
Courson 14 52 B3
Courson Château de 91 87 F2
Courson-les-Carrières 89 136 A5
Courson-Monteloup 91 87 F2
Courtacon 77 60 B5
Courtagnon 51 41 F5
Courtalain 28 109 G4
Courtangis Château de 72 108 D3
Courtanvaux Château de 72 131 E2
Courtaoult 10 114 C4
Courtauly 11 337 E2
Courtavon 68 143 E5
Courtefontaine 25 163 G2
Courtefontaine 39 161 G5
Courteilles 27 56 A5
Courteix 19 226 B2
Courtelevant 90 142 D4
Courtemanche 80 22 D4
Courtemaux 45 112 D4
Courtémont 51 43 E5
Courtemont-Varennes 02 60 D1
Courtempierre 45 112 B4
Courtenay 38 214 A5
Courtenay 45 113 E4
Courtenot 10 115 F3
Courteranges 10 115 F2
Courteron 10 115 G4
Courtes 01 195 G2
Courtesoult-et-Gatey 70 140 A4
Courtetain-et-Salans 25 162 D3
La Courtète 11 337 E1
Courteuil 60 38 D4
Courthézon 84 285 F4
Courthiézy 51 60 D1
Courties 32 295 F5
Courtieux 60 39 H2
Courtillers 72 129 E3
Courtils 50 51 G5
La Courtine 23 225 H1
Courtisols 51 62 C2
Courtivron 21 139 E5
Courtoin 89 113 E3
Courtois-sur-Yonne 89 113 G2
Courtomer 61 84 A2
Courtomer 77 59 G5
Courtonne-la-Meurdrac 14 34 D5
Courtonne-les-Deux-Églises 14 34 D5
Courtrizy-et-Fussigny 02 41 E1
Courtry 77 59 E2
Courvaudon 14 53 E1
Courvières 25 180 A3
Courville 51 41 E3
Courville-sur-Eure 28 85 H4
Courzieu 69 230 C1
Cousance 39 196 A2
Cousances-au-Bois 55 64 C5
Cousances-les-Forges 55 92 D2
Cousolre 59 16 A3
Coussa 09 336 B2
Coussac-Bonneval 87 223 H3
Coussan 65 315 F4
Coussay 86 168 D3
Coussay-les-Bois 86 170 A4
Coussegrey 10 114 D5
Coussergues 12 281 F1
Coussey 88 94 A4
Coust 18 173 G5
Coustaussa 11 337 G3
Coustellet 84 305 F1
Coustouge 11 338 C2
Coustouges 66 342 C5
Coutances 50 31 G5
Coutansouze 03 209 G1
Coutarnoux 89 137 E5
Coutençon 77 89 E3
Coutens 09 336 D1
Couterne 61 82 C3
Couternon 21 160 B3
Couteuges 43 246 C2
Coutevroult 77 59 G3
Couthenans 70 142 B3
Couthures-sur-Garonne 47 257 E4
Coutiches 59 9 E4
Coutières 79 185 G2
Coutouvre 42 211 H2
Coutras 33 238 C3
Couture 16 203 G3
La Couture 62 8 A3
La Couture 85 183 E1
La Couture-Boussey 27 56 D3
Couture-d'Argenson 79 202 D3
Couture-sur-Loir 41 130 D3
Couturelle 62 13 E3
Coutures 24 221 G5
Coutures 33 256 D3
Coutures 49 149 H2
Coutures 57 66 C4
Coutures 82 297 E1
Couvains 50 32 B4
Couvains 61 55 F3
La Couvertoirade 12 301 H1
Couvertpuis 55 93 F2
Couvignon 10 116 A2
Couville 50 29 E4
Couvonges 55 63 G4
Couvrelles 02 40 C3
Couvron-et-Aumencourt 02 24 C4
Couvrot 51 62 C4
Coux 07 266 D2
Coux 17 219 H5
Coux et Bigaroque-Mouzens 24 259 E1
Couy 18 173 H1
La Couyère 35 104 C5
Couzan Château de 42 229 F1
Couze-et-Saint-Front 24 258 C1
Couzeix 87 205 G4
Couziers 37 150 D5
Couzon 03 191 H1
Couzon-au-Mont-d'Or 69 213 E4
Couzou 46 260 C2
Cox 31 297 E3
Coye-la-Forêt 60 38 D5
Coyecques 62 7 F3
Coyolles 02 39 H4
Coyrière 39 197 E4
Coyron 39 196 D2
Coyviller 54 95 E1
Cozes 17 219 E2
Cozzano 2A 349 F3
Crac'h 56 124 A4
Craches 78 86 D2
Crachier 38 231 H3
Crain 89 157 F1
Craincourt 57 66 B3
Craintilleux 42 230 A2
Crainvilliers 88 118 B3
Cramaille 02 40 C4
Cramans 39 179 G1
Cramant 51 61 G2
Cramchaban 17 184 B5
Craménil 61 53 G4
Cramoisy 60 38 C4
Cramont 80 12 B4
Crampagna 09 336 B2
Cran-Gevrier 74 215 G3
Crancey 10 90 A3
Crançot 39 179 F5
Crandelles 15 244 B4
Crannes-en-Champagne 72 107 F5
Crans 01 213 H3
Crans 39 180 A4
Cransac 12 261 H4
Crantenoy 54 95 E3
Cranves-Sales 74 197 H5
Craon 53 127 H2
Craon 86 168 C4
Craonne 02 41 E2
Craonnelle 02 41 E2
Crapeaumesnil 60 23 F4
Craponne 69 230 D1
Craponne-sur-Arzon 43 229 F5
Cras 38 250 B1
Cras 46 260 B4
Cras-sur-Reyssouze 01 195 G4
Crastatt 67 68 B5
Crastes 32 296 C3
Crasville 27 36 B4
Crasville 50 29 G4
Crasville-la-Mallet 76 19 G3
Crasville-la-Rocquefort 76 19 H3
La Crau 83 328 B4
Cravanche 90 142 C3
Cravans 17 219 F2
Cravant 45 132 C3
Cravant 89 136 C4
Cravant-les-Côteaux 37 151 F5
Cravencères 32 295 E3
Cravent 78 57 E2
Crayssac 46 259 H4
Craywick 59 3 F3
Craz 01 214 D2
Crazannes 17 201 F4
Cré-sur-Loir 72 129 F4
Créac'h Phare de 29 74 A1
Créances 50 31 F4
Créancey 21 159 F4
Créancey 52 116 C4
Crécey-sur-Tille 21 139 F5
La Crèche 79 185 E4
Crêches-sur-Saône 71 195 E5
Créchets 65 334 A2
Créchy 03 192 B5
Crécy-au-Mont 02 40 B1
Crécy-Couvé 28 56 C5
Crécy-en-Ponthieu 80 11 G2
Crécy-la-Chapelle 77 59 G3
Crécy-sur-Serre 02 24 D4
Crédin 56 102 B3
Crégols 46 260 D5
Crégy-lès-Meaux 77 59 G2
Créhange 57 66 D1
Créhen 22 79 F3
Creil 60 38 D4
Creissan 34 321 E3
Creissels 12 281 H4
Crémarest 62 6 C2
Cremeaux 42 211 F4
Crémery 80 23 F3
Crémieu 38 231 H1
Crempigny-Bonneguête 74 215 E3
Cremps 46 278 C1
Crenans 39 196 D2
Crenay 52 117 E4
Creney-près-Troyes 10 91 E5
Crennes-sur-Fraubée 53 82 D4
Creno Lac de 2A 346 D5
Créon 33 255 H1
Créon-d'Armagnac 40 274 C5
Créot 71 177 F2
Crépand 21 137 H5
Crépey 54 94 C2
Crépieux-la-Pape 69 213 F5
Crépion 55 44 B4
Crépol 26 249 G2
Crépon 14 33 F3
Crépy 02 24 C5
Crépy 62 7 F4
Crépy-en-Valois 60 39 G4
Créquy 62 7 E4
Le Crès 34 303 E4
Cresancey 70 161 F2
Crésantignes 10 114 D3
Les Cresnays 50 52 A4
Crespian 30 303 F1
Crespières 78 57 H3
Crespin 12 279 H3
Crespin 59 9 H5
Crespin 81 279 H5
Crespinet 81 299 G1
Crespy-le-Neuf 10 91 H4
Cressac-Saint-Genis 16 221 E4
Cressanges 03 191 H3
Cressat 23 207 G1
La Cresse 12 281 H3
Cressé 17 202 C4
Cressely 78 58 A5
Cressensac 46 242 B4
Cresserons 14 33 G3
Cresseveuille 14 34 B4
Cressia 39 196 B2
Cressin-Rochefort 01 214 D5
La Cressonnière 14 54 D1
Cressonsacq 60 38 D1
Cressy 76 20 B3
Cressy-Omencourt 80 23 G4
Cressy-sur-Somme 71 175 H5
Crest 26 267 G2
Le Crest 63 227 H1
Crest-Voland 73 216 B4
Creste 63 227 G3
Le Crestet 07 248 D4
Crestet 84 285 H2
Crestot 27 36 A4
Créteil 94 58 D4
Créton 27 56 B3
Cretteville 50 31 H2
Creuë 55 64 D2
Creully 14 33 F3
La Creuse 70 141 G4
Creuse 80 22 A2
Le Creusot 71 177 E4
Creutzwald 57 46 D4
Creuzier-le-Neuf 03 210 B1
Creuzier-le-Vieux 03 210 B1
Crevans-et-la-Chapelle-lès-Granges 70 142 A4
Crevant 36 189 G3
Crevant-Laveine 63 210 B4
Crévéchamps 54 95 E2
Crèvecœur-en-Auge 14 34 B5
Crèvecœur-en-Brie 77 59 G4
Crèvecœur-le-Grand 60 22 A5
Crèvecœur-le-Petit 60 22 D5
Crèvecœur-sur-l'Escaut 59 14 B4
Creveney 70 141 F3
Crévic 54 95 F1
Crévin 35 104 B5
Crévoux 05 270 D3
Creys-Mépieu 38 214 B5
Creyssac 24 222 B5
Creysse 24 240 B5
Creysse 46 242 C5
Creysseilles 07 266 C2
Creyssensac-et-Pissot 24 240 C3
Crézançay-sur-Cher 18 173 E4
Crézancy 02 60 C1
Crézancy-en-Sancerre 18 155 H3
Crézières 79 202 D2
Crézilles 54 94 B2
Cricquebœuf 14 34 C2
Cricqueville-en-Auge 14 34 A4
Cricqueville-en-Bessin 14 32 C2
Criel-sur-Mer 76 10 C4
Crillat 39 196 D1
Crillon 60 37 H1
Crillon-le-Brave 84 285 H3
Crimolois 21 160 B3
Crion 54 95 G1
La Crique 76 20 B4
Criquebeuf-en-Caux 76 18 D3
Criquebeuf-la-Campagne 27 36 A4
Criquebeuf-sur-Seine 27 36 B3
Criquetot-le-Mauconduit 76 19 F3
Criquetot-l'Esneval 76 18 D4
Criquetot-sur-Longueville 76 20 B3
Criquetot-sur-Ouville 76 19 H4
Criquiers 76 21 F4
Crisenoy 77 88 C2
Crisolles 60 23 H5
Crissay-sur-Manse 37 151 G5
Crissé 72 107 F3
Crissey 39 179 E1
Crissey 71 177 H4
Cristinacce 2A 346 C5
Cristot 14 33 E4
Criteuil-la-Magdeleine 16 220 C3
Critot 76 20 C5
Croce 2B 347 G3
Crochte 59 3 G3
Crocicchia 2B 347 G2
Crocq 23 208 B4
Le Crocq 60 22 B5
Crocy 14 54 A3
Crœttwiller 67 69 F2
Croignon 33 255 H1
Croisances 43 246 D5
Croisette 62 12 C2
La Croisette 74 215 G1
Le Croisic 44 145 G4
La Croisière 23 205 H1
La Croisille 27 56 A2
La Croisille-sur-Briance 87 224 C2
Croisilles 14 53 F1
Croisilles 28 57 E5
Croisilles 61 54 C4
Croisilles 62 13 H3
Croismare 54 95 G1
Croissanville 14 34 A5
Croissy-Beaubourg 77 59 E3
Croissy-sur-Celle 60 22 B4
Croissy-sur-Seine 78 58 A3
Le Croisty 56 101 E2
Croisy 18 173 H2
Croisy-sur-Andelle 76 36 D1
Croisy-sur-Eure 27 56 C1
Croix 59 9 E2
Croix 90 142 D5
Croix Col de la 2A 346 A4
Croix Plateau de la 74 216 D4
La Croix-aux-Bois 08 43 E2
La Croix-aux-Mines 88 96 C5
La Croix-Avranchin 50 80 D2
La Croix-Blanche 47 276 C2
La Croix-Blanche 71 194 D4
Croix-Caluyau 59 15 E4
Croix-Chapeau 17 200 D1
La Croix-Comtesse 17 201 H2
Croix-de-Bauzon Col de la 07 265 H3
La Croix-de-Berny 92 58 C4
La Croix-de-Fer Col de 73 251 H1
La Croix-de-la-Rochette 73 233 G3
Croix-de-l'Homme-Mort Col de la 42 229 F3
Croix-de-Vie 85 164 D4
Croix-du-Bac 59 8 B2
La Croix-du-Perche 28 109 F2
La Croix-en-Brie 77 89 E2
La Croix-en-Champagne 51 62 D1
Croix-en-Ternois 62 7 F5
La Croix-en-Touraine 37 152 C3
Croix-Fonsomme 02 24 B1
La Croix-Fry Col de 74 216 A3
Croix-Haute Col de la 26 268 D2
La Croix-Helléan 56 102 D4
Croix-Mare 76 19 H5
Croix-Moligneaux 80 23 H2
Croix-Morand ou de Diane Col de la 63 227 F2
Croix-Rampau 69 213 E4
Croix-Saint-Leufroy 27 36 C5
Croix-Saint-Robert Col de la 63 227 F3
Croix Saint-Thomas 21 158 D3
Croix-Sainte 13 325 G3
La Croix-sur-Gartempe 87 205 E1
La Croix-sur-Ourcq 02 40 B5
La Croix-sur-Roudoule 06 289 F4
La Croix-Valmer 83 329 F3
Croixanvec 56 102 A2
Croixdalle 76 20 D2
La Croixille 53 105 G2
Croixrault 80 21 H3
Croizet-sur-Gand 42 211 H4
Crolles 38 233 F5
Crollon 50 80 D2
Cromac 87 188 B4
Cromary 70 162 A2
Cronat 71 175 G5
Cronce 43 246 B3
La Cropte 53 106 C5
Cropus 76 20 B3
Cros 30 283 F5
Le Cros 34 301 H2
Cros 63 226 D4
Cros-de-Cagnes 06 309 G3
Cros-de-Géorand 07 265 H1
Cros-de-Montvert 15 243 G3
Cros-de-Ronesque 15 244 D5
Crosey-le-Grand 25 162 D2
Crosey-le-Petit 25 162 D2
Crosmières 72 129 F3
Crosne 91 58 D5
Crossac 44 146 C1
Crosses 18 173 G2
Crosville-la-Vieille 27 36 A5
Crosville-sur-Douve 50 31 G2
Crosville-sur-Scie 76 20 B2
Crotelles 37 152 A1
Crotenay 39 179 G4
Croth 27 56 D3
Le Crotoy 80 11 F2
Crots 05 270 C3
Crottes-en-Pithiverais 45 111 F3
Crottet 01 195 E5
Le Crouais 35 103 F1
Crouay 14 32 D3
La Croupte 14 54 D1
Crouseilles 64 294 D5
Croutelle 86 186 B2
Les Croûtes 10 114 C5
Croutoy 60 39 H2
Crouttes 61 54 C2
Crouttes-sur-Marne 02 60 A2

Crouy 02 40 B2
Crouy 80 22 A1
Crouy-en-Thelle 60 38 C4
Crouy-sur-Cosson 41 132 C5
Crouy-sur-Ourcq 77 59 H1
Le Crouzet 25 180 B4
Crouzet-Migette 25 180 A2
La Crouzille 63 209 E1
La Crouzille 87 205 H3
Crouzilles 37 151 F5
Crozant 23 188 D4
Croze 23 207 G5
Crozes-Hermitage 26 249 F3
Crozet 01 197 F4
Le Crozet 42 211 E1
Les Crozets 39 196 D2
Crozon 29 75 E4
Crozon-sur-Vauvre 36 189 F2
Cruas 07 267 E3
Crucey 28 56 A5
Crucheray 41 131 G4
Cruéjouls 12 263 F5
Cruet 73 233 G3
Crugey 21 159 F5
Crugny 51 41 E4
Cruguel 56 102 C5
Cruis 04 287 F4
Crulai 61 55 F5
Crupies 26 267 H4
Crupilly 02 25 E1
Cruscades 11 320 D5
Cruseilles 74 215 G2
Crusnes 54 45 F2
Crussol *Château de* 07 249 F4
Cruviers-Lascours 30 284 A5
Crux-la-Ville 58 157 F5
Cruzille 71 195 E2
Cruzilles-lès-Mépillat 01 195 E5
Cruzy 34 321 E3
Cruzy-le-Châtel 89 137 G2
Cry 89 137 G4
Cubelles 43 246 D4
Cubières 48 265 E5
Cubières-sur-Cinoble 11 338 A4
Cubiérettes 48 265 E5
Cubjac 24 241 E1
Cublac 19 241 H2
Cublize 69 212 B3
Cubnezais 33 237 H3
Cubrial 25 162 C1
Cubry 25 162 D1
Cubry-lès-Faverney 70 141 E2
Cubry-lès-Soing 70 140 D4
Cubzac-les-Ponts 33 237 H4
Cucharmoy 77 89 F2
Cucheron *Col du* 38 233 E4
Cuchery 51 41 F5
Cucq 62 6 B4
Cucugnan 11 338 B4
Cucuron 84 306 A2
Cucuruzzu *Castellu de* 2A 349 F5
Cudos 33 274 B1
Cudot 89 113 F5
Cuébris 06 289 G5
Cuélas 32 315 H3
Cuers 83 328 B3
Cuffies 02 40 B2
Cuffy 18 174 B2
Cugand 85 148 A5
Cuges-les-Pins 13 327 G3
Cugnaux 31 297 H5
Cugney 70 161 F2
Cugny 02 24 A4
Cugny-lès-Crouttes 02 40 C4
Cuguen 35 80 B3
Cuguron 31 334 A1
Cuhon 86 168 D4
Cuignières 60 38 D2
Cuigy-en-Bray 60 37 G2
Cuillé 53 105 F4
Cuinchy 62 8 B4
Cuincy 59 8 D5
Le Cuing 31 316 B5
Cuinzier 42 212 A1
Cuirieux 02 25 E4
Cuiry-Housse 02 40 C3
Cuiry-lès-Chaudardes 02 41 E2
Cuiry-lès-Iviers 02 25 H3
Cuis 51 61 G2
Cuise-la-Motte 60 39 H2
Cuiseaux 71 196 A2
Cuiserey 21 160 C2
Cuisery 71 195 F1
Cuisia 39 196 A1
Cuisiat 01 196 A4
Cuisles 51 41 E5
Cuissai 61 83 G3
Cuissy-et-Geny 02 41 E2
Cuisy 55 43 G3
Cuisy 77 59 F1
Cuisy-en-Almont 02 40 A2
La Cula 42 230 C3
Culan 18 190 B2
Culêtre 21 159 F5
Culey 55 63 H4
Culey-le-Patry 14 53 F2
Culhat 63 210 A4
Culin 38 232 A3
Culles-les-Roches 71 177 F5
Cully 14 33 F3
Culmont 52 139 H2
Culoison 10 91 E5
Culoz 01 214 D4
Cult 70 161 F3
Cultures 48 264 B5
Cumières 51 61 F1
Cumières-le-Mort-Homme 55 43 H4
Cumiès 11 318 D4
Cumont 82 296 D1
Cunac 81 299 G1
Cunault 49 150 B3
Cuncy-lès-Varzy 58 157 E3
Cunèges 24 257 G1
Cunel 55 43 G2
Cunelières 90 142 D3
Cunfin 10 116 A4
Cunlhat 63 228 C2
Cuntorba *Castello de* 2A 348 D5
Cuon 49 150 B1
Cuperly 51 62 B1
Cuq 47 276 C4
Cuq 81 299 F4
Cuq-Toulza 81 298 D5
Cuqueron 64 313 H3
Curac 16 239 E1
Curan 12 281 F3
Curbans 04 269 G5
Curbigny 71 194 A4
Curçay-sur-Dive 86 168 C1
Curchy 80 23 F3
Curciat-Dongalon 01 195 G2
Curcy-sur-Orne 14 53 F1
Curdin 71 193 F1
La Cure 39 197 F2
Curebourse *Col de* 15 244 D4
Curel 04 286 D3
Curel 52 92 D3
Curemonte 19 242 D4
Cures 72 107 F3
Curey 50 80 D2
Curgies 59 15 F2
Curgy 71 176 D2
Curienne 73 233 F2
Curières 12 263 F3
Curis-au-Mont-d'Or 69 213 E4
Curley 21 159 H4
Curlu 80 23 F1
Curmont 52 92 C5
Curnier 26 268 A5
Cursan 33 256 B1
Curtafond 01 195 G5
Curtil-Saint-Seine 21 159 H1
Curtil-sous-Buffières 71 194 C3
Curtil-sous-Burnand 71 194 C1
Curtil-Vergy 21 159 H5
Le Curtillard 38 233 G5
Curtin 38 232 B1
Curvalle 81 300 A1
Curzay-sur-Vonne 86 185 H2
Curzon 85 183 E2
Cusance 25 162 D2
Cuse-et-Adrisans 25 162 C1
Cusey 52 139 G4
Cussac 15 245 F4
Cussac 87 222 D1
Cussac-Fort-Médoc 33 237 F2
Cussac-sur-Loire 43 247 F4
Cussangy 10 115 E4
Cussay 37 170 A1
Cusset 03 210 B1
Cussey-les-Forges 21 139 E4
Cussey-sur-Lison 25 161 H5
Cussey-sur-l'Ognon 25 161 H2
Cussy 14 32 D3
Cussy-en-Morvan 71 176 C1
Cussy-la-Colonne 21 177 F1
Cussy-le-Châtel 21 159 F5
Cussy-les-Forges 89 158 A1
Custines 54 65 H4
Cusy 74 215 F5
Cusy 89 137 F3
Cutry 02 40 A3
Cutry 54 44 D2
Cuts 60 39 H1
Cutting 57 67 F3
Cuttoli-Corticchiato 2A 348 D3
Cuttura 39 196 D3
Cuvat 74 215 G2
Cuve 70 119 E5
Cuvergnon 60 39 H5
Cuverville 14 33 H4
Cuverville 27 36 D3
Cuverville 76 18 D4
Cuverville-sur-Yères 76 10 D5
Cuvéry *Col de* 01 214 D1
Cuves 50 52 A4
Cuves 52 117 G3
Cuvier 39 180 A3
Cuvillers 59 14 B3
Cuvilly 60 23 E5
Cuvry 57 65 H1
Cuxac-Cabardès 11 319 G3
Cuxac-d'Aude 11 321 E5
Cuy 60 23 G5
Cuy 89 113 G2
Cuy-Saint-Fiacre 76 37 F1
Cuzac 46 261 G4
Cuzals *Musée de* 46 260 D4
Cuzance 46 242 B4
Cuzieu 01 214 D4
Cuzieu 42 230 A2
Cuzion 36 188 D3
Cuzorn 47 259 E4
Cuzy 71 176 B4
Cys-la-Commune 02 40 D2
Cysoing 59 9 E3

D

Dabisse 04 287 G5
Dabo 57 68 A5
Dabo *Rocher de* 57 68 A5
Dachstein 67 97 F1
Dadonville 45 111 G3
Daglan 24 259 G2
Dagneux 01 213 G4
Dagny 77 60 A5
Dagny-Lambercy 02 25 G3
Dagonville 55 64 B4
La Daguenière 49 149 H2
Dahlenheim 67 97 F1
Daignac 33 256 B1
Daigny 08 27 F3
Daillancourt 52 92 C5
Daillecourt 52 117 G3
Dainville 62 13 F2
Dainville-Bertheléville 55 93 G3
Daix 21 160 A3
Dalem 57 46 D4
Dalhain 57 66 D3
Dalhunden 67 69 F4
Dallet 63 210 A5
Dallon 02 24 A2
Dalou 09 336 B2
Dalstein 57 46 B3
Daluis 06 289 F4
Damas-aux-Bois 88 95 F3
Damas-et-Bettegney 88 119 E2
Damazan 47 275 F2
Dambach 67 68 C1
Dambach-la-Ville 67 97 E4
Dambelin 25 163 E2
Dambenois 25 142 C4
Dambenoît-lès-Colombe 70 141 G3
Damblain 88 117 H3
Damblainville 14 54 A2
Dambron 28 110 D3
Dame-Marie 27 56 A4
Dame-Marie 61 84 C5
Dame-Marie-les-Bois 37 152 C1
Damelevières 54 95 F2
Daméraucourt 60 21 H4
Damerey 71 178 A3
Damery 51 61 F1
Damery 80 23 F3
Damgan 56 124 D5
Damiatte 81 299 E4
Damigny 61 83 G3
Damloup 55 44 C5
Dammard 02 40 A5
Dammarie 28 86 A5
Dammarie-en-Puisaye 45 135 E5
Dammarie-les-Lys 77 88 B3
Dammarie-sur-Loing 45 135 E3
Dammarie-sur-Saulx 55 93 E2
Dammartin-en-Goële 77 59 E1
Dammartin-en-Serve 78 57 E3
Dammartin-les-Templiers 25 162 B3
Dammartin-Marpain 39 161 E3
Dammartin-sur-Meuse 52 117 H4
Dammartin-sur-Tigeaux 77 59 G4
Damousies 59 15 H3
Damouzy 08 26 D2
Damparis 39 178 D1
Dampierre 10 91 G2
Dampierre 14 52 C1
Dampierre 39 161 G5
Dampierre 52 117 G5
Dampierre-au-Temple 51 62 B1
Dampierre-en-Bray 76 37 F1
Dampierre-en-Bresse 71 178 C3
Dampierre-en-Burly 45 134 B3
Dampierre-en-Crot 18 155 G2
Dampierre-en-Graçay 18 154 B5
Dampierre-en-Montagne 21 159 E2
Dampierre-en-Yvelines 78 57 H5
Dampierre-et-Flée 21 160 D1
Dampierre-le-Château 51 63 E1
Dampierre-les-Bois 25 142 C4
Dampierre-lès-Conflans 70 141 F2
Dampierre-Saint-Nicolas 76 20 C2
Dampierre-sous-Bouhy 58 156 C1
Dampierre-sous-Brou 28 109 G2
Dampierre-sur-Avre 28 56 B4
Dampierre-sur-Blévy 28 85 G2
Dampierre-sur-Boutonne 17 201 H2
Dampierre-sur-le-Doubs 25 142 B5
Dampierre-sur-Linotte 70 141 F5
Dampierre-sur-Loire 49 150 C4
Dampierre-sur-Moivre 51 62 C3
Dampierre-sur-Salon 70 140 B5
Dampjoux 25 163 F2
Dampleux 02 40 A4
Dampmart 77 59 F3
Dampniat 19 242 C2
Damprichard 25 163 G3
Les Damps 27 36 B3
Dampsmesnil 27 37 F5
Dampvalley-lès-Colombe 70 141 F4
Dampvalley-Saint-Pancras 70 119 E5
Dampvitoux 54 65 E2
Damrémont 52 117 H5
Damville 27 56 A3
Damvillers 55 44 B3
Damvix 85 184 B4
Dancé 42 211 G4
Dancé 61 84 D5
Dancevoir 52 116 C5
Dancharia 64 310 C4
Dancourt 76 21 E2
Dancourt-Popincourt 80 23 F4
Dancy 28 110 A3
Danestal 14 34 B3
Dangé-Saint-Romain 86 169 H2
Dangeau 28 109 H2
Dangers 28 85 H3
Dangeul 72 107 H2
Dangolsheim 67 97 F1
Dangu 27 37 F4
Dangy 50 52 A1
Danizy 02 24 B4
Danjoutin 90 142 C3
Danne-et-Quatre-Vents 57 68 A4
Dannelbourg 57 68 A4
Dannemarie 25 142 C5
Dannemarie 68 143 E3
Dannemarie 78 57 E4
Dannemarie-sur-Crète 25 161 G4
Dannemoine 89 137 E2
Dannemois 91 88 A4
Dannes 62 6 B3
Dannevoux 55 43 H3
Danvou-la-Ferrière 14 53 E2
Danzé 41 131 G2
Daon 53 128 B3
Daoulas 29 75 G3
Daoulas *Gorges du* 22 77 G5
Daours 80 22 D2
Darazac 19 243 G2
Darbonnay 39 179 F3
Darbres 07 266 C3
Darcey 21 138 B5
Dardenac 33 256 B1
Dardenay 52 139 G4
Dardez 27 56 B1
Dardilly 69 213 E5
Dareizé 69 212 B4
Dargies 60 21 H4
Dargilan *Grotte de* 48 282 B3
Dargnies 80 11 E4
Dargoire 42 230 D3
Darmannes 52 117 E2
Darmont 55 44 D5
Darnac 87 187 G5
Darnétal 76 36 B2
Darnets 19 225 G4
Darney 88 118 C3
Darney-aux-Chênes 88 94 B5
Darnieulles 88 119 F2
Darois 21 159 H2
Darvault 77 112 C2
Darvoy 45 133 G2
Dasle 25 142 C4
Daubensand 67 97 H3
Daubeuf-la-Campagne 27 36 A4
Daubeuf-près-Vatteville 27 36 C4
Daubeuf-Serville 76 19 E4
Daubèze 33 256 C2
Dauendorf 67 68 D3
Daumazan-sur-Arize 09 335 G1
Daumeray 49 128 D4
Dauphin 04 306 C1
Dausse 47 276 D1
Daux 31 297 G4
Dauzat-sur-Vodable 63 227 H4
Davayat 63 209 H4
Davayé 71 194 D4
Davejean 11 338 B3
Davenescourt 80 23 E4
Davézieux 07 248 D1
Davignac 19 225 G4
Davrey 10 114 D4
Davron 78 57 H3
Dax 40 292 D3
Deauville 14 34 B2
Deaux 30 283 H4
Débats-Rivière-d'Orpra 42 211 F5
Decazeville 12 261 H4
Dechy 59 8 D5
Décines-Charpieu 69 213 F5
Decize 58 175 E4
Dédeling 57 66 D3
La Défense 92 58 B3
Dégagnac 46 259 H3
Degré 72 107 G4
Dehault 72 108 C2
Dehéries 59 14 C5
Dehlingen 67 67 H2
Deinvillers 88 95 G3
Delain 70 140 B5
Delettes 62 7 F3
Delincourt 60 37 G4
Delle 90 142 D4
Delme 57 66 B3
Delouze 55 93 G2
Le Déluge 60 38 A3
Delut 55 44 B3
Deluz 25 162 B3
Demandolx 04 308 B1
Demange-aux-Eaux 55 93 G2
Demangevelle 70 118 C5
Demi-Quartier 74 216 C3
La Demie 70 141 F5
Demigny 71 177 H2
Demoiselle Coiffée 05 271 E1
Demoiselles *Grotte des* 34 302 C1
Demoiselles Coiffées 05 269 H4
Démouville 14 33 H4
Dému 32 295 F3
Démuin 80 22 D2
Denain 59 14 C2
Dénat 81 299 G2
Denazé 53 128 A2
Dénecourt *Tour* 77 88 C4
Denée 49 149 G2
Dénestanville 76 20 B3
Deneuille-lès-Chantelle 03 191 H5
Deneuille-les-Mines 03 191 E4
Deneuvre 54 95 H3
Denèvre 70 140 B5
Dénezé-sous-Doué 49 150 A4
Dénezé-sous-le-Lude 49 150 D1
Denezières 39 196 D1
Denguin 64 314 A3
Denicé 69 212 D3
Denier 62 13 E2
Denipaire 88 96 B4
Dennebrœucq 62 7 E3
Dennemont 78 57 F1
Denneville 50 31 F2
Dennevy 71 177 F3
Denney 90 142 C2
Denone *Château de* 63 210 A2
Denonville 28 86 D4
Denting 57 46 C5
Déols 36 171 H4
Der-Chantecoq *Lac du* 51 92 A2
Derbamont 88 95 E5
Dercé 86 169 E2
Derchigny 76 10 C5
Dercy 02 24 D4
Dernacueillette 11 338 B3
Dernancourt 80 23 E1
Derval 44 126 C4
Désaignes 07 248 C4
Désandans 25 142 A4
Descartes 37 169 H2
Le Deschaux 39 179 E2
Le Désert 14 52 D2
Le Désert 38 251 G5
Désertines 03 190 D4
Désertines 53 81 H3
Les Déserts 73 233 F1
Déservillers 25 180 A1
Desges 43 246 C4
Desingy 74 215 E2
Desmonts 45 112 A2
Desnes 39 179 E4
Desseling 57 67 F4
Dessenheim 68 121 F4
Dessia 39 196 B3
Destord 88 95 H5
La Destrousse 13 327 F2
Destry 57 66 D2
Desvres 62 6 C2
Détain-et-Bruant 21 159 G5
Détrier 73 233 G3
Le Détroit 14 53 G3
Les Détroits 48 282 A2
Dettey 71 176 C4
Dettwiller 67 68 B4
Deuil-la-Barre 95 58 C2
Deuillet 02 24 B4
Deûlémont 59 4 C5
Les Deux-Alpes 38 251 H3
Deux Amants *Côte des* 27 36 C3
Deux-Chaises 03 191 G4
Deux-Évailles 53 106 B2
Les Deux-Fays 39 179 E3
Deux-Jumeaux 14 32 C2
Deux-Verges 15 263 G1
Les Deux-Villes 08 27 H4
Deuxnouds-aux-Bois 55 64 D2
Deuxnouds-devant-Beauzée 55 63 H1
Deuxville 54 95 F1
Devay 58 175 F4
Devecey 25 161 H3
Devesset 07 248 B3
Devèze 65 316 A4
Devèze *Grotte de la* 34 320 C2
Deviat 16 221 E4
Dévillac 47 258 D3
Deville 08 26 D1
Déville-lès-Rouen 76 36 A1
La Devinière *Musée* 37 150 D5
Devise 80 23 H2
Devrouze 71 178 B4
Deycimont 88 119 H2
Deyme 31 318 A2
Deyvillers 88 119 G2
Le Dézert 50 32 A4
Dezize-lès-Maranges 71 177 F3
Dhuisy 77 60 A1
Dhuizel 02 40 D2
Dhuizon 41 132 D5
Diable *Roche du* 88 120 B3
Diable *Roches du* 29 100 D4
Diancey 21 158 D5
Diane-Capelle 57 67 G5
Diant 77 113 E2
Diarville 54 94 D4
Le Diben 29 71 H3
Diconne 71 178 B4
Dicy 89 113 E5
Didenheim 68 143 F2
Die 26 268 B1
Diebling 57 47 F5
Diebolsheim 67 97 G4
Diedendorf 67 67 G3
Dieffenbach-au-Val 67 97 E4
Dieffenbach-lès-Wœrth 67 69 E2
Dieffenthal 67 97 E4
Diefmatten 68 143 E2
Dielette 50 28 C4
Dième 69 212 B3
Diemeringen 67 67 H2
Diémoz 38 231 G2
Diénay 21 160 A1
Dienne 15 245 E2
Dienné 86 186 D3

Diennes-Aubigny 58 ... 175 F3
Dienville 10 ... 91 H5
Dieppe 76 ... 10 B5
Dieppe-sous-Douaumont 55 ... 44 C5
Dieppedalle-Croisset 76 ... 36 A2
Dierre 37 ... 152 B3
Dierrey-Saint-Julien 10 ... 90 C5
Dierrey-Saint-Pierre 10 ... 90 C5
Diesen 57 ... 46 D5
Dietwiller 68 ... 143 G2
Dieudonné 60 ... 38 B4
Dieue-sur-Meuse 55 ... 64 B1
Dieulefit 26 ... 267 G4
Dieulivol 33 ... 257 E2
Dieulouard 54 ... 65 G4
Dieupentale 82 ... 297 G2
Dieuze 57 ... 67 E4
Diéval 62 ... 7 H5
Diffembach-lès-Hellimer 57 ... 67 F2
Diges 89 ... 136 A4
Digna 39 ... 196 A2
Dignac 16 ... 221 G3
La Digne-d'Amont 11 ... 337 F2
La Digne-d'Aval 11 ... 337 F2
Digne-les-Bains 04 ... 288 A3
Dignonville 88 ... 95 G5
Digny 28 ... 85 G3
Digoin 71 ... 193 F2
Digoine *Château de* 71 ... 193 H2
Digosville 50 ... 29 F3
Digulleville 50 ... 28 C2
Dijon 21 ... 160 A3
Dilo 89 ... 114 A4
Dimancheville 45 ... 111 H2
Dimbsthal 67 ... 68 B5
Dimechaux 59 ... 15 H3
Dimont 59 ... 15 H3
Dinan 22 ... 79 G4
Dinan *Pointe de* 29 ... 75 E4
Dinard 35 ... 50 B5
Dinéault 29 ... 75 G4
Dingé 35 ... 80 B4
Dingsheim 67 ... 68 D5
Dingy-en-Vuache 74 ... 215 F1
Dingy-Saint-Clair 74 ... 215 H3
Dinozé 88 ... 119 G2
Dinsac 87 ... 187 H5
Dinsheim 67 ... 97 E1
Dinteville 52 ... 116 B4
Dio-et-Valquières 34 ... 301 G4
Dionay 38 ... 249 H1
Dions 30 ... 303 G1
Diors 36 ... 172 A4
Diou 03 ... 193 E2
Diou 36 ... 172 B1
Dirac 16 ... 221 F2
Dirinon 29 ... 75 G2
Dirol 58 ... 157 G3
Disneyland Paris 77 ... 59 F3
Dissais 85 ... 183 F1
Dissangis 89 ... 137 E5
Dissay 86 ... 169 F5
Dissay-sous-Courcillon 72 ... 130 C4
Dissé-sous-Ballon 72 ... 108 A2
Dissé-sous-le-Lude 72 ... 129 H5
Distré 49 ... 150 B4
Distroff 57 ... 45 H3
Diusse 64 ... 294 C5
Divajeu 26 ... 267 G2
Dives 60 ... 23 G5
Dives-sur-Mer 14 ... 34 A3
Divion 62 ... 7 H4
Divonne-les-Bains 01 ... 197 G3
Dixmont 89 ... 113 H4
Dizimieu 38 ... 232 A1
Dizy 51 ... 61 G1
Dizy-le-Gros 02 ... 25 G4
Doazit 40 ... 293 H3
Doazon 64 ... 313 H2
Docelles 88 ... 119 H2
Doëlan 29 ... 100 C5
Dœuil-sur-le-Mignon 17 ... 201 G1
Dognen 64 ... 313 G4
Dogneville 88 ... 95 F5
Dohem 62 ... 7 F2
Dohis 02 ... 25 H3
Doignies 59 ... 14 A4
Doingt 80 ... 23 G1
Doissat 24 ... 259 F2
Doissin 38 ... 232 B3
Doix-lès-Fontaines 85 ... 184 B3
Doizieux 42 ... 230 C4
Dol-de-Bretagne 35 ... 80 A2
Dolaincourt 88 ... 94 B4
Dolancourt 10 ... 92 A5
Dolcourt 54 ... 94 C3
Dole 39 ... 161 E5
Dolignon 02 ... 25 G3
Dolleren 68 ... 142 C1
Dollon 72 ... 108 C4
Dollot 89 ... 113 E2
Dolmayrac 47 ... 276 B1
Dolo 22 ... 79 E4
Dolomieu 38 ... 232 B2
Dolus-d'Oléron 17 ... 200 B3
Dolus-le-Sec 37 ... 152 B5
Dolving 57 ... 67 G4
Dom-le-Mesnil 08 ... 27 E4
Domagné 35 ... 104 D3
Domaize 63 ... 228 C1
Domalain 35 ... 105 E4
Domancy 74 ... 216 C3
Domarin 38 ... 231 H2
Domart-en-Ponthieu 80 ... 12 B5
Domart-sur-la-Luce 80 ... 22 D2
Domats 89 ... 113 E3
Domazan 30 ... 304 B1
Dombasle-devant-Darney 88 ... 118 D3
Dombasle-en-Argonne 55 ... 43 H5
Dombasle-en-Xaintois 88 ... 94 C5
Dombasle-sur-Meurthe 54 ... 95 E1
Domblain 52 ... 92 C3
Domblans 39 ... 179 F4
Dombras 55 ... 44 B3
Dombrot-le-Sec 88 ... 118 B2
Dombrot-sur-Vair 88 ... 94 B5
Domecy-sur-Cure 89 ... 157 H2
Domecy-sur-le-Vault 89 ... 157 H1
Doméliers 60 ... 22 A5
Domène 38 ... 251 E1
Domérat 03 ... 190 C4
Domesmont 80 ... 12 B4
Domessargues 30 ... 283 H5
Domessin 73 ... 232 D2
Domèvre-en-Haye 54 ... 65 F4
Domèvre-sous-Montfort 88 ... 94 C5
Domèvre-sur-Avière 88 ... 119 F2
Domèvre-sur-Durbion 88 ... 95 F5
Domèvre-sur-Vezouze 54 ... 96 A2
Domeyrat 43 ... 246 C1
Domeyrot 23 ... 189 H5
Domezain-Berraute 64 ... 311 H4
Domfaing 88 ... 96 A5
Domfessel 67 ... 67 H2
Domfront 60 ... 22 D5
Domfront-en-Poiraie 61 ... 82 B2
Domfront-en-Champagne 72 ... 107 G3
Domgermain 54 ... 94 A1
La Dominelais 35 ... 126 C3
Domino 17 ... 200 A3
Dominois 80 ... 11 G1
Domjean 50 ... 52 B1
Domjevin 54 ... 95 H1
Domjulien 88 ... 94 C5
Domléger 80 ... 12 B4
Domloup 35 ... 104 C3
Dommarie-Eulmont 54 ... 94 C3
Dommarien 52 ... 139 G4
Dommartemont 54 ... 65 H5
Dommartin 01 ... 195 F4
Dommartin 25 ... 180 C2
Dommartin 58 ... 175 H1
Dommartin 69 ... 212 D5
Dommartin 80 ... 22 C3
Dommartin-aux-Bois 88 ... 119 E2
Dommartin-Dampierre 51 ... 43 E5
Dommartin-la-Chaussée 54 ... 65 F2
Dommartin-la-Montagne 55 ... 64 D2
Dommartin-le-Coq 10 ... 91 G3
Dommartin-le-Franc 52 ... 92 C4
Dommartin-le-Saint-Père 52 ... 92 C4
Dommartin-lès-Cuiseaux 71 ... 195 H2
Dommartin-lès-Remiremont 88 ... 119 H4
Dommartin-lès-Toul 54 ... 94 B1
Dommartin-lès-Vallois 88 ... 118 D2
Dommartin-Lettrée 51 ... 62 A4
Dommartin-sous-Amance 54 ... 66 B5
Dommartin-sous-Hans 51 ... 43 E5
Dommartin-sur-Vraine 88 ... 94 B4
Dommartin-Varimont 51 ... 63 E2
Dommary-Baroncourt 55 ... 44 D4
Domme 24 ... 259 G1
Dommery 08 ... 26 B4
Dommiers 02 ... 40 A3
Domnom-lès-Dieuze 57 ... 67 F3
Domont 95 ... 58 C1
Dompaire 88 ... 119 E2
Dompcevrin 55 ... 64 C3
Dompierre 60 ... 22 D5
Dompierre 61 ... 53 E5
Dompierre 88 ... 95 G5
Dompierre-aux-Bois 55 ... 64 D2
Dompierre-Becquincourt 80 ... 23 F1
Dompierre-du-Chemin 35 ... 81 F5
Dompierre-en-Morvan 21 ... 158 C2
Dompierre-les-Églises 87 ... 188 A5
Dompierre-les-Ormes 71 ... 194 B4
Dompierre-les-Tilleuls 25 ... 180 B3
Dompierre-sous-Sanvignes 71 ... 176 C5
Dompierre-sur-Authie 80 ... 11 H1
Dompierre-sur-Besbre 03 ... 192 D2
Dompierre-sur-Chalaronne 01 ... 213 F1
Dompierre-sur-Charente 17 ... 219 H1
Dompierre-sur-Helpe 59 ... 15 G4
Dompierre-sur-Héry 58 ... 157 F4
Dompierre-sur-Mer 17 ... 183 G5
Dompierre-sur-Mont 39 ... 196 C1
Dompierre-sur-Nièvre 58 ... 156 D4
Dompierre-sur-Veyle 01 ... 213 H2
Dompierre-sur-Yon 85 ... 165 H4
Dompnac 07 ... 265 H4
Domprel 25 ... 162 D4
Dompremy 51 ... 62 D4
Domprix 54 ... 45 E3
Domps 87 ... 224 D2
Domptail 88 ... 95 G3
Domptail-en-l'Air 54 ... 95 E2
Domptin 02 ... 60 B1
Domqueur 80 ... 12 B4
Domremy-aux-Bois 55 ... 64 B5
Domremy-en-Ornois 52 ... 93 E4
Domremy-la-Canne 55 ... 44 D4
Domrémy-la-Pucelle 88 ... 93 H3
Domsure 01 ... 195 H3
Domvallier 88 ... 94 D5
Domvast 80 ... 11 H2
Don 59 ... 8 C3
Donazac 11 ... 337 F1
Donchery 08 ... 27 E4
Doncières 88 ... 95 H3
Doncourt-aux-Templiers 55 ... 64 D1
Doncourt-lès-Conflans 54 ... 45 F5
Doncourt-lès-Longuyon 54 ... 44 D2
Doncourt-sur-Meuse 52 ... 117 H3
Dondas 47 ... 276 D2
Donges 44 ... 146 C2
Donjeux 52 ... 93 E4
Donjeux 57 ... 66 C3
Le Donjon 03 ... 193 E4
Donnay 14 ... 53 G2
Donnazac 81 ... 279 F5
Donnelay 57 ... 67 E4
Donnemain-Saint-Mamès 28 ... 110 A3
Donnemarie 52 ... 117 G3
Donnemarie-Dontilly 77 ... 89 F3
Donnement 10 ... 91 G3
Donnenheim 67 ... 68 D4
Donnery 45 ... 133 G2
Donneville 31 ... 318 A2
Donnezac 33 ... 237 H1
Donon *Col du* 67 ... 96 C2
Dontreix 23 ... 208 C3
Dontrien 51 ... 42 B4
Donville-les-Bains 50 ... 51 F2
Donzac 33 ... 256 B3
Donzac 82 ... 276 D4
Donzacq 40 ... 293 F3
Le Donzeil 23 ... 207 F3
Donzenac 19 ... 242 B1
Donzère 26 ... 267 E5
Donzy 58 ... 156 C3
Donzy-le-National 71 ... 194 C3
Donzy-le-Pertuis 71 ... 194 D3
Donzy-le-Pré 58 ... 156 C3
Doranges 63 ... 228 D4
Dorans 90 ... 142 C3
Dorat 63 ... 210 C4
Le Dorat 87 ... 187 H5
Dorceau 61 ... 84 D4
Dordives 45 ... 112 C3
Dore-l'Église 63 ... 229 E5
La Dorée 53 ... 81 G3
Dorengt 02 ... 24 D1
Dorignies 59 ... 8 D5
Dorlisheim 67 ... 97 F2
Dormans 51 ... 60 D1
Dormelles 77 ... 88 D5
Dormillouse 05 ... 270 B1
La Dornac 24 ... 241 H3
Dornas 07 ... 248 B5
Dornecy 58 ... 157 F2
Dornes 58 ... 175 E5
Dornot 57 ... 65 G1
Dorres 66 ... 341 E4
Dortan 01 ... 196 C4
Dosches 10 ... 91 F5
Dosnon 10 ... 91 F2
Dossenheim-Kochersberg 67 ... 68 C5
Dossenheim-sur-Zinsel 67 ... 68 B4
Douadic 36 ... 170 C5
Douai 59 ... 8 D5
Douains 27 ... 56 D1
Douarnenez 29 ... 99 F2
Douaumont 55 ... 44 B5
Doubs 25 ... 180 C2
Doucelles 72 ... 107 H2
Douchapt 24 ... 239 H1
Douchy 02 ... 23 H3
Douchy-Montcorbon 45 ... 113 E5
Douchy-lès-Ayette 62 ... 13 F3
Douchy-les-Mines 59 ... 14 C2
Doucier 39 ... 179 G5
Doucy 73 ... 234 B3
Doucy-en-Bauges 73 ... 233 H1
Doudeauville 62 ... 6 C3
Doudeauville 76 ... 21 F5
Doudeauville-en-Vexin 27 ... 37 E3
Doudelainville 80 ... 11 G4
Doudeville 76 ... 19 H3
Doudrac 47 ... 258 C3
Doue 77 ... 60 A3
Doué-la-Fontaine 49 ... 150 A4
Douelle 46 ... 259 H5
Le Douhet 17 ... 201 G5
Douillet 72 ... 83 F5
Douilly 80 ... 23 H3
Doulaincourt 52 ... 93 E5
Doulaize 25 ... 179 H1
Doulcon 55 ... 43 G2
Doulevant-le-Château 52 ... 92 C4
Doulevant-le-Petit 52 ... 92 C3
Doulezon 33 ... 256 D1
Le Doulieu 59 ... 8 A2
Doullens 80 ... 12 D4
Doumely-Bégny 08 ... 26 A4
Doumy 64 ... 314 B2
Dounoux 88 ... 119 F3
Les Dourbes 04 ... 288 B4
Dourbies 30 ... 282 C4
Dourdain 35 ... 104 D2
Dourdan 91 ... 87 E3
Dourges 62 ... 8 C5
Dourgne 81 ... 319 F2
Douriez 62 ... 11 G1
Dourlers 59 ... 15 G3
Le Dourn 81 ... 280 C5
Dournazac 87 ... 223 E2
Dournon 39 ... 179 H2
Dours 65 ... 315 F4
Doussard 74 ... 215 H5
Doussay 86 ... 169 E3
Douvaine 74 ... 197 H4
Douville 24 ... 240 B4
Douville-en-Auge 14 ... 34 B3
Douville-sur-Andelle 27 ... 36 C3
Douvrend 76 ... 20 C2
Douvres 01 ... 214 A3
Douvres-la-Délivrande 14 ... 33 G3
Douvrin 62 ... 8 B4
Doux 08 ... 42 B1
Doux 79 ... 168 C4
Douy 28 ... 109 H4
Douy-la-Ramée 77 ... 59 G1
Douzains 47 ... 257 H3
Douzat 16 ... 221 E1
La Douze 24 ... 240 D3
Douzens 11 ... 320 B5
Douzies 59 ... 15 G2
Douzillac 24 ... 239 H3
Douzy 08 ... 27 F4
Doville 50 ... 31 G2
Doye 39 ... 180 A4
La Doye 39 ... 197 F2
Doyet 03 ... 191 E4
Dozulé 14 ... 34 A4
Dracé 69 ... 212 D1
Draché 37 ... 169 H1
Drachenbronn 67 ... 69 E1
Dracy 89 ... 135 H3
Dracy-le-Fort 71 ... 177 G4
Dracy-lès-Couches 71 ... 177 F3
Dracy-Saint-Loup 71 ... 176 D1
Dragey 50 ... 51 G4
Draguignan 83 ... 308 A4
Draillant 74 ... 198 A4
Drain 49 ... 148 B2
Draix 04 ... 288 B3
Draize 08 ... 26 A4
Drambon 21 ... 160 D3
Dramelay 39 ... 196 B3
Le Dramont 83 ... 329 H1
Drancy 93 ... 58 D2
Drap 06 ... 309 H2
Dravegny 02 ... 40 D4
Draveil 91 ... 58 C5
Drée 21 ... 159 G3
Drée *Château de* 71 ... 194 A4
Drefféac 44 ... 146 D1
Drémil-Lafage 31 ... 298 B5
Le Drennec 29 ... 70 D5
Dreslincourt 60 ... 39 G1
Dreuil-Hamel 80 ... 11 H5
Dreuil-lès-Amiens 80 ... 22 B1
Dreuil-lès-Molliens 80 ... 22 A2
Dreuilhe 09 ... 336 D3
Dreux 28 ... 56 D4
Drevant 18 ... 173 F5
Dricourt 08 ... 42 C2
Driencourt 80 ... 23 H1
Drignac 15 ... 244 B2
Drincham 59 ... 3 G3
Drocourt 62 ... 8 C5
Drocourt 78 ... 57 G1
Droisy 27 ... 56 B4
Droisy 74 ... 215 E3
Droitaumont 54 ... 45 F5
Droitfontaine 25 ... 163 F3
Droiturier 03 ... 192 D5
Droizy 02 ... 40 B3
Drom 01 ... 196 A5
Dromesnil 80 ... 21 G2
Drosay 76 ... 19 G3
Drosnay 51 ... 92 A2
Droué 41 ... 109 F4
Droue-sur-Drouette 28 ... 86 C2
Drouges 35 ... 105 E5
Drouilly 51 ... 62 C4
Droupt-Saint-Basle 10 ... 90 D3
Droupt-Sainte-Marie 10 ... 90 C3
Drouville 54 ... 66 C5
Drouvin-le-Marais 62 ... 8 A4
Droux 87 ... 205 G1
Droyes 52 ... 92 A3
Drubec 14 ... 34 C4
Drucat 80 ... 11 G3
Drucourt 27 ... 35 E5
Drudas 31 ... 297 F3
Druelle 12 ... 280 C1
Drugeac 15 ... 244 B2
Druillat 01 ... 214 A2
Drulhe 12 ... 261 G5
Drulingen 67 ... 67 H3
Drumettaz-Clarafond 73 ... 233 F1
Drusenheim 67 ... 69 F4
Druval 14 ... 34 B4
Druy-Parigny 58 ... 175 E3
Druye 37 ... 151 G3
Druyes-les-Belles-Fontaines 89 ... 157 E1
Dry 45 ... 132 D3
Duault 22 ... 77 E3
Ducey-les-Chéris 50 ... 51 H5
Duclair 76 ... 35 H1
Ducy-Sainte-Marguerite 14 ... 33 E4
Duerne 69 ... 230 C1
Duesme 21 ... 138 B4
Duffort 32 ... 315 H3
Dugny 93 ... 58 C2
Dugny-sur-Meuse 55 ... 64 B1
Duhort-Bachen 40 ... 294 B3
Duilhac-sous-Peyrepertuse 11 ... 338 B4
Duingt 74 ... 215 H4
Duisans 62 ... 13 F2
Dullin 73 ... 232 D2
Dumes 40 ... 293 H3
Dun 09 ... 336 C2
Dun-le-Palestel 23 ... 189 E4
Dun-le-Poëlier 36 ... 153 H5
Dun-les-Places 58 ... 158 A4
Dun-sur-Auron 18 ... 173 G3
Dun-sur-Grandry 58 ... 175 H1
Dun-sur-Meuse 55 ... 43 G2
Duneau 72 ... 108 B4
Dunes 82 ... 276 C4
Dunet 36 ... 188 B3
Dung 25 ... 142 B4
Dunière-sur-Eyrieux 07 ... 266 D1
Dunières 43 ... 248 B1
Dunkerque 59 ... 3 G2
Duntzenheim 67 ... 68 C5
Duppigheim 67 ... 97 G2
Duran 32 ... 296 A4
Durance 47 ... 275 E3
Duranus 06 ... 291 E4
Duranville 27 ... 35 E5
Duras 47 ... 257 F2
Duravel 46 ... 259 F4
Durban 32 ... 296 A5
Durban-Corbières 11 ... 338 D2
Durban-sur-Arize 09 ... 335 H2
Durbans 46 ... 260 D3
Durbelière *Château de la* 79 ... 167 F2
Durcet 61 ... 53 F4
Durdat-Larequille 03 ... 191 E5
Dureil 72 ... 129 F2
Durenque 12 ... 280 D4
Durette 69 ... 212 C1
Durfort 09 ... 318 A5
Durfort 81 ... 319 F2
Durfort-et-Saint-Martin-de-Sossenac 30 ... 283 G5
Durfort-Lacapelette 82 ... 277 F3
Durlinsdorf 68 ... 143 F4
Durmenach 68 ... 143 F4
Durmignat 63 ... 209 F1
Durnes 25 ... 162 B5
Durningen 67 ... 68 C5
Durrenbach 67 ... 69 E2
Durrenentzen 68 ... 121 F2
Durstel 67 ... 67 H3
Durtal 49 ... 129 E4
Durtol 63 ... 209 G5
Dury 02 ... 23 H3
Dury 62 ... 14 A3
Dury 80 ... 22 B2
Dussac 24 ... 223 F5
Duttlenheim 67 ... 97 F2
Duvy 60 ... 39 G4
Duzey 55 ... 44 D3
Dyé 89 ... 136 D2
Dyo 71 ... 194 A4

E

Eancé 35 ... 127 F2
Eaubonne 95 ... 58 B2
Eaucourt-sur-Somme 80 ... 11 H4
Eaunes 31 ... 317 H3
Eaux-Bonnes 64 ... 332 A2
Eaux-Chaudes 64 ... 332 A2
Eaux-Puiseaux 10 ... 114 C3
Eauze 32 ... 295 F1
Ébange 57 ... 45 G3
Ébaty 21 ... 177 G2
Ebaupinaye *Château d'* 79 ... 167 H1
Ebblinghem 59 ... 3 G5
Ébéon 17 ... 201 H4
Eberbach-Seltz 67 ... 69 G2
Eberbach-Wœrth 67 ... 68 D2
Ebersheim 67 ... 97 F4
Ebersmunster 67 ... 97 F4
Ébersviller 57 ... 46 B4
Éblange 57 ... 46 C4
Ébouleau 02 ... 25 F4
Ébréon 16 ... 203 E3
Ébreuil 03 ... 209 H2
L'Écaille 08 ... 41 H2
Écaillon 59 ... 9 E5
Écajeul 14 ... 54 A1
Ecalgrain *Baie d'* 50 ... 28 C2
Écalles-Alix 76 ... 19 H5
Écaquelon 27 ... 35 G3
Écardenville-la-Campagne 27 ... 35 H5
Écardenville-sur-Eure 27 ... 36 C5
Écausseville 50 ... 29 G5
Écauville 27 ... 36 A5
Eccica-Suarella 2A ... 348 D3
Eccles 59 ... 15 H3
Échalas 69 ... 230 D3
Échallat 16 ... 220 D1
Échallon 01 ... 196 D5
Échalot 21 ... 138 D5
Échalou 61 ... 53 F4
Échandelys 63 ... 228 C3
Échannay 21 ... 159 F3
Écharcon 91 ... 87 H2
Les Écharmeaux 69 ... 212 B1
Échassières 03 ... 209 F1
Échauffour 61 ... 54 D4
Échavanne 70 ... 142 B3
Échay 25 ... 179 H1
Échebrune 17 ... 219 H2
L'Échelle 08 ... 26 B2

L'Échelle-Saint-Aurin 80 ...... 23 E 4
Les Échelles 73 ...... 232 D 4
Échemines 10 ...... 90 C 4
Échemiré 49 ...... 129 F 5
Échenans 25 ...... 142 B 4
Échenans-sous-Mont-Vaudois 70 ... 142 B 3
Échenay 52 ...... 93 F 3
Échenevex 01 ...... 197 F 4
Échenon 21 ...... 160 C 5
Échenoz-la-Méline 70 ...... 141 E 4
Échenoz-le-Sec 70 ...... 141 E 5
Échery 68 ...... 96 D 5
Les Échets 01 ...... 213 F 4
Échevanne 70 ...... 161 F 2
Échevannes 21 ...... 160 B 1
Échevannes 25 ...... 162 B 5
Échevis 26 ...... 250 B 3
Échevronne 21 ...... 159 H 5
Échigey 21 ...... 160 B 4
Échillais 17 ...... 200 D 4
Échilleuses 45 ...... 112 A 3
Echinghen 62 ...... 6 B 2
Échiré 79 ...... 185 E 3
Échirolles 38 ...... 250 D 2
Échouboulains 77 ...... 88 D 4
Échourgnac 24 ...... 239 F 2
Eckartswiller 67 ...... 68 B 4
Eckbolsheim 67 ...... 97 G 1
Eckmühl *Phare d'* 29 ...... 99 F 5
Eckwersheim 67 ...... 68 D 5
Éclaibes 59 ...... 15 G 3
Éclaires 51 ...... 63 F 1
Éclance 10 ...... 92 A 5
Éclans 39 ...... 161 E 5
Eclaron 52 ...... 92 B 2
Eclassan 07 ...... 249 E 2
Écleux 39 ...... 179 G 1
Éclimeux 62 ...... 7 F 5
Eclose 38 ...... 232 A 3
Écluse *Défilé de l'* 74 ...... 215 E 1
Éclusier-Vaux 80 ...... 23 F 1
Écluzelles 28 ...... 56 D 5
Écly 08 ...... 26 A 5
Écoche 42 ...... 212 A 1
Écoivres 62 ...... 12 C 2
École 73 ...... 233 H 1
École-Valentin 25 ...... 161 H 3
Écollemont 51 ...... 92 A 2
Écoman 41 ...... 132 A 2
Écommoy 72 ...... 130 A 2
Écomusée de Haute-Alsace 68 ...... 121 E 5
Écoquenéauville 50 ...... 31 H 2
Écorcei 61 ...... 55 F 5
Les Écorces 25 ...... 163 G 3
Écorches 61 ...... 54 B 3
Écordal 08 ...... 26 C 5
Écorpain 72 ...... 108 C 5
Écos 27 ...... 37 E 5
Écot 25 ...... 142 B 5
Ecot-la-Combe 52 ...... 117 F 2
Écotay-l'Olme 42 ...... 229 G 2
Écots 14 ...... 54 B 1
Écouché 61 ...... 54 A 4
Écouen 95 ...... 58 C 1
Écouflant 49 ...... 149 G 1
Écouis 27 ...... 36 D 3
Écourt-Saint-Quentin 62 ...... 14 A 3
Écoust-Saint-Mein 62 ...... 13 H 3
Écouves *Forêt d'* 61 ...... 83 G 2
Écouviez 55 ...... 44 B 1
L'Écouvotte 25 ...... 162 B 2
Écoyeux 17 ...... 201 H 5
Ecquedecques 62 ...... 7 H 3
Ecques 62 ...... 7 F 2
Ecquetot 27 ...... 36 A 5
Ecquevilly 78 ...... 57 H 2
Écrainville 76 ...... 18 D 4
Écrammeville 14 ...... 32 C 2
Les Écrennes 77 ...... 88 D 3
Écretteville-lès-Baons 76 ...... 19 G 4
Écretteville-sur-Mer 76 ...... 19 E 3
Écriennes 51 ...... 62 D 5
Écrille 39 ...... 196 C 2
Écromagny 70 ...... 141 H 2
Écrosnes 28 ...... 86 C 3
Écrouves 54 ...... 94 B 1
Ectot-l'Auber 76 ...... 20 A 4
Ectot-lès-Baons 76 ...... 19 H 4
Écublé 28 ...... 85 H 2
Écueil 51 ...... 41 G 4
Écueillé 36 ...... 171 E 1
Écuélin 59 ...... 15 G 3
Écuelle 70 ...... 140 A 5
Écuelles 71 ...... 178 A 2
Écuelles 77 ...... 88 C 5
Écuillé 49 ...... 128 C 5
Écuires 62 ...... 6 C 4
Écuisses 71 ...... 177 F 4
Éculleville 50 ...... 28 D 2
Écully 69 ...... 213 E 5
Écuras 16 ...... 222 B 1
Écurat 17 ...... 201 F 5
Écurcey 25 ...... 142 B 5
Écurey-en-Verdunois 55 ...... 44 B 3
Écurie 62 ...... 13 G 2
Écury-le-Repos 51 ...... 61 G 4
Écury-sur-Coole 51 ...... 62 A 3
Écutigny 21 ...... 177 F 1
Écuvilly 60 ...... 23 G 4
Edern 29 ...... 100 A 2
Édon 16 ...... 221 G 3
Les Éduts 17 ...... 202 C 3
Eecke 59 ...... 4 A 5
Effiat 63 ...... 210 A 2
Effincourt 52 ...... 93 E 3
Effry 02 ...... 25 G 1
Égat 66 ...... 341 F 4
Égleny 89 ...... 135 H 3
Égletons 19 ...... 225 F 5
Égligny 77 ...... 89 F 4
Eglingen 68 ...... 143 E 2
L'Église-aux-Bois 19 ...... 225 E 2
Église-Neuve-de-Vergt 24 ...... 240 C 3
Église-Neuve-d'Issac 24 ...... 239 H 4
Égliseneuve-d'Entraigues 63 ...... 227 F 5
Égliseneuve-des-Liards 63 ...... 228 B 3
Égliseneuve-près-Billom 63 ...... 228 B 1
Les Églises d'Argenteuil 17 ...... 201 H 3
Églisolles 63 ...... 229 F 4
Les Églisottes-et-Chalaures 33 ...... 238 D 3
Égly 91 ...... 87 G 2
Égreville 77 ...... 112 D 3
Égriselles-le-Bocage 89 ...... 113 F 3
Égry 45 ...... 111 H 4
Éguelshardt 57 ...... 68 B 1
Eguenigue 90 ...... 142 C 2
L'Éguille 17 ...... 218 D 1
Éguilles 13 ...... 305 H 5
Éguilly 21 ...... 159 E 3
Éguilly-sous-Bois 10 ...... 115 H 3
Éguisheim 68 ...... 121 E 3
Éguzon 36 ...... 188 D 3
Eguzon *Barrage d'* 36 ...... 188 D 3
Éhuns 70 ...... 141 G 2
Eichhoffen 67 ...... 97 F 3
Eincheville 57 ...... 66 D 2
Einvaux 54 ...... 95 F 2
Einville-au-Jard 54 ...... 95 F 1
Eix 55 ...... 44 C 5
Élan 08 ...... 26 D 4
Élancourt 78 ...... 57 H 4
Elbach 68 ...... 142 D 3
Elbeuf 76 ...... 36 A 3
Elbeuf-en-Bray 76 ...... 37 F 1
Elbeuf-sur-Andelle 76 ...... 36 D 1
Élencourt 60 ...... 21 H 4
Élesmes 59 ...... 15 H 2
Életot 76 ...... 19 E 3
Éleu-Dit-Leauwette 62 ...... 8 B 5
Élincourt 59 ...... 14 C 5
Élincourt-Sainte-Marguerite 60 ...... 39 F 1
Élisabethville 78 ...... 57 G 2
Élise-Daucourt 51 ...... 63 E 1
Elizaberry 64 ...... 310 D 3
Ellecourt 76 ...... 21 F 3
Elliant 29 ...... 100 A 3
Ellon 14 ...... 33 E 4
Elne 66 ...... 343 F 3
Elnes 62 ...... 7 E 2
Éloie 90 ...... 142 C 2
Éloise 74 ...... 215 E 1
Éloyes 88 ...... 119 H 3
Elsenheim 67 ...... 121 F 2
Elvange 57 ...... 66 D 1
Elven 56 ...... 124 D 3
Elzange 57 ...... 45 H 3
Émagny 25 ...... 161 G 3
Émalleville 27 ...... 36 B 5
Émancé 78 ...... 86 C 2
Émanville 27 ...... 55 H 1
Émanville 76 ...... 20 A 5
Emberménil 54 ...... 95 H 1
Embourie 16 ...... 203 E 2
Embres-et-Castelmaure 11 ...... 338 D 3
Embreville 80 ...... 11 E 4
Embrun 05 ...... 270 C 3
Embry 62 ...... 6 D 4
Émerainville 77 ...... 59 E 4
Émerchicourt 59 ...... 14 B 2
Émeringes 69 ...... 194 D 5
Éméville 60 ...... 39 H 3
Émiéville 14 ...... 33 H 5
Emlingen 68 ...... 143 F 3
Emmerin 59 ...... 8 C 3
Émondeville 50 ...... 29 G 5
Empeaux 31 ...... 297 F 5
Empurany 07 ...... 248 D 4
Empuré 16 ...... 203 E 2
Empury 58 ...... 157 H 3
Encausse 32 ...... 297 E 3
Encausse-les-Thermes 31 ...... 334 C 2
Enchanet *Barrage d'* 15 ...... 243 H 3
Enchastrayes 04 ...... 271 E 5
Enchenberg 57 ...... 68 A 1
L'Enclave-de-la-Martinière 79 ...... 185 G 4
Encourtiech 09 ...... 335 F 3
Encrenaz *Col de l'* 74 ...... 198 C 5
Endoufielle 32 ...... 297 E 5
Énencourt-le-Sec 60 ...... 37 H 3
Énencourt-Léage 60 ...... 37 G 3
Enfer *Gouffre d'* 42 ...... 230 B 4
Enfer *Portes d'* 86 ...... 187 G 4
Enfonvelle 52 ...... 118 B 5
Engarran *Château de l'* 34 ...... 302 D 5
Engayrac 47 ...... 276 D 2
Engayresque *Col d'* 12 ...... 281 G 2
Engente 10 ...... 92 B 5
Engenthal 67 ...... 68 A 5
Engenville 45 ...... 111 G 2
Enghien-les-Bains 95 ...... 58 C 2
Engins 38 ...... 250 D 2
Englancourt 02 ...... 25 E 1
Englebelmer 80 ...... 13 F 5
Englefontaine 59 ...... 15 E 3
Englesqueville-en-Auge 14 ...... 34 C 3
Englesqueville-la-Percée 14 ...... 32 C 2
Englos 59 ...... 8 C 2
Engomer 09 ...... 335 E 3
Engraviès 09 ...... 336 C 2
Enguinegatte 62 ...... 7 F 3
Engwiller 67 ...... 68 C 3
Ennemain 80 ...... 23 G 2
Ennery 57 ...... 45 H 4
Ennery 95 ...... 58 A 1
Ennetières-en-Weppes 59 ...... 8 C 2
Ennevelin 59 ...... 8 D 3
Ennezat 63 ...... 210 A 4
Ennordres 18 ...... 155 E 2
Enquin-les-Mines 62 ...... 7 F 3
Enquin-sur-Baillons 62 ...... 6 C 3
Ens 65 ...... 333 G 4
Ensérune *Oppidum d'* 34 ...... 321 F 5
Ensigné 79 ...... 202 C 2
Ensisheim 68 ...... 121 E 5
Ensuès-la-Redonne 13 ...... 326 C 2
Entrages 04 ...... 288 A 4
Entraigues 38 ...... 251 F 4
Entraigues 63 ...... 210 A 4
Entraigues-sur-la-Sorgue 84 ...... 285 G 5
Entrains-sur-Nohain 58 ...... 156 D 2
Entrammes 53 ...... 106 A 4
Entrange 57 ...... 45 G 2
Entraunes 06 ...... 289 E 2
Entraygues-sur-Truyère 12 ...... 262 D 3
Entre-deux-Eaux 88 ...... 96 B 5
Entre-deux-Guiers 38 ...... 232 D 4
Entre-deux-Monts 39 ...... 180 A 5
Entrecasteaux 83 ...... 307 G 5
Entrechaux 84 ...... 285 H 2
Entremont 74 ...... 216 A 3
Entremont-le-Vieux 73 ...... 233 E 3
Entrepierres 04 ...... 287 G 2
Entressen 13 ...... 305 E 4
Entrevaux 04 ...... 289 F 5
Entrevennes 04 ...... 287 G 5
Entrevernes 74 ...... 215 H 4
Entzheim 67 ...... 97 G 1
Enval 63 ...... 209 G 4
Enveitg 66 ...... 341 E 4
Envermeu 76 ...... 20 C 2
Envronville 76 ...... 19 G 4
Éoulx 04 ...... 308 B 1
Éourres 05 ...... 287 E 2
Eoux 31 ...... 316 D 4
Épagne 10 ...... 91 G 4
Épagne-Epagnette 80 ...... 11 G 4
Épagny 02 ...... 40 A 1
Épagny 21 ...... 160 A 1
Épagny-Metz-Tessy 74 ...... 215 G 3
Épaignes 27 ...... 35 E 3
Épaney 14 ...... 53 H 2
Épannes 79 ...... 184 C 5
Éparcy 02 ...... 25 G 2
Les Éparges 55 ...... 64 D 1
Épargnes 17 ...... 219 E 3
Les Éparres 38 ...... 232 A 3
Épau *Abbaye de l'* 72 ...... 107 H 5
Épaumesnil 80 ...... 11 G 5
Épaux-Bézu 02 ...... 40 B 5
Épeautrolles 28 ...... 85 H 5
Épécamps 80 ...... 12 B 4
Épégard 27 ...... 35 H 4
Épehy 80 ...... 14 A 5
Épeigné-les-Bois 37 ...... 152 C 4
Épeigné-sur-Dême 37 ...... 130 D 4
Épénancourt 80 ...... 23 G 2
Épenède 16 ...... 204 B 2
Épenouse 25 ...... 162 C 4
Épenoy 25 ...... 162 C 5
Épense 51 ...... 63 E 2
Épercieux-Saint-Paul 42 ...... 211 H 5
Éperlecques 62 ...... 3 E 4
Épernay 51 ...... 61 G 1
Épernay-sous-Gevrey 21 ...... 160 A 4
Épernon 28 ...... 86 C 2
Éperrais 61 ...... 84 B 4
Épersy 73 ...... 215 F 5
Épertully 71 ...... 177 F 2
Épervans 71 ...... 177 H 4
Les Epesses 85 ...... 166 D 3
Épeugney 25 ...... 162 A 5
Epfig 67 ...... 97 F 4
Épiais 41 ...... 132 A 3
Épiais-lès-Louvres 95 ...... 58 D 1
Épiais-Rhus 95 ...... 38 A 5
Épieds 02 ...... 40 C 5
Épieds 27 ...... 56 D 2
Épieds 49 ...... 150 C 5
Épieds-en-Beauce 45 ...... 110 B 5
Épierre 73 ...... 234 A 3
Épiez-sur-Chiers 54 ...... 44 C 2
Épiez-sur-Meuse 55 ...... 93 H 2
Épinac 71 ...... 177 E 2
Épinal 88 ...... 119 F 2
Épinant 52 ...... 117 G 4
Épinay 27 ...... 55 F 2
Épinay-Champlâtreux 95 ...... 58 C 1
L'Épinay-le-Comte 61 ...... 81 H 3
Épinay-sous-Sénart 91 ...... 58 D 5
Épinay-sur-Duclair 76 ...... 35 H 1
Épinay-sur-Odon 14 ...... 33 E 5
Épinay-sur-Orge 91 ...... 58 C 5
Épinay-sur-Seine 93 ...... 58 C 2
L'Épine 05 ...... 268 D 5
L'Épine 51 ...... 62 B 2
L'Épine 85 ...... 164 B 1
Épine *Col de l'* 73 ...... 233 E 2
L'Épine-aux-Bois 02 ...... 60 C 3
Épineau-les-Voves 89 ...... 113 H 5
Épineu-le-Chevreuil 72 ...... 107 E 4
Épineuil 89 ...... 137 E 2
Épineuil-le-Fleuriel 18 ...... 190 D 2
Épineuse 60 ...... 38 D 2
Épineux-le-Seguin 53 ...... 106 D 5
Epiniac 35 ...... 80 B 2
Épinonville 55 ...... 43 G 3
Épinouze 26 ...... 231 F 5
Épinoy 62 ...... 14 B 3
Épire 49 ...... 149 F 2
Épiry 58 ...... 157 G 5
Épisy 77 ...... 88 C 5
Épizon 52 ...... 93 F 4
Éplessier 80 ...... 21 H 3
Épluches 95 ...... 58 A 1
Éply 54 ...... 65 H 3
Époisses 21 ...... 158 C 1
Épône 78 ...... 57 G 2
Épothémont 10 ...... 92 A 4
Épouville 76 ...... 18 C 5
Époye 51 ...... 42 A 3
Eppe-Sauvage 59 ...... 16 A 4
Eppes 02 ...... 25 E 5
Eppeville 80 ...... 23 H 3
Epping 57 ...... 48 B 5
Épretot 76 ...... 18 D 5
Épreville 76 ...... 19 E 4
Épreville-en-Lieuvin 27 ...... 35 F 4
Épreville-en-Roumois 27 ...... 35 G 3
Épreville-près-le-Neubourg 27 ...... 35 H 5
Épron 14 ...... 33 G 4
Eps 62 ...... 7 F 4
Épuisay 41 ...... 131 F 2
Équancourt 80 ...... 14 A 5
Équemauville 14 ...... 34 C 2
Équennes-Éramecourt 80 ...... 21 H 3
Équeurdreville-Hainneville 50 ...... 29 E 3
Équevilley 70 ...... 141 F 3
Équevillon 39 ...... 179 H 4
Équihen-Plage 62 ...... 6 A 2
Équilly 50 ...... 51 G 3
Équirre 62 ...... 7 F 4
Éragny 95 ...... 58 A 1
Éragny-sur-Epte 60 ...... 37 G 3
Eraines 14 ...... 53 H 2
Éramecourt 80 ...... 21 H 4
Éraville 16 ...... 220 D 2
Erbajolo 2B ...... 347 F 5
Erbalunga 2B ...... 345 G 3
Erbéviller-sur-Amezule 54 ...... 66 C 5
Erbray 44 ...... 127 E 4
Erbrée 35 ...... 105 F 3
Ercé 09 ...... 335 G 4
Ercé-en-Lamée 35 ...... 126 D 2
Ercé-près-Liffré 35 ...... 80 C 5
Erceville 45 ...... 111 F 2
Erches 80 ...... 23 E 4
Ercheu 80 ...... 23 G 4
Erchin 59 ...... 14 B 2
Erching 57 ...... 48 B 5
Erckartswiller 67 ...... 68 B 3
Ercourt 80 ...... 11 F 4
Ercuis 60 ...... 38 B 4
Erdeven 56 ...... 123 G 3
Erdre-en-Anjou 49 ...... 128 A 5
Éréac 22 ...... 103 E 1
Ergersheim 67 ...... 97 F 1
Ergnies 80 ...... 12 B 4
Ergny 62 ...... 6 D 3
Ergué-Gabéric 29 ...... 99 H 3
Érigné 49 ...... 149 G 2
Érin 62 ...... 7 F 5
Éringes 21 ...... 138 A 5
Eringhem 59 ...... 3 G 3
Ériseul 52 ...... 139 E 2
Érize-la-Brûlée 55 ...... 63 H 3
Érize-la-Grande 55 ...... 63 H 2
Érize-la-Petite 55 ...... 63 H 2
Érize-Saint-Dizier 55 ...... 63 H 3
Erlon 02 ...... 25 E 3
Erloy 02 ...... 25 E 1
Ermenonville 60 ...... 39 E 5
Ermenonville-la-Grande 28 ...... 86 A 5
Ermenonville-la-Petite 28 ...... 85 H 5
Ermenouville 76 ...... 19 H 3
Ermitage-du-Frère-Joseph 88 ...... 120 B 5
Ermont 95 ...... 58 B 2
Ernecourt 55 ...... 64 B 5
Ernée 53 ...... 81 G 5
Ernemont-Boutavent 60 ...... 21 G 5
Ernemont-la-Villette 76 ...... 37 F 1
Ernemont-sur-Buchy 76 ...... 36 D 1
Ernes 14 ...... 54 A 1
Ernestviller 57 ...... 67 G 1
Ernolsheim-Bruche 67 ...... 97 F 1
Ernolsheim-lès-Saverne 67 ...... 68 B 4
Erny-Saint-Julien 62 ...... 7 F 3
Érôme 26 ...... 249 E 2
Érondelle 80 ...... 11 G 4
Érone 2B ...... 347 F 3
Éroudeville 50 ...... 29 G 5
Erp 09 ...... 335 F 3
Erquery 60 ...... 38 D 2
Erquières 62 ...... 12 B 2
Erquinghem-le-Sec 59 ...... 8 C 3
Erquinghem-Lys 59 ...... 8 B 2
Erquinvillers 60 ...... 38 D 1
Erquy 22 ...... 78 D 2
Err 66 ...... 341 F 5
Erre 59 ...... 9 F 5
Errevet 70 ...... 142 B 2
Errouville 54 ...... 45 F 2
Ersa 2B ...... 345 F 1
Erstein 67 ...... 97 G 3
Erstroff 57 ...... 67 E 2
Ervauville 45 ...... 113 E 4
Ervillers 62 ...... 13 G 4
Ervy-le-Châtel 10 ...... 114 C 4
Esbareich 65 ...... 334 A 3
Esbarres 21 ...... 160 C 5
Esbly 77 ...... 59 F 3
Esboz-Brest 70 ...... 141 G 2
Escala 65 ...... 333 H 1
Escalans 40 ...... 274 D 5
Les Escaldes 66 ...... 341 F 4
L'Escale 04 ...... 287 G 4
Escales 11 ...... 320 C 5
Escalette *Pas de l'* 34 ...... 301 H 2
Escalles 62 ...... 2 B 3
Escalquens 31 ...... 318 A 2
Escames 60 ...... 21 G 5
Escamps 46 ...... 278 C 1
Escamps 89 ...... 136 A 4
Escandolières 12 ...... 262 B 5
Escanecrabe 31 ...... 316 C 4
Escardes 51 ...... 60 C 5
L'Escarène 06 ...... 291 F 5
Escarmain 59 ...... 14 D 3
Escaro 66 ...... 342 A 3
Escassefort 47 ...... 257 F 4
Escatalens 82 ...... 277 G 5
Escaudain 59 ...... 14 C 2
Escaudes 33 ...... 274 B 1
Escaudœuvres 59 ...... 14 B 3
Escaufourt 59 ...... 14 D 5
Escaunets 65 ...... 314 D 3
Escautpont 59 ...... 9 G 5
Escazeaux 82 ...... 297 E 2
Eschau 67 ...... 97 G 2
Eschbach 67 ...... 68 D 3
Eschbach-au-Val 68 ...... 120 D 3
Eschbourg 67 ...... 68 A 3
Eschêne-Autrage 90 ...... 142 C 3
Eschentzwiller 68 ...... 143 G 2
Escherange 57 ...... 45 G 2
Esches 60 ...... 38 A 4
Eschwiller 67 ...... 67 H 3
Esclagne 09 ...... 336 D 2
Esclainvillers 80 ...... 22 C 4
Esclanèdes 48 ...... 264 B 5
Esclangon 04 ...... 288 A 2
Esclassan-Labastide 32 ...... 316 A 2
Esclauzels 46 ...... 260 C 5
Esclavelles 76 ...... 20 D 4
Esclavolles-Lurey 51 ...... 90 A 2
Escles 88 ...... 118 D 3
Escles-Saint-Pierre 60 ...... 21 G 3
Esclimont 28 ...... 86 D 3
Esclottes 47 ...... 257 E 2
Escobecques 59 ...... 8 C 2
Escœuilles 62 ...... 2 D 5
Escoire 24 ...... 240 D 2
Escolives-Sainte-Camille 89 ...... 136 B 4
Escombres-et-le-Chesnois 08 ...... 27 G 4
Esconac 33 ...... 255 G 2
Escondeaux 65 ...... 315 F 3
Esconnets 65 ...... 333 G 1
Escorailles 15 ...... 244 B 2
Escornebœuf 32 ...... 296 D 4
Escorpain 28 ...... 56 B 5
Escos 64 ...... 311 H 3
Escosse 09 ...... 336 A 1
Escot 64 ...... 331 H 2
Escots 65 ...... 333 G 1
Escou 64 ...... 331 H 1
Escoubès 64 ...... 314 C 2
Escoubès-Pouts 65 ...... 333 E 1
Escoublère *Manoir de l'* 53 ...... 128 C 3
Escoulis 31 ...... 335 E 1
Escouloubre 11 ...... 337 F 5
Escource 40 ...... 272 D 3
Escoussans 33 ...... 256 B 2
Escoussens 81 ...... 319 G 2
Escout 64 ...... 331 H 1
Escoutoux 63 ...... 210 C 5
Escoville 14 ...... 33 H 4
Escragnolles 06 ...... 308 D 2
Escrennes 45 ...... 111 G 3
Escrignelles 45 ...... 134 D 4
Escrinet *Col de l'* 07 ...... 266 C 2
Escroux 81 ...... 300 B 3
Escueillens 11 ...... 337 E 1
Escurès 64 ...... 314 D 2
Escures-sur-Favières 14 ...... 54 A 1
Escurolles 03 ...... 210 A 1
Ésery 74 ...... 215 H 1
Eslettes 76 ...... 20 A 5
Esley 88 ...... 118 C 2
Eslourenties-Daban 64 ...... 314 D 4
Esmans 77 ...... 88 D 5
Esmery-Hallon 80 ...... 23 H 4
Esmoulières 70 ...... 119 H 5
Esmoulins 70 ...... 161 E 2
Esnandes 17 ...... 183 F 5
Esnans 25 ...... 162 C 2
Esnes 59 ...... 14 C 4
Esnes-en-Argonne 55 ...... 43 H 4
Esnoms-au-Val 52 ...... 139 F 4
Esnon 89 ...... 114 A 5
Esnouveaux 52 ...... 117 F 3
Espagnac 19 ...... 243 E 1
Espagnac-Sainte-Eulalie 46 ...... 261 E 4
Espagnols *Pointe des* 29 ...... 75 E 3
Espalais 82 ...... 276 D 4
Espalem 43 ...... 246 A 1

Espalion 12 263 E4
Espaly-Saint-Marcel 43 247 F3
Espanès 31 318 A2
Espaon 32 316 D3
Esparron 05 269 F4
Esparron 31 316 C4
Esparron 83 306 D4
Esparron-de-Verdon 04 307 E2
Esparron-la-Bâtie 04 287 H1
Esparros 65 333 G2
Esparsac 82 297 E1
Espartignac 19 224 C4
Espas 32 295 E2
Espaubourg 60 37 G2
Espèche 65 333 G1
Espéchède 64 314 C3
Espédaillac 46 260 D3
Espelette 64 310 D4
Espeluche 26 267 F4
Espenel 26 268 A2
Espérausses 81 300 A4
Espéraza 11 337 G3
Esperce 31 317 H4
Espère 46 259 H4
L'Espérou 30 282 C4
Espès-Undurein 64 313 F4
Espeyrac 12 262 C3
Espeyroux 46 261 E2
Espezel 11 337 E4
Espieilh 65 333 G1
Espiens 47 275 G3
Espiet 33 256 B1
Espinas 82 279 E3
Espinasse 15 245 G5
Espinasse 63 209 E3
Espinasse-Vozelle 03 210 A2
Espinasses 05 270 A4
Espinchal 63 227 F5
Espinouse 04 287 H4
Espins 14 53 G1
Espira-de-Conflent 66 342 B3
Espira-de-l'Agly 66 338 D5
Espirat 63 228 B1
Espiute 64 311 H4
Esplantas-Vazeilles 43 246 C5
Esplas 09 318 A5
Esplas-de-Sérou 09 335 H3
Espoey 64 314 C4
Espondeilhan 34 321 G2
Esprels 70 141 G5
Esquay-Notre-Dame 14 33 F5
Esquay-sur-Seulles 14 33 E3
Esquéhéries 02 25 E1
Esquelbecq 59 3 G4
Esquennoy 60 22 B4
Esquerchin 59 8 D5
Esquerdes 62 7 F2
Esquibien 29 98 D2
Esquièze-Sère 65 333 E3
Esquillon Pointe de l' 06 309 E5
Esquiule 64 331 G1
Essalois Château d' 42 230 A4
Les Essards 16 239 E1
Les Essards 17 201 F5
Les Essards 37 151 E3
Les Essards-Taignevaux 39 178 D2
Essarois 21 138 C3
Essars 62 8 A3
Les Essarts 27 56 A3
Les Essarts 41 131 E4
Les Essarts 76 36 A3
Les Essarts 85 166 B4
Les Essarts-le-Roi 78 57 G5
Les Essarts-le-Vicomte 51 60 D5
Les Essarts-lès-Sézanne 51 60 D4
Les Essarts-Varimpré 76 21 E2
Essavilly 39 180 A4
Essay 61 83 H2
Esse 16 204 C2
Essé 35 104 D5
Essegney 88 95 E4
Les Esseintes 33 256 D3
Essert 89 136 D5
Essert 90 142 B3
Essert-Romand 74 198 C5
Essertaux 80 22 B3
Essertenne 71 177 F4
Essertenne-et-Cecey 70 160 D2
Essertines-en-Châtelneuf 42 229 G2
Essertines-en-Donzy 42 212 A5
Esserts-Blay 73 234 B1
Esserts-Salève 74 215 H1
Esserval-Combe 39 180 A3
Esserval-Tartre 39 180 A3
Essey 21 159 E4
Essey-et-Maizerais 54 65 E3
Essey-la-Côte 54 95 F3
Essey-les-Eaux 52 117 G4
Essey-lès-Nancy 54 65 H5
Essey-les-Ponts 52 116 C4
Essia 39 196 B1
Essigny-le-Grand 02 24 B3
Essigny-le-Petit 02 24 B2
Essises 02 60 C2
Essômes-sur-Marne 02 60 B1
Esson 14 53 F2
Essoyes 10 115 H4
Essuiles 60 38 B1
Les Estables 43 247 H5
Estables 48 264 C3
Establet 26 268 B4
Estadens 31 334 D2
Estagel 66 338 C5
Estaing 12 262 D4
Estaing 65 332 C3
Estaires 59 8 B2
Estal 46 243 E5
Estampes 32 315 G3
Estampures 65 315 G3
Estancarbon 31 334 C1
Estandeuil 63 228 B1
Estang 32 294 D1
L'Estaque 13 326 D2
Estarvielle 65 333 H4
Estavar 66 341 F4
Esteil 63 228 B4
Estenc 06 289 E2
Esténos 31 334 B3
Estensan 65 333 G4
Estérençuby 64 330 C1
Esternay 51 60 D4
Esterre 65 333 E3
Estevelles 62 8 C4
Esteville 76 20 C5
Estézargues 30 304 B1
Estialescq 64 313 H4
Estibeaux 40 293 F4
Estigarde 40 274 C5
Estillac 47 276 B3
Estipouy 32 295 H5
Estirac 65 295 E5
Estissac 10 114 C2
Estivals 19 242 B4
Estivareilles 03 190 D3
Estivareilles 42 229 G4
Estivaux 19 242 B1
Estoher 66 342 B3
Estos 64 331 H1
Estoublon 04 288 A5
Estouches 91 87 F5
Estourmel 59 14 C4
Estouteville-Écalles 76 20 C5
Estouy 45 111 H3
Estrablin 38 231 F3
Estramiac 32 296 D2
Estrebay 08 26 A2
Estrébœuf 80 11 E3
L'Estréchure 30 283 E4
Estrée 62 6 C4
Estrée-Blanche 62 7 G3
Estrée-Cauchy 62 8 A5
Estrée-Wamin 62 12 D2
Estréelles 62 6 C4
Estrées 02 24 B1
Estrées 59 14 A2
Estrées-Deniécourt 80 23 F2
Estrées-en-Chaussée 80 23 H2
Estrées-la-Campagne 14 53 H1
Estrées-lès-Crécy 80 11 H2
Estrées-Saint-Denis 60 39 E2
Estrées-sur-Noye 80 22 C3
Estrennes 88 94 C5
Estreux 59 9 H5
Estrun 59 14 C3
Estry 14 52 D2
Esves-le-Moutier 37 170 B1
Esvres 37 152 A4
Eswars 59 14 B3
Étable 73 233 H3
Étables 07 249 E3
Étables-sur-Mer 22 73 H4
Étagnac 16 204 D4
Étaimpuis 76 20 B4
Étain 55 44 D5
Étaing 62 13 H2
Étainhus 76 18 D5
Étais 21 137 H4
Étais-la-Sauvin 89 156 D1
Étalans 25 162 C4
Étalante 21 138 C4
Étalle 08 26 B2
Étalleville 76 19 H3
Étalon 80 23 F3
Étalondes 76 10 D4
Étampes 91 87 F4
Étampes-sur-Marne 02 60 C1
L'Étang-Bertrand 50 29 E5
L'Étang-la-Ville 78 58 A3
Étang-sur-Arroux 71 176 C3
L'Étang-Vergy 21 159 H5
Les Étangs 57 46 B5
Étaples 62 6 B4
Étaule 89 158 A1
Étaules 17 200 C5
Étaules 21 159 H2
Étauliers 33 237 G1
Étaves-et-Bocquiaux 02 24 C1
Étavigny 60 39 G5
Etcharry 64 311 H4
Etchebar 64 331 E2
Eteaux 74 215 H1
Éteignières 08 26 B2
Eteimbes 68 142 D2
Étel 56 123 G3
Ételfay 80 23 E4
L'Etelon 03 190 D1
Étercy 74 215 F3
Éternoz 25 180 A1
Éterpigny 62 13 H3
Éterpigny 80 23 G2
Éterville 14 33 G5
Étevaux 21 160 C3
Eth 59 15 E2
Étienville 50 31 G2
Étigny 89 113 G3
Les Étilleux 28 108 D2
Étinehem 80 23 E1
Étiolles 91 88 A2
Étival 39 196 D2
Étival-Clairefontaine 88 96 A4
Étival-lès-le-Mans 72 107 G5
Étivey 89 137 F4
Étobon 70 142 A3
Étoges 51 61 F3
L'Étoile 39 179 E4
L'Étoile 80 12 B5
Étoile-Saint-Cyrice 05 286 D1
Étoile-sur-Rhône 26 267 F1
Éton 55 44 D4
Étormay 21 138 B5
Étouars 24 222 B2
Étourvy 10 115 E5
Étoutteville 76 19 G4
Étouvans 25 142 B5
Étouvelles 02 40 D1
Étouvy 14 52 C2
Étouy 60 38 C2
Étrabonne 25 161 G4
Étrappe 25 142 A5
L'Étrat 42 230 B3
Étray 25 162 C5
Étraye 55 44 B3
Étréaupont 02 25 F1
Étrechet 36 172 A4
Étréchy 18 155 H5
Étréchy 51 61 G3
Étréchy 91 87 G3
Étréham 14 32 D3
Étreillers 02 24 A2
Étréjust 80 11 H5
Étrelles 35 105 E3
Étrelles-et-la-Montbleuse 70 161 G1
Étrelles-sur-Aube 10 90 C2
Étrembières 74 197 H5
Étrépagny 27 37 E3
Étrepigney 39 161 F5
Étrépigny 08 26 D4
Étrépilly 02 60 B1
Étrépilly 77 59 G1
Étrepy 51 63 E4
Étretat 76 18 C3
Étreux 02 15 E5
Étreval 54 94 C3
Étréville 27 35 F2
Étrez 01 195 H4
Étriac 16 220 D3
Étriché 49 128 D4
Étricourt-Manancourt 80 13 H5
Étrigny 71 195 E1
Étrochey 21 138 A2
Étrœungt 59 15 G5
Étroitefontaine 70 141 H5
Étroussat 03 192 A5
Étrun 62 13 F2
Etsaut 64 331 H4
Ettendorf 67 68 C3
Etting 57 67 H1
Étueffont 90 142 C2
Étupes 25 142 C4
Éturqueraye 27 35 G2
Étusson 79 167 G1
Étuz 70 161 H2
Etzling 57 47 F5
Eu 76 10 D4
Euffigneix 52 116 D3
Eugénie-les-Bains 40 294 B3
Euilly-et-Lombut 08 27 G4
Eulmont 54 65 H5
Eup 31 334 B3
Eurre 26 267 G1
Eurville-Bienville 52 92 D2
Eus 66 342 B2
Euvezin 54 65 E3
Euville 55 64 D5
Euvy 51 61 G5
Euzet 30 284 A4
Évaillé 72 130 D2
Évans 39 161 G4
Évaux-et-Ménil 88 95 E4
Évaux-les-Bains 23 208 C1
Ève 60 59 E1
Évecquemont 78 57 H1
Évenos 83 327 H4
Évergnicourt 02 41 G2
Everly 77 89 G3
Évette-Salbert 90 142 B2
Éveux 69 212 D5
Évian-les-Bains 74 198 B3
Évigny 08 26 D3
Évillers 25 180 B1
Évin-Malmaison 62 8 D5
Évires 74 215 H2
Évisa 2A 346 C5
Évosges 01 214 B3
Évran 22 79 H5
Évrange 57 45 H1
Évrecy 14 33 F5
Èvres 55 63 G1
Évreux 27 56 B1
Évricourt 60 23 G5
Évriguet 56 102 D3
Évron 53 106 C3
Évry 89 113 G2
Évry-Courcouronnes 91 87 H2
Évry-Grégy-sur-Yerres 77 59 E5
Excenevex 74 198 A3
Excideuil 24 223 F5
Exermont 08 43 F3
Exideuil-sur-Vienne 16 204 C4
Exincourt 25 142 C4
Exireuil 79 185 F3
Exmes 61 54 C4
Exoudun 79 185 G4
Expiremont 17 220 B5
Expo Faune Lorraine 88 120 B3
Eybens 38 251 E2
Eybouleuf 87 206 B5
Eyburie 19 224 C4
Eycheil 09 335 F3
Eydoche 38 232 A4
Eygalayes 26 286 D2
Eygalières 13 305 E2
Eygaliers 26 286 A2
Eygliers 05 270 D2
Eygluy-Escoulin 26 267 H1
Eyguians 05 287 E1
Eyguières 13 305 E3
Eygurande 19 226 C2
Eygurande-Gardedeuil 24 239 E3
Eyharce 64 311 E5
Eyjeaux 87 205 H5
Eyliac 24 240 D2
Eymet 24 257 G3
Eymeux 26 249 H3
Eymouthiers 16 222 B2
Eymoutiers 87 224 D1
Eyne 66 341 G4
Eyne 2600 66 341 G4
Eynesse 33 257 E1
Eyragues 13 304 D2
Eyrans 33 237 G2
Eyrein 19 225 F5
Eyrenville 24 258 B2
Eyres-Moncube 40 293 H3
Eyrignac Jardins d' 24 241 H5
Eyroles 26 268 A5
Eysines 33 237 F5
Eysson 25 162 D4
Eysus 64 331 H1
Eyvirat 24 222 C5
Eywiller 67 67 H3
Eyzahut 26 267 G4
Eyzerac 24 223 E5
Les Eyzies-de-Tayac 24 241 E5
Eyzin-Pinet 38 231 G3
Ézanville 95 58 C1
Èze 06 309 H2
Ézy-sur-Eure 27 56 D3

F

Fa 11 337 G3
Fabas 09 335 F1
Fabas 31 316 D4
Fabas 82 297 H2
Fabras 07 266 A3
Fabrègues 34 302 C5
Fabrezan 11 338 C1
Faches-Thumesnil 59 8 D3
Fâchin 58 176 A2
Facture 33 254 C2
Fades Viaduc des 63 209 E3
Fage Gouffre de la 19 242 B3
La Fage-Montivernoux 48 263 H2
La Fage-Saint-Julien 48 264 A1
Fageole Col de la 15 245 H3
Le Faget 31 298 D5
Faget-Abbatial 32 316 B2
Fagnières 51 62 A2
Fagnon 08 26 C3
Fahy-lès-Autrey 70 160 D1
Failly 57 45 H5
Faimbe 25 142 A5
Fain-lès-Montbard 21 137 H5
Fain-lès-Moutiers 21 137 G5
Fains 27 56 D2
Fains-la-Folie 28 110 C2
Fains-les-Sources 55 63 G4
Fains-Véel 55 63 G4
Faissault 08 26 B5
Fajac-en-Val 11 338 A1
Fajac-la-Relenque 11 318 C4
Fajoles 46 259 H1
La Fajolle 11 337 E5
Fajolles 82 277 E5
Falaise 08 42 D2
Falaise 14 53 H2
La Falaise 78 57 G2
Falck 57 46 D4
Faleyras 33 256 B1
Falga 31 318 D2
Le Falgoux 15 244 D2
Falgueyrat 24 257 H2
Falicon 06 309 H2
Falkwiller 68 143 E2
Fallencourt 76 21 E2
Fallerans 25 162 C5
Falleron 85 165 F2
Falletans 39 161 E5
Fallières 88 119 G4
Fallon 70 141 H5
La Faloise 80 22 C4
Fals 47 276 B4
Falvy 80 23 G2
Famars 59 14 D2
Famechon 62 13 E4
Famechon 80 22 A3
Fameck 57 45 G4
Familly 14 54 D2
Fampoux 62 13 H2
Fanget Col du 04 288 B1
Fanjeaux 11 319 E5
Fanlac 24 241 F3
Le Faou 29 75 G3
Le Faouët 22 73 F4
Le Faouët 56 100 D3
Faramans 01 213 G4
Faramans 38 231 H4
Farbus 62 8 B5
Farceaux 27 37 E3
Farcheville Château de 91 87 G4
La Fare-en-Champsaur 05 269 G2
La Fare-les-Oliviers 13 305 G5
Farébersviller 57 47 F5
Fareins 01 213 E2
Faremoutiers 77 59 H4
Farges 01 197 E5
Les Farges 24 241 G3
Farges-Allichamps 18 173 E4
Farges-en-Septaine 18 173 G1
Farges-lès-Chalon 71 177 H3
Farges-lès-Mâcon 71 195 E2
Fargniers 02 24 B4
Fargues 33 256 B4
Fargues 40 294 A3
Fargues 46 277 G1
Fargues-Saint-Hilaire 33 255 H1
Fargues-sur-Ourbise 47 275 E2
Farincourt 52 140 B4
Farinole 2B 345 F4
La Farlède 83 328 B4
Farnay 42 230 C3
Faron Mont 83 328 A4
Faronville 45 111 F2
Farrou 12 279 F1
Farschviller 57 67 F1
Fatines 72 108 A4
Fatouville-Grestain 27 34 D2
Le Fau 15 244 D3
Fau-de-Peyre 48 264 A2
Fauch 81 299 G2
Faucigny 74 216 A1
La Faucille Col de 01 197 F3
Faucogney-et-la-Mer 70 141 H2
Faucompierre 88 119 H2
Faucon 84 285 H2
Faucon-de-Barcelonnette 04 270 D5
Faucon-du-Caire 04 269 H5
Fauconcourt 88 95 G4
Faucoucourt 02 40 C1
Faudoas 82 297 E2
Le Fauga 31 317 G3
Faugères 07 265 H5
Faugères 34 301 G5
Fauguernon 14 34 D4
Fauguerolles 47 257 F5
Fauillet 47 257 F5
Le Faulq 14 34 D4
Faulquemont 57 66 D1
Faulx 54 65 H4
Faumont 59 8 D4
Fauquembergues 62 7 E3
La Faurie 05 269 E3
Faurilles 24 258 C2
Fauroux 82 277 E2
Faussergues 81 280 C5
La Faute-sur-Mer 85 183 E4
Fauverney 21 160 B4
Fauville 27 56 B1
Fauville-en-Caux 76 19 F4
Faux 08 26 B5
Faux 24 258 B1
Faux de Verzy 51 41 H5
Faux-Fresnay 51 61 G5
Faux-la-Montagne 23 225 F1
Faux-Mazuras 23 206 D4
Faux-Vésigneul 51 62 B4
Faux-Villecerf 10 90 B5
Favalello 2B 347 F4
Favars 19 242 D1
La Favède 30 283 G3
Faveraye-Mâchelles 49 149 G4
Faverdines 18 190 C1
Faverelles 45 135 E5
Faverges-Seythenex 74 216 A5
Faverges-de-la-Tour 38 232 C2
Faverney 70 141 E3
Faverois 90 142 D4
Faverolles 02 40 A4
Faverolles 15 245 H5
Faverolles 28 57 E5
Faverolles 52 117 E5
Faverolles 61 53 G5
Faverolles 80 23 E4
Faverolles-en-Berry 36 153 F5
Faverolles-et-Coëmy 51 41 E4
Faverolles-la-Campagne 27 55 H1
Faverolles-lès-Lucey 21 138 D2
Faverolles-les-Mares 27 35 E5
Faverolles-sur-Cher 41 152 D3
La Favière 39 180 A4
La Favière 83 329 E4
La Favière Plage de 83 329 E4
Favières 28 85 H3
Favières 54 94 B3
Favières 77 59 F4
Favières 80 11 F2
Favone 2A 349 H4
Favresse 51 62 D4
Favreuil 62 13 G4
Favrieux 78 57 F2
Le Favril 27 35 F4
Le Favril 28 85 G3
Le Favril 59 15 F4
Fay 61 55 E5
Le Fay 71 178 D5
Fay 72 107 G4
Fay 80 23 F2
Fay-aux-Loges 45 111 F5
Fay-de-Bretagne 44 147 F1
Fay-en-Montagne 39 179 G4
Fay-le-Clos 26 249 F1
Fay-les-Étangs 60 37 H4
Fay-lès-Marcilly 10 90 A4
Fay-lès-Nemours 77 112 B2
Le Fay-Saint-Quentin 60 38 B2

A B C D E F G H I J K L M N O P Q R S T U V W X Y Z

Fay-sur-Lignon 43 248 A 4
Faycelles 46 261 F 4
La Faye 16 203 F 2
Faye 41 131 H 3
La Faye *Pas de* 06 308 D 2
Faye-d'Anjou 49 149 G 3
Faye-la-Vineuse 37 169 F 2
Faye-l'Abbesse 79 167 H 3
Faye-sur-Ardin 79 184 D 3
Le Fayel 60 39 E 2
Fayence 83 308 C 3
Fayet 02 24 A 2
Fayet 12 301 E 2
Le Fayet 74 216 D 3
Fayet-le-Château 63 228 B 1
Fayet-Ronaye 63 228 C 4
Fayl-Billot 52 140 A 3
Faymont 70 142 A 3
Faymoreau 85 184 C 1
Fayrac 24 259 F 1
Fays 52 92 D 3
Fays 88 119 H 2
Fays-la-Chapelle 10 114 D 3
Fayssac 81 299 E 1
Féas 64 331 G 1
Febvin-Palfart 62 7 G 3
Fécamp 76 19 E 3
Féchain 59 14 B 2
Fêche-l'Église 90 142 D 4
La Féclaz 73 233 F 1
Fécocourt 54 94 C 4
Fédry 70 140 C 4
Fegersheim 67 97 G 2
Fégréac 44 125 H 4
Feigères 74 215 G 1
Feigneux 60 39 G 4
Feignies 59 15 G 2
Feillens 01 195 E 4
Feings 41 153 E 2
Feings 61 84 C 2
Feins 35 80 B 4
Feins-en-Gâtinais 45 135 E 4
Feissons-sur-Isère 73 234 B 2
Feissons-sur-Salins 73 234 C 3
Le Fel 12 262 C 3
Fel 61 54 B 4
Felce 2B 347 G 4
Feldbach 68 143 F 4
Feldkirch 68 121 E 5
Feliceto 2B 346 C 2
Félines 07 231 E 5
Félines 43 247 E 1
Félines-Minervois 34 320 B 4
Félines-sur-Rimandoule 26 267 G 3
Félines-Termenes 11 338 B 2
Felleries 59 15 H 4
Fellering 68 120 B 5
Felletin 23 207 G 4
Felluns 66 338 A 5
Felon 90 142 D 2
Felzins 46 261 G 3
Fenain 59 9 F 5
Fénay 21 160 A 4
Fendeille 11 319 E 4
Fénery 79 167 H 5
Fénétrange 57 67 G 3
Feneu 49 128 C 5
Féneyrols 82 279 E 4
Féniers 23 225 G 1
Féniers *Abbaye de* 15 227 E 5
Fenioux 17 201 G 4
Fenioux 79 184 D 2
Fenneviller 54 96 A 2
Fénols 81 299 E 2
Le Fenouiller 85 164 D 4
Fenouillet 31 297 H 4
Fenouillet 66 337 H 5
Fenouillet *Sommet du* 83 328 B 4
Fenouillet-du-Razès 11 337 E 1
Fépin 08 17 E 5
Fer à Cheval *Cirque du* 74 217 E 1
Ferayola 2B 346 B 3
Fercé 44 127 E 2
Fercé-sur-Sarthe 72 129 G 2
Ferdrupt 88 119 H 5
La Fère 02 24 B 4
Fère *Château de* 02 40 C 4
Fère-Champenoise 51 61 G 4
Fère-en-Tardenois 02 40 C 4
Fèrebrianges 51 61 F 3
La Férée 08 26 A 3
Férel 56 125 E 5
Ferfay 62 7 G 4
Féricy 77 88 C 4
Férin 59 14 A 2
Fermanville 50 29 F 2
Ferme de Navarin *Monument de la* 51 42 C 4
La Fermeté 58 174 D 2
Ferney-Voltaire 01 197 G 4
Fernoël 63 208 B 5
Férolles 45 133 G 3
Férolles-Attilly 77 59 E 5
Féron 59 15 H 5
Ferques 62 2 C 4
Ferrals-les-Corbières 11 338 C 1
Ferrals-les-Montagnes 34 320 B 3
Ferran 11 337 F 1
Ferrassières 26 286 C 3
Le Ferré 35 81 E 3
Ferrensac 47 258 B 3
Ferrère 65 334 A 3
Les Ferres 06 309 F 1
Ferrette 68 143 F 4
Ferreux 10 90 A 4
La Ferrière 22 102 C 2
La Ferrière 37 131 E 5
La Ferrière 38 233 G 5
La Ferrière 85 166 A 4
La Ferrière-Airoux 86 186 C 4
La Ferrière-au-Doyen 14 52 D 1
La Ferrière-au-Doyen 61 55 E 5
La Ferrière-aux-Étangs 61 53 F 5
La Ferrière-Béchet 61 83 G 2
La Ferrière-Bochard 61 83 F 4
La Ferrière-de-Flée 49 128 A 3
La Ferrière-Duval 14 53 E 2
La Ferrière-en-Parthenay 79 168 B 5
Ferrière-et-Lafolie 52 92 D 4
La Ferrière-Harang 14 52 C 1
Ferrière-la-Grande 59 15 H 2
Ferrière-la-Petite 59 15 H 3
Ferrière-Larçon 37 170 B 2
Ferrière-sur-Beaulieu 37 152 C 5
La Ferrière-sur-Risle 27 55 G 2
Ferrières 17 183 H 5
Ferrières 50 81 G 2
Ferrières 54 95 E 2
Ferrières 60 22 D 5
Ferrières 65 332 B 2
Ferrières 74 215 G 3
Ferrières 80 22 B 2
Ferrières 81 300 A 4
Ferrières-en-Bray 76 37 F 1
Ferrières-en-Brie 77 59 E 4
Ferrières-en-Gâtinais 45 112 C 4
Ferrières-Haut-Clocher 27 56 A 1
Ferrières-la-Verrerie 61 54 D 5
Ferrières-le-Lac 25 163 G 3
Ferrières-les-Bois 25 161 G 4
Ferrières-lès-Ray 70 140 C 5
Ferrières-lès-Scey 70 140 D 4
Ferrières-les-Verreries 34 302 C 1
Ferrières-Poussarou 34 320 D 2
Ferrières-Saint-Hilaire 27 55 F 1
Ferrières-Saint-Mary 15 245 G 2
Ferrières-sur-Ariège 09 336 B 3
Ferrières-sur-Sichon 03 210 D 3
Ferrussac 43 246 B 3
Fertans 25 180 A 1
La Ferté 39 179 F 2
La Ferté-Alais 91 87 H 3
La Ferté-Beauharnais 41 154 A 1
La Ferté-Bernard 72 108 C 2
La Ferté-Chevresis 02 24 D 3
La Ferté-en-Ouche 61 55 E 3
La Ferté-Gaucher 77 60 B 4
La Ferté-Hauterive 03 192 A 3
La Ferté-Imbault 41 154 B 3
La Ferté-Loupière 89 135 G 2
La Ferté-Macé 61 82 D 2
La Ferté-Milon 02 39 H 5
La Ferté-Saint-Aubin 45 133 F 4
La Ferté-Saint-Cyr 41 132 D 4
La Ferté-Saint-Samson 76 21 E 5
La Ferté-sous-Jouarre 77 60 A 2
La Ferté-sur-Chiers 08 27 H 5
La Ferté-Vidame 28 85 E 2
La Ferté-Villeneuil 28 109 H 5
Fertrève 58 175 F 2
Fervaches 50 52 B 1
Fervaques 14 54 D 1
Fescamps 80 23 E 4
Fesches-le-Châtel 25 142 C 4
Fesmy-le-Sart 02 15 E 5
Fesques 76 21 E 3
Fessanvilliers-Mattanvilliers 28 56 A 5
Fessenheim 68 121 G 4
Fessenheim-le-Bas 67 68 C 5
Fessevillers 25 163 G 3
Les Fessey 70 141 H 2
Fessy 74 198 A 4
Festalemps 24 239 F 1
Festes-et-Saint-André 11 337 F 3
Festieux 02 41 E 1
Festigny 51 61 E 1
Festigny 89 157 F 1
Festre *Col du* 05 269 F 2
Festubert 62 8 B 3
Le Fête 21 159 E 5
Féternes 74 198 B 3
Fétigny 39 196 C 2
Feucherolles 78 57 H 3
Feuchy 62 13 G 2
Feugarolles 47 275 G 3
Feugères 50 31 H 4
Feuges 10 91 E 4
Feuguerolles 27 36 A 5
Feuguerolles-sur-Orne 14 33 G 5
Feuguerolles-sur-Seulles 14 33 E 5
Feuilla 11 338 D 3
Feuillade 16 221 H 2
La Feuillade 24 241 H 3
La Feuillée 29 76 B 3
Feuillères 80 23 F 1
La Feuillie 50 31 G 4
La Feuillie 76 37 E 1
Feule 25 163 F 2
Feuquières 60 21 G 4
Feuquières-en-Vimeu 80 11 E 4
Feurs 42 229 H 1
Feusines 36 189 H 2
Feux 18 156 A 4
Fèves 57 45 G 5
Féy 57 65 G 2
Fey-en-Haye 54 65 F 3
Feyt 19 226 C 1
Feytiat 87 205 H 5
Feyzin 69 231 E 1
Fiac 81 298 D 3
Ficaja 2B 347 G 3
Ficajola 2A 346 A 5
Ficheux 62 13 G 3
Fichous-Riumayou 64 294 A 5
Le Fidelaire 27 55 H 2
Le Fied 39 179 G 4
Le Fief-Sauvin 49 148 C 4
Fieffes 80 12 C 5
Fiefs 62 7 G 4
Fiennes 62 2 C 4
Fienvillers 80 12 C 4
Fier *Gorges du* 74 215 F 3
Fierville-la-Campagne 14 53 H 1
Fierville-les-Mines 50 29 E 5
Fierville-les-Parcs 14 34 C 4
Le Fieu 33 238 D 3
Fieulaine 02 24 C 2
Fieux 47 275 G 4
Figanières 83 308 A 4
Figareto 2B 347 H 3
Figari 2A 351 F 3
Figarol 31 334 D 1
Figeac 46 261 F 3
Fignévelle 88 118 B 4
Fignières 80 23 E 4
Filain 02 40 D 1
Filain 70 141 F 5
Filitosa (Station Préhistorique de) 2A 348 D 5
Fillé 72 129 H 2
Fillières 54 45 E 3
Fillièvres 62 12 B 2
Fillinges 74 198 A 5
Fillols 66 342 A 3
Filstroff 57 46 C 3
Fiménil 88 119 H 2
Findrol 74 215 H 1
Finestret 66 342 B 3
Finhan 82 297 G 1
Finiels *Col de* 48 265 E 5
Les Fins 25 163 E 5
Fins 80 14 A 5
Fiquefleur-Équainville 27 34 D 2
Firbeix 24 223 E 2
Firfol 14 34 D 5
Firmi 12 262 B 4
Firminy 42 230 A 5
Fislis 68 143 G 4
Fismes 51 40 D 3
Fitignieu 01 214 D 3
Fitilieu 38 232 C 2
Fitou 11 339 E 3
Fitz-James 60 38 C 2
Fix-Saint-Geneys 43 246 D 2
Fixem 57 45 H 2
Fixin 21 160 A 4
Flabas 55 44 B 4
Flacé-lès-Mâcon 71 195 E 4
Flacey 21 160 B 2
Flacey 28 109 H 3
Flacey-en-Bresse 71 196 A 1
La Flachère 38 233 F 4
Flachères 38 232 A 3
Flacourt 78 57 F 2
Flacy 89 114 A 2
Flagey 25 180 A 1
Flagey 52 139 G 3
Flagey-Echézeaux 21 160 A 5
Flagey-lès-Auxonne 21 160 D 5
Flagey-Rigney 25 162 B 1
Flagnac 12 261 H 3
Flagy 70 141 F 3
Flagy 71 194 C 2
Flagy 77 88 D 5
Flaignes-Havys 08 26 B 2
Flaine 74 216 C 2
Flainval 54 95 F 1
Flamanville 50 28 C 4
Flamanville 76 19 H 4
Flamarens 32 276 C 5
La Flamengrie 02 15 G 5
La Flamengrie 59 15 F 2
Flamets-Frétils 76 21 E 3
Flammerans 21 160 D 4
Flammerécourt 52 92 D 4
Flancourt-Catelon 27 35 G 3
Flancourt-Crescy-en-Roumois 27 35 H 3
Flangebouche 25 162 D 4
Flaran *Abbaye de* 32 295 H 1
Flassan 84 286 A 4
Flassans-sur-Issole 83 328 C 1
Flassigny 55 44 B 2
Flastroff 57 46 C 3
Flaucourt 80 23 G 1
Flaugeac 24 257 H 2
Flaujac-Gare 46 260 D 2
Flaujac-Poujols 46 278 B 1
Flaujagues 33 257 E 1
Flaumont-Waudrechies 59 15 G 4
Flaux 30 284 C 5
Flavacourt 60 37 G 3
Flaviac 07 266 D 2
Flavignac 87 223 F 1
Flavignerot 21 159 H 3
Flavigny 18 173 H 2
Flavigny 51 61 G 2
Flavigny-le-Grand-et-Beaurain 02 24 D 2
Flavigny-sur-Moselle 54 94 D 2
Flavigny-sur-Ozerain 21 159 E 1
Flavin 12 280 D 2
Flavy-le-Martel 02 24 A 4
Flavy-le-Meldeux 60 23 H 4
Flaxieu 01 214 D 4
Flaxlanden 68 143 F 2
Flayat 23 208 B 5
Flayosc 83 308 A 5
Fléac 16 221 E 1
Fléac-sur-Seugne 17 219 G 3
La Flèche 72 129 G 4
Fléchères *Château de* 01 212 D 2
Fléchin 62 7 F 3
Fléchy 60 22 B 4
Fleckenstein *Château de* 67 68 D 1
Flée 21 158 D 2
Flée 72 130 C 3
Fleigneux 08 27 F 3
Fleisheim 57 67 H 4
Le Fleix 24 239 F 5
Fleix 86 187 F 2
Fléré-la-Rivière 36 170 C 2
Flers 61 53 E 4
Flers 62 12 C 2
Flers 80 13 G 5
Flers-en-Escrebieux 59 8 D 5
Flers-sur-Noye 80 22 B 3
Flesquières 59 14 A 4
Flesselles 80 12 C 5
Flétrange 57 66 D 1
Flêtre 59 4 A 5
Fléty 58 176 A 4
Fleurac 16 220 D 1
Fleurac 24 241 E 4
Fleurance 32 296 B 2
Fleurat 23 189 E 5
Fleurbaix 62 8 B 2
Fleuré 61 54 A 5
Fleuré 86 186 D 2
Fleurey 25 163 F 2
Fleurey-lès-Faverney 70 141 E 3
Fleurey-lès-Lavoncourt 70 140 C 4
Fleurey-lès-Saint-Loup 70 119 E 5
Fleurey-sur-Ouche 21 159 H 3
Fleurie 69 212 D 1
Fleuriel 03 191 H 5
Fleurieu-sur-Saône 69 213 E 4
Fleurieux-sur-l'Arbresle 69 212 D 4
Fleurigné 35 81 F 4
Fleurigny 89 89 G 5
Fleurines 60 39 E 4
Fleurville 71 195 E 3
Fleury 02 40 A 4
Fleury 11 321 F 5
Fleury 50 51 H 3
Fleury 57 65 H 1
Fleury 60 37 H 4
Fleury 62 7 F 5
Fleury 80 22 A 3
Fleury-devant-Douaumont 55 44 B 5
Fleury-en-Bière 77 88 A 4
Fleury-la-Forêt 27 37 E 2
Fleury-la-Montagne 71 211 H 1
Fleury-la-Rivière 51 41 F 5
Fleury-la-Vallée 89 136 A 2
Fleury-les-Aubrais 45 111 E 5
Fleury-Mérogis 91 87 H 2
Fleury-sur-Aire 55 63 G 1
Fleury-sur-Andelle 27 36 D 2
Fleury-sur-Loire 58 174 D 4
Fleury-sur-Orne 14 33 G 5
Flévieu 01 214 B 5
Fléville 08 43 F 3
Fléville-devant-Nancy 54 94 D 1
Fléville-Lixières 54 45 E 4
Flévy 57 45 H 4
Flexanville 78 57 F 3
Flexbourg 67 97 E 1
Fley 71 177 F 5
Fleys 89 136 D 3
Flez-Cuzy 58 157 F 3
Fligny 08 26 A 2
Flin 54 95 H 2
Flines-lès-Mortagne 59 9 G 4
Flines-lez-Raches 59 9 E 5
Flins-Neuve-Église 78 57 E 3
Flins-sur-Seine 78 57 G 2
Flipou 27 36 C 3
Flirey 54 65 E 3
Flixecourt 80 12 B 5
Flize 08 26 D 4
La Flocellière 85 166 D 3
Flocourt 57 66 C 2
Flocques 76 10 D 4
Flogny-la-Chapelle 89 114 C 5
Floing 08 27 E 3
Floirac 17 219 F 3
Floirac 33 237 G 5
Floirac 46 242 C 5
Florac 48 282 D 1
Florange 57 45 G 3
Florémont 88 95 E 4
Florensac 34 322 C 4
Florent-en-Argonne 51 43 F 5
Florentia 39 196 A 3
Florentin 81 299 E 1
Florentin-la-Capelle 12 262 D 3
Floressas 46 259 F 5
Florimont 90 142 D 4
Florimont-Gaumier 24 259 G 2
Floringhem 62 7 G 4
Flornoy 52 92 C 3
La Flotte 17 183 E 5
Flottemanville 50 29 F 5
Flottemanville-Hague 50 28 D 3
Floudès 33 256 D 4
Floure 11 320 A 5
Flourens 31 298 A 5
Floursies 59 15 G 3
Floyon 59 15 G 5
Flumet 73 216 B 4
Fluquières 02 24 A 3
Fluy 80 22 A 2
Foameix 55 44 D 4
Foce 2A 351 E 2
Focicchia 2B 347 F 5
Foëcy 18 154 C 5
Le Foeil 22 78 A 4
Foisches 08 17 E 4
Foissac 12 261 F 4
Foissac 30 284 A 4
Foissiat 01 195 H 3
Foissy 21 159 F 5
Foissy-lès-Vézelay 89 157 G 2
Foissy-sur-Vanne 89 113 H 2
Foix 09 336 B 3
Folcarde 31 318 C 3
Folelli 2B 347 H 3
Folembray 02 40 B 1
Folgensbourg 68 143 G 3
Le Folgoët 29 71 E 4
La Folie 14 32 C 3
Folies 80 23 E 3
Folkling 57 47 F 5
Follainville-Dennemont 78 57 F 1
Folles 87 206 B 2
La Folletière 76 19 H 5
La Folletière *Château de* 27 56 D 2
La Folletière-Abenon 14 55 E 2
Folleville 27 35 E 5
Folleville 80 22 C 4
Folligny 50 51 G 3
Folpersviller 57 47 H 5
Folschviller 57 66 D 1
Fomerey 88 119 E 2
Fomperron 79 185 G 2
Fonbeauzard 31 298 A 4
Foncegrive 21 139 F 5
Fonches-Fonchette 80 23 F 3
Foncine-le-Bas 39 180 A 5
Foncine-le-Haut 39 180 A 5
Foncquevillers 62 13 F 4
Fond-de-France 38 233 G 5
Fondamente 12 301 F 1
Fondettes 37 151 H 2
Fondremand 70 162 A 1
Fongalop 24 259 E 2
Fongrave 47 275 H 1
Fongueusemare 76 18 D 4
Fonroque 24 257 H 2
Fons 07 266 B 3
Fons 30 303 G 1
Fons 46 261 F 3
Fons-sur-Lussan 30 284 B 3
Fonsomme 02 24 B 1
Fonsorbes 31 297 G 5
Font-Romeu-Odeillo-Via 66 341 F 4
Fontain 25 162 A 4
Fontaine 10 116 A 2
Fontaine 38 250 D 1
Fontaine 90 142 D 2
Fontaine-au-Bois 59 15 E 4
Fontaine-au-Pire 59 14 C 4
Fontaine-Bellenger 27 36 C 4
Fontaine-Bonneleau 60 22 A 4
Fontaine-Chaalis 60 39 E 5
Fontaine-Chalendray 17 202 C 3
Fontaine-Couverte 53 105 F 5
Fontaine-Daniel 53 82 A 5
Fontaine-de-Vaucluse 84 305 F 1
Fontaine-Denis-Nuisy 51 90 B 2
Fontaine-en-Bray 76 20 D 4
Fontaine-en-Dormois 51 42 D 4
Fontaine-Étoupefour 14 33 F 5
Fontaine-Fourches 77 89 H 4
Fontaine-Française 21 160 D 1
Fontaine-Guérard *Abbaye de* 27 36 C 3
Fontaine-Guérin 49 150 B 1
Fontaine-Henry 14 33 F 3
Fontaine-Heudebourg 27 36 C 5
Fontaine-la-Gaillarde 89 113 G 2
Fontaine-la-Guyon 28 85 H 3
Fontaine-la-Louvet 27 35 E 5
Fontaine-la-Mallet 76 18 C 5
Fontaine-la-Rivière 91 87 F 5
Fontaine-la-Soret 27 35 G 5
Fontaine-l'Abbé 27 35 G 5
Fontaine-Lavaganne 60 21 H 5
Fontaine-le-Bourg 76 20 B 5
Fontaine-le-Comte 86 186 B 2
Fontaine-le-Dun 76 19 H 2
Fontaine-le-Pin 14 53 H 2
Fontaine-le-Port 77 88 C 3
Fontaine-le-Puits 73 234 B 3
Fontaine-le-Sec 80 11 G 5
Fontaine-les-Bassets 61 54 B 3
Fontaine-lès-Boulans 62 7 F 4
Fontaine-lès-Cappy 80 23 F 2
Fontaine-lès-Clercs 02 24 A 3
Fontaine-lès-Clerval 25 162 D 1
Fontaine-les-Coteaux 41 131 E 3
Fontaine-lès-Croisilles 62 13 H 3
Fontaine-lès-Dijon 21 160 A 3
Fontaine-les-Grès 10 90 C 4
Fontaine-lès-Hermans 62 7 G 4
Fontaine-lès-Luxeuil 70 141 G 2
Fontaine-les-Ribouts 28 56 C 5
Fontaine-lès-Vervins 02 25 F 2
Fontaine-l'Étalon 62 12 B 2
Fontaine-Luyères 10 91 E 4
Fontaine-Mâcon 10 89 H 3
Fontaine-Notre-Dame 02 24 C 2
Fontaine-Notre-Dame 59 14 B 4
Fontaine-Raoul 41 109 G 5
Fontaine-Saint-Lucien 60 38 A 1

La Fontaine-
Saint-Martin 72 ... 129 H 3
Fontaine-Simon 28 ... 85 F 3
Fontaine-sous-Jouy 27 ... 56 C 1
Fontaine-
sous-Montaiguillon 77 ... 89 H 2
Fontaine-sous-Montdidier 80 ... 22 D 4
Fontaine-sous-Préaux 76 ... 36 B 1
Fontaine-sur-Ay 51 ... 61 G 1
Fontaine-sur-Coole 51 ... 62 B 4
Fontaine-sur-Maye 80 ... 11 H 2
Fontaine-sur-Somme 80 ... 11 H 4
Fontaine-Uterte 02 ... 24 B 1
Fontainebleau 77 ... 88 B 4
Fontainebrux 39 ... 178 D 5
Fontaines 71 ... 177 G 3
Fontaines 85 ... 183 H 3
Fontaines 89 ... 135 H 4
Fontaines-d'Ozillac 17 ... 219 H 4
Fontaines-en-Duesmois 21 ... 138 A 4
Fontaines-en-Sologne 41 ... 153 G 1
Fontaines-les-Sèches 21 ... 137 H 3
Fontaines-Saint-Clair 55 ... 43 H 2
Fontaines-Saint-Martin 69 ... 213 E 4
Fontaines Salées
Fouilles des 89 ... 157 H 2
Fontaines-sur-Marne 52 ... 92 D 2
Fontaines-sur-Saône 69 ... 213 E 4
Les Fontainettes 60 ... 37 H 2
Fontains 77 ... 89 E 3
Fontan 06 ... 291 H 3
Fontanès 30 ... 303 F 2
Fontanès 34 ... 302 D 2
Fontanes 42 ... 230 B 3
Fontanes 46 ... 278 B 2
Fontanes 48 ... 265 E 1
Fontanès-de-Sault 11 ... 337 F 5
Fontanes-du-Causse 46 ... 260 C 3
Fontanges 15 ... 244 C 3
Fontangy 21 ... 158 D 3
Fontanières 23 ... 208 C 2
Fontanil-Cornillon 38 ... 250 D 1
Fontannes 43 ... 246 B 1
Fontans 48 ... 264 B 2
Fontarèches 30 ... 284 C 4
Fontcaude *Abbaye de* 34 ... 321 F 3
Fontclaireau 16 ... 203 F 4
Fontcouverte 11 ... 320 C 5
Fontcouverte 17 ... 201 G 5
Fontcouverte-
la-Toussuire 73 ... 252 A 1
Fontdouce *Abbaye de* 17 ... 201 H 5
La Fontelaye 76 ... 20 A 4
Fontenai-les-Louvets 61 ... 83 F 3
Fontenai-sur-Orne 61 ... 54 A 4
Fontenailles 77 ... 88 D 2
Fontenailles 89 ... 136 A 5
Fontenay 27 ... 37 E 4
Fontenay 36 ... 171 H 1
Fontenay 50 ... 52 B 5
Fontenay 71 ... 194 A 2
Fontenay 76 ... 18 C 5
Fontenay 88 ... 95 G 5
Fontenay *Abbaye de* 21 ... 137 H 5
Fontenay-aux-Roses 92 ... 58 B 4
Fontenay-de-Bossery 10 ... 89 H 4
Fontenay-en-Parisis 95 ... 58 D 1
Fontenay-le-Comte 85 ... 184 B 2
Fontenay-le-Fleury 78 ... 58 A 4
Fontenay-le-Marmion 14 ... 33 G 5
Fontenay-le-Pesnel 14 ... 33 E 4
Fontenay-le-Vicomte 91 ... 87 H 3
Fontenay-lès-Briis 91 ... 87 F 2
Fontenay-Mauvoisin 78 ... 57 F 2
Fontenay-près-Chablis 89 ... 136 D 2
Fontenay-près-Vézelay 89 ... 157 H 2
Fontenay-Saint-Père 78 ... 57 F 1
Fontenay-sous-Bois 94 ... 58 D 3
Fontenay-
sous-Fouronnes 89 ... 136 B 5
Fontenay-sur-Conie 28 ... 110 C 3
Fontenay-sur-Eure 28 ... 86 A 4
Fontenay-sur-Loing 45 ... 112 C 4
Fontenay-sur-Mer 50 ... 29 G 4
Fontenay-sur-Vègre 72 ... 107 E 5
Fontenay-Torcy 60 ... 21 G 5
Fontenay-Trésigny 77 ... 59 G 5
Fontenelle 02 ... 15 G 5
Fontenelle 21 ... 160 D 1
La Fontenelle 35 ... 80 C 3
La Fontenelle 41 ... 109 F 4
Fontenelle 90 ... 142 C 3
Fontenelle *Château de* 04 ... 287 H 4
Fontenelle-en-Brie 02 ... 60 C 2
Fontenelle-Montby 25 ... 162 C 1
Les Fontenelles 25 ... 163 F 4
Fontenelles *Abbaye des* 85 ... 165 G 5
Fontenermont 14 ... 52 A 3
Fontenet 17 ... 201 H 4
Fontenille 16 ... 203 F 4
Fontenille 79 ... 202 D 1
Fontenilles 31 ... 297 F 5
Les Fontenis 70 ... 162 A 1
Fontenois-la-Ville 70 ... 118 D 5
Fontenois-
lès-Montbozon 70 ... 162 B 1
Fontenotte 25 ... 162 C 2
Fontenouilles 89 ... 135 F 2
Fontenoy 02 ... 40 A 2
Fontenoy 89 ... 135 H 5
Fontenoy-la-Joûte 54 ... 95 H 3
Fontenoy-le-Château 88 ... 119 E 4
Fontenoy-sur-Moselle 54 ... 65 G 5
Fontenu 39 ... 179 G 5
Fonteny 39 ... 179 H 2
Fonteny 57 ... 66 C 3
Fonters-du-Razès 11 ... 318 D 5
Fontès 34 ... 301 H 5
Fontet 33 ... 256 D 4
Fontette 10 ... 116 A 4
Fontevraud-l'Abbaye 49 ... 150 C 5
Fontfreide 63 ... 227 G 2
Fontfroide *Abbaye de* 11 ... 338 D 1
Fontgombault 36 ... 170 B 5
Fontguenand 36 ... 153 G 4
Fontienne 04 ... 287 E 4
Fontiers-Cabardès 11 ... 319 G 3
Fontiès-d'Aude 11 ... 320 A 4
Fontjoncouse 11 ... 338 C 2
Fontoy 57 ... 45 F 3
Fontpédrouse 66 ... 341 G 4
Fontrabiouse 66 ... 341 G 2
Fontrailles 65 ... 315 H 3
Fontvannes 10 ... 90 C 5
Fontvieille 13 ... 304 C 3
Forbach 57 ... 47 F 5
Forca Réal *Ermitage de* 66 ... 338 C 5
Forcalqueiret 83 ... 328 B 2
Forcalquier 04 ... 287 E 5
La Force 11 ... 319 F 5
La Force 24 ... 239 G 5
Forcé 53 ... 106 A 4
Forcelles-Saint-Gorgon 54 ... 94 D 3
Forcelles-sous-Gugney 54 ... 94 C 4
Forceville 80 ... 13 E 5
Forceville-en-Vimeu 80 ... 11 G 5
Forcey 52 ... 117 F 3
Forciolo 2A ... 349 E 4
La Forclaz 74 ... 198 C 3
Forclaz *Col de la* 74 ... 215 H 4
Forest-en-Cambrésis 59 ... 15 E 4
Forest-l'Abbaye 80 ... 11 G 2
La Forest-Landerneau 29 ... 75 G 2
Forest-Montiers 80 ... 11 F 2
Forest-Saint-Julien 05 ... 269 H 2
Forest-sur-Marque 59 ... 9 E 2
Foreste 02 ... 23 H 3
La Forestière 51 ... 60 D 5
Forestière *Aven de la* 30 ... 284 B 1
La Forêt 33 ... 237 F 5
La Forêt-Auvray 61 ... 53 G 3
La Forêt-de-Tessé 16 ... 203 E 2
La Foret-du-Parc 27 ... 56 C 2
La Forêt-du-Temple 23 ... 189 F 3
La Forêt-Fouesnant 29 ... 100 A 4
Forêt-la-Folie 27 ... 37 E 4
La Forêt-le-Roi 91 ... 87 F 3
La Forêt-Sainte-Croix 91 ... 87 G 4
La Forêt-sur-Sèvre 79 ... 167 F 4
Forfry 77 ... 59 F 1
La Forge 88 ... 119 H 3
Forges 17 ... 201 E 1
Forgès 19 ... 243 E 2
Les Forges 23 ... 207 H 1
Forges 49 ... 150 A 4
Les Forges 56 ... 102 C 3
Forges 61 ... 83 G 3
Forges 77 ... 88 D 4
Les Forges 79 ... 185 H 2
Les Forges 88 ... 119 F 2
Les Forges-
de-Paimpont 35 ... 103 F 4
Forges-la-Forêt 35 ... 127 F 2
Forges-les-Bains 91 ... 87 F 2
Forges-les-Eaux 76 ... 21 E 5
Forges-sur-Meuse 55 ... 43 H 3
Forgevieille 23 ... 188 D 4
Forgues 31 ... 317 E 2
La Forie 63 ... 229 E 2
Forléans 21 ... 158 C 1
Formentin 14 ... 34 C 4
Formerie 60 ... 21 F 4
Formigny 14 ... 32 C 2
Formiguères 66 ... 341 G 3
Fornex 09 ... 317 G 5
Fors 79 ... 185 E 5
Forstfeld 67 ... 69 G 3
Forstheim 67 ... 68 D 2
Fort-Bloqué 56 ... 123 E 2
Fort-du-Plasne 39 ... 180 A 5
Fort-Louis 67 ... 69 G 3
Fort-Mahon-Plage 80 ... 11 E 1
Fort-Mardyck 59 ... 3 G 2
Fort-Médoc 33 ... 237 F 2
Fort-Moville 27 ... 35 E 3
Fortan 41 ... 131 F 2
Fortel-en-Artois 62 ... 12 C 3
La Forteresse 38 ... 232 B 5
Fortschwihr 68 ... 121 F 2
Fos 31 ... 334 C 4
Fos 34 ... 301 G 5
Fos-sur-Mer 13 ... 325 G 3
Le Fossat 09 ... 317 H 5
Fossé 08 ... 43 F 1
Fossé 41 ... 132 A 5
Fosse 66 ... 338 A 5
Le Fossé 76 ... 21 E 5
La Fosse *Hameau
troglodytique de* 49 ... 150 A 4
La Fosse Arthour 50 ... 52 D 5
La Fosse-Corduan 10 ... 90 A 4
La Fosse-de-Tigné 49 ... 149 H 4
Fossemagne 24 ... 241 E 3
Fossemanant 80 ... 22 B 3
Les Fosses 79 ... 202 B 1
Fosses 95 ... 58 D 1
Fossès-et-Baleyssac 33 ... 257 E 3
La Fossette 83 ... 329 E 4
Fosseuse 60 ... 38 B 4
Fosseux 62 ... 13 E 3
Fossieux 57 ... 66 B 3
Fossoy 02 ... 60 C 1
Fou *Gorges de la* 66 ... 342 C 4
Foucarmont 76 ... 21 E 2
Foucart 76 ... 19 F 5
Foucarville 50 ... 29 H 5
Foucaucourt-en-Santerre 80 ... 23 F 2
Foucaucourt-Hors-Nesle 80 ... 11 F 5
Foucaucourt-sur-Thabas 55 ... 63 G 1
Fouchécourt 70 ... 140 D 2
Fouchécourt 88 ... 118 B 4
Foucherans 25 ... 162 B 4
Foucherans 39 ... 160 D 5
Fouchères 10 ... 115 F 3
Fouchères 89 ... 113 F 3
Fouchères-aux-Bois 55 ... 63 H 5
Foucherolles 45 ... 113 E 4
Fouchy 67 ... 96 D 4
Foucrainville 27 ... 56 C 2
Fouday 67 ... 96 D 3
Fouencamps 80 ... 22 C 2
Fouesnant 29 ... 99 H 4
Foufflin-Ricametz 62 ... 12 D 2
Foug 54 ... 94 A 1
Fougaron 31 ... 334 D 2
Fougax-et-Barrineuf 09 ... 336 D 4
Fougeré 49 ... 129 F 5
Fougeré 85 ... 166 A 5
Fougères 35 ... 81 F 4
Fougères-sur-Bièvre 41 ... 153 E 2
Les Fougerêts 56 ... 125 G 3
Fougerolles 36 ... 189 F 2
Fougerolles 70 ... 119 F 5
Fougerolles-du-Plessis 53 ... 81 G 3
Fougueyrolles 24 ... 239 F 5
La Fouillade 12 ... 279 F 3
Fouilleuse 60 ... 38 D 2
Fouillouse 05 ... 269 G 4
La Fouillouse 42 ... 230 A 3
Le Fouilloux 17 ... 238 C 2
Fouillouze 04 ... 271 E 3
Fouilloy 60 ... 21 G 3
Fouilloy 80 ... 22 D 2
Fouju 77 ... 88 C 2
Foulain 52 ... 117 E 4
Foulangues 60 ... 38 C 4
Foulayronnes 47 ... 276 B 2
Foulbec 27 ... 35 E 2
Foulcrey 57 ... 96 A 1
Fouleix 24 ... 240 C 4
Foulenay 39 ... 179 E 3
Fouligny 57 ... 66 C 1
Foulognes 14 ... 32 D 5
Foulzy 08 ... 26 A 2
Fouquebrune 16 ... 221 F 3
Fouquenies 60 ... 38 A 1
Fouquereuil 62 ... 8 A 4
Fouquerolles 60 ... 38 B 1
Fouquescourt 80 ... 23 F 3
Fouqueure 16 ... 203 E 4
Fouqueville 27 ... 36 A 4
Fouquières-lès-Béthune 62 ... 8 A 4
Fouquières-lès-Lens 62 ... 8 C 5
Four 38 ... 231 H 2
Fouras-les-Bains 17 ... 200 C 3
Fourbanne 25 ... 162 C 2
Fourcatier-
et-Maison-Neuve 25 ... 180 C 4
Fourcès 32 ... 275 F 5
Fourchambault 58 ... 174 B 2
Fourchaud *Château de* 03 ... 192 A 3
Fourches 14 ... 54 A 3
Fourcigny 80 ... 21 G 3
Fourdrain 02 ... 24 C 5
Fourdrinoy 80 ... 22 A 1
Fourg 25 ... 161 G 5
Fourges 27 ... 37 F 5
Les Fourgs 25 ... 180 D 3
Fourilles 03 ... 191 H 5
Fourmagnac 46 ... 261 F 3
Fourmetot 27 ... 35 F 2
Fourmies 59 ... 15 H 5
Fournaudin 89 ... 114 A 3
Fourneaux 23 ... 207 G 3
Fourneaux 42 ... 212 A 3
Fourneaux 45 ... 133 E 2
Fourneaux 50 ... 52 B 1
Fourneaux 73 ... 252 D 1
Fourneaux-le-Val 14 ... 53 H 3
Fournels 48 ... 263 H 1
Fournès 30 ... 304 B 1
Fournes-Cabardès 11 ... 319 H 3
Fournes-en-Weppes 59 ... 8 C 3
Le Fournet 14 ... 34 B 4
Fournet-Blancheroche 25 ... 163 G 4
Fournets-Luisans 25 ... 163 E 5
Fourneville 14 ... 34 C 2
Fournival 60 ... 38 C 1
Fournols 63 ... 228 D 3
Fournoulès 15 ... 261 H 3
Fouronnes 89 ... 136 B 5
Fourques 30 ... 304 B 3
Fourques 66 ... 342 D 3
Fourques-sur-Garonne 47 ... 257 E 5
Fourqueux 78 ... 58 A 3
Fourquevaux 31 ... 318 B 2
Fours 33 ... 237 F 2
Fours 58 ... 175 G 4
Fours-en-Vexin 27 ... 37 E 4
Fourtou 11 ... 337 H 3
Foussais-Payré 85 ... 184 C 2
Foussemagne 90 ... 142 D 3
Le Fousseret 31 ... 317 E 4
Foussignac 16 ... 220 D 1
Foussignargues 30 ... 283 H 2
Fouvent-le-Bas 70 ... 140 B 4
Fouvent-le-Haut 70 ... 140 B 4
La Foux 83 ... 329 F 2
La Foux-d'Allos 04 ... 288 D 1
Fouzilhon 34 ... 321 G 2
Foville 57 ... 66 B 3
Fox-Amphoux 83 ... 307 F 4
La Foye-Monjault 79 ... 184 D 5
Fozières 34 ... 301 H 3
Fozzano 2A ... 349 E 5
Fragnes-La Loyère 71 ... 177 H 3
Frahier-et-Chatebier 70 ... 142 B 3
Fraignot-et-Vesvrotte 21 ... 138 D 4
Fraillicourt 08 ... 25 H 4
Fraimbois 54 ... 95 G 2
Frain 88 ... 118 B 3
Frais 90 ... 142 D 3
Frais-Marais 59 ... 8 D 5
Fraisans 39 ... 161 G 5
Fraisnes-en-Saintois 54 ... 94 C 4
Fraisse 24 ... 239 G 5
Fraisse-Cabardès 11 ... 319 G 4
Fraissé-des-Corbières 11 ... 338 D 3
Fraisse-sur-Agout 34 ... 300 C 5
Fraisses 42 ... 230 A 5
Fraissines 81 ... 300 A 1
Fraissinet-de-Fourques 48 ... 282 C 3
Fraissinet-de-Lozère 48 ... 283 E 1
Fraize 88 ... 120 B 2
Fralignes 10 ... 115 G 3
La Framboisière 28 ... 85 F 2
Frambouhans 25 ... 163 F 3
Framecourt 62 ... 12 D 2
Framerville-Rainecourt 80 ... 23 E 2
Framicourt 80 ... 11 F 5
Framont 70 ... 140 A 5
Frampas 52 ... 92 B 3
Francalmont 70 ... 141 F 2
Francaltroff 57 ... 67 E 2
Francardo 2B ... 347 E 3
Francarville 31 ... 298 C 5
Francastel 60 ... 22 A 5
Françay 41 ... 131 H 5
Francazal 31 ... 335 E 2
Francescas 47 ... 275 G 4
Francheleins 01 ... 213 E 2
Franchesse 03 ... 191 G 1
Francheval 08 ... 27 F 3
Franchevelle 70 ... 141 H 3
La Francheville 08 ... 26 D 3
Francheville 21 ... 159 H 1
Francheville 27 ... 55 H 4
Francheville 39 ... 179 E 3
Francheville 51 ... 62 C 3
Francheville 54 ... 65 F 5
Francheville 61 ... 54 A 5
Francheville 69 ... 231 E 1
Francières 60 ... 39 E 2
Francières 80 ... 11 H 4
Francillon 36 ... 171 G 2
Francillon-sur-Roubion 26 ... 267 H 3
Francilly-Selency 02 ... 24 A 2
Francin 73 ... 233 G 3
Franclens 74 ... 215 E 2
François 79 ... 185 E 3
Francon 31 ... 317 E 4
Franconville 54 ... 95 F 2
Franconville 95 ... 58 B 2
Francoulès 46 ... 260 B 4
Francourt 70 ... 140 B 4
Francourville 28 ... 86 C 4
Francs 33 ... 238 D 4
Francueil 37 ... 152 C 3
Franey 25 ... 161 G 3
Frangy 74 ... 215 F 2
Frangy-en-Bresse 71 ... 178 D 4
Franken 68 ... 143 F 3
Franleu 80 ... 11 F 3
Franois 25 ... 161 H 4
Franquevielle 31 ... 334 A 1
Franqueville 02 ... 25 E 2
Franqueville 27 ... 35 G 4
Franqueville 80 ... 12 B 4
Franqueville-Saint-Pierre 76 ... 36 B 2
La Franqui 11 ... 339 E 3
Frans 01 ... 213 E 3
Fransart 80 ... 23 F 3
Fransèches 23 ... 207 F 3
Fransu 80 ... 12 B 4
Fransures 80 ... 22 B 4
Franvillers 80 ... 22 D 1
Franxault 21 ... 178 C 1
Frapelle 88 ... 96 C 4
Fraquelfing 57 ... 96 B 1
Fraroz 39 ... 180 A 4
Frasnay-Reugny 58 ... 175 F 2
Frasne 25 ... 180 B 3
Frasne-le-Château 70 ... 161 H 1
Frasne-les-Meulières 39 ... 161 E 4
La Frasnée 39 ... 196 D 1
Le Frasnois 39 ... 179 H 5
Frasnoy 59 ... 15 E 2
La Frasse 74 ... 216 C 1
Frasseto 2A ... 349 E 3
Frauenberg 57 ... 47 H 5
Frausseilles 81 ... 279 E 5
Fravaux 10 ... 116 A 2
Le Frayssé 81 ... 299 H 1
Frayssinet 46 ... 260 B 3
Frayssinet-le-Gélat 46 ... 259 F 4
Frayssinhes 46 ... 243 F 5
Frazé 28 ... 109 G 2
Fréauville 76 ... 20 D 2
Frebécourt 88 ... 93 H 4
Frébuans 39 ... 179 E 5
Le Frêche 40 ... 294 C 1
Fréchède 65 ... 315 G 3
Fréchencourt 80 ... 22 C 1
Fréchendets 65 ... 333 G 1
Le Fréchet 31 ... 316 D 5
Fréchet-Aure 65 ... 333 H 3
Le Fréchou 47 ... 275 G 4
Fréchou-Fréchet 65 ... 315 F 5
Frécourt 52 ... 117 G 5
Frédéric-Fontaine 70 ... 142 A 3
La Frédière 17 ... 201 G 4
Frédille 36 ... 171 F 2
Frégimont 47 ... 275 H 2
Frégouville 32 ... 297 E 5
Fréhel 22 ... 79 E 2
Fréhel *Cap* 22 ... 79 E 1
Freigné 49 ... 127 G 5
Freissinières 05 ... 270 C 1
La Freissinouse 05 ... 269 G 4
Freistroff 57 ... 46 C 4
Freix-Anglards 15 ... 244 B 4
Fréjairolles 81 ... 299 G 1
Fréjeville 81 ... 299 F 5
Fréjus 83 ... 329 G 1
Fréjus *Parc zoologique* 83 ... 308 C 5
Fréjus *Tunnel du* 73 ... 252 D 1
Fréland 68 ... 120 D 2
Frelinghien 59 ... 4 C 5
Frémainville 95 ... 57 G 1
Frémécourt 95 ... 37 H 5
Fréménil 54 ... 95 H 2
Frémeréville-
sous-les-Côtes 55 ... 64 D 4
Frémery 57 ... 66 C 3
Frémestroff 57 ... 67 E 1
Frémicourt 62 ... 13 H 4
Fremifontaine 88 ... 95 H 5
Frémontiers 80 ... 22 A 3
Frémonville 54 ... 96 A 1
La Frénaye 76 ... 35 F 1
Frencq 62 ... 6 B 3
Frêne *Col du* 73 ... 233 G 2
Frenelle-la-Grande 88 ... 94 D 4
Frenelle-la-Petite 88 ... 94 C 4
Frênes 61 ... 53 E 4
Freneuse 76 ... 36 B 3
Freneuse 78 ... 57 E 1
Freneuse-sur-Risle 27 ... 35 G 4
Freney 73 ... 252 C 1
Le Freney-d'Oisans 38 ... 251 H 3
Fréniches 60 ... 23 H 4
Frénois 21 ... 159 H 1
Frénois 88 ... 118 D 2
Frénouse *Musée de la* 53 ... 105 H 5
Frénouville 14 ... 33 H 5
Frépillon 95 ... 58 B 1
Fresles 76 ... 20 D 3
La Fresnaie-Fayel 61 ... 54 C 3
La Fresnais 35 ... 50 D 5
Fresnay 10 ... 92 B 5
Fresnay-en-Retz 44 ... 165 E 1
Fresnay-le-Comte 28 ... 86 A 5
Fresnay-le-Gilmert 28 ... 86 A 3
Fresnay-le-Long 76 ... 20 B 4
Fresnay-le-Samson 61 ... 54 C 3
Fresnay-l'Évêque 28 ... 110 D 2
Fresnay-sur-Sarthe 72 ... 83 G 5
La Fresnaye-au-Sauvage 61 ... 53 H 4
La Fresnaye-
sur-Chédouet 72 ... 83 H 4
Le Fresne 27 ... 56 A 2
Le Fresne 51 ... 62 D 2
Le Fresne-Camilly 14 ... 33 F 3
Fresne-Cauverville 27 ... 35 E 4
Fresné-la-Mère 14 ... 54 A 2
Fresne-l'Archevêque 27 ... 36 D 3
Fresne-le-Plan 76 ... 36 C 2
Fresne-Léguillon 60 ... 37 H 4
Le Fresne-Poret 50 ... 52 C 4
Fresne-Saint-Mamès 70 ... 140 C 5
Le Fresne-sur-Loire 44 ... 148 D 2
Fresneaux-Montchevreuil 60 ... 37 H 3
Fresnes 21 ... 138 A 5
Fresnes 41 ... 153 F 2
Fresnes 89 ... 137 E 3
Fresnes 94 ... 58 C 4
Fresnes-au-Mont 55 ... 64 B 3
Fresnes-en-Saulnois 57 ... 66 C 4
Fresnes-en-Tardenois 02 ... 40 D 5
Fresnes-en-Woëvre 55 ... 64 D 1
Fresnes-lès-Montauban 62 ... 13 H 2
Fresnes-lès-Reims 51 ... 41 H 3
Fresnes-Mazancourt 80 ... 23 G 2
Fresnes-sous-Coucy 02 ... 24 B 5
Fresnes-sur-Apance 52 ... 118 B 5
Fresnes-sur-Escaut 59 ... 9 H 5
Fresnes-sur-Marne 77 ... 59 F 2
Fresnes-Tilloloy 80 ... 11 G 5
Fresneville 80 ... 21 G 2
Fresney 27 ... 56 C 2
Fresney-le-Puceux 14 ... 53 G 1
Fresney-le-Vieux 14 ... 53 G 1
Fresnicourt-le-Dolmen 62 ... 8 A 5
Fresnières 60 ... 23 F 5
Fresnois-la-Montagne 54 ... 44 D 2
Fresnoy 62 ... 7 E 5
Fresnoy-Andainville 80 ... 11 G 5
Fresnoy-au-Val 80 ... 22 A 2
Fresnoy-en-Bassigny 52 ... 118 A 4
Fresnoy-en-Chaussée 80 ... 23 E 3
Fresnoy-en-Gohelle 62 ... 8 C 5
Fresnoy-en-Thelle 60 ... 38 B 4
Fresnoy-Folny 76 ... 20 D 2
Fresnoy-la-Rivière 60 ... 39 G 3
Fresnoy-le-Château 10 ... 115 F 2
Fresnoy-le-Grand 02 ... 24 B 1
Fresnoy-le-Luat 60 ... 39 F 4
Fresnoy-lès-Roye 80 ... 23 F 3
Frespech 47 ... 276 D 2
Fresquiennes 76 ... 20 A 5
Fressac 30 ... 283 F 5
Fressain 59 ... 14 B 2

Fressancourt 02 24 C4
Fresse 70 142 A1
Fresse-sur-Moselle 88 120 A5
Fresselines 23 189 E4
Fressenneville 80 11 E4
Fressies 59 14 B3
Fressin 62 7 E4
Fressines 79 185 E4
Le Frestoy-Vaux 60 23 E5
Fresville 50 29 G5
Le Fret 29 75 E3
Fréterive 73 233 H2
Fréteval 41 131 H2
Fréthun 62 2 C3
Fretigney-et-Velloreille 70 161 H1
Frétigny 28 85 F4
Fretin 59 8 D3
Frétoy 77 60 A5
Frétoy-le-Château 60 23 G4
La Frette 38 232 A4
La Frette 71 178 A5
La Frette-sur-Seine 95 58 B2
Frettecuisse 80 11 G5
Frettemeule 80 11 F4
Frettemolle 80 21 G3
Fretterans 71 178 C2
Frettes 70 140 A4
Le Fréty 08 26 A3
Freulleville 76 20 C2
Frévent 62 12 C2
Fréville 76 19 H5
Fréville 88 93 H5
Fréville-du-Gâtinais 45 112 A4
Frévillers 62 7 H5
Frévin-Capelle 62 13 F2
Freybouse 57 67 E2
Freycenet-la-Cuche 43 247 H5
Freycenet-la-Tour 43 247 G5
Freychenet 09 336 C3
Freyming-Merlebach 57 47 E5
Freyssenet 07 266 C2
Friaize 28 85 G4
Friardel 14 54 D1
Friaucourt 80 11 E3
Friauville 54 45 E5
Fribourg 57 67 F4
Fricamps 80 21 H2
Frichemesnil 76 20 B5
Fricourt 80 13 F5
Fridefont 15 245 H5
Friedolsheim 67 68 C5
Frières-Faillouël 02 24 A4
Friesen 68 143 E3
Friesenheim 67 97 G4
Frignicourt 51 62 C5
Le Friolais 25 163 F3
Frise 80 23 F1
Friville-Escarbotin 80 11 E3
Frizon 88 95 F5
Froberville 76 18 D3
Frocourt 60 38 A2
Frœningen 68 143 F2
Frœschwiller 67 68 D2
Froges 38 233 F5
Frohen-le-Grand 80 12 C3
Frohen-le-Petit 80 12 C3
Frohmuhl 67 68 A2
Froideconche 70 141 G2
Froidefontaine 39 180 B4
Froidefontaine 90 142 C4
Froidestrées 02 25 F1
Froideterre 70 141 H3
Froidevaux 25 163 F3
Froideville 39 179 E3
Froidfond 85 165 F2
Froidmont-Cohartille 02 25 E4
Froidos 55 63 G1
Froissy 60 22 B5
Frôlois 21 159 F1
Frolois 54 94 D2
Fromelennes 08 17 F4
Fromelles 59 8 B3
Fromental 87 205 H1
Fromentières 51 61 E3
Fromentières 53 128 B2
Fromentine 85 164 C2
Fromentine *Pont de* 85 164 C2
Fromeréville-les-Vallons 55 43 H4
Fromezey 55 44 C5
Fromont 77 112 A2
Fromy 08 27 H5
Froncles-Buxières 52 93 E5
Fronsac 31 334 B3
Fronsac 33 238 B5
Frontenac 33 256 C2
Frontenac 46 261 F4
Frontenard 71 178 B2
Frontenas 69 212 C3
Frontenaud 71 195 H1
Frontenay 39 179 F4
Frontenay-Rohan-Rohan 79 184 D5
Frontenay-sur-Dive 86 168 C3
Frontenex 73 234 A1
Frontignan 34 323 E3
Frontignan-de-Comminges 31 334 B2
Frontignan-Plage 34 323 E3
Frontignan-Savès 31 316 D3
Fronton 31 297 H2
Frontonas 38 231 H1
Fronville 52 93 E4
Frossay 44 146 D3
Frotey-lès-Lure 70 141 H4
Frotey-lès-Vesoul 70 141 F4
Frouard 54 65 H5
Frouville 95 38 A5
Frouzins 31 317 H2
Froville 54 95 E3
Froyelles 80 11 H2
Frozes 86 168 D5
Frucourt 80 11 G4
Frugères-les-Mines 43 228 A5
Fruges 62 7 E4
Frugières-le-Pin 43 246 C1
Fruncé 28 85 H4
Fry 76 37 E1
Fuans 25 163 E5
Fublaines 77 59 G2
Le Fugeret 04 288 D4
Le Fuilet 49 148 C3
Fuilla 66 342 A3
Fuissé 71 194 D5
Fuligny 10 92 A5
Fulleren 68 143 E3
Fultot 76 19 H3
Fulvy 89 137 F3
Fumay 08 17 E5
Fumel 47 259 E5
Fumichon 14 34 D4
Furchhausen 67 68 B4
Furdenheim 67 97 F1
Fures 38 232 B5
Furiani 2B 345 G4
Furmeyer 05 269 F4
Fussey 21 159 H5
Fussy 18 155 E5
La Fuste 04 306 D2
Fustérouau 32 295 E3
Fustignac 31 317 E4
Futeau 55 43 F5
Futuroscope 86 169 F5
Fuveau 13 327 F1
Fyé 72 83 G5
Fyé 89 136 D3

G

Gaas 40 292 D4
Gabarnac 33 256 B3
Gabarret 40 274 D5
Gabas 64 332 A3
Gabaston 64 314 C3
Gabat 64 311 G4
Gabian 34 321 G2
Gabillou 24 241 F2
Gabre 09 335 H1
Gabriac 12 263 E5
Gabriac 48 283 E3
Gabrias 48 264 B4
Gacé 61 54 D4
La Gacilly 56 125 G2
Gâcogne 58 157 H4
Gadancourt 95 57 G1
Gadencourt 27 56 D2
Gaël 35 103 F2
Gageac-et-Rouillac 24 257 G1
Gages-le-Haut 12 281 E1
Gagnac-sur-Cère 46 243 E5
Gagnac-sur-Garonne 31 297 H3
Gagnières 30 283 H2
Gagny 93 58 D3
Gahard 35 80 C5
Gailhan 30 303 E2
Gaillac 81 298 D1
Gaillac-d'Aveyron 12 281 F1
Gaillac-Toulza 31 318 A4
Gaillagos 65 332 C2
Gaillan-en-Médoc 33 218 D5
Gaillard 74 197 H5
Gaillardbois-Cressenville 27 36 D3
La Gaillarde 76 19 H2
Gaillefontaine 76 21 F4
Gaillères 40 274 A5
Gaillon 27 36 C5
Gaillon-sur-Montcient 78 57 G1
Gainneville 76 34 D1
Gaja-et-Villedieu 11 337 G1
Gaja-la-Selve 11 318 D5
Gajac 33 256 C5
Gajan 09 335 F2
Gajan 30 303 G1
Gajoubert 87 204 D2
Galametz 62 12 B2
Galamus *Gorges de* 11 338 A4
Galan 65 315 H5
Galapian 47 275 G2
Galargues 34 303 E3
La Galère 06 309 E5
Galéria 2B 346 A3
Galey 09 334 D3
Galez 65 315 H5
Galfingue 68 143 E2
Galgan 12 261 G5
Galgon 33 238 B4
Galiax 32 295 E4
Galibier *Col du* 05 252 B3
Galié 31 334 B2
Galinagues 11 337 E4
Gallardon 28 86 C3
Gallargues-le-Montueux 30 303 F3
Gallerande *Château de* 72 129 G4
Le Gallet 60 22 A5
Galluis 78 57 G4
Gamaches 80 11 E5
Gamaches-en-Vexin 27 37 F4
Gamarde-les-Bains 40 293 F3
Gamarthe 64 311 F5
Gambais 78 57 F4
Gambaiseuil 78 57 F4
Gambsheim 67 69 F5
Gan 64 314 B4
Ganac 09 336 A3
Ganagobie 04 287 F4
Ganagobie *Prieuré de* 04 287 F5
Gancourt-Saint-Étienne 76 21 F5
Gandelain 61 83 F3
Gandelu 02 40 A5
Gandrange 57 45 G4
Ganges 34 302 C1
Gannat 03 209 H2
Gannay-sur-Loire 03 175 F5
Gannes 60 22 C5
Les Gannes 63 226 C2
Gans 33 256 C5
Ganties 31 334 C1
Ganzeville 76 19 E3
Gap 05 269 H3
Gapennes 80 11 H2
Gâprée 61 84 A2
Garabit *Viaduc de* 15 245 H4
Garac 31 297 F4
Garancières 78 57 F4
Garancières-en-Beauce 28 87 E4
Garancières-en-Drouais 28 56 C5
Garanou 09 336 C5
Garat 16 221 G2
Garcelles-Secqueville 14 33 H5
Garche 57 45 H3
Garches 92 58 B3
Garchizy 58 174 C1
Garchy 58 156 B4
Gardanne 13 327 E1
La Garde 04 308 B1
La Garde 38 251 G3
La Garde 48 246 A5
La Garde 83 328 B4
La Garde-Adhémar 26 285 E1
La Garde-Freinet 83 329 E2
La Garde-Guérin 48 265 F5
Gardefort 18 155 H4
Gardegan-et-Tourtirac 33 238 D5
Gardères 65 314 D4
Les Gardes 49 149 E5
Gardes-le-Pontaroux 16 221 G3
Gardie 11 337 G1
Gardonne 24 257 G1
Gardouch 31 318 B3
Garein 40 273 G4
Garencières 27 56 C2
La Garenne-Colombes 92 58 B3
Garennes-sur-Eure 27 56 D3
Garentreville 77 112 A2
Garéoult 83 328 B2
La Garette 79 184 C4
Gargan *Mont* 87 224 C2
Garganvillar 82 277 F5
Gargas 31 298 A3
Gargas 84 305 H1
Gargenville 78 57 G2
Garges-lès-Gonesse 95 58 C2
Gargilesse-Dampierre 36 188 D2
Garidech 31 298 A3
Gariès 82 297 E2
Garigny 18 174 A1
Garin 31 334 A4
Garindein 64 311 H5
Garlan 29 72 A4
Garlède-Mondebat 64 294 B5
Garlin 64 294 C5
Le Garn 30 284 C2
La Garnache 85 165 E2
Garnat-sur-Engièvre 03 192 D1
Garnay 28 56 C5
Garnerans 01 195 E5
Garnetot 14 54 B2
La Garonne 83 328 B5
Garons 30 304 A2
Garos 64 294 A5
Garravet 32 316 D3
Garrebourg 57 68 A5
Garrevaques 81 319 E2
Garrey 40 293 F3
Le Garric 81 279 G5
Garrigues 34 303 E2
Garrigues 81 298 C4
Garrigues-Sainte-Eulalie 30 284 B5
Garris 64 311 G4
Garrosse 40 273 E5
Gars 06 308 D1
Gartempe 23 206 D1
Gas 28 86 C2
Gaschney 68 120 C3
Gasny 27 57 E1
Gasques 82 276 D3
Gassin 83 329 F3
Le Gast 14 52 B3
Gastes 40 272 C1
Gastines 53 105 F5
Gastins 77 89 E2
Gasville-Oisème 28 86 B3
Gâtelles 28 85 H3
Gatey 39 178 D2
Gathemo 50 52 B4
Gatteville-le-Phare 50 29 H2
Gattières 06 309 G2
Gatuzières 48 282 C3
Gaubertin 45 111 H3
La Gaubretière 85 166 C2
Gauchin-Légal 62 7 H5
Gauchin-Verloingt 62 7 G5
Gauchy 02 24 A2
Gauciel 27 56 C1
La Gaudaine 28 85 E5
La Gaude 06 309 G2
Gaudechart 60 21 H5
Gaudent 65 334 A2
Gaudiempré 62 13 E3
Gaudiès 09 318 C5
Gaudonville 32 296 D1
Gaudreville-la-Rivière 27 56 A2
Gaugeac 24 258 D3
Gaujac 30 284 D4
Gaujac 32 316 D2
Gaujac 47 257 E4
Gaujacq 40 293 G4
Gaujan 32 316 C3
Le-Gault-du-Perche 41 109 F4
Le Gault-Saint-Denis 28 110 A2
Le Gault-Soigny 51 60 D4
Gauré 31 298 B4
Gauriac 33 237 G3
Gauriaguet 33 237 H3
Gaussan 65 316 A5
Gausson 22 78 B5
Les Gautherets 71 194 A1
Gauville 61 55 F3
Gauville 80 21 G3
Gauville-la-Campagne 27 56 B1
Gavarnie 65 332 D5
Gavarnie-Gèdre 65 333 E4
Gavarnie *Port de* 65 332 D5
Gavarret-sur-Aulouste 32 296 B3
Gavaudun 47 258 D4
Gavet 38 251 F3
Gavignano 2B 347 F3
Gavisse 57 45 H2
La Gavotte 13 326 D2
Gavray 50 51 H2
Le Gâvre 44 126 B5
Gavrelle 62 13 H2
Gâvres 56 123 F3
Gavrinis *Cairn de* 56 124 A4
Gavrus 14 33 F5
Gayan 65 315 E4
Gaye 51 61 F5
Gayon 64 314 C2
Gazaupouy 32 275 H5
Gazave 65 333 H2
Gazax-et-Baccarisse 32 295 F4
Gazeran 78 86 D2
Gazinet 33 255 E1
Gazost 65 333 E2
Geaune 40 294 B4
Geay 17 201 F4
Geay 79 167 H3
Gée 49 150 A1
Gée-Rivière 32 294 C3
Geffosses 50 31 F4
Géfosse-Fontenay 14 32 B2
Gehée 36 171 F1
Geishouse 68 120 C5
Geispitzen 68 143 G2
Geispolsheim 67 97 G2
Geiswasser 68 121 G4
Geiswiller 67 68 C4
Gélacourt 54 95 H2
Gélannes 10 90 B3
Gélaucourt 54 94 C3
Gellainville 28 86 B4
Gellenoncourt 54 66 C5
Gelles 63 209 E5
Gellin 25 180 C4
Gelos 64 314 B4
Geloux 40 273 G5
Gelucourt 57 67 E4
Gelvécourt-et-Adompt 88 118 D2
Gémages 61 84 C5
Gemaingoutte 88 96 C5
Gembrie 65 334 A2
Gemeaux 21 160 B1
Gémenos 13 327 F2
Gémigny 45 110 C5
Gémil 31 298 B3
Gemmelaincourt 88 94 C5
Gémonval 25 142 A4
Gémonville 54 94 B4
Gémozac 17 219 F2
Genac-Bignac 16 203 E5
Genainville 95 37 F5
Genas 69 231 G1
Génat 09 336 A4
Genay 21 158 C1
Genay 69 213 E4
Gençay 86 186 C4
Gendreville 88 118 A2
Gendrey 39 161 F4
Gené 49 128 A4
Génébrières 82 278 B5
Genech 59 9 E3
Génelard 71 193 H1
Générac 30 303 H3
Générac 33 237 G2
Générargues 30 283 G4
Générest 65 334 A2
Generville 11 318 D5
Geneslay 61 82 C3
Le Genest 53 105 H3
Genestelle 07 266 B2
Geneston 44 147 H5
La Genête 71 195 F1
La Genétouze 17 238 D1
La Genétouze 85 165 G4
Genêts 50 51 G4
Les Genettes 61 55 F5
Geneuille 25 161 H3
La Genevraie 61 54 D5
La Genevraye 77 88 C5
Genevreuille 70 141 G4
Genevrey 70 141 G3
Genevrières 52 140 A3
La Genevroye 52 92 D5
Geney 25 142 A5
La Geneytouse 87 206 B5
Génicourt 95 58 A1
Génicourt-sous-Condé 55 63 G3
Génicourt-sur-Meuse 55 64 B2
Genilac 42 230 C3
Genillé 37 152 C5
Genin *Lac* 01 196 D5
Génis 24 223 G5
Génissac 33 238 B5
Génissiat *Barrage de* 01 215 E2
Génissieux 26 249 G3
Genlis 21 160 C4
Gennes 25 162 A3
Gennes 49 150 A3
Gennes-Ivergny 62 12 B2
Gennes-sur-Glaize 53 128 C2
Gennes-sur-Seiche 35 105 F4
Genneteil 49 129 H5
Gennetines 03 192 B1
Genneton 79 167 H1
Genneville 14 34 D2
Gennevilliers 92 58 B2
Genod 39 196 B4
Génois *Pont* 2B 346 D3
Génois *Pont* 2B 347 F5
Génolhac 30 283 G1
Génos 31 334 B2
Génos 65 333 H4
Genouillac 16 204 B4
Genouillac 23 189 G4
Genouillé 17 201 F2
Genouillé 86 203 G2
Genouilleux 01 213 E1
Genouilly 18 154 A5
Genouilly 71 177 F5
Genrupt 52 118 A5
Gensac 33 257 E1
Gensac 65 315 E2
Gensac 82 297 E1
Gensac-de-Boulogne 31 316 B4
Gensac-la-Pallue 16 220 C1
Gensac-sur-Garonne 31 317 F5
Genté 16 220 B2
Gentelles 80 22 D2
Gentilly 94 58 C4
Gentioux 23 207 F5
Genvry 60 23 G5
Georfans 70 141 H5
Géovreisset 01 196 C5
Ger 50 52 D5
Ger 64 314 D4
Ger 65 332 D1
Geraise 39 179 H2
Gérardmer 88 120 B3
Géraudot 10 91 F5
Gérauvilliers 55 93 H2
Gerbaix 73 232 D2
Gerbamont 88 120 A4
Gerbécourt 57 66 C3
Gerbécourt-et-Haplemont 54 94 D3
Gerbépal 88 120 B2
Gerberoy 60 37 G1
Gerbéviller 54 95 G2
Gerbier de Jonc *Mont* 07 266 A1
Gercourt-et-Drillancourt 55 43 H3
Gercy 02 25 F2
Gerde 65 333 F1
Gerderest 64 314 C2
Gère-Bélesten 64 332 A2
Gergny 02 25 E1
Gergovie *Plateau de* 63 227 H1
Gergueil 21 159 H4
Gergy 71 178 A3
Gerland 21 160 A5
Germ 65 333 H4
Germagnat 01 196 B4
Germagny 71 177 F5
Germaine 02 23 H3
Germaine 51 41 G5
Germaines 52 139 E3
Germainville 28 56 D4
Germainvilliers 52 117 H3
Germay 52 93 F4
Germéfontaine 25 162 D3
Germenay 58 157 F4
Germignac 17 220 B2
Germigney 39 179 F1
Germigney 70 161 E2
Germignonville 28 110 C3
Germigny 51 41 F4
Germigny 89 114 C5
Germigny-des-Prés 45 133 H2
Germigny-l'Évêque 77 59 G2
Germigny-l'Exempt 18 174 A3
Germigny-sous-Coulombs 77 60 A1
Germigny-sur-Loire 58 174 B1
Germinon 51 61 H3
Germiny 54 94 C2
Germisay 52 93 F4
Germolles *Château de* 71 177 G4
Germolles-sur-Grosne 71 194 C5
Germond-Rouvre 79 185 E3
Germondans 25 162 B2
Germont 08 43 E1
Germonville 54 94 D3
Germs-sur-l'Oussouet 65 333 E1
Gernelle 08 27 E3
Gernicourt 02 41 F2
Géronce 64 313 G4
Gerponville 76 19 F3
Gerrots 14 34 B4
Gerstheim 67 97 G3

Gertwiller 67 97 F3
Geruge 39 179 E5
Gervans 26 249 E3
Gerville 76 18 D4
Gerville-la-Forêt 50 31 G3
Géry 55 63 H4
Gerzat 63 209 H5
Gesnes 53 106 B3
Gesnes-en-Argonne 55 43 G3
Gesnes-le-Gandelin 72 83 G5
Gespunsart 08 27 E2
Gestas 64 313 F3
Gesté 49 148 C4
Gestel 56 100 D5
Gestiès 09 336 A5
Gesvres 53 83 E4
Gesvres-le-Chapitre 77 59 G1
Gétigné 44 148 B5
Les Gets 74 198 C5
Geu 65 332 D2
Geudertheim 67 69 E4
Géus-d'Arzacq 64 294 A5
Geüs-d'Oloron 64 313 G4
Gévezé 35 80 A5
Gevigney-et-Mercey 70 140 D2
Gevingey 39 179 E5
Gevresin 25 180 A2
Gevrey-Chambertin 21 160 A4
Gevrolles 21 116 B5
Gevry 39 178 D1
Gex 01 197 F4
Geyssans 26 249 G2
Gez 65 332 D2
Gez-ez-Angles 65 333 E1
Gézaincourt 80 12 D4
Gezier-et-Fontenelay 70 161 H2
Gézoncourt 54 65 G4
Ghisonaccia 2B 349 G2
Ghisoni 2B 349 F1
Ghissignies 59 15 E3
Ghyvelde 59 3 H2
Giat 63 208 C5
Gibeaumeix 54 94 A2
Gibel 31 318 B4
Gibercourt 02 24 B3
Giberville 14 33 H4
Gibles 71 194 A4
Gibourne 17 202 B3
Gibret 40 293 F3
Le Gicq 17 202 C3
Gidy 45 110 D5
Giel-Courteilles 61 53 H4
Gien 45 134 C4
Gien-sur-Cure 58 158 B5
Giens 83 328 C5
Gières 38 251 E1
La Giettaz 73 216 B4
Giéville 50 52 B1
Gièvres 41 153 H4
Giey-sur-Aujon 52 116 D5
Giez 74 215 H5
Gif-sur-Yvette 91 58 A5
Giffaumont-
Champaubert 51 92 B2
Gigean 34 323 E3
Gignac 34 302 B4
Gignac 46 242 B4
Gignac 84 306 A1
Gignac-la-Nerthe 13 326 C1
Gignat 63 228 A4
Gignéville 88 118 B3
Gigney 88 95 E5
Gigny 39 196 B2
Gigny 89 137 G3
Gigny-Bussy 51 91 H2
Gigny-sur-Saône 71 178 A5
Gigondas 84 285 G3
Gigors 04 269 H5
Gigors-et-Lozeron 26 267 H1
Gigouzac 46 260 B4
Gijounet 81 300 B3
Gildwiller 68 143 E2
Gilette 06 291 E5
Gilhac-et-Bruzac 07 249 E5
Gilhoc-sur-Ormèze 07 248 D4
Gillancourt 52 116 C3
Gillaumé 52 93 F3
Gilles 28 57 E3
Gilley 25 162 D5
Gilley 52 140 A4
Gillois 39 180 A4
Gillonnay 38 232 A4
Gilly-lès-Cîteaux 21 160 A5
Gilly-sur-Isère 73 234 A1
Gilly-sur-Loire 71 193 E2
Gilocourt 60 39 G3
Gimat 82 297 E2
Gimbrède 32 276 C5
Gimbrett 67 68 D5
Gimeaux 63 209 H4
Gimécourt 55 64 B4
Gimel-les-Cascades 19 243 E1
Gimeux 16 220 B2
La Gimond 42 230 B3
Gimont 32 296 D4
Gimouille 58 174 B2
Ginai 61 54 C4
Ginals 82 279 E3
Ginasservis 83 306 D3
Ginchy 80 13 G5
Gincla 11 337 H5
Gincrey 55 44 C4
Gindou 46 259 G3
Ginestas 11 320 D4
Ginestet 24 239 H5
Gingsheim 67 68 C4
Ginoles 11 337 F4
Ginouillac 46 260 B2
Gintrac 46 242 D5
Giocatojo 2B 347 G3
Gionges 51 61 G2
Giou-de-Mamou 15 244 C5
Gioux 23 207 G5
Gipcy 03 191 G2
Girac 46 243 E5
Girancourt 88 119 E2
Giraumont 54 45 F5
Giraumont 60 39 F1
Girauvoisin 55 64 D4
Gircourt-lès-Viéville 88 94 D4
Girecourt-sur-Durbion 88 95 G5
Girefontaine 70 118 D5
Giremoutiers 77 59 H3
Girgols 15 244 C4
Giriviller 54 95 F3
Girmont 88 95 F5
Girmont-Val-d'Ajol 88 119 G4
Girolles 45 112 C4
Girolles 89 157 H1
Giromagny 90 142 B2
Giron 01 196 D5
Gironcourt-sur-Vraine 88 94 B5
Gironde-sur-Dropt 33 256 C3
Girondelle 08 26 B2
Gironville 77 112 A3
Gironville-et-Neuville 28 86 A2
Gironville-
sous-les-Côtes 55 64 D4
Gironville-sur-Essonne 91 87 H5
Le Girouard 85 182 C1
Giroussens 81 298 C3
Giroux 36 172 B1
Girovillers-
sous-Montfort 88 94 C5
Giry 58 157 E4
Gisay-la-Coudre 27 55 F2
Giscaro 32 296 D4
Giscos 33 274 C2
Gisors 27 37 G3
Gissac 12 301 E2
Gissey-le-Vieil 21 159 E3
Gissey-sous-Flavigny 21 159 F1
Gissey-sur-Ouche 21 159 G4
Gisy-les-Nobles 89 113 F2
Giuncaggio 2B 347 G5
Giuncheto 2A 350 D3
Givardon 18 173 H4
Givarlais 03 190 D3
Givenchy-en-Gohelle 62 8 B5
Givenchy-le-Noble 62 13 E2
Givenchy-lès-la-Bassée 62 8 B4
Giverny 27 57 E1
Giverville 27 35 F4
Givet 08 17 F4
Givonne 08 27 F3
Givors 69 231 E2
Givraines 45 111 H3
Givrand 85 164 D5
Givrauval 55 93 F1
Le Givre 85 182 D2
Givrezac 17 219 G3
Givron 08 26 A4
Givry 08 42 C1
Givry 71 177 G4
Givry 89 157 H1
Givry-en-Argonne 51 63 E2
Givry-lès-Loisy 51 61 F3
Givrycourt 57 67 F2
Gizaucourt 51 63 E1
Gizay 86 186 C3
Gizeux 37 151 E2
Gizia 39 196 A2
Gizy 02 25 E5
La Glacerie 50 29 E3
Glacière *Grotte de la* 25 162 C3
Glageon 59 15 H5
Glaignes 60 39 F4
Glainans 25 163 E2
Glaine-Montaigut 63 228 B1
Glaire 08 27 E3
Le Glaizil 05 269 G1
Glamondans 25 162 C3
Gland 02 60 C1
Gland 89 137 G3
Glandage 26 268 D2
Glandon 87 223 G4
Glandon *Col du* 73 251 H1
Glanes 46 243 E5
Glanges 87 224 B2
Glannes 51 62 C5
Glanon 21 178 B1
Glanville 14 34 B3
Glatens 82 296 D1
Glatigny 50 31 F3
Glatigny 57 46 B5
Glatigny 60 37 H1
Glay 25 142 C5
Gleizé 69 212 D3
Glénac 56 125 G3
Glénat 15 243 H5
Glénay 79 168 A3
Glénic 23 189 G5
Glennes 02 41 E3
Glénouze 86 168 C2
Glère 25 163 H2
Glicourt 76 10 C5
Glisolles 27 56 A2
Glisy 80 22 C2
Glomel 22 77 E5
Glonville 54 95 H3
Glorianes 66 342 C3
Glos 14 34 D5
Glos-la-Ferrière 61 55 F3
Glos-sur-Risle 27 35 G3
Gluges 46 242 C5
Gluiras 07 266 C1
Glun 07 249 E4
Glux-en-Glenne 58 176 B2
Goas 82 297 E2
La Godefroy 50 51 H4
Godenvillers 60 22 D5
Goderville 76 19 E4
Godewaersvelde 59 4 A5
Godisson 61 54 C5
La Godivelle 63 227 F5
Godoncourt 88 118 B4
Gœrlingen 67 67 H4
Gœrsdorf 67 69 E2
Goès 64 331 H1
Goetzenbruck 57 68 B2
Gœulzin 59 14 A2
Gogney 54 96 A1
Gognies-Chaussée 59 15 G2
La Gohannière 50 51 H4
Gohier 49 149 H2
Gohory 28 109 H3
Goin 57 65 H2
Goincourt 60 38 A2
Golancourt 60 23 H4
Golbey 88 119 F2
Goldbach 68 120 C5
Golfe-Juan 06 309 F4
Golfech 82 276 D4
Golinhac 12 262 D3
Golleville 50 29 F5
Gombergean 41 131 G5
Gomelange 57 46 C4
Gomené 22 102 D2
Gomer 64 314 C4
Gometz-la-Ville 91 58 A5
Gometz-le-Châtel 91 58 A5
Gomiécourt 62 13 G4
Gommecourt 62 13 F4
Gommecourt 78 57 E1
Gommegnies 59 15 F2
Gommenec'h 22 73 F4
Gommersdorf 68 143 E3
Gommerville 28 87 E5
Gommerville 76 18 D5
Gomméville 21 115 H5
Gomont 08 41 H1
Gonaincourt 52 117 H2
Goncelin 38 233 F5
Goncourt 52 117 H2
Gond-Pontouvre 16 221 F1
Gondecourt 59 8 C3
Gondenans-
les-Moulins 25 162 C1
Gondenans-Montby 25 162 D1
Gondeville 16 220 C1
Gondrecourt-Aix 54 45 E4
Gondrecourt-
le-Château 55 93 G3
Gondreville 45 112 B4
Gondreville 54 65 F5
Gondreville 60 39 G4
Gondrexange 57 67 G5
Gondrexon 54 95 H1
Gondrin 32 295 G1
Les Gonds 17 219 G1
Gonesse 95 58 D2
Gonez 65 315 F4
Gonfaron 83 328 D2
Gonfreville 50 31 H3
Gonfreville-Caillot 76 19 E4
Gonfreville-l'Orcher 76 34 C1
La Gonfrière 61 55 E3
Gonnehem 62 7 H3
Gonnelieu 59 14 B5
Gonnetot 76 19 H3
Gonneville-Le Theil 50 29 F3
Gonneville-en-Auge 14 33 H3
Gonneville-la-Mallet 76 18 C4
Gonneville-
sur-Honfleur 14 34 D2
Gonneville-sur-Mer 14 34 A3
Gonneville-sur-Scie 76 20 B3
Gonsans 25 162 C4
Gontaud-de-Nogaret 47 257 F5
La Gonterie-
Boulouneix 24 222 B5
Gonvillars 70 142 A4
Gonzeville 76 19 H3
Goos 40 293 F3
Gorbio 06 291 G5
Gorcy 54 44 D1
Gordes 84 305 G1
Gorenflos 80 12 B4
Gorges 44 148 A5
Gorges 50 31 G3
Gorges 80 12 C4
La Gorgue 59 8 A2
Gorhey 88 119 E2
Gornac 33 256 C2
Gorniès 34 302 B1
Gorre 87 223 E1
Gorrevod 01 195 F3
Gorron 53 81 H4
Gorses 46 261 F1
Gorze 57 65 G1
Gosnay 62 7 H4
Gosné 35 80 D5
Gosselming 57 67 G4
Gotein-Libarrenx 64 331 E1
Gottenhouse 67 68 B5
Gottesheim 67 68 C4
Gouaix 77 89 G3
Goualade 33 274 C1
Gouarec 22 77 G5
Gouaux 65 333 H4
Gouaux-de-Larboust 31 334 A4
Gouaux-de-Luchon 31 334 B4
Gouberville 50 29 G2
Gouchaupre 76 10 C5
Goudargues 30 284 C3
Goudelancourt-
lès-Berrieux 02 41 F1
Goudelancourt-
lès-Pierrepont 02 25 F4
Goudelin 22 73 F5
Goudet 43 247 F5
Goudex 31 317 E3
Goudon 65 315 G4
Goudourville 82 276 D4
Gouesnach 29 99 H4
La Gouesnière 35 50 D5
Gouesnou 29 70 C5
Gouex 86 187 E4
Gouézec 29 76 A5
Gougenheim 67 68 C5
Gouhelans 25 162 C1
Gouhenans 70 141 H4
Gouillons 28 86 D5
Gouise 03 192 B3
Goujounac 46 259 G4
La Goulafrière 27 55 E2
Goulaine *Château de* 44 147 H4
Goulet 61 54 A4
Goulien 29 98 D2
Goulier 09 336 A5
Goulles 19 243 G4
Les Goulles 21 138 D2
Gouloux 58 158 B4
Goult 84 305 G1
Goulven 29 71 E4
Goumois 25 163 H3
Goupillières 14 53 F1
Goupillières 27 35 G5
Goupillières 76 20 A5
Goupillières 78 57 G3
Gouraincourt 55 44 D4
Le Gouray 22 78 D5
Gourbera 40 292 D2
Gourbesville 50 29 G5
Gourbit 09 336 A4
Gourchelles 60 21 G3
Gourdan-Polignan 31 334 A1
Gourdièges 15 245 F5
Gourdon 06 309 E2
Gourdon 07 266 B2
Gourdon 46 259 H2
Gourdon 71 194 B1
Gourdon-Murat 19 225 E3
Gourette 64 332 B2
Gourfaleur 50 32 B5
Gourfouran *Gouffre de* 05 270 C1
Gourgançon 51 61 G5
Gourgé 79 168 B5
Gourgeon 70 140 C3
Gourgue 65 333 G1
Gourhel 56 103 E4
Gourin 56 76 C5
Gourlizon 29 99 G2
Gournay 36 189 E1
Gournay 76 34 C1
Gournay 79 202 D1
Gournay-en-Bray 76 37 F1
Gournay-le-Guérin 27 55 G5
Gournay-sur-Aronde 60 39 E1
Gournay-sur-Marne 93 58 D3
Les Gours 16 202 D3
Gours 33 238 D4
Gourvieille 11 318 C4
Gourville 16 202 D5
Gourvillette 17 202 C4
Goury 50 28 C2
Gourzon 52 92 D2
Goussaincourt 55 94 A3
Goussainville 28 57 E4
Goussainville 95 58 D1
Goussancourt 02 40 D5
Gousse 40 293 F2
Goussonville 78 57 G2
Goustranville 14 34 A4
La Goutelle 63 209 E5
Goutevernisse 31 317 F5
Goutrens 12 262 B5
Gouts 40 293 F2
Gouts 82 277 E1
Gouts-Rossignol 24 221 G4
Gouttières 27 55 G1
Gouttières 63 209 E2
Goutz 32 296 C2
Gouvernes 77 59 E3
Gouves 62 13 F2
Gouvets 50 52 B2
Gouvieux 60 38 C4
Gouville 27 56 A3
Gouville-sur-Mer 50 31 F5
Gouvix 14 53 G1
Goux 32 295 E4
Goux 39 179 E1
Goux-lès-Dambelin 25 163 E2
Goux-les-Usiers 25 180 C1
Goux-sous-Landet 25 161 H5
Gouy 02 14 B5
Gouy 76 36 B3
Gouy-en-Artois 62 13 F3
Gouy-en-Ternois 62 12 D2
Gouy-les-Groseillers 60 22 B4
Gouy-l'Hôpital 80 21 H2
Gouy-Saint-André 62 6 D5
Gouy-Servins 62 8 A5
Gouy-sous-Bellonne 62 14 A2
Gouzangrez 95 37 H5
Gouze 64 313 G2
Gouzeaucourt 59 14 A5
Gouzens 31 317 F5
Gouzon 23 207 H1
Gouzougnat 23 207 H1
Goven 35 104 A4
Goviller 54 94 C3
Goxwiller 67 97 F3
Goyencourt 80 23 F3
Goyrans 31 317 H2
Grabels 34 302 D4
Graçay 18 154 A5
Grâce-Uzel 22 102 B1
Grâces 22 73 E5
Gradignan 33 255 F1
Graffigny-Chemin 52 117 H2
Gragnague 31 298 B4
Graignes 50 32 A3
Grailhen 65 333 H4
Graimbouville 76 18 D5
Graincourt-
lès-Havrincourt 62 14 A4
Grainville 27 36 D3
Grainville-la-Teinturière 76 19 F3
Grainville-Langannerie 14 53 H1
Grainville-sur-Odon 14 33 F5
Grainville-sur-Ry 76 36 C1
Grainville-Ymauville 76 19 E4
Le Grais 61 53 G5
Graissac 12 263 E2
Graissessac 34 301 F4
Graix 42 230 C5
Le Grallet 17 218 C1
Gramat 46 260 D2
Gramazie 11 337 F1
Grambois 84 306 B2
Grammond 42 230 B3
Grammont 70 141 H5
Gramond 12 280 B2
Gramont 82 296 C1
Granace 2A 351 E2
Grancey-le-Château 21 139 E4
Grancey-sur-Ource 21 116 A4
Granchain 27 55 G1
Grand 88 93 G4
Le Grand-Abergement 01 214 D2
Grand-Auverné 44 127 E5
Grand-Ballon 68 120 C5
Grand Bois ou de
la République *Col du* 42 230 C5
Le Grand-Bornand 74 216 A3
Le Grand-Bourg 23 206 C1
Grand-Bourgtheroulde 27 35 H3
Grand-Brassac 24 239 H1
Grand-Camp 27 55 E1
Grand-Camp 76 19 F5
Grand-Castang 24 240 C5
Le Grand-Celland 50 52 A5
Grand-Champ 56 124 B2
Grand-Charmont 25 142 C4
Grand-Châtel 39 196 D3
La Grand-Combe 30 283 G3
Grand-Corent 01 196 B5
Grand-Couronne 76 36 A3
La Grand-Croix 42 230 C3
Grand-Failly 54 44 C2
Grand-Fayt 59 15 F4
Grand Fenestrez 01 214 D4
Grand-Fort-Philippe 59 3 E2
Grand-Fougeray 35 126 B3
Grand-Laviers 80 11 G3
Le Grand-Lemps 38 232 B4
Le Grand-Lucé 72 130 C2
Le Grand-Madieu 16 203 H3
Grand Phare 85 164 A4
Le Grand Piquey 33 254 B2
Le Grand-Pressigny 37 170 A3
Grand-Puch
Château du 33 238 B5
Le Grand-Quevilly 76 36 A2
Grand-Rozoy 02 40 B4
Grand-Rullecourt 62 13 E3
Le Grand-Serre 26 249 G1
Grand Taureau 25 180 D2
Grand-Vabre 12 262 B3
Le Grand-Valtin 88 120 B3
Grand-Verly 02 24 D1
Le Grand-
Village-Plage 17 200 B4
Grandcamp-Maisy 14 32 B2
Grandchamp 08 26 B4
Grandchamp 52 139 H3
Grandchamp 72 83 H5
Grandchamp 78 57 E5
Grandchamp 89 135 G3
Grandchamp-
des-Fontaines 44 147 G2
Grandchamp-
le-Château 14 34 B5
Grand'Combe-
Châteleu 25 181 E1
Grand'Combe-
des-Bois 25 163 G4
Grandcourt 76 11 E5
Grandcourt 80 13 F5
Grande Chartreuse
Couvent de la 38 233 E5
La Grande-Fosse 88 96 C4
La Grande-Motte 34 303 F5
La Grande-Paroisse 77 88 D4
La Grande-Résie 70 161 E3
Grande-Rivière 39 197 E1
Grande-Synthe 59 3 F2
La Grande-Verrière 71 176 B2
Grandecourt 70 140 C4
Les Grandes-Armoises 08 27 E5
Les Grandes-Chapelles 10 90 D3

Les Grandes-Dalles 76 ..... 19 F 2
Les Grandes-Loges 51 ..... 62 A 1
Les Grandes-Rivières 17 ..... 183 G 5
Les Grandes-Ventes 76 ..... 20 C 3
Grandeyrolles 63 ..... 227 G 3
Grandfontaine 25 ..... 161 H 4
Grandfontaine 67 ..... 96 C 2
Grandfontaine-sur-Creuse 25 ..... 162 D 4
Grandfresnoy 60 ..... 39 E 2
Grandham 08 ..... 43 E 3
Grandjean 17 ..... 201 G 4
Grand'Landes 85 ..... 165 F 3
Grandlup-et-Fay 02 ..... 25 E 4
Grandmesnil 14 ..... 54 B 2
Grandmesnil 54 ..... 94 A 1
Grandouet 14 ..... 34 B 5
Grandpré 08 ..... 43 E 3
Grandpuits 77 ..... 88 D 2
Grandrieu 48 ..... 264 D 1
Grandrieux 02 ..... 25 H 3
Grandrif 63 ..... 229 E 3
Grandris 69 ..... 212 B 2
Grandrû 60 ..... 23 H 5
Grandrupt 88 ..... 96 C 4
Grandrupt-de-Bains 88 ..... 118 D 3
Les Grands-Chézeaux 87 ..... 188 B 4
Grandsaigne 19 ..... 225 E 4
Grandval 63 ..... 228 D 2
Grandval *Barrage de* 15 ..... 245 H 5
Grandvals 48 ..... 263 G 2
Grandvaux 71 ..... 194 A 2
Grandvelle-et-le-Perrenot 70 ..... 161 H 1
Grandvillars 90 ..... 142 D 4
La Grandville 08 ..... 26 D 3
Grandville 10 ..... 91 F 2
Grandvillers 88 ..... 95 H 5
Grandvillers-aux-Bois 60 ..... 39 E 2
Grandvilliers 27 ..... 56 A 4
Grandvilliers 60 ..... 21 H 4
Grane 26 ..... 267 F 2
Granès 11 ..... 337 G 3
La Grange 25 ..... 163 E 3
Grange-de-Vaivre 39 ..... 179 G 1
Grange-le-Bocage 89 ..... 89 H 5
Grangent *Barrage de* 42 ..... 230 A 4
Grangermont 45 ..... 111 H 3
Granges 01 ..... 196 B 5
Les Granges 10 ..... 115 E 4
Granges 71 ..... 177 G 4
Granges-Aumontzey 88 ..... 120 A 2
Les Granges *Château* 58 ..... 156 B 3
Granges-d'Ans 24 ..... 241 F 2
Granges-de-Vienney 25 ..... 162 B 4
Les Granges-Gontardes 26 ..... 267 E 5
Granges-la-Ville 70 ..... 142 A 4
Granges-le-Bourg 70 ..... 142 A 4
Les Granges-le-Roi 91 ..... 87 E 3
Granges-l'Église 25 ..... 180 C 2
Granges-les-Beaumont 26 ..... 249 G 3
Granges-Maillot 25 ..... 180 B 1
Granges-Narboz 25 ..... 180 C 2
Granges-Sainte-Marie 25 ..... 180 C 3
Granges-sur-Aube 51 ..... 90 C 2
Granges-sur-Baume 39 ..... 179 F 4
Granges-sur-Lot 47 ..... 275 H 1
Les Grangettes 25 ..... 180 C 3
Grangues 14 ..... 34 A 3
Granier 73 ..... 234 C 2
Granier *Col du* 73 ..... 233 F 3
Granieu 38 ..... 232 C 2
Granon *Col de* 05 ..... 252 C 4
Grans 13 ..... 305 F 4
Granville 50 ..... 51 F 3
Granzay-Gript 79 ..... 184 D 5
Gras 07 ..... 266 C 5
Les Gras 25 ..... 181 E 1
Gras *Plateau des* 07 ..... 284 C 1
Grassac 16 ..... 221 H 2
Grasse 06 ..... 309 E 3
Grassendorf 67 ..... 68 C 3
Grateloup-Saint-Gayrand 47 ..... 257 G 5
Gratens 31 ..... 317 F 4
Gratentour 31 ..... 297 H 3
Gratibus 80 ..... 22 D 4
Gratot 50 ..... 31 G 5
Gratreuil 51 ..... 42 D 4
Grattepanche 80 ..... 22 B 3
Le Gratteris 25 ..... 162 B 4
Grattery 70 ..... 141 E 4
Le Grau-d'Agde 34 ..... 322 C 5
Grau de Maury 66 ..... 338 B 4
Le Grau-du-Roi 30 ..... 303 F 5
Graufthal 67 ..... 68 A 3
Les Graulges 24 ..... 221 H 3
Graulhet 81 ..... 299 E 3
Grauves 51 ..... 61 G 2
Graval 76 ..... 21 E 3
La Grave 05 ..... 252 A 3
La Grave 06 ..... 291 F 5
Grave *Pointe de* 33 ..... 218 C 2
Gravelines 59 ..... 3 E 2
La Gravelle 53 ..... 105 G 3
Gravelotte 57 ..... 65 G 1
La Graverie 14 ..... 52 C 2
Graveron-Sémerville 27 ..... 36 A 5
Graves-Saint-Amant 16 ..... 220 D 2
Graveson 13 ..... 304 C 2
Gravières 07 ..... 265 H 5
Gravigny 27 ..... 56 B 1
Gravon 77 ..... 89 F 4
Gray 70 ..... 161 E 1
Gray-la-Ville 70 ..... 161 E 1
Grayan-et-l'Hôpital 33 ..... 218 C 4
Graye-et-Charnay 39 ..... 196 B 2
Graye-sur-Mer 14 ..... 33 F 3
Grayssas 47 ..... 276 D 3
Grazac 31 ..... 318 A 4
Grazac 43 ..... 247 H 2
Grazac 81 ..... 298 B 2
Grazay 53 ..... 82 C 5
Gréalou 46 ..... 261 E 4
Gréasque 13 ..... 327 F 1
Grébault-Mesnil 80 ..... 11 F 4
Grécourt 80 ..... 23 G 3
Gredisans 39 ..... 161 E 5
La Grée-Penvins 56 ..... 124 C 5
La Grée-Saint-Laurent 56 ..... 102 D 4
Gréez-sur-Roc 72 ..... 108 D 3
Greffeil 11 ..... 337 H 1
Grèges 76 ..... 10 B 5
Grégy-sur-Yerres 77 ..... 59 E 5
Grémecey 57 ..... 66 C 4
Grémévillers 60 ..... 21 H 5
Gremilly 55 ..... 44 C 4
Grémonville 76 ..... 19 H 4
Grenade 31 ..... 297 G 3
Grenade-sur-l'Adour 40 ..... 294 A 2
Grenant 52 ..... 139 H 3
Grenant-lès-Sombernon 21 ..... 159 G 4
Grenay 38 ..... 231 G 1
Grenay 62 ..... 8 B 4
Grendelbruch 67 ..... 97 E 2
Greneville-en-Beauce 45 ..... 111 F 3
Grenier-Montgon 43 ..... 245 H 1
Gréning 57 ..... 67 F 2
Grenoble 38 ..... 250 D 1
Grenois 58 ..... 157 F 3
Grentheville 14 ..... 33 H 5
Grentzingen 68 ..... 143 F 3
Greny 76 ..... 10 C 5
Gréolières 06 ..... 309 E 1
Gréolières-les-Neiges 06 ..... 309 E 1
Gréoux-les-Bains 04 ..... 306 D 2
Grépiac 31 ..... 318 A 3
Le Grès 31 ..... 297 F 3
Grésigny-Sainte-Reine 21 ..... 138 A 5
Gresin 73 ..... 232 D 2
La Gresle 42 ..... 212 A 2
Gresse-en-Vercors 38 ..... 250 C 5
Gressey 78 ..... 57 E 3
Gresswiller 67 ..... 97 E 2
Gressy 77 ..... 59 E 2
Grésy-sur-Aix 73 ..... 215 F 5
Grésy-sur-Isère 73 ..... 233 H 2
Gretz-Armainvilliers 77 ..... 59 F 4
Greucourt 70 ..... 140 C 5
Greuville 76 ..... 19 H 2
Greux 88 ..... 93 H 3
La Grève-sur-Mignon 17 ..... 184 B 5
Les Grèves 22 ..... 78 C 3
Gréville-Hague 50 ..... 28 D 2
Grévillers 62 ..... 13 G 4
Grevilly 71 ..... 195 E 2
Grez 60 ..... 21 H 4
Le Grez 72 ..... 107 E 2
Grez-en-Bouère 53 ..... 128 C 2
Grez-Neuville 49 ..... 128 B 5
Grez-sur-Loing 77 ..... 88 B 5
Grézac 17 ..... 219 E 2
Grézels 46 ..... 259 F 5
Grèzes 24 ..... 241 H 3
Grèzes 43 ..... 246 C 5
Grèzes 46 ..... 261 E 3
Grèzes 48 ..... 264 B 4
Grézet-Cavagnan 47 ..... 275 E 1
Grézian 65 ..... 333 G 4
Grézieu-la-Varenne 69 ..... 212 D 5
Grézieu-le-Marché 69 ..... 230 B 2
Grézieux-le-Fromental 42 ..... 229 H 2
Grézillac 33 ..... 256 C 1
Grézillé 49 ..... 149 H 3
Grézolles 42 ..... 211 F 4
Gricourt 02 ..... 24 A 2
Grièges 01 ..... 195 E 5
La Grière 85 ..... 182 D 3
Gries 67 ..... 69 E 4
Griesbach 67 ..... 68 D 2
Griesbach-au-Val 68 ..... 120 D 3
Griesbach-le-Bastberg 67 ..... 68 B 3
Griesheim-près-Molsheim 67 ..... 97 F 2
Griesheim-sur-Souffel 67 ..... 68 D 5
Grignan 26 ..... 267 F 5
Grigneuseville 76 ..... 20 B 4
Grignols 24 ..... 240 B 3
Grignols 33 ..... 274 D 1
Grignon 21 ..... 137 H 5
Grignon 73 ..... 234 A 1
Grignoncourt 88 ..... 118 B 5
Grigny 62 ..... 7 E 5
Grigny 69 ..... 231 E 2
Grigny 91 ..... 58 C 5
La Grigonnais 44 ..... 126 C 5
Grillemont *Château de* 37 ..... 170 A 1
Grillon 84 ..... 267 F 5
Grilly 01 ..... 197 G 4
Grimaucourt-en-Woëvre 55 ..... 44 C 5
Grimaucourt-près-Sampigny 55 ..... 64 C 4
Grimaud 83 ..... 329 F 2
La Grimaudière 86 ..... 168 C 4
Grimault 89 ..... 137 E 4
Grimbosq 14 ..... 53 F 1
Grimesnil 50 ..... 51 H 1
Grimone 26 ..... 268 D 2
Grimone *Col de* 26 ..... 268 D 2
Grimonviller 54 ..... 94 C 4
Grincourt-lès-Pas 62 ..... 13 E 4
Grindorff-Bizing 57 ..... 46 C 2
Gripp 65 ..... 333 F 3
La Gripperie-Saint-Symphorien 17 ..... 200 D 5
Gripport 54 ..... 95 E 3
Gris-Nez *Cap* 62 ..... 2 A 4
Griscourt 54 ..... 65 G 4
Griselles 21 ..... 137 H 2
Griselles 45 ..... 112 C 4
Grisolles 02 ..... 40 B 5
Grisolles 82 ..... 297 G 2
Grisy 14 ..... 54 A 1
Grisy-les-Plâtres 95 ..... 38 A 5
Grisy-Suisnes 77 ..... 59 E 5
Grisy-sur-Seine 77 ..... 89 G 4
La Grive 38 ..... 231 H 2
Grives 24 ..... 259 F 2
Grivesnes 80 ..... 22 D 4
Grivillers 80 ..... 23 E 4
Grivy-Loisy 08 ..... 42 C 2
Groffliers 62 ..... 6 B 5
La Groise 59 ..... 15 E 5
Groises 18 ..... 155 H 4
Groissiat 01 ..... 196 C 5
Groisy 74 ..... 215 G 2
Groix 56 ..... 123 E 3
Groléjac 24 ..... 259 H 1
Gron 18 ..... 155 H 5
Gron 89 ..... 113 G 3
Gronard 02 ..... 25 F 3
Le Gros Cerveau 83 ..... 327 H 4
Gros-Chastang 19 ..... 243 F 2
Gros-Réderching 57 ..... 67 H 1
Grosbliederstroff 57 ..... 47 G 5
Grosbois 25 ..... 162 C 2
Grosbois *Château de* 94 ..... 58 D 5
Grosbois-en-Montagne 21 ..... 159 F 3
Grosbois-lès-Tichey 21 ..... 178 C 1
Grosbreuil 85 ..... 182 B 1
Les Groseillets 79 ..... 185 E 2
Groslay 95 ..... 58 C 2
Groslée 01 ..... 232 C 1
Groslée-Saint-Benoit 01 ..... 232 C 1
Grosley-sur-Risle 27 ..... 55 H 1
Grosmagny 90 ..... 142 C 2
Grosne 90 ..... 142 D 3
Grospierres 07 ..... 284 A 1
Grosrouvre 78 ..... 57 F 4
Grosrouvres 54 ..... 65 E 4
Grossa 2A ..... 350 D 2
Grosseto-Prugna 2A ..... 348 D 4
Grossœuvre 27 ..... 56 B 2
Grossouvre 18 ..... 174 A 3
Grostenquin 57 ..... 67 E 2
Grosville 50 ..... 28 D 4
Le Grouanec 29 ..... 70 D 4
Grouches-Luchuel 80 ..... 12 D 3
Grougis 02 ..... 24 C 1
Grouin *Pointe du* 35 ..... 50 D 4
La Groulais *Château de* 44 ..... 147 F 1
La Groutte 18 ..... 173 F 5
Grozon 39 ..... 179 F 2
Gruchet-le-Valasse 76 ..... 19 E 5
Gruchet-Saint-Siméon 76 ..... 19 H 2
Grues 85 ..... 183 E 3
Gruey-lès-Surance 88 ..... 118 D 4
Gruffy 74 ..... 215 G 5
Grugé-l'Hopital 49 ..... 127 G 3
Grugies 02 ..... 24 A 3
Grugny 76 ..... 20 B 5
Gruissan 11 ..... 339 F 1
Gruissan-Plage 11 ..... 339 F 1
Grumesnil 76 ..... 21 F 5
Grun-Bordas 24 ..... 240 B 3
Grundviller 57 ..... 67 G 1
Gruny 80 ..... 23 F 3
Grury 71 ..... 176 A 5
Gruson 59 ..... 9 E 3
Grusse 39 ..... 196 B 1
Grussenheim 68 ..... 121 F 2
Grust 65 ..... 332 D 3
Gruyères 08 ..... 26 C 3
Le Gua 17 ..... 200 D 5
Le Gua 38 ..... 250 D 3
Guagno 2A ..... 348 D 1
Guagno-les-Bains 2A ..... 348 C 1
Guainville 28 ..... 57 E 2
Guarbecque 62 ..... 7 H 3
Guargualé 2A ..... 348 D 4
Guchan 65 ..... 333 G 4
Guchen 65 ..... 333 G 4
Gudas 09 ..... 336 B 2
Gudmont 52 ..... 93 E 5
Le Gué-d'Allerè 17 ..... 183 H 5
Le Gué-de-la-Chaîne 61 ..... 84 B 4
Le Gué-de-Longroi 28 ..... 86 C 3
Le Gué-de-Velluire 85 ..... 183 H 3
Gué-d'Hossus 08 ..... 26 C 1
Le Gué-du-Loir 41 ..... 131 F 3
Le Gué-Lian 72 ..... 107 G 2
Guebenhouse 57 ..... 67 F 1
Gueberschwihr 68 ..... 121 E 3
Guébestroff 57 ..... 67 E 4
Guéblange-lès-Dieuze 57 ..... 67 E 4
Guébling 57 ..... 67 E 3
Guebwiller 68 ..... 120 D 5
Guécélard 72 ..... 129 H 2
Le Guédéniau 49 ..... 150 C 1
Guégon 56 ..... 102 C 4
Guéhébert 50 ..... 51 H 1
Guéhenno 56 ..... 102 C 5
Gueltas 56 ..... 102 B 2
Guémappe 62 ..... 13 H 3
Guémar 68 ..... 97 E 5
Guémené-Penfao 44 ..... 126 A 4
Guémené-sur-Scorff 56 ..... 101 F 2
Guémicourt 80 ..... 21 F 3
Guemps 62 ..... 2 D 3
Guénange 57 ..... 45 H 4
Guengat 29 ..... 99 G 2
Guénin 56 ..... 101 H 4
Guénouvry 44 ..... 126 B 4
Guenroc 22 ..... 79 G 5
Guenrouet 44 ..... 125 H 5
Guentrange 57 ..... 45 G 3
Guenviller 57 ..... 47 E 5
Guêprei 61 ..... 54 B 3
Guer 56 ..... 103 F 5
Guérande 44 ..... 145 H 4
Guérard 77 ..... 59 G 4
Guerbigny 80 ..... 23 E 4
La Guerche 37 ..... 170 A 3
La Guerche-de-Bretagne 35 ..... 105 E 5
La Guerche-sur-l'Aubois 18 ..... 174 A 2
Guercheville 77 ..... 112 A 2
Guerchy 89 ..... 136 A 2
Guéreins 01 ..... 213 E 1
Guéret 23 ..... 207 E 1
Guerfand 71 ..... 178 A 4
Guérigny 58 ..... 174 C 1
Guérin 47 ..... 257 E 5
La Guérinière 85 ..... 164 B 1
Guerlédan *Lac de* 22 ..... 77 H 5
Guerlesquin 29 ..... 72 B 5
Guermange 57 ..... 67 F 4
Guermantes 77 ..... 59 E 3
Guern 56 ..... 101 G 3
Guernanville 27 ..... 55 H 3
Guernes 78 ..... 57 F 1
Le Guerno 56 ..... 125 E 4
Guerny 27 ..... 37 F 4
Guéron 14 ..... 33 E 3
La Guéroulde 27 ..... 55 H 4
Guerpont 55 ..... 63 H 4
Guerquesalles 61 ..... 54 C 2
Les Guerreaux 71 ..... 193 F 2
Guerstling 57 ..... 46 D 3
Guerting 57 ..... 46 D 5
Guerville 76 ..... 11 E 5
Guerville 78 ..... 57 F 2
Guéry *Col de* 63 ..... 227 F 2
Gueschart 80 ..... 11 H 2
Guesnain 59 ..... 8 D 5
Guesnes 86 ..... 168 D 2
Guessling-Hémering 57 ..... 66 D 1
Guéthary 64 ..... 310 C 3
Le Guétin 18 ..... 174 B 2
Gueudecourt 80 ..... 13 G 5
Gueugnon 71 ..... 193 G 1
Gueures 76 ..... 20 A 2
Gueutteville 76 ..... 20 A 4
Gueutteville-les-Grès 76 ..... 19 G 2
Gueux 51 ..... 41 F 4
Guevenatten 68 ..... 142 D 2
Guewenheim 68 ..... 142 D 1
Gueynard 33 ..... 237 H 3
Gueytes-et-Labastide 11 ..... 337 E 2
Gueyze 47 ..... 275 E 4
Gugnécourt 88 ..... 95 H 5
Gugney 54 ..... 94 C 4
Gugney-aux-Aulx 88 ..... 95 E 5
Guibermesnil 80 ..... 21 G 2
Guibeville 91 ..... 87 G 2
Guichainville 27 ..... 56 B 2
Guiche 64 ..... 292 C 5
La Guiche 71 ..... 194 B 2
Guichen 35 ..... 104 A 4
Guiclan 29 ..... 71 G 5
Guidel 56 ..... 100 D 5
Guidon du Bouquet 30 ..... 284 A 3
La Guierche 72 ..... 107 H 3
Guignecourt 60 ..... 38 A 1
Guignemicourt 80 ..... 22 B 2
Guignen 35 ..... 103 H 5
Guignes 77 ..... 88 C 2
Guigneville 45 ..... 111 G 2
Guigneville-sur-Essonne 91 ..... 87 H 3
Guignicourt 02 ..... 41 G 2
Guignicourt-sur-Vence 08 ..... 26 C 4
La Guignière 37 ..... 151 H 2
Guignonville 45 ..... 111 F 3
Guigny 62 ..... 11 H 1
Guilberville 50 ..... 52 C 1
Le Guildo 22 ..... 50 A 5
Guiler-sur-Goyen 29 ..... 99 F 2
Guilers 29 ..... 75 E 2
Guilherand-Granges 07 ..... 249 F 4
Guillac 33 ..... 256 C 1
Guillac 56 ..... 102 D 5
Guillaucourt 80 ..... 23 E 2
Guillaumes 06 ..... 289 F 3
Guillemont 80 ..... 13 G 5
La Guillermie 03 ..... 210 D 3
Guillerval 91 ..... 87 F 5
Guillestre 05 ..... 270 D 2
Guilleville 28 ..... 110 D 2
Guilliers 56 ..... 102 D 3
Guilligomarc'h 29 ..... 101 E 4
Guillon 89 ..... 158 B 1
Guillon-les-Bains 25 ..... 162 C 2
Guillonville 28 ..... 110 C 4
Guillos 33 ..... 255 G 4
Guilly 36 ..... 171 H 1
Guilly 45 ..... 133 H 3
Guilmécourt 76 ..... 10 C 5
Guilvinec 29 ..... 99 F 5
Guimaëc 29 ..... 72 A 4
Guimiliau 29 ..... 71 G 5
Guimps 16 ..... 220 C 4
Guinarthe-Parenties 64 ..... 311 H 3
Guincourt 08 ..... 26 C 5
Guindrecourt-aux-Ormes 52 ..... 92 D 3
Guindrecourt-sur-Blaise 52 ..... 92 C 5
Guinecourt 62 ..... 12 C 2
Guînes 62 ..... 2 C 4
Guingamp 22 ..... 73 E 5
Guinglange 57 ..... 66 C 1
Guinkirchen 57 ..... 46 C 4
Guinzeling 57 ..... 67 F 3
Guipavas 29 ..... 75 F 2
Guipel 35 ..... 80 B 5
Guipronvel 29 ..... 70 C 5
Guipry-Messac 35 ..... 126 A 2
Guipy 58 ..... 157 F 4
Guirlange 57 ..... 46 C 4
Guiry-en-Vexin 95 ..... 37 G 5
Guiscard 60 ..... 23 H 4
Guiscriff 56 ..... 100 C 2
Guise 02 ..... 24 D 1
Guiseniers 27 ..... 37 E 4
Le Guislain 50 ..... 52 A 1
Guissény 29 ..... 70 D 4
Guisy 62 ..... 6 D 5
Guitalens 81 ..... 299 E 4
Guitera-les-Bains 2A ..... 349 E 3
Guitinières 17 ..... 219 G 4
Guitrancourt 78 ..... 57 G 1
Guîtres 33 ..... 238 C 3
Guitry 27 ..... 37 E 4
Guitté 22 ..... 103 G 1
Guivry 02 ..... 23 H 4
Guizancourt 80 ..... 21 H 3
Guizengeard 16 ..... 220 D 5
Guizerix 65 ..... 315 H 4
Gujan-Mestras 33 ..... 254 C 2
Gumbrechtshoffen 67 ..... 68 D 2
Gumery 10 ..... 89 H 4
Gumiane 26 ..... 268 A 4
Gumières 42 ..... 229 G 3
Gumond 19 ..... 243 F 2
Gundershoffen 67 ..... 68 D 2
Gundolsheim 68 ..... 121 E 4
Gungwiller 67 ..... 67 H 3
Gunsbach 68 ..... 120 D 3
Gunstett 67 ..... 69 E 2
Guntzviller 57 ..... 67 H 5
Guny 02 ..... 40 A 1
Guran 31 ..... 334 B 3
Gurat 16 ..... 221 G 4
Gurcy-le-Châtel 77 ..... 89 E 3
Gurgy 89 ..... 136 B 2
Gurgy-la-Ville 21 ..... 138 D 2
Gurgy-le-Château 21 ..... 138 D 2
Gurmençon 64 ..... 331 H 1
Gurs 64 ..... 313 G 4
Gurunhuel 22 ..... 72 D 5
Gury 60 ..... 23 F 5
Gussainville 55 ..... 44 D 5
Gussignies 59 ..... 15 F 2
Guyancourt 78 ..... 58 A 4
Guyans-Durnes 25 ..... 162 B 5
Guyans-Vennes 25 ..... 163 E 4
Guyencourt 02 ..... 41 F 2
Guyencourt-Saulcourt 80 ..... 14 A 5
Guyencourt-sur-Noye 80 ..... 22 C 3
La Guyonnière 85 ..... 166 A 2
Guyonvelle 52 ..... 140 B 2
Guzargues 34 ..... 303 E 3
Guzet-Neige 09 ..... 335 G 5
Gy 70 ..... 161 G 2
Gy-en-Sologne 41 ..... 153 G 3
Gy-les-Nonains 45 ..... 112 D 5
Gy-l'Évêque 89 ..... 136 B 4
Gye 54 ..... 94 B 1
Gyé-sur-Seine 10 ..... 115 G 4

H

Habarcq 62 ..... 13 F 2
Habas 40 ..... 293 E 4
Habère-Lullin 74 ..... 198 B 4
Habère-Poche 74 ..... 198 B 4
L'Habit 27 ..... 56 D 3
L'Habitarelle 48 ..... 264 D 3
L'Habitarelle 48 ..... 265 F 5
Hablainville 54 ..... 95 H 2
Habloville 61 ..... 53 H 4
Habonville 54 ..... 45 F 5
Haboudange 57 ..... 66 D 3
Habsheim 68 ..... 143 G 1
Hachan 65 ..... 315 H 4
Hâcourt 52 ..... 117 H 2
Hacqueville 27 ..... 37 E 3
Hadancourt-le-Haut-Clocher 60 ..... 37 G 5
Hadigny-les-Verrières 88 ..... 95 F 4
Hadol 88 ..... 119 G 3
Hadonville-lès-Lachaussée 55 ..... 65 E 1
Haegen 67 ..... 68 B 5
Hagécourt 88 ..... 94 D 5
Hagedet 65 ..... 295 E 5
Hagen 57 ..... 45 H 1
Hagenbach 68 ..... 143 E 2
Hagenthal-le-Bas 68 ..... 143 G 4
Hagenthal-le-Haut 68 ..... 143 G 4
Haget 32 ..... 315 F 2
Hagetaubin 64 ..... 293 H 5
Hagetmau 40 ..... 293 H 4
Hagéville 54 ..... 65 F 2
Hagnéville-et-Roncourt 88 ..... 94 A 5
Hagnicourt 08 ..... 26 C 5
Hagondange 57 ..... 45 H 4
La Hague *Usine atomique de* 50 ..... 28 C 2
Haguenau 67 ..... 69 E 3

La Haie-Fouassière *44* 147 H 4
La Haie-Longue *49* 149 F 3
La Haie-Traversaine *53* 82 B 4
Les Haies *69* 231 E 3
Haigneville *54* 95 E 3
Haillainville *88* 95 F 4
Le Haillan *33* 237 F 5
Hailles *80* 22 C 3
Haillicourt *62* 7 H 4
Haimps *17* 202 C 4
Haims *86* 187 G 2
Hainvillers *60* 23 E 5
Haironville *55* 63 G 5
Haisnes *62* 8 B 4
Haleine *61* 82 C 3
Halinghen *62* 6 B 3
Hallencourt *80* 11 G 5
Hallennes-lez-Haubourdin *59* 8 C 3
Hallering *57* 46 D 5
Les Halles *69* 230 B 1
Halles-sous-les-Côtes *55* 43 G 1
Hallignicourt *52* 63 E 5
Hallines *62* 7 F 2
Halling-lès-Boulay *57* 46 C 5
Hallivillers *80* 22 B 4
La Hallotière *76* 36 D 1
Halloville *54* 96 A 2
Halloy *60* 21 H 4
Halloy *62* 12 D 4
Halloy-lès-Pernois *80* 12 C 5
Hallu *80* 23 F 3
Halluin *59* 4 D 5
Halsou *64* 310 D 3
Halstroff *57* 46 C 2
Le Ham *14* 34 A 4
Le Ham *50* 29 G 5
Le Ham *53* 82 D 4
Ham *80* 23 H 3
Ham *Roches de 50* 52 B 1
Ham-en-Artois *62* 7 H 3
Ham-les-Moines *08* 26 C 2
Ham-sous-Varsberg *57* 46 D 5
Ham-sur-Meuse *08* 17 E 4
Hamars *14* 53 F 1
Hambach *57* 67 G 1
Hambers *53* 106 C 2
Hamblain-les-Prés *62* 13 H 2
Hambye *50* 51 H 2
Hambye *Abbaye de 50* 51 H 2
Hameau-de-la-Mer *50* 29 E 2
Hamel *59* 14 A 2
Le Hamel *60* 21 H 4
Le Hamel *80* 22 D 2
Hamelet *80* 22 D 1
Hamelin *50* 81 F 2
Hamelincourt *62* 13 G 3
Hames-Boucres *62* 2 C 4
Hammeville *54* 94 C 2
Hamonville *54* 65 E 4
Hampigny *10* 91 H 3
Hampont *57* 66 D 4
Han-devant-Pierrepont *54* 44 D 3
Han-lès-Juvigny *55* 43 H 1
Han-sur-Meuse *55* 64 C 4
Han-sur-Nied *57* 66 C 2
Hanau *Étang de 57* 68 C 1
Hanc *79* 203 E 2
Hanches *28* 86 C 2
Hancourt *80* 23 H 1
Handschuheim *67* 97 F 1
Hangard *80* 22 D 2
Hangenbieten *67* 97 G 1
Hangest-en-Santerre *80* 23 E 3
Hangest-sur-Somme *80* 22 A 1
Hangviller *57* 68 A 4
Hannaches *60* 37 G 1
Hannapes *02* 24 D 1
Hannappes *08* 25 H 2
Hannescamps *62* 13 F 4
Hannocourt *57* 66 C 3
Hannogne-Saint-Martin *08* 27 E 4
Hannogne-Saint-Rémy *08* 25 H 5
Hannonville-sous-les-Côtes *55* 64 D 2
Hannonville-Suzémont *54* 65 E 1
Le Hanouard *76* 19 G 3
Hans *51* 42 D 5
Hantay *59* 8 B 3
Hantz *Col du 88* 96 C 3
Hanvec *29* 75 H 3
Hanviller *57* 48 C 5
Hanvoile *60* 37 G 1
Haplincourt *62* 13 H 4
Happencourt *02* 24 A 3
Happonvilliers *28* 85 G 5
Harambels *64* 311 G 5
Haramont *02* 39 H 3
Haraucourt *08* 27 F 4
Haraucourt *54* 95 E 1
Haraucourt-sur-Seille *57* 66 D 4
Haraumont *55* 43 H 2
Haravesnes *62* 12 B 2
Haravilliers *95* 38 A 5
Harbonnières *80* 23 E 2
Harbouey *54* 96 A 1
Harcanville *76* 19 G 3
Harchéchamp *88* 94 A 4
Harcigny *02* 25 G 3
Harcourt *27* 35 G 5
Harcy *08* 26 C 2
Hardancourt *88* 95 G 4
Hardanges *53* 82 C 5
Hardecourt-aux-Bois *80* 23 F 1
Hardelot-Plage *62* 6 A 2
Hardencourt-Cocherel *27* 56 C 1
Hardifort *59* 3 H 4
Hardinghen *62* 2 C 5
Hardinvast *50* 29 E 3
Hardivillers *60* 22 C 5
Hardivillers-en-Vexin *60* 37 H 3
La Hardoye *08* 25 H 4
Hardricourt *78* 57 G 1
La Harengère *27* 36 A 4
Haréville *88* 118 C 2
Harfleur *76* 34 C 1
Hargarten-aux-Mines *57* 46 D 4
Hargeville *78* 57 F 3
Hargeville-sur-Chée *55* 63 H 3
Hargicourt *02* 24 A 1
Hargicourt *80* 22 D 4
Hargnies *08* 17 E 5
Hargnies *59* 15 G 2
Haricourt *27* 37 E 5
Harly *02* 24 B 2
Harméville *52* 93 F 3
Harmonville *88* 94 B 3
La Harmoye *22* 77 H 4
Harnes *62* 8 C 4
Harol *88* 119 E 2
Haroué *54* 94 D 3
Harponville *80* 13 E 5
Harprich *57* 66 D 2
Harquency *27* 37 E 4
Harreberg *57* 67 H 5
Harréville-les-Chanteurs *52* 93 H 5
Harricourt *08* 43 F 1
Harricourt *52* 92 C 5
Harsault *88* 119 E 3
Harskirchen *67* 67 G 2
Hartennes-et-Taux *02* 40 B 3
Hartmannswiller *68* 120 D 5
Hartzviller *57* 67 H 5
Harville *55* 65 E 1
Hary *02* 25 F 3
Haselbourg *57* 68 A 5
Hasnon *59* 9 F 5
Hasparren *64* 311 E 3
Haspelschiedt *57* 48 C 5
Haspres *59* 14 C 3
Hastingues *40* 292 D 5
Hatrize *54* 45 F 5
Hatten *67* 69 F 2
Hattencourt *80* 23 F 3
Hattenville *76* 19 F 4
Hattigny *57* 96 B 1
Hattmatt *67* 68 B 4
Hattonchâtel *55* 64 D 2
Hattonville *55* 64 D 2
Hattstatt *68* 121 E 3
Hauban *65* 333 F 1
Haubourdin *59* 8 C 3
Hauconcourt *57* 45 H 4
Haucourt *60* 37 H 1
Haucourt *62* 13 H 3
Haucourt *76* 21 F 4
Haucourt-en-Cambrésis *59* 14 C 4
Haucourt-la-Rigole *55* 44 D 4
Haucourt-Moulaine *54* 45 E 2
Haudainville *55* 64 B 1
Haudiomont *55* 64 C 1
Haudivillers *60* 38 B 1
Haudonville *54* 95 G 2
Haudrecy *08* 26 C 3
Haudricourt *76* 21 F 3
Haulchin *59* 14 D 2
Haulies *32* 296 B 5
Haulmé *08* 26 D 2
Haumont-lès-Lachaussée *55* 65 E 2
Haumont-près-Samogneux *55* 44 B 4
Hauriet *40* 293 G 3
Hausgauen *68* 143 F 3
Haussez *76* 21 F 5
Haussignémont *51* 63 E 4
Haussimont *51* 61 H 4
Haussonville *54* 95 E 2
Haussy *59* 14 D 3
Haut-Asco *2B* 346 C 3
Haut-Barr *Château du 67* 68 B 4
Haut-Clocher *57* 67 G 4
Le Haut-Corlay *22* 77 H 4
Haut-de-Bosdarros *64* 314 B 5
Le Haut-du-Them *70* 142 B 1
Haut-Kœnigsbourg *Château du 67* 97 E 5
Haut-Lieu *59* 15 G 4
Haut-Loquin *62* 2 D 5
Haut-Mainil *62* 12 B 2
Haut-Mauco *40* 293 H 2
Le Haut Planet *Balcon 78* 57 F 5
Hautaget *65* 333 H 1
Hautbos *60* 21 G 5
Haute-Avesnes *62* 13 F 2
La Haute-Beaume *05* 268 D 3
La Haute-Chapelle *61* 82 B 2
Haute-Epine *60* 21 H 5
Haute-Goulaine *44* 147 H 4
Haute-Isle *95* 57 F 1
Haute-Kontz *57* 46 B 2
La Haute-Maison *77* 59 H 3
Haute Provence *Observatoire de 04* 287 E 5
Haute-Rivoire *69* 230 B 1
Haute-Vigneulles *57* 66 D 1
Hautecloque *62* 12 D 2
Hautecombe *Abbaye de 73* 215 E 5
Hautecôte *62* 12 C 2
Hautecour *39* 196 D 1
Hautecour *73* 234 C 3
Hautecourt-lès-Broville *55* 44 C 5
Hautecourt-Romanèche *01* 214 B 1
Hautefage *19* 243 F 3
Hautefage-la-Tour *47* 276 C 1
Hautefaye *24* 221 H 3
Hautefeuille *77* 59 G 4
Hautefond *71* 193 H 3
Hautefontaine *60* 39 H 2
Hautefort *24* 241 F 1
Hauteluce *73* 216 C 5
Hautepierre-le-Châtelet *25* 180 C 1
Hauterive *03* 210 B 2
Hauterive *61* 83 H 3
Hauterive *89* 114 A 5
Hauterive-la-Fresse *25* 180 D 1
Hauterives *26* 249 G 1
Hauteroche *21* 159 F 1
Hautes-Duyes *04* 287 H 2
Les Hautes-Rivières *08* 27 E 1
Hautesvignes *47* 257 G 5
Hautevelle *70* 141 F 2
Hautevesnes *02* 40 A 5
Hauteville *02* 24 C 2
Hauteville *08* 26 A 5
Hauteville *51* 63 E 5
Hauteville *62* 13 E 2
Hauteville *73* 233 H 2
La Hauteville *78* 57 E 5
Hauteville-Gondon *73* 234 D 1
Hauteville-la-Guichard *50* 31 H 5
Hauteville-lès-Dijon *21* 160 A 2
Hauteville-Lompnes *01* 214 C 3
Hauteville-sur-Fier *74* 215 F 3
Hauteville-sur-Mer *50* 51 F 1
L'Hautil *78* 57 H 2
Haution *02* 25 F 2
Hautmont *59* 15 G 3
Hautmougey *88* 119 E 4
Hautot-l'Auvray *76* 19 G 3
Hautot-le-Vatois *76* 19 G 4
Hautot-Saint-Sulpice *76* 19 G 4
Hautot-sur-Mer *76* 20 A 2
Hautot-sur-Seine *76* 36 A 2
Hautteville-Bocage *50* 29 F 5
Hautvillers *51* 61 F 1
Hautvillers-Ouville *80* 11 G 3
Hauville *27* 35 G 2
Hauviné *08* 42 B 3
Haux *33* 255 H 2
Haux *64* 331 F 2
Havange *57* 45 F 3
Havelu *28* 57 E 4
Haveluy *59* 9 F 5
Havernas *80* 12 C 5
Haverskerque *59* 7 H 2
Le Havre *76* 34 C 1
Le Havre-Antifer *Port pétrolier 76* 18 C 4
Havrincourt *62* 14 A 4
Havys *08* 26 B 2
L'Hay-les-Roses *94* 58 C 4
Hayange *57* 45 G 3
Haybes *08* 17 E 5
La Haye *76* 36 D 1
La Haye *88* 119 E 3
La Haye-Aubrée *27* 35 G 2
La Haye-Bellefond *50* 52 A 1
La Haye-de-Calleville *27* 35 G 4
La Haye-de-Routot *27* 35 G 2
La Haye-d'Ectot *50* 28 D 5
La Haye-du-Puits *50* 31 F 3
La Haye-du-Theil *27* 35 H 4
La Haye-le-Comte *27* 36 B 4
La Haye-Malherbe *27* 36 A 4
La Haye-Pesnel *50* 51 G 3
La Haye-Saint-Sylvestre *27* 55 F 2
Les Hayes *41* 131 E 4
Hayes *57* 46 B 5
Haynecourt *59* 14 B 3
Les Hays *39* 178 D 2
Hazebrouck *59* 3 H 5
Hazembourg *57* 67 F 2
Héas *65* 333 E 5
Le Heaulme *95* 37 H 5
Héauville *50* 28 D 3
Hébécourt *27* 37 F 3
Hébécourt *80* 22 B 3
Hébécrevon *50* 32 A 5
Héberville *76* 19 H 3
Hébuterne *62* 13 F 4
Hèches *65* 333 H 2
Hecken *68* 143 E 2
Hecmanville *27* 35 F 4
Hécourt *27* 56 D 2
Hécourt *60* 37 G 1
Hecq *59* 15 E 3
Hectomare *27* 36 A 4
Hédauville *80* 13 E 5
Hédé-Bazouges *35* 80 A 5
Hédouville *95* 38 B 5
Hegeney *67* 68 D 2
Hégenheim *68* 143 H 3
Heidolsheim *67* 97 F 5
Heidwiller *68* 143 F 2
Heiligenberg *67* 97 E 2
Heiligenstein *67* 97 F 3
Heillecourt *54* 94 D 1
Heilles *60* 38 B 3
Heilly *80* 22 D 1
Heiltz-le-Hutier *51* 63 E 5
Heiltz-le-Maurupt *51* 63 E 4
Heiltz-l'Évêque *51* 62 D 4
Heimersdorf *68* 143 F 3
Heimsbrunn *68* 143 E 2
Heining-lès-Bouzonville *57* 46 D 3
Heippes *55* 63 H 1
Heiteren *68* 121 G 4
Heiwiller *68* 143 F 3
Hélesmes *59* 9 F 5
Hélette *64* 311 F 4
Helfaut *62* 7 F 2
Helfrantzkirch *68* 143 G 3
Helléan *56* 102 D 4
Hellemmes-Lille *59* 8 D 2
Hellenvilliers *27* 56 B 4
Hellering-lès-Fénétrange *57* 67 G 4
Helleville *50* 28 D 4
Hellimer *57* 67 F 2
Héloup *61* 83 G 4
Helstroff *57* 46 C 5
Hem *59* 9 E 2
Hem-Hardinval *80* 12 C 4
Hem-Lenglet *59* 14 B 3
Hem-Monacu *80* 23 F 1
Hémevez *50* 29 F 5
Hémévillers *60* 39 E 1
Hémilly *57* 66 C 1
Héming *57* 67 G 5
Hémonstoir *22* 102 A 2
Hénaménil *54* 66 D 5
Hénanbihen *22* 79 E 2
Hénansal *22* 79 E 3
Hendaye *64* 310 A 3
Hendecourt-lès-Cagnicourt *62* 13 H 3
Hendecourt-lès-Ransart *62* 13 G 3
Hénencourt *80* 13 E 5
Henflingen *68* 143 F 3
Hengoat *22* 73 E 3
Hengwiller *67* 68 B 5
Hénin-Beaumont *62* 8 C 5
Hénin-sur-Cojeul *62* 13 G 3
Héninel *62* 13 G 3
Hennebont *56* 101 F 5
Hennecourt *88* 119 E 2
Hennemont *55* 64 D 1
Henneveux *62* 2 C 5
Hennezel *88* 118 D 3
Hennezis *27* 36 D 4
Hénon *22* 78 C 4
Hénonville *60* 38 A 4
Hénouville *76* 36 A 1
Henrichemont *18* 155 F 3
Henridorff *57* 68 A 4
Henriville *57* 67 F 1
Hénu *62* 13 E 4
Henvic *29* 71 H 4
Hérange *57* 67 H 4
L'Herbaudière *85* 164 B 1
Herbault *41* 131 H 5
Herbeauvilliers *77* 112 A 2
Herbécourt *80* 23 F 1
Herbelles *62* 7 F 2
L'Herbergement *85* 165 H 2
Herbeuval *08* 27 H 4
Herbeuville *55* 64 D 2
Herbeville *78* 57 G 3
Herbéviller *54* 95 H 2
Herbeys *38* 251 E 2
Les Herbiers *85* 166 C 3
Herbignac *44* 146 B 1
Herbinghen *62* 2 D 5
Herbisse *10* 91 E 2
Herbitzheim *67* 67 G 1
Herblay *95* 58 A 2
Herbsheim *67* 97 G 4
Hercé *53* 81 H 4
Herchies *60* 37 H 1
La Hérelle *60* 22 C 5
Hérenguerville *50* 51 G 1
Hérépian *34* 301 F 5
Hères *65* 295 E 5
Hergnies *59* 9 G 4
Hergugney *88* 94 D 4
Héric *44* 147 G 1
Héricourt *62* 12 C 2
Héricourt *70* 142 B 3
Héricourt-en-Caux *76* 19 G 4
Héricourt-sur-Thérain *60* 21 G 5
Héricy *77* 88 C 4
La Hérie *02* 25 G 2
Le Hérie-la-Viéville *02* 24 D 2
Hériménil *54* 95 F 2
Hérimoncourt *25* 142 C 5
Hérin *59* 9 G 5
Hérissart *80* 12 D 5
Hérisson *03* 191 E 2
Hérisson *Cascades du 39* 179 H 5
Herleville *80* 23 F 2
La Herlière *62* 13 E 3
Herlies *59* 8 B 3
Herlin-le-Sec *62* 7 G 5
Herlincourt *62* 12 C 2
Herly *62* 6 D 3
Herly *80* 23 G 3
L'Herm *09* 336 B 3
Herm *40* 292 D 2
L'Herm *Château de 24* 241 E 3
Hermanville *76* 20 A 2
Hermanville-sur-Mer *14* 33 G 3
Les Hermaux *48* 263 H 4
Hermaville *62* 13 F 2
Hermé *77* 89 G 3
Hermelange *57* 67 G 5
Hermelinghen *62* 2 C 5
L'Hermenault *85* 183 H 2
Herment *63* 226 D 1
Hermeray *78* 86 C 2
Hermerswiller *67* 69 F 2
Hermes *60* 38 B 3
Hermeville *76* 18 D 5
Herméville-en-Woëvre *55* 44 C 5
Hermies *62* 14 A 4
Hermillon *73* 234 A 5
Hermin *62* 7 H 5
L'Hermitage *35* 104 A 2
L'Hermitage-Lorge *22* 78 A 5
Les Hermites *37* 131 E 4
L'Hermitière *61* 84 C 5
Hermival-les-Vaux *14* 34 D 5
Hermonville *51* 41 F 3
Hernicourt *62* 7 G 5
Herny *57* 66 C 2
Le Héron *76* 36 D 1
Héronchelles *76* 36 D 1
Hérouville-en-Vexin *95* 38 A 5
Hérouville-Saint-Clair *14* 33 G 4
Hérouvillette *14* 33 H 4
Herpelmont *88* 119 H 2
La Herpinière *Moulin 49* 150 C 4
Herpont *51* 62 D 1
Herpy-l'Arlésienne *08* 41 H 1
Herqueville *27* 36 C 4
Herqueville *50* 28 C 2
Herran *31* 334 D 2
Herré *40* 274 D 5
Herrère *64* 331 H 1
Herrin *59* 8 C 3
Herrlisheim *67* 69 F 4
Herrlisheim-près-Colmar *68* 121 E 3
Herry *18* 156 A 4
Hersbach *67* 96 D 2
Herserange *54* 45 E 1
Hersin-Coupigny *62* 8 A 4
Hertzing *57* 67 G 5
Hervelinghen *62* 2 B 4
Hervilly *80* 23 H 1
Héry *58* 157 F 4
Héry *89* 136 B 2
Héry-sur-Alby *74* 215 F 5
Herzeele *59* 3 H 4
Hesbécourt *80* 23 H 1
Hescamps-Saint-Clair *80* 21 G 3
Hesdigneul-lès-Béthune *62* 8 A 4
Hesdigneul-lès-Boulogne *62* 6 B 2
Hesdin *62* 7 E 5
Hesdin-l'Abbé *62* 6 B 2
Hésingue *68* 143 H 3
Hesmond *62* 6 D 4
Hesse *57* 67 G 5
Hessenheim *67* 97 F 5
Hestroff *57* 46 C 4
Hestrud *59* 16 A 3
Hestrus *62* 7 G 4
Hétomesnil *60* 22 A 5
Hettange-Grande *57* 45 G 2
Hettenschlag *68* 121 F 3
Heubécourt-Haricourt *27* 37 E 5
Heuchin *62* 7 F 4
Heucourt-Croquoison *80* 11 G 5
Heudebouville *27* 36 C 4
Heudicourt *27* 37 F 3
Heudicourt *80* 14 A 5
Heudicourt-sous-les-Côtes *55* 64 D 3
Heudreville-en-Lieuvin *27* 35 E 4
Heudreville-sur-Eure *27* 36 B 5
Heugas *40* 292 D 3
Heugleville-sur-Scie *76* 20 B 3
Heugnes *36* 171 F 2
Heugon *61* 54 D 3
Heugueville-sur-Sienne *50* 31 G 5
Heuilley-Cotton *52* 139 G 3
Heuilley-le-Grand *52* 139 H 3
Heuilley-sur-Saône *21* 160 D 3
Heuland *14* 34 B 3
Heume-l'Église *63* 227 E 1
La Heunière *27* 56 D 1
Heuqueville *27* 36 C 3
Heuqueville *76* 18 C 5
Heuringhem *62* 7 F 2
Heurteauville *76* 35 H 2
Heurtevent *14* 54 C 2
Heussé *50* 81 H 3
Heutrégiville *51* 42 A 3
Heuzecourt *80* 12 C 4
Hévilliers *55* 93 F 2
Heyrieux *38* 231 G 2
Hézecques *62* 7 F 4
Le Hézo *56* 124 C 4
Hibarette *65* 315 E 5
Hières-sur-Amby *38* 214 A 5
Hierges *08* 17 E 4
Hiermont *80* 12 B 3
Hiers-Brouage *17* 200 C 4
Hiersac *16* 221 E 1
Hiesse *16* 204 B 2
Hiesville *50* 32 A 2
Hiéville *14* 54 B 1
Higuères-Souye *64* 314 C 3
Hiis *65* 315 F 5
Hilbesheim *57* 67 H 4
Hillion *22* 78 C 3
Hilsenheim *67* 97 G 4
Hilsprich *57* 67 F 1
Hinacourt *02* 24 B 3
Hinckange *57* 46 C 5
Hindisheim *67* 97 G 2
Hindlingen *68* 143 E 3
Hinges *62* 8 A 3
Le Hinglé *22* 79 G 4
Hinsbourg *67* 68 A 2
Hinsingen *67* 67 G 2
Hinx *40* 293 E 3

Hipsheim 67 97 G 2
Hirel 35 50 D 5
Hirmentaz 74 198 B 4
Hirschland 67 67 H 3
Hirsingue 68 143 F 3
Hirson 02 25 G 1
Hirtzbach 68 143 E 3
Hirtzfelden 68 121 F 4
His 31 335 E 1
Hitte 65 315 F 5
Hoc *Pointe du* 14 32 C 2
Hochfelden 67 68 C 4
Hochstatt 68 143 F 2
Hochstett 67 68 D 4
Hocquigny 50 51 G 3
Hocquincourt 80 11 G 4
Hocquinghen 62 2 D 5
Hodenc-en-Bray 60 37 H 1
Hodenc-l'Évêque 60 38 A 3
Hodeng-au-Bosc 76 21 F 2
Hodeng-Hodenger 76 37 E 1
Hodent 95 37 G 5
Hœdic 56 144 D 4
Hœnheim 67 69 E 5
Hœrdt 67 69 E 5
Hoéville 54 66 C 5
Hoffen 67 69 F 2
Les Hogues 27 36 D 2
La Hoguette 14 53 H 3
Hohatzenheim 67 68 D 4
Hohengœft 67 68 C 5
Hohfrankenheim 67 68 C 4
Hohneck 68 120 C 3
Hohrod 68 120 C 3
Hohrodberg 68 120 C 3
Le Hohwald 67 97 E 3
Hohwiller 67 69 F 2
Holacourt 57 66 C 2
Holling 57 46 C 4
Holnon 02 24 A 2
Holque 59 3 F 4
Holtzheim 67 97 G 1
Holtzwihr 68 121 F 2
Holving 57 67 G 1
Hombleux 80 23 G 3
Homblières 02 24 B 2
Hombourg 68 143 G 1
Hombourg-Budange 57 46 B 4
Hombourg-Haut 57 47 E 5
L'Hôme-Chamondot 61 84 D 2
Homécourt 54 45 F 4
Hommarting 57 67 H 4
L'Homme-d'Armes 26 267 E 3
Hommert 57 67 H 5
Hommes 37 151 E 2
Le Hommet-d'Arthenay 50 32 A 4
Homps 11 320 C 4
Homps 32 296 D 2
Hon-Hergies 59 15 F 2
Hondainville 60 38 B 3
Hondeghem 59 3 H 5
Hondevilliers 77 60 B 3
Hondouville 27 36 B 5
Hondschoote 59 3 H 2
Honfleur 14 34 C 2
Honguemare-Guenouville 27 35 H 2
Honnechy 59 14 D 5
Honnecourt-sur-Escaut 59 14 B 5
L'Honor-de-Cos 82 277 H 4
Honskirch 57 67 G 2
Hontanx 40 294 C 2
L'Hôpital 22 78 C 4
L'Hôpital 48 283 E 1
L'Hôpital 57 47 E 5
Hôpital-Camfrout 29 75 G 3
L'Hôpital-d'Orion 64 313 F 2
L'Hôpital-du-Grosbois 25 162 B 4
L'Hôpital-le-Grand 42 229 H 2
L'Hôpital-le-Mercier 71 193 G 3
L'Hôpital-Saint-Blaise 64 313 F 4
L'Hôpital-Saint-Lieffroy 25 162 D 2
L'Hôpital-sous-Rochefort 42 211 F 5
L'Hôpital-sur-Rhins 42 211 H 3
Les Hôpitaux-Neufs 25 180 D 4
Les Hôpitaux-Vieux 25 180 D 3
Horbourg 68 121 E 3
Hordain 59 14 C 2
La Horgne 08 26 D 4
Horgues 65 315 E 5
L'Horme 42 230 C 3
Hornaing 59 9 F 5
Hornoy 80 21 H 2
Le Horps 53 82 C 4
Horsarrieu 40 293 H 3
Hortes 52 140 A 2
Horville-en-Ornois 55 93 G 3
L'Hosmes 27 56 A 4
Hospice de France 31 334 B 5
L'Hospitalet 04 287 E 4
L'Hospitalet 46 260 C 1
L'Hospitalet-du-Larzac 12 282 A 5
L'Hospitalet-près-l'Andorre 09 340 D 3
Hossegor 40 292 A 3
Hosta 64 330 D 1
Hoste 57 67 F 1
Hostens 33 255 F 4
Hostiaz 01 214 C 4
Hostun 26 249 H 3
L'Hôtellerie 14 35 E 5
L'Hôtellerie-de-Flée 49 128 A 3
Hotonnes 01 214 D 2
Hotot-en-Auge 14 34 A 4
Hottot-les-Bagues 14 33 E 4
Hottviller 57 68 A 1
La Houblonnière 14 34 B 5
Les Houches 74 216 D 3
Houchin 62 8 A 4
Houdain 62 7 H 4
Houdain-lez-Bavay 59 15 F 2
Houdan 78 57 E 4
Houdancourt 60 39 E 3
Houdelaincourt 55 93 G 2
Houdelaucourt-sur-Othain 55 44 D 4
Houdelmont 54 94 C 2
Houdemont 54 94 D 1
Houdetot 76 19 H 2
Houdilcourt 08 41 H 2
Houdreville 54 94 D 2
Houécourt 88 94 B 5
Houeillès 47 274 D 3
Houesville 50 31 H 2
Houetteville 27 36 B 5
Houéville 88 94 A 4
Houeydets 65 315 H 5
Le Houga 32 294 C 2
Houilles 78 58 B 2
Houlbec-Cocherel 27 56 D 1
Houlbec-près-le-Gros-Theil 27 35 H 4
Houldizy 08 26 D 2
Houlette 16 202 C 5
Houlgate 14 34 A 3
Houlle 62 3 F 5
Le Houlme 76 36 A 1
L'Houmeau 17 183 F 5
Hounoux 11 337 E 1
Houplin-Ancoisne 59 8 C 3
Houplines 59 8 C 2
Houppeville 76 36 B 1
Houquetot 76 19 E 5
Hourc 65 315 F 4
Le Hourdel 80 11 E 2
Hourges 51 41 E 3
Hours 64 314 C 4
Hourtin 33 236 C 1
Hourtin-Plage 33 236 B 1
Hourtous *Roc des* 48 282 A 2
Houry 02 25 F 3
Houssay 41 131 F 3
Houssay 53 106 A 5
La Houssaye 27 55 H 2
La Houssaye-Béranger 76 20 B 4
La Houssaye-en-Brie 77 59 G 4
Le Housseau 53 82 C 3
Houssen 68 121 E 2
Housseras 88 95 H 4
Housset 02 25 E 3
Housséville 54 94 D 3
La Houssière 88 120 A 2
La Houssoye 60 37 H 3
Houtaud 25 180 C 2
Houtkerque 59 4 A 4
Houtteville 50 31 H 2
Houville-en-Vexin 27 36 D 3
Houville-la-Branche 28 86 C 4
Houvin-Houvigneul 62 12 D 2
Houx 28 86 B 2
Hoymille 59 3 H 3
Huanne-Montmartin 25 162 C 1
Hubersent 62 6 B 3
Hubert-Folie 14 33 G 5
Huberville 50 29 F 4
Huby-Saint-Leu 62 7 E 5
Huchenneville 80 11 G 4
Huclier 62 7 G 5
Hucqueliers 62 6 D 3
Hudimesnil 50 51 G 2
Hudiviller 54 95 F 1
Huelgoat 29 76 C 3
Huest 27 56 B 1
Huêtre 45 110 D 4
Huez 38 251 G 2
Hugier 70 161 F 3
Hugleville-en-Caux 76 20 A 4
Huillé 49 129 E 4
Huilliécourt 52 117 H 2
Huilly-sur-Seille 71 195 G 1
Huiron 51 62 C 5
Huismes 37 151 E 4
Huisnes-sur-Mer 50 51 G 5
D'Huison-Longueville 91 87 H 4
Huisseau-en-Beauce 41 131 G 4
Huisseau-sur-Cosson 41 132 B 5
Huisseau-sur-Mauves 45 132 D 2
L'Huisserie 53 106 A 4
Hulluch 62 8 B 4
Hultehouse 57 68 A 5
Humbauville 51 62 B 5
Humbécourt 52 92 C 2
Humbercamps 62 13 E 3
Humbercourt 80 13 E 3
Humbert 62 6 D 4
Humberville 52 93 F 5
Humbligny 18 155 G 4
La Hume 33 254 B 2
Humerœuille 62 7 F 5
Humes 52 117 F 5
Humières 62 7 F 5
Hunaudaye *Château de la* 22 79 E 3
Hunawihr 68 121 E 2
Hundling 57 47 G 5
Hundsbach 68 143 F 3
Huningue 68 143 H 3
Hunspach 67 69 F 2
Hunting 57 46 B 2
Huos 31 334 B 1
Huparlac 12 263 E 2
Huppain 14 32 D 2
Huppy 80 11 G 4
Hurbache 88 96 B 4
Hure 33 256 D 4
Hurecourt 70 118 D 5
Hures-la-Parade 48 282 B 2
Huriel 03 190 C 4
Hurigny 71 195 E 4
Hurtières 38 233 F 5
Hurtigheim 67 97 F 1
Husseren-les-Châteaux 68 121 E 3
Husseren-Wesserling 68 120 C 5
Hussigny-Godbrange 54 45 E 2
Husson 50 81 H 2
La Hutte 72 83 G 5
Huttendorf 67 68 D 3
Huttenheim 67 97 G 3
Hyds 03 191 F 5
Hyémondans 25 163 E 2
Hyencourt-le-Grand 80 23 F 2
Hyenville 50 51 G 1
Hyères 83 328 C 4
Hyères-Plage 83 328 C 5
Hyet 70 162 A 1
Hyèvre-Magny 25 162 D 2
Hyèvre-Paroisse 25 162 D 2
Hymont 88 94 D 5

I

Ibarrolle 64 311 G 5
Ibarron 64 310 C 4
Ibigny 57 96 A 1
Ibos 65 315 E 4
Ichtratzheim 67 97 G 2
Ichy 77 112 A 2
Idaux-Mendy 64 331 E 1
Idrac-Respaillès 32 296 A 5
Idron 64 314 B 4
Ids-Saint-Roch 18 172 D 5
If *Château d'* 13 326 D 3
Iffendic 35 103 G 2
Les Iffs 35 80 A 5
Ifs 14 33 G 5
Les Ifs 76 19 E 4
Igé 61 84 B 5
Igé 71 194 D 3
Ignaucourt 80 22 D 2
Ignaux 09 336 D 5
Igney 54 96 A 1
Igney 88 95 F 5
Ignol 18 174 A 2
Igny 70 161 G 1
Igny 91 58 B 4
Igny-Comblizy 51 61 E 1
Igon 64 314 C 5
Igornay 71 176 D 1
Igoville 27 36 B 3
Iguerande 71 193 G 5
Iholdy 64 311 F 5
Ilay 39 179 H 5
Ile-aux-Moines 56 124 B 4
L'Ile-Bouchard 37 151 F 5
Ile-d'Aix 17 200 C 2
Ile-d'Arz 56 124 B 4
Ile-de-Batz 29 71 G 3
Ile-de-Bréhat 22 73 G 2
Ile-de-Sein 29 98 B 2
L'Ile-d'Elle 85 183 G 4
Ile-d'Houat 56 144 D 3
L'Ile-d'Olonne 85 182 A 1
L'Île-d'Yeu 85 164 A 4
Ile-Molène 29 74 B 2
L'Ile-Rousse 2B 344 C 5
L'Ile-Saint-Denis 93 58 C 2
Ile-Tudy 29 99 G 4
Ilhan 65 333 H 3
Ilharre 64 311 G 3
Ilhat 09 336 C 3
Les Ilhes 11 319 H 3
Ilhet 65 333 H 2
Ilheu 65 334 B 2
Illange 57 45 H 3
Illartein 09 335 E 3
Las Illas 66 342 D 5
Illats 33 255 H 3
Ille-sur-Têt 66 342 C 2
Illeville-sur-Montfort 27 35 G 3
Illfurth 68 143 F 2
Illhaeusern 68 97 F 5
Illiat 01 213 E 1
Illier-et-Laramade 09 336 A 5
Illiers-Combray 28 85 H 5
Illiers-l'Évêque 27 56 C 4
Illies 59 8 B 3
Illifaut 22 103 E 2
Illkirch-Graffenstaden 67 97 G 1
Illois 76 21 F 3
Illoud 52 117 H 2
Illy 08 27 F 3
Illzach 68 143 F 1
Ilonse 06 289 H 4
Imbleville 76 20 A 4
Imbsheim 67 68 B 4
Imécourt 08 43 F 2
Imling 57 67 G 5
Immonville 54 45 E 4
Imphy 58 174 D 3
Imsthal *Étang d'* 67 68 A 3
Inaumont 08 26 A 5
Incarville 27 36 B 4
Incheville 76 11 E 4
Inchy 59 14 D 4
Inchy-en-Artois 62 14 A 3
Incourt 62 7 E 5
Indevillers 25 163 H 2
Indre 44 147 F 4
Ineuil 18 172 D 4
Les Infournas 05 269 H 2
Infreville 27 35 H 3
Ingenheim 67 68 C 4
Ingersheim 68 121 E 2
Inghem 62 7 F 2
Inglange 57 46 B 3
Ingolsheim 67 69 F 1
Ingouville 76 19 G 2
Ingrandes 36 187 G 1
Ingrandes 86 169 G 3
Ingrandes-de-Touraine 37 151 E 3
Ingrandes-Le Fresne-sur-Loire 49 148 D 2
Ingrannes 45 111 G 5
Ingré 45 133 E 2
Inguiniel 56 101 F 3
Ingwiller 67 68 B 3
Injoux-Génissiat 01 215 E 2
Innenheim 67 97 F 2
Innimond 01 214 C 5
Inor 55 27 G 5
Insming 57 67 F 2
Insviller 57 67 F 3
Intraville 76 10 C 5
Intres 07 248 B 4
Intréville 28 87 E 5
Intville-la-Guétard 45 111 G 2
Inval-Boiron 80 21 G 2
Inxent 62 6 C 3
Inzinzac-Lochrist 56 101 F 5
Ippécourt 55 63 H 1
Ippling 57 47 G 5
Irai 61 55 G 5
Irais 79 168 B 3
Irancy 89 136 C 4
Iré-le-Sec 55 44 B 2
Iré-les-Prés 55 44 B 2
Irigny 69 231 E 1
Irissarry 64 311 F 5
Irles 80 13 G 4
Irmstett 67 97 F 1
Irodouër 35 103 H 1
Iron 02 24 D 1
Irouléguy 64 330 B 1
Irreville 27 36 B 5
Irvillac 29 75 G 3
Is-en-Bassigny 52 117 G 4
Is-sur-Tille 21 160 B 1
Isbergues 62 7 H 2
Isches 88 118 B 4
Isdes 45 133 H 4
Isenay 58 175 G 3
Iseran *Col de l'* 73 235 F 3
Isigny-le-Buat 50 52 A 5
Isigny-sur-Mer 14 32 B 3
Island 89 157 H 1
Isle 87 205 G 5
L'Isle-Adam 95 38 B 5
L'Isle-Arné 32 296 C 4
Isle-Aubigny 10 91 F 3
Isle-Aumont 10 115 E 2
L'Isle-Bouzon 32 296 C 1
Isle-Briand *Haras de l'* 49 128 B 4
L'Isle-d'Abeau 38 231 H 2
L'Isle-d'Abeau *Ville nouvelle* 38 231 H 2
L'Isle-de-Noé 32 295 H 5
L'Isle-d'Espagnac 16 221 F 1
L'Isle-en-Dodon 31 316 D 3
Isle-et-Bardais 03 173 H 5
L'Isle-Jourdain 32 297 F 4
L'Isle-Jourdain 86 187 E 5
Isle-Saint-Georges 33 255 G 2
Isle-Savary *Château d'* 36 170 D 2
L'Isle-sur-la-Sorgue 84 305 F 1
L'Isle-sur-le-Doubs 25 142 A 5
Isle-sur-Marne 51 62 D 5
L'Isle-sur-Serein 89 137 E 5
Les Isles-Bardel 14 53 G 3
Isles-les-Meldeuses 77 59 H 2
Isles-lès-Villenoy 77 59 F 3
Isles-sur-Suippe 51 41 H 2
Les Islettes 55 43 F 5
Isneauville 76 36 B 1
Isola 06 289 G 2
Isola 2000 06 289 H 2
Isolaccio-di-Fiumorbo 2B 349 F 2
Isômes 52 139 G 4
Ispagnac 48 282 C 1
Ispe 40 254 B 5
Ispoure 64 330 C 1
Isques 62 6 B 2
Issac 24 239 H 4
Les Issambres 83 329 G 1
Issamoulenc 07 266 C 1
Issancourt-et-Rumel 08 27 E 3
Issanlas 07 265 G 2
Issans 25 142 B 4
Les Issards 09 336 C 1
Issarlès 07 265 G 1
Issé 44 126 D 4
Isse 51 61 H 1
Issel 11 319 E 3
Issendolus 46 260 D 2
Issenhausen 67 68 C 3
Issenheim 68 120 D 5
Issepts 46 261 F 3
Isserpent 03 210 D 1
Isserteaux 63 228 B 2
Issigeac 24 258 B 2
Issirac 30 284 C 2
Issoire 63 228 A 3
Issolud *Puy d'* 46 242 D 4
Issoncourt 55 63 H 2
Issor 64 331 G 2
Issou 78 57 G 2
Issoudun 36 172 B 2
Issoudun-Létrieix 23 207 G 2
Issus 31 318 A 3
Issy-les-Moulineaux 92 58 B 4
Issy-l'Évêque 71 176 A 5
Istres 13 305 E 5
Les Istres-et-Bury 51 61 H 2
Isturits 64 311 F 4
Itancourt 02 24 B 3
Iteuil 86 186 B 2
Ithorots-Olhaïby 64 311 H 4
Ittenheim 67 97 G 1
Itterswiller 67 97 E 3
Itteville 91 87 H 3
Itxassou 64 310 D 4
Itzac 81 279 E 5
Ivergny 62 12 D 3
Iverny 77 59 F 2
Iviers 02 25 H 3
Iville 27 35 H 5
Ivors 60 39 H 4
Ivory 39 179 H 2
Ivoy-le-Pré 18 155 F 3
Ivrey 39 179 H 1
Ivry *Obélisque d'* 27 56 D 2
Ivry-en-Montagne 21 177 F 1
Ivry-la-Bataille 27 56 D 3
Ivry-le-Temple 60 37 H 4
Ivry-sur-Seine 94 58 C 4
Iwuy 59 14 C 3
Izaourt 65 334 B 2
Izaut-de-l'Hôtel 31 334 C 2
Izaux 65 333 H 1
Izé 53 106 D 2
Izeaux 38 232 B 5
Izel-lès-Équerchin 62 8 C 5
Izel-les-Hameaux 62 13 E 2
Izenave 01 214 B 2
Izernore 01 196 C 5
Izeron 38 250 B 2
Izeste 64 332 A 1
Izeure 21 160 B 5
Izier 21 160 B 3
Izieu 01 232 C 1
Izoard *Col d'* 05 253 E 5
Izon 33 237 H 5
Izon-la-Bruisse 26 286 D 2
Izotges 32 295 E 4
Izy 45 111 F 3

J

Jablines 77 59 F 2
Jabreilles-les-Bordes 87 206 B 3
Jabrun 15 263 G 1
Jacob-Bellecombette 73 233 F 2
Jacou 34 302 D 4
Jacque 65 315 F 3
Jagny-sous-Bois 95 58 D 1
Jaignes 77 59 H 2
Jaillans 26 249 H 3
La Jaille-Yvon 49 128 B 3
Jaillon 54 65 F 5
Jailly 58 175 E 1
Jailly-les-Moulins 21 159 F 1
Jainvillotte 88 94 A 5
Jalesches 23 189 H 5
Jaleyrac 15 244 B 1
Jaligny-sur-Besbre 03 192 C 4
Jallais 49 148 D 4
Jallanges 21 178 B 2
Jallans 28 110 A 4
Jallaucourt 57 66 B 4
Jallerange 25 161 F 3
Jalognes 18 155 H 4
Jalogny 71 194 C 3
Jâlons 51 61 H 1
Jambles 71 177 G 4
Jambville 78 57 G 1
Jaméricourt 60 37 G 3
Jametz 55 44 B 2
Jameyzieu 38 231 H 1
Janailhac 87 223 G 2
Janaillat 23 206 D 2
Jancigny 21 160 D 2
Jandun 08 26 C 4
Janneyrias 38 213 G 5
Jans 44 126 C 4
Jansac 26 268 B 3
Janville 14 34 A 4
Janville 28 110 D 2
Janville 60 39 G 1
Janville-sur-Juine 91 87 G 3
Janvilliers 51 60 D 3
Janvry 51 41 F 4
Janvry 91 58 A 5
Janzé 35 104 C 4
Jarcieu 38 231 F 5
La Jard 17 219 G 1
Jard-sur-Mer 85 182 C 2
Le Jardin 19 225 F 5
Jardin 38 231 F 3
Jardres 86 186 D 1
Jargeau 45 133 G 2
Jarjayes 05 269 H 4
Jarménil 88 119 G 3
Jarnac 16 220 C 1
Jarnac-Champagne 17 219 H 2
Jarnages 23 207 G 1
La Jarne 17 200 C 1
Jarnioux 69 212 C 3
Jarnosse 42 211 H 2
Jarny 54 45 F 5
Jarret 65 333 E 1

La Jarrie 17 ..... 200 D1
Jarrie 38 ..... 251 E2
La Jarrie-Audouin 17 ..... 201 H2
Jarrier 73 ..... 234 A5
Jars 18 ..... 155 G2
Jarsy 73 ..... 233 H1
Jarville-la-Malgrange 54 ..... 94 D1
Jarzé Villages 49 ..... 129 E5
Jas 42 ..... 230 A1
Jasney 70 ..... 118 D5
Jassans-Riottier 01 ..... 213 E3
Jasseines 10 ..... 91 G3
Jasseron 01 ..... 196 A5
Jasses 64 ..... 313 G3
Jatxou 64 ..... 310 D3
Jau *Col de* 11 ..... 341 H2
Jau-Dignac-et-Loirac 33 ..... 218 D4
Jaucourt 10 ..... 116 A2
La Jaudonnière 85 ..... 166 D5
Jaudrais 28 ..... 85 G2
Jaujac 07 ..... 266 A3
Jauldes 16 ..... 203 G5
Jaulges 89 ..... 114 C5
Jaulgonne 02 ..... 60 C1
Jaulnay 37 ..... 169 F2
Jaulnes 77 ..... 89 G4
Jaulny 54 ..... 65 F2
Jaulzy 60 ..... 39 H2
Jaunac 07 ..... 248 B5
Jaunay-Clan 86 ..... 169 F5
Jaures 24 ..... 240 B3
Jausiers 04 ..... 271 E5
Jaux 60 ..... 39 F2
Jauzé 72 ..... 108 A2
Javaugues 43 ..... 246 C1
Javené 35 ..... 81 E5
Javerdat 87 ..... 205 E3
Javerlhac-et-la-Chapelle-
Saint-Robert 24 ..... 222 B3
Javernant 10 ..... 114 D3
La Javie 04 ..... 288 B2
Javols 48 ..... 264 B2
Javrezac 16 ..... 220 B1
Javron 53 ..... 82 D4
Jax 43 ..... 246 D2
Jaxu 64 ..... 311 F5
Jayac 24 ..... 241 H4
Jayat 01 ..... 195 G3
Jazeneuil 86 ..... 185 H3
Jazennes 17 ..... 219 G2
Jeancourt 02 ..... 24 A1
Jeandelaincourt 54 ..... 65 H4
Jeandelize 54 ..... 45 E5
Jeanménil 88 ..... 95 H4
Jeansagnière 42 ..... 229 E1
Jeantes 02 ..... 25 G3
Jebsheim 68 ..... 121 F2
Jegun 32 ..... 296 A3
La Jemaye 24 ..... 239 F2
Jenlain 59 ..... 15 E2
Jenzat 03 ..... 209 H1
Jésonville 88 ..... 118 D3
Jessains 10 ..... 91 H5
Jetterswiller 67 ..... 68 B5
Jettingen 68 ..... 143 G3
Jeu-les-Bois 36 ..... 172 A5
Jeu-Maloches 36 ..... 171 F1
Jeufosse 78 ..... 57 E1
Jeugny 10 ..... 114 D3
Jeumont 59 ..... 15 H2
Jeurre 39 ..... 196 D3
Jeux-lès-Bard 21 ..... 158 C1
Jeuxey 88 ..... 119 G2
Jevoncourt 54 ..... 94 D3
Jezainville 54 ..... 65 G3
Jézeau 65 ..... 333 H3
Joannas 07 ..... 266 A4
Job 63 ..... 229 E2
Jobourg 50 ..... 28 C2
Jobourg *Nez de* 50 ..... 28 C2
Joch 66 ..... 342 B3
Jœuf 54 ..... 45 G4
Joganville 50 ..... 29 G5
Joigny 89 ..... 113 H5
Joigny-sur-Meuse 08 ..... 26 D2
Joinville 52 ..... 92 D3
Joinville-le-Pont 94 ..... 58 D4
Joiselle 51 ..... 60 C4
Jolimetz 59 ..... 15 E3
Jolivet 54 ..... 95 G1
Jonage 69 ..... 213 G5
Joncels 34 ..... 301 G3
La Jonchère 85 ..... 182 D2
La Jonchère-
Saint-Maurice 87 ..... 206 B3
Jonchères 26 ..... 268 B3
Joncherey 90 ..... 142 D4
Jonchery 52 ..... 116 D3
Jonchery-sur-Suippe 51 ..... 42 B5
Jonchery-sur-Vesle 51 ..... 41 E3
Joncourt 02 ..... 24 B1
Joncreuil 10 ..... 92 A3
Joncy 71 ..... 194 C1
Jongieux 73 ..... 215 E5
Jonquerets-de-Livet 27 ..... 55 F1
Jonquerettes 84 ..... 285 G5
Jonquery 51 ..... 41 E5
Jonquières 11 ..... 338 C2
Jonquières 34 ..... 302 A4
Jonquières 60 ..... 39 F2
Jonquières 81 ..... 299 F4
Jonquières 84 ..... 285 F4
Jonquières-
Saint-Vincent 30 ..... 304 B2
Jons 69 ..... 213 G5
Jonval 08 ..... 26 D5
Jonvelle 70 ..... 118 C5
Jonville-en-Woëvre 55 ..... 65 E1
Jonzac 17 ..... 219 H4
Jonzier-Épagny 74 ..... 215 F2
Jonzieux 42 ..... 230 B5
Joppécourt 54 ..... 45 E3
Jorquenay 52 ..... 117 F5
Jort 14 ..... 54 A2
Jorxey 88 ..... 95 E5
Josat 43 ..... 246 D2
Josnes 41 ..... 132 C3
Josse 40 ..... 292 C4
Josselin 56 ..... 102 C4
Jossigny 77 ..... 59 F3
Jou-sous-Monjou 15 ..... 244 D5
Jouac 87 ..... 188 A4
Jouaignes 02 ..... 40 C3
Jouancy 89 ..... 137 E4
Jouarre 77 ..... 60 A2
Jouars-Pontchartrain 78 ..... 57 H4
Jouaville 54 ..... 45 F5
Joucas 84 ..... 305 G1
Joucou 11 ..... 337 F4
Joudes 71 ..... 196 A2
Joudreville 54 ..... 45 E4
Joué-du-Bois 61 ..... 83 E2
Joué-du-Plain 61 ..... 54 A5
Joué-en-Charnie 72 ..... 107 E4
Joué-Étiau 49 ..... 149 F4
Joué-l'Abbé 72 ..... 107 H3
Joué-lès-Tours 37 ..... 151 H3
Joué-sur-Erdre 44 ..... 147 H1
Jouet-sur-l'Aubois 18 ..... 174 B1
Jouey 21 ..... 159 E5
Jougne 25 ..... 180 D4
Jouhe 39 ..... 161 E5
Jouhet 86 ..... 187 F2
Jouillat 23 ..... 189 G5
Jouques 13 ..... 306 B4
Jouqueviel 81 ..... 279 G3
Jourgnac 87 ..... 223 G1
Journans 01 ..... 214 A1
Journet 86 ..... 187 G3
Journiac 24 ..... 240 D4
Journy 62 ..... 2 D5
Jours-en-Vaux 21 ..... 177 F1
Jours-lès-Baigneux 21 ..... 138 B5
Joursac 15 ..... 245 G2
Joussé 86 ..... 186 C5
Jouvençon 71 ..... 195 G1
La Jouvente 35 ..... 50 C5
Joux 69 ..... 212 B4
Joux *Château de* 25 ..... 180 C2
Joux *Forêt de la* 39 ..... 180 A3
Joux-la-Ville 89 ..... 136 D5
Joux Plane *Col de la* 74 ..... 216 D1
Joux Verte *Col de la* 74 ..... 198 D5
Jouy 28 ..... 86 B3
Jouy 89 ..... 112 D3
Jouy-aux-Arches 57 ..... 65 G1
Jouy-en-Argonne 55 ..... 43 H5
Jouy-en-Josas 78 ..... 58 B4
Jouy-en-Pithiverais 45 ..... 111 F3
Jouy-le-Châtel 77 ..... 60 A5
Jouy-le-Moutier 95 ..... 58 A1
Jouy-le-Potier 45 ..... 133 E3
Jouy-lès-Reims 51 ..... 41 F4
Jouy-Mauvoisin 78 ..... 57 F2
Jouy-sous-les-Côtes 55 ..... 64 D5
Jouy-sous-Thelle 60 ..... 37 H3
Jouy-sur-Eure 27 ..... 56 C1
Jouy-sur-Morin 77 ..... 60 B4
Joyeuse 07 ..... 266 A5
Joyeux 01 ..... 213 G3
Joze 63 ..... 210 A4
Jozerand 63 ..... 209 H3
Jû-Belloc 32 ..... 295 E5
Juan-les-Pins 06 ..... 309 F4
Juaye-Mondaye 14 ..... 33 E4
Jubainville 88 ..... 94 A3
La Jubaudière 49 ..... 148 D4
Jubécourt 55 ..... 43 G5
Jublains 53 ..... 106 C2
Le Juch 29 ..... 99 G2
Jugazan 33 ..... 256 C1
Jugeals-Nazareth 19 ..... 242 C3
Jugon-les-Lacs 22 ..... 79 E4
Jugy 71 ..... 195 E1
Juicq 17 ..... 201 G4
Juif 71 ..... 178 B5
Juignac 16 ..... 221 F5
Juigné-des-Moutiers 44 ..... 127 F4
Juigné-sur-Loire 49 ..... 149 G2
Juigné-sur-Sarthe 72 ..... 129 E2
Juignettes 27 ..... 55 F3
Juillac 19 ..... 223 H5
Juillac 32 ..... 295 F5
Juillac 33 ..... 257 E1
Juillac-le-Coq 16 ..... 220 B2
Juillaguet 16 ..... 221 F4
Juillan 65 ..... 315 E5
Juillé 16 ..... 203 F3
Juillé 72 ..... 107 G2
Juillé 79 ..... 202 C1
Juillenay 21 ..... 158 C3
Juilles 32 ..... 296 D4
Juilley 50 ..... 51 H5
Juilly 21 ..... 158 D1
Juilly 77 ..... 59 E1
Jujols 66 ..... 341 H3
Jujurieux 01 ..... 214 B2
Julianges 48 ..... 246 A5
Juliénas 69 ..... 194 D5
Julienne 16 ..... 220 C1
Julienrupt 88 ..... 119 H3
Jullianges 43 ..... 247 E1
Jullié 69 ..... 194 D5
Jullouville 50 ..... 51 F3
Jully 89 ..... 137 G3
Jully-lès-Buxy 71 ..... 177 G5
Jully-sur-Sarce 10 ..... 115 F3
Julos 65 ..... 333 E1
Julvécourt 55 ..... 43 H5
Jumeauville 78 ..... 57 G3
Jumeaux 63 ..... 228 B4
Les Jumeaux 79 ..... 168 B4
Jumel 80 ..... 22 C3
Jumelles 27 ..... 56 B2
Jumelles 49 ..... 150 B2
La Jumellière 49 ..... 149 F3
Jumencourt 02 ..... 40 B1
Jumièges 76 ..... 35 H2
Jumigny 02 ..... 41 E2
Jumilhac-le-Grand 24 ..... 223 F3
Junas 30 ..... 303 F3
Junay 89 ..... 137 E2
Juncalas 65 ..... 333 E1
Jungholtz 68 ..... 120 D5
Junhac 15 ..... 262 C2
Les Junies 46 ..... 259 G4
Juniville 08 ..... 42 B2
Jupilles 72 ..... 130 B3
Jurançon 64 ..... 314 B4
Juranville 45 ..... 112 A4
Juré 42 ..... 211 F4
Jurignac 16 ..... 220 D3
Jurques 14 ..... 52 D1
Jurvielle 31 ..... 334 A4
Jury 57 ..... 65 H1
Juscorps 79 ..... 185 E5
Jusix 47 ..... 257 E4
Jussac 15 ..... 244 B4
Jussarupt 88 ..... 120 A2
Jussas 17 ..... 238 B1
Jussecourt-Minecourt 51 ..... 63 E4
Jussey 70 ..... 140 C2
Jussy 02 ..... 24 A4
Jussy 57 ..... 65 G1
Jussy 74 ..... 215 G2
Jussy 89 ..... 136 B4
Jussy-Champagne 18 ..... 173 G2
Jussy-le-Chaudrier 18 ..... 156 A5
Justian 32 ..... 295 G2
Justine-Herbigny 08 ..... 26 A5
Justiniac 09 ..... 318 A5
Jutigny 77 ..... 89 F3
Juvaincourt 88 ..... 94 C4
Juvancourt 10 ..... 116 B3
Juvanzé 10 ..... 91 H5
Juvardeil 49 ..... 128 C4
Juvelize 57 ..... 66 D4
Juvignac 34 ..... 302 D4
Juvigné 53 ..... 105 G2
Juvignies 60 ..... 38 A1
Juvigny 02 ..... 40 B2
Juvigny 51 ..... 62 A1
Juvigny 74 ..... 197 H5
Juvigny-en-Perthois 55 ..... 93 E2
Juvigny-le-Tertre 50 ..... 52 B5
Juvigny-sous-Andaine 61 ..... 82 C2
Juvigny-sur-Loison 55 ..... 44 B2
Juvigny-sur-Orne 61 ..... 54 B4
Juvigny-sur-Seulles 14 ..... 33 E4
Juville 57 ..... 66 B3
Juvinas 07 ..... 266 A2
Juvincourt-et-Damary 02 ..... 41 F2
Juvisy-sur-Orge 91 ..... 58 C5
Juvrecourt 54 ..... 66 D5
Juxue 64 ..... 311 G5
Juzanvigny 10 ..... 91 H4
Juzennecourt 52 ..... 116 C2
Juzes 31 ..... 318 C2
Juzet-de-Luchon 31 ..... 334 B4
Juzet-d'Izaut 31 ..... 334 C2
Juziers 78 ..... 57 G2

K

Kalhausen 57 ..... 67 H1
Kaltenhouse 67 ..... 69 E3
Kanfen 57 ..... 45 G2
Kappelen 68 ..... 143 G3
Kappelkinger 57 ..... 67 F2
Les Karellis 73 ..... 252 B1
Katzenthal 68 ..... 121 E2
Kauffenheim 67 ..... 69 F3
Kaysersberg 68 ..... 120 D2
Kédange-sur-Canner 57 ..... 46 B3
Keffenach 67 ..... 69 E2
Kembs 68 ..... 143 G2
Kembs-Loéchlé 68 ..... 143 H2
Kemplich 57 ..... 46 B3
Kerazan *Manoir de* 29 ..... 99 G4
Kerbach 57 ..... 47 F5
Kerbors 22 ..... 73 E2
Kerdéniel *Pointe de* 29 ..... 75 F3
Kerdévot *Chapelle de* 29 ..... 100 A3
Kerfany-les-Pins 29 ..... 100 B5
Kerfons *Chapelle de* 22 ..... 72 C3
Kerfot 22 ..... 73 F3
Kerfourn 56 ..... 102 A3
Kergloff 29 ..... 76 D4
Kergonadeac'h
Château de 29 ..... 71 F4
Kergrist 56 ..... 101 H2
Kergrist *Château de* 22 ..... 72 C4
Kergrist-Moëlou 22 ..... 77 F4
Kergroadès
Château de 29 ..... 70 B5
Kerguehennec
Château de 56 ..... 102 B5
Kerien 22 ..... 77 G3
Kérity 29 ..... 99 F5
Kerjean *Château de* 29 ..... 71 F4
Kerlaz 29 ..... 99 G2
Kerling-lès-Sierck 57 ..... 46 B2
Kerlouan 29 ..... 70 D3
Kermaria 56 ..... 102 A5
Kermaria *Chapelle* 22 ..... 73 G4
Kermaria-Sulard 22 ..... 72 D3
Kermoroc'h 22 ..... 73 E4
Kernascléden 56 ..... 101 F3
Kernével 29 ..... 100 B3
Kernilis 29 ..... 70 D4
Kernouës 29 ..... 70 D4
Kérouzéré *Château de* 29 ..... 71 G3
Kerpape 56 ..... 123 F2
Kerpert 22 ..... 77 G3
Kerprich-aux-Bois 57 ..... 67 G4
Kersaint 29 ..... 70 B4
Kersaint-Plabennec 29 ..... 70 D5
Kertzfeld 67 ..... 97 F3
Kervignac 56 ..... 123 G2
Keskastel 67 ..... 67 G2
Kesseldorf 67 ..... 69 G2
Kienheim 67 ..... 68 C5
Kientzheim 68 ..... 121 E2
Kientzville 67 ..... 97 F4
Kiffis 68 ..... 143 G5
Killem 59 ..... 3 H3
Kilstett 67 ..... 69 E5
Kindwiller 67 ..... 68 C3
Kingersheim 68 ..... 143 F1
Kintzheim 67 ..... 97 E5
Kirchberg 68 ..... 142 C1
Kirchheim 67 ..... 97 F1
Kirrberg 67 ..... 67 G3
Kirrwiller 67 ..... 68 C3
Kirsch-lès-Sierck 57 ..... 46 B2
Kirschnaumen 57 ..... 46 B2
Kirviller 57 ..... 67 G2
Klang 57 ..... 46 B3
Kleinfrankenheim 67 ..... 68 C5
Kleingœft 67 ..... 68 B5
Klingenthal 67 ..... 97 E2
Knœringue 68 ..... 143 G3
Knœrsheim 67 ..... 68 B5
Knutange 57 ..... 45 G3
Koeking 57 ..... 45 H2
Kœnigsmacker 57 ..... 45 H2
Kœstlach 68 ..... 143 F4
Kœtzingue 68 ..... 143 G2
Kœur-la-Grande 55 ..... 64 C4
Kœur-la-Petite 55 ..... 64 C4
Kogenheim 67 ..... 97 F4
Kolbsheim 67 ..... 97 F1
Krautergersheim 67 ..... 97 F2
Krautwiller 67 ..... 68 D4
Le Kremlin-Bicêtre 94 ..... 58 C4
Kreuzweg *Col du* 67 ..... 96 D3
Kriegsheim 67 ..... 68 D4
Kruth 68 ..... 120 B4
Kuhlendorf 67 ..... 69 F2
Kunheim 68 ..... 121 F3
Kuntzig 57 ..... 45 H3
Kurtzenhouse 67 ..... 69 E4
Kuttolsheim 67 ..... 68 C5
Kutzenhausen 67 ..... 69 E2

L

Laà-Mondrans 64 ..... 313 G2
Laas 32 ..... 315 G2
Laas 45 ..... 111 G3
Laàs 64 ..... 313 F3
Labalme 01 ..... 214 B1
Labarde 33 ..... 237 F3
Labaroche 68 ..... 120 D2
Labarrère 32 ..... 275 E5
Labarthe 32 ..... 316 B2
Labarthe 82 ..... 277 H3
Labarthe *Moulin de* 33 ..... 256 D1
Labarthe-Bleys 81 ..... 279 E4
Labarthe-Inard 31 ..... 334 D1
Labarthe-Rivière 31 ..... 334 B1
Labarthe-sur-Lèze 31 ..... 317 H2
Labarthète 32 ..... 294 D4
Labassère 65 ..... 333 E1
Labastide 65 ..... 333 H2
Labastide-Beauvoir 31 ..... 318 B2
Labastide-Castel-
Amouroux 47 ..... 275 E1
Labastide-Cézéracq 64 ..... 313 H3
Labastide-Chalosse 40 ..... 293 H4
Labastide-Clermont 31 ..... 317 F3
Labastide-d'Anjou 11 ..... 318 D3
Labastide-d'Armagnac 40 ..... 274 B5
Labastide-de-Lévis 81 ..... 299 E1
Labastide-de-Penne 82 ..... 278 C2
Labastide-de-Virac 07 ..... 284 B1
Labastide-Dénat 81 ..... 299 G2
Labastide-
du-Haut-Mont 46 ..... 261 G1
Labastide-du-Temple 82 ..... 277 G4
Labastide-du-Vert 46 ..... 259 G4
Labastide-en-Val 11 ..... 338 A1
Labastide-
Esparbairenque 11 ..... 319 H3
Labastide-Gabausse 81 ..... 279 G5
Labastide-Marnhac 46 ..... 277 H1
Labastide-Monréjeau 64 ..... 314 A2
Labastide-Murat 46 ..... 260 C3
Labastide-Paumès 31 ..... 316 D3
Labastide-Rouairoux 81 ..... 320 B2
Labastide-
Saint-Georges 81 ..... 298 D3
Labastide-Saint-Pierre 82 ..... 297 H1
Labastide-Saint-Sernin 31 ..... 298 A3
Labastide-Savès 32 ..... 297 E5
Labastide-
sur-Bésorgues 07 ..... 266 A2
Labastide-Villefranche 64 ..... 311 G3
Labastidette 31 ..... 317 G2
Labathude 46 ..... 261 F2
Labatie-d'Andaure 07 ..... 248 C4
Labatmale 64 ..... 314 C5
Labatut 09 ..... 318 A4
Labatut 40 ..... 293 E5
Labatut 64 ..... 315 E2
Labatut-Rivière 65 ..... 295 E5
Labbeville 95 ..... 38 A5
Labeaume 07 ..... 266 A5
Labécède-Lauragais 11 ..... 319 E3
Labège 31 ..... 298 A5
Labégude 07 ..... 266 B3
Labéjan 32 ..... 296 A5
Labenne 40 ..... 292 A4
Labenne-Océan 40 ..... 292 A4
Labergement-
du-Navois 25 ..... 180 A1
Labergement-Foigney 21 ..... 160 C4
Labergement-
lès-Auxonne 21 ..... 160 D5
Labergement-
lès-Seurre 21 ..... 178 B2
Labergement-
Sainte-Marie 25 ..... 180 C4
Laberlière 60 ..... 23 F5
Labescau 33 ..... 256 C5
Labesserette 15 ..... 262 C2
Labessette 63 ..... 226 C4
Labessière-Candeil 81 ..... 299 E2
Labets-Biscay 64 ..... 311 G3
Labeuville 55 ..... 65 E1
Labeuvrière 62 ..... 7 H4
Labeyrie 64 ..... 293 H5
Lablachère 07 ..... 266 A5
Laboissière-en-Santerre 80 ..... 23 E4
Laboissière-en-Thelle 60 ..... 38 A3
Laboissière-
Saint-Martin 80 ..... 21 G2
Laborde 65 ..... 333 G2
Laborel 26 ..... 286 D1
Labosse 60 ..... 37 H3
Labouheyre 40 ..... 273 E2
Labouiche *Rivière
souterraine de* 09 ..... 336 B2
Laboulbène 81 ..... 299 G4
Laboule 07 ..... 265 H3
Labouquerie 24 ..... 258 D2
Labouret *Col du* 04 ..... 288 B2
Labourgade 82 ..... 297 F1
Labourse 62 ..... 8 A4
Laboutarie 81 ..... 299 F3
Labretonie 47 ..... 257 G5
Labrihe 32 ..... 296 D3
Labrit 40 ..... 273 H4
Labroquère 31 ..... 334 A2
Labrosse 45 ..... 111 H2
Labrousse 15 ..... 262 C1
Labroye 62 ..... 11 H1
Labruguière 81 ..... 299 G5
Labruyère 21 ..... 178 B1
Labruyère 60 ..... 38 D3
Labruyère-Dorsa 31 ..... 318 A3
Labry 54 ..... 45 F5
Labuissière 62 ..... 7 H4
Laburgade 46 ..... 278 B1
Lac-des-
Rouges-Truites 39 ..... 197 F1
Le Lac-d'Issarlès 07 ..... 265 H1
Lacabarède 81 ..... 320 B2
Lacadée 64 ..... 293 H5
Lacajunte 40 ..... 294 A4
Lacalm 12 ..... 263 F2
Lacam-d'Ourcet 46 ..... 261 F1
Lacanau 33 ..... 236 C4
Lacanau-de-Mios 33 ..... 254 D2
Lacanau-Océan 33 ..... 236 B3
Lacanche 21 ..... 177 F1
Lacapelle-Barrès 15 ..... 245 E5
Lacapelle-Biron 47 ..... 258 D3
Lacapelle-Cabanac 46 ..... 259 F5
Lacapelle-del-Fraisse 15 ..... 262 C1
Lacapelle-Livron 82 ..... 278 D2
Lacapelle-Marival 46 ..... 261 E2
Lacapelle-Pinet 81 ..... 280 B4
Lacapelle-Ségalar 81 ..... 279 F4
Lacapelle-Viescamp 15 ..... 243 H5
Lacarre 64 ..... 330 C1
Lacarry-Arhan-Charritte-
de-Haut 64 ..... 331 E2
Lacassagne 65 ..... 315 F3
Lacaugne 31 ..... 317 G4
Lacaune 81 ..... 300 C3
Lacaussade 47 ..... 258 D4
Lacave 09 ..... 335 E2
Lacave 46 ..... 260 C1
Lacaze 81 ..... 300 A3
Lacelle 19 ..... 225 E2
Lacenas 69 ..... 212 D3
Lacépède 47 ..... 275 H1
Lachaise 16 ..... 220 C3
Lachalade 55 ..... 43 F4
Lachambre 57 ..... 67 E1
Lachamp 48 ..... 264 B3
Lachamp-Raphaël 07 ..... 266 A1
Lachapelle 47 ..... 257 F4
Lachapelle 54 ..... 96 A3
Lachapelle 80 ..... 21 H3
Lachapelle 82 ..... 276 D5
Lachapelle-aux-Pots 60 ..... 37 H2
Lachapelle-Auzac 46 ..... 242 B5
Lachapelle-en-Blaisy 52 ..... 116 C2
Lachapelle-Graillouse 07 ..... 265 G1
Lachapelle-Saint-Pierre 60 ..... 38 B4
Lachapelle-
sous-Aubenas 07 ..... 266 B4

Lachapelle-sous-Chanéac 07 248 A4
Lachapelle-sous-Chaux 90 142 B2
Lachapelle-sous-Gerberoy 60 37 G1
Lachapelle-sous-Rougemont 90 142 D2
Lachassagne 69 212 D3
Lachau 26 286 D2
Lachaussée 55 65 E2
Lachaussée-du-Bois-d'Écu 60 22 B5
Lachaux 63 210 C3
Lachelle 60 39 F2
Lachy 51 61 E4
Lacollonge 90 142 C2
Lacombe 11 319 G3
Lacommande 64 314 A4
Lacoste 34 302 A4
Lacoste 84 305 G2
Lacougotte-Cadoul 81 298 D4
Lacour 82 277 E2
Lacour-d'Arcenay 21 158 C3
Lacourt 09 335 F3
Lacourt-Saint-Pierre 82 277 G5
Lacq 64 313 H2
Lacquy 40 274 B5
Lacrabe 40 293 H4
Lacres 62 6 C3
Lacroisille 81 298 D5
Lacroix-Barrez 12 262 D1
Lacroix-Falgarde 31 317 H2
Lacroix-Saint-Ouen 60 39 F3
Lacroix-sur-Meuse 55 64 C2
Lacropte 24 240 D4
Lacrost 71 195 F1
Lacrouzette 81 299 H4
Lacs 36 189 G1
Ladapeyre 23 189 H5
Ladaux 33 256 B2
Ladern-sur-Lauquet 11 337 H1
Ladevèze-Rivière 32 295 E5
Ladevèze-Ville 32 295 E5
Ladignac-le-Long 87 223 F2
Ladignac-sur-Rondelles 19 243 E1
Ladinhac 15 262 C2
Ladirat 46 261 F1
Ladiville 16 220 D3
Ladoix 21 177 H1
Ladoix-Serrigny 21 177 H1
Ladon 45 112 A5
Lados 33 256 C5
Ladoye-sur-Seille 39 179 F4
Laduz 89 136 A2
Lafage 11 318 D5
Lafage-sur-Sombre 19 243 G1
Lafare 84 285 G3
Lafarre 07 248 C3
Lafarre 43 265 G1
Lafat 23 188 D4
Lafauche 52 93 G5
Laféline 03 191 H4
Laferté-sur-Amance 52 140 B2
Laferté-sur-Aube 52 116 B3
Lafeuillade-en-Vézie 15 262 C1
Laffaux 02 40 C2
Laffite-Toupière 31 316 D5
Laffrey 38 251 E3
Lafite Rothschild *Château de* 33 237 E1
Lafitole 65 315 E2
Lafitte 82 277 F5
Lafitte-sur-Lot 47 275 H1
Lafitte-Vigordane 31 317 F4
Lafosse 33 237 G3
Lafox 47 276 C3
Lafrançaise 82 277 G4
Lafraye 60 38 B1
Lafresnoye 80 21 G2
Lafrimbolle 57 96 B1
Lagamas 34 302 A4
Lagarde 09 336 D2
Lagarde 31 318 C3
Lagarde 32 275 H5
Lagarde 57 67 E5
Lagarde 65 315 E4
Lagarde d'Apt 84 286 C5
Lagarde-Enval 19 243 E2
Lagarde-Hachan 32 316 A3
Lagarde-Paréol 84 285 F2
Lagarde-sur-le-Né 16 220 C3
Lagardelle 46 259 F5
Lagardelle-sur-Lèze 31 317 H3
Lagardère 32 295 H2
Lagardiolle 81 319 F2
Lagarrigue 47 275 G2
Lagarrigue 81 299 G5
Lagatjar *Alignements de* 29 74 D3
Lageon 79 168 A4
Lagery 51 41 E4
Lagesse 10 115 E4
Laghet 06 309 H2
Lagleygeolle 19 242 D3
Laglorieuse 40 294 B1
Lagnes 84 305 F1
Lagney 54 65 F5
Lagnicourt-Marcel 62 13 H4
Lagnieu 01 214 A4
Lagny 60 23 G5
Lagny-le-Sec 60 59 F1
Lagny-sur-Marne 77 59 E3
Lagor 64 313 H3
Lagorce 07 266 B5
Lagorce 33 238 C3
Lagord 17 183 F5
Lagos 64 314 C5
Lagrâce-Dieu 31 317 H3
Lagrand 05 287 E1
Lagrange 40 274 C5
Lagrange 65 333 H1
Lagrange 90 142 D2
Lagrasse 11 338 B1
Lagraulas 32 295 G3
Lagraulet-du-Gers 32 295 G1
Lagraulet-Saint-Nicolas 31 297 F2
Lagraulière 19 224 C5
Lagrave 81 299 E1
Lagruère 47 275 F1
Laguenne 19 242 D1
Laguépie 82 279 F4
Laguian-Mazous 32 315 G2
Laguinge-Restoue 64 331 F2
Laguiole 12 263 F3
Lagupie 47 257 E4
Lahage 31 317 E2
Laharie 40 272 D4
Laharmand 52 116 D3
Lahas 32 296 D5
Lahaye-Saint-Romain 80 21 H4
Lahaymeix 55 64 B3
Lahayville 55 65 E3
Laheycourt 55 63 F2
Lahitère 31 335 F1
Lahitte 32 296 B4
Lahitte 65 333 G1
Lahitte-Toupière 65 315 E2
Lahonce 64 292 B5
Lahontan 64 293 E5
Lahosse 40 293 F3
Lahourcade 64 313 H3
Lahoussoye 80 22 D1
Laifour 08 26 D1
La Laigne 17 184 B5
Laigné 53 128 A2
Laigné-en-Belin 72 130 A2
Laignelet 35 81 F4
Laignes 21 137 H2
Laigneville 60 38 C3
Laigny 02 25 F2
Laillé 35 104 A4
Lailly 89 114 A2
Lailly-en-Val 45 132 D3
Laimont 55 63 G3
Lain 89 135 H5
Laines-aux-Bois 10 114 D2
Lains 39 196 B3
Lainsecq 89 156 D1
Lainville-en-Vexin 78 57 G1
Laire 25 142 B4
Laires 62 7 F3
Lairière 11 338 A2
Lairoux 85 183 E2
Laissac-Sévérac-l'Église 12 281 F1
Laissaud 73 233 G3
Laissey 25 162 B3
Laître-sous-Amance 54 66 B5
Laives 71 177 H5
Laix 54 45 E2
Laiz 01 195 E5
Laizé 71 195 E3
Laize-la-Ville 14 33 G5
Laizy 71 176 C3
Lajo 48 264 B1
Lajoux 39 197 F3
Lalacelle 61 83 E3
Lalande 89 135 H4
Lalande-de-Pomerol 33 238 C4
Lalande-en-Son 60 37 G2
Lalandelle 60 37 G2
Lalandusse 47 257 H3
Lalanne 32 296 B2
Lalanne 65 316 A4
Lalanne-Arqué 32 316 B3
Lalanne-Trie 65 315 H4
Lalaye 67 96 D4
Lalbarède 81 299 E4
Lalbenque 46 278 B1
Laleu 61 84 A2
Laleu 80 11 H5
Lalevade-d'Ardèche 07 266 A3
Lalheue 71 177 H5
Lalinde 24 258 C1
Lalizolle 03 209 G1
Lallaing 59 9 E5
Lalleu 35 126 D2
Lalley 38 268 D1
Lalobbe 08 26 A4
Lalœuf 54 94 C3
Lalongue 64 314 C2
Lalonquette 64 294 B5
Laloubère 65 315 E5
Lalouret-Laffiteau 31 316 B5
Lalouvesc 07 248 C2
Laluque 40 293 E1
Lama 2B 345 E5
Lamadeleine-Val-des-Anges 90 142 C1
Lamagdelaine 46 260 B5
Lamagistère 82 276 D4
Lamaguère 32 316 B2
Lamaids 03 190 B5
Lamairé 79 168 B4
Lamalou-les-Bains 34 301 F5
Lamancine 52 116 D2
Lamanère 66 342 B5
Lamanon 13 305 F3
Lamarche 88 118 A3
Lamarche-en-Woëvre 55 65 E3
Lamarche-sur-Saône 21 160 D3
Lamargelle 21 159 H1
Lamargelle-aux-Bois 52 139 E4
Lamaronde 80 21 H3
Lamarque 33 237 F2
Lamarque-Pontacq 65 314 D5
Lamarque-Rustaing 65 315 G4
Lamasquère 31 317 G2
Lamastre 07 248 C4
Lamath 54 95 F2
Lamativie 46 243 F5
Lamayou 64 315 E3
Lamazère 32 295 H5
Lamazière-Basse 19 225 G5
Lamazière-Haute 19 226 B2
Lambach 57 68 A1
Lambader 29 71 G4
Lamballe 22 78 D3
Lambersart 59 8 D2
Lambert 04 288 A2
Lamberville 50 32 C5
Lamberville 76 20 A3
Lambesc 13 305 G4
Lamblore 28 85 E2
Lambres 62 7 G3
Lambres-lez-Douai 59 8 D5
Lambrey 70 140 D3
Lambruisse 04 288 C4
Laméac 65 315 G3
Lamécourt 60 38 D2
Lamelouze 30 283 G3
Lamenay-sur-Loire 58 175 F4
Lamérac 16 220 C4
Lametz 08 26 D5
Lamillarié 81 299 F2
Lammerville 76 20 A3
Lamnay 72 108 D3
Lamongerie 19 224 C3
Lamontélarié 81 300 B4
Lamontgie 63 228 B4
Lamontjoie 47 275 H4
Lamonzie-Montastruc 24 240 B5
Lamonzie-Saint-Martin 24 257 G1
Lamorlaye 60 38 C5
Lamorville 55 64 C3
Lamothe 40 293 H2
Lamothe 43 246 B1
Lamothe-Capdeville 82 277 H4
Lamothe-Cassel 46 260 B3
Lamothe-Cumont 82 296 D1
Lamothe-en-Blaisy 52 116 C2
Lamothe-Fénelon 46 259 H1
Lamothe-Goas 32 296 A2
Lamothe-Landerron 33 257 E4
Lamothe-Montravel 24 238 D5
Lamotte-Beuvron 41 133 F5
Lamotte-Brebière 80 22 C2
Lamotte-Buleux 80 11 G2
Lamotte-du-Rhône 84 284 D2
Lamotte-Warfusée 80 23 E2
Lamouilly 55 27 H5
Lamoura 39 197 F3
Lampaul 29 74 A1
Lampaul-Guimiliau 29 71 G5
Lampaul-Plouarzel 29 70 A5
Lampaul-Ploudalmézeau 29 70 B4
Lampertheim 67 68 D5
Lampertsloch 67 69 E2
Lamure-sur-Azergues 69 212 B2
Lanans 25 162 D3
Lanarce 07 265 G2
Lanarvily 29 70 D4
Lanas 07 266 B4
Lancé 41 131 G4
Lanchères 80 11 E3
Lanches-Saint-Hilaire 80 12 B4
Lanchy 02 23 H2
Lancié 69 212 D1
Lancieux 22 50 B5
Lancôme 41 131 H5
Lançon 08 43 E3
Lançon 65 333 H3
Lançon-Provence 13 305 F4
Lancrans 01 215 E1
Landal *Château de* 35 80 B2
Landange 57 67 G5
Landas 59 9 F4
Landaul 56 123 H2
Landaville 88 94 A5
Landavran 35 105 E2
La Lande-Chasles 49 150 C1
La Lande-d'Airou 50 51 H3
La Lande-de-Fronsac 33 237 H4
La Lande-de-Goult 61 83 F2
La Lande-de-Lougé 61 53 H5
La Lande-Patry 61 53 E4
La Lande-Saint-Léger 27 34 D3
La Lande-Saint-Siméon 61 53 F3
La Lande-sur-Drôme 14 32 C5
La Lande-sur-Eure 61 85 E2
La Lande-Vaumont 14 52 C4
Landéan 35 81 F4
Landebaëron 22 73 E4
Landébia 22 79 E3
La Landec 22 79 F4
Landécourt 54 95 F2
Landéda 29 70 C4
Landéhen 22 78 D4
Landeleau 29 76 C4
Landelles 28 85 G3
Landelles-et-Coupigny 14 52 B2
Landemont 49 148 B3
Landepéreuse 27 55 F1
Landerneau 29 75 G2
Landeronde 85 165 G5
Landerrouat 33 257 E2
Landerrouet-sur-Ségur 33 256 D3
Landersheim 67 68 C5
Landes 17 201 G3
Les Landes-Genusson 85 166 B2
Landes-le-Gaulois 41 131 H5
Landes-sur-Ajon 14 33 E5
Landes-Vieilles-et-Neuves 76 21 F3
Landévant 56 123 H2
Landévennec 29 75 G3
Landevieille 85 165 E5
Landéville 52 93 F4
Landeyrat 15 245 F1
Landifay-et-Bertaignemont 02 24 D2
Landigou 61 53 F4
Le Landin 27 35 H2
Landiras 33 255 H3
Landisacq 61 53 E4
Landivisiau 29 71 F5
Landivy 53 81 G3
Landogne 63 208 D4
Landonvillers 57 46 B5
Landorthe 31 334 C1
Landos 43 265 F1
Landouge 87 205 G5
Landouzy-la-Cour 02 25 G2
Landouzy-la-Ville 02 25 G2
Landrais 17 201 E2
Le Landreau 44 148 A4
Landrecies 59 15 E4
Landrecourt 55 64 B1
Landrellec 22 72 C2
Landremont 54 65 H4
Landres 54 45 E3
Landres-et-Saint-Georges 08 43 F2
Landresse 25 162 D3
Landrethun-le-Nord 62 2 C4
Landrethun-lès-Ardres 62 2 D4
Landrévarzec 29 99 H2
Landreville 10 115 H4
Landrichamps 08 17 F4
Landricourt 02 40 B1
Landricourt 51 92 B2
Landroff 57 66 D2
Landry 73 234 D2
Landser 68 143 G2
Landudal 29 100 A2
Landudec 29 99 F3
Landujan 35 103 H1
Landunvez 29 70 B4
Lanéria 39 196 A3
Lanespède 65 315 G5
Lanessan *Château de* 33 237 E2
Lanester 56 123 F2
Lanet 11 338 A3
Laneuvelle 52 118 A5
Laneuvelotte 54 66 B5
Laneuveville-aux-Bois 54 95 H1
Laneuveville-derrière-Foug 54 65 E5
Laneuveville-devant-Bayon 54 95 E3
Laneuveville-devant-Nancy 54 94 D1
Laneuveville-en-Saulnois 57 66 C3
Laneuveville-lès-Lorquin 57 67 G5
Laneuville-à-Bayard 52 92 D2
Laneuville-à-Rémy 52 92 C3
Laneuville-au-Bois 52 93 G4
Laneuville-au-Pont 52 63 E5
Laneuville-au-Roi 52 116 C3
Laneuville-au-Rupt 55 64 D5
Laneuville-sur-Meuse 55 43 G1
Laneuvilleroy 60 38 D1
Lanfains 22 78 A4
Lanfroicourt 54 66 B4
Langan 35 80 A5
Langast 22 78 C5
Langatte 57 67 G4
Langé 36 171 F1
Langeac 43 246 C3
Langeais 37 151 F3
Langensoultzbach 67 68 D2
Langeron 58 174 B4
Langesse 45 134 C5
Langey 28 109 G4
Langlade 30 303 G2
Langley 88 95 E4
Langoat 22 72 D3
Langoëlan 56 101 F2
Langogne 48 265 F2
Langoiran 33 255 H2
Langolen 29 100 A2
Langon 33 256 B4
Langon 35 126 A3
Langon-sur-Cher 41 154 A4
Le Langon 85 183 G3
Langonnet 56 100 D2
Langonnet *Abbaye de* 56 101 E2
Langouet 35 80 A5
Langourla 22 78 D5
Langres 52 139 G2
Langrolay-sur-Rance 22 79 H3
Langrune-sur-Mer 14 33 G3
Languédias 22 79 F4
Languenan 22 79 G3
Langueux 22 78 B3
Languevoisin-Quiquery 80 23 G3
Languidic 56 101 G5
Languidou *Chapelle de* 29 99 F4
Languimberg 57 67 F4
Languivoa *Chapelle de* 29 99 F4
Langy 03 192 C5
Lanhélin 35 80 A3
Lanhères 55 44 D5
Lanhouarneau 29 71 E4
Lanildut 29 70 A4
Laning 57 67 E1
Laniscat 22 77 G5
Laniscourt 02 24 C5
Lanleff 22 73 F4
Lanloup 22 73 G3
Lanmérin 22 72 D3
Lanmeur 29 72 A4
Lanmodez 22 73 F2
Lann-Bihoué 56 123 F2
Lanne 65 315 E5
Lanne-en-Barétous 64 331 F2
Lanne-Soubiran 32 294 D3
Lannéanou 29 76 C2
Lannebert 22 73 F4
Lannecaube 64 314 C2
Lannédern 29 76 B4
Lannemaignan 32 294 C1
Lannemezan 65 333 H1
Lannepax 32 295 G2
Lanneplaà 64 313 F2
Lanneray 28 109 H4
Lannes 47 275 F5
Lannes 52 117 F5
Lanneuffret 29 71 E5
Lannilis 29 70 C4
Lannion 22 72 C3
Lannoy 59 9 E2
Lannoy-Cuillère 60 21 F4
Lannux 32 294 C4
Lano 2B 347 F3
Lanobre 15 226 C4
Lanouaille 24 223 F5
Lanouée 56 102 C4
Lanoux 09 335 H1
Lanquais 24 258 C1
Lanques-sur-Rognon 52 117 F3
Lanquetot 76 19 F5
Lanrelas 22 103 E1
Lanrigan 35 80 B4
Lanrivain 22 77 G3
Lanrivoaré 29 70 B5
Lanrodec 22 77 H2
Lans 71 177 H4
Lans-en-Vercors 38 250 C2
Lansac 33 237 G3
Lansac 65 315 F5
Lansac 66 338 B5
Lansargues 34 303 F4
Lanslebourg-Mont-Cenis 73 235 E5
Lanslevillard 73 235 F5
Lanta 31 298 B5
Lantabat 64 311 G5
Lantages 10 115 F4
Lantan 18 173 G3
Lantéfontaine 54 45 F4
Lantenay 01 214 C2
Lantenay 21 159 H3
Lantenne-Vertière 25 161 G4
Lantenot 70 141 H3
La Lanterne-et-les-Armonts 70 141 H2
Lanteuil 19 242 C3
Lanthenans 25 163 E2
Lanthes 21 178 C1
Lantheuil 14 33 F3
Lantic 22 73 G5
Lantignié 69 212 C1
Lantillac 56 102 B4
Lantilly 21 158 D1
Lanton 33 254 C2
Lantosque 06 291 F3
Lantriac 43 247 G4
Lanty 58 175 H4
Lanty-sur-Aube 52 116 B4
Lanuéjols 30 282 B4
Lanuéjols 48 264 D5
Lanuéjouls 12 261 G5
Lanvallay 22 79 G4
Lanvaudan 56 101 F4
Lanvellec 22 72 B4
Lanvénégen 56 100 D3
Lanvéoc 29 75 E3
Lanvézéac 22 72 D3
Lanvollon 22 73 G4
Lanzac 46 242 B5
Laon 02 24 D5
Laons 28 56 B5
Laouzas *Barrage de* 81 300 C4
Lapalisse 03 192 D5
Lapalud 84 284 D1
Lapan 18 172 D3
Lapanouse 12 281 G1
Lapanouse-de-Cernon 12 281 H5
Laparade 47 275 H1
Laparrouquial 81 279 F4
Lapège 09 336 A4
Lapenche 82 278 C3
Lapenne 09 336 C1
Lapenty 50 81 G2
Laperche 47 257 G4
Laperrière-sur-Saône 21 160 D5
Lapeyre 65 315 H3
Lapeyrère 31 317 G5
Lapeyrouse 01 213 F3
Lapeyrouse 63 191 F5
Lapeyrouse-Fossat 31 298 A4
Lapeyrouse-Mornay 26 231 G5
Lapeyrugue 15 262 C2
Lapleau 19 243 G1
Laplume 47 275 H4
Lapoutroie 68 120 D2

Lapouyade 33 238 B3
Lappion 02 25 G5
Laprade 11 319 G2
Laprade 16 239 F1
Lapradelle 11 337 G4
Laprugne 03 211 E3
Laps 63 228 A2
Lapte 43 248 A2
Lapugnoy 62 7 H4
Laquenexy 57 66 B1
Laqueuille 63 227 E2
Laragne-Montéglin 05 287 F1
Larajasse 69 230 C2
Laramière 46 279 E1
Laran 65 316 A5
Larbey 40 293 G3
Larbont 09 335 H2
Larbroye 60 23 G5
Larcan 31 316 C5
Larcat 09 336 B5
Larçay 37 152 A3
Larceveau-Arros-Cibits 64 311 G5
Larchamp 53 81 G4
Larchamp 61 53 E5
Larchant 77 112 B2
Larche 04 271 F4
Larche 19 241 H3
Larche *Col de* 04 271 F4
Le Larderet 39 179 H3
Lardier-et-Valença 05 269 G5
Lardiers 04 287 E4
Le Lardin-Saint-Lazare 24 241 G3
Lardy 91 87 G3
Larée 32 295 E1
Laréole 31 297 E3
Largeasse 79 167 G5
Largentière 07 266 A4
Largillay-Marsonnay 39 196 C1
Largitzen 68 143 E3
Largny-sur-Automne 02 39 H4
Largoët *Forteresse de* 56 124 D3
Larians-et-Munans 70 162 B1
Larivière 90 142 D2
Larivière-sur-Apance 52 118 A4
Larmor-Baden 56 124 A4
Larmor-Plage 56 123 F2
Larnage 26 249 F3
Larnagol 46 260 D5
Larnas 07 266 D5
Larnat 09 336 B5
Larnaud 39 179 E5
Larnod 25 161 H4
Laroche-près-Feyt 19 226 C1
Laroche-Saint-Cydroine 89 113 H5
Larochemillay 58 176 A3
Larodde 63 226 C3
Laroin 64 314 A4
Larone *Col de* 2A 349 G4
Laronxe 54 95 G2
Laroque 33 256 B2
Laroque 34 302 C1
Laroque-de-Fa 11 338 B3
Laroque-des-Albères 66 343 F4
Laroque-des-Arcs 46 260 B5
Laroque-d'Olmes 09 336 D3
Laroque-Timbaut 47 276 C2
Laroquebrou 15 243 H4
Laroquevieille 15 244 C4
Larouillies 59 15 G5
Larra 31 297 G3
Larrau 64 331 E3
Larrazet 82 297 F1
Larré 56 124 D3
Larré 61 83 H3
Larressingle 32 295 G1
Larressore 64 310 D3
Larret 29 70 B5
Larret 70 140 A4
Larreule 64 314 A2
Larreule 65 315 E2
Larrey 21 137 H2
Larribar-Sorhapuru 64 311 H4
Larringes 74 198 B3
Larrivière-Saint-Savin 40 294 A2
Larrivoire 39 196 D4
Larroque 31 316 B5
Larroque 65 316 A4
Larroque 81 278 D5
Larroque-Engalin 32 275 H5
Larroque-Saint-Sernin 32 296 A2
Larroque-sur-l'Osse 32 275 F5
Larroque-Toirac 46 261 F4
Lartigue 32 296 C5
Lartigue 33 274 C2
Laruns 64 332 A2
Laruscade 33 238 B2
Larzac 24 259 E2
Larzicourt 51 62 D5
Lasalle 30 283 F5
Lasbordes 11 319 E4
Lascabanes 46 277 H1
Lascaux 19 223 H5
Lascaux *Grotte de* 24 241 G3
Lascazères 65 295 E5
Lascelle 15 244 D4
Laschamps-de-Chavanat 23 207 E1
Lasclaveries 64 314 B2
Lasfaillades 81 300 A5
Lasgraisses 81 299 E2
Laslades 65 315 F5
Lassales 65 316 A5
Lassay-les-Châteaux 53 82 C3
Lassay-sur-Croisne 41 153 G3
Lasse 49 150 C1
Lasse 64 330 B1
Lasserade 32 295 E4
Lasséran 32 296 A5
Lasserre 09 335 F1
Lasserre 31 297 F4
Lasserre 47 275 G4
Lasserre 64 294 D5
Lasserre-de-Prouille 11 319 F5
Lasseube 64 314 A4
Lasseube-Propre 32 296 B5
Lasseubetat 64 314 A5
Lassicourt 10 91 H4
Lassigny 60 23 F5
Lasson 14 33 F4
Lasson 89 114 C4
Lassouts 12 263 F5
Lassur 09 336 C5
Lassy 14 53 E2
Lassy 35 103 H4
Lassy 95 38 D5
Lastelle 50 31 G3
Lastic 15 246 A3
Lastic 63 226 D1
Lastioulles *Barrage de* 15 226 D5
Lastours 11 319 H4
Lataule 60 39 E1
Le Latet 39 179 H3
La Latette 39 180 A4
Lathuile 74 215 H5
Lathus 86 187 G4
Latillé 86 185 H1
Latilly 02 40 B5
Latoue 31 316 C5
Latouille-Lentillac 46 261 F1
Latour 31 317 G5
Latour-Bas-Elne 66 343 F3
Latour-de-Carol 66 341 E4
Latour-de-France 66 338 B5
Latour-en-Woëvre 55 65 E1
Latrape 31 317 G5
Latrecey 52 116 C5
Latresne 33 255 G1
Latrille 40 294 C4
Latronche 19 243 H1
Latronquière 46 261 G1
Lattainville 60 37 G4
La Latte *Fort* 22 50 A4
Lattes 34 302 D5
Lattre-Saint-Quentin 62 13 E2
Lau-Balagnas 65 332 D2
Laubach 67 68 D3
Laubert 48 264 D4
Les Laubies 48 264 B2
Laubressel 10 91 F5
Laubrières 53 105 F5
La Lauch *Lac de* 68 120 C4
Laucourt 80 23 F4
Laudrefang 57 66 D1
Laudun-l'Ardoise 30 284 D4
Laugnac 47 276 B2
Laujuzan 32 294 D2
Laulne 50 31 G3
Laumesfeld 57 46 C3
Launac 31 297 F3
Launaguet 31 298 A4
Launay 27 35 G5
Launay-Villiers 53 105 G3
Launois-sur-Vence 08 26 C4
Launoy 02 40 B4
Launstroff 57 46 C2
La Laupie 26 267 F3
Laurabuc 11 319 E5
Laurac 11 319 E5
Laurac-en-Vivarais 07 266 A4
Lauraët 32 295 G1
Lauraguel 11 337 F1
Laure-Minervois 11 320 A4
Laurède 40 293 G2
Laurenan 22 102 D1
Laurens 34 301 G5
Lauresses 46 261 G2
Lauret 34 302 D2
Lauret 40 294 B5
Laurie 15 245 H1
Laurière 24 240 D1
Laurière 87 206 B2
Lauris 84 305 H3
Lauroux 34 301 G3
Laussac 12 263 E1
Laussonne 43 247 G4
Laussou 47 258 D4
Lautaret *Col du* 05 252 B3
Lautenbach 68 120 D4
Lautenbachzell 68 120 D4
Lauterbourg 67 69 H1
Lauthiers 86 187 E1
Lautignac 31 317 E3
Lautrec 81 299 F3
Lauw 68 142 D1
Lauwin-Planque 59 8 D5
Laux-Montaux 26 286 C1
Lauzach 56 124 D4
Lauzerte 82 277 F2
Lauzerville 31 298 B5
Lauzès 46 260 C4
Le Lauzet-Ubaye 04 270 B5
Lauzières 17 183 F5
Lauzun 47 257 H3
Lava *Col de* 2A 346 A5
Lava *Golfe de* 2A 348 B3
Lavacquerie 60 22 A4
Laval 38 251 F1
Laval 53 106 A3
Laval *Chalets de* 05 252 C3
Laval-Atger 48 264 D1
Laval-d'Aix 26 268 B2
Laval-d'Aurelle 07 265 G4
Laval-de-Cère 46 243 F5
Laval-du-Tarn 48 282 B1
Laval-en-Brie 77 89 E4
Laval-en-Laonnois 02 40 D1
Laval-le-Prieuré 25 163 E4
Laval-Morency 08 26 B2
Laval-Pradel 30 283 H3
Laval-Roquecezière 12 300 B2
Laval-Saint-Roman 30 284 C2
Laval-sur-Doulon 43 228 C5
Laval-sur-Luzège 19 243 G1
Laval-sur-Tourbe 51 42 D5
Laval-sur-Vologne 88 119 H2
Lavalade 24 258 D2
Lavaldens 38 251 F4
Lavalette 11 319 G5
Lavalette 31 298 B4
Lavalette 34 301 G4
Lavalette *Barrage de* 43 247 H2
Lavallée 55 64 B4
Le Lavancher 74 217 E2
Lavancia-Epercy 39 196 C4
Le Lavandou 83 329 E4
Lavangeot 39 161 F5
Lavannes 51 41 H3
Lavans-lès-Dole 39 161 F5
Lavans-lès-Saint-Claude 39 196 D3
Lavans-Quingey 25 161 H5
Lavans-sur-Valouse 39 196 C4
Lavans-Vuillafans 25 162 B5
Lavaqueresse 02 25 E1
Lavardac 47 275 F3
Lavardens 32 296 A3
Lavardin 41 131 F3
Lavardin 72 107 G4
Lavaré 72 108 C4
Lavars 38 250 D5
Lavasina 2B 345 G3
Lavastrie 15 245 G5
Lavatoggio 2B 346 C2
Lavau 10 91 E5
Lavau 89 135 F5
Lavau-sur-Loire 44 146 D3
Lavaudieu 43 246 C1
Lavaufranche 23 190 A4
Lavault-de-Frétoy 58 176 A1
Lavault-Sainte-Anne 03 190 D4
Les Lavaults 89 158 B3
Lavaur 24 259 E3
Lavaur 81 298 D3
Lavaurette 82 278 C3
Lavausseau 86 185 H1
Lavaveix-les-Mines 23 207 G2
Lavazan 33 256 C5
Laveissenet 15 245 F3
Laveissière 15 245 E3
Lavelanet 09 336 D3
Lavelanet-de-Comminges 31 317 F4
Laveline-devant-Bruyères 88 120 A2
Laveline-du-Houx 88 119 H2
Lavenay 72 130 D3
Laventie 62 8 B2
Lavéra 13 325 G4
Laveraët 32 295 G5
Lavercantière 46 259 H3
Laverdines 18 173 H1
Lavergne 46 260 D1
Lavergne 47 257 G3
Lavernat 72 130 B4
Lavernay 25 161 G3
Lavernhe 12 281 G2
Lavernose-Lacasse 31 317 G3
Lavernoy 52 117 H5
Laverrière 60 21 H4
Laversine 02 40 A3
Laversines 60 38 B2
Lavérune 34 302 D5
Laveyron 26 249 E1
Laveyrune 07 265 F3
Laveyssière 24 239 H5
Lavieu 42 229 G3
Laviéville 80 22 D1
Lavigerie 15 245 E2
Lavignac 87 223 F1
Lavignéville 55 64 D3
Lavigney 70 140 C3
Lavignolle 33 255 E3
Lavigny 39 179 F4
Lavillatte 07 265 G2
Laville-aux-Bois 52 117 E3
Lavilledieu 07 266 C4
Lavilleneuve 52 117 G4
Lavilleneuve-au-Roi 52 116 C3
Lavilleneuve-aux-Fresnes 52 116 B2
Lavilletertre 60 37 H4
Lavincourt 55 63 G5
Laviolle 07 266 B1
Laviron 25 163 E3
Lavit-de-Lomagne 82 296 D1
Lavoine 03 210 D3
Lavoncourt 70 140 C4
Lavours 01 214 D4
Lavoûte-Chilhac 43 246 B2
Lavoûte-sur-Loire 43 247 F3
Lavoux 86 186 D1
Lavoye 55 63 G1
Lawarde-Mauger-l'Hortoy 80 22 B4
Laxou 54 65 H5
Lay 42 211 H3
Lay-Lamidou 64 313 G4
Lay-Saint-Christophe 54 65 H5
Lay-Saint-Remy 54 94 A1
Laye 05 269 G2
Laymont 32 317 E3
Layrac 47 276 B4
Layrac-sur-Tarn 31 298 A2
Layrisse 65 315 E5
Lays-sur-le-Doubs 71 178 C2
Laz 29 76 B5
Lazenay 18 172 C1
Lazer 05 287 F1
Léalvillers 80 13 E5
Léaupartie 14 34 B4
Léaz 01 215 E1
Lebetain 90 142 D4
Lebeuville 54 95 E3
Lebiez 62 6 D4
Leboulin 32 296 B4
Lebreil 46 277 F1
Lebucquière 62 13 H4
Lécaude 14 34 B5
Lecci 2A 349 G5
Lecelles 59 9 F4
Lecey 52 139 H2
Lechâtelet 21 178 B1
Léchelle 62 13 H5
Léchelle 77 89 G2
La Léchère 73 234 B2
Les Lèches 24 239 G4
Lechiagat 29 99 F5
Lécluse 59 14 A2
Lécourt 52 117 H4
Lécousse 35 81 E4
Lecques 30 303 F2
Les Lecques 83 327 G4
Lect 39 196 C3
Lectoure 32 296 B1
Lecumberry 64 330 C1
Lécussan 31 316 A5
Lédas-et-Penthiès 81 280 B4
le Lédat 47 258 B5
Lédenon 30 304 A1
Lédergues 12 280 C4
Lederzeele 59 3 G4
Ledeuix 64 313 H4
Lédignan 30 283 H5
Ledinghem 62 6 D2
Ledringhem 59 3 G4
Lée 64 314 B4
Leers 59 9 E2
Lées-Athas 64 331 H3
Lefaux 62 6 B3
Leffard 14 53 G2
Leffincourt 08 42 C2
Leffond 70 139 H4
Leffonds 52 117 E5
Leffrinckoucke 59 3 G2
Leforest 62 8 D5
Lège 31 334 B3
Legé 44 165 G2
Lège-Cap-Ferret 33 254 B1
Légéville-et-Bonfays 88 118 D2
Léglantiers 60 38 D1
Légna 39 196 C3
Légny 69 212 C4
Léguevin 31 297 G5
Léguillac-de-Cercles 24 221 H5
Léguillac-de-l'Auche 24 240 B2
Lehaucourt 02 24 B1
Léhélec *Château de* 56 125 F4
Léhon 22 79 G4
Leigné-les-Bois 86 169 H4
Leigné-sur-Usseau 86 169 G3
Leignes-sur-Fontaine 86 187 F2
Leigneux 42 229 G1
Leimbach 68 142 D1
Leintrey 54 95 H1
Leiterswiller 67 69 F2
Lélex 01 197 E4
Lelin-Lapujolle 32 294 D3
Lelling 57 67 E1
Lemainville 54 94 D2
Lembach 67 69 E1
Lemberg 57 68 B1
Lembeye 64 314 D2
Lembras 24 239 H5
Lemé 02 25 E2
Lème 64 294 B5
Leménil-Mitry 54 95 E3
Lémeré 37 169 E1
Lemmecourt 88 94 A5
Lemmes 55 43 H5
Lemoncourt 57 66 B3
Lempaut 81 299 F5
Lempdes 63 209 H5
Lempdes-sur-Allagnon 43 228 A5
Lempire 02 24 A1
Lempire-aux-Bois 55 43 H5
Lemps 07 249 E3
Lemps 26 286 B1
Lempty 63 210 A5
Lempzours 24 222 D5
Lemud 57 66 B1
Lemuy 39 179 H2
Lénault 14 53 E2
Lenax 03 193 E4
Lencloître 86 169 E4
Lencouacq 40 274 A4
Lendresse 64 313 G2
Lengelsheim 57 48 C5
Lengronne 50 51 G2
Lenharrée 51 61 H4
Léning 57 67 E2
Lénizeul 52 117 H4
Lennon 29 76 A5
Lenoncourt 54 95 E1
Lens 62 8 B5
Lens-Lestang 26 231 G5
Lent 01 213 H1
Lent 39 180 A4
Lentigny 42 211 G3
Lentillac-Lauzès 46 260 C4
Lentillac-Saint-Blaise 46 261 G4
Lentillères 07 266 A3
Lentilles 10 92 A3
Lentilly 69 212 D5
Lentiol 38 231 G5
Lento 2B 347 F2
Léobard 46 259 H2
Léogeats 33 255 H4
Léognan 33 255 F2
Léojac 82 277 H5
Léon 40 292 B1
Léoncel 26 249 H5
Léotoing 43 228 A5
Léouville 45 111 F2
Léoville 17 220 B4
Lépanges-sur-Vologne 88 119 H2
Lépaud 23 190 B5
Lépin-le-Lac 73 233 E2
Lépinas 23 207 F2
Lépine 62 6 B5
Lépron-les-Vallées 08 26 B3
Lepuix 90 142 B1
Lepuix-Neuf 90 143 E4
Léran 09 336 D2
Lercoul 09 336 A5
Léré 18 156 A2
Léren 64 292 D5
Lérigneux 42 229 F2
Lerm-et-Musset 33 274 C1
Lerné 37 150 D5
Lérouville 55 64 C4
Lerrain 88 118 D2
Léry 21 138 D5
Léry 27 36 B3
Lerzy 02 25 F1
Lesbœufs 80 13 H5
Lesbois 53 81 H3
Lescar 64 314 A3
Leschaux 74 215 G5
Leschelle 02 25 E1
Lescheraines 73 215 G5
Leschères 39 197 E2
Leschères-sur-le-Blaiseron 52 92 D5
Lescherolles 77 60 B4
Lescheroux 01 195 G3
Lesches 77 59 F3
Lesches-en-Diois 26 268 C3
Lesconil 29 99 G5
Lescouët-Gouarec 22 77 F5
Lescouët-Jugon 22 79 E4
Lescousse 09 336 A1
Lescout 81 299 F5
Lescun 64 331 G4
Lescuns 31 317 E5
Lescure 09 335 G2
Lescure-d'Albigeois 81 299 F1
Lescure-Jaoul 12 279 G3
Lescurry 65 315 F3
Lesdain 59 14 B4
Lesdins 02 24 B2
Lesges 02 40 C3
Lesgor 40 293 F1
Lésigny 77 59 E4
Lésigny 86 170 A3
Le Leslay 22 78 A4
Lesme 71 192 D1
Lesménils 54 65 G3
Lesmont 10 91 G4
Lesneven 29 71 E4
Lesparre-Médoc 33 218 D5
Lesparrou 09 336 D3
Lespéron 07 265 F2
Lesperon 40 272 C5
Lespesses 62 7 G3
Lespielle 64 314 D2
Lespignan 34 321 G4
Lespinasse 31 297 H3
Lespinasse *Château de* 43 246 A1
Lespinassière 11 320 A3
Lespinoy 62 6 D5
Lespiteau 31 334 C1
Lesponne 65 333 F2
Lespouey 65 315 F5
Lespourcy 64 314 D3
Lespugue 31 316 B5
Lesquerde 66 338 A4
Lesquielles-Saint-Germain 02 24 D1
Lesquin 59 8 D3
Lessac 16 204 C2
Lessard-en-Bresse 71 178 B4
Lessard-et-le-Chêne 14 54 C1
Lessard-le-National 71 177 H3
Lessay 50 31 G3
Lesse 57 66 C2
Lesseux 88 96 C4
Lesson 85 184 C3
Lessy 57 65 G1
Lestanville 76 20 A3
Lestards 19 225 E3
Lestelle-Bétharram 64 314 C5
Lestelle-de-Saint-Martory 31 334 D1
Lesterps 16 204 D3
Lestiac-sur-Garonne 33 255 H2
Lestiou 41 132 C4
Lestrade-et-Thouels 12 280 D5
Lestre 50 29 G4
Lestrem 62 8 A2
Létanne 08 27 G5
Léthuin 28 86 D5

Letia 2A 348 C1
Létra 69 212 C3
Létricourt 54 66 B3
Letteguives 27 36 C2
Lettret 05 269 G4
Leubringhen 62 2 B4
Leuc 11 337 H1
Leucamp 15 262 C2
Leucate 11 339 E3
Leucate-Plage 11 339 F3
Leuchey 52 139 F3
Leudeville 91 87 H2
Leudon-en-Brie 77 60 B4
Leuglay 21 138 C2
Leugny 86 169 H3
Leugny 89 136 A4
Leugny *Château de* 37 152 B3
Leuhan 29 100 B2
Leuilly-sous-Coucy 02 40 B1
Leulinghem 62 3 F5
Leulinghen-Bernes 62 2 B4
Leurville 52 93 F5
Leury 02 40 B2
Leutenheim 67 69 F3
Leuville-sur-Orge 91 87 G2
Leuvrigny 51 61 E1
Le Leuy 40 293 H2
Leuze 02 25 H2
La Levade 30 283 G2
Levainville 28 86 C3
Leval 59 15 F3
Leval 90 142 D2
Levallois-Perret 92 58 B3
Levant *Île du* 83 329 E5
Levaré 53 81 H4
Levécourt 52 117 H3
Levens 06 291 E4
Levergies 02 24 B1
Levernois 21 177 H2
Lèves 28 86 A3
Les Lèves-et-Thoumeyragues 33 257 F1
Levesville-la-Chenard 28 86 D5
Levet 18 173 E3
Levie 2A 349 F5
Levier 25 180 B2
Lévignac 31 297 G4
Lévignac-de-Guyenne 47 257 F3
Lévignacq 40 272 C4
Lévignen 60 39 G4
Lévigny 10 92 A5
Levis 89 135 H5
Lévis-Saint-Nom 78 57 H5
Levoncourt 55 64 B4
Levoncourt 68 143 E5
Levroux 36 171 G2
Lewarde 59 14 B2
Lexos 82 279 E4
Lexy 54 44 D1
Ley 57 66 D5
Leychert 09 336 C3
Leydé *Pointe de* 29 75 F5
Leyme 46 261 E1
Leymen 68 143 G4
Leyment 01 214 A3
Leynes 71 194 D5
Leynhac 15 261 H2
Leyr 54 66 B4
Leyrat 23 190 A4
Leyrieu 38 213 H5
Leyritz-Moncassin 47 275 E1
Leyssard 01 214 B1
Leyvaux 15 245 G1
Leyviller 57 67 F1
Lez 31 334 B3
Lez-Fontaine 59 15 H3
Lézan 30 283 G5
Lézardrieux 22 73 F3
Lézat 39 197 E2
Lézat-sur-Lèze 09 317 H5
Lezay 79 185 H5
Lezennes 59 8 D3
Lezéville 52 93 F3
Lezey 57 66 D4
Lézignac-Durand 16 204 C5
Lézignan 65 333 E1
Lézignan-Corbières 11 320 C5
Lézignan-la-Cèbe 34 322 C3
Lézigné 49 129 E4
Lézigneux 42 229 G3
Lézinnes 89 137 F3
Lezoux 63 210 B5
Lhéraule 60 37 H1
Lherm 31 317 G2
Lherm 46 259 G4
Lhéry 51 41 E4
Lhez 65 315 F5
Lhommaizé 86 186 D3
Lhomme 72 130 C3
Lhôpital 01 214 D2
Lhor 57 67 F3
Lhospitalet 46 277 H1
Lhoumois 79 168 B5
Lhuis 01 214 C5
Lhuître 10 91 F2
Lhuys 02 40 D3
Liac 65 315 F2
Liancourt 60 38 D3
Liancourt-Fosse 80 23 F3
Liancourt-Saint-Pierre 60 37 H4
Liart 08 26 A3
Lias 32 297 F5
Lias-d'Armagnac 32 294 D1
Liausson 34 301 H4
Libaros 65 315 H4
Libération *Croix de la* 71 176 D2
Libercourt 62 8 C4
Libermont 60 23 G4
Libourne 33 238 B5
Librecy 08 26 B3
Licey-sur-Vingeanne 21 160 D1
Lichans-Sunhar 64 331 F2
Lichères 16 203 F4
Lichères-près-Aigremont 89 136 D4
Lichères-sur-Yonne 89 157 F1
Lichos 64 313 F3
Lichtenberg 67 68 B2
Licourt 80 23 G2
Licq-Athérey 64 331 E2
Licques 62 2 D5
Licy-Clignon 02 40 B5
Lidrezing 57 67 E3
Liebenswiller 68 143 G4
Liebsdorf 68 143 F4
Liebvillers 25 163 F2
Liederschiedt 57 48 C5
Lieffrans 70 140 D5
Le Liège 37 152 C4
Liéhon 57 65 H2
Liencourt 62 13 E2
Lieoux 31 316 C5
Lièpvre 68 96 D5
Liéramont 80 14 A5
Liercourt 80 11 H4
Lières 62 7 G3
Liergues 69 212 D3
Liernais 21 158 C4
Liernolles 03 193 E3
Lierval 02 40 D1
Lierville 60 37 G4
Lies 65 333 F1
Liesle 25 179 G1
Liesse-Notre-Dame 02 25 E5
Liessies 59 15 H4
Liesville-sur-Douve 50 31 H2
Liettres 62 7 G3
Lieu-Saint-Amand 59 14 C2
Lieuche 06 289 G4
Lieucourt 70 161 F2
Lieudieu 38 231 H4
Lieurac 09 336 C2
Lieuran-Cabrières 34 301 H5
Lieuran-lès-Béziers 34 321 G3
Lieurey 27 35 E4
Lieuron 35 103 H5
Lieury 14 54 B1
Lieusaint 50 29 F5
Lieusaint 77 88 A2
Lieutadès 15 263 F1
Lieuvillers 60 38 D1
Liévans 70 141 G4
Liévin 62 8 B5
Lièvremont 25 180 D1
Liez 02 24 B4
Liez 85 184 B3
Liézey 88 120 A3
Liffol-le-Grand 88 93 H5
Liffol-le-Petit 52 93 G5
Liffré 35 104 C2
Ligardes 32 275 H5
Ligescourt 80 11 G1
Liget *Chartreuse du* 37 152 D5
Liginiac 19 226 B4
Liglet 86 187 H2
Lignac 36 188 A3
Lignairolles 11 337 E1
Lignan-de-Bazas 33 256 B5
Lignan-de-Bordeaux 33 255 H1
Lignan-sur-Orb 34 321 F3
Lignareix 19 225 H2
Ligné 16 203 E4
Ligné 44 148 A2
Lignères 61 54 D4
Lignereuil 62 13 E2
Lignerolles 03 190 D5
Lignerolles 21 138 D2
Lignerolles 27 56 C3
Lignerolles 36 189 H2
Lignerolles 61 84 C2
Lignéville 88 118 C2
Ligneyrac 19 242 C3
Lignières 10 114 D5
Lignières 18 172 D5
Lignières 41 131 H2
Lignières 80 23 E4
Lignières-Châtelain 80 21 G3
Lignières-de-Touraine 37 151 F3
Lignières-en-Vimeu 80 11 F5
Lignières-la-Carelle 72 83 H4
Lignières-Orgères 53 83 E2
Lignières-Sonneville 16 220 C3
Lignières-sur-Aire 55 64 B4
Lignol 56 101 F3
Lignol-le-Château 10 116 B2
Lignon 51 91 H2
Lignorelles 89 136 C2
Lignou 61 53 G5
Ligny-en-Barrois 55 93 F1
Ligny-en-Brionnais 71 193 H5
Ligny-en-Cambrésis 59 14 C4
Ligny-le-Châtel 89 136 C2
Ligny-le-Ribault 45 133 E4
Ligny-lès-Aire 62 7 G3
Ligny-Saint-Flochel 62 7 G5
Ligny-sur-Canche 62 12 C2
Ligny-Thilloy 62 13 G4
Ligré 37 151 E5
Ligron 72 129 G3
Ligsdorf 68 143 F4
Ligueil 37 170 A1
Ligueux 24 240 D1
Ligueux 33 257 F1
Ligugé 86 186 B2
Lihons 80 23 F2
Lihus 60 22 A5
Les Lilas 93 58 C3
Lilhac 31 316 C4
Lilignod 01 214 D3
Lille 59 8 D2
Lillebonne 76 35 F1
Lillemer 35 80 A2
Lillers 62 7 H3
Lilly 27 37 E2
Limalonges 79 203 F1
Limans 04 287 E5
Limanton 58 175 G2
Limas 69 212 D3
Limay 78 57 F2
Limbrassac 09 336 D2
Limé 02 40 D3
Limeil-Brévannes 94 58 D4
Limendous 64 314 C4
Limeray 37 152 C2
Limersheim 67 97 G2
Limerzel 56 125 E4
Limésy 76 20 A5
Limetz-Villez 78 57 E1
Limeuil 24 240 D5
Limeux 18 172 C1
Limeux 80 11 G4
Limey-Remenauville 54 65 F3
Limeyrat 24 241 E2
Limoges 87 205 G5
Limoges-Fourches 77 88 B2
Limogne-en-Quercy 46 278 D1
Limoise 03 174 B5
Limon 58 175 E2
Limonest 69 213 E4
Limons 63 210 B3
Limont-Fontaine 59 15 G3
Limony 07 231 E5
Limours-en-Hurepoix 91 87 F2
Limousis 11 319 H4
Limoux 11 337 G2
La Limouzinière 44 165 G1
La Limouzinière 85 166 A5
Limpiville 76 19 E4
Linac 46 261 G3
Linard 23 189 F4
Linards 87 224 C1
Linars 16 221 E1
Linas 91 87 G2
Linay 08 27 H4
Linazay 86 203 F1
Lincel 04 306 C1
Lincheux-Hallivillers 80 21 H2
Lindebeuf 76 19 H4
Le Lindois 16 222 B1
Lindre-Basse 57 67 E4
Lindre-Haute 57 67 E4
Lindry 89 136 A3
Linexert 70 141 H3
Lingé 36 170 C4
Lingeard 50 52 B4
Lingèvres 14 33 E4
Linghem 62 7 G3
Lingolsheim 67 97 G1
Lingreville 50 51 F1
Linguizzetta 2B 347 H4
Linières-Bouton 49 150 D1
Liniers 86 186 D1
Liniez 36 171 H2
Linsdorf 68 143 G4
Linselles 59 4 D5
Linthal 68 120 C4
Linthelles 51 61 F5
Linthes 51 61 F4
Lintot 76 19 F5
Lintot-les-Bois 76 20 B3
Linxe 40 272 B5
Liny-devant-Dun 55 43 H2
Linzeux 62 12 C2
Liocourt 57 66 B3
Liomer 80 21 G2
Le Lion-d'Angers 49 128 B4
Lion-devant-Dun 55 43 H2
Lion-en-Beauce 45 111 E3
Lion-en-Sullias 45 134 B4
Lion-sur-Mer 14 33 G3
Liorac-sur-Louyre 24 240 B5
Le Lioran 15 245 E3
Liouc 30 303 E1
Le Liouquet 13 327 G4
Liourdres 19 243 E5
Liouville 55 64 D4
Lioux 84 286 B5
Lioux-les-Monges 23 208 C3
Liposthey 40 273 E1
Lipsheim 67 97 G2
Lirac 30 285 E4
Liré 49 148 B2
Lirey 10 114 D3
Lironcourt 88 118 B4
Lironville 54 65 F3
Liry 08 42 D3
Lisbourg 62 7 F4
Liscia *Golfe de la* 2A 348 B2
Lisieux 14 34 C5
Lisle 24 240 B1
Lisle 41 131 H2
Lisle-en-Barrois 55 63 G2
L'Isle-en-Rigault 55 63 G4
Lisle-sur-Tarn 81 298 C2
Lislet 02 25 G4
Lison 14 32 B3
Lison *Source du* 25 180 A2
Lisores 14 54 C2
Lisors 27 36 D3
Lissac 09 318 A4
Lissac 43 247 E2
Lissac-et-Mouret 46 261 F3
Lissac-sur-Couze 19 242 B3
Lissay-Lochy 18 173 E2
Lisse 47 275 F4
Lisse-en-Champagne 51 62 D3
Lisses 91 87 H2
Lisseuil 63 209 F2
Lissey 55 44 B3
Lissieu 69 212 D4
Lissy 77 88 B2
Listrac-de-Durèze 33 257 E1
Listrac-Médoc 33 237 E3
Lit-et-Mixe 40 272 B4
Lithaire 50 31 G3
Litteau 14 32 C4
Littenheim 67 68 C4
Littry 14 32 C4
Litz 60 38 C2
Livaie 61 83 F3
Livarot-Pays-d'Auge 14 54 C1
Liverdun 54 65 G5
Liverdy-en-Brie 77 59 F5
Livernon 46 261 E3
Livers-Cazelles 81 279 F5
Livet 53 106 C3
Livet-en-Saosnois 72 83 H4
Livet-et-Gavet 38 251 F2
Livet-sur-Authou 27 35 F4
Livilliers 95 58 A1
Livinhac-le-Haut 12 261 H4
La Livinière 34 320 B4
Livré-la-Touche 53 105 G5
Livré-sur-Changeon 35 104 D2
Livron 64 314 D4
Livron-sur-Drôme 26 267 F1
Livry 14 32 D5
Livry 58 174 B4
Livry-Gargan 93 58 D2
Livry-Louvercy 51 42 A5
Livry-sur-Seine 77 88 B3
Lixhausen 67 68 C4
Lixheim 57 67 H4
Lixières 54 65 H3
Lixing-lès-Rouhling 57 47 G5
Lixing-lès-Saint-Avold 57 67 E1
Lixy 89 113 E2
Lizac 82 277 F4
Lizant 86 203 G2
Lizeray 36 172 A2
Lizières 23 206 C1
Lizine 25 180 A1
Lizines 77 89 F3
Lizio 56 102 C5
Lizos 65 315 F4
Lizy 02 40 C1
Lizy-sur-Ourcq 77 59 H1
La Llagonne 66 341 G4
Llauro 66 342 D3
Llo 66 341 F4
Llous 66 341 F5
Llupia 66 342 D2
Lobsann 67 69 E2
Loc-Brévalaire 29 70 D4
Loc Dieu *Ancienne Abbaye de* 12 279 E1
Loc-Eguiner 29 71 F5
Loc-Eguiner-Saint-Thégonnec 29 76 A2
Loc-Envel 22 72 C5
Locarn 22 77 E4
Loché 71 194 D5
Loché-sur-Indrois 37 170 D1
Loches 37 152 C5
Loches-sur-Ource 10 115 H4
Le Locheur 14 33 F5
Lochieu 01 214 D3
Lochwiller 67 68 B5
Locmalo 56 101 G2
Locmaria 22 72 C5
Locmaria 56 144 C4
Locmaria *Chapelle de* 29 70 D5
Locmaria-Berrien 29 76 C3
Locmaria-Grand-Champ 56 124 B2
Locmaria-Plouzané 29 74 D2
Locmariaquer 56 124 A4
Locmélar 29 75 H2
Locminé 56 102 A5
Locmiquélic 56 123 F2
Locoal-Mendon 56 123 H3
Locon 62 8 A3
Loconville 60 37 H4
Locqueltas 56 124 B2
Locquémeau 22 72 B3
Locquénolé 29 71 H4
Locquignol 59 15 F3
Locquirec 29 72 B3
Locronan 29 99 G2
Loctudy 29 99 G5
Locunolé 29 100 D4
Loddes 03 193 E5
Lodes 31 316 B5
Lodève 34 301 H3
Lods 25 180 B1
Lœuilley 70 160 D1
Lœuilly 80 22 B3
Loëx 74 197 H5
Loffre 59 9 E5
La Loge 62 7 E5
La Loge-aux-Chèvres 10 91 G5
La Loge des Gardes 03 211 E3
Loge-Fougereuse 85 184 C1
La Loge-Pomblin 10 114 D4
Logelbach 68 121 E3
Logelheim 68 121 F3
Les Loges 14 52 D1
Les Loges 52 139 H3
Les Loges 72 108 C5
Les Loges 76 18 D4
Les Loges-en-Josas 78 58 A4
Les Loges-Marchis 50 81 F2
Les Loges-Margueron 10 115 E4
Les Loges-Saulces 14 53 G3
Les Loges-sur-Brécey 50 52 A4
Le Logis-du-Pin 06 308 B2
Le Logis-Neuf 01 195 G5
Le Logis-Neuf 13 327 E2
Lognes 77 59 E3
Logny-Bogny 08 26 B3
Logny-lès-Aubenton 02 25 H2
Logny-lès-Chaumont 08 25 H4
Logonna-Daoulas 29 75 G3
Logrian-Florian 30 303 E1
Logron 28 109 H3
Loguivy-de-la-Mer 22 73 F2
Loguivy-Plougras 22 72 C5
Lohéac 35 103 H5
Lohitzun-Oyhercq 64 311 H5
Lohr 67 68 A3
Lohuec 22 76 D2
Loigné-sur-Mayenne 53 128 B2
Loigny-la-Bataille 28 110 C3
Loiré 49 127 H4
Loire-les-Marais 17 200 D2
Loiré-sur-Nie 17 202 B3
Loire-sur-Rhône 69 231 E3
Loiron-Ruillé 53 105 G4
Loisail 61 84 C3
Loisey-Culey 55 63 H4
Loisia 39 196 B2
Loisieux 73 232 D1
Loisin 74 197 H4
Loison 55 44 D4
Loison-sous-Lens 62 8 C5
Loison-sur-Créquoise 62 6 D5
Loisy 54 65 G3
Loisy 71 195 F1
Loisy-en-Brie 51 61 F3
Loisy-sur-Marne 51 62 C4
Loivre 51 41 G3
Loix 17 182 D5
Loizé 79 202 D1
Lolif 50 51 G4
Lolme 24 258 D2
Lombard 25 161 G5
Lombard 39 179 E4
Lombers 81 299 F2
Lombez 32 316 D2
Lombia 64 314 D3
Lombray 02 39 H1
Lombrès 65 334 A1
Lombreuil 45 112 B5
Lombron 72 108 A4
Lomener 56 123 E2
Lomme 59 8 C2
Lommerange 57 45 F3
Lommoye 78 57 E2
Lomné 65 333 G2
Lomont 70 142 A3
Lomont-sur-Crête 25 162 D2
Lompnas 01 214 B5
Lompnieu 01 214 D3
Lompret 59 8 C2
Lonçon 64 314 A2
La Londe 76 36 A3
La Londe-les-Maures 83 328 D4
Londigny 16 203 F2
Londinières 76 20 D2
Long 80 11 H4
Longages 31 317 G3
Longaulnay 35 79 H5
Longavesnes 80 23 H1
Longchamp 21 160 C4
Longchamp 52 117 G3
Longchamp 73 234 A4
Longchamp 88 95 G5
Longchamp-sous-Châtenois 88 94 B5
Longchamp-sur-Aujon 10 116 B3
Longchamps 02 24 D1
Longchamps 27 37 F3
Longchamps-sur-Aire 55 64 B3
Longchaumois 39 197 E2
Longcochon 39 180 A4
Longeau 52 139 G3
Longeault 21 160 C4
Longeaux 55 93 F1
Longechaux 25 162 D4
Longechenal 38 232 A4
Longecourt-en-Plaine 21 160 B4
Longecourt-lès-Culêtre 21 159 F5
Longefoy 73 234 C2
Longemaison 25 162 D5
Longemer 88 120 B3
Longepierre 71 178 C2
Le Longeron 49 166 C1
Longes 69 230 D3
Longessaigne 69 212 B5
Longevelle 70 141 H4
Longevelle-lès-Russey 25 163 E3
Longevelle-sur-Doubs 25 142 A5
Longèves 17 183 G5
Longèves 85 183 H2
La Longeville 25 180 D1
Longeville 25 180 B1
Longeville-en-Barrois 55 63 H4
Longeville-lès-Metz 57 65 G1
Longeville-lès-Saint-Avold 57 46 D5
Longeville-sur-la-Laines 52 92 A3

Longeville-sur-Mer 85 182 C2
Longeville-sur-Mogne 10 115 E3
Longevilles-Mont-d'Or 25 180 C4
Longfossé 62 6 C2
La Longine 70 119 H5
Longjumeau 91 58 B5
Longlaville 54 45 E1
Longmesnil 76 21 E5
Longnes 72 107 F4
Longnes 78 57 E2
Longny-au-Perche 61 84 D3
Longperrier 77 59 E1
Longpont 02 40 A4
Longpont-sur-Orge 91 87 G2
Longpré-le-Sec 10 115 H2
Longpré-les-Corps-Saints 80 11 H4
Longraye 14 33 E4
Longré 16 203 E3
Longroy 76 11 E5
Longsols 10 91 F4
Longué 49 150 B2
Longueau 80 22 C2
Longuefuye 53 128 C2
Longueil 76 20 A2
Longueil-Annel 60 39 G1
Longueil-Sainte-Marie 60 39 F3
Longuenesse 62 3 F5
Longuenoë 61 83 F3
Longuerue 76 20 C5
Longues 63 228 A2
Longues-sur-Mer 14 33 E2
Longuesse 95 57 H1
Longueval 80 13 G5
Longueval-Barbonval 02 40 D3
Longueville 14 32 C2
Longueville 47 257 F5
Longueville 50 51 F2
La Longueville 59 15 G2
Longueville 62 2 D5
Longueville 77 89 F3
Longueville-sur-Aube 10 90 C2
Longueville-sur-Scie 76 20 B3
Longuevillette 80 12 C4
Longuyon 54 44 C2
Longvic 21 160 A3
Longvillers 14 53 E1
Longvillers 80 12 B4
Longvilliers 62 6 B3
Longvilliers 78 87 E2
Longwé 08 43 E2
Longwy 54 45 E1
Longwy-sur-le-Doubs 39 178 D2
Lonlay-l'Abbaye 61 52 D5
Lonlay-le-Tesson 61 53 G5
Lonnes 16 203 F3
Lonny 08 26 C2
Lonrai 61 83 G3
Lons 64 314 A3
Lons-le-Saunier 39 179 E5
Lonzac 17 219 H2
Le Lonzac 19 224 D4
Looberghe 59 3 F3
Loon-Plage 59 3 F2
Loos 59 8 C3
Loos-en-Gohelle 62 8 B4
Looze 89 113 H5
Lopérec 29 75 H4
Loperhet 29 75 G2
Lopigna 2A 348 C1
Loqueffret 29 76 B3
Lor 02 41 G1
Loray 25 162 D4
Lorcières 15 246 A4
Lorcy 45 112 A4
Lordat 09 336 C5
Loré 61 82 B3
Lorentzen 67 67 H2
Loreto-di-Casinca 2B 347 G2
Loreto-di-Tallano 2A 349 E5
Lorette 42 230 C3
Le Loreur 50 51 G2
Loreux 41 154 A2
Le Lorey 50 31 H5
Lorey 54 95 E2
Lorges 41 132 B3
Lorgies 62 8 B3
Lorgues 83 307 H5
La Lorie *Château de* 49 128 A4
Lorient 56 123 F2
Loriges 03 192 B5
Lorignac 17 219 F3
Lorigné 79 203 E1
Loriol-du-Comtat 84 285 G4
Loriol-sur-Drôme 26 267 E1
Lorlanges 43 228 A5
Lorleau 27 37 E2
Lormaison 60 38 A4
Lormaye 28 57 E5
Lormes 58 157 H4
Lormont 33 237 G5
Lornay 74 215 E3
Loromontzey 54 95 F3
Le Loroux 35 81 G4
Le Loroux-Bottereau 44 148 A4
Lorp-Sentaraille 09 335 F2
Lorquin 57 67 G5
Lorrez-le-Bocage 77 112 D2
Lorris 45 134 B2
Lorry-lès-Metz 57 45 G5
Lorry-Mardigny 57 65 G2
Lortet 65 333 H2
Loscouët-sur-Meu 22 103 F2
Losne 21 160 C5
Losse 40 274 C4
Lostanges 19 242 D3
Lostroff 57 67 F3
Lothey 29 75 H5
Lottinghen 62 6 D2
Le Lou-du-Lac 35 103 H2
Louailles 72 129 E3
Louan 77 89 H2
Louannec 22 72 D2
Louans 37 152 A5
Louargat 22 72 D5
Louâtre 02 40 A4
Loubajac 65 332 D1
Loubaresse 07 265 G3
Loubaresse 15 246 A5
Loubaut 09 317 G5
Loubédat 32 295 E3
Loubejac 24 259 F4
Loubens 09 336 A2
Loubens 33 256 D3
Loubens-Lauragais 31 298 C5
Loubers 81 279 E5
Loubersan 32 316 A2
Loubès-Bernac 47 257 G2
Loubeyrat 63 209 G4
Loubieng 64 313 G2
La Loubière 12 280 D1
Loubières 09 336 B2
Loubigné 79 202 D2
Loubillé 79 202 D2
Loublande 79 167 E2
Loubressac 46 243 E5
Loucé 61 54 A5
Loucelles 14 33 E4
Louchats 33 255 G4
Louches 62 2 D4
Louchy-Montfand 03 192 A4
Loucrup 65 333 E1
Loudéac 22 102 B2
Loudenvielle 65 333 H4
Loudervielle 65 333 H4
Loudes 43 247 E3
Loudet 31 316 A5
Loudrefing 57 67 F3
Loudun 86 168 D2
Loué 72 107 E4
La Loue *Source de* 25 180 C1
Louens 33 237 F4
Louer 40 293 F2
Louerre 49 150 A3
Louesme 21 138 C2
Louesme 89 135 G3
Louestault 37 130 D5
Loueuse 60 21 G5
Louey 65 315 E5
Lougé-sur-Maire 61 53 H5
Lougratte 47 258 B4
Lougres 25 142 B5
Louhans-Châteaurenaud 71 178 C5
Louhossoa 64 311 E4
Louignac 19 241 G1
Louin 79 168 B4
Louisfert 44 126 D4
Louit 65 315 F4
Loulans-Verchamp 70 162 B1
Loulay 17 201 H2
Loulle 39 179 H4
La Loupe 28 85 F3
Loupeigne 02 40 C4
Loupershouse 57 67 F1
Loupes 33 255 H1
Loupfougères 53 82 D5
Loupia 11 337 F2
Loupiac 12 261 F4
Loupiac 15 244 B3
Loupiac 33 256 B3
Loupiac 46 260 B1
Loupiac 81 298 C2
Loupiac-de-la-Réole 33 256 D4
Loupian 34 322 D3
Louplande 72 107 G5
Loupmont 55 64 D3
Louppy-le-Château 55 63 G3
Louppy-sur-Chée 55 63 G3
Louppy-sur-Loison 55 44 B2
Loups du Gévaudan *Parc des* 48 264 A3
La Louptière-Thénard 10 89 H4
Lourches 59 14 C2
Lourde 31 334 B2
Lourdes 65 332 D1
Lourdios-Ichère 64 331 G2
Lourdoueix-Saint-Michel 36 189 E3
Lourdoueix-Saint-Pierre 23 189 F3
Lourenties 64 314 C4
Loures-Barousse 65 334 B2
Louresse-Rochemenier 49 150 A4
Lourmais 35 80 B3
Lourmarin 84 305 H2
Lournand 71 194 D3
Lourouer-Saint-Laurent 36 189 G1
Le Louroux 37 152 A5
Le Louroux-Béconnais 49 148 D1
Louroux-Bourbonnais 03 191 F2
Louroux-de-Beaune 03 191 F5
Louroux-de-Bouble 03 191 G5
Louroux-Hodement 03 191 E3
Lourquen 40 293 G3
Lourties-Monbrun 32 316 A2
Loury 45 111 F5
Louslitges 32 295 F4
Loussous-Débat 32 295 E4
Loutehel 35 103 G4
Loutremange 57 46 C5
Loutzviller 57 48 C5
Louvagny 14 54 A2
Louvaines 49 128 A4
Louvatange 39 161 F4
Louveciennes 78 58 A3
Louvemont 52 92 C2
Louvemont-Côte-du-Poivre 55 44 B5
Louvencourt 80 13 E4
Louvenne 39 196 B3
Louvergny 08 26 D5
Louverné 53 106 A3
Le Louverot 39 179 F4
Louversey 27 55 H2
Louvetot 76 19 G5
Louvie-Juzon 64 332 A1
Louvie-Soubiron 64 332 A2
La Louvière-Lauragais 11 318 C4
Louvières 14 32 C2
Louvières 52 117 F4
Louvières-en-Auge 61 54 B3
Louviers 27 36 B4
Louvigné 53 106 B4
Louvigné-de-Bais 35 104 D4
Louvigné-du-Désert 35 81 F3
Louvignies-Bavay 59 15 F2
Louvignies-Quesnoy 59 15 E3
Louvigny 14 33 G4
Louvigny 57 65 H2
Louvigny 64 294 A5
Louvigny 72 83 H5
Louvil 59 9 E3
Louville-la-Chenard 28 86 D5
Louvilliers-en-Drouais 28 56 C5
Louvilliers-lès-Perche 28 85 F3
Louvois 51 41 H5
Louvrechy 80 22 C3
Louvres 95 58 D1
Louvroil 59 15 G2
Louye 27 56 C4
Louzac 16 219 H1
Louze 52 92 A4
Louzes 72 84 A4
Louzignac 17 202 C4
Louzouer 45 112 D4
Louzy 79 168 B1
Lovagny 74 215 F3
Loxéville 55 64 B5
Loyat 56 103 E4
La Loye 39 179 E1
Loye-sur-Arnon 18 190 B1
Loyettes 01 213 H5
Lozanne 69 212 D4
Lozari 2B 344 D5
Lozay 17 201 G2
Loze 82 278 D2
Lozère *Mont* 48 265 E5
Lozinghem 62 7 H4
Lozon 50 31 H4
Lozzi 2B 346 D4
Luant 36 171 G5
Le Luart 72 108 C4
Lubbon 40 274 D4
Lubécourt 57 66 C3
Lubersac 19 223 H4
Lubey 54 45 E4
Lubilhac 43 246 A1
Lubine 88 96 C4
Lublé 37 151 E1
Lubret-Saint-Luc 65 315 G4
Luby-Betmont 65 315 G4
Luc 48 265 F3
Luc 65 315 F5
Le Luc 83 328 D1
Luc-Armau 64 314 D2
Luc-en-Diois 26 268 B3
Luc-la-Primaube 12 280 C2
Luc-sur-Aude 11 337 G3
Luc-sur-Mer 14 33 G3
Luc-sur-Orbieu 11 320 C5
Lucarré 64 314 D2
Luçay-le-Libre 36 172 A1
Luçay-le-Mâle 36 153 F5
Lucbardez-et-Bargues 40 274 A5
Lucciana 2B 347 G2
Lucé 28 86 A4
Lucé 61 82 B2
Lucé-sous-Ballon 72 107 H2
Luceau 72 130 B4
Lucelle 68 143 F5
Lucenay 69 212 D4
Lucenay-le-Duc 21 138 A5
Lucenay-lès-Aix 58 175 F5
Lucenay-l'Évêque 71 176 C1
Lucéram 06 291 F4
Lucerne *Abbaye de la* 50 51 G3
La Lucerne-d'Outremer 50 51 G3
Lucey 21 138 D2
Lucey 54 65 E5
Lucey 73 215 E5
Lucgarier 64 314 C5
Luchapt 86 204 D1
Luchat 17 219 F1
Luché-Pringé 72 129 H4
Luché-sur-Brioux 79 202 D1
Luché-Thouarsais 79 167 H3
Lucheux 80 12 D3
Luchy 60 22 A5
Lucinges 74 197 H5
Lucmau 33 274 B1
Luçon 85 183 F2
Lucq-de-Béarn 64 313 G4
Lucquy 08 26 B5
Les Lucs-sur-Boulogne 85 165 H3
Lucy 51 61 F2
Lucy 57 66 C2
Lucy 76 20 D3
Lucy-le-Bocage 02 60 B1
Lucy-le-Bois 89 157 H1
Lucy-sur-Cure 89 136 C5
Lucy-sur-Yonne 89 157 F1
Le Lude 72 129 H4
Ludes 51 41 G5
Ludesse 63 227 H2
Ludiès 09 336 C1
Ludon-Médoc 33 237 G4
Ludres 54 94 D1
Lüe 40 272 D2
Lué-en-Baugeois 49 150 A1
Luemschwiller 68 143 F2
Luère *Col de la* 69 212 D5
Lugagnac 46 278 D1
Lugagnan 65 332 D1
Lugaignac 33 256 C1
Lugan 12 261 H5
Lugan 81 298 C3
Lugarde 15 245 E1
Lugasson 33 256 C1
Luglon 40 273 F4
Lugny 02 25 E3
Lugny 71 195 E2
Lugny-Bourbonnais 18 173 H3
Lugny-Champagne 18 155 H5
Lugny-lès-Charolles 71 193 H3
Lugo-di-Nazza 2B 349 G1
Lugon-et-l'Ile-du-Carnay 33 238 B4
Lugos 33 254 D4
Lugrin 74 198 C3
Lugy 62 7 F4
Le Luhier 25 163 E4
Luigné 49 149 H3
Luigny 28 109 F2
Luisans 25 163 E5
Luisant 28 86 A4
Luisetaines 77 89 F3
Luitré 35 81 F5
Lullin 74 198 B4
Lully 74 198 A4
Lumbin 38 233 F5
Lumbres 62 7 E2
Lumeau 28 110 D3
Lumes 08 26 D3
Luméville-en-Ornois 55 93 G3
Lumigny 77 59 G4
Lumio 2B 346 C2
Lunac 12 279 G3
Lunan 46 261 G3
Lunaret *Zoo de* 34 302 D4
Lunas 24 239 G5
Lunas 34 301 G3
Lunax 31 316 B3
Lunay 41 131 F3
Luneau 03 193 F4
Lunegarde 46 260 D2
Lunel 34 303 F4
Lunel-Viel 34 303 F4
Luneray 76 19 H2
Lunery 18 172 D3
Lunéville 54 95 F1
Le Luot 50 51 H4
Lupcourt 54 94 D1
Lupé 42 230 D5
Lupersat 23 208 B3
Lupiac 32 295 F3
Luplanté 28 86 A5
Luppé-Violles 32 294 D3
Luppy 57 66 B2
Lupsault 16 202 D3
Lupstein 67 68 C4
Luquet 65 314 D4
Lurais 36 170 B5
Luray 28 56 D5
Lurbe-Saint-Christau 64 331 H2
Lurcy 01 213 E2
Lurcy-le-Bourg 58 157 E5
Lurcy-Lévis 03 174 A5
Luré 42 211 F4
Lure 70 141 H3
Lureuil 36 170 C5
Luri 2B 345 G2
Luriecq 42 229 G4
Lurs 04 287 F5
Lury-sur-Arnon 18 154 C5
Lus-la-Croix-Haute 26 268 D2
Lusanger 44 126 C4
Lusans 25 162 B2
Luscan 31 334 B2
Lusignac 24 221 G5
Lusignan 86 186 A3
Lusignan-Petit 47 275 H2
Lusigny 03 192 C1
Lusigny-sur-Barse 10 115 F2
Lusigny-sur-Ouche 21 177 F1
Lussac 16 203 H4
Lussac 17 219 H3
Lussac 33 238 D4
Lussac-les-Châteaux 86 187 E3
Lussac-les-Églises 87 188 A4
Lussagnet 40 294 C2
Lussagnet-Lusson 64 314 C2
Lussan 30 284 B3
Lussan 32 296 C4
Lussan-Adeilhac 31 316 D4
Lussant 17 201 E3
Lussas 07 266 C3
Lussas-et-Nontronneau 24 222 B3
Lussat 23 208 B1
Lussat 63 210 A5
Lussault-sur-Loire 37 152 B2
Lusse 88 96 C4
Lusseray 79 202 C1
Lustar 65 315 G4
Lustrac *Moulin de* 47 258 D5
Luthenay-Uxeloup 58 174 D3
Luthézieu 01 214 D3
Lutilhous 65 333 G1
Luttange 57 46 B4
Luttenbach-près-Munster 68 120 C3
Lutter 68 143 G4
Lutterbach 68 143 F1
Lutz-en-Dunois 28 110 A4
Lutzelbourg 57 68 A4
Lutzelhouse 67 96 D2
Luvigny 88 96 C2
Lux 21 160 B1
Lux 31 318 C2
Lux 71 177 H4
Luxé 16 203 F4
Luxe-Sumberraute 64 311 G4
Luxémont-et-Villotte 51 62 D5
Luxeuil-les-Bains 70 141 G2
Luxey 40 273 H2
Luxiol 25 162 C2
Luyères 10 91 F4
Luynes 13 306 A5
Luynes 37 151 G2
Luz-Ardiden 65 332 D3
Luz-Saint-Sauveur 65 333 E3
Luzancy 77 60 A2
Luzarches 95 38 C5
Luzay 79 168 A2
Luzé 37 169 F1
Luze 70 142 B3
Luzech 46 259 G5
Luzenac 09 336 C5
Luzeret 36 188 B2
La Luzerne 50 32 B4
Luzillat 63 210 B3
Luzillé 37 152 C4
Luzinay 38 231 F2
Luzoir 02 25 F1
Luzy 58 176 A4
Luzy-Saint-Martin 55 27 G5
Luzy-sur-Marne 52 117 E4
Ly-Fontaine 02 24 B3
Lyas 07 266 D1
Lyaud 74 198 B3
Lye 36 153 F4
Lynde 59 7 G2
Lyoffans 70 142 A3
Lyon 69 213 E5
Lyon-Saint-Exupéry *Aéroport de* 69 231 G1
Lyons-la-Forêt 27 36 D2
Lys 58 157 F3
Lys 64 314 B5
Lys-Chantilly 60 38 C5
Lys-lez-Lannoy 59 9 E2
Lys-Saint-Georges 36 189 F1

M

Maast-et-Violaine 02 40 C3
Maâtz 52 139 H4
Mably 42 211 G2
Macau 33 237 F3
Macaye 64 311 E4
Macé 61 54 C5
Macey 10 90 C5
Macey 50 80 D2
Machault 08 42 B2
Machault 77 88 C4
Maché 85 165 F4
Machecoul-Saint-Même 44 165 E1
Mâchecourt 02 25 F4
Machemont 60 39 G1
Macheren 57 67 E1
Machézal 42 212 A4
Machiel 80 11 G1
Machilly 74 197 H4
La Machine 58 175 E3
Machine *Col de la* 26 250 A4
Machy 10 114 D3
Machy 80 11 G1
Macinaggio 2B 345 G1
Mackenheim 67 97 G5
Mackwiller 67 67 H2
Maclas 42 230 D5
Maclaunay 51 60 D3
Macogny 02 40 A5
Mâcon 71 195 E4
Maconcourt 52 93 E4
Maconcourt 88 94 B4
Maconge 21 159 F4
Macornay 39 179 E5
Mâcot-la-Plagne 73 234 D2
Macqueville 17 202 C5
Macquigny 02 24 C2
Madaillan 47 276 B2
Madecourt 88 94 D5
Madegney 88 95 E5
La Madeleine-sous-Montreuil 62 6 C4
La Madeleine 44 147 H3
La Madeleine 54 95 E1
La Madeleine 59 8 D2
Madeleine *Col de la* 73 234 A3
Madeleine *Grotte de la* 07 284 C1
La Madeleine-Bouvet 61 85 E3
La Madeleine-de-Nonancourt 27 56 B4
La Madeleine-sur-Loing 77 112 B2
La Madeleine-Villefrouin 41 132 B3
Madeloc *Tour* 66 343 G4

Madic *15* 226 C5
Madière *09* 336 A1
Madières *34* 302 B2
Madirac *33* 255 H1
Madiran *65* 294 D5
Madone de Fenestre *06* 291 F2
Madonne-et-Lamerey *88* 119 E2
La Madrague *83* 327 G4
La Madrague-de-la-Ville *13* 326 D2
La Madrague-de-Montredon *13* 326 D3
Madranges *19* 224 D4
Madré *53* 82 D3
Madriat *63* 227 H4
Maël-Carhaix *22* 77 E4
Maël-Pestivien *22* 77 F3
Maennolsheim *67* 68 B5
Maffliers *95* 58 C1
Maffrécourt *51* 43 E5
Magagnosc *06* 309 E3
Magalas *34* 321 G2
La Magdeleine *16* 203 E2
La Magdeleine *Chapelle de 44* 126 B5
La Magdeleine-sur-Tarn *31* 298 A2
Le Mage *61* 84 D3
Magenta *51* 61 G1
Les Mages *30* 283 H2
Magescq *40* 292 C2
Magland *74* 216 C2
Magnac-Bourg *87* 224 B2
Magnac-Laval *87* 188 A5
Magnac-Lavalette-Villars *16* 221 F3
Magnac-sur-Touvre *16* 221 F1
Magnan *32* 294 D2
Magnant *10* 115 G3
Magnanville *78* 57 F2
Magnas *32* 296 C1
Magnat-l'Étrange *23* 207 H5
Magné *79* 184 D4
Magné *86* 186 C4
Magnet *03* 192 C5
Magneux *51* 41 E3
Magneux *52* 92 C3
Magneux-Haute-Rive *42* 229 H1
Magneville *50* 29 F5
Magnicourt *10* 91 G3
Magnicourt-en-Comte *62* 7 H5
Magnicourt-sur-Canche *62* 12 D2
Magnien *21* 159 E5
Magnières *54* 95 G3
Magnieu *01* 214 D5
Les Magnils-Reigniers *85* 183 E2
Magnivray *70* 141 H2
Magnoncourt *70* 119 E5
Le Magnoray *70* 141 E5
Magny *28* 85 H5
Le Magny *36* 189 G2
Magny *68* 142 D3
Les Magny *70* 141 H5
Le Magny *88* 118 D4
Magny *89* 158 A1
Magny-Châtelard *25* 162 C4
Magny-Cours *58* 174 C3
Magny-Danigon *70* 142 A2
Magny-en-Bessin *14* 33 E3
Magny-en-Vexin *95* 37 G5
Magny-Fouchard *10* 115 H2
Magny-Jobert *70* 142 A3
Magny-la-Campagne *14* 54 A1
Magny-la-Fosse *02* 24 A1
Magny-la-Ville *21* 158 D1
Magny-Lambert *21* 138 B4
Magny-le-Désert *61* 82 D2
Magny-le-Freule *14* 34 A5
Magny-le-Hongre *77* 59 F3
Magny-lès-Aubigny *21* 160 B5
Magny-les-Hameaux *78* 58 A4
Magny-lès-Jussey *70* 140 D2
Magny-lès-Villers *21* 159 H5
Magny-Lormes *58* 157 G3
Magny-Montarlot *21* 160 D4
Magny-Saint-Médard *21* 160 C2
Magny-sur-Tille *21* 160 B3
Magny-Vernois *70* 141 H4
Magny-Village *78* 58 A4
Magoar *22* 77 G3
Magrie *11* 337 G2
Magrin *81* 298 D5
Magstatt-le-Bas *68* 143 G2
Magstatt-le-Haut *68* 143 G3
Maguelone *34* 302 D5
Mahalon *29* 99 E2
Mahéru *61* 55 E5
Maîche *25* 163 G3
Maidières *54* 65 G3
Maignaut-Tauzia *32* 295 H1
Maigné *72* 107 F5
Maignelay-Montigny *60* 22 D5
Mailhac *11* 320 D4
Mailhac-sur-Benaize *87* 188 B4
Mailhoc *81* 279 G5
Mailholas *31* 317 G4
Maillane *13* 304 C2
Maillas *40* 274 B2
Maillat *01* 214 B1
Maillé *37* 169 G1
Maillé *85* 184 B4
Maillé *86* 168 D5
Maillé *Château de 29* 71 F4
Maillebois *28* 85 G2
La Mailleraye-sur-Seine *76* 35 G1
Maillères *40* 273 H4
Mailleroncourt-Charette *70* 141 F3
Mailleroncourt-Saint-Pancras *70* 118 D5
Maillet *03* 190 D3
Maillet *36* 189 E2
Mailley-et-Chazelot *70* 141 E5
Maillezais *85* 184 B3
Maillot *89* 113 G3
Mailly *71* 193 G5
Mailly-Champagne *51* 41 H5
Mailly-la-Ville *89* 136 C5
Mailly-le-Camp *10* 61 H5
Mailly-le-Château *89* 136 B5
Mailly-Maillet *80* 13 F5
Mailly-Raineval *80* 22 D3
Mailly-sur-Seille *54* 65 H3
Les Maillys *21* 160 C5
Maimbeville *60* 38 D2
Mainbresson *08* 25 H3
Mainbressy *08* 25 H4
Maincourt-sur-Yvette *78* 57 H5
Maincy *77* 88 B3
Maine-de-Boixe *16* 203 F4
Mainfonds *16* 221 E3
Maing *59* 14 D2
Mainneville *27* 37 F2
Mainsat *23* 208 B2
Maintenay *62* 6 C5
Maintenon *28* 86 B2
Mainterne *28* 56 B5
Mainville *54* 45 E4
Mainvillers *57* 66 D2
Mainvilliers *28* 86 A4
Mainvilliers *45* 87 G5
Mainxe *16* 220 C2
Mainzac *16* 221 H3
Mairé *86* 170 A3
Mairé-Levescault *79* 203 E1
Mairieux *59* 15 H2
Mairy *08* 27 F4
Mairy-Mainville *54* 45 E4
Mairy-sur-Marne *51* 62 B3
Maisdon-sur-Sèvre *44* 148 A5
Maisey-le-Duc *21* 138 B2
Maisières-Notre-Dame *25* 162 A5
Maisnières *80* 11 F4
Le Maisnil *59* 8 C3
Maisnil *62* 12 D2
Maisnil-lès-Ruitz *62* 8 A4
Maisod *39* 196 C2
Maison-des-Champs *10* 115 H2
La Maison-Dieu *58* 157 G2
Maison-du-Roy *05* 270 D2
Maison-Feyne *23* 189 E4
Maison-Jeannette *24* 240 B4
Maison-Maugis *61* 84 D4
Maison-Neuve *07* 284 A1
Maison-Neuve *16* 221 G2
Maison-Ponthieu *80* 12 B3
Maison-Roland *80* 11 H3
Maison-Rouge *77* 89 F2
Maisoncelle *62* 7 E4
Maisoncelle-et-Villers *08* 27 E5
Maisoncelle-Saint-Pierre *60* 38 A1
Maisoncelle-Tuilerie *60* 22 B5
Maisoncelles *52* 117 G3
Maisoncelles *72* 108 C5
Maisoncelles-du-Maine *53* 106 A5
Maisoncelles-en-Brie *77* 59 H3
Maisoncelles-en-Gâtinais *77* 112 B3
Maisoncelles-la-Jourdan *14* 52 C3
Maisoncelles-Pelvey *14* 53 E1
Maisoncelles-sur-Ajon *14* 53 F1
Maisonnais *18* 190 A1
Maisonnais *79* 202 D1
Maisonnais-sur-Tardoire *87* 222 C1
Maisonneuve *86* 168 C5
Maisonnisses *23* 207 E2
Maisons *11* 338 B3
Maisons *14* 32 D3
Maisons *28* 86 D4
Maisons-Alfort *94* 58 C4
Les Maisons Blanches *79* 203 F1
Maisons-du-Bois *25* 180 D1
Maisons-en-Champagne *51* 62 C4
Maisons-Laffitte *78* 58 A2
Maisons-lès-Chaource *10* 115 E4
Maisons-lès-Soulaines *10* 92 B5
Maisonsgoutte *67* 96 D4
Maisontiers *79* 168 A4
Maisse *91* 87 H4
Maissemy *02* 24 A2
Maixe *54* 95 F1
Maizeray *55* 64 D1
Maizeroy *57* 66 B1
Maizery *57* 66 B1
Maizet *14* 33 F5
Maizey *55* 64 C3
Maizicourt *80* 12 B3
Maizière *58* 156 B4
Maizières *14* 53 H1
Maizières *52* 92 D3
Maizières *54* 94 C2
Maizières *62* 13 E2
Maizières *70* 161 H1
Maizières-la-Grande-Paroisse *10* 90 B3
Maizières-lès-Brienne *10* 91 H4
Maizières-lès-Metz *57* 45 H4
Maizières-les-Vic *57* 67 E5
Maizières-sur-Amance *52* 140 A2
Maizilly *42* 211 H1
Maizy *02* 41 E2
Majastres *04* 288 B5
Malabat *32* 315 F2
La Malachère *70* 162 A1
Malafretaz *01* 195 G4
Mâlain *21* 159 G3
Malaincourt *88* 118 A2
Malaincourt-sur-Meuse *52* 117 H2
Malakoff *92* 58 B4
Malancourt *55* 43 G4
Malancourt-la-Montagne *57* 45 G5
Malandry *08* 27 G5
Malange *39* 161 F4
Malans *25* 180 A1
Malans *70* 161 E3
Malansac *56* 125 F3
Malarce-sur-la-Thines *07* 265 H5
Malataverne *26* 267 E4
Malaucène *84* 285 H3
Malaucourt-sur-Seille *57* 66 B4
Malaumont *55* 64 C5
Malaunay *76* 36 A1
Malause *82* 277 E4
Malaussanne *64* 294 A5
Malaussène *06* 289 H5
Malauzat *63* 209 G5
Malaville *16* 220 D3
Malavillers *54* 45 E3
Malay *71* 194 D1
Malay-le-Grand *89* 113 G3
Malay-le-Petit *89* 113 H3
Malbo *15* 245 E4
Malbosc *07* 283 H1
Malbouhans *70* 142 A2
Malbouzon *48* 263 H2
Malbrans *25* 162 A5
Malbuisson *25* 180 C3
Mâle *61* 108 D2
Malegoude *09* 336 D1
Malemort *19* 242 C2
Malemort-du-Comtat *84* 285 H5
La Malène *48* 282 B2
Malepeyre *Sabot de 48* 282 A1
Malesherbes *45* 87 H5
Malestroit *56* 125 E2
Malétable *61* 84 D2
Maleville *12* 279 G1
Malfalco *Anse de 2B* 345 E4
Malguénac *56* 101 H2
Malherbe-sur-Ajon *14* 33 F5
La Malhoure *22* 78 D4
Malicornay *36* 188 D1
Malicorne *03* 191 E5
Malicorne *89* 135 F3
Malicorne-sur-Sarthe *72* 129 G2
Maligny *21* 177 E1
Maligny *89* 136 C2
Malijai *04* 287 G4
Malincourt *59* 14 C5
Malintrat *63* 209 H5
Malissard *26* 249 F5
Malle *Château de 33* 256 B4
Mallefougasse *04* 287 F4
Malleloy *54* 65 H4
Mallemoisson *04* 287 H4
Mallemort *13* 305 G3
Malléon *09* 336 C2
Malleret *23* 226 B1
Malleret-Boussac *23* 189 H4
Mallerey *39* 179 E5
Mallet *Belvédère de 15* 245 H5
Malleval *42* 230 D4
Malleval-en-Vercors *38* 250 B2
Malleville-les-Grès *76* 19 F2
Malleville-sur-le-Bec *27* 35 G4
Mallièvre *85* 166 D2
Malling *57* 45 H2
Malloué *14* 52 C2
La Malmaison *02* 41 G1
Malmerspach *68* 120 C5
Malmy *51* 43 E4
Malnoue *77* 59 E3
Malo-les-Bains *59* 3 G2
Malons-et-Elze *30* 265 G5
Malouy *27* 35 E5
Malpart *80* 22 D4
Malpas *25* 180 C3
Malras *11* 337 F2
Malrevers *43* 247 G3
Malromé *Château de 33* 256 B3
Malroy *57* 45 H5
Maltat *71* 175 H5
Maltot *14* 33 G5
Malval *23* 189 F4
Malval *Col de 69* 212 C5
Malvalette *43* 229 H5
Malves-en-Minervois *11* 320 A4
Malvezie *31* 334 B2
Malvières *43* 229 E5
Malviès *11* 337 G1
Malville *44* 147 E2
Malvillers *70* 140 C3
Malzéville *54* 65 H5
Le Malzieu-Forain *48* 264 B1
Le Malzieu-Ville *48* 264 B1
Malzy *02* 25 E1
Mambouhans *25* 163 E2
Mamers *72* 84 A5
Mametz *62* 7 G2
Mametz *80* 13 G5
Mamey *54* 65 F3
Mamirolle *25* 162 B4
Manas *26* 267 G3
Manas-Bastanous *32* 315 H3
Manaurie *24* 241 E4
Mance *54* 45 F4
La Mancelière *28* 56 A5
La Mancellière *50* 52 A5
La Mancellière-sur-Vire *50* 32 B5
Mancenans *25* 162 D1
Mancenans-Lizerne *25* 163 F3
Mancey *71* 195 E1
Manchecourt *45* 111 H2
Manciet *32* 295 E2
Mancieulles *54* 45 F4
Mancioux *31* 316 D5
Mancy *51* 61 F2
Mandacou *24* 258 B2
Mandagout *30* 282 D5
Mandailles-Saint-Julien *15* 244 D3
Mandelieu-la-Napoule *06* 309 E4
Manderen *57* 46 B2
Mandeure *25* 142 B5
Mandeville *27* 36 A4
Mandeville-en-Bessin *14* 32 C3
Mandray *88* 96 B5
Mandres *27* 55 H4
Mandres-aux-Quatre-Tours *54* 65 E4
Mandres-en-Barrois *55* 93 F3
Mandres-la-Côte *52* 117 F4
Mandres-les-Roses *94* 58 D5
Mandres-sur-Vair *88* 118 B2
Mandrevillars *70* 142 B3
Manduel *30* 304 A2
Mane *04* 287 E5
Mane *31* 334 D1
Manéglise *76* 18 D5
Manéhouville *76* 20 B2
Manent-Montané *32* 316 B3
Manerbe *14* 34 C4
Mangiennes *55* 44 C3
Manglieu *63* 228 B2
Mangonville *54* 95 E3
Manhac *12* 280 C2
Manheulles *55* 64 D1
Manhoué *57* 66 B4
Manicamp *02* 24 A5
Manicourt *80* 23 G3
Manigod *74* 216 A4
Manin *62* 13 E2
Maninghem *62* 6 D3
Maninghen-Henne *62* 2 B5
Maniquerville *76* 18 D4
Manlay *21* 158 D5
Manneville-ès-Plains *76* 19 G2
Manneville-la-Goupil *76* 18 D5
Manneville-la-Pipard *14* 34 C3
Manneville-la-Raoult *27* 34 D2
Manneville-sur-Risle *27* 35 F2
Mannevillette *76* 18 C5
Mano *40* 255 F5
Le Manoir *14* 33 E3
Le Manoir *27* 36 B3
Manois *52* 93 F5
Manom *57* 45 H3
Manoncourt-en-Vermois *54* 95 E1
Manoncourt-en-Woëvre *54* 65 F4
Manoncourt-sur-Seille *54* 65 H3
Manonville *54* 65 F4
Manonviller *54* 95 H1
Manosque *04* 306 C1
Manot *16* 204 C3
Manou *28* 85 F3
Manre *08* 42 D3
Le Mans *72* 107 H4
Mansac *19* 241 H2
Mansan *65* 315 F3
Mansat-la-Courrière *23* 207 E3
Manse *Col de 05* 269 H3
Mansempuy *32* 296 C3
Mansencôme *32* 295 H1
Manses *09* 336 C1
Mansigné *72* 129 H3
Mansle *16* 203 F4
Manso *2B* 346 B4
Mansonville *82* 276 D5
Manspach *68* 143 E3
Mant *40* 294 A4
Mantaille *Château de 26* 249 F1
Mantallot *22* 72 D3
Mantenay-Montlin *01* 195 G3
Mantes-la-Jolie *78* 57 F2
Mantes-la-Ville *78* 57 F2
Mantet *66* 341 H4
Manteyer *05* 269 G4
Manthelan *37* 152 A5
Manthelon *27* 56 A2
Manthes *26* 231 G5
Mantilly *61* 82 A2
Mantoche *70* 161 E2
Mantry *39* 179 E4
Manvieux *14* 33 E2
Many *57* 66 C2
Manzac-sur-Vern *24* 240 B3
Manzat *63* 209 F3
Manziat *01* 195 F4
Maquens *11* 319 H5
Marac *52* 117 E5
Marainville-sur-Madon *88* 94 D4
Marainviller *54* 95 G1
Le Marais *Château 91* 87 F2
Le Marais-la-Chapelle *14* 54 A3
Marais-Vernier *27* 35 E2
Marambat *32* 295 G2
Marandeuil *21* 160 C3
Marange-Silvange *57* 45 G5
Marange-Zondrange *57* 66 C1
Marangea *39* 196 C2
Marans *17* 183 G4
Marans *49* 128 A4
Maransin *33* 238 B3
Marant *62* 6 C4
Maranville *52* 116 C3
Maranwez *08* 26 A3
Marast *70* 141 G5
Marat *63* 228 D2
Marat-la-Grande *55* 63 H3
Marault *52* 116 D2
Maraussan *34* 321 F3
Maravat *32* 296 C3
Maray *41* 154 A4
Maraye-en-Othe *10* 114 C3
Marbache *54* 65 G4
Marbaix *59* 15 F4
Marbeuf *27* 36 A5
Marbéville *52* 92 D5
Marbotte *55* 64 D4
Marboué *28* 109 H3
Marboz *01* 195 H4
Marby *08* 26 B2
Marc-la-Tour *19* 243 E2
Marçais *18* 173 E5
Marçay *37* 151 E5
Marçay *86* 186 B3
Marcé *49* 129 E5
Marcé-sur-Esves *37* 169 H1
Marcei *61* 54 B5
Marcelcave *80* 22 D2
Marcellaz *74* 216 C1
Marcellaz-Albanais *74* 215 F4
Marcellois *21* 159 F3
Marcellus *47* 257 E5
Marcenais *33* 238 B3
Marcenat *03* 192 B5
Marcenat *15* 245 F1
Marcenay *21* 137 H2
Marcenod *42* 230 B2
Marcevol *66* 342 B2
Marcey-les-Grèves *50* 51 G4
Marchainville *61* 85 E2
Marchais *02* 25 E5
Marchais-Beton *89* 135 F3
Marchais-en-Brie *02* 60 C3
Marchal *15* 226 D4
Marchamp *01* 214 C5
Marchampt *69* 212 C1
Marchastel *15* 245 E1
Marchastel *48* 263 H3
Marchaux *25* 162 A3
La Marche *58* 156 B5
Marché-Allouarde *80* 23 G3
Marchélepot *80* 23 G2
Marchemaisons *61* 84 A3
Marchémoret *77* 59 F1
Marchenoir *41* 132 B3
Marcheprime *33* 254 D2
Marches *26* 249 H4
Les Marches *73* 233 F3
Marcheseuil *21* 158 D5
Marchésieux *50* 31 H4
Marchéville *28* 85 H5
Marcheville *80* 11 H2
Marchéville-en-Woëvre *55* 64 D1
Marchezais *28* 57 E4
Marchiennes *59* 9 E5
Marchon *01* 196 C4
Marciac *32* 295 F5
Marcieu *38* 250 D4
Marcieux *73* 232 D2
Marcigny *71* 193 G5
Marcigny-sous-Thil *21* 158 D2
Marcilhac-sur-Célé *46* 260 D4
Marcillac *33* 237 G1
Marcillac-la-Croisille *19* 243 F1
Marcillac-la-Croze *19* 242 D4
Marcillac-Lanville *16* 203 E4
Marcillac-Saint-Quentin *24* 241 G4
Marcillac-Vallon *12* 262 C5
Marcillat *63* 209 G2
Marcillat-en-Combraille *03* 208 D1
Marcillé-la-Ville *53* 82 C5
Marcillé-Raoul *35* 80 C4
Marcillé-Robert *35* 104 D5
Marcilloles *38* 231 H5
Marcilly *50* 51 H5
Marcilly *77* 59 G1
Marcilly-d'Azergues *69* 212 D4
Marcilly-en-Bassigny *52* 117 H5
Marcilly-en-Beauce *41* 131 G3
Marcilly-en-Gault *41* 154 A2
Marcilly-en-Villette *45* 133 F3
Marcilly-et-Dracy *21* 159 E2
Marcilly-la-Campagne *27* 56 B3
Marcilly-la-Gueurce *71* 194 A3
Marcilly-le-Châtel *42* 229 G1
Marcilly-le-Hayer *10* 90 A5
Marcilly-lès-Buxy *71* 177 F5
Marcilly-Ogny *21* 158 D4
Marcilly-sur-Eure *27* 56 C3
Marcilly-sur-Maulne *37* 130 A5
Marcilly-sur-Seine *51* 90 B2
Marcilly-sur-Tille *21* 160 B1
Marcilly-sur-Vienne *37* 169 G1
Marck *62* 2 D3
Marckolsheim *67* 121 F2
Marclopt *42* 229 H2
Marcoing *59* 14 B4
Marcolès *15* 262 B1
Marcollin *38* 231 G5
Marcols-les-Eaux *07* 266 B1

Marçon 72 130 C4
Marconnay *Château de* 86 185 H2
Marconne 62 7 E5
Marconnelle 62 6 D5
Marcorignan 11 321 E5
Marcoule 30 285 E3
Marcoussis 91 87 G2
Marcoux 04 288 A3
Marcoux 42 229 G1
Marcq 08 43 F3
Marcq 78 57 G3
Marcq-en-Barœul 59 8 D2
Marcq-en-Ostrevant 59 14 B2
Marcy 02 24 B2
Marcy 58 157 E3
Marcy 69 212 D4
Marcy-l'Étoile 69 212 D5
Marcy-sous-Marle 02 25 E3
Mardeuil 51 61 F1
Mardié 45 133 G2
Mardilly 61 54 D3
Mardor 52 139 F2
Mardore 69 212 A2
Mardyck 59 3 F2
La Mare-d'Ovillers 60 38 B4
Mareau-aux-Bois 45 111 G4
Mareau-aux-Prés 45 133 E2
Marèges *Barrage de* 19 226 B5
Mareil-en-Champagne 72 107 E5
Mareil-en-France 95 58 C1
Mareil-le-Guyon 78 57 G4
Mareil-Marly 78 58 A3
Mareil-sur-Loir 72 129 G4
Mareil-sur-Mauldre 78 57 G3
Mareilles 52 117 F2
Marenla 62 6 C4
Marennes 17 200 C4
Marennes 69 231 F2
Maresché 72 107 G2
Maresches 59 15 E2
Maresquel-Ecquemicourt 62 6 D5
Marest 62 7 G4
Marest-Dampcourt 02 24 A5
Marest-sur-Matz 60 39 F1
Marestaing 32 297 E5
Marestmontiers 80 22 D4
Maresville 62 6 B4
Les Marêts 77 60 B5
Maretz 59 14 C5
Mareugheol 63 227 H4
Mareuil 16 202 C5
Mareuil 24 221 H4
Mareuil-Caubert 80 11 G4
Mareuil-en-Brie 51 61 E2
Mareuil-en-Dôle 02 40 D4
Mareuil-la-Motte 60 39 F1
Mareuil-le-Port 51 61 E1
Mareuil-lès-Meaux 77 59 G2
Mareuil-sur-Arnon 18 172 C3
Mareuil-sur-Ay 51 61 G1
Mareuil-sur-Cher 41 153 E4
Mareuil-sur-Lay 85 183 E1
Mareuil-sur-Ourcq 60 39 H5
Marey 88 118 B3
Marey-lès-Fussey 21 159 H5
Marey-sur-Tille 21 139 E5
Marfaux 51 41 F5
Marfontaine 02 25 E3
Margaux 33 237 F3
Margencel 74 198 A3
Margency 95 58 B2
Margerides 19 226 B4
Margerie-Chantagret 42 229 G3
Margerie-Hancourt 51 91 H2
Margès 26 249 G2
Margilley 70 140 A5
Margival 02 40 B2
Le Margnès 81 300 B4
Margny 08 27 H4
Margny 51 60 D2
Margny-aux-Cerises 60 23 G4
Margny-lès-Compiègne 60 39 F2
Margny-sur-Matz 60 39 F1
Margon 28 85 E5
Margon 34 321 H2
Margouët-Meymes 32 295 F3
Margueray 50 52 A2
Marguerittes 30 304 A2
Margueron 33 257 F1
Marguestau 32 295 E1
Margut 08 27 H5
Mariac 07 248 B5
Mariaud 04 288 C1
Maricourt 80 23 F1
Marie 06 289 H4
Marienthal 67 69 E4
Marieulles 57 65 G2
Marieux 80 12 D4
Marigna-sur-Valouse 39 196 B3
Marignac 17 219 H3
Marignac 31 334 B3
Marignac 82 296 D2
Marignac-en-Diois 26 268 A1
Marignac-Lasclares 31 317 F4
Marignac-Laspeyres 31 317 E5
Marignana 2A 346 C5
Marignane 13 326 C1
Marigné 49 128 C3
Marigné-Laillé 72 130 B3
Marigné-Peuton 53 128 A2
Marignier 74 216 B1
Marignieu 01 214 D5
Marigny 03 191 H1
Marigny 39 179 G5
Marigny 51 61 F5
Marigny 71 177 E5
Marigny 79 185 E5
Marigny-Brizay 86 169 F4
Marigny-Chemereau 86 186 A3
Marigny-en-Orxois 02 60 A1
Marigny-le-Cahouët 21 159 E1
Marigny-le-Châtel 10 90 B4
Marigny-le-Lozon 50 32 A5
Marigny-l'Église 58 158 A3
Marigny-lès-Reullée 21 178 A1
Marigny-les-Usages 45 111 E5
Marigny-Marmande 37 169 G2
Marigny-Saint-Marcel 74 215 F4
Marigny-sur-Yonne 58 157 G4
Marillac-le-Franc 16 221 H1
Le Marillais 49 148 C2
Marillet 85 184 C1
Marimbault 33 256 B5
Marimont-lès-Bénestroff 57 67 E3
Marin 74 198 B3
Marines 95 37 H5
Les Marines-de-Cogolin 83 329 F2
Maringes 42 230 A2
Maringues 63 210 A4
Mariol 03 210 C3
Marions 33 274 C1
Marissel 60 38 A2
Marizy-Saint-Mard 02 40 A5
Marizy-Sainte-Geneviève 02 40 A5
Le Markstein 68 120 C4
Marle 02 25 E3
Marlemont 08 26 A3
Marlenheim 67 97 F1
Marlens 74 216 A5
Marlers 80 21 G3
Marles-en-Brie 77 59 G5
Marles-les-Mines 62 7 H4
Marles-sur-Canche 62 6 C4
Marlhes 42 248 B1
Marliac 31 318 A5
Marliens 21 160 B4
Marlieux 01 213 G2
Marlioz 74 215 F2
Marly 57 65 H1
Marly 59 9 G5
Marly-Gomont 02 25 E1
Marly-la-Ville 95 58 D1
Marly-le-Roi 78 58 A3
Marly-sous-Issy 71 176 A5
Marly-sur-Arroux 71 193 H1
Marmagne 18 172 D1
Marmagne 21 137 H5
Marmagne 71 176 D3
Marmande 47 257 E4
Marmanhac 15 244 C4
Marmeaux 89 137 F5
Marmesse 52 116 C4
Marminiac 46 259 G3
Marmont-Pachas 47 276 B4
Marmouillé 61 54 C5
Marmoutier 67 68 B5
Marnac 24 259 E1
Marnand 69 212 A2
Marnans 38 231 H5
Marnaves 81 279 E4
Marnay 70 161 G3
Marnay 71 178 A5
Marnay 86 186 B3
Marnay-sur-Marne 52 117 E4
Marnay-sur-Seine 10 90 A3
Marnaz 74 216 B1
La Marne 44 165 F1
Marne-la-Vallée 11 59 E3
Marnefer 61 55 F3
Marnes 79 168 C3
Marnes-la-Coquette 92 58 B3
Marnézia 39 196 C1
Marnhagues-et-Latour 12 301 F2
Marnoz 39 179 G2
Marœuil 62 13 F2
Maroilles 59 15 F4
La Marolle-en-Sologne 41 133 E5
Marolles 14 34 D5
Marolles 41 132 A5
Marolles 51 62 D5
Marolles 60 39 H5
Marolles-en-Beauce 91 87 G5
Marolles-en-Brie 77 60 A4
Marolles-en-Brie 94 58 D5
Marolles-en-Hurepoix 91 87 G2
Marolles-lès-Bailly 10 115 G2
Marolles-les-Braults 72 108 A2
Marolles-les-Buis 28 85 E5
Marolles-lès-Saint-Calais 72 108 D5
Marolles-sous-Lignières 10 114 D5
Marolles-sur-Seine 77 89 E4
Marollette 72 84 A4
Marols 42 229 G4
Maromme 76 36 A1
Mâron 36 172 A4
Maron 54 94 C1
Maroncourt 88 94 D5
Maroué 22 78 D4
Maroutière *Château de la* 53 128 B2
Marpain 39 161 E3
Marpaps 40 293 G4
Marpent 59 15 H2
Marpiré 35 104 D2
Marquaix 80 23 H1
Marquay 24 241 F5
Marquay 62 7 G5
Marquefave 31 317 G4
Marquéglise 60 39 F1
Marquein 11 318 C4
Marquenterre *Parc du* 80 11 E1
Marquerie 65 315 F4
Marques 76 21 F3
Marquette-en-Ostrevant 59 14 B2
Marquette-lez-Lille 59 8 D2
Marquigny 08 26 D5
Marquillies 59 8 C3
Marquion 62 14 A3
Marquise 62 2 B4
Marquivillers 80 23 E4
Marquixanes 66 342 B2
Marray 37 130 D5
La Marre 39 179 F4
Marre 55 43 H4
Mars 07 248 A4
Les Mars 23 208 C3
Mars 30 282 D5
Mars 42 212 A1
Mars-la-Tour 54 65 F1
Mars-sous-Bourcq 08 42 C2
Mars-sur-Allier 58 174 B3
Marsa 11 337 F4
Marsac 16 221 E1
Marsac 23 206 C2
Marsac 65 315 E3
Marsac 82 296 D1
Marsac-en-Livradois 63 229 E4
Marsac-sur-Don 44 126 C4
Marsac-sur-l'Isle 24 240 C2
Marsainvilliers 45 111 G2
Marsais 17 201 G1
Marsais-Sainte-Radégonde 85 183 H1
Marsal 57 66 D4
Marsal 81 299 G1
Marsalès 24 258 D2
Marsan 32 296 C4
Marsaneix 24 240 D3
Marsangis 51 90 C2
Marsangy 89 113 G3
Marsannay-la-Côte 21 160 A3
Marsannay-le-Bois 21 160 B2
Marsanne 26 267 F3
Marsas 33 237 H3
Marsas 65 333 G1
Marsat 63 209 H4
Marsaz 26 249 F2
Marseillan 32 315 G2
Marseillan 34 322 C4
Marseillan 65 315 F4
Marseillan-Plage 34 322 D5
Marseille 13 326 D3
Marseille-en-Beauvaisis 60 21 H5
Marseille-lès-Aubigny 18 174 B1
Marseillette 11 320 A5
Marsillargues 34 303 G4
Marsilly 17 183 F5
Marsilly 57 66 B1
Marsinval 78 57 H2
Marsolan 32 296 A1
Marson 51 62 C2
Marson-sur-Barboure 55 93 G1
Marsonnas 01 195 G4
Marsoulas 31 335 E1
Marsous 65 332 C2
Marspich 57 45 G3
Marssac-sur-Tarn 81 299 E1
Martagny 27 37 F2
Martailly-lès-Brancion 71 195 E2
Martainneville 80 11 F4
Martainville 14 53 G2
Martainville 27 35 E3
Martainville-Épreville 76 36 C1
Martaizé 86 168 C3
Martel 46 242 C5
Marthemont 54 94 C2
Marthille 57 66 D3
Marthod 73 216 A5
Marthon 16 221 H2
Martiel 12 279 E1
Martigna 39 196 D3
Martignac 46 259 F4
Martignargues 30 284 A5
Martignas-sur-Jalle 33 237 E5
Martignat 01 196 C5
Martigné-Briand 49 149 H4
Martigné-Ferchaud 35 127 E2
Martigné-sur-Mayenne 53 106 A2
Martigny 02 25 H2
Martigny 50 52 A5
Martigny 76 20 B2
Martigny-Courpierre 02 40 D1
Martigny-le-Comte 71 194 A2
Martigny-les-Bains 88 118 B3
Martigny-les-Gerbonvaux 88 94 A3
Martigny-sur-l'Ante 14 53 H2
Martigues 13 325 H3
Martillac 33 255 G2
Martimpré *Col de* 88 120 B3
Martin-Église 76 10 B5
Martincourt 54 65 F4
Martincourt 60 37 H1
Martincourt-sur-Meuse 55 27 G5
Le Martinet 30 283 H2
Martinet 85 165 F5
Martinpuich 62 13 G5
Martinvast 50 29 E3
Martinvelle 88 118 C4
Martisserre 31 316 D3
Martizay 36 170 C4
Martot 27 36 A3
Martragny 14 33 E3
La Martre 83 308 B2
Martres 33 256 C2
Les Martres-d'Artière 63 210 A5
Martres-de-Rivière 31 334 B1
Les Martres-de-Veyre 63 227 H1
Martres-sur-Morge 63 210 A4
Martres-Tolosane 31 317 E5
Martrin 12 300 B1
Martrois 21 159 E3
La Martyre 29 75 H2
Les Martys 11 319 G3
Maruéjols-lès-Gardon 30 283 H5
Marval 87 222 D2
Marvaux-Vieux 08 42 D3
Marvejols 48 264 A4
Marvelise 25 142 A4
Marville 55 44 B2
Marville-les-Bois 28 85 H2
Marville-Moutiers-Brûlé 28 56 D5
Mary 71 194 B1
Mary-sur-Marne 77 59 H1
Marzal *Aven de* 07 284 C1
Marzan 56 125 F5
Marzens 81 298 D4
Marzy 58 174 C2
Le Mas 06 308 D1
Mas-Blanc-des-Alpilles 13 304 C2
Mas-Cabardès 11 319 H3
Mas Camargues 48 283 F1
Le Mas-d'Agenais 47 257 F5
Le Mas-d'Artige 23 225 H1
Mas-d'Auvignon 32 296 A1
Le Mas-d'Azil 09 335 H1
Mas-d'Azil *Grotte du* 09 335 H1
Mas-de-Londres 34 302 C2
Le Mas-de-Tence 43 248 B3
Mas-des-Cours 11 337 H1
Mas-d'Orcières 48 265 E5
Mas-Grenier 82 297 G1
Mas-Saint-Chély 48 282 B2
Mas-Saintes-Puelles 11 318 D4
Le Mas-Soubeyran 30 283 G4
Mas-Thibert 13 304 C5
Masbaraud-Mérignat 23 206 D3
Mascaraàs-Haron 64 294 C5
Mascaras 32 295 G5
Mascaras 65 315 F5
Mascarville 31 298 C5
Masclat 46 259 H1
Masevaux-Niederbruck 68 142 D1
Maslacq 64 313 G2
Masléon 87 224 C1
Maslives 41 132 B5
Masmejan 48 283 E1
Le Masnau-Massuguiès 81 300 A3
Masnières 59 14 B4
Masny 59 9 E5
Los Masos 66 342 B3
Masparraute 64 311 G3
Maspie-Lalonquère-Juillacq 64 314 D2
Masquières 47 277 E1
Massabrac 31 317 H5
Massac 11 338 B3
Massac 17 202 C4
Massac-Séran 81 298 D4
Massaguel 81 319 F2
Massais 79 167 H1
Massals 81 300 A2
Massanes 30 283 H5
Massangis 89 137 E5
Massat 09 335 H3
Massay 18 154 B5
Le Massegros 48 281 H2
Masseilles 33 256 D5
Massels 47 276 D2
Massérac 44 126 A4
Masseret 19 224 B3
Masseube 32 316 A2
Massiac 15 246 A1
Massieu 38 232 C4
Massieux 01 213 E4
Massiges 51 42 D4
Massignac 16 204 C5
Massignieu-de-Rives 01 214 D5
Massillargues-Attuech 30 283 G5
Massilly 71 194 D2
Massingy 21 116 A5
Massingy 74 215 F4
Massingy-lès-Semur 21 158 D1
Massingy-lès-Vitteaux 21 159 F2
Massognes 86 168 C4
Massoins 06 289 H5
Massongy 74 198 A4
Massoulès 47 276 D1
Massugas 33 257 E1
Massy 71 194 C2
Massy 76 20 D4
Massy 91 58 B5
Mastaing 59 14 C2
Matafelon-Granges 01 196 C5
Les Matelles 34 302 D3
Matemale 66 341 G3
Matha 17 202 B4
Mathaux 10 91 H4
Mathay 25 142 B5
Mathenay 39 179 F2
Les Mathes 17 200 C5
Mathieu 14 33 G3
Mathons 52 92 D4
Mathonville 76 20 D5
Matignicourt-Goncourt 51 62 D5
Matignon 22 50 A5
Matigny 80 23 H3
Matougues 51 62 A2
Matour 71 194 B4
Matra 2B 347 G4
Matringhem 62 7 F3
Mattaincourt 88 94 D5
Mattexey 54 95 G3
Matton-et-Clémency 08 27 G4
Mattstall 67 68 D1
Matzenheim 67 97 G3
Maubec 38 232 A2
Maubec 82 296 D2
Maubec 84 305 F1
Maubert-Fontaine 08 26 B2
Maubeuge 59 15 G2
Maubourguet 65 315 E2
Maubuisson 33 236 B3
Mauchamps 91 87 G3
Maucomble 76 20 C4
Maucor 64 314 B3
Maucourt 60 23 H4
Maucourt 80 23 F3
Maucourt-sur-Orne 55 44 C4
Maudétour-en-Vexin 95 37 G5
Mauguio 34 303 E4
Maulain 52 117 H4
Maulais 79 168 B2
Maulan 55 63 H5
Maulay 86 169 E2
Maulde 59 9 G4
Maule 78 57 G3
Mauléon 79 167 E2
Mauléon-Barousse 65 334 A3
Mauléon-d'Armagnac 32 294 D1
Mauléon-Licharre 64 311 H5
Maulers 60 22 A5
Maulette 78 57 E4
Maulévrier 49 167 E1
Maulévrier-Sainte-Gertrude 76 19 G5
Maulichères 32 294 D3
Maumusson 44 148 C1
Maumusson 82 296 D1
Maumusson-Laguian 32 294 D4
Mauny 76 35 H2
Maupas 10 115 E3
Le Maupas 21 158 D4
Maupas 32 294 D2
Maupas *Château de* 18 155 G4
Mauperthuis 77 59 H4
Maupertuis 50 52 A1
Maupertus-sur-Mer 50 29 F3
Mauprévoir 86 204 B1
Mauquenchy 76 20 D5
Mauran 31 317 E5
Maure 64 314 D3
Maure *Col de* 04 288 B1
Maure-de-Bretagne 35 103 G5
Maurecourt 78 58 A2
Mauregard 77 59 E1
Mauregny-en-Haye 02 41 E1
Maureilhan 34 321 F3
Maureillas-las-Illas 66 343 E4
Mauremont 31 318 B2
Maurens 24 239 H5
Maurens 31 318 C2
Maurens 32 296 D5
Maurens-Scopont 81 298 C5
Maurepas 78 57 H4
Maurepas 80 23 F1
Mauressac 31 317 H4
Mauressargues 30 283 H5
Maureville 31 298 C5
Mauriac 15 244 B2
Mauriac 33 256 D2
Mauries 40 294 B4
Maurin 04 271 F3
Maurin 34 302 D5
Maurines 15 245 H5
Maurois 59 14 D5
Mauron 56 103 E3
Mauroux 32 296 C1
Mauroux 46 259 E5
Maurrin 40 294 B2
Maurs 15 261 H2
Maurupt-le-Montois 51 63 E4
Maury 66 338 B4
Maury *Barrage de* 12 262 D3
Mausoléo 2B 346 D2
Maussac 19 225 G4
Maussane-les-Alpilles 13 304 D3
Maussans 70 162 B1
Mausson *Château de* 53 81 G3
Mautes 23 208 B4
Mauvages 55 93 G2
Mauvaisin 31 318 A3
Mauves 07 249 E3
Mauves-sur-Huisne 61 84 C4
Mauves-sur-Loire 44 148 A3
Mauvezin 31 316 D3
Mauvezin 32 296 D3
Mauvezin 65 333 G1
Mauvezin-d'Armagnac 40 274 C5
Mauvezin-de-Prat 09 335 E2
Mauvezin-de-Sainte-Croix 09 335 G1
Mauvezin-sur-Gupie 47 257 E4
Mauvières 36 187 H2
Mauvilly 21 138 B4
Maux 58 175 H1
Mauzac 31 317 G3
Mauzac-et-Saint-Meyme-de-Rozens 24 240 D5
Mauzé-sur-le-Mignon 79 184 C5
Mauzé-Thouarsais 79 168 A2
Mauzens-et-Miremont 24 241 E4
Mauzun 63 228 B1

Mavaleix 24 223 E3
Maves 41 132 A4
Mavilly-Mandelot 21 177 G1
La Maxe 57 45 H5
Maxent 35 103 G4
Maxéville 54 65 H5
Maxey-sur-Meuse 88 94 A3
Maxey-sur-Vaise 55 93 H2
Maxilly-sur-Léman 74 198 C3
Maxilly-sur-Saône 21 160 D3
Maxou 46 260 B4
Maxstadt 57 67 E1
May-en-Multien 77 59 H1
Le May-sur-Èvre 49 148 D5
May-sur-Orne 14 33 G5
Mayac 24 241 E1
Mayenne 53 82 B5
Mayet 72 130 A3
Le Mayet-de-Montagne 03 210 D2
Le Mayet-d'École 03 210 A1
Maylis 40 293 G3
Maynal 39 196 A1
Les Mayons 83 328 D2
Mayot 02 24 B4
Mayrac 46 242 C5
Mayran 12 280 B1
La Mayrand 63 227 G4
Mayrègne 31 334 A4
Mayres 07 248 D4
Mayres 07 265 H3
Mayres 63 228 D5
Mayres-Savel 38 250 D5
Mayreste *Belvédère de* 04 307 H2
Mayreville 11 318 D5
Mayrinhac-Lentour 46 261 E1
Mayronnes 11 338 A2
Maysel 60 38 C4
Mazamet 81 319 H2
Mazan 84 285 H4
Mazan-l'Abbaye 07 265 H2
Mazangé 41 131 F3
Mazaugues 83 328 A2
Mazaye 63 209 F5
Mazé-Milon 49 150 A1
Le Mazeau 85 184 C4
Mazeirat 23 207 F1
Mazeley 88 95 E5
Mazerat-Aurouze 43 246 C2
Mazeray 17 201 G4
Mazères 09 318 B4
Mazères 33 256 B4
Mazères *Église de* 65 295 E5
Mazères-de-Neste 65 334 A1
Mazères-Lezons 64 314 B4
Mazères-sur-Salat 31 335 E1
Mazerier 03 209 H2
Mazerny 08 26 C5
Mazerolles 16 222 B1
Mazerolles 17 219 G3
Mazerolles 40 294 A1
Mazerolles 64 314 A2
Mazerolles 65 315 G3
Mazerolles 86 187 E3
Mazerolles-du-Razès 11 337 F1
Mazerolles-le-Salin 25 161 G4
Mazerulles 54 66 B5
Mazet-Saint-Voy 43 248 A3
Mazeuil 86 168 D4
Mazeyrat-d'Allier 43 246 C3
Mazeyrolles 24 259 E3
La Mazière-aux-Bons-Hommes 23 208 C4
Mazières 16 204 B5
Mazières-de-Touraine 37 151 F2
Mazières-en-Gâtine 79 185 E2
Mazières-en-Mauges 49 167 E1
Mazières-Naresse 47 258 C3
Mazières-sur-Béronne 79 185 F5
Mazille 71 194 C3
Mazingarbe 62 8 A4
Mazinghem 62 7 G3
Mazinghien 59 15 E5
Mazion 33 237 G2
Mazirat 03 190 C5
Mazirot 88 94 D4
Le Mazis 80 21 G2
Mazoires 63 227 G5
Mazouau 65 333 H2
Mazuby 11 337 E4
Les Mazures 08 26 C1
Mazzola 2B 347 F4
Méailles 04 288 D4
Méallet 15 244 B1
Méasnes 23 189 E3
Meaucé 28 85 F3
La Meauffe 50 32 B4
La Méaugon 22 78 B3
Meaulne 03 190 D1
Méaulte 80 23 E1
Méautis 50 31 H3
Meaux 77 59 G2
Meaux-la-Montagne 69 212 B2
Meauzac 82 277 G4
Mecé 35 81 E5
Mechmont 46 260 B4
Mécleuves 57 65 H1
Mecquignies 59 15 F2
Mécrin 55 64 C4
Mécringes 51 60 C3
Médan 78 57 H2
Médavy 61 54 B5
La Mède 13 325 H4
Medeyrolles 63 229 E4
Médière 25 142 A5
Médillac 16 239 E1
Médis 17 218 D1
Médonnet *Chapelle du* 74 216 C3
Médonville 88 118 A2
Médous *Grotte de* 65 333 F2
Médréac 35 103 G1
Le Mée 28 110 A5
Mée 53 128 A2
Le Mée-sur-Seine 77 88 B3
Les Mées 04 287 G4
Mées 40 292 D3
Les Mées 72 83 H5
Mégange 57 46 C4
Megève 74 216 C4
Mégevette 74 198 B5
Mégrit 22 79 F5
Méharicourt 80 23 F3
Méharin 64 311 F4
Méhers 41 153 F3
Méhoncourt 54 95 F2
Méhoudin 61 82 D3
Mehun-sur-Yèvre 18 154 D5
La Meignanne 49 149 F1
Meigné 49 150 A4
Meigné-le-Vicomte 49 151 E1
Meigneux 77 89 E3
Meigneux 80 21 H3
Meilhac 87 223 G1
Meilhan 32 316 B2
Meilhan 40 293 G1
Meilhan-sur-Garonne 47 256 D4
Meilhards 19 224 C3
Meilhaud 63 227 H3
Meillac 35 80 A3
Meillant 18 173 F4
Meillard 03 192 A4
Le Meillard 80 12 C4
La Meilleraie-Tillay 85 166 D4
Meilleray 77 60 C4
La Meilleraye-de-Bretagne 44 127 E5
Meillerie 74 198 C2
Meillers 03 191 H2
Meillier-Fontaine 08 26 D2
Meillon 64 314 B2
Meillonnas 01 196 A5
Meilly-sur-Rouvres 21 159 F4
Meisenthal 57 68 A2
Meistratzheim 67 97 F2
Le Meix 21 138 D5
Le Meix-Saint-Epoing 51 60 D5
Le Meix-Tiercelin 51 62 B5
Méjanes 13 304 A5
Méjannes-le-Clap 30 284 B2
Méjannes-lès-Alès 30 283 H4
Mela 2A 349 E5
Mélagues 12 301 E3
Mélamare 76 19 E5
Melan 04 287 H2
Melay 49 149 F4
Melay 52 118 B5
Melay 71 193 G5
Le Mêle-sur-Sarthe 61 84 A3
Mélecey 70 141 H5
Melesse 35 104 B2
Melgven 29 100 B4
Mélicocq 60 39 F1
Mélicourt 27 55 E2
Méligny-le-Grand 55 93 G1
Méligny-le-Petit 55 93 G1
Melin 70 140 C3
Melincourt 70 118 D5
Mélisey 70 142 A2
Mélisey 89 115 E5
Meljac 12 280 C4
Mellac 29 100 D4
Mellé 35 81 F3
Melle 79 185 G5
Mellecey 71 177 G4
Melleran 79 203 E1
Melleray 72 108 D3
Melleray *Abbaye de* 44 127 E5
Melleray-la-Vallée 53 82 B3
Melleroy 45 135 E2
Melles 31 334 C4
Melleville 76 11 E5
Mellionnec 22 77 F5
Mello 60 38 C4
Meloisey 21 177 G1
Melrand 56 101 G4
Melsheim 67 68 C4
Melun 77 88 B3
Melve 04 287 G1
Melz-sur-Seine 77 89 H3
Membrey 70 140 B5
La Membrolle-sur-Choisille 37 151 H2
La Membrolle-sur-Longuenée 49 128 B5
Membrolles 41 110 A5
Méménil 88 95 G5
Memmelshoffen 67 69 E2
Le Mémont 25 163 F4
Mémorial Canadien 62 8 B5
Menades 89 157 H2
Ménarmont 88 95 H3
Menars 41 132 B5
Menat 63 209 F2
Menaucourt 55 93 F1
Mencas 62 7 E3
Menchhoffen 67 68 C3
Mende 48 264 C4
Mendionde 64 311 E4
Menditte 64 331 E1
Mendive 64 330 C1
Ménéac 56 102 D2
Menée *Col de* 38 268 D1
Ménerbes 84 305 G2
Ménerval 76 21 F5
Ménerville 78 57 E2
Menesble 21 138 D3
Méneslies 80 11 E4
Ménesplet 24 239 E4
Ménesqueville 27 36 D2
Ménessaire 21 158 B5
Menestreau 58 156 D2
Ménestreau-en-Villette 45 133 F4
Menet 15 244 D1
Menetou-Couture 18 174 A1
Menetou-Râtel 18 155 H3
Menetou-Salon 18 155 F4
Menetou-sur-Nahon 36 153 H4
Ménétréol-sous-Sancerre 18 156 A3
Ménétréol-sur-Sauldre 18 155 E2
Ménétréols-sous-Vatan 36 172 A2
Ménetreuil 71 195 G1
Ménétreux-le-Pitois 21 138 A5
Ménétrol 63 209 H4
Menétru-le-Vignoble 39 179 F4
Menétrux-en-Joux 39 179 G5
Ménévillers 60 39 E1
Ménez-Bré 22 72 D5
Ménez-Hom 29 75 G4
Ménez-Meur *Domaine de* 29 75 H3
Menglon 26 268 C2
Ménigoute 79 185 G2
Ménil 53 128 B3
Le Ménil 88 120 A5
Ménil-Annelles 08 42 B1
Ménil-aux-Bois 55 64 C4
Le Ménil-Bérard 61 55 E5
Le Ménil-Broût 61 83 H3
Le Ménil-Ciboult 61 52 D4
Le Ménil-de-Briouze 61 53 G5
Ménil-de-Senones 88 96 B3
Ménil-en-Xaintois 88 94 C5
Ménil-Erreux 61 83 H3
Ménil-Froger 61 54 D4
Ménil-Glaise 61 53 H4
Ménil-Gondouin 61 53 G4
Le Ménil-Guyon 61 84 A2
Ménil-Hermei 61 53 G3
Ménil-Hubert-en-Exmes 61 54 C3
Ménil-Hubert-sur-Orne 61 53 G3
Ménil-Jean 61 53 H4
Ménil-la-Horgne 55 64 C5
Ménil-la-Tour 54 65 F5
Ménil-Lépinois 08 42 A2
Le Ménil-Scelleur 61 83 F2
Ménil-sur-Belvitte 88 95 H3
Ménil-sur-Saulx 55 63 H5
Le Ménil-Vicomte 61 54 D4
Ménil-Vin 61 53 G3
Ménilles 27 56 D1
Ménillot 54 94 A1
La Ménitré 49 150 A2
Mennecy 91 87 H2
Mennessis 02 24 A4
Mennetou-sur-Cher 41 154 A4
Menneval 27 35 F5
Menneville 02 41 G2
Menneville 62 6 C2
Mennevret 02 24 D1
Mennouveaux 52 117 G3
Ménoire 19 242 D3
Menomblet 85 167 E4
Menoncourt 90 142 C2
Ménonval 76 21 E3
Menotey 39 161 E5
Menou 58 156 D3
Menouville 95 38 A5
Le Menoux 36 188 D2
Menoux 70 141 E2
Mens 38 251 E5
Mensignac 24 240 B1
Menskirch 57 46 B3
Mentheville 76 19 E4
Menthon-Saint-Bernard 74 215 H4
Menthonnex-en-Bornes 74 215 G2
Menthonnex-sous-Clermont 74 215 F3
Mentières 15 245 H3
Menton 06 291 G5
Mentque-Nortbécourt 62 3 E5
Menucourt 95 57 H1
Les Menuires 73 234 C5
Les Menus 61 85 E3
Menville 31 297 G4
Méobecq 36 171 F5
Méolans 04 270 C5
Méolans-Revel 04 270 C5
Méon 49 150 D1
Méounes-lès-Montrieux 83 328 A2
Mépieu 38 214 B5
Mer 41 132 C4
Mer de Sable *La* 60 39 E5
Méracq 64 294 B5
Méral 53 105 G5
Méras 09 317 G5
Mercatel 62 13 G3
Mercenac 09 335 E2
Merceuil 21 177 H2
Mercey 21 159 E5
Mercey 27 56 D1
Mercey-le-Grand 25 161 F4
Mercey-sur-Saône 70 140 B5
Mercin-et-Vaux 02 40 B2
Merck-Saint-Liévin 62 7 E3
Merckeghem 59 3 F4
Mercœur 19 243 F4
Mercœur 43 246 A2
Mercuer 07 266 B3
Mercuès 46 259 H5
Mercurey 71 177 G3
Mercurol-Veaunes 26 249 F3
Mercury 73 234 A1
Mercus-Garrabet 09 336 B4
Mercy 03 192 C3
Mercy 89 114 A4
Mercy-le-Bas 54 45 E3
Mercy-le-Haut 54 45 E3
Merdrignac 22 102 D1
Méré 78 57 G4
Méré 89 136 D2
Méreau 18 154 C5
Méréaucourt 80 21 H3
Méréglise 28 85 G5
Mérélessart 80 11 G5
Mérens 32 296 A3
Mérens-les-Vals 09 341 E2
Mérenvielle 31 297 F4
Méreuil 05 269 E5
Méréville 54 94 D1
Méréville 91 87 F5
Merey 27 56 D2
Mérey-sous-Montrond 25 162 A4
Mérey-Vieilley 25 162 A2
Merfy 51 41 F3
Mergey 10 90 D4
Meria 2B 345 G2
Mérial 11 337 E5
Méribel 73 234 C4
Méribel-Mottaret 73 234 C4
Méricourt 62 8 B5
Méricourt 78 57 F1
Méricourt-en-Vimeu 80 21 H2
Méricourt-l'Abbé 80 22 D1
Méricourt-sur-Somme 80 23 E1
Mériel 95 58 B1
Mérifons 34 301 G4
Mérignac 16 220 D1
Mérignac 17 220 B5
Mérignac 33 237 F5
Mérignas 33 256 D1
Mérignat 01 214 B2
Mérignies 59 8 D4
Mérigny 36 187 G1
Mérigon 09 335 F1
Mérilheu 65 333 F1
Mérillac 22 103 E1
Mérinchal 23 208 C4
Mérindol 84 305 G3
Mérindol-les-Oliviers 26 285 H2
Mérinville 45 112 D4
Le Mériot 10 89 H3
Méritein 64 313 G3
Merkwiller-Pechelbronn 67 69 E2
Merlande *Prieuré de* 24 240 B1
Merlas 38 232 D4
La Merlatière 85 166 A4
Merlaut 51 62 D4
Merle *Tours de* 19 243 G3
Merle-Leignec 42 229 G5
Merléac 22 78 A5
Le Merlerault 61 54 D5
Merles 82 277 E4
Merles-sur-Loison 55 44 C3
Merlette 05 270 A2
Merlevenez 56 123 G2
Merlieux-et-Fouquerolles 02 40 C1
Merlimont 62 6 B4
Merlimont-Plage 62 6 A4
Merlines 19 226 C2
Mernel 35 103 H5
Mérobert 91 87 E4
Méron 49 150 B5
Mérona 39 196 C1
Mérouville 28 86 D5
Meroux 90 142 C3
Merpins 16 220 B1
Merrey 52 117 H4
Merrey-sur-Arce 10 115 G3
Merri 61 54 A3
Merris 59 4 A5
Merry-la-Vallée 89 135 H3
Merry-Sec 89 136 A4
Merry-sur-Yonne 89 136 C5
Mers-les-Bains 80 10 D4
Mers-sur-Indre 36 189 F1
Merschweiller 57 46 B2
Mersuay 70 141 E2
Merten 57 46 D4
Mertrud 52 92 C4
Mertzen 68 143 E3
Mertzwiller 67 68 D3
Méru 60 38 A4
Merval 02 41 E3
Mervans 71 178 B4
Mervent 85 184 B2
Merviel 09 336 C2
Mervilla 31 318 A2
Merville 31 297 G3
Merville 59 8 A2
Merville-Franceville-Plage 14 33 H3
Merviller 54 96 A2
Merxheim 68 121 E5
Méry 73 233 F1
Méry-Corbon 14 34 A5
Méry-ès-Bois 18 155 E3
Méry-la-Bataille 60 23 E5
Méry-Prémecy 51 41 F4
Méry-sur-Cher 18 154 B4
Méry-sur-Marne 77 60 A2
Méry-sur-Oise 95 58 B1
Méry-sur-Seine 10 90 C3
Le Merzer 22 73 F5
Mésandans 25 162 C1
Mésanger 44 148 B1
Mésangueville 76 21 E5
Mesbrecourt-Richecourt 02 24 C4
Meschers-sur-Gironde 17 218 D2
Mescla *Balcons de la* 04 307 H2
Mescoules 24 257 H2
Le Mesge 80 22 A1
Mesgrigny 10 90 C3
Mésigny 74 215 F2
Meslan 56 101 E3
Mesland 41 152 D1
Meslay 14 53 G2
Meslay 41 131 G3
Meslay *Grange de* 37 152 A2
Meslay-du-Maine 53 106 B5
Meslay-le-Grenet 28 86 A5
Meslay-le-Vidame 28 110 A2
Meslières 25 142 C5
Meslin 22 78 C4
Mesmay 25 179 G1
Mesmont 08 26 B5
Mesmont 21 159 G3
Mesnac 16 202 B5
Mesnard-la-Barotière 85 166 C3
Mesnay 39 179 G2
Les Mesneux 51 41 G4
La Mesnière 61 84 B3
Mesnières-en-Bray 76 20 D3
Le Mesnil 50 31 E2
Le Mesnil-Adelée 50 52 B4
Le Mesnil-Amand 50 51 H2
Le Mesnil-Amelot 77 59 E1
Le Mesnil-Amey 50 32 A5
Le Mesnil-Angot 50 32 A4
Le Mesnil-au-Grain 14 53 E1
Le Mesnil-au-Val 50 29 F3
Le Mesnil-Aubert 50 51 G2
Le Mesnil-Aubry 95 58 C1
Le Mesnil-Auzouf 14 52 D1
Le Mesnil-Bacley 14 54 C1
Le Mesnil-Benoist 14 52 B3
Le Mesnil-Bœufs 50 52 A5
Le Mesnil-Bonant 50 51 H2
Mesnil-Bruntel 80 23 G2
Le Mesnil-Caussois 14 52 B3
Mesnil-Clinchamps 14 52 B3
Le Mesnil-Conteville 60 22 A4
Mesnil-Domqueur 80 12 B4
Le Mesnil-Drey 50 51 G3
Le Mesnil-Durand 14 54 C1
Le Mesnil-Durdent 76 19 G2
Mesnil-en-Arrouaise 80 13 H5
Le Mesnil-en-Thelle 60 38 B5
Le Mesnil-en-Vallée 49 148 D2
Le Mesnil-Esnard 76 36 B2
Le Mesnil-Eudes 14 34 C5
Mesnil-Eudin 80 21 F2
Le Mesnil-Eury 50 32 A4
Mesnil-Follemprise 76 20 C3
Le Mesnil-Fuguet 27 56 B1
Le Mesnil-Garnier 50 51 H2
Le Mesnil-Germain 14 54 C1
Le Mesnil-Gilbert 50 52 B4
Le Mesnil-Guillaume 14 34 D5
Le Mesnil-Hardray 27 56 A2
Le Mesnil-Herman 50 52 A1
Le Mesnil-Hue 50 51 H2
Le Mesnil-Jourdain 27 36 B5
Mesnil-la-Comtesse 10 91 E3
Le Mesnil-le-Roi 78 58 A2
Mesnil-Lettre 10 91 F3
Le Mesnil-Lieubray 76 37 E1
Mesnil-Martinsart 80 13 F5
Le Mesnil-Mauger 14 34 B5
Mesnil-Mauger 76 21 E4
Le Mesnil-Opac 50 52 B1
Le Mesnil-Ozenne 50 51 H5
Mesnil-Panneville 76 19 H5
Le Mesnil-Patry 14 33 F4
Le Mesnil-Rainfray 50 52 B5
Mesnil-Raoul 76 36 C2
Le Mesnil-Raoult 50 52 B1
Le Mesnil-Réaume 76 10 D5
Le Mesnil-Robert 14 52 C3
Le Mesnil-Rogues 50 51 G2
Mesnil-Rousset 27 55 F3
Le Mesnil-Rouxelin 50 32 B4
Le Mesnil-Saint-Denis 78 57 H4
Le Mesnil-Saint-Firmin 60 22 C5
Mesnil-Saint-Georges 80 22 D4
Mesnil-Saint-Laurent 02 24 B2
Mesnil-Saint-Loup 10 90 B5
Mesnil-Saint-Nicaise 80 23 G3
Mesnil-Saint-Père 10 115 G2
Mesnil-Sellières 10 91 F5
Le Mesnil-Simon 14 34 B5
Le Mesnil-Simon 28 57 E3
Le Mesnil-sous-Jumièges 76 35 H2
Mesnil-sous-les-Côtes 55 64 C1
Mesnil-sous-Vienne 27 37 F2
Le Mesnil-sur-Blangy 14 34 D3
Le Mesnil-sur-Bulles 60 38 C1
Mesnil-sur-l'Estrée 27 56 C4
Le Mesnil-sur-Oger 51 61 G2
Le Mesnil-Thébault 50 52 A5
Le Mesnil-Théribus 60 37 H3
Le Mesnil-Thomas 28 85 G2
Le Mesnil-Tôve 50 52 B4
Mesnil-Val 76 10 D4
Le Mesnil-Véneron 50 32 A4

Mesnil-Verclives 27 36 D3
Le Mesnil-Vigot 50 31 H4
Le Mesnil-Villeman 50 51 H2
Le Mesnil-Villement 14 53 G3
Le Mesnilbus 50 31 H4
Le Mesnillard 50 52 B5
Mesnois 39 196 C1
Les Mesnuls 78 57 G4
Mespaul 29 71 G4
Mesplède 64 293 G5
Mesples 03 190 B3
Mespuits 91 87 G5
Mesquer 44 145 H3
Messac 17 220 B5
Messac 35 126 B2
Messais 86 168 C3
Messanges 21 159 H5
Messanges 40 292 B2
Messas 45 132 C3
Messé 79 186 A5
Messei 61 53 F4
Messein 54 94 D1
Messeix 63 226 C2
Messemé 86 168 D1
Messery 74 197 H3
Messeux 16 203 G2
Messey-sur-Grosne 71 177 G5
Messia-sur-Sorne 39 179 E5
Messigny-et-Vantoux 21 160 A2
Messilhac Château de 15 244 D5
Messimy 69 230 D1
Messimy-sur-Saône 01 213 E2
Messincourt 08 27 G4
Messon 10 114 C2
Messy 77 59 E2
Mesterrieux 33 256 D3
Mestes 19 226 B3
Mesves-sur-Loire 58 156 B4
Mesvres 71 176 C3
Métabief 25 180 C4
Les Métairies 16 220 C1
Métairies-Saint-Quirin 57 96 B1
Méteren 59 4 A5
Méthamis 84 286 A5
Métigny 80 11 H5
Metting 57 68 A4
Mettray 37 151 H2
Metz 57 65 H1
Metz-en-Couture 62 14 A5
Metz-le-Comte 58 157 G2
Metz-Robert 10 115 E4
Metz-Tessy 74 215 G3
Metzeral 68 120 C4
Metzeresche 57 46 B4
Metzervisse 57 45 H3
Metzing 57 47 F5
Meucon 56 124 B3
Meudon 92 58 B4
Meuilley 21 159 H5
Meulan 78 57 H1
Meulers 76 20 C2
Meulin 71 194 B4
Meulles 14 54 D2
Meulson 21 138 B4
Meunet-Planches 36 172 B4
Meunet-sur-Vatan 36 172 A1
Meung-sur-Loire 45 132 D3
Meurcé 72 107 H2
Meurchin 62 8 C4
Meurcourt 70 141 F3
La Meurdraquière 50 51 G3
Meures 52 116 D2
Meurival 02 41 E3
Meursac 17 219 E1
Meursanges 21 178 A2
Meursault 21 177 G2
Meurville 10 116 A2
Meuse 52 117 H4
Meusnes 41 153 F4
Meussia 39 196 D2
Meuvaines 14 33 F3
Meuvy 52 117 H3
Meux 17 220 B4
Le Meux 60 39 F2
Meuzac 87 224 B3
Mévoisins 28 86 B3
Mévouillon 26 286 C2
Meximieux 01 213 H4
Mexy 54 45 E1
Mey 57 45 H5
Meyenheim 68 121 E4
Meylan 38 251 E1
Meylan 47 275 E4
Meymac 19 225 G3
Meynes 30 304 B1
Meyrals 24 241 F5
Meyrand Col de 07 265 H3
Meyrannes 30 283 H2
Meyrargues 13 306 B4
Meyras 07 266 A2
Meyreuil 13 306 A5
Meyriat 01 214 A1
Meyrié 38 232 A2
Meyrieu-les-Étangs 38 231 H3
Meyrieux-Trouet 73 233 E1
Meyrignac-l'Église 19 225 E5
Meyronne 46 242 C5
Meyronnes 04 271 E4
Meyrueis 48 282 B3
Meys 69 230 B1
Meyssac 19 242 D3
Meysse 07 267 E3
Meyssiez 38 231 G3
Meythet 74 215 G3
La Meyze 87 223 G2
Meyzieu 69 213 G5
Mézangers 53 106 C2
Mèze 34 322 D3
Mézel 04 288 A4
Mezel 63 228 A1
Mézenc Mont 43 247 H5
Mézens 81 298 B3
Mézeray 72 129 G2
Mézères 43 247 G2
Mézériat 01 195 G5
Mézerolles 80 12 C3
Mézerville 11 318 C4
Mézidon 14 34 A5
La Mézière 35 104 A2
Mézières-au-Perche 28 109 H2
Mézières-en-Brenne 36 170 D4
Mézières-en-Drouais 28 56 D5
Mézières-en-Gâtinais 45 112 A4
Mézières-en-Santerre 80 22 D3
Mézières-en-Vexin 27 37 E5
Mézières-lez-Cléry 45 133 E3
Mézières-sous-Lavardin 72 107 G3
Mézières-sur-Couesnon 35 80 D5
Mézières-sur-Issoire 87 205 E2
Mézières-sur-Oise 02 24 B3
Mézières-sur-Ponthouin 72 108 A2
Mézières-sur-Seine 78 57 G2
Mézilhac 07 266 B1
Mézilles 89 135 G4
Mézin 47 275 F4
Méziré 90 142 C4
Mézos 40 272 C4
Mézy-Moulins 02 60 C1
Mézy-sur-Seine 78 57 G2
Mezzavia 2A 348 C3
Mhère 58 157 H4
Mialet 24 223 E3
Mialet 30 283 G4
Mialos 64 294 B5
Miannay 80 11 F3
Michaugues 58 157 F4
Michelbach 68 143 E1
Michelbach-le-Bas 68 143 G3
Michelbach-le-Haut 68 143 G3
Michery 89 89 F5
Midi de Bigorre Pic du 65 333 F3
Midrevaux 88 93 H4
Mièges 39 180 A4
Miel Maison du 63 209 G4
Miélan 32 315 G2
Miellin 70 142 B1
Miermaigne 28 109 F2
Miers 46 260 D1
Miéry 39 179 F3
Mietesheim 67 68 D3
Mieussy 74 216 B1
Mieuxcé 61 83 G4
Mifaget 64 332 B1
Migé 89 136 B4
Migennes 89 114 A5
Miglos 09 336 B5
Mignafans 70 141 H5
Mignaloux-Beauvoir 86 186 C2
Mignavillers 70 141 H5
Migné 36 171 E5
Migné-Auxances 86 186 B1
Mignères 45 112 B4
Mignerette 45 112 B4
Mignéville 54 96 A2
Mignières 28 86 A5
Mignovillard 39 180 B3
Migny 36 172 C2
Migré 17 201 G2
Migron 17 201 H5
Mijanès 09 337 E5
Mijoux 01 197 F3
La Milesse 72 107 G4
Milhac 46 259 H1
Milhac-d'Auberoche 24 241 E3
Milhac-de-Nontron 24 222 D4
Milhaguet 87 222 D2
Milhars 81 279 E4
Milhas 31 334 C2
Milhaud 30 303 H2
Milhavet 81 279 F5
Milizac 29 70 C5
Millac 86 204 C1
Millam 59 3 F4
Millançay 41 153 H2
Millas 66 342 D2
Millau 12 281 H4
Millay 58 176 A3
Millebosc 76 11 E5
Millemont 78 57 F4
Millencourt 80 13 F5
Millencourt-en-Ponthieu 80 11 H3
Millery 21 158 D1
Millery 54 65 H4
Millery 69 231 E2
Les Milles 13 305 H5
Millevaches 19 225 G2
Millières 50 31 G4
Millières 52 117 G3
Millonfosse 59 9 F5
Milly 50 52 B5
Milly 89 136 C3
Milly-la-Forêt 91 88 A4
Milly-Lamartine 71 194 D4
Milly-sur-Bradon 55 43 H2
Milly-sur-Thérain 60 37 H1
Milon-la-Chapelle 78 58 A5
Mimbaste 40 293 E4
Mimet 13 327 E1
Mimeure 21 159 E5
Mimizan 40 272 B2
Mimizan-Plage 40 272 B2
Minard Pointe de 22 73 G3
Minaucourt-le-Mesnil-lès-Hurlus 51 42 D4
Mindin 44 146 C3
Minerve 34 320 C3
Mingot 65 315 F3
Mingoval 62 7 H5
Miniac-Morvan 35 79 H3
Miniac-sous-Bécherel 35 103 H1
Minier Col du 30 282 C4
Les Minières 27 56 B3
Le Minihic-sur-Rance 35 50 C5
Minihy-Tréguier 22 73 E3
Minorville 54 65 F4
Minot 21 138 D4
Minversheim 67 68 D4
Minzac 24 239 E4
Minzier 74 215 F2
Miolans Château de 73 233 H2
Mioles 81 300 A1
Miomo 2B 345 G4
Mionnay 01 213 F4
Mions 69 231 F1
Mios 33 254 D3
Miossens-Lanusse 64 314 B2
Mirabeau 04 287 H4
Mirabeau 84 306 C3
Mirabel 07 266 C3
Mirabel 82 277 H4
Mirabel Parc d'attractions 63 209 H4
Mirabel-aux-Baronnies 26 285 H1
Mirabel-et-Blacons 26 267 H2
Miradoux 32 276 C5
Miramar 06 309 E5
Miramas 13 305 E5
Mirambeau 17 219 G4
Mirambeau 31 316 D3
Miramont-d'Astarac 32 296 A5
Miramont-de-Comminges 31 334 C1
Miramont-de-Guyenne 47 257 G3
Miramont-de-Quercy 82 277 F3
Miramont-Latour 32 296 B3
Miramont-Sensacq 40 294 B4
Mirande 32 295 H5
Mirandol-Bourgnounac 81 279 G4
Mirannes 32 295 H4
Miraumont 80 13 G4
Miraval-Cabardès 11 319 H3
Mirbel 52 92 D5
Miré 49 128 D3
Mirebeau 86 168 D4
Mirebeau-sur-Bèze 21 160 C2
Mirebel 39 179 G5
Mirecourt 88 94 D5
Mirefleurs 63 228 A1
Miremont 31 317 H3
Miremont 63 209 E4
Mirepeisset 11 320 D4
Mirepeix 64 314 C5
Mirepoix 09 336 D1
Mirepoix 32 296 B3
Mirepoix-sur-Tarn 31 298 B2
Mireval 34 323 F3
Mireval-Lauragais 11 319 E4
Miribel 01 213 F5
Miribel 26 249 H1
Miribel-Lanchâtre 38 250 D4
Miribel-les-Échelles 38 232 D4
Mirmande 26 267 F2
Le Miroir 71 196 A2
Miromesnil Château de 76 20 B2
Mirvaux 80 12 D5
Mirville 76 19 E5
Miscon 26 268 C3
Miserey 27 56 C1
Miserey-Salines 25 161 H3
Misérieux 01 213 E3
Misery 80 23 G2
Mison 04 287 F2
Missé 79 168 A2
Missècle 81 299 E3
Missègre 11 337 H2
Missery 21 158 D3
Missillac 44 125 G5
Missiriac 56 103 E5
Misson 40 293 E4
Missy 14 33 F5
Missy-aux-Bois 02 40 A3
Missy-lès-Pierrepont 02 25 E4
Missy-sur-Aisne 02 40 C2
Misy-sur-Yonne 77 89 E5
Mitry-le-Neuf 77 59 E2
Mitry-Mory 77 59 E2
Mitschdorf 67 69 E2
Mittainville 78 57 F5
Mittainvilliers-Vérigny 28 85 H3
Mittelbergheim 67 97 F3
Mittelbronn 57 68 A4
Mittelhausbergen 67 97 G1
Mittelhausen 67 68 D5
Mittelschaeffolsheim 67 68 D5
Mittelwihr 68 121 E2
Mittersheim 57 67 F3
Mittlach 68 120 C4
Mittois 14 54 B1
Mitzach 68 120 C5
Mizérieux 42 211 H5
Mizoën 38 251 H3
Mobecq 50 31 G3
Moca-Croce 2A 349 E4
Modane 73 252 D1
Modène 84 285 H4
Moëlan-sur-Mer 29 100 C5
Les Moëres 59 3 H2
Mœrnach 68 143 F4
Moëslains 52 92 C2
Mœurs-Verdey 51 61 E5
Mœuvres 59 14 A4
Moëze 17 200 D3
Moffans-et-Vacheresse 70 141 H4
La Mogère Château de 34 303 E4
Mogeville 55 44 C4
Mognard 73 215 F5
Mogneneins 01 213 E1
Mognéville 55 63 F4
Mogneville 60 38 D3
Mogues 08 27 H4
Mohon 56 102 D3
Moidieu-Détourbe 38 231 G3
Moidrey 50 80 C2
Moigné 35 104 A3
Moigny-sur-École 91 88 A4
Moimay 70 141 G5
Moineville 54 45 F5
Moings 17 220 B3
Moingt 42 229 G2
Moinville-la-Jeulin 28 86 C4
Moirans 38 232 C5
Moirans-en-Montagne 39 196 D3
Moirax 47 276 B3
Moiré 69 212 C3
Moiremont 51 43 E5
Moirey 55 44 B4
Moiron 39 179 E5
Moiry 08 27 H5
Moisdon-la-Rivière 44 127 E4
Moisenay 77 88 C2
Moislains 80 23 G1
Moissac 82 277 F4
Moissac-Bellevue 83 307 G3
Moissac-Vallée-Française 48 283 E3
Moissannes 87 206 C4
Moissat 63 210 B5
Moisselles 95 58 C1
Moissey 39 161 E4
Moissieu-sur-Dolon 38 231 G4
Moisson 78 57 F1
Moissy-Cramayel 77 88 B2
Moissy-Moulinot 58 157 G3
Moisville 27 56 B3
Moisy 41 132 A2
Moïta 2B 347 G4
Les Moitiers-d'Allonne 50 28 D5
Les Moitiers-en-Bauptois 50 31 G2
Moitron 21 138 C4
Moitron-sur-Sarthe 72 107 G2
Moivre 51 62 D2
Moivrons 54 65 H4
Molac 56 125 E3
Molagnies 76 37 F1
Molain 02 14 D5
Molain 39 179 G3
Molamboz 39 179 F2
Molandier 11 318 C5
Molas 31 316 C3
Molay 39 178 D1
Molay 70 140 B3
Môlay 89 137 E4
Le Molay-Littry 14 32 C3
La Môle 83 329 E3
Moléans 28 110 A3
Molèdes 15 245 G1
Molène Île 29 74 B2
Molère 65 333 G1
Molesme 21 115 G5
Molesmes 89 136 A5
Molezon 48 282 D3
Moliens 60 21 G4
Molières 24 258 D1
Molières 46 261 F1
Molières 82 277 H3
Les Molières 91 58 A5
Molières-Cavaillac 30 282 D5
Molières-Glandaz 26 268 B2
Molières-sur-Cèze 30 283 H2
Moliets-et-Maa 40 292 B1
Moliets-Plage 40 292 B1
Molinchart 02 24 C5
Molines-en-Queyras 05 271 E1
Molinet 03 193 F3
Molineuf 41 131 H5
Molinges 39 196 D3
Molinghem 62 7 G3
Molinons 89 114 A2
Molinot 21 177 F1
Molins-sur-Aube 10 91 G4
Molitg-les-Bains 66 342 A2
Mollans 70 141 G4
Mollans-sur-Ouvèze 26 285 H2
Mollard Col du 73 252 A1
Mollau 68 120 B5
Mollégès 13 305 E2
Molles 03 210 C2
Les Mollettes 73 233 G3
Molleville 11 318 D4
Molliens-au-Bois 80 22 C1
Molliens-Dreuil 80 21 H2
La Mollière 80 11 E2
Mollkirch 67 97 E2
Molompize 15 245 H1
Molosmes 89 137 E2
Moloy 21 159 H1
Molphey 21 158 C3
Molpré 39 180 A4
Molring 57 67 F3
Molsheim 67 97 F1
Moltifao 2B 347 E2
Les Molunes 39 197 E3
Momas 64 314 A2
Mombrier 33 237 G3
Momères 65 315 E5
Momerstroff 57 46 C5
Mommenheim 67 68 D4
Momuy 40 293 H4
Momy 64 314 D3
Mon Idée 08 26 A2
Monacia-d'Aullène 2A 351 E3
Monacia-d'Orezza 2B 347 G3
Monampteuil 02 40 D1
Monassut-Audiracq 64 314 C2
Le Monastère 12 280 D1
Le Monastier 48 264 A4
Le Monastier-sur-Gazeille 43 247 G5
Monay 39 179 F3
Monbadon 33 238 D4
Monbahus 47 257 H4
Monbalen 47 276 C2
Monbardon 32 316 B3
Monbazillac 24 257 H1
Monbéqui 82 297 G1
Monblanc 32 317 E2
Monbos 24 257 G2
Monbouan Château de 35 104 D4
Monbrun 32 297 E4
Moncale 2B 346 C2
Moncassin 32 316 A2
Moncaup 31 334 B2
Moncaup 64 314 D2
Moncaut 47 275 H3
Moncayolle-Larrory-Mendibieu 64 313 F4
Moncé-en-Belin 72 130 A2
Moncé-en-Saosnois 72 84 A5
Monceau-le-Neuf-et-Faucouzy 02 24 D3
Monceau-le-Waast 02 25 E5
Monceau-lès-Leups 02 24 C4
Monceau-Saint-Waast 59 15 G3
Monceau-sur-Oise 02 25 E1
Les Monceaux 14 34 C5
Monceaux 60 38 D3
Monceaux-au-Perche 61 84 D3
Monceaux-en-Bessin 14 33 E3
Monceaux-l'Abbaye 60 21 G4
Monceaux-le-Comte 58 157 G3
Monceaux-sur-Dordogne 19 243 E3
Moncel-lès-Lunéville 54 95 G1
Moncel-sur-Seille 54 66 C4
Moncel-sur-Vair 88 94 A4
La Moncelle 08 27 F4
Moncetz-l'Abbaye 51 62 D5
Moncetz-Longevas 51 62 B2
Moncey 25 162 A2
Monchaux 80 11 E1
Monchaux-Soreng 76 11 E5
Monchaux-sur-Écaillon 59 14 D2
Moncheaux 59 8 D4
Moncheaux-lès-Frévent 62 12 D2
Monchecourt 59 14 B2
Monchel-sur-Canche 62 12 C2
Moncheux 57 66 B3
Monchiet 62 13 F3
Monchy-au-Bois 62 13 F3
Monchy-Breton 62 7 H5
Monchy-Cayeux 62 7 F5
Monchy-Humières 60 39 F1
Monchy-Lagache 80 23 H2
Monchy-le-Preux 62 13 H2
Monchy-Saint-Éloi 60 38 D3
Monchy-sur-Eu 76 10 D4
Moncla 64 294 C4
Monclar 32 294 D1
Monclar 47 257 H5
Monclar-de-Quercy 82 278 C5
Monclar-sur-Losse 32 295 H5
Moncley 25 161 H3
Moncontour 22 78 C4
Moncontour 86 168 C3
Moncorneil-Grazan 32 316 B2
Moncourt 57 66 D5
Moncoutant 79 167 F4
Moncrabeau 47 275 G5
Moncy 61 53 E3
Mondavezan 31 317 E5
Mondelange 57 45 H4
Mondement-Montgivroux 51 61 E4
Mondescourt 60 23 H5
Mondevert 35 105 F3
Mondeville 14 33 H4
Mondeville 91 87 H3
Mondicourt 62 13 E4
Mondigny 08 26 C3
Mondilhan 31 316 B4
Mondion 86 169 G2
Mondon 25 162 C1
Mondonville 31 297 G4
Mondonville-Saint-Jean 28 86 D5
Mondorff 57 45 H1
Mondoubleau 41 109 E5
Mondouzil 31 298 A4
Mondragon 84 285 E2
Mondrainville 14 33 F5
Mondrecourt 55 63 H1
Mondrepuis 02 25 G1
Mondreville 77 112 B3
Mondreville 78 57 E3
Monein 64 313 H3
Monès 31 317 E3
Monesple 09 336 A1
Monestier 03 191 H5
Monestier 07 248 C2

A B C D E F G H I J K L M N O P Q R S T U V W X Y Z

Monestier *24* 257 G 1
Le Monestier *63* 228 D 3
Monestier-d'Ambel *38* 269 F 1
Monestier-de-Clermont *38* 250 D 4
Le Monestier-du-Percy *38* 268 D 1
Monestier-Merlines *19* 226 C 2
Monestier-Port-Dieu *19* 226 C 4
Monestiés *81* 279 G 4
Monestrol *31* 318 B 4
Monétay-sur-Allier *03* 192 A 4
Monétay-sur-Loire *03* 193 E 3
Monéteau *89* 136 B 2
Monêtier-Allemont *05* 269 F 5
Le Monêtier-les-Bains *05* 252 C 3
Monfaucon *24* 239 F 5
Monfaucon *65* 315 F 2
Monferran-Plavès *32* 316 B 2
Monferran-Savès *32* 297 E 5
Monflanquin *47* 258 C 4
Monfort *32* 296 D 2
Monfréville *14* 32 B 3
Mongaillard *47* 275 F 3
Mongausy *32* 316 C 2
Mongauzy *33* 256 D 4
Monget *40* 294 A 5
La Mongie *65* 333 F 3
Monguilhem *32* 294 C 1
Monheurt *47* 275 G 1
Monhoudou *72* 84 A 5
Monieux *84* 286 B 4
Monistrol-d'Allier *43* 246 D 4
Monistrol-sur-Loire *43* 247 H 1
Monlaur-Bernet *32* 316 A 3
Monléon-Magnoac *65* 316 A 4
Monlet *43* 247 E 2
Monlezun *32* 315 G 2
Monlezun-d'Armagnac *32* 294 D 2
Monlong *65* 315 H 5
Monmadalès *24* 258 B 1
Monmarvès *24* 258 B 2
Monnai *61* 55 E 3
Monnaie *37* 152 A 1
Monneren *57* 46 B 3
La Monnerie-le-Montel *63* 210 D 4
Monnerville *91* 87 F 5
Monnes *02* 40 A 5
Monnet-la-Ville *39* 179 G 4
Monnetay *39* 196 B 2
Monnetier-Mornex *74* 197 H 5
Monneville *60* 37 H 4
Monnières *39* 160 D 5
Monnières *44* 148 A 5
Monoblet *30* 283 F 5
Monpardiac *32* 315 G 2
Monpazier *24* 258 D 2
Monpezat *64* 294 D 5
Monplaisant *24* 259 E 1
Monprimblanc *33* 256 B 3
Mons *16* 202 D 4
Mons *17* 202 B 5
Mons *30* 283 H 4
Mons *31* 298 B 4
Mons *34* 301 E 5
Mons *63* 210 B 3
Mons *83* 308 C 3
Mons-Boubert *80* 11 F 3
Mons-en-Barœul *59* 8 D 2
Mons-en-Chaussée *80* 23 H 2
Mons-en-Laonnois *02* 40 D 1
Mons-en-Montois *77* 89 F 3
Mons-en-Pévèle *59* 8 D 4
Monsac *24* 258 C 1
Monsaguel *24* 258 B 2
Monsec *24* 222 B 4
Monségur *33* 257 E 3
Monségur *40* 293 H 4
Monségur *47* 258 D 5
Monségur *64* 315 E 2
La Monselie *15* 226 C 5
Monsempron-Libos *47* 259 E 5
Monsireigne *85* 166 D 4
Monsols *69* 194 C 5
Monsteroux-Milieu *38* 231 F 4
Monsures *80* 22 B 4
Monswiller *67* 68 B 4
Mont *64* 313 H 2
Mont *65* 333 H 4
Mont *71* 193 E 1
Le Mont *88* 96 B 3
Mont *Signal de* *71* 193 E 1
Mont-Bernanchon *62* 8 A 3
Mont-Bertrand *14* 52 C 1
Mont Blanc *Tunnel du* *74* 217 E 3
Mont-Bonvillers *54* 45 E 3
Le Mont-Caume *83* 328 A 4
Mont-Cauvaire *76* 20 B 5
Mont-Cenis *Col du* *73* 235 F 5
Mont-Cindre *69* 213 E 5
Mont-d'Astarac *32* 316 A 4
Mont-Dauphin *05* 270 D 2
Mont-de-Galié *31* 334 B 2
Mont-de-Lans *38* 251 H 3
Mont-de-Laval *25* 163 E 4
Mont-de-l'If *76* 19 H 5
Mont-de-Marrast *32* 315 H 3
Mont-de-Marsan *40* 294 A 1
Mont-de-Vougney *25* 163 F 3
Mont des Cats *59* 4 A 5
Mont-devant-Sassey *55* 43 G 2
Le Mont-Dieu *08* 27 E 5
Mont-Disse *64* 294 D 5
Mont-Dol *35* 80 A 2
Le Mont-Dore *63* 227 E 3
Mont-d'Origny *02* 24 C 2
Mont du Chat *73* 233 E 1
Mont-et-Marré *58* 175 G 1
Mont-Laurent *08* 42 B 1
Mont-le-Franois *70* 140 A 5
Mont-le-Vernois *70* 141 E 4
Mont-le-Vignoble *54* 94 B 1
Mont-lès-Lamarche *88* 118 B 4
Mont-lès-Neufchâteau *88* 93 H 4
Mont-lès-Seurre *71* 178 B 2
Mont-l'Étroit *54* 94 A 3
Mont-l'Évêque *60* 39 E 4
Mont-Louis *66* 341 G 4
Mont Noir *59* 4 A 5
Mont-Notre-Dame *02* 40 D 3
Mont-Ormel *61* 54 C 3
Mont-près-Chambord *41* 153 F 1
Mont-Roc *81* 299 H 2
Mont Roland *Sanctuaire du* *39* 161 E 5
Mont-Rond *Sommet du* *01* 197 F 3
Le Mont-Saint-Adrien *60* 37 H 2
Mont-Saint-Aignan *76* 36 B 1
Mont-Saint-Éloi *62* 8 A 5
Mont-Saint-Jean *02* 25 H 3
Mont-Saint-Jean *21* 158 D 3
Mont-Saint-Jean *72* 107 F 2
Mont-Saint-Léger *70* 140 C 4
Mont-Saint-Martin *02* 40 D 3
Mont-Saint-Martin *08* 42 D 3
Mont-Saint-Martin *38* 232 D 5
Mont-Saint-Martin *54* 45 E 1
Le Mont-Saint-Michel *50* 51 F 5
Mont-Saint-Père *02* 60 C 1
Mont-Saint-Remy *08* 42 B 2
Mont-Saint-Sulpice *89* 114 A 5
Mont-Saint-Vincent *71* 194 B 1
Mont-Saxonnex *74* 216 B 2
Mont-sous-Vaudrey *39* 179 F 1
Mont-sur-Courville *51* 41 E 4
Mont-sur-Meurthe *54* 95 F 2
Mont-sur-Monnet *39* 179 G 4
Mont Thou *69* 213 E 4
Mont-Villers *55* 64 C 1
Montabard *61* 54 A 3
Montabès *Puy de* *12* 262 D 3
Montabon *72* 130 B 4
Montabot *50* 52 A 2
Montacher-Villegardin *89* 113 E 3
Montadet *32* 316 D 2
Montady *34* 321 F 5
Montagagne *09* 335 H 3
Montagna-le-Reconduit *39* 196 A 2
Montagna-le-Templier *39* 196 B 4
Montagnac *04* 307 F 2
Montagnac *30* 303 F 1
Montagnac *34* 322 C 3
Montagnac-d'Auberoche *24* 241 E 2
Montagnac-la-Crempse *24* 240 B 4
Montagnac-sur-Auvignon *47* 275 H 3
Montagnac-sur-Lède *47* 258 D 4
Montagnat *01* 213 H 1
Montagne *33* 238 C 5
Montagne *38* 249 H 2
La Montagne *44* 147 F 4
La Montagne *70* 119 H 5
Montagne de Dun *71* 194 A 5
Montagne-Fayel *80* 11 H 5
Montagney *25* 162 C 1
Montagney *70* 161 F 3
Montagnieu *01* 214 B 5
Montagnieu *38* 232 B 3
Montagnol *12* 301 E 2
Montagnole *73* 233 F 2
Montagny *42* 211 H 2
Montagny *69* 231 E 2
Montagny *73* 234 C 3
Montagny-en-Vexin *60* 37 G 4
Montagny-lès-Beaune *21* 177 H 2
Montagny-lès-Buxy *71* 177 G 5
Montagny-les-Lanches *74* 215 G 4
Montagny-lès-Seurre *21* 178 C 1
Montagny-près-Louhans *71* 178 C 5
Montagny-Sainte-Félicité *60* 39 F 5
Montagny-sur-Grosne *71* 194 C 4
Montagoudin *33* 256 D 3
Montagrier *24* 239 H 1
Montagudet *82* 277 F 2
Montagut *64* 294 A 5
Montaignac-Saint-Hippolyte *19* 225 F 5
Montaigu *02* 41 F 1
Montaigu *39* 179 E 5
Montaigu *85* 166 A 1
Montaigu *Butte de* *53* 106 C 2
Montaigu-de-Quercy *82* 277 E 1
Montaigu-la-Brisette *50* 29 G 4
Montaigu-le-Blin *03* 192 C 5
Montaigu-les-Bois *50* 51 H 2
Montaiguët-en-Forez *03* 193 E 5
Montaigut *63* 209 E 1
Montaigut-le-Blanc *23* 206 D 2
Montaigut-le-Blanc *63* 227 H 3
Montaigut-sur-Save *31* 297 G 4
Montaillé *72* 108 C 5
Montailleur *73* 233 H 1
Montaillou *09* 336 D 5
Montaimont *73* 234 A 4
Montain *39* 179 E 4
Montaïn *82* 297 F 1
Montainville *28* 110 B 2
Montainville *78* 57 G 3
Montal *Château de* *46* 261 E 1
Montalba-d'Amélie *66* 342 D 4
Montalba-le-Château *66* 342 C 2
Montalembert *79* 203 F 1
Montalet-le-Bois *78* 57 G 1
Montalieu-Vercieu *38* 214 B 5
Montalivet-les-Bains *33* 218 B 4
Montalzat *82* 278 B 3
Montamat *32* 316 D 2
Montambert *58* 175 G 4
Montamel *46* 260 B 3
Montamisé *86* 186 C 1
Montamy *14* 52 D 1
Montanay *69* 213 E 4
Montanceix *24* 240 B 2
Montancy *25* 163 H 2
Montandon *25* 163 G 2
Montanel *50* 80 D 3
Montaner *64* 315 E 3
Montanges *01* 214 D 1
Montangon *10* 91 G 4
Montans *81* 298 D 2
Montapas *58* 175 F 1
Montarcher *42* 229 G 4
Montardit *09* 335 F 1
Montardon *64* 314 B 3
Montaren-et-Saint-Médiers *30* 284 B 5
Montargis *45* 112 C 5
Montarlot *77* 88 D 5
Montarlot-lès-Champlitte *70* 140 A 4
Montarlot-lès-Rioz *70* 161 H 2
Montarnaud *34* 302 C 4
Montaron *58* 175 G 3
Montastruc *47* 257 H 5
Montastruc *65* 315 H 5
Montastruc *82* 277 G 4
Montastruc-de-Salies *31* 334 D 2
Montastruc-la-Conseillère *31* 298 B 3
Montastruc-Savès *31* 317 E 3
Le Montat *46* 278 B 1
Montataire *60* 38 C 4
Montauban *82* 277 H 5
Montauban-de-Bretagne *35* 103 G 2
Montauban-de-Luchon *31* 334 B 4
Montauban-de-Picardie *80* 13 G 5
Montauban-sur-l'Ouvèze *26* 286 C 2
Montaud *34* 303 E 3
Montaud *38* 250 C 1
Montaudin *53* 81 G 4
Montaulieu *26* 286 A 1
Montaulin *10* 115 E 2
Montaure *27* 36 B 4
Montauriol *11* 318 D 4
Montauriol *47* 258 B 3
Montauriol *66* 342 D 3
Montauriol *81* 280 B 4
Montauroux *83* 308 D 3
Montaut *09* 318 B 5
Montaut *24* 258 B 2
Montaut *31* 317 G 3
Montaut *32* 315 H 3
Montaut *40* 293 H 3
Montaut *47* 258 C 3
Montaut *64* 314 C 5
Montaut-les-Créneaux *32* 296 B 3
Montautour *35* 105 F 2
Montauville *54* 65 G 3
Montay *59* 14 D 4
Montayral *47* 259 E 5
Montazeau *24* 239 E 5
Montazels *11* 337 G 3
Montbard *21* 137 H 5
Montbarla *82* 277 F 3
Montbarrey *39* 179 F 1
Montbarrois *45* 111 H 4
Montbartier *82* 297 G 1
Montbavin *02* 40 C 1
Montbazens *12* 261 H 5
Montbazin *34* 302 C 5
Montbazon *37* 151 H 4
Montbel *09* 337 E 3
Montbel *48* 265 E 4
Montbéliard *25* 142 B 4
Montbéliardot *25* 163 E 4
Montbellet *71* 195 E 2
Montbenoît *25* 180 D 1
Montberaud *31* 317 F 5
Montbernard *31* 316 C 4
Montberon *31* 298 A 3
Montbert *44* 147 H 5
Montberthault *21* 158 B 1
Montbertrand *38* 231 H 1
Montbeton *82* 277 G 5
Montbeugny *03* 192 C 2
Montbizot *72* 107 H 3
Montblainville *55* 43 F 4
Montblanc *04* 289 E 5
Montblanc *34* 321 H 3
Montboillon *70* 161 H 2
Montboissier *28* 110 A 2
Montbolo *66* 342 C 4
Montbonnot-Saint-Martin *38* 251 E 1
Montboucher *23* 206 D 3
Montboucher-sur-Jabron *26* 267 E 4
Montboudif *15* 227 E 5
Montbouton *90* 142 C 5
Montbouy *45* 134 D 2
Montboyer *16* 221 E 5
Montbozon *70* 162 B 1
Montbrand *05* 268 D 3
Montbras *55* 94 A 2
Montbray *50* 52 B 2
Montbré *51* 41 G 4
Montbrehain *02* 24 B 1
Montbrison *26* 267 G 5
Montbrison *42* 229 G 2
Montbron *16* 221 H 1
Montbronn *57* 68 A 1
Montbrun *46* 261 E 5
Montbrun *48* 282 C 1
Montbrun *Château de* *87* 223 E 2
Montbrun-Bocage *31* 335 G 1
Montbrun-des-Corbières *11* 320 C 5
Montbrun-Lauragais *31* 318 A 2
Montbrun-les-Bains *26* 286 C 3
Montcabrier *46* 259 F 4
Montcabrier *81* 298 C 4
Montcaret *24* 239 E 5
Montcarra *38* 232 B 2
Montcavrel *62* 6 C 4
Montceau *38* 232 A 2
Montceau-et-Écharnant *21* 177 F 1
Montceau-les-Mines *71* 176 D 5
Montceaux *01* 213 E 2
Montceaux-les-Meaux *77* 59 H 2
Montceaux-lès-Provins *77* 60 C 5
Montceaux-lès-Vaudes *10* 115 E 3
Montceaux-l'Étoile *71* 193 G 4
Montceaux-Ragny *71* 195 E 1
Montcel *63* 209 G 3
Le Montcel *73* 215 F 5
Montcenis *71* 176 D 4
Montcet *01* 195 G 5
Montcey *70* 141 F 4
Montchaboud *38* 251 E 2
Montchal *42* 212 A 5
Montchâlons *02* 41 E 1
Montchamp *14* 52 D 2
Montchamp *15* 246 A 3
Montchanin *71* 177 E 4
Montcharvot *52* 118 A 5
Montchaton *50* 51 G 1
Montchaude *16* 220 C 4
Montchauvet *14* 52 D 2
Montchauvet *78* 57 F 3
Montchauvrot *39* 179 E 3
Montchavin *73* 234 D 2
Montchenot *51* 41 G 5
Montchenu *26* 249 G 1
Montcheutin *08* 43 E 3
Montchevrel *61* 84 A 2
Montchevrier *36* 189 E 3
Montclar *04* 270 B 5
Montclar *11* 337 G 1
Montclar *12* 300 B 1
Montclar-de-Comminges *31* 317 E 5
Montclar-Lauragais *31* 318 C 3
Montclar-sur-Gervanne *26* 267 H 1
Montclard *43* 246 C 1
Montcléra *46* 259 G 3
Montclus *05* 268 D 5
Montclus *30* 284 B 2
Montcombroux-les-Mines *03* 192 D 4
Montcony *71* 178 C 5
Montcorbon *45* 113 E 5
Montcornet *02* 25 G 4
Montcornet *08* 26 C 2
Montcourt *70* 118 C 5
Montcourt-Fromonville *77* 88 B 5
Montcoy *71* 178 A 4
Montcresson *45* 134 D 2
Montcuit *50* 31 H 5
Montcuq-en-Quercy-Blanc *46* 277 G 1
Montcusel *39* 196 C 3
Montcy-Notre-Dame *08* 26 D 3
Montdardier *30* 302 B 1
Montdauphin *77* 60 C 3
Montdidier *57* 67 F 2
Montdidier *80* 22 D 4
Montdoré *70* 118 D 5
Montdoumerc *46* 278 B 2
Montdragon *81* 299 F 3
Montdurausse *81* 298 A 1
Monte *2B* 347 G 2
Monte Cecu *2B* 347 E 4
Monte d'Oro *2A* 349 E 1
Monteaux *41* 152 D 1
Montebourg *50* 29 G 4
Montech *82* 297 G 1
Montech *Pente d'eau de* *82* 277 G 5
Montécheroux *25* 163 G 2
Montegrosso *2B* 346 C 2
Montégut *32* 296 B 4
Montégut *40* 294 C 1
Montégut *65* 334 A 1
Montégut-Arros *32* 315 F 3
Montégut-Bourjac *31* 317 E 4
Montégut-en-Couserans *09* 335 F 2
Montégut-Lauragais *31* 318 D 2
Montégut-Plantaurel *09* 336 A 1
Montégut-Savès *32* 317 E 2
Monteignet-sur-l'Andelot *03* 210 A 2
Le Monteil *15* 244 C 1
Le Monteil *43* 247 F 3
Le Monteil-au-Vicomte *23* 207 F 4
Monteille *14* 34 B 5
Monteils *12* 279 F 2
Monteils *30* 284 A 4
Monteils *82* 278 C 3
Montel-de-Gelat *63* 208 D 4
Montéléger *26* 249 F 5
Montélier *26* 249 G 4
Montélimar *26* 267 E 4
Le Montellier *01* 213 G 3
Montels *09* 336 A 2
Montels *34* 321 E 4
Montels *81* 298 D 1
Montemaggiore *2B* 346 C 2
Montembœuf *16* 204 B 5
Montenach *57* 46 B 2
Montenay *53* 81 H 5
Montendre *17* 219 H 5
Montendry *73* 233 H 2
Montenescourt *62* 13 F 2
Monteneuf *56* 103 F 5
Montenils *77* 60 C 3
Montenois *25* 142 A 4
Montenoison *58* 157 E 4
Montenoy *54* 65 H 4
Montépilloy *60* 39 E 4
Monteplain *39* 161 F 4
Montépreux *51* 61 H 5
Monterblanc *56* 124 C 2
Montereau *45* 134 B 2
Montereau-Fault-Yonne *77* 88 D 4
Montereau-sur-le-Jard *77* 88 B 2
Monterfil *35* 103 H 3
Montérolier *76* 20 D 4
Monterrein *56* 103 E 5
Montertelot *56* 102 D 5
Montescot *66* 343 F 3
Montescourt-Lizerolles *02* 24 A 3
Montespan *31* 334 D 1
Montesquieu *34* 301 G 5
Montesquieu *47* 275 H 3
Montesquieu *82* 277 F 3
Montesquieu-Avantès *09* 335 F 2
Montesquieu-des-Albères *66* 343 E 4
Montesquieu-Guittaut *31* 316 C 3
Montesquieu-Lauragais *31* 318 B 3
Montesquieu-Volvestre *31* 317 G 5
Montesquiou *32* 295 G 5
Montessaux *70* 141 H 3
Montesson *52* 140 B 2
Montesson *78* 58 A 3
Montestruc-sur-Gers *32* 296 B 2
Montestrucq *64* 313 F 2
Le Montet *03* 191 G 3
Montet-et-Bouxal *46* 261 F 2
Monteton *47* 257 F 3
Montets *Col des* *74* 217 E 2
Monteux *84* 285 G 4
Montévrain *77* 59 F 3
Monteynard *38* 250 D 4
Montézic *12* 262 D 2
Montfa *09* 335 G 1
Montfa *81* 299 G 4
Montfalcon *38* 249 H 1
Montfarville *50* 29 H 3
Montfaucon *02* 60 C 2
Montfaucon *25* 162 A 4
Montfaucon *30* 285 E 4
Montfaucon *46* 260 C 2
Montfaucon-d'Argonne *55* 43 G 3
Montfaucon-en-Velay *43* 248 A 2
Montfaucon-montigné *49* 148 B 5
Montfavet *84* 304 D 1
Montfermeil *93* 58 D 3
Montfermier *82* 277 H 3
Montfermy *63* 209 E 4
Montferney *25* 162 C 1
Montferrand *11* 318 D 3
Montferrand *63* 209 H 5
Montferrand-du-Périgord *24* 258 D 2
Montferrand-la-Fare *26* 286 C 1
Montferrand-le-Château *25* 161 H 4
Montferrat *38* 232 C 3
Montferrat *83* 308 A 4
Montferrer *66* 342 C 5
Montferrier *09* 336 C 3
Montferrier-sur-Lez *34* 302 D 4
Montfey *10* 114 C 4
Montfiquet *14* 32 C 4
Montfleur *39* 196 B 4
Montflours *53* 106 A 2
Montflovin *25* 180 D 1
Montfort *04* 287 G 4
Montfort *24* 259 G 1
Montfort *25* 179 H 1
Montfort *49* 150 A 4
Montfort *64* 313 F 3
Montfort-en-Chalosse *40* 293 F 3
Montfort-l'Amaury *78* 57 G 4
Montfort-le-Gesnois *72* 108 A 4
Montfort-sur-Argens *83* 307 F 5
Montfort-sur-Boulzane *11* 337 H 5
Montfort-sur-Meu *35* 103 H 2
Montfort-sur-Risle *27* 35 G 3
Montfranc *12* 300 B 2
Montfrin *30* 304 B 1
Montfroc *26* 286 D 3
Montfuron *04* 306 C 1
Montgaillard *09* 336 B 3
Montgaillard *11* 338 B 3
Montgaillard *40* 294 A 3

Montgaillard 65 333 F1
Montgaillard 81 298 B1
Montgaillard 82 296 D1
Montgaillard-de-Salies 31 334 D2
Montgaillard-Lauragais 31 318 C2
Montgaillard-sur-Save 31 316 C4
Montgardin 05 270 A3
Montgardon 50 31 F3
Montgaroult 61 54 A4
Montgauch 09 335 E2
Montgaudry 61 84 A4
Montgazin 31 317 G4
Montgé-en-Goële 77 59 F1
Montgeard 31 318 B3
Montgellafrey 73 234 A4
Montgenèvre 05 252 D4
Montgenost 51 90 A2
Montgeoffroy *Château de* 49 150 A1
Montgérain 60 38 D1
Montgermont 35 104 B2
Montgeron 91 58 D5
Montgeroult 95 57 H1
Montgesoye 25 162 B5
Montgesty 46 259 G4
Montgey 81 318 D2
Montgibaud 19 224 B3
Montgilbert 73 234 A2
Montgirod 73 234 C2
Montgiscard 31 318 B2
Montgivray 36 189 G1
Montgobert 02 40 A3
Montgon 08 42 D1
Montgothier 50 52 A5
Montgradail 11 337 E1
Montgras 31 317 E2
Montgreleix 15 227 F5
Montgru-Saint-Hilaire 02 40 B4
Montguers 26 286 C2
Montgueux 10 90 D5
Montguillon 49 128 B3
Montguyon 17 238 C1
Les Monthairons 55 64 B2
Montharville 28 109 H3
Monthault 35 81 F2
Monthaut 11 337 F1
Monthelie 21 177 G2
Monthelon 51 61 F2
Monthelon 71 176 C2
Monthenault 02 40 D1
Montheries 52 116 C3
Montherlant 60 38 A3
Monthermé 08 26 D1
Monthiers 02 40 B5
Monthieux 01 213 F3
Monthion 73 234 A1
Monthodon 37 131 E4
Monthoiron 86 169 H5
Monthois 08 42 D3
Montholier 39 179 F2
Monthou-sur-Bièvre 41 153 E1
Monthou-sur-Cher 41 153 E3
Monthuchon 50 31 G5
Monthurel 02 60 D1
Monthureux-le-Sec 88 118 C2
Monthureux-sur-Saône 88 118 C4
Monthyon 77 59 F1
Monti 06 291 G5
Monticello 2B 344 C5
Montier-en-Der 52 92 B3
Montier-en-l'Isle 10 116 A2
Montiéramey 10 115 F2
Montierchaume 36 171 H3
Montiers 60 38 D1
Montiers-sur-Saulx 55 93 E2
Monties 32 316 B3
Montignac 24 241 F3
Montignac 33 256 B2
Montignac 65 315 F5
Montignac-Charente 16 203 F5
Montignac-de-Lauzun 47 257 H4
Montignac-le-Coq 16 221 F5
Montignac-Toupinerie 47 257 G4
Montignargues 30 303 G1
Montigné 16 202 D5
Montigné 79 185 F5
Montigné-le-Brillant 53 105 H4
Montigné-lès-Rairies 49 129 F5
Montigné-sur-Moine 49 148 B5
Montigny 14 53 F1
Montigny 18 155 G4
Montigny 45 111 F3
Montigny 50 52 A5
Montigny 54 96 A2
Montigny 72 83 H3
Montigny 76 36 A1
Montigny 79 167 F4
Montigny-aux-Amognes 58 174 D1
Montigny-devant-Sassey 55 43 G1
Montigny-en-Arrouaise 02 24 C1
Montigny-en-Cambrésis 59 14 C4
Montigny-en-Gohelle 62 8 C5
Montigny-en-Morvan 58 157 H5
Montigny-en-Ostrevent 59 9 E5
Montigny-la-Resle 89 136 C2
Montigny-l'Allier 02 39 H5
Montigny-le-Bretonneux 78 57 H4
Montigny-le-Chartif 28 85 G5
Montigny-le-Franc 02 25 F4
Montigny-le-Gannelon 28 109 H5
Montigny-le-Guesdier 77 89 G4
Montigny-le-Roi 52 117 G4
Montigny-Lencoup 77 89 E4
Montigny-Lengrain 02 39 H2
Montigny-lès-Arsures 39 179 G2
Montigny-lès-Cherlieu 70 140 C2
Montigny-lès-Condé 02 60 D2
Montigny-lès-Cormeilles 95 58 B2
Montigny-les-Jongleurs 80 12 B3
Montigny-lès-Metz 57 65 H1
Montigny-les-Monts 10 114 D3
Montigny-lès-Vaucouleurs 55 93 H2
Montigny-lès-Vesoul 70 141 E4
Montigny-Montfort 21 137 H5
Montigny-Saint-Barthélemy 21 158 C2
Montigny-sous-Marle 02 25 E3
Montigny-sur-Armançon 21 158 D2
Montigny-sur-Aube 21 116 B5
Montigny-sur-Avre 28 56 A5
Montigny-sur-Canne 58 175 G3
Montigny-sur-Chiers 54 44 D2
Montigny-sur-Crécy 02 24 D4
Montigny-sur-l'Ain 39 179 G4
Montigny-sur-l'Hallue 80 22 D1
Montigny-sur-Loing 77 88 C5
Montigny-sur-Meuse 08 17 E5
Montigny-sur-Vence 08 26 C4
Montigny-sur-Vesle 51 41 E3
Montigny-sur-Vingeanne 21 139 H5
Montilliers 49 149 G4
Montillot 89 157 G1
Montilly 03 192 A1
Montilly-sur-Noireau 61 53 E3
Montils 17 219 H1
Les Montils 41 153 E1
Montipouret 36 189 F1
Montirat 11 320 A5
Montirat 81 279 G3
Montireau 28 85 F4
Montiron 32 296 D5
Montivernage 25 162 D2
Montivilliers 76 18 C5
Montjardin 11 337 E2
Montjaux 12 281 F4
Montjavoult 60 37 G4
Montjay 05 286 D1
Montjay 71 178 C4
Montjay-la-Tour 77 59 E3
Montjean 16 203 F2
Montjean 53 105 G4
Montjean-sur-Loire 49 149 E2
Montjézieu 48 264 A5
Montjoi 11 338 A2
Montjoi 82 276 D3
Montjoie 63 209 E1
Montjoie-en-Couserans 09 335 F2
Montjoie-le-Château 25 163 G2
Montjoie-Saint-Martin 50 81 E2
Montjoire 31 298 A3
Montjouvent 39 196 C2
Montjoux 26 267 H4
Montjoyer 26 267 F5
Montjustin 04 306 B1
Montjustin-et-Velotte 70 141 G4
Montlandon 28 85 F4
Montlandon 52 139 H2
Montlaur 11 338 B1
Montlaur 12 300 D1
Montlaur 31 318 B2
Montlaur-en-Diois 26 268 B3
Montlaux 04 287 F4
Montlauzun 46 277 G2
Montlay-en-Auxois 21 158 C3
Montlebon 25 181 E1
Montlegun 11 319 H5
Montlevicq 36 189 H2
Montlevon 02 60 D2
Montlhéry 91 87 G2
Montliard 45 111 H4
Montlieu-la-Garde 17 238 B1
Montlignon 95 58 B1
Montliot-et-Courcelles 21 138 A2
Montlivault 41 132 B5
Montlognon 60 39 E5
Montloué 02 25 G4
Montlouet 28 86 C3
Montlouis 18 172 D4
Montlouis-sur-Loire 37 152 A2
Montluçon 03 190 D4
Montluel 01 213 G4
Montmachoux 77 89 E5
Montmacq 60 39 G1
Montmagny 95 58 C2
Montmahoux 25 180 A1
Montmain 21 178 A1
Montmain 76 36 C2
Montmajour *Abbaye de* 13 304 C3
Montmalin 39 179 F2
Montmançon 21 160 D2
Montmarault 03 191 G4
Montmarlon 39 179 H3
Montmarquet 80 21 G3
Montmartin 60 39 E1
Montmartin-en-Graignes 50 32 A3
Montmartin-le-Haut 10 115 H2
Montmartin-sur-Mer 50 51 F1
Montmaur 05 269 F3
Montmaur 11 318 D3
Montmaur-en-Diois 26 268 B2
Montmaurin 31 316 B5
Montmédy 55 44 B1
Montmeillant 08 26 A4
Montmelard 71 194 B4
Montmelas-Saint-Sorlin 69 212 C3
Montmélian 73 233 G3
Montmerle-sur-Saône 01 212 D2
Montmerrei 61 54 B5
Montmeyan 83 307 F3
Montmeyran 26 267 G1
Montmin 74 215 H4
Montmirail 51 60 D3
Montmirail 72 108 D3
Montmiral 26 249 H2
Montmirat 30 303 F1
Montmirat *Col de* 48 264 C5
Montmirey-la-Ville 39 161 E4
Montmirey-le-Château 39 161 E4
Montmoreau-Saint-Cybard 16 221 E4
Montmorency 95 58 C2
Montmorency-Beaufort 10 91 H3
Montmorillon 86 187 F3
Montmorin 05 268 C5
Montmorin 63 228 B1
Montmorot 39 179 E5
Montmort 51 61 F2
Montmort 71 176 B5
Montmotier 88 118 D4
Montmoyen 21 138 C3
Montmuran *Château de* 35 80 A5
Montmurat 15 261 H3
Montner 66 338 C5
Montoillot 21 159 F4
Montoir-de-Bretagne 44 146 C2
Montoire-sur-le-Loir 41 131 F3
Montois-la-Montagne 57 45 G5
Montoison 26 267 F1
Montoldre 03 192 B4
Montolieu 11 319 G4
Montolivet 77 60 C3
Montonvillers 80 22 B1
Montord 03 192 A5
Montory 64 331 F2
Montot 21 160 C5
Montot 70 140 A5
Montot-sur-Rognon 52 93 F5
Montouliers 34 320 D4
Montoulieu 09 336 B3
Montoulieu 34 302 C1
Montoulieu-Saint-Bernard 31 316 D5
Montournais 85 167 E4
Montours 35 81 E3
Montourtier 53 106 B2
Montoussé 65 333 H1
Montoussin 31 317 E4
Montoy-Flanville 57 66 B1
Montpascal 73 234 A5
Montpellier 34 302 D4
Montpellier-de-Médillan 17 219 F2
Montpellier-la-Paillade 34 302 D4
Montpellier-le-Vieux *Chaos de* 12 282 A4
Montpensier 63 210 A2
Montperreux 25 180 C3
Montpeyroux 12 263 F3
Montpeyroux 24 239 E5
Montpeyroux 34 302 A3
Montpeyroux 63 228 A2
Montpezat 04 307 F2
Montpezat 30 303 F2
Montpézat 32 317 E3
Montpezat-d'Agenais 47 275 H1
Montpezat-de-Quercy 82 278 B2
Montpezat-sous-Bauzon 07 266 A2
Montpinchon 50 51 H1
Montpinçon 14 54 B2
Montpinier 81 299 G4
Montpitol 31 298 B3
Montplonne 55 63 H5
Montpollin 49 129 F5
Montpon-Ménestérol 24 239 F4
Montpont-en-Bresse 71 195 G1
Montpothier 10 89 H2
Montpouillan 47 257 E5
Montpoupon *Château de* 37 152 D4
Montrabé 31 298 A4
Montrabot 50 32 C5
Montracol 01 195 G5
Montravers 79 167 E3
Montréal 07 266 A4
Montréal 11 319 F5
Montréal-du-Gers 32 275 F5
Montréal 89 158 B1
Montréal *Château de* 24 239 H4
Montréal-la-Cluse 01 196 C5
Montréal-les-Sources 26 268 A5
Montrécourt 59 14 D3
Montredon 11 319 H5
Montredon 46 261 H3
Montredon-des-Corbières 11 321 E5
Montredon-Labessonnié 81 299 H3
Montregard 43 248 B2
Montréjeau 31 334 A1
Montrelais 44 148 D2
Montrelet 80 12 C4
Montrem 24 240 B2
Montrésor 37 152 D5
Montret 71 178 B5
Montreuil 28 56 D4
Montreuil 53 82 C4
Montreuil 62 6 C4
Montreuil 85 183 H3
Montreuil 93 58 D3
Montreuil-au-Houlme 61 53 H5
Montreuil-aux-Lions 02 60 A1
Montreuil-Bellay 49 150 B5
Montreuil-Bonnin 86 186 A2
Montreuil-des-Landes 35 81 E5
Montreuil-en-Auge 14 34 B4
Montreuil-en-Caux 76 20 B4
Montreuil-en-Touraine 37 152 B1
Montreuil-Juigné 49 149 G1
Montreuil-la-Cambe 61 54 B3
Montreuil-l'Argillé 27 55 E2
Montreuil-le-Chétif 72 107 F2
Montreuil-le-Gast 35 80 B5
Montreuil-le-Henri 72 130 D2
Montreuil-sous-Pérouse 35 105 E2
Montreuil-sur-Barse 10 115 F2
Montreuil-sur-Blaise 52 92 C3
Montreuil-sur-Brêche 60 38 B1
Montreuil-sur-Epte 95 37 F5
Montreuil-sur-Ille 35 80 B5
Montreuil-sur-Loir 49 128 D5
Montreuil-sur-Lozon 50 32 A4
Montreuil-sur-Maine 49 128 B4
Montreuil-sur-Thérain 60 38 B2
Montreuil-sur-Thonnance 52 93 E3
Montreuillon 58 157 H5
Montreux 54 96 A2
Montreux-Château 90 142 D3
Montreux-Jeune 68 142 D3
Montreux-Vieux 68 142 D3
Montrevault-sur-Èvre 49 148 C3
Montrevel 38 232 B3
Montrevel 39 196 B3
Montrevel-en-Bresse 01 195 G4
Montrichard-Val-de-Cher 41 152 D3
Montricher-Albanne 73 252 B1
Montricoux 82 278 C4
Montrieux-en-Sologne 41 153 H1
Montrigaud 26 249 H1
Montriond 74 198 C5
Montriond *Lac de* 74 198 D5
Montroc-le-Planet 74 217 E2
Montrodat 48 264 B4
Montrol-Sénard 87 205 E3
Montrollet 16 205 E3
Montromant 69 230 C1
Montrond 05 269 E5
Montrond 39 179 G4
Montrond 73 252 A1
Montrond-le-Château 25 162 A5
Montrond-les-Bains 42 230 A2
Montrosier 81 279 E4
Montrottier 69 212 B5
Montroty 76 37 F2
Montrouge 92 58 C4
Montrouveau 41 131 E4
Montroy 17 200 D1
Montrozier 12 281 E1
Montry 77 59 F3
Monts 37 151 H4
Monts 60 37 H4
Monts-de-Vaux 39 179 G3
les Monts d'Olmes 09 336 C4
Monts-en-Bessin 14 33 E5
Monts-en-Ternois 62 12 D2
Monts-sur-Guesnes 86 169 E2
Montsalès 12 261 F5
Montsalier 04 286 D4
Montsalvy 15 262 C2
Montsaon 52 116 D3
Montsapey 73 234 A2
Montsauche-les-Settons 58 158 B4
Montsaugeon 52 139 G4
Montsaunès 31 334 D1
Montsec 55 65 E3
Montsecret 61 53 E3
Montségur 09 336 D4
Montségur-sur-Lauzon 26 285 F1
Montselgues 07 265 G4
Montséret 11 338 D1
Montsérié 65 333 H2
Montseron 09 335 G2
Montseugny 70 161 E2
Montseveroux 38 231 F4
Montsoreau 49 150 C4
Montsoué 40 294 A3
Montsoult 95 58 C1
Montsûrs 53 106 B3
Montsurvent 50 31 G5
Montsuzain 10 91 E4
Montureux-et-Prantigny 70 161 F1
Montureux-lès-Baulay 70 140 D2
Montursin 25 163 H2
Montusclat 43 247 H4
Montussaint 25 162 C1
Montussan 33 237 H5
Montvalen 81 298 B2
Montvalent 46 242 C5
Montvalezan 73 235 E1
Montvendre 26 249 G5
Montverdun 42 229 G1
Montvernier 73 234 A5
Montvert 15 243 G4
Montvicq 03 191 E4
Montviette 14 54 B1
Montville 76 20 B5
Montviron 50 51 G4
Montzéville 55 43 H4
Monviel 47 257 H4
Monze 11 338 A1
Moon-sur-Elle 50 32 B4
Moosch 68 120 C5
Mooslargue 68 143 E4
Moraches 58 157 F4
Moragne 17 201 E3
Morains 51 61 G4
Morainville 28 86 D4
Morainville-Jouveaux 27 35 E4
Morainvilliers 78 57 H2
Morancé 69 212 D4
Morancez 28 86 A4
Morancourt 52 92 D4
Morand 37 131 G5
Morangis 51 61 F2
Morangis 91 58 C5
Morangles 60 38 B4
Morannes-sur-Sarthe 49 128 D3
Moranville 55 44 C5
Moras 38 231 H1
Moras-en-Valloire 26 231 G5
Morbecque 59 7 H2
Morbier 39 197 F1
Morcenx 40 273 E4
Morchain 80 23 G3
Morchamps 25 162 C1
Morchies 62 13 H4
Morcourt 02 24 B2
Morcourt 80 23 E2
Mordelles 35 104 A3
Moréac 56 102 A4
Morée 41 131 H2
Moreilles 85 183 F3
Morello *Col de* 2B 347 F5
Morelmaison 88 94 B5
Morembert 10 91 F3
Moréno *Col de la* 63 227 G1
Morestel 38 232 B1
Moret-Loing-et-Orvanne 77 88 C5
Morêtel-de-Mailles 38 233 G4
Morette 38 232 B5
Moreuil 80 22 D3
Morey 54 65 H4
Morey 70 140 B3
Morey 71 177 F4
Morey-Saint-Denis 21 160 A4
Morez 39 197 F1
Morfontaine 54 45 E2
Morganx 40 293 H4
Morgat 29 75 E4
Morgemoulin 55 44 C4
Morgny 27 37 E2
Morgny-en-Thiérache 02 25 G3
Morgny-la-Pommeraye 76 36 C1
Morhange 57 66 D3
Moriani-Plage 2B 347 H3
Moriat 63 228 A4
Morienne 76 21 F3
Morienval 60 39 G3
Morières-lès-Avignon 84 285 F5
Moriers 28 110 A2
Morieux 22 78 C3
Moriez 04 288 C5
Morigny 50 52 B2
Morigny-Champigny 91 87 G4
Morillon 74 216 C1
Morimond *Abbaye de* 52 118 A4
Moringhem 62 3 E5
Moriond 73 234 D4
Morionvilliers 52 93 G4
Morisel 80 22 D3
Moriville 88 95 F4
Moriviller 54 95 F3
Morizécourt 88 118 B3
Morizès 33 256 C3
Morlaàs 64 314 C3
Morlac 18 173 E5
Morlaincourt 55 93 F1
Morlaix 29 71 H4
Morlancourt 80 23 E1
Morlanne 64 293 H5
Morlet 71 177 E2
Morley 55 93 E2
Morlhon-le-Haut 12 279 G2
Morlincourt 60 23 H5
Mormaison 85 165 H2
Mormant 77 88 D2
Mormant-sur-Vernisson 45 112 C5
Mormès 32 294 D2
Mormoiron 84 286 A4
Mornac 16 221 G1
Mornac-sur-Seudre 17 218 D1
Mornand-en-Forez 42 229 H1
Mornans 26 267 H3
Mornant 69 230 D2
Mornas 84 285 E3
Mornay 21 139 H5
Mornay 71 194 A2
Mornay-Berry 18 174 A1
Mornay-sur-Allier 18 174 B4
Moroges 71 177 G4
Morogues 18 155 G4
Morosaglia 2B 347 F3
Morre 25 162 A4
Morsain 02 40 A2
Morsains 51 60 D4
Morsalines 50 29 G4
Morsan 27 35 F4
Morsang-sur-Orge 91 58 C5
Morsang-sur-Seine 91 88 A2
Morsbach 57 47 F5
Morsbronn-les-Bains 67 68 D2

- Morschwiller 67 68 D3
- Morschwiller-le-Bas 68 143 F1
- Morsiglia 2B 345 F1
- Le Mort-Homme 55 43 H4
- Mortagne 88 96 A5
- Mortagne-au-Perche 61 84 C3
- Mortagne-du-Nord 59 9 G4
- Mortagne-sur-Gironde 17 219 E3
- Mortagne-sur-Sèvre 85 166 D1
- Mortain-Bocage 50 52 C5
- Mortcerf 77 59 G4
- La Morte 38 251 F3
- Morteau 25 163 E5
- Morteaux-Couliboeuf 14 54 A2
- Mortefontaine 02 39 H3
- Mortefontaine 60 39 E5
- Mortefontaine-en-Thelle 60 38 B4
- Mortemart 87 205 E2
- Mortemer 60 23 E5
- Mortemer 76 21 E3
- Mortemer *Abbaye de* 27 37 E2
- Morterolles-sur-Semme 87 205 H1
- Mortery 77 89 G2
- Morthemer 86 186 D3
- Morthomiers 18 172 D1
- Mortiers 02 24 D4
- Mortiers 17 220 B4
- Morton 86 150 C5
- Mortrée 61 54 B5
- Mortroux 23 189 F4
- Mortzwiller 68 142 D2
- Morval 39 196 B3
- Morval 62 13 H5
- Morvillars 90 142 C4
- Morville 50 29 F5
- Morville 88 118 A2
- Morville-en-Beauce 45 111 G2
- Morville-lès-Vic 57 66 D4
- Morville-sur-Andelle 76 36 D1
- Morville-sur-Nied 57 66 C2
- Morville-sur-Seille 54 65 H3
- Morvillers 60 21 G5
- Morvillers-Saint-Saturnin 80 21 G3
- Morvilliers 10 92 A4
- Morvilliers 28 55 H5
- Mory 62 13 G4
- Mory-Montcrux 60 22 C5
- Morzine 74 198 C5
- Mosles 14 32 D3
- Moslins 51 61 F2
- Mosnac 16 220 D2
- Mosnac 17 219 G3
- Mosnay 36 188 D1
- Mosnes 37 152 C2
- Mosset 66 342 A2
- Mosson 21 116 A5
- Mostuéjouls 12 282 A3
- Motey-Besuche 70 161 F3
- Motey-sur-Saône 70 140 B5
- La Mothe-Achard 85 165 F5
- La Mothe-Saint-Héray 79 185 G4
- Mothern 67 69 G2
- Motreff 29 76 D5
- La Motte 22 102 B1
- La Motte 83 308 B5
- La Motte-au-Bois 59 7 H2
- La Motte-Chalancon 26 268 B4
- La Motte-d'Aigues 84 306 A2
- La Motte-d'Aveillans 38 251 E4
- La Motte-de-Galaure 26 249 F2
- La Motte-du-Caire 04 287 G1
- La Motte-en-Bauges 73 233 G1
- La Motte-en-Champsaur 05 269 G1
- La Motte-Fanjas 26 250 A3
- La Motte-Feuilly 36 189 H2
- La Motte-Fouquet 61 82 D2
- La Motte-Saint-Jean 71 193 F2
- La Motte-Saint-Martin 38 250 D4
- La Motte-Servolex 73 233 E2
- La Motte-Ternant 21 158 D3
- La Motte-Tilly 10 89 H3
- Mottereau 28 109 G2
- Motteville 76 19 H4
- Mottier 38 232 A4
- Motz 73 215 E3
- Mouacourt 54 66 D5
- Mouais 44 126 C3
- Mouans-Sartoux 06 309 E3
- Mouaville 54 45 E5
- Mouazé 35 80 B5
- Mouchamps 85 166 C4
- Mouchan 32 295 G1
- Mouchard 39 179 G1
- La Mouche 50 51 H3
- Mouchès 32 295 H5
- Mouchin 59 9 F4
- Mouchy-le-Châtel 60 38 B3
- Moudeyres 43 247 H4
- Mouen 14 33 F5
- Mouettes 27 56 D3
- Mouffy 89 136 B4
- Mouflaines 27 37 E4
- Mouflers 80 12 B5
- Mouflières 80 11 F5
- Mougins 06 309 E4
- Mougon 79 185 F4
- Mouguerre 64 292 A5
- Mouhers 36 189 E2
- Mouhet 36 188 C4
- Mouhous 64 294 C5
- Mouillac 33 238 B4
- Mouillac 82 278 C2
- La Mouille 39 197 F2
- Mouilleron 52 139 F4
- Mouilleron-Saint-Germain 85 166 D5
- Mouilleron-le-Captif 85 165 H4
- Mouilly 55 64 C2
- Moulainville 55 44 C5
- Moularès 81 279 H4
- Moulay 53 82 B5
- Moulayrès 81 299 E3
- Moulédous 65 315 G5
- Moulès 13 304 C4
- Moulès-et-Baucels 34 302 C1
- Mouleydier 24 240 B5
- Moulézan 30 303 F1
- Moulhard 28 109 F2
- Moulicent 61 84 D2
- Moulidars 16 220 D1
- Mouliets-et-Villemartin 33 256 D1
- Mouliherne 49 150 C1
- Moulin *Château du* 41 153 G3
- Moulin-Chabaud 01 214 B1
- Le Moulin-des-Ponts 01 196 A4
- Moulin-Mage 81 300 D3
- Moulin-Neuf 09 337 E1
- Moulin-Neuf 24 239 E4
- Moulin-Neuf *Petit Musée auvergnat* 63 227 G3
- Moulin-sous-Touvent 60 39 H1
- Moulineaux 76 36 A3
- Moulines 14 53 G1
- Moulines 50 81 G2
- Moulinet 06 291 G3
- Moulinet 47 258 B4
- Le Moulinet-sur-Solin 45 134 C2
- Moulins 02 41 E2
- Moulins 03 192 A2
- Moulins 35 104 D4
- Moulins 79 167 E2
- Moulins-en-Tonnerrois 89 137 E4
- Moulins-Engilbert 58 175 H2
- Moulins-la-Marche 61 55 E5
- Moulins-le-Carbonnel 72 83 F4
- Moulins-lès-Metz 57 65 G1
- Moulins-Saint-Hubert 55 27 G5
- Moulins-sur-Céphons 36 171 G2
- Moulins-sur-Orne 61 54 A4
- Moulins-sur-Ouanne 89 135 H4
- Moulins-sur-Yèvre 18 173 F1
- Moulis 09 335 F3
- Moulis-en-Médoc 33 237 E3
- Moulismes 86 187 F4
- Moulle 62 3 F5
- Le Moulleau 33 254 B2
- Moulon 33 238 B5
- Moulon 45 112 B4
- Moulot 58 157 E2
- Moulotte 55 65 E1
- Moult 14 33 H5
- Moumoulous 65 315 G3
- Moumour 64 313 G4
- Mounes-Prohencoux 12 300 D3
- Mourède 32 295 G2
- Mourens 33 256 C3
- Mourenx 64 313 H3
- Mouret 12 262 C4
- Moureuille 63 209 F1
- Mourèze 34 301 H4
- Mouriès 13 304 D3
- Mouriez 62 11 H1
- Le Mourillon 83 328 A4
- Mourioux-Vieilleville 23 206 C2
- Mourjou 15 262 B2
- Mourmelon-le-Grand 51 42 B5
- Mourmelon-le-Petit 51 42 A5
- Mournans-Charbonny 39 180 A4
- Mouron 08 43 E3
- Mouron-sur-Yonne 58 157 G5
- Mouroux 77 59 H4
- Mours 95 38 B5
- Mours-Saint-Eusèbe 26 249 G3
- Le Mourtis 31 334 C3
- Mourvilles-Basses 31 318 C2
- Mourvilles-Hautes 31 318 D3
- Mouscardès 40 293 F4
- Moussac 30 284 A5
- Moussac 86 187 E5
- Moussages 15 244 C1
- Moussan 11 321 E5
- Moussé 35 105 E5
- Les Mousseaux 78 57 G4
- Mousseaux-lès-Bray 77 89 F4
- Mousseaux-Neuville 27 56 C3
- Mousseaux-sur-Seine 78 57 F1
- Moussey 10 115 E2
- Moussey 57 67 E5
- Moussey 88 96 B3
- Les Moussières 39 197 E4
- Mousson 54 65 G3
- Moussonvilliers 61 84 D2
- Moussoulens 11 319 G4
- Moussy 51 61 F1
- Moussy 58 157 E5
- Moussy 95 37 H5
- Moussy-le-Neuf 77 59 E1
- Moussy-le-Vieux 77 59 E1
- Moussy-Verneuil 02 40 D2
- Moustajon 31 334 A4
- Mousterlin 29 99 H4
- Moustéru 22 73 E5
- Moustey 40 273 F1
- Le Moustier 24 241 F4
- Moustier 47 257 G3
- Moustier-en-Fagne 59 16 A4
- Moustier-Ventadour 19 225 G5
- Moustiers-Sainte-Marie 04 307 G1
- Le Moustoir 22 76 D4
- Moustoir-Ac 56 102 A5
- Moustoir-Remungol 56 102 A3
- La Moutade 63 209 H3
- Moutaine 39 179 H2
- Moutardon 16 203 G2
- Le Moutaret 38 233 G4
- Moutchic 33 236 B3
- Mouterhouse 57 68 B2
- Mouterre-Silly 86 168 C2
- Mouterre-sur-Blourde 86 204 D1
- Mouthe 25 180 B4
- Le Moutherot 25 161 F4
- Mouthier-en-Bresse 71 178 D3
- Mouthier-Haute-Pierre 25 180 C1
- Mouthiers-sur-Boëme 16 221 E3
- Mouthoumet 11 338 A3
- Moutier-d'Ahun 23 207 G2
- Moutier-Malcard 23 189 G4
- Moutier-Rozeille 23 207 H4
- Moutiers 28 86 D5
- Moutiers 35 105 E4
- Moutiers 54 45 F4
- Moûtiers 73 234 C3
- Moutiers-au-Perche 61 85 E3
- Les Moutiers-en-Auge 14 54 B2
- Les Moutiers-en-Cinglais 14 53 G1
- Moutiers-en-Puisaye 89 135 G5
- Les Moutiers-en-Retz 44 146 D5
- Les Moutiers-Hubert 14 54 D2
- Moutiers-les-Mauxfaits 85 182 D2
- Moutiers-Saint-Jean 21 137 G5
- Moutiers-sous-Argenton 79 167 H2
- Moutiers-sous-Chantemerle 79 167 F5
- Moutiers-sur-le-Lay 85 183 F1
- Mouton 16 203 F4
- Mouton Rothschild *Château de* 33 237 E1
- Moutonne 39 196 B2
- La Moutonne 83 328 B4
- Moutonneau 16 203 F4
- Moutoux 39 179 H4
- Moutrot 54 94 B1
- Mouvaux 59 8 D2
- Moux 11 320 B5
- Moux-en-Morvan 58 158 C5
- Mouxy 73 233 F1
- Mouy 60 38 C3
- Mouy-sur-Seine 77 89 F4
- Mouzay 37 170 B1
- Mouzay 55 43 H1
- Mouzeil 44 148 A1
- Mouzens 24 259 E1
- Mouzens 81 298 D5
- Mouzeuil-Saint-Martin 85 183 G2
- Mouzieys-Panens 81 279 E4
- Mouzieys-Teulet 81 299 G2
- Mouzillon 44 148 A5
- Mouzon 08 27 G4
- Mouzon 16 204 B5
- Moval 90 142 C3
- Moy-de-l'Aisne 02 24 B3
- Moyaux 14 34 D4
- Moydans 05 268 C5
- Moye 74 215 E4
- Moyemont 88 95 G4
- Moyen 54 95 G3
- Moyencourt 80 23 G4
- Moyencourt-lès-Poix 80 22 A3
- Moyenmoutier 88 96 B3
- Moyenneville 60 39 E1
- Moyenneville 62 13 G3
- Moyenneville 80 11 G4
- Moyenvic 57 66 D4
- Moyeuvre-Grande 57 45 G4
- Moyeuvre-Petite 57 45 G4
- Moyon Villages 50 52 A1
- Moyrazès 12 280 C1
- Moyvillers 60 39 E2
- Mozac 63 209 H4
- Mozé-sur-Louet 49 149 G2
- Muchedent 76 20 B3
- Mudaison 34 303 E4
- Muel 35 103 F2
- Muespach 68 143 G4
- Muespach-le-Haut 68 143 G4
- Mugron 40 293 G2
- Muhlbach-sur-Bruche 67 96 D2
- Muhlbach-sur-Munster 68 120 C3
- Muides-sur-Loire 41 132 C4
- Muidorge 60 38 A1
- Muids 27 36 C4
- Muille-Villette 80 23 H3
- Muirancourt 60 23 H4
- Muizon 51 41 F3
- Les Mujouls 06 289 F5
- La Mulatière 69 231 E1
- Mulcent 78 57 F3
- Mulcey 57 67 E4
- Mulhausen 67 68 C3
- Mulhouse 68 143 F1
- Mulsanne 72 130 A2
- Mulsans 41 132 B4
- Mun 65 315 G4
- Munchhausen 67 69 G2
- Munchhouse 68 121 F5
- Muncq-Nieurlet 62 3 E4
- Mundolsheim 67 68 D5
- Muneville-le-Bingard 50 31 G5
- Muneville-sur-Mer 50 51 G2
- Le Mung 17 201 F4
- Munster 57 67 F3
- Munster 68 120 D3
- Muntzenheim 68 121 F2
- Munwiller 68 121 E4
- Mur-de-Barrez 12 262 D1
- Mûr-de-Bretagne 22 77 H5
- Mur-de-Sologne 41 153 G2
- Muracciole 2B 349 F1
- Murasson 12 300 C3
- Murat 03 191 F3
- Murat 15 245 F3
- Murat-le-Quaire 63 227 E2
- Murat-sur-Vèbre 81 300 D4
- Murato 2B 345 F5
- La Muraz 74 215 H1
- Murbach 68 120 D4
- La Mure 04 288 C4
- La Mure 38 251 E4
- Mureaumont 60 21 G5
- Les Mureaux 78 57 H2
- Mureils 26 249 F1
- Mûres 74 215 G4
- Muret 31 317 H2
- Le Muret 40 255 E5
- Muret-et-Crouttes 02 40 C3
- Muret-le-Château 12 262 D5
- La Murette 38 232 C4
- Murianette 38 251 E1
- Murinais 38 250 A1
- Murles 34 302 C4
- Murlin 58 156 C5
- Muro 2B 346 C2
- Murol 63 227 F3
- Murols 12 262 D2
- Muron 17 201 E2
- Murs 36 170 D3
- Murs 84 286 A5
- Mûrs-Erigné 49 149 G2
- Murs-et-Gélignieux 01 232 D1
- Murtin-et-Bogny 08 26 C2
- Murvaux 55 43 H2
- Murviel-lès-Béziers 34 321 F2
- Murviel-lès-Montpellier 34 302 C4
- Murville 54 45 E3
- Murzo 2A 348 C1
- Mus 30 303 G3
- Muscourt 02 41 E2
- Musculdy 64 331 E1
- Musièges 74 215 F2
- Musigny 21 159 E5
- Musseau 52 139 F4
- Mussey 55 63 G3
- Mussey-sur-Marne 52 93 E4
- Mussidan 24 239 G3
- Mussig 67 97 F5
- Mussy-la-Fosse 21 159 E1
- Mussy-sous-Dun 71 194 A5
- Mussy-sur-Seine 10 115 H5
- Mutigney 39 161 E3
- Mutigny 51 61 G1
- Mutrécy 14 53 G1
- Muttersholtz 67 97 F4
- Mutzenhouse 67 68 C4
- Mutzig 67 97 F2
- Le Muy 83 308 B5
- Muzeray 55 44 D3
- Muzillac 56 124 D5
- Muzy 27 56 C4
- Myans 73 233 F3
- Myennes 58 156 A2
- Myon 25 179 H1

N

- Nabas 64 313 F3
- Nabinaud 16 239 F1
- Nabirat 24 259 H2
- Nabringhen 62 2 C5
- Nachamps 17 201 G2
- Nadaillac 24 241 H4
- Nadaillac-de-Rouge 46 260 B1
- Nades 03 209 G1
- Nadillac 46 260 B4
- Naftel 50 52 A5
- Nagel-Séez-Mesnil 27 55 H2
- Nages 81 300 C4
- Nages-et-Solorgues 30 303 G2
- Nahuja 66 341 F5
- Nailhac 24 241 F1
- Naillat 23 188 D5
- Nailloux 31 318 B3
- Nailly 89 113 F2
- Naintré 86 169 G4
- Nainville-les-Roches 91 88 A3
- Naisey 25 162 B4
- Naives-devant-Bar 55 63 H3
- Naives-en-Blois 55 93 G1
- Naix-aux-Forges 55 93 F1
- Naizin 56 102 A4
- Najac 12 279 F3
- Nalliers 85 183 G2
- Nalliers 86 187 F1
- Nalzen 09 336 C3
- Nambsheim 68 121 G4
- Nampcel 60 39 H1
- Nampcelles-la-Cour 02 25 G3
- Nampont-Saint-Martin 80 11 G1
- Namps-au-Mont 80 22 A3
- Namps-au-Val 80 22 A3
- Nampteuil-sous-Muret 02 40 C3
- Nampty 80 22 B3
- Nan-Sous-Thil 21 158 D2
- Nanc-lès-Saint-Amour 39 196 A3
- Nançay 18 154 D3
- Nance 39 178 D4
- Nances 73 233 E2
- Nanclars 16 203 F4
- Nançois-le-Grand 55 64 B5
- Nançois-sur-Ornain 55 64 B5
- Nancras 17 201 E5
- Nancray 25 162 B3
- Nancray-sur-Rimarde 45 111 H4
- Nancuise 39 196 B2
- Nancy 54 65 H5
- Nancy-sur-Cluses 74 216 C2
- Nandax 42 211 H2
- Nandy 77 88 A2
- Nangeville 45 87 H5
- Nangis 77 89 E2
- Nangy 74 197 H5
- Nannay 58 156 C4
- Nans 25 162 C1
- Les Nans 39 179 H4
- Nans-les-Pins 83 327 H2
- Nans-sous-Sainte-Anne 25 180 A1
- Nant 12 282 A5
- Nant-le-Grand 55 63 H5
- Nant-le-Petit 55 63 H5
- Nanteau-sur-Essonne 77 87 H5
- Nanteau-sur-Lunain 77 112 C2
- Nanterre 92 58 B3
- Nantes 44 147 G4
- Nantes-en-Ratier 38 251 E4
- Nanteuil 79 185 F3
- Nanteuil-Auriac-de-Bourzac 24 221 G5
- Nanteuil-en-Vallée 16 203 G3
- Nanteuil-la-Forêt 51 41 F5
- Nanteuil-la-Fosse 02 40 C2
- Nanteuil-le-Haudouin 60 39 F5
- Nanteuil-lès-Meaux 77 59 G2
- Nanteuil-Notre-Dame 02 40 C4
- Nanteuil-sur-Aisne 08 42 A1
- Nanteuil-sur-Marne 77 60 A2
- Nantey 39 196 A3
- Nantheuil 24 223 E4
- Nanthiat 24 223 E4
- Nantiat 87 205 G3
- Nantillé 17 201 H4
- Nantillois 55 43 G3
- Nantilly 70 161 E1
- Nantoin 38 232 A4
- Nantois 55 93 F1
- Nanton 71 195 E1
- Nantouard 70 161 F1
- Nantouillet 77 59 E2
- Nantoux 21 177 G1
- Nantua 01 214 C1
- Naours 80 12 C5
- La Napoule 06 309 E4
- Napt 01 196 B5
- Narbéfontaine 57 46 C5
- Narbief 25 163 F4
- Narbonne 11 321 E5
- Narbonne-Plage 11 321 G5
- Narcastet 64 314 B4
- Narcy 52 92 D2
- Narcy 58 156 B4
- Nargis 45 112 C3
- Narnhac 15 245 E5
- Narp 64 313 F3
- Narrosse 40 293 E3
- La Nartelle 83 329 G2
- Narthoux 81 279 F4
- Nasbinals 48 263 G3
- Nassandres 27 35 G5
- Nassiet 40 293 G4
- Nassigny 03 190 D2
- Nastringues 24 239 E5
- Nattages 01 214 D5
- Natzwiller 67 96 D3
- Naucelle 12 280 B3
- Naucelles 15 244 B4
- Naujac-sur-Mer 33 236 C1
- Naujan-et-Postiac 33 256 C1
- Naurouze *Seuil de* 11 318 D3
- Nauroy 02 24 A1
- Naussac 12 261 G4
- Naussac-Fontanes 48 265 F2
- Naussac *Barrage de* 48 265 F2
- Naussannes 24 258 C2
- Nauvay 72 108 A2
- Nauviale 12 262 B4
- Nauzan 17 218 C1
- Navacelles 30 284 A3
- Navacelles *Cirque de* 34 302 A1
- Navailles-Angos 64 314 B2
- Navarosse 40 254 B5
- Navarrenx 64 313 G3
- Naveil 41 131 G3
- Navenne 70 141 F4
- Naves 03 209 H1
- Naves 07 283 H1
- Naves 19 242 D1
- Naves 59 14 C3
- Naves 73 234 B2
- Navès 81 299 G5
- Nâves-Parmelan 74 215 H3
- Navilly 71 178 B2
- Nay 50 31 H3
- Nay 64 314 C5
- Nayemont-les-Fosses 88 96 B4
- Le Nayrac 12 262 D3
- Nazelles-Négron 37 152 B2
- Néac 33 238 C4
- Néant-sur-Yvel 56 103 E4
- Neau 53 106 C3
- Neaufles-Auvergny 27 55 G3
- Neaufles-Saint-Martin 27 37 F3
- Neauphe-sous-Essai 61 83 H2
- Neauphe-sur-Dive 61 54 B3

Neauphle-le-Château 78 57 H4
Neauphle-le-Vieux 78 57 G4
Neauphlette 78 57 E2
Neaux 42 211 H3
Nébian 34 302 A4
Nébias 11 337 F3
Nébing 57 67 F3
Nébouzat 63 227 F1
Nécy 61 54 A3
Nedde 87 225 E1
Nédon 62 7 G4
Nédonchel 62 7 G4
Neewiller-près-Lauterbourg 67 69 G2
Neffes 05 269 G4
Neffiès 34 301 H5
Néfiach 66 342 C2
Nègrepelisse 82 278 B4
Négreville 50 29 F4
Négron 37 152 B2
Négrondes 24 222 D5
Néhou 50 29 F5
Nehwiller 67 68 D2
Nelling 57 67 F2
Nemours 77 112 B2
Nempont-Saint-Firmin 62 6 B5
Nénigan 31 316 B3
Nenon 39 161 E5
Néons-sur-Creuse 36 170 B5
Néoules 83 328 B2
Néoux 23 207 H4
Nepvant 55 27 H5
Nérac 47 275 G3
Nerbis 40 293 G2
Nercillac 16 220 C1
Néré 17 202 C3
Néret 36 189 H2
Nérigean 33 238 B5
Nérignac 86 187 E5
Néris-les-Bains 03 190 D5
Nermier 39 196 C2
Nernier 74 197 H3
Néron 28 86 B2
Néronde 42 212 A5
Néronde-sur-Dore 63 210 C5
Nérondes 18 173 H2
Ners 30 283 H5
Nersac 16 221 E2
Nervieux 42 211 H5
Nerville-la-Forêt 95 58 B1
Néry 60 39 F3
Neschers 63 227 H2
Nescus 09 335 H2
Nesle 80 23 G3
Nesle-et-Massoult 21 137 H3
Nesle-Hodeng 76 21 E4
Nesle-la-Reposte 51 90 A2
Nesle-le-Repons 51 61 E1
Nesle-l'Hôpital 80 11 F5
Nesle-Normandeuse 76 11 F5
Nesles 62 6 B2
Nesles 77 59 G5
Nesles-la-Montagne 02 60 C1
Nesles-la-Vallée 95 38 B5
Neslette 80 11 F5
Nesmy 85 182 D1
Nesploy 45 111 H5
Nespouls 19 242 B3
Nessa 2B 346 C2
Nestier 65 334 A1
Nettancourt 55 63 F3
Netzenbach 67 96 D2
Neublans 39 178 C2
Neubois 67 97 E4
Le Neubourg 27 35 H5
Neuchâtel-Urtière 25 163 F2
Neuf-Berquin 59 8 A2
Neuf-Brisach 68 121 F3
Neuf-Église 63 209 F2
Neuf-Marché 76 37 F2
Neuf-Mesnil 59 15 G2
Neufbosc 76 20 D4
Le Neufbourg 50 52 C5
Neufchâteau 88 94 A4
Neufchâtel-en-Bray 76 20 D3
Neufchâtel-en-Saosnois 72 83 H4
Neufchâtel-Hardelot 62 6 B3
Neufchâtel-sur-Aisne 02 41 G2
Neufchef 57 45 G3
Neufchelles 60 39 H5
Neuffons 33 256 D3
Neuffontaines 58 157 G3
Neufgrange 57 67 G1
Neuflieux 02 24 A5
Neuflize 08 42 A2
Neufmaison 08 26 B3
Neufmaisons 54 96 A3
Neufmanil 08 26 D2
Neufmesnil 50 31 G2
Neufmoulin 80 11 H3
Neufmoulins 57 67 G5
Neufmoutiers-en-Brie 77 59 F4
Le Neufour 55 43 F5
Neufvillage 57 67 E2
Neufvy-sur-Aronde 60 39 E1
Neugartheim 67 68 C5
Neugartheim-Ittlenheim 67 68 C5
Neuhaeusel 67 69 G3
Neuil 37 151 G5
Neuilh 65 333 E1
Neuillac 17 219 H3
Neuillay-les-Bois 36 171 F4
Neuillé 49 150 C3
Neuillé-le-Lierre 37 152 B1
Neuillé-Pont-Pierre 37 151 G1
Neuilly 27 56 D2
Neuilly 58 157 F4
Neuilly 89 136 A2
Neuilly-en-Donjon 03 193 F4
Neuilly-en-Dun 18 173 H4
Neuilly-en-Sancerre 18 155 G3
Neuilly-en-Thelle 60 38 B4
Neuilly-en-Vexin 95 37 H5
Neuilly-la-Forêt 14 32 B3
Neuilly-le-Bisson 61 83 H3
Neuilly-le-Brignon 37 170 A2
Neuilly-le-Dien 80 12 B3
Neuilly-le-Malherbe 14 33 F5
Neuilly-le-Réal 03 192 B3
Neuilly-le-Vendin 53 82 D3
Neuilly-lès-Dijon 21 160 B3
Neuilly-l'Évêque 52 117 G5
Neuilly-l'Hôpital 80 11 G3
Neuilly-Plaisance 93 58 D3
Neuilly-Saint-Front 02 40 A5
Neuilly-sous-Clermont 60 38 C3
Neuilly-sur-Eure 61 85 E3
Neuilly-sur-Marne 93 58 D3
Neuilly-sur-Seine 92 58 B3
Neuilly-sur-Suize 52 117 E4
Neulette 62 7 F5
Neulise 42 211 H4
Neulles 17 219 H3
Neulliac 56 101 H2
Neung-sur-Beuvron 41 154 A1
Neunhoffen 67 68 C1
Neunkirchen-lès-Bouzonville 57 46 C3
Neure 03 174 B5
Neurey-en-Vaux 70 141 F3
Neurey-lès-la-Demie 70 141 F5
Neussargues-Moissac 15 245 G3
Neuve-Chapelle 62 8 B3
Neuve-Eglise 67 97 E4
La Neuve-Grange 27 37 E2
La Neuve-Lyre 27 55 G2
Neuve-Maison 02 25 G1
Neuvecelle 74 198 C3
Neuvéglise 15 245 G5
Neuvelle-lès-Champlitte 70 140 A5
Neuvelle-lès-Cromary 70 162 A2
Neuvelle-lès-Grancey 21 139 E4
Neuvelle-lès-la-Charité 70 140 D5
La Neuvelle-lès-Lure 70 141 H3
La Neuvelle-lès-Scey 70 140 D3
Neuvelle-lès-Voisey 52 140 C2
Neuves-Maisons 54 94 D1
La Neuveville-devant-Lépanges 88 119 H2
La Neuveville-sous-Châtenois 88 94 B5
La Neuveville-sous-Montfort 88 118 C2
Neuvic 19 225 H5
Neuvic 24 239 H3
Neuvic-Entier 87 224 C1
Neuvicq 17 238 C1
Neuvicq-le-Château 17 202 C5
Neuvillalais 72 107 F3
Neuville 03 191 F3
Neuville 19 243 E3
La Neuville 59 8 D4
Neuville 63 228 B1
La Neuville-à-Maire 08 27 E5
Neuville-au-Bois 80 11 G5
Neuville-au-Cornet 62 12 D2
Neuville-au-Plain 50 29 G5
La Neuville-au-Pont 51 43 E5
Neuville-aux-Bois 45 111 F4
La Neuville-aux-Bois 51 63 E2
La Neuville-aux-Joûtes 08 25 H1
La Neuville-aux-Larris 51 41 F5
La Neuville-aux-Tourneurs 08 26 A2
Neuville-Bosc 60 37 H4
La Neuville-Bosmont 02 25 F4
Neuville-Bourjonval 62 14 A5
La Neuville-Chant-d'Oisel 76 36 C2
Neuville-Coppegueule 80 21 G2
La Neuville-d'Aumont 60 38 A3
Neuville-Day 08 42 D1
Neuville-de-Poitou 86 169 E5
La Neuville-du-Bosc 27 35 H4
Neuville-en-Avesnois 59 15 E3
Neuville-en-Beaumont 50 31 F2
La Neuville-en-Beine 02 24 A4
Neuville-en-Ferrain 59 5 E5
La Neuville-en-Hez 60 38 C2
La Neuville-en-Tourne-à-Fuy 08 42 B3
Neuville-en-Verdunois 55 63 H2
Neuville-Ferrières 76 20 D4
La Neuville-Garnier 60 38 A3
La Neuville-Housset 02 25 E3
La Neuville-lès-Bray 80 23 E1
Neuville-les-Dames 01 213 F1
Neuville-lès-Decize 58 174 D4
Neuville-lès-Dieppe 76 10 B5
La Neuville-lès-Dorengt 02 24 D1
Neuville-lès-Lœuilly 80 22 B3
Neuville-lès-This 08 26 C3
Neuville-lès-Vaucouleurs 55 93 H2
La Neuville-lès-Wasigny 08 26 A4
Neuville-lez-Beaulieu 08 26 A2
Neuville-près-Sées 61 54 C5
Neuville-Saint-Amand 02 24 B2
La Neuville-Saint-Pierre 60 38 B1
Neuville-Saint-Rémy 59 14 B3
Neuville-Saint-Vaast 62 8 B5
La Neuville-Sire-Bernard 80 22 D3
Neuville-sous-Arzillières 51 62 D5
Neuville-sous-Montreuil 62 6 C4
Neuville-sur-Ailette 02 41 E1
Neuville-sur-Ain 01 214 A2
Neuville-sur-Authou 27 35 F4
Neuville-sur-Brenne 37 131 F5
Neuville-sur-Escaut 59 14 C2
La Neuville-sur-Essonne 45 111 H3
Neuville-sur-Margival 02 40 B1
Neuville-sur-Oise 95 58 A1
Neuville-sur-Ornain 55 63 G3
La Neuville-sur-Oudeuil 60 21 H5
La Neuville-sur-Ressons 60 23 F5
Neuville-sur-Saône 69 213 E4
Neuville-sur-Sarthe 72 107 H4
Neuville-sur-Seine 10 115 G4
Neuville-sur-Touques 61 54 D3
Neuville-sur-Vanne 10 114 B2
La Neuville-Vault 60 37 H1
Neuville-Vitasse 62 13 G3
Neuviller-la-Roche 67 96 D3
Neuviller-lès-Badonviller 54 96 A2
Neuviller-sur-Moselle 54 95 E3
Neuvillers-sur-Fave 88 96 C5
Neuvillette 02 24 C2
La Neuvillette 51 41 G3
Neuvillette 80 12 D3
Neuvillette-en-Charnie 72 107 E3
Neuvilley 39 179 F2
Neuvilly 59 14 D4
Neuvilly-en-Argonne 55 43 G4
Neuvireuil 62 8 C5
Neuvizy 08 26 C4
Neuvy 03 192 A2
Neuvy 41 153 G1
Neuvy 51 60 C4
Neuvy-au-Houlme 61 53 H3
Neuvy-Bouin 79 167 G5
Neuvy-deux-Clochers 18 155 G4
Neuvy-en-Beauce 28 110 D2
Neuvy-en-Champagne 72 107 F4
Neuvy-en-Dunois 28 110 B2
Neuvy-en-Mauges 49 149 E3
Neuvy-en-Sullias 45 133 H3
Neuvy-Grandchamp 71 193 F1
Neuvy-le-Barrois 18 174 B3
Neuvy-le-Roi 37 130 D5
Neuvy-Pailloux 36 172 A3
Neuvy-Saint-Sépulchre 36 189 F1
Neuvy-Sautour 89 114 C4
Neuvy-sur-Barangeon 18 154 D3
Neuvy-sur-Loire 58 156 A1
Neuwiller 68 143 H4
Neuwiller-lès-Saverne 67 68 B3
Neuzy 71 193 G2
Névache 05 252 C3
Nevers 58 174 C2
Névez 29 100 B5
Névian 11 320 D5
Néville 76 19 G2
Néville-sur-Mer 50 29 G2
Nevoy 45 134 C4
Nevy-lès-Dole 39 179 E1
Nevy-sur-Seille 39 179 F4
Nexon 87 223 G1
Ney 39 179 H4
Neydens 74 215 G1
Neyrac-les-Bains 07 266 A3
Les Neyrolles 01 214 C1
Neyron 01 213 F5
Nézel 78 57 G2
Nézignan-l'Évêque 34 321 H3
Niafles 53 127 H2
Niaux 09 336 B4
Niaux *Grotte de* 09 336 B4
Nibas 80 11 E3
Nibelle 45 111 H4
Nibles 04 287 G1
Nice 06 309 H2
Nicey 21 137 H2
Nicey-sur-Aire 55 64 B3
Nicole 47 275 G1
Nicorps 50 51 G1
Nideck *Château et Cascade du* 67 96 D1
Niderhoff 57 96 B1
Niderviller 57 67 H5
Niederbronn-les-Bains 67 68 D2
Niederbruck 68 142 C1
Niederentzen 68 121 E4
Niederhaslach 67 97 E2
Niederhausbergen 67 68 D5
Niederhergheim 68 121 F4
Niederlarg 68 143 E4
Niederlauterbach 67 69 G1
Niedermodern 67 68 D3
Niedermorschwihr 68 120 D2
Niedernai 67 97 F2
Niederrœdern 67 69 G2
Niederschaeffolsheim 67 68 D4
Niederseebach 67 69 F2
Niedersoultzbach 67 68 B3
Niedersteinbach 67 68 D1
Niederstinzel 57 67 G3
Niedervisse 57 46 D5
Nielles-lès-Ardres 62 2 D4
Nielles-lès-Bléquin 62 7 E2
Nielles-lès-Calais 62 2 C3
Le Nieppe 59 3 G5
Nieppe 59 8 B2
Niergnies 59 14 B4
Nieudan 15 243 H4
Nieuil 16 203 H4
Nieuil-l'Espoir 86 186 C2
Nieul 87 205 G4
Nieul-le-Dolent 85 182 C1
Nieul-le-Virouil 17 219 G4
Nieul-lès-Saintes 17 201 F5
Nieul-sur-l'Autise 85 184 C3
Nieul-sur-Mer 17 183 F5
Nieulle-sur-Seudre 17 200 D5
Nieurlet 59 3 F5
Niévroz 01 213 G4
Niffer 68 143 H2
Niherne 36 171 G4
Nijon 52 117 H2
Nilvange 57 45 G3
Nîmes 30 303 H2
Ninville 52 117 G3
Niort 79 184 D4
Niort-de-Sault 11 337 E4
Niort-la-Fontaine 53 82 B3
Niozelles 04 287 F5
Nissan-lez-Enserune 34 321 F4
Nistos 65 334 A2
Nitry 89 136 D4
Nitting 57 67 G5
Nivelle 59 9 G4
Nivillac 56 125 F5
Nivillers 60 38 A2
Nivolas-Vermelle 38 232 A2
Nivollet-Montgriffon 01 214 B3
Nixéville 55 43 H5
Le Nizan 33 256 B5
Nizan-Gesse 31 316 B5
Nizas 32 317 E2
Nizas 34 321 H2
Nizerolles 03 210 D2
Nizon 29 100 B4
Nizy-le-Comte 02 25 G5
Noailhac 12 262 B4
Noailhac 19 242 C3
Noailhac 81 299 H5
Noaillac 33 256 D4
Noaillan 33 255 H4
Noailles 19 242 B3
Noailles 60 38 B3
Noailles 81 279 F5
Noailly 42 211 G1
Noalhac 48 263 H1
Noalhat 63 210 B4
Noards 27 35 E4
Nocario 2B 347 G3
Nocé 61 84 C4
Noceta 2B 347 F5
Nochize 71 193 H3
La Nocle-Maulaix 58 175 H4
Nod-sur-Seine 21 138 A3
Nods 25 162 C5
Noé 31 317 G3
Noé 89 113 H3
Noé-les-Mallets 10 115 H3
La Noë-Blanche 35 126 B2
La Noë-Poulain 27 35 E3
Noël-Cerneux 25 163 F5
Noëllet 49 127 G4
Noërs 54 44 C2
Les Noës 42 211 E2
Les Noës-près-Troyes 10 90 D5
Nœux-lès-Auxi 62 12 C3
Nœux-les-Mines 62 8 A4
Nogaret 31 318 D2
Nogaro 32 295 E3
Nogent 52 117 F4
Nogent-en-Othe 10 114 C3
Nogent-l'Abbesse 51 41 H4
Nogent-l'Artaud 02 60 B2
Nogent-le-Bernard 72 108 B2
Nogent-le-Phaye 28 86 B4
Nogent-le-Roi 28 57 E5
Nogent-le-Rotrou 28 84 D5
Nogent-le-Sec 27 56 A2
Nogent-lès-Montbard 21 137 H5
Nogent-sur-Aube 10 91 F3
Nogent-sur-Eure 28 86 A4
Nogent-sur-Loir 72 130 B4
Nogent-sur-Marne 94 58 D3
Nogent-sur-Oise 60 38 D3
Nogent-sur-Seine 10 89 H3
Nogent-sur-Vernisson 45 134 D2
Nogentel 02 60 C1
Nogna 39 196 C1
Noguères 64 313 H3
Nohan 08 27 E1
Nohanent 63 209 G5
Nohant-en-Goût 18 173 G1
Nohant-en-Graçay 18 154 A5
Nohant-Vic 36 189 G1
Nohèdes 66 341 H3
Nohic 82 298 A1
Noidan 21 158 D3
Noidans-le-Ferroux 70 140 D5
Noidans-lès-Vesoul 70 141 E4
Noidant-Chatenoy 52 139 G3
Noidant-le-Rocheux 52 139 G2
Noilhan 32 296 D5
Nointel 60 38 D2
Nointel 95 38 B5
Nointot 76 19 E5
Noir *Lac* 68 120 C2
Noircourt 02 25 G4
Noirefontaine 25 163 F2
Noirémont 60 22 B5
Noirétable 42 211 E5
Noirlac *Abbaye de* 18 173 F5
Noirlieu 51 63 E2
Noirlieu 79 167 H2
Noirmoutier-en-l'Île 85 164 B1
Noiron 70 161 F2
Noiron-sous-Gevrey 21 160 B4
Noiron-sur-Bèze 21 160 C2
Noiron-sur-Seine 21 115 H5
Noironte 25 161 G3
Noirpalu 50 51 H3
Noirterre 79 167 H3
Noirval 08 43 E1
Noiseau 94 58 D4
Noisiel 77 59 E3
Noisseville 57 45 H5
Noisy-le-Grand 93 58 D3
Noisy-le-Roi 78 58 A3
Noisy-le-Sec 93 58 D3
Noisy-Rudignon 77 88 D5
Noisy-sur-École 77 88 A5
Noisy-sur-Oise 95 38 C5
Noizay 37 152 B2
Noizé 79 168 B3
Nojals-et-Clotte 24 258 C2
Nojeon-en-Vexin 27 37 E3
Nolay 21 177 F2
Nolay 58 156 D5
Nolléval 76 37 E1
Nollieux 42 211 G5
Nomain 59 9 E4
Nomdieu 47 275 H4
Nomécourt 52 92 D3
Nomeny 54 65 H3
Nomexy 88 95 F5
Nommay 25 142 C4
Nompatelize 88 96 A4
Nonac 16 221 E4
Nonancourt 27 56 B4
Nonant 14 33 E3
Nonant-le-Pin 61 54 C5
Nonards 19 243 E4
Nonaville 16 220 D3
Noncourt-sur-le-Rongeant 52 93 E4
Nonette-Orsonnette 63 228 A4
Nonglard 74 215 F3
Nonhigny 54 96 A2
Nonières 07 248 C5
Les Nonières 26 268 C1
Nonsard 55 65 E3
Nontron 24 222 C3
Nonville 77 112 C2
Nonville 88 118 C3
Nonvilliers-Grandhoux 28 85 G5
Nonza 2B 345 F3
Nonzeville 88 95 H5
Noordpeene 59 3 G4
Nordausques 62 3 E4
Nordheim 67 68 C5
Nordhouse 67 97 G2
Nore *Pic de* 11 320 A3
Noreuil 62 13 H4
Norges-la-Ville 21 160 A2
La Norma 73 252 D1
Normandel 61 55 G5
Normandie *Pont de* 14 34 D2
Normanville 27 56 B1
Normanville 76 19 F4
Normée 51 61 G4
Normier 21 159 E3
Norolles 14 34 C4
Noron-la-Poterie 14 32 D4
Noron-l'Abbaye 14 53 H2
Noroy 60 38 D2
Noroy-le-Bourg 70 141 G4
Noroy-lès-Jussey 70 140 C2
Noroy-sur-Ourcq 02 40 A4
Norrent-Fontes 62 7 G3
Norrey-en-Auge 14 54 B2
Norrey-en-Bessin 14 33 F4
Norrois 51 62 D5
Norroy 88 118 B2
Norroy-le-Sec 54 45 E4
Norroy-le-Veneur 57 45 G5
Norroy-lès-Pont-à-Mousson 54 65 G3
Nort-Leulinghem 62 3 E5
Nort-sur-Erdre 44 147 H1
Nortkerque 62 3 E4
Norville 76 35 F1
La Norville 91 87 G2
Nossage-et-Bénévent 05 287 E1
Nossoncourt 88 95 H3
Nostang 56 123 G2
Noth 23 188 D5
Nothalten 67 97 E4
Notre-Dame-d'Aiguebelle *Abbaye de* 26 267 F5
Notre-Dame-d'Aliermont 76 20 C2
Notre-Dame-d'Allençon 49 149 H3
Notre-Dame-d'Aurès 12 281 E3
Notre-Dame d'Ay *Sanctuaire de* 07 248 D2
Notre-Dame-de-Bellecombe 73 216 B4
Notre-Dame-de-Bliquetuit 76 35 G1
Notre-Dame-de-Boisset 42 211 H3
Notre-Dame-de-Bondeville 76 36 A1
Notre-Dame-de-Briançon 73 234 B2
Notre-Dame de Buglose 40 293 E2
Notre-Dame-de-Cenilly 50 51 H1
Notre-Dame de Clausis 05 271 F2

A B C D E F G H I J K L M N O P Q R S T U V W X Y Z

Notre-Dame-de-Commiers 38 ... 250 D3
Notre-Dame-de-Courson 14 ... 54 D1
Notre-Dame-de-Fresnay 14 ... 54 B2
Notre-Dame-de-Garaison 65 ... 316 A5
Notre-Dame-de-Grace 44 . 126 A5
Notre-Dame-de-Gravenchon 76 ... 35 F1
Notre-Dame de Kérinec *Chapelle* 29 ... 99 F2
Notre-Dame-de-la-Cour 22 . 73 G5
Notre-Dame de la Gorge 74 ... 216 D4
Notre-Dame-de-la-Grainetière *Abbaye de* 85 ... 166 C3
Notre-Dame-de-la-Mer 78 . 57 E1
Notre-Dame-de-la-Rouvière 30 ... 283 E5
Notre-Dame-de-la-Salette 38 ... 251 G5
Notre Dame de la Serra *Belvédère de* 2B ... 346 B2
Notre-Dame-de-l'Aillant 71 ... 176 B1
Notre-Dame-de-Laus 05 ... 269 H4
Notre-Dame-de-l'Espérance 22 ... 73 H4
Notre-Dame-de-l'Isle 27 ... 36 D5
Notre-Dame-de-Livaye 14 .. 34 B5
Notre-Dame-de-Livoye 50 .. 52 A4
Notre-Dame-de-Londres 34 ... 302 C2
Notre-Dame-de-Lorette 62 ... 8 A5
Notre-Dame de l'Ormeau *Chapelle* 83 ... 308 C3
Notre-Dame-de-l'Osier 38 ... 250 B1
Notre-Dame de Lure *Monastère de* 04 ... 287 E3
Notre-Dame-de-Mésage 38 ... 251 E3
Notre-Dame-de-Montplacé *Chapelle* 49 ... 129 F5
Notre-Dame-de-Monts 85 164 C3
Notre-Dame-de-Piétat *Chapelle de* 64 ... 314 B5
Notre-Dame-de-Riez 85 ... 164 D4
Notre-Dame-de-Sanilhac 24 ... 240 C3
Notre-Dame-de-Timadeuc *Abbaye de* 56 ... 102 B3
Notre-Dame-de-Tréminou *Chapelle* 29 ... 99 F4
Notre-Dame-de-Tronoën 29 ... 99 F4
Notre-Dame de Valvert *Chapelle de* 04 ... 288 D5
Notre-Dame-de-Vaulx 38 .. 251 E4
Notre-Dame de Vie *Ermitage* 06 ... 309 E4
Notre-Dame-d'Elle 50 ... 32 C5
Notre-Dame-d'Épine 27 ... 35 F4
Notre-Dame-des-Anges *Prieuré* 83 ... 328 D2
Notre-Dame-des-Dombes *Abbaye de* 01 ... 213 G2
Notre-Dame des Fontaines *Chapelle* 06 ... 291 H2
Notre-Dame-des-Landes 44 ... 147 F2
Notre-Dame-des-Millières 73 ... 234 A1
Notre-Dame-des-Misères *Chapelle de* 82 ... 278 B4
Notre-Dame-d'Estrées 14 ... 34 B5
Notre-Dame-d'Igny *Abbaye* 51 ... 41 E4
Notre-Dame-d'Oé 37 ... 151 H2
Notre-Dame-d'Or 86 ... 168 C4
Notre-Dame-du-Bec 76 ... 18 C5
Notre-Dame-du-Crann *Chapelle* 29 ... 76 C5
Notre-Dame-du-Cruet 73 . 234 A4
Notre-Dame-du-Groseau *Chapelle* 84 ... 285 H3
Notre-Dame-du-Guildo 22 .. 50 A5
Notre-Dame-du-Hamel 27 .. 55 E3
Notre-Dame du Haut *Chapelle* 22 ... 78 C5
Notre-Dame-du-Mai *Chapelle* 83 ... 327 H5
Notre-Dame-du-Parc 76 ... 20 B3
Notre-Dame-du-Pé 72 ... 129 E3
Notre-Dame-du-Pré 73 ... 234 C2
Notre-Dame-du-Rocher 61 . 53 G4
Notre-Dame-du-Touchet 50 ... 81 G2
Nottonville 28 ... 110 B3
La Nouaille 23 ... 207 G5
Nouaillé-Maupertuis 86 ... 186 C2
Nouainville 50 ... 29 E3
Nouan-le-Fuzelier 41 ... 154 B1
Nouan-sur-Loire 41 ... 132 C4
Nouans 72 ... 107 H2
Nouans-les-Fontaines 37 .. 153 E5
Nouart 08 ... 43 F1
Nouâtre 37 ... 169 G1
La Nouaye 35 ... 103 H2
La Noue 17 ... 200 A1
La Noue 51 ... 60 D4
Noueilles 31 ... 318 A3
Nougaroulet 32 ... 296 C3
Nouhant 23 ... 190 B5
Nouic 87 ... 205 E2
Nouilhan 65 ... 315 E2
Les Nouillers 17 ... 201 F3
Nouillonpont 55 ... 44 D3
Nouilly 57 ... 45 H5
Noulens 32 ... 295 F2
Nourard-le-Franc 60 ... 38 C1
Nourray 41 ... 131 G4
Nousse 40 ... 293 F3
Nousseviller-lès-Bitche 57 ... 48 B5
Nousseviller-Saint-Nabor 57 ... 47 G5
Nousty 64 ... 314 C4
Nouvelle-Église 62 ... 3 E3
Nouvion-en-Ponthieu 80 ... 11 G2
Le Nouvion-en-Thiérache 02 ... 15 F5
Nouvion-et-Catillon 02 ... 24 C4
Nouvion-le-Comte 02 ... 24 C4
Nouvion-le-Vineux 02 ... 40 D1
Nouvion-sur-Meuse 08 ... 26 D4
Nouvoitou 35 ... 104 C4
Nouvron-Vingré 02 ... 40 A2
Nouzerines 23 ... 189 H4
Nouzerolles 23 ... 189 E4
Nouziers 23 ... 189 G3
Nouzilly 37 ... 152 A1
Nouzonville 08 ... 26 D2
Novacelles 63 ... 228 D4
Novalaise 73 ... 233 E2
Novale 2B ... 347 G4
Novéant-sur-Moselle 57 ... 65 G2
Novel 74 ... 198 D3
Novella 2B ... 345 E5
Noves 13 ... 304 D1
Noviant-aux-Prés 54 ... 65 F4
Novillard 90 ... 142 D3
Novillars 25 ... 162 A3
Novillers 60 ... 38 B4
Novion-Porcien 08 ... 26 B5
Novy-Chevrières 08 ... 26 B5
Noyal 22 ... 78 D4
Noyal-Châtillon-sur-Seiche 35 ... 104 B3
Noyal-Muzillac 56 ... 125 E4
Noyal-Pontivy 56 ... 102 A3
Noyal-sous-Bazouges 35 ... 80 B3
Noyal-sur-Brutz 44 ... 127 E3
Noyal-sur-Vilaine 35 ... 104 C3
Noyales 02 ... 24 C2
Noyalo 56 ... 124 C4
Noyant 49 ... 150 D1
Noyant-d'Allier 03 ... 191 H3
Noyant-de-Touraine 37 ... 151 G5
Noyant-et-Aconin 02 ... 40 B3
Noyant-la-Gravoyère 49 ... 127 H3
Noyant-la-Plaine 49 ... 149 H3
Noyarey 38 ... 250 D1
Noyelle-Vion 62 ... 13 E2
Noyelles-en-Chaussée 80 ... 11 H2
Noyelles-Godault 62 ... 8 C5
Noyelles-lès-Humières 62 ... 7 F5
Noyelles-lès-Seclin 59 ... 8 D3
Noyelles-lès-Vermelles 62 ... 8 A4
Noyelles-sous-Bellonne 62 .. 14 A2
Noyelles-sous-Lens 62 ... 8 B5
Noyelles-sur-Escaut 59 ... 14 B4
Noyelles-sur-Mer 80 ... 11 F2
Noyelles-sur-Sambre 59 ... 15 F4
Noyelles-sur-Selle 59 ... 14 C2
Noyellette 62 ... 13 F2
Noyen-sur-Sarthe 72 ... 129 F2
Noyen-sur-Seine 77 ... 89 G4
Le Noyer 05 ... 269 G2
Le Noyer 14 ... 34 D2
Le Noyer 18 ... 155 G3
Le Noyer 73 ... 233 G1
Noyer *Col du* 05 ... 269 G2
Le Noyer-en-Ouche 27 ... 55 G1
Noyers 27 ... 37 F4
Noyers 45 ... 134 B2
Noyers 52 ... 117 G4
Noyers 89 ... 137 E4
Noyers-Missy 14 ... 33 F5
Noyers-le-Val 55 ... 63 F3
Noyers-Pont-Maugis 08 ... 27 F4
Noyers-Saint-Martin 60 ... 22 B5
Noyers-sur-Cher 41 ... 153 F4
Noyers-sur-Jabron 04 ... 287 F3
Noyon 60 ... 23 H5
Nozay 10 ... 91 E3
Nozay 44 ... 126 C5
Nozay 91 ... 58 B5
Nozeroy 39 ... 180 A4
Nozières 07 ... 248 C3
Nozières 18 ... 173 E5
Nuaillé 49 ... 149 E5
Nuaillé-d'Aunis 17 ... 183 H5
Nuaillé-sur-Boutonne 17 .. 201 H2
Nuars 58 ... 157 G2
Nubécourt 55 ... 63 H1
Nuces 12 ... 262 C5
Nucourt 95 ... 37 G5
Nueil-les-Aubiers 79 ... 167 F2
Nueil-sous-Faye 86 ... 169 E2
Nueil-sur-Argent 79 ... 167 F2
Nueil-sur-Layon 49 ... 149 H5
Nuelles 69 ... 212 C4
Nuillé-le-Jalais 72 ... 108 B4
Nuillé-sur-Ouette 53 ... 106 B4
Nuillé-sur-Vicoin 53 ... 105 H4
Nuisement-sur-Coole 51 ... 62 A3
Nuits 89 ... 137 G4
Nuits-Saint-Georges 21 ... 160 A5
Nullemont 76 ... 21 F3
Nully 52 ... 92 B4
Nuncq 62 ... 12 C2
Nuret-le-Ferron 36 ... 171 F5
Nurieux-Volognat 01 ... 214 B1
Nurlu 80 ... 14 A5
Nuzéjouls 46 ... 259 H4
Nyer 66 ... 341 H3
Nyoiseau 49 ... 127 H3
Nyons 26 ... 285 H1

O

O *Château d'* 61 ... 54 B5
Obenheim 67 ... 97 G3
Oberbronn 67 ... 68 C2
Oberbruck 68 ... 142 C1
Oberdorf 68 ... 143 F3
Oberdorf-Spachbach 67 ... 69 E2
Oberdorff 57 ... 46 D4
Oberentzen 68 ... 121 E4
Obergailbach 57 ... 47 H5
Oberhaslach 67 ... 97 E1
Oberhausbergen 67 ... 97 G1
Oberhergheim 68 ... 121 E4
Oberhoffen-lès-Wissembourg 67 ... 69 F1
Oberhoffen-sur-Moder 67 ... 69 E4
Oberkutzenhausen 67 ... 69 E2
Oberlarg 68 ... 143 F5
Oberlauterbach 67 ... 69 G2
Obermodern 67 ... 68 C3
Obermorschwihr 68 ... 121 E3
Obermorschwiller 68 ... 143 F2
Obernai 67 ... 97 F2
Oberrœdern 67 ... 69 F2
Obersaasheim 68 ... 121 G4
Oberschaeffolsheim 67 ... 97 G1
Obersoultzbach 67 ... 68 B3
Obersteigen 67 ... 68 A5
Obersteinbach 67 ... 68 D1
Oberstinzel 57 ... 67 G4
Obervisse 57 ... 46 D5
Obies 59 ... 15 F2
Objat 19 ... 241 H1
Oblinghem 62 ... 8 A3
Obrechies 59 ... 15 H3
Obreck 57 ... 66 D3
Obsonville 77 ... 112 A2
Obterre 36 ... 170 C3
Obtrée 21 ... 115 H5
Ocana 2A ... 348 D3
Occagnes 61 ... 54 A4
Occey 52 ... 139 G5
Occhiatana 2B ... 346 D2
Occoches 80 ... 12 C4
Ochancourt 80 ... 11 F3
Oches 08 ... 43 F1
Ochey 54 ... 94 B2
Ochiaz 01 ... 214 D1
Ochtezeele 59 ... 3 G4
Ocquerre 77 ... 59 H1
Ocqueville 76 ... 19 G3
Octeville 50 ... 29 E3
Octeville-l'Avenel 50 ... 29 G4
Octeville-sur-Mer 76 ... 18 C5
Octon 34 ... 301 H4
Odars 31 ... 298 B5
Odeillo 66 ... 341 F4
Odenas 69 ... 212 D2
Oderen 68 ... 120 B5
Odival 52 ... 117 F4
Odomez 59 ... 9 G4
Odos 65 ... 315 E5
Odratzheim 67 ... 97 F1
Oeillon *Crêt de l'* 42 ... 230 D4
Oëlleville 88 ... 94 C4
Oermingen 67 ... 67 H2
Œting 57 ... 47 F5
Oëtre *Roche d'* 61 ... 53 G3
Œuf-en-Ternois 62 ... 7 F5
Œuilly 02 ... 41 E2
Œuilly 51 ... 61 E1
Œutrange 57 ... 45 G2
Oëy 55 ... 93 F1
Oeyregave 40 ... 292 D5
Oeyreluy 40 ... 292 D3
Offekerque 62 ... 3 E3
Offemont 90 ... 142 C2
Offendorf 67 ... 69 F4
Offignies 80 ... 21 G3
Offin 62 ... 6 D4
Offlanges 39 ... 161 E4
Offoy 60 ... 22 A4
Offoy 80 ... 23 H3
Offranville 76 ... 20 A2
Offrethun 62 ... 2 B5
Offroicourt 88 ... 94 C5
Offwiller 67 ... 68 C2
Ogenne-Camptort 64 ... 313 G3
Oger 51 ... 61 G2
Ogeu-les-Bains 64 ... 314 A4
Ogéviller 54 ... 95 H2
Ogliastro 2B ... 345 F2
Ognes 02 ... 24 A5
Ognes 51 ... 61 F5
Ognes 60 ... 39 F5
Ognéville 54 ... 94 C3
Ognolles 60 ... 23 G4
Ognon 60 ... 39 E4
Ogy 57 ... 66 B1
Ohain 59 ... 16 A5
Oherville 76 ... 19 G3
Ohis 02 ... 25 G1
Ohlungen 67 ... 68 D3
Ohnenheim 67 ... 97 F5
L'Oie 85 ... 166 B3
Oigney 70 ... 140 C3
Oignies 62 ... 8 C4
Oigny 21 ... 138 C5
Oigny 41 ... 109 E4
Oigny-en-Valois 02 ... 40 A4
Oingt 69 ... 212 C3
Oinville-Saint-Liphard 28 .. 111 E2
Oinville-sous-Auneau 28 ... 86 C3
Oinville-sur-Montcient 78 ... 57 G1
Oiron 79 ... 168 B2
Oiry 51 ... 61 G1
Oiselay-et-Grachaux 70 ... 161 H2
Oisemont 80 ... 11 G5
Oisilly 21 ... 160 D2
Oisly 41 ... 153 E2
Oison 45 ... 111 E3
Oisseau 53 ... 82 A4
Oisseau-le-Petit 72 ... 83 G5
Oissel 76 ... 36 B3
Oissery 77 ... 59 F1
Oissy 80 ... 22 A1
Oisy 02 ... 15 E5
Oisy 58 ... 157 E1
Oisy 59 ... 9 G5
Oisy-le-Verger 62 ... 14 A3
Oizé 72 ... 129 H3
Oizon 18 ... 155 F2
OK Corral *Parc d'attractions* 13 ... 327 G3
Olargues 34 ... 300 D5
Olby 63 ... 227 F1
Olcani 2B ... 345 F2
Oléac-Debat 65 ... 315 F4
Oléac-Dessus 65 ... 315 F5
Olemps 12 ... 280 C1
Olendon 14 ... 53 H2
Oléron *Île d'* 17 ... 200 B4
Oléron *Viaduc d'* 17 ... 200 C4
Oletta 2B ... 345 F5
Olette 66 ... 341 H3
Olhain *Château d'* 62 ... 8 A5
Olivese 2A ... 349 E4
Olivet 45 ... 133 E2
Olivet 53 ... 105 H3
Olizy 08 ... 42 D2
Olizy 51 ... 41 E5
Olizy-sur-Chiers 55 ... 27 H5
Ollainville 88 ... 94 A5
Ollainville 91 ... 87 G2
Ollans 25 ... 162 B1
Ollé 28 ... 85 H4
Ollencourt 60 ... 39 H1
Olley 54 ... 45 E5
Ollezy 02 ... 24 A3
Ollières 55 ... 44 D3
Les Ollières 74 ... 215 H2
Ollières 83 ... 306 D5
Les Ollières-sur-Eyrieux 07 ... 266 D1
Olliergues 63 ... 228 D1
Ollioules 83 ... 327 H4
Olloix 63 ... 227 G2
Les Olmes 69 ... 212 C4
Olmet 63 ... 228 D1
Olmet-et-Villecun 34 ... 301 H3
Olmeta-di-Capocorso 2B . 345 F3
Olmeta-di-Tuda 2B ... 345 F5
Olmeto 2A ... 348 D5
Olmi-Cappella 2B ... 346 D2
Olmiccia 2A ... 349 E5
Olmo 2B ... 347 G2
Olonne-sur-Mer 85 ... 182 A1
Olonzac 34 ... 320 C4
Oloron-Sainte-Marie 64 ... 331 H1
Ols-et-Rinhodes 12 ... 261 F5
Oltingue 68 ... 143 G4
Olwisheim 67 ... 68 D5
Omaha Beach 14 ... 32 D2
Omblèze 26 ... 250 A5
Omécourt 60 ... 21 G5
Omelmont 54 ... 94 D2
Les Omergues 04 ... 286 D3
Omerville 95 ... 37 F5
Omessa 2B ... 347 F4
Omet 33 ... 256 B3
Omex 65 ... 332 D1
Omey 51 ... 62 C3
Omicourt 08 ... 27 E4
Omiécourt 80 ... 23 F3
Omissy 02 ... 24 B2
Omméel 61 ... 54 C4
Ommeray 57 ... 67 E5
Ommoy 61 ... 54 A3
Omont 08 ... 26 D5
Omonville 76 ... 20 A3
Omonville-la-Petite 50 ... 28 C2
Omonville-la-Rogue 50 ... 28 D2
Omps 15 ... 243 H5
Oms 66 ... 342 D3
Onans 25 ... 142 A4
Onard 40 ... 293 F2
Onay 70 ... 161 F2
Oncieu 01 ... 214 B3
Oncourt 88 ... 95 F5
Oncy-sur-École 91 ... 88 A4
Ondefontaine 14 ... 53 E1
Ondes 31 ... 297 G3
Ondres 40 ... 292 A4
Ondreville-sur-Essonne 45 ... 111 H2
Onesse-Laharie 40 ... 272 C4
Onet-le-Château 12 ... 280 D1
Oneux 80 ... 11 H3
Ongles 04 ... 287 E4
Onglières 39 ... 180 A3
Onival 80 ... 10 D3
Onjon 10 ... 91 F4
Onlay 58 ... 176 A2
Onnaing 59 ... 9 H5
Onnion 74 ... 198 B5
Onoz 39 ... 196 C2
Ons-en-Bray 60 ... 37 H2
Ontex 73 ... 215 E5
Onville 54 ... 65 F2
Onvillers 80 ... 23 E5
Onzain 41 ... 152 D1
Oô 31 ... 334 A4
Oost-Cappel 59 ... 4 A3
Opio 06 ... 309 E3
Opme 63 ... 227 H1
Opoul-Périllos 66 ... 338 D4
Oppède 84 ... 305 G2
Oppède-le-Vieux 84 ... 305 F2
Oppedette 04 ... 286 D5
Oppenans 70 ... 141 G4
Oppy 62 ... 13 H2
Optevoz 38 ... 214 A5
Or *Mont d'* 25 ... 180 C4
Oraàs 64 ... 311 H3
Oradour 15 ... 245 F5
Oradour 16 ... 202 D4
Oradour-Fanais 16 ... 204 D2
Oradour-Saint-Genest 87 .. 187 H5
Oradour-sur-Glane 87 ... 205 F4
Oradour-sur-Vayres 87 ... 222 D1
Orain 21 ... 139 H5
Orainville 02 ... 41 G2
Oraison 04 ... 287 G5
Orange 84 ... 285 F3
Orbagna 39 ... 196 B1
Orbais-l'Abbaye 51 ... 61 E2
Orban 81 ... 299 F2
Orbec 14 ... 55 E1
Orbeil 63 ... 228 A3
Orbessan 32 ... 296 B5
Orbey 68 ... 120 D2
Orbigny 37 ... 152 D4
Orbigny-au-Mont 52 ... 139 H2
Orbigny-au-Val 52 ... 139 H2
Orbois 14 ... 33 E5
L'Orbrie 85 ... 184 B2
Orçay 41 ... 154 C4
Orcemont 78 ... 86 D2
Orcenais 18 ... 173 E5
Orcet 63 ... 227 H1
Orcevaux 52 ... 139 G3
Orchaise 41 ... 131 H5
Orchamps 39 ... 161 F5
Orchamps-Vennes 25 ... 163 E5
Orches 86 ... 169 E3
Orchies 59 ... 9 E4
Orcier 74 ... 198 B4
Orcières 05 ... 270 A2
Orcinas 26 ... 267 H4
Orcines 63 ... 209 G5
Orcival 63 ... 227 F1
Orconte 51 ... 62 D5
Ordan-Larroque 32 ... 296 A3
Ordiarp 64 ... 331 E1
Ordizan 65 ... 333 F1
Ordonnac 33 ... 219 E5
Ordonnaz 01 ... 214 C4
Ore 31 ... 334 B2
Orègue 64 ... 311 G3
Oreilla 66 ... 341 H3
Orelle 73 ... 252 C1
Oresmaux 80 ... 22 B3
Orezza *Couvent d'* 2B ... 347 G3
Organ 65 ... 316 A4
Orgeans 25 ... 163 F3
Orgedeuil 16 ... 221 H1
Orgeix 09 ... 341 E2
Orgelet 39 ... 196 C2
Orgères 35 ... 104 B4
Orgères 61 ... 54 D4
Orgères-en-Beauce 28 ... 110 C3
Orgères-la-Roche 53 ... 83 E2
Orgerus 78 ... 57 F3
Orges 52 ... 116 C3
Orgeux 21 ... 160 B2
Orgeval 02 ... 41 E1
Orgeval 78 ... 57 H2
Orgibet 09 ... 334 D3
Orglandes 50 ... 29 F5
Orgnac *Aven d'* 07 ... 284 B1
Orgnac-l'Aven 07 ... 284 B2
Orgnac-sur-Vézère 19 ... 224 B5
Orgon 13 ... 305 F2
Orgueil 82 ... 297 H1
Oricourt 70 ... 141 G4
Orient *Forêt d'* 10 ... 91 G5
Orieux 65 ... 315 G5
Orignac 65 ... 333 F1
Origne 33 ... 255 G4
Origné 53 ... 106 A5
Orignolles 17 ... 238 C1
Origny 21 ... 138 B4
Origny-en-Thiérache 02 ... 25 G1
Origny-le-Butin 61 ... 84 B4
Origny-le-Roux 61 ... 84 A5
Origny-le-Sec 10 ... 90 B3
Origny-Sainte-Benoite 02 ... 24 C2
Orin 64 ... 313 G4
Orincles 65 ... 333 E1
Oriocourt 57 ... 66 C3
Oriol-en-Royans 26 ... 250 A4
Oriolles 16 ... 220 C5
Orion 64 ... 313 F2
Oris-en-Rattier 38 ... 251 F4
Orist 40 ... 292 C4
Orival 16 ... 239 E1
Orival 76 ... 36 A3
Orival 80 ... 21 G3
Orléans 45 ... 133 E2
Orléat 63 ... 210 B4
Orleix 65 ... 315 F5

Orliac *24* ... 259 F 2
Orliac-de-Bar *19* ... 224 D 5
Orliaguet *24* ... 241 H 5
Orliénas *69* ... 230 D 1
Orlu *09* ... 341 E 2
Orlu *28* ... 87 E 5
Orly *94* ... 58 C 4
Orly-sur-Morin *77* ... 60 A 3
Ormancey *52* ... 117 E 5
Ormeaux *77* ... 59 H 5
Ormenans *70* ... 162 B 1
Ormersviller *57* ... 48 B 5
Ormes *10* ... 91 E 2
Ormes *27* ... 56 A 1
Ormes *45* ... 110 D 5
Ormes *51* ... 41 G 4
Ormes *71* ... 195 F 1
Les Ormes *86* ... 169 H 2
Les Ormes *89* ... 135 H 2
Ormes-et-Ville *54* ... 94 D 3
Les Ormes-sur-Voulzie *77* ... 89 F 3
Ormesson *77* ... 112 B 2
Ormesson-sur-Marne *94* ... 58 D 4
Ormoiche *70* ... 141 F 2
Ormoy *28* ... 86 A 2
Ormoy *70* ... 118 C 5
Ormoy *89* ... 114 A 5
Ormoy *91* ... 88 A 2
Ormoy-la-Rivière *91* ... 87 F 4
Ormoy-le-Davien *60* ... 39 G 4
Ormoy-lès-Sexfontaines *52* ... 116 D 2
Ormoy-sur-Aube *52* ... 116 B 4
Ormoy-Villers *60* ... 39 F 4
Ornacieux *38* ... 231 H 4
Ornaisons *11* ... 320 D 5
Ornans *25* ... 162 B 5
Ornel *55* ... 44 D 4
Ornes *55* ... 44 C 4
Ornex *01* ... 197 G 4
Ornézan *32* ... 296 B 5
Orniac *46* ... 260 C 4
Ornolac-Ussat-les-Bains *09* ... 336 B 4
Ornon *38* ... 251 F 3
Ornon *Col d' 38* ... 251 F 3
Orny *57* ... 65 H 2
Oroër *60* ... 38 A 1
Oroix *65* ... 314 D 4
Oron *57* ... 66 C 3
Oroux *79* ... 168 B 5
Orphin *78* ... 86 D 2
Orpierre *05* ... 287 E 1
Orquevaux *52* ... 93 F 5
Les Orres *05* ... 270 C 4
Orret *21* ... 138 C 5
Orriule *64* ... 313 F 2
Orrouer *28* ... 85 H 4
Orrouy *60* ... 39 G 3
Orry-la-Ville *60* ... 38 D 5
Ors *59* ... 15 E 4
Orsan *30* ... 284 D 3
Orsanco *64* ... 311 G 4
Orsans *11* ... 319 E 5
Orsans *25* ... 162 C 3
Orsay *91* ... 58 B 5
Orschwihr *68* ... 120 D 4
Orschwiller *67* ... 97 E 5
Orsennes *36* ... 189 E 3
Orsinval *59* ... 15 E 2
Orsonnette *63* ... 228 A 4
Orsonville *78* ... 86 D 3
Ortaffa *66* ... 343 F 3
Ortale *2B* ... 347 G 4
Orthevielle *40* ... 292 D 5
Orthez *64* ... 293 G 5
Orthoux-Sérignac-Quilhan *30* ... 303 E 1
Ortillon *10* ... 91 F 3
Ortiporio *2B* ... 347 G 3
Orto *2A* ... 348 D 1
Orval-sur-Sienne *88* ... 95 G 4
Orus *09* ... 336 A 5
Orval *18* ... 173 F 5
Orval *50* ... 51 G 1
Orvault *44* ... 147 G 3
Orvaux *27* ... 56 A 2
Orve *25* ... 163 E 2
Orveau *91* ... 87 G 4
Orveau-Bellesauve *45* ... 111 H 2
Orville *21* ... 139 F 5
Orville *36* ... 154 A 5
Orville *45* ... 111 H 2
Orville *61* ... 54 D 3
Orville *62* ... 12 D 4
Orvillers-Sorel *60* ... 23 E 5
Orvilliers *78* ... 57 F 3
Orvilliers-Saint-Julien *10* ... 90 C 4
Orx *40* ... 292 B 4
Os-Marsillon *64* ... 313 H 2
Osani *2A* ... 346 A 4
Osches *55* ... 63 H 1
Osenbach *68* ... 120 D 4
Oslon *71* ... 177 H 4
Osly-Courtil *02* ... 40 A 2
Osmanville *14* ... 32 B 2
Osmery *18* ... 173 G 3
Osmets *65* ... 315 G 4
Osmoy *18* ... 173 F 1
Osmoy *78* ... 57 F 3
Osmoy-Saint-Valery *76* ... 20 C 3
Osne-le-Val *52* ... 93 E 3
Osnes *08* ... 27 G 4
Osny *95* ... 58 A 1
L'Ospédale *2A* ... 351 F 2
Osquich *Col d' 64* ... 311 G 5
Ossages *40* ... 293 F 5
Ossas-Suhare *64* ... 331 E 1
Osse *25* ... 162 B 3
Ossé *35* ... 104 D 3
Osse-en-Aspe *64* ... 331 H 3
Osséja *66* ... 341 F 5
Osselle *Grottes d' 25* ... 161 G 5
Osselle-Routelle *25* ... 161 G 5
Ossen *65* ... 332 D 1
Ossenx *64* ... 313 F 3
Osserain-Rivareyte *64* ... 311 H 4
Ossès *64* ... 311 E 5
Ossey-les-Trois-Maisons *10* ... 90 B 4
Ossun *65* ... 314 D 5
Ossun-ez-Angles *65* ... 333 E 1
Ostabat-Asme *64* ... 311 G 5
Ostel *02* ... 40 D 2
Ostheim *68* ... 121 E 2
Osthoffen *67* ... 97 F 1
Osthouse *67* ... 97 G 3
Ostreville *62* ... 7 G 5
Ostricourt *59* ... 8 D 4
Ostwald *67* ... 97 H 1
Ota *2A* ... 346 B 5
Othe *54* ... 44 B 2
Othis *77* ... 59 E 1
Ottange *57* ... 45 F 2
Ottersthal *67* ... 68 B 4
Otterswiller *67* ... 68 B 4
Ottmarsheim *68* ... 143 G 1
Ottonville *57* ... 46 C 4
Ottrott *67* ... 97 E 2
Ottwiller *67* ... 68 A 3
Ouagne *58* ... 157 E 2
Ouainville *76* ... 19 F 3
Ouanne *89* ... 136 A 4
Ouarville *28* ... 86 D 5
Les Oubeaux *14* ... 32 B 3
Ouchamps *41* ... 153 E 2
Ouches *42* ... 211 G 3
Oucques *41* ... 132 A 3
Oudalle *76* ... 34 D 1
Oudan *58* ... 156 D 3
Oudeuil *60* ... 21 H 5
Oudezeele *59* ... 3 H 4
Oudincourt *52* ... 116 D 2
Oudon *44* ... 148 A 2
Oudrenne *57* ... 46 B 3
Oudry *71* ... 193 H 1
Oueilloux *65* ... 315 F 5
Ouerre *28* ... 56 D 5
Ouessant *Île d' 29* ... 74 A 1
Ouézy *14* ... 34 A 5
Ouffières *14* ... 53 F 1
Ouge *70* ... 140 B 2
Ouges *21* ... 160 A 4
Ougney *39* ... 161 F 4
Ougney-Douvot *25* ... 162 C 2
Ougny *58* ... 175 G 1
Ouhans *25* ... 180 C 1
Ouides *43* ... 247 E 5
Ouillat *Col de l' 66* ... 343 F 4
Ouillon *64* ... 314 C 3
Ouilly-du-Houley *14* ... 34 D 5
Ouilly-le-Tesson *14* ... 53 H 1
Ouilly-le-Vicomte *14* ... 34 C 4
Ouistreham-Riva-Bella *14* ... 33 H 3
Oulches *36* ... 188 B 1
Oulches-la-Vallée-Foulon *02* ... 41 E 2
Oulchy-la-Ville *02* ... 40 B 4
Oulchy-le-Château *02* ... 40 B 4
Oulins *28* ... 56 D 3
Oulles *38* ... 251 F 3
Oullins *69* ... 231 E 1
Oulmes *85* ... 184 C 3
Oulon *58* ... 157 E 5
Ounans *39* ... 179 F 1
Oupia *34* ... 320 C 4
Our *39* ... 161 F 5
Ourcel-Maison *60* ... 22 B 5
Ourches *26* ... 267 G 1
Ourches-sur-Meuse *55* ... 94 A 1
Ourde *65* ... 334 A 3
Ourdis-Cotdoussan *65* ... 333 E 2
Ourdon *65* ... 333 E 2
Ourouër *58* ... 174 D 1
Ourouer-les-Bourdelins *18* ... 173 H 3
Ouroux *69* ... 194 C 5
Ouroux-en-Morvan *58* ... 158 A 5
Ouroux-sous-le-Bois-Sainte-Marie *71* ... 194 A 4
Ouroux-sur-Saône *71* ... 178 A 5
Oursbelille *65* ... 315 E 4
Ourscamps *Abbaye d' 60* ... 39 G 1
Les Oursinières *83* ... 328 B 5
Ourtigas *Col de l' 34* ... 301 E 4
Ourton *62* ... 7 H 4
Ourville-en-Caux *76* ... 19 F 3
Ousse *64* ... 314 C 4
Ousse-Suzan *40* ... 273 F 5
Oussières *39* ... 179 E 2
Ousson-sur-Loire *45* ... 134 D 5
Oussoy-en-Gâtinais *45* ... 134 C 2
Oust *09* ... 335 G 4
Oust-Marest *80* ... 10 D 4
Ousté *65* ... 333 E 1
Outarville *45* ... 111 E 2
Outines *51* ... 92 A 2
Outreau *62* ... 6 A 2
Outrebois *80* ... 12 C 3
Outremécourt *52* ... 118 A 2
Outrepont *51* ... 62 D 4
Outriaz *01* ... 214 C 2
Outtersteene *59* ... 4 A 5
Ouvans *25* ... 162 D 3
Ouve-Wirquin *62* ... 7 E 2
Ouveillan *11* ... 321 E 4
Ouville *50* ... 51 H 1
Ouville-la-Bien-Tournée *14* ... 54 A 1
Ouville-la-Rivière *76* ... 20 A 2
Ouville-l'Abbaye *76* ... 19 H 4
Ouvrouer-les-Champs *45* ... 133 H 3
Ouzilly *86* ... 169 F 4
Ouzilly-Vignolles *86* ... 168 C 3
Ouzouer-des-Champs *45* ... 134 C 2
Ouzouer-le-Doyen *41* ... 109 H 5
Ouzouer-le-Marché *41* ... 132 C 2
Ouzouer-sous-Bellegarde *45* ... 112 A 5
Ouzouer-sur-Loire *45* ... 134 B 3
Ouzouer-sur-Trézée *45* ... 134 D 4
Ouzous *65* ... 332 D 2
Ovanches *70* ... 140 D 4
Ovillers-la-Boisselle *80* ... 13 F 5
Oxelaëre *59* ... 3 H 5
Oxocelhaya et Isturits *Grottes d' 64* ... 311 F 4
Oyé *71* ... 193 H 4
Oye-et-Pallet *25* ... 180 C 3
Oye-Plage *62* ... 3 E 3
Oyes *51* ... 61 E 4
Oyeu *38* ... 232 B 4
Oyonnax *01* ... 196 C 5
Oyré *86* ... 169 H 3
Oyrières *70* ... 140 A 5
Oysonville *28* ... 87 E 4
Oytier-Saint-Oblas *38* ... 231 G 2
Oz *38* ... 251 G 2
Ozan *01* ... 195 F 3
Oze *05* ... 269 E 4
Ozenay *71* ... 195 E 2
Ozenx *64* ... 313 F 2
Ozerailles *54* ... 45 E 4
Ozeville *50* ... 29 G 4
Ozières *52* ... 117 G 2
Ozillac *17* ... 219 H 4
Ozoir-la-Ferrière *77* ... 59 E 4
Ozoir-le-Breuil *28* ... 110 A 5
Ozolles *71* ... 194 A 4
Ozon *07* ... 249 E 2
Ozon *65* ... 315 G 5
Ozouer-le-Repos *77* ... 88 D 2
Ozouer-le-Voulgis *77* ... 59 F 5
Ozourt *40* ... 293 F 3

P

Paars *02* ... 40 D 3
Pabu *22* ... 73 E 5
La Pacaudière *42* ... 211 F 1
Pacé *35* ... 104 A 2
Pacé *61* ... 83 F 3
Pact *38* ... 231 G 5
Pacy-sur-Armançon *89* ... 137 F 3
Pacy-sur-Eure *27* ... 56 D 1
Padern *11* ... 338 B 4
Padiès *81* ... 280 B 5
Padirac *46* ... 260 D 1
Padirac *Gouffre de 46* ... 260 D 1
Padoux *88* ... 95 G 5
Pageas *87* ... 223 E 1
Pagney *39* ... 161 F 3
Pagney-derrière-Barine *54* ... 65 F 5
Pagnoz *39* ... 179 G 2
Pagny-la-Blanche-Côte *55* ... 94 A 2
Pagny-la-Ville *21* ... 178 B 1
Pagny-le-Château *21* ... 178 B 1
Pagny-lès-Goin *57* ... 65 H 2
Pagny-sur-Meuse *55* ... 94 A 1
Pagny-sur-Moselle *54* ... 65 G 2
Pagolle *64* ... 311 H 5
Pailhac *65* ... 333 H 3
Pailharès *07* ... 248 C 3
Pailhères *Port de 09* ... 337 E 5
Pailherols *15* ... 244 D 5
Pailhès *09* ... 335 H 1
Pailhès *34* ... 321 G 2
Paillart *60* ... 22 C 4
Paillé *17* ... 202 B 3
Paillencourt *59* ... 14 B 3
Paillet *33* ... 255 H 2
Pailloles *47* ... 258 B 5
Le Pailly *52* ... 139 H 3
Pailly *89* ... 89 G 5
Paimbœuf *44* ... 146 D 3
Paimpol *22* ... 73 F 3
Paimpont *35* ... 103 F 3
Pain de Sucre *14* ... 53 F 2
Painblanc *21* ... 159 F 5
Pair-et-Grandrupt *88* ... 96 B 5
Pairis *68* ... 120 C 2
Paissy *02* ... 41 E 2
Paisy-Cosdon *10* ... 114 B 2
Paizay-le-Chapt *79* ... 202 C 2
Paizay-le-Sec *86* ... 187 F 1
Paizay-le-Tort *79* ... 202 C 1
Paizay-Naudouin *16* ... 203 E 2
Pajay *38* ... 231 H 5
le Pal *Parc d'attractions et animalier 03* ... 192 D 2
Paladru *38* ... 232 C 3
Palagaccio *2B* ... 345 G 4
Palaggiu *Alignements de 2A* ... 350 D 3
Palairac *11* ... 338 B 3
Le Palais *56* ... 144 B 4
Le Palais-sur-Vienne *87* ... 205 H 4
Palaiseau *91* ... 58 B 5
Palaiseul *52* ... 139 H 3
Palaja *11* ... 319 H 5
Palaminy *31* ... 317 E 5
Palante *70* ... 142 A 3
Palantine *25* ... 161 H 5
Palasca *2B* ... 344 D 5
Palau-de-Cerdagne *66* ... 341 F 5
Palau-del-Vidre *66* ... 343 F 3
Palavas-les-Flots *34* ... 303 E 5
Palazinges *19* ... 242 D 2
Paley *77* ... 112 D 2
Paleyrac *24* ... 259 E 1
Palhers *48* ... 264 A 4
Palinges *71* ... 193 H 2
Pâlis *10* ... 90 B 5
Palise *25* ... 162 A 2
Palisse *19* ... 225 H 4
Palladuc *63* ... 210 D 4
Pallanne *32* ... 295 G 5
Palleau *71* ... 178 A 2
Pallegney *88* ... 95 F 5
Le Pallet *44* ... 148 A 5
Palleville *81* ... 319 E 2
La Pallice *17* ... 200 B 1
La Pallu *53* ... 82 D 3
Palluau *85* ... 165 G 3
Palluau-sur-Indre *36* ... 171 E 2
Palluaud *16* ... 221 F 5
Pallud *73* ... 234 A 1
Palluel *62* ... 14 A 2
Palmas d'Aveyron *12* ... 281 F 1
La Palme *11* ... 339 E 3
La Palmyre *17* ... 218 B 1
Palneca *2A* ... 349 F 3
Palogneux *42* ... 229 F 1
Palombaggia *Plage de 2A* ... 351 G 3
La Palud-sur-Verdon *04* ... 307 H 2
Paluden *29* ... 70 C 4
Paluel *76* ... 19 F 2
Pamfou *77* ... 88 D 4
Pamiers *09* ... 336 B 1
Pampelonne *81* ... 279 H 4
Pamplie *79* ... 184 D 2
Pamproux *79* ... 185 G 3
Panassac *32* ... 316 A 3
Panazol *87* ... 205 H 5
Pancé *35* ... 104 B 5
Pancheraccia *2B* ... 347 G 5
Pancy-Courtecon *02* ... 40 D 1
Pandrignes *19* ... 243 E 2
Pange *57* ... 66 B 1
Panges *21* ... 159 G 2
Panilleuse *27* ... 37 E 5
Panissage *38* ... 232 B 3
Panissières *42* ... 212 A 5
Panjas *32* ... 294 D 2
Panlatte *27* ... 56 A 4
Pannecé *44* ... 148 B 1
Pannecières *45* ... 87 F 5
Pannes *45* ... 112 B 4
Pannes *54* ... 65 E 3
Pannesière-Chaumard *Barrage de 58* ... 157 H 5
Pannessières *39* ... 179 F 5
Panon *72* ... 84 A 5
Panossas *38* ... 231 H 1
La Panouse *48* ... 264 D 2
Pansey *52* ... 93 F 3
Pantin *93* ... 58 C 3
Panzoult *37* ... 151 F 5
Papleux *02* ... 15 G 5
La Pâquelais *44* ... 147 F 2
Paradou *13* ... 304 C 3
Paramé *35* ... 50 C 5
Parassy *18* ... 155 F 4
Parata *2B* ... 347 G 3
Parata *Pointe de la 2A* ... 348 B 4
Paray-Douaville *78* ... 86 D 4
Paray-le-Frésil *03* ... 192 C 1
Paray-le-Monial *71* ... 193 G 3
Paray-sous-Briailles *03* ... 192 B 5
Paray-Vieille-Poste *91* ... 58 C 5
Paraza *11* ... 320 D 4
Parbayse *64* ... 313 H 3
Parc-d'Anxtot *76* ... 19 E 5
Parçay-les-Pins *49* ... 150 D 2
Parçay-Meslay *37* ... 152 A 2
Parçay-sur-Vienne *37* ... 151 G 5
Parcé *35* ... 81 E 5
Parcé-sur-Sarthe *72* ... 129 F 2
Parcey *39* ... 179 E 1
Parcieux *01* ... 213 E 4
Parcoul-Chenaud *24* ... 239 E 2
Le Parcq *62* ... 7 E 5
Parcy-et-Tigny *02* ... 40 B 4
Pardailhan *34* ... 320 D 2
Pardaillan *47* ... 257 F 3
Pardies *64* ... 313 H 3
Pardies-Piétat *64* ... 314 B 5
Pardines *63* ... 227 H 3
Paréac *65* ... 333 E 1
Pareid *55* ... 64 D 1
Parempuyre *33* ... 237 F 4
Parennes *72* ... 107 E 3
Parent *63* ... 228 A 2
Parentignat *63* ... 228 A 3
Parentis-en-Born *40* ... 272 D 1
Parenty *62* ... 6 C 3
Parey-Saint-Césaire *54* ... 94 C 2
Parey-sous-Montfort *88* ... 94 C 5
Parfondeval *02* ... 25 H 3
Parfondeval *61* ... 84 B 3
Parfondru *02* ... 41 E 1
Parfondrupt *55* ... 44 D 5
Parfouru-l'Éclin *14* ... 32 D 5
Parfouru-sur-Odon *14* ... 33 E 5
Pargnan *02* ... 41 E 2
Pargny *80* ... 23 G 3
Pargny-Filain *02* ... 40 D 1
Pargny-la-Dhuys *02* ... 60 D 2
Pargny-les-Bois *02* ... 24 D 3
Pargny-lès-Reims *51* ... 41 F 4
Pargny-Resson *08* ... 42 B 1
Pargny-sous-Mureau *88* ... 93 H 4
Pargny-sur-Saulx *51* ... 63 E 4
Pargues *10* ... 115 F 4
Parignargues *30* ... 303 G 1
Parigné *35* ... 81 F 3
Parigné-le-Pôlin *72* ... 129 H 2
Parigné-l'Évêque *72* ... 108 A 5
Parigné-sur-Braye *53* ... 82 B 5
Parigny *42* ... 211 G 3
Parigny *50* ... 81 G 2
Parigny-la-Rose *58* ... 157 E 3
Parigny-les-Vaux *58* ... 174 C 1
Pariou *Puy de 63* ... 209 G 5
Paris *75* ... 58 C 3
Paris-Charles-de-Gaulle *Aéroport 95* ... 58 D 1
Paris-l'Hôpital *71* ... 177 F 2
Paris-Orly *Aéroport de 91* ... 58 C 5
Parisot *81* ... 298 D 2
Parisot *82* ... 279 E 2
Parlan *15* ... 261 G 1
Parleboscq *40* ... 274 D 5
Parly *89* ... 135 H 3
Parmain *95* ... 38 B 5
Parmilieu *38* ... 214 A 4
Parnac *36* ... 188 C 3
Parnac *46* ... 259 H 5
Parnans *26* ... 249 H 2
Parnay *18* ... 173 G 3
Parnay *49* ... 150 C 4
Parné-sur-Roc *53* ... 106 A 4
Parnes *60* ... 37 F 4
Parnot *52* ... 117 H 4
Les Paroches *55* ... 64 C 3
Parois *55* ... 43 G 5
Paron *89* ... 113 F 3
Paroy *25* ... 179 H 1
Paroy *77* ... 89 F 3
Paroy-en-Othe *89* ... 114 A 4
Paroy-sur-Saulx *52* ... 93 E 3
Paroy-sur-Tholon *89* ... 113 H 5
Parpeçay *36* ... 153 H 4
Parpeville *02* ... 24 C 3
Parranquet *47* ... 258 D 3
Parroy *54* ... 66 D 5
Pars-lès-Chavanges *10* ... 91 H 3
Pars-lès-Romilly *10* ... 90 B 3
Parsac *33* ... 238 D 5
Parsac-Rimondeix *23* ... 207 G 1
Parthenay *79* ... 168 A 5
Parthenay-de-Bretagne *35* ... 104 A 2
Partinello *2A* ... 346 B 4
Parux *54* ... 96 B 2
Parves-et-Nattages *01* ... 214 D 5
Parville *27* ... 56 B 1
Parvillers-le-Quesnoy *80* ... 23 F 3
Parzac *16* ... 203 H 3
Les Pas *50* ... 51 G 5
Le Pas *53* ... 82 A 3
Pas-de-Jeu *79* ... 168 C 2
Pas de la Graille *04* ... 287 F 3
Pas de l'Echelle *74* ... 197 G 5
Pas de l'Ours *11* ... 336 D 4
Pas-des-Lanciers *13* ... 326 C 1
Pas-en-Artois *62* ... 13 E 4
Le Pas-Saint-l'Homer *61* ... 85 E 3
Pasciolo *Fort de 2B* ... 347 E 5
Pasilly *89* ... 137 F 4
Paslières *63* ... 210 C 4
Pasly *02* ... 40 B 2
Pasques *21* ... 159 H 2
Le Pasquier *39* ... 179 H 3
Passa *66* ... 343 E 3
Le Passage *38* ... 232 C 3
Le Passage *47* ... 276 B 3
Passais *61* ... 82 A 2
Passavant *25* ... 162 C 3
Passavant-en-Argonne *51* ... 63 F 1
Passavant-la-Rochère *70* ... 118 C 4
Passavant-sur-Layon *49* ... 149 H 5
Passay *44* ... 147 G 5
Passel *60* ... 23 G 5
Passenans *39* ... 179 F 4
Passin *01* ... 214 D 3
Passins *38* ... 232 B 1
Passirac *16* ... 220 D 5
Passonfontaine *25* ... 162 D 5
Passy *71* ... 194 C 2
Passy *74* ... 216 C 3
Passy *89* ... 113 G 3
Passy-en-Valois *02* ... 40 A 5
Passy-Grigny *51* ... 41 E 5
Passy-sur-Marne *02* ... 60 D 1
Passy-sur-Seine *77* ... 89 G 4
Pastricciola *2A* ... 348 D 1
Patay *45* ... 110 C 4
Patornay *39* ... 196 D 1
Patrimonio *2B* ... 345 F 4
Pau *64* ... 314 B 5
Paucourt *45* ... 112 C 4
Paudy *36* ... 172 B 1
Paugnat *63* ... 209 G 4
Pauilhac *32* ... 296 B 1
Pauillac *33* ... 237 E 1
Paule *22* ... 77 E 4
Paulhac *15* ... 245 F 4
Paulhac *31* ... 298 A 3
Paulhac *43* ... 246 B 1
Paulhac-en-Margeride *48* ... 246 B 5
Paulhaguet *43* ... 246 C 2

Paulhan 34 ... 302 A5
Paulhe 12 ... 281 H3
Paulhenc 15 ... 245 F5
Paulhiac 47 ... 258 D4
Pauliac *Puy de* 19 ... 242 D2
Pauligne 11 ... 337 F1
Paulin 24 ... 241 H4
La Pauline 83 ... 328 B4
Paulinet 81 ... 300 A2
Paulmy 37 ... 170 A2
Paulnay 36 ... 170 D3
Paulx 44 ... 165 F1
Paunat 24 ... 240 D5
Pause *Col de* 09 ... 335 F5
Paussac-et-Saint-Vivien 24 ... 222 B5
Pautaines-Augeville 52 ... 93 F4
Pauvres 08 ... 42 B2
Pavant 02 ... 60 B2
Pavezin 42 ... 230 D4
Pavie 32 ... 296 B4
Pavillon *Col du* 69 ... 212 A2
Le Pavillon-Sainte-Julie 10 ... 90 C4
Les Pavillons-sous-Bois 93 ... 58 D3
Pavilly 76 ... 20 A5
Pavin *Lac* 63 ... 227 F3
Payns 10 ... 90 D4
Payra-sur-l'Hers 11 ... 318 D4
Payrac 46 ... 260 B1
Payré 86 ... 186 A4
Payrignac 46 ... 259 H2
Payrin-Augmontel 81 ... 319 H2
Payros-Cazautets 40 ... 294 B4
Payroux 86 ... 186 C5
Payssous 31 ... 334 B2
Payzac 07 ... 265 H5
Payzac 24 ... 223 G5
Pazayac 24 ... 241 H3
Paziols 11 ... 338 C4
Pazy 58 ... 157 G4
Le Péage 38 ... 231 G2
Le Péage-de-Roussillon 38 ... 231 E5
Péas 51 ... 61 E4
Peaugres 07 ... 249 E1
Péaule 56 ... 125 E4
Péault 85 ... 183 E2
Pébées 32 ... 317 E2
Pébrac 43 ... 246 C4
Pech 09 ... 336 B5
Pech-Luna 11 ... 318 D5
Pech Merle *Grotte du* 46 ... 260 C4
Péchabou 31 ... 318 A2
Pécharic-et-le-Py 11 ... 318 D5
Péchaudier 81 ... 299 E5
Pechbonnieu 31 ... 298 A3
Pechbusque 31 ... 298 A5
Le Pêchereau 36 ... 188 D1
Pécorade 40 ... 294 B4
Le Pecq 78 ... 58 A3
Pecquencourt 59 ... 9 E5
Pecqueuse 91 ... 87 F2
Pécy 77 ... 59 H5
Pédernec 22 ... 72 D5
Pégairolles-de-Buèges 34 ... 302 B2
Pégairolles-de-l'Escalette 34 ... 301 H2
Pégomas 06 ... 309 E4
Le Pègue 26 ... 267 G5
Péguilhan 31 ... 316 C4
Peigney 52 ... 139 G2
Peillac 56 ... 125 G3
Peille 06 ... 291 G5
Peillon 06 ... 291 F5
Peillonnex 74 ... 216 A1
Peintre 39 ... 161 E4
Les Peintures 33 ... 238 D3
Peipin 04 ... 287 G3
Peïra-Cava 06 ... 291 F4
Peisey-Nancroix 73 ... 234 D2
Pel-et-Der 10 ... 91 G4
Pélissanne 13 ... 305 F4
Pellafol 38 ... 269 F1
Pelleautier 05 ... 269 G4
Pellefigue 32 ... 316 C2
Pellegrue 33 ... 257 E2
Pelleport 31 ... 297 F3
Pellerey 21 ... 159 G1
Le Pellerin 44 ... 147 F4
La Pellerine 49 ... 150 D1
La Pellerine 53 ... 81 G5
Pellevoisin 36 ... 171 F2
Pellouailles-les-Vignes 49 ... 149 H1
Pelonne 26 ... 268 B5
Pelouse 48 ... 264 D4
Pelousey 25 ... 161 H3
Peltre 57 ... 65 H1
Pélussin 42 ... 230 D4
Pelves 62 ... 13 H2
Pelvoux 05 ... 252 C5
Pelvoux *Belvédère du* 05 ... 252 C5
Pen-Guen 22 ... 50 A5
Pen-Lan *Pointe de* 56 ... 124 D5
Penchard 77 ... 59 G2
Pencran 29 ... 75 G2
Pendé 80 ... 11 E3
Pendu *Col du* 07 ... 265 G3
Pénestin 56 ... 124 D5
Penguily 22 ... 78 D4
Penhir *Pointe de* 29 ... 74 D4
Penhors 29 ... 99 E3
Penin 62 ... 13 E2
Penly 76 ... 10 C5
Penmarch 29 ... 99 F5
Pennautier 11 ... 319 H5
La Penne 06 ... 289 G5
Penne 81 ... 278 D4
Penne-d'Agenais 47 ... 276 D1
La Penne-sur-Huveaune 13 ... 327 F3
La Penne-sur-l'Ouvèze 26 ... 286 A2
Pennedepie 14 ... 34 C2
Pennes-le-Sec 26 ... 268 A3
Les Pennes-Mirabeau 13 ... 326 D1
Pennesières 70 ... 162 A1
Penol 38 ... 231 H4
Pensol 87 ... 222 D2
Penta-Acquatella 2B ... 347 G2
Penta-di-Casinca 2B ... 347 G2
Penthièvre 56 ... 123 H4
Pentrez-Plage 29 ... 75 F4
Penvénan 22 ... 72 D2
Penvins *Pointe de* 56 ... 124 C5
Péone 06 ... 289 F3
Pépieux 11 ... 320 C4
Pérassay 36 ... 189 H3
Peray 72 ... 108 A2
Perceneige 89 ... 89 H5
Percey 89 ... 114 C5
Percey-le-Grand 70 ... 139 H5
Percey-le-Pautel 52 ... 139 G3
Percey-sous-Montormentier 52 ... 139 G5
Le Perchay 95 ... 37 H5
La Perche 18 ... 190 D1
Perchède 32 ... 294 D2
Le Percy 38 ... 268 D1
Percy-en-Auge 14 ... 54 A1
Percy-en-Normandie 50 ... 52 A2
Perdreauville 78 ... 57 F2
Perdrix *Crêt de la* 42 ... 230 C5
Péré 17 ... 201 E1
Péré 65 ... 333 G1
Péréandre *Roche* 07 ... 248 D1
Péreille 09 ... 336 C3
Perelli 2B ... 347 G4
Pérenchies 59 ... 8 C2
Péret 34 ... 301 H5
Péret-Bel-Air 19 ... 225 F4
Péreuil 16 ... 220 D3
Péreyres 07 ... 266 A1
Pergain-Taillac 32 ... 276 B4
Peri 2A ... 348 D2
Le Périer 38 ... 251 F4
Périers 50 ... 31 G4
Périers-en-Auge 14 ... 34 A3
Périers-sur-le-Dan 14 ... 33 G3
Pérignac 16 ... 221 E4
Pérignac 17 ... 219 H2
Pérignat-lès-Sarliève 63 ... 227 H1
Pérignat-sur-Allier 63 ... 228 A1
Périgné 79 ... 202 C1
Périgneux 42 ... 229 H4
Périgny 03 ... 192 C5
Périgny 14 ... 53 E2
Périgny 17 ... 200 C1
Périgny 41 ... 131 H4
Périgny 94 ... 58 D5
Périgny-la-Rose 10 ... 90 A3
Périgueux 24 ... 240 C2
Périllos 66 ... 338 D3
Périssac 33 ... 238 B3
Perles 02 ... 40 D3
Perles-et-Castelet 09 ... 336 C5
Pern 46 ... 277 H1
Pernand-Vergelesses 21 ... 177 H1
Pernant 02 ... 40 A2
Pernay 37 ... 151 G2
La Pernelle 50 ... 29 G3
Pernes 62 ... 7 G4
Pernes-lès-Boulogne 62 ... 2 B5
Pernes-les-Fontaines 84 ... 285 H5
Pernois 80 ... 12 C5
Pero *Plage de* 2A ... 348 A1
Pero-Casevecchie 2B ... 347 G3
Pérols 34 ... 303 E5
Pérols-sur-Vézère 19 ... 225 F3
Péron 01 ... 197 E5
Péronnas 01 ... 213 H1
Péronne 71 ... 195 E3
Péronne 80 ... 23 G1
Péronne-en-Mélantois 59 ... 9 E3
Péronville 28 ... 110 B4
Pérouges 01 ... 213 H4
La Pérouille 36 ... 171 F5
Pérouse 90 ... 142 C3
Pérouse *Rocher de la* 89 ... 158 A3
Péroy-les-Gombries 60 ... 39 F5
Perpezac-le-Blanc 19 ... 241 H2
Perpezac-le-Noir 19 ... 224 C5
Perpezat 63 ... 227 E1
Perpignan 66 ... 343 E2
Les Perques 50 ... 29 E5
Perquie 40 ... 294 C1
Perrancey-les-Vieux-Moulins 52 ... 139 G2
Le Perray-en-Yvelines 78 ... 57 G5
Perrecy-les-Forges 71 ... 193 H1
La Perrena 39 ... 180 A5
Le Perréon 69 ... 212 C2
Perret 22 ... 77 G5
Perreuil 71 ... 177 F4
Perreuse 89 ... 156 C1
Perreux 42 ... 211 H2
Perreux 89 ... 135 G2
Le Perreux-sur-Marne 94 ... 58 D3
Perrex 01 ... 195 F5
Perrier 63 ... 227 H3
Le Perrier 85 ... 164 D3
La Perrière 61 ... 84 B4
La Perrière 73 ... 234 C3
Perrières 14 ... 54 A2
Perriers-en-Beauficel 50 ... 52 B4
Perriers-la-Campagne 27 ... 35 G5
Perriers-sur-Andelle 27 ... 36 D2
Perrignier 74 ... 198 A4
Perrigny 39 ... 179 F5
Perrigny 89 ... 136 B3
Perrigny-lès-Dijon 21 ... 160 A4
Perrigny-sur-Armançon 89 ... 137 G4
Perrigny-sur-l'Ognon 21 ... 160 D3
Perrigny-sur-Loire 71 ... 193 E2
Perrogney 52 ... 139 F2
Le Perron 50 ... 32 C5
Perros-Guirec 22 ... 72 C2
Perrou 61 ... 82 B2
Perrouse 70 ... 162 A2
Perroy 58 ... 156 C2
Perruel 27 ... 36 D2
Perrusse 52 ... 117 G3
Perrusson 37 ... 170 C1
Pers 15 ... 243 H5
Pers 79 ... 185 H5
Pers-en-Gâtinais 45 ... 112 D3
Pers-Jussy 74 ... 215 H1
Persac 86 ... 187 E4
Persan 95 ... 38 B5
Perse *Église de* 12 ... 263 E4
Persquen 56 ... 101 G3
Pertain 80 ... 23 G3
Perthes 08 ... 42 A1
Perthes 52 ... 63 E5
Perthes 77 ... 88 A3
Perthes-lès-Brienne 10 ... 91 H4
Pertheville-Ners 14 ... 54 A3
Le Perthus 66 ... 343 E4
Le Pertre 35 ... 105 G4
Le Pertuis 43 ... 247 G3
Pertuis 84 ... 306 A3
Pertuis *Col du* 63 ... 210 D5
Le Pertuiset 42 ... 230 A4
Perty *Col de* 26 ... 286 C1
La Péruse 16 ... 204 B4
La Pérusse 04 ... 287 H3
Pervenchères 61 ... 84 B4
Perville 82 ... 276 D3
Pescadoires 46 ... 259 F5
Peschadoires 63 ... 210 C5
Le Pescher 19 ... 242 D3
Péseux 25 ... 163 F2
Peseux 39 ... 178 D1
Peslières 63 ... 228 C4
Pesmes 70 ... 161 E3
Pessac 33 ... 255 F1
Pessac-sur-Dordogne 33 ... 257 E1
Pessan 32 ... 296 B4
Pessans 25 ... 161 H5
Pessat-Villeneuve 63 ... 209 H4
La Pesse 39 ... 197 E4
Pessines 17 ... 201 F5
Pessoulens 32 ... 296 D2
Pesteils *Château de* 15 ... 244 D5
Petersbach 67 ... 68 A3
Le Petit-Abergement 01 ... 214 C2
Petit-Appeville 76 ... 10 A5
Petit-Auverné 44 ... 127 F4
Petit Ballon 68 ... 120 C4
Petit-Bersac 24 ... 239 F1
Le Petit-Bornand-les-Glières 74 ... 216 A2
Le Petit-Celland 50 ... 52 A4
Petit-Cœur 73 ... 234 B2
Petit-Couronne 76 ... 36 A2
Petit-Croix 90 ... 142 D3
Le Petit Drumont 88 ... 120 B5
Petit-Ébersviller 57 ... 67 E1
Petit-Failly 54 ... 44 C2
Petit-Fayt 59 ... 15 F4
Petit-Fort-Philippe 59 ... 3 E2
Le Petit-Fougeray 35 ... 104 B5
Petit-Landau 68 ... 143 H1
Petit-Mars 44 ... 147 H2
Le Petit-Mercey 39 ... 161 G4
Petit-Mesnil 10 ... 91 H5
Petit Minou *Pointe du* 29 ... 74 D3
Petit-Noir 39 ... 178 D2
Petit-Palais-et-Cornemps 33 ... 238 D4
Le Petit-Pressigny 37 ... 170 B3
Le Petit-Quevilly 76 ... 36 A2
Petit-Réderching 57 ... 68 A1
Petit Saint-Bernard *Col du* 73 ... 217 E5
Petit-Tenquin 57 ... 67 F2
Petit-Verly 02 ... 24 C1
Petit-Xivry 54 ... 44 C2
La Petite-Boissière 79 ... 167 E3
Petite-Chaux 25 ... 180 B5
Petite-Forêt 59 ... 9 G5
La Petite-Fosse 88 ... 96 C4
La Petite-Marche 03 ... 208 D1
La Petite-Pierre 67 ... 68 A3
La Petite-Raon 88 ... 96 B3
Petite-Rosselle 57 ... 47 F4
Petite-Synthe 59 ... 3 G2
La Petite-Verrière 71 ... 176 C1
Petitefontaine 90 ... 142 D2
Les Petites-Armoises 08 ... 43 E1
Les Petites-Dalles 76 ... 19 F2
Les Petites-Loges 51 ... 42 A5
Petitmagny 90 ... 142 C2
Petitmont 54 ... 96 B1
Les Petits-Robins 26 ... 267 E1
Petiville 14 ... 33 H4
Petiville 76 ... 35 F1
Petosse 85 ... 183 H2
Petreto-Bicchisano 2A ... 348 D5
Pettoncourt 57 ... 66 C4
Pettonville 54 ... 95 H2
Peujard 33 ... 237 H3
Peumerit 29 ... 99 F3
Peumerit-Quintin 22 ... 77 F3
Peuplingues 62 ... 2 C3
Peuton 53 ... 128 A2
Peuvillers 55 ... 44 B3
Peux-et-Couffouleux 12 ... 300 D3
Pévange 57 ... 66 D3
Pévy 51 ... 41 F3
Pexiora 11 ... 319 E4
Pexonne 54 ... 96 A2
Pey 40 ... 292 C4
Peymeinade 06 ... 308 D3
Peynier 13 ... 327 G1
Peypin 13 ... 327 F1
Peypin-d'Aigues 84 ... 306 B2
Peyrabout 23 ... 207 E2
La Peyrade 34 ... 323 E3
Le Peyrat 09 ... 336 D3
Peyrat-de-Bellac 87 ... 205 F1
Peyrat-la-Nonière 23 ... 207 H2
Peyrat-le-Château 87 ... 206 D5
La Peyratte 79 ... 168 B5
Peyraube 65 ... 315 G5
Peyraud 07 ... 231 E5
Peyre 40 ... 293 H5
Peyre-Haute *Table d'orientation de* 05 ... 270 D2
Peyrecave 32 ... 276 D5
Peyrefitte-du-Razès 11 ... 337 E2
Peyrefitte-sur-l'Hers 11 ... 318 D5
Peyregoux 81 ... 299 G4
Peyrehorade 40 ... 292 D5
Peyreleau 12 ... 282 A3
Peyrelevade 19 ... 225 G1
Peyrelongue-Abos 64 ... 314 D2
Peyremale 30 ... 283 H2
Peyrens 11 ... 319 E3
Peyrepertuse *Château de* 11 ... 338 B4
Peyresourde 65 ... 333 H4
Peyresourde *Col de* 31 ... 333 H4
Peyrestortes 66 ... 338 D5
Peyret-Saint-André 65 ... 316 A4
Peyriac-de-Mer 11 ... 339 E1
Peyriac-Minervois 11 ... 320 B4
Peyriat 01 ... 214 B1
Peyrière 47 ... 257 G4
Peyrieu 01 ... 232 D1
Peyrignac 24 ... 241 G2
Peyriguère 65 ... 315 G4
Peyrilhac 87 ... 205 F3
Peyrillac-et-Millac 24 ... 241 H5
Peyrilles 46 ... 259 H3
Peyrins 26 ... 249 G3
Peyrissac 19 ... 224 D3
Peyrissas 31 ... 316 D4
Peyro-Clabado *Rocher* 81 ... 299 H4
Peyrol *Pas de* 15 ... 244 D3
Peyrole 81 ... 298 D2
Peyrolles 11 ... 337 H3
Peyrolles 30 ... 283 F4
Peyrolles-en-Provence 13 ... 306 B4
Peyroules 04 ... 308 B1
Peyrouse 65 ... 332 D1
Peyrouzet 31 ... 316 D5
Peyruis 04 ... 287 G4
Peyrun 65 ... 315 F3
Peyrus 26 ... 249 H5
Peyrusse 15 ... 245 G2
Peyrusse-Grande 32 ... 295 G4
Peyrusse-le-Roc 12 ... 261 G5
Peyrusse-Massas 32 ... 296 A3
Peyrusse-Vieille 32 ... 295 F4
Peyssies 31 ... 317 F4
Peyzac-le-Moustier 24 ... 241 F4
Peyzieux-sur-Saône 01 ... 213 E1
Pézarches 77 ... 59 H4
Pezé-le-Robert 72 ... 107 F2
Pézenas 34 ... 322 C3
Pézènes-les-Mines 34 ... 301 G5
Pezens 11 ... 319 G4
Pézilla-de-Conflent 66 ... 338 A5
Pézilla-la-Rivière 66 ... 342 D2
Pezou 41 ... 131 H2
Pezuls 24 ... 240 D5
Pézy 28 ... 86 B5
Pfaffenheim 68 ... 121 E4
Pfaffenhoffen 67 ... 68 C3
Pfalzweyer 67 ... 68 A4
Pfastatt 68 ... 143 F1
Pfetterhouse 68 ... 143 E4
Pfettisheim 67 ... 68 D5
Pfulgriesheim 67 ... 68 D5
Phaffans 90 ... 142 C2
Phalempin 59 ... 8 D4
Phalsbourg 57 ... 68 A4
Philippsbourg 57 ... 68 C1
Philondenx 40 ... 294 A5
Phlin 54 ... 66 B3
Pia 66 ... 339 E5
Piacé 72 ... 107 G2
Le Pian-Médoc 33 ... 237 F4
Le Pian-sur-Garonne 33 ... 256 B3
Piana 2A ... 346 A5
Pianella *Pont de* 2A ... 346 B5
Pianello 2B ... 347 G4
Piano 2B ... 347 G3
Pianottoli-Caldarello 2A ... 351 E3
Les Piards 39 ... 197 E2
La Piarre 05 ... 268 D4
Piau-Engaly 65 ... 333 F4
Piazzali 2B ... 347 G4
Piazzole 2B ... 347 G3
Piblange 57 ... 46 B4
Pibrac 31 ... 297 G4
Picarreau 39 ... 179 G4
Picarrou 31 ... 318 B4
Picauville 50 ... 31 H2
Pichanges 21 ... 160 B1
Picherande 63 ... 227 E4
Picquigny 80 ... 22 A1
Pie-d'Orezza 2B ... 347 G3
Pied-de-Borne 48 ... 265 G5
Pied-la-Viste *Table d'orientation de* 05 ... 270 D2
Piedicorte-di-Gaggio 2B ... 347 G5
Piedicroce 2B ... 347 G3
Piedigriggio 2B ... 347 E3
Piedipartino 2B ... 347 G3
Piégon 26 ... 285 H1
Piégros-la-Clastre 26 ... 267 H2
Piégut 04 ... 269 H4
Piégut-Pluviers 24 ... 222 C2
Piémanson *Plage de* 13 ... 325 F4
Piencourt 27 ... 35 E5
Piennes 54 ... 45 E4
Piennes 80 ... 23 E5
Piépape 52 ... 139 G3
Pierlas 06 ... 289 G4
La Pierre 38 ... 233 F5
Pierre-Bénite 69 ... 231 E1
Pierre-Buffière 87 ... 223 H1
Pierre-Carrée *Col de la* 74 ... 216 C2
Pierre-Châtel 38 ... 251 E4
La Pierre Couverte *Dolmen de* 49 ... 129 G5
Pierre d'Avenon 83 ... 329 E4
Pierre-de-Bresse 71 ... 178 C3
Pierre Frite *Menhir de* 49 ... 127 F3
Pierre-Gourde *Château de* 07 ... 249 E5
Pierre-la-Treiche 54 ... 94 B1
Pierre-Levée 77 ... 59 H3
Pierre-Morains 51 ... 61 G3
Pierre-Percée 54 ... 96 B2
Pierre-Perthuis 89 ... 157 H2
La Pierre Plantée 48 ... 264 D4
Pierre-Plantée *Col de la* 48 ... 264 D3
Pierre-qui-Vire *Abbaye de la* 89 ... 158 B3
Pierreclos *Château de* 71 ... 194 D4
Pierrecourt 70 ... 140 A4
Pierrecourt 76 ... 21 F2
Pierrefaites 52 ... 140 B2
Pierrefeu 06 ... 309 F1
Pierrefeu-du-Var 83 ... 328 C3
Pierrefiche 12 ... 263 G5
Pierrefiche 48 ... 265 E2
Pierrefiques 76 ... 18 D4
Pierrefitte 19 ... 224 C4
Pierrefitte 23 ... 207 H1
Pierrefitte 79 ... 168 A3
Pierrefitte 88 ... 118 D2
Pierrefitte-en-Auge 14 ... 34 C3
Pierrefitte-en-Beauvaisis 60 ... 37 H1
Pierrefitte-en-Cinglais 14 ... 53 G2
Pierrefitte-ès-Bois 45 ... 155 H1
Pierrefitte-Nestalas 65 ... 332 D2
Pierrefitte-sur-Aire 55 ... 64 B3
Pierrefitte-sur-Loire 03 ... 193 E2
Pierrefitte-sur-Sauldre 41 ... 154 C1
Pierrefitte-sur-Seine 93 ... 58 C2
Pierrefonds 60 ... 39 G3
Pierrefontaine-lès-Blamont 25 ... 163 G2
Pierrefontaine-les-Varans 25 ... 163 E4
Pierrefontaines 52 ... 139 F3
Pierrefort 15 ... 245 F5
Pierregot 80 ... 12 D5
Pierrelatte 26 ... 285 E1
Pierrelaye 95 ... 58 A1
Pierrelongue 26 ... 286 A2
Pierremande 02 ... 24 A5
Pierremont 62 ... 7 F5
Pierrepont 02 ... 25 E4
Pierrepont 14 ... 53 G2
Pierrepont 54 ... 44 D2
Pierrepont-sur-Avre 80 ... 22 D4
Pierrepont-sur-l'Arentèle 88 ... 95 H5
Pierrerue 04 ... 287 F5
Pierrerue 34 ... 321 E2
Pierres 14 ... 52 D3
Pierres 28 ... 86 B2
Pierreval 76 ... 20 C5
Pierrevert 04 ... 306 C2
Pierreville 50 ... 28 D5
Pierreville 54 ... 94 D2
Pierrevillers 57 ... 45 G4
Pierric 44 ... 126 B3
Pierry 51 ... 61 F1
Pietra-di-Verde 2B ... 347 G4
Pietracorbara 2B ... 345 G3
Pietralba 2B ... 347 E2
Pietranera 2B ... 345 G4
Pietraserena 2B ... 347 G5
Pietricaggio 2B ... 347 G4
Pietrosella 2A ... 348 C4
Pietroso 2B ... 349 F1
Piets-Plasence-Moustrou 64 ... 294 A5
Pieusse 11 ... 337 G1
Les Pieux 50 ... 28 D4
Piève 2B ... 345 F5
Piffonds 89 ... 113 F4
Le Pigeon 46 ... 242 B5
Pigeonnier *Col du* 67 ... 69 E1
Pigerolles 23 ... 207 G5
Pigna 2B ... 344 C5

Pignan 34 302 C5
Pignans 83 328 C2
Pignicourt 02 41 G2
Pignols 63 228 A2
Pigny 18 155 F5
Pihem 62 7 F2
Pihen-lès-Guînes 62 2 C4
Pila-Canale 2A 348 D4
Pilat *Mont* 42 230 C4
Pilat-Plage 33 254 B3
Le Pilhon 26 268 D3
Pillac 16 221 F5
Pillemoine 39 179 H5
Les Pilles 26 285 H1
Pillon 55 44 C3
Pimbo 40 294 B5
Pimelles 89 137 G2
Pimorin 39 196 B2
Pimprez 60 39 G1
Le Pin 03 193 F3
Le Pin 14 34 D4
Le Pin 17 220 B5
Le Pin 30 284 C4
Le Pin 38 232 C3
Le Pin 39 179 E5
Le Pin 44 127 F5
Pin 70 161 G3
Le Pin 77 59 E3
Le Pin 79 167 F3
Le Pin 82 277 E5
Pin *Haras du* 61 54 C4
Le Pin-au-Haras 61 54 C4
Pin-Balma 31 298 A4
Le Pin-en-Mauges 49 148 D4
Le Pin-la-Garenne 61 84 B4
Pin-Moriès 48 264 A5
Le Pin-Murelet 31 317 E3
Pinarellu 2A 349 G5
Pinas 65 333 H1
Pinay 42 211 H4
Pincé 72 128 D3
Pinçon *Mont* 14 53 E1
Pindères 47 274 D2
Pindray 86 187 F2
Les Pineaux 85 183 F1
Pinel-Hauterive 47 258 B5
Pinet 34 322 C4
Pineuilh 33 257 F1
Piney 10 91 G4
Pino 2B 345 F2
Pinols 43 246 B3
Pinon 02 40 C1
Les Pins 16 203 H5
Pins-Justaret 31 317 H2
Pinsac 46 260 B1
Pinsaguel 31 317 H2
Pinsot 38 233 G4
Pintac 65 315 E4
Pinterville 27 36 B4
Pintheville 55 64 D1
Les Pinthières 28 57 E5
Piobetta 2B 347 G4
Pioggiola 2B 346 D2
Piolenc 84 285 E3
Pionnat 23 207 F1
Pionsat 63 208 D2
Pioussay 79 203 E2
Pipriac 35 126 A2
Piquecos 82 277 H4
Pirajoux 01 196 A3
Piré-sur-Seiche 35 104 D4
Pirey 25 161 H3
Piriac-sur-Mer 44 145 G3
Pirmil 72 107 F5
Pirou 50 31 F4
Pis 32 296 C2
Pisany 17 219 E1
Piscop 95 58 C1
Piseux 27 56 A4
Pisieu 38 231 G4
Pisse *Cascade de la* 38 251 H3
Pisseleu 60 38 A1
Pisseleux 02 39 H4
Pisseloup 52 140 B2
La Pisseure 70 141 F2
Pissos 40 273 F1
Pissotte 85 184 B2
Pissy 80 22 A2
Pissy-Pôville 76 36 A1
Pisy 89 158 B1
Pitgam 59 3 G3
Pithiviers 45 111 G3
Pithiviers-le-Vieil 45 111 G3
Pithon 02 23 H3
Pîtres 27 36 C3
Pittefaux 62 2 B5
Pizançon 26 249 G3
Pizay 01 213 G4
Pizieux 72 84 A5
Le Pizou 24 239 E4
Le Pla 09 337 F5
Pla-d'Adet 65 333 G4
Plabennec 29 70 D5
Placé 53 82 A5
Les Places 27 35 E5
La Placette *Col de* 38 232 D5
Placey 25 161 G3
Plachy-Buyon 80 22 B2
Placy 14 53 G1
Placy-Montaigu 50 52 C1
Le Plagnal 07 265 G2
Plagne 01 196 D5
Plagne 31 317 E5
La Plagne 73 234 D2
Plagnole 31 317 E3
Plagny 58 174 C2
Plaigne 11 318 C5
Plailly 60 39 E5
Plaimbois-du-Miroir 25 163 E4
Plaimbois-Vennes 25 163 E4
Plaimpied-Givaudins 18 173 F2
La Plaine 49 167 F1
Plaine 67 96 C3
Plaine-de-Walsch 57 67 H5
Plaine-Haute 22 78 A3
Plaine-Joux 74 216 D2
La Plaine-sur-Mer 44 146 B4
Plainemont 70 141 F2
Plaines-Saint-Lange 10 115 H5
Plainfaing 88 120 C2
Plainoiseau 39 179 E4
Plainpalais *Col de* 73 233 F1
Les Plains-
et-Grands-Essarts 25 163 G2
Plaintel 22 78 B4
Plainval 60 38 C1
Plainville 27 35 E5
Plainville 60 22 D5
Plaisance 12 300 A1
Plaisance 24 258 B2
Plaisance 32 295 E4
Plaisance 34 301 E4
Plaisance 86 187 F4
Plaisance-du-Touch 31 297 G5
Plaisia 39 196 C1
Plaisians 26 286 B2
Plaisir 78 57 H4
Plaisir Fontaine
Grotte de 25 162 B5
Plaissan 34 302 A5
Plaizac 16 202 D5
Plampinet 05 252 D3
Le Plan 31 317 F5
Plan 38 232 B5
Plan-d'Aups 83 327 G2
Plan-de-Baix 26 267 H1
Plan-de-Campagne 13 326 D1
Plan-de-Cuques 13 327 E2
Le Plan-de-Grasse 06 309 E3
Le Plan-de-la-Tour 83 329 F2
Plan-d'Orgon 13 305 E2
Plan-du-Var 06 291 E5
Planaise 73 233 G3
Planay 21 137 H3
Planay 73 234 D3
La Planche 44 165 H1
Plancher-Bas 70 142 B2
Plancher-les-Mines 70 142 B1
Plancherine 73 234 A1
Les Planches 27 36 B5
Planches 61 54 D5
Les Planches-
en-Montagne 39 180 A5
Les Planches-
près-Arbois 39 179 G3
Planchez 58 158 A5
Plancoët 22 79 F3
Plancy-l'Abbaye 10 90 D2
La Planée 25 180 C3
Planès 66 341 G4
Planèzes 66 338 B5
Planfoy 42 230 B5
Planguenoual 22 78 C3
Planioles 46 261 F3
Le Planois 71 178 D4
Le Planquay 27 35 E5
Planquery 14 32 D4
Planques 62 7 E4
Les Planques
Église de 81 279 H4
Planrupt 52 92 B3
Les Plans 30 284 A3
Les Plans 34 301 G3
Le Plantay 01 213 G2
Les Plantiers 30 283 E4
Le Plantis 61 84 A2
Planty 10 114 A2
Planzolles 07 265 H5
Plappeville 57 45 G5
Plascassier 06 309 E3
Plasne 39 179 F3
Plasnes 27 35 F5
Plassac 17 219 G3
Plassac 33 237 F2
Plassac-Rouffiac 16 221 E3
Plassay 17 201 F4
Plateau-d'Assy 74 216 D3
Plats 07 249 E4
Plaudren 56 124 C2
Plauzat 63 227 H2
Plavilla 11 336 D1
Plazac 24 241 F4
Pleaux 15 243 H3
Pléboulle 22 79 E2
Pléchâtel 35 104 A5
Plédéliac 22 79 E4
Plédran 22 78 B4
Pléguien 22 73 G4
Pléhédel 22 73 F4
Pleine-Fougères 35 80 C2
Pleine-Selve 02 24 C3
Pleine-Selve 33 219 G5
Pleine-Sève 76 19 G2
Pleines-Œuvres 14 52 B2
Plélan-le-Grand 35 103 G4
Plélan-le-Petit 22 79 F4
Plélauff 22 77 G5
Plélo 22 73 G5
Plémet 22 102 C2
Plémy 22 78 C5
Plénée-Jugon 22 79 E5
Pléneuf *Pointe de* 22 78 D2
Pléneuf-Val-André 22 78 D2
Plénise 39 180 A3
Plénisette 39 180 A3
Plerguer 35 80 A2
Plérin 22 78 B3
Plerneuf 22 78 A3
Plescop 56 124 B3
Plesder 35 79 H4
Plésidy 22 77 G2
Pleslin 22 79 G3
Plesnois 57 45 G5
Plesnoy 52 117 G5
Plessala 22 78 C5
Plessé 44 126 A5
Plessier-de-Roye 60 23 F5
Le Plessier-Huleu 02 40 B4
Le Plessier-Rozainvillers 80 22 D3
Le Plessier-sur-Bulles 60 38 C1
Le Plessier-
sur-Saint-Just 60 38 D1
Le Plessis-aux-Bois 77 59 F2
Plessis-Barbuise 10 90 A2
Le Plessis-Belleville 60 59 F1
Le Plessis-Bouchard 95 58 B2
Le Plessis Bourré
Château 49 128 C5
Le Plessis-Brion 60 39 G1
Le Plessis-Chenet 91 88 A2
Le Plessis-Dorin 41 109 E4
Plessis-du-Mée 89 89 G5
Le Plessis-Feu-Aussoux 77 59 H5
Le Plessis-Gassot 95 58 C1
Le Plessis-Grammoire 49 149 H1
Le Plessis-Grimoult 14 53 E2
Le Plessis-Grohan 27 56 B2
Le Plessis-Hébert 27 56 D2
Le Plessis-Josso
Château 56 124 D4
Le Plessis-Lastelle 50 31 G3
Le Plessis-l'Échelle 41 132 B3
Le Plessis-l'Évêque 77 59 F1
Le Plessis-Luzarches 95 38 D5
Le Plessis-Macé 49 128 B5
Le Plessis-Pâté 91 87 H2
Le Plessis-Patte-d'Oie 60 23 H4
Le Plessis-Picard 77 88 B2
Le Plessis-Placy 77 59 H1
Le Plessis-Robinson 92 58 B4
Plessis-Saint-Benoist 91 87 E4
Plessis-Saint-Jean 89 89 G5
Le Plessis-
Sainte-Opportune 27 55 H1
Le Plessis-Trévise 94 58 D4
Plessix-Balisson 22 79 G3
Plestan 22 78 D4
Plestin-les-Grèves 22 72 B4
Pleubian 22 73 F2
Pleucadeuc 56 125 E2
Pleudaniel 22 73 E3
Pleudihen-sur-Rance 22 79 H3
Pleugriffet 56 102 B4
Pleugueneuc 35 79 H4
Pleumartin 86 170 A5
Pleumeleuc 35 103 H2
Pleumeur-Bodou 22 72 C2
Pleumeur-Gautier 22 73 E2
Pleure 39 178 D2
Pleurs 51 61 F5
Pleurtuit 35 50 B5
Pleuven 29 99 H4
Pleuvezain 88 94 B4
Pleuville 16 204 B2
Pléven 22 79 E3
Plévenon 22 79 E1
Plévin 22 76 D5
Pleyben 29 76 A4
Pleyber-Christ 29 71 H5
Le Pleyney 38 233 G5
Pliboux 79 203 F1
Plichancourt 51 62 D4
Plieux 32 296 C1
Plivot 51 61 G1
Ploaré 29 99 F2
Plobannalec-Lesconil 29 99 G5
Plobsheim 67 97 H2
Ploemel 56 123 H3
Ploemeur 56 123 F2
Ploërdut 56 101 F2
Ploeren 56 124 B3
Ploërmel 56 102 D4
Ploeuc-L'Hermitage 22 78 B5
Ploéven 29 75 G5
Ploëzal 22 73 E3
Plogastel-
Saint-Germain 29 99 F3
Plogoff 29 98 D2
Plogonnec 29 99 G2
Ploisy 02 40 B3
Plomb 50 51 H4
Plombières-les-Bains 88 119 G4
Plombières-lès-Dijon 21 160 A3
Plomelin 29 99 G3
Plomeur 29 99 F4
Plomion 02 25 G2
Plomodiern 29 75 G5
Plonéis 29 99 G2
Plonéour-Lanvern 29 99 F4
Plonévez-du-Faou 29 76 B4
Plonévez-Porzay 29 75 G5
Plorec-sur-Arguenon 22 79 E3
Plottes 71 195 E2
Plou 18 172 C1
Plouagat 22 73 F5
Plouaret 22 72 C4
Plouarzel 29 74 C2
Plouasne 22 103 H1
Plouay 56 101 E4
Ploubalay 22 50 B5
Ploubazlanec 22 73 F2
Ploubezre 22 72 C3
Ploudalmézeau 29 70 B4
Ploudaniel 29 71 E5
Ploudiry 29 75 H2
Plouëc-du-Trieux 22 73 E4
Plouédern 29 71 E5
Plouégat-Guérand 29 72 A4
Plouégat-Moysan 29 72 B5
Plouénan 29 71 G4
Plouër-sur-Rance 22 79 H3
Plouescat 29 71 F3
Plouézec 22 73 G3
Plouezoc'h 29 71 H4
Ploufragan 22 78 B3
Plougar 29 71 F4
Plougasnou 29 72 A3
Plougastel-Daoulas 29 75 F2
Plougonvelin 29 74 C3
Plougonven 29 72 A5
Plougonver 22 77 F2
Plougoulm 29 71 G3
Plougoumelen 56 124 A3
Plougourvest 29 71 F5
Plougras 22 72 B5
Plougrescant 22 73 E2
Plouguenast 22 78 B5
Plouguerneau 29 70 C4
Plouguernével 22 77 F5
Plouguiel 22 73 E2
Plouguin 29 70 C5
Plouha 22 73 G4
Plouharnel 56 123 H4
Plouhinec 29 99 E2
Plouhinec 56 123 G3
Plouider 29 71 E4
Plouigneau 29 72 A5
Plouisy 22 73 E5
Ploulec'h 22 72 C3
Ploumagoar 22 73 E5
Ploumanach 22 72 C2
Ploumilliau 22 72 C4
Ploumoguer 29 74 D2
Plounéour-Ménez 29 76 B2
Plounéour-Trez 29 71 E3
Plounérin 22 72 B5
Plounéventer 29 71 E5
Plounévez-Lochrist 29 71 E4
Plounévez-Moëdec 22 72 C5
Plounévez-Quintin 22 77 F4
Plounévézel 29 76 D4
Plourac'h 22 76 D2
Plouray 56 101 E2
Plourhan 22 73 G4
Plourin 29 70 B5
Plourin-lès-Morlaix 29 72 A5
Plourivo 22 73 F3
Plouvain 62 13 H2
Plouvara 22 78 A3
Plouvien 29 70 D5
Plouvorn 29 71 G4
Plouyé 29 76 C3
Plouzané 29 74 D2
Plouzélambre 22 72 B4
Plouzévédé 29 71 F4
Plovan 29 99 F3
Ployart-et-Vaurseine 02 41 E1
Le Ployron 60 23 E5
Plozévet 29 99 E3
Pludual 22 73 G4
Pluduno 22 79 F3
Plufur 22 72 B4
Pluguffan 29 99 G3
Pluherlin 56 125 E3
Plumaudan 22 79 G5
Plumaugat 22 103 F1
Plumelec 56 102 C5
Pluméliau 56 101 H4
Plumelin 56 102 A5
Plumergat 56 124 A2
Plumetot 14 33 G3
Plumieux 22 102 C2
Plumont 39 161 F5
Pluneret 56 124 A3
Plurien 22 79 E2
Plusquellec 22 77 E3
Plussulien 22 77 H4
Pluvault 21 160 C4
Pluvet 21 160 C4
Pluvigner 56 124 A2
Pluzunet 22 72 D4
Pocancy 51 61 H2
Pocé-les-Bois 35 105 E3
Pocé-sur-Cisse 37 152 C2
Podensac 33 255 H3
Le Poët 05 287 F1
Le Poët-Célard 26 267 H3
Le Poët-en-Percip 26 286 B2
Le Poët-Laval 26 267 G4
Le Poët-Sigillat 26 286 A1
Pœuilly 80 23 H2
Poey-de-Lescar 64 314 A3
Poey-d'Oloron 64 313 G4
Poëzat 03 210 A2
Poggio-di-Nazza 2B 349 G2
Poggio-di-Venaco 2B 347 F5
Poggio-d'Oletta 2B 345 G5
Poggio-Marinaccio 2B 347 G3
Poggio-Mezzana 2B 347 H3
Poggiolo 2A 348 D1
Pogny 51 62 B3
Poids-de-Fiole 39 196 C1
Poigny 77 89 G3
Poigny-la-Forêt 78 57 F5
Le Poil 04 288 A5
Poil 58 176 B3
Poilcourt-Sydney 08 41 H2
Poilhes 34 321 F4
Poillé-sur-Vègre 72 106 D5
Poilley 35 81 E3
Poilley 50 51 H5
Poilly 51 41 F4
Poilly-lez-Gien 45 134 C4
Poilly-sur-Serein 89 136 D3
Poilly-sur-Tholon 89 136 A2
Poinchy 89 136 C3
Poinçon-lès-Larrey 21 137 H2
Le Poinçonnet 36 171 H4
Poincy 77 59 G2
Poinsenot 52 139 E4
Poinson-lès-Fayl 52 140 A3
Poinson-lès-Grancey 52 139 E4
Poinson-lès-Nogent 52 117 F4
Point Sublime 04 307 H2
Point-Sublime 48 282 A2
Pointel 61 53 G5
Pointis-de-Rivière 31 334 B1
Pointis-Inard 31 334 C1
Pointre 39 161 E4
Pointvillers 25 161 H5
Poinville 28 111 E3
Le Poiré-sur-Velluire 85 183 H3
Le Poiré-sur-Vie 85 165 G4
Poiroux 85 182 C2
Poisat 38 251 E2
Poiseul 52 117 G5
Poiseul-la-Grange 21 138 C5
Poiseul-la-Ville-
et-Laperrière 21 138 B5
Poiseul-lès-Saulx 21 139 E5
Poiseux 58 156 D5
Poisieux 18 172 C1
Le Poislay 41 109 F4
Poisoux 39 196 A3
Poisson 71 193 H4
Poissons 52 93 E4
Poissy 78 58 A2
Poisvilliers 28 86 A3
Poisy 74 215 G3
La Poitevinière 49 148 D4
Poitiers 86 186 B1
Poivres 10 62 A5
Poix 51 62 C2
Poix-de-Picardie 80 21 H3
Poix-du-Nord 59 15 E3
Poix-Terron 08 26 C4
Le Poizat-Lalleyriat 01 214 D1
Pol *Chapelle* 29 71 E3
Polaincourt-
et-Clairefontaine 70 118 D5
Polastron 31 317 E4
Polastron 32 296 D5
Poleymieux-
au-Mont-d'Or 69 213 E4
Poliénas 38 250 B1
Polignac 17 238 B1
Polignac 43 247 F3
Poligné 35 104 B5
Poligny 05 269 G2
Poligny 10 115 G3
Poligny 39 179 F3
Poligny 77 112 C2
Polincove 62 3 E4
Polisot 10 115 G4
Polisy 10 115 G4
Pollestres 66 343 E2
Polliat 01 195 G5
Pollieu 01 214 D5
Pollionnay 69 212 D5
Polminhac 15 244 D5
Polveroso 2B 347 G3
Pomacle 51 41 H3
La Pomarède 11 319 E3
Pomarède 46 259 F4
Pomarez 40 293 F4
Pomas 11 337 G1
Pomay *Château de* 03 192 B1
Pomayrols 12 263 G5
Pomerol 33 238 C4
Pomérols 34 322 C4
Pomeys 69 230 B2
Pommard 21 177 G1
Pommera 62 12 D4
La Pommeraie-
sur-Sèvre 85 167 E3
La Pommeraye 14 53 F2
La Pommeraye 49 149 E2
Pommeret 22 78 C3
Pommereuil 59 15 E4
Pommereux 76 21 F5
Pommeréval 76 20 C3
Pommerieux 53 128 A2
Pommérieux 57 65 H2
Pommerit-Jaudy 22 73 E3
Pommerit-le-Vicomte 22 73 F4
Pommerol 26 268 C5
Pommeuse 77 59 H4
Pommevic 82 276 D4
Pommier 62 13 F3
Pommier-
de-Beaurepaire 38 231 H4
Pommiers 02 40 B2
Pommiers 30 302 B1
Pommiers 36 189 E2
Pommiers 42 211 G5
Pommiers 69 212 D3
Pommiers-la-Placette 38 232 D5
Pommiers-Moulons 17 220 B5
Pomoy 70 141 G4
Pompaire 79 185 F1
Pompéjac 33 256 B5
Pompertuzat 31 318 A2

P

Pompey 54 ... 65 H 4
Pompiac 32 ... 317 E 2
Le Pompidou 48 ... 282 D 3
Pompierre 88 ... 94 A 5
Pompierre-sur-Doubs 25 .. 162 D 1
Pompiey 47 ... 275 F 3
Pompignac 33 ... 237 H 5
Pompignan 30 ... 302 D 1
Pompignan 82 ... 297 G 2
Pompogne 47 ... 274 D 2
Pomponne 77 ... 59 E 3
Pomport 24 ... 257 H 1
Pomps 64 ... 293 H 5
Pomy 11 ... 337 F 2
Poncé-sur-le-Loir 72 ... 130 D 3
Poncey-lès-Athée 21 ... 160 D 4
Poncey-sur-l'Ignon 21 ... 159 G 1
Le Ponchel 62 ... 12 B 3
Ponches-Estruval 80 ... 11 H 1
Ponchon 60 ... 38 B 3
Poncin 01 ... 214 A 2
Poncins 42 ... 229 H 1
Pondaurat 33 ... 256 C 4
Le Pondy 18 ... 173 G 4
Ponet-et-Saint-Auban 26 .. 268 A 1
Ponlat-Taillebourg 31 ... 334 B 1
Pons 12 ... 262 C 2
Pons 17 ... 219 G 2
Ponsampère 32 ... 315 H 2
Ponsan-Soubiran 32 ... 316 A 3
Ponsas 26 ... 249 E 2
Ponson-Debat-Pouts 64 ... 314 D 3
Ponson-Dessus 64 ... 314 D 3
Ponsonnas 38 ... 251 E 5
Pont 21 ... 160 C 4
Pont-à-Bucy 02 ... 24 C 4
Pont-à-la-Planche 87 ... 205 E 4
Pont-à-Marcq 59 ... 8 D 4
Pont-à-Mousson 54 ... 65 G 3
Pont-à-Vendin 62 ... 8 C 4
Pont-Arcy 02 ... 40 D 2
Pont-Audemer 27 ... 35 E 2
Pont-Authou 27 ... 35 G 4
Pont-aux-Moines 45 ... 133 G 2
Pont-Aven 29 ... 100 B 5
Pont-Bellanger 14 ... 52 B 2
Pont-Calleck *Château et Forêt de* 56 ... 101 E 3
Pont-Château 44 ... 146 C 1
Le Pont-Chrétien-Chabenet 36 ... 188 C 1
Pont-Croix 29 ... 99 E 2
Pont-d'Ain 01 ... 214 A 2
Pont-d'Arc 07 ... 284 B 1
Le Pont-d'Ardres 62 ... 2 D 3
Pont-de-Barret 26 ... 267 G 3
Le Pont-de-Beauvoisin 38 . 232 D 3
Le Pont-de-Beauvoisin 73 . 232 D 3
Pont-de-Braye 72 ... 130 D 3
Pont-de-Briques 62 ... 6 B 2
Pont-de-Buis-lès-Quimerch 29 ... 75 H 4
Pont-de-Chazey-Villieu 01 ... 213 H 4
Pont-de-Chéruy 38 ... 213 H 5
Le Pont-de-Claix 38 ... 250 D 2
Pont-de-Crau 13 ... 304 B 4
Pont-de-Dore 63 ... 210 C 5
Pont de Gau (Parc ornithologique du) 13 ... 324 B 3
Pont-de-la-Chaux 39 ... 179 H 5
Pont-de-la-Maye 33 ... 255 G 1
Pont-de-Labeaume 07 ... 266 A 3
Pont-de-l'Arche 27 ... 36 B 3
Pont-de-Larn 81 ... 319 H 2
Pont-de-l'Étoile 13 ... 327 F 2
Pont-de-l'Isère 26 ... 249 F 4
Pont-de-Lunel 34 ... 303 G 3
Pont-de-Menat 63 ... 209 F 2
Pont-de-Metz 80 ... 22 B 2
Le Pont-de-Montvert 48 ... 283 E 1
Pont-de-Pany 21 ... 159 G 3
Le Pont-de-Planches 70 ... 140 D 5
Pont-de-Poitte 39 ... 196 C 1
Pont-de-Roide 25 ... 163 F 2
Pont-de-Ruan 37 ... 151 G 4
Pont-de-Salars 12 ... 281 E 2
Pont-de-Vaux 01 ... 195 F 3
Pont-de-Veyle 01 ... 195 E 5
Pont-des-Pierres 01 ... 215 E 1
Pont-d'Espagne 65 ... 332 C 4
Pont-d'Hérault 30 ... 283 E 5
Pont-d'Héry 39 ... 179 H 3
Pont-d'Ouche 21 ... 159 G 5
Pont-d'Ouilly 14 ... 53 G 3
Pont-du-Bois 70 ... 118 D 4
Pont-du-Casse 47 ... 276 B 2
Pont-du-Château 63 ... 210 A 5
Pont-du-Châtel 29 ... 71 E 4
Pont du Diable *Gorges du* 74 ... 198 C 4
Pont du Dognon 87 ... 206 B 4
Pont-du-Fossé 05 ... 270 A 2
Pont du Gard 30 ... 304 A 1
Pont-du-Loup 06 ... 309 E 2
Pont-du-Navoy 39 ... 179 G 4
Pont-en-Royans 38 ... 250 A 3
Pont-et-Massène 21 ... 158 D 1
Pont-Évêque 38 ... 231 F 3
Pont-Farcy 50 ... 52 B 2
Pont-Hébert 50 ... 32 A 4
Pont-James 44 ... 165 G 1
Pont-la-Ville 52 ... 116 C 3
Pont-l'Abbé 29 ... 99 G 4
Pont-l'Abbé 50 ... 31 G 2
Pont-l'Abbé-d'Arnoult 17 .. 201 E 4
Pont-lès-Bonfays 88 ... 118 D 2
Pont-les-Moulins 25 ... 162 C 2
Pont-l'Évêque 14 ... 34 C 3
Pont-l'Évêque 60 ... 23 G 5
Pont-Melvez 22 ... 77 F 2
Pont-Noyelles 80 ... 22 C 1
Pont-Péan 35 ... 104 B 4
Pont-Réan 35 ... 104 A 4
Pont-Remy 80 ... 11 H 4
Pont-Royal 13 ... 305 G 3
Pont-Saint-Esprit 30 ... 284 D 2
Pont-Saint-Mard 02 ... 40 B 1
Pont-Saint-Martin 44 ... 147 G 5
Pont-Saint-Pierre 27 ... 36 C 3
Pont-Saint-Vincent 54 ... 94 D 1
Pont-Sainte-Marie 10 ... 91 E 5
Pont-Sainte-Maxence 60 ... 39 E 3
Pont-Salomon 43 ... 230 A 5
Pont-Scorff 56 ... 101 E 5
Pont-sur-l'Ognon 70 ... 141 G 5
Pont-sur-Madon 88 ... 94 D 4
Pont-sur-Meuse 55 ... 64 C 4
Pont-sur-Sambre 59 ... 15 G 3
Pont-sur-Seine 10 ... 90 A 3
Pont-sur-Vanne 89 ... 113 H 3
Pont-sur-Yonne 89 ... 89 F 5
Pont-Trambouze 69 ... 212 A 2
Pontacq 64 ... 314 D 5
Pontaillac 17 ... 218 C 1
Pontailler-sur-Saône 21 ... 160 D 3
Pontaix 26 ... 268 A 1
Pontamafrey 73 ... 234 A 5
Pontanevaux 71 ... 195 E 5
Pontarion 23 ... 207 E 3
Pontarlier 25 ... 180 C 2
Pontarmé 60 ... 38 D 5
Pontaubault 50 ... 51 H 5
Pontaubert 89 ... 157 H 1
Pontault-Combault 77 ... 59 E 4
Pontaumur 63 ... 208 D 4
Pontavert 02 ... 41 F 2
Pontcarré 77 ... 59 E 4
Pontcey 70 ... 140 D 4
Pontchardon 61 ... 54 D 2
Pontcharra 38 ... 233 G 4
Pontcharra-sur-Turdine 69 ... 212 B 4
Pontcharraud 23 ... 207 H 4
Pontchartrain 78 ... 57 H 4
Pontcirq 46 ... 259 G 4
Ponte-Leccia 2B ... 347 E 3
Ponte Nuovo 2B ... 347 F 2
Pontécoulant 14 ... 53 E 3
Ponteilla 66 ... 343 E 2
Ponteils-et-Brésis 30 ... 283 G 1
Pontempeyrat 43 ... 229 F 5
Pontenx-les-Forges 40 ... 272 C 2
Le Pontet 33 ... 237 G 2
Le Pontet 73 ... 233 H 3
Le Pontet 84 ... 285 F 5
Les Pontets 25 ... 180 B 4
Pontevès 83 ... 307 F 4
Ponteyraud 24 ... 239 F 2
Pontfaverger-Moronvilliers 51 ... 42 A 3
Pontgibaud 63 ... 209 F 5
Pontgouin 28 ... 85 G 3
Ponthévrard 78 ... 87 E 3
Ponthierry 77 ... 88 A 3
Ponthion 51 ... 62 D 4
Ponthoile 80 ... 11 F 2
Le Ponthou 29 ... 72 B 5
Ponthoux 39 ... 196 D 3
Pontiacq-Viellepinte 64 ... 314 D 3
Pontigné 49 ... 129 G 5
Pontigny 89 ... 136 C 2
Pontis 04 ... 270 B 4
Pontivy 56 ... 101 H 3
Pontlevoy 41 ... 153 E 2
Pontlieue 72 ... 107 H 5
Pontmain 53 ... 81 G 3
Pontoise 95 ... 58 A 1
Pontoise-lès-Noyon 60 ... 23 H 5
Pontonx-sur-l'Adour 40 ... 293 E 2
Pontorson 50 ... 80 C 2
Pontours 24 ... 258 C 1
Pontoux 71 ... 178 B 2
Pontoy 57 ... 66 B 2
Pontpierre 57 ... 66 D 1
Pontpoint 60 ... 39 E 3
Pontrieux 22 ... 73 E 4
Pontru 02 ... 24 A 1
Pontruet 02 ... 24 A 1
Ponts 50 ... 51 H 4
Les Ponts-de-Cé 49 ... 149 G 2
Ponts-et-Marais 76 ... 10 D 4
Les Ponts-Neufs 22 ... 78 C 3
Pontvallain 72 ... 130 A 3
Popian 34 ... 302 A 4
Popolasca 2B ... 347 E 3
Porcaro 56 ... 103 F 5
Porcelette 57 ... 46 D 5
Porchères 33 ... 238 D 3
Porcheresse 16 ... 221 E 4
La Porcherie 87 ... 224 C 3
Porcheux 60 ... 37 H 3
Porcheville 78 ... 57 G 2
Porcieu-Amblagnieu 38 ... 214 B 4
Pordic 22 ... 73 H 5
Le Porge 33 ... 236 C 5
Pornic 44 ... 146 C 5
Pornichet 44 ... 145 H 5
Porquéricourt 60 ... 23 G 5
Porquerolles *Île de* 83 ... 328 C 5
Porri 2B ... 347 G 3
Pors-Even 22 ... 73 F 2
Porsmilin 29 ... 74 D 2
Porspoder 29 ... 70 A 5
Port 01 ... 214 C 1
Le Port 09 ... 335 H 4
Port *Col de* 09 ... 336 A 3
Port-à-Binson 51 ... 61 E 1
Port-Bail 50 ... 31 E 2
Port-Barcarès 66 ... 339 E 4
Port-Blanc 22 ... 72 D 2
Port-Brillet 53 ... 105 G 3
Port-Camargue 30 ... 303 F 5
Port-Coton *Aiguilles de* 56 . 144 B 4
Port-Cros *Île de* 83 ... 329 E 5
Port-d'Atelier 70 ... 140 D 3
Port-de-Bouc 13 ... 325 G 3
Port-de-Carhaix 29 ... 76 D 4
Port-de-Gagnac 46 ... 243 E 5
Port-de-Groslée 01 ... 232 C 1
Port-de-la-Meule 85 ... 164 A 4
Port-de-Lanne 40 ... 292 C 4
Port-de-Miramar 83 ... 328 D 4
Port-de-Piles 86 ... 169 H 2
Port-d'Envaux 17 ... 201 F 4
Port-des-Barques 17 ... 200 C 3
Port-Donnant 56 ... 144 B 4
Port-du-Salut *Trappe du* 53 ... 106 A 4
Port-en-Bessin 14 ... 32 D 2
Port-Goulphar 56 ... 144 B 4
Port-Grimaud 83 ... 329 F 2
Port-Haliguen 56 ... 123 H 5
Port-Jérôme 76 ... 35 F 1
Port-Joinville 85 ... 164 A 4
Port-la-Nouvelle 11 ... 339 F 2
Port-Launay 29 ... 75 H 4
Port-Lauragais 31 ... 318 C 3
Port-le-Grand 80 ... 11 G 3
Port-Lesney 39 ... 179 G 1
Port-Leucate 11 ... 339 F 4
Port-Louis 56 ... 123 F 2
Port-Manech 29 ... 100 B 5
Port-Maria 56 ... 144 C 4
Le Port-Marly 78 ... 58 A 3
Port-Miou 13 ... 327 F 3
Port-Mort 27 ... 36 D 5
Port-Navalo 56 ... 124 A 4
Port Royal des Champs *Abbaye de* 78 ... 57 H 4
Port-Saint-Louis-du-Rhône 13 ... 325 F 4
Port-Saint-Père 44 ... 147 F 5
Port-Sainte-Foy-et-Ponchapt 24 ... 257 F 1
Port-Sainte-Marie 47 ... 275 G 2
Port-sur-Saône 70 ... 141 E 4
Port-sur-Seille 54 ... 65 H 3
Port-Vendres 66 ... 343 G 4
Port-Villez 78 ... 57 E 1
Porta 66 ... 341 E 4
La Porta 2B ... 347 G 3
Porte *Col de* 38 ... 233 E 5
Porte-Joie 27 ... 36 C 4
Porté-Puymorens 66 ... 341 E 3
Le Portel 62 ... 6 A 2
Portel *Sommet de* 09 ... 335 H 3
Portel-des-Corbières 11 ... 338 D 2
Portes 27 ... 56 A 1
Portes 30 ... 283 G 2
Portes *Calvaire de* 01 ... 214 B 4
Portes *Chartreuse de* 01 ... 214 B 4
Les Portes-en-Ré 17 ... 182 C 4
Portes-en-Valdaine 26 ... 267 F 4
Portes-lès-Valence 26 ... 249 F 5
Portet 64 ... 294 C 5
Portet-d'Aspet 31 ... 334 D 3
Portet d'Aspet *Col de* 31 ... 334 D 3
Portet-de-Luchon 31 ... 334 A 4
Portet-sur-Garonne 31 ... 297 H 5
Portets 33 ... 255 H 2
Porticcio 2A ... 348 C 4
Porticciolo *Marine de* 2B ... 345 G 2
Portieux 88 ... 95 E 4
Portiragnes 34 ... 321 H 4
Portiragnes-Plage 34 ... 321 H 4
Portivy 56 ... 123 G 5
Porto 2A ... 346 B 5
Porto-Pollo 2A ... 348 C 5
Porto-Vecchio 2A ... 351 G 2
Ports 37 ... 169 G 1
Portsall 29 ... 70 B 4
Posanges 21 ... 159 E 2
Poses 27 ... 36 C 3
Possesse 51 ... 63 E 3
La Possonnière 49 ... 149 F 2
La Possonnière *Manoir* 41 . 130 D 3
La Postolle 89 ... 113 H 2
Postroff 57 ... 67 H 3
Potangis 51 ... 90 A 2
Potelières 30 ... 284 A 3
Potelle 59 ... 15 E 3
La Poterie 22 ... 78 D 3
La Poterie-au-Perche 61 ... 84 D 2
La Poterie-Cap-d'Antifer 76 . 18 C 4
La Poterie-Mathieu 27 ... 35 E 4
Pothières 21 ... 115 H 5
Potigny 14 ... 53 H 2
Potte 80 ... 23 G 3
Pouan-les-Vallées 10 ... 90 D 3
Pouançay 86 ... 168 B 1
Pouancé 49 ... 127 F 3
Pouant 86 ... 169 E 2
Poubeau 31 ... 334 A 4
Poucharramet 31 ... 317 F 3
Pouchergues 65 ... 333 H 4
Poudenas 47 ... 275 F 4
Poudenx 40 ... 293 H 4
Poudis 81 ... 299 E 5
Poudrey *Gouffre de* 25 ... 162 B 4
Poueyferré 65 ... 332 D 1
La Pouëze 49 ... 128 A 5
Pouffonds 79 ... 185 G 5
La Pouge 23 ... 207 F 3
Le Pouget 34 ... 302 A 5
Pougnadoires *Cirque de* 48 ... 282 B 1
Pougnadoresse 30 ... 284 C 4
Pougné 16 ... 203 G 3
Pougne-Hérisson 79 ... 167 H 5
Pougny 01 ... 215 F 1
Pougny 58 ... 156 B 3
Pougues-les-Eaux 58 ... 174 C 1
Pougy 10 ... 91 G 4
Pouillac 17 ... 238 B 1
Pouillat 01 ... 196 B 4
Pouillé 41 ... 153 E 3
Pouillé 85 ... 183 H 2
Pouillé 86 ... 186 D 2
Pouillé-les-Côteaux 44 ... 148 B 1
Pouillenay 21 ... 159 E 1
Pouilley-Français 25 ... 161 G 4
Pouilley-les-Vignes 25 ... 161 H 3
Pouillon 40 ... 293 E 4
Pouillon 51 ... 41 F 3
Pouilloux 71 ... 194 A 1
Pouilly 57 ... 65 H 1
Pouilly 60 ... 38 A 4
Pouilly-en-Auxois 21 ... 159 F 4
Pouilly-en-Bassigny 52 ... 117 H 4
Pouilly-le-Fort 77 ... 88 B 2
Pouilly-le-Monial 69 ... 212 D 3
Pouilly-lès-Feurs 42 ... 211 H 5
Pouilly-les-Nonains 42 ... 211 F 2
Pouilly-sous-Charlieu 42 ... 211 G 1
Pouilly-sur-Loire 58 ... 156 A 4
Pouilly-sur-Meuse 55 ... 27 G 5
Pouilly-sur-Saône 21 ... 178 B 1
Pouilly-sur-Serre 02 ... 24 D 4
Pouilly-sur-Vingeanne 21 .. 139 H 5
Le Poujol-sur-Orb 34 ... 301 F 5
Poujols 34 ... 301 H 3
Poul-Fétan 56 ... 101 G 4
Poulaines 36 ... 153 H 5
Poulains *Pointe des* 56 ... 144 B 3
Poulainville 80 ... 22 C 1
Poulan-Pouzols 81 ... 299 F 2
Poulangy 52 ... 117 E 4
Poulay 53 ... 82 C 4
Pouldavid 29 ... 99 F 2
Pouldergat 29 ... 99 F 2
Pouldouran 22 ... 73 E 3
Pouldreuzic 29 ... 99 F 3
Le Pouldu 29 ... 123 E 2
Poule-les-Écharmeaux 69 . 212 B 1
Pouliacq 64 ... 294 B 5
Les Poulières 88 ... 120 A 2
Pouligney 25 ... 162 B 2
Pouligny-Notre-Dame 36 .. 189 G 2
Pouligny-Saint-Martin 36 .. 189 G 2
Pouligny-Saint-Pierre 36 ... 170 C 5
Le Pouliguen 44 ... 145 H 5
Poullan-sur-Mer 29 ... 99 E 2
Poullaouen 29 ... 76 C 3
Poullignac 16 ... 220 D 4
Poulx 30 ... 303 H 1
Poumarous 65 ... 315 F 5
Poupas 82 ... 276 D 5
Poupry 28 ... 110 D 4
Pouques-Lormes 58 ... 157 H 3
Pourcharesses 48 ... 265 F 5
Pourchères 07 ... 266 C 2
Pourcieux 83 ... 306 D 5
Pourcy 51 ... 41 F 5
Pourlans 71 ... 178 C 2
Pournoy-la-Chétive 57 ... 65 H 2
Pournoy-la-Grasse 57 ... 65 H 2
Pourrain 89 ... 136 A 3
Pourrières 83 ... 306 C 5
Poursac 16 ... 203 G 3
Poursay-Garnaud 17 ... 201 H 3
Poursiugues-Boucoue 64 .. 294 B 5
Pourtalet *Col du* 64 ... 332 A 4
Pouru-aux-Bois 08 ... 27 G 3
Pouru-Saint-Remy 08 ... 27 G 4
Pourville-sur-Mer 76 ... 10 A 5
Poussan 34 ... 323 E 3
Poussanges 23 ... 207 H 5
Poussay 88 ... 94 D 4
Pousseaux 58 ... 157 F 1
Poussignac 47 ... 275 E 1
Poussy-la-Campagne 14 ... 33 H 5
Pousthomy 12 ... 300 B 2
Le Pout 33 ... 255 H 1
Pouvrai 61 ... 84 B 5
Pouxeux 88 ... 119 G 3
Pouy 65 ... 316 A 4
Pouy-de-Touges 31 ... 317 E 3
Pouy-Loubrin 32 ... 316 B 2
Pouy-Roquelaure 32 ... 275 H 5
Pouy-sur-Vannes 10 ... 90 A 5
Pouyastruc 65 ... 315 F 4
Pouydesseaux 40 ... 274 A 5
Pouydraguin 32 ... 295 E 4
Pouylebon 32 ... 295 G 5
Pouzac 65 ... 333 F 1
Le Pouzat 07 ... 248 B 4
Pouzauges 85 ... 166 D 4
Pouzay 37 ... 169 G 1
Pouze 31 ... 318 A 2
Pouzilhac 30 ... 284 D 4
Le Pouzin 07 ... 267 E 1
Pouzioux 86 ... 187 E 2
Pouzol 63 ... 209 G 2
Pouzolles 34 ... 321 G 2
Pouzols 34 ... 302 A 4
Pouzols-Minervois 11 ... 320 D 4
Pouzy-Mésangy 03 ... 174 B 5
Poyanne 40 ... 293 F 2
Poyans 70 ... 160 D 1
Poyartin 40 ... 293 F 3
Poyols 26 ... 268 B 3
Pozières 80 ... 13 G 5
Pra Loup 04 ... 270 D 5
Le Pradal 34 ... 301 F 4
Les Pradeaux 63 ... 228 A 3
Pradeaux *Col des* 63 ... 229 E 3
Pradel *Col du* 11 ... 336 D 5
Pradelle 26 ... 268 A 3
Pradelles 43 ... 265 F 1
Pradelles 59 ... 4 A 5
Pradelles-Cabardès 11 ... 320 A 3
Pradelles-en-Val 11 ... 338 A 1
Pradère-les-Bourguets 31 . 297 F 4
Prades 07 ... 266 A 3
Prades 09 ... 336 D 5
Prades 43 ... 246 D 4
Prades 48 ... 282 C 1
Prades 66 ... 342 A 3
Prades 81 ... 299 E 4
Prades-d'Aubrac 12 ... 263 G 4
Prades-de-Salars 12 ... 281 E 2
Prades-le-Lez 34 ... 302 D 3
Prades-sur-Vernazobre 34 . 321 E 2
Le Pradet 83 ... 328 B 4
Pradettes 09 ... 336 C 2
Pradières 09 ... 336 B 3
Pradiers 15 ... 245 F 1
Pradinas 12 ... 279 H 3
Pradines 19 ... 225 E 3
Pradines 42 ... 211 H 3
Pradines 46 ... 259 H 5
Pradons 07 ... 266 B 5
Prads 04 ... 288 C 2
Prafrance *Bambouseraie de* 30 ... 283 G 4
Pragnères *Centrale de* 65 ... 333 E 4
Prahecq 79 ... 185 E 5
Prailles 79 ... 185 F 4
Pralognan-la-Vanoise 73 ... 234 D 4
Prâlon 21 ... 159 G 3
Pralong 42 ... 229 G 2
Pramousquier 83 ... 329 E 4
Pramouton 05 ... 270 C 4
Prangey 52 ... 139 G 3
Pranles 07 ... 266 C 1
Pranzac 16 ... 221 G 1
Prapoutel-les-Sept-Laux 38 ... 251 F 1
Le Prarion 74 ... 216 D 3
Praslay 52 ... 139 F 3
Praslin 10 ... 115 F 4
Prasville 28 ... 110 C 2
Prat 22 ... 72 D 4
Prat-Bonrepaux 09 ... 335 E 2
Prat de Bouc 15 ... 245 E 3
Prato-di-Giovellina 2B ... 347 E 3
Prats-de-Carlux 24 ... 241 H 5
Prats-de-Mollo-la-Preste 66 ... 342 B 5
Prats-de-Sournia 66 ... 338 A 5
Prats-du-Périgord 24 ... 259 F 2
Pratviel 81 ... 298 D 4
Pratz 39 ... 196 D 3
Pratz 52 ... 116 C 2
Prauthoy 52 ... 139 G 4
Pray 41 ... 131 H 4
Praye 54 ... 94 D 3
Prayet *Col du* 38 ... 268 D 1
Prayols 09 ... 336 B 3
Prayssac 46 ... 259 G 5
Prayssas 47 ... 275 H 2
La Praz 73 ... 252 C 1
Le Praz 73 ... 234 C 3
Praz-Coutant 74 ... 216 D 3
Les Praz-de-Chamonix 74 . 217 E 3
Praz-sur-Arly 74 ... 216 C 4
Le Pré-d'Auge 14 ... 34 C 5
Pré de Madame Carle 05 ... 252 B 4
Pré-en-Pail-Saint-Samson 53 ... 83 E 3
Pré-Saint-Évroult 28 ... 110 A 3
Le Pré-Saint-Gervais 93 ... 58 C 3
Pré-Saint-Martin 28 ... 110 A 2
Préaux 07 ... 248 D 2
Les Préaux 27 ... 35 E 3
Préaux 36 ... 171 E 2
Préaux 53 ... 106 C 5
Préaux 76 ... 36 C 1
Préaux 77 ... 112 D 2
Préaux-Bocage 14 ... 53 F 1
Préaux-du-Perche 61 ... 84 D 5
Préaux-Saint-Sébastien 14 .. 54 D 2
Prébois 38 ... 268 D 1
Précey 50 ... 51 G 5
Préchac 32 ... 296 B 2
Préchac 33 ... 255 H 5
Préchac 65 ... 332 D 2
Préchac-sur-Adour 32 ... 295 E 4
Préchacq-Josbaig 64 ... 313 G 4
Préchacq-les-Bains 40 ... 293 F 2
Préchacq-Navarrenx 64 ... 313 G 4
Précieux 42 ... 229 H 2
Précigné 72 ... 129 E 3
Précilhon 64 ... 331 H 1
Précorbin 50 ... 32 C 5
Précy 18 ... 174 A 1
Précy-le-Sec 89 ... 136 D 5
Précy-Notre-Dame 10 ... 91 G 4
Précy-Saint-Martin 10 ... 91 G 4
Précy-sous-Thil 21 ... 158 D 2
Précy-sur-Marne 77 ... 59 F 2

Précy-sur-Oise 60 38 C4
Précy-sur-Vrin 89 113 G5
Prédefin 62 7 F4
Préfailles 44 146 B4
Préfontaines 45 112 B3
Prégilbert 89 136 C5
Préguillac 17 219 G1
Préhy 89 136 C3
Preignac 33 256 B3
Preignan 32 296 B3
Preigney 70 140 C3
Preixan 11 337 G1
Prélenfrey 38 250 D3
Prelles 05 252 C5
Prémanon 39 197 F2
Premeaux-Prissey 21 159 H5
Prémery 58 156 D5
Prémesques 59 8 C2
Prémeyzel 01 232 D1
Prémian 34 300 D5
Premières 21 160 C4
Prémierfait 10 90 D3
Prémilhat 03 190 C4
Prémillieu 01 214 C4
Prémont 02 14 C5
Prémontré 02 24 C5
Prendeignes 46 261 G2
Préneron 32 295 G3
La Prénessaye 22 102 C1
Prenois 21 159 H2
Prénouvellon 41 110 B5
Prénovel 39 197 E2
Prény 54 65 G2
Préporché 58 175 H3
Prépotin 61 84 C2
Les Prés 26 268 D4
Présailles 43 247 G5
Préseau 59 15 E2
Présentevillers 25 142 B4
Préserville 31 298 B5
Présilly 39 196 C1
Présilly 74 215 G1
Presle 70 141 F5
Presle 73 233 G3
Presles 14 52 D3
Presles 38 250 B3
Presles 95 38 B5
Presles-en-Brie 77 59 F5
Presles-et-Boves 02 40 D2
Presles-et-Thierny 02 40 D1
Presly 18 155 E2
Presnoy 45 112 A5
Presque *Grotte de* 46 261 E1
Pressac 86 204 B1
Pressagny-l'Orgueilleux 27 36 D5
Pressiat 01 196 A4
Pressignac 16 204 C5
Pressignac-Vicq 24 240 C5
Pressigny 52 140 B3
Pressigny 79 168 B4
Pressigny-les-Pins 45 134 D2
Pressins 38 232 C3
Pressy 62 7 G4
Pressy-sous-Dondin 71 194 B2
La Preste 66 342 A5
La Prétière 25 142 A5
Pretin 39 179 G2
Prétot-Sainte-Suzanne 50 31 G2
Prétot-Vicquemare 76 19 H3
Prêtreville 14 54 D1
Préty 71 195 F2
Pretz-en-Argonne 55 63 G2
Preuilly 18 172 D1
Preuilly *Abbaye de* 77 89 E4
Preuilly-la-Ville 36 170 B5
Preuilly-sur-Claise 37 170 B3
Preures 62 6 C3
Preuschdorf 67 69 E2
Preuseville 76 21 E2
Preutin-Higny 54 45 E3
Preux-au-Bois 59 15 E4
Preux-au-Sart 59 15 E2
Préval 72 108 C2
Prévelles 72 108 B3
Prévenchères 48 265 F4
Préveranges 18 190 A3
Prévessin-Moëns 01 197 G4
La Prévière 49 127 F3
Prévillers 60 21 H5
Prévinquières 12 279 H1
Prévocourt 57 66 C3
Prey 27 56 C2
Prey 88 119 H2
Preyssac-d'Excideuil 24 223 F5
Prez 08 26 A2
Prez-sous-Lafauche 52 93 G5
Prez-sur-Marne 52 92 D2
Priaires 79 201 G1
Priay 01 214 A2
Priez 02 40 B5
Prignac 17 202 B4
Prignac-en-Médoc 33 218 D5
Prignac-et-Marcamps 33 237 G3
Prigonrieux 24 239 G5
Primarette 38 231 G4
Primat 08 42 D2
La Primaube 12 280 D2
Primel-Trégastel 29 72 A3
Primelin 29 98 D2
Primelles 18 172 D3
Prin-Deyrançon 79 184 C5
Prinçay 86 169 E2
Princé 35 105 F2
Pringé 72 129 H4
Pringy 51 62 C4
Pringy 74 215 G3
Pringy 77 88 A3
Prinquiau 44 146 D2
Prinsuéjols 48 263 H3
Printzheim 67 68 C4
Prisces 02 25 F3
Prisches 59 15 F4
Prissac 36 188 B2
Prissé 71 194 D4
Prissé-la-Charrière 79 201 H1
Pritz 53 106 A3
Privas 07 266 D2
Privezac 12 279 H1
Prix-lès-Mézières 08 26 D3
Priziac 56 101 E2
Prizy 71 193 H4
La Proiselière-
et-Langle 70 141 H2
Proissans 24 241 G5
Proisy 02 25 E1
Proix 02 24 D1
Projan 32 294 C4
Promilhanes 46 279 E1
Prompsat 63 209 H4
Prondines 63 226 D1
Pronleroy 60 38 D1
Pronville-en-Artois 62 13 H3
Propiac 26 286 A2
Propières 69 212 B1
Propriano 2A 350 D2
Prosnes 51 42 A4
Prouais 28 57 E5
Prouilly 51 41 F3
Proumeyssac
Gouffre de 24 241 E5
Proupiary 31 316 D5
Proussy 14 53 F2
Prouvais 02 41 G1
Prouville 80 12 B4
Prouvy 59 14 D2
Prouzel 80 22 B2
Provemont 27 37 F3
Provenchère 25 163 E3
Provenchère 70 141 E3
Provenchères-
lès-Darney 88 118 C3
Provenchères-et-Colroy 88 96 C4
Provenchères-
sur-Marne 52 92 D5
Provenchères-
sur-Meuse 52 117 H4
Provency 89 158 A1
Proverville 10 116 A2
Proveysieux 38 250 D1
Proville 59 14 B4
Provin 59 8 C4
Provins 77 89 G2
Proviseux-et-Plesnoy 02 41 G1
Proyart 80 23 E2
Prudemanche 28 56 B5
Prudhomat 46 243 E5
Prugnanes 66 338 A4
Prugny 10 114 D2
Pruillé 49 128 B5
Pruillé-le-Chétif 72 107 G5
Pruillé-l'Éguillé 72 130 B2
Pruines 12 262 C4
Prunay 51 41 H4
Prunay-Belleville 10 90 B5
Prunay-Cassereau 41 131 F4
Prunay-en-Yvelines 78 86 D3
Prunay-le-Gillon 28 86 C5
Prunay-le-Temple 78 57 F3
Prunay-sur-Essonne 91 87 H5
Prunelli-di-Casacconi 2B 347 G2
Prunelli-di-Fiumorbo 2B 349 G2
Prunet 07 266 A3
Prunet 15 262 C1
Prunet 31 298 C5
Prunet-et-Belpuig 66 342 C3
Prunete 2B 347 H4
Prunières 05 270 A3
Prunières 38 251 E5
Prunières 48 264 B1
Pruniers 36 172 C4
Pruniers 49 149 G1
Pruniers-en-Sologne 41 153 H3
Pruno 2B 347 G3
Prunoy 89 135 G2
Prusly-sur-Ource 21 138 B2
Prusy 10 114 D5
Pruzilly 71 194 D5
Puberg 67 68 A2
Publier 74 198 B3
Publy 39 179 F5
Puceul 44 126 C5
Le Puch 09 337 F5
Puch-d'Agenais 47 275 F1
Puchay 27 37 E3
Puchevillers 80 12 D5
Le Puech 34 301 H4
Puéchabon 34 302 B3
Puéchoursi 81 318 D2
Puechredon 30 303 F1
Puellemontier 52 92 A3
Puessans 25 162 C1
Puget 84 305 G2
Puget-Rostang 06 289 G4
Puget-sur-Argens 83 308 C5
Puget-Théniers 06 289 F5
Puget-Ville 83 328 C2
Pugey 25 161 H4
Pugieu 01 214 C4
Puginier 11 318 D3
Pugnac 33 237 G3
Pugny 79 167 G4
Pugny-Chatenod 73 233 F1
Puichéric 11 320 B5
Le Puid 88 96 C3
Puigmal 66 341 G5
Puihardy 79 184 D2
Puilacher 34 302 A5
Puilaurens 11 337 G5
Puilboreau 17 183 F5
Puilly-et-Charbeaux 08 27 H4
Puimichel 04 287 G5
Puimisson 34 321 G2
Puimoisson 04 307 F1
La Puisaye 28 85 F2
Puiseaux 45 112 A2
Puiselet-le-Marais 91 87 G4
Puisenval 76 21 E2
Le Puiset 28 110 D2
Le Puiset-Doré 49 148 C4
Puiseux 08 26 C5
Puiseux 28 86 A2
Puiseux-en-Bray 60 37 G2
Puiseux-en-France 95 58 D1
Puiseux-en-Retz 02 40 A3
Puiseux-le-Hauberger 60 38 B4
Puiseux-Pontoise 95 57 H1
Puisieulx 51 41 H4
Puisieux 62 13 F4
Puisieux 77 59 G1
Puisieux-et-Clanlieu 02 24 D2
Puissalicon 34 321 G2
Puisseguin 33 238 D5
Puisserguier 34 321 E3
Puits 21 138 A3
Le Puits-des-Mèzes 52 117 F3
Puits-et-Nuisement 10 115 H2
Puits-la-Vallée 60 22 B5
Puivert 11 337 E3
Pujaudran 32 297 F5
Pujaut 30 285 E5
Pujo 65 315 E3
Pujo-le-Plan 40 294 B1
Les Pujols 09 336 C1
Pujols 33 256 D1
Pujols 47 276 C1
Pujols-sur-Ciron 33 255 H4
Le Puley 71 177 F5
Puligny-Montrachet 21 177 G2
Pullay 27 55 H4
Pulligny 54 94 D2
Pulney 54 94 C4
Pulnoy 54 66 B5
Pulvérières 63 209 F4
Pulversheim 68 121 E5
Punchy 80 23 F3
Punerot 88 94 A3
Puntous 65 316 A4
Puntous de Laguian 32 315 G2
Pupillin 39 179 G3
Pure 08 27 G4
Purgerot 70 140 D3
Pusey 70 141 E4
Pusignan 69 213 G5
Pussay 91 87 E5
Pussigny 37 169 G2
Pussy 73 234 B2
Pusy-et-Épenoux 70 141 E4
Putanges-le-Lac 61 53 H4
Puteaux 92 58 B3
Putot-en-Auge 14 34 A4
Putot-en-Bessin 14 33 F4
Puttelange-aux-Lacs 57 67 F1
Puttelange-
lès-Thionville 57 45 H1
Puttigny 57 66 D3
Puxe 54 45 E5
Puxieux 54 65 F1
Le Puy 25 162 B2
Le Puy 33 257 E3
Puy Crapaud 85 167 E4
Puy-d'Arnac 19 242 D4
Puy de Dôme 63 209 G5
Puy-de-Serre 85 184 C1
Puy du Fou
Château du 85 166 D2
Puy-du-Lac 17 201 F3
Le Puy-en-Velay 43 247 F3
Puy-Guillaume 63 210 C3
Puy-l'Évêque 46 259 F4
Puy-Malsignat 23 207 H3
Le Puy-Notre-Dame 49 150 A5
Puy-Saint-André 05 252 C4
Le Puy-Saint-Bonnet 49 166 D1
Puy-Saint-Eusèbe 05 270 B3
Puy-Saint-Gulmier 63 208 D5
Puy-Saint-Martin 26 267 G3
Puy-Saint-Pierre 05 252 D4
Puy-Saint-Vincent 05 252 C5
Le Puy-
Sainte-Réparade 13 306 A3
Puy-Sanières 05 270 C3
Puybarban 33 256 D4
Puybegon 81 298 D2
Puybrun 46 242 D5
Puycalvel 81 299 F4
Puycasquier 32 296 C3
Puycelsi 81 278 D5
Puycornet 82 277 H3
Puydaniel 31 317 H4
Puydarrieux 65 315 H4
Puydrouard 17 201 E1
La Puye 86 187 F1
Puygaillard-
de-Lomagne 82 276 D5
Puygaillard-de-Quercy 82 278 C5
Puygiron 26 267 F4
Puygouzon 81 299 F1
Puygros 73 233 G2
Puyguilhem 24 257 G2
Puyguilhem
Château de 24 222 C4
Puyjourdes 46 279 E1
Puylagarde 82 279 E2
Puylaroque 82 278 C2
Puylaurens 81 299 E5
Puylausic 32 316 B2
Puyloubier 13 306 C5
Puymangou 24 239 E2
Puymartin *Château de* 24 241 F5
Puymaurin 31 316 C3
Puyméras 84 285 H2
Puymiclan 47 257 G4
Puymirol 47 276 C3
Puymorens *Col de* 66 340 D3
Puymoyen 16 221 F2
Puynormand 33 238 D4
Puyol-Cazalet 40 294 B4
Puyoô 64 293 E5
Puyravault 17 201 E1
Puyravault 85 183 F3
Puyréaux 16 203 F4
Puyrenier 24 221 H4
Puyricard 13 306 A4
Puyrolland 17 201 G2
Puys 76 10 B5
Puységur 32 296 B3
Puysségur 31 297 E3
Puysserampion 47 257 G3
Puyvalador 66 341 G2
Puyvert 84 305 H2
Puzeaux 80 23 F3
Puzieux 57 66 B3
Puzieux 88 94 D4
Py 66 342 A4
Pyla-sur-Mer 33 254 B2
La Pyle 27 35 H4
Pyrénées 2000 66 341 F4
Pys 80 13 G4

Q

Quaëdypre 59 3 H3
Quaix-en-Chartreuse 38 250 D1
Quantilly 18 155 F4
Quarante 34 321 E3
Quarouble 59 9 H5
Quarré-les-Tombes 89 158 A3
La Quarte 70 140 B3
Le Quartier 63 209 E2
Quasquara 2A 349 E3
Quatre-Champs 08 42 D1
Les Quatre Chemins 85 183 F2
Quatre-Routes-
d'Albussac 19 242 D3
Les Quatre-Routes-
du-Lot 46 242 C4
Quatre Vios *Col des* 07 266 B1
Quatremare 27 36 B4
Quatzenheim 67 68 C5
Quéant 62 13 H3
Queaux 86 187 E4
Québriac 35 80 A4
Quédillac 35 103 F1
Queige 73 216 B5
Quelaines-Saint-Gault 53 105 H5
Les Quelles 67 96 C3
Quelmes 62 3 E5
Quelneuc 56 125 H2
Quéménéven 29 75 H5
Quemigny-Poisot 21 159 H4
Quemigny-sur-Seine 21 138 B4
Quemper-Guézennec 22 73 F3
Quemperven 22 72 D3
Quend 80 11 F1
Quend-Plage-les-Pins 80 11 E1
Quenne 89 136 C3
Quenoche 70 162 A1
Quenza 2A 349 F5
Quercamps 62 3 E5
Querciolo 2B 347 H2
Quercitello 2B 347 G3
Quérénaing 59 14 D2
Quéribus *Château de* 11 338 B4
Quérigut 09 341 G2
Quernes 62 7 G3
Quéroy *Grottes du* 16 221 G2
Querqueville 50 29 E2
Querré 49 128 C4
Querrien 29 100 D4
Querrieu 80 22 C1
Quers 70 141 G3
Quesmy 60 23 H4
Quesnay-Guesnon 14 32 D4
Le Quesne 80 21 G2
Le Quesnel 80 23 E3
Le Quesnel-Aubry 60 38 C1
Le Quesnoy 59 15 E3
Le Quesnoy 80 23 E3
Le Quesnoy-en-Artois 62 12 B2
Quesnoy-le-Montant 80 11 F3
Quesnoy-sur-Airaines 80 11 H5
Quesnoy-sur-Deûle 59 4 C5
Quesques 62 6 D2
Quessigny 27 56 C2
Quessoy 22 78 C4
Quessy 02 24 B4
Questembert 56 125 E3
Questrecques 62 6 C2
Quet-en-Beaumont 38 251 F5
Quetigny 21 160 B3
Quettehou 50 29 G3
Quettetot 50 29 E4
Quetteville 14 34 D3
Quettreville-sur-Sienne 50 51 G1
Queudes 51 61 E5
La Queue-en-Brie 94 58 D4
La Queue-les-Yvelines 78 57 G4
Queuille 63 209 F3
Quevauvillers 80 22 A2
Quéven 56 101 E5
Quévert 22 79 G4
Quevillon 76 36 A2
Quevilloncourt 54 94 D3
Quévreville-la-Poterie 76 36 B3
Queyrac 33 218 D4
Queyrières 43 247 H3
Queyssac 24 240 B5
Queyssac-les-Vignes 19 242 D4
Quézac 15 261 H2
Quézac 48 282 C1
Quiberon 56 123 H5
Quiberville 76 20 A2
Quibou 50 32 A5
Quié 09 336 B4
Quiers 77 88 D2
Quiers-sur-Bézonde 45 111 H5
Quiéry-la-Motte 62 8 C5
Quierzy 02 24 A5
Quiestède 62 7 G2
Quiévelon 59 15 H3
Quiévrechain 59 9 H5
Quièvrecourt 76 20 D3
Quiévy 59 14 D4
Quilen 62 6 D4
Quilinen *Calvaire de* 29 99 H2
Quillan 11 337 F4
Quillane *Col de* 66 341 G3
Quillebeuf-sur-Seine 27 35 F1
Le Quillio 22 102 A1
Quilly 08 42 C2
Quilly 44 146 D1
Quily 56 102 D5
Quimerch 29 75 H4
Quimiac 44 145 G3
Quimper 29 99 H3
Quimperlé 29 100 D4
Quincampoix 76 36 B1
Quincampoix-Fleuzy 60 21 G3
Quinçay 86 186 B1
Quincerot 21 137 G5
Quincerot 89 115 E5
Quincey 10 90 A3
Quincey 21 160 A5
Quincey 70 141 F4
Quincié-en-Beaujolais 69 212 C1
Quincieu 38 250 B1
Quincieux 69 213 E4
Quincy 18 154 C5
Quincy-Basse 02 40 B1
Quincy-Landzécourt 55 43 H1
Quincy-le-Vicomte 21 137 G5
Quincy-sous-le-Mont 02 40 D3
Quincy-sous-Sénart 91 58 D5
Quincy-Voisins 77 59 G3
Quinéville 50 29 G4
Quingey 25 161 H5
Quinquempoix 60 22 C5
Quins 12 280 B3
Quinsac 24 222 C4
Quinsac 33 255 G1
Quinsac 87 223 G4
Quinson 04 307 F3
Quinssaines 03 190 C4
Quint-Fonsegrives 31 298 A5
Quintal 74 215 G4
La Quinte 72 107 G4
Quintenas 07 248 D2
Quintenic 22 79 E3
Quintigny 39 179 E4
Quintillan 11 338 C3
Quintin 22 78 A4
Le Quiou 22 79 H5
Quirbajou 11 337 F4
Quiry-le-Sec 80 22 C4
Quissac 30 303 E1
Quissac 46 260 D3
Quistinic 56 101 G4
Quittebeuf 27 36 A5
Quitteur 70 140 B5
Quivières 80 23 H2
Quœux-Haut-Maînil 62 12 B2

R

Rabastens 81 298 C2
Rabastens-de-Bigorre 65 315 F3
Rabat-
les-Trois-Seigneurs 09 336 A4
La Rabatelière 85 166 A3
Rablay-sur-Layon 49 149 G3
Rabodanges 61 53 G3
Rabodanges *Barrage de* 61 53 G4
Le Rabot 41 133 F5
Rabou 05 269 G3
Rabouillet 66 337 H5
Racécourt 88 94 D5
Rachecourt-sur-Marne 52 92 D3
Rachecourt-Suzémont 52 92 C3
Raches 59 8 D5
Racines 10 114 C4
La Racineuse 71 178 B3
Racou-Plage 66 343 G3
Racquinghem 62 7 G2
Racrange 57 67 E3
Raddon-et-Chapendu 70 141 H2
Radenac 56 102 B4
Radepont 27 36 C3
Radinghem 62 7 E3
Radinghem-en-Weppes 59 8 C3
Radon 61 83 G3
Radonvilliers 10 91 H4
Radule *Bergeries de* 2B 346 C4
Raedersdorf 68 143 G4
Raedersheim 68 121 E5

A B C D E F G H I J K L M N O P Q R S T U V W X Y Z

Raffetot 76 .... 19 F5
Rageade 15 .... 246 A3
Raguenès-Plage 29 .... 100 B5
Rahart 41 .... 131 G2
Rahay 72 .... 108 D5
Rahling 57 .... 67 H2
Rahon 25 .... 163 E2
Rahon 39 .... 178 D1
Rai 61 .... 55 F4
Raids 50 .... 31 H4
Raillencourt-Sainte-Olle 59 .... 14 B3
Railleu 66 .... 341 G3
Raillicourt 08 .... 26 C4
Raillimont 02 .... 25 H4
Raimbeaucourt 59 .... 8 D4
Rainans 39 .... 161 E5
Raincheval 80 .... 12 D5
Raincourt 70 .... 140 C2
Le Raincy 93 .... 58 D3
Rainfreville 76 .... 20 A3
Rainneville 80 .... 22 C1
Rainsars 59 .... 15 H5
Rainville 88 .... 94 B4
Rainvillers 60 .... 37 H2
Les Rairies 49 .... 129 F4
Raismes 59 .... 9 G5
Raissac 09 .... 336 C3
Raissac-d'Aude 11 .... 320 D5
Raissac-sur-Lampy 11 .... 319 F4
Raix 16 .... 203 F3
Raizeux 78 .... 86 C2
Ramasse 01 .... 196 A5
Ramatuelle 83 .... 329 G3
Ramaz *Col de la* 74 .... 198 B5
Rambaud 05 .... 269 H3
Rambervillers 88 .... 95 H4
Rambluzin-et-Benoite-Vaux 55 .... 64 B2
Rambouillet 78 .... 86 D2
Rambucourt 55 .... 65 E4
Ramburelles 80 .... 11 F5
Rambures 80 .... 11 F5
Ramecourt 62 .... 7 G5
Ramecourt 88 .... 94 D5
Ramerupt 10 .... 91 F3
Ramicourt 02 .... 24 B1
Ramillies 59 .... 14 B3
Rammersmatt 68 .... 142 D1
Ramonchamp 88 .... 120 A5
Ramonville-Saint-Agne 31 .... 298 A5
Ramoulu 45 .... 111 G2
Ramous 64 .... 293 F5
Ramousies 59 .... 15 H4
Ramouzens 32 .... 295 F2
Rampan 50 .... 32 A4
Rampieux 24 .... 258 D2
Rampillon 77 .... 89 E3
Rampont 55 .... 43 H5
Rampoux 46 .... 259 H3
Rancé 01 .... 213 E3
Rancenay 25 .... 161 H4
Rancennes 08 .... 17 E4
Rances 10 .... 91 H3
Ranchal 69 .... 212 B1
Ranchette 39 .... 196 D3
Ranchicourt 62 .... 7 H5
Ranchot 39 .... 161 F5
Ranchy 14 .... 32 D3
Rancogne 16 .... 221 H1
Rançon 76 .... 19 G5
Rancon 87 .... 205 G1
Rançonnières 52 .... 117 H5
Rancoudray 50 .... 52 C5
Rancourt 80 .... 13 H5
Rancourt 88 .... 118 D2
Rancourt-sur-Ornain 55 .... 63 F3
Rancy 71 .... 195 G1
Randan 63 .... 210 B3
Randanne 63 .... 227 F1
Randens 73 .... 234 A2
Randevillers 25 .... 162 D3
Randonnai 61 .... 55 F5
Rânes 61 .... 53 H5
Rang 25 .... 142 A5
Rang-du-Fliers 62 .... 6 B5
Rangecourt 52 .... 117 G4
Rangen 67 .... 68 C5
Ranguevaux 57 .... 45 G4
Rannée 35 .... 105 E5
Ranrupt 67 .... 96 D3
Rans 39 .... 161 F5
Ransart 62 .... 13 F3
Ranspach 68 .... 120 C5
Ranspach-le-Bas 68 .... 143 G3
Ranspach-le-Haut 68 .... 143 G3
Rantechaux 25 .... 162 C5
Rantigny 60 .... 38 D3
Ranton 86 .... 168 C2
Rantzwiller 68 .... 143 G2
Ranville 14 .... 33 H4
Ranville-Breuillaud 16 .... 202 D4
Ranzevelle 70 .... 118 C5
Ranzières 55 .... 64 C2
Raon-aux-Bois 88 .... 119 G3
Raon-lès-Leau 54 .... 96 C2
Raon-l'Étape 88 .... 96 A3
Raon-sur-Plaine 88 .... 96 C2
Rapaggio 2B 347 G3
Rapale 2B 345 F5
Rapey 88 .... 95 E4
Raphèle-lès-Arles 13 .... 304 C4
Rapilly 14 .... 53 G3
Rapsécourt 51 .... 63 E1
Raray 60 .... 39 F4
Rarécourt 55 .... 43 G5
Rasiguères 66 .... 338 B5
Raslay 86 .... 150 C5
Rasteau 84 .... 285 G2
Le Rat 19 .... 225 F1
Ratenelle 71 .... 195 F2
Ratières 26 .... 249 F2
Ratilly *Château de* 89 .... 156 C1
Ratte 71 .... 178 C5
Ratzwiller 67 .... 68 A2
Raucoules 43 .... 248 A2
Raucourt 54 .... 65 H3
Raucourt-au-Bois 59 .... 15 E3
Raucourt-et-Flaba 08 .... 27 F5
Raulecourt 55 .... 65 E4
Raulhac 15 .... 244 D5
Rauret 43 .... 265 E1
Rauville-la-Bigot 50 .... 29 E4
Rauville-la-Place 50 .... 31 G2
Rauwiller 67 .... 67 H4
Rauzan 33 .... 256 C1
Raveau 58 .... 156 B5
Ravel 63 .... 210 B5
Ravel 69 .... 230 D2
Ravel-et-Ferriers 26 .... 268 C2
Ravenel 60 .... 38 D1
Ravennefontaines 52 .... 117 H4
Ravenoville 50 .... 29 H5
Raves 88 .... 96 C5
Raviège *Lac de la* 81 .... 300 B5
Ravières 89 .... 137 G4
Ravigny 53 .... 83 F3
Raville 57 .... 66 C1
Raville-sur-Sânon 54 .... 95 F1
Ravilloles 39 .... 196 D3
La Ravoire 73 .... 233 F2
Ray-sur-Saône 70 .... 140 C5
Raye-sur-Authie 62 .... 11 H1
Rayet 47 .... 258 C3
Raymond 18 .... 173 G2
Raynans 25 .... 142 B4
Rayol-Canadel-sur-Mer 83 .... 329 E4
Rayssac 81 .... 299 H2
Raz *Pointe du* 29 .... 98 C2
Razac-de-Saussignac 24 .... 257 F1
Razac-d'Eymet 24 .... 257 H2
Razac-sur-l'Isle 24 .... 240 B2
Raze 70 .... 140 D5
Razecueillé 31 .... 334 C3
Razengues 32 .... 297 E4
Razès 87 .... 205 H3
Razimet 47 .... 275 F1
Razines 37 .... 169 F2
Ré *Île de* 17 .... 182 D5
Réal 66 .... 341 G2
Réalcamp 76 .... 21 F2
Réallon 05 .... 270 B3
Réalmont 81 .... 299 G3
Réalville 82 .... 278 B4
Réans 32 .... 295 E1
Réau 77 .... 88 B2
Réau (Ancienne Abbaye de la) 86 .... 204 B1
Réaumont 38 .... 232 C4
Réaumur 85 .... 167 E4
Réaup 47 .... 275 E4
Réauville 26 .... 267 F5
Réaux-sur-Trèfle 17 .... 220 B3
Les Réaux *Château* 37 .... 150 D4
Rebais 77 .... 60 A3
Rebecques 62 .... 7 G2
Rébénacq 64 .... 314 A5
Rebergues 62 .... 2 D5
Rebets 76 .... 36 D1
Rebeuville 88 .... 94 A4
Rebigue 31 .... 318 A2
Rebouc 65 .... 333 H2
Rebouillon 83 .... 308 A4
Rebourguil 12 .... 300 C1
Rebourseaux 89 .... 114 B5
Reboursin 36 .... 172 A1
Rebréchien 45 .... 111 F5
Rebreuve-Ranchicourt 62 .... 7 H5
Rebreuve-sur-Canche 62 .... 12 D2
Rebreuviette 62 .... 12 D3
Recanoz 39 .... 179 E3
Recey-sur-Ource 21 .... 138 D3
Réchésy 90 .... 143 E4
Réchicourt 55 .... 44 D3
Réchicourt-la-Petite 54 .... 66 D5
Réchicourt-le-Château 57 .... 67 F5
Récicourt 55 .... 43 G5
Réclainville 28 .... 86 C5
Reclesne 71 .... 176 C1
Reclinghem 62 .... 7 F3
Réclonville 54 .... 95 H2
Recloses 77 .... 88 B5
Recologne 25 .... 161 G3
Recologne 70 .... 140 C5
Recologne-lès-Rioz 70 .... 161 H1
Recoubeau-Jansac 26 .... 268 B2
Recoules-d'Aubrac 48 .... 263 G2
Recoules-de-Fumas 48 .... 264 B3
Recoules-Prévinquières 12 .... 281 G1
Récourt 52 .... 117 G5
Récourt 62 .... 14 A3
Récourt-le-Creux 55 .... 64 B2
La Recousse 62 .... 3 E4
Recouvrance 90 .... 142 D3
Le Recoux 48 .... 281 H1
Recques-sur-Course 62 .... 6 C4
Recques-sur-Hem 62 .... 3 E4
Recquignies 59 .... 15 H2
Le Reculey 14 .... 52 C2
Reculfoz 25 .... 180 B4
Recurt 65 .... 315 H5
Recy 51 .... 62 A2
Rédange 57 .... 45 F2
Rédené 29 .... 100 D5
Réderis *Cap* 66 .... 343 G4
Redessan 30 .... 304 A2
Réding 57 .... 67 H4
Redon 35 .... 125 G4
La Redorte 11 .... 320 B4
Redortiers 04 .... 286 D4
Réez-Fosse-Martin 60 .... 39 G5
Reffannes 79 .... 185 F2
Reffroy 55 .... 93 G1
Reffuveille 50 .... 52 A5
Refranche 25 .... 180 A1
Régades 31 .... 334 C2
Régat 09 .... 336 D2
Regnauville 62 .... 11 H1
Regnévelle 88 .... 118 C4
Regnéville-sur-Mer 50 .... 51 F1
Regnéville-sur-Meuse 55 .... 44 B4
Regney 88 .... 95 E5
Régnié-Durette 69 .... 212 D1
Regnière-Écluse 80 .... 11 G1
Regniowez 08 .... 26 B1
Regny 02 .... 24 C2
Régny 42 .... 211 H3
La Regrippière 44 .... 148 B4
Réguiny 56 .... 102 B4
Réguisheim 68 .... 121 E5
Régusse 83 .... 307 F3
Rehaincourt 88 .... 95 F4
Rehainviller 54 .... 95 F2
Rehaupal 88 .... 119 H2
Reherrey 54 .... 95 H2
Réhon 54 .... 45 E1
Reichsfeld 67 .... 97 E3
Reichshoffen 67 .... 68 D2
Reichstett 67 .... 69 E5
Reignac 16 .... 220 C4
Reignac 33 .... 237 G1
Reignac-sur-Indre 37 .... 152 B4
Reignat 63 .... 228 B1
Reigneville-Bocage 50 .... 29 F5
Reignier-Ésery 74 .... 215 H1
Reigny 18 .... 190 B2
Reilhac 15 .... 244 B4
Reilhac 43 .... 246 C3
Reilhac 46 .... 260 D2
Reilhaguet 46 .... 260 B2
Reilhanette 26 .... 286 C3
Reillanne 04 .... 306 B1
Reillon 54 .... 95 H1
Reilly 60 .... 37 G4
Reimerswiller 67 .... 69 E2
Reims 51 .... 41 G4
Reims-la-Brûlée 51 .... 62 D4
Reine Jeanne *Pont de la* 04 .... 287 G2
Reinhardsmunster 67 .... 68 A5
Reiningue 68 .... 143 E1
Reipertswiller 67 .... 68 B2
Reithouse 39 .... 196 B1
Reitwiller 67 .... 68 D5
Réjaumont 32 .... 296 A2
Réjaumont 65 .... 315 H5
Rejet-de-Beaulieu 59 .... 15 E5
Relanges 88 .... 118 C3
Relans 39 .... 179 E4
Le Relecq-Kerhuon 29 .... 75 F2
Relevant 01 .... 213 F2
Rely 62 .... 7 G3
Remaisnil 80 .... 12 C3
Rémalard-en-Perche 61 .... 84 D4
Remaucourt 02 .... 24 B2
Remaucourt 08 .... 25 H5
La Remaudière 44 .... 148 B4
Remaugies 80 .... 23 E5
Remauville 77 .... 112 C2
Rembercourt-aux-Pots 55 .... 63 H2
Rembercourt-sur-Mad 54 .... 65 F2
Rémécourt 60 .... 38 D2
Remelange 57 .... 45 G3
Remelfang 57 .... 46 C4
Rémelfing 57 .... 47 G5
Rémeling 57 .... 46 C2
Remennecourt 55 .... 63 F3
Remenoville 54 .... 95 F3
Rémérangles 60 .... 38 B2
Réméréville 54 .... 66 C5
Rémering 57 .... 46 D4
Rémering-lès-Puttelange 57 .... 67 F1
Remicourt 51 .... 63 E2
Remicourt 88 .... 94 C5
Remiencourt 80 .... 22 C3
Remies 02 .... 24 C4
La Remigeasse 17 .... 200 B3
Remigny 02 .... 24 B4
Remigny 71 .... 177 G3
Rémilly 57 .... 66 B2
Rémilly 58 .... 175 H4
Remilly-Aillicourt 08 .... 27 F4
Remilly-en-Montagne 21 .... 159 G3
Remilly-les-Pothées 08 .... 26 C3
Remilly-sur-Lozon 50 .... 32 A4
Remilly-sur-Tille 21 .... 160 B3
Remilly-Wirquin 62 .... 7 F2
Réminiac 56 .... 103 F5
Remiremont 88 .... 119 G4
Remoiville 55 .... 44 B2
Remollon 05 .... 269 H4
Remomeix 88 .... 96 B5
Remoncourt 54 .... 67 E5
Remoncourt 88 .... 94 C5
Rémondans-Vaivre 25 .... 163 F2
Rémonville 08 .... 43 F2
Remoray-Boujeons 25 .... 180 C4
Remouillé 44 .... 166 A1
Remoulins 30 .... 304 B1
Removille 88 .... 94 B4
Rempnat 87 .... 225 E1
La Remuée 76 .... 35 E1
Remungol 56 .... 102 A4
Rémuzat 26 .... 268 B5
Remy 60 .... 39 E2
Rémy 62 .... 13 H3
Renac 35 .... 125 H3
Renage 38 .... 232 B5
Renaison 42 .... 211 F2
La Renaissance 17 .... 200 D3
Renansart 02 .... 24 C3
Renaucourt 70 .... 140 C4
La Renaudie 63 .... 229 E1
La Renaudière 49 .... 148 C5
Renauvoid 88 .... 119 F2
Renay 41 .... 131 H2
Renazé 53 .... 127 G2
Rencurel 38 .... 250 B2
René 72 .... 83 H5
Renédale 25 .... 180 C1
Renescure 59 .... 3 G5
Renève 21 .... 160 D2
Réning 57 .... 67 F2
Rennemoulin 78 .... 58 A3
Rennepont 52 .... 116 B3
Rennes 35 .... 104 B3
Rennes-en-Grenouilles 53 .... 82 C3
Rennes-le-Château 11 .... 337 G3
Rennes-les-Bains 11 .... 337 H3
Rennes-sur-Loue 25 .... 179 G1
Renneval 02 .... 25 G3
Renneville 08 .... 25 H4
Renneville 27 .... 36 C2
Renneville 31 .... 318 C3
Renno 2A 346 C5
Le Renouard 61 .... 54 B2
Rentières 63 .... 227 H4
Renty 62 .... 7 E3
Renung 40 .... 294 B3
Renwez 08 .... 26 C2
La Réole 33 .... 256 D3
La Réorthe 85 .... 183 G1
Réotier 05 .... 270 D2
Repaix 54 .... 96 A1
La Répara-Auriples 26 .... 267 G3
Réparsac 16 .... 220 C1
Repel 88 .... 94 C4
Repentigny 14 .... 34 B4
Replonges 01 .... 195 E4
Le Reposoir 74 .... 216 B2
Les Repôts 39 .... 178 D5
Reppe 90 .... 142 D2
Requeil 72 .... 129 H3
Réquista 12 .... 280 C5
Résenlieu 61 .... 54 D4
La Résie-Saint-Martin 70 .... 161 E3
Résigny 02 .... 25 H3
Resson 55 .... 63 H4
Ressons-l'Abbaye 60 .... 38 A3
Ressons-le-Long 02 .... 40 A2
Ressons-sur-Matz 60 .... 39 F1
Les Ressuintes 28 .... 85 E2
Restigné 37 .... 151 E4
Restinclières 34 .... 303 E3
Restonica *Gorges de la* 2B 347 E5
Le Retail 79 .... 184 D1
Rétaud 17 .... 219 F1
Reterre 23 .... 208 C2
Rethel 08 .... 42 A1
Retheuil 02 .... 39 H3
Rethondes 60 .... 39 G2
Rethonvillers 80 .... 23 G3
Réthoville 50 .... 29 G2
Retiers 35 .... 104 D5
Retjons 40 .... 274 B4
Retonfey 57 .... 46 B5
Rétonval 76 .... 21 E2
Retournac 43 .... 247 G2
Retournemer *Lac de* 88 .... 120 B3
Retschwiller 67 .... 69 E2
Rettel 57 .... 46 B2
Rety 62 .... 2 C5
Retzwiller 68 .... 142 D3
Reugney 25 .... 180 B1
Reugny 03 .... 190 D3
Reugny 37 .... 152 B1
Reuil 51 .... 61 E1
Reuil-en-Brie 77 .... 60 A2
Reuil-sur-Brêche 60 .... 38 B1
Reuilly 27 .... 56 C1
Reuilly 36 .... 172 C1
Reuilly-Sauvigny 02 .... 60 D1
Reulle-Vergy 21 .... 159 H4
Reumont 59 .... 14 D4
La Réunion 47 .... 275 E2
Reutenbourg 67 .... 68 B5
Reuves 51 .... 61 F4
Reuville 76 .... 19 H3
Reux 14 .... 34 C3
Revard *Mont* 73 .... 233 F1
Réveillon 51 .... 60 C4
Réveillon 61 .... 84 C3
Revel 31 .... 319 E2
Revel 38 .... 251 F1
Revel-Tourdan 38 .... 231 G4
Revelles 80 .... 22 A2
Revémont 54 .... 44 D2
Revens 30 .... 282 A4
Reventin-Vaugris 38 .... 231 E4
Revercourt 28 .... 56 B5
Revest-des-Brousses 04 .... 287 E5
Revest-du-Bion 04 .... 286 C4
Le Revest-les-Eaux 83 .... 328 A4
Revest-les-Roches 06 .... 289 H5
Revest-Saint-Martin 04 .... 287 F4
La Revêtizon 79 .... 184 D5
Reviers 14 .... 33 F3
Revigny 39 .... 179 F5
Revigny-sur-Ornain 55 .... 63 F3
Réville 50 .... 29 H3
Réville-aux-Bois 55 .... 44 B3
Révillon 02 .... 41 E2
Revin 08 .... 26 C1
Revollat *Croix de* 38 .... 251 F1
Revonnas 01 .... 214 A1
Rexingen 67 .... 67 H3
Rexpoëde 59 .... 3 H3
Reyersviller 57 .... 68 B1
Reygade 19 .... 243 E4
Reynel 52 .... 93 F5
Reynès 66 .... 342 D4
Reynier 04 .... 287 H1
Reyniès 82 .... 297 H1
Reyrevignes 46 .... 261 E3
Reyrieux 01 .... 213 E3
Les Reys-de-Saulce 26 .... 267 E2
Reyssouze 01 .... 195 F3
Reyvroz 74 .... 198 B3
Rezay 18 .... 172 D5
Rezé 44 .... 147 G4
Rézentières 15 .... 245 H3
Rezonville 57 .... 65 F1
Rezza 2A 348 D1
Rhèges 10 .... 90 D2
Le Rheu 35 .... 104 A3
Le Rhien 70 .... 142 A2
Rhinau 67 .... 97 H4
Rhodes 57 .... 67 F4
Rhodon 41 .... 132 A3
Rhodon 78 .... 58 A5
Rhuis 60 .... 39 E3
Ri 61 .... 54 A4
Ria-Sirach 66 .... 342 A3
Riaillé 44 .... 127 E5
Le Rialet 81 .... 300 A5
Rians 18 .... 155 G5
Rians 83 .... 306 C4
Riantec 56 .... 123 F2
Riau *Château du* 03 .... 192 A1
Riaucourt 52 .... 117 E2
Riaville 55 .... 64 D1
Ribagnac 24 .... 257 H1
Ribarrouy 64 .... 294 C5
Ribaute 11 .... 338 B1
Ribaute-les-Tavernes 30 .... 283 H5
Le Ribay 53 .... 82 C4
Ribeaucourt 55 .... 93 F2
Ribeaucourt 80 .... 12 B4
Ribeauville 02 .... 25 H2
Ribeauvillé 68 .... 97 E5
Ribécourt 60 .... 39 G1
Ribécourt-la-Tour 59 .... 14 A4
Ribemont 02 .... 24 C3
Ribemont-sur-Ancre 80 .... 22 D1
Ribennes 48 .... 264 B3
Ribérac 24 .... 239 G1
Ribes 07 .... 266 A5
Ribeyret 05 .... 268 C5
Ribiers 05 .... 287 F2
Ribouisse 11 .... 318 D5
Riboux 83 .... 327 H2
La Ricamarie 42 .... 230 B4
Ricarville 76 .... 19 F4
Ricarville-du-Val 76 .... 20 C3
Ricaud 11 .... 318 D3
Ricaud 65 .... 315 G5
Les Riceys 10 .... 115 G5
La Richardais 35 .... 50 C5
Richardménil 54 .... 94 D1
Richarville 91 .... 87 E4
La Riche 37 .... 151 H2
Riche 57 .... 66 D3
Richebourg 52 .... 116 D4
Richebourg 62 .... 8 B3
Richebourg 78 .... 57 F4
Richecourt 55 .... 65 E3
Richelieu 37 .... 169 E1
Richeling 57 .... 67 G1
Richemont 16 .... 220 B1
Richemont 57 .... 45 H4
Richemont 76 .... 21 F3
Richemont *Col de* 01 .... 214 D2
Richerenches 84 .... 285 F1
Richet 40 .... 273 F1
Richeval 57 .... 96 A1
Richeville 27 .... 37 E4
Richtolsheim 67 .... 97 G5
Richwiller 68 .... 143 F1
Ricourt 32 .... 315 F2
Ricquebourg 60 .... 23 F5
Riec-sur-Belon 29 .... 100 C5
Riedheim 67 .... 68 C3
Riedisheim 68 .... 143 F1
Riedseltz 67 .... 69 F1
Riedwihr 68 .... 121 F2
Riel-les-Eaux 21 .... 116 A5
Riencourt 80 .... 22 A1
Riencourt-lès-Bapaume 62 .... 13 H4
Riencourt-lès-Cagnicourt 62 .... 13 H3
Riervescemont 90 .... 142 C1
Riespach 68 .... 143 F4
Rieucazé 31 .... 334 C1
Rieucros 09 .... 336 C1
Rieulay 59 .... 9 E5
Rieumajou 31 .... 318 C3
Rieumes 31 .... 317 F3
Rieupeyroux 12 .... 279 H2
Rieussec 34 .... 320 C3

Rieutort-de-Randon 48 264 C 3
Rieux 31 317 G 4
Rieux 51 60 C 3
Rieux 56 125 G 4
Rieux 60 38 D 3
Rieux 62 7 H 3
Rieux 76 11 E 5
Rieux-de-Pelleport 09 336 B 2
Rieux-en-Cambrésis 59 14 C 3
Rieux-en-Val 11 338 A 1
Rieux-Minervois 11 320 B 4
Riez 04 307 F 1
Rigarda 66 342 B 2
Rigaud 06 289 G 4
Rignac 12 279 H 1
Rignac 46 260 D 1
Rignat 01 214 A 1
Rignaucourt 55 63 H 2
Rigné 79 168 A 2
Rigney 25 162 B 2
Rignieux-le-Franc 01 213 H 3
Rignosot 25 162 B 2
Rignovelle 70 141 H 2
Rigny 70 161 F 1
Rigny-la-Nonneuse 10 90 B 4
Rigny-la-Salle 55 94 A 1
Rigny-le-Ferron 10 114 A 2
Rigny-Saint-Martin 55 94 A 1
Rigny-sur-Arroux 71 193 G 2
Rigny-Ussé 37 151 E 4
Riguepeu 32 295 H 4
Rilhac-Lastours 87 223 F 2
Rilhac-Rancon 87 205 H 4
Rilhac-Treignac 19 224 D 3
Rilhac-Xaintrie 19 243 H 2
Rillans 25 162 C 1
Rillé 37 151 E 2
Rillieux-la-Pape 69 213 F 5
Rilly-la-Montagne 51 41 G 5
Rilly-Sainte-Syre 10 90 D 4
Rilly-sur-Aisne 08 42 C 1
Rilly-sur-Loire 41 152 D 2
Rilly-sur-Vienne 37 169 G 1
Rimaucourt 52 93 F 5
Rimbach-près-Guebwiller 68 120 D 5
Rimbach-près-Masevaux 68 142 C 1
Rimbachzell 68 120 D 5
Rimbez-et-Baudiets 40 274 D 4
Rimboval 62 6 D 4
Rimeize 48 264 B 2
Rimling 57 48 B 5
Rimogne 08 26 C 2
Rimon-et-Savel 26 268 A 2
Rimondeix 23 189 H 5
Rimons 33 256 D 2
Rimont 09 335 G 2
Rimou 35 80 C 4
Rimplas 06 289 H 3
Rimsdorf 67 67 H 2
Ringeldorf 67 68 C 3
Ringendorf 67 68 C 3
Rinxent 62 2 B 4
Riocaud 33 257 F 1
Riolan *Clue du* 06 289 G 5
Riolas 31 316 D 3
Riols 34 320 C 2
Le Riols 81 279 E 3
Riom 63 209 H 4
Riom-ès-Montagnes 15 244 D 1
Rioms 26 286 C 2
Rion-des-Landes 40 273 E 5
Rions 33 255 H 2
Riorges 42 211 G 2
Riotord 43 248 B 1
Rioupéroux 38 251 F 2
Rioupes *Col de* 05 269 F 2
Rioux 17 219 F 2
Rioux-Martin 16 238 D 1
Rioz 70 162 A 1
Ripaille *Domaine de* 74 198 B 3
Riquet *Obélisque de* 11 318 D 3
Riquewihr 68 121 E 2
Ris 63 210 C 3
Ris 65 333 H 3
Ris-Orangis 91 58 C 5
Riscle 32 294 D 4
Risoul 05 270 D 2
Risoul 1850 05 270 D 2
Ristolas 05 271 F 1
Ristz *Château du* 03 192 A 3
Rittershoffen 67 69 F 2
Ritzing 57 46 C 2
Riunoguès 66 343 E 4
Riupeyrous 64 314 C 2
Riva-Bella 14 33 H 3
Rivarennes 36 188 B 1
Rivarennes 37 151 F 4
Rivas 42 230 A 2
Rivau *Château du* 37 151 E 5
Rive-de-Gier 42 230 D 3
Rivecourt 60 39 F 3
Rivedoux-Plage 17 200 B 1
Rivehaute 64 313 F 3
Rivel 11 337 E 3
Riventosa 2B 347 F 5
Rivèrenert 09 335 G 3
Riverie 69 230 C 2
Rivery 80 22 C 2
Les Rives 34 301 G 2
Rives 38 232 C 5
Rives 47 258 C 3
Rivesaltes 66 338 D 5
Le Rivier 38 232 B 4
La Rivière 33 238 B 4
Rivière 37 151 E 5
La Rivière 38 250 C 1
Rivière 62 13 F 3
La Rivière-de-Corps 10 90 D 5
La Rivière-Drugeon 25 180 B 3
La Rivière-Enverse 74 216 C 1
Rivière-les-Fosses 52 139 G 4
Rivière-Saas-et-Gourby 40 292 D 3
La Rivière-Saint-Sauveur 14 34 D 2
Rivière-sur-Tarn 12 281 H 3
La Rivière-Thibouville 27 35 G 5
Rivières 16 203 G 5
Rivières 30 284 A 2
Rivières 81 299 E 1
Les Rivières-Henruel 51 62 C 5
Rivières-le-Bois 52 139 H 3
Riville 76 19 F 3
Rivolet 69 212 C 3
Rix 39 180 A 4
Rix 58 157 E 2
Rixheim 68 143 G 1
La Rixouse 39 197 E 2
Rizaucourt 52 92 C 5
Roaillan 33 256 B 4
Roaix 84 285 G 2
Roanne 42 211 G 2
Roannes-Saint-Mary 15 262 B 1
Robécourt 88 118 A 3
Robecq 62 7 H 3
Robehomme 14 34 A 4
Robersart 59 15 E 4
Robert-Espagne 55 63 G 4
Robert-le-Diable *Château de* 76 36 A 3
Robert-Magny 52 92 B 3
Robertot 76 19 G 3
Roberval 60 39 E 3
Robiac-Rochessadoule 30 283 H 2
Robien *Château* 22 78 A 4
Robin *Mont* 50 52 A 2
La Robine-sur-Galabre 04 288 A 2
Robion 04 308 A 1
Robion 84 305 F 1
Le Roc 46 260 B 1
Le Roc-Saint-André 56 102 D 5
Rocamadour 46 260 C 1
Rocbaron 83 328 B 2
Rocé 41 131 H 3
Roche 38 231 H 2
Roche 41 132 B 3
Roche 42 229 F 2
La Roche aux Fées 35 104 D 5
Roche-Béranger 38 251 F 2
La Roche-Bernard 56 125 F 5
La Roche-Blanche 44 148 C 1
La Roche-Blanche 63 227 H 1
La Roche-Canilhac 15 263 G 2
La Roche-Canillac 19 243 F 2
La Roche-Chalais 24 238 D 2
Roche-Charles 63 227 G 4
La Roche-Clermault 37 151 E 5
La Roche Courbon *Château de* 17 201 E 4
Roche-d'Agoux 63 208 D 2
La Roche-de-Glun 26 249 F 4
La Roche-de-Rame 05 270 C 1
La Roche-Derrien 22 73 E 3
La Roche-des-Arnauds 05 269 G 3
Roche du Prêtre 25 163 E 4
La Roche-en-Brenil 21 158 C 2
Roche-en-Régnier 43 247 F 1
Roche-et-Raucourt 70 140 B 4
La Roche-Guyon 95 57 F 1
La Roche-Jagu *Château de* 22 73 E 3
Roche-la-Molière 42 230 A 4
La Roche-l'Abeille 87 223 G 2
Roche-le-Peyroux 19 226 B 4
Roche-lès-Clerval 25 162 D 2
Roche-lez-Beaupré 25 162 A 3
La Roche-Mabile 61 83 F 3
La Roche-Maurice 29 71 E 5
La Roche-Noire 63 228 A 1
La Roche-Posay 86 170 A 4
La Roche-qui-Boit *Barrage de* 50 51 H 5
La Roche-Racan *Château* 37 130 C 5
La Roche-Rigault 86 168 D 2
Roche-Saint-Secret-Béconne 26 267 G 4
La Roche-sur-Foron 74 215 H 1
La Roche-sur-Grane 26 267 F 2
La Roche-sur-le-Buis 26 286 B 2
Roche-sur-Linotte-et-Sorans-les-Cordiers 70 162 B 1
La Roche-sur-Yon 85 165 H 5
La Roche-Vanneau 21 159 E 1
La Roche-Vineuse 71 194 D 4
Rochebaudin 26 267 G 3
La Rochebeaucourt-et-Argentine 24 221 G 3
Rochebloine 07 248 C 3
Rochebonne *Château de* 07 248 B 4
Rochebrune 05 269 H 4
Rochebrune 26 286 A 1
Rochebrune *Château de* 16 204 D 4
Rochechinard 26 250 A 3
Rochechouart 87 204 D 5
Rochecolombe 07 266 B 4
Rochecorbon 37 152 A 2
Rochefort 17 200 D 3
Rochefort 21 138 B 3
Rochefort 73 232 D 2
Rochefort *Rocher de* 42 211 F 3
Rochefort-du-Gard 30 285 E 5
Rochefort-en-Terre 56 125 F 3
Rochefort-en-Valdaine 26 267 F 4
Rochefort-en-Yvelines 78 87 E 2
Rochefort-Montagne 63 227 E 1
Rochefort-Samson 26 249 H 4
Rochefort-sur-la-Côte 52 117 E 2
Rochefort-sur-Loire 49 149 F 2
Rochefort-sur-Nenon 39 161 E 5
La Rochefoucauld 16 221 H 1
Rochefourchat 26 268 A 3
La Rochegiron 04 286 D 4
Rochegude 26 285 F 2
Rochegude 30 284 A 2
Rochejean 25 180 C 4
La Rochelambert *Château de* 43 247 E 3
La Rochelle 17 200 C 1
La Rochelle 70 140 B 3
La Rochelle-Normande 50 51 G 4
Rochemaure 07 267 E 3
La Rochénard 79 184 C 5
Rochepaule 07 248 B 3
La Rochepot 21 177 G 2
Rocher 07 266 A 4
Rocher-Portail *Château du* 35 80 D 3
Le Rochereau 86 168 D 5
Les Rochers-Sévigné *Château* 35 105 F 3
Roches 23 189 G 5
Roches Blanches *Panorama des* 83 329 E 2
Les Roches-de-Condrieu 38 231 E 4
Roches-lès-Blamont 25 142 C 5
Les Roches-l'Évêque 41 131 F 3
Roches-Prémarie-Andillé 86 186 C 2
Roches-sur-Marne 52 92 D 2
Roches-sur-Rognon 52 93 E 5
Rocheservière 85 165 G 2
Rochessauve 07 266 D 2
Rochesson 88 120 A 4
Rochetaillée 42 230 B 4
Rochetaillée 52 139 F 2
Rochetaillée-sur-Saône 69 213 E 4
Rochetoirin 38 232 B 2
Rochetrejoux 85 166 C 4
La Rochette 04 289 F 5
La Rochette 05 269 H 3
La Rochette 07 248 A 5
La Rochette 16 203 G 5
La Rochette 23 207 G 3
La Rochette 73 233 G 3
La Rochette 77 88 B 3
La Rochette-du-Buis 26 286 B 2
Rocheville 06 309 E 4
Rocheville 50 29 E 4
Rochonvillers 57 45 G 2
Rochy-Condé 60 38 B 2
Rocles 03 191 G 3
Rocles 07 266 A 4
Rocles 48 265 E 2
Roclincourt 62 13 G 2
Rocourt 88 118 A 3
Rocourt-Saint-Martin 02 40 B 5
Rocquancourt 14 33 G 5
La Rocque 14 53 E 2
Rocquefort 76 19 G 4
Rocquemont 60 39 F 4
Rocquemont 76 20 C 5
Rocquencourt 60 22 C 4
Rocquencourt 78 58 A 3
Rocques 14 34 C 4
Rocquigny 02 15 H 5
Rocquigny 08 26 A 4
Rocquigny 62 13 H 5
Rocroi 08 26 B 1
Rodalbe 57 67 E 3
Rodelinghem 62 2 D 4
Rodelle 12 262 D 5
Rodemack 57 45 H 2
Roderen 68 142 D 1
La Roderie 44 147 F 4
Rodern 68 97 E 5
Rodès 66 342 C 2
Rodez 12 280 D 1
Rodilhan 30 304 A 2
Rodome 11 337 F 5
La Roë 53 105 F 5
Roëllecourt 62 7 G 5
Rœschwoog 67 69 G 3
Rœulx 59 14 C 2
Rœux 62 13 H 2
Roézé-sur-Sarthe 72 129 H 2
Roffey 89 137 E 2
Roffiac 15 245 G 3
Rogalle 09 335 F 3
Rogécourt 02 24 C 4
Rogerville 76 34 D 1
Rogéville 54 65 F 4
Roggenhouse 68 121 F 5
Rogliano 2B 345 G 1
Rogna 39 196 D 4
Rognac 13 305 G 5
Rognaix 73 234 B 2
Rognes 13 305 H 3
Rognon 25 162 C 1
Rognonas 13 304 D 1
Rogny 02 25 E 3
Rogny-les-Sept-Écluses 89 135 E 4
Rogues 30 302 B 1
Rogy 80 22 B 4
Rohaire 28 55 H 5
Rohan 56 102 B 3
Rohr 67 68 C 5
Rohrbach-lès-Bitche 57 68 A 1
Rohrwiller 67 69 F 4
Roiffé 86 150 C 5
Roiffieux 07 248 D 1
Roiglise 80 23 F 4
Roilly 21 158 D 2
Roinville 28 86 C 4
Roinville 91 87 F 3
Roinvilliers 91 87 G 5
Roisel 80 23 H 1
Les Roises 55 93 H 3
Roisey 42 230 D 4
Roissard 38 250 D 5
Roissy-en-Brie 77 59 E 4
Roissy-en-France 95 58 D 2
Roiville 61 54 C 3
Roizy 08 41 H 2
Rolampont 52 117 F 5
Rolbing 57 48 C 4
Rollainville 88 94 A 4
Rollancourt 62 7 E 5
Rolland 33 238 D 3
Rolleboise 78 57 E 1
Rolleville 76 18 C 5
Rollot 80 23 E 5
Rom 79 186 A 4
Romagnat 63 227 H 1
La Romagne 08 26 A 4
Romagne 33 256 C 1
Romagné 35 81 E 4
La Romagne 49 166 C 1
Romagne 86 186 B 5
Romagne-sous-les-Côtes 55 44 B 4
Romagne-sous-Montfaucon 55 43 G 3
Romagnieu 38 232 D 2
Romagny 68 142 D 3
Romagny-Fontenay 50 52 B 5
Romagny-sous-Rougemont 90 142 C 2
Romain 25 162 C 1
Romain 39 161 F 4
Romain 51 41 E 3
Romain 54 95 E 2
Romain-aux-Bois 88 118 A 3
Romain-sur-Meuse 52 117 H 2
Romaines 10 91 F 3
Romainville 93 58 C 3
Roman 27 56 A 3
Romanèche 01 196 B 5
Romanèche-Thorins 71 212 D 1
Romange 39 161 E 5
Romans 01 213 F 1
Romans 79 185 F 4
Romans-sur-Isère 26 249 G 3
Romanswiller 67 68 B 5
Romazières 17 202 C 3
Romazy 35 80 C 4
Rombach-le-Franc 68 96 D 4
Rombas 57 45 G 4
Rombies-et-Marchipont 59 9 H 5
Rombly 62 7 G 3
Romegoux 17 201 E 4
Romelfing 57 67 G 3
Romenay 71 195 G 2
Romeny-sur-Marne 02 60 B 2
Romeries 59 14 D 3
Romery 02 25 E 2
Romery 51 41 F 5
Romescamps 60 21 G 4
Romestaing 47 256 D 5
Romette 05 269 H 3
Romeyer 26 268 B 1
La Romieu 32 275 H 5
Romigny 51 41 E 5
Romiguières 34 301 G 2
Romillé 35 103 H 2
Romilly 41 109 F 5
Romilly-la-Puthenaye 27 55 H 1
Romilly-sur-Aigre 28 109 H 5
Romilly-sur-Andelle 27 36 C 3
Romilly-sur-Seine 10 90 B 3
Romont 88 95 G 4
Romorantin-Lanthenay 41 153 H 3
Rompon 07 267 E 1
Rônai 61 54 A 3
Ronce-les-Bains 17 200 C 5
Roncenay 10 114 D 2
Le Roncenay-Authenay 27 56 A 3
Roncey 50 51 H 1
Ronchamp 70 142 A 2
Ronchaux 25 179 H 1
Ronchères 02 40 D 5
Ronchères 89 135 G 4
Roncherolles-en-Bray 76 20 D 5
Roncherolles-sur-le-Vivier 76 36 B 1
Ronchin 59 8 D 3
Ronchois 76 21 F 3
Roncourt 57 45 G 5
Roncourt 88 118 A 2
Roncq 59 4 D 5
La Ronde 17 184 B 4
La Ronde 79 167 F 4
La Ronde-Haye 50 31 G 5
Rondefontaine 25 180 B 4
Ronel 81 299 G 2
Ronfeugerai 61 53 F 4
Rongères 03 192 B 5
Ronnet 03 209 E 1
Ronno 69 212 B 3
Ronquerolles 95 38 B 5
Ronsenac 16 221 F 4
Ronssoy 80 24 A 1
Rontalon 69 230 D 1
Ronthon 50 51 G 4
Rontignon 64 314 B 4
Ronvaux 55 64 C 1
Roôcourt-la-Côte 52 117 E 2
Roost-Warendin 59 8 D 5
Roppe 90 142 C 2
Roppenheim 67 69 G 3
Roppentzwiller 68 143 F 4
Roppeviller 57 48 C 5
La Roque-Alric 84 285 H 3
La Roque-Baignard 14 34 B 4
La Roque-d'Anthéron 13 305 H 3
La Roque-Esclapon 83 308 B 2
La Roque-Gageac 24 259 G 1
La Roque-Sainte-Marguerite 12 282 A 4
La Roque-sur-Cèze 30 284 C 3
La Roque-sur-Pernes 84 285 H 5
Roquebillière 06 291 F 3
Roquebrun 34 321 E 2
Roquebrune 32 295 G 3
Roquebrune 33 256 D 3
Roquebrune-Cap-Martin 06 291 G 5
Roquebrune-sur-Argens 83 308 C 5
La Roquebrussanne 83 328 A 2
Roquecor 82 277 E 1
Roquecourbe 81 299 G 4
Roquecourbe-Minervois 11 320 B 5
Roquedols *Château de* 48 282 C 3
Roquedur 30 282 D 5
Roquefère 11 319 H 3
Roquefeuil 11 337 E 4
Roquefixade 09 336 C 3
Roquefort 32 296 B 3
Roquefort 40 274 A 4
Roquefort 47 276 B 3
Roquefort-de-Sault 11 337 G 5
Roquefort-des-Corbières 11 339 E 2
Roquefort-la-Bédoule 13 327 F 3
Roquefort-les-Cascades 09 336 C 3
Roquefort-les-Pins 06 309 F 3
Roquefort-sur-Garonne 31 317 E 5
Roquefort-sur-Soulzon 12 281 G 5
Roquelaure 32 296 B 3
Roquelaure *Château de* 12 263 F 5
Roquelaure-Saint-Aubin 32 297 E 4
Roquemaure 30 285 E 4
Roquemaure 81 298 B 2
Roquepine 32 296 A 1
Roqueredonde 34 301 G 2
Roques 31 317 H 2
Roques 32 295 G 2
Roquesérière 31 298 B 3
Roquessels 34 301 G 5
Roquesteron 06 289 G 5
Roquestéron-Grasse 06 289 G 5
Roquetaillade 11 337 G 2
Roquetaillade *Château de* 33 256 B 4
Roquetoire 62 7 G 2
La Roquette 27 36 D 4
La Roquette-sur-Siagne 06 309 E 4
La Roquette-sur-Var 06 291 E 5
Roquettes 31 317 H 2
Roquevaire 13 327 F 2
Roquevidal 81 298 D 4
Roquiague 64 331 F 1
La Roquille 33 257 F 1
Rorbach-lès-Dieuze 57 67 F 4
Rorschwihr 68 97 E 5
Rorthais 79 167 F 2
Les Rosaires 22 73 H 5
Rosanbo *Château de* 22 72 B 4
Rosans 05 268 C 5
Rosay 39 196 B 2
Rosay 76 20 C 4
Rosay 78 57 F 3
Rosay-sur-Lieure 27 36 D 2
Rosazia 2A 348 C 1
Rosbruck 57 47 F 5
Roscanvel 29 75 E 3
Roscoff 29 71 G 3
Rosel 14 33 F 4
Roselend *Barrage de* 73 216 C 5
Roselier *Pointe du* 22 73 H 5
Rosenau 68 143 H 2
Rosendaël 59 3 G 2
Rosenwiller 67 97 E 2
Roset-Fluans 25 161 G 4
Rosey 70 141 E 5
Rosey 71 177 G 4
Rosheim 67 97 F 2
La Rosière 70 119 H 5
La Rosière-1850 73 235 E 1
Rosières 07 266 A 5
Rosières 18 172 D 2
Rosières 43 247 G 2
Rosières 60 39 F 4
Rosières 81 279 G 5
Rosières-aux-Salines 54 95 E 1
Rosières-devant-Bar 55 63 H 3
Rosières-en-Blois 55 93 G 2

Rosières-en-Haye 54 ... 65 G4
Rosières-en-Santerre 80 ... 23 E2
Rosières-près-Troyes 10 ... 115 E2
Rosières-sur-Barbèche 25 ... 163 E2
Rosières-sur-Mance 70 ... 140 C2
Rosiers-de-Juillac 19 ... 241 H1
Rosiers-d'Égletons 19 ... 225 F5
Les Rosiers-sur-Loire 49 ... 150 A3
Rosis 34 ... 301 E4
Rosnay 36 ... 170 D5
Rosnay 51 ... 41 F4
Rosnay 85 ... 183 E1
Rosnay-l'Hôpital 10 ... 91 H3
Rosnes 55 ... 63 H3
Rosnoën 29 ... 75 G4
Rosny-sous-Bois 93 ... 58 D3
Rosny-sur-Seine 78 ... 57 F2
Rosoy 60 ... 38 D3
Rosoy 89 ... 113 G3
Rosoy-en-Multien 60 ... 39 H5
Rosoy-sur-Amance 52 ... 140 A2
Rospez 22 ... 72 D3
Rospigliani 2B ... 347 F5
Rosporden 29 ... 100 B3
Rossay 86 ... 168 D2
Rosselange 57 ... 45 G4
Rossfeld 67 ... 97 G4
Rossillon 01 ... 214 C4
Rosteig 67 ... 68 A2
Rostrenen 22 ... 77 F5
Rosult 59 ... 9 F4
Rosureux 25 ... 163 F3
Rotalier 39 ... 196 B1
Rotangy 60 ... 22 A5
Rothau 67 ... 96 D3
Rothbach 67 ... 68 C2
Rothéneuf 35 ... 50 C4
Rotherens 73 ... 233 G3
La Rothière 10 ... 91 H5
Rothois 60 ... 21 H5
Rothonay 39 ... 196 B2
Les Rotours 61 ... 53 H4
Rots 14 ... 33 F4
Rott 67 ... 69 E1
Rottelsheim 67 ... 68 D4
Rottier 26 ... 268 B4
Rou-Marson 49 ... 150 B4
Rouairoux 81 ... 320 B2
Rouans 44 ... 147 E4
La Rouaudière 53 ... 127 F2
Roubaix 59 ... 9 E2
Roubia 11 ... 320 D5
Roubion 06 ... 289 H3
Roucamps 14 ... 53 E1
Roucourt 59 ... 14 A2
Roucy 02 ... 41 E2
Roudouallec 56 ... 100 C2
Rouécourt 52 ... 92 D5
Rouède 31 ... 334 D2
Rouellé 61 ... 82 A2
Rouelles 52 ... 139 E3
Rouelles 76 ... 34 C1
Rouen 76 ... 36 B2
Rouessé-Fontaine 72 ... 83 G5
Rouessé-Vassé 72 ... 107 E3
Rouet 34 ... 302 C2
Rouez 72 ... 107 E3
Rouffach 68 ... 121 E4
Rouffange 39 ... 161 F4
Rouffiac 15 ... 243 G4
Rouffiac 16 ... 239 E1
Rouffiac 17 ... 219 H1
Rouffiac 81 ... 299 F1
Rouffiac-d'Aude 11 ... 337 G1
Rouffiac-des-Corbières 11 ... 338 B4
Rouffiac-Tolosan 31 ... 298 A4
Rouffignac 17 ... 219 H5
Rouffignac 24 ... 241 E3
Rouffignac *Grotte de* 24 ... 241 E4
Rouffignac-
de-Sigoulès 24 ... 257 H1
Rouffigny 50 ... 51 H3
Rouffilhac 46 ... 259 H1
Rouffillac 24 ... 241 H5
Rouffy 51 ... 61 H2
Rougé 44 ... 126 D2
La Rouge 61 ... 84 D5
Rouge-Perriers 27 ... 35 H5
Rougefay 62 ... 12 C2
Rougegoutte 90 ... 142 C2
Rougemont 21 ... 137 G4
Rougemont 25 ... 162 C1
Rougemont-le-Château 90 ... 142 C2
Rougemontiers 27 ... 35 G2
Rougemontot 25 ... 162 B2
Rougeou 41 ... 153 G3
Rougeries 02 ... 25 E3
Les Rouges-Eaux 88 ... 96 A5
Le Rouget-Pers 15 ... 261 H1
Rouget *Cascade du* 74 ... 216 D2
Rougeux 52 ... 140 A2
Rougiers 83 ... 327 H1
Rougiville 88 ... 96 A5
Rougnac 16 ... 221 G3
Rougnat 23 ... 208 C2
Rougon 04 ... 307 H2
Rouhe 25 ... 161 H5
Rouhling 57 ... 47 G5
Rouillac 16 ... 202 D5
Rouillac 22 ... 79 E5
Rouillas-Bas 63 ... 227 G2
Rouillé 86 ... 185 H3
Rouillon 72 ... 107 G4
Rouilly 77 ... 89 G2
Rouilly-Sacey 10 ... 91 F5
Rouilly-Saint-Loup 10 ... 115 E2
Roujan 34 ... 321 H2
Roulans 25 ... 162 B3
Le Roulier 88 ... 119 H2
Roullée 72 ... 84 A3
Roullens 11 ... 319 G4
Roullet 16 ... 221 E2
Roullours 14 ... 52 C3
Roumagne 47 ... 257 G3
Roumare 76 ... 36 A1
Roumazières 16 ... 204 B4
Roumazières-Loubert 16 ... 204 B4
Roumégoux 15 ... 261 H1
Roumégoux 81 ... 299 G2
Roumengoux 09 ... 336 D1
Roumens 31 ... 318 D2
Roumoules 04 ... 307 F1
Rountzenheim 67 ... 69 F3
Roupeldange 57 ... 46 C4
Rouperroux 61 ... 83 F2
Rouperroux-le-Coquet 72 ... 108 B2
Roupy 02 ... 24 A3
La Rouquette 12 ... 279 F2
Roure 06 ... 289 H3
Le Rouret 06 ... 309 E3
Rousies 59 ... 15 H2
Roussac 87 ... 205 G2
Roussas 26 ... 267 E5
Roussay 49 ... 148 C5
Roussayrolles 81 ... 279 E4
Rousseloy 60 ... 38 C3
Roussennac 12 ... 261 H5
Roussent 62 ... 6 C5
Les Rousses 39 ... 197 F2
Rousses 48 ... 282 D3
Rousset 05 ... 270 A4
Rousset 13 ... 306 B5
Le Rousset 71 ... 194 B1
Rousset *Col de* 26 ... 250 B5
Rousset-les-Vignes 26 ... 267 G5
Le Rousset-Marizy 71 ... 194 B1
La Roussière 27 ... 55 F2
Roussieux 26 ... 286 C1
Roussillon 38 ... 231 E5
Roussillon 84 ... 305 G1
Roussillon-en-Morvan 71 ... 176 B1
Roussines 16 ... 222 B1
Roussines 36 ... 188 B3
Rousson 30 ... 283 H3
Rousson 89 ... 113 G4
Roussy-le-Village 57 ... 45 H2
Routelle 25 ... 161 G4
Routes 76 ... 19 G3
Routier 11 ... 337 F1
Routot 27 ... 35 G2
Rouvenac 11 ... 337 F3
Rouves 54 ... 65 H3
La Rouvière 30 ... 303 G1
Rouvignies 59 ... 14 D2
Rouville 60 ... 39 G4
Rouville 76 ... 19 E5
Rouvillers 60 ... 39 E2
Rouvray 21 ... 158 B2
Rouvray 27 ... 56 C1
Rouvray 89 ... 136 C2
Rouvray-Catillon 76 ... 21 E5
Rouvray-Saint-Denis 28 ... 111 E2
Rouvray-
Saint-Florentin 28 ... 110 B2
Rouvray-Sainte-Croix 45 ... 110 C4
Rouvre 79 ... 185 E3
Rouvrel 80 ... 22 C3
Rouvres 14 ... 53 H1
Rouvres 28 ... 56 D3
Rouvres 77 ... 59 F1
Rouvres-en-Multien 60 ... 39 H5
Rouvres-en-Plaine 21 ... 160 B4
Rouvres-en-Woëvre 55 ... 44 D5
Rouvres-en-Xaintois 88 ... 94 C5
Rouvres-la-Chétive 88 ... 94 A5
Rouvres-les-Bois 36 ... 171 H1
Rouvres-les-Vignes 10 ... 116 B2
Rouvres-Saint-Jean 45 ... 87 G5
Rouvres-sous-Meilly 21 ... 159 F4
Rouvres-sur-Aube 52 ... 139 E2
Rouvrois-sur-Meuse 55 ... 64 C3
Rouvrois-sur-Othain 55 ... 44 D3
Rouvroy 02 ... 24 B2
Rouvroy 62 ... 8 C5
Rouvroy-en-Santerre 80 ... 23 E3
Rouvroy-les-Merles 60 ... 22 C4
Rouvroy-Ripont 51 ... 42 D4
Rouvroy-sur-Audry 08 ... 26 B3
Rouvroy-sur-Marne 52 ... 93 E4
Rouvroy-sur-Serre 02 ... 25 H3
Le Roux 07 ... 265 H2
Rouxeville 50 ... 32 C5
La Rouxière 44 ... 148 C1
Rouxmesnil-Bouteilles 76 ... 10 B5
Rouy 58 ... 175 F1
Rouy-le-Grand 80 ... 23 G3
Rouy-le-Petit 80 ... 23 G3
Rouze 09 ... 337 F5
Rouzède 16 ... 222 B1
Rouziers 15 ... 261 H1
Rouziers-de-Touraine 37 ... 151 H1
Le Rove 13 ... 326 C2
Roville-aux-Chênes 88 ... 95 G4
Roville-devant-Bayon 54 ... 95 E3
Rovon 38 ... 250 B1
Roy-Boissy 60 ... 21 H5
Royan 17 ... 218 C2
Royas 38 ... 231 G3
Royat 63 ... 227 G1
Royaucourt 60 ... 22 D5
Royaucourt-et-Chailvet 02 ... 40 C1
Royaumeix 54 ... 65 F4
Royaumont *Abbaye de* 95 ... 38 C5
Roybon 38 ... 250 A1
Roye 70 ... 141 H4
Roye 80 ... 23 F4
Roye-sur-Matz 60 ... 23 F5
Royer 71 ... 195 E1
Royère-de-Vassivière 23 ... 207 E5
Royères 87 ... 206 B4
Roynac 26 ... 267 F3
Royon 62 ... 6 D4
Royville 76 ... 20 A3
Roz-Landrieux 35 ... 80 A2
Roz-sur-Couesnon 35 ... 51 F5
Rozay-en-Brie 77 ... 59 G5
Le Rozel 50 ... 28 D4
Rozelieures 54 ... 95 F3
Rozérieulles 57 ... 65 G1
Rozerotte 88 ... 94 D5
Rozès 32 ... 295 H2
Rozet-Saint-Albin 02 ... 40 B4
Le Rozier 48 ... 282 A3
Rozier-Côtes-d'Aurec 42 ... 229 H5
Rozier-en-Donzy 42 ... 212 A5
Rozières 52 ... 92 B4
Rozières-en-Beauce 45 ... 110 C5
Rozières-sur-Crise 02 ... 40 B3
Rozières-sur-Mouzon 88 ... 118 A3
Roziers-Saint-Georges 87 ... 224 C1
Rozoy-Bellevalle 02 ... 60 C2
Rozoy-le-Vieil 45 ... 112 D3
Rozoy-sur-Serre 02 ... 25 H4
Ruages 58 ... 157 G3
Ruan 45 ... 111 E3
Ruan-sur-Egvonne 41 ... 109 G4
Ruaudin 72 ... 107 H5
Ruaux 88 ... 119 F4
Rubécourt-
et-Lamécourt 08 ... 27 F4
Rubelles 77 ... 88 B2
Rubempré 80 ... 12 D5
Rubercy 14 ... 32 C3
Rubescourt 80 ... 22 D5
Rubigny 08 ... 25 H4
Rubrouck 59 ... 3 G4
Ruca 22 ... 79 E2
Ruch 33 ... 256 D1
Rucqueville 14 ... 33 E3
Rudeau-Ladosse 24 ... 222 B4
Rudelle 46 ... 261 E2
Rue 80 ... 11 F1
La Rue-Saint-Pierre 60 ... 38 B2
La Rue-Saint-Pierre 76 ... 20 C5
Ruederbach 68 ... 143 F3
Rueil-la-Gadelière 28 ... 56 A5
Rueil-Malmaison 92 ... 58 B3
Ruelisheim 68 ... 143 F1
Ruelle-sur-Touvre 16 ... 221 F1
Les Rues-des-Vignes 59 ... 14 B4
Ruesnes 59 ... 15 E2
Rueyres 46 ... 261 E2
Ruffec 16 ... 203 F2
Ruffec 36 ... 188 A1
Ruffey-le-Château 25 ... 161 G3
Ruffey-lès-Beaune 21 ... 177 H1
Ruffey-lès-Echirey 21 ... 160 A2
Ruffey-sur-Seille 39 ... 179 E4
Ruffiac 47 ... 274 D1
Ruffiac 56 ... 125 F2
Ruffieu 01 ... 214 D2
Ruffieux 73 ... 215 E4
Ruffigné 44 ... 126 D3
Rugles 27 ... 55 G3
Rugney 88 ... 95 E4
Rugny 89 ... 137 F2
Rugy 57 ... 45 H5
Ruhans 70 ... 162 A1
Ruillé-en-Champagne 72 ... 107 F4
Ruillé-Froid-Fonds 53 ... 106 A5
Ruillé-le-Gravelais 53 ... 105 G4
Ruillé-sur-Loir 72 ... 130 D3
Ruisseauville 62 ... 7 E4
Ruitz 62 ... 8 A4
Rullac-Saint-Cirq 12 ... 280 C4
Rully 14 ... 52 D3
Rully 60 ... 39 F4
Rully 71 ... 177 G3
Rumaisnil 80 ... 22 A3
Rumaucourt 62 ... 14 A3
Rumegies 59 ... 9 F4
Rumengol 29 ... 75 H3
Rumersheim 67 ... 68 D5
Rumersheim-le-Haut 68 ... 121 F5
Rumesnil 14 ... 34 B4
Rumigny 08 ... 26 A2
Rumigny 80 ... 22 B3
Rumilly 62 ... 6 D3
Rumilly 74 ... 215 F4
Rumilly-en-Cambrésis 59 ... 14 B4
Rumilly-lès-Vaudes 10 ... 115 F3
Ruminghem 62 ... 3 E4
Rumont 55 ... 63 H3
Rumont 77 ... 112 A2
Runan 22 ... 73 E4
Rungis 94 ... 58 C4
Ruoms 07 ... 266 B5
Rupéreux 77 ... 89 G2
Ruppes 88 ... 94 A3
Rupt 52 ... 92 D4
Rupt-aux-Nonains 55 ... 63 G5
Rupt-devant-
Saint-Mihiel 55 ... 64 B3
Rupt-en-Woëvre 55 ... 64 C2
Rupt-sur-Moselle 88 ... 119 H5
Rupt-sur-Othain 55 ... 44 C2
Rupt-sur-Saône 70 ... 140 D4
Rurange-lès-Thionville 57 ... 45 H4
Rurey 25 ... 162 A5
Rusio 2B ... 347 F4
Russ 67 ... 96 D2
Russange 57 ... 45 F2
Le Russey 25 ... 163 F4
Russy 14 ... 32 D2
Russy-Bémont 60 ... 39 G4
Rustenhart 68 ... 121 F4
Rustiques 11 ... 320 A5
Rustrel 84 ... 306 A1
Rustroff 57 ... 46 B2
Rutali 2B ... 345 G5
Ruvigny 10 ... 91 E5
Ruy 38 ... 232 A2
Ruyaulcourt 62 ... 14 A4
Ruynes-en-Margeride 15 ... 246 A4
Ry 76 ... 36 D1
Rye 39 ... 178 D3
Ryes 14 ... 33 E3

S

Saâcy-sur-Marne 77 ... 60 A2
Saales 67 ... 96 C4
Saales *Col de* 67 ... 96 C4
Saâne-Saint-Just 76 ... 20 A3
Saasenheim 67 ... 97 G5
Sabadel-Latronquière 46 ... 261 G2
Sabadel-Lauzès 46 ... 260 C4
Sabaillan 32 ... 316 C2
Sabalos 65 ... 315 F4
Sabarat 09 ... 335 H1
Sabarros 65 ... 315 H4
Sabazan 32 ... 295 E3
Sablé-sur-Sarthe 72 ... 129 E2
Les Sables-d'Olonne 85 ... 182 A2
Sables-d'Or-les-Pins 22 ... 79 E2
Sablet 84 ... 285 G3
Les Sablettes 83 ... 328 A5
Sablières 07 ... 265 H4
Sablonceaux 17 ... 219 E1
Sablonnières 77 ... 60 B3
Sablons 33 ... 238 C3
Sablons 38 ... 231 E5
Sablons-sur-Huisne 61 ... 85 E4
Sabonnères 31 ... 317 E2
La Sabotterie 08 ... 26 D5
Sabran 30 ... 284 C3
Sabres 40 ... 273 F3
Saccourvielle 31 ... 334 A4
Sacé 53 ... 106 A2
Sacey 50 ... 80 D2
Saché 37 ... 151 G4
Sachin 62 ... 7 G4
Sachy 08 ... 27 G4
Sacierges-Saint-Martin 36 ... 188 B2
Saclas 91 ... 87 F5
Saclay 91 ... 58 B5
Saconin-et-Breuil 02 ... 40 A3
Sacoué 65 ... 334 A2
Le Sacq 27 ... 56 A3
Sacquenay 21 ... 139 G5
Sacquenville 27 ... 56 A1
Sacy 51 ... 41 G4
Sacy 89 ... 136 D4
Sacy-le-Grand 60 ... 38 D3
Sacy-le-Petit 60 ... 39 E3
Sadeillan 32 ... 315 H3
Sadillac 24 ... 257 H2
Sadirac 33 ... 255 H1
Sadournin 65 ... 315 H4
Sadroc 19 ... 242 C1
Saessolsheim 67 ... 68 C5
Saffais 54 ... 95 E2
Saffloz 39 ... 179 H5
Saffré 44 ... 147 G1
Saffres 21 ... 159 F2
Sagelat 24 ... 259 E1
Sagnat 23 ... 188 D5
Sagnes-et-Goudoulet 07 ... 266 A1
Sagone 2A ... 348 B1
Sagonne 18 ... 173 H3
Sagy 71 ... 196 A1
Sagy 95 ... 57 H1
Sahorre 66 ... 342 A3
Sahune 26 ... 268 A5
Sahurs 76 ... 36 A2
Sai 61 ... 54 B4
Saignes 15 ... 226 C5
Saignes 46 ... 261 E1
Saigneville 80 ... 11 F3
Saignon 84 ... 306 A1
Saiguède 31 ... 297 F5
Sail-les-Bains 42 ... 193 E5
Sail-sous-Couzan 42 ... 229 F1
Sailhan 65 ... 333 G4
Saillac 19 ... 242 C4
Saillac 46 ... 278 D1
Saillagouse 66 ... 341 F4
Saillans 26 ... 267 H2
Saillans 33 ... 238 B4
Saillant 63 ... 229 F4
Saillat-sur-Vienne 87 ... 204 D4
Saillé 44 ... 145 H4
Saillenard 71 ... 178 D5
Sailly 08 ... 27 G4
Sailly 52 ... 93 E3
Sailly 71 ... 194 C2
Sailly 78 ... 57 G1
Sailly-Achâtel 57 ... 66 B3
Sailly-au-Bois 62 ... 13 F4
Sailly-en-Ostrevent 62 ... 13 H2
Sailly-Flibeaucourt 80 ... 11 G2
Sailly-Labourse 62 ... 8 A4
Sailly-Laurette 80 ... 23 E1
Sailly-le-Sec 80 ... 22 D1
Sailly-lez-Cambrai 59 ... 14 B3
Sailly-lez-Lannoy 59 ... 9 E2
Sailly-Saillisel 80 ... 13 H5
Sailly-sur-la-Lys 62 ... 8 B2
Sain-Bel 69 ... 212 C5
Saincaize-Meauce 58 ... 174 B3
Sainghin-en-Mélantois 59 ... 9 E3
Sainghin-en-Weppes 59 ... 8 C3
Sainneville 76 ... 18 D5
Sainpuits 89 ... 156 D1
Sains 35 ... 80 C2
Sains-du-Nord 59 ... 15 H4
Sains-en-Amiénois 80 ... 22 C2
Sains-en-Gohelle 62 ... 8 A4
Sains-lès-Fressin 62 ... 7 E4
Sains-lès-Marquion 62 ... 14 A3
Sains-lès-Pernes 62 ... 7 G4
Sains-Morainvillers 60 ... 22 D5
Sains-Richaumont 02 ... 25 E2
Le Saint 56 ... 100 D2
Saint-Aaron 22 ... 78 D3
Saint-Abit 64 ... 314 B5
Saint-Abraham 56 ... 102 D5
Saint-Acheul 80 ... 12 C3
Saint-Adjutory 16 ... 203 H5
Saint-Adrien 22 ... 77 G2
Saint-Adrien
Roches de 76 ... 36 B2
Saint-Affrique 12 ... 300 D1
Saint-Affrique-
les-Montagnes 81 ... 299 G5
Saint-Agathon 22 ... 73 F5
Saint-Agil 41 ... 109 E4
Saint-Agnan 02 ... 60 D1
Saint-Agnan 58 ... 158 B3
Saint-Agnan 71 ... 193 F2
Saint-Agnan 81 ... 298 C4
Saint-Agnan 89 ... 89 E5
Saint-Agnan-
de-Cernières 27 ... 55 E2
Saint-Agnan-
en-Vercors 26 ... 250 B4
Saint-Agnan-l
e-Malherbe 14 ... 53 E1
Saint-Agnan-sur-Erre 61 ... 84 D5
Saint-Agnan-sur-Sarthe 61 ... 84 B2
Saint-Agnant 17 ... 200 D4
Saint-Agnant-
de-Versillat 23 ... 188 C5
Saint-Agnant-
près-Crocq 23 ... 208 B5
Saint-Agnant-
sous-les-Côtes 55 ... 64 D4
Saint-Agne 24 ... 258 B1
Saint-Agnet 40 ... 294 C4
Saint-Agnin-sur-Bion 38 ... 231 H3
Saint-Agoulin 63 ... 209 H2
Saint-Agrève 07 ... 248 B4
Saint-Aignan 08 ... 27 E4
Saint-Aignan 33 ... 238 B4
Saint-Aignan 41 ... 153 E4
Saint-Aignan 56 ... 77 H5
Saint-Aignan 72 ... 108 A2
Saint-Aignan 82 ... 277 F5
Saint-Aignan-
de-Couptrain 53 ... 82 D3
Saint-Aignan-
de-Cramesnil 14 ... 33 H5
Saint-Aignan-
des-Gués 45 ... 134 A2
Saint-Aignan-
des-Noyers 18 ... 173 H4
Saint-Aignan-
Grandlieu 44 ... 147 G5
Saint-Aignan-
le-Jaillard 45 ... 134 B4
Saint-Aignan-sur-Roë 53 ... 127 G2
Saint-Aignan-sur-Ry 76 ... 36 D1
Saint-Aigny 36 ... 187 H1
Saint-Aigulin 17 ... 238 D2
Saint-Ail 54 ... 45 F5
Saint-Albain 71 ... 195 E3
Saint-Alban 01 ... 214 B1
Saint-Alban 22 ... 78 D2
Saint-Alban 31 ... 297 H4
Saint-Alban-Auriolles 07 ... 266 A5
Saint-Alban-d'Ay 07 ... 248 D2
Saint-Alban-
d'Hurtières 73 ... 234 A3
Saint-Alban-
de-Montbel 73 ... 233 E2
Saint-Alban-de-Roche 38 ... 231 H2
Saint-Alban-
des-Villards 73 ... 233 H5
Saint-Alban-du-Rhône 38 ... 231 E4
Saint-Alban-
en-Montagne 07 ... 265 F2
Saint-Alban-les-Eaux 42 ... 211 F3
Saint-Alban-Leysse 73 ... 233 F2
Saint-Alban-
sur-Limagnole 48 ... 264 B1
Saint-Albin-
de-Vaulserre 38 ... 232 D3
Saint-Alexandre 30 ... 284 D2
Saint-Algis 02 ... 25 E1
Saint-Allouestre 56 ... 102 B4
Saint-Alpinien 23 ... 207 H3
Saint-Alyre-d'Arlanc 63 ... 228 D5
Saint-Alyre-
ès-Montagne 63 ... 227 G5
Saint-Amadou 09 ... 336 C1
Saint-Amancet 81 ... 319 F2
Saint-Amand 23 ... 207 H3
Saint-Amand 50 ... 52 C1
Saint-Amand 62 ... 13 E4
Saint-Amand-
de-Belvès 24 ... 259 E2
Saint-Amand-de-Coly 24 ... 241 G3
Saint-Amand-de-Vergt 24 ... 240 C4

Saint-Amand-des-Hautes-Terres 27 ... 36 A4
Saint-Amand-en-Puisaye 58 ... 156 B1
Saint-Amand-Jartoudeix 23 ... 206 C4
Saint-Amand-le-Petit 87 ... 206 D5
Saint-Amand-les-Eaux 59 ... 9 F4
Saint-Amand-Longpré 41 ... 131 G4
Saint-Amand-Magnazeix 87 ... 205 H1
Saint-Amand-Montrond 18 ... 173 F5
Saint-Amand-sur-Fion 51 ... 62 C3
Saint-Amand-sur-Ornain 55 ... 93 F1
Saint-Amand-sur-Sèvre 79 ... 167 E3
Saint-Amandin 15 ... 227 E5
Saint-Amans 09 ... 336 A1
Saint-Amans 11 ... 318 D5
Saint-Amans 48 ... 264 C3
Saint-Amans-de-Pellagal 82 ... 277 F3
Saint-Amans-des-Cots 12 ... 262 D2
Saint-Amans-du-Pech 82 ... 276 D2
Saint-Amans-Soult 81 ... 320 A2
Saint-Amans-Valtoret 81 ... 320 A2
Saint-Amant-de-Boixe 16 ... 203 F5
Saint-Amant-de-Bonnieure 16 ... 203 G4
Saint-Amant-de-Graves 16 ... 220 D2
Saint-Amant-de-Montmoreau 16 ... 221 F4
Saint-Amant-de-Nouère 16 ... 203 E5
Saint-Amant-Roche-Savine 63 ... 228 D3
Saint-Amant-Tallende 63 ... 227 H2
Saint-Amarin 68 ... 120 C5
Saint-Ambreuil 71 ... 177 H5
Saint-Ambroix 18 ... 172 C3
Saint-Ambroix 30 ... 284 A2
Saint-Amé 88 ... 119 H4
Saint-Amour 39 ... 196 A3
Saint-Amour-Bellevue 71 ... 194 D5
Saint-Anastaise 63 ... 227 G4
Saint-Andelain 58 ... 156 A3
Saint-Andéol 26 ... 268 A1
Saint-Andéol 38 ... 250 C4
Saint-Andéol-de-Berg 07 ... 266 C4
Saint-Andéol-de-Clerguemort 48 ... 283 F2
Saint-Andéol-de-Fourchades 07 ... 266 A1
Saint-Andéol-de-Vals 07 ... 266 B2
Saint-Andéol-le-Château 69 ... 230 D2
Saint-Andeux 21 ... 158 B2
Saint-Andiol 13 ... 305 E2
Saint-Andoche 70 ... 140 B4
Saint-André 16 ... 219 H1
Saint-André 31 ... 316 D4
Saint-André 32 ... 296 D5
Saint-André 66 ... 343 F3
Saint-André 73 ... 252 C1
Saint-André 81 ... 300 A1
Saint-André *Chapelle* 46 ... 259 G3
Saint-André-Capcèze 48 ... 265 G5
Saint-André-d'Allas 24 ... 241 F5
Saint-André-d'Apchon 42 ... 211 F2
Saint-André-de-Bagé 01 ... 195 F4
Saint-André-de-Boëge 74 ... 198 A5
Saint-André-de-Bohon 50 ... 32 A3
Saint-André-de-Briouze 61 ... 53 G4
Saint-André-de-Buèges 34 ... 302 B2
Saint-André-de-Chalencon 43 ... 247 G1
Saint-André-de-Corcy 01 ... 213 F3
Saint-André-de-Cruzières 07 ... 284 A1
Saint-André-de-Cubzac 33 ... 237 H4
Saint-André-de-Double 24 ... 239 G2
Saint-André-de-la-Marche 49 ... 148 C5
Saint-André-de-la-Roche 06 ... 309 H2
Saint-André-de-Lancize 48 ... 283 F2
Saint-André-de-l'Épine 50 ... 32 B4
Saint-André-de-l'Eure 27 ... 56 C3
Saint-André-de-Lidon 17 ... 219 F2
Saint-André-de-Majencoules 30 ... 282 D5
Saint-André-de-Messei 61 ... 53 F5
Saint-André-de-Najac 12 ... 279 F3
Saint-André-de-Roquelongue 11 ... 338 D1
Saint-André-de-Roquepertuis 30 ... 284 C2
Saint-André-de-Rosans 05 ... 268 C5
Saint-André-de-Sangonis 34 ... 302 A4
Saint-André-de-Seignanx 40 ... 292 B4
Saint-André-de-Valborgne 30 ... 283 E3
Saint-André-de-Vézines 12 ... 282 A3
Saint-André-d'Embrun 05 ... 270 C3
Saint-André-des-Eaux 22 ... 79 H5
Saint-André-des-Eaux 44 ... 146 B2
Saint-André-d'Hébertot 14 ... 34 D3
Saint-André-d'Huiriat 01 ... 195 F5
Saint-André-d'Olérargues 30 ... 284 C3
Saint-André-du-Bois 33 ... 256 C3
Saint-André-en-Barrois 55 ... 63 H1
Saint-André-en-Bresse 71 ... 178 B5
Saint-André-en-Morvan 58 ... 157 H2
Saint-André-en-Royans 38 ... 250 A3
Saint-André-en-Terre-Plaine 89 ... 158 B1
Saint-André-en-Vivarais 07 ... 248 B3
Saint-André-et-Appelles 33 ... 257 F1
Saint-André-Farivillers 60 ... 22 B5
Saint-André-Goule-d'Oie 85 ... 166 B3
Saint-André-la-Côte 69 ... 230 C2
Saint-André-Lachamp 07 ... 265 H4
Saint-André-le-Bouchoux 01 ... 213 G1
Saint-André-le-Coq 63 ... 210 A3
Saint-André-le-Désert 71 ... 194 C2
Saint-André-le-Gaz 38 ... 232 C2
Saint-André-le-Puy 42 ... 230 A2
Saint-André-les-Alpes 04 ... 288 C5
Saint-André-les-Vergers 10 ... 90 D5
Saint-André-lez-Lille 59 ... 8 D2
Saint-André-sur-Cailly 76 ... 20 C5
Saint-André-sur-Orne 14 ... 33 G5
Saint-André-sur-Sèvre 79 ... 167 F4
Saint-André-sur-Vieux-Jonc 01 ... 213 G1
Saint-André-Treize-Voies 85 ... 165 H2
Saint-André-Val-de-Fier 74 ... 215 E3
Saint-Androny 33 ... 237 F1
Saint-Ange-et-Torçay 28 ... 56 B5
Saint-Ange-le-Viel 77 ... 112 D2
Saint-Angeau 16 ... 203 G4
Saint-Angel 03 ... 191 E4
Saint-Angel 19 ... 225 H3
Saint-Angel 63 ... 209 F3
Saint-Anthème 63 ... 229 F3
Saint-Anthot 21 ... 159 F3
Saint-Antoine 05 ... 252 C5
Saint-Antoine 13 ... 326 D2
Saint-Antoine 15 ... 262 B2
Saint-Antoine 25 ... 180 C3
Saint-Antoine 29 ... 71 H4
Saint-Antoine 32 ... 276 D5
Saint-Antoine 33 ... 237 H3
Saint-Antoine-Cumond 24 ... 239 F1
Saint-Antoine-d'Auberoche 24 ... 241 E2
Saint-Antoine-de-Breuilh 24 ... 257 E1
Saint-Antoine-de-Ficalba 47 ... 276 C1
Saint-Antoine-du-Queyret 33 ... 256 D1
Saint-Antoine-du-Rocher 37 ... 151 H1
Saint-Antoine-la-Forêt 76 ... 19 E5
Saint-Antoine-l'Abbaye 38 ... 249 H2
Saint-Antoine-sur-l'Isle 33 ... 239 E3
Saint-Antonin 06 ... 289 G5
Saint-Antonin 32 ... 296 C3
Saint-Antonin-de-Lacalm 81 ... 299 G3
Saint-Antonin-de-Sommaire 27 ... 55 F3
Saint-Antonin-du-Var 83 ... 307 H5
Saint-Antonin-Noble-Val 82 ... 278 D3
Saint-Antonin-sur-Bayon 13 ... 306 B5
Saint-Aoustrille 36 ... 172 B2
Saint-Août 36 ... 172 B5
Saint-Apollinaire 05 ... 270 B3
Saint-Apollinaire 21 ... 160 B3
Saint-Apollinaire-de-Rias 07 ... 248 D5
Saint-Appolinaire 69 ... 212 B3
Saint-Appolinard 38 ... 250 A2
Saint-Appolinard 42 ... 230 D5
Saint-Aquilin 24 ... 239 H2
Saint-Aquilin-d'Augerons 27 ... 55 E2
Saint-Aquilin-de-Corbion 61 ... 55 E5
Saint-Aquilin-de-Pacy 27 ... 56 D1
Saint-Araille 31 ... 317 E3
Saint-Arailles 32 ... 295 H4
Saint-Arcons-d'Allier 43 ... 246 C3
Saint-Arcons-de-Barges 43 ... 265 F1
Saint-Arey 38 ... 251 E5
Saint-Armel 35 ... 104 B4
Saint-Armel 56 ... 124 C4
Saint-Armou 64 ... 314 B2
Saint-Arnac 66 ... 338 A5
Saint-Arnoult 14 ... 34 B3
Saint-Arnoult 41 ... 131 F4
Saint-Arnoult 60 ... 21 G5
Saint-Arnoult 76 ... 35 G1
Saint-Arnoult-des-Bois 28 ... 85 H3
Saint-Arnoult-en-Yvelines 78 ... 87 E2
Saint-Arroman 32 ... 316 A2
Saint-Arroman 65 ... 333 H2
Saint-Arroumex 82 ... 277 E5
Saint-Astier 24 ... 239 H2
Saint-Astier 47 ... 257 F2
Saint-Auban 04 ... 287 G4
Saint-Auban 06 ... 308 C1
Saint-Auban-d'Oze 05 ... 269 F4
Saint-Auban-sur-l'Ouvèze 26 ... 286 B1
Saint-Aubert 59 ... 14 C3
Saint-Aubert-sur-Orne 61 ... 53 G4
Saint-Aubin 02 ... 40 A1
Saint-Aubin 10 ... 90 A3
Saint-Aubin 21 ... 177 G2
Saint-Aubin 36 ... 172 B3
Saint-Aubin 39 ... 178 C1
Saint-Aubin 40 ... 293 G3
Saint-Aubin 47 ... 258 D5
Saint-Aubin 59 ... 15 G3
Saint-Aubin 62 ... 6 B4
Saint-Aubin 91 ... 58 A5
Saint-Aubin-Celloville 76 ... 36 B2
Saint-Aubin-Château-Neuf 89 ... 135 H3
Saint-Aubin-d'Appenai 61 ... 84 A3
Saint-Aubin-d'Arquenay 14 ... 33 H3
Saint-Aubin-d'Aubigné 35 ... 80 B5
Saint-Aubin-de-Baubigné 79 ... 167 F2
Saint-Aubin-de-Blaye 33 ... 237 G1
Saint-Aubin-de-Bonneval 61 ... 54 D2
Saint-Aubin-de-Branne 33 ... 256 C1
Saint-Aubin-de-Cadelech 24 ... 257 H2
Saint-Aubin-de-Courteraie 61 ... 84 B2
Saint-Aubin-de-Crétot 76 ... 19 F5
Saint-Aubin-de-Lanquais 24 ... 258 B1
Saint-Aubin-de-Locquenay 72 ... 83 G5
Saint-Aubin-de-Luigné 49 ... 149 F3
Saint-Aubin-de-Médoc 33 ... 237 F5
Saint-Aubin-de-Nabirat 24 ... 259 G2
Saint-Aubin-de-Scellon 27 ... 35 E4
Saint-Aubin-de-Terregatte 50 ... 81 E2
Saint-Aubin-d'Écrosville 27 ... 36 A5
Saint-Aubin-des-Bois 14 ... 52 A3
Saint-Aubin-des-Bois 28 ... 86 A3
Saint-Aubin-des-Châteaux 44 ... 126 D3
Saint-Aubin-des-Chaumes 58 ... 157 G2
Saint-Aubin-des-Coudrais 72 ... 108 C3
Saint-Aubin-des-Grois 61 ... 84 C5
Saint-Aubin-des-Hayes 27 ... 55 G1
Saint-Aubin-des-Landes 35 ... 105 E3
Saint-Aubin-des-Ormeaux 85 ... 166 C1
Saint-Aubin-des-Préaux 50 ... 51 F3
Saint-Aubin-du-Cormier 35 ... 80 D5
Saint-Aubin-du-Désert 53 ... 83 E5
Saint-Aubin-du-Pavail 35 ... 104 C4
Saint-Aubin-du-Perron 50 ... 31 H4
Saint-Aubin-du-Plain 79 ... 167 G2
Saint-Aubin-du-Thenney 27 ... 55 E1
Saint-Aubin-en-Bray 60 ... 37 G2
Saint-Aubin-en-Charollais 71 ... 193 H2
Saint-Aubin-Épinay 76 ... 36 B2
Saint-Aubin-Fosse-Louvain 53 ... 81 H3
Saint-Aubin-la-Plaine 85 ... 183 G2
Saint-Aubin-le-Cauf 76 ... 20 B2
Saint-Aubin-le-Cloud 79 ... 167 H5
Saint-Aubin-le-Dépeint 37 ... 130 B5
Saint-Aubin-le-Guichard 27 ... 55 G1
Saint-Aubin-le-Monial 03 ... 191 G2
Saint-Aubin-le-Vertueux 27 ... 55 F1
Saint-Aubin-Lébizay 14 ... 34 B4
Saint-Aubin-lès-Elbeuf 76 ... 36 A3
Saint-Aubin-les-Forges 58 ... 156 C5
Saint-Aubin-Montenoy 80 ... 21 E2
Saint-Aubin-Rivière 80 ... 21 G2
Saint-Aubin-Routot 76 ... 34 D1
Saint-Aubin-sous-Erquery 60 ... 38 D2
Saint-Aubin-sur-Aire 55 ... 64 C5
Saint-Aubin-sur-Algot 14 ... 34 B5
Saint-Aubin-sur-Gaillon 27 ... 36 C5
Saint-Aubin-sur-Loire 71 ... 193 E2
Saint-Aubin-sur-Mer 14 ... 33 G3
Saint-Aubin-sur-Mer 76 ... 19 H2
Saint-Aubin-sur-Quillebeuf 27 ... 35 F1
Saint-Aubin-sur-Scie 76 ... 20 B2
Saint-Aubin-sur-Yonne 89 ... 113 G5
Saint-Augustin 03 ... 174 B4
Saint-Augustin 17 ... 218 C1
Saint-Augustin 19 ... 225 E4
Saint-Augustin 77 ... 59 H4
Saint-Augustin-des-Bois 49 ... 149 E1
Saint-Aulaire 19 ... 241 H1
Saint-Aulais-la-Chapelle 16 ... 220 D4
Saint-Aulaye-Puymangou 24 ... 239 E2
Saint-Aunès 34 ... 303 E4
Saint-Aunix-Lengros 32 ... 295 E5
Saint-Aupre 38 ... 232 D4
Saint-Austremoine 43 ... 246 B3
Saint-Auvent 87 ... 205 E5
Saint-Avaugourd-des-Landes 85 ... 182 C1
Saint-Avé 56 ... 124 C3
Saint-Aventin 31 ... 334 A4
Saint-Aventin 37 ... 152 A3
Saint-Avit 16 ... 239 E1
Saint-Avit 26 ... 249 F2
Saint-Avit 40 ... 273 H5
Saint-Avit 41 ... 109 E4
Saint-Avit 47 ... 257 F4
Saint-Avit 47 ... 258 D4
Saint-Avit 63 ... 208 C4
Saint-Avit 81 ... 319 F2
Saint-Avit-de-Soulège 33 ... 257 E1
Saint-Avit-de-Tardes 23 ... 207 H4
Saint-Avit-de-Vialard 24 ... 240 D5
Saint-Avit-Frandat 32 ... 276 B5
Saint-Avit-le-Pauvre 23 ... 207 F3
Saint-Avit-les-Guespières 28 ... 109 H2
Saint-Avit-Rivière 24 ... 258 D2
Saint-Avit-Saint-Nazaire 33 ... 239 F5
Saint-Avit-Sénieur 24 ... 258 D1
Saint-Avold 57 ... 67 E1
Saint-Avre 73 ... 234 A4
Saint-Ay 45 ... 132 D2
Saint-Aybert 59 ... 9 H4
Saint-Aygulf 83 ... 329 G1
Saint-Babel 63 ... 228 A2
Saint Baldoph 73 ... 233 F2
Saint-Bandry 02 ... 40 A2
Saint-Baraing 39 ... 178 D2
Saint-Barbant 87 ... 204 D1
Saint-Bard 23 ... 208 B4
Saint-Bardoux 26 ... 249 F3
Saint-Barnabé 22 ... 102 B2
Saint-Barthélemy 38 ... 231 G5
Saint-Barthélemy 40 ... 292 B5
Saint-Barthélemy 50 ... 52 C5
Saint-Barthélemy 56 ... 101 H4
Saint-Barthélemy 70 ... 142 A2
Saint-Barthélemy 77 ... 60 B4
Saint-Barthélemy-d'Agenais 47 ... 257 G4
Saint-Barthélemy-d'Anjou 49 ... 149 G1
Saint-Barthélemy-de-Bellegarde 24 ... 239 F3
Saint-Barthélemy-de-Bussière 24 ... 222 C2
Saint-Barthélemy-de-Séchilienne 38 ... 251 E3
Saint-Barthélemy-de-Vals 26 ... 249 F2
Saint-Barthélemy-Grozon 07 ... 248 D4
Saint-Barthélemy-le-Meil 07 ... 248 C5
Saint-Barthélemy-le-Plain 07 ... 249 E3
Saint-Barthélemy-Lestra 42 ... 230 A1
Saint-Basile 07 ... 248 C4
Saint-Baslemont 88 ... 118 C2
Saint-Baudel 18 ... 172 D4
Saint-Baudelle 53 ... 82 B5
Saint-Baudille-de-la-Tour 38 ... 214 A5
Saint-Baudille-et-Pipet 38 ... 269 E1
Saint-Bauld 37 ... 152 A5
Saint-Baussant 54 ... 65 E3
Saint-Bauzeil 09 ... 336 B1
Saint-Bauzély 30 ... 303 G1
Saint-Bauzile 07 ... 266 D2
Saint-Bauzile 48 ... 264 C5
Saint-Bauzille-de-la-Sylve 34 ... 302 B4
Saint-Bauzille-de-Montmel 34 ... 303 E3
Saint-Bauzille-de-Putois 34 ... 302 C1
Saint-Bazile 87 ... 222 D1
Saint-Bazile-de-la-Roche 19 ... 243 F2
Saint-Bazile-de-Meyssac 19 ... 242 D3
Saint-Béat 31 ... 334 B3
Saint-Beaulize 12 ... 301 F1
Saint-Beauzeil 82 ... 276 D1
Saint-Beauzély 12 ... 281 G3
Saint-Beauzile 81 ... 279 E5
Saint-Beauzire 43 ... 246 A1
Saint-Beauzire 63 ... 209 H5
Saint-Bénézet 30 ... 283 H5
Saint-Bénigne 01 ... 195 F3
Saint-Benin 59 ... 14 D5
Saint-Benin-d'Azy 58 ... 175 E2
Saint-Benin-des-Bois 58 ... 157 E5
Saint-Benoist-sur-Mer 85 ... 182 D3
Saint-Benoist-sur-Vanne 10 ... 114 B2
Saint-Benoît 04 ... 289 E5
Saint-Benoît 11 ... 337 F2
Saint-Benoît 28 ... 109 F4
Saint-Benoît 86 ... 186 B2
Saint-Benoît-de-Carmaux 81 ... 279 G5
Saint-Benoît-des-Ombres 27 ... 35 F4
Saint-Benoît-des-Ondes 35 ... 50 D5
Saint-Benoît-d'Hébertot 14 ... 34 D3
Saint-Benoît-du-Sault 36 ... 188 B3
Saint-Benoît-en-Diois 26 ... 268 A2
Saint-Benoît-en-Woëvre 55 ... 65 E2
Saint-Benoît-la-Chipotte 88 ... 95 H4
Saint-Benoît-la-Forêt 37 ... 151 E4
Saint-Benoît-sur-Loire 45 ... 134 A3
Saint-Benoît-sur-Seine 10 ... 90 D4
Saint-Berain 43 ... 246 D4
Saint-Berain-sous-Sanvignes 71 ... 176 D5
Saint-Bérain-sur-Dheune 71 ... 177 F3
Saint-Bernard 01 ... 212 D3
Saint-Bernard 21 ... 160 A5
Saint-Bernard 38 ... 233 F5
Saint-Bernard 57 ... 46 B4
Saint-Bernard 68 ... 143 E2
Saint-Béron 73 ... 232 D3
Saint-Berthevin 53 ... 105 H3
Saint-Berthevin-la-Tannière 53 ... 81 G4
Saint-Bertrand-de-Comminges 31 ... 334 A2
Saint-Biez-en-Belin 72 ... 130 A2
Saint-Bihy 22 ... 77 H3
Saint-Blaise 06 ... 291 E5
Saint-Blaise 74 ... 215 G2
Saint-Blaise *Fouilles de* 13 ... 325 G3
Saint-Blaise-du-Buis 38 ... 232 C4
Saint-Blaise-la-Roche 67 ... 96 C3
Saint-Blancard 32 ... 316 B3
Saint-Blimont 80 ... 11 E3
Saint-Blin 52 ... 93 G5
Saint-Boès 64 ... 293 F5
Saint-Bohaire 41 ... 132 A5
Saint-Boil 71 ... 177 G5
Saint-Boingt 54 ... 95 F3
Saint-Bois 01 ... 232 C1
Saint-Bomer 28 ... 109 E2
Saint-Bômer-les-Forges 61 ... 53 E5
Saint-Bon 51 ... 60 C5
Saint-Bon-Tarentaise 73 ... 234 C3
Saint-Bonnet 16 ... 220 D3
Saint-Bonnet *Signal de* 69 ... 212 C2
Saint-Bonnet-Avalouze 19 ... 243 E1
Saint-Bonnet-Briance 87 ... 224 B1
Saint-Bonnet-de-Bellac 87 ... 205 E1
Saint-Bonnet-de-Chavagne 38 ... 250 A2
Saint-Bonnet-de-Chirac 48 ... 264 A4
Saint-Bonnet-de-Condat 15 ... 245 E1
Saint-Bonnet-de-Cray 71 ... 193 H5
Saint-Bonnet-de-Four 03 ... 191 F4
Saint-Bonnet-de-Joux 71 ... 194 B2
Saint-Bonnet-de-Montauroux 48 ... 265 E1
Saint-Bonnet-de-Mure 69 ... 231 G1
Saint-Bonnet-de-Rochefort 03 ... 209 H1
Saint-Bonnet-de-Salendrinque 30 ... 283 F5
Saint-Bonnet-de-Salers 15 ... 244 C2
Saint-Bonnet-de-Valclérieux 26 ... 249 H1
Saint-Bonnet-de-Vieille-Vigne 71 ... 193 H2
Saint-Bonnet-des-Bruyères 69 ... 194 B5
Saint-Bonnet-des-Quarts 42 ... 211 E1
Saint-Bonnet-du-Gard 30 ... 304 A1
Saint-Bonnet-Elvert 19 ... 243 E2
Saint-Bonnet-en-Bresse 71 ... 178 B3
Saint-Bonnet-en-Champsaur 05 ... 269 G2
Saint-Bonnet-la-Rivière 19 ... 241 H1
Saint-Bonnet-le-Bourg 63 ... 228 D4
Saint-Bonnet-le-Chastel 63 ... 228 D4
Saint-Bonnet-le-Château 42 ... 229 G4
Saint-Bonnet-le-Courreau 42 ... 229 F2
Saint-Bonnet-le-Froid 43 ... 248 B2
Saint-Bonnet-le-Troncy 69 ... 212 B2
Saint-Bonnet-l'Enfantier 19 ... 242 B1
Saint-Bonnet-lès-Allier 63 ... 228 A1
Saint-Bonnet-les-Oules 42 ... 230 A3
Saint-Bonnet-les-Tours-de-Merle 19 ... 243 G3
Saint-Bonnet-près-Bort 19 ... 226 B3
Saint-Bonnet-près-Orcival 63 ... 227 F1
Saint-Bonnet-près-Riom 63 ... 209 H4
Saint-Bonnet-sur-Gironde 17 ... 219 F5
Saint-Bonnet-Tronçais 03 ... 190 D1
Saint-Bonnot 58 ... 156 D4
Saint-Bouize 18 ... 156 A4

Saint-Brancher 89 158 A2
Saint-Branchs 37 152 A4
Saint-Brandan 22 78 A4
Saint-Brès 30 284 A2
Saint-Brès 32 296 C2
Saint-Brès 34 303 E4
Saint-Bresson 30 302 B1
Saint-Bresson 70 119 G5
Saint-Bressou 46 261 F2
Saint-Brevin-les-Pins 44 146 C3
Saint-Brevin-l'Océan 44 146 C3
Saint-Briac-sur-Mer 35 50 B5
Saint-Brice 16 220 B1
Saint-Brice 33 256 C2
Saint-Brice 50 51 H4
Saint-Brice 53 128 D2
Saint-Brice 61 82 B2
Saint-Brice 77 89 G2
Saint-Brice-Courcelles 51 41 G3
Saint-Brice-de-Landelles 50 81 F2
Saint-Brice-en-Coglès 35 80 D3
Saint-Brice-sous-Forêt 95 58 C2
Saint-Brice-sous-Rânes 61 53 H5
Saint-Brice-sur-Vienne 87 205 E4
Saint-Brieuc 22 78 B3
Saint-Brieuc-de-Mauron 56 103 E3
Saint-Brieuc-des-Iffs 35 80 A5
Saint-Bris-des-Bois 17 201 H5
Saint-Bris-le-Vineux 89 136 C3
Saint-Brisson 58 158 B4
Saint-Brisson-sur-Loire 45 134 C5
Saint-Broing 70 161 F1
Saint-Broing-les-Moines 21 138 D4
Saint-Broingt-le-Bois 52 139 H3
Saint-Broingt-les-Fosses 52 139 G3
Saint-Broladre 35 51 E5
Saint-Bueil 38 232 D3
Saint-Cado 56 123 G3
Saint-Calais 72 108 D5
Saint-Calais-du-Désert 53 83 E3
Saint-Calez-en-Saosnois 72 84 A5
Saint-Cannat 13 305 H4
Saint-Caprais 03 191 E2
Saint-Caprais 18 172 D2
Saint-Caprais 32 296 C5
Saint-Caprais 46 259 F3
Saint-Caprais-de-Blaye 33 219 G5
Saint-Caprais-de-Bordeaux 33 255 H1
Saint-Caprais-de-Lerm 47 276 C3
Saint-Capraise-de-Lalinde 24 258 B1
Saint-Capraise-d'Eymet 24 257 H2
Saint-Caradec 22 102 A1
Saint-Caradec-Trégomel 56 101 E3
Saint-Carné 22 79 G4
Saint-Carreuc 22 78 B4
Saint-Cassien 24 258 D2
Saint-Cassien 38 232 C5
Saint-Cassien 86 168 D2
Saint-Cassin 73 233 F2
Saint-Cast-le-Guildo 22 50 A5
Saint-Castin 64 314 B3
Saint-Célerin 72 108 B3
Saint-Céneré 53 106 B3
Saint-Céneri-le-Gérei 61 83 F4
Saint-Céols 18 155 G4
Saint-Céré 46 261 E1
Saint-Cergues 74 197 H5
Saint-Cernin 15 244 B3
Saint-Cernin 46 260 C4
Saint-Cernin-de-Labarde 24 258 B1
Saint-Cernin-de-Larche 19 241 H3
Saint-Cernin-de-l'Herm 24 259 E3
Saint-Cernin-de-Reilhac 24 241 E4
Saint-Césaire 17 201 H5
Saint-Césaire 30 303 H2
Saint-Césaire-de-Gauzignan 30 284 A5
Saint-Cézaire *Grottes de* 06 308 D3
Saint-Cézaire-sur-Siagne 06 308 D3
Saint-Cézert 31 297 G3
Saint-Chabrais 23 207 H1
Saint-Chaffrey 05 252 C4
Saint-Chamant 15 244 C3
Saint-Chamant 19 243 E3
Saint-Chamarand 46 260 B3
Saint-Chamas 13 305 F5
Saint-Chamassy 24 241 E5
Saint-Chamond 42 230 C4
Saint-Champ 01 214 D5
Saint-Chaptes 30 284 A5
Saint-Charles 54 45 E1
Saint-Charles-de-Percy 14 52 D2
Saint-Charles-la-Forêt 53 106 B5
Saint-Chartier 36 189 G1
Saint-Chartres 86 168 C3
Saint-Chef 38 232 A2
Saint-Chels 46 260 D4
Saint-Chély-d'Apcher 48 264 A1
Saint-Chély-d'Aubrac 12 263 F4
Saint-Chély-du-Tarn 48 282 B1
Saint-Chéron 51 62 C5
Saint-Chéron 91 87 F3
Saint-Chéron-des-Champs 28 86 A2
Saint-Chinian 34 321 E3
Saint-Christ-Briost 80 23 G2
Saint-Christau 64 331 H2
Saint-Christaud 31 317 F5
Saint-Christaud 32 295 G5
Saint-Christo-en-Jarez 42 230 C3
Saint-Christol 07 248 B5
Saint-Christol 34 303 F3
Saint-Christol 84 286 C4
Saint-Christol-de-Rodières 30 284 C2
Saint-Christol-lès-Alès 30 283 H4
Saint-Christoly-de-Blaye 33 237 G2
Saint-Christoly-Médoc 33 219 E5
Saint-Christophe 03 210 C1
Saint-Christophe 16 239 E1
Saint-Christophe 17 200 D1
Saint-Christophe 23 207 E2
Saint-Christophe 28 110 A3
Saint-Christophe 69 194 C5
Saint-Christophe 81 279 F3
Saint-Christophe 86 169 F3
Saint-Christophe-à-Berry 02 40 A2
Saint-Christophe-d'Allier 43 265 E1
Saint-Christophe-de-Chaulieu 61 52 D4
Saint-Christophe-de-Double 33 238 D3
Saint-Christophe-de-Valains 35 80 D4
Saint-Christophe-des-Bardes 33 238 C5
Saint-Christophe-des-Bois 35 105 E2
Saint-Christophe-Dodinicourt 10 91 H4
Saint-Christophe-du-Bois 49 166 D1
Saint-Christophe-du-Foc 50 28 D4
Saint-Christophe-du-Jambet 72 107 G2
Saint-Christophe-du-Ligneron 85 165 E3
Saint-Christophe-du-Luat 53 106 C3
Saint-Christophe-en-Bazelle 36 153 H5
Saint-Christophe-en-Boucherie 36 172 C5
Saint-Christophe-en-Bresse 71 178 A4
Saint-Christophe-en-Brionnais 71 193 H5
Saint-Christophe-en-Champagne 72 107 E5
Saint-Christophe-en-Oisans 38 251 H4
Saint-Christophe-et-le-Laris 26 249 G1
Saint-Christophe-la-Couperie 49 148 B3
Saint-Christophe-la-Grotte 73 233 E3
Saint-Christophe-le-Chaudry 18 190 B1
Saint-Christophe-le-Jajolet 61 54 B5
Saint-Christophe-les-Gorges 15 243 H3
Saint-Christophe-sur-Avre 27 55 H5
Saint-Christophe-sur-Condé 27 35 F3
Saint-Christophe-sur-Dolaison 43 247 E4
Saint-Christophe-sur-Guiers 38 233 E4
Saint-Christophe-sur-le-Nais 37 130 C5
Saint-Christophe-sur-Roc 79 185 E3
Saint-Christophe-Vallon 12 262 B5
Saint-Cibard 33 238 D4
Saint-Cierge-la-Serre 07 266 D1
Saint-Cierge-sous-le-Cheylard 07 248 B5
Saint-Ciergues 52 139 G2
Saint-Ciers-Champagne 17 220 B4
Saint-Ciers-d'Abzac 33 238 B3
Saint-Ciers-de-Canesse 33 237 G3
Saint-Ciers-du-Taillon 17 219 F4
Saint-Ciers-sur-Bonnieure 16 203 G4
Saint-Ciers-sur-Gironde 33 219 G5
Saint-Cirgue 81 299 H1
Saint-Cirgues 43 246 B2
Saint-Cirgues 46 261 G2
Saint-Cirgues-de-Jordanne 15 244 D4
Saint-Cirgues-de-Malbert 15 244 B3
Saint-Cirgues-de-Prades 07 266 A3
Saint-Cirgues-en-Montagne 07 265 H2
Saint-Cirgues-la-Loutre 19 243 G3
Saint-Cirgues-sur-Couze 63 227 H3
Saint-Cirice 82 276 D4
Saint-Cirq 24 241 E5
Saint-Cirq 82 278 C4
Saint-Cirq-Lapopie 46 260 C5
Saint-Cirq-Madelon 46 259 H1
Saint-Cirq-Souillaguet 46 260 B2
Saint-Civran 36 188 B2
Saint-Clair 07 248 D1
Saint-Clair 46 259 H2
Saint-Clair 82 277 E3
Saint-Clair 83 329 E4
Saint-Clair 86 168 C3
Saint-Clair-d'Arcey 27 55 F1
Saint-Clair-de-Halouze 61 53 E5
Saint-Clair-de-la-Tour 38 232 B2
Saint-Clair-du-Rhône 38 231 E4
Saint-Clair-sur-Epte 95 37 F4
Saint-Clair-sur-Galaure 38 249 H1
Saint-Clair-sur-l'Elle 50 32 B4
Saint-Clair-sur-les-Monts 76 19 H5
Saint-Clar 32 296 C1
Saint-Clar-de-Rivière 31 317 G2
Saint-Claud 16 203 H4
Saint-Claude 39 197 E3
Saint-Claude-de-Diray 41 132 B5
Saint-Clément 02 25 G3
Saint-Clément 03 210 D2
Saint-Clément 07 248 A4
Saint-Clément 15 244 D4
Saint-Clément 19 224 D5
Saint-Clément 30 303 E2
Saint-Clément 50 52 C5
Saint-Clément 54 95 G2
Saint-Clément 89 113 G2
Saint-Clément-à-Arnes 08 42 B3
Saint-Clément-de-la-Place 49 149 F1
Saint-Clément-de-Régnat 63 210 A3
Saint-Clément-de-Rivière 34 302 D4
Saint-Clément-de-Valorgue 63 229 F3
Saint-Clément-de-Vers 69 194 B5
Saint-Clément-des-Baleines 17 182 C5
Saint-Clément-des-Levées 49 150 B3
Saint-Clément-les-Places 69 212 B5
Saint-Clément-sur-Durance 05 270 C2
Saint-Clément-sur-Guye 71 194 C1
Saint-Clément-sur-Valsonne 69 212 B4
Saint-Clémentin 79 167 G2
Saint-Clet 22 73 E4
Saint-Cloud 92 58 B3
Saint-Cloud-en-Dunois 28 110 A4
Saint-Colomb-de-Lauzun 47 257 H3
Saint-Colomban 44 165 G1
Saint-Colomban-des-Villards 73 233 H5
Saint-Côme 33 256 C5
Saint-Côme *Chapelle de* 29 75 G5
Saint-Côme-de-Fresné 14 33 E2
Saint-Côme-d'Olt 12 263 F4
Saint-Côme-du-Mont 50 31 H2
Saint-Côme-et-Maruéjols 30 303 G2
Saint-Congard 56 125 F2
Saint-Connan 22 77 H3
Saint-Connec 22 102 A1
Saint-Constant-Fournoulès 15 261 H3
Saint-Contest 14 33 G4
Saint-Corneille 72 108 A4
Saint-Cornier-des-Landes 61 52 D4
Saint-Cosme 68 142 D2
Saint-Cosme-en-Vairais 72 84 B5
Saint-Couat-d'Aude 11 320 B5
Saint-Couat-du-Razès 11 337 F2
Saint-Coulitz 29 75 H5
Saint-Coulomb 35 50 C4
Saint-Coutant 16 203 H3
Saint-Coutant 79 185 H5
Saint-Coutant-le-Grand 17 201 F3
Saint-Créac 32 296 C1
Saint-Créac 65 333 E1
Saint-Crépin 05 270 D1
Saint-Crépin 17 201 F2
Saint-Crépin-aux-Bois 60 39 G2
Saint-Crépin-d'Auberoche 24 240 D3
Saint-Crépin-de-Richemont 24 222 B4
Saint-Crépin-et-Carlucet 24 241 G4
Saint-Crépin-Ibouvillers 60 38 A4
Saint-Crespin 14 34 B5
Saint-Crespin 76 20 B3
Saint-Crespin-sur-Moine 49 148 B5
Saint-Cricq 32 297 E3
Saint-Cricq-Chalosse 40 293 G4
Saint-Cricq-du-Gave 40 293 E5
Saint-Cricq-Villeneuve 40 294 B1
Saint-Cybardeaux 16 202 D5
Saint-Cybranet 24 259 G1
Saint-Cyprien 19 241 H1
Saint-Cyprien 24 241 F5
Saint-Cyprien 42 230 A3
Saint-Cyprien 46 277 G2
Saint-Cyprien 66 343 F3
Saint-Cyprien-Plage 66 343 F2
Saint-Cyprien-sur-Dourdou 12 262 B4
Saint-Cyr 07 249 E1
Saint-Cyr 39 179 G2
Saint-Cyr 50 29 F4
Saint-Cyr 71 177 H5
Saint-Cyr 86 169 F5
Saint-Cyr 87 205 E5
Saint-Cyr *Mont* 46 260 B5
Saint-Cyr-au-Mont-d'Or 69 213 E5
Saint-Cyr-de-Favières 42 211 G3
Saint-Cyr-de-Salerne 27 35 G4
Saint-Cyr-de-Valorges 42 212 A4
Saint-Cyr-des-Gâts 85 183 H1
Saint-Cyr-du-Bailleul 50 82 A2
Saint-Cyr-du-Doret 17 183 H5
Saint-Cyr-du-Gault 41 131 G5
Saint-Cyr-du-Ronceray 14 54 D1
Saint-Cyr-en-Arthies 95 57 F1
Saint-Cyr-en-Bourg 49 150 C4
Saint-Cyr-en-Pail 53 83 E4
Saint-Cyr-en-Retz 44 165 E1
Saint-Cyr-en-Talmondais 85 183 E2
Saint-Cyr-en-Val 45 133 F3
Saint-Cyr-la-Campagne 27 36 A4
Saint-Cyr-la-Lande 79 168 B1
Saint-Cyr-la-Rivière 91 87 F5
Saint-Cyr-la-Roche 19 241 H1
Saint-Cyr-la-Rosière 61 84 C5
Saint-Cyr-le-Chatoux 69 212 C2
Saint-Cyr-le-Gravelais 53 105 G4
Saint-Cyr-l'École 78 58 A4
Saint-Cyr-les-Champagnes 24 223 H5
Saint-Cyr-les-Colons 89 136 C3
Saint-Cyr-les-Vignes 42 230 A1
Saint-Cyr-sous-Dourdan 91 87 F2
Saint-Cyr-sur-le-Rhône 69 231 E3
Saint-Cyr-sur-Loire 37 151 H2
Saint-Cyr-sur-Menthon 01 195 F5
Saint-Cyr-sur-Mer 83 327 G4
Saint-Cyr-sur-Morin 77 60 A3
Saint-Cyran-du-Jambot 36 170 D2
Saint-Dalmas-de-Tende 06 291 H2
Saint-Dalmas-le-Selvage 06 289 F1
Saint-Dalmas-Valdeblore 06 291 E2
Saint-Daunès 46 277 G1
Saint-Denis 11 319 G3
Saint-Denis 30 284 A2
Saint-Denis 79 185 E2
Saint-Denis 93 58 C2
Saint-Denis-Catus 46 259 H4
Saint-Denis-Combarnazat 63 210 A3
Saint-Denis-d'Aclon 76 20 A2
Saint-Denis-d'Anjou 53 128 D3
Saint-Denis-d'Augerons 27 55 E2
Saint-Denis-d'Authou 28 85 F5
Saint-Denis-de-Cabanne 42 211 H1
Saint-Denis-de-Gastines 53 81 H4
Saint-Denis-de-Jouhet 36 189 F2
Saint-Denis-de-l'Hôtel 45 133 G2
Saint-Denis-de-Mailloc 14 34 D5
Saint-Denis-de-Méré 14 53 F3
Saint-Denis-de-Palin 18 173 F3
Saint-Denis-de-Pile 33 238 C4
Saint-Denis-de-Vaux 71 177 G4
Saint-Denis-de-Villenette 61 82 B3
Saint-Denis-des-Coudrais 72 108 B3
Saint-Denis-des-Monts 27 35 H4
Saint-Denis-des-Murs 87 206 C5
Saint-Denis-des-Puits 28 85 G4
Saint-Denis-d'Oléron 17 200 A2
Saint-Denis-d'Orques 72 106 D4
Saint-Denis-du-Béhélan 27 56 A3
Saint-Denis-du-Maine 53 106 B5
Saint-Denis-du-Payré 85 183 E3
Saint-Denis-du-Pin 17 201 H3
Saint-Denis du Tertre *Chapelle* 72 108 A4
Saint-Denis-en-Bugey 01 214 A3
Saint-Denis-en-Margeride 48 264 C2
Saint-Denis-en-Val 45 133 F2
Saint-Denis-la-Chevasse 85 166 A3
Saint-Denis-le-Ferment 27 37 F3
Saint-Denis-le-Gast 50 51 H2
Saint-Denis-le-Thiboult 76 36 D1
Saint-Denis-le-Vêtu 50 51 G1
Saint-Denis-lès-Bourg 01 195 H5
Saint-Denis-lès-Martel 46 242 C5
Saint-Denis-les-Ponts 28 109 H4
Saint-Denis-lès-Rebais 77 60 A3
Saint-Denis-lès-Sens 89 113 G2
Saint-Denis-Maisoncelles 14 52 C1
Saint-Denis-sur-Coise 42 230 B2
Saint-Denis-sur-Huisne 61 84 B3
Saint-Denis-sur-Loire 41 132 B5
Saint-Denis-sur-Ouanne 89 135 G3
Saint-Denis-sur-Sarthon 61 83 F3
Saint-Denis-sur-Scie 76 20 B4
Saint-Deniscourt 60 21 G5
Saint-Denœux 62 6 D4
Saint-Denoual 22 79 E3
Saint-Derrien 29 71 F5
Saint-Désert 71 177 G4
Saint-Désir 14 34 C5
Saint-Désirat 07 249 E1
Saint-Désiré 03 190 B2
Saint-Dézery 19 226 B3
Saint-Dézéry 30 284 A5
Saint-Didier 21 158 C3
Saint-Didier 35 104 D3
Saint-Didier 39 179 E5
Saint-Didier 58 157 F3
Saint-Didier 84 285 H5
Saint-Didier-au-Mont-d'Or 69 213 E5
Saint-Didier-d'Allier 43 246 D4
Saint-Didier-d'Aussiat 01 195 G4
Saint-Didier-de-Bizonnes 38 232 A3
Saint-Didier-de-Formans 01 213 E3
Saint-Didier-de-la-Tour 38 232 B2
Saint-Didier-des-Bois 27 36 A4
Saint-Didier-en-Bresse 71 178 B3
Saint-Didier-en-Brionnais 71 193 H4
Saint-Didier-en-Donjon 03 193 E3
Saint-Didier-en-Velay 43 248 A1
Saint-Didier-la-Forêt 03 192 B5
Saint-Didier-sous-Aubenas 07 266 B3
Saint-Didier-sous-Écouves 61 83 F2
Saint-Didier-sous-Riverie 69 230 C2
Saint-Didier-sur-Arroux 71 176 B4
Saint-Didier-sur-Beaujeu 69 212 C1
Saint-Didier-sur-Chalaronne 01 213 E1
Saint-Didier-sur-Doulon 43 246 C1
Saint-Didier-sur-Rochefort 42 211 E5
Saint-Dié-des-Vosges 88 96 B5
Saint-Dier-d'Auvergne 63 228 C1
Saint-Diéry 63 227 G3
Saint-Dionisy 30 303 G2
Saint-Disdier 05 269 F1
Saint-Divy 29 75 F2
Saint-Dizant-du-Bois 17 219 G4
Saint-Dizant-du-Gua 17 219 F4
Saint-Dizier 52 63 F5
Saint-Dizier-en-Diois 26 268 C4
Saint-Dizier-la-Tour 23 207 G1
Saint-Dizier-les-Domaines 23 189 G4
Saint-Dizier-l'Évêque 90 142 D5
Saint-Dizier-Leyrenne 23 206 D3
Saint-Dolay 56 125 G5
Saint-Domet 23 207 H2
Saint-Domineuc 35 80 A4
Saint-Donan 22 78 A3
Saint-Donat 63 227 E4
Saint-Donat *Église de* 04 287 G4
Saint-Donat-sur-l'Herbasse 26 249 G2
Saint-Dos 64 292 D5
Saint-Doulchard 18 173 E1
Saint-Drézéry 34 303 E3
Saint-Dyé-sur-Loire 41 132 B4
Saint-Eble 43 246 C3
Saint-Ébremond-de-Bonfossé 50 32 A5
Saint-Edmond 71 193 H5
Saint-Égrève 38 250 D1
Saint-Élier 27 56 A2
Saint-Éliph 28 85 F4
Saint-Élix-d'Astarac 32 316 C2
Saint-Élix-le-Château 31 317 F4
Saint-Élix-Séglan 31 316 D5
Saint-Élix-Theux 32 316 A2
Saint-Ellier 49 149 H3
Saint-Ellier-du-Maine 53 81 G4
Saint-Ellier-les-Bois 61 83 F3
Saint-Éloi 01 213 H3
Saint-Éloi 22 72 D4
Saint-Éloi 23 207 E2
Saint-Éloi 58 174 C2
Saint-Éloi-de-Fourques 27 35 H4
Saint-Eloy 29 75 H3
Saint-Éloy-d'Allier 03 190 B3
Saint-Éloy-de-Gy 18 155 E5
Saint-Éloy-la-Glacière 63 228 C3
Saint-Éloy-les-Mines 63 209 F1
Saint-Éloy-les-Tuileries 19 223 H4
Saint-Éman 28 85 G5
Saint-Émiland 71 177 E3
Saint-Émilien-de-Blain 44 147 F1
Saint-Émilion 33 238 C5
Saint-Ennemond 03 175 E5
Saint-Épain 37 151 G5
Saint-Epvre 57 66 C2
Saint-Erblon 35 104 B4
Saint-Erblon 53 127 G2
Saint-Erme-Outre-et-Ramecourt 02 41 F1
Saint-Escobille 91 87 E4
Saint-Esteben 64 311 F4
Saint-Estèphe 16 221 E2
Saint-Estèphe 24 222 C2
Saint-Estèphe 33 237 E1

Saint-Estève 66 343 E 2
Saint-Estève 84 286 A 3
Saint-Estève-Janson 13 305 H 3
Saint-Étienne 42 230 B 4
Saint-Étienne-à-Arnes 08 42 B 3
Saint-Étienne-au-Mont 62 6 B 2
Saint-Étienne-au-Temple 51 62 B 1
Saint-Étienne-aux-Clos 19 226 C 3
Saint-Étienne-Cantalès 15 243 H 5
Saint-Étienne-Cantalès *Barrage de* 15 243 H 5
Saint-Étienne-d'Albagnan 34 300 D 5
Saint-Étienne-de-Baïgorry 64 330 B 1
Saint-Étienne-de-Boulogne 07 266 C 2
Saint-Étienne-de-Brillouet 85 183 G 2
Saint-Étienne-de-Carlat 15 244 D 5
Saint-Étienne-de-Chigny 37 151 G 3
Saint-Étienne-de-Chomeil 15 226 D 5
Saint-Étienne-de-Crossey 38 232 D 4
Saint-Étienne-de-Cuines 73 234 A 4
Saint-Étienne-de-Fontbellon 07 266 B 3
Saint-Étienne-de-Fougères 47 258 B 5
Saint-Étienne-de-Fursac 23 206 B 1
Saint-Étienne-de-Gourgas 34 301 H 3
Saint-Étienne-de-Lisse 33 238 C 5
Saint-Étienne-de-l'Olm 30 284 A 4
Saint-Étienne-de-Lugdarès 07 265 G 3
Saint-Étienne-de-Maurs 15 261 H 2
Saint-Étienne-de-Mer-Morte 44 165 F 2
Saint-Étienne-de-Montluc 44 147 F 3
Saint-Étienne-de-Puycorbier 24 239 G 3
Saint-Étienne-de-Saint-Geoirs 38 232 A 5
Saint-Étienne-de-Serre 07 266 C 1
Saint-Étienne-de-Tinée 06 289 F 1
Saint-Étienne-de-Tulmont 82 278 B 5
Saint-Étienne-de-Valoux 07 249 E 1
Saint-Étienne-de-Vicq 03 210 C 1
Saint-Étienne-de-Villeréal 47 258 C 3
Saint-Étienne-des-Champs 63 208 D 5
Saint-Étienne-des-Guérets 41 131 G 5
Saint-Étienne-des-Oullières 69 212 D 2
Saint-Étienne-des-Sorts 30 285 E 3
Saint-Étienne-d'Orthe 40 292 C 4
Saint-Étienne-du-Bois 01 196 A 4
Saint-Étienne-du-Bois 85 165 G 3
Saint-Étienne-du-Grès 13 304 C 2
Saint-Étienne-du-Gué-de-l'Isle 22 102 C 2
Saint-Étienne-du-Rouvray 76 36 B 2
Saint-Étienne-du-Valdonnez 48 264 C 5
Saint-Étienne-du-Vauvray 27 36 C 4
Saint-Étienne-du-Vigan 43 265 F 1
Saint-Étienne-en-Bresse 71 178 A 5
Saint-Étienne-en-Coglès 35 81 E 4
Saint-Étienne-en-Dévoluy 05 269 F 2
Saint-Étienne-Estréchoux 34 301 F 4
Saint-Étienne-la-Cigogne 79 201 H 1
Saint-Étienne-la-Geneste 19 226 B 4
Saint-Étienne-la-Thillaye 14 34 C 3
Saint-Étienne-la-Varenne 69 212 C 2
Saint-Étienne-l'Allier 27 35 F 3
Saint-Étienne-Lardeyrol 43 247 G 3
Saint-Étienne-le-Laus 05 269 H 4
Saint-Étienne-le-Molard 42 229 G 1
Saint-Étienne-les-Orgues 04 287 E 4
Saint-Étienne-lès-Remiremont 88 119 H 4
Saint-Étienne-Roilaye 60 39 H 3
Saint-Étienne-sous-Bailleul 27 36 D 5
Saint-Étienne-sous-Barbuise 10 91 E 3
Saint-Étienne-sur-Blesle 43 245 H 1
Saint-Étienne-sur-Chalaronne 01 213 E 1
Saint-Étienne-sur-Reyssouze 01 195 F 3
Saint-Étienne-sur-Suippe 51 41 H 2
Saint-Étienne-sur-Usson 63 228 B 3
Saint-Étienne-Vallée-Française 48 283 F 3
Saint-Eugène 02 60 C 1
Saint-Eugène 17 220 B 3
Saint-Eugène 71 176 C 5
Saint-Eulien 51 63 E 5
Saint-Euphraise-et-Clairizet 51 41 F 4
Saint-Euphrône 21 158 D 1
Saint-Eusèbe 71 177 E 5
Saint-Eusèbe 74 215 F 3
Saint-Eusèbe-en-Champsaur 05 269 G 1
Saint-Eustache 74 215 G 4
Saint Eustache *Col de* 2A 349 E 5
Saint-Eustache-la-Forêt 76 19 E 5
Saint-Eutrope 16 221 E 4
Saint-Eutrope-de-Born 47 258 C 4
Saint-Évarzec 29 99 H 3
Saint-Evroult-de-Montfort 61 54 D 4
Saint-Evroult-Notre-Dame-du-Bois 61 55 E 4
Saint-Exupéry 33 256 C 3
Saint-Exupéry-les-Roches 19 226 B 3
Saint-Fargeau 89 135 F 5
Saint-Fargeau-Ponthierry 77 88 A 3
Saint-Fargeol 03 208 D 1
Saint-Faust 64 314 A 4
Saint-Félicien 07 248 D 3
Saint-Féliu-d'Amont 66 342 D 2
Saint-Féliu-d'Avall 66 342 D 2
Saint-Félix 03 192 C 5
Saint-Félix 16 220 D 5
Saint-Félix 17 201 G 2
Saint-Félix 46 261 G 3
Saint-Félix 60 38 B 3
Saint-Félix 74 215 F 4
Saint-Félix-de-Bourdeilles 24 222 B 4
Saint-Félix-de-Foncaude 33 256 C 3
Saint-Félix-de-l'Héras 34 301 G 2
Saint-Félix-de-Lodez 34 302 A 4
Saint-Félix-de-Lunel 12 262 C 4
Saint-Félix-de-Montceau *Ancienne Abbaye de* 34 323 E 3
Saint-Félix-de-Pallières 30 283 G 5
Saint-Félix-de-Reillac-et-Mortemart 24 241 E 4
Saint-Félix-de-Rieutord 09 336 B 2
Saint-Félix-de-Sorgues 12 301 E 1
Saint-Félix-de-Tournegat 09 336 C 1
Saint-Félix-de-Villadeix 24 240 C 5
Saint-Félix-Lauragais 31 318 D 2
Saint-Fergeux 08 25 H 5
Saint-Ferjeux 70 141 H 5
Saint-Ferme 33 257 E 2
Saint-Ferréol 31 316 C 3
Saint-Ferréol 31 319 E 2
Saint-Ferréol 74 216 A 5
Saint-Ferréol-d'Auroure 43 230 A 5
Saint-Ferréol-des-Côtes 63 228 D 3
Saint-Ferréol-Trente-Pas 26 268 A 5
Saint-Ferriol 11 337 G 4
Saint-Fiacre 22 77 H 2
Saint-Fiacre 56 100 D 3
Saint-Fiacre 77 59 G 2
Saint-Fiacre-sur-Maine 44 147 H 5
Saint-Fiel 23 207 E 1
Saint-Firmin 05 269 G 1
Saint-Firmin 54 94 D 3
Saint-Firmin 58 175 E 1
Saint-Firmin 71 177 E 3
Saint-Firmin-des-Bois 45 112 D 5
Saint-Firmin-des-Prés 41 131 H 2
Saint-Firmin-sur-Loire 45 134 D 5
Saint-Flavy 10 90 B 4
Saint-Florent 45 134 B 4
Saint-Florent 79 184 D 4
Saint-Florent 2B 345 F 4
Saint-Florent-des-Bois 85 183 E 1
Saint-Florent-le-Vieil 49 148 C 2
Saint-Florent-sur-Auzonnet 30 283 H 2
Saint-Florent-sur-Cher 18 172 D 2
Saint-Florentin 36 171 H 1
Saint-Florentin 89 114 B 5
Saint-Floret 63 227 H 3
Saint-Floris 62 7 H 2
Saint-Flour 15 245 H 4
Saint-Flour 63 228 C 1
Saint-Flour-de-Mercoire 48 265 F 2
Saint-Flovier 37 170 C 2
Saint-Floxel 50 29 G 4
Saint-Folquin 62 3 E 3
Saint-Fons 69 231 E 1
Saint-Forgeot 71 176 D 2
Saint-Forget 78 57 H 5
Saint-Forgeux 69 212 B 4
Saint-Forgeux-Lespinasse 42 211 F 1
Saint-Fort 53 128 B 3
Saint-Fort-sur-Gironde 17 219 F 3
Saint-Fort-sur-le-Né 16 220 B 2
Saint-Fortunat-sur-Eyrieux 07 266 D 1
Saint-Fraigne 16 203 E 3
Saint-Fraimbault 61 82 A 3
Saint-Fraimbault-de-Prières 53 82 B 4
Saint-Frajou 31 316 D 3
Saint-Franc 73 232 D 3
Saint-Franchy 58 157 E 5
Saint-François-de-Sales 73 233 G 1
Saint-François-Lacroix 57 46 C 3
Saint-François-Longchamp 73 234 A 4
Saint-Frégant 29 70 D 4
Saint-Fréjoux 19 226 B 3
Saint-Frézal-d'Albuges 48 265 E 4
Saint-Frézal-de-Ventalon 48 283 F 2
Saint-Frichoux 11 320 A 4
Saint-Frion 23 207 H 4
Saint-Fromond 50 32 B 4
Saint-Front 16 203 G 4
Saint-Front 43 247 H 4
Saint-Front-d'Alemps 24 222 D 5
Saint-Front-de-Pradoux 24 239 G 3
Saint-Front-la-Rivière 24 222 C 4
Saint-Front-sur-Lémance 47 259 E 4
Saint-Front-sur-Nizonne 24 222 B 4
Saint-Froult 17 200 C 3
Saint-Fulgent 85 166 B 3
Saint-Fulgent-des-Ormes 61 84 B 5
Saint-Fuscien 80 22 C 2
Saint-Gabriel *Chapelle* 13 304 C 2
Saint-Gabriel-Brécy 14 33 F 3
Saint-Gal 48 264 B 3
Saint-Gal-sur-Sioule 63 209 G 2
Saint-Galmier 42 230 A 2
Saint-Gand 70 140 C 5
Saint-Ganton 35 126 A 3
Saint-Gatien-des-Bois 14 34 C 2
Saint-Gaudens 31 334 C 1
Saint-Gaudent 86 203 G 1
Saint-Gaudéric 11 337 E 1
Saint-Gault 53 105 H 5
Saint-Gaultier 36 188 C 1
Saint-Gauzens 81 298 D 3
Saint-Gayrand 47 275 G 1
Saint-Gein 40 294 B 2
Saint-Gelais 79 185 E 3
Saint-Gelven 22 77 G 5
Saint-Gély-du-Fesc 34 302 D 3
Saint-Génard 79 202 D 1
Saint-Gence 87 205 F 4
Saint-Généroux 79 168 B 3
Saint-Genès-Champanelle 63 227 G 1
Saint-Genès-Champespe 63 227 E 4
Saint-Genès-de-Blaye 33 237 F 2
Saint-Genès-de-Castillon 33 238 D 5
Saint-Genès-de-Fronsac 33 238 B 3
Saint-Genès-de-Lombaud 33 255 H 1
Saint-Genès-du-Retz 63 210 A 2
Saint-Genès-la-Tourette 63 228 C 3
Saint-Genest 03 190 D 5
Saint-Genest 88 95 G 4
Saint-Genest-d'Ambière 86 169 F 4
Saint-Genest-de-Beauzon 07 265 H 5
Saint-Genest-de-Contest 81 299 F 3
Saint-Genest-Lachamp 07 266 B 1
Saint-Genest-Lerpt 42 230 A 4
Saint-Genest-Malifaux 42 230 B 5
Saint-Genest-sur-Roselle 87 224 B 1
Saint-Geneys-près-Saint-Paulien 43 247 E 2
Saint-Gengoulph 02 40 A 5
Saint-Gengoux-de-Scissé 71 194 D 2
Saint-Gengoux-le-National 71 194 D 1
Saint-Geniès 24 241 G 4
Saint-Geniès-Bellevue 31 298 A 4
Saint-Geniès-de-Comolas 30 285 E 4
Saint-Geniès-de-Fontedit 34 321 G 2
Saint-Geniès-de-Malgoirès 30 303 G 1
Saint-Geniès-de-Varensal 34 301 E 4
Saint-Geniès-des-Mourgues 34 303 E 3
Saint-Geniez 04 287 G 2
Saint Geniez-d'Olt-et-d'Aubrac 12 263 G 5
Saint-Geniez-ô-Merle 19 243 G 3
Saint-Genis 05 269 E 5
Saint-Genis 38 251 E 5
Saint-Genis-de-Blanzac 16 221 E 4
Saint-Genis-de-Saintonge 17 219 G 3
Saint-Genis-des-Fontaines 66 343 F 3
Saint-Genis-d'Hiersac 16 203 E 5
Saint-Genis-du-Bois 33 256 C 2
Saint-Genis-l'Argentière 69 230 C 1
Saint-Genis-Laval 69 231 E 1
Saint-Genis-les-Ollières 69 212 D 5
Saint-Genis-Pouilly 01 197 F 5
Saint-Genis-sur-Menthon 01 195 F 4
Saint-Genix-sur-Guiers 73 232 C 2
Saint-Genou 36 171 E 3
Saint-Genouph 37 151 H 2
Saint-Geoire-en-Valdaine 38 232 D 3
Saint-Geoirs 38 232 A 5
Saint-Georges 15 245 H 4
Saint-Georges 16 203 G 3
Saint-Georges 32 296 D 3
Saint-Georges 33 238 C 5
Saint-Georges 47 259 E 5
Saint-Georges 57 67 G 5
Saint-Georges 62 7 E 5
Saint-Georges 82 278 C 3
Saint-Georges *Gorges de* 11 337 G 5
Saint-Georges-Armont 25 163 E 2
Saint-Georges-Blancaneix 24 239 G 5
Saint-Georges-Buttavent 53 82 A 5
Saint-Georges-d'Annebecq 61 53 H 5
Saint-Georges-d'Aunay 14 53 E 1
Saint-Georges-d'Aurac 43 246 C 2
Saint-Georges-d'Hurtières 73 234 A 3
Saint-Georges-de-Baroille 42 211 H 4
Saint-Georges-de-Bohon 50 31 H 3
Saint-Georges-de-Chesné 35 81 E 5
Saint-Georges-de-Commiers 38 250 D 3
Saint-Georges-de-Cubillac 17 219 H 3
Saint-Georges-de-Didonne 17 218 D 2
Saint-Georges-de-Gréhaigne 35 80 C 2
Saint-Georges-de-la-Couée 72 130 D 2
Saint-Georges-de-la-Rivière 50 31 E 2
Saint-Georges-de-Lévéjac 48 282 A 2
Saint-Georges-de-Livoye 50 52 A 4
Saint-Georges-de-Longuepierre 17 202 B 2
Saint-Georges-de-Luzençon 12 281 G 4
Saint-Georges-de-Mons 63 209 F 4
Saint-Georges-de-Montaigu 85 166 A 2
Saint-Georges-de-Montclard 24 240 B 5
Saint-Georges-de-Noisné 79 185 F 2
Saint-Georges-de-Pointindoux 85 165 F 5
Saint-Georges-de-Poisieux 18 173 F 5
Saint-Georges-de-Reintembault 35 81 E 2
Saint-Georges-de-Reneins 69 212 D 2
Saint-Georges-de-Rex 79 184 C 4
Saint-Georges-de-Rouelley 50 82 A 2
Saint-Georges-d'Elle 50 32 C 4
Saint-Georges-des-Agoûts 17 219 F 4
Saint-Georges-des-Coteaux 17 201 F 5
Saint-Georges-des-Gardes 49 149 E 5
Saint-Georges-des-Groseillers 61 53 E 4
Saint-Georges-des-Sept-Voies 49 150 A 3
Saint-Georges-d'Espéranche 38 231 G 2
Saint-Georges-d'Oléron 17 200 A 3
Saint-Georges-d'Orques 34 302 C 4
Saint-Georges-du-Bois 17 201 F 1
Saint-Georges-du-Bois 49 150 A 1
Saint-Georges-du-Bois 72 107 G 5
Saint-Georges-du-Mesnil 27 35 F 4
Saint-Georges-du-Rosay 72 108 B 2
Saint-Georges-du-Vièvre 27 35 F 4
Saint-Georges-en-Auge 14 54 B 1
Saint-Georges-en-Couzan 42 229 F 1
Saint-Georges-Haute-Ville 42 229 H 3
Saint-Georges-la-Pouge 23 207 F 3
Saint-Georges-Lagricol 43 247 F 1
Saint-Georges-le-Fléchard 53 106 B 4
Saint-Georges-le-Gaultier 72 83 F 5
Saint-Georges-lès-Baillargeaux 86 169 F 5
Saint-Georges-les-Bains 07 249 E 5
Saint-Georges-les-Landes 87 188 B 4
Saint-Georges-Montcocq 50 32 B 5
Saint-Georges-Motel 27 56 D 4
Saint-Georges-Nigremont 23 207 H 5
Saint-Georges-sur-Allier 63 228 A 1
Saint-Georges-sur-Arnon 36 172 C 2
Saint-Georges-sur-Baulche 89 136 B 3
Saint-Georges-sur-Cher 41 152 D 3
Saint-Georges-sur-Erve 53 106 D 2
Saint-Georges-sur-Eure 28 85 H 4
Saint-Georges-sur-Fontaine 76 20 B 5
Saint-Georges-sur-la-Prée 18 154 B 4
Saint-Georges-sur-l'Aa 59 3 F 3
Saint-Georges-sur-Layon 49 149 H 4
Saint-Georges-sur-Loire 49 149 E 2
Saint-Georges-sur-Moulon 18 155 E 5
Saint-Georges-sur-Renon 01 213 G 1
Saint-Geours-d'Auribat 40 293 F 2
Saint-Geours-de-Maremne 40 292 C 3
Saint-Gérand 56 102 A 2
Saint-Gérand-de-Vaux 03 192 B 4
Saint-Gérand-le-Puy 03 192 C 5
Saint-Géraud 47 257 E 3
Saint-Géraud-de-Corps 24 239 F 4
Saint-Géréon 44 148 B 2
Saint-Germain 07 266 C 4
Saint-Germain 10 114 D 2
Saint-Germain 54 95 E 3
Saint-Germain 70 141 H 3
Saint-Germain 86 187 G 2
Saint-Germain *Ermitage de* 74 215 H 4
Saint-Germain-au-Mont-d'Or 69 213 E 4
Saint-Germain-Beaupré 23 188 D 4
Saint-Germain-Chassenay 58 175 E 4
Saint-Germain-d'Anxure 53 106 A 2
Saint-Germain-d'Arcé 72 130 A 5
Saint-Germain-d'Aunay 61 54 D 2
Saint-Germain-de-Belvès 24 259 F 1
Saint-Germain-de-Calberte 48 283 E 3
Saint-Germain-de-Clairefeuille 61 54 C 5
Saint-Germain-de-Confolens 16 204 C 2
Saint-Germain-de-Coulamer 53 83 E 5
Saint-Germain-de-Fresney 27 56 C 2
Saint-Germain-de-Grave 33 256 B 3
Saint-Germain-de-Joux 01 196 D 5
Saint-Germain-de-la-Coudre 61 84 C 5
Saint-Germain-de-la-Grange 78 57 H 3
Saint-Germain-de-la-Rivière 33 238 B 4
Saint-Germain-de-Livet 14 34 C 5
Saint-Germain-de-Longue-Chaume 79 167 H 5
Saint-Germain-de-Lusignan 17 219 H 4
Saint-Germain-de-Marencennes 17 201 F 2
Saint-Germain-de-Martigny 61 84 B 2
Saint-Germain-de-Modéon 21 158 B 2
Saint-Germain-de-Montbron 16 221 H 2

Saint-Germain-de-Montgommery 14 ..... 54 C2
Saint-Germain-de-Pasquier 27 ..... 36 A4
Saint-Germain-de-Prinçay 85 ..... 166 C4
Saint-Germain-de-Salles 03 ..... 210 A1
Saint-Germain-de-Tallevende-la-Lande-Vaumont 14 ..... 52 C3
Saint-Germain-de-Tournebut 50 ..... 29 G4
Saint-Germain-de-Varreville 50 ..... 29 H5
Saint-Germain-de-Vibrac 17 ..... 220 B4
Saint-Germain-d'Ectot 14 ..... 32 D5
Saint-Germain-d'Elle 50 ..... 32 C5
Saint-Germain-des-Angles 27 ..... 36 B5
Saint-Germain-des-Bois 18 ..... 173 F3
Saint-Germain-des-Bois 58 ..... 157 F3
Saint-Germain-des-Champs 89 ..... 158 A2
Saint-Germain-des-Essourts 76 ..... 36 C1
Saint-Germain-des-Fossés 03 ..... 210 B1
Saint-Germain-des-Grois 61 ..... 85 E4
Saint-Germain-des-Prés 24 ..... 223 E5
Saint-Germain-des-Prés 45 ..... 112 D5
Saint-Germain-des-Prés 49 ..... 149 E2
Saint-Germain-des-Prés 81 ..... 299 F5
Saint-Germain-des-Vaux 50 ..... 28 C2
Saint-Germain-d'Esteuil 33 ..... 219 E5
Saint-Germain-d'Étables 76 ..... 20 B2
Saint-Germain-du-Bel-Air 46 ..... 260 B3
Saint-Germain-du-Bois 71 ..... 178 C4
Saint-Germain-du-Corbéis 61 ..... 83 G4
Saint-Germain-du-Crioult 14 ..... 53 E3
Saint-Germain-du-Pert 14 ..... 32 B2
Saint-Germain-du-Pinel 35 ..... 105 F4
Saint-Germain-du-Plain 71 ..... 178 A5
Saint-Germain-du-Puch 33 ..... 238 B5
Saint-Germain-du-Puy 18 ..... 173 F1
Saint-Germain-du-Salembre 24 ..... 239 H2
Saint-Germain-du-Seudre 17 ..... 219 F3
Saint-Germain-du-Teil 48 ..... 263 H5
Saint-Germain-du-Val 72 ..... 129 G4
Saint-Germain-en-Brionnais 71 ..... 194 A4
Saint-Germain-en-Coglès 35 ..... 81 E4
Saint-Germain-en-Laye 78 ..... 58 A3
Saint-Germain-en-Montagne 39 ..... 179 H4
Saint-Germain-et-Mons 24 ..... 258 B1
Saint-Germain-la-Blanche-Herbe 14 ..... 33 G4
Saint-Germain-la-Campagne 27 ..... 55 E1
Saint-Germain-la-Chambotte 73 ..... 215 E5
Saint-Germain-la-Gâtine 28 ..... 86 A3
Saint-Germain-la-Montagne 42 ..... 212 A1
Saint-Germain-la-Poterie 60 ..... 37 H2
Saint-Germain-la-Ville 51 ..... 62 B3
Saint-Germain-l'Aiguiller 85 ..... 166 D5
Saint-Germain-Langot 14 ..... 53 G2
Saint-Germain-Laprade 43 ..... 247 G3
Saint-Germain-Laval 42 ..... 211 G5
Saint-Germain-Laval 77 ..... 89 E4
Saint-Germain-Lavolps 19 ..... 225 H2
Saint-Germain-Laxis 77 ..... 88 B2
Saint-Germain-le-Châtelet 90 ..... 142 C2
Saint-Germain-le-Fouilloux 53 ..... 105 H3
Saint-Germain-le-Gaillard 28 ..... 85 H4
Saint-Germain-le-Gaillard 50 ..... 28 D4
Saint-Germain-le-Guillaume 53 ..... 105 H2
Saint-Germain-le-Rocheux 21 ..... 138 B3
Saint-Germain-le-Vasson 14 ..... 53 G1
Saint-Germain-le-Vieux 61 ..... 84 A2
Saint-Germain-Lembron 63 ..... 228 A4
Saint-Germain-lès-Arlay 39 ..... 179 E4
Saint-Germain-lès-Arpajon 91 ..... 87 G2
Saint-Germain-les-Belles 87 ..... 224 B2
Saint-Germain-lès-Buxy 71 ..... 177 G5
Saint-Germain-lès-Corbeil 91 ..... 88 A2
Saint-Germain-les-Paroisses 01 ..... 214 C5
Saint-Germain-lès-Senailly 21 ..... 137 G5
Saint-Germain-les-Vergnes 19 ..... 242 C1
Saint-Germain-Lespinasse 42 ..... 211 F2
Saint-Germain-l'Herm 63 ..... 228 C4
Saint-Germain-près-Herment 63 ..... 226 D1
Saint-Germain-sous-Cailly 76 ..... 20 C5
Saint-Germain-sous-Doue 77 ..... 60 A3
Saint-Germain-sur-Avre 27 ..... 56 C4
Saint-Germain-sur-Ay-Plage 50 ..... 31 F3
Saint-Germain-sur-Bresle 80 ..... 21 F2
Saint-Germain-sur-Eaulne 76 ..... 21 E3
Saint-Germain-sur-École 77 ..... 88 A3
Saint-Germain-sur-Ille 35 ..... 80 B5
Saint-Germain-Nuelles 69 ..... 212 C4
Saint-Germain-sur-Meuse 55 ..... 93 H1
Saint-Germain-sur-Moine 49 ..... 148 B5
Saint-Germain-sur-Morin 77 ..... 59 G3
Saint-Germain-sur-Renon 01 ..... 213 G2
Saint-Germain-sur-Rhône 74 ..... 215 E2
Saint-Germain-sur-Sarthe 72 ..... 83 G5
Saint-Germain-sur-Sèves 50 ..... 31 H3
Saint-Germain-sur-Vienne 37 ..... 150 D4
Saint-Germain-Village 27 ..... 35 E3
Saint-Germainmont 08 ..... 41 H1
Saint-Germé 32 ..... 294 D3
Saint-Germer-de-Fly 60 ..... 37 G2
Saint-Germier 31 ..... 318 C2
Saint-Germier 32 ..... 297 E4
Saint-Germier 79 ..... 185 G3
Saint-Germier 81 ..... 299 G4
Saint-Géron 43 ..... 228 A5
Saint-Gérons 15 ..... 243 H5
Saint-Gervais 16 ..... 203 G3
Saint-Gervais 30 ..... 284 D3
Saint-Gervais 33 ..... 237 H3
Saint-Gervais 38 ..... 250 B1
Saint-Gervais 85 ..... 164 D2
Saint-Gervais 95 ..... 37 G5
Saint-Gervais-d'Auvergne 63 ..... 209 E3
Saint-Gervais-de-Vic 72 ..... 131 E2
Saint-Gervais-des-Sablons 61 ..... 54 B2
Saint-Gervais-du-Perron 61 ..... 83 H2
Saint-Gervais-en-Belin 72 ..... 130 A2
Saint-Gervais-en-Vallière 71 ..... 178 A2
Saint-Gervais-la-Forêt 41 ..... 132 A5
Saint-Gervais-les-Bains 74 ..... 216 D3
Saint-Gervais-les-Trois-Clochers 86 ..... 169 F3
Saint-Gervais-sous-Meymont 63 ..... 228 D1
Saint-Gervais-sur-Couches 71 ..... 177 F2
Saint-Gervais-sur-Mare 34 ..... 301 E4
Saint-Gervais-sur-Roubion 26 ..... 267 F3
Saint-Gervasy 30 ..... 304 A1
Saint-Gervazy 63 ..... 228 A4
Saint-Géry 24 ..... 239 G4
Saint-Géry 46 ..... 260 C5
Saint-Géry *Château de* 81 ..... 298 C2
Saint-Geyrac 24 ..... 241 E3
Saint-Gibrien 51 ..... 62 A2
Saint-Gildas 22 ..... 77 H3
Saint-Gildas *Pointe de* 44 ..... 146 B4
Saint-Gildas-de-Rhuys 56 ..... 124 B5
Saint-Gildas-des-Bois 44 ..... 125 H5
Saint-Gilles 30 ..... 304 A4
Saint-Gilles 35 ..... 104 A2
Saint-Gilles 36 ..... 188 C3
Saint-Gilles 50 ..... 32 A5
Saint-Gilles 51 ..... 40 D3
Saint-Gilles 71 ..... 177 F3
Saint-Gilles-Croix-de-Vie 85 ..... 164 D4
Saint-Gilles-de-Crétot 76 ..... 19 F5
Saint-Gilles-de-la-Neuville 76 ..... 19 E5
Saint-Gilles-des-Marais 61 ..... 82 A2
Saint-Gilles-du-Mené 22 ..... 102 C1
Saint-Gilles-les-Bois 22 ..... 73 F4
Saint-Gilles-les-Forêts 87 ..... 224 C2
Saint-Gilles-Pligeaux 22 ..... 77 H3
Saint-Gilles-Vieux-Marché 22 ..... 77 H5
Saint-Gineis-en-Coiron 07 ..... 266 C3
Saint-Gingolph 74 ..... 198 D3
Saint-Girod 73 ..... 215 F5
Saint-Girons 09 ..... 335 F2
Saint-Girons-d'Aiguevives 33 ..... 237 G2
Saint-Girons-en-Béarn 64 ..... 293 F5
Saint-Girons-Plage 40 ..... 272 A5
Saint-Gladie-Arrive-Munein 64 ..... 311 H4
Saint-Glen 22 ..... 78 D5
Saint-Goazec 29 ..... 76 B5
Saint-Gobain 02 ..... 24 B5
Saint-Gobert 02 ..... 25 E3
Saint-Goin 64 ..... 313 G4
Saint-Gondon 45 ..... 134 B4
Saint-Gondran 35 ..... 80 A5
Saint-Gonéry *Chapelle* 22 ..... 73 E2
Saint-Gonlay 35 ..... 103 G3
Saint-Gonnery 56 ..... 102 A2
Saint-Gor 40 ..... 274 B4
Saint-Gorgon 56 ..... 125 F4
Saint-Gorgon 88 ..... 95 H4
Saint-Gorgon-Main 25 ..... 180 C1
Saint-Gouéno 22 ..... 102 C1
Saint-Gourgon 41 ..... 131 G4
Saint-Gourson 16 ..... 203 G3
Saint-Goussaud 23 ..... 206 C2
Saint-Gratien 80 ..... 22 C1
Saint-Gratien 95 ..... 58 B2
Saint-Gratien-Savigny 58 ..... 175 G3
Saint-Gravé 56 ..... 125 F3
Saint-Grégoire 35 ..... 104 B2
Saint-Grégoire 81 ..... 299 G1
Saint-Grégoire-d'Ardennes 17 ..... 219 H3
Saint-Grégoire-du-Vièvre 27 ..... 35 F4
Saint-Griède 32 ..... 294 D3
Saint-Groux 16 ..... 203 F4
Saint-Guen 22 ..... 102 A1
Saint-Guénolé 29 ..... 99 F5
Saint-Guilhem-le-Désert 34 ..... 302 B3
Saint-Guillaume 38 ..... 250 C4
Saint-Guinoux 35 ..... 80 A2
Saint-Guiraud 34 ..... 302 A4
Saint-Guyomard 56 ..... 124 D2
Saint-Haon 43 ..... 265 E1
Saint-Haon-le-Châtel 42 ..... 211 F2
Saint-Haon-le-Vieux 42 ..... 211 F2
Saint-Héand 42 ..... 230 B3
Saint-Hélen 22 ..... 79 H4
Saint-Hélier 21 ..... 159 F2
Saint-Hellier 76 ..... 20 B3
Saint-Herblain 44 ..... 147 F4
Saint-Herblon 44 ..... 148 C2
Saint-Herbot 29 ..... 76 B3
Saint-Hérent 63 ..... 227 H4
Saint-Hernin 29 ..... 76 C5
Saint-Hervé 22 ..... 78 A5
Saint-Hilaire 03 ..... 191 G2
Saint-Hilaire 11 ..... 337 H1
Saint-Hilaire 16 ..... 220 C4
Saint-Hilaire 25 ..... 162 B2
Saint-Hilaire 31 ..... 317 G3
Saint-Hilaire 38 ..... 233 F5
Saint-Hilaire 43 ..... 228 B5
Saint-Hilaire 46 ..... 261 G2
Saint-Hilaire 63 ..... 208 D2
Saint-Hilaire 91 ..... 87 F4
Saint-Hilaire-au-Temple 51 ..... 62 B1
Saint-Hilaire-Bonneval 87 ..... 223 H1
Saint-Hilaire-Cottes 62 ..... 7 G3
Saint-Hilaire-Cusson-la-Valmitte 42 ..... 229 G5
Saint-Hilaire-de-Beauvoir 34 ..... 303 E3
Saint-Hilaire-de-Brens 38 ..... 232 A1
Saint-Hilaire-de-Brethmas 30 ..... 283 H4
Saint-Hilaire-de-Briouze 61 ..... 53 G4
Saint-Hilaire-de-Chaléons 44 ..... 147 E5
Saint-Hilaire-de-Clisson 44 ..... 166 A1
Saint-Hilaire-de-Court 18 ..... 154 B5
Saint-Hilaire-de-Gondilly 18 ..... 174 A1
Saint-Hilaire-de-la-Côte 38 ..... 232 A4
Saint-Hilaire-de-la-Noaille 33 ..... 256 D3
Saint-Hilaire-de-Lavit 48 ..... 283 F2
Saint-Hilaire-de-Loulay 85 ..... 166 A1
Saint-Hilaire-de-Lusignan 47 ..... 275 H3
Saint-Hilaire-de-Riez 85 ..... 164 D4
Saint-Hilaire-de-Villefranche 17 ..... 201 G4
Saint-Hilaire-de-Voust 85 ..... 184 C1
Saint-Hilaire-des-Landes 35 ..... 80 D4
Saint-Hilaire-des-Loges 85 ..... 184 C2
Saint-Hilaire-d'Estissac 24 ..... 239 H4
Saint-Hilaire-d'Ozilhan 30 ..... 284 D5
Saint-Hilaire-du-Bois 17 ..... 219 H4
Saint-Hilaire-du-Bois 33 ..... 256 D2
Saint-Hilaire-du-Bois 49 ..... 149 G5
Saint-Hilaire-du-Bois 85 ..... 166 D5
Saint-Hilaire-du-Harcouët 50 ..... 81 F2
Saint-Hilaire-du-Maine 53 ..... 105 G2
Saint-Hilaire-du-Rosier 38 ..... 250 A2
Saint-Hilaire-en-Lignières 18 ..... 172 D5
Saint-Hilaire-en-Morvan 58 ..... 176 A1
Saint-Hilaire-en-Woëvre 55 ..... 64 D1
Saint-Hilaire-Foissac 19 ..... 225 G5
Saint-Hilaire-Fontaine 58 ..... 175 G4
Saint-Hilaire-la-Croix 63 ..... 209 G2
Saint-Hilaire-la-Forêt 85 ..... 182 C2
Saint-Hilaire-la-Gérard 61 ..... 83 G2
Saint-Hilaire-la-Gravelle 41 ..... 109 G5
Saint-Hilaire-la-Palud 79 ..... 184 B5
Saint-Hilaire-la-Plaine 23 ..... 207 F2
Saint-Hilaire-la-Treille 87 ..... 188 B5
Saint-Hilaire-le-Château 23 ..... 207 E3
Saint-Hilaire-le-Châtel 61 ..... 84 B2
Saint-Hilaire-le-Grand 51 ..... 42 B4
Saint-Hilaire-le-Lierru 72 ..... 108 B3
Saint-Hilaire-le-Petit 51 ..... 42 B3
Saint-Hilaire-le-Vouhis 85 ..... 166 B5
Saint-Hilaire-les-Andrésis 45 ..... 113 E4
Saint-Hilaire-les-Courbes 19 ..... 225 E2
Saint-Hilaire-les-Monges 63 ..... 208 D5
Saint-Hilaire-les-Places 87 ..... 223 G2
Saint-Hilaire-lez-Cambrai 59 ..... 14 C3
Saint-Hilaire-Luc 19 ..... 225 H5
Saint-Hilaire-Petitville 50 ..... 32 A3
Saint-Hilaire-Peyroux 19 ..... 242 C2
Saint-Hilaire-Saint-Florent 49 ..... 150 B4
Saint-Hilaire-Saint-Mesmin 45 ..... 133 E2
Saint-Hilaire-sous-Charlieu 42 ..... 211 H1
Saint-Hilaire-sous-Romilly 10 ..... 90 B3
Saint-Hilaire-sur-Benaize 36 ..... 187 H2
Saint-Hilaire-sur-Erre 61 ..... 84 D5
Saint-Hilaire-sur-Helpe 59 ..... 15 G4
Saint-Hilaire-sur-Puiseaux 45 ..... 134 C2
Saint-Hilaire-sur-Risle 61 ..... 55 E4
Saint-Hilaire-sur-Yerre 28 ..... 109 H4
Saint-Hilaire-Taurieux 19 ..... 243 E3
Saint-Hilarion 78 ..... 86 C2
Saint-Hilliers 77 ..... 89 G2
Saint-Hippolyte 12 ..... 262 D2
Saint-Hippolyte 15 ..... 245 E2
Saint-Hippolyte 17 ..... 201 E3
Saint-Hippolyte 25 ..... 163 G2
Saint-Hippolyte 33 ..... 238 C5
Saint-Hippolyte 37 ..... 170 C1
Saint-Hippolyte 63 ..... 209 G4
Saint-Hippolyte 66 ..... 339 E5
Saint-Hippolyte 68 ..... 97 E5
Saint-Hippolyte-de-Caton 30 ..... 284 A4
Saint-Hippolyte-de-Montaigu 30 ..... 284 C5
Saint-Hippolyte-du-Fort 30 ..... 283 F5
Saint-Hippolyte-le-Graveyron 84 ..... 285 H3
Saint-Honorat *Île* 06 ..... 309 F5
Saint-Honoré 38 ..... 251 E4
Saint-Honoré 76 ..... 20 B3
Saint-Honoré-les-Bains 58 ..... 175 H3
Saint-Hostien 43 ..... 247 G3
Saint-Hubert 57 ..... 46 B4
Saint-Hubert 78 ..... 57 G5
Saint-Huruge 71 ..... 194 C1
Saint-Hymer 14 ..... 34 C4
Saint-Hymetière 39 ..... 196 C3
Saint-Igeaux 22 ..... 77 G4
Saint-Igest 12 ..... 261 G5
Saint-Ignan 31 ..... 316 B5
Saint-Ignat 63 ..... 210 A4
Saint-Igneuc 22 ..... 79 E4
Saint-Igny-de-Roche 71 ..... 212 A1
Saint-Igny-de-Vers 69 ..... 194 B5
Saint-Illide 15 ..... 244 B3
Saint-Illiers-la-Ville 78 ..... 57 E2
Saint-Illiers-le-Bois 78 ..... 57 E2
Saint-Ilpize 43 ..... 246 B2
Saint-Imoges 51 ..... 41 G5
Saint-Inglevert 62 ..... 2 C4
Saint-Isidore 06 ..... 309 G2
Saint-Isle 53 ..... 105 H3
Saint-Ismier 38 ..... 251 E1
Saint-Izaire 12 ..... 281 E5
Saint-Jacques 04 ..... 288 B5
Saint-Jacques 06 ..... 309 E3
Saint-Jacques-d'Aliermont 76 ..... 20 C2
Saint-Jacques-d'Ambur 63 ..... 209 E4
Saint-Jacques-d'Atticieux 07 ..... 230 D5
Saint-Jacques-de-la-Lande 35 ..... 104 B3
Saint-Jacques-de-Néhou 50 ..... 29 E5
Saint-Jacques-de-Thouars 79 ..... 168 A2
Saint-Jacques-des-Arrêts 69 ..... 194 C5
Saint-Jacques-des-Blats 15 ..... 245 E3
Saint-Jacques-des-Guérets 41 ..... 131 E3
Saint-Jacques-en-Valgodemard 05 ..... 269 G1
Saint-Jacques-sur-Darnétal 76 ..... 36 C2
Saint-Jacut-de-la-Mer 22 ..... 50 A5
Saint-Jacut-du-Mené 22 ..... 78 D5
Saint-Jacut-les-Pins 56 ..... 125 G3
Saint-Jal 19 ..... 224 C5
Saint-James 50 ..... 81 E2
Saint-Jammes 64 ..... 314 C3
Saint-Jans-Cappel 59 ..... 4 A5
Saint-Jean 06 ..... 309 E4
Saint-Jean 31 ..... 298 A4
Saint-Jean *Chapelle* 27 ..... 36 D2
Saint-Jean *Chapelle* 29 ..... 75 F2
Saint-Jean *Col* 04 ..... 270 B5
Saint Jean *Église* 2B 347 E4
Saint-Jean-aux-Amognes 58 ..... 174 D2
Saint-Jean-aux-Bois 08 ..... 26 A3
Saint-Jean-aux-Bois 60 ..... 39 G3
Saint-Jean-Balanant 29 ..... 70 D5
Saint-Jean-Baptiste *Chapelle de* 2A 349 E5
Saint-Jean-Bonnefonds 42 ..... 230 B4
Saint-Jean-Brévelay 56 ..... 102 B5
Saint-Jean-Cap-Ferrat 06 ..... 309 H2
Saint-Jean-Chambre 07 ..... 248 C5
Saint-Jean-d'Abbetot 76 ..... 35 E1
Saint-Jean-d'Aigues-Vives 09 ..... 336 D3
Saint-Jean-d'Alcapiès 12 ..... 301 E1
Saint-Jean-d'Angély 17 ..... 201 H3
Saint-Jean-d'Angle 17 ..... 200 D4
Saint-Jean-d'Ardières 69 ..... 212 D1
Saint-Jean-d'Arves 73 ..... 252 A1
Saint-Jean-d'Arvey 73 ..... 233 F2
Saint-Jean-d'Assé 72 ..... 107 G3
Saint-Jean-d'Ataux 24 ..... 239 H2
Saint-Jean-d'Aubrigoux 43 ..... 229 E5
Saint-Jean-d'Aulps 74 ..... 198 C4
Saint-Jean-d'Avelanne 38 ..... 232 D3
Saint-Jean-de-Barrou 11 ..... 338 D3
Saint-Jean-de-Bassel 57 ..... 67 G4
Saint-Jean-de-Beauregard 91 ..... 58 A5
Saint-Jean-de-Belleville 73 ..... 234 B3
Saint-Jean-de-Beugné 85 ..... 183 G2
Saint-Jean-de-Blaignac 33 ..... 256 C1
Saint-Jean-de-Bœuf 21 ..... 159 G4
Saint-Jean-de-Boiseau 44 ..... 147 F4
Saint-Jean-de-Bonneval 10 ..... 114 D3
Saint-Jean-de-Bournay 38 ..... 231 H3
Saint-Jean-de-Braye 45 ..... 133 F2
Saint-Jean-de-Buèges 34 ..... 302 B2
Saint-Jean-de-Ceyrargues 30 ..... 284 A4
Saint-Jean-de-Chevelu 73 ..... 233 E1
Saint-Jean-de-Côle 24 ..... 222 D4
Saint-Jean-de-Corcoué 44 ..... 165 G1
Saint-Jean-de-Cornies 34 ..... 303 E3
Saint-Jean-de-Couz 73 ..... 233 E3
Saint-Jean-de-Crieulon 30 ..... 283 G5
Saint-Jean-de-Cuculles 34 ..... 302 D3
Saint-Jean-de-Daye 50 ..... 32 A3
Saint-Jean-de-Duras 47 ..... 257 G2
Saint-Jean-de-Folleville 76 ..... 35 E1
Saint-Jean-de-Fos 34 ..... 302 B3
Saint-Jean-de-Gonville 01 ..... 197 F5
Saint-Jean-de-la-Blaquière 34 ..... 301 H3
Saint-Jean-de-la-Croix 49 ..... 149 G2
Saint-Jean-de-la-Forêt 61 ..... 84 C4
Saint-Jean-de-la-Haize 50 ..... 51 H4
Saint-Jean-de-la-Léqueraye 27 ..... 35 F4
Saint-Jean-de-la-Motte 72 ..... 129 H3
Saint-Jean-de-la-Neuville 76 ..... 19 E5
Saint-Jean-de-la-Porte 73 ..... 233 G2
Saint-Jean-de-la-Rivière 50 ..... 31 E2
Saint-Jean-de-la-Ruelle 45 ..... 133 E2
Saint-Jean-de-Laur 46 ..... 261 E5
Saint-Jean-de-Lier 40 ..... 293 F2
Saint-Jean-de-Linières 49 ..... 149 F1
Saint-Jean-de-Liversay 17 ..... 183 H4
Saint-Jean-de-Livet 14 ..... 34 C5
Saint-Jean-de-Losne 21 ..... 160 C5
Saint-Jean-de-Luz 64 ..... 310 B3
Saint-Jean-de-Marcel 81 ..... 279 H5
Saint-Jean-de-Marsacq 40 ..... 292 C4
Saint-Jean-de-Maruéjols-et-Avéjan 30 ..... 284 A2
Saint-Jean-de-Maurienne 73 ..... 234 A5
Saint-Jean-de-Minervois 34 ..... 320 D3
Saint-Jean-de-Moirans 38 ..... 232 C5
Saint-Jean-de-Monts 85 ..... 164 C3
Saint-Jean-de-Muzols 07 ..... 249 E3
Saint-Jean-de-Nay 43 ..... 246 D3
Saint-Jean-de-Niost 01 ..... 213 H4
Saint-Jean-de-Paracol 11 ..... 337 F3
Saint-Jean-de-Pourcharesse 07 ..... 265 H5
Saint-Jean-de-Rebervilliers 28 ..... 85 H2
Saint-Jean-de-Rives 81 ..... 298 C3

Saint-Jean-de-Sauves 86 ... 168 D3
Saint-Jean-de-Savigny 50 ... 32 B4
Saint-Jean-de-Serres 30 ... 283 H5
Saint-Jean-de-Sixt 74 ... 216 A3
Saint-Jean-de-Soudain 38 ... 232 B2
Saint-Jean-de-Tholome 74 ... 216 A1
Saint-Jean-de-Thouars 79 ... 168 A2
Saint-Jean-de-Thurac 47 ... 276 C3
Saint-Jean-de-Thurigneux 01 ... 213 E3
Saint-Jean-de-Touslas 69 ... 230 D2
Saint-Jean-de-Trézy 71 ... 177 F3
Saint-Jean-de-Valériscle 30 ... 283 H2
Saint-Jean-de-Vals 81 ... 299 G4
Saint-Jean-de-Vaulx 38 ... 251 E3
Saint-Jean-de-Vaux 71 ... 177 G4
Saint-Jean-de-Védas 34 ... 302 D5
Saint-Jean-de-Verges 09 ... 336 B2
Saint-Jean-Delnous 12 ... 280 C5
Saint-Jean-des-Baisants 50 ... 32 C5
Saint-Jean-des-Bois 61 ... 52 D4
Saint-Jean-des-Champs 50 ... 51 G3
Saint-Jean-des-Échelles 72 ... 108 D3
Saint-Jean-des-Essartiers 14 ... 52 D1
Saint-Jean-des-Mauvrets 49 ... 149 H2
Saint-Jean-des-Ollières 63 ... 228 B2
Saint-Jean-des-Vignes 69 ... 212 D4
Saint-Jean-d'Estissac 24 ... 239 H4
Saint-Jean-d'Étreux 39 ... 196 A3
Saint-Jean-devant-Possesse 51 ... 63 E3
Saint-Jean-d'Eyraud 24 ... 239 H4
Saint-Jean-d'Hérans 38 ... 251 E5
Saint-Jean-d'Heurs 63 ... 210 B5
Saint-Jean-d'Illac 33 ... 255 E1
Saint-Jean-d'Ormont 88 ... 96 B4
Saint-Jean-du-Bois 72 ... 129 G2
Saint-Jean-du-Bouzet 82 ... 276 D5
Saint-Jean-du-Bruel 12 ... 282 B5
Saint-Jean-du-Cardonnay 76 ... 36 A1
Saint-Jean-du-Castillonnais 09 ... 334 D3
Saint-Jean-du-Corail 50 ... 52 C5
Saint-Jean-du-Corail-des-Bois 50 ... 52 A4
Saint-Jean-du-Doigt 29 ... 72 A3
Saint-Jean-du-Falga 09 ... 336 B1
Saint-Jean-du-Gard 30 ... 283 F4
Saint-Jean-du-Marché 88 ... 119 H2
Saint-Jean-du-Pin 30 ... 283 G4
Saint-Jean-du-Thenney 27 ... 55 E1
Saint-Jean-en-Royans 26 ... 250 A3
Saint-Jean-en-Val 63 ... 228 B3
Saint-Jean-et-Saint-Paul 12 ... 301 E1
Saint-Jean-Froidmentel 41 ... 109 H5
Saint-Jean-Kerdaniel 22 ... 73 F5
Saint-Jean-Kourtzerode 57 ... 67 H4
Saint-Jean-la-Bussière 69 ... 212 A3
Saint-Jean-la-Fouillouse 48 ... 264 D2
Saint-Jean-la-Poterie 56 ... 125 G4
Saint-Jean-la-Rivière 06 ... 291 E4
Saint-Jean-la-Vêtre 42 ... 211 E5
Saint-Jean-Lachalm 43 ... 247 E4
Saint-Jean-Lagineste 46 ... 261 E1
Saint-Jean-Lasseille 66 ... 343 E3
Saint-Jean-le-Blanc 14 ... 53 E2
Saint-Jean-le-Blanc 45 ... 133 F2
Saint-Jean-le-Centenier 07 ... 266 C3
Saint-Jean-le-Comtal 32 ... 296 A5
Saint-Jean-le-Priche 71 ... 195 E4
Saint-Jean-le-Thomas 50 ... 51 F4
Saint-Jean-le-Vieux 01 ... 214 A2
Saint-Jean-le-Vieux 38 ... 251 F1
Saint-Jean-le-Vieux 64 ... 330 C1
Saint-Jean-lès-Buzy 55 ... 44 D5
Saint-Jean-les-Deux-Jumeaux 77 ... 59 H2
Saint-Jean-lès-Longuyon 54 ... 44 B2
Saint-Jean-Lespinasse 46 ... 261 E1
Saint-Jean-Lherm 31 ... 298 B3
Saint-Jean-Ligoure 87 ... 223 H1
Saint-Jean-Mirabel 46 ... 261 G3
Saint-Jean-Pied-de-Port 64 ... 330 C1
Saint-Jean-Pierre-Fixte 28 ... 85 E5
Saint-Jean-Pla-de-Corts 66 ... 343 E4
Saint-Jean-Poudge 64 ... 294 C5
Saint-Jean-Poutge 32 ... 295 H3
Saint-Jean-Rohrbach 57 ... 67 F1
Saint-Jean-Roure 07 ... 248 B4
Saint-Jean-Saint-Germain 37 ... 170 C1
Saint-Jean-Saint-Gervais 63 ... 228 B4
Saint-Jean-Saint-Maurice-sur-Loire 42 ... 211 G3
Saint-Jean-Saint-Nicolas 05 ... 270 A2
Saint-Jean-Saverne 67 ... 68 B4
Saint-Jean-Soleymieux 42 ... 229 G3
Saint-Jean-sur-Couesnon 35 ... 80 D5
Saint-Jean-sur-Erve 53 ... 106 C4
Saint-Jean-sur-Mayenne 53 ... 106 A3
Saint-Jean-sur-Moivre 51 ... 62 C2
Saint-Jean-sur-Reyssouze 01 ... 195 G3
Saint-Jean-sur-Tourbe 51 ... 42 D5
Saint-Jean-sur-Veyle 01 ... 195 F5
Saint-Jean-sur-Vilaine 35 ... 104 D3
Saint-Jean-Trolimon 29 ... 99 F4
Saint-Jeannet 04 ... 287 H5
Saint-Jeannet 06 ... 309 F2
Saint-Jeanvrin 18 ... 190 A1
Saint-Jeoire 74 ... 216 B1
Saint-Jeoire-Prieuré 73 ... 233 F2
Saint-Jeure-d'Andaure 07 ... 248 B3
Saint-Jeure-d'Ay 07 ... 248 D2
Saint-Jeures 43 ... 247 H3
Saint-Joachim 44 ... 146 B2
Saint-Jodard 42 ... 211 H4
Saint-Joire 55 ... 93 F2
Saint-Jores 50 ... 31 G3
Saint-Jorioz 74 ... 215 G4
Saint-Jory 31 ... 297 H3
Saint-Jory-de-Chalais 24 ... 222 D3
Saint-Jory-las-Bloux 24 ... 223 E5
Saint-Joseph 42 ... 230 D3
Saint-Joseph 50 ... 29 F4
Saint-Joseph-de-Rivière 38 ... 232 D4
Saint-Joseph-des-Bancs 07 ... 266 B2
Saint-Josse 62 ... 6 B4
Saint-Jouan-de-l'Isle 22 ... 103 F1
Saint-Jouan-des-Guérets 35 ... 50 C5
Saint-Jouin 14 ... 34 B4
Saint-Jouin-Bruneval 76 ... 18 C4
Saint-Jouin-de-Blavou 61 ... 84 B4
Saint-Jouin-de-Marnes 79 ... 168 B3
Saint-Jouin-de-Milly 79 ... 167 F4
Saint-Jouvent 87 ... 205 G3
Saint-Juan 25 ... 162 C3
Saint-Judoce 22 ... 79 H5
Saint-Juéry 12 ... 300 C1
Saint-Juéry 48 ... 263 H1
Saint-Juéry 81 ... 299 G1
Saint-Juire-Champgillon 85 ... 183 G1
Saint-Julia 31 ... 318 D2
Saint-Julia-de-Bec 11 ... 337 G4
Saint-Julien 21 ... 160 B2
Saint-Julien 22 ... 78 B3
Saint-Julien 34 ... 301 E5
Saint-Julien 39 ... 196 B3
Saint-Julien 56 ... 123 H5
Saint-Julien 69 ... 212 D2
Saint-Julien 70 ... 140 B3
Saint-Julien 88 ... 118 B4
Saint-Julien-aux-Bois 19 ... 243 G3
Saint-Julien-Beychevelle 33 ... 237 F2
Saint-Julien-Boutières 07 ... 248 B4
Saint-Julien-Chapteuil 43 ... 247 G4
Saint-Julien-d'Ance 43 ... 247 F1
Saint-Julien-d'Armagnac 40 ... 274 C5
Saint-Julien-d'Arpaon 48 ... 282 D2
Saint-Julien-d'Asse 04 ... 287 H5
Saint-Julien-de-Bourdeilles 24 ... 222 B5
Saint-Julien-de-Briola 11 ... 319 E5
Saint-Julien-de-Cassagnas 30 ... 284 A3
Saint-Julien-de-Chédon 41 ... 152 D3
Saint-Julien-de-Civry 71 ... 193 H4
Saint-Julien-de-Concelles 44 ... 148 A3
Saint-Julien-de-Coppel 63 ... 228 A1
Saint-Julien-de-Crempse 24 ... 239 H4
Saint-Julien-de-Gras-Capou 09 ... 336 D2
Saint-Julien-de-Jonzy 71 ... 193 H5
Saint-Julien-de-Jordanne 15 ... 244 D3
Saint-Julien-de-la-Liègue 27 ... 36 C5
Saint-Julien-de-la-Nef 30 ... 283 E5
Saint-Julien-de-Lampon 24 ... 259 H1
Saint-Julien-de-l'Escap 17 ... 201 H3
Saint-Julien-de-l'Herms 38 ... 231 G4
Saint-Julien-de-Mailloc 14 ... 34 D5
Saint-Julien-de-Peyrolas 30 ... 284 D2
Saint-Julien-de-Raz 38 ... 232 D5
Saint-Julien-de-Toursac 15 ... 261 H2
Saint-Julien-de-Vouvantes 44 ... 127 F4
Saint-Julien-des-Chazes 43 ... 246 D3
Saint-Julien-des-Landes 85 ... 165 F5
Saint-Julien-des-Points 48 ... 283 G2
Saint-Julien-d'Eymet 24 ... 257 H2
Saint-Julien-d'Oddes 42 ... 211 G4
Saint-Julien-du-Gua 07 ... 266 B1
Saint-Julien-du-Pinet 43 ... 247 G2
Saint-Julien-du-Puy 81 ... 299 F3
Saint-Julien-du-Sault 89 ... 113 G4
Saint-Julien-du-Serre 07 ... 266 B3
Saint-Julien-du-Terroux 53 ... 82 C3
Saint-Julien-du-Tournel 48 ... 264 D5
Saint-Julien-du-Verdon 04 ... 288 D5
Saint-Julien-en-Beauchêne 05 ... 269 E3
Saint-Julien-en-Born 40 ... 272 B4
Saint-Julien-en-Champsaur 05 ... 269 H2
Saint-Julien-en-Genevois 74 ... 215 G1
Saint-Julien-en-Jarez 42 ... 230 C4
Saint-Julien-en-Quint 26 ... 250 A5
Saint-Julien-en-Saint-Alban 07 ... 266 D2
Saint-Julien-en-Vercors 26 ... 250 B3
Saint-Julien-Gaulène 81 ... 280 B5
Saint-Julien-la-Geneste 63 ... 209 E2
Saint-Julien-la-Genête 23 ... 208 C1
Saint-Julien-la-Vêtre 42 ... 211 E5
Saint-Julien-Labrousse 07 ... 248 C5
Saint-Julien-l'Ars 86 ... 186 D2
Saint-Julien-le-Châtel 23 ... 207 H2
Saint-Julien-le-Faucon 14 ... 54 B1
Saint-Julien-le-Montagnier 83 ... 307 E3
Saint-Julien-le-Pèlerin 19 ... 243 G4
Saint-Julien-le-Petit 87 ... 206 D5
Saint-Julien-le-Roux 07 ... 248 D5
Saint-Julien-le-Vendômois 19 ... 223 H4
Saint-Julien-lès-Gorze 54 ... 65 F2
Saint-Julien-lès-Metz 57 ... 45 H5
Saint-Julien-lès-Montbéliard 25 ... 142 B4
Saint-Julien-les-Rosiers 30 ... 283 H3
Saint-Julien-lès-Russey 25 ... 163 F4
Saint-Julien-les-Villas 10 ... 91 E5
Saint-Julien-Maumont 19 ... 242 D4
Saint-Julien-Molhesabate 43 ... 248 B2
Saint-Julien-Molin-Molette 42 ... 230 D5
Saint-Julien-Mont-Denis 73 ... 234 B5
Saint-Julien-près-Bort 19 ... 226 B4
Saint-Julien-Puy-Lavèze 63 ... 226 D2
Saint-Julien-sous-les-Côtes 55 ... 64 D4
Saint-Julien-sur-Bibost 69 ... 212 C5
Saint-Julien-sur-Calonne 14 ... 34 C3
Saint-Julien-sur-Cher 41 ... 153 H4
Saint-Julien-sur-Dheune 71 ... 177 F4
Saint-Julien-sur-Garonne 31 ... 317 F5
Saint-Julien-sur-Reyssouze 01 ... 195 G3
Saint-Julien-sur-Sarthe 61 ... 84 A3
Saint-Julien-sur-Veyle 01 ... 195 F5
Saint-Julien-Vocance 07 ... 248 C2
Saint-Junien 87 ... 205 E4
Saint-Junien-la-Bregère 23 ... 206 D4
Saint-Junien-les-Combes 87 ... 205 F2
Saint-Jure 57 ... 65 H3
Saint-Jurs 04 ... 307 G1
Saint-Just 01 ... 195 H5
Saint-Just 15 ... 246 A5
Saint-Just 18 ... 173 F2
Saint-Just 24 ... 221 H5
Saint-Just 27 ... 36 D5
Saint-Just 34 ... 303 F4
Saint-Just 35 ... 126 A2
Saint-Just 63 ... 229 E4
Saint-Just-Chaleyssin 38 ... 231 G2
Saint-Just-d'Ardèche 07 ... 284 D2
Saint-Just-d'Avray 69 ... 212 B3
Saint-Just-de-Bélengard 11 ... 337 E1
Saint-Just-de-Claix 38 ... 250 A3
Saint-Just-en-Bas 42 ... 229 F1
Saint-Just-en-Brie 77 ... 89 E2
Saint-Just-en-Chaussée 60 ... 38 C1
Saint-Just-en-Chevalet 42 ... 211 E4
Saint-Just-et-le-Bézu 11 ... 337 G4
Saint-Just-et-Vacquières 30 ... 284 A4
Saint-Just-Ibarre 64 ... 330 D1
Saint-Just-la-Pendue 42 ... 212 A4
Saint-Just-le-Martel 87 ... 205 H4
Saint-Just-Luzac 17 ... 200 D5
Saint-Just-Malmont 43 ... 230 A5
Saint-Just-près-Brioude 43 ... 246 B1
Saint-Just-Saint-Rambert 42 ... 230 A3
Saint-Just-Sauvage 51 ... 90 B2
Saint-Just-sur-Dive 49 ... 150 B5
Saint-Just-sur-Viaur 12 ... 280 B4
Saint-Justin 32 ... 315 F2
Saint-Justin 40 ... 274 B5
Saint-Juvat 22 ... 79 G5
Saint-Juvin 08 ... 43 F3
Saint-Lactencin 36 ... 171 F3
Saint-Lager 69 ... 212 D1
Saint-Lager-Bressac 07 ... 267 E2
Saint-Lamain 39 ... 179 F4
Saint-Lambert 14 ... 53 F2
Saint-Lambert 78 ... 57 H5
Saint-Lambert-des-Levées 49 ... 150 B3
Saint-Lambert-du-Lattay 49 ... 149 F3
Saint-Lambert-et-Mont-de-Jeux 08 ... 42 C1
Saint-Lambert-la-Potherie 49 ... 149 F1
Saint-Lambert-sur-Dive 61 ... 54 B3
Saint-Langis-lès-Mortagne 61 ... 84 B3
Saint-Lanne 65 ... 294 D4
Saint-Laon 86 ... 168 C2
Saint-Lary 09 ... 334 D3
Saint-Lary 32 ... 296 A3
Saint-Lary-Boujean 31 ... 316 C5
Saint-Lary-Soulan 65 ... 333 G4
Saint-Lattier 38 ... 249 H3
Saint-Launeuc 22 ... 103 E1
Saint-Laure 63 ... 210 A4
Saint-Laurent 08 ... 26 D3
Saint-Laurent 18 ... 154 D4
Saint-Laurent 22 ... 73 E4
Saint-Laurent 23 ... 207 F1
Saint-Laurent 31 ... 316 C4
Saint-Laurent 47 ... 275 G2
Saint-Laurent 74 ... 216 A2
Saint-Laurent-Blangy 62 ... 13 G2
Saint-Laurent-Bretagne 64 ... 314 C3
Saint-Laurent-Chabreuges 43 ... 246 B1
Saint-Laurent-d'Agny 69 ... 230 D2
Saint-Laurent-d'Aigouze 30 ... 303 G4
Saint-Laurent-d'Andenay 71 ... 177 E4
Saint-Laurent-d'Arce 33 ... 237 H3
Saint-Laurent-de-Belzagot 16 ... 221 E4
Saint-Laurent-de-Brèvedent 76 ... 18 D5
Saint-Laurent-de-Carnols 30 ... 284 C3
Saint-Laurent-de-Cerdans 66 ... 342 C5
Saint-Laurent-de-Céris 16 ... 203 H3
Saint-Laurent-de-Chamousset 69 ... 230 B1
Saint-Laurent-de-Cognac 16 ... 219 H1
Saint-Laurent-de-Condel 14 ... 53 G1
Saint-Laurent-de-Cuves 50 ... 52 A4
Saint-Laurent-de-Gosse 40 ... 292 C5
Saint-Laurent-de-Jourdes 86 ... 186 D3
Saint-Laurent-de-la-Barrière 17 ... 201 F2
Saint-Laurent-de-la-Cabrerisse 11 ... 338 C1
Saint-Laurent-de-la-Côte 73 ... 234 B3
Saint-Laurent-de-la-Mer 22 ... 73 H5
Saint-Laurent-de-la-Plaine 49 ... 149 E3
Saint-Laurent-de-la-Prée 17 ... 200 D3
Saint-Laurent-de-la-Salanque 66 ... 339 E5
Saint-Laurent-de-la-Salle 85 ... 183 H1
Saint-Laurent-de-Lévézou 12 ... 281 G3
Saint-Laurent-de-Lin 37 ... 151 E1
Saint-Laurent-de-Mure 69 ... 231 G1
Saint-Laurent-de-Muret 48 ... 264 A3
Saint-Laurent-de-Neste 65 ... 334 A1
Saint-Laurent-de-Terregatte 50 ... 81 E2
Saint-Laurent-de-Trèves 48 ... 282 D2
Saint-Laurent-de-Vaux 69 ... 230 D1
Saint-Laurent-de-Veyrès 48 ... 263 H2
Saint-Laurent-des-Arbres 30 ... 285 E4
Saint-Laurent-des-Autels 49 ... 148 B3
Saint-Laurent-des-Bâtons 24 ... 240 C4
Saint-Laurent-des-Bois 27 ... 56 C3
Saint-Laurent-des-Bois 41 ... 132 B2
Saint-Laurent-des-Combes 16 ... 221 E5
Saint-Laurent-des-Combes 33 ... 238 C5
Saint-Laurent-des-Hommes 24 ... 239 F3
Saint-Laurent-des-Mortiers 53 ... 128 C3
Saint-Laurent-des-Vignes 24 ... 257 H1
Saint-Laurent-d'Oingt 69 ... 212 C3
Saint-Laurent-d'Olt 12 ... 263 H5
Saint-Laurent-d'Onay 26 ... 249 G2
Saint-Laurent-du-Bois 33 ... 256 C3
Saint-Laurent-du-Cros 05 ... 269 H2
Saint-Laurent-du-Mont 14 ... 34 B5
Saint-Laurent-du-Mottay 49 ... 148 D2
Saint-Laurent-du-Pape 07 ... 267 E1
Saint-Laurent-du-Plan 33 ... 256 C3
Saint-Laurent-du-Pont 38 ... 232 D4
Saint-Laurent-du-Tencement 27 ... 55 E3
Saint-Laurent-du-Var 06 ... 309 G3
Saint-Laurent-du-Verdon 04 ... 307 F3
Saint-Laurent-en-Beaumont 38 ... 251 F5
Saint-Laurent-en-Brionnais 71 ... 194 A5
Saint-Laurent-en-Caux 76 ... 19 H3
Saint-Laurent-en-Gâtines 37 ... 131 E5
Saint-Laurent-en-Grandvaux 39 ... 197 E1
Saint-Laurent-en-Royans 26 ... 250 A3
Saint-Laurent-la-Conche 42 ... 229 H1
Saint-Laurent-la-Gâtine 28 ... 57 E5
Saint-Laurent-la-Roche 39 ... 196 B1
Saint-Laurent-la-Vallée 24 ... 259 F2
Saint-Laurent-la-Vernède 30 ... 284 C4
Saint-Laurent-l'Abbaye 58 ... 156 B3
Saint-Laurent-le-Minier 30 ... 302 B1
Saint-Laurent-les-Bains 07 ... 265 G3
Saint-Laurent-les-Églises 87 ... 206 B3
Saint-Laurent-les-Tours 46 ... 243 E5
Saint-Laurent-Lolmie 46 ... 277 G2
Saint-Laurent-Médoc 33 ... 237 E2
Saint-Laurent-Nouan 41 ... 132 C4
Saint-Laurent-Rochefort 42 ... 211 F5
Saint-Laurent-sous-Coiron 07 ... 266 C3
Saint-Laurent-sur-Gorre 87 ... 205 E5
Saint-Laurent-sur-Manoire 24 ... 240 D2
Saint-Laurent-sur-Mer 14 ... 32 C2
Saint-Laurent-sur-Othain 55 ... 44 C3
Saint-Laurent-sur-Oust 56 ... 125 F2
Saint-Laurent-sur-Saône 01 ... 195 E4
Saint-Laurent-sur-Sèvre 85 ... 166 D2
Saint-Laurs 79 ... 184 C2
Saint-Léger 06 ... 289 F4
Saint-Léger 16 ... 221 E4
Saint-Léger 17 ... 219 G2
Saint-Léger 47 ... 275 G2
Saint-Léger 50 ... 51 G3
Saint-Léger 53 ... 106 C3
Saint-Léger 62 ... 13 G3
Saint-Léger 73 ... 234 A3
Saint-Léger 77 ... 60 A3
Saint-Léger *Pont de* 06 ... 289 F4
Saint-Léger-aux-Bois 60 ... 39 G1
Saint-Léger-aux-Bois 76 ... 21 E2
Saint-Léger-Bridereix 23 ... 188 D5
Saint-Léger-de-Balson 33 ... 255 G5
Saint-Léger-de-Fougeret 58 ... 176 A1
Saint-Léger-de-la-Martinière 79 ... 185 G5
Saint-Léger-de-Montbrillais 86 ... 168 C1
Saint-Léger-de-Montbrun 79 ... 168 B2
Saint-Léger-de-Peyre 48 ... 264 A4
Saint-Léger-de-Rôtes 27 ... 35 F5
Saint-Léger-des-Aubées 28 ... 86 C4
Saint-Léger-des-Bois 49 ... 149 F1
Saint-Léger-des-Prés 35 ... 80 B4
Saint-Léger-des-Vignes 58 ... 175 E4
Saint-Léger-du-Bois 71 ... 177 E1
Saint-Léger-du-Bourg-Denis 76 ... 36 B2
Saint-Léger-du-Gennetey 27 ... 35 G3
Saint-Léger-du-Malzieu 48 ... 246 A5
Saint-Léger-du-Ventoux 84 ... 286 A2
Saint-Léger-Dubosq 14 ... 34 A4
Saint-Léger-en-Bray 60 ... 37 H2
Saint-Léger-en-Yvelines 78 ... 57 G5
Saint-Léger-la-Montagne 87 ... 206 B3
Saint-Léger-le-Guérétois 23 ... 207 E1
Saint-Léger-le-Petit 18 ... 156 B5
Saint-Léger-lès-Authie 80 ... 13 E4
Saint-Léger-lès-Domart 80 ... 12 B5
Saint-Léger-les-Mélèzes 05 ... 269 H2
Saint-Léger lès-Paray 71 ... 193 G2
Saint-Léger-les-Vignes 44 ... 147 F5
Saint-Léger-Magnazeix 87 ... 188 A5
Saint-Léger-près-Troyes 10 ... 115 E2
Saint-Léger-sous-Beuvray 71 ... 176 B3
Saint-Léger-sous-Brienne 10 ... 91 H4
Saint-Léger-sous-Cholet 49 ... 148 D5
Saint-Léger-sous-la-Bussière 71 ... 194 C4
Saint-Léger-sous-Margerie 10 ... 91 H3
Saint-Léger-sur-Bonneville 14 ... 34 D3
Saint-Léger-sur-Bresle 80 ... 21 F2
Saint-Léger-sur-Dheune 71 ... 177 F3
Saint-Léger-sur-Roanne 42 ... 211 G2

Saint-Léger-sur-Sarthe 61 ... 84 A3
Saint-Léger-sur-Vouzance 03 ... 193 F3
Saint-Léger-Triey 21 ... 160 D3
Saint-Léger-Vauban 89 ... 158 B2
Saint-Léomer 86 ... 187 G3
Saint-Léon 03 ... 192 D3
Saint-Léon 31 ... 318 A3
Saint-Léon 33 ... 256 B1
Saint-Léon 47 ... 275 F2
Saint-Léon-d'Issigeac 24 ... 258 C2
Saint-Léon-sur-l'Isle 24 ... 239 H3
Saint-Léon-sur-Vézère 24 ... 241 F4
Saint-Léonard 32 ... 296 C2
Saint-Léonard 51 ... 41 H4
Saint-Léonard 62 ... 6 B2
Saint-Léonard 76 ... 18 D3
Saint-Léonard 88 ... 96 B5
Saint-Léonard-de-Noblat 87 ... 206 B5
Saint-Léonard-des-Bois 72 ... 83 F4
Saint-Léonard-des-Parcs 61 ... 54 D5
Saint-Léonard-en-Beauce 41 ... 132 B3
Saint-Léons 12 ... 281 G3
Saint-Léopardin-d'Augy 03 ... 174 C5
Saint-Léry 56 ... 103 F3
Saint-Leu-d'Esserent 60 ... 38 C4
Saint-Leu-la-Forêt 95 ... 58 B1
Saint-Lézer 65 ... 315 E3
Saint-Lézin 49 ... 149 E4
Saint-Lieux-Lafenasse 81 ... 299 G3
Saint-Lieux-lès-Lavaur 81 ... 298 C3
Saint-Liguaire 79 ... 184 D4
Saint-Lin 79 ... 185 F2
Saint-Lions 04 ... 288 B4
Saint-Lizier 09 ... 335 F2
Saint-Lizier-du-Planté 32 ... 317 E3
Saint-Lô 50 ... 32 B5
Saint-Lô-d'Ourville 50 ... 31 F2
Saint-Lon-les-Mines 40 ... 292 D4
Saint-Longis 72 ... 84 A5
Saint-Lormel 22 ... 79 F3
Saint-Lothain 39 ... 179 F3
Saint-Loube 32 ... 317 E2
Saint-Loubert 33 ... 256 C4
Saint-Loubès 33 ... 237 H5
Saint-Loubouer 40 ... 294 A3
Saint-Louet-sur-Seulles 14 ... 33 E5
Saint-Louet-sur-Vire 50 ... 52 B1
Saint-Louis 57 ... 67 H5
Saint-Louis 68 ... 143 H3
Saint-Louis-de-Montferrand 33 ... 237 G4
Saint-Louis-en-l'Isle 24 ... 239 G3
Saint-Louis-et-Parahou 11 ... 337 H4
Saint-Louis-lès-Bitche 57 ... 68 A2
Saint-Loup 03 ... 192 B4
Saint-Loup 17 ... 201 G3
Saint-Loup 23 ... 207 H1
Saint-Loup 39 ... 178 C1
Saint-Loup 50 ... 51 H5
Saint-Loup 51 ... 61 F4
Saint-Loup 58 ... 156 B2
Saint-Loup 69 ... 212 B4
Saint-Loup 82 ... 276 D4
Saint-Loup *Pic* 34 ... 302 D3
Saint-Loup-Cammas 31 ... 298 A4
Saint-Loup-de-Buffigny 10 ... 90 A4
Saint-Loup-de-Fribois 14 ... 34 B5
Saint-Loup-de-Gonois 45 ... 112 D4
Saint-Loup-de-Naud 77 ... 89 F3
Saint-Loup-de-Varennes 71 ... 177 H5
Saint-Loup-des-Chaumes 18 ... 173 E4
Saint-Loup-des-Vignes 45 ... 111 H4
Saint-Loup-d'Ordon 89 ... 113 F4
Saint-Loup-du-Dorat 53 ... 128 D2
Saint-Loup-du-Gast 53 ... 82 B4
Saint-Loup-en-Champagne 08 ... 41 H1
Saint-Loup-en-Comminges 31 ... 316 A4
Saint-Loup-Géanges 71 ... 177 H2
Saint-Loup-Hors 14 ... 33 E3
Saint-Loup-Lamairé 79 ... 168 B4
Saint-Loup-Nantouard 70 ... 161 F2
Saint-Loup-sur-Aujon 52 ... 139 E2
Saint-Loup-sur-Cher 41 ... 154 A4
Saint-Loup-sur-Semouse 70 ... 119 E5
Saint-Loup-Terrier 08 ... 26 C5
Saint-Loyer-des-Champs 61 ... 54 B5
Saint-Lubin-de-Cravant 28 ... 56 B5
Saint-Lubin-de-la-Haye 28 ... 57 E4
Saint-Lubin-des-Joncherets 28 ... 56 B4
Saint-Lubin-en-Vergonnois 41 ... 131 H5
Saint-Luc 27 ... 56 C2
Saint-Lucien 28 ... 57 E5
Saint-Lucien 76 ... 36 D1
Saint-Lumier-en-Champagne 51 ... 62 D4
Saint-Lumier-la-Populeuse 51 ... 63 E4
Saint-Lumine-de-Clisson 44 ... 148 A5
Saint-Lumine-de-Coutais 44 ... 147 F5
Saint-Lunaire 35 ... 50 B5
Saint-Luperce 28 ... 85 H4
Saint-Lupicin 39 ... 196 D3
Saint-Lupien 10 ... 90 B5
Saint-Lyé 10 ... 90 D5
Saint-Lyé-la-Forêt 45 ... 111 E4
Saint-Lyphard 44 ... 146 B1
Saint-Lys 31 ... 317 F2
Saint-Macaire 33 ... 256 B4
Saint-Macaire-du-Bois 49 ... 150 A5
Saint-Macaire-en-Mauges 49 ... 148 C5
Saint-Maclou 27 ... 35 E2
Saint-Maclou-de-Folleville 76 ... 20 B4
Saint-Maclou-la-Brière 76 ... 19 E4
Saint-Macoux 86 ... 203 F1
Saint-Maden 22 ... 79 G5
Saint-Magne 33 ... 255 F4
Saint-Magne-de-Castillon 33 ... 238 D5
Saint-Maigner 63 ... 208 D2
Saint-Maigrin 17 ... 220 B4
Saint-Maime 04 ... 306 D1
Saint-Maime-de-Péreyrol 24 ... 240 B4
Saint-Maixant 23 ... 207 H3
Saint-Maixant 33 ... 256 B3
Saint-Maixent 72 ... 108 C4
Saint-Maixent-de-Beugné 79 ... 184 C2
Saint-Maixent-l'École 79 ... 185 F3
Saint-Maixent-sur-Vie 85 ... 165 E4
Saint-Maixme-Hauterive 28 ... 85 G2
Saint-Malo 35 ... 50 C5
Saint-Malo-de-Beignon 56 ... 103 F4
Saint-Malo-de-Guersac 44 ... 146 C2
Saint-Malo-de-la-Lande 50 ... 31 F5
Saint-Malo-de-Phily 35 ... 104 A5
Saint-Malo-des-Trois-Fontaines 56 ... 102 D3
Saint-Malô-du-Bois 85 ... 166 D2
Saint-Malo-en-Donziois 58 ... 156 D3
Saint-Malon-sur-Mel 35 ... 103 G3
Saint-Mamert 38 ... 231 F4
Saint-Mamert 69 ... 194 C5
Saint-Mamert-du-Gard 30 ... 303 G1
Saint-Mamet 31 ... 334 B5
Saint-Mamet-la-Salvetat 15 ... 261 H1
Saint-Mammès 77 ... 88 C4
Saint-Mandé 94 ... 58 C3
Saint-Mandé-sur-Brédoire 17 ... 202 B2
Saint-Mandrier-sur-Mer 83 ... 328 A5
Saint-Manvieu-Bocage 14 ... 52 B3
Saint-Manvieu-Norrey 14 ... 33 F4
Saint-Marc 15 ... 245 H5
Saint-Marc 44 ... 146 B3
Saint-Marc-à-Frongier 23 ... 207 G4
Saint-Marc-à-Loubaud 23 ... 207 F5
Saint-Marc-du-Cor 41 ... 109 E5
Saint-Marc-Jaumegarde 13 ... 306 B5
Saint-Marc-la-Lande 79 ... 185 E2
Saint-Marc-le-Blanc 35 ... 80 D4
Saint-Marc-sur-Couesnon 35 ... 80 D5
Saint-Marc-sur-Seine 21 ... 138 B4
Saint-Marcan 35 ... 51 E5
Saint-Marceau 08 ... 26 D3
Saint-Marceau 72 ... 107 G2
Saint-Marcel 08 ... 26 C3
Saint-Marcel 27 ... 36 D5
Saint-Marcel 36 ... 188 C1
Saint-Marcel 54 ... 65 F1
Saint-Marcel 56 ... 125 E2
Saint-Marcel 70 ... 140 C2
Saint-Marcel 71 ... 177 H4
Saint-Marcel 73 ... 234 C2
Saint-Marcel 81 ... 279 F4
Saint-Marcel-Bel-Accueil 38 ... 231 H1
Saint-Marcel-d'Ardèche 07 ... 284 D1
Saint-Marcel-de-Careiret 30 ... 284 C3
Saint-Marcel-de-Félines 42 ... 211 H4
Saint-Marcel-du-Périgord 24 ... 240 C5
Saint-Marcel-d'Urfé 42 ... 211 F4
Saint-Marcel-en-Dombes 01 ... 213 F3
Saint-Marcel-en-Marcillat 03 ... 208 D1
Saint-Marcel-en-Murat 03 ... 191 G4
Saint-Marcel-l'Éclairé 69 ... 212 B4
Saint-Marcel-lès-Annonay 07 ... 248 D1
Saint-Marcel-lès-Sauzet 26 ... 267 E3
Saint-Marcel-lès-Valence 26 ... 249 F4
Saint-Marcel-Paulel 31 ... 298 B4
Saint-Marcel-sur-Aude 11 ... 321 E5
Saint-Marcelin-de-Cray 71 ... 194 C1
Saint-Marcellin 38 ... 250 A2
Saint-Marcellin-de-Vars 05 ... 270 D2
Saint-Marcellin-en-Forez 42 ... 229 H3
Saint-Marcellin-lès-Vaison 84 ... 285 H2
Saint-Marcet 31 ... 316 C5
Saint-Marcory 24 ... 259 E2
Saint-Marcouf 14 ... 32 C3
Saint-Marcouf 50 ... 29 G5
Saint-Mard 02 ... 40 D2
Saint-Mard 17 ... 201 F2
Saint-Mard 54 ... 95 E2
Saint-Mard 77 ... 59 E1
Saint-Mard 80 ... 23 F4
Saint-Mard-de-Réno 61 ... 84 C3
Saint-Mard-de-Vaux 71 ... 177 G4
Saint-Mard-lès-Rouffy 51 ... 61 H2
Saint-Mard-sur-Auve 51 ... 62 D1
Saint-Mard-sur-le-Mont 51 ... 63 E2
Saint-Mards 76 ... 20 A3
Saint-Mards-de-Blacarville 27 ... 35 E2
Saint-Mards-de-Fresne 27 ... 55 E1
Saint-Mards-en-Othe 10 ... 114 C3
Saint-Marien 23 ... 190 A3
Saint-Mariens 33 ... 237 H2
Saint-Mars-de-Coutais 44 ... 147 F5
Saint-Mars-de-Locquenay 72 ... 108 B5
Saint-Mars-d'Égrenne 61 ... 82 A2
Saint-Mars-d'Outillé 72 ... 130 B2
Saint-Mars-du-Désert 44 ... 147 H2
Saint-Mars-du-Désert 53 ... 83 E5
Saint-Mars-en-Brie 77 ... 60 B4
Saint-Mars-la-Brière 72 ... 108 A4
Saint-Mars-la-Jaille 44 ... 127 F5
Saint-Mars-la-Réorthe 85 ... 166 D3
Saint-Mars-sous-Ballon 72 ... 107 H3
Saint-Mars-sur-Colmont 53 ... 82 A4
Saint-Mars-sur-la-Futaie 53 ... 81 G3
Saint-Marsal 66 ... 342 C3
Saint-Marsault 79 ... 167 F4
Saint-Martial 07 ... 248 A5
Saint-Martial 15 ... 245 G5
Saint-Martial 16 ... 221 E5
Saint-Martial 17 ... 201 H2
Saint-Martial 30 ... 283 E5
Saint-Martial 33 ... 256 C3
Saint-Martial-d'Albarède 24 ... 223 F5
Saint-Martial-d'Artenset 24 ... 239 F4
Saint-Martial-de-Gimel 19 ... 243 E1
Saint-Martial-de-Mirambeau 17 ... 219 G4
Saint-Martial-de-Nabirat 24 ... 259 G2
Saint-Martial-de-Valette 24 ... 222 C3
Saint-Martial-de-Vitaterne 17 ... 219 H4
Saint-Martial-Entraygues 19 ... 243 F3
Saint-Martial-le-Mont 23 ... 207 G2
Saint-Martial-le-Vieux 23 ... 225 H2
Saint-Martial-sur-Isop 87 ... 204 D1
Saint-Martial-sur-Né 17 ... 220 B2
Saint-Martial-Viveyrol 24 ... 221 G5
Saint-Martin 32 ... 295 H5
Saint-Martin 50 ... 51 F2
Saint-Martin 54 ... 95 H1
Saint-Martin 65 ... 315 E5
Saint-Martin 66 ... 338 A5
Saint-Martin 67 ... 96 D4
Saint Martin *Casella* 2B ... 347 F4
Saint-Martin-au-Bosc 76 ... 21 F2
Saint-Martin-aux-Arbres 76 ... 19 H4
Saint-Martin-aux-Bois 60 ... 38 D1
Saint-Martin-aux-Buneaux 76 ... 19 F2
Saint-Martin-aux-Champs 51 ... 62 C3
Saint-Martin-aux-Chartrains 14 ... 34 C3
Saint-Martin-Belle-Roche 71 ... 195 E3
Saint-Martin-Bellevue 74 ... 215 G3
Saint-Martin-Boulogne 62 ... 2 B5
Saint-Martin-Cantalès 15 ... 243 H3
Saint-Martin-Château 23 ... 207 E5
Saint-Martin-Chennetron 77 ... 89 H2
Saint-Martin-Choquel 62 ... 6 D2
Saint-Martin-d'Abbat 45 ... 133 H2
Saint-Martin-d'Ablois 51 ... 61 F1
Saint-Martin-d'Août 26 ... 249 G1
Saint-Martin-d'Arberoue 64 ... 311 F4
Saint-Martin-d'Arc 73 ... 252 B1
Saint-Martin-d'Arcé 49 ... 129 F5
Saint-Martin-d'Ardèche 07 ... 284 D2
Saint-Martin-d'Armagnac 32 ... 294 D3
Saint-Martin-d'Arrossa 64 ... 311 E5
Saint-Martin-d'Ary 17 ... 238 C1
Saint-Martin-d'Aubigny 50 ... 31 H4
Saint-Martin-d'Audouville 50 ... 29 G4
Saint-Martin-d'Auxigny 18 ... 155 E5
Saint-Martin-d'Auxy 71 ... 177 F5
Saint-Martin-de-Bavel 01 ... 214 D4
Saint-Martin-de-Beauville 47 ... 276 D3
Saint-Martin-de-Belleville 73 ... 234 B4
Saint-Martin-de-Bernegoue 79 ... 185 E5
Saint-Martin-de-Bienfaite 14 ... 54 D1
Saint-Martin-de-Blagny 14 ... 32 C3
Saint-Martin-de-Bonfossé 50 ... 32 A5
Saint-Martin-de-Boscherville 76 ... 36 A2
Saint-Martin-de-Bossenay 10 ... 90 B4
Saint-Martin-de-Boubaux 48 ... 283 F3
Saint-Martin-de-Bréthencourt 78 ... 87 E3
Saint-Martin-de-Brômes 04 ... 307 E2
Saint-Martin-de-Caralp 09 ... 336 A2
Saint-Martin-de-Castillon 84 ... 306 A1
Saint-Martin-de-Cenilly 50 ... 51 H1
Saint-Martin-de-Clelles 38 ... 250 D5
Saint-Martin-de-Commune 71 ... 177 E3
Saint-Martin-de-Connée 53 ... 107 E2
Saint-Martin-de-Cornas 69 ... 230 D2
Saint-Martin-de-Coux 17 ... 238 D2
Saint-Martin-de-Crau 13 ... 304 D4
Saint-Martin-de-Curton 47 ... 274 D1
Saint-Martin-de-Fenollar *Chapelle de* 66 ... 343 E4
Saint-Martin-de-Fontenay 14 ... 33 G5
Saint-Martin-de-Fraigneau 85 ... 184 B3
Saint-Martin-de-Fresnay 14 ... 54 B2
Saint-Martin-de-Fressengeas 24 ... 222 D4
Saint-Martin-de-Fugères 43 ... 247 F5
Saint-Martin-de-Goyne 32 ... 275 H5
Saint-Martin-de-Gurson 24 ... 239 E4
Saint-Martin-de-Hinx 40 ... 292 C4
Saint-Martin-de-Juillers 17 ... 202 B3
Saint-Martin-de-Jussac 87 ... 205 E4
Saint-Martin-de-la-Brasque 84 ... 306 B2
Saint-Martin-de-la-Cluze 38 ... 250 D4
Saint-Martin-de-la-Coudre 17 ... 201 G2
Saint-Martin-de-la-Lieue 14 ... 34 C5
Saint-Martin-de-la-Mer 21 ... 158 C4
Saint-Martin-de-la-Place 49 ... 150 B3
Saint-Martin-de-la-Porte 73 ... 252 B1
Saint-Martin-de-Lamps 36 ... 171 G2
Saint-Martin-de-Landelles 50 ... 81 F2
Saint-Martin-de-Lansuscle 48 ... 283 E3
Saint-Martin-de-l'Arçon 34 ... 301 E5
Saint-Martin-de-Laye 33 ... 238 C3
Saint-Martin-de-Lenne 12 ... 263 G5
Saint-Martin-de-Lerm 33 ... 256 D3
Saint-Martin-de-Lixy 71 ... 211 H1
Saint-Martin-de-Londres 34 ... 302 C2
Saint-Martin-de-Mâcon 79 ... 168 B1
Saint-Martin-de-Mailloc 14 ... 34 D5
Saint-Martin-de-Mieux 14 ... 53 H3
Saint-Martin-de-Nigelles 28 ... 86 B2
Saint-Martin-de-Pallières 83 ... 306 D4
Saint-Martin-de-Peille *Église* 06 ... 291 G5
Saint-Martin-de-Queyrières 05 ... 252 C5
Saint-Martin-de-Ré 17 ... 182 D5
Saint-Martin-de-Ribérac 24 ... 239 G1
Saint-Martin-de-Saint-Maixent 79 ... 185 F3
Saint-Martin-de-Salencey 71 ... 194 B2
Saint-Martin-de-Sallen 14 ... 53 F2
Saint-Martin-de-Sanzay 79 ... 168 A1
Saint-Martin-de-Seignanx 40 ... 292 B5
Saint-Martin-de-Sescas 33 ... 256 C3
Saint-Martin-de-Tallevende 14 ... 52 C3
Saint-Martin-de-Valamas 07 ... 248 B5
Saint-Martin-de-Valgalgues 30 ... 283 H3
Saint-Martin-de-Varreville 50 ... 29 H5
Saint-Martin-de-Vaulserre 38 ... 232 D3
Saint-Martin-de-Vers 46 ... 260 C4
Saint-Martin-de-Villeréal 47 ... 258 D3
Saint-Martin-de-Villereglan 11 ... 337 G1
Saint-Martin-d'Écublei 61 ... 55 G4
Saint-Martin-d'Entraigues 79 ... 202 D1
Saint-Martin-d'Entraunes 06 ... 289 E3
Saint-Martin-des-Besaces 14 ... 52 C1
Saint-Martin-des-Bois 41 ... 131 E4
Saint-Martin-des-Champs 18 ... 156 A5
Saint-Martin-des-Champs 29 ... 71 H4
Saint-Martin-des-Champs 50 ... 51 H5
Saint-Martin-des-Champs 77 ... 60 B4
Saint-Martin-des-Champs 78 ... 57 F3
Saint-Martin-des-Champs 89 ... 135 F4
Saint-Martin-des-Combes 24 ... 240 B4
Saint-Martin-des-Entrées 14 ... 33 E3
Saint-Martin-des-Fontaines 85 ... 183 H1
Saint-Martin-des-Lais 03 ... 175 G5
Saint-Martin-des-Landes 61 ... 83 E2
Saint-Martin-des-Monts 72 ... 108 C3
Saint-Martin-des-Noyers 85 ... 166 B4
Saint-Martin-des-Olmes 63 ... 229 E3
Saint-Martin-des-Pézerits 61 ... 55 E5
Saint-Martin-des-Plains 63 ... 228 A4
Saint-Martin-des-Prés 22 ... 78 A5
Saint-Martin-des-Puits 11 ... 338 B2
Saint-Martin-des-Tilleuls 85 ... 166 C2
Saint-Martin-d'Estréaux 42 ... 211 E1
Saint-Martin-d'Hardinghem 62 ... 7 E3
Saint-Martin-d'Hères 38 ... 251 E1
Saint-Martin-d'Heuille 58 ... 174 D1
Saint-Martin-d'Ollières 63 ... 228 B4
Saint-Martin-Don 14 ... 52 C2
Saint-Martin-d'Oney 40 ... 273 G5
Saint-Martin-d'Ordon 89 ... 113 F4
Saint-Martin-d'Oydes 09 ... 318 A5
Saint-Martin-du-Bec 76 ... 18 C5
Saint-Martin-du-Bois 33 ... 238 B3
Saint-Martin-du-Bois 49 ... 128 B4
Saint-Martin-du-Boschet 77 ... 60 C4
Saint-Martin-du-Canigou *Abbaye de* 66 ... 342 A4
Saint-Martin-du-Clocher 16 ... 203 F2
Saint-Martin-du-Fouilloux 49 ... 149 F2
Saint-Martin-du-Fouilloux 79 ... 185 G1
Saint-Martin-du-Frêne 01 ... 214 C1
Saint-Martin-du-Lac 71 ... 193 G5
Saint-Martin-du-Limet 53 ... 127 H2
Saint-Martin-du-Manoir 76 ... 18 D5
Saint-Martin-du-Mesnil-Oury 14 ... 54 C1
Saint-Martin-du-Mont 01 ... 214 A1
Saint-Martin-du-Mont 21 ... 159 G2
Saint-Martin-du-Mont 71 ... 195 H1
Saint-Martin-du-Puy 33 ... 256 D2
Saint-Martin-du-Puy 58 ... 157 H3
Saint-Martin-du-Tartre 71 ... 194 C1
Saint-Martin-du-Tertre 89 ... 113 G2
Saint-Martin-du-Tertre 95 ... 38 C5
Saint-Martin-du-Tilleul 27 ... 35 F5
Saint-Martin-du-Touch 31 ... 297 H5
Saint-Martin-du-Var 06 ... 291 E5
Saint-Martin-du-Vieux-Bellême 61 ... 84 B4
Saint-Martin-du-Vivier 76 ... 36 B1
Saint-Martin-d'Uriage 38 ... 251 E2
Saint-Martin-en-Bière 77 ... 88 A4
Saint-Martin-en-Bresse 71 ... 178 A4
Saint-Martin-en-Campagne 76 ... 10 C5
Saint-Martin-en-Coailleux 42 ... 230 C4
Saint-Martin-en-Gâtinois 71 ... 178 A2
Saint-Martin-en-Haut 69 ... 230 C1
Saint-Martin-en-Vercors 26 ... 250 B3
Saint-Martin-Gimois 32 ... 296 C5
Saint-Martin-la-Campagne 27 ... 56 A1
Saint-Martin-la-Garenne 78 ... 57 F1
Saint-Martin-la-Méanne 19 ... 243 F2
Saint-Martin-la-Patrouille 71 ... 194 C1
Saint-Martin-la-Plaine 42 ... 230 C3
Saint-Martin-la-Sauveté 42 ... 211 F5
Saint-Martin-Labouval 46 ... 260 D5
Saint-Martin-Lacaussade 33 ... 237 F2
Saint-Martin-Laguépie 81 ... 279 F4
Saint-Martin-l'Aiguillon 61 ... 83 E2
Saint-Martin-Lalande 11 ... 319 E4
Saint-Martin-l'Ars 86 ... 186 D5
Saint-Martin-Lars-en-Sainte-Hermine 85 ... 183 G1
Saint-Martin-l'Astier 24 ... 239 G3
Saint-Martin-le-Beau 37 ... 152 B3
Saint-Martin-le-Bouillant 50 ... 52 A3
Saint-Martin-le-Châtel 01 ... 195 G4
Saint-Martin-le-Colonel 26 ... 250 A4
Saint-Martin-le-Gaillard 76 ... 10 D5
Saint-Martin-le-Gréard 50 ... 29 E4
Saint-Martin-le-Hébert 50 ... 29 E4
Saint-Martin-le-Mault 87 ... 188 A4
Saint-Martin-le-Nœud 60 ... 38 A2
Saint-Martin-le-Pin 24 ... 222 B3
Saint-Martin-le-Redon 46 ... 259 E4
Saint-Martin-le-Supérieur 07 ... 266 D3
Saint-Martin-le-Vieil 11 ... 319 F4
Saint-Martin-le-Vieux 87 ... 223 F1
Saint-Martin-le-Vinoux 38 ... 250 D1
Saint-Martin-les-Eaux 04 ... 306 C1
Saint-Martin-lès-Langres 52 ... 139 G2
Saint-Martin-lès-Melle 79 ... 185 F5
Saint-Martin-lès-Seyne 04 ... 270 A5
Saint-Martin-lez-Tatinghem 62 ... 3 F5
Saint-Martin-Lestra 42 ... 230 A1
Saint-Martin-l'Heureux 51 ... 42 B4
Saint-Martin-l'Hortier 76 ... 20 D3

Saint-Martin-l'Inférieur 07 .. 266 D 3
Saint-Martin-Longueau 60 .. 39 E 3
Saint-Martin-Lys 11 .... 337 G 4
Saint-Martin-Osmonville 76 .... 20 C 4
Saint-Martin-Petit 47 .... 257 E 4
Saint-Martin-Rivière 02 .... 14 D 5
Saint-Martin-Saint-Firmin 27 .. 35 F 3
Saint-Martin-Sainte-Catherine 23 .... 206 C 3
Saint-Martin-Sepert 19 .... 224 B 4
Saint-Martin-sous-Montaigu 71 .... 177 G 4
Saint-Martin-sous-Vigouroux 15 .... 245 E 5
Saint-Martin-sur-Armançon 89 .... 137 F 2
Saint-Martin-sur-Arve 74 .. 216 C 3
Saint-Martin-sur-Cojeul 62 .. 13 G 3
Saint-Martin-sur-Ecaillon 59 .... 14 D 3
Saint-Martin-sur-la-Chambre 73 .... 234 A 4
Saint-Martin-sur-la-Renne 52 .... 116 C 3
Saint-Martin-sur-le-Pré 51 .. 62 A 2
Saint-Martin-sur-Nohain 58 .... 156 B 3
Saint-Martin-sur-Ocre 45 .. 134 C 4
Saint-Martin-sur-Ocre 89 .. 135 H 3
Saint-Martin-sur-Oreuse 89 .. 89 G 5
Saint-Martin-sur-Ouanne 89 .... 135 F 2
Saint-Martin-sur-Oust 56 .. 125 F 3
Saint-Martin-Terressus 87 . 206 B 4
Saint-Martin-Valmeroux 15 .... 244 B 3
Saint-Martin-Vésubie 06 .. 291 E 2
Saint-Martinien 03 .... 190 C 4
Saint-Martory 31 .... 334 D 1
Saint-Mary 16 .... 203 H 5
Saint-Mary-le-Plain 15 .... 245 H 2
Saint-Masmes 51 .... 42 A 3
Saint-Mathieu 87 .... 222 C 1
Saint-Mathieu *Pointe de* 29 . 74 C 3
Saint-Mathieu-de-Tréviers 34 .... 302 D 3
Saint-Mathurin 85 .... 182 B 1
Saint-Mathurin-Léobazel 19 .... 243 F 4
Saint-Mathurin-sur-Loire 49 .... 150 A 2
Saint-Matré 46 .... 277 F 1
Saint-Maudan 22 .... 102 B 2
Saint-Maudez 22 .... 79 F 4
Saint-Maugan 35 .... 103 G 2
Saint-Maulvis 80 .... 11 G 5
Saint-Maur 18 .... 190 A 1
Saint-Maur 32 .... 315 H 2
Saint-Maur 36 .... 171 G 4
Saint-Maur 39 .... 196 C 1
Saint-Maur 60 .... 21 H 5
Saint-Maur-de-Glanfeuil *Abbaye de* 49 .... 150 A 2
Saint-Maur-des-Bois 50 .... 52 A 3
Saint-Maur-des-Fossés 94 .. 58 D 4
Saint-Maur-sur-le-Loir 28 .. 110 A 3
Saint-Maurice 52 .... 139 H 2
Saint-Maurice 58 .... 175 F 1
Saint-Maurice 63 .... 228 A 2
Saint-Maurice 67 .... 97 E 4
Saint-Maurice 94 .... 58 C 4
Saint-Maurice-aux-Forges 54 .... 96 A 2
Saint-Maurice-aux-Riches-Hommes 89 .. 89 H 5
Saint-Maurice-Colombier 25 .... 142 A 5
Saint-Maurice-Crillat 39 .. 197 E 1
Saint-Maurice-d'Ardèche 07 .... 266 B 4
Saint-Maurice-de-Beynost 01 .... 213 F 4
Saint-Maurice-de-Cazevieille 30 .... 284 A 5
Saint-Maurice-de-Gourdans 01 .... 213 H 5
Saint-Maurice-de-Laurençanne 17 .... 219 H 5
Saint-Maurice-de-Lestapel 47 .... 258 B 4
Saint-Maurice-de-Lignon 43 .... 247 H 1
Saint-Maurice-de-Rémens 01 .... 214 A 3
Saint-Maurice-de-Rotherens 73 .... 232 D 2
Saint-Maurice-de-Satonnay 71 .... 195 E 3
Saint-Maurice-de-Tavernole 17 .... 219 H 3
Saint-Maurice-de-Ventalon 48 .... 283 F 1
Saint-Maurice-des-Champs 71 .... 194 C 1
Saint-Maurice-des-Lions 16 .... 204 C 3
Saint-Maurice-des-Noues 85 .... 184 B 1
Saint-Maurice-d'Ételan 76 .. 35 F 1
Saint-Maurice-d'Ibie 07 .... 266 C 4
Saint-Maurice-du-Désert 61 . 82 D 2
Saint-Maurice-en-Chalencon 07 .... 248 D 5
Saint-Maurice-en-Cotentin 50 .... 28 D 5
Saint-Maurice-en-Gourgois 42 .... 229 H 4
Saint-Maurice-en-Quercy 46 .... 261 F 2
Saint-Maurice-en-Rivière 71 .... 178 A 3
Saint-Maurice-en-Trièves 38 .... 268 D 1
Saint-Maurice-en-Valgodemard 05 .... 269 G 1
Saint-Maurice-la-Clouère 86 .... 186 C 4
Saint-Maurice-Etusson 79 . 167 G 1
Saint-Maurice-la-Souterraine 23 .... 206 B 1
Saint-Maurice-le-Girard 85 . 167 E 5
Saint-Maurice-le-Vieil 89 ... 135 H 3
Saint-Maurice-les-Brousses 87 .... 223 G 1
Saint-Maurice-lès-Charencey 61 .... 55 G 5
Saint-Maurice-lès-Châteauneuf 71 .... 193 H 5
Saint-Maurice-lès-Couches 71 .... 177 F 3
Saint-Maurice-l'Exil 38 .... 231 E 4
Saint-Maurice-Montcouronne 91 .... 87 F 2
Saint-Maurice-Navacelles 34 .... 302 A 2
Saint-Maurice-près-Crocq 23 .... 208 B 4
Saint-Maurice-près-Pionsat 63 .... 208 D 2
Saint-Maurice-Saint-Germain 28 .... 85 F 3
Saint-Maurice-sous-les-Côtes 55 .... 64 D 2
Saint-Maurice-sur-Adour 40 .... 294 A 2
Saint-Maurice-sur-Aveyron 45 .... 135 E 2
Saint-Maurice-sur-Dargoire 69 .... 230 D 2
Saint-Maurice-sur-Eygues 26 .... 285 G 1
Saint-Maurice-sur-Fessard 45 .... 112 B 5
Saint-Maurice-sur-Huisne 61 .... 84 D 4
Saint-Maurice-sur-Mortagne 88 .... 95 G 4
Saint-Maurice-sur-Moselle 88 .... 120 A 5
Saint-Maurice-sur-Vingeanne 21 .... 139 H 5
Saint-Maurice-Thizouaille 89 .... 135 H 2
Saint-Maurin 47 .... 276 D 3
Saint-Max 54 .... 65 H 5
Saint-Maxent 80 .... 11 F 4
Saint-Maximin 30 .... 284 C 5
Saint-Maximin 38 .... 233 G 4
Saint-Maximin 60 .... 38 D 4
Saint-Maximin-la-Sainte-Baume 83 .... 327 H 1
Saint-Maxire 79 .... 184 D 3
Saint-May 26 .... 268 A 5
Saint-Mayeux 22 .... 77 H 5
Saint-Méard 87 .... 224 C 2
Saint-Méard-de-Drône 24 .... 239 H 1
Saint-Méard-de-Gurçon 24 .... 239 F 5
Saint-Médard 16 .... 220 C 3
Saint-Médard 17 .... 220 B 4
Saint-Médard 23 .... 207 G 2
Saint-Médard 31 .... 334 D 1
Saint-Médard 32 .... 316 A 2
Saint-Médard 36 .... 170 D 2
Saint-Médard 40 .... 294 A 1
Saint-Médard 46 .... 259 G 4
Saint-Médard 57 .... 66 D 4
Saint-Médard 64 .... 293 H 5
Saint-Médard 79 .... 185 F 5
Saint-Médard-d'Aunis 17 .. 200 D 1
Saint-Médard-de-Guizières 33 .... 238 D 4
Saint-Médard-de-Mussidan 24 .... 239 G 3
Saint-Médard-de-Presque 46 .... 261 E 1
Saint-Médard-des-Prés 85 .. 184 B 2
Saint-Médard-d'Excideuil 24 .... 223 F 5
Saint-Médard-d'Eyrans 33 . 255 G 2
Saint-Médard-en-Forez 42 . 230 B 2
Saint-Médard-en-Jalles 33 .. 237 F 5
Saint-Médard-Nicourby 46 .... 261 F 2
Saint-Médard-sur-Ille 35 .... 80 B 5
Saint-Méen 29 .... 71 E 4
Saint-Méen-le-Grand 35 .... 103 F 2
Saint-Melaine 35 .... 104 D 3
Saint-Melaine-sur-Aubance 49 .... 149 G 2
Saint-Mélany 07 .... 265 H 4
Saint-Méloir-des-Bois 22 .... 79 F 4
Saint-Méloir-des-Ondes 35 . 50 C 5
Saint-Même-le-Tenu 44 .... 165 E 1
Saint-Même-les-Carrières 16 .... 220 C 2
Saint-Memmie 51 .... 62 B 2
Saint-Menge 88 .... 94 C 5
Saint-Menges 08 .... 27 E 3
Saint-Menoux 03 .... 191 H 1
Saint-Merd-de-Lapleau 19 . 243 G 1
Saint-Merd-la-Breuille 23 .. 226 B 1
Saint-Merd-les-Oussines 19 .... 225 F 2
Saint-Méry 77 .... 88 C 2
Saint-Meslin-du-Bosc 27 .... 35 H 4
Saint-Mesmes 77 .... 59 E 2
Saint-Mesmin 10 .... 90 C 4
Saint-Mesmin 21 .... 159 F 3
Saint-Mesmin 24 .... 223 G 5
Saint-Mesmin 85 .... 167 E 4
Saint-Mexant 19 .... 242 C 1
Saint-Mézard 32 .... 275 H 5
Saint-M'Hervé 35 .... 105 F 2
Saint-M'Hervon 35 .... 103 G 1
Saint-Micaud 71 .... 177 F 5
Saint-Michel 02 .... 25 H 1
Saint-Michel 09 .... 336 A 1
Saint-Michel 16 .... 221 E 2
Saint-Michel 31 .... 317 F 5
Saint-Michel 32 .... 315 H 2
Saint-Michel 34 .... 301 H 2
Saint-Michel 45 .... 111 H 4
Saint-Michel 52 .... 139 G 3
Saint-Michel 64 .... 330 C 1
Saint-Michel 82 .... 277 E 5
Saint-Michel-Chef-Chef 44 . 146 C 4
Saint-Michel-d'Aurance 07 . 248 C 5
Saint-Michel-de-Bannières 46 .... 242 D 4
Saint-Michel-de-Boulogne 07 .... 266 B 2
Saint-Michel-de-Castelnau 33 .... 274 C 2
Saint-Michel-de-Chabrillanoux 07 .... 266 D 1
Saint-Michel-de-Chaillol 05 .... 269 H 2
Saint-Michel-de-Chavaignes 72 .... 108 C 4
Saint-Michel-de-Cuxa *Abbaye de* 66 .... 342 A 3
Saint-Michel-de-Dèze 48 .. 283 F 2
Saint-Michel-de-Double 24 .... 239 G 3
Saint-Michel-de-Feins 53 .. 128 C 3
Saint-Michel-de-Frigolet *Abbaye* 13 .... 304 C 1
Saint-Michel-de-Fronsac 33 .... 238 B 4
Saint-Michel-de-la-Pierre 50 .... 31 H 4
Saint-Michel-de-la-Roë 53 .... 105 F 5
Saint-Michel-de-Lanès 11 . 318 C 4
Saint-Michel-de-Lapujade 33 .... 257 E 3
Saint-Michel-de-Livet 14 .. 54 C 1
Saint-Michel-de-Llotes 66 . 342 C 2
Saint-Michel-de-Maurienne 73 .... 252 B 1
Saint-Michel-de-Montaigne 24 .... 238 D 5
Saint-Michel-de-Montjoie 50 .... 52 B 4
Saint-Michel-de-Mourcairol *Château de* 34 .... 301 F 5
Saint-Michel-de-Plélan 22 .. 79 F 4
Saint-Michel-de-Rieufret 33 .... 255 H 3
Saint-Michel-de-Rivière 24 .... 238 D 2
Saint-Michel-de-Saint-Geoirs 38 .... 232 A 5
Saint-Michel-de-Vax 81 .... 278 D 4
Saint-Michel-de-Veisse 23 .. 207 G 3
Saint-Michel-de-Villadeix 24 .... 240 C 4
Saint-Michel-de-Volangis 18 .... 155 F 5
Saint-Michel-des-Andaines 61 .... 82 C 2
Saint-Michel-des-Loups 50 . 51 F 4
Saint-Michel-d'Euzet 30 .... 284 C 3
Saint-Michel-d'Halescourt 76 .... 21 F 5
Saint-Michel-en-Beaumont 38 .... 251 F 5
Saint-Michel-en-Brenne 36 . 170 D 4
Saint-Michel-en-Grève 22 .. 72 B 3
Saint-Michel-en-l'Herm 85 . 183 E 3
Saint-Michel-Escalus 40 .... 292 C 1
Saint-Michel-et-Chanveaux 49 .... 127 G 4
Saint-Michel-Labadié 81 .. 280 C 5
Saint-Michel-le-Cloucq 85 .. 184 B 2
Saint-Michel-l'Écluse-et-Léparon 24 .... 239 E 2
Saint-Michel-les-Portes 38 .. 250 C 5
Saint-Michel-l'Observatoire 04 .... 306 C 1
Saint-Michel-Loubéjou 46 . 243 E 5
Saint-Michel-Mont-Mercure 85 .... 166 D 3
Saint-Michel-Peyresq 04 .. 288 D 4
Saint-Michel-sous-Bois 62 .... 6 D 4
Saint-Michel-sur-Loire 37 .. 151 F 3
Saint-Michel-sur-Meurthe 88 .... 96 B 4
Saint-Michel-sur-Orge 91 .... 87 G 2
Saint-Michel-sur-Rhône 42 .... 231 E 4
Saint-Michel-sur-Savasse 26 .... 249 H 2
Saint-Michel-sur-Ternoise 62 .. 7 G 5
Saint-Michel-Tubœuf 61 .... 55 G 4
Saint-Mihiel 55 .... 64 C 3
Saint-Mitre-les-Remparts 13 .... 325 G 3
Saint-Molf 44 .... 145 H 3
Saint-Momelin 59 .... 3 F 5
Saint-Mont 32 .... 294 D 4
Saint-Montan 07 .... 266 D 5
Saint-Moré 89 .... 136 D 5
Saint-Moreil 23 .... 206 D 5
Saint-Morel 08 .... 42 D 3
Saint-Morillon 33 .... 255 G 3
Saint-Mury-Monteymond 38 .... 251 F 1
Saint-Myon 63 .... 209 H 3
Saint-Nabor 67 .... 97 E 3
Saint-Nabord 88 .... 119 G 3
Saint-Nabord-sur-Aube 10 .. 91 F 3
Saint-Nauphary 82 .... 297 H 1
Saint-Nazaire 30 .... 284 D 3
Saint-Nazaire 33 .... 239 G 5
Saint-Nazaire 44 .... 146 B 3
Saint-Nazaire 66 .... 343 F 2
Saint-Nazaire *Pont de* 44 ... 146 C 2
Saint-Nazaire *Site de* 19 .... 226 B 4
Saint-Nazaire-d'Aude 11 ... 320 D 5
Saint-Nazaire-de-Ladarez 34 .... 321 F 2
Saint-Nazaire-de-Pézan 34 .... 303 F 4
Saint-Nazaire-de-Valentane 82 .... 277 E 3
Saint-Nazaire-des-Gardies 30 .... 283 G 5
Saint-Nazaire-en-Royans 26 .... 250 A 3
Saint-Nazaire-le-Désert 26 . 268 A 3
Saint-Nazaire-les-Eymes 38 .... 251 E 1
Saint-Nazaire-sur-Charente 17 .... 200 C 3
Saint-Nectaire 63 .... 227 G 2
Saint-Nexans 24 .... 258 B 1
Saint-Nic 29 .... 75 G 4
Saint-Nicodème 22 .... 77 F 3
Saint-Nicodème *Chapelle* 56 .... 101 H 4
Saint-Nicolas 62 .... 13 G 2
Saint-Nicolas *Cascade* 68 ... 120 B 5
Saint-Nicolas *Chapelle* 56 .. 101 E 3
Saint-Nicolas-aux-Bois 02 .. 24 C 5
Saint-Nicolas-aux-Bois *Abbaye de* 02 .... 24 C 5
Saint-Nicolas-Courbefy 87 . 223 F 2
Saint-Nicolas-d'Aliermont 76 .... 20 C 2
Saint-Nicolas-d'Attez 27 .... 55 H 4
Saint-Nicolas-de-Bliquetuit 76 .... 35 G 1
Saint-Nicolas-de-Bourgueil 37 .... 150 D 3
Saint-Nicolas-de-Brem 85 . 165 E 5
Saint-Nicolas-de-la-Balerme 47 .... 276 C 4
Saint-Nicolas-de-la-Grave 82 .... 277 E 4
Saint-Nicolas-de-la-Haie 76 .. 19 F 5
Saint-Nicolas-de-la-Taille 76 . 35 E 1
Saint-Nicolas-de-Macherin 38 .... 232 C 4
Saint-Nicolas-de-Pierrepont 50 .... 31 F 2
Saint-Nicolas-de-Port 54 .... 95 E 1
Saint-Nicolas-de-Redon 44 .... 125 H 4
Saint-Nicolas-de-Sommaire 61 .... 55 F 4
Saint-Nicolas-de-Véroce 74 .... 216 D 4
Saint-Nicolas-des-Biefs 03 .. 211 E 2
Saint-Nicolas-des-Bois 50 ... 52 A 4
Saint-Nicolas-des-Bois 61 ... 83 G 3
Saint-Nicolas-des-Eaux 56 .. 101 H 4
Saint-Nicolas-des-Laitiers 61 .... 55 E 3
Saint-Nicolas-des-Motets 37 .... 131 G 5
Saint-Nicolas-du-Bosc 27 .... 35 H 4
Saint-Nicolas-du-Bosc-l'Abbé 27 .... 55 F 1
Saint-Nicolas-du-Pélem 22 . 77 G 4
Saint-Nicolas-du-Tertre 56 .. 125 G 2
Saint-Nicolas-en-Forêt 57 ... 45 G 3
Saint-Nicolas-la-Chapelle 10 . 89 H 3
Saint-Nicolas-la-Chapelle 73 .... 216 B 4
Saint-Nicolas-lès-Cîteaux 21 .... 160 A 5
Saint-Nizier-d'Azergues 69 . 212 B 2
Saint-Nizier-de-Fornas 42 . 229 G 4
Saint-Nizier-du-Moucherotte 38 .... 250 D 2
Saint-Nizier-le-Bouchoux 01 .... 195 G 2
Saint-Nizier-le-Désert 01 .. 213 G 2
Saint-Nizier-sous-Charlieu 42 .... 211 H 1
Saint-Nizier-sur-Arroux 71 . 176 C 4
Saint-Nolff 56 .... 124 C 3
Saint-Nom-la-Bretèche 78 .. 57 H 3
Saint-Offenge-Dessous 73 . 215 F 5
Saint-Offenge-Dessus 73 . 215 F 5
Saint-Omer 14 .... 53 F 2
Saint-Omer 44 .... 147 E 1
Saint-Omer 62 .... 3 F 5
Saint-Omer-Capelle 62 .... 3 E 3
Saint-Omer-en-Chaussée 60 .... 37 H 1
Saint-Ondras 38 .... 232 C 3
Saint-Onen-la-Chapelle 35 .. 103 F 2
Saint-Oradoux-de-Chirouze 23 .... 226 B 1
Saint-Oradoux-près-Crocq 23 .... 208 B 4
Saint-Orens 32 .... 296 D 3
Saint-Orens-de-Gameville 31 .... 298 A 5
Saint-Orens-Pouy-Petit 32 .. 295 H 1
Saint-Ost 32 .... 316 A 3
Saint-Osvin 50 .... 51 H 4
Saint-Ouen 41 .... 131 G 3
Saint-Ouen 80 .... 12 B 5
Saint-Ouen 93 .... 58 C 3
Saint-Ouen-d'Aunis 17 .... 183 G 5
Saint-Ouen-de-la-Cour 61 ... 84 C 4
Saint-Ouen-de-Mimbré 72 .. 83 G 5
Saint-Ouen-de-Pontcheuil 27 .... 36 A 4
Saint-Ouen-de-Sécherouvre 61 .... 84 B 2
Saint-Ouen-de-Thouberville 27 .... 35 H 2
Saint-Ouen-des-Alleux 35 ... 80 D 4
Saint-Ouen-des-Besaces 14 .. 52 C 1
Saint-Ouen-des-Champs 27 . 35 F 2
Saint-Ouën-des-Toits 53 ... 105 H 3
Saint-Ouën-des-Vallons 53 . 106 B 2
Saint-Ouen-Domprot 51 .... 91 G 2
Saint-Ouen-du-Breuil 76 .... 20 A 4
Saint-Ouen-du-Mesnil-Oger 14 .... 34 A 5
Saint-Ouen-du-Tilleul 27 .... 36 A 3
Saint-Ouen-en-Belin 72 .. 130 A 2
Saint-Ouen-en-Brie 77 .... 88 D 2
Saint-Ouen-en-Champagne 72 .... 107 E 5
Saint-Ouen-la-Rouërie 35 ... 80 D 3
Saint-Ouen-la-Thène 17 .... 202 C 4
Saint-Ouen-l'Aumône 95 .... 58 A 1
Saint-Ouen-le-Brisoult 61 ... 82 D 3
Saint-Ouen-le-Houx 14 .... 54 C 2
Saint-Ouen-le-Mauger 76 ... 20 A 3
Saint-Ouen-le-Pin 14 .... 34 B 5
Saint-Ouen-lès-Parey 88 ... 118 A 2
Saint-Ouen-les-Vignes 37 . 152 C 2
Saint-Ouen-Marchefroy 28 .. 57 E 3
Saint-Ouen-sous-Bailly 76 .. 10 C 5
Saint-Ouen-sur-Gartempe 87 .... 205 F 1
Saint-Ouen-sur-Iton 61 .... 55 G 4
Saint-Ouen-sur-Loire 58 .... 174 D 3
Saint-Ouen-sur-Maire 61 .... 53 H 5
Saint-Ouen-sur-Morin 77 .... 60 A 3
Saint-Oulph 10 .... 90 C 3
Saint-Ours 63 .... 209 F 5
Saint-Ours 73 .... 215 F 5
Saint-Outrille 18 .... 154 A 5
Saint-Oyen 73 .... 234 B 3
Saint-Oyen-Montbellet 71 .. 195 E 2
Saint-Pabu 29 .... 70 C 4
Saint-Paër 27 .... 37 F 3
Saint-Paër 76 .... 35 H 1
Saint-Pair 14 .... 33 H 4
Saint-Pair-du-Mont 14 .... 34 B 5
Saint-Pair-sur-Mer 50 .... 51 F 3
Saint-Pal-de-Chalencon 43 . 229 F 5
Saint-Pal-de-Mons 43 .... 248 A 1
Saint-Pal-de-Senouire 43 .. 246 D 1
Saint-Palais 03 .... 190 A 3
Saint-Palais 18 .... 155 E 4
Saint-Palais 33 .... 219 G 5
Saint-Palais 64 .... 311 G 4
Saint-Palais-de-Négrignac 17 .... 238 C 1
Saint-Palais-de-Phiolin 17 . 219 G 3
Saint-Palais-du-Né 16 .... 220 B 3
Saint-Palais-sur-Mer 17 .... 218 C 1
Saint-Pancrace 04 .... 306 C 2
Saint-Pancrace 06 .... 309 G 2
Saint-Pancrace 24 .... 222 C 4
Saint-Pancrace 73 .... 234 A 5
Saint-Pancrace 2B .... 346 D 4
Saint-Pancrasse 38 .... 233 E 5
Saint-Pancré 54 .... 44 D 1
Saint-Pandelon 40 .... 292 D 3
Saint-Pantaléon 46 .... 277 G 1
Saint-Pantaléon 71 .... 176 D 2
Saint-Pantaléon 84 .... 305 G 1
Saint-Pantaléon-de-Lapleau 19 .... 225 H 5
Saint-Pantaléon-de-Larche 19 .... 242 B 2
Saint-Pantaléon-les-Vignes 26 .... 267 G 5
Saint-Pantaly-d'Ans 24 .... 241 E 1
Saint-Pantaly-d'Excideuil 24 .... 223 E 5
Saint-Papoul 11 .... 319 E 4
Saint-Pardon-de-Conques 33 .... 256 C 4
Saint-Pardoult 17 .... 201 H 3
Saint-Pardoux 63 .... 209 G 2
Saint-Pardoux 79 .... 185 E 1
Saint-Pardoux 87 .... 205 H 2
Saint-Pardoux-Corbier 19 .. 224 B 4
Saint-Pardoux-d'Arnet 23 .. 208 B 4
Saint-Pardoux-de-Drône 24 .... 239 H 1
Saint-Pardoux-du-Breuil 47 .... 257 F 5
Saint-Pardoux-et-Vielvic 24 .... 259 E 1
Saint-Pardoux-Isaac 47 .... 257 G 3
Saint-Pardoux-la-Croisille 19 .... 243 F 1

A B C D E F G H I J K L M N O P Q R S T U V W X Y Z

Saint-Pardoux-la-Rivière 24 222 C3
Saint-Pardoux-le-Neuf 19 226 B2
Saint-Pardoux-le-Neuf 23 207 H4
Saint-Pardoux-le-Vieux 19 225 H2
Saint-Pardoux-les-Cards 23 207 G2
Saint-Pardoux-l'Ortigier 19 242 C1
Saint-Pardoux-Morterolles 23 207 E4
Saint-Pargoire 34 302 A5
Saint-Parize-en-Viry 58 175 E4
Saint-Parize-le-Châtel 58 174 C3
Saint-Parres-aux-Tertres 10 91 E5
Saint-Parres-lès-Vaudes 10 115 F3
Saint-Parthem 12 262 B3
Saint-Pastour 47 258 B5
Saint-Pastous 65 332 D2
Saint-Paterne 72 83 G4
Saint-Paterne-Racan 37 130 C5
Saint-Pathus 77 59 F1
Saint-Patrice 37 151 E3
Saint-Patrice-de-Claids 50 31 G3
Saint-Patrice-du-Désert 61 82 D2
Saint-Paul 19 243 E2
Saint-Paul 33 237 G2
Saint-Paul 60 37 H2
Saint-Paul 61 53 E4
Saint-Paul 65 334 A1
Saint-Paul 73 233 E1
Saint-Paul 87 224 B1
Saint-Paul 88 94 B4
Saint-Paul-aux-Bois 02 40 A1
Saint-Paul-Cap-de-Joux 81 299 E4
Saint-Paul-de-Baïse 32 295 H2
Saint-Paul-de-Fenouillet 66 338 A4
Saint-Paul-de-Fourques 27 35 H4
Saint-Paul-de-Jarrat 09 336 B3
Saint-Paul-de-Loubressac 46 278 B2
Saint-Paul-de-Salers 15 244 C3
Saint-Paul-de-Serre 24 240 B3
Saint-Paul-de-Tartas 43 265 F1
Saint-Paul-de-Varax 01 213 G1
Saint-Paul-de-Varces 38 250 D3
Saint-Paul-de-Vence 06 309 F2
Saint-Paul-de-Vern 46 261 F1
Saint-Paul-de-Vézelin 42 211 G4
Saint-Paul-des-Landes 15 244 B5
Saint-Paul-d'Espis 82 277 E3
Saint-Paul-d'Izeaux 38 232 B5
Saint-Paul-d'Oueil 31 334 A4
Saint-Paul-du-Bois 49 167 G1
Saint-Paul-du-Vernay 14 32 D4
Saint-Paul-d'Uzore 42 229 G1
Saint-Paul-en-Born 40 272 C2
Saint-Paul-en-Chablais 74 198 C3
Saint-Paul-en-Cornillon 42 230 A4
Saint-Paul-en-Forêt 83 308 C4
Saint-Paul-en-Gâtine 79 167 F5
Saint-Paul-en-Jarez 42 230 C3
Saint-Paul-en-Pareds 85 166 C3
Saint-Paul-et-Valmalle 34 302 C4
Saint-Paul-Flaugnac 46 277 H2
Saint-Paul-la-Coste 30 283 G3
Saint-Paul-la-Roche 24 223 E4
Saint-Paul-le-Froid 48 264 D1
Saint-Paul-le-Gaultier 72 83 F5
Saint-Paul-le-Jeune 07 283 H1
Saint-Paul-lès-Dax 40 292 D3
Saint-Paul-les-Fonts 30 284 D4
Saint-Paul-lès-Monestier 38 250 D4
Saint-Paul-lès-Romans 26 249 H3
Saint-Paul-lez-Durance 13 306 C3
Saint-Paul-Lizonne 24 221 G5
Saint-Paul-Mont-Penit 85 165 F3
Saint-Paul-sur-Isère 73 234 B2
Saint-Paul-sur-Risle 27 35 F3
Saint-Paul-sur-Save 31 297 G3
Saint-Paul-sur-Ubaye 04 271 E3
Saint-Paul-Trois-Châteaux 26 285 E1
Saint-Paulet 11 318 D3
Saint-Paulet-de-Caisson 30 284 D2
Saint-Paulien 43 247 E2
Saint-Pavace 72 107 H4
Saint-Pé-d'Ardet 31 334 B2
Saint-Pé-de-Bigorre 65 332 C1
Saint-Pé-de-Léren 64 292 D5
Saint-Pé-Delbosc 31 316 B4
Saint-Pé-Saint-Simon 47 275 E5
Saint-Pée-sur-Nivelle 64 310 C4
Saint-Pellerin 28 109 G4
Saint-Pellerin 50 32 A3
Saint-Péran 35 103 G3
Saint-Péravy-Épreux 45 111 E2
Saint-Péravy-la-Colombe 45 110 C5
Saint-Péray 07 249 F4
Saint-Perdon 40 293 H1
Saint-Perdoux 24 258 B2
Saint-Perdoux 46 261 F3
Saint-Père 58 156 A2
Saint-Père 89 157 G2
Saint-Père-en-Retz 44 146 D4
Saint-Père-Marc-en-Poulet 35 50 C5
Saint-Père-sur-Loire 45 134 A3
Saint-Péreuse 58 175 H1
Saint-Pern 35 103 H1
Saint-Perreux 56 125 G3
Saint-Péver 22 77 H2
Saint-Pey-d'Armens 33 238 C5
Saint-Pey-de-Castets 33 256 D1
Saint-Phal 10 114 D3
Saint-Philbert-de-Bouaine 85 165 G1
Saint-Philbert-de-Grand-Lieu 44 165 G1
Saint-Philbert-des-Champs 14 34 D4
Saint-Philbert-du-Peuple 49 150 C2
Saint-Philbert-du-Pont-Charrault 85 166 C5
Saint-Philbert-en-Mauges 49 148 C5
Saint-Philbert-sur-Boissey 27 35 G4
Saint-Philbert-sur-Orne 61 53 G3
Saint-Philbert-sur-Risle 27 35 F3
Saint-Philibert 21 160 A4
Saint-Philibert 56 124 A4
Saint-Philibert-d'Entremont 38 233 E4
Saint-Philippe-d'Aiguille 33 238 D5
Saint-Philippe-du-Seignal 33 257 F1
Saint-Piat 28 86 B3
Saint-Pierre 04 289 G5
Saint-Pierre 15 226 B5
Saint-Pierre 31 298 B4
Saint-Pierre 39 197 E1
Saint-Pierre 51 62 A2
Saint-Pierre 67 97 F3
Saint-Pierre-à-Arnes 08 42 B3
Saint-Pierre-à-Champ 79 167 H1
Saint-Pierre-à-Gouy 80 22 A1
Saint-Pierre-Aigle 02 40 A3
Saint-Pierre-Avez 05 287 E2
Saint-Pierre-Azif 14 34 B3
Saint-Pierre-Bellevue 23 207 E4
Saint-Pierre-Bénouville 76 20 A3
Saint-Pierre-Bois 67 97 E4
Saint-Pierre-Brouck 59 3 F3
Saint-Pierre-Canivet 14 53 H2
Saint-Pierre-Chérignat 23 206 C3
Saint-Pierre-Colamine 63 227 G3
Saint-Pierre-d'Albigny 73 233 H2
Saint-Pierre-d'Allevard 38 233 G4
Saint-Pierre-d'Alvey 73 232 D1
Saint-Pierre-d'Amilly 17 201 G1
Saint-Pierre-d'Argençon 05 268 D4
Saint-Pierre-d'Arthéglise 50 28 D5
Saint-Pierre-d'Aubézies 32 295 F4
Saint-Pierre-d'Aurillac 33 256 C3
Saint-Pierre-d'Autils 27 36 D5
Saint-Pierre-de-Bailleul 27 36 D5
Saint-Pierre-de-Bat 33 256 B2
Saint-Pierre-de-Belleville 73 233 H3
Saint-Pierre-de-Bœuf 42 231 E4
Saint-Pierre-de-Bressieux 38 232 A5
Saint-Pierre-de-Buzet 47 275 F2
Saint-Pierre-de-Caubel 47 258 B5
Saint-Pierre-de-Cernières 27 55 E2
Saint-Pierre-de-Chandieu 69 231 G2
Saint-Pierre-de-Chartreuse 38 233 E5
Saint-Pierre-de-Chérennes 38 250 B2
Saint-Pierre-de-Chevillé 72 130 B4
Saint-Pierre-de-Chignac 24 240 D3
Saint-Pierre-de-Clairac 47 276 C3
Saint-Pierre-de-Côle 24 222 D5
Saint-Pierre-de-Colombier 07 266 A2
Saint-Pierre-de-Cormeilles 27 35 E4
Saint-Pierre-de-Coutances 50 51 G1
Saint-Pierre-de-Curtille 73 215 E5
Saint-Pierre-de-Frugie 24 223 E3
Saint-Pierre-de-Fursac 23 206 B1
Saint-Pierre-de-Genebroz 73 232 D3
Saint-Pierre-de-Jards 36 172 B1
Saint-Pierre-de-Juillers 17 202 B3
Saint-Pierre-de-la-Fage 34 302 A2
Saint-Pierre-de-Lages 31 298 B5
Saint-Pierre-de-Lamps 36 171 F2
Saint-Pierre-de-l'Ile 17 201 H2
Saint-Pierre-de-Maillé 86 170 A5
Saint-Pierre-de-Mailloc 14 54 D1
Saint-Pierre-de-Manneville 76 36 A2
Saint-Pierre-de-Méaroz 38 251 E5
Saint-Pierre-de-Mésage 38 251 E3
Saint-Pierre-de-Mézoargues 13 304 B1
Saint-Pierre-de-Mons 33 256 B4
Saint-Pierre-de-Nogaret 48 263 H5
Saint-Pierre-de-Plesguen 35 79 H4
Saint-Pierre-de-Rivière 09 336 A3
Saint-Pierre-de-Salerne 27 35 F4
Saint-Pierre-de-Semilly 50 32 B5
Saint-Pierre-de-Soucy 73 233 G3
Saint-Pierre-de-Trivisy 81 300 A3
Saint-Pierre-de-Varengeville 76 36 A1
Saint-Pierre-de-Varennes 71 177 E3
Saint-Pierre-de-Vassols 84 285 H4
Saint-Pierre-dels-Forcats 66 341 G4
Saint-Pierre-d'Entremont 38 233 E4
Saint-Pierre-d'Entremont 61 53 E3
Saint-Pierre-d'Entremont 73 233 E4
Saint-Pierre-des-Bois 72 107 E5
Saint-Pierre-des-Champs 11 338 B2
Saint-Pierre-des-Corps 37 152 A2
Saint-Pierre-des-Échaubrognes 79 167 E1
Saint-Pierre-des-Fleurs 27 36 A4
Saint-Pierre-des-Ifs 14 34 C5
Saint-Pierre-des-Ifs 27 35 F3
Saint-Pierre-des-Jonquières 76 20 D2
Saint-Pierre-des-Landes 53 81 G5
Saint-Pierre-des-Loges 61 55 E4
Saint-Pierre-des-Nids 53 83 F4
Saint-Pierre-des-Ormes 72 84 A5
Saint-Pierre-des-Tripiers 48 282 A3
Saint-Pierre-d'Exideuil 86 203 G1
Saint-Pierre-d'Extravache 73 253 E1
Saint-Pierre-d'Eyraud 24 257 G1
Saint-Pierre-d'Irube 64 292 A5
Saint-Pierre-d'Oléron 17 200 B3
Saint-Pierre-du-Bosguérard 27 35 H4
Saint-Pierre-du-Bû 14 53 H3
Saint-Pierre-du-Champ 43 247 F1
Saint-Pierre-du-Chemin 85 167 F5
Saint-Pierre-du-Fresne 14 52 D1
Saint-Pierre-du-Jonquet 14 34 A4
Saint-Pierre-du-Lorouër 72 130 C3
Saint-Pierre-du-Mesnil 27 55 F2
Saint-Pierre-du-Mont 14 32 C2
Saint-Pierre-du-Mont 40 294 A1
Saint-Pierre-du-Mont 58 157 E2
Saint-Pierre-du-Palais 17 238 C2
Saint-Pierre-du-Perray 91 88 A2
Saint-Pierre-du-Regard 61 53 F3
Saint-Pierre-du-Val 27 34 D2
Saint-Pierre-du-Vauvray 27 36 C4
Saint-Pierre-Église 50 29 G2
Saint-Pierre-en-Faucigny 74 216 A1
Saint-Pierre-en-Port 76 19 E2
Saint-Pierre-en-Val 76 10 D4
Saint-Pierre-en-Vaux 21 177 E1
Saint-Pierre-es-Champs 60 37 F2
Saint-Pierre-Eynac 43 247 G3
Saint-Pierre-la-Bourlhonne 63 229 E1
Saint-Pierre-la-Bruyère 61 84 D5
Saint-Pierre-la-Cour 53 105 G3
Saint-Pierre-la-Garenne 27 36 D5
Saint-Pierre-la-Noaille 42 211 G1
Saint-Pierre-la-Palud 69 212 C5
Saint-Pierre-la-Rivière 61 54 C3
Saint-Pierre-la-Roche 07 266 D3
Saint-Pierre-la-Vieille 14 53 E2
Saint-Pierre-Lafeuille 46 260 B4
Saint-Pierre-Langers 50 51 G3
Saint-Pierre-Laval 03 211 E1
Saint-Pierre-Lavis 76 19 F4
Saint-Pierre-la-Mer 11 321 G5
Saint-Pierre-le-Bost 23 190 A3
Saint-Pierre-le-Chastel 63 209 F5
Saint-Pierre-le-Déchausselat 07 265 H5
Saint-Pierre-le-Moûtier 58 174 C4
Saint-Pierre le Potier 53 106 A4
Saint-Pierre-le-Vieux 48 264 A1
Saint-Pierre-le-Vieux 71 194 C5
Saint-Pierre-le-Vieux 76 19 H2
Saint-Pierre-le-Vieux 85 184 B3
Saint-Pierre-le-Viger 76 19 H2
Saint-Pierre-les-Aubagne 13 327 F2
Saint-Pierre-lès-Bitry 60 39 H2
Saint-Pierre-les-Bois 18 190 A1
Saint-Pierre-lès-Elbeuf 76 36 A4
Saint-Pierre-les-Étieux 18 173 G5
Saint-Pierre-lès-Franqueville 02 25 E2
Saint-Pierre-lès-Nemours 77 112 B2
Saint-Pierre-Montlimart 49 148 C3
Saint-Pierre-Quiberon 56 123 H5
Saint-Pierre-Roche 63 227 F1
Saint-Pierre-sur-Dives 14 54 A1
Saint-Pierre-sur-Doux 07 248 B2
Saint-Pierre-sur-Dropt 47 257 F3
Saint-Pierre-sur-Erve 53 106 C4
Saint-Pierre-sur-Orthe 53 107 E2
Saint-Pierre-sur-Vence 08 26 D4
Saint-Pierre-Tarentaine 14 52 D2
Saint-Pierre-Toirac 46 261 F4
Saint-Pierremont 02 25 F3
Saint-Pierremont 08 43 F1
Saint-Pierremont 88 95 G3
Saint-Pierreville 07 266 C1
Saint-Pierrevillers 55 44 D3
Saint-Plaisir 03 191 G1
Saint-Plancard 31 316 A5
Saint-Planchers 50 51 F3
Saint-Plantaire 36 189 E3
Saint-Point 71 194 C4
Saint-Point-Lac 25 180 C3
Saint-Pois 50 52 B4
Saint-Poix 53 105 G5
Saint-Pol-de-Léon 29 71 G3
Saint-Pol-sur-Mer 59 3 G2
Saint-Pol-sur-Ternoise 62 7 G5
Saint-Polgues 42 211 F4
Saint-Polycarpe 11 337 G2
Saint-Pompain 79 184 C3
Saint-Pompon 24 259 F2
Saint-Poncy 15 245 H2
Saint-Pons 04 270 D5
Saint-Pons 07 266 D3
Saint-Pons *Parc de* 13 327 G2
Saint-Pons-de-Mauchiens 34 302 A5
Saint-Pons-de-Thomières 34 320 C2
Saint-Pons-la-Calm 30 284 D4
Saint-Pont 03 210 A1
Saint-Porchaire 17 201 E4
Saint-Porquier 82 277 F5
Saint-Pôtan 22 79 F3
Saint-Pouange 10 114 D2
Saint-Pourçain-sur-Besbre 03 192 D3
Saint-Pourçain-sur-Sioule 03 192 A4
Saint-Prancher 88 94 C4
Saint-Préjet-Armandon 43 246 C1
Saint-Préjet-d'Allier 43 246 D5
Saint-Prest 28 86 B3
Saint-Preuil 16 220 C2
Saint-Priest 07 266 C2
Saint-Priest 23 208 B2
Saint-Priest 69 231 F1
Saint-Priest-Bramefant 63 210 B3
Saint-Priest-d'Andelot 03 209 H2
Saint-Priest-de-Gimel 19 243 E1
Saint-Priest-des-Champs 63 209 E3
Saint-Priest-en-Jarez 42 230 B4
Saint-Priest-en-Murat 03 191 F4
Saint-Priest-la-Feuille 23 206 C1
Saint-Priest-la-Marche 18 190 A3
Saint-Priest-la-Plaine 23 206 C1
Saint-Priest-la-Prugne 42 211 E3
Saint-Priest-la-Roche 42 211 G4
Saint-Priest-la-Vêtre 42 211 E5
Saint-Priest-le-Betoux 87 205 G1
Saint-Priest-les-Fougères 24 223 E3
Saint-Priest-Ligoure 87 223 H2
Saint-Priest-Palus 23 206 C4
Saint-Priest-sous-Aixe 87 205 F5
Saint-Priest-Taurion 87 205 H4
Saint-Prim 38 231 E4
Saint-Privat 07 266 B3
Saint-Privat 19 243 G3
Saint-Privat 34 301 H3
Saint-Privat-d'Allier 43 246 D4
Saint-Privat-de-Champclos 30 284 B2
Saint-Privat-de-Vallongue 48 283 F2
Saint-Privat-des-Prés 24 239 F1
Saint-Privat-des-Vieux 30 283 H3
Saint-Privat-du-Dragon 43 246 B2
Saint-Privat-du-Fau 48 246 B5
Saint-Privat-la-Montagne 57 45 G5
Saint-Privé 71 177 F5
Saint-Privé 89 135 F4
Saint-Prix 03 192 D5
Saint-Prix 07 248 C4
Saint-Prix 71 176 B2
Saint-Prix 95 58 B1
Saint-Prix-lès-Arnay 21 159 E5
Saint-Projet 15 262 B3
Saint-Projet 46 260 B2
Saint-Projet 82 278 D2
Saint-Projet-de-Salers 15 244 C3
Saint-Projet-Saint-Constant 16 221 G1
Saint-Prouant 85 166 D4
Saint-Pryvé-Saint-Mesmin 45 133 E2
Saint-Puy 32 296 A1
Saint-Python 59 14 D3
Saint-Quantin-de-Rançanne 17 219 G3
Saint-Quay-Perros 22 72 C2
Saint-Quay-Portrieux 22 73 H4
Saint-Quentin 02 24 B2
Saint-Quentin-au-Bosc 76 10 C5
Saint-Quentin-de-Baron 33 256 B1
Saint-Quentin-de-Blavou 61 84 B3
Saint-Quentin-de-Caplong 33 257 E1
Saint-Quentin-de-Chalais 16 239 E1
Saint-Quentin-des-Isles 27 55 F1
Saint-Quentin-des-Prés 60 37 G1
Saint-Quentin-du-Dropt 47 258 B2
Saint-Quentin-en-Mauges 49 148 D3
Saint-Quentin-en-Tourmont 80 11 E1
Saint-Quentin-en-Yvelines 78 57 H4
Saint-Quentin-Fallavier 38 231 G2
Saint-Quentin-la-Chabanne 23 207 G4
Saint-Quentin-la-Motte-Croix-au-Bailly 80 10 D4
Saint-Quentin-la-Poterie 30 284 C4
Saint-Quentin-la-Tour 09 336 D2
Saint-Quentin-le-Petit 08 25 G5
Saint-Quentin-le-Verger 51 90 B2
Saint-Quentin-les-Anges 53 128 A3
Saint-Quentin-lès-Beaurepaire 49 129 F5
Saint-Quentin-les-Chardonnets 61 52 D4
Saint-Quentin-les-Marais 51 62 D4
Saint-Quentin-lès-Troo 41 131 E3
Saint-Quentin-sur-Charente 16 204 C5
Saint-Quentin-sur-Coole 51 62 A3
Saint-Quentin-sur-Indrois 37 152 C4
Saint-Quentin-sur-Isère 38 232 C5
Saint-Quentin-sur-le-Homme 50 51 H5
Saint-Quentin-sur-Nohain 58 156 B3
Saint-Quentin-sur-Sauxillanges 63 228 B3
Saint-Quintin-sur-Sioule 63 209 G2
Saint-Quirc 09 318 A4
Saint-Quirin 57 96 C1
Saint-Rabier 24 241 F2
Saint-Racho 71 194 A5
Saint-Rambert-d'Albon 26 249 E1
Saint-Rambert-en-Bugey 01 214 B3
Saint-Rambert-l'Ile-Barbe 69 213 E5
Saint-Raphaël 24 241 F1
Saint-Raphaël 83 329 H1
Saint-Régis-du-Coin 42 248 B1
Saint-Règle 37 152 C2
Saint-Remèze 07 284 C1
Saint-Remimont 54 95 E2
Saint-Remimont 88 94 B5
Saint-Rémy 01 195 H5
Saint-Rémy 12 279 F1
Saint-Rémy 14 53 F2
Saint-Rémy 19 225 H2
Saint-Rémy 21 137 G5
Saint-Rémy 24 239 F4
Saint-Rémy 71 177 H4
Saint-Rémy 79 184 D3
Saint-Remy 88 96 A4
Saint-Rémy-au-Bois 62 6 C5
Saint-Rémy-aux-Bois 54 95 F3
Saint-Rémy-Blanzy 02 40 B4
Saint-Rémy-Boscrocourt 76 10 D4
Saint-Remy-Chaussée 59 15 G3
Saint-Rémy-de-Blot 63 209 F2
Saint-Rémy-de-Chargnat 63 228 A3
Saint-Rémy-de-Chaudes-Aigues 15 263 G2
Saint-Rémy-de-Maurienne 73 233 H4
Saint-Rémy-de-Provence 13 304 D2
Saint-Rémy-de-Salers 15 244 C3
Saint-Rémy-de-Sillé 72 107 F2
Saint-Rémy-des-Landes 50 31 F3
Saint-Rémy-des-Monts 72 84 A5
Saint-Remy-du-Nord 59 15 G3
Saint-Rémy-du-Plain 35 80 C4
Saint-Rémy-du-Val 72 83 H5
Saint-Remy-en-Bouzemont-Saint-Genest-et-Isson 51 62 D5
Saint-Rémy-en-Comté 70 141 E2
Saint-Remy-en-l'Eau 60 38 C1
Saint-Rémy-en-Mauges 49 148 C3
Saint-Rémy-en-Montmorillon 86 187 G5
Saint-Rémy-en-Rollat 03 210 B1
Saint-Remy-la-Calonne 55 64 D2
Saint-Rémy-la-Vanne 77 60 A4
Saint-Rémy-la-Varenne 49 150 A2
Saint-Remy-le-Petit 08 42 A2
Saint-Rémy-lès-Chevreuse 78 58 A5
Saint-Rémy-l'Honoré 78 57 G4
Saint-Remy-sous-Barbuise 10 91 E3
Saint-Remy-sous-Broyes 51 61 E5
Saint-Rémy-sur-Avre 28 56 C4
Saint-Remy-sur-Bussy 51 62 C1
Saint-Rémy-sur-Creuse 86 169 H2
Saint-Rémy-sur-Durolle 63 210 C4
Saint-Renan 29 74 D2
Saint-René 22 78 C3
Saint-Restitut 26 285 E1
Saint-Révérend 85 165 E4
Saint-Révérien 58 157 F4
Saint-Rieul 22 79 E4
Saint-Rigomer-des-Bois 72 83 H4
Saint-Rimay 41 131 F3
Saint-Riquier 80 11 H3
Saint-Riquier-en-Rivière 76 21 E2
Saint-Riquier-ès-Plains 76 19 G2
Saint-Rirand 42 211 E2
Saint-Rivoal 29 76 A3
Saint-Robert 19 241 H1
Saint-Robert 47 276 C2
Saint-Roch 37 151 G2
Saint-Roch-sur-Égrenne 61 82 A2
Saint-Rogatien 17 200 C1

Saint-Romain 16 ... 239 F1
Saint-Romain 21 ... 177 G2
Saint-Romain 63 ... 229 F3
Saint-Romain 86 ... 186 C5
Saint-Romain *Mont* 71 ... 194 D2
Saint-Romain-au-Mont-d'Or 69 ... 213 E4
Saint-Romain-d'Ay 07 ... 248 D2
Saint-Romain-de-Benet 17 ... 219 E1
Saint-Romain-de-Colbosc 76 ... 18 D5
Saint-Romain-de-Jalionas 38 ... 213 H5
Saint-Romain-de-Lerps 07 ... 249 E4
Saint-Romain-de-Monpazier 24 ... 258 D2
Saint-Romain-de-Popey 69 ... 212 C4
Saint-Romain-de-Surieu 38 ... 231 F4
Saint-Romain-des-Iles 71 ... 213 E1
Saint-Romain-d'Urfé 42 ... 211 E4
Saint-Romain-en-Gal 69 ... 231 E3
Saint-Romain-en-Gier 69 ... 230 D2
Saint-Romain-en-Jarez 42 ... 230 C3
Saint-Romain-en-Viennois 84 ... 285 H2
Saint-Romain-et-Saint-Clément 24 ... 222 D4
Saint-Romain-la-Motte 42 ... 211 F2
Saint-Romain-la-Virvée 33 ... 237 H4
Saint-Romain-Lachalm 43 ... 248 A1
Saint-Romain-le-Noble 47 ... 276 C3
Saint-Romain-le-Preux 89 ... 113 G5
Saint-Romain-le-Puy 42 ... 229 H3
Saint-Romain-les-Atheux 42 ... 230 B5
Saint-Romain-sous-Gourdon 71 ... 194 B1
Saint-Romain-sous-Versigny 71 ... 193 H1
Saint-Romain-sur-Cher 41 ... 153 F3
Saint-Romain-sur-Gironde 17 ... 219 F4
Saint-Roman 26 ... 268 B2
Saint-Roman *Abbaye de* 30 ... 304 B2
Saint-Roman-de-Bellet 06 ... 309 G2
Saint-Roman-de-Codières 30 ... 283 E5
Saint-Roman-de-Malegarde 84 ... 285 G2
Saint-Romans 38 ... 250 A2
Saint-Romans-des-Champs 79 ... 185 E5
Saint-Romans-lès-Melle 79 ... 185 F5
Saint-Rome 31 ... 318 B3
Saint-Rome-de-Cernon 12 ... 281 G5
Saint-Rome-de-Dolan 48 ... 282 A1
Saint-Rome-de-Tarn 12 ... 281 F5
Saint-Romphaire 50 ... 52 B1
Saint-Rouin *Ermitage de* 55 ... 63 F1
Saint-Rustice 31 ... 297 H2
Saint-Saëns 76 ... 20 C4
Saint-Saire 76 ... 21 E4
Saint-Salvadou 12 ... 279 G2
Saint-Salvadour 19 ... 224 D5
Saint-Salvi-de-Carcavès 81 ... 300 B2
Saint-Salvy 47 ... 275 H2
Saint-Salvy-de-la-Balme 81 ... 299 H5
Saint-Samson 14 ... 34 A4
Saint-Samson 53 ... 83 E3
Saint-Samson-de-Bonfossé 50 ... 32 A5
Saint-Samson-de-la-Roque 27 ... 35 E2
Saint-Samson-la-Poterie 60 ... 21 F5
Saint-Samson-sur-Rance 22 ... 79 G3
Saint-Sandoux 63 ... 227 H2
Saint-Santin 12 ... 261 H3
Saint-Santin-Cantalès 15 ... 243 H4
Saint-Santin-de-Maurs 15 ... 261 H3
Saint-Sardos 47 ... 275 H1
Saint-Sardos 82 ... 297 F1
Saint-Sardos-de-Laurenque 47 ... 258 D4
Saint-Satur 18 ... 156 A3
Saint-Saturnin 15 ... 245 E1
Saint-Saturnin 16 ... 221 E1
Saint-Saturnin 18 ... 190 A2
Saint-Saturnin 48 ... 282 A1
Saint-Saturnin 51 ... 90 C2
Saint-Saturnin 63 ... 227 H2
Saint-Saturnin 72 ... 107 G4
Saint-Saturnin-de-Lenne 12 ... 263 G5
Saint-Saturnin-de-Lucian 34 ... 302 A4
Saint-Saturnin-du-Bois 17 ... 201 G1
Saint-Saturnin-du-Limet 53 ... 127 G2
Saint-Saturnin-lès-Apt 84 ... 286 B5
Saint-Saturnin-lès-Avignon 84 ... 285 G5
Saint-Saturnin-sur-Loire 49 ... 149 H2
Saint-Saud-Lacoussière 24 ... 222 D3
Saint-Sauflieu 80 ... 22 B3
Saint-Saulge 58 ... 175 F1
Saint-Saulve 59 ... 9 G5
Saint-Saury 15 ... 261 G1
Saint-Sauvant 17 ... 201 H5
Saint-Sauvant 86 ... 185 H4
Saint-Sauves-d'Auvergne 63 ... 226 D2
Saint-Sauveur 05 ... 270 C3
Saint-Sauveur 21 ... 160 D2
Saint-Sauveur 29 ... 76 A2
Saint-Sauveur 31 ... 297 H3
Saint-Sauveur 33 ... 237 E1
Saint-Sauveur 38 ... 250 A2
Saint-Sauveur 54 ... 96 B2
Saint-Sauveur 60 ... 39 F3
Saint-Sauveur 70 ... 141 G2
Saint-Sauveur 79 ... 167 H3
Saint-Sauveur 80 ... 22 B1
Saint-Sauveur *Chapelle* 64 ... 330 D2
Saint-Sauveur-Camprieu 30 ... 282 C4
Saint-Sauveur-d'Aunis 17 ... 183 H5
Saint-Sauveur-de-Bergerac 24 ... 240 B5
Saint-Sauveur-de-Carrouges 61 ... 83 F2
Saint-Sauveur-de-Chaulieu 50 ... 52 C4
Saint-Sauveur-de-Cruzières 07 ... 284 A2
Saint-Sauveur-de-Flée 49 ... 128 A3
Saint-Sauveur-de-Ginestoux 48 ... 264 D2
Saint-Sauveur-de-Landemont 49 ... 148 B3
Saint-Sauveur-de-Meilhan 47 ... 256 D5
Saint-Sauveur-de-Montagut 07 ... 266 C1
Saint-Sauveur-de-Peyre 48 ... 264 A3
Saint-Sauveur-de-Pierrepont 50 ... 31 F2
Saint-Sauveur-de-Puynormand 33 ... 238 D4
Saint-Sauveur-d'Émalleville 76 ... 18 D5
Saint-Sauveur-des-Landes 35 ... 81 E4
Saint-Sauveur-en-Diois 26 ... 267 H2
Saint-Sauveur-en-Puisaye 89 ... 135 G5
Saint-Sauveur-en-Rue 42 ... 248 C1
Saint-Sauveur-Gouvernet 26 ... 286 B1
Saint-Sauveur-la-Pommeraye 50 ... 51 G3
Saint-Sauveur-la-Sagne 63 ... 228 D5
Saint-Sauveur-la-Vallée 46 ... 260 C3
Saint-Sauveur-Lalande 24 ... 239 F4
Saint-Sauveur-le-Vicomte 50 ... 31 G2
Saint-Sauveur-Lendelin 50 ... 31 G4
Saint-Sauveur-les-Bains 65 ... 333 E4
Saint-Sauveur-lès-Bray 77 ... 89 F4
Saint-Sauveur-Levasville 28 ... 85 H2
Saint-Sauveur-sur-École 77 ... 88 A3
Saint-Sauveur-sur-Tinée 06 ... 289 H3
Saint-Sauvier 03 ... 190 B4
Saint-Sauvy 32 ... 296 D3
Saint-Savin 33 ... 237 H2
Saint-Savin 38 ... 232 A2
Saint-Savin 65 ... 332 D2
Saint-Savin 86 ... 187 F2
Saint-Savinien 17 ... 201 F4
Saint-Saviol 86 ... 203 G1
Saint-Savournin 13 ... 327 F1
Saint-Sébastien 23 ... 188 D4
Saint-Sébastien 38 ... 251 E5
Saint-Sébastien *Chapelle* 29 ... 75 H4
Saint-Sébastien-d'Aigrefeuille 30 ... 283 G4
Saint-Sébastien-de-Morsent 27 ... 56 B1
Saint-Sébastien-de-Raids 50 ... 31 H4
Saint-Sébastien-sur-Loire 44 ... 147 H4
Saint-Secondin 86 ... 186 D4
Saint-Ségal 29 ... 75 H4
Saint-Séglin 35 ... 103 G5
Saint-Seine 58 ... 175 H5
Saint-Seine-en-Bâche 21 ... 160 D5
Saint-Seine-l'Abbaye 21 ... 159 G2
Saint-Seine-sur-Vingeanne 21 ... 160 D1
Saint-Selve 33 ... 255 G2
Saint-Senier-de-Beuvron 50 ... 81 E2
Saint-Senier-sous-Avranches 50 ... 51 H4
Saint-Senoch 37 ... 170 B1
Saint-Senoux 35 ... 104 A5
Saint-Sériès 34 ... 303 F3
Saint-Sernin 07 ... 266 B4
Saint-Sernin 11 ... 318 C5
Saint-Sernin 47 ... 257 F2
Saint-Sernin-du-Bois 71 ... 177 E3
Saint-Sernin-du-Plain 71 ... 177 F3
Saint-Sernin-lès-Lavaur 81 ... 299 E5
Saint-Sernin-sur-Rance 12 ... 300 B1
Saint-Sérotin 89 ... 113 F2
Saint-Servais 22 ... 77 E3
Saint-Servais 29 ... 71 F5
Saint-Servan-sur-Mer 35 ... 50 C5
Saint-Servant 56 ... 102 C5
Saint-Setiers 19 ... 225 G1
Saint-Seurin-de-Bourg 33 ... 237 G3
Saint-Seurin-de-Cadourne 33 ... 219 E5
Saint-Seurin-de-Cursac 33 ... 237 F2
Saint-Seurin-de-Palenne 17 ... 219 G2
Saint-Seurin-de-Prats 24 ... 257 E1
Saint-Seurin-d'Uzet 17 ... 219 E3
Saint-Seurin-sur-l'Isle 33 ... 238 D4
Saint-Sève 33 ... 256 D3
Saint-Sever 40 ... 293 H2
Saint-Sever-Calvados 14 ... 52 B3
Saint-Sever-de-Rustan 65 ... 315 G3
Saint-Sever-de-Saintonge 17 ... 219 H1
Saint-Sever-du-Moustier 12 ... 300 C3
Saint-Séverin 16 ... 221 F5
Saint-Séverin-d'Estissac 24 ... 239 H3
Saint-Séverin-sur-Boutonne 17 ... 201 H2
Saint-Siffret 30 ... 284 C5
Saint-Sigismond 45 ... 110 C5
Saint-Sigismond 49 ... 148 D1
Saint-Sigismond 74 ... 216 C1
Saint-Sigismond 85 ... 184 B4
Saint-Sigismond-de-Clermont 17 ... 219 G4
Saint-Silvain-Bas-le-Roc 23 ... 190 A4
Saint-Silvain-Bellegarde 23 ... 207 H3
Saint-Silvain-Montaigut 23 ... 206 D1
Saint-Silvain-sous-Toulx 23 ... 190 A5
Saint-Siméon 27 ... 35 F3
Saint-Siméon 61 ... 82 A3
Saint-Siméon 77 ... 60 A4
Saint-Siméon-de-Bressieux 38 ... 232 A5
Saint-Simeux 16 ... 220 D2
Saint-Simon 02 ... 24 A3
Saint-Simon 15 ... 244 C4
Saint-Simon 16 ... 220 D2
Saint-Simon 46 ... 261 E2
Saint-Simon-de-Bordes 17 ... 219 H4
Saint-Simon-de-Pellouaille 17 ... 219 F2
Saint-Sixt 74 ... 216 A2
Saint-Sixte 42 ... 211 G5
Saint-Sixte 47 ... 276 C4
Saint-Solen 22 ... 79 H4
Saint-Solve 19 ... 241 H1
Saint-Sorlin 69 ... 230 D2
Saint-Sorlin-d'Arves 73 ... 251 H1
Saint-Sorlin-de-Conac 17 ... 219 F5
Saint-Sorlin-de-Morestel 38 ... 232 B2
Saint-Sorlin-de-Vienne 38 ... 231 F3
Saint-Sorlin-en-Bugey 01 ... 214 A4
Saint-Sorlin-en-Valloire 26 ... 231 F5
Saint-Sornin 03 ... 191 G3
Saint-Sornin 16 ... 221 H1
Saint-Sornin 17 ... 200 D5
Saint-Sornin 85 ... 182 D2
Saint-Sornin-la-Marche 87 ... 205 E1
Saint-Sornin-Lavolps 19 ... 223 H5
Saint-Sornin-Leulac 87 ... 205 H1
Saint-Soulan 32 ... 316 D2
Saint-Souplet 59 ... 14 D5
Saint-Souplet-sur-Py 51 ... 42 B4
Saint-Soupplets 77 ... 59 F1
Saint-Sozy 46 ... 242 C5
Saint-Stail 88 ... 96 C3
Saint-Suliac 35 ... 79 H3
Saint-Sulpice 01 ... 195 G4
Saint-Sulpice 46 ... 260 D4
Saint-Sulpice 49 ... 149 H2
Saint-Sulpice 53 ... 106 A5
Saint-Sulpice 58 ... 174 D1
Saint-Sulpice 60 ... 38 A3
Saint-Sulpice 63 ... 226 D2
Saint-Sulpice 70 ... 141 H5
Saint-Sulpice 73 ... 233 E2
Saint-Sulpice-d'Arnoult 17 ... 201 E5
Saint-Sulpice-de-Cognac 16 ... 202 B5
Saint-Sulpice-de-Faleyrens 33 ... 238 C5
Saint-Sulpice-de-Favières 91 ... 87 G3
Saint-Sulpice-de-Grimbouville 27 ... 35 E2
Saint-Sulpice-de-Guilleragues 33 ... 257 E3
Saint-Sulpice-de-Mareuil 24 ... 221 H4
Saint-Sulpice-de-Pommeray 41 ... 132 A5
Saint-Sulpice-de-Pommiers 33 ... 256 C2
Saint-Sulpice-de-Roumagnac 24 ... 239 G2
Saint-Sulpice-de-Royan 17 ... 218 D1
Saint-Sulpice-de-Ruffec 16 ... 203 G3
Saint-Sulpice-des-Landes 35 ... 126 C3
Saint-Sulpice-des-Landes 44 ... 127 F5
Saint-Sulpice-des-Rivoires 38 ... 232 C3
Saint-Sulpice-d'Excideuil 24 ... 223 E5
Saint-Sulpice-en-Pareds 85 ... 183 H1
Saint-Sulpice-et-Cameyrac 33 ... 237 H5
Saint-Sulpice-la-Forêt 35 ... 104 C2
Saint-Sulpice-la-Pointe 81 ... 298 B3
Saint-Sulpice-Laurière 87 ... 206 B2
Saint-Sulpice-le-Dunois 23 ... 189 E5
Saint-Sulpice-le-Guérétois 23 ... 207 E1
Saint-Sulpice-le-Verdon 85 ... 165 H2
Saint-Sulpice-les-Bois 19 ... 225 G2
Saint-Sulpice-les-Champs 23 ... 207 F3
Saint-Sulpice-les-Feuilles 87 ... 188 B4
Saint-Sulpice-sur-Lèze 31 ... 317 H4
Saint-Sulpice-sur-Risle 61 ... 55 F4
Saint-Supplet 54 ... 44 D3
Saint-Sylvain 14 ... 53 H1
Saint-Sylvain 19 ... 243 E2
Saint-Sylvain 76 ... 19 G2
Saint-Sylvain-d'Anjou 49 ... 149 H1
Saint-Sylvestre 07 ... 249 E4
Saint-Sylvestre 74 ... 215 F4
Saint-Sylvestre 87 ... 205 H3
Saint-Sylvestre-Cappel 59 ... 3 H5
Saint-Sylvestre-de-Cormeilles 27 ... 35 E4
Saint-Sylvestre-Pragoulin 63 ... 210 B2
Saint-Sylvestre-sur-Lot 47 ... 276 D1
Saint-Symphorien 04 ... 287 G2
Saint-Symphorien 18 ... 173 E4
Saint-Symphorien 27 ... 35 E3
Saint-Symphorien 33 ... 255 G5
Saint-Symphorien 35 ... 80 A5
Saint-Symphorien 37 ... 151 H2
Saint-Symphorien 48 ... 264 D1
Saint-Symphorien 72 ... 107 F4
Saint-Symphorien 79 ... 184 D5
Saint-Symphorien-d'Ancelles 71 ... 194 D5
Saint-Symphorien-de-Lay 42 ... 211 H3
Saint-Symphorien-de-Mahun 07 ... 248 C2
Saint-Symphorien-de-Marmagne 71 ... 176 D3
Saint-Symphorien-de-Thénières 12 ... 263 E2
Saint-Symphorien-des-Bois 71 ... 194 A4
Saint-Symphorien-des-Bruyères 61 ... 55 F4
Saint-Symphorien-des-Monts 50 ... 81 G2
Saint-Symphorien-d'Ozon 69 ... 231 E2
Saint-Symphorien-le-Valois 50 ... 31 F3
Saint-Symphorien-les-Buttes 50 ... 52 C1
Saint-Symphorien-sous-Chomérac 07 ... 267 E2
Saint-Symphorien-sur-Coise 69 ... 230 B2
Saint-Symphorien-sur-Couze 87 ... 205 G2
Saint-Symphorien-sur-Saône 21 ... 160 C5
Saint-Thégonnec-Loc-Eguiner 29 ... 71 G5
Saint-Thélo 22 ... 102 A1
Saint-Théodorit 30 ... 303 F1
Saint-Théoffrey 38 ... 251 E4
Saint-Thibaud-de-Couz 73 ... 233 E3
Saint-Thibault 10 ... 115 E2
Saint-Thibault 18 ... 156 A3
Saint-Thibault 21 ... 159 E2
Saint-Thibault 60 ... 21 G4
Saint-Thibault-des-Vignes 77 ... 59 E3
Saint-Thibaut 02 ... 40 D3
Saint-Thibéry 34 ... 322 C4
Saint-Thiébaud 39 ... 179 H2
Saint-Thiébault 52 ... 117 H2
Saint-Thierry 51 ... 41 G3
Saint-Thois 29 ... 76 A5
Saint-Thomas 02 ... 41 E1
Saint-Thomas 31 ... 297 F5
Saint-Thomas *Col de* 42 ... 211 E4
Saint-Thomas-de-Conac 17 ... 219 F4
Saint-Thomas-de-Courceriers 53 ... 82 D5
Saint-Thomas-en-Argonne 51 ... 43 E4
Saint-Thomas-en-Royans 26 ... 250 A3
Saint-Thomas-la-Garde 42 ... 229 G3
Saint-Thomé 07 ... 266 D4
Saint-Thonan 29 ... 70 D5
Saint-Thual 35 ... 79 H5
Saint-Thurial 35 ... 103 H4
Saint-Thuriau 56 ... 101 H3
Saint-Thurien 27 ... 35 F2
Saint-Thurien 29 ... 100 C3
Saint-Thurin 42 ... 211 F5
Saint-Thyrse *Chapelle* 04 ... 308 A1
Saint-Tricat 62 ... 2 C3
Saint-Trimoël 22 ... 78 D4
Saint-Trinit 84 ... 286 C3
Saint-Trivier-de-Courtes 01 ... 195 G2
Saint-Trivier-sur-Moignans 01 ... 213 F2
Saint-Trojan 33 ... 237 G3
Saint-Trojan-les-Bains 17 ... 200 B4
Saint-Tropez 83 ... 329 G2
Saint-Tugdual 56 ... 101 E2
Saint-Tugen 29 ... 98 D2
Saint-Ulphace 72 ... 108 D3
Saint-Ulrich 68 ... 143 E3
Saint-Uniac 35 ... 103 G2
Saint-Urbain 29 ... 75 G2
Saint-Urbain 85 ... 164 D2
Saint-Urbain-sur-Marne 52 ... 93 E4
Saint-Urcisse 47 ... 276 D3
Saint-Urcisse 81 ... 298 B1
Saint-Urcize 15 ... 263 G2
Saint-Ursin 50 ... 51 G3
Saint-Usage 10 ... 116 A3
Saint-Usage 21 ... 160 C5
Saint-Usuge 71 ... 178 C5
Saint-Utin 51 ... 91 H2
Saint-Uze 26 ... 249 F2
Saint-Vaast-de-Longmont 60 ... 39 F3
Saint-Vaast-d'Équiqueville 76 ... 20 C2
Saint-Vaast-Dieppedalle 76 ... 19 G3
Saint-Vaast-du-Val 76 ... 20 A4
Saint-Vaast-en-Auge 14 ... 34 B3
Saint-Vaast-en-Cambrésis 59 ... 14 C3
Saint-Vaast-en-Chaussée 80 ... 22 B1
Saint-Vaast-la-Hougue 50 ... 29 H3
Saint-Vaast-lès-Mello 60 ... 38 C4
Saint-Vaast-sur-Seulles 14 ... 33 E5
Saint-Vaize 17 ... 201 G5
Saint-Valbert 70 ... 142 B3
Saint-Valentin 36 ... 172 A2
Saint-Valérien 85 ... 183 H2
Saint-Valérien 89 ... 113 E3
Saint-Valery 60 ... 21 F3
Saint-Valery-en-Caux 76 ... 19 G2
Saint-Valery-sur-Somme 80 ... 11 F2
Saint-Vallerin 71 ... 177 G5
Saint-Vallier 16 ... 238 D1
Saint-Vallier 26 ... 249 E2
Saint-Vallier 71 ... 194 A1
Saint-Vallier 88 ... 95 E5
Saint-Vallier-de-Thiey 06 ... 308 D2
Saint-Vallier-sur-Marne 52 ... 139 H2
Saint-Varent 79 ... 168 A3
Saint-Vaury 23 ... 206 D1
Saint-Venant 62 ... 7 H2
Saint-Venec *Chapelle* 29 ... 75 H5
Saint-Vénérand 43 ... 246 D5
Saint-Vérain 58 ... 156 B1
Saint-Véran 05 ... 271 F1
Saint-Vérand 38 ... 250 A2
Saint-Vérand 69 ... 212 C4
Saint-Vérand 71 ... 194 D5
Saint-Vert 43 ... 228 C5
Saint-Viance 19 ... 242 B2
Saint-Viâtre 41 ... 154 B1
Saint-Viaud 44 ... 146 D3
Saint-Victeur 72 ... 83 G5
Saint-Victor 03 ... 190 D4
Saint-Victor 07 ... 248 D3
Saint-Victor 15 ... 243 H4
Saint-Victor 24 ... 239 H1
Saint-Victor-de-Buthon 28 ... 85 F4
Saint-Victor-de-Cessieu 38 ... 232 B3
Saint-Victor-de-Chrétienville 27 ... 55 E1
Saint-Victor-de-Malcap 30 ... 284 A2
Saint-Victor-de-Morestel 38 ... 232 B1
Saint-Victor-de-Réno 61 ... 84 D3
Saint-Victor-d'Épine 27 ... 35 F4
Saint-Victor-des-Oules 30 ... 284 C4
Saint-Victor-en-Marche 23 ... 207 E2
Saint-Victor-et-Melvieu 12 ... 281 F5
Saint-Victor-la-Coste 30 ... 284 D4
Saint-Victor-la-Rivière 63 ... 227 F3
Saint-Victor-l'Abbaye 76 ... 20 B4
Saint-Victor-Malescours 43 ... 248 A1
Saint-Victor-Montvianeix 63 ... 210 D4
Saint-Victor-Rouzaud 09 ... 336 A1
Saint-Victor-sur-Arlanc 43 ... 229 E5
Saint-Victor-sur-Avre 27 ... 55 H5
Saint-Victor-sur-Loire 42 ... 230 A4
Saint-Victor-sur-Ouche 21 ... 159 G4
Saint-Victor-sur-Rhins 42 ... 212 A3
Saint-Victoret 13 ... 326 C1
Saint-Victour 19 ... 226 B4
Saint-Victurnien 87 ... 205 E4
Saint-Vidal 43 ... 247 E3
Saint-Vigor 27 ... 56 C1
Saint-Vigor-des-Mézerets 14 ... 53 E2
Saint-Vigor-des-Monts 50 ... 52 B2
Saint-Vigor-d'Ymonville 76 ... 34 D1
Saint-Vigor-le-Grand 14 ... 33 E3
Saint-Vincent 31 ... 318 C2
Saint-Vincent 43 ... 247 F2
Saint-Vincent 63 ... 227 H3
Saint-Vincent 64 ... 314 C5
Saint-Vincent 82 ... 278 B3
Saint-Vincent-Bragny 71 ... 193 H2
Saint-Vincent-Cramesnil 76 ... 34 D1
Saint-Vincent-de-Barbeyrargues 34 ... 302 D3
Saint-Vincent-de-Barrès 07 ... 267 E3
Saint-Vincent-de-Boisset 42 ... 211 H3
Saint-Vincent-de-Connezac 24 ... 239 H2
Saint-Vincent-de-Cosse 24 ... 259 F1
Saint-Vincent-de-Durfort 07 ... 266 D1
Saint-Vincent-de-Lamontjoie 47 ... 275 H4

Saint-Vincent-de-Mercuze 38 233 F4
Saint-Vincent-de-Paul 33 237 H4
Saint-Vincent-de-Paul 40 293 E2
Saint-Vincent-de-Pertignas 33 256 C1
Saint-Vincent-de-Reins 69 212 B2
Saint-Vincent-de-Salers 15 244 C2
Saint-Vincent-de-Tyrosse 40 292 B3
Saint-Vincent-des-Bois 27 56 D1
Saint-Vincent-des-Landes 44 126 D4
Saint-Vincent-des-Prés 71 194 C2
Saint-Vincent-des-Prés 72 84 A5
Saint-Vincent-d'Olargues 34 300 D5
Saint-Vincent-du-Boulay 27 35 E5
Saint-Vincent-du-Lorouër 72 130 C2
Saint-Vincent-du-Pendit 46 261 E1
Saint-Vincent-en-Bresse 71 178 B5
Saint-Vincent-Jalmoutiers 24 239 F2
Saint-Vincent-la-Châtre 79 185 G5
Saint-Vincent-la-Commanderie 26 249 H4
Saint-Vincent-le-Paluel 24 241 G5
Saint-Vincent-les-Forts 04 270 B4
Saint-Vincent-Lespinasse 82 277 E4
Saint-Vincent-Puymaufrais 85 183 F1
Saint-Vincent-Rive-d'Olt 46 259 G5
Saint-Vincent-Sterlanges 85 166 C4
Saint-Vincent-sur-Graon 85 182 D2
Saint-Vincent-sur-Jabron 04 287 E3
Saint-Vincent-sur-Jard 85 182 C3
Saint-Vincent-sur-l'Isle 24 240 D1
Saint-Vincent-sur-Oust 56 125 G3
Saint-Vinnemer 89 137 F2
Saint-Vit 25 161 G4
Saint-Vital 73 234 A1
Saint-Vite 47 259 E5
Saint-Vitte 18 190 C2
Saint-Vitte-sur-Briance 87 224 C2
Saint-Vivien 17 200 D2
Saint-Vivien 24 239 E5
Saint-Vivien-de-Blaye 33 237 G2
Saint-Vivien-de-Médoc 33 218 C4
Saint-Vivien-de-Monségur 33 257 E3
Saint-Voir 03 192 C3
Saint-Vougay 29 71 F4
Saint-Vrain 51 63 E5
Saint-Vrain 91 87 H3
Saint-Vran 22 102 D1
Saint-Vulbas 01 214 A4
Saint-Waast 59 15 F2
Saint-Wandrille-Rançon 76 35 G1
Saint-Witz 95 58 D1
Saint-Xandre 17 183 F5
Saint-Yaguen 40 293 G1
Saint-Yan 71 193 G3
Saint-Ybard 19 224 B4
Saint-Ybars 09 317 H5
Saint-Ylie 39 178 D1
Saint-Yon 91 87 G2
Saint-Yorre 03 210 C2
Saint-Yrieix-la-Montagne 23 207 F4
Saint-Yrieix-la-Perche 87 223 G3
Saint-Yrieix-le-Déjalat 19 225 F4
Saint-Yrieix-les-Bois 23 207 F2
Saint-Yrieix-sous-Aixe 87 205 F4
Saint-Yrieix-sur-Charente 16 221 E1
Saint-Ythaire 71 194 C1
Saint-Yvi 29 100 A3
Saint-Yvoine 63 228 A2
Saint-Yzan-de-Soudiac 33 237 H2
Saint-Yzans-de-Médoc 33 219 E5
Saint-Zacharie 83 327 G1
Sainte-Adresse 76 34 B1
Sainte-Agathe 63 210 D5
Sainte-Agathe-d'Aliermont 76 20 C2
Sainte-Agathe-en-Donzy 42 212 A5
Sainte-Agathe-la-Bouteresse 42 229 G1
Sainte-Agnès 06 291 G5
Sainte-Agnès 38 251 F1
Sainte-Agnès 39 196 B1
Sainte-Alauzie 46 277 H2
Sainte-Alvère 24 240 D5
Sainte-Anastasie 15 245 G2
Sainte-Anastasie 30 303 H1
Sainte-Anastasie-sur-Issole 83 328 C2
Sainte-Anne 04 271 E4
Sainte-Anne 25 180 A2
Sainte-Anne 32 297 E3
Sainte-Anne 41 131 G3
Sainte-Anne-d'Auray 56 124 A3
Sainte-Anne-d'Evenos 83 327 H4
Sainte-Anne-du-Castellet 83 327 H3
Sainte-Anne-la-Condamine 04 271 E4
Sainte-Anne-la-Palud 29 75 G5
Sainte-Anne-Saint-Priest 87 224 D1
Sainte-Anne-sur-Brivet 44 146 D1
Sainte-Anne-sur-Gervonde 38 231 H3
Sainte-Anne-sur-Vilaine 35 126 B3
Sainte-Aulde 77 60 A2
Sainte-Aurence-Cazaux 32 315 H3
Sainte-Austreberthe 62 7 E5
Sainte-Austreberthe 76 20 A5
Sainte-Avoye 56 124 A3
Sainte-Barbe 57 46 B5
Sainte-Barbe 88 95 H3
Sainte-Barbe *Alignements de* 56 100 D3
Sainte-Barbe-sur-Gaillon 27 36 C5
Sainte-Baume *Gorge de la* 07 266 D5
La Sainte-Baume *Massif de* 93 327 G2
Sainte-Bazeille 47 257 E4
Sainte-Beuve-en-Rivière 76 21 E3
Sainte-Blandine 38 232 B2
Sainte-Blandine 79 185 F5
Sainte-Brigitte 56 77 G5
Sainte-Camelle 11 318 C4
Sainte-Catherine 62 13 G2
Sainte-Catherine 63 228 C4
Sainte-Catherine 69 230 C2
Sainte-Catherine-de-Fierbois 37 151 H5
Sainte-Cécile 36 153 H5
Sainte-Cécile 50 52 A3
Sainte-Cécile 71 194 C3
Sainte-Cécile 85 166 B4
Sainte-Cécile-d'Andorge 30 283 G2
Sainte-Cécile-du-Cayrou 81 278 D5
Sainte-Cécile-les-Vignes 84 285 F2
Sainte-Céronne-lès-Mortagne 61 84 B2
Sainte-Cérotte 72 130 D2
Sainte-Christie 32 296 B3
Sainte-Christie-d'Armagnac 32 295 E2
Sainte-Christine 49 149 E3
Sainte-Christine 63 209 F2
Sainte-Christine 85 184 C4
Sainte-Christine *Chapelle* 29 75 F3
Sainte-Colombe 05 286 D1
Sainte-Colombe 16 203 G5
Sainte-Colombe 17 238 B1
Sainte-Colombe 25 180 C2
Sainte-Colombe 33 238 D5
Sainte-Colombe 35 104 C5
Sainte-Colombe 40 293 H3
Sainte-Colombe 46 261 F2
Sainte-Colombe 50 29 F5
Sainte-Colombe 69 231 F3
Sainte-Colombe 76 19 G3
Sainte-Colombe 77 89 G3
Sainte-Colombe 89 137 E5
Sainte-Colombe-de-Duras 47 257 E2
Sainte-Colombe-de-la-Commanderie 66 342 D3
Sainte-Colombe-de-Peyre 48 264 A2
Sainte-Colombe-de-Villeneuve 47 276 B1
Sainte-Colombe-des-Bois 58 156 C3
Sainte-Colombe-en-Auxois 21 159 E2
Sainte-Colombe-en-Bruilhois 47 275 H3
Sainte-Colombe-la-Commanderie 27 36 A5
Sainte-Colombe-près-Vernon 27 36 C5
Sainte-Colombe-sur-Gand 42 212 A4
Sainte-Colombe-sur-Guette 11 337 G5
Sainte-Colombe-sur-l'Hers 11 337 E3
Sainte-Colombe-sur-Loing 89 135 G5
Sainte-Colombe-sur-Seine 21 138 A2
Sainte-Colome 64 332 A1
Sainte-Consorce 69 212 D5
Sainte-Croix 01 213 G4
Sainte-Croix 02 41 E1
Sainte-Croix 12 261 F5
Sainte-Croix 24 258 D2
Sainte-Croix 26 268 A1
Sainte-Croix 46 277 F1
Sainte-Croix 71 195 H1
Sainte-Croix 81 279 G5
Sainte-Croix *Barrage de* 83 307 F2
Sainte-Croix *Prieuré de* 60 39 G2
Sainte-Croix-à-Lauze 04 306 B1
Sainte-Croix-aux-Mines 68 96 D5
Sainte-Croix-de-Caderle 30 283 F4
Sainte-Croix-de-Mareuil 24 221 H4
Sainte-Croix-de-Quintillargues 34 302 D3
Sainte-Croix-du-Mont 33 256 B3
Sainte-Croix-du-Verdon 04 307 F2
Sainte-Croix-en-Jarez 42 230 D3
Sainte-Croix-en-Plaine 68 121 E3
Sainte-Croix-Grand-Tonne 14 33 F4
Sainte-Croix-Hague 50 28 D3
Sainte-Croix-sur-Aizier 27 35 F2
Sainte-Croix-sur-Buchy 76 20 D5
Sainte-Croix-sur-Mer 14 33 F3
Sainte-Croix-sur-Orne 61 53 G4
Sainte-Croix-Vallée-Française 48 283 E3
Sainte-Croix-Volvestre 09 335 F1
Sainte-Dode 32 315 H2
Sainte-Eanne 79 185 G3
Sainte-Engrâce 64 331 F3
Sainte-Enimie 48 282 B1
Sainte-Eugénie-de-Villeneuve 43 246 D2
Sainte-Eugienne 50 51 H4
Sainte-Eulalie 07 265 H1
Sainte-Eulalie 11 319 G5
Sainte-Eulalie 15 244 B3
Sainte-Eulalie 33 237 H5
Sainte-Eulalie 48 264 C1
Sainte-Eulalie-d'Ans 24 241 E1
Sainte-Eulalie-de-Cernon 12 281 H5
Sainte-Eulalie-d'Eymet 24 257 G2
Sainte-Eulalie-d'Olt 12 263 G5
Sainte-Eulalie-en-Born 40 272 C2
Sainte-Eulalie-en-Royans 26 250 A3
Sainte-Euphémie 01 213 E3
Sainte-Euphémie-sur-Ouvèze 26 286 B1
Sainte-Eusoye 60 22 B5
Sainte-Fauste 36 172 A3
Sainte-Féréole 19 242 C1
Sainte-Feyre 23 207 E1
Sainte-Feyre-la-Montagne 23 207 H4
Sainte-Flaive-des-Loups 85 165 G5
Sainte-Florence 33 256 D1
Sainte-Florence 85 166 B3
Sainte-Florine 43 228 A4
Sainte-Foi 09 336 D1
Sainte-Fortunade 19 242 D2
Sainte-Foy 40 294 B1
Sainte-Foy 71 193 H5
Sainte-Foy 76 20 B3
Sainte-Foy 85 182 B1
Sainte-Foy-d'Aigrefeuille 31 298 B5
Sainte-Foy-de-Belvès 24 259 E2
Sainte-Foy-de-Longas 24 240 C5
Sainte-Foy-de-Montgommery 14 54 C2
Sainte-Foy-de-Peyrolières 31 317 F2
Sainte-Foy-des-Vignes 24 239 H5
Sainte-Foy-la-Grande 33 257 F1
Sainte-Foy-la-Longue 33 256 C3
Sainte-Foy-l'Argentière 69 230 B1
Sainte-Foy-lès-Lyon 69 231 E1
Sainte-Foy-Saint-Sulpice 42 211 H5
Sainte-Foy-Tarentaise 73 235 E1
Sainte-Gauburge 61 84 C5
Sainte-Gauburge-Sainte-Colombe 61 55 E5
Sainte-Gemme 17 201 E5
Sainte-Gemme 32 296 C2
Sainte-Gemme 33 257 E3
Sainte-Gemme 36 171 E3
Sainte-Gemme 51 40 D5
Sainte-Gemme 79 168 A3
Sainte-Gemme 81 279 H4
Sainte-Gemme-en-Sancerrois 18 155 H2
Sainte-Gemme-la-Plaine 85 183 F2
Sainte-Gemme-Martaillac 47 275 E1
Sainte-Gemme-Moronval 28 56 D4
Sainte-Gemmes 41 132 A3
Sainte-Gemmes-d'Andigné 49 128 A4
Sainte-Gemmes-le-Robert 53 106 D2
Sainte-Gemmes-sur-Loire 49 149 G2
Sainte-Geneviève 02 25 G3
Sainte-Geneviève 50 29 G3
Sainte-Geneviève 54 65 G3
Sainte-Geneviève 60 38 B3
Sainte-Geneviève 76 20 D4
Sainte-Geneviève-des-Bois 45 134 D3
Sainte-Geneviève-des-Bois 91 87 H2
Sainte-Geneviève-lès-Gasny 27 57 E1
Sainte-Geneviève-sur-Argence 12 263 E1
Sainte-Hélène 33 236 D4
Sainte-Hélène 48 264 D4
Sainte-Hélène 56 123 G2
Sainte-Hélène 71 177 F4
Sainte-Hélène 88 95 H5
Sainte-Hélène-Bondeville 76 19 E3
Sainte-Hélène-du-Lac 73 233 G3
Sainte-Hélène-sur-Isère 73 234 A1
Sainte-Hermine 85 183 G1
Sainte-Honorine-de-Ducy 14 32 D5
Sainte-Honorine-des-Pertes 14 32 D2
Sainte-Honorine-du-Fay 14 33 F5
Sainte-Honorine-la-Chardonne 61 53 F3
Sainte-Honorine-la-Guillaume 61 53 G4
Sainte-Innocence 24 257 G2
Sainte-Jalle 26 286 A1
Sainte-Jamme-sur-Sarthe 72 107 H3
Sainte-Julie 01 214 A4
Sainte-Juliette 82 277 F2
Sainte-Juliette-sur-Viaur 12 280 C3
Sainte-Léocadie 66 341 F5
Sainte-Lheurine 17 220 B3
Sainte-Livière 52 92 B2
Sainte-Livrade 31 297 F4
Sainte-Livrade-sur-Lot 47 276 B1
Sainte-Lizaigne 36 172 B2
Sainte-Luce 38 251 F5
Sainte-Luce-sur-Loire 44 147 H3
Sainte-Lucie-de-Porto-Vecchio 2A 349 G5
Sainte-Lucie-de-Tallano 2A 349 E5
Sainte-Lunaise 18 173 E3
Sainte-Magnance 89 158 B2
Sainte-Marguerite 43 246 D2
Sainte-Marguerite 88 96 B5
Sainte-Marguerite *Île* 06 309 F4
Sainte-Marguerite *Presqu'île de* 29 70 C4
Sainte-Marguerite-de-Carrouges 61 83 E2
Sainte-Marguerite-de-l'Autel 27 55 H3
Sainte-Marguerite-de-Viette 14 54 B1
Sainte-Marguerite-d'Elle 14 32 B4
Sainte-Marguerite-des-Loges 14 54 C1
Sainte-Marguerite-en-Ouche 27 55 F1
Sainte-Marguerite-Lafigère 07 265 G5
Sainte-Marguerite-sur-Duclair 76 35 H1
Sainte-Marguerite-sur-Fauville 76 19 F4
Sainte-Marguerite-sur-Mer 76 10 A5
Sainte-Marie 05 268 C4
Sainte-Marie 08 42 D2
Sainte-Marie 15 245 F5
Sainte-Marie 16 239 E1
Sainte-Marie 25 142 B4
Sainte-Marie 32 296 D4
Sainte-Marie 35 125 H3
Sainte-Marie 44 146 C5
Sainte-Marie 58 175 E1
Sainte-Marie 65 334 B2
Sainte-Marie *Col de* 88 96 C5
Sainte-Marie-à-Py 51 42 C4
Sainte-Marie-au-Bosc 76 18 C4
Sainte-Marie-aux-Anglais 14 54 B1
Sainte-Marie-aux-Chênes 57 45 F5
Sainte-Marie-aux-Mines 68 96 D5
Sainte-Marie-Cappel 59 3 H5
Sainte-Marie-d'Alloix 38 233 F4
Sainte-Marie-d'Alvey 73 232 D2
Sainte-Marie-d'Attez 27 56 A4
Sainte-Marie-de-Campan 65 333 F2
Sainte-Marie-de-Chignac 24 240 D2
Sainte-Marie-de-Cuines 73 234 A5
Sainte-Marie-de-Gosse 40 292 C4
Sainte-Marie-de-Ré 17 200 B1
Sainte-Marie-de-Vars 05 270 D3
Sainte-Marie-de-Vatimesnil 27 37 E4
Sainte-Marie-de-Vaux 87 205 F4
Sainte-Marie-des-Champs 76 19 G5
Sainte-Marie-des-Chazes 43 246 D3
Sainte-Marie-du-Bois 50 81 H2
Sainte-Marie-du-Bois 53 82 C3
Sainte-Marie-du-Lac-Nuisement 51 92 B2
Sainte-Marie-du-Ménez-Hom *Chapelle* 29 75 G4
Sainte-Marie-du-Mont 38 233 F4
Sainte-Marie-du-Mont 50 32 A2
Sainte-Marie-en-Chanois 70 141 H2
Sainte-Marie-en-Chaux 70 141 G2
Sainte-Marie-Kerque 62 3 E3
Sainte-Marie-la-Blanche 21 177 H2
Sainte-Marie-la-Mer 66 339 E5
Sainte-Marie-la-Robert 61 53 H5
Sainte-Marie-Lapanouze 19 226 B4
Sainte-Marie-Laumont 14 52 C2
Sainte-Marie-Outre-l'Eau 14 52 B2
Sainte-Marie-sur-Ouche 21 159 G3
Sainte-Marine 29 99 G4
Sainte-Marthe 27 55 H2
Sainte-Marthe 47 257 E5
Sainte-Maure 10 90 D5
Sainte-Maure-de-Peyriac 47 275 E5
Sainte-Maure-de-Touraine 37 151 H5
Sainte-Maxime 83 329 G2
Sainte-Même 17 201 H4
Sainte-Menehould 51 43 E5
Sainte-Mère 32 276 B5
Sainte-Mère-Église 50 29 G5
Sainte-Mesme 78 87 E3
Sainte-Mondane 24 259 H1
Sainte-Montaine 18 155 E1
Sainte-Nathalène 24 241 G5
Sainte-Néomaye 79 185 F3
Sainte-Odile *Mont* 67 97 E3
Sainte-Olive 01 213 F2
Sainte-Opportune 61 53 F4
Sainte-Opportune-du-Bosc 27 35 H5
Sainte-Opportune-la-Mare 27 35 F2
Sainte-Orse 24 241 F2
Sainte-Osmane 72 130 D2
Sainte-Ouenne 79 184 D3
Sainte-Pallaye 89 136 C5
Sainte-Paule 69 212 C3
Sainte-Pazanne 44 147 E5
Sainte-Pexine 85 183 F1
Sainte-Pezenne 79 184 D4
Sainte-Pience 50 51 H4
Sainte-Pôle 54 96 A2
Sainte-Preuve 02 25 F5
Sainte-Radegonde 12 280 D1
Sainte-Radegonde 17 201 E4
Sainte-Radegonde 24 258 C2
Sainte-Radegonde 32 296 B2
Sainte-Radegonde 33 256 D1
Sainte-Radegonde 71 176 B5
Sainte-Radegonde 79 168 A2
Sainte-Radégonde 86 187 E1
Sainte-Radégonde-des-Noyers 85 183 G3
Sainte-Ramée 17 219 F4
Sainte-Reine 70 161 G1
Sainte-Reine 73 233 G2
Sainte-Reine-de-Bretagne 44 146 C1
Sainte-Restitude 2B 346 C2
Sainte-Roseline *Chapelle* 83 308 B5
Sainte-Ruffine 57 65 G1
Sainte-Sabine 21 159 F4
Sainte-Sabine 24 258 C2
Sainte-Sabine-sur-Longève 72 107 G3
Sainte-Savine 10 90 D5
Sainte-Scolasse-sur-Sarthe 61 84 A2
Sainte-Segrée 80 21 H3
Sainte-Sève 29 71 H5
Sainte-Sévère 16 202 C5
Sainte-Sévère-sur-Indre 36 189 H3
Sainte-Sigolène 43 248 A1
Sainte-Solange 18 155 F5
Sainte-Soline 79 185 H5
Sainte-Souline 16 220 D5
Sainte-Soulle 17 183 G5
Sainte-Suzanne 09 317 H5
Sainte-Suzanne 25 142 B4
Sainte-Suzanne 64 313 F2
Sainte-Suzanne-en-Bauptois 50 31 G3
Sainte-Suzanne-et-Chammes 53 106 D3
Sainte-Suzanne-sur-Vire 50 32 B5
Sainte-Terre 33 256 C1
Sainte-Thérence 03 190 C5
Sainte-Thorette 18 172 D1
Sainte-Tréphine 22 77 G4
Sainte-Trie 24 241 G1
Sainte-Tulle 04 306 C2
Sainte-Valière 11 320 D4
Sainte-Vaubourg 08 42 C1
Sainte-Verge 79 168 A1
Sainte-Vertu 89 137 E3
Sainteny 50 31 H3
Saintes 17 201 G5
Saintes-Maries-de-la-Mer 13 324 C3
Saintines 60 39 F3
Saintry-sur-Seine 91 88 A2
Saints-en-Puisaye 89 135 H5
Saints-Geosmes 52 139 G2
Sainville 28 86 D4
Saires 86 169 E3
Saires-la-Verrerie 61 53 F5
Saisies *Col des* 73 216 B5
Saissac 11 319 F3
Saisseval 80 22 A2
Saisy 71 177 F2
Saivres 79 185 F3
Le Saix 05 269 F4
Saïx 81 299 G5
Saix 86 150 C5
Saizenay 39 179 H2
Saizerais 54 65 G4
Saizy 58 157 G3
Sajas 31 317 E3
Salagnac 24 241 G1
Salagnon 38 232 A1
Salaise-sur-Sanne 38 231 E5
Salans 39 161 G4

Salasc 34 ... 301 H 4
Salaunes 33 ... 237 E 4
Salavas 07 ... 284 B 1
Salavre 01 ... 196 A 3
Salazac 30 ... 284 C 2
Salbris 41 ... 154 C 2
Les Salces 48 ... 263 H 4
Saléchan 65 ... 334 B 3
Saleich 31 ... 335 E 2
Saleignes 17 ... 202 C 3
Saleilles 66 ... 343 F 2
Les Salelles 07 ... 265 H 5
Les Salelles 48 ... 264 A 5
Salency 60 ... 23 H 5
Salenthal 67 ... 68 B 5
Saléon 05 ... 287 E 1
Salérans 05 ... 287 E 2
Salerm 31 ... 316 C 4
Salernes 83 ... 307 G 4
Salers 15 ... 244 C 3
Sales 74 ... 215 F 4
Salesches 59 ... 15 E 3
La Salette-Fallavaux 38 ... 251 G 5
Salettes 26 ... 267 G 4
Salettes 43 ... 247 G 5
Saleux 80 ... 22 B 2
Salève *Mont* 74 ... 215 G 1
Salice 2A ... 348 C 1
Saliceto 2B ... 347 F 3
Saliès 81 ... 299 F 1
Salies-de-Béarn 64 ... 311 H 3
Salies-du-Salat 31 ... 334 D 1
Salignac 04 ... 287 G 3
Salignac 33 ... 237 H 3
Salignac-de-Mirambeau 17 ... 219 H 5
Salignac-Eyvigues 24 ... 241 H 4
Salignac-sur-Charente 17 ... 219 H 1
Saligney 39 ... 161 F 4
Saligny 85 ... 165 H 3
Saligny 89 ... 113 G 2
Saligny-le-Vif 18 ... 173 H 1
Saligny-sur-Roudon 03 ... 193 E 3
Saligos 65 ... 332 D 3
Salin-de-Badon 13 ... 324 D 3
Salin-de-Giraud 13 ... 325 E 3
Salindres 30 ... 283 H 3
Saline Royale d'Arc-et-Cenans 25 ... 179 G 1
Salinelles 30 ... 303 F 2
Salins 15 ... 244 B 2
Salins 77 ... 89 E 4
Les Salins-d'Hyères 83 ... 328 C 4
Salins-les-Bains 39 ... 179 H 2
Salins-Fontaine 73 ... 234 C 3
Salives 21 ... 138 D 5
Sallagriffon 06 ... 289 F 5
Sallanches 74 ... 216 C 3
Sallaumines 62 ... 8 C 5
La Salle 71 ... 195 E 3
La Salle 88 ... 96 A 4
La Salle-de-Vihiers 49 ... 149 F 5
La Salle-en-Beaumont 38 ... 251 F 5
La Salle-et-Chapelle-Aubry 49 ... 148 D 3
La Salle-les-Alpes 05 ... 252 C 4
La Salle-Prunet 48 ... 282 D 2
Sallebœuf 33 ... 237 H 5
Sallèdes 63 ... 228 A 2
Sallèles-Cabardès 11 ... 319 H 4
Sallèles-d'Aude 11 ... 321 E 4
Sallen 14 ... 32 D 5
Sallenelles 14 ... 33 H 3
Sallenôves 74 ... 215 F 2
Sallertaine 85 ... 164 D 2
Les Salles 33 ... 238 D 5
Salles 33 ... 254 D 4
Les Salles 42 ... 211 E 5
Salles 47 ... 258 D 4
Salles 65 ... 332 D 2
Salles 79 ... 185 G 3
Salles 81 ... 279 F 4
Salles-Adour 65 ... 315 E 5
Salles-Arbuissonnas-en-Beaujolais 69 ... 212 D 2
Salles-Courbatiès 12 ... 261 G 5
Salles-Curan 12 ... 281 E 3
Salles-d'Angles 16 ... 220 B 2
Salles-d'Armagnac 32 ... 295 E 2
Salles-d'Aude 11 ... 321 F 5
Salles-de-Barbezieux 16 ... 220 C 4
Salles-de-Belvès 24 ... 259 E 2
Salles-de-Villefagnan 16 ... 203 F 3
Les Salles-du-Gardon 30 ... 283 G 3
Salles-en-Toulon 86 ... 187 E 2
Salles-et-Pratviel 31 ... 334 B 4
Salles-la-Source 12 ... 262 C 5
Salles-Lavalette 16 ... 221 F 5
Les Salles-Lavauguyon 87 ... 222 C 1
Salles-lès-Aulnay 17 ... 202 B 2
Salles-Mongiscard 64 ... 293 F 5
Salles-sous-Bois 26 ... 267 F 5
Salles-sur-Garonne 31 ... 317 F 4
Salles-sur-l'Hers 11 ... 318 C 4
Salles-sur-Mer 17 ... 200 D 1
Les Salles-sur-Verdon 83 ... 307 G 2
Sallespisse 64 ... 293 G 5
Salmagne 55 ... 64 B 5
Salmaise 21 ... 159 F 1
Salmbach 67 ... 69 G 1
Salmiech 12 ... 280 D 3
Salomé 59 ... 8 B 3
Salon 10 ... 61 G 5
Salon 24 ... 240 C 4
Salon-de-Provence 13 ... 305 F 4
Salon-la-Tour 19 ... 224 B 3
Salonnes 57 ... 66 C 4
Salornay-sur-Guye 71 ... 194 C 2
Salouël 80 ... 22 B 2
Salperwick 62 ... 3 F 5
Salsein 09 ... 335 E 3
Salses-le-Château 66 ... 339 E 4
Salsigne 11 ... 319 H 4
Salt-en-Donzy 42 ... 230 A 1
Les Salvages 81 ... 299 G 4
Salvagnac 81 ... 298 C 1
Salvagnac-Cajarc 12 ... 261 E 5
Salvagnac-Saint-Loup 12 ... 261 F 4
La Salvetat-Belmontet 82 ... 298 A 1
La Salvetat-Lauragais 31 ... 298 C 5
La Salvetat-Peyralès 12 ... 279 H 3
La Salvetat-Saint-Gilles 31 ... 297 G 5
La Salvetat-sur-Agout 34 ... 300 C 5
Salvezines 11 ... 337 H 5
Salvi *Col de* 2B ... 346 C 2
Salviac 46 ... 259 G 3
Salvizinet 42 ... 212 A 5
Salza 11 ... 338 A 2
Salzuit 43 ... 246 C 2
Samadet 40 ... 294 A 4
Saman 31 ... 316 C 5
Samara 80 ... 22 B 1
Samaran 32 ... 316 A 3
Samatan 32 ... 316 D 2
Samazan 47 ... 257 E 5
Sambin 41 ... 153 E 2
Sambourg 89 ... 137 E 3
Le Sambuc 13 ... 304 C 5
Saméon 59 ... 9 F 4
Samer 62 ... 6 C 2
Samerey 21 ... 160 D 5
Sames 64 ... 292 C 5
Sammarçolles 86 ... 168 D 1
Sammeron 77 ... 59 H 2
Samoëns 74 ... 216 D 1
Samognat 01 ... 196 C 5
Samogneux 55 ... 44 B 4
Samois-sur-Seine 77 ... 88 C 4
Samonac 33 ... 237 G 3
Samoreau 77 ... 88 C 4
Samouillan 31 ... 316 D 4
Samoussy 02 ... 25 E 5
Sampans 39 ... 160 D 5
Sampigny 55 ... 64 C 4
Sampigny-lès-Maranges 71 ... 177 F 3
Sampolo 2A ... 349 E 3
Sampzon 07 ... 266 B 5
Samson 25 ... 179 H 1
Samsons-Lion 64 ... 314 D 2
Samuran 65 ... 334 B 2
San Cervone *Col de* 2B ... 347 F 4
San-Damiano 2B ... 347 G 3
San-Gavino-d'Ampugnani 2B ... 347 G 3
San-Gavino-di-Carbini 2A ... 349 F 5
San-Gavino-di-Fiumorbo 2B ... 349 F 2
San-Gavino-di-Tenda 2B ... 345 F 5
San-Giovanni-di-Moriani 2B ... 347 H 3
San-Giuliano 2B ... 347 H 4
San-Lorenzo 2B ... 347 F 3
San-Martino-di-Lota 2B ... 345 G 4
San Michele de Murato *Église* 2B ... 345 F 5
San-Nicolao 2B ... 347 H 3
San-Peïre-sur-Mer 83 ... 329 G 2
San-Pellegrino 2B ... 347 H 2
San Quilico *Chapelle de* 2A ... 351 F 3
San Quilico de Cambia *Chapelle* 2B ... 347 F 3
San Stefano *Col de* 2B ... 345 F 5
Sana 31 ... 317 E 5
Sanadoire *Roche* 63 ... 227 F 2
Sanary-sur-Mer 83 ... 327 H 4
Sancé 71 ... 195 E 4
Sancergues 18 ... 156 A 5
Sancerre 18 ... 155 H 3
Sancey 25 ... 163 E 3
Sancey-le-Long 25 ... 163 E 3
Sancheville 28 ... 110 B 3
Sanchey 88 ... 119 F 2
Sancoins 18 ... 174 A 4
Sancourt 27 ... 37 F 3
Sancourt 59 ... 14 B 3
Sancourt 80 ... 23 H 3
Sancy 54 ... 45 F 3
Sancy 77 ... 59 G 3
Sancy *Puy de* 63 ... 227 E 3
Sancy-les-Cheminots 02 ... 40 C 2
Sancy-lès-Provins 77 ... 60 C 5
Sand 67 ... 97 G 3
Sandarville 28 ... 85 H 5
Sandaucourt 88 ... 94 B 5
Sandillon 45 ... 133 F 2
Sandouville 76 ... 34 D 1
Sandrans 01 ... 213 F 2
Sangatte 62 ... 2 C 3
Sanghen 62 ... 2 D 5
Sanguinaires *Îles* 2A ... 348 A 4
Sanguinet 40 ... 254 C 4
Sanilhac 07 ... 266 A 4
Sanilhac-Sagriès 30 ... 284 C 5
Sannat 23 ... 208 B 2
Sannerville 14 ... 33 H 4
Sannes 84 ... 306 A 2
Sannois 95 ... 58 B 2
Sanous 65 ... 315 E 3
Sanry-lès-Vigy 57 ... 45 H 5
Sanry-sur-Nied 57 ... 66 B 1
Sans-Vallois 88 ... 118 D 2
Sansa 66 ... 341 G 3
Sansac-de-Marmiesse 15 ... 244 B 5
Sansac-Veinazès 15 ... 262 C 2
Sansais 79 ... 184 C 5
Sansan 32 ... 296 B 5
Sanssac-l'Église 43 ... 247 E 3
Sanssat 03 ... 192 C 5
Santa-Lucia-di-Mercurio 2B ... 347 F 4
Santa-Lucia-di-Moriani 2B ... 347 H 3
Santa-Maria 2B ... 345 G 3
Santa-Maria-di-Lota 2B ... 345 G 4
Santa-Maria-Figaniella 2A ... 349 E 5
Santa-Maria-Poggio 2B ... 347 F 3
Santa-Maria-Poggio 2B ... 347 H 4
Santa-Maria-Siché 2A ... 348 D 4
Santa-Reparata-di-Balagna 2B ... 344 C 5
Santa-Reparata-di-Moriani 2B ... 347 G 3
Sant'Andréa-di-Bozio 2B ... 347 F 4
Sant'Andréa-di-Cotone 2B ... 347 H 4
Sant'Andréa-d'Orcino 2A ... 348 C 2
Santans 39 ... 179 F 1
Sant'Antonino 2B ... 346 C 2
Sant'Appiano *Cathédrale* 2A ... 348 B 1
Santeau 45 ... 111 F 4
Santec 29 ... 71 G 3
Santenay 21 ... 177 G 3
Santenay 41 ... 131 H 5
Santeny 94 ... 58 D 5
Santes 59 ... 8 C 3
Santeuil 28 ... 86 C 4
Santeuil 95 ... 37 H 5
Santigny 89 ... 137 F 5
Santilly 28 ... 110 D 3
Santilly 71 ... 194 D 1
Santo-Pietro-di-Tenda 2B ... 345 F 5
Santo-Pietro-di-Venaco 2B ... 347 E 5
Santoche 25 ... 162 D 1
Santosse 21 ... 177 F 1
Santranges 18 ... 155 H 1
Sanvensa 12 ... 279 F 2
Sanvignes-les-Mines 71 ... 176 D 5
Sanxay 86 ... 185 H 2
Sanzay 79 ... 167 H 2
Sanzey 54 ... 65 E 5
Saon 14 ... 32 D 3
Saône 25 ... 162 A 4
Saonnet 14 ... 32 C 3
Saorge 06 ... 291 H 3
Saosnes 72 ... 83 H 5
Saou 26 ... 267 G 3
Le Sap-André 61 ... 54 D 3
Le Sap-en-Auge 61 ... 54 D 3
Le Sapey 38 ... 251 E 3
Sapignicourt 51 ... 63 E 5
Sapignies 62 ... 13 G 4
Sapogne-et-Feuchères 08 ... 27 E 4
Sapogne-sur-Marche 08 ... 27 H 5
Sapois 39 ... 179 H 4
Sapois 88 ... 120 A 4
Saponay 02 ... 40 C 4
Saponcourt 70 ... 118 C 5
Le Sappey 74 ... 215 G 1
Le Sappey-en-Chartreuse 38 ... 251 E 1
Saramon 32 ... 296 C 5
Saran 45 ... 110 D 5
Saraz 25 ... 179 H 1
Sarbazan 40 ... 274 A 5
Sarcé 72 ... 130 A 4
Sarceaux 61 ... 54 A 4
Sarcelles 95 ... 58 C 2
Sarcenas 38 ... 233 E 5
Sarcey 52 ... 117 F 4
Sarcey 69 ... 212 C 4
Sarcicourt 52 ... 116 D 3
Sarcos 32 ... 316 B 3
Sarcus 60 ... 21 G 4
Sarcy 51 ... 41 F 4
Sardan 30 ... 303 E 1
Sardent 23 ... 207 E 2
Sardieu 38 ... 231 H 5
Sardon 63 ... 210 A 3
Sardy-lès-Epiry 58 ... 157 G 5
Sare 64 ... 310 C 4
Sargé-lès-le-Mans 72 ... 107 H 4
Sargé-sur-Braye 41 ... 109 E 5
Sari-d'Orcino 2A ... 348 C 2
Sari-Solenzara 2A ... 349 G 4
Sariac-Magnoac 65 ... 316 A 4
Sarlabous 65 ... 333 G 1
Sarlande 24 ... 223 F 4
Sarlat-la-Canéda 24 ... 241 G 5
Sarliac-sur-l'Isle 24 ... 240 D 1
Sarniguet 65 ... 315 E 3
Sarnois 60 ... 21 H 4
Saron-sur-Aube 51 ... 90 B 2
Sarp 65 ... 334 A 2
Sarpourenx 64 ... 313 G 2
Sarragachies 32 ... 294 D 3
Sarrageois 25 ... 180 B 4
Sarraguzan 32 ... 315 G 3
Les Sarraix 63 ... 210 D 4
Sarralbe 57 ... 67 G 2
Sarraltroff 57 ... 67 G 4
Sarran 19 ... 225 F 4
Sarrance 64 ... 331 H 2
Sarrancolin 65 ... 333 H 2
Sarrans *Barrage de* 12 ... 263 E 1
Sarrant 32 ... 296 D 3
Sarras 07 ... 249 E 2
Sarrazac 24 ... 223 E 4
Sarrazac 46 ... 242 C 4
Sarraziet 40 ... 294 A 3
Sarre-Union 67 ... 67 H 2
Sarrebourg 57 ... 67 G 4
Sarrecave 31 ... 316 B 5
Sarreguemines 57 ... 47 G 5
Sarreinsberg 57 ... 68 B 2
Sarreinsming 57 ... 67 H 1
Sarremezan 31 ... 316 B 5
Sarrewerden 67 ... 67 H 2
Sarrey 52 ... 117 G 4
Sarriac-Bigorre 65 ... 315 F 2
Sarrians 84 ... 285 G 4
Sarrigné 49 ... 149 H 1
Sarrogna 39 ... 196 C 2
Sarrola-Carcopino 2A ... 348 C 2
Sarron 40 ... 294 C 4
Sarron 60 ... 39 E 3
Sarrouilles 65 ... 315 F 4
Sarroux 19 ... 226 C 4
Sarry 51 ... 62 B 2
Sarry 71 ... 193 G 4
Sarry 89 ... 137 F 4
Le Sars 62 ... 13 G 5
Sars-et-Rosières 59 ... 9 F 4
Sars-le Bois 62 ... 12 D 2
Sars-Poteries 59 ... 15 H 3
Le Sart 59 ... 15 F 5
Sartène 2A ... 350 D 2
Sartes 88 ... 94 A 5
Sartilly-Baie-Bocage 50 ... 51 G 4
Sarton 62 ... 12 D 4
Sartrouville 78 ... 58 A 2
Sarzay 36 ... 189 F 1
Sarzeau 56 ... 124 B 5
Sasnières 41 ... 131 F 4
Sassangy 71 ... 177 F 5
Sassay 41 ... 153 F 2
Sassegnies 59 ... 15 F 3
Sassenage 38 ... 250 D 1
Sassenay 71 ... 177 H 3
Sassetot-le-Malgardé 76 ... 19 H 3
Sassetot-le-Mauconduit 76 ... 19 F 2
Sasseville 76 ... 19 G 3
Sassey 27 ... 56 C 1
Sassey-sur-Meuse 55 ... 43 G 2
Sassierges-Saint-Germain 36 ... 172 A 4
Sassis 65 ... 332 D 3
Sassy 14 ... 54 A 1
Sathonay-Camp 69 ... 213 E 5
Sathonay-Village 69 ... 213 F 4
Satillieu 07 ... 248 D 2
Satolas-et-Bonce 38 ... 231 G 1
Saturargues 34 ... 303 F 3
Saubens 31 ... 317 H 2
Saubion 40 ... 292 B 3
Saubole 64 ... 314 D 3
Saubrigues 40 ... 292 B 4
Saubusse 40 ... 292 C 3
Saucats 33 ... 255 F 2
Saucède 64 ... 313 G 4
La Saucelle 28 ... 85 F 2
Sauchay 76 ... 10 C 5
Sauchy-Cauchy 62 ... 14 A 3
Sauchy-Lestrée 62 ... 14 A 3
Sauclières 12 ... 282 B 5
Saucourt-sur-Rognon 52 ... 93 E 5
Saudemont 62 ... 14 A 3
Saudoy 51 ... 61 E 5
Saudron 52 ... 93 F 3
Saudrupt 55 ... 63 G 5
Saugeot 39 ... 196 D 1
Saugnac-et-Cambran 40 ... 293 E 3
Saugnacq-et-Muret 40 ... 255 E 5
Saugnieu 69 ... 231 G 1
Saugon 33 ... 237 G 2
Saugues 43 ... 246 C 4
Sauguis-Saint-Étienne 64 ... 331 E 1
Saugy 18 ... 172 C 2
Saujac 12 ... 261 E 5
Saujon 17 ... 218 D 1
La Saulce 05 ... 269 G 5
Saulce-sur-Rhône 26 ... 267 E 2
Saulces-Champenoises 08 ... 42 B 1
Saulces-Monclin 08 ... 26 B 5
Saulcet 03 ... 192 A 4
Saulchery 02 ... 60 B 2
Le Saulchoy 60 ... 22 A 5
Saulchoy 62 ... 11 G 1
Saulchoy-sous-Poix 80 ... 21 H 3
Saulcy 10 ... 92 B 5
Le Saulcy 88 ... 96 C 3
Saulcy-sur-Meurthe 88 ... 96 B 5
Saules 25 ... 162 B 5
Saules 71 ... 177 G 5
Saulgé 86 ... 187 G 4
Saulgé-l'Hôpital 49 ... 149 H 3
Saulges 53 ... 106 C 5
Saulgond 16 ... 204 D 3
Sauliac-sur-Célé 46 ... 260 D 4
Saulieu 21 ... 158 C 4
Saulles 52 ... 140 A 3
Saulmory-Villefranche 55 ... 43 G 1
Saulnay 36 ... 171 E 3
Saulnes 54 ... 45 E 1
Saulnières 28 ... 56 C 5
Saulnières 35 ... 104 B 5
Saulnot 70 ... 142 A 4
Saulny 57 ... 45 G 5
Saulon-la-Chapelle 21 ... 160 B 4
Saulon-la-Rue 21 ... 160 A 4
La Saulsotte 10 ... 89 H 3
Sault 84 ... 286 B 4
Sault-Brénaz 01 ... 214 B 4
Sault-de-Navailles 64 ... 293 G 5
Sault-lès-Rethel 08 ... 42 A 1
Sault-Saint-Remy 08 ... 41 H 2
Saultain 59 ... 15 E 2
Saulty 62 ... 13 E 3
Saulx 70 ... 141 F 3
Saulx-en-Barrois 55 ... 64 C 5
Saulx-en-Woëvre 55 ... 64 D 1
Saulx-le-Duc 21 ... 139 E 5
Saulx-les-Chartreux 91 ... 58 B 5
Saulx-Marchais 78 ... 57 G 3
Saulxerotte 54 ... 94 B 3
Saulxures 52 ... 117 H 5
Saulxures 67 ... 96 C 3
Saulxures-lès-Bulgnéville 88 ... 118 B 2
Saulxures-lès-Nancy 54 ... 66 B 5
Saulxures-lès-Vannes 54 ... 94 A 2
Saulxures-sur-Moselotte 88 ... 120 A 4
Saulzais-le-Potier 18 ... 190 C 1
Saulzet 03 ... 210 A 1
Saulzet-le-Chaud 63 ... 227 G 1
Saulzet-le-Froid 63 ... 227 F 2
Saulzoir 59 ... 14 D 3
Saumane 04 ... 287 E 4
Saumane 30 ... 283 E 4
Saumane-de-Vaucluse 84 ... 305 F 1
Sauméjan 47 ... 274 D 2
Saumeray 28 ... 109 H 2
Saumont 47 ... 275 H 4
Saumont-la-Poterie 76 ... 21 F 5
Saumos 33 ... 236 C 4
Saumur 49 ... 150 B 4
Saunay 37 ... 131 F 5
La Saunière 23 ... 207 F 1
Saunières 71 ... 178 B 3
Sauqueuse-Saint-Lucien 60 ... 38 A 1
Sauqueville 76 ... 20 B 2
Saurais 79 ... 185 G 1
Saurat 09 ... 336 A 4
Sauret-Besserve 63 ... 209 E 3
Saurier 63 ... 227 G 3
Sausheim 68 ... 143 F 1
Saussan 34 ... 302 C 5
Saussay 28 ... 56 D 3
Saussay 76 ... 20 A 4
Saussay-la-Campagne 27 ... 37 E 3
La Saussaye 27 ... 36 A 4
Saussemesnil 50 ... 29 F 4
Saussenac 81 ... 279 H 5
Saussens 31 ... 298 C 5
Sausses 04 ... 289 E 4
Sausset-les-Pins 13 ... 325 H 4
Sausseuzemare-en-Caux 76 ... 18 D 4
Saussey 21 ... 177 F 1
Saussey 50 ... 51 G 1
Saussignac 24 ... 257 G 1
Saussines 34 ... 303 F 3
Saussy 21 ... 159 H 1
Saut de la Mounine 12 ... 261 E 5
Saut des Cuves 88 ... 120 B 3
Sautel 09 ... 336 C 3
Sauternes 33 ... 255 H 4
Sautet *Barrage du* 38 ... 251 F 5
Sauteyrargues 34 ... 302 D 2
Sauto 66 ... 341 G 4
Sautron 44 ... 147 F 3
Sauvage-Magny 52 ... 92 B 4
La Sauvagère 61 ... 53 F 5
Les Sauvages 69 ... 212 B 4
Sauvagnac 16 ... 222 C 1
Sauvagnas 47 ... 276 C 2
Sauvagnat 63 ... 208 D 5
Sauvagnat-Sainte-Marthe 63 ... 228 A 2
Sauvagney 25 ... 161 H 3
Sauvagnon 64 ... 314 B 2
Sauvagny 03 ... 191 E 3
Sauvain 42 ... 229 F 1
Sauvan *Château de* 04 ... 287 E 5
Sauvat 15 ... 244 C 1
Sauve 30 ... 303 E 1
La Sauve 33 ... 256 B 1
Sauvelade 64 ... 313 G 2
Sauverny 01 ... 197 G 4
Sauvessanges 63 ... 229 F 5
La Sauvetat 32 ... 296 A 2
La Sauvetat 43 ... 265 F 1
La Sauvetat 63 ... 227 H 2
La Sauvetat-de-Savères 47 ... 276 C 3
La Sauvetat-du-Dropt 47 ... 257 G 3
La Sauvetat-sur-Lède 47 ... 258 C 5
Sauveterre 30 ... 285 E 5
Sauveterre 32 ... 316 D 2
Sauveterre 65 ... 315 F 2
Sauveterre 81 ... 320 A 2
Sauveterre 82 ... 277 G 2
Sauveterre-de-Béarn 64 ... 311 H 3
Sauveterre-de-Comminges 31 ... 334 B 2
Sauveterre-de-Guyenne 33 ... 256 D 2
Sauveterre-de-Rouergue 12 ... 280 B 3
Sauveterre-la-Lémance 47 ... 259 E 4
Sauveterre-Saint-Denis 47 ... 276 C 3
Sauviac 32 ... 315 H 3
Sauviac 33 ... 256 C 5
Sauvian 34 ... 321 G 4
Sauviat 63 ... 228 C 1
Sauviat-sur-Vige 87 ... 206 C 4
Sauvignac 16 ... 238 D 1
Sauvigney-lès-Gray 70 ... 161 F 1
Sauvigney-lès-Pesmes 70 ... 161 E 3
Sauvigny 55 ... 94 A 3
Sauvigny-le-Beuréal 89 ... 158 B 1
Sauvigny-le-Bois 89 ... 158 A 1
Sauvigny-les-Bois 58 ... 174 D 2

Sauville 08 27 E5
Sauville 88 118 A2
Sauvillers-Mongival 80 22 D4
Sauvimont 32 317 E2
Sauvoy 55 93 H1
Saux 46 277 F1
Saux-et-Pomarède 31 316 C5
Sauxillanges 63 228 B3
Le Sauze 04 270 D5
Sauze 06 289 F3
Le Sauze-du-Lac 05 270 A4
Sauzé-Vaussais 79 203 E1
Sauzelle 17 200 B3
Sauzelles 36 170 C5
Sauzet 26 267 E3
Sauzet 30 284 A5
Sauzet 46 259 G5
La Sauzière-Saint-Jean 81 298 B1
Sauzon 56 144 B3
Savagna 39 179 E5
Savarthès 31 334 C1
Savas 07 230 D5
Savas-Mépin 38 231 G3
Savasse 26 267 E3
Savenay 44 146 D2
Savenès 82 297 G2
Savennes 23 207 E2
Savennes 63 226 C2
Savennières 49 149 F2
Saverdun 09 318 B5
Savères 31 317 F3
Saverne 67 68 B4
Saverne *Col de* 67 68 A4
Saveuse 80 22 B2
Savianges 71 177 F5
Savières 10 90 D4
Savigna 39 196 C3
Savignac 12 279 F1
Savignac 33 256 C4
Savignac-de-Duras 47 257 F2
Savignac-de-l'Isle 33 238 B4
Savignac-de-Miremont 24 241 E4
Savignac-de-Nontron 24 222 C3
Savignac-Lédrier 24 223 G5
Savignac-les-Églises 24 241 E1
Savignac-les-Ormeaux 09 336 C5
Savignac-Mona 32 317 E2
Savignac-sur-Leyze 47 258 C5
Savignargues 30 283 H5
Savigné 86 203 G1
Savigné-l'Évêque 72 108 A4
Savigné-sous-le-Lude 72 129 H5
Savigné-sur-Lathan 37 151 F2
Savigneux 01 213 E3
Savigneux 42 229 G2
Savignies 60 37 H1
Savigny 50 31 H5
Savigny 52 140 B3
Savigny 69 212 C5
Savigny 74 215 F2
Savigny 88 95 E4
Savigny-en-Revermont 71 178 D5
Savigny-en-Sancerre 18 155 H2
Savigny-en-Septaine 18 173 F1
Savigny-en-Terre-Plaine 89 158 B1
Savigny-en-Véron 37 150 D4
Savigny-le-Sec 21 160 A2
Savigny-le-Temple 77 88 B2
Savigny-le-Vieux 50 81 G2
Savigny-lès-Beaune 21 177 H1
Savigny-Lévescault 86 186 C2
Savigny-Poil-Fol 58 175 H4
Savigny-sous-Faye 86 169 E3
Savigny-sous-Mâlain 21 159 G3
Savigny-sur-Aisne 08 42 D2
Savigny-sur-Ardres 51 41 E4
Savigny-sur-Braye 41 131 E2
Savigny-sur-Clairis 89 113 E4
Savigny-sur-Grosne 71 194 D1
Savigny-sur-Orge 91 58 C5
Savigny-sur-Seille 71 195 G1
Savilly 21 158 C5
Savine *Col de la* 39 197 F1
Savines-le-Lac 05 270 B3
Savins 77 89 F3
Savoillan 84 286 B3
Savoisy 21 137 H3
Savolles 21 160 C2
Savonnières 37 151 G3
Savonnières-devant-Bar 55 63 H4
Savonnières-en-Perthois 55 92 D2
Savonnières-en-Woëvre 55 64 D3
Savouges 21 160 A4
Savournon 05 269 E5
Savoyeux 70 140 B5
Savy 02 24 A2
Savy-Berlette 62 7 H5
Saxel 74 198 A4
Saxi-Bourdon 58 175 E1
Saxon-Sion 54 94 C3
Sayat 63 209 G5
Saze 30 304 C1
Sazeray 36 189 H3
Sazeret 03 191 G4
Sazilly 37 151 F5
Sazos 65 332 D3
Scaër 29 100 C3
Les Scaffarels 04 289 E5
Scata 2B 347 G3
Sceau-Saint-Angel 24 222 C4
Sceautres 07 266 D3
Sceaux 89 158 A1
Sceaux 92 58 B4
Sceaux-d'Anjou 49 128 C5
Sceaux-du-Gâtinais 45 112 B4
Sceaux-sur-Huisne 72 108 C3
Scey-en-Varais 25 162 A5
Scey-sur-Saône-et-Saint-Albin 70 140 D4
Schaeferhof 57 68 A5
Schaeffersheim 67 97 G3
Schaffhouse-près-Seltz 67 69 G2
Schaffhouse-sur-Zorn 67 68 C4
Schalbach 57 67 H3
Schalkendorf 67 68 C3
Scharrachbergheim 67 97 F1
Scheibenhard 67 69 G1
Scherlenheim 67 68 C4
Scherwiller 67 97 E4
Schillersdorf 67 68 C3
Schiltigheim 67 97 H1
Schirmeck 67 96 D2
Schirrhein 67 69 F3
Schirrhoffen 67 69 F3
Schleithal 67 69 G1
Schlierbach 68 143 G2
Schlucht *Col de la* 88 120 C3
Schmittviller 57 67 H1
Schneckenbusch 57 67 H5
Schnepfenried 68 120 C4
Schnersheim 67 68 C5
Schœnau 67 97 G5
Schœnbourg 67 68 A3
Schœneck 57 47 F4
Schœnenbourg 67 69 F2
Schopperten 67 67 G2
Schorbach 57 48 C5
Schwabwiller 67 69 E2
Schweighouse 68 120 D4
Schweighouse-sur-Moder 67 68 D3
Schweighouse-Thann 68 143 E1
Schwenheim 67 68 B5
Schwerdorff 57 46 D3
Schweyen 57 48 C5
Schwindratzheim 67 68 C4
Schwoben 68 143 F3
Schwobsheim 67 97 G5
Sciecq 79 184 D3
Scientrier 74 216 A1
Scieurac-et-Flourès 32 295 F5
Sciez 74 198 A3
Scillé 79 184 D1
Scionzier 74 216 B1
Scolca 2B 347 G2
Scorbé-Clairvaux 86 169 F4
Scoury 36 188 B1
Scrignac 29 76 C2
Scrupt 51 63 E4
Scy-Chazelles 57 65 G1
Scye 70 141 E4
Séailles 32 295 F3
La Séauve-sur-Semène 43 248 A1
Sébazac-Concourès 12 280 D1
Sébécourt 27 55 H2
Sébeville 50 31 H2
Seboncourt 02 24 C1
Sebourg 59 15 E2
Sébouville 45 111 F3
Sébrazac 12 262 D4
Séby 64 314 B2
Secenans 70 142 A4
Séchault 08 42 D3
Sécheras 07 249 E2
Sécheval 08 26 C2
Le Séchier 05 269 G1
Séchilienne 38 251 E3
Séchin 25 162 C2
Seclin 59 8 D3
Secondigné-sur-Belle 79 202 B1
Secondigny 79 185 E1
Secourt 57 66 B2
Secqueville-en-Bessin 14 33 F4
Sedan 08 27 F3
Sédeilhac 31 316 A5
Séderon 26 286 C2
Sedze-Maubecq 64 314 D3
Sedzère 64 314 C3
Seebach 67 69 F1
Sées 61 83 H2
Séez 73 234 D1
Le Ségala 11 318 D4
Ségalas 47 257 H3
Ségalas 65 315 F3
La Ségalassière 15 243 H5
Séglien 56 101 G2
Ségny 01 197 F4
Segonzac 16 220 C2
Segonzac 19 241 G1
Segonzac 24 239 H2
Ségos 32 294 C4
Ségoufielle 32 297 F4
Segré 49 128 A4
Ségreville 31 318 C2
Ségrie 72 107 G2
Ségrie-Fontaine 61 53 G3
Segrois 21 159 H5
Ségry 36 172 C3
La Séguinière 49 166 D1
Ségur 12 281 F2
Le Ségur 81 279 G4
Ségur-le-Château 19 223 H4
Ségur-les-Villas 15 245 F2
Ségura 09 336 B2
Séguret 84 285 G3
Ségus 65 332 D1
Séhar *Pointe de* 22 72 B3
Seich 65 334 A2
Seichamps 54 66 B5
Seichebrières 45 111 G5
Seicheprey 54 65 E3
Seiches-sur-le-Loir 49 128 D5
Seignalens 11 337 E1
Seigné 17 202 C3
Seignelay 89 136 B2
Seigneulles 55 63 H3
Seignosse 40 292 B3
Seigny 21 138 A5
Seigy 41 153 F4
Seilh 31 297 H4
Seilhac 19 224 D5
Seilhan 31 334 A2
Seillac 41 152 D1
Seillans 83 308 C3
Seillonnaz 01 214 B5
Seillons-Source-d'Argens 83 306 D5
Sein *Île de* 29 98 B2
Seine *Sources de la* 21 159 G1
Seine-Port 77 88 A3
Seingbouse 57 47 F5
Seissan 32 316 B2
Seix 09 335 F4
Le Sel-de-Bretagne 35 104 B5
Selaincourt 54 94 C3
Selens 02 40 A1
Sélestat 67 97 F5
Séligné 79 202 B1
Séligney 39 179 E2
Selincourt 80 21 H2
La Selle-Craonnaise 53 127 G2
La Selle-en-Coglès 35 81 E3
La Selle-en-Hermoy 45 112 D5
La Selle-en-Luitré 35 81 F5
La Selle-Guerchaise 35 105 F5
La Selle-la-Forge 61 53 F4
La Selle-sur-le-Bied 45 112 D4
Selles 27 35 E3
Selles 51 42 A3
Selles 62 6 D2
Selles 70 118 D4
Selles-Saint-Denis 41 154 B3
Selles-sur-Cher 41 153 G4
Selles-sur-Nahon 36 171 F2
Sellières 39 179 E3
Selommes 41 131 H3
Seloncourt 25 142 C5
Selongey 21 139 F5
Selonnet 04 270 A5
Seltz 67 69 G2
La Selve 02 25 G5
La Selve 12 280 C4
Selvigny 59 14 C5
Sem 09 336 A5
Sémalens 81 299 F5
Semallé 61 83 H3
Semarey 21 159 F4
Sembadel 43 246 D1
Sembadel-Gare 43 247 E1
Sembas 47 276 B1
Semblançay 37 151 G1
Sembleçay 36 153 H4
Sembouès 32 315 F2
Séméac 65 315 F4
Séméacq-Blachon 64 294 D5
Semécourt 57 45 G5
Sémelay 58 175 H3
Semène 43 230 A5
Semens 33 256 B3
Sementron 89 135 H5
Sémeries 59 15 H4
Semerville 41 110 A5
Semezanges 21 159 H4
Séméziés-Cachan 32 296 C5
Semide 08 42 C3
Semillac 17 219 G4
Semilly 52 93 G5
Semmadon 70 140 C3
Semnoz *Montagne du* 74 215 G5
Semoine 10 61 H5
Semond 21 138 B4
Semondans 25 142 B4
Semons 38 231 H4
Semousies 59 15 G3
Semoussac 17 219 G4
Semoutiers 52 116 D4
Semoy 45 111 E5
Sempesserre 32 276 B5
Sempigny 60 23 G5
Sempy 62 6 C4
Semur-en-Auxois 21 158 D1
Semur-en-Brionnais 71 193 G5
Semur-en-Vallon 72 108 C4
Semussac 17 218 D2
Semuy 08 42 D1
Le Sen 40 273 H3
Sénac 65 315 F3
Senaide 88 118 B4
Sénaillac-Latronquière 46 261 G1
Sénaillac-Lauzès 46 260 C3
Senailly 21 137 G5
Senan 89 135 H2
Sénanque *Abbaye de* 84 305 G1
Senantes 28 57 E5
Senantes 60 37 G1
Senard 55 63 F1
Sénarens 31 317 E3
Senargent 70 141 H5
Senarpont 80 21 F2
Sénart 11 88 A2
Sénas 13 305 F3
Senaud 39 196 A3
Senaux 81 300 B3
Sencenac-Puy-de-Fourches 24 222 C5
Senconac 09 336 C5
Sendets 33 256 C5
Sendets 64 314 C4
Séné 56 124 C4
Sène *Mont de* 71 177 G2
Sénéchas 30 283 G1
Sénèque *Tour de* 2B 345 F2
Sénergues 12 262 C3
Senesse-de-Senabugue 09 336 D2
Sénestis 47 257 F5
Séneujols 43 247 E4
Senez 04 288 B5
Sénézergues 15 262 B2
Sengouagnet 31 334 C2
Séniergues 46 260 B2
Senillé 86 169 H4
Senillé-Saint-Sauveur 86 169 H4
Seninghem 62 7 E2
Senlecques 62 6 D2
Senlis 60 39 E4
Senlis 62 7 E3
Senlis-le-Sec 80 13 E5
Senlisse 78 57 H5
Senneçay 18 173 F2
Sennecé-lès-Mâcon 71 195 E4
Sennecey-le-Grand 71 177 H5
Sennecey-lès-Dijon 21 160 B3
Sennely 45 133 G4
Sennevières 37 170 C1
Senneville-sur-Fécamp 76 19 E3
Sennevoy-le-Bas 89 137 G3
Sennevoy-le-Haut 89 137 G3
Senon 55 44 D4
Senonches 28 85 F2
Senoncourt 70 141 E2
Senoncourt-les-Maujouy 55 64 B2
Senones 88 96 B3
Senonges 88 118 C2
Senonnes 53 127 F2
Senonville 55 64 D3
Senots 60 37 H4
Senouillac 81 299 E1
Sénoville 50 28 D5
Senozan 71 195 E3
Sens 89 113 G2
Sens-Beaujeu 18 155 H3
Sens-de-Bretagne 35 80 C4
Sens-sur-Seille 71 178 C4
Sentein 09 334 D4
Sentelie 80 22 A3
Sentenac-de-Sérou 09 335 H3
Sentenac-d'Oust 09 335 F4
Sentheim 68 142 D1
Sentilly 61 54 A4
La Sentinelle 59 9 G5
Sentous 65 315 H4
Senuc 08 43 E3
Senven-Léhart 22 77 H3
La Séoube 65 333 G2
Sépeaux-Saint-Romain 89 113 F5
Sepmeries 59 14 D2
Sepmes 37 169 H1
Seppois-le-Bas 68 143 E4
Seppois-le-Haut 68 143 E4
Sept-Fons *Abbaye de* 03 192 D2
Sept-Forges 61 82 B3
Sept-Frères 14 52 B3
Sept-Meules 76 10 D5
Sept-Saulx 51 42 A5
Sept-Sorts 77 59 H2
Sept-Vents 14 32 D5
Septème 38 231 G3
Septèmes-les-Vallons 13 326 D1
Septeuil 78 57 F3
Septfonds 82 278 C3
Septfonds 89 135 F4
Septfontaines 25 180 B1
Septmoncel 39 197 F3
Septmonts 02 40 B3
Septsarges 55 43 G3
Septvaux 02 24 B5
Sepvigny 55 93 H2
Sepvret 79 185 G4
Sepx 31 316 D5
Sequedin 59 8 C2
Sequehart 02 24 B1
Le Sequestre 81 299 F1
Serain 02 14 C5
Seraincourt 08 25 H5
Seraincourt 95 57 G1
Sérandon 19 226 B5
Séranon 06 308 C2
Serans 60 37 G4
Serans 61 54 A4
Seranville 54 95 G3
Séranvillers-Forenville 59 14 B4
Seraucourt 55 63 H2
Seraucourt-le-Grand 02 24 A3
Seraumont 88 93 H3
Serazereux 28 86 A2
Serbannes 03 210 B2
Serbonnes 89 89 F5
Serches 02 40 C3
Sercœur 88 95 G5
Sercus 59 7 H2
Sercy 71 194 D1
Serdinya 66 342 A3
Sère 32 316 B3
Sère-en-Lavedan 65 332 D2
Sère-Lanso 65 333 E1
Sère-Rustaing 65 315 G4
Serécourt 88 118 B4
Séreilhac 87 205 F5
Serémange-Erzange 57 45 G3
Sérempuy 32 296 D3
Sérénac 81 299 H1
Sérent 56 124 D2
Sérévillers 60 22 C4
Séreyrède *Col de la* 30 282 C4
Serez 27 56 D2
Sérézin-de-la-Tour 38 232 A2
Sérézin-du-Rhône 69 231 E2
Sergeac 24 241 F4
Sergenaux 39 179 E3
Sergenon 39 178 D2
Sergines 89 89 G5
Sergy 01 197 F4
Sergy 02 40 D4
Séricourt 62 12 D2
Sériers 15 245 G3
Sérifontaine 60 37 G3
Sérignac 16 239 E1
Sérignac 46 259 F5
Sérignac 82 297 E1
Sérignac-Péboudou 47 257 H3
Sérignac-sur-Garonne 47 275 H3
Sérignan 34 321 G4
Sérignan-du-Comtat 84 285 F3
Sérignan-Plage 34 321 H4
Sérigné 85 183 H2
Sérigny 61 84 C4
Sérigny 86 169 F3
Sérilhac 19 242 D3
Seringes-et-Nesles 02 40 C4
Séris 41 132 B3
Serley 71 178 C4
Sermages 58 175 H1
Sermaise 49 150 B1
Sermaise 91 87 F3
Sermaises 45 87 G5
Sermaize 60 23 G5
Sermaize-les-Bains 51 63 F4
Sermamagny 90 142 C2
Sermange 39 161 F4
Sermano 2B 347 F4
Sermentizon 63 228 C1
Sermentot 14 33 E5
Sermérieu 38 232 B1
Sermersheim 67 97 F4
Sermesse 71 178 B3
Sermiers 51 41 G5
Sermizelles 89 157 H1
Sermoise 02 40 C2
Sermoise-sur-Loire 58 174 C2
Sermoyer 01 195 F2
Sermur 23 208 B3
Sernhac 30 304 B1
Serocourt 88 118 B3
Séron 65 314 D3
Serpaize 38 231 F3
La Serpent 11 337 F3
Serques 62 3 F5
Serqueux 52 118 A4
Serqueux 76 21 E5
Serquigny 27 35 G5
Serra-di-Ferro 2A 348 C5
Serra-di-Fiumorbo 2B 349 G2
Serra di Pigno 2B 345 G4
Serra-di-Scopamène 2A 349 E5
Serrabone *Prieuré de* 66 342 C3
Serralongue 66 342 C5
Serrant *Château de* 49 149 F2
Serraval 74 216 A4
La Serre 12 300 C1
Serre *Col de* 15 245 E3
La Serre-Bussière-Vieille 23 208 B2
Serre-Chevalier 05 252 C4
Serre-les-Moulières 39 161 F4
Serre-les-Sapins 25 161 H4
Serre-Nerpol 38 250 B1
Serre-Ponçon *Barrage et Lac de* 93 270 A4
Serres 05 269 E5
Serres 11 337 H3
Serres 54 66 C5
Serres-Castet 64 314 B3
Serres-et-Montguyard 24 257 H2
Serres-Gaston 40 294 A4
Serres-Morlaàs 64 314 C3
Serres-Sainte-Marie 64 313 H2
Serres-sur-Arget 09 336 A3
Serreslous-et-Arribans 40 293 H3
Serriera 2A 346 B5
Serrières 07 231 E5
Serrières 54 65 H4
Serrières 71 194 D4
Serrières-de-Briord 01 214 B5
Serrières-en-Chautagne 73 215 E4
Serrières-sur-Ain 01 214 B1
Serrigny 89 137 E2
Serrigny-en-Bresse 71 178 B3
Serris 77 59 F3
Serrouville 54 45 F3
Serruelles 18 173 E3
Sers 16 221 G2
Sers 65 333 E3
Servais 02 24 B5
Serval 02 41 E3
Servance 70 142 A1
Servanches 24 239 F2
Servant 63 209 F1
Servas 01 213 H1
Servas 30 284 A3
Servaville-Salmonville 76 36 C1
Serverette 48 264 B2
Serves-sur-Rhône 26 249 E2
Servian 34 321 H2
Servières 48 264 B4
Servières-le-Château 19 243 F3
Serviers-et-Labaume 30 284 B5
Serviès 81 299 E4
Serviès-en-Val 11 338 A1
Servignat 01 195 G3
Servigney 25 162 C1
Servigney 70 141 F3

Servigny 50 31 G5
Servigny-lès-Raville 57 66 C1
Servigny-lès-Sainte-Barbe 57 45 H5
Serville 28 56 D4
Servilly 03 192 C5
Servin 25 162 D3
Servins 62 8 A5
Servion 08 26 B3
Servon 50 51 G5
Servon 77 59 E5
Servon-Melzicourt 51 43 E4
Servon-sur-Vilaine 35 104 C3
Servoz 74 216 D3
Sery 08 26 A5
Sery 89 136 C5
Séry-lès-Mézières 02 24 C3
Séry-Magneval 60 39 F4
Serzy-et-Prin 51 41 E4
Sessenheim 67 69 F3
Sète 34 323 E4
Setques 62 3 E5
Les Settons 58 158 B4
Seudre *Pont de la* 17 200 C4
Seugy 95 38 C5
Seuil 08 42 B1
Seuillet 03 210 C1
Seuilly 37 150 D5
Seur 41 153 E1
Le Seure 17 202 B5
Seurre 21 178 B1
Seux 80 22 A2
Seuzey 55 64 C2
Sevelinges 42 212 A2
Sevenans 90 142 C3
Sévérac 44 125 G5
Sévérac d'Aveyron 12 281 H2
Sévérac-l'Église 12 281 F1
Seveux 70 140 B5
Sevi *Col de* 2A 346 C5
Sévignac 22 79 E5
Sévignacq 64 314 C2
Sévignacq-Meyracq 64 332 A1
Sévigny 61 54 A4
Sévigny-la-Forêt 08 26 B1
Sévigny-Waleppe 08 25 G5
Sévis 76 20 B4
Sevrai 61 53 H5
Sevran 93 58 D2
Sèvres 92 58 B4
Sèvres-Anxaumont 86 186 C1
Sevrey 71 177 H4
Sevrier 74 215 G4
Sévry 18 155 H5
Sewen 68 142 C1
Sexcles 19 243 F4
Sexey-aux-Forges 54 94 C1
Sexey-les-Bois 54 65 G5
Sexfontaines 52 116 D2
Seychalles 63 210 B5
Seyches 47 257 G4
Seyne 04 270 B5
La Seyne-sur-Mer 83 328 A5
Seynes 30 284 A4
Seynod 74 215 G3
Seyre 31 318 B3
Seyresse 40 292 D3
Seyssel 01 215 E3
Seyssel 74 215 E3
Seysses 31 317 G2
Seysses-Savès 32 317 E2
Seyssinet-Pariset 38 250 D2
Seyssins 38 250 D2
Seyssuel 38 231 E3
Seythenex 74 216 A5
Seytroux 74 198 C4
Sézanne 51 61 E5
Sézéria 39 196 C2
Siarrouy 65 315 E3
Siaugues-Saint-Romain 43 246 D3
Sibiril 29 71 G3
Sibiville 62 12 D2
La Sicaudais 44 146 D4
Siccieu-Saint-Julien-et-Carisieu 38 214 A5
Sichamps 58 156 D5
Sickert 68 142 C1
Sideville 50 29 E3
Sidiailles 18 190 B2
Siecq 17 202 C4
Siegen 67 69 G1
Sièges 39 196 D4
Les Sièges 89 114 A3
Sierck-les-Bains 57 46 B2
Sierentz 68 143 G2
Siersthal 57 68 A1
Sierville 76 20 A5
Siest 40 292 D3
Sieurac 81 299 F2
Sieuras 09 317 H5
Siévoz 38 251 E5
Siewiller 67 67 H3
Sigale 06 289 G5
Sigalens 33 256 D5
Sigean 11 339 E2
Sigean *Réserve africaine de* 11 339 E2
Sigloy 45 133 H3
Signac 31 334 B3
Signes 83 327 H2
Signéville 52 93 F5
Signy-l'Abbaye 08 26 B4
Signy-le-Petit 08 26 A1
Signy-Montlibert 08 27 H5
Signy-Signets 77 59 H2
Sigogne 16 220 C1
Sigolsheim 68 121 E2
Sigonce 04 287 F5
Sigottier 05 268 D5
Sigoulès 24 257 G2
Sigournais 85 166 C5
Sigoyer 04 287 G1
Sigoyer 05 269 G4
Siguer 09 336 A5
Sigy 77 89 F3
Sigy-en-Bray 76 21 E5
Sigy-le-Châtel 71 194 C2
Silfiac 56 101 G2
Silhac 07 248 D5
Sillans 38 232 B5
Sillans-la-Cascade 83 307 G4
Sillars 86 187 F3
Sillas 33 274 D1
Sillé-le-Guillaume 72 107 E2
Sillé-le-Philippe 72 108 A3
Sillegny 57 65 H2
Sillery 51 41 H4
Silley-Amancey 25 180 B1
Silley-Bléfond 25 162 C2
Sillingy 74 215 F3
Silly-en-Gouffern 61 54 B4
Silly-en-Saulnois 57 66 B2
Silly-la-Poterie 02 40 A4
Silly-le-Long 60 39 F5
Silly-sur-Nied 57 46 B5
Silly-Tillard 60 38 A3
Silmont 55 63 H4
Siltzheim 67 67 G1
Silvacane *Ancienne Abbaye de* 13 305 H3
Silvareccio 2B 347 G3
Silvarouvres 52 116 B4
Simacourbe 64 314 C2
Simandre 71 195 F1
Simandre-sur-Suran 01 196 A5
Simandres 69 231 F2
Simard 71 178 B5
Simencourt 62 13 F3
Simeyrols 24 241 H5
Simiane-Collongue 13 327 E1
Simiane-la-Rotonde 04 286 D5
Simorre 32 316 C2
Simplé 53 105 H5
Le Simserhof *Fort* 57 68 B1
Sin-le-Noble 59 8 D5
Sinard 38 250 D4
Sinceny 02 24 A5
Sincey-lès-Rouvray 21 158 B2
Sindères 40 272 D4
Singles 63 226 C3
Singleyrac 24 257 H2
Singly 08 26 D4
Singrist 67 68 B5
Sinsat 09 336 B5
Sinzos 65 315 F5
Sion 32 295 E3
Sion 54 94 C3
Sion-les-Mines 44 126 C3
Sion-sur-l'Océan 85 164 D4
Sioniac 19 243 E4
Sionne 88 93 H4
Sionviller 54 95 G1
Siorac-de-Ribérac 24 239 G2
Siorac-en-Périgord 24 259 E1
Siouville-Hague 50 28 C3
Sirac 32 297 E3
Siracourt 62 7 F5
Siradan 65 334 B2
Siran 15 243 G5
Siran 34 320 B4
Siran *Château* 33 237 F3
Sireix 65 332 C2
Sireuil 16 221 E2
Sireuil 24 241 F5
Sirod 39 180 A4
Siros 64 314 A3
Sisco 2B 345 G2
Sissonne 02 25 F5
Sissy 02 24 C3
Sistels 82 276 C4
Sisteron 04 287 G2
Sivergues 84 305 H2
Sivignon 71 194 B3
Sivry 54 65 H4
Sivry-Ante 51 63 E1
Sivry-Courtry 77 88 C3
Sivry-la-Perche 55 43 H5
Sivry-lès-Buzancy 08 43 F2
Sivry-sur-Meuse 55 43 H3
Six-Fours-les-Plages 83 327 H5
Sixt-Fer-à-Cheval 74 216 D1
Sixt-sur-Aff 35 125 H2
Sizun 29 75 H2
Smarves 86 186 B2
Smermesnil 76 20 D2
Soccia 2A 348 C1
Sochaux 25 142 C4
Socoa 64 310 B3
Socourt 88 95 E4
Socx 59 3 G3
Sode 31 334 B4
Sœurdres 49 128 C3
Sognes 89 89 H5
Sognolles-en-Montois 77 89 F3
Sogny-aux-Moulins 51 62 B2
Sogny-en-l'Angle 51 63 E3
Soignolles 14 53 H1
Soignolles-en-Brie 77 59 E5
Soilly 51 60 D1
Soindres 78 57 F2
Soing 70 140 C5
Soings-en-Sologne 41 153 G2
Soirans 21 160 C4
Soissons 02 40 B2
Soissons-sur-Nacey 21 160 D3
Soisy-Bouy 77 89 G3
Soisy-sous-Montmorency 95 58 B2
Soisy-sur-École 91 88 A3
Soisy-sur-Seine 91 58 D5
Soize 02 25 G4
Soizé 28 109 E3
Soizy-aux-Bois 51 61 E4
Solaize 69 231 E2
Solaro 2B 349 G3
Solbach 67 96 D3
Soleilhas 04 308 B1
Solemont 25 163 F2
Solente 60 23 G4
Solenzara 2A 349 G4
Le Soler 66 342 D2
Solérieux 26 285 F1
Solers 77 59 F5
Solesmes 59 14 D3
Solesmes 72 129 E2
Soleymieu 38 232 A1
Soleymieux 42 229 G3
Solférino 40 273 E3
Solgne 57 66 B2
Soliers 14 33 H5
Solignac 87 223 G1
Solignac-sous-Roche 43 247 G1
Solignac-sur-Loire 43 247 F4
Solignat 63 227 H3
Soligny-la-Trappe 61 84 B2
Soligny-les-Étangs 10 89 H4
Sollacaro 2A 348 D5
Sollières-Sardières 73 235 E5
Solliès-Pont 83 328 B3
Solliès-Toucas 83 328 B3
Solliès-Ville 83 328 B4
Sologny 71 194 D4
Solomiac 32 296 D2
Solre-le-Château 59 15 H3
Solrinnes 59 15 H3
Solterre 45 134 D2
Solutré-Pouilly 71 194 D4
Somain 59 9 E5
Sombacour 25 180 C2
Sombernon 21 159 G3
Sombrin 62 13 E3
Sombrun 65 315 E2
Somloire 49 167 F1
Sommaing 59 14 D2
Sommaisne 55 63 G2
Sommancourt 52 92 D3
Sommant 71 176 C1
Sommauthe 08 43 F1
Somme-Bionne 51 42 D5
Somme-Suippe 51 42 C5
Somme-Tourbe 51 42 D5
Somme-Vesle 51 62 C1
Somme-Yèvre 51 62 D2
Sommecaise 89 135 G2
Sommedieue 55 64 C1
Sommeilles 55 63 F2
Sommelans 02 40 B5
Sommelonne 55 63 G5
Sommepy-Tahure 51 42 C4
Sommerance 08 43 F3
Sommerécourt 52 117 H2
Sommereux 60 21 H4
Sommermont 52 92 D3
Sommeron 02 25 F1
Sommervieu 14 33 E3
Sommerviller 54 95 E1
Sommery 76 20 D5
Sommesnil 76 19 G4
Sommesous 51 61 H4
Sommet-Bucher 05 271 E1
La Sommette 25 162 D4
Sommette-Eaucourt 02 23 H3
Sommeval 10 114 D3
Sommeville 52 92 D2
Sommevoire 52 92 B4
Sommières 30 303 F2
Sommières-du-Clain 86 186 B5
Somport *Col du* 64 331 H4
Sompt 79 202 D1
Sompuis 51 62 B5
Somsois 51 91 H2
Son 08 26 A5
Sonac 46 261 E2
Sonchamp 78 86 D2
Soncourt 88 94 B4
Soncourt-sur-Marne 52 116 D2
Sondernach 68 120 C4
Sondersdorf 68 143 F4
La Sône 38 250 A2
Songeons 60 21 G5
Songeson 39 179 G5
Songieu 01 214 D3
Songy 51 62 C4
Sonnac 12 261 G4
Sonnac 17 202 B4
Sonnac-sur-l'Hers 11 337 E2
Sonnay 38 231 F5
Sonnaz 73 233 F1
Sonneville 16 202 D5
Sons-et-Ronchères 02 24 D3
Sonthonnax-la-Montagne 01 196 B5
Sonzay 37 151 G1
Soorts-Hossegor 40 292 B3
Sophia-Antipolis 06 309 F3
Soppe-le-Bas 68 142 D2
Soppe-le-Haut 68 142 D2
Sor 09 335 E3
Sorans-lès-Breurey 70 162 A2
Sorba *Col de* 2B 349 F1
Sorbais 02 25 F1
Sorbets 32 295 E3
Sorbets 40 294 B4
Sorbey 55 44 C3
Sorbey 57 66 B1
Sorbier 03 192 D4
Sorbiers 05 268 C5
Sorbiers 42 230 B3
Sorbo-Ocagnano 2B 347 G2
Sorbollano 2A 349 E5
Sorbon 08 26 A5
Sorbs 34 301 H1
Sorcy-Bauthémont 08 26 C5
Sorcy-Saint-Martin 55 64 D5
Sorde-l'Abbaye 40 292 D5
Sore 40 273 G1
Soréac 65 315 F4
Sorède 66 343 F3
Sorel 80 14 A5
Sorel-en-Vimeu 80 11 H4
Sorel-Moussel 28 56 D3
Sorèze 81 319 F2
Sorgeat 09 336 D5
Sorges-et-Ligueux-en-Périgord 24 240 D1
Sorgues 84 285 F5
Sorigny 37 151 H4
Les Sorinières 44 147 G4
Sorio 2B 345 F5
Sormery 89 114 B4
Sormonne 08 26 C2
Sornac 19 225 H2
Sornay 70 161 F3
Sornay 71 195 G1
Sornéville 54 66 C5
Sorquainville 76 19 F4
Sorrus 62 6 B4
Sort-en-Chalosse 40 293 E3
Sortosville 50 29 F5
Sortosville-en-Beaumont 50 28 D5
Sos 47 275 E4
Sospel 06 291 G4
Sossais 86 169 F3
Sost 65 334 A3
Sotta 2A 351 F3
Sottevast 50 29 E4
Sotteville 50 28 D4
Sotteville-lès-Rouen 76 36 B2
Sotteville-sous-le-Val 76 36 B3
Sotteville-sur-Mer 76 19 H2
Soturac 46 259 E5
Sotzeling 57 66 D3
Souain-Perthes-lès-Hurlus 51 42 C4
Soual 81 299 F5
Souancé-au-Perche 28 109 E2
Souanyas 66 341 H3
Souastre 62 13 E4
Soubès 34 301 H3
Soubise 17 200 D3
Soublecause 65 295 E5
Soubran 17 219 G5
Soubrebost 23 207 E3
Soucé 53 82 B3
Soucelles 49 128 D5
La Souche 07 265 H3
Souché 79 184 D4
Souchez 62 8 B5
Soucht 57 68 A2
Soucia 39 196 D1
Soucieu-en-Jarrest 69 230 D1
Soucirac 46 260 B2
Souclin 01 214 B4
Soucy 02 39 H3
Soucy 89 113 G2
Soudaine-Lavinadière 19 224 D3
Soudan 44 127 E3
Soudan 79 185 G3
Soudat 24 222 B2
Souday 41 109 E4
Soudé 51 62 A4
Soudeilles 19 225 G4
Soudorgues 30 283 F4
Soudron 51 61 H3
Soueich 31 334 C2
Soueix-Rogalle 09 335 G3
Souel 81 279 F5
Soues 65 315 F5
Soues 80 22 A1
Souesmes 41 154 D2
Souffelweyersheim 67 69 E5
Soufflenheim 67 69 F3
Souffrignac 16 221 H2
Sougé 36 171 F2
Sougé 41 131 E3
Sougé-le-Ganelon 72 83 F5
Sougéal 35 80 C2
Sougères-en-Puisaye 89 156 D1
Sougères-sur-Sinotte 89 136 B2
Sougraigne 11 337 H3
Sougy 45 110 D4
Sougy-sur-Loire 58 175 E3
Les Souhesmes 55 43 H5
Souhey 21 158 D1
Le Souich 62 12 D3
Souilhanels 11 318 D3
Souilhe 11 318 D3
Souillac 46 242 B5
Souillé 72 107 H3
Souilly 55 63 H1
Souilly 77 59 E2
Soula 09 336 B3
Soulac-sur-Mer 33 218 C3
Soulages 15 246 A3
Soulages-Bonneval 12 263 E3
Soulaincourt 52 93 F3
Soulaines-Dhuys 10 92 A4
Soulaines-sur-Aubance 49 149 G2
Soulaire-et-Bourg 49 128 C5
Soulaires 28 86 B3
Soulan 09 335 G3
Soulanges 51 62 C4
Soulangis 18 155 F5
Soulangy 14 53 H2
Soulatgé 11 338 A4
Soulaucourt-sur-Mouzon 52 118 A2
Soulaures 24 259 E3
Soulce-Cernay 25 163 G2
Soulgé-sur-Ouette 53 106 B4
Le Soulié 34 300 C5
Soulières 51 61 F3
Soulièvres 79 168 B3
Soulignac 33 256 B2
Souligné-Flacé 72 107 F5
Souligné-sous-Ballon 72 107 H3
Soulignonne 17 201 E5
Souligny 10 114 D2
Soulitré 72 108 B4
Soullans 85 164 D3
Soulles 50 52 A1
Soulom 65 332 D2
Soulomès 46 260 C3
Soulor *Col du* 65 332 C2
Soulosse-sous-Saint-Élophe 88 94 A4
Soultz-Haut-Rhin 68 120 D5
Soultz-les-Bains 67 97 F1
Soultz-sous-Forêts 67 69 E2
Soultzbach-les-Bains 68 120 D3
Soultzeren 68 120 C3
Soultzmatt 68 120 D4
Soulvache 44 126 D2
Soumaintrain 89 114 C4
Soumans 23 190 B5
Soumensac 47 257 G2
Souméras 17 219 H5
Soumont 34 301 H3
Soumont-Saint-Quentin 14 53 H2
Soumoulou 64 314 C4
Soupex 11 318 D3
Soupir 02 40 D2
Souplicourt 80 21 H3
Souppes-sur-Loing 77 112 C3
Souprosse 40 293 G2
Le Souquet 40 272 C5
Souraïde 64 310 D4
Sourans 25 142 A5
La Source 45 133 F3
Source-Seine 21 159 F1
Sourcieux-les-Mines 69 212 D5
Le Sourd 02 25 E2
Sourdeval 50 52 C4
Sourdeval-les-Bois 50 51 H2
Sourdon 80 22 C4
Sourdun 77 89 G3
Le Sourn 56 101 H3
Sournia 66 338 A5
Sourniac 15 244 B1
Sourribes 04 287 G3
Sours 28 86 B4
Soursac 19 243 H1
Sourzac 24 239 G3
Sous-la-Tour 22 78 B3
Sous-Parsat 23 207 F2
Sousceyrac-en-Quercy 46 243 F5
Sousmoulins 17 220 B5
Souspierre 26 267 G4
Soussac 33 256 D2
Soussans 33 237 F3
Soussey-sur-Brionne 21 159 E3
Soustelle 30 283 G3
Soustons 40 292 B2
Sousville 38 251 E4
Souternon 42 211 G4
La Souterraine 23 188 C5
Soutiers 79 185 F1
Souvans 39 179 E1
Souvignargues 30 303 F2
Souvigné 16 203 E3
Souvigné 37 151 F1
Souvigné 79 185 F3
Souvigné-sur-Même 72 108 C2
Souvigné-sur-Sarthe 72 128 D2
Souvigny 03 191 H2
Souvigny-de-Touraine 37 152 C2
Souvigny-en-Sologne 41 133 G5
Souyeaux 65 315 F4
Souzay-Champigny 49 150 C4
Souzy 69 230 B1
Souzy-la-Briche 91 87 F3
Soveria 2B 347 E4
Soyans 26 267 G3
Soyaux 16 221 F2
Soye 25 162 D1
Soye-en-Septaine 18 173 F2
Soyécourt 80 23 F2
Soyers 52 140 B2
Soyons 07 249 F5
Spada 55 64 C3
Sparsbach 67 68 B3
Spay 72 107 G5
Spechbach 68 143 E2
Spechbach-le-Bas 68 143 E2
Speloncato 2B 346 D2
Spelunca *Gorges de* 2A 346 B5
Spéracèdes 06 308 D3
Spézet 29 76 C5
Spicheren 57 47 F4
Spin'a Cavallu *Pont génois* 2A 350 D2

Spincourt 55 ..... 44 D3
Sponville 54 ..... 65 E1
Spoy 10 ..... 116 A2
Spoy 21 ..... 160 B1
Spycker 59 ..... 3 G3
Squiffiec 22 ..... 73 E4
Staffelfelden 68 ..... 121 E5
Stains 93 ..... 58 C2
Stainville 55 ..... 63 H5
Stangala Site du 29 ..... 99 H2
Staple 59 ..... 3 H5
Stattmatten 67 ..... 69 F3
Stazzona 2B 347 G3
Steenbecque 59 ..... 7 H2
Steene 59 ..... 3 G3
Steenvoorde 59 ..... 3 H4
Steenwerck 59 ..... 8 B2
Steige 67 ..... 96 D4
Steinbach 68 ..... 143 E1
Steinbourg 67 ..... 68 B4
Steinbrunn-le-Bas 68 ..... 143 F2
Steinbrunn-le-Haut 68 ..... 143 F2
Steinseltz 67 ..... 69 F1
Steinsoultz 68 ..... 143 F3
Stella-Plage 62 ..... 6 A4
Stenay 55 ..... 43 G1
Sternenberg 68 ..... 142 D2
Stetten 68 ..... 143 G3
Stigny 89 ..... 137 G3
Still 67 ..... 97 E1
Stiring-Wendel 57 ..... 47 F4
Stival 56 ..... 101 H2
Stonne 08 ..... 27 F5
Storckensohn 68 ..... 120 B5
Stosswihr 68 ..... 120 C3
Stotzheim 67 ..... 97 F3
Strasbourg 67 ..... 97 H1
Strazeele 59 ..... 4 A5
Strenquels 46 ..... 242 C4
Strueth 68 ..... 143 E3
Struth 67 ..... 68 A3
Stuckange 57 ..... 45 H3
Stundwiller 67 ..... 69 F2
Sturzelbronn 57 ..... 68 C1
Stutzheim-Offenheim 67 ..... 68 D5
Suarce 90 ..... 142 D3
Suaucourt-et-Pisseloup 70 . 140 B4
Suaux 16 ..... 203 H4
Le Subdray 18 ..... 172 D2
Sublaines 37 ..... 152 C4
Subles 14 ..... 32 D3
Subligny 18 ..... 155 H2
Subligny 50 ..... 51 H4
Subligny 89 ..... 113 F3
Suc-au-May 19 ..... 225 E4
Suc-et-Sentenac 09 ..... 336 A5
Succieu 38 ..... 232 A3
Sucé-sur-Erdre 44 ..... 147 H2
Sucy-en-Brie 94 ..... 58 D4
Suèvres 41 ..... 132 B4
Sugères 63 ..... 228 B2
Sugny 08 ..... 42 D2
Suhescun 64 ..... 311 F5
Suilly-la-Tour 58 ..... 156 B3
Suin 71 ..... 194 B3
Suippes 51 ..... 42 C5
Suisse 57 ..... 66 D2
Suizy-le-Franc 51 ..... 61 E2
Sulignat 01 ..... 213 F1
Sully 14 ..... 32 D3
Sully 60 ..... 21 G5
Sully 71 ..... 177 E2
Sully-la-Chapelle 45 ..... 111 G5
Sully-sur-Loire 45 ..... 134 A3
Sulniac 56 ..... 124 D3
Sumène 30 ..... 283 E5
Sundhoffen 68 ..... 121 F3
Sundhouse 67 ..... 97 G5
Super-Barèges 65 ..... 333 F3
Super-Besse 63 ..... 227 F3
Super-Bolquère 66 ..... 341 G4
Super-Lioran 15 ..... 245 E3
Super-Sauze 04 ..... 270 D5
Superbagnères 31 ..... 334 A5
Superdévoluy 05 ..... 269 F2
Supeyres Col des 63 ..... 229 E2
Supt 39 ..... 179 H3
Le Suquet 06 ..... 291 E4
Surat 63 ..... 210 A4
Surba 09 ..... 336 B4
Surbourg 67 ..... 69 E2
Surcamps 80 ..... 12 B5
Surdoux 87 ..... 224 C2
Suré 61 ..... 84 A4
Suresnes 92 ..... 58 B3
Surfonds 72 ..... 108 B5
Surfontaine 02 ..... 24 C3
Surgères 17 ..... 201 F1
Surgy 58 ..... 157 F1
Suriauville 88 ..... 118 B2
Surin 79 ..... 184 D2
Surin 86 ..... 203 H2
Suris 16 ..... 204 C4
Surjoux 01 ..... 215 E2
Surmont 25 ..... 163 E3
Surques 62 ..... 2 D5
Surrain 14 ..... 32 C2
Surtainville 50 ..... 28 D5
Surtauville 27 ..... 36 A4
Survie 61 ..... 54 C3
Surville 14 ..... 34 C3
Surville 27 ..... 36 B4
Surville 50 ..... 31 F3
Survilliers 95 ..... 38 D5
Sury 08 ..... 26 C3
Sury-aux-Bois 45 ..... 111 H5
Sury-en-Vaux 18 ..... 155 H3
Sury-ès-Bois 18 ..... 155 H2
Sury-le-Comtal 42 ..... 229 H3
Sury-près-Léré 18 ..... 156 A1
Surzur 56 ..... 124 C4
Sus 64 ..... 313 F3
Sus-Saint-Léger 62 ..... 12 D3
Suscinio Château de 56 ..... 124 C5
Susmiou 64 ..... 313 F3
Sussac 87 ..... 224 C2
Sussargues 34 ..... 303 E3
Sussat 03 ..... 209 G1
Sussey 21 ..... 158 D4
Susville 38 ..... 251 E4
Sutrieu 01 ..... 214 C3
Suzan 09 ..... 335 H2
Suzanne 08 ..... 42 C1
Suzanne 80 ..... 23 F1
Suzannecourt 52 ..... 93 E3
Suzay 27 ..... 37 E3
Suze 26 ..... 267 H1
Suze-la-Rousse 26 ..... 285 F2
La Suze-sur-Sarthe 72 ..... 129 G2
Suzette 84 ..... 285 H3
Suzoy 60 ..... 23 G5
Suzy 02 ..... 24 C5
Sy 08 ..... 43 E1
Syam 39 ..... 179 H5
Sylvains-les-Moulins 27 ..... 56 B2
Sylvanès 12 ..... 301 E2
Le Syndicat 88 ..... 119 H4

T

Tabaille-Usquain 64 ..... 311 H4
Tabanac 33 ..... 255 H2
La Table 73 ..... 233 H3
Le Tablier 85 ..... 183 E1
Tabre 09 ..... 336 D2
La Tâche 16 ..... 203 G4
Tachoires 32 ..... 316 B2
Tacoignières 78 ..... 57 F3
Taconnay 58 ..... 157 E3
Taden 22 ..... 79 H4
Tadousse-Ussau 64 ..... 294 C5
Taglio-Isolaccio 2B 347 G3
La Tagnière 71 ..... 176 C4
Tagnon 08 ..... 42 A2
Tagolsheim 68 ..... 143 F2
Tagsdorf 68 ..... 143 F3
Tailhac 43 ..... 246 C4
Taillades 84 ..... 305 F2
Le Taillan-Médoc 33 ..... 237 F5
Taillancourt 55 ..... 94 A2
Taillant 17 ..... 201 G4
Taillebois 61 ..... 53 F3
Taillebourg 17 ..... 201 G4
Taillebourg 47 ..... 257 F5
Taillecavat 33 ..... 257 E3
Taillecourt 25 ..... 142 C4
La Taillée 85 ..... 183 H3
Taillefontaine 02 ..... 39 H3
Taillepied 50 ..... 31 F2
Taillet 66 ..... 342 C4
Taillette 08 ..... 26 B1
Tailleville 14 ..... 33 G3
Taillis 35 ..... 105 E2
Tailly 08 ..... 43 G1
Tailly 21 ..... 177 H2
Tailly 80 ..... 11 H5
Tain-l'Hermitage 26 ..... 249 E3
Taingy 89 ..... 136 A5
Taintrux 88 ..... 96 B5
Taisnières-en-Thiérache 59 . 15 F4
Taisnières-sur-Hon 59 ..... 15 F2
Taisnil 80 ..... 22 A3
Taissy 51 ..... 41 H4
Taïx 81 ..... 279 G5
Taizé 71 ..... 194 D2
Taizé 79 ..... 168 B2
Taizé-Aizie 16 ..... 203 G2
Taizy 08 ..... 42 A1
Tajan 65 ..... 315 H5
Talairan 11 ..... 338 B2
Talais 33 ..... 218 C3
Talange 57 ..... 45 H4
Talant 21 ..... 160 A3
Talasani 2B 347 H3
Talau 66 ..... 341 H3
La Talaudière 42 ..... 230 B4
Talazac 65 ..... 315 E3
Talcy 41 ..... 132 B3
Talcy 89 ..... 137 F5
Talence 33 ..... 255 G1
Talencieux 07 ..... 249 E1
Talensac 35 ..... 103 H3
Talissieu 01 ..... 214 D4
Talizat 15 ..... 245 G3
Tallans 25 ..... 162 C1
Tallard 05 ..... 269 G4
Tallenay 25 ..... 162 A3
Tallende 63 ..... 227 H2
Taller 40 ..... 292 D1
Talloires-Montmin 74 ..... 215 H4
Tallone 2B 347 G5
Le Tallud 79 ..... 185 F1
Tallud-Sainte-Gemme 85 .. 166 D5
Talmas 80 ..... 12 D5
Talmay 21 ..... 160 D2
Talmont-Saint-Hilaire 85 ..... 182 B2
Talmont-sur-Gironde 17 ..... 218 D3
Talmontiers 60 ..... 37 F2
Taloire 04 ..... 308 A1
Talon 58 ..... 157 F3
Talus-Saint-Prix 51 ..... 61 E3
Taluyers 69 ..... 230 D2
Tamaris-sur-Mer 83 ..... 328 A5
La Tamarissière 34 ..... 322 C5
Tamerville 50 ..... 29 F4
Tamié *Abbaye de* 73 ..... 234 A1
Tamnay-en-Bazois 58 ..... 175 G1
Tamniès 24 ..... 241 F4
Tanavelle 15 ..... 245 G4
Tanay 21 ..... 160 C2
Tancarville 76 ..... 35 E1
Tancarville *Pont de* 76 ..... 35 E1
Tancoigné 49 ..... 149 H4
Tancon 71 ..... 212 A1
Tanconville 54 ..... 96 B1
Tancrou 77 ..... 59 H2
Tangry 62 ..... 7 G4
La Tania 73 ..... 234 C3
Taninges 74 ..... 216 C1
Tanis 50 ..... 51 G5
Tanlay 89 ..... 137 F2
Tannay 08 ..... 27 E5
Tannay 58 ..... 157 F3
Tanneron 83 ..... 308 D4
Tannerre-en-Puisaye 89 ..... 135 G4
La Tannière 53 ..... 81 G4
Tannières 02 ..... 40 D3
Tannois 55 ..... 63 H4
Tanques 61 ..... 54 A5
Tantonville 54 ..... 94 D3
Le Tanu 50 ..... 51 H3
Tanus 81 ..... 280 B4
Tanville 61 ..... 83 F2
Tanzac 17 ..... 219 G2
Taponas 69 ..... 213 E1
Taponnat-Fleurignac 16 ..... 203 H5
Tappa
Site préhistorique 2A 351 F3
Tarabel 31 ..... 318 B2
Taradeau 83 ..... 308 A5
Tarare 69 ..... 212 B4
Tarascon 13 ..... 304 B2
Tarascon-sur-Ariège 09 ..... 336 B4
Tarasteix 65 ..... 315 E3
Tarbes 65 ..... 315 E4
Tarcenay 25 ..... 162 A4
Tardais 28 ..... 85 F2
Tardes 23 ..... 208 B1
Tardets-Sorholus 64 ..... 331 F1
La Tardière 85 ..... 167 E5
Tardinghen 62 ..... 2 B4
Tarentaise 42 ..... 230 C5
Tarentaise
Belvédère de la 73 ..... 235 F3
Tarerach 66 ..... 342 B2
Targassonne 66 ..... 341 F4
Targé 86 ..... 169 G4
Target 03 ..... 191 G5
Targon 33 ..... 256 B2
Tarnac 19 ..... 225 F1
Tarnès 33 ..... 237 H4
Tarnos 40 ..... 292 A5
Taron-Sadirac-
Viellenave 64 ..... 294 C5
Tarquimpol 57 ..... 67 E4
Tarrano 2B 347 G4
Tarsac 32 ..... 294 D4
Tarsacq 64 ..... 313 H3
Tarsul 21 ..... 160 A1
Tart-l'Abbaye 21 ..... 160 C4
Tart-le-Bas 21 ..... 160 C4
Tart-le-Haut 21 ..... 160 B4
Tartaras 42 ..... 230 D3
Tartas 40 ..... 293 F2
Tartécourt 70 ..... 140 D2
Tartiers 02 ..... 40 A2
Tartigny 60 ..... 22 C5
Tartonne 04 ..... 288 B4
Le Tartre 71 ..... 178 D4
Le Tartre-Gaudran 78 ..... 57 E5
Tarzy 08 ..... 26 A2
Tasdon 17 ..... 200 C1
Tasque 32 ..... 295 E4
Tassé 72 ..... 129 F2
Tassenières 39 ..... 179 E2
Tassillé 72 ..... 107 F4
Tassin-la-Demi-Lune 69 ..... 213 E5
Tasso 2A 349 E3
Tatinghem 62 ..... 3 F5
Le Tâtre 16 ..... 220 C4
Taugon 17 ..... 183 H4
Taulanne 04 ..... 308 A1
Taulé 29 ..... 71 H4
Taulignan 26 ..... 267 G5
Taulis 66 ..... 342 C4
Taupont 56 ..... 102 D4
Tauriac 33 ..... 237 G3
Tauriac 46 ..... 242 D5
Tauriac 81 ..... 298 B1
Tauriac-de-Camarès 12 ..... 301 E3
Tauriac-de-Naucelle 12 ..... 279 H3
Tauriers 07 ..... 266 A4
Taurignan-Castet 09 ..... 335 F2
Taurignan-Vieux 09 ..... 335 F2
Taurinya 66 ..... 342 B3
Taurize 11 ..... 338 A1
Taussac 12 ..... 262 D1
Taussac-la-Billière 34 ..... 301 F4
Taussat 33 ..... 254 C2
Tautavel 66 ..... 338 C4
Tauves 63 ..... 226 D3
Tauxières-Mutry 51 ..... 41 H5
Tauxigny 37 ..... 152 A4
Tavaco 2A 348 D2
Tavant 37 ..... 151 F5
Tavaux 39 ..... 178 D1
Tavaux-et-Pontséricourt 02 . 25 F3
Tavel 30 ..... 285 E5
Tavera 2A 348 D2
Tavernay 71 ..... 176 C1
Tavernes 83 ..... 307 E4
Taverny 95 ..... 58 B1
Tavers 45 ..... 132 C3
Tavey 70 ..... 142 B4
Taxat-Senat 03 ..... 209 H1
Taxenne 39 ..... 161 F4
Tayac 33 ..... 238 D4
Taybosc 32 ..... 296 C2
Tayrac 12 ..... 279 H3
Tayrac 47 ..... 276 D3
Tazilly 58 ..... 176 A4
Le Tech 66 ..... 342 B5
Têche 38 ..... 250 B2
Técou 81 ..... 299 E2
Teghime *Col de* 2B 345 G4
Le Teich 33 ..... 254 C3
Teigny 58 ..... 157 G2
Le Teil 07 ..... 266 D4
Teilhède 63 ..... 209 G3
Teilhet 09 ..... 336 C1
Teilhet 63 ..... 209 E2
Teillay 35 ..... 126 D2
Teillay-le-Gaudin 45 ..... 111 E3
Teillay-Saint-Benoît 45 ..... 111 F3
Teillé 44 ..... 148 A1
Teillé 72 ..... 107 H2
Teillet 81 ..... 299 H2
Teillet-Argenty 03 ..... 190 C5
Le Teilleul 50 ..... 81 H2
Teillots 24 ..... 241 G1
Teissières-de-Cornet 15 ..... 244 B4
Teissières-lès-Bouliès 15 ..... 262 C1
Télégraphe *Col du* 73 ..... 252 B1
Telgruc-sur-Mer 29 ..... 75 F4
Tellancourt 54 ..... 44 D1
Tellecey 21 ..... 160 C3
Tellières-le-Plessis 61 ..... 84 A2
Teloché 72 ..... 130 A2
Le Temple 33 ..... 236 C5
Le Temple 41 ..... 109 E5
Le Temple 79 ..... 167 E2
Le Temple-de-Bretagne 44 . 147 F2
Temple-Laguyon 24 ..... 241 F1
Le Temple-sur-Lot 47 ..... 275 H1
Templemars 59 ..... 8 D3
La Templerie 35 ..... 81 F5
Templeuve 59 ..... 9 E4
Templeux-la-Fosse 80 ..... 23 H1
Templeux-le-Guérard 80 ..... 24 A1
Tenaille *Ancienne*
Abbaye de la 17 ..... 219 G4
Tenay 01 ..... 214 B3
Tence 43 ..... 248 A3
Tencin 38 ..... 233 F5
Tende 06 ..... 291 H2
Tende *Col de* 06 ..... 291 H2
Tendon 88 ..... 119 H2
Tendron 18 ..... 174 A2
Tendu 36 ..... 188 D1
Teneur 62 ..... 7 F4
Tennie 72 ..... 107 F3
Tenteling 57 ..... 47 F5
Tercé 86 ..... 186 D2
Tercillat 23 ..... 189 H3
Tercis-les-Bains 40 ..... 292 D3
Terdeghem 59 ..... 3 H5
Térénez 29 ..... 71 H3
Térénez *Pont de* 29 ..... 75 G4
Tergnier 02 ..... 24 B4
Terjat 03 ..... 208 D1
Termes 08 ..... 43 E3
Termes 11 ..... 338 B2
Termes 48 ..... 263 H1
Termes-d'Armagnac 32 ..... 295 E4
Termignon 73 ..... 235 E5
Terminiers 28 ..... 110 C4
Ternand 69 ..... 212 C3
Ternant 17 ..... 201 G3
Ternant 21 ..... 159 H4
Ternant 58 ..... 175 H4
Ternant-les-Eaux 63 ..... 227 H4
Ternas 62 ..... 12 D2
Ternat 52 ..... 117 E5
Ternay 41 ..... 131 E4
Ternay 69 ..... 231 E2
Ternay 86 ..... 168 C1
Ternay *Barrage du* 07 ..... 230 D5
Les Ternes 15 ..... 245 G4
Ternuay-Melay-
et-Saint-Hilaire 70 ..... 142 A1
Terny-Sorny 02 ..... 40 B2
Terramesnil 80 ..... 12 D4
Terrans 71 ..... 178 C3
La Terrasse 38 ..... 233 F5
Terrasse
Panorama de la 69 ..... 212 C1
La Terrasse-sur-Dorlay 42 .. 230 C4
Terrasson-Lavilledieu 24 ..... 241 H3
Terrats 66 ..... 342 D3
Terraube 32 ..... 296 A1
Terre-Clapier 81 ..... 299 G2
Terrebasse 31 ..... 317 E5
Terrefondrée 21 ..... 138 D3
Terrehault 72 ..... 108 A2
Terrenoire 42 ..... 230 B4
Les Terres-de-Chaux 25 ..... 163 F2
La Terrisse 12 ..... 263 F2
Terroles 11 ..... 337 H2
Terron-sur-Aisne 08 ..... 42 D1
Terrou 46 ..... 261 F1
Tersanne 26 ..... 249 G1
Tersannes 87 ..... 187 H5
Terssac 81 ..... 299 F1
Le Tertre
Parc zoologique 72 ..... 129 G4
Le Tertre-Saint-Denis 78 ..... 57 E2
Tertry 80 ..... 23 H2
Terves 79 ..... 167 G4
Terville 57 ..... 45 G3
Tessancourt-sur-Aubette 78 57 H1
Tessé-Froulay 61 ..... 82 C2
Tessé-la-Madeleine 61 ..... 82 C2
Tessel 14 ..... 33 E4
Tessens 73 ..... 234 C2
Tesson 17 ..... 219 F2
Tessonnière 79 ..... 168 A4
La Tessoualle 49 ..... 167 E1
Tessy Bocage 50 ..... 52 B1
La Teste-de-Buch 33 ..... 254 B3
Tétaigne 08 ..... 27 G4
Tête des Cuveaux 88 ..... 119 H3
Téteghem-
Coudekerque-Village 59 ..... 3 G2
Téterchen 57 ..... 46 D4
Téthieu 40 ..... 293 E2
Teting-sur-Nied 57 ..... 66 D1
Teuillac 33 ..... 237 G3
Teulat 81 ..... 298 C4
Le Teulet 19 ..... 243 G4
Teurthéville-Bocage 50 ..... 29 G3
Teurthéville-Hague 50 ..... 28 D3
Teyjat 24 ..... 222 B2
Teyran 34 ..... 303 E4
Teyssières 26 ..... 267 H5
Teyssieu 46 ..... 243 F5
Teyssode 81 ..... 298 D4
Thaas 51 ..... 61 F5
Thaims 17 ..... 219 E2
Thairé 17 ..... 200 D2
Thaix 58 ..... 175 G3
Thal-Drulingen 67 ..... 67 H3
Thal-Marmoutier 67 ..... 68 B5
Thalamy 19 ..... 226 C3
Thann 68 ..... 142 D1
Thannenkirch 68 ..... 97 E5
Thanvillé 67 ..... 97 E4
Thaon 14 ..... 33 F3
Thaon-les-Vosges 88 ..... 95 F5
Tharaux 30 ..... 284 B2
Tharoiseau 89 ..... 157 H2
Tharon-Plage 44 ..... 146 C4
Tharot 89 ..... 157 H1
Thaumiers 18 ..... 173 G4
Thauron 23 ..... 207 E3
Thauvenay 18 ..... 156 A3
Thèbe 65 ..... 334 A3
Théding 57 ..... 47 F5
Thédirac 46 ..... 259 H3
Thégra 46 ..... 260 D1
Théhillac 56 ..... 125 G5
Le Theil 03 ..... 191 H4
Le Theil 15 ..... 244 C3
Le Theil 23 ..... 206 C3
Le Theil 50 ..... 29 F3
Le Theil 61 ..... 108 C2
Le Theil-Bocage 14 ..... 52 D2
Le Theil-de-Bretagne 35 ..... 104 D5
Le Theil-en-Auge 14 ..... 34 D3
Le Theil-Nolent 27 ..... 35 F5
Theil-Rabier 16 ..... 203 E2
Theil-sur-Vanne 89 ..... 113 H3
Theillay 41 ..... 154 B3
Theillement 27 ..... 35 H3
Theix-Noyalo 56 ..... 124 C4
Theizé 69 ..... 212 C3
Thel 69 ..... 212 B1
Théligny 72 ..... 108 D3
Thélis-la-Combe 42 ..... 230 C5
Thélod 54 ..... 94 C2
Thelonne 08 ..... 27 F4
Thélus 62 ..... 8 B5
Théméricourt 95 ..... 57 H1
Thémines 46 ..... 261 E2
Théminettes 46 ..... 261 E2
Thénac 17 ..... 219 F1
Thénac 24 ..... 257 G2
Thenailles 02 ..... 25 F2
Thenay 36 ..... 188 C1
Thenay 41 ..... 153 E2
Thenelles 02 ..... 24 C2
Thénésol 73 ..... 216 A5
Theneuil 37 ..... 169 F1
Theneuille 03 ..... 191 F1
Thénezay 79 ..... 168 C5
Thénioux 18 ..... 154 B4
Thenissey 21 ..... 159 F1
Thénisy 77 ..... 89 F3
Thennelières 10 ..... 91 E5
Thennes 80 ..... 22 D3
Thenon 24 ..... 241 F2
Thénorgues 08 ..... 43 F2
Théoule-sur-Mer 06 ..... 309 E5
Therdonne 60 ..... 38 A2
Théret *Château du* 23 ..... 207 F2
Thérines 60 ..... 21 H5
Thermes-Magnoac 65 ..... 316 B5
Thérondels 12 ..... 245 E5
Thérouanne 62 ..... 7 F2
Thérouldeville 76 ..... 19 F3
Thervay 39 ..... 161 F4
Thésée 41 ..... 153 E3
Thésy 39 ..... 179 H2
Theuley 70 ..... 140 C4
Théus 05 ..... 269 H4
Theuville 28 ..... 86 B5
Theuville 95 ..... 38 A5
Theuville-aux-Maillots 76 ..... 19 F3
Theuvy-Achères 28 ..... 85 H2
Thevet-Saint-Julien 36 ..... 189 H1
Théville 50 ..... 29 G3
Thevray 27 ..... 55 G2
They-sous-Montfort 88 ..... 118 C2
They-sous-Vaudemont 54 ..... 94 C4

Theys 38 233 F5
Théza 66 343 F2
Thézac 17 219 E1
Thézac 47 259 E5
Thézan-des-Corbières 11 338 C1
Thézan-lès-Béziers 34 321 F3
Thèze 04 287 F1
Thèze 64 314 B2
Thézey-Saint-Martin 54 66 B3
Théziers 30 304 B1
Thézillieu 01 214 C4
Thézy-Glimont 80 22 C3
Thiais 94 58 C4
Thiancourt 90 142 D4
Thianges 58 175 F3
Thiant 59 14 D2
Thiat 87 187 G5
Thiaucourt-Regniéville 54 65 F3
Thiaville-sur-Meurthe 54 96 A3
Thiberville 27 35 E5
Thibie 51 62 A2
Thibivillers 60 37 H3
Thibouville 27 35 G5
Thicourt 57 66 D2
Thiébauménil 54 95 G1
Thiéblemont-Farémont 51 62 D5
Thiébouhans 25 163 G3
Thieffrain 10 115 G2
Thieffrans 70 141 G5
Thiéfosse 88 120 A4
Thiel-sur-Acolin 03 192 C2
Thiembronne 62 7 E3
Thiénans 70 162 B1
Thiennes 59 7 H2
Thiepval 80 13 F5
Thiergeville 76 19 E3
Thiernu 02 25 E3
Thiers 63 210 C4
Thiers-sur-Thève 60 38 D5
Thierville 27 35 G4
Thierville-sur-Meuse 55 44 B5
Thiéry 06 289 G4
Thiescourt 60 23 G5
Thiétreville 76 19 F3
Le Thieulin 28 85 G4
Thieulloy-la-Ville 80 21 H3
Thieulloy-l'Abbaye 80 21 H2
Thieuloy-Saint-Antoine 60 21 H4
La Thieuloye 62 7 G5
Thieux 60 38 C1
Thieux 77 59 E1
Thiéville 14 54 A1
Thièvres 62 13 E4
Thiézac 15 244 D4
Thignonville 45 111 G2
Thil 01 213 G5
Thil 10 92 B5
Le Thil 27 37 E3
Thil 31 297 F3
Thil 51 41 G3
Thil 54 45 F2
Thil-la-Ville 21 158 D2
Thil-Manneville 76 20 A2
Le Thil-Riberpré 76 21 E4
Thil-sur-Arroux 71 176 B4
Thilay 08 27 E2
Le Thillay 95 58 D2
Thilleux 52 92 B4
Les Thilliers-en-Vexin 27 37 E4
Thillois 51 41 G4
Thillombois 55 64 B3
Thillot 55 64 D2
Le Thillot 88 120 A5
Thilouze 37 151 G4
Thimert 28 85 H2
Thimonville 57 66 B2
Thimory 45 134 C2
Thin-le-Moutier 08 26 B3
Thines 07 265 G5
Thiolières 63 228 D2
Thionne 03 192 C3
Thionville 57 45 H3
Thionville-sur-Opton 78 57 E4
Thiouville 76 19 F4
Thiraucourt 88 94 C5
Thiré 85 183 G1
Thiron Gardais 28 85 F5
This 08 26 C3
Thise 25 162 A3
Thivars 28 86 A4
Thivencelle 59 9 H4
Thiverny 60 38 C4
Thiverval-Grignon 78 57 H3
Thivet 52 117 F4
Thiviers 24 223 E4
Thiville 28 110 A4
Thizay 36 172 B3
Thizay 37 150 D5
Thizy-les-Bourgs 69 212 A2
Thizy 89 137 F5
Thoard 04 287 H3
Thodure 38 231 H5
Thoigné 72 83 H5
Thoiras 30 283 F4
Thoiré-sous-Contensor 72 83 H5
Thoiré-sur-Dinan 72 130 C3
Thoires 21 116 A5
Thoirette 39 196 B4
Thoiria 39 196 D1
Thoiry 01 197 F5
Thoiry 73 233 G2
Thoiry 78 57 G3
Thoissey 01 213 E1
Thoissia 39 196 A3
Thoisy-la-Berchère 21 158 D4
Thoisy-le-Désert 21 159 E4
Thoix 80 22 A4
Thol-lès-Millières 52 117 G3
Thollet 86 187 H3
Thollon-les-Mémises 74 198 C3
Le Tholonet 13 306 A5
Le Tholy 88 120 A3
Thomer-la-Sôgne 27 56 B3
Thomery 77 88 C4
Thomirey 21 177 F1
Thonac 24 241 F4
Thônes 74 216 A3
Thonnance-lès-Joinville 52 93 E3
Thonnance-les-Moulins 52 93 F4
Thonne-la-Long 55 44 B1
Thonne-le-Thil 55 44 B1
Thonne-les-Prés 55 44 B1
Thonnelle 55 44 B1
Thonon-les-Bains 74 198 B3
Les Thons 88 118 B4
Thonville 57 66 D2
Le Thor 84 305 E1
Thorailles 45 112 D4
Thoraise 25 161 H4
Thorame-Basse 04 288 C3
Thorame-Haute 04 288 D3
Thorame-Haute-Gare 04 288 D4
Thoras 43 246 C5
Thoré-la-Rochette 41 131 F3
Thorée-les-Pins 72 129 H4
Thorenc 06 308 D1
Thorens-Glières 74 215 H2
Thorey 89 137 F2
Thorey-en-Plaine 21 160 B4
Thorey-Lyautey 54 94 C3
Thorey-sous-Charny 21 159 E3
Thorey-sur-Ouche 21 159 G5
Thorigné 79 185 F4
Thorigné-d'Anjou 49 128 B4
Thorigné-en-Charnie 53 106 D4
Thorigné-Fouillard 35 104 C2
Thorigné-sur-Dué 72 108 B4
Thorigny 85 183 E1
Thorigny-
sur-le-Mignon 79 201 G1
Thorigny-sur-Marne 77 59 E3
Thorigny-sur-Oreuse 89 89 H5
Le Thoronet 83 307 H5
Thoronet *Abbaye du* 83 307 H5
Thorrenc 07 249 E1
Thors 10 92 B5
Thors 17 202 B4
Thory 80 22 C4
Thory 89 137 E5
Thoste 21 158 C2
Le Thot 24 241 F4
Le Thou 17 201 E1
Thou 18 155 G2
Thou 45 135 E5
Thouarcé 49 149 G3
Thouaré-sur-Loire 44 147 H3
Thouars 79 168 A2
Thouars-sur-Arize 09 317 G5
Thouars-sur-Garonne 47 275 G2
Thouarsais-
Bouildroux 85 183 H1
Le Thoult-Trosnay 51 61 E3
Le Thour 08 25 G5
Le Thoureil 49 150 A2
Thourie 35 126 D2
Thouron 87 205 G3
Thourotte 60 39 G1
Thoury 41 132 C5
Thoury-Férottes 77 88 D5
Thoux 32 297 E4
Thubœuf 53 82 C3
Le Thuel 02 25 G4
Thuellin 38 232 B1
Thuès-entre-Valls 66 341 H4
Thueyts 07 266 A2
Thugny-Trugny 08 42 B1
La Thuile 73 233 G2
Les Thuiles 04 270 C5
Thuilley-aux-Groseilles 54 94 C2
Thuillières 88 118 C2
Thuir 66 342 D2
Thuisy 10 114 C2
Le Thuit 27 36 D4
Le Thuit-Anger 27 36 A3
Thuit-Hébert 27 35 H3
Le Thuit-Signol 27 36 A4
Le Thuit-Simer 27 35 H4
Thulay 25 142 C5
Thumeréville 54 45 E5
Thumeries 59 8 D4
Thun-l'Évêque 59 14 C3
Thun-Saint-Amand 59 9 G4
Thun-Saint-Martin 59 14 C3
Thurageau 86 169 E4
Thuré 86 169 F4
Thuret 63 210 A3
Thurey 71 178 B4
Thurey-le-Mont 25 162 A2
Thurins 69 230 D1
Thury 21 177 E1
Thury 89 135 H5
Thury-en-Valois 60 39 H5
Thury-Harcourt 14 53 F1
Thury-sous-Clermont 60 38 C3
Thusy 74 215 F3
Thuy 65 315 G4
Thyez 74 216 B1
Thyl 73 252 B1
Tibiran-Jaunac 65 334 A2
Ticheville 61 54 D2
Tichey 21 178 C1
Tieffenbach 67 68 A3
Tiercé 49 128 D5
Tiercelet 54 45 E2
Le Tiercent 35 80 D4
Tierceville 14 33 F3
Tieste-Uragnoux 32 295 E5
La Tieule 48 281 H1
Tiffauges 85 166 C1
Tigeaux 77 59 G4
Tigery 91 88 A2
Tignac 09 336 C5
Tigné 49 149 H4
Tignécourt 88 118 B4
Tignes 73 235 E3
Tignes *Barrage de* 73 235 F2
Le Tignet 06 308 D3
Tignieu-Jameyzieu 38 213 H5
Tigny-Noyelle 62 6 B5
Tigy 45 133 H3
Til-Châtel 21 160 B1
Tilh 40 293 F4
Tilhouse 65 333 G1
Tillac 32 315 G2
Tillay-le-Péneux 28 110 D3
Tillé 60 38 A1
Tillenay 21 160 D4
Le Tilleul 76 18 C4
Tilleul-Dame-Agnès 27 55 H1
Le Tilleul-Lambert 27 56 A1
Le Tilleul-Othon 27 35 G5
Tilleux 88 94 A5
Tillières 49 148 B5
Tillières-sur-Avre 27 56 A4
Tilloloy 80 23 F4
Tillou 79 202 D1
Tilloy-et-Bellay 51 62 C1
Tilloy-Floriville 80 11 F5
Tilloy-lès-Conty 80 22 B4
Tilloy-lès-Hermaville 62 13 E2
Tilloy-lès-Mofflaines 62 13 G2
Tilloy-lez-Cambrai 59 14 B3
Tilloy-lez-Marchiennes 59 9 F5
Tilly 27 37 E5
Tilly 36 188 A3
Tilly 78 57 E3
Tilly-Capelle 62 7 F4
Tilly-la-Campagne 14 33 G5
Tilly-sur-Meuse 55 64 B2
Tilly-sur-Seulles 14 33 E4
Tilques 62 3 F5
Tincey-et-Pontrebeau 70 140 C5
Tinchebray 61 52 D4
Tincourt-Boucly 80 23 H1
Tincques 62 7 H5
Tincry 57 66 C3
Les Tines 74 217 E2
Tingry 62 6 B3
Tinqueux 51 41 G4
Tinténiac 35 80 A4
Tintry 71 177 E2
Tintury 58 175 F2
Tiranges 43 247 G1
Tirent-Pontéjac 32 296 C5
Tirepied 50 51 H4
Tissey 89 136 D2
Le Titre 80 11 G2
Tiuccia 2A 348 B2
Tivernon 45 111 E3
Tiviers 15 245 H3
Tivolaggio 2A 350 D2
Tizac-de-Curton 33 256 B1
Tizac-de-Lapouyade 33 238 B3
Tizzano 2A 350 D3
Tocane-Saint-Apre 24 239 H1
Tocqueville 27 35 F2
Tocqueville 50 29 G2
Tocqueville-en-Caux 76 19 H3
Tocqueville-les-Murs 76 19 E4
Tocqueville-sur-Eu 76 10 C4
Tœufles 80 11 F4
Toges 08 42 D2
Togny-aux-Bœufs 51 62 B3
Tolla 2A 348 D3
Tollaincourt 88 118 A3
Tollent 62 11 H1
Tollevast 50 29 E3
La Tombe 77 89 E4
Tombebœuf 47 257 H4
Tomblaine 54 65 H5
Tomino 2B 345 G2
Les Tonils 26 267 H3
Tonnac 81 279 E4
Tonnay-Boutonne 17 201 F3
Tonnay-Charente 17 201 E3
Tonneins 47 275 G1
Tonnerre 89 137 E2
Tonneville 50 28 D3
Tonnoy 54 95 E2
Tonquédec 22 72 D4
Tonquédec *Château de* 22 72 C4
Torcé 35 105 E3
Torcé-en-Vallée 72 108 A3
Torcé-Viviers-
en-Charnie 53 106 D3
Torcenay 52 139 H2
Torchamp 61 82 A2
Torchefelon 38 232 B3
Torcheville 57 67 F3
Torcieu 01 214 A3
Torcy 62 6 D4
Torcy 71 177 E4
Torcy 77 59 E3
Torcy-en-Valois 02 60 B1
Torcy-et-Pouligny 21 158 C1
Torcy-le-Grand 10 91 E3
Torcy-le-Grand 76 20 B3
Torcy-le-Petit 10 91 E3
Torcy-le-Petit 76 20 B2
Tordères 66 342 D3
Tordouet 14 54 D1
Torfou 49 166 B1
Torfou 91 87 G3
Torigny-les-Villes 50 52 B1
Tornac 30 283 G5
Tornay 52 140 A4
Le Torp-Mesnil 76 19 H4
Torpes 25 161 H4
Torpes 71 178 D3
Le Torpt 27 34 D3
Le Torquesne 14 34 C4
Torre 2A 351 G2
Torreilles 66 339 E5
Torsac 16 221 F3
Torsiac 43 228 A5
Tortebesse 63 226 D1
Tortefontaine 62 11 H1
Tortequesne 62 14 A2
Torteron 18 174 B2
Torteval-Quesnay 14 32 D5
Tortezais 03 191 F3
Tortisambert 14 54 B2
Le Tortoir 02 24 C5
Torvilliers 10 114 D2
Torxé 17 201 G3
Tosny 27 36 D4
Tosse 40 292 B3
Tossiat 01 214 A1
Tostat 65 315 F3
Tostes 27 36 B4
Totainville 88 94 C4
Tôtes 14 54 B2
Tôtes 76 20 A4
Touchay 18 172 D5
La Touche 26 267 F4
Touche-Trébry
Château de la 22 78 C5
Les Touches 44 147 H1
Les Touches-
de-Périgny 17 202 C4
Toucy 89 135 H4
Toudon 06 289 H5
Touët-de-l'Escarène 06 291 F5
Touët-sur-Var 06 289 G5
Touffailles 82 277 E2
Toufflers 59 9 E2
Touffou *Château de* 86 186 D1
Touffréville 14 33 H4
Touffreville 27 36 D3
Touffreville-la-Cable 76 35 F1
Touffreville-la-Corbeline 76 19 G5
Touffreville-sur-Eu 76 10 C4
Touget 32 296 D4
Touille 31 335 E1
Touillon 21 137 H4
Touillon-et-Loutelet 25 180 C3
Toujouse 32 294 C2
Toul 54 94 B1
Toul Goulic *Gorges de* 22 77 F4
Toulaud 07 249 E5
Toulenne 33 256 B4
Touligny 08 26 C4
Toulis-et-Attencourt 02 25 E4
Toullaëron *Roc de* 29 76 C5
Toulon 83 328 A4
Toulon-la-Montagne 51 61 F3
Toulon-sur-Allier 03 192 B2
Toulon-sur-Arroux 71 176 C5
Toulonjac 12 279 F1
Toulouges 66 343 E2
Toulouse 31 298 A5
Toulouse *Croix de* 05 252 D4
Toulouse-le-Château 39 179 F3
Toulouzette 40 293 G2
Toulx-Sainte-Croix 23 190 A5
Touques 14 34 C2
Le Touquet-Paris-Plage 62 6 A4
Touquettes 61 55 E4
Touquin 77 59 H5
La Tour 06 291 E4
La Tour 74 216 A1
La Tour-Blanche 24 221 H5
La Tour-d'Aigues 84 306 B3
La Tour-d'Auvergne 63 227 E3
Tour-de-Faure 46 260 D5
La Tour-de-Salvagny 69 212 D5
La Tour-de-Scay 25 162 B2
La Tour-du-Crieu 09 336 B1
La Tour-du-Meix 39 196 C2
Le Tour-du-Parc 56 124 C5
La Tour-du-Pin 38 232 B2
Tour-en-Bessin 14 32 D3
La Tour-en-Jarez 42 230 B3
Tour-en-Sologne 41 153 F1
La Tour-Fondue 83 328 C5
La Tour-Saint-Gelin 37 169 F1
La Tour-sur-Orb 34 301 F4
Tourailles 41 131 H4
Les Tourailles 61 53 G4
Tourailles-sous-Bois 55 93 G3
Tourbes 34 321 H2
Tourcelles-Chaumont 08 42 C2
Tourch 29 100 B3
Tourcoing 59 5 E5
Tourdun 32 295 F5
La Tourette 19 226 B3
La Tourette 42 229 G4
La Tourette-Cabardès 11 319 H3
Tourette-du-Château 06 289 H5
Tourgéville 14 34 B3
La Tourlandry 49 149 F5
Tourlaville 50 29 F3
Tourliac 47 258 D2
Tourly 60 37 H4
Tourmalet *Col du* 65 333 F3
Tourmignies 59 8 D4
Tourmont 39 179 F3
Tournai-sur-Dive 61 54 B3
Tournan 32 316 C2
Tournan-en-Brie 77 59 F4
Tournans 25 162 C1
Tournavaux 08 26 D2
Tournay 65 315 G5
Tournay-sur-Odon 14 33 E5
Le Tourne 33 255 H2
Tournebu 14 53 G2
Tournecoupe 32 296 C2
Tournedos-Bois-Hubert 27 56 A1
Tournedos-sur-Seine 27 36 C3
Tournedoz 25 163 E2
Tournefeuille 31 297 H5
Tournefort 06 289 H5
Tournehem-sur-la-Hem 62 3 E4
Tournemire 12 281 G5
Tournemire 15 244 C3
Tournes 08 26 C2
Le Tourneur 14 52 D2
Tourneville 27 36 B5
Tourniac 15 243 H2
Tournières 14 32 C3
Tourniol *Col de* 26 249 H4
Tournissan 11 338 B1
Tournoël *Château de* 63 209 G4
Tournoisis 45 110 B5
Tournon 73 234 A1
Tournon-d'Agenais 47 277 E1
Tournon-Saint-Martin 36 170 B5
Tournon-Saint-Pierre 37 170 B5
Tournon-sur-Rhône 07 249 E3
Tournous-Darré 65 315 H4
Tournous-Devant 65 315 H4
Tournus 71 195 E1
Tourny 27 37 E5
Tourouvre-au-Perche 61 84 C2
Tourouzelle 11 320 C4
Tourreilles 11 337 F2
Les Tourreilles 31 334 A1
Tourrenquets 32 296 B3
Tourrette
Château de la 07 248 D5
Tourrette-Levens 06 291 E5
Les Tourrettes 26 267 E2
Tourrettes 83 308 C3
Tourrettes-sur-Loup 06 309 F2
Tourriers 16 203 F5
Tours 37 151 H2
Tours-en-Savoie 73 234 B1
Tours-en-Vimeu 80 11 F4
Tours-Saint-Symphorien
Aéroport de 37 152 A2
Tours-sur-Marne 51 61 H1
Tours-sur-Meymont 63 228 C2
Tourtenay 79 168 B1
Tourteron 08 26 C5
Tourtoirac 24 241 F1
Tourtour 83 307 H4
Tourtouse 09 335 F1
Tourtrès 47 257 H4
Tourtrol 09 336 C2
Tourves 83 328 A1
Tourville-en-Auge 14 34 C3
Tourville-la-Campagne 27 35 H4
Tourville-la-Chapelle 76 10 C5
Tourville-la-Rivière 76 36 B3
Tourville-les-Ifs 76 19 E3
Tourville-sur-Arques 76 20 B2
Tourville-sur-Odon 14 33 F5
Tourville-
sur-Pont-Audemer 27 35 E3
Tourville-sur-Sienne 50 31 F5
Toury 28 111 E2
Toury-Lurcy 58 175 E5
Toury-sur-Jour 58 174 D5
Tourzel-Ronzières 63 227 H3
Toussaint 76 19 E3
Toussieu 69 231 F1
Toussieux 01 213 E3
Tousson 77 88 A5
La Toussuire 73 233 H5
Toussus-le-Noble 78 58 A4
Toutainville 27 35 E2
Toutenant 71 178 B3
Toutencourt 80 13 E5
Toutens 31 318 C2
Toutes Aures *Col de* 04 288 D5
Toutlemonde 49 167 E1
Toutry 21 158 B1
Touvérac 16 220 C4
Le Touvet 38 233 F4
Touville 27 35 G3
Touvois 44 165 F2
Touvre 16 221 G1
Touzac 16 220 C3
Touzac 46 259 F5
Tox 2B 347 G5
Toy-Viam 19 225 F2
Trabuc *Grotte de* 30 283 G4
Tracol *Col de* 43 248 B1
Tracy-Bocage 14 33 E5
Tracy-le-Mont 60 39 H1
Tracy-le-Val 60 39 H1
Tracy-sur-Loire 58 156 A3
Tracy-sur-Mer 14 33 E2
Trades 69 194 C5
Traenheim 67 97 F1
Tragny 57 66 B2
Traînel 10 89 H4
Traînou 45 111 F5
Le Trait 76 35 H1
Traitiéfontaine 70 162 A2
Traize 73 232 D1
Tralaigues 63 208 D4

Tralonca *2B* 347 F4
Tramain *22* 79 E4
Tramayes *71* 194 C4
Trambly *71* 194 C4
Tramecourt *62* 7 E4
Tramery *51* 41 E4
Tramezaïgues *65* 333 G4
Tramolé *38* 232 A3
Tramont-Émy *54* 94 B4
Tramont-Lassus *54* 94 C4
Tramont-Saint-André *54* 94 B4
Tramoyes *01* 213 F4
Trampot *88* 93 G4
Trancault *10* 90 A4
La Tranche-sur-Mer *85* 182 D3
La Tranclière *01* 213 H1
Trancrainville *28* 110 D2
Trangé *72* 107 G4
Le Tranger *36* 170 D2
Trannes *10* 91 H5
Tranqueville-Graux *88* 94 B3
Trans *53* 82 D5
Trans-en-Provence *83* 308 A5
Trans-la-Forêt *35* 80 C2
Trans-sur-Erdre *44* 148 A1
Le Translay *80* 11 F5
Le Transloy *62* 13 H5
Tranzault *36* 189 F1
La Trappe *Abbaye de* *61* 55 F5
Trappes *78* 57 H4
Trassanel *11* 320 A3
Traubach-le-Bas *68* 143 E2
Traubach-le-Haut *68* 142 D2
Trausse *11* 320 B4
Travaillan *84* 285 F3
Travecy *02* 24 B4
Traversères *32* 296 B5
Traves *70* 140 D4
Le Travet *81* 299 H2
Le Trayas *83* 309 E5
Trayes *79* 167 G5
Tréal *56* 125 G2
Tréauville *50* 28 D4
Trébabu *29* 74 C2
Treban *03* 191 H3
Tréban *81* 280 B4
Trébas *81* 300 A1
Trébédan *22* 79 F4
Trèbes *11* 320 A5
Trébeurden *22* 72 B3
Trébons *65* 333 F1
Trébons-de-Luchon *31* 334 A4
Trébons-sur-la-Grasse *31* 318 C2
Tréboul *29* 75 F5
Tréboul *Pont de* *15* 245 F5
Trébrivan *22* 77 E4
Trébry *22* 78 D5
Tréclun *21* 160 C4
Trécon *51* 61 H3
Trédaniel *22* 78 C4
Trédarzec *22* 73 E3
Trédias *22* 79 F5
Trédion *56* 124 D2
Trédrez-Locquémeau *22* 72 B3
Tréduder *22* 72 B4
Trefcon *02* 23 H2
Treffay *39* 180 A4
Treffendel *35* 103 G3
Treffiagat *29* 99 F5
Treffieux *44* 126 D4
Treffléan *56* 124 D3
Treffort *38* 250 D4
Treffort-Cuisiat *01* 196 A4
Treffrin *22* 76 D4
Tréflaouénan *29* 71 F4
Tréflévénez *29* 75 H2
Tréflez *29* 71 E4
Tréfols *51* 60 C4
Tréfumel *22* 79 G5
Trégarantec *29* 71 E4
Trégarvan *29* 75 G4
Trégastel *22* 72 C2
Trégastel-Plage *22* 72 C2
Tréglamus *22* 72 D5
Tréglonou *29* 70 C4
Trégomar *22* 79 E3
Trégomeur *22* 73 G5
Trégon *22* 50 A5
Trégonneau *22* 73 E4
Trégourez *29* 100 B2
Trégrom *22* 72 C4
Tréguennec *29* 99 F4
Trégueux *22* 78 B3
Tréguidel *22* 73 G5
Tréguier *22* 73 E3
Trégunc *29* 100 A4
Tréhet *41* 130 D4
Tréhorenteuc *56* 103 E4
Le Tréhou *29* 75 H2
Treignac *19* 224 D3
Treignat *03* 190 B4
Treigny *89* 156 C1
Treilles *11* 339 E3
Treilles-en-Gâtinais *45* 112 B4
Treillières *44* 147 G2
Treix *52* 117 E3
Treize-Arbres *Les* *74* 215 G1
Treize-Septiers *85* 166 B1
Treize-Vents *85* 166 D2
Tréjouls *82* 277 G2
Trélans *48* 263 H5
Trélazé *49* 149 H1
Tréléchamp *74* 217 E2
Trélévern *22* 72 D2
Trelins *42* 229 G1
Trélissac *24* 240 D2
Trélivan *22* 79 G4
Trelly *50* 51 G1
Trélon *59* 15 H5
Trélou-sur-Marne *02* 60 D1
Trémaouézan *29* 71 E5
Trémargat *22* 77 F4
Trémauville *76* 19 F4
Trémazan *29* 70 B4
La Tremblade *17* 200 C5
Tremblay *35* 80 D3
Le Tremblay *49* 127 H4
Tremblay-en-France *93* 58 D2
Le Tremblay-les-Villages *28* 86 A2
Le Tremblay-Omonville *27* 35 H5
Le Tremblay-
sur-Mauldre *78* 57 G4
Tremblecourt *54* 65 F4
Le Tremblois *70* 161 E2
Tremblois-lès-Carignan *08* 27 H4
Tremblois-lès-Rocroi *08* 26 B2
Trémeheuc *35* 80 B3
Trémel *22* 72 B4
Tréméloir *22* 73 G5
Trémentines *49* 149 E5
Tréméoc *29* 99 G4
Tréméreuc *22* 79 G3
Trémery *57* 45 H4
Trémeur *22* 79 F5
Tréméven *22* 73 F4
Tréméven *29* 100 D4
Trémilly *52* 92 B4
Tréminis *38* 269 E1
Trémoins *70* 142 B4
Trémolat *24* 240 D5
Trémons *47* 276 D1
Trémont *49* 149 H5
Trémont *61* 84 A2
Trémont-sur-Saulx *55* 63 G4
Trémonzey *88* 119 E4
Trémorel *22* 103 E1
Trémouille *15* 226 D5
Trémouille-Saint-Loup *63* 226 C4
Trémouilles *12* 280 D2
Trémoulet *09* 336 C1
Trémuson *22* 78 A3
Trenal *39* 179 E5
Trensacq *40* 273 F2
Trentels *47* 258 D5
Tréogan *22* 76 D5
Tréogat *29* 99 F3
Tréon *28* 56 C5
Tréouergat *29* 70 B5
Trépail *51* 41 H5
Trépassés *Baie des* *29* 98 C2
Trépied *62* 6 B4
Le Tréport *76* 10 D4
Trépot *25* 162 B4
Tréprel *14* 53 G2
Trept *38* 232 A1
Trésauvaux *55* 64 D1
Tresbœuf *35* 104 C5
Trescault *62* 14 A4
Treschenu-Creyers *26* 268 C2
Trescléoux *05* 287 E1
Trésilley *70* 162 A1
Treslon *51* 41 F4
Tresnay *58* 174 C5
Trespoux-Rassiels *46* 277 H1
Tresques *30* 284 D4
Tressaint *22* 79 G4
Tressan *34* 302 A5
Tressandans *25* 162 C1
Tressange *57* 45 F2
Tressé *35* 80 A3
Tresserre *66* 343 E3
Tresserve *73* 233 E1
Tresses *33* 237 H5
Tressignaux *22* 73 G5
Tressin *59* 9 E3
Tresson *72* 130 D2
Treteau *03* 192 C4
La Trétoire *77* 60 A3
Trets *13* 327 G1
Treux *80* 23 E1
Treuzy-Levelay *77* 112 C2
Trévans *04* 288 A5
Trévé *22* 102 B1
Trévenans *90* 142 C4
Tréveneuc *22* 73 G4
Tréveray *55* 93 F1
Trévérec *22* 73 F4
Trévérien *35* 79 H5
Trèves *30* 282 B4
Trèves *69* 230 D3
Trèves-Cunault *49* 150 B3
Trevey *70* 141 F5
Trévezel *Roc* *29* 76 A2
Trévien *81* 279 G4
Trévières *14* 32 C3
Trévignin *73* 233 F1
Trévillach *66* 342 B2
Tréville *11* 319 E3
Trévillers *25* 163 G3
Trévilly *89* 158 B1
Trevol *03* 192 A1
Trévou-Tréguignec *22* 72 D2
Trévoux *01* 213 E3
Le Trévoux *29* 100 C4
Trévron *22* 79 G4
Trézelles *03* 192 C4
Trézény *22* 72 D3
Trézien *Phare de* *29* 74 C2
Tréziers *11* 337 E2
Trézilidé *29* 71 F4
Trézioux *63* 228 C1
Triac-Lautrait *16* 220 D1
Le Triadou *34* 302 D3
Triaize *85* 183 F3
Triaucourt-en-Argonne *55* 63 G1
Tribehou *50* 32 A4
La Tricherie *86* 169 F5
Trichey *89* 115 E5
Triconville *55* 64 B5
Tricot *60* 23 E5
Trie-Château *60* 37 G3
Trie-la-Ville *60* 37 G3
Trie-sur-Baïse *65* 315 H4
Triel-sur-Seine *78* 57 H2
Triembach-au-Val *67* 97 E4
Trieux *54* 45 F3
Trigance *83* 308 A2
Trigavou *22* 79 G3
Trignac *44* 146 C2
Trigny *51* 41 F3
Triguères *45* 113 E5
Trilbardou *77* 59 F2
Trilla *66* 338 A5
Trilport *77* 59 G2
Trimbach *67* 69 F2
Trimer *35* 79 H5
La Trimouille *86* 187 H3
Trimouns
Carrière de talc de *09* 336 C4
Trinay *45* 111 E4
La Trinitat *15* 263 G2
La Trinité *06* 309 H2
La Trinité *27* 56 C2
La Trinité *50* 51 H3
La Trinité *73* 233 H3
La Trinité *Chapelle de la* *29* 99 E3
Trinité *Ermitage de la* *2A* 351 F4
La Trinité-de-Réville *27* 55 E2
La Trinité-
de-Thouberville *27* 35 H2
La Trinité-des-Laitiers *61* 54 D4
La Trinité-du-Mont *76* 19 F5
La Trinité-Langonnet *56* 77 E5
La Trinité-Porhoët *56* 102 C2
La Trinité-sur-Mer *56* 123 H4
La Trinité-Surzur *56* 124 D4
Triors *26* 249 H3
Le Trioulou *15* 261 H3
Tripleville *41* 110 A5
Triquerville *76* 35 F1
Triqueville *27* 35 E3
Trith-Saint-Léger *59* 14 D2
Tritteling-Redlach *57* 66 D1
Trivy *71* 194 B3
Trizac *15* 244 C1
Trizay *17* 201 E4
Trizay-Coutretot-
Saint-Serge *28* 85 E5
Trizay-lès-Bonneval *28* 109 H2
Troarn *14* 33 H4
Troche *19* 224 B5
Trochères *21* 160 C3
Trocy-en-Multien *77* 59 G1
Troësnes *02* 40 A4
Troguéry *22* 73 E3
Trogues *37* 151 G5
Trois Communes
Pointe des *06* 291 G3
Les Trois-Épis *68* 120 D2
Trois-Fonds *23* 190 A5
Trois-Fontaines-l'Abbaye *51* 63 F4
Trois-Maisons *57* 68 A4
Trois-Monts *14* 53 F1
Les Trois-Moutiers *86* 168 C1
Trois-Palis *16* 221 E2
Les Trois-Pierres *76* 19 E5
Trois-Puits *51* 41 G4
Trois Termes *Pic des* *66* 343 F4
Trois-Vèvres *58* 175 E3
Trois-Villes *64* 331 F1
Troischamps *52* 139 H2
Troisfontaines *52* 92 D2
Troisfontaines *57* 67 H5
Troisgots *50* 52 B1
Troissereux *60* 38 A1
Troissy *51* 61 E1
Troisvaux *62* 7 G5
Troisvilles *59* 14 D4
Tromarey *70* 161 F3
Tromborn *57* 46 D4
Tronçais *Forêt de* *03* 191 E1
Troncens *32* 315 G2
La Tronche *38* 250 D1
Le Tronchet *35* 80 A2
Le Tronchet *72* 107 G2
Tronchoy *52* 117 F5
Tronchoy *80* 21 G2
Tronchoy *89* 137 E2
Tronchy *71* 178 B4
Le Troncq *27* 35 H4
Trondes *54* 65 E5
Tronget *03* 191 G3
Tronjoly *Château de* *29* 71 F3
Le Tronquay *14* 32 D4
Le Tronquay *27* 36 D2
Tronsanges *58* 174 B1
Tronville *54* 65 F1
Tronville-en-Barrois *55* 63 H4
Troo *41* 131 E3
Trosly-Breuil *60* 39 G2
Trosly-Loire *02* 40 A1
Trouans *10* 62 A5
Troubat *65* 334 A2
La Trouche *88* 96 A3
Trouhans *21* 160 C5
Trouhaut *21* 159 G2
Trouillas *66* 343 E3
Trouley-Labarthe *65* 315 G4
Troumouse *Cirque de* *65* 333 E5
Troussencourt *60* 22 B5
Troussey *55* 64 D5
Troussures *60* 37 H2
Trouvans *25* 162 C1
Trouville *76* 19 F5
Trouville-la-Haule *27* 35 F2
Trouville-sur-Mer *14* 34 B2
Trouy *18* 173 E2
Troye-d'Ariège *09* 336 D2
Troyes *10* 91 E5
Troyon *55* 64 C2
La Truchère *71* 195 F2
Truchtersheim *67* 68 D5
Trucy *02* 40 D1
Trucy-l'Orgueilleux *58* 157 E2
Trucy-sur-Yonne *89* 136 C5
Le Truel *12* 281 E5
Trugny *21* 178 B2
Truinas *26* 267 H3
Trumilly *60* 39 F4
Trun *61* 54 B3
Trungy *14* 32 D4
Truttemer-le-Grand *14* 52 D4
Truttemer-le-Petit *14* 52 D4
Truyes *37* 152 A4
Tubersent *62* 6 B4
Tuchan *11* 338 C4
Tucquegnieux *54* 45 F4
Tudeils *19* 242 D4
Tudelle *32* 295 G4
Tuffé-Val-de-
la Chéronne *72* 108 B3
Tugéras-Saint-Maurice *17* 219 H5
Tugny-et-Pont *02* 24 A3
Les Tuileries *42* 211 G2
La Tuilière *42* 211 E3
Tuilière *Roche* *63* 227 E2
Tulette *26* 285 F2
Tulle *19* 242 D1
Tullins *38* 232 B5
Tully *80* 11 E3
Tupigny *02* 24 D1
Tupin-et-Semons *69* 231 E3
La Turballe *44* 145 G4
La Turbie *06* 309 H5
Turcey *21* 159 G2
Turckheim *68* 121 E3
Turenne *19* 242 C3
Turgon *16* 203 H3
Turgy *10* 114 D4
Turini *Col de* *06* 291 F3
Turny *89* 114 B4
Turquant *49* 150 C4
Turquestein-Blancrupt *57* 96 C1
Turqueville *50* 29 H5
Turretot *76* 18 C5
Turriers *04* 269 H5
Tursac *24* 241 F4
Tusson *16* 203 E3
Tuzaguet *65* 333 H1
Le Tuzan *33* 255 G5
Tuzie *16* 203 F3

U

Uberach *67* 68 D3
Ubexy *88* 95 E4
Ubraye *04* 289 E5
Ucciani *2A* 348 D2
Ucel *07* 266 B3
Uchacq-et-Parentis *40* 293 H1
Uchaud *30* 303 G3
Uchaux *84* 285 E3
Uchentein *09* 335 E3
Uchizy *71* 195 E2
Uchon *71* 176 C4
Uchon *Signal d'* *71* 176 C4
Uckange *57* 45 G4
Ueberkumen *68* 143 E2
Ueberstrass *68* 143 E4
Uffheim *68* 143 G2
Uffholtz *68* 143 E1
Ugine *73* 216 A5
Uglas *65* 333 H1
Ugnouas *65* 315 F3
Ugny *54* 44 D2
Ugny-le-Gay *02* 24 A4
Ugny-l'Équipée *80* 23 H2
Ugny-sur-Meuse *55* 94 A1
Uhart-Cize *64* 330 C1
Uhart-Mixe *64* 311 G5
Uhlwiller *67* 68 D3
Uhrwiller *67* 68 C3
Ulcot *79* 167 H1
Les Ulis *91* 58 B5
Ully-Saint-Georges *60* 38 B3
Les Ulmes *49* 150 B4
Umpeau *28* 86 C3
Unac *09* 336 C5
Uncey-le-Franc *21* 159 F3
Unchair *51* 41 E3
Ungersheim *68* 121 E5
Unias *42* 229 H2
Unienville *10* 91 H5
Unieux *42* 230 A4
L'Union *31* 298 A4
Untermuhthal *57* 68 C2
Unverre *28* 109 G2
Unzent *09* 318 A5
Upaix *05* 287 F1
Upie *26* 267 G1
Ur *66* 341 E4
Urau *31* 334 D2
Urbalacone *2A* 348 D4
Urbanya *66* 341 H2
Urbeis *67* 96 D4
Urbeis *Col d'* *67* 96 D4
Urbès *68* 120 B5
Urbise *42* 193 F5
Urçay *03* 190 D1
Urcel *02* 40 D1
Urcerey *90* 142 B3
Urciers *36* 189 H2
Urcuit *64* 292 B5
Urcy *21* 159 H4
Urdens *32* 296 C2
Urdès *64* 313 H2
Urdos *64* 331 H4
Urepel *64* 330 A2
Urgons *40* 294 A4
Urgosse *32* 295 E3
Uriage-les-Bains *38* 251 E2
Uriménil *88* 119 F3
Urmatt *67* 97 E2
Urost *64* 314 D3
Urou-et-Crennes *61* 54 B4
Urrugne *64* 310 B3
Urs *09* 336 C5
Urschenheim *68* 121 F2
Urt *64* 292 B5
Urtaca *2B* 345 E5
Urtière *25* 163 G3
Uruffe *54* 94 A2
Urval *24* 259 E1
Urville *10* 116 A3
Urville *14* 53 G1
Urville *50* 29 F5
Urville *88* 118 A2
Urville-Nacqueville *50* 28 D2
Urvillers *02* 24 B3
Ury *77* 88 B5
Urzy *58* 174 C1
Us *95* 37 H5
Usclades-et-Rieutord *07* 265 H1
Usclas-d'Hérault *34* 302 A5
Usclas-du-Bosc *34* 301 H3
Usinens *74* 215 E2
Ussac *19* 242 B2
Ussat *09* 336 B4
Ussé *Château d'* *37* 151 E4
Usseau *79* 201 G1
Usseau *86* 169 G3
Ussel *15* 245 F3
Ussel *19* 226 B3
Ussel *46* 260 B4
Ussel-d'Allier *03* 209 H1
Usson *63* 228 B3
Usson-du-Poitou *86* 186 D5
Usson-en-Forez *42* 229 F5
Ussy *14* 53 H2
Ussy-sur-Marne *77* 59 H2
Ustaritz *64* 310 D3
Ustou *09* 335 G5
Utelle *06* 291 E4
Utelle *Madone d'* *06* 291 E4
Uttenheim *67* 97 G3
Uttenhoffen *67* 68 D2
Uttwiller *67* 68 C3
Uvernet-Fours *04* 270 D5
Uxeau *71* 176 B5
Uxegney *88* 119 F2
Uxelles *39* 196 D1
Uxem *59* 3 H2
Uz *65* 332 D2
Uza *40* 272 B4
Uzan *64* 314 A2
Uzay-le-Venon *18* 173 F4
Uzech *46* 259 H4
Uzein *64* 314 A2
Uzel *22* 78 A5
Uzelle *25* 162 D1
Uzemain *88* 119 F3
Uzer *07* 266 B4
Uzer *65* 333 F1
Uzerche *19* 224 C4
Uzès *30* 284 B5
Uzeste *33* 256 B5
Uzos *64* 314 B5

V

Vaas *72* 130 B4
Vabre *81* 299 H4
Vabre-Tizac *12* 279 G2
Vabres *15* 246 A4
Vabres *30* 283 F5
Vabres-l'Abbaye *12* 300 D1
Vacherauville *55* 44 B5
Vachères *04* 286 D5
Vachères-en-Quint *26* 268 A1
Vacheresse *74* 198 C3
La Vacheresse-
et-la-Rouillie *88* 118 A2
Vacheresses-les-Basses *28* 86 B2
La Vacherie *27* 36 B5
Vacognes *14* 33 F5
Vacon *55* 93 H1
La Vacquerie *14* 32 C5
Vacquerie *80* 12 C4
La Vacquerie-et-Saint-Martin-
de-Castries *34* 302 A2
Vacquerie-le-Boucq *62* 12 C2
Vacqueriette-Erquières *62* 12 B2
Vacqueville *54* 96 A2
Vacqueyras *84* 285 G3
Vacquières *34* 303 E2
Vacquiers *31* 298 A3
Vadans *39* 179 F2
Vadans *70* 161 E2
Vadelaincourt *55* 43 H5
Vadenay *51* 62 B1
Vadencourt *02* 24 D1
Vadencourt *80* 13 E5
Vadonville *55* 64 C4
Vagnas *07* 284 B1

Vagney 88 119 H4
Vahl-Ebersing 57 67 E1
Vahl-lès-Bénestroff 57 67 E3
Vahl-lès-Faulquemont 57 66 D1
Vaiges 53 106 C4
Vailhan 34 301 H5
Vailhauquès 34 302 C4
Vailhourles 12 279 E2
Vaillac 46 260 B3
Vaillant 52 139 F4
Vailly 10 91 E4
Vailly 74 198 B4
Vailly-sur-Aisne 02 40 C2
Vailly-sur-Sauldre 18 155 G2
Vains 50 51 G4
Vairé 85 165 E5
Vaire-Arcier 25 162 B3
Vaire-le-Petit 25 162 B3
Vaire-sous-Corbie 80 22 D1
Vaires-sur-Marne 77 59 E3
Vaison-la-Romaine 84 285 H2
Vaïssac 82 278 C5
Vaite 70 140 B5
La Vaivre 70 119 F5
Vaivre-et-Montoille 70 141 E4
Le Val 83 328 B1
Val *Château de* 15 226 C4
Le Val-André 22 78 D2
Val-Claret 73 235 E3
Le Val-d'Ajol 88 119 G5
Val-d'Auzon 10 91 G4
Le Val-David 27 56 C2
Val-de-Bride 57 67 E4
Val-de-Chalvagne 04 289 F5
Val-de-Fier 74 215 E3
Le Val-de-Gouhenans 70 141 H4
Le Val-de-Guéblange 57 67 G2
Val-de-la-Haye 76 36 A2
Val-de-Mercy 89 136 B4
Val-de-Reuil 27 36 C3
Val-de-Roulans 25 162 B2
Val-de-Saâne 76 20 A4
Val-de-Vesle 51 41 H4
Val-de-Vière 51 62 D3
Val-d'Épy 39 196 A3
Val-des-Prés 05 252 D4
Val d'Esquières 83 329 G2
Val-d'Isère 73 235 F3
Val-d'Izé 35 105 E2
Val-et-Châtillon 54 96 B2
Val-Louron 65 333 H4
Val-Maravel 26 268 C3
Le Val-Saint-Éloi 70 141 F3
Le Val-Saint-Germain 91 87 F2
Le Val-Saint-Père 50 51 G5
Val-Sainte-Marie 25 162 A5
Val-Suzon 21 159 H2
Val-Thorens 73 234 C5
Valady 12 262 B5
Valailles 27 35 F5
Valaire 41 153 E2
Valanjou 49 149 G4
Valaurie 26 267 F5
Valavoire 04 287 H1
Valay 70 161 F3
Valbeleix 63 227 G4
Valbelle 04 287 F3
Valberg 06 289 G3
Valbonnais 38 251 F5
La Valbonne 01 213 G4
Valbonne 06 309 E3
Valbonne *Ancienne Chartreuse de* 30 284 C2
Valcabrère 31 334 A2
Valcanville 50 29 G3
Valcebollère 66 341 F5
Valchevrière *Calvaire de* 38 250 C3
Valcivières 63 229 E2
Valcourt 52 92 C2
Valdahon 25 162 C4
Valdampierre 60 38 A3
Valdeblore 06 291 E2
Le Valdécie 50 29 E5
Valdelancourt 52 116 D3
Valderiès 81 279 H5
Valderoure 06 308 C1
Valdieu-Lutran 68 142 D3
Valdivienne 86 187 E2
Valdoie 90 142 C2
Valdrôme 26 268 D4
Valdurenque 81 299 H5
Valeille 42 230 A1
Valeilles 82 276 D1
Valeins 01 213 E1
Valempoulières 39 179 H3
Valençay 36 153 G5
Valence 16 203 G4
Valence 26 249 F4
Valence-d'Agen 82 276 D4
Valence-d'Albigeois 81 280 B5
Valence-en-Brie 77 88 D4
Valence-sur-Baïse 32 295 H1
Valenciennes 59 9 G5
Valencin 38 231 G2
Valencogne 38 232 C3
Valennes 72 108 D5
Valensole 04 307 E1
Valentigney 25 142 C5
La Valentine 13 327 F1
Valentine 31 334 B1
Valenton 94 58 D4
Valergues 34 303 F4
Valernes 04 287 G2
Valescourt 60 38 C1
Valescure 83 308 D5
Valette 15 244 D1
La Valette 38 251 F4
La Valette 42 212 A5
La Valette-du-Var 83 328 A4
Valeuil 24 222 B5
Valeyrac 33 218 D4
Valezan 73 234 D2
Valferrière *Col de* 06 308 C2
Valff 67 97 F3
Valfin-lès-Saint-Claude 39 197 E2
Valfin-sur-Valouse 39 196 B3
Valflaunès 34 302 D2
Valfleury 42 230 C3
Valframbert 61 83 G3
Valfréjus 73 252 D1
Valfroicourt 88 118 D2
Valgorge 07 265 H4
Valhey 54 66 C5
Valhuon 62 7 G5
Valiergues 19 225 H4
Valignat 03 209 G1
Valigny 03 173 H5
Valines 80 11 F4
Valjouffrey 38 251 G5
Valjouze 15 245 G2
La Valla-en-Gier 42 230 C4
La Valla-sur-Rochefort 42 211 F5
Vallabrègues 30 304 B2
Vallabrix 30 284 C4
Vallan 89 136 B3
Vallangoujard 95 38 A5
Vallans 79 184 C5
Vallant-Saint-Georges 10 90 C3
Vallauris 06 309 F4
Valle-d'Alesani 2B 347 G4
Valle-di-Campoloro 2B 347 H4
Valle-di-Mezzana 2A 348 C2
Valle-di-Rostino 2B 347 F3
Valle-d'Orezza 2B 347 G3
Vallecalle 2B 345 F5
La Vallée 17 201 E4
Vallée *Étang de la* 45 111 G5
La Vallée-au-Blé 02 25 E2
Vallée d'Avérole 73 235 G4
La Vallée-Mulâtre 02 14 D5
Vallègue 31 318 C3
Valleiry 74 215 F1
Vallenay 18 173 E4
Vallentigny 10 91 H3
Vallerange 57 67 E2
Vallérargues 30 284 B4
Valleraugue 30 282 D4
Vallères 37 151 G3
Valleret 52 92 C3
Vallereuil 24 239 H3
Vallerois-le-Bois 70 141 F5
Vallerois-Lorioz 70 141 E5
Valleroy 25 162 A2
Valleroy 52 140 B4
Valleroy 54 45 F5
Valleroy-aux-Saules 88 94 D5
Valleroy-le-Sec 88 118 C2
Vallery 89 113 E2
Vallerysthal 57 67 H5
Vallesvilles 31 298 B5
Vallet 17 220 B5
Vallet 44 148 A4
Valletot 27 35 F2
Vallica 2B 346 D2
Vallière 23 207 F4
Vallières 10 115 E5
Vallières 74 215 F3
Vallières-les-Grandes 41 152 D2
Valliguières 30 284 D5
Valliquerville 76 19 G5
Valloire 73 252 B1
Valloires *Abbaye de* 80 11 G1
Vallois 54 95 G3
Les Vallois 88 118 D2
Vallon-en-Sully 03 190 D2
Vallon-Pont-d'Arc 07 266 B5
Vallon-sur-Gée 72 107 F5
Vallorcine 74 217 E1
Vallouise 05 252 C5
Valmagne *Abbaye de* 34 322 D3
Valmanya 66 342 B3
Valmascle 34 301 H5
Valmeinier 73 252 B1
Valmestroff 57 45 H3
Valmigère 11 337 H2
Valmondois 95 38 B5
Valmont 57 67 E1
Valmont 76 19 F3
Valmorel 73 234 B3
Valmunster 57 46 C4
Valmy 51 43 E5
Valognes 50 29 F4
Valojoulx 24 241 F4
Valonne 25 163 E2
Valoreille 25 163 F3
Valouse 26 267 H5
Valprionde 46 277 F1
Valprivas 43 229 G5
Valpuiseaux 91 87 H4
Valras-Plage 34 321 H5
Valréas 84 267 G5
Valros 34 321 H3
Valroufié 46 260 B4
Vals 09 336 C1
Vals-le-Chastel 43 246 C1
Vals-les-Bains 07 266 B3
Vals-près-le-Puy 43 247 F4
Valsaintes 04 286 D5
Valsemé 14 34 B4
Valsenestre 38 251 G4
Valserres 05 269 H4
Valsonne 69 212 B3
Le Valtin 88 120 C3
Valuéjols 15 245 F3
Valvignères 07 266 D4
Valz-sous-Châteauneuf 63 228 B4
Valzergues 12 261 H5
Van *Pointe du* 29 98 C2
Vanault-le-Châtel 51 62 D3
Vanault-les-Dames 51 63 E3
Vançais 79 185 H4
Vancé 72 130 D2
La Vancelle 67 97 E4
Vanclans 25 162 C5
Vandeins 01 195 G5
Vandelainville 54 65 F2
Vandelans 70 162 B2
Vandeléville 54 94 C3
Vandélicourt 60 39 F1
Vandenesse 58 175 H3
Vandenesse-en-Auxois 21 159 F4
Vandeuil 51 41 E3
Vandières 51 41 E5
Vandières 54 65 G2
Vandœuvre-lès-Nancy 54 94 D1
Vandoncourt 25 142 C5
Vandré 17 201 F2
Vandrimare 27 36 D2
Vandy 08 42 D1
Les Vanels 48 282 D3
Vanlay 10 114 D4
Vannaire 21 115 H5
Vanne 70 140 C4
Le Vanneau-Irleau 79 184 C4
Vannecourt 57 66 D3
Vannecrocq 27 35 E3
Vannes 56 124 C3
Vannes-le-Châtel 54 94 A2
Vannes-sur-Cosson 45 133 H4
Vannoz 39 179 H4
Vanosc 07 248 C1
Les Vans 07 283 H1
Vantoux 57 45 H5
Vantoux-et-Longevelle 70 161 G1
Vanves 92 58 B4
Vanvey 21 138 B2
Vanvillé 77 89 E2
Vanxains 24 239 G1
Vany 57 45 H5
Vanzac 17 220 B5
Vanzay 79 186 A5
Vanzy 74 215 E2
Vaour 81 278 D4
Varacieux 38 250 A1
Varades 44 148 C2
Varages 83 307 E4
Varaignes 24 222 B2
Varaire 46 278 D1
Varaize 17 201 H3
Varambon 01 214 A2
Varanges 21 160 B4
Varangéville 54 95 E1
Varaville 14 34 A3
Varces-Allières-et-Risset 38 250 D3
Vareilles 23 188 C5
Vareilles 71 194 A4
Vareilles 89 113 H3
Varen 82 279 E3
Varengeville-sur-Mer 76 10 A5
Varenguebec 50 31 G2
La Varenne 49 148 A3
Varenne-l'Arconce 71 193 H4
Varenne-Saint-Germain 71 193 G3
La Varenne-Saint-Hilaire 94 58 D4
Varennes 24 258 C1
Varennes 31 318 B2
Varennes 37 170 B1
Varennes 80 13 E5
Varennes 82 298 A1
Varennes 86 168 D4
Varennes 89 136 D2
Varennes-Changy 45 134 C2
Varennes-en-Argonne 55 43 F4
Varennes-Jarcy 91 58 D5
Varennes-le-Grand 71 177 H5
Varennes-lès-Mâcon 71 195 E5
Varennes-lès-Narcy 58 156 B4
Varennes-Saint-Honorat 43 246 D2
Varennes-Saint-Sauveur 71 195 H2
Varennes-sous-Dun 71 194 A5
Varennes-sur-Allier 03 192 B4
Varennes-sur-Amance 52 117 H5
Varennes-sur-Fouzon 36 153 G4
Varennes-sur-Loire 49 150 C4
Varennes-sur-Morge 63 209 H4
Varennes-sur-Seine 77 88 D5
Varennes-sur-Tèche 03 192 D4
Varennes-sur-Usson 63 228 A3
Varennes-Vauzelles 58 174 C1
Varès 47 257 G5
Varesnes 60 23 H5
Varessia 39 196 B1
Varetz 19 242 B2
Varilhes 09 336 B2
Varinfroy 60 39 H5
Variscourt 02 41 G2
Varize 28 110 B4
Varize 57 46 C5
Varmonzey 88 95 E4
Varnéville 55 64 D3
Varneville-Bretteville 76 20 A4
Varney 55 63 G3
Varogne 70 141 F3
Varois-et-Chaignot 21 160 B3
Varouville 50 29 G2
Varrains 49 150 C4
Varreddes 77 59 G2
Vars 05 270 D2
Vars 16 203 F5
Vars 70 140 A5
Vars *Col de* 05 270 D3
Vars-sur-Roseix 19 241 H1
Varsberg 57 46 D5
Varvinay 55 64 D5
Varzay 17 219 F1
Varzy 58 157 E3
Vascœuil 27 36 D2
Vasles 79 185 H1
Vasouy 14 34 C2
Vasperviller 57 96 C1
Vassel 63 228 A1
Vasselay 18 155 E5
Vasselin 38 232 B2
Vassens 02 40 A1
Vasseny 02 40 C3
Vassieux-en-Vercors 26 250 B5
Vassimont-et-Chapelaine 51 61 H4
Vassincourt 55 63 G3
Vassivière *Lac de* 74 207 E5
Vassogne 02 41 E2
Vassonville 76 20 B4
Vassy 14 53 E3
Vassy 89 137 G5
Le Vast 50 29 G3
Vastérival 76 10 A5
Vasteville 50 28 D3
Les Vastres 43 248 A4
Vatan 36 172 A1
Vathiménil 54 95 G2
Vatierville 76 21 E3
Vatilieu 38 250 B1
Vatimont 57 66 C2
Vatry 51 62 A3
Vattetot-sous-Beaumont 76 19 E4
Vattetot-sur-Mer 76 18 D3
Vatteville 27 36 C3
Vatteville-la-Rue 76 35 G1
Vaubadon 14 32 D4
Vauban 71 193 H5
Vaubecourt 55 63 G2
Vaubexy 88 95 E5
Vaucé 53 82 A3
Vaucelles 14 32 D3
Vaucelles *Abbaye de* 59 14 B5
Vaucelles-et-Beffecourt 02 40 D1
Vauchamps 25 162 B3
Vauchamps 51 60 D3
Vauchassis 10 114 D2
Vauchelles 60 23 G5
Vauchelles-lès-Authie 80 13 E4
Vauchelles-lès-Domart 80 12 B5
Vauchelles-les-Quesnoy 80 11 H3
Vauchignon 21 177 F2
Vauchonvilliers 10 115 H2
Vauchoux 70 140 D4
Vauchrétien 49 149 G3
Vauciennes 51 61 F1
Vauciennes 60 39 H4
Vauclaix 58 157 H4
Vauclerc 51 62 D5
Vaucluse 25 163 F3
Vauclusotte 25 163 F3
Vaucogne 10 91 G3
Vauconcourt-Nervezain 70 140 C4
Vaucottes-sur-Mer 76 18 D3
Vaucouleurs 55 93 H1
Vaucourt 54 67 E5
Vaucourtois 77 59 G3
Vaucresson 92 58 A3
Vaudancourt 60 37 G4
Vaudebarrier 71 194 A3
Vaudelnay 49 150 A5
Vaudeloges 14 54 B2
Vaudemange 51 42 A5
Vaudémont 54 94 C3
Vaudémont *Signal de* 54 94 C3
Vaudes 10 115 F3
Vaudesincourt 51 42 B4
Vaudesson 02 40 C1
Vaudeurs 89 114 A3
Vaudevant 07 248 D3
Vaudeville 54 94 D3
Vaudéville 88 95 G5
Vaudeville-le-Haut 55 93 H3
Vaudherland 95 58 D2
Vaudigny 54 94 D3
Le Vaudioux 39 179 H5
Vaudoncourt 55 44 D4
Vaudoncourt 57 46 C5
Vaudoncourt 88 118 B2
Le Vaudoué 77 88 A5
Vaudoy-en-Brie 77 59 H5
Vaudreching 57 46 C4
Vaudrecourt 52 117 H2
Vaudrémont 52 116 C3
Le Vaudreuil 27 36 C4
Vaudreuille 31 319 E3
Vaudreville 50 29 G4
Vaudrey 39 179 F2
Vaudricourt 62 8 A4
Vaudricourt 80 11 E3
Vaudrimesnil 50 31 G4
Vaudringhem 62 7 E2
Vaudrivillers 25 162 D3
Vaudry 14 52 C3
Vaufrey 25 163 G2
Vaugines 84 305 H2
Vaugneray 69 230 D1
Vaugrigneuse 91 87 F2
Vauhallan 91 58 B5
Vaujany 38 251 G2
Vaujours 93 58 D2
Vaulandry 49 129 G5
Le Vaulmier 15 244 D2
Vaulnaveys-le-Bas 38 251 E2
Vaulnaveys-le-Haut 38 251 E2
Vaulry 87 205 F3
Vault-de-Lugny 89 157 H1
Vaulx 62 12 B2
Vaulx 74 215 F3
Vaulx-en-Velin 69 213 F5
Vaulx-Milieu 38 231 H2
Vaulx-Vraucourt 62 13 H4
Le Vaumain 60 37 G3
Vaumas 03 192 D3
Vaumeilh 04 287 G1
Vaumoise 60 39 G4
Vaumort 89 113 H3
Vaunac 24 222 D5
Vaunaveys-la-Rochette 26 267 G1
Vaunoise 61 84 B5
La Vaupalière 76 36 A1
Vaupillon 28 85 F3
Vaupoisson 10 91 F3
Vauquois 55 43 G4
Vauréal 95 57 H1
Vaureilles 12 261 H5
Vaurezis 02 40 B2
Le Vauroux 60 37 H2
Vausse *Prieuré de* 89 137 F5
Vausseroux 79 185 G2
Vautebis 79 185 G2
Vauthiermont 90 142 D2
Vautorte 53 81 H5
Vauvenargues 13 306 B5
Vauvert 30 303 G3
Vauville 14 34 B3
Vauville 50 28 C3
Vauvillers 70 118 D5
Vauvillers 80 23 E2
Vaux 03 190 D3
Vaux 31 318 D2
Vaux 57 65 G1
Vaux 86 186 A4
Vaux 89 136 B3
Vaux *Château de* 49 128 C3
Vaux-Andigny 02 14 D5
Vaux-Champagne 08 42 C1
Les Vaux de Cernay 78 57 H5
Vaux-devant-Damloup 55 44 C5
Vaux-en-Amiénois 80 22 B1
Vaux-en-Beaujolais 69 212 C2
Vaux-en-Bugey 01 214 A3
Vaux-en-Dieulet 08 43 F1
Vaux-en-Pré 71 194 C1
Vaux-en-Vermandois 02 23 H2
Vaux-et-Chantegrue 25 180 C3
Vaux-la-Douce 52 140 B2
Vaux-la-Grande 55 93 G1
Vaux-la-Petite 55 93 G1
Vaux-Lavalette 16 221 F4
Vaux-le-Moncelot 70 161 H1
Vaux-le-Pénil 77 88 B3
Vaux-le-Vicomte Château de 77 88 C2
Vaux-lès-Mouron 08 43 E3
Vaux-lès-Mouzon 08 27 G4
Vaux-lès-Palameix 55 64 C2
Vaux-les-Prés 25 161 H4
Vaux-lès-Rubigny 08 25 H4
Vaux-lès-Saint-Claude 39 196 D3
Vaux-Marquenneville 80 11 G5
Vaux-Montreuil 08 26 C5
Vaux-Rouillac 16 202 D5
Vaux-Saules 21 159 G1
Vaux-sous-Aubigny 52 139 G4
Vaux-sur-Aure 14 33 E3
Vaux-sur-Blaise 52 92 C3
Vaux-sur-Eure 27 56 C1
Vaux-sur-Lunain 77 112 D2
Vaux-sur-Mer 17 218 C1
Vaux-sur-Poligny 39 179 G3
Vaux-sur-Risle 27 55 G3
Vaux-sur-Saint-Urbain 52 93 E4
Vaux-sur-Seine 78 57 H2
Vaux-sur-Seulles 14 33 E3
Vaux-sur-Somme 80 22 D1
Vaux-sur-Vienne 86 169 G3
Vaux-Villaine 08 26 B3
Vauxaillon 02 40 C1
Vauxbons 52 139 F2
Vauxbuin 02 40 B3
Vauxcéré 02 40 D3
Vauxrenard 69 194 D5
Vauxtin 02 40 D3
Vavincourt 55 63 H3
Vavray-le-Grand 51 62 D4
Vavray-le-Petit 51 62 D3
Vaxainville 54 95 H2
Vaxoncourt 88 95 F5
Vaxy 57 66 D3
Vay 44 126 B5
Vaychis 09 336 C5
Vaylats 46 278 C1
Vayrac 46 242 D5
Vayres 33 238 B5
Vayres 87 204 D5
Vayres *Château de* 86 169 F5
Vayres-sur-Essonne 91 87 H4
Vazeilles-Limandre 43 246 D3
Vazeilles-près-Saugues 43 246 D5
Vazerac 82 277 G3
Veauce 03 209 G1
Veauche 42 230 A3
Veauchette 42 230 A3
Veaugues 18 155 H4
Veaunes 26 249 F3
Veauville-lès-Baons 76 19 G4

Veauville-lès-Quelles 76 19 G 3
Vèbre 09 336 C 5
Vebret 15 226 C 5
Vebron 48 282 D 2
Vecchio *Pont du* 2B 347 E 5
Veckersviller 57 67 H 3
Veckring 57 46 B 3
Vecoux 88 119 H 4
Vecquemont 80 22 D 2
Vecqueville 52 92 D 3
Vedène 84 285 F 5
Védrines-Saint-Loup 15 246 A 3
Véel 55 63 G 4
Végennes 19 242 D 4
Vého 54 95 H 1
Veigné 37 152 A 4
Veigy-Foncenex 74 197 H 4
Veilhes 81 298 D 4
Veillac 15 226 C 4
Veilleins 41 153 H 2
Veilly 21 159 F 5
Veix 19 225 E 3
Velaine-en-Haye 54 65 G 5
Velaine-sous-Amance 54 66 B 5
Velaines 55 64 B 5
Velanne 38 232 D 3
Velars-sur-Ouche 21 159 H 3
Velaux 13 305 G 5
Velennes 60 38 B 1
Velennes 80 22 A 3
Velesmes 70 161 F 2
Velesmes-Essarts 25 161 H 4
Velet 70 161 E 2
Vélieux 34 320 C 3
Vélines 24 239 E 5
Vélizy-Villacoublay 78 58 B 4
Velle-le-Châtel 70 141 E 5
Velle-sur-Moselle 54 95 E 2
Vellèches 86 169 G 2
Vellechevreux-
et-Courbenans 70 141 H 5
Velleclaire 70 161 G 1
Vellefaux 70 141 E 5
Vellefrey-et-Vellefrange 70 161 G 1
Vellefrie 70 141 F 3
Velleguindry-
et-Levrecey 70 141 E 5
Velleminfroy 70 141 G 4
Vellemoz 70 161 G 1
Velleron 84 285 G 5
Vellerot-lès-Belvoir 25 163 E 2
Vellerot-lès-Vercel 25 162 D 3
Velles 36 171 G 5
Velles 52 140 B 2
Vellescot 90 142 D 3
Vellevans 25 162 D 3
Vellexon-Queutrey-
et-Vaudey 70 140 C 5
Velloreille-lès-Choye 70 161 F 2
Velluire 85 183 H 3
Velogny 21 159 E 2
Velone-Orneto 2B 347 H 3
Velorcey 70 141 F 2
Velosnes 55 44 B 1
Velotte-et-Tatignécourt 88 94 D 5
Vélu 62 13 H 4
Velving 57 46 C 4
Vélye 51 61 H 3
Velzic 15 244 C 4
Vémars 95 58 D 1
Venables 27 36 C 4
Venaco 2B 347 E 5
Venansault 85 165 G 5
Venanson 06 291 E 2
Venarey-les-Laumes 21 159 E 1
Venarsal 19 242 C 2
Venas 03 191 E 3
Venasque 84 285 H 5
Vence 06 309 F 2
Vence *Col de* 06 309 F 2
Vendargues 34 303 E 4
Vendat 03 210 B 1
Vendays-Montalivet 33 218 C 5
Vendegies-au-Bois 59 15 E 3
Vendegies-sur-Écaillon 59 14 D 2
Vendeix *Roche* 63 227 E 3
Vendel 35 81 E 5
La Vendelée 50 31 G 5
Vendelles 02 23 H 1
Vendémian 34 302 B 5
Vendenesse-
lès-Charolles 71 194 A 3
Vendenesse-sur-Arroux 71 193 G 1
Vendenheim 67 68 D 5
Vendes 14 33 E 5
Vendes 15 244 B 1
Vendeuil 02 24 B 4
Vendeuil-Caply 60 22 B 5
Vendeuvre 14 54 A 1
Vendeuvre-du-Poitou 86 169 E 5
Vendeuvre-sur-Barse 10 115 H 2
Vendeville 59 8 D 3
Vendhuile 02 14 B 5
Vendières 02 60 C 3
Vendin-le-Vieil 62 8 C 4
Vendin-lès-Béthune 62 8 A 3
Vendine 31 298 C 5
Vendœuvres 36 171 E 4
Vendoire 24 221 G 4
Vendôme 41 131 G 3
Vendranges 42 211 H 3
Vendrennes 85 166 B 3
Vendres 34 321 G 4
Vendresse 08 27 E 5
Vendresse-Beaulne 02 40 D 2
Vendrest 77 59 H 1
La Vendue-Mignot 10 115 E 3
Vénéjan 30 284 D 3
Venelles 13 306 A 4
Vénérand 17 201 G 5
Venère 70 161 F 2
Vénérieu 38 232 A 1
Vénérolles 02 24 D 1
Venerque 31 317 H 2
Vénès 81 299 G 3
Venesmes 18 173 E 4
Vénestanville 76 19 H 3
Venette 60 39 F 2
Veneux-les-Sablons 77 88 C 5
Vénevelles *Manoir de* 72 129 H 4
Veney 54 96 A 3
Vengeons 50 52 C 4
Venise 25 162 A 2
Venisey 70 140 D 2
Vénissieux 69 231 F 1
Venizel 02 40 B 2
Venizy 89 114 B 4
Vennans 25 162 B 2
Vennecy 45 111 F 5
Vennes 25 163 E 4
Vennezey 54 95 F 3
Venon 27 36 A 5
Venon 38 251 E 2
Venosc 38 251 G 3
Venouse 89 136 C 2
Venoy 89 136 B 3
Vensac 33 218 C 4
Vensat 63 209 H 2
Ventabren 13 305 H 5
Ventadour *Ruines de* 19 225 G 5
Ventavon 05 269 F 5
Ventelay 51 41 E 3
Ventenac 09 336 C 2
Ventenac-Cabardès 11 319 G 4
Ventenac-en-Minervois 11 320 D 5
Venterol 04 269 H 4
Venterol 26 267 H 5
Les Ventes 27 56 B 2
Les Ventes-de-Bourse 61 84 A 3
Ventes-Saint-Rémy 76 20 C 4
Venteuges 43 246 C 4
Venteuil 51 61 F 1
Venthon 73 234 A 1
Ventiseri 2B 349 G 3
Ventouse 16 203 G 4
Ventoux *Mont* 84 286 A 3
Ventron 88 120 B 4
La Ventrouze 61 84 D 2
Venzolasca 2B 347 G 2
Ver 50 51 G 2
Ver-lès-Chartres 28 86 A 4
Ver-sur-Launette 60 39 E 5
Ver-sur-Mer 14 33 F 3
Vérac 33 238 B 4
Véranne 42 230 D 5
Vérargues 34 303 F 3
Véraza 11 337 G 2
Verberie 60 39 F 3
Verbiesles 52 117 E 4
Vercel-Villedieu-
le-Camp 25 162 D 4
Verchain-Maugré 59 14 D 2
Verchaix 74 216 C 1
Vercheny 26 268 A 2
Les Verchers-
sur-Layon 49 150 A 5
Verchin 62 7 F 4
Verchocq 62 7 E 3
Vercia 39 196 B 1
Verclause 26 268 B 5
Vercoiran 26 286 B 1
Vercourt 80 11 F 1
Verdaches 04 288 B 1
Verdalle 81 319 F 2
Verde *Col de* 2B 349 F 2
Verdelais 33 256 B 3
Verdelles *Château de* 72 106 D 5
Verdelot 77 60 B 3
Verdenal 54 96 A 1
Verderel 60 38 A 1
Verderonne 60 38 D 3
Verdes 41 110 A 5
Verdèse 2B 347 G 3
Verdets 64 313 G 4
Le Verdier 81 279 E 5
La Verdière 83 307 E 4
Verdigny 18 155 H 3
Verdille 16 202 D 4
Verdilly 02 60 C 1
Verdon 24 258 B 1
Verdon 51 60 D 2
Verdon
Grand Canyon du 93 307 H 2
Le Verdon-sur-Mer 33 218 C 2
Verdonnet 21 137 H 3
Verdun 09 336 B 5
Verdun 55 44 B 5
Verdun-en-Lauragais 11 319 E 3
Verdun-sur-Garonne 82 297 G 2
Verdun-sur-le-Doubs 71 178 A 3
Verdus *Musée de* 07 266 C 2
Vereaux 18 174 A 3
Verel-de-Montbel 73 232 D 2
Verel-Pragondran 73 233 F 2
Véretz 37 152 A 3
Vereux 70 161 F 1
Verfeil 31 298 B 4
Verfeil 82 279 E 3
Verfeuil 30 284 C 3
Vergaville 57 67 E 3
Vergéal 35 105 E 4
La Vergenne 70 141 H 4
Le Verger 35 103 H 3
Le Verger *Château* 49 128 D 5
Verger-sur-Dive 86 168 C 4
Vergeroux 17 200 D 3
Verges 39 179 F 5
Vergetot 76 18 D 4
Vergezac 43 247 E 4
Vergèze 30 303 G 3
Vergheas 63 208 D 3
Vergies 80 11 G 5
Vergigny 89 114 B 5
Vergio *Col de* 2B 346 C 5
Vergisson 71 194 D 4
La Vergne 17 201 G 3
Vergné 17 201 H 2
Vergoignan 32 294 C 3
Vergoncey 50 80 D 2
Vergongheon 43 228 A 5
Vergonnes 49 127 G 3
Vergons 04 288 D 5
Vergranne 25 162 C 1
Vergt 24 240 C 4
Vergt-de-Biron 24 258 D 3
Le Verguier 02 24 A 1
Véria 39 196 A 2
Vérignon 83 307 H 3
Vérigny 28 85 H 3
Vérin 42 231 E 4
Vérines 17 183 G 5
Vérissey 71 178 B 5
Vérizet 71 195 E 3
Verjon 01 196 A 4
Verjux 71 178 A 3
Verlans 70 142 B 4
Verlhac-Tescou 82 298 A 1
Verlin 89 113 F 4
Verlincthun 62 6 B 2
Verlinghem 59 8 C 2
Verlus 32 294 C 4
Vermand 02 24 A 2
Vermandovillers 80 23 F 2
Vermelles 62 8 B 4
Vermenton 89 136 C 4
Vermondans 25 163 F 2
Le Vermont 88 96 C 3
Vern-sur-Seiche 35 104 B 3
Vernais 18 173 H 4
Vernaison 69 231 E 2
Vernajoul 09 336 B 2
Vernancourt 51 63 E 3
Vernantes 49 150 C 2
Vernantois 39 179 F 5
La Vernarède 30 283 G 2
Vernas 38 214 A 5
Vernassal 43 246 D 2
Vernaux 09 336 C 5
Vernay 69 212 C 1
La Vernaz 74 198 C 4
Verne 25 162 C 2
Verne
Chartreuse de la 83 329 E 3
Vernègues 13 305 G 3
Verneiges 23 190 B 5
Le Verneil 73 233 H 3
Verneil-le-Chétif 72 130 A 3
Verneix 03 190 D 4
La Vernelle 36 153 G 4
Le Vernet 03 210 B 2
Le Vernet 04 288 B 1
Le Vernet 09 318 B 5
Vernet 31 317 H 2
Le Vernet 43 246 D 4
Vernet-la-Varenne 63 228 B 4
Vernet-les-Bains 66 342 A 3
Le Vernet-
Sainte-Marguerite 63 227 G 2
Verneugheol 63 208 C 5
Verneuil 16 204 C 5
Verneuil 18 173 G 4
Verneuil 51 40 D 5
Verneuil 58 175 F 3
Verneuil-
en-Bourbonnais 03 192 A 4
Verneuil-en-Halatte 60 38 D 4
Verneuil-Grand 55 44 B 1
Verneuil-le-Château 37 169 F 1
Verneuil-l'Étang 77 88 C 2
Verneuil-Moustiers 87 187 H 4
Verneuil-Petit 55 44 B 1
Verneuil-sous-Coucy 02 40 B 1
Verneuil-sur-Avre 27 55 H 4
Verneuil-sur-Igneraie 36 189 G 1
Verneuil-sur-Indre 37 170 C 1
Verneuil-sur-Seine 78 57 H 2
Verneuil-sur-Serre 02 24 D 4
Verneuil-sur-Vienne 87 205 F 5
Verneusses 27 55 E 2
Vernéville 57 45 G 5
Vernie 72 107 G 2
Vernierfontaine 25 162 C 5
Vernines 63 227 F 2
Verniolle 09 336 B 1
Vernioz 38 231 F 4
Vernix 50 52 A 4
Vernoil 49 150 D 2
Le Vernois 39 179 F 4
Vernois-le-Fol 25 163 H 2
Vernois-lès-Belvoir 25 163 E 2
Vernois-lès-Vesvres 21 139 F 4
Vernois-sur-Mance 70 140 C 2
Vernols 15 245 F 1
Vernon 07 266 A 4
Vernon 27 57 E 1
Vernon 86 186 C 3
Vernonvilliers 10 92 A 5
Vernosc-lès-Annonay 07 248 D 1
Vernot 21 160 A 1
La Vernotte 70 161 G 1
Vernou-en-Sologne 41 153 H 1
Vernou-la-Celle-
sur-Seine 77 88 D 4
Vernou-sur-Brenne 37 152 A 2
Vernouillet 28 56 D 5
Vernouillet 78 57 H 2
Vernoux 01 195 G 2
Vernoux-en-Gâtine 79 167 G 5
Vernoux-en-Vivarais 07 248 D 5
Vernoux-sur-Boutonne 79 202 C 1
Le Vernoy 25 142 A 4
Vernoy 89 113 F 4
Vernusse 03 191 G 5
Verny 57 65 H 2
Vero 2A 348 D 2
Véron 89 113 G 3
Véronne 26 268 A 2
Véronnes 21 139 G 5
Verosvres 71 194 B 3
Verpel 08 43 F 2
La Verpillière 38 231 H 2
Verpillières 80 23 F 4
Verpillières-sur-Ource 10 115 H 4
Verquières 13 305 E 2
Verquigneul 62 8 A 4
Verquin 62 8 A 4
Verrens-Arvey 73 234 A 1
La Verrerie *Château de* 18 155 F 2
Verreries-de-Moussans 34 320 C 2
Verrey-sous-Drée 21 159 F 2
Verrey-sous-Salmaise 21 159 F 2
Verricourt 10 91 G 4
Verrie 49 150 B 4
La Verrie 85 166 C 2
La Verrière 78 57 H 4
Verrières 08 43 E 1
Verrières 10 115 E 2
Verrières 12 281 H 3
Verrières 16 220 B 2
Verrières 51 63 E 1
Verrières 61 84 D 4
Verrières 63 227 G 3
Verrières 86 186 D 3
Verrières-de-Joux 25 180 D 2
Verrières-du-Grosbois 25 162 C 4
Verrières-en-Forez 42 229 G 3
Verrières-le-Buisson 91 58 B 4
Verrines-sous-Celles 79 185 F 5
Verrue 86 168 D 3
Verruyes 79 185 F 2
Vers 46 260 C 5
Vers 71 195 E 1
Vers 74 215 F 1
Vers-en-Montagne 39 179 H 3
Vers-Pont-du-Gard 30 284 C 5
Vers-sous-Sellières 39 179 E 3
Vers-sur-Méouge 26 286 C 2
Vers-sur-Selles 80 22 B 2
Versailles 78 58 A 4
Versailleux 01 213 G 3
Versainville 14 53 H 2
La Versanne 42 230 C 5
Versaugues 71 193 G 4
Verseilles-le-Bas 52 139 G 3
Verseilles-le-Haut 52 139 G 3
Versigny 02 24 C 4
Versigny 60 39 F 5
Versols-et-Lapeyre 12 301 E 1
Verson 14 33 F 4
Versonnex 01 197 G 4
Versonnex 74 215 F 3
Le Versoud 38 251 E 1
Vert 40 273 G 4
Vert 78 57 F 2
Le Vert 79 202 B 1
Vert *Lac* 74 216 D 3
Vert-Bois 17 200 B 4
Vert-en-Drouais 28 56 C 4
Vert-la-Gravelle 51 61 F 3
Vert-le-Grand 91 87 H 2
Vert-le-Petit 91 87 H 3
Vert-Saint-Denis 77 88 B 2
Vertain 59 14 D 3
Vertaizon 63 210 A 5
Vertamboz 39 196 D 1
Vertault 21 115 G 5
Verte *Île* 13 327 F 4
Verteillac 24 221 G 5
Vertes-Feuilles 02 40 A 3
Verteuil-d'Agenais 47 257 G 5
Verteuil-sur-Charente 16 203 F 3
Verthemex 73 233 E 1
Vertheuil 33 237 E 1
Vertilly 89 89 G 5
Vertolaye 63 228 D 2
Verton 62 6 B 5
Vertou 44 147 H 4
Vertrieu 38 214 A 4
Vertus 51 61 G 2
Les Vertus 76 20 B 2
Vertuzey 55 64 D 5
Vervant 16 203 F 5
Vervant 17 201 H 3
Vervezelle 88 95 H 5
Vervins 02 25 F 2
Véry 55 43 G 3
Verzé 71 194 D 3
Verzeille 11 337 H 1
Verzenay 51 41 H 5
Verzy 51 41 H 5
Vesaignes-
sous-Lafauche 52 93 G 5
Vesaignes-sur-Marne 52 117 F 4
Vesancy 01 197 G 3
Vesc 26 267 H 4
Vescemont 90 142 C 2
Vescheim 57 68 A 4
Vescles 39 196 C 3
Vescours 01 195 F 2
Vescovato 2B 347 G 2
Vesdun 18 190 B 2
Vésigneul-sur-Marne 51 62 B 3
Vésines 01 195 E 4
Vésines 45 112 C 4
Le Vésinet 78 58 A 3
Vesles-et-Caumont 02 25 E 4
Veslud 02 41 E 1
Vesly 27 37 F 4
Vesly 50 31 G 3
Vesoul 70 141 E 4
La Vespière-Friardel 14 55 E 1
Vesseaux 07 266 B 3
Vessey 50 80 D 2
Vestric-et-Candiac 30 303 G 3
Vesvres 21 159 E 2
Vesvres-
sous-Chalancey 52 139 F 4
Vétheuil 95 57 F 1
Vétraz-Monthoux 74 197 H 5
Vétrigne 90 142 C 2
Veuil 36 153 G 5
Veuilly-la-Poterie 02 60 A 1
Veules-les-Roses 76 19 H 2
Veulettes-sur-Mer 76 19 F 2
Le Veurdre 03 174 B 5
Veurey-Voroize 38 250 C 1
La Veuve 51 62 A 1
Veuves 41 152 D 2
Veuvey-sur-Ouche 21 159 G 4
Veuxhaulles-sur-Aube 21 116 B 5
Vevy 39 179 F 5
Vexaincourt 88 96 C 2
Le Vey 14 53 F 2
Veynes 05 269 E 4
Veyrac 87 205 F 4
Veyras 07 266 C 2
Veyre-Monton 63 227 H 2
Veyreau 12 282 A 3
Veyrier-du-Lac 74 215 H 4
Veyrières 15 226 B 5
Veyrières 19 226 B 4
Veyrignac 24 259 H 1
Veyrines 07 248 C 2
Veyrines-de-Domme 24 259 F 1
Veyrines-de-Vergt 24 240 C 4
Veyrins 38 232 C 2
Les Veys 50 32 A 2
Veyssilieu 38 231 H 1
Veyziat 01 196 C 4
Vez 60 39 H 4
Vézac 15 244 C 5
Vézac 24 259 F 1
Vézannes 89 136 D 2
Vézaponin 02 40 A 1
Vèze 15 245 G 1
La Vèze 25 162 A 4
Vézelay 89 157 G 2
Vézelise 54 94 C 3
Vézelois 90 142 C 3
Vezels-Roussy 15 262 D 1
Vézénobres 30 283 H 4
Vézeronce-Curtin 38 232 B 1
Vezet 70 140 C 5
Vézézoux 43 228 B 5
Le Vézier 51 60 C 4
Vézières 86 168 D 1
Vézillon 27 36 D 4
Vézilly 02 41 E 4
Vezin-le-Coquet 35 104 A 3
Vézinnes 89 137 E 2
Vezins 49 149 F 5
Vezins 50 51 H 5
Vezins *Barrage de* 50 81 E 2
Vézins-de-Lévézou 12 281 G 2
Vezot 72 84 A 5
Vezou *Belvédère du* 15 245 F 5
Vezzani 2B 347 F 5
Via 66 341 F 4
Viabon 28 110 C 2
Viala-du-Pas-de-Jaux 12 301 F 1
Viala-du-Tarn 12 281 F 4
Vialas 48 283 F 1
Vialer 64 294 C 5
Viam 19 225 E 2
Viane 81 300 B 3
Vianges 21 158 D 5
Vianne 47 275 G 3
Viâpres-le-Grand 10 90 D 2
Viâpres-le-Petit 10 90 D 2
Viarmes 95 38 C 5
Vias 34 322 C 5
Viaur *Viaduc du* 12 280 B 4
Viazac 46 261 G 3
Le Vibal 12 281 E 2
Vibersviller 57 67 F 3
Vibeuf 76 19 H 4
Vibrac 16 220 D 2
Vibrac 17 220 B 5
Vibraye 72 108 D 4
Vic 09 335 G 4
Vic 36 189 G 1
Vic *Roche de* 19 242 D 3
Vic-de-Chassenay 21 158 C 1
Vic-des-Prés 21 159 F 5
Vic-en-Bigorre 65 315 E 3
Vic-Fezensac 32 295 G 3
Vic-la-Gardiole 34 323 F 3
Vic-le-Comte 63 228 A 2
Vic-le-Fesq 30 303 F 1
Vic-sous-Thil 21 158 D 3
Vic-sur-Aisne 02 39 H 2
Vic-sur-Cère 15 244 D 4

Vic-sur-Seille 57 66 D 4
Vicdessos 09 336 A 5
Le Vicel 50 29 G 3
Vichel 63 228 A 4
Vichel-Nanteuil 02 40 B 4
Vichères 28 109 E 2
Vicherey 88 94 B 4
Vichy 03 210 B 2
Vico 2A 348 C 1
La Vicogne 80 12 D 5
La Vicomté-sur-Rance 22 79 H 3
Vicq 03 209 H 1
Vicq 52 117 H 5
Vicq 59 9 H 5
Vicq 78 57 G 4
Vicq-d'Auribat 40 293 F 2
Vicq-Exemplet 36 189 H 1
Vicq-sur-Breuilh 87 223 H 2
Vicq-sur-Gartempe 86 170 A 5
Vicq-sur-Nahon 36 171 G 1
Vicques 14 54 A 2
Victoire *Abbaye de la* 60 39 E 4
Victot-Pontfol 14 34 B 4
Vidai 61 84 A 3
Vidaillac 46 279 E 1
Vidaillat 23 207 E 3
Vidauban 83 329 E 1
Videcosville 50 29 G 4
Videix 87 204 C 5
Videlles 91 87 H 4
Vidou 65 315 G 4
Vidouville 50 32 C 5
Vidouze 65 314 D 2
Viefvillers 60 22 A 5
Vieil-Armand 68 120 D 5
Le Vieil-Baugé 49 150 B 1
Le Vieil-Dampierre 51 63 E 1
Le Vieil-Évreux 27 56 C 1
Vieil-Hesdin 62 7 E 5
Vieil-Moutier 62 6 D 2
Vieille-Brioude 43 246 B 1
Vieille-Chapelle 62 8 A 3
Vieille-Église 62 3 E 3
Vieille-Église-
en-Yvelines 78 57 G 5
La Vieille-Loye 39 179 F 1
La Vieille-Lyre 27 55 G 2
Vieille-Toulouse 31 298 A 5
Vieilles-Maisons-
sur-Joudry 45 134 B 2
Vieillespesse 15 245 H 3
Vieillevie 15 262 B 3
Vieillevigne 31 318 B 3
Vieillevigne 44 165 H 1
Vieilley 25 162 A 2
Vieilmoulin 21 159 F 3
Viel-Arcy 02 40 D 2
Viel-Saint-Remy 08 26 B 4
Viella 32 294 D 4
Viella 65 333 E 3
Vielle-Adour 65 315 F 5
Vielle-Aure 65 333 G 4
Vielle-Louron 65 333 H 4
Vielle-Saint-Girons 40 272 A 5
Vielle-Soubiran 40 274 C 4
Vielle-Tursan 40 294 A 3
Viellenave-d'Arthez 64 314 A 2
Viellenave-
de-Navarrenx 64 313 F 3
Viellenave-sur-Bidouze 64 311 G 3
Vielleségure 64 313 G 3
Vielmanay 58 156 C 4
Vielmur-sur-Agout 81 299 F 4
Vielprat 43 265 G 1
Viels-Maisons 02 60 C 3
Vielverge 21 160 D 3
Viennay 79 168 A 5
Vienne 38 231 F 3
Vienne-en-Arthies 95 57 F 1
Vienne-en-Bessin 14 33 E 3
Vienne-en-Val 45 133 G 3
Vienne-la-Ville 51 43 E 4
Vienne-le-Château 51 43 E 4
Viens 84 306 B 1
Vienville 88 120 A 2
Vier-Bordes 65 332 D 2
Viersat 23 190 B 5
Vierville 28 87 E 4
Vierville 50 32 A 2
Vierville-sur-Mer 14 32 C 2
Vierzon 18 154 C 4
Vierzy 02 40 B 3
Viesly 59 14 D 4
Viessoix 14 52 D 3
Viéthorey 25 162 D 1
Vieu 01 214 D 4
Vieu-d'Izenave 01 214 B 2
Vieugy 74 215 G 4
Vieure 03 191 F 2
Vieussan 34 301 E 5
Vieuvicq 28 109 G 2
Vieuvy 53 81 H 3
Vieux 14 33 G 5
Vieux 81 279 E 5
Vieux-Berquin 59 8 A 2
Vieux-Boucau-les-Bains 40 292 B 2
Vieux-Bourg 14 34 D 3
Le Vieux-Bourg 22 77 H 3
Le Vieux-Cérier 16 203 H 3
Vieux Chambord
Château du 03 192 C 4
Vieux-Champagne 77 89 F 2
Vieux-Charmont 25 142 C 4
Vieux-Château 21 158 B 1
Le Vieux Château 85 164 A 4
Vieux-Condé 59 9 G 4
Vieux-Ferrette 68 143 F 4
Vieux-Fumé 14 54 A 1
Vieux-lès-Asfeld 08 41 H 1
Vieux-Lixheim 57 67 H 4
Vieux-Maisons 77 60 B 5
Vieux-Manoir 76 20 C 5
Le Vieux-Marché 22 72 C 4
Vieux-Mareuil 24 221 H 4
Vieux-Mesnil 59 15 G 2
Vieux-Moulin 60 39 G 2
Vieux-Moulin 88 96 B 3
Vieux-Moulins 52 139 G 2
Vieux-Pierrefeu 06 289 H 5
Vieux-Pont 61 53 H 5
Vieux-Pont-en-Auge 14 54 B 1
Vieux-Port 27 35 F 2
Vieux-Reng 59 15 H 2
Vieux-Rouen-sur-Bresle 76 21 F 2
La Vieux-Rue 76 36 C 1
Vieux-Ruffec 16 203 H 3
Vieux-Thann 68 143 E 1
Vieux-Viel 35 80 C 2
Vieux-Villez 27 36 C 5
Vieux-Vy-sur-Couesnon 35 80 C 4
Vieuzos 65 315 H 4
Viévigne 21 160 C 2
Viéville 52 117 E 2
Viéville-en-Haye 54 65 F 3
Viéville-sous-les-Côtes 55 64 D 2
Viévy 21 177 E 1
Viévy-le-Rayé 41 132 A 2
Viey 65 333 E 3
Vif 38 250 D 3
Viffort 02 60 C 2
Le Vigan 30 282 D 5
Le Vigan 46 260 B 2
Le Vigean 15 244 B 2
Le Vigeant 86 187 E 5
Le Vigen 87 223 H 1
Vigeois 19 224 B 5
Viger 65 332 D 1
Vigeville 23 207 G 1
Viggianello 2A 350 D 2
Viglain 45 133 H 4
Vignacourt 80 12 C 5
Vignage *Rochers du* 61 83 G 3
Vignale 2B 347 G 2
Vignats 14 54 A 3
Le Vignau 40 294 C 2
Vignaux 31 297 F 4
Les Vigneaux 05 252 C 5
Vignec 65 333 G 4
Vignely 77 59 F 2
Vignemont 60 39 F 1
Les Vignères 84 305 E 1
Les Vignes 48 282 A 2
Vignes 64 294 B 5
Vignes 89 158 B 1
Vignes-la-Côte 52 93 F 4
Vigneul-sous-Montmédy 55 43 H 1
Vigneulles 54 95 E 2
Vigneulles-
lès-Hattonchâtel 55 64 D 2
Vigneux-de-Bretagne 44 147 F 2
Vigneux-Hocquet 02 25 G 3
Vigneux-sur-Seine 91 58 C 5
Vignevieille 11 338 A 2
Vignieu 38 232 B 2
Vignoc 35 80 A 5
Vignol 58 157 G 3
Vignoles 21 177 H 1
Vignolles 16 220 D 3
Vignols 19 223 H 5
Vignonet 33 238 C 5
Vignory 52 92 D 5
Vignot 55 64 D 5
Vignoux-sous-les-Aix 18 155 F 5
Vignoux-sur-Barangeon 18 154 C 5
Vigny 57 65 H 2
Vigny 95 57 H 1
Vigoulant 36 189 H 3
Vigoulet-Auzil 31 318 A 2
Vigoux 36 188 C 2
Vigueron 82 297 E 1
Vigy 57 46 B 5
Vihiers 49 149 G 5
Vijon 36 189 H 3
Vilbert 77 59 G 5
Vilcey-sur-Trey 54 65 F 3
Vildé-Guingalan 22 79 F 4
Le Vilhain 03 191 E 2
Vilhonneur 16 221 H 1
Vilhosc *Prieuré de* 04 287 G 2
Villa-Algérienne 33 254 A 2
Villabé 91 88 A 2
Villabon 18 173 G 1
Villac 24 241 G 2
Villacerf 10 90 D 4
Villacourt 54 95 E 3
Villadin 10 90 B 5
Villafans 70 141 H 5
Village-Neuf 68 143 H 3
Villaines-en-Duesmois 21 138 A 4
Villaines-la-Carelle 72 84 A 4
Villaines-la-Gonais 72 108 C 3
Villaines-la-Juhel 53 82 D 5
Villaines-les-Prévôtes 21 137 H 5
Villaines-les-Rochers 37 151 G 4
Villaines-sous-Bois 95 58 C 1
Villaines-sous-Lucé 72 130 C 2
Villaines-
sous-Malicorne 72 129 F 3
Villainville 76 18 D 4
Villalbe 11 319 G 5
Villalet 27 56 A 2
Villalier 11 319 H 4
Villamblain 45 110 B 5
Villamblard 24 240 B 4
Villamée 35 81 E 3
Villampuy 28 110 B 4
Villandraut 33 255 H 5
Villandry 37 151 G 3
Villanière 11 319 H 4
Villanova 2A 348 B 3
Villapourçon 58 176 A 2
Villar-d'Arêne 05 252 A 3
Villar-en-Val 11 338 A 1
Villar-Loubière 05 251 H 5
Villar-Saint-Anselme 11 337 G 2
Villar-Saint-Pancrace 05 252 D 5
Villarceaux *Château de* 95 37 F 5
Villard 23 189 E 4
Le Villard 48 264 A 5
Villard 74 198 A 5
Villard-Bonnot 38 251 F 1
Villard-de-Lans 38 250 C 3
Villard-d'Héry 73 233 G 3
Villard-Léger 73 233 H 3
Villard-Notre-Dame 38 251 G 3
Villard-Reculas 38 251 G 2
Villard-Reymond 38 251 G 3
Villard-
Saint-Christophe 38 251 E 4
Villard-Saint-Sauveur 39 197 E 3
Villard-Sallet 73 233 G 3
Villard-sur-Bienne 39 197 E 2
Villard-sur-Doron 73 216 B 5
Villardebelle 11 337 H 2
Villardonnel 11 319 H 4
Villards-d'Héria 39 196 D 3
Les Villards-sur-Thônes 74 216 A 3
Villarembert 73 252 A 1
Villargent 70 141 H 5
Villargoix 21 158 D 3
Villargondran 73 234 A 5
Villariès 31 298 A 3
Villarlurin 73 234 C 3
Villarodin-Bourget 73 252 D 1
Villaroger 73 235 E 1
Villaroux 73 233 G 3
Villars 24 222 C 4
Villars 28 110 B 2
Villars 42 230 A 4
Le Villars 71 195 F 2
Villars 84 305 H 1
Villars *Grottes de* 24 222 D 4
Villars-Colmars 04 288 D 2
Villars-en-Azois 52 116 B 4
Villars-en-Pons 17 219 G 2
Villars-et-Villenotte 21 158 D 1
Villars-Fontaine 21 159 H 5
Villars-le-Pautel 70 118 C 5
Villars-le-Sec 90 142 D 5
Villars-lès-Blamont 25 163 G 2
Villars-les-Bois 17 201 H 5
Villars-les-Dombes 01 213 G 3
Villars-Saint-Georges 25 161 G 5
Villars-Saint-Marcellin 52 118 B 5
Villars-Santenoge 52 139 E 3
Villars-sous-Dampjoux 25 163 F 2
Villars-sous-Écot 25 142 B 5
Villars-sur-Var 06 289 H 5
Villarzel-Cabardès 11 320 A 4
Villarzel-du-Razès 11 337 G 1
Villasavary 11 319 E 4
Villate 31 317 H 2
Villaudric 31 297 H 2
Villautou 11 336 D 1
Villavard 41 131 F 3
Villaz 74 215 H 3
Ville 60 23 G 5
Villé 67 97 E 4
La Ville 69 212 A 1
Ville-au-Montois 54 45 E 2
Ville-au-Val 54 65 G 4
La Ville-aux-Bois 10 92 A 4
La Ville-
aux-Bois-lès-Dizy 02 25 G 4
La Ville-aux-Bois-
lès-Pontavert 02 41 F 2
La Ville-aux-Clercs 41 131 G 2
La Ville-aux-Dames 37 152 A 2
La Ville-aux-Nonains 28 85 F 2
Ville-d'Avray 92 58 B 3
Ville-devant-Belrain 55 64 B 4
Ville-devant-Chaumont 55 44 B 4
Ville-di-Paraso 2B 346 D 2
Ville-di-Pietrabugno 2B 345 G 4
La Ville-Dieu-
du-Temple 82 277 G 5
Ville-Dommange 51 41 F 4
La Ville-du-Bois 91 58 B 5
Ville-du-Pont 25 180 D 1
Ville-en-Blaisois 52 92 C 3
Ville-en-Sallaz 74 216 A 1
Ville-en-Selve 51 41 G 5
Ville-en-Tardenois 51 41 E 4
Ville-en-Vermois 54 95 E 1
Ville-en-Woëvre 55 64 D 1
La Ville-ès-Nonais 35 79 H 3
Ville-Houdlémont 54 44 D 1
Ville-Issey 55 64 D 5
Ville-la-Grand 74 197 H 5
Ville-Langy 58 175 F 2
Ville-le-Marclet 80 12 B 5
Ville-Saint-Jacques 77 88 D 5
Ville-Savoye 02 40 D 3
Ville-sous-Anjou 38 231 F 5
Ville-sous-la-Ferté 10 116 B 3
La Ville-sous-Orbais 51 61 E 2
Ville-sur-Ancre 80 23 E 1
Ville-sur-Arce 10 115 G 3
Ville-sur-Cousances 55 43 G 5
Ville-sur-Illon 88 119 E 2
Ville-sur-Jarnioux 69 212 C 3
Ville-sur-Lumes 08 26 D 3
Ville-sur-Retourne 08 42 B 2
Ville-sur-Saulx 55 63 G 4
Ville-sur-Terre 10 92 B 5
Ville-sur-Tourbe 51 43 E 4
Ville-sur-Yron 54 65 F 1
Villeau 28 110 B 2
Villebadin 61 54 C 4
Villebarou 41 132 A 5
Villebaudon 50 52 A 1
Villebazy 11 337 H 2
Villebéon 77 112 D 2
Villebernier 49 150 C 4
Villeberny 21 159 F 2
Villebichot 21 160 A 5
Villeblevin 89 89 E 5
Villebois 01 214 B 4
Villebois-Lavalette 16 221 G 3
Villebois-les-Pins 26 286 D 1
Villebon 28 85 G 4
Villebon-sur-Yvette 91 58 B 5
Villebougis 89 113 F 3
Villebourg 37 130 C 4
Villebout 41 109 G 5
Villebramar 47 257 H 4
Villebret 03 190 D 5
Villebrumier 82 298 A 1
Villecelin 18 172 D 4
Villecerf 77 88 D 5
Villecey-sur-Mad 54 65 F 2
Villechantria 39 196 B 3
Villechauve 41 131 F 4
Villechenève 69 212 B 5
Villechétif 10 91 E 5
Villechétive 89 114 A 4
Villechien 50 81 G 2
Villecien 89 113 G 5
Villécloye 55 44 B 1
Villecomtal 12 262 D 4
Villecomtal-sur-Arros 32 315 F 3
Villecomte 21 160 A 1
Villeconin 91 87 F 3
Villecourt 80 23 G 3
Villecresnes 94 58 D 5
Villecroze 83 307 H 4
Villedaigne 11 320 D 5
Villedieu 15 245 G 4
La Villedieu 17 202 B 2
Villedieu 21 115 G 5
La Villedieu 23 225 E 1
Les Villedieu 25 180 C 4
La Villedieu 48 264 C 2
Villedieu 84 285 G 2
La Villedieu-du-Clain 86 186 C 3
La Villedieu-
en-Fontenette 70 141 F 3
Villedieu-la-Blouère 49 148 C 5
Villedieu-le-Château 41 130 D 4
Villedieu-lès-Bailleul 61 54 B 3
Villedieu-les-
Poêles-Rouffigny 50 52 A 3
Villedieu-sur-Indre 36 171 G 3
Villedômain 37 171 E 1
Villedômer 37 152 B 1
Villedoux 17 183 G 5
Villedubert 11 319 H 5
Villefagnan 16 203 E 3
Villefargeau 89 136 A 3
Villefavard 87 205 G 1
Villeferry 21 159 E 2
Villefloure 11 337 H 1
Villefollet 79 202 C 1
Villefontaine 38 231 H 2
Villefort 11 337 E 3
Villefort 48 265 F 5
Villefranche 32 316 C 2
Villefranche-d'Albigeois 81 299 H 1
Villefranche-d'Allier 03 191 F 4
Villefranche-
de-Conflent 66 342 A 3
Villefranche-
de-Lauragais 31 318 C 3
Villefranche-
de-Lonchat 24 239 E 4
Villefranche-de-Panat 12 281 E 4
Villefranche-
de-Rouergue 12 279 F 1
Villefranche-
du-Périgord 24 259 F 3
Villefranche-
du-Queyran 47 275 F 2
Villefranche-le-Château 26 286 C 2
Villefranche-Saint-Phal 89 113 F 5
Villefranche-sur-Cher 41 153 H 4
Villefranche-sur-Mer 06 309 H 2
Villefranche-sur-Saône 69 212 D 3
Villefrancœur 41 131 H 4
Villefrancon 70 161 F 2
Villefranque 64 310 D 3
Villefranque 65 295 E 5
Villegagnon 77 60 A 5
Villegailhenc 11 319 H 4
Villegardin 89 113 E 3
Villegats 16 203 F 3
Villegats 27 56 D 2
Villegaudin 71 178 B 4
Villegenon 18 155 G 2
Villegly 11 320 A 4
Villegongis 36 171 G 3
Villegouge 33 238 B 4
Villegouin 36 171 E 2
Villegruis 77 89 H 2
Villegusien 52 139 G 3
Villehardouin 10 91 G 4
Villeherviers 41 154 A 3
Villejésus 16 203 E 4
Villejoubert 16 203 F 5
Villejuif 94 58 C 4
Villejust 91 58 B 5
Villelaure 84 306 A 3
Villeloin-Coulangé 37 152 D 5
Villelongue 65 332 D 2
Villelongue-d'Aude 11 337 F 2
Villelongue-
de-la-Salanque 66 339 E 5
Villelongue-dels-Monts 66 343 E 4
Villeloup 10 90 C 5
Villemade 82 277 G 4
Villemagne 11 319 F 3
Villemagne-l'Argentière 34 301 F 4
Villemain 79 202 D 2
Villemandeur 45 112 C 5
Villemanoche 89 89 F 5
Villemardy 41 131 H 4
Villemaréchal 77 112 D 2
Villemareuil 77 59 G 2
Villematier 31 298 A 2
Villemaur-sur-Vanne 10 114 B 2
Villembits 65 315 G 4
Villembray 60 37 G 1
Villemer 77 88 C 5
Villemer 89 136 A 2
Villemereuil 10 115 E 2
Villemervry 52 139 E 4
Villemeux-sur-Eure 28 56 D 5
Villemoirieu 38 231 H 1
Villemoiron-en-Othe 10 114 B 2
Villemoisan 49 148 D 1
Villemoisson-sur-Orge 91 58 C 5
Villemolaque 66 343 E 3
Villemomble 93 58 D 3
Villemontais 42 211 F 3
Villemontoire 02 40 B 3
Villemorien 10 115 F 4
Villemorin 17 202 B 3
Villemoron 52 139 F 4
Villemort 86 187 G 2
Villemotier 01 196 A 4
Villemoustaussou 11 319 H 4
Villemoutiers 45 112 A 5
Villemoyenne 10 115 F 3
Villemur 65 316 A 4
Villemur-sur-Tarn 31 298 A 2
Villemurlin 45 134 A 4
Villemus 04 306 C 1
Villenauxe-la-Grande 10 90 A 2
Villenauxe-la-Petite 77 89 G 4
Villenave 40 273 E 5
Villenave-de-Rions 33 256 B 2
Villenave-d'Ornon 33 255 G 1
Villenave-près-Béarn 65 314 D 3
Villenave-près-Marsac 65 315 E 3
Villenavotte 89 113 F 2
Villeneuve 01 213 E 2
Villeneuve 04 306 D 1
Villeneuve 09 335 E 3
Villeneuve 12 261 F 5
La Villeneuve 23 208 B 4
Villeneuve 33 237 F 3
La Villeneuve 71 178 B 2
La Villeneuve-
au-Châtelot 10 90 A 3
Villeneuve-au-Chemin 10 114 C 4
La Villeneuve-au-Chêne 10 115 G 2
La Villeneuve-Bellenoye-
et-la-Maize 70 141 F 3
Villeneuve-d'Allier 43 246 B 2
Villeneuve-d'Amont 25 180 A 2
Villeneuve d'Ascq 59 9 E 2
Villeneuve-d'Aval 39 179 G 2
Villeneuve-de-Berg 07 266 C 4
Villeneuve-de-Duras 47 257 F 2
Villeneuve-de-la-Raho 66 343 F 2
Villeneuve-de-Marc 38 231 G 3
Villeneuve-de-Marsan 40 294 B 1
Villeneuve-de-Mézin 47 275 F 5
Villeneuve-de-Rivière 31 334 B 1
Villeneuve-d'Entraunes 06 289 E 3
Villeneuve-
des-Escaldes 66 341 F 4
Villeneuve-d'Olmes 09 336 D 3
Villeneuve-du-Bosc 09 336 B 2
Villeneuve-du-Latou 09 317 H 5
Villeneuve-du-Paréage 09 336 B 1
La Villeneuve-
en-Chevrie 78 57 E 1
Villeneuve-
en-Montagne 71 177 F 4
Villeneuve-Frouville 41 132 A 3
Villeneuve-la-Comptal 11 318 D 4
Villeneuve-la-Comtesse 17 201 H 1
Villeneuve-
la-Dondagre 89 113 F 3
Villeneuve-la-Garenne 92 58 C 2
Villeneuve-la-Guyard 89 89 E 5
Villeneuve-la-Lionne 51 60 C 4
Villeneuve-la-Rivière 66 343 E 2
Villeneuve-la-Salle 05 252 C 4
Villeneuve-
l'Archevêque 89 114 A 2
Villeneuve-le-Comte 77 59 F 4
Villeneuve-le-Roi 94 58 C 5
Villeneuve-Lécussan 31 316 A 5
Villeneuve-Lembron 63 227 H 4
Villeneuve-lès-Avignon 30 285 E 5
Villeneuve-lès-Béziers 34 321 G 4
Villeneuve-les-Bordes 77 89 E 3
Villeneuve-lès-Bouloc 31 297 H 3
Villeneuve-les-Cerfs 63 210 A 3
La Villeneuve-
lès-Charleville 51 61 E 4

Villeneuve-lès-Charnod 39 196 B4
La Villeneuve-les-Convers 21 138 B5
Villeneuve-les-Corbières 11 338 C3
Villeneuve-les-Genêts 89 135 F4
Villeneuve-lès-Lavaur 81 298 C5
Villeneuve-lès-Maguelone 34 302 D5
Villeneuve-lès-Montréal 11 319 F5
Villeneuve-les-Sablons 60 38 A4
Villeneuve-Loubet 06 309 F3
Villeneuve-Loubet-Plage 06 309 G3
Villeneuve-Minervois 11 320 A4
Villeneuve-Renneville-Chevigny 51 61 G2
Villeneuve-Saint-Denis 77 59 F4
Villeneuve-Saint-Georges 94 58 D5
Villeneuve-Saint-Germain 02 40 B2
Villeneuve-Saint-Nicolas 28 86 B5
Villeneuve-Saint-Salves 89 136 C2
Villeneuve-Saint-Vistre-et-Villevotte 51 90 B2
Villeneuve-sous-Charigny 21 158 D2
Villeneuve-sous-Dammartin 77 59 E1
Villeneuve-sous-Pymont 39 179 E5
La Villeneuve-sous-Thury 60 39 H5
Villeneuve-sur-Allier 03 192 A1
Villeneuve-sur-Auvers 91 87 G3
Villeneuve-sur-Bellot 77 60 B3
Villeneuve-sur-Cher 18 172 D2
Villeneuve-sur-Conie 45 110 C4
Villeneuve-sur-Fère 02 40 C5
Villeneuve-sur-Lot 47 258 C5
Villeneuve-sur-Tarn 81 300 A1
Villeneuve-sur-Verberie 60 39 E4
Villeneuve-sur-Vère 81 279 F5
La Villeneuve-sur-Vingeanne 21 139 H5
Villeneuve-sur-Yonne 89 113 G4
Villeneuve-Tolosane 31 297 H5
Villeneuvette 34 301 H4
Villennes-sur-Seine 78 57 H2
Villenouvelle 17 201 H2
Villenouvelle 31 318 B2
Villenoy 77 59 G2
Villentrois 36 153 F5
Villeny 41 132 D5
Villepail 53 82 D4
Villeparisis 77 59 E2
Villeparois 70 141 F4
Villeperdrix 26 268 A5
Villeperdue 37 151 H4
Villeperrot 89 113 F2
Villepinte 11 319 F4
Villepinte 93 58 D2
Villeporcher 41 131 G5
Villepot 44 127 F3
Villepreux 78 57 H3
Villequier 76 35 G1
Villequier-Aumont 02 24 A4
Villequiers 18 173 H1
Viller 57 66 D2
Villerable 41 131 G3
Villerbon 41 132 A4
Villeréal 47 258 C3
Villereau 45 111 E4
Villereau 59 15 E3
Villerest 42 211 G3
Villeret 02 24 A1
Villeret 10 91 H3
Villereversure 01 196 A5
Villermain 41 132 C2
Villeromain 41 131 H4
Villeron 95 58 D1
Villerouge-la-Crémade 11 338 C1
Villerouge-Termenès 11 338 B2
Villeroy 77 59 F2
Villeroy 80 11 F5
Villeroy 89 113 F3
Villeroy-sur-Méholle 55 93 H1
Villers 42 211 H1
Villers 88 94 D5
Villers-Agron-Aiguizy 02 41 E5
Villers-Allerand 51 41 G5
Villers-au-Bois 62 8 A5
Villers-au-Flos 62 13 H5
Villers-au-Tertre 59 14 B2
Villers-aux-Bois 51 61 F2
Villers-aux-Érables 80 22 D3
Villers-aux-Nœuds 51 41 G4
Villers-aux-Vents 55 63 F3
Villers-Bocage 14 33 E5
Villers-Bocage 80 12 D5
Villers-Bouton 70 161 H1
Villers-Bretonneux 80 22 D2
Villers-Brûlin 62 7 H5
Villers-Buzon 25 161 G4
Villers-Campsart 80 21 G2
Villers-Canivet 14 53 H2
Villers-Carbonnel 80 23 G2
Villers-Cernay 08 27 F3
Villers-Châtel 62 8 A5
Villers-Chemin-et-Mont-lès-Étrelles 70 161 G1
Villers-Chief 25 162 D4
Villers-Cotterêts 02 39 H4
Villers-devant-Dun 55 43 G2
Villers-devant-le-Thour 08 41 G1
Villers-devant-Mouzon 08 27 F4
Villers-Écalles 76 19 H5
Villers-en-Argonne 51 63 F1
Villers-en-Arthies 95 57 F1
Villers-en-Cauchies 59 14 C3
Villers-en-Haye 54 65 G4
Villers-en-Ouche 61 55 E3
Villers-en-Prayères 02 40 D2
Villers-en-Vexin 27 37 E4
Villers-Farlay 39 179 G1
Villers-Faucon 80 23 H1
Villers-Franqueux 51 41 F3
Villers-Grélot 25 162 B2
Villers-Guislain 59 14 B5
Villers-Hélon 02 40 A4
Villers-la-Chèvre 54 44 D1
Villers-la-Combe 25 162 D3
Villers-la-Faye 21 159 H5
Villers-la-Montagne 54 45 E2
Villers-la-Ville 70 141 H5
Villers-le-Château 51 62 A2
Villers-le-Lac 25 163 F5
Villers-le-Rond 54 44 C2
Villers-le-Sec 02 24 C3
Villers-le-Sec 51 63 E3
Villers-le-Sec 55 93 F1
Villers-le-Sec 70 141 F4
Villers-le-Tilleul 08 26 D4
Villers-le-Tourneur 08 26 C4
Villers-les-Bois 39 179 E2
Villers-lès-Cagnicourt 62 14 A3
Villers-lès-Guise 02 24 D1
Villers-lès-Luxeuil 70 141 F2
Villers-lès-Mangiennes 55 44 C3
Villers-lès-Moivrons 54 65 H4
Villers-lès-Nancy 54 94 D1
Villers-les-Ormes 36 171 G3
Villers-les-Pots 21 160 D4
Villers-lès-Roye 80 23 F4
Villers-l'Hôpital 62 12 C3
Villers-Marmery 51 41 H5
Villers-Outréaux 59 14 C5
Villers-Pater 70 162 B1
Villers-Patras 21 115 H5
Villers-Plouich 59 14 A5
Villers-Pol 59 15 E2
Villers-Robert 39 179 E2
Villers-Rotin 21 160 D5
Villers-Saint-Barthélemy 60 37 H2
Villers-Saint-Christophe 02 23 H3
Villers-Saint-Frambourg 60 39 E4
Villers-Saint-Genest 60 39 G5
Villers-Saint-Martin 25 162 D2
Villers-Saint-Paul 60 38 D3
Villers-Saint-Sépulcre 60 38 B3
Villers-Semeuse 08 26 D3
Villers-Sir-Simon 62 13 E2
Villers-Sire-Nicole 59 15 H2
Villers-sous-Ailly 80 11 H4
Villers-sous-Chalamont 25 180 A2
Villers-sous-Châtillon 51 41 E5
Villers-sous-Foucarmont 76 21 E2
Villers-sous-Montrond 25 162 A5
Villers-sous-Pareid 55 65 E1
Villers-sous-Prény 54 65 G3
Villers-sous-Saint-Leu 60 38 C4
Villers-Stoncourt 57 66 C1
Villers-sur-Auchy 60 37 G1
Villers-sur-Authie 80 11 F1
Villers-sur-Bar 08 27 E4
Villers-sur-Bonnières 60 37 H1
Villers-sur-Coudun 60 39 F1
Villers-sur-Fère 02 40 C4
Villers-sur-le-Mont 08 26 D4
Villers-sur-le-Roule 27 36 C4
Villers-sur-Mer 14 34 B3
Villers-sur-Meuse 55 64 B2
Villers-sur-Nied 57 66 D3
Villers-sur-Port 70 141 E3
Villers-sur-Saulnot 70 142 A4
Villers-sur-Trie 60 37 G3
Villers-Tournelle 80 22 D4
Villers-Vaudey 70 140 B4
Villers-Vermont 60 21 F5
Villers-Vicomte 60 22 B4
Villerserine 39 179 F3
Villersexel 70 141 H5
Villerupt 54 45 F2
Villerville 14 34 C2
Villery 10 114 D3
Villes 01 214 D1
Villes-sur-Auzon 84 286 A4
Villesalem *Ancien Prieuré de* 86 187 G2
Villeselve 60 23 H4
Villeseneux 51 61 H3
Villesèque 46 277 H1
Villesèque-des-Corbières 11 338 D2
Villesèquelande 11 319 G5
Villesiscle 11 319 F5
Villespassans 34 320 D3
Villespy 11 319 F4
Villetaneuse 93 58 C2
La Villetelle 23 208 B4
Villetelle 34 303 F3
Villethierry 89 113 E2
Villeton 47 275 F1
Villetoureix 24 239 G1
Villetritouls 11 338 A1
Villetrun 41 131 H3
La Villette 14 53 F2
Villette 54 44 C2
Villette 73 234 C2
Villette 78 57 F2
Villette-d'Anthon 38 213 G5
Villette-de-Vienne 38 231 F2
Villette-lès-Arbois 39 179 G2
Villette-lès-Dole 39 179 E1
Villette-sur-Ain 01 213 H3
Villette-sur-Aube 10 91 E3
Villettes 27 36 A5
Les Villettes 43 247 H1
Villeurbanne 69 213 F5
Villevallier 89 113 G4
Villevaudé 77 59 E2
Villevenard 51 61 E3
Villevêque 49 128 D5
Villeveyrac 34 322 D3
Villevieille 04 289 E5
Villevieille 30 303 F2
Villevieux 39 179 E4
Villevocance 07 248 C1
Villevoques 45 112 B4
Villexanton 41 132 B4
Villexavier 17 219 H5
Le Villey 39 179 E3
Villey-le-Sec 54 94 C1
Villey-Saint-Étienne 54 65 G5
Villey-sur-Tille 21 139 F5
Villez-sous-Bailleul 27 36 D5
Villez-sur-le-Neubourg 27 35 H5
Villié-Morgon 69 212 D1
Villiers 36 170 D3
Villiers 86 168 D5
Villiers-Adam 95 58 B1
Villiers-au-Bouin 37 130 A5
Villiers-aux-Bois 52 92 C2
Villiers-aux-Chênes 52 92 C4
Villiers-aux-Corneilles 51 90 B2
Villiers-Charlemagne 53 106 A5
Villiers-Couture 17 202 C3
Villiers-en-Bière 77 88 B3
Villiers-en-Bois 79 202 B1
Villiers-en-Désœuvre 27 56 D2
Villiers-en-Lieu 52 63 F5
Villiers-en-Morvan 21 158 C5
Villiers-en-Plaine 79 184 D3
Villiers-Fossard 50 32 B4
Villiers-Herbisse 10 61 H5
Villiers-le-Bâcle 91 58 A5
Villiers-le-Bel 95 58 C1
Villiers-le-Bois 10 115 F5
Villiers-le-Duc 21 138 B2
Villiers-le-Mahieu 78 57 G3
Villiers-le-Morhier 28 86 B2
Villiers-le-Pré 50 80 D2
Villiers-le-Roux 16 203 E2
Villiers-le-Sec 14 33 F3
Villiers-le-Sec 52 116 D3
Villiers-le-Sec 58 157 E3
Villiers-le-Sec 95 58 C1
Villiers-lès-Aprey 52 139 F3
Villiers-les-Hauts 89 137 F4
Villiers-Louis 89 113 H3
Villiers-Saint-Benoît 89 135 G3
Villiers-Saint-Denis 02 60 B2
Villiers-Saint-Frédéric 78 57 G4
Villiers-Saint-Georges 77 60 C5
Villiers-Saint-Orien 28 110 A3
Villiers-sous-Grez 77 88 B5
Villiers-sous-Mortagne 61 84 C3
Villiers-sous-Praslin 10 115 F4
Villiers-sur-Chizé 79 202 B2
Villiers-sur-Loir 41 131 G3
Villiers-sur-Marne 52 93 E5
Villiers-sur-Marne 94 58 D4
Villiers-sur-Morin 77 59 G3
Villiers-sur-Orge 91 58 B5
Villiers-sur-Seine 77 89 G4
Villiers-sur-Suize 52 117 E5
Villiers-sur-Tholon 89 135 H2
Villiers-sur-Yonne 58 157 F2
Villiers-Vineux 89 114 C5
Villiersfaux 41 131 G3
Villieu-Loyes-Mollon 01 213 H3
Villing 57 46 D4
Villognon 16 203 E4
Villon 89 137 G2
Villoncourt 88 95 G5
Villons-les-Buissons 14 33 G4
Villorceau 45 132 C3
Villosanges 63 208 D4
Villotran 60 37 H3
Villotte 88 118 A3
La Villotte 89 135 H3
Villotte-devant-Louppy 55 63 G2
Villotte-Saint-Seine 21 159 G2
Villotte-sur-Aire 55 64 B4
Villotte-sur-Ource 21 138 B2
Villouxel 88 93 H4
Villuis 77 89 G4
Villy 08 27 H5
Villy 89 136 C2
Villy-Bocage 14 33 E5
Villy-en-Auxois 21 159 F2
Villy-en-Trodes 10 115 G2
Villy-le-Bois 10 115 E3
Villy-le-Bouveret 74 215 G2
Villy-le-Maréchal 10 115 E2
Villy-le-Moutier 21 178 A1
Villy-le-Pelloux 74 215 G2
Villy-lez-Falaise 14 54 A2
Villy-sur-Yères 76 10 D5
Vilory 70 141 F3
Vilosnes 55 43 H2
Vilsberg 57 68 A4
Vimarcé 53 107 E2
Vimenet 12 281 F1
Viménil 88 95 H5
Vimines 73 233 E2
Vimont 14 33 H5
Vimory 45 112 B5
Vimoutiers 61 54 C2
Vimpelles 77 89 F4
Vimy 62 8 B5
Vinaigre *Mont* 83 308 D5
Vinantes 77 59 F1
Vinassan 11 321 F5
Vinax 17 202 C2
Vinay 38 250 B1
Vinay 51 61 F1
Vinça 66 342 B2
Vincelles 39 196 B1
Vincelles 51 40 D5
Vincelles 71 178 C5
Vincelles 89 136 B4
Vincelottes 89 136 C4
Vincennes 94 58 C3
Vincent 39 179 E4
Vincey 88 95 E4
Vincly 62 7 F3
Vincy-Manœuvre 77 59 G1
Vincy-Reuil-et-Magny 02 25 G4
Vindecy 71 193 G4
Vindefontaine 50 31 G2
Vindelle 16 221 E1
Vindey 51 61 E5
Vindrac-Alayrac 81 279 E4
Vinets 10 91 F3
Vineuil 36 171 G3
Vineuil 41 132 B5
Vineuil-Saint-Firmin 60 38 D4
La Vineuse 71 194 C2
Vinezac 07 266 B4
Vingrau 66 338 C4
Vingt-Hanaps 61 83 H3
Vinnemerville 76 19 F2
Vinneuf 89 89 F5
Vinon 18 155 H4
Vinon-sur-Verdon 83 306 D3
Vins-sur-Caramy 83 328 C1
Vinsobres 26 285 G1
Le Vintrou 81 300 A5
Vinzelles 63 210 B4
Vinzelles 71 194 D5
Vinzier 74 198 C3
Vinzieux 07 230 D5
Viocourt 88 94 B4
Viodos-Abense-de-Bas 64 313 F4
Violaines 62 8 B3
Violay 42 212 A4
Violès 84 285 G3
Violot 52 139 H3
Viols-en-Laval 34 302 C3
Viols-le-Fort 34 302 C3
Vioménil 88 118 D3
Vion 07 249 E2
Vion 72 129 E2
Vions 73 215 E4
Vionville 57 65 F1
Viozan 32 316 A3
Viplaix 03 190 B3
Vira 09 336 C2
Vira 66 337 H5
Virac 81 279 F5
Virandeville 50 28 D3
Virargues 15 245 F3
Virazeil 47 257 F4
Vire 14 52 C3
Viré 71 195 E3
Viré-en-Champagne 72 106 D5
Vire-sur-Lot 46 259 F5
Vireaux 89 137 F3
Virecourt 54 95 E3
Virelade 33 255 H2
Viremont 39 196 C3
Vireux-Molhain 08 17 E4
Vireux-Wallerand 08 17 E4
Virey 50 81 F2
Virey 70 161 G2
Virey-le-Grand 71 177 H3
Virey-sous-Bar 10 115 F3
Virginy 51 42 D4
Viriat 01 195 H5
Viricelles 42 230 B2
Virieu 38 232 B3
Virieu-le-Grand 01 214 C4
Virieu-le-Petit 01 214 D3
Virigneux 42 230 A1
Virignin 01 214 D5
Viriville 38 231 H5
Virlet 63 209 E1
Virming 57 67 E2
Viroflay 78 58 B4
Virollet 17 219 F2
Vironchaux 80 11 G1
Vironvay 27 36 C4
Virsac 33 237 H3
Virson 17 201 E1
Virville 76 18 D5
Viry 39 196 D4
Viry 71 194 A2
Viry 74 215 F1
Viry-Châtillon 91 58 C5
Viry-Noureuil 02 24 A5
Vis-en-Artois 62 13 H3
Visan 84 285 G1
Viscomtat 63 210 D5
Viscos 65 332 D3
Le Viseney 39 179 F3
Viserny 21 137 G5
Visker 65 315 E5
Vismes-au-Val 80 11 F4
Visoncourt 70 141 G3
Vissac-Auteyrac 43 246 D3
Vissec 30 302 A1
Vissec *Cirque de* 30 302 A1
Visseiche 35 105 E5
Viterbe 81 298 D4
Viterne 54 94 C2
Vitot 27 35 H5
Vitrac 15 262 B1
Vitrac 24 259 G1
Vitrac 63 209 F3
Vitrac-en-Viadène 12 263 F1
Vitrac-Saint-Vincent 16 203 H5
Vitrac-sur-Montane 19 225 F5
Vitrai-sous-l'Aigle 61 55 G5
Vitray 03 190 D1
Vitray-en-Beauce 28 110 A2
Vitray-sous-Brézolles 28 56 B5
Vitré 35 105 E3
Vitré 79 185 F4
Vitreux 39 161 F4
Vitrey 54 94 C3
Vitrey-sur-Mance 70 140 B2
Vitrimont 54 95 F1
Vitrolles 05 269 G5
Vitrolles 13 326 C1
Vitrolles-en-Luberon 84 306 B2
Vitry-aux-Loges 45 111 G5
Vitry-en-Artois 62 13 H2
Vitry-en-Charollais 71 193 G3
Vitry-en-Montagne 52 139 E2
Vitry-en-Perthois 51 62 D4
Vitry-la-Ville 51 62 B3
Vitry-Laché 58 157 F4
Vitry-le-Croisé 10 115 H3
Vitry-le-François 51 62 C4
Vitry-lès-Cluny 71 194 C2
Vitry-lès-Nogent 52 117 F4
Vitry-sur-Loire 71 175 G5
Vitry-sur-Orne 57 45 G4
Vitry-sur-Seine 94 58 C4
Vittarville 55 44 B3
Vitteaux 21 159 E2
Vittefleur 76 19 F2
Vittel 88 118 C2
Vittersbourg 57 67 F2
Vittoncourt 57 66 C2
Vittonville 54 65 G2
Vitz-sur-Authie 80 12 B3
Viuz-en-Sallaz 74 198 A5
Viuz-la-Chiésaz 74 215 G4
Vivaise 02 24 D5
Vivans 42 211 F1
Vivario 2B 349 E1
Viven 64 314 B2
Viverols 63 229 F4
Vivès 66 342 D4
Vivey 52 139 E3
Le Vivier 66 338 A5
Vivier-au-Court 08 27 E3
Le Vivier-sur-Mer 35 50 D5
Vivières 02 39 H3
Viviers 07 266 D5
Viviers 57 66 C3
Viviers 89 137 E3
Viviers-du-Lac 73 233 F1
Viviers-le-Gras 88 118 C3
Viviers-lès-Lavaur 81 298 C4
Viviers-lès-Montagnes 81 299 F5
Viviers-lès-Offroicourt 88 94 C5
Viviers-sur-Artaut 10 115 H3
Viviers-sur-Chiers 54 44 D2
Viviès 09 336 C2
Viviez 12 261 H4
Viville 16 221 F1
Vivoin 72 107 G2
Vivonne 86 186 B3
Vivy 49 150 C3
Vix 21 138 A2
Vix 85 183 H3
Vizille 38 251 E3
Vizos 65 333 E3
Vizzavona 2B 349 E1
Vizzavona *Col de* 2B 349 E1
Vocance 07 248 C2
Vodable 63 227 H3
Vœgtlinshofen 68 121 E3
Vœlfling-lès-Bouzonville 57 46 D3
Vœllerdingen 67 67 H2
Vœuil-et-Giget 16 221 F2
Vogelgrun 68 121 G3
Voglans 73 233 E1
Vogüé 07 266 B4
Voharies 02 25 E3
Void 55 93 H1
Le Voide 49 149 G5
Voigny 10 116 B2
Voile de la Mariée *Cascade du* 05 252 A5
Voile de la Mariée *Cascade du* 2A 349 E2
Voilemont 51 63 E1
Voillans 25 162 C2
Voillecomte 52 92 B3
Voimhaut 57 66 C2
Voinémont 54 94 D2
Voingt 63 208 C5
Voinsles 77 59 H5
Voipreux 51 61 G2
Voires 25 162 B5
Voiron 38 232 C4
Voiscreville 27 35 G3
Voise 28 86 C4
Voisenon 77 88 B2
Voisey 52 118 A5
Voisines 52 139 F2
Voisines 89 113 H2
Voisins-le-Bretonneux 78 58 A4

Voissant 38 232 D3
Voissay 17 201 G3
Voiteur 39 179 F4
La Voivre 70 141 H2
La Voivre 88 96 B4
Les Voivres 88 119 E4
Voivres-lès-le-Mans 72 107 G5
Volckerinckhove 59 3 G4
Volesvres 71 193 H3
Volgelsheim 68 121 G3
Volgré 89 135 H2
Volksberg 67 68 A2
Vollore-Montagne 63 210 D5
Vollore-Ville 63 210 D5
Volmerange-lès-Boulay 57 46 C5
Volmerange-les-Mines 57 45 G2
Volmunster 57 48 B5
Volnay 21 177 G2
Volnay 72 108 B5
Volon 70 140 B4
Volonne 04 287 G3
Volpajola 2B 347 G2
Volstroff 57 45 H3
Volvent 26 268 B4
Volvic 63 209 G4
Volx 04 306 D1
Vomécourt 88 95 G4
Vomécourt-sur-Madon 88 94 D4
Voncourt 52 140 B3
Voncq 08 42 D1
Vonges 21 160 D3
Vongnes 01 214 D4
Vongy 74 198 B3
Vonnas 01 195 F5
Voray-sur-l'Ognon 70 162 A2
Voreppe 38 232 D5
Vorey 43 247 F2
Vorges 02 40 D1
Vorges-les-Pins 25 161 H4
Vorly 18 173 F2
Vornay 18 173 G2
Vors 12 280 C2
Vosbles 39 196 B4
Vosne-Romanée 21 160 A5
Vosnon 10 114 C3
Vou 37 170 B1
Vouarces 51 90 C2
Vouciennes 51 62 B3
Voudenay 21 176 D1
Voué 10 91 E3
Vouécourt 52 93 E5
Vouël 02 24 B4
Vougécourt 70 118 C5
Vougeot 21 160 A5
Vouglans 39 196 C3
Vouglans
Barrage et lac de 39 196 C3
Vougrey 10 115 F4
Vougy 42 211 H2
Vougy 74 216 B1
Vouharte 16 203 E5
Vouhé 17 201 E1
Vouhé 79 185 F2
Vouhenans 70 141 H4
Vouillé 79 185 E4
Vouillé 86 186 A1
Vouillé-les-Marais 85 183 G3
Vouillers 51 63 E5
Vouillon 36 172 B4
Vouilly 14 32 B3
Voujeaucourt 25 142 B5
Voulaines-les-Templiers 21 138 C2
Voulangis 77 59 G3
Voulême 86 203 F2
Voulgézac 16 221 E3
Voulmentin 79 167 G2
Voulon 86 186 B4
Voulpaix 02 25 E2
La Voulte-sur-Rhône 07 267 E1
Voultegon 79 167 G2
Voulton 77 89 G2
Voulx 77 112 D2
Vouneuil-sous-Biard 86 186 B1
Vouneuil-sur-Vienne 86 169 G5
Vourey 38 232 C5
Vourles 69 231 E1
Voussac 03 191 G4
Voutenay-sur-Cure 89 136 D5
Voutezac 19 242 B1
Vouthon 16 221 H1
Vouthon-Bas 55 93 H3
Vouthon-Haut 55 93 H3
Voutré 53 106 D3
Vouvant 85 184 B1
Vouvray 01 214 D1
Vouvray 37 152 A2
Vouvray-sur-Huisne 72 108 B4
Vouvray-sur-Loir 72 130 C4
Vouxey 88 94 B4
Vouzailles 86 168 D5
Vouzan 16 221 G2
Vouzeron 18 154 D4
Vouziers 08 42 D2
Vouzon 41 133 G5
Vouzy 51 61 H2
La Vove *Manoir de* 61 84 C4
Voves 28 110 B2
Vovray-en-Bornes 74 215 G1
Voyenne 02 25 E3
Voyennes 80 23 G3
Voyer 57 67 H5
La Vraie-Croix 56 124 D3
Vraignes-
en-Vermandois 80 23 H2
Vraignes-lès-Hornoy 80 21 H2
Vraincourt 52 116 D2
Vraiville 27 36 A4
Vrasville 50 29 G2
Vraux 51 62 A1
Vrécourt 88 118 A2
Vred 59 9 E5
Vregille 70 161 H3
Vregny 02 40 C2
Vrély 80 23 E3
Le Vrétot 50 28 D5
Vriange 39 161 E4
Vrigne-aux-Bois 08 27 E3
Vrigne-Meuse 08 27 E3
Vrigny 45 111 G4
Vrigny 51 41 F4
Vrigny 61 54 A5
La Vrine 25 180 C1
Vritz 44 127 G5
Vrizy 08 42 D2
Vrocourt 60 37 G1
Vroil 51 63 F3
Vron 80 11 G1
Vroncourt 54 94 C3
Vroncourt-la-Côte 52 117 G3
Vroville 88 94 D5
Vry 57 46 B5
Vue 44 147 E4
Vuillafans 25 162 B5
Vuillecin 25 180 C2
Vuillery 02 40 B2
Vulaines 10 114 A2
Vulaines-lès-Provins 77 89 F2
Vulaines-sur-Seine 77 88 C4
Vulbens 74 215 F1
Vulmont 57 66 B3
Vulvoz 39 196 D4
Vy-le-Ferroux 70 140 D5
Vy-lès-Filain 70 141 F5
Vy-lès-Lure 70 141 H4
Vy-lès-Rupt 70 140 C4
Vyans-le-Val 70 142 B4
Vyt-lès-Belvoir 25 163 E2

W

Waben 62 6 B5
Wackenbach 67 96 D2
Wacquemoulin 60 39 E1
Wacquinghen 62 2 B5
Wadelincourt 08 27 F4
Wadimont 08 25 H4
Wadonville-en-Woëvre 55 64 D1
Wagnon 08 26 B4
Wahagnies 59 8 D4
Wahlbach 68 143 F3
Wahlenheim 67 68 D4
Wail 62 12 B2
Wailly 62 13 G3
Wailly 80 22 A3
Wailly-Beaucamp 62 6 B5
Walbach 68 120 D3
Walbourg 67 69 E2
La Walck 67 68 C3
Waldersbach 67 96 D3
Waldhambach 67 67 H2
Waldhouse 57 48 C5
Waldighofen 68 143 F3
Waldolwisheim 67 68 B4
Waldweistroff 57 46 C3
Waldwisse 57 46 C2
Walheim 68 143 F3
Walibi Rhône-Alpes
Parc d'attractions 38 232 C2
Walibi-Schtroumpf 57 45 H4
Walincourt 59 14 C5
Wallers 59 9 F5
Wallers-Trélon 59 16 A5
Wallon-Cappel 59 3 H5
Walschbronn 57 48 C5
Walscheid 57 67 H5
Waltembourg 57 67 H4
Waltenheim 68 143 G2
Waltenheim-sur-Zorn 67 68 D4
Waly 55 63 G1
Wambaix 59 14 C4
Wambercourt 62 7 E5
Wambez 60 37 G1
Wambrechies 59 8 D2
Wamin 62 7 E5
Wanchy-Capval 76 20 D2
Wancourt 62 13 H3
Wandignies-Hamage 59 9 F5
Wanel 80 11 H4
Wangen 67 97 F1
Wangenbourg 67 96 D1
Wannehain 59 9 E3
Wanquetin 62 13 F2
La Wantzenau 67 69 E5
Warcq 08 26 D3
Warcq 55 44 D5
Wardrecques 62 7 G2
Wargemoulin-Hurlus 51 42 D5
Wargnies 80 12 C5
Wargnies-le-Grand 59 15 E2
Wargnies-le-Petit 59 15 E2
Warhem 59 3 H3
Warlaing 59 9 F5
Warlencourt-Eaucourt 62 13 G4
Warlincourt-lès-Pas 62 13 E4
Warloy-Baillon 80 13 E5
Warluis 60 38 A2
Warlus 62 13 F2
Warlus 80 11 H5
Warluzel 62 13 E3
Warmeriville 51 41 H3
Warnécourt 08 26 C3
Warneton 59 4 C5
Warsy 80 23 E4
Warvillers 80 23 E3
Wasigny 08 26 A4
Wasnes-au-Bac 59 14 B2
Wasquehal 59 8 D2
Wasselonne 67 68 B5
Wasserbourg 68 120 D4
Wassigny 02 15 E5
Wassy 52 92 C3
Le Wast 62 2 C5
Watigny 02 25 H1
Watronville 55 64 C1
Watten 59 3 F4
Wattignies 59 8 D3
Wattignies-la-Victoire 59 15 H3
Wattrelos 59 9 E2
Wattwiller 68 120 D5
Wavignies 60 22 C5
Waville 54 65 F2
Wavrans-sur-l'Aa 62 7 E2
Wavrans-sur-Ternoise 62 7 F5
Wavrechain-
sous-Denain 59 14 D2
Wavrechain-sous-Faulx 59 14 C2
Wavrille 55 44 B3
Wavrin 59 8 C3
Waziers 59 8 D5
Wé 08 27 G4
Weckolsheim 68 121 F3
Wegscheid 68 142 C1
Weinbourg 67 68 B3
Weislingen 67 68 A2
Weitbruch 67 69 E4
Weiterswiller 67 68 B3
Welles-Pérennes 60 22 D5
Wemaers-Cappel 59 3 G4
Wentzwiller 68 143 G3
Werentzhouse 68 143 G4
Wervicq-Sud 59 4 D5
West-Cappel 59 3 H3
Westbécourt 62 3 E5
Westhalten 68 120 D4
Westhoffen 67 97 E1
Westhouse 67 97 G3
Westhouse-Marmoutier 67 68 B5
Westrehem 62 7 G3
Wettolsheim 68 121 E3
Weyer 67 67 H3
Weyersheim 67 69 E4
Wickerschwihr 68 121 F2
Wickersheim 67 68 C4
Wicquinghem 62 6 D3
Wicres 59 8 B3
Widehem 62 6 B3
Widensolen 68 121 F3
Wiège-Faty 02 25 E2
Wiencourt-l'Équipée 80 23 E2
Wierre-au-Bois 62 6 C2
Wierre-Effroy 62 2 C5
Wiesviller 57 67 H1
Wignehies 59 15 H5
Wignicourt 08 26 C5
Wihr-au-Val 68 120 D3
Wihr-en-Plaine 68 121 F2
Wildenstein 68 120 B4
Wildersbach 67 96 D3
Willeman 62 12 B2
Willems 59 9 E2
Willencourt 62 12 B3
Willer 68 143 F3
Willer-sur-Thur 68 120 C5
Willeroncourt 55 64 B5
Willerval 62 8 B5
Willerwald 57 67 G1
Willgottheim 67 68 C5
Williers 08 27 H4
Willies 59 15 H4
Wilshausen 67 68 C4
Wilwisheim 67 68 C4
Wimereux 62 2 B5
Wimille 62 2 B5
Wimmenau 67 68 B2
Wimy 02 25 G1
Windstein 67 68 D1
Windstein
Château de 67 68 D1
Wingen 67 69 E1
Wingen-sur-Moder 67 68 B2
Wingersheim-les-
Quatre-Bans 67 68 D4
Wingles 62 8 B4
Winkel 68 143 F5
Winnezeele 59 3 H4
Wintersbourg 57 67 H4
Wintershouse 67 68 D4
Wintzenbach 67 69 G2
Wintzenheim 68 121 E3
Wintzenheim-
Kochersberg 67 68 C5
Wintzfelden 68 120 D4
Wirwignes 62 6 C2
Wiry-au-Mont 80 11 G5
Wisches 67 96 D2
Wisembach 88 96 C5
Wiseppe 55 43 G1
Wismes 62 7 E2
Wisques 62 3 F5
Wissant 62 2 B4
Wissembourg 67 69 F1
Wissignicourt 02 40 C1
Wissous 91 58 C5
Witry-lès-Reims 51 41 H3
Wittelsheim 68 143 E1
Wittenheim 68 143 F1
Witternesse 62 7 G3
Witternheim 67 97 G4
Wittersdorf 68 143 F3
Wittersheim 67 68 D4
Wittes 62 7 G2
Wittisheim 67 97 G4
Wittring 57 67 H1
Wiwersheim 67 68 D5
Wizernes 62 7 F2
Woël 55 65 E2
Wœlfling-
lès-Sarreguemines 57 67 H1
Wœllenheim 67 68 C5
Wœrth 67 68 D2
Woignarue 80 11 E3
Woimbey 55 64 C2
Woincourt 80 11 E4
Woinville 55 64 D3
Woippy 57 45 H5
Woirel 80 11 G5
Wolfersdorf 68 143 E3
Wolfgantzen 68 121 F3
Wolfisheim 67 97 G1
Wolfskirchen 67 67 G3
Wolschheim 67 68 B5
Wolschwiller 68 143 G4
Wolxheim 67 97 F1
Wormhout 59 3 H4
Woustviller 57 67 G1
Wuenheim 68 120 D5
Wuisse 57 66 D3
Wulverdinghe 59 3 F4
Wy-dit-Joli-Village 95 37 G5
Wylder 59 3 H3

X

Xaffévillers 88 95 G3
Xaintrailles 47 275 F3
Xaintray 79 184 D2
Xambes 16 203 E5
Xammes 54 65 F2
Xamontarupt 88 119 H2
Xanrey 57 66 D5
Xanton-Chassenon 85 184 B2
Xaronval 88 94 D4
Xermaménil 54 95 F2
Xertigny 88 119 F3
Xeuilley 54 94 C2
Xirocourt 54 94 D3
Xivray-et-Marvoisin 55 65 E4
Xivry-Circourt 54 45 E3
Xocourt 57 66 B3
Xonrupt-Longemer 88 120 B3
Xonville 54 65 E1
Xouaxange 57 67 G5
Xousse 54 95 H1
Xures 54 67 E5

Y

Y 80 23 G3
Yainville 76 35 H1
Yaucourt-Bussus 80 11 H3
Le Yaudet 22 72 C3
Ychoux 40 272 D1
Ydes 15 226 C5
Yébleron 76 19 F4
Yèbles 77 88 C2
Yenne 73 232 D1
Yermenonville 28 86 B3
Yerres 91 58 D5
Yerville 76 19 H4
Yeu *Île d'* 85 164 A4
Yèvre-la-Ville 45 111 H3
Yèvre-le-Châtel 45 111 H3
Yèvres 28 109 G2
Yèvres-le-Petit 10 91 H3
Yffiniac 22 78 C3
Ygos-Saint-Saturnin 40 273 F5
Ygrande 03 191 F2
Ymare 76 36 B3
Ymeray 28 86 C3
Ymonville 28 110 C2
Yolet 15 244 C5
Yoncq 08 27 F5
Yonval 80 11 G3
Youx 63 209 E1
Yport 76 18 D3
Ypreville-Biville 76 19 F4
Yquebeuf 76 20 C5
Yquelon 50 51 F3
Yquem *Château* 33 256 B4
Yronde-et-Buron 63 228 A2
Yrouerre 89 137 E3
Yssac-la-Tourette 63 209 H4
Yssandon 19 241 H2
Yssandon *Puy d'* 19 241 H2
Yssingeaux 43 247 H2
Ysson *Puy d'* 63 227 H3
Ytrac 15 244 B5
Ytres 62 13 H5
Yutz 57 45 H3
Yvecrique 76 19 H4
Yvernaumont 08 26 C4
Yversay 86 169 E5
Yves 17 200 D2
Les Yveteaux 61 53 G5
Yvetot 76 19 G5
Yvetot-Bocage 50 29 F4
Yvias 22 73 F3
Yviers 16 238 D1
Yvignac-la-Tour 22 79 F5
Yville-sur-Seine 76 35 H2
Yvoire 74 197 H3
Yvoy-le-Marron 41 133 E5
Yvrac 33 237 H5
Yvrac-et-Malleyrand 16 221 H1
Yvrandes 61 52 D4
Yvré-le-Pôlin 72 129 H3
Yvré-l'Évêque 72 107 H4
Yvrench 80 11 H2
Yvrencheux 80 11 H2
Yzengremer 80 11 E4
Yzernay 49 167 F1
Yzeron 69 230 C1
Yzeure 03 192 B2
Yzeures-sur-Creuse 37 170 B4
Yzeux 80 22 A1
Yzosse 40 293 E3

Z

Zaessingue 68 143 G3
Zalana 2B 347 G4
Zarbeling 57 67 E3
Zegerscappel 59 3 G4
Zehnacker 67 68 B5
Zeinheim 67 68 C5
Zellenberg 68 121 E2
Zellwiller 67 97 F3
Zermezeele 59 3 H4
Zérubia 2A 349 E5
Zetting 57 67 H1
Zévaco 2A 349 E3
Zicavo 2A 349 E3
Zigliara 2A 348 D4
Zilia 2B 346 C2
Zilling 57 68 A4
Zillisheim 68 143 F2
Zimmerbach 68 120 D3
Zimmersheim 68 143 G2
Zimming 57 46 D5
Zincourt 88 95 F5
Zinswiller 67 68 C2
Zipitoli
Pont génois de 2A 348 D3
Zittersheim 67 68 A3
Zœbersdorf 67 68 C4
Zollingen 67 67 G3
Zommange 57 67 F4
Zonza 2A 349 F5
Zoteux 62 6 C3
Zouafques 62 3 E4
Zoufftgen 57 45 G2
Zoza 2A 349 E5
Zuani 2B 347 G4
Zudausques 62 3 E5
Zutkerque 62 3 E4
Zutzendorf 67 68 C3
Zuydcoote 59 3 H2
Zuytpeene 59 3 G5

Plans

Curiosités
Bâtiment intéressant - Tour
Édifice religieux intéressant

Voirie
Autoroute - Double chaussée de type autoroutier
Échangeurs numérotés : complet - partiels
Grande voie de circulation
Rue réglementée ou impraticable
Rue piétonne - Tramway
Parking
Tunnel
Gare et voie ferrée
Funiculaire, voie à crémaillère
Téléphérique, télécabine

Signes divers
Édifice religieux
Mosquée - Synagogue
Ruines
Jardin, parc, bois - Cimetière
Stade - Golf
Hippodrome
Piscine de plein air, couverte
Vue
Monument - Fontaine
Port de plaisance - Phare
Information touristique
Aéroport - Station de métro
Gare routière
Transport par bateau :
passagers et voitures, passagers seulement
Bureau principal de poste restante
Hôtel de ville
Université, grande école
Bâtiment public repéré

Town plans

Sights
Place of interest - Tower
Interesting place of worship

Roads
Motorway - Dual carriageway
Numbered junctions: complete, limited
Major thoroughfare
Unsuitable for traffic or street subject to restrictions
Pedestrian street - Tramway
Car park
Tunnel
Station and railway
Funicular
Cable-car

Various signs
Place of worship
Mosque - Synagogue
Ruins
Garden, park, wood - Cemetery
Stadium - Golf course
Racecourse
Outdoor or indoor swimming pool
View
Monument - Fountain
Pleasure boat harbour - Lighthouse
Tourist Information Centre
Airport - Underground station
Coach station
Ferry services:
passengers and cars - passengers only
Main post office with poste restante
Town Hall
University, College
Public buildings

Stadtpläne

Sehenswürdigkeiten
Sehenswertes Gebäude - Turm
Sehenswerter Sakralbau

Straßen
Autobahn - Schnellstraße
Nummerierte Voll - bzw. Teilanschlussstellen
Hauptverkehrsstraße
Gesperrte Straße oder mit Verkehrsbeschränkungen
Fußgängerzone - Straßenbahn
Parkplat
Tunnel
Bahnhof und Bahnlinie
Standseilbahn
Seilschwebebahn

Sonstige Zeichen
Sakralbau
Moschee - Synagoge
Ruine
Garten, Park, Wäldchen - Friedhof
Stadion - Golfplatz
Pferderennbahn
Freibad - Hallenbad
Aussicht
Denkmal - Brunnen
Yachthafen - Leuchtturm
Informationsstelle
Flughafen - U-Bahnstation
Autobusbahnhof
Schiffsverbindungen:
Autofähre, Personenfähre
Hauptpostamt (postlagernde Sendungen)
Rathaus
Universität, Hochschule
Öffentliches Gebäude

Plattegronden

Bezienswaardigheden
Interessant gebouw - Toren
Interessant kerkelijk gebouw

Wegen
Autosnelweg - Weg met gescheiden rijbanen
Knooppunt / aansluiting: volledig, gedeeltelijk
Hoofdverkeersweg
Onbegaanbare straat, beperkt toegankelijk
Voetgangersgebied - Tramlijn
Parkeerplaats
Tunnel
Station, spoorweg
Kabelspoor
Tandradbaan

Overige tekens
Kerkelijk gebouw
Moskee - Synagoge
Ruïne
Tuin, park, bos - Begraafplaats
Stadion - Golfterrein
Renbaan
Zwembad: openlucht, overdekt
Uitzicht
Gedenkteken, standbeeld - Fontein
Jachthaven - Vuurtoren
Informatie voor toeristen
Luchthaven - Metrostation
Busstation
Vervoer per boot:
Passagiers en auto's - uitsluitend passagiers
Hoofdkantoor voor poste-restante
Stadhuis
Universiteit, hogeschool
Openbaar gebouw

Piante

Curiosità
Edificio interessante - Torre
Costruzione religiosa interessante

Viabilità
Autostrada - Doppia carreggiata tipo autostrada
Svincoli numerati: completo, parziale
Grande via di circolazione
Via regolamentata o impraticabile
Via pedonale - Tranvia
Parcheggio
Galleria
Stazione e ferrovia
Funicolare
Funivia, cabinovia

Simboli vari
Costruzione religiosa
Moschea - Sinagoga
Ruderi
Giardino, parco, bosco - Cimitero
Stadio - Golf
Ippodromo
Piscina: all'aperto, coperta
Vista
Monumento - Fontana
Porto turistico - Faro
Ufficio informazioni turistiche
Aeroporto - Stazione della metropolitana
Autostazione
Trasporto con traghetto:
passeggeri ed autovetture - solo passeggeri
Ufficio centrale di fermo posta
Municipio
Università, scuola superiore
Edificio pubblico

Planos

Curiosidades
Edificio interesante - Torre
Edificio religioso interesante

Vías de circulación
Autopista - Autovía
Enlaces numerados: completo, parciales
Via importante de circulacíon
Calle reglamentada o impracticable
Calle peatonal - Tranvía
Aparcamiento
Túnel
Estación y línea férrea
Funicular, línea de cremallera
Teleférico, telecabina

Signos diversos
Edificio religioso
Mezquita - Sinagoga
Ruinas
Jardín, parque, madera - Cementerio
Estadio - Golf
Hipódromo
Piscina al aire libre, cubierta
Vista parcial
Monumento - Fuente
Puerto deportivo - Faro
Oficina de Información de Turismo
Aeropuerto - Estación de metro
Estación de autobuses
Transporte por barco:
pasajeros y vehículos, pasajeros solamente
Oficina de correos
Ayuntamiento
Universidad, escuela superior
Edificio público

Plans de ville

Town plans / Stadtpläne / Stadsplattegronden
Piante di città / Planos de ciudades

- ■ Aix-en-Provence 428
- ● Ajaccio 476
- ■ Amiens 429
- ■ Angers 430
- ● Annecy 476
- ● Arles 476
- ■ Avignon 431
- ● Bastia 476
- ● Bayonne 476
- ■ Besançon 432
- ● Biarritz 476
- ● Blois 476
- ■ Bordeaux 433
- ■ Bourges 434
- ■ Caen 435
- ■ Calais 436
- ■ Cannes 437
- ● Carcassonne 476
- ● Châlons-en-Champagne 476
- ● Chalon-sur-Saône 476
- ● Chambéry 476
- ● Chartres 476
- ■ Clermont-Ferrand 438
- ■ Colmar 439
- ■ Dijon 440
- ■ Grenoble 441
- ■ Le Havre 442
- ■ Lille 443
- ■ Limoges 446
- ● Lorient 476
- ■ Lyon 444
- ■ Le Mans 447
- ■ Marseille 448
- ■ Metz 449
- ● Monaco 476
- ■ Montpellier 450
- ■ Mulhouse 451
- ■ Nancy 452
- ■ Nantes 453
- ● Nevers 476
- ■ Nice 454
- ■ Nîmes 456
- ■ Orléans 457
- ■ Paris (environs) 458
- ■ Paris 462
- ■ Pau 464
- ■ Perpignan 465
- ■ Poitiers 466
- ■ Reims 467
- ■ Rennes 468
- ■ La Rochelle 469
- ■ Rouen 470
- ■ Saint-Étienne 471
- ■ Strasbourg 472
- ■ Toulon 473
- ■ Toulouse 474
- ■ Tours 475
- ● Troyes 476

Calais
Lille
Amiens
Le Havre
Rouen
Reims
Châlons-en-Champagne
Caen
Chartres
PARIS
Metz
Strasbourg
Rennes
Le Mans
Blois
Troyes
Nancy
Orléans
Colmar
Mulhouse
Lorient
Angers
Tours
Dijon
Nantes
Bourges
Nevers
Besançon
Poitiers
Chalon-s-Saône
Clermont-Ferrand
Lyon
Annecy
La Rochelle
Limoges
Chambéry
St-Étienne
Grenoble
Bordeaux
Nîmes
Avignon
Aix-en-Provence
Montpellier
Monaco
Biarritz
Bayonne
Toulouse
Nice
Pau
Arles
Cannes
Carcassonne
Marseille
Toulon
Bastia
Perpignan
Ajaccio

■ Amiens - *plan de ville + QR Code*

● Ajaccio - *QR Code*

Comment utiliser les QR Codes ?

1) Téléchargez gratuitement (ou mettez à jour) une application de lecture de QR Codes sur votre smartphone
2) Lancez l'application et visez le code souhaité
3) Le plan de la ville désirée apparaît automatiquement sur votre smartphone
4) Zoomez / Dézoomez pour faciliter votre déplacement !

How to use the QR Codes

1) Download (or update) the free QR Code reader app on your smartphone
2) Launch the app and point your smartphone at the required code
3) A map of the town/city will appear automatically on your smartphone
4) Zoom in/out to help you move around

Wie verwendet man QR Codes ?

1. Laden Sie eine Applikation zum Lesen von QR Codes (oder ein Update) kostenlos auf Ihr Smartphone herunter.
2. Starten Sie die Applikation und lesen Sie den gewünschten Code.
3. Der gewünschte Stadtplan erscheint automatisch auf Ihrem Smartphone.
4. Vergrößern/Verkleinern Sie den Zoom, um Ihre Fahrt zu erleichtern.

Hoe moet u de QR Codes gebruiken?

1. Download (of update) gratis een app om QR codes op uw smartphone te lezen
2. Start de app en selecteer de gewenste code
3. De gewenste stadsplattegrond verschijnt automatisch op uw smartphone
4. Zoom in of uit om uw verplaatsing beter te kunnen zien!

Come si usano i codici QR ?

1. Scarica gratuitamente (o aggiorna) un'applicazione di lettura di codici QR sul tuo smartphone
2. Lancia l'applicazione e punta il codice desiderato
3. La pianta della città desiderata appare automaticamente sul tuo smartphone
4. Zooma/dezooma per spostarti più facilmente!

Cómo utilizar los códigos QR

1. Descargue (o actualice) gratuitamente una aplicación de lectura de códigos QR para su smartphone
2. Abra la aplicación y seleccione el código deseado
3. El plano de ciudad deseado aparece automáticamente en su smartphone
4. Haga zoom adelante/atrás para facilitar el desplazamiento

ATELIER CÉZANNE
MANOSQUE
ARLES, AVIGNON
CARRIÈRES DE BIBÉMUS, VAUVENARGUES
JAS DE BOUFFAN, FONDATION VASARELY
NICE, TOULON
MARSEILLE
Cathédrale
Musée des Tapisseries
Cloître
VIEIL AIX
Tourreluque
Pavillon de Vendôme
Thermes Sextius
Tour de l'Horloge
Pl. de l'Hôtel-de-Ville
Palais Monclar
Madeleine
Richelme
Hôtel de Boyer d'Éguilles
Palais de Justice
Conservatoire Darius Milhaud
ALLÉES PROVENÇALES
Grand Théâtre de Provence
Fontaine de la Rotonde
Cours Mirabeau
Caumont Centre d'Art
Hôtel de Marignane
Fontaine des 4 Dauphins
QUARTIER MAZARIN
Maison natale de Cézanne
Pavillon Noir
Cité du Livre
Musée Granet
St-Jean-de-Malte
PARC RAMBOT
PARC JOURDAN
AIX-EN-PROVENCE
150 m
Apt
Bonnieux
Lourmarin
Cadenet
Abb^e de Silvacane
La Roque-d'Anthéron
Pertuis
Rognes
Lambesc
St-Cannat
Meyrargues
Peyrolles-en-Provence
Venelles
Éguilles
Vauvenargues
Montagne Ste-Victoire
AIX-EN-PROVENCE
Le Tholonet
Ventabren
Vitrolles
Rognac
Gardanne
Bouc-Bel-Air
Cabriès
Meyreuil
Fuveau
Trets
Peynier
Rousset
Les Milles
Luynes
Simiane-Collongue
Les Pennes-Mirabeau
Aqueduc de Roquefavour
Étang
Chaîne de la Trévaresse
Durance
Montagne du Cengle
La Croix de Provence
Pic des Mouches
Puyloubier
Jouques
St-Paul-lès-Durance
Gréasque
Belcodène
Coudoux
Velaux
Lacoste
Goult
Cucuron
Vaugines
Puyvert
Charleval
St-Estève-Janson
Le Puy-Ste-Réparade
Château la Coste
Beaurecueil
Châteauneuf-le-Rouge
Pourrières

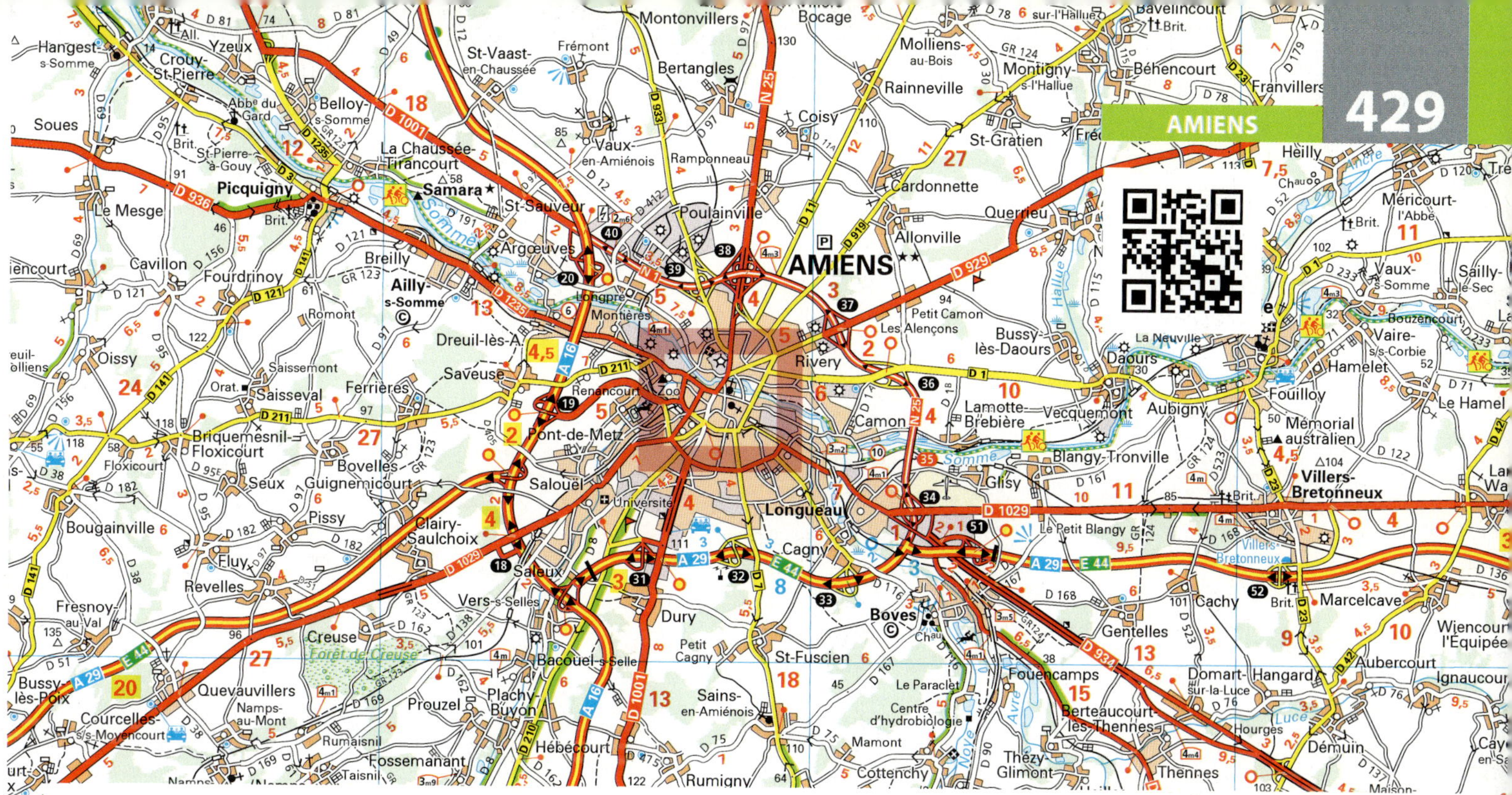
AMIENS
Picquigny
Samara
Ailly-s-Somme
Dreuil-lès-A.
Saveuse
Pont-de-Metz
Salouël
Longueau
Rivery
Camon
Boves
Dury
Saleux
St-Fuscien
Sains-en-Amiénois
Vers-s-Selles
Bacouel-s-Selle
Glisy
Blangy-Tronville
Lamotte-Brebière
Vecquemont
Daours
Aubigny
Fouilloy
Villers-Bretonneux
Cachy
Gentelles
Fouencamps
Thézy-Glimont
Cagny
Poulainville
Allonville
Querrieu
Cardonnette
Bertangles
Montonvillers
Rainneville
St-Gratien
Bussy-lès-Daours
Argœuves
St-Sauveur
Breilly
Ferrières
Saisseval
Clairy-Saulchoix
Pissy
Bovelles
Guignemicourt
Seux
Fluy
Revelles
Creuse
Forêt de Creuse
Quevauvillers
Prouzel
Plachy-Buyon
Hébécourt
Fossemanant
Rumigny
Cottenchy
Berteaucourt-les-Thennes
Thennes
Domart-sur-la-Luce
Hangard
Demuin
Marcelcave
Aubercourt
Wiencourt-l'Équipée
Ignaucourt
Hamelet
Vaire-s-Corbie
Vaux-s-Somme
Sailly-le-Sec
Le Hamel
Méricourt-l'Abbé
Heilly
Franvillers
Béhencourt
Bavelincourt
Montigny-s-l'Hallue
Molliens-au-Bois
Bocage
Coisy
Vaux-en-Amiénois
St-Vaast-en-Chaussée
Belloy-s-Somme
Crouy-St-Pierre
Hangest-s-Somme
Yzeux
Soues
Le Mesge
Cavillon
Fourdrinoy
Oissy
Briquemesnil-Floxicourt
Bougainville
Fresnoy-au-Val
Bussy-lès-Poix
Courcelles-s-Moyencourt
Namps-au-Mont
Mémorial australien
D 1029
D 929
A 16
A 29
E 44
Somme

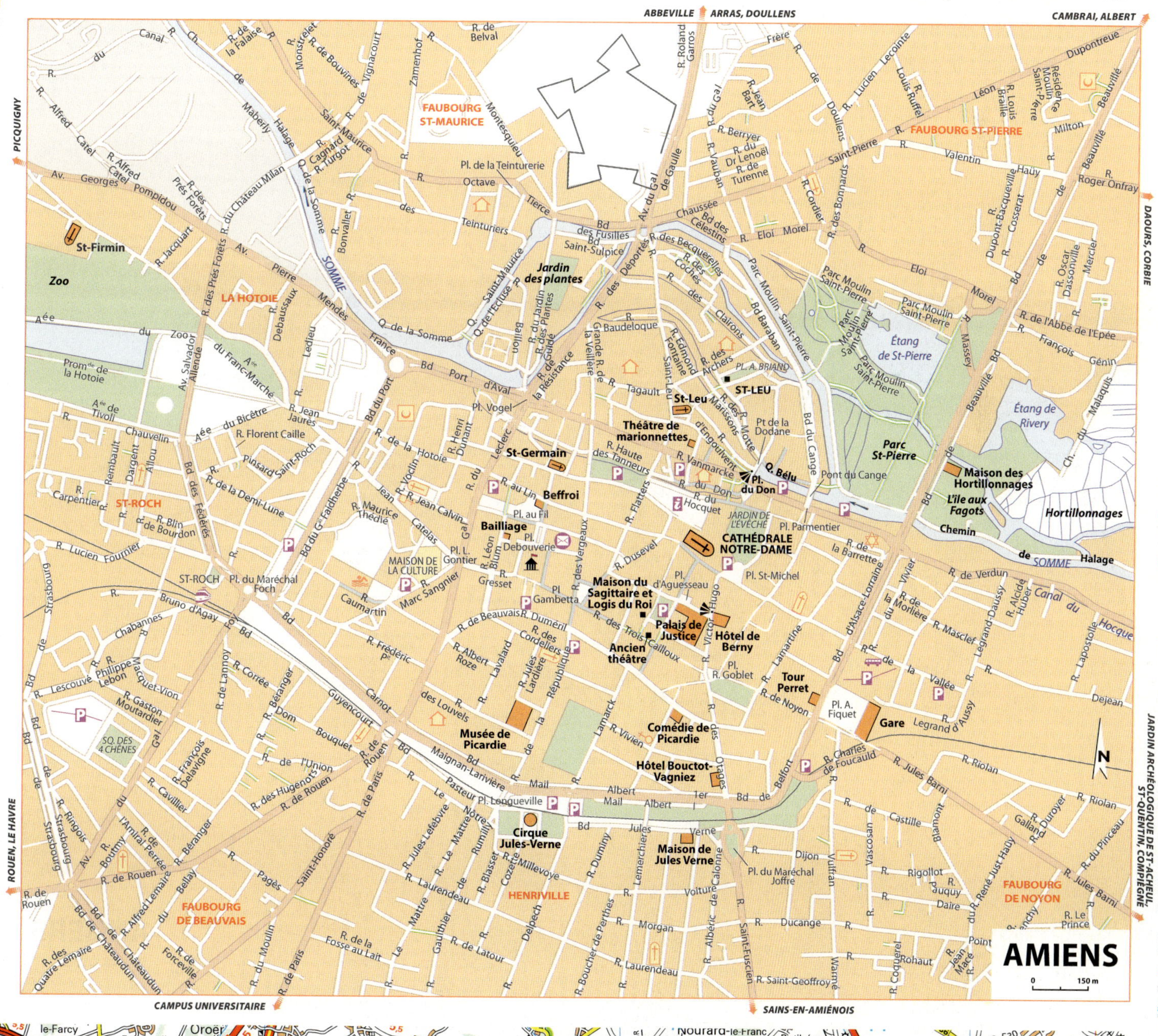
ABBEVILLE
ARRAS, DOULLENS
CAMBRAI, ALBERT
DAOURS, CORBIE
JARDIN ARCHÉOLOGIQUE DE ST-ACHEUL
ST-QUENTIN, COMPIÈGNE
SAINS-EN-AMIÉNOIS
CAMPUS UNIVERSITAIRE
ROUEN, LE HAVRE
PICQUIGNY
FAUBOURG ST-MAURICE
FAUBOURG ST-PIERRE
LA HOTOIE
ST-ROCH
HENRIVILLE
FAUBOURG DE BEAUVAIS
FAUBOURG DE NOYON
ST-LEU
St-Firmin
Zoo
Jardin des plantes
Parc St-Pierre
Étang de St-Pierre
Étang de Rivery
Maison des Hortillonnages
L'île aux Fagots
Hortillonnages
Théâtre de marionnettes
St-Leu
St-Germain
Beffroi
Bailliage
CATHÉDRALE NOTRE-DAME
JARDIN DE L'ÉVÊCHÉ
MAISON DE LA CULTURE
Maison du Sagittaire et Logis du Roi
Palais de Justice
Hôtel de Berny
Ancien théâtre
Tour Perret
Gare
Musée de Picardie
Comédie de Picardie
Hôtel Bouctot-Vagniez
Cirque Jules-Verne
Maison de Jules Verne
SOMME
AMIENS

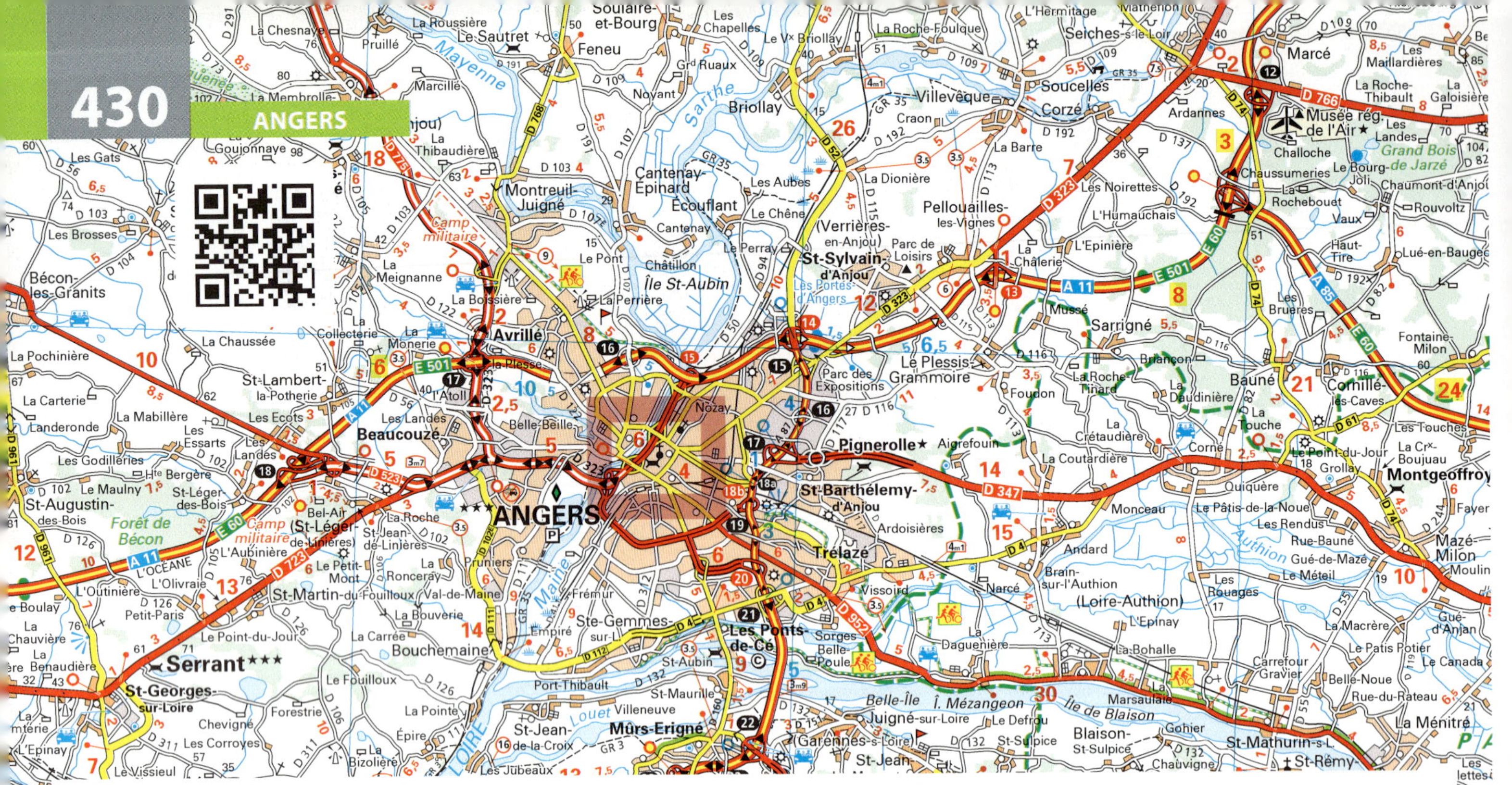
Angers
Avrillé
Beaucouzé
Montreuil-Juigné
Écouflant
Cantenay-Épinard
Briollay
Villevêque
Soucelles
Corzé
Marcé
Musée rég. de l'Air
Pellouailles-les-Vignes
St-Sylvain-d'Anjou
Sarrigné
Le Plessis-Grammoire
Pignerolle
St-Barthélemy-d'Anjou
Trélazé
Brain-sur-l'Authion
Andard
Bauné
Cornillé-les-Caves
Montgeoffroy
Mazé-Milon
Les Ponts-de-Cé
Ste-Gemmes-sur-Loire
Bouchemaine
St-Martin-du-Fouilloux
St-Jean-de-Linières
St-Léger-de-Linières
St-Lambert-la-Potherie
St-Augustin-des-Bois
Forêt de Bécon
Bécon-les-Granits
Serrant
St-Georges-sur-Loire
Mûrs-Erigné
Juigné-sur-Loire
Blaison-St-Sulpice
St-Mathurin-s-L.
Île de Blaison
Île St-Aubin
Sarthe
Mayenne
Maine
Loire
Authion
Camp militaire
A 11
E 501
E 60
A 87
D 347
D 323
D 523

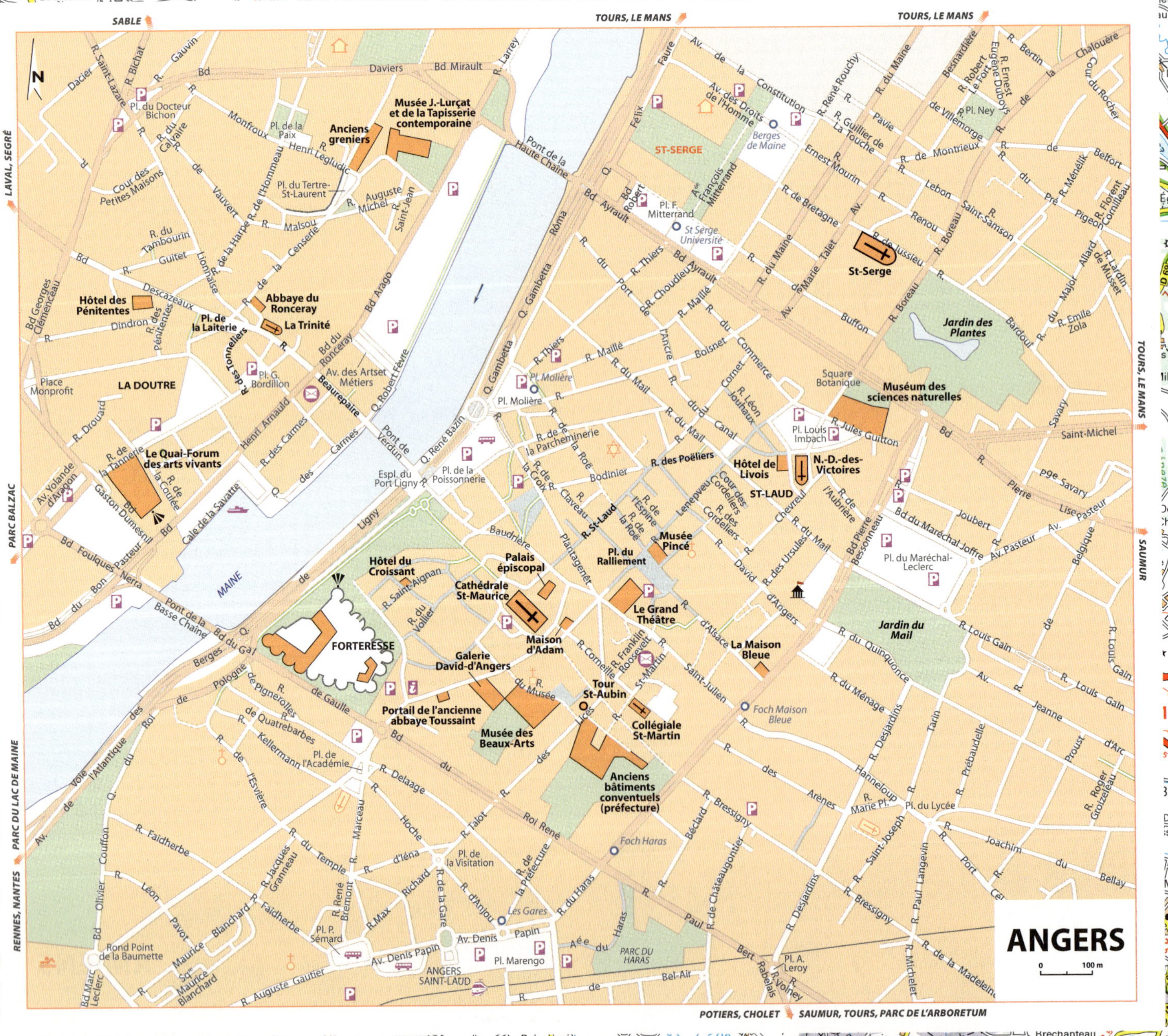
SABLÉ
TOURS, LE MANS
TOURS, LE MANS
LAVAL, SEGRÉ
PARC BALZAC
PARC DU LAC DE MAINE
RENNES, NANTES
TOURS, LE MANS
SAUMUR
POTIERS, CHOLET
SAUMUR, TOURS, PARC DE L'ARBORETUM
N
Musée J.-Lurçat et de la Tapisserie contemporaine
Anciens greniers
ST-SERGE
St-Serge
Jardin des Plantes
Hôtel des Pénitentes
Abbaye du Ronceray
La Trinité
Pl. de la Laiterie
LA DOUTRE
Place Monprofit
Muséum des sciences naturelles
Square Botanique
Le Quai-Forum des arts vivants
MAINE
Hôtel du Croissant
Palais épiscopal
Cathédrale St-Maurice
Maison d'Adam
FORTERESSE
Galerie David-d'Angers
Portail de l'ancienne abbaye Toussaint
Musée des Beaux-Arts
Tour St-Aubin
Collégiale St-Martin
Anciens bâtiments conventuels (préfecture)
Hôtel de Livois
N.-D.-des-Victoires
ST-LAUD
Musée Pincé
Pl. du Ralliement
Le Grand Théâtre
La Maison Bleue
Jardin du Mail
Pl. du Maréchal-Leclerc
Pl. Louis Imbach
Pl. Molière
Espl. du Port Ligny
Pl. de la Poissonnerie
Pl. de l'Académie
Pl. de la Visitation
Pl. P. Sémard
Pl. Marengo
ANGERS SAINT-LAUD
PARC DU HARAS
Foch Haras
Foch Maison Bleue
Les Gares
Berges de Maine
St Serge Université
Pl. F. Mitterrand
Pl. Ney
Rond Point de la Baumette
Pl. A. Leroy
Bd Ayrault
Bd du Roi René
Bd Foch
Bd Carnot
Bd Daviers
Bd Arago
Bd Dumesnil
Bd du Maréchal Joffre
Bd Descazeaux
Pont de la Haute Chaîne
Pont de Verdun
Pont de la Basse Chaîne
ANGERS
0 100 m

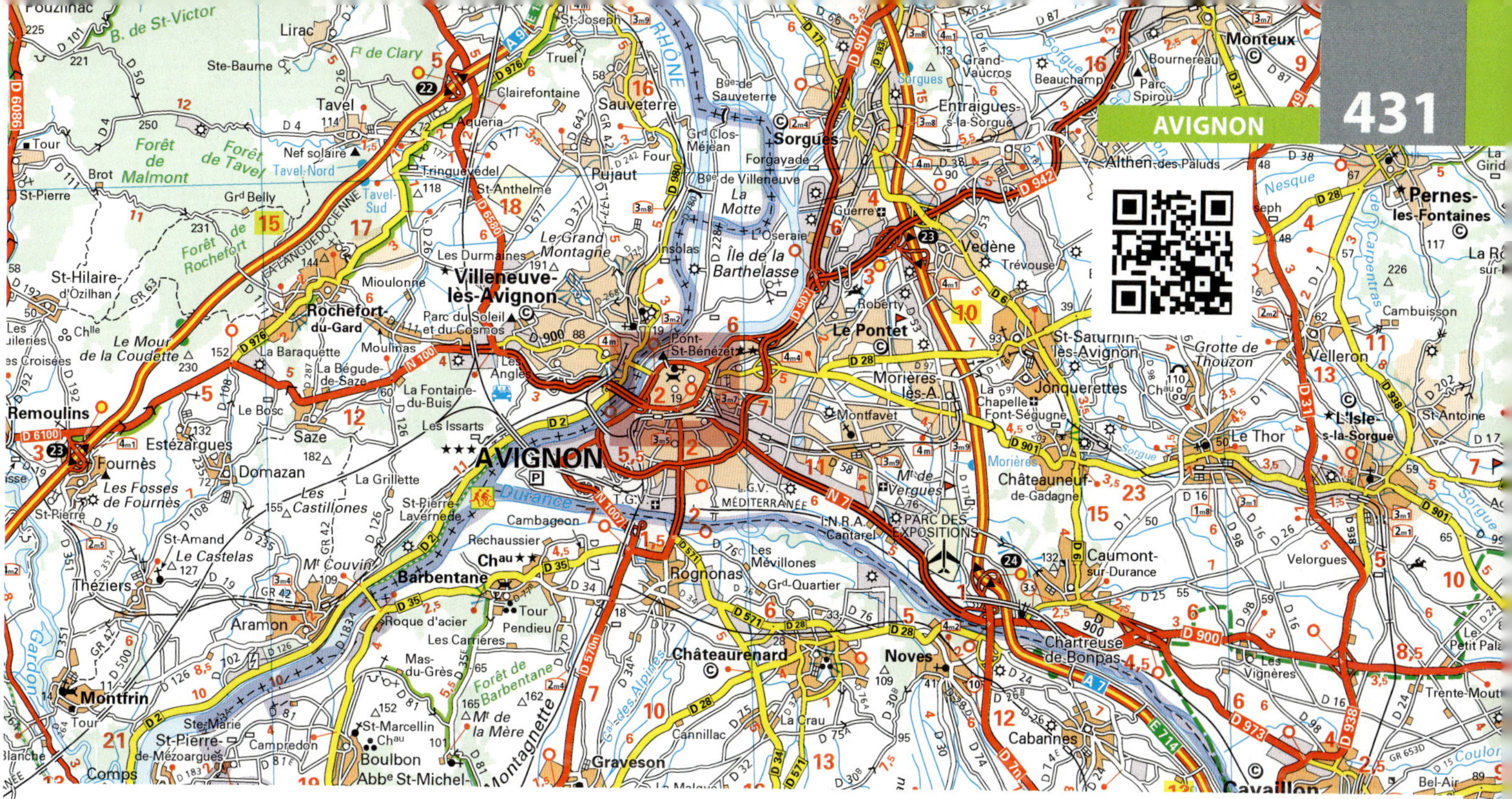
Villeneuve-lès-Avignon
AVIGNON
Sorgues
Le Pontet
Vedène
Morières-lès-Avignon
Jonquerettes
St-Saturnin-lès-Avignon
Châteauneuf-de-Gadagne
Caumont-sur-Durance
Barbentane
Rognonas
Châteaurenard
Noves
Cabannes
Graveson
Boulbon
Montfrin
Théziers
Aramon
Domazan
Estézargues
Fournès
Remoulins
Saze
Rochefort-du-Gard
Tavel
Lirac
Sauveterre
Pujaut
Les Angles
Monteux
Pernes-les-Fontaines
Velleron
L'Isle-s-la-Sorgue
Le Thor
Entraigues-s-la-Sorgue
Althen-des-Paluds
Montfavet
Île de la Barthelasse
Forêt de Malmont
Forêt de Tavel
Rhône
Durance
Chartreuse de Bonpas
Cavaillon

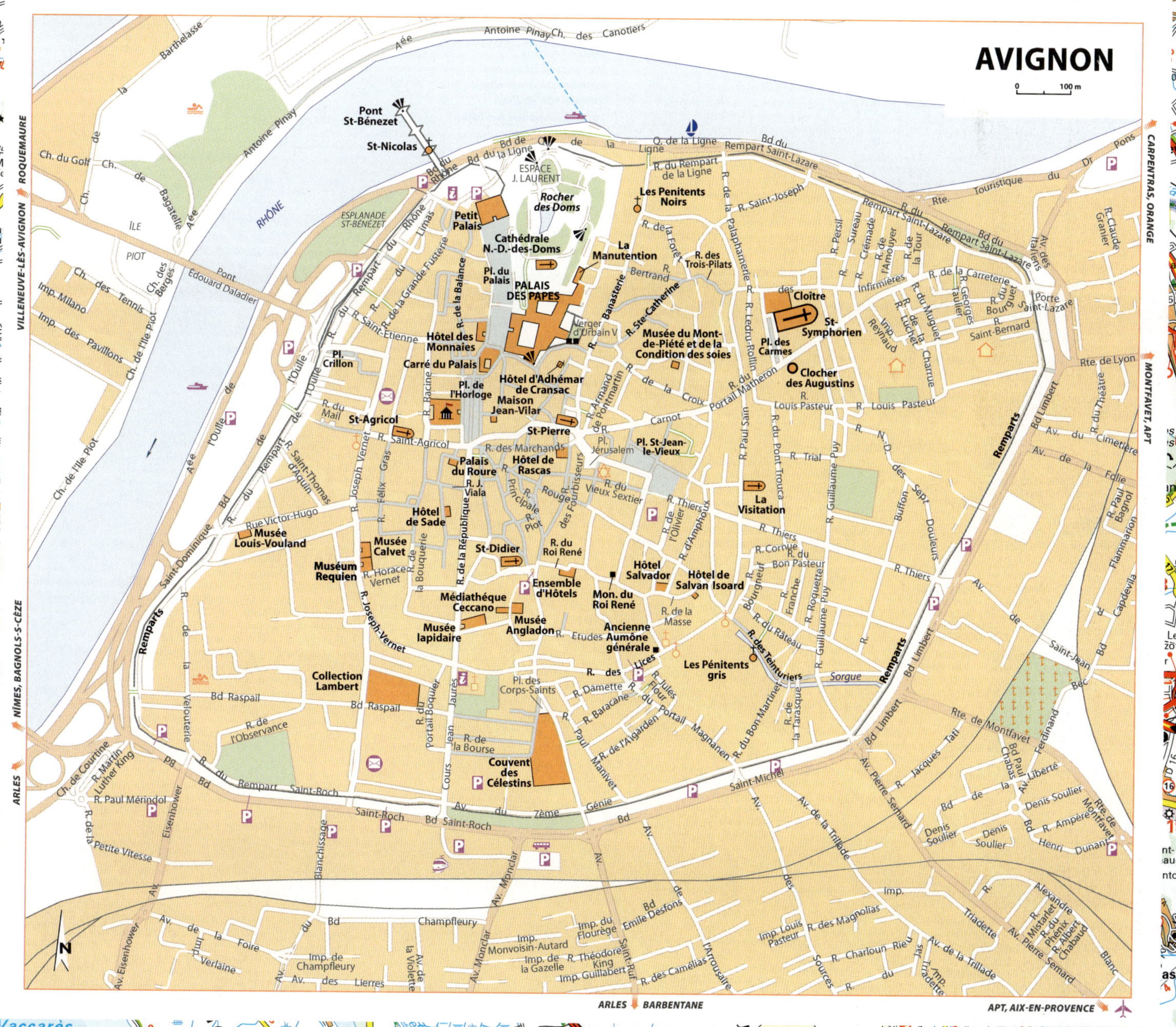
AVIGNON
Pont St-Bénezet
St-Nicolas
Rocher des Doms
Petit Palais
Cathédrale N.-D.-des-Doms
PALAIS DES PAPES
Pl. du Palais
Hôtel des Monnaies
Carré du Palais
Pl. de l'Horloge
Hôtel d'Adhémar de Cransac
Maison Jean-Vilar
St-Agricol
Pl. Crillon
St-Pierre
Palais du Roure
Hôtel de Rascas
Pl. St-Jean-le-Vieux
La Manutention
Les Penitents Noirs
Musée du Mont-de-Piété et de la Condition des soies
Cloître
St-Symphorien
Pl. des Carmes
Clocher des Augustins
La Visitation
Hôtel de Sade
Musée Calvet
Musée Louis-Vouland
Muséum Requien
St-Didier
Ensemble d'Hôtels
Médiathèque Ceccano
Musée Angladon
Musée lapidaire
Mon. du Roi René
Hôtel Salvador
Hôtel de Salvan Isoard
Ancienne Aumône générale
Les Pénitents gris
Collection Lambert
Couvent des Célestins
Pl. des Corps-Saints
Remparts
Rhône
ÎLE
ESPLANADE ST-BÉNEZET
ESPACE J. LAURENT
CARPENTRAS, ORANGE
MONTFAVET, APT
ARLES
BARBENTANE
APT, AIX-EN-PROVENCE
NÎMES, BAGNOLS-S-CÈZE
VILLENEUVE-LÈS-AVIGNON, ROQUEMAURE
N

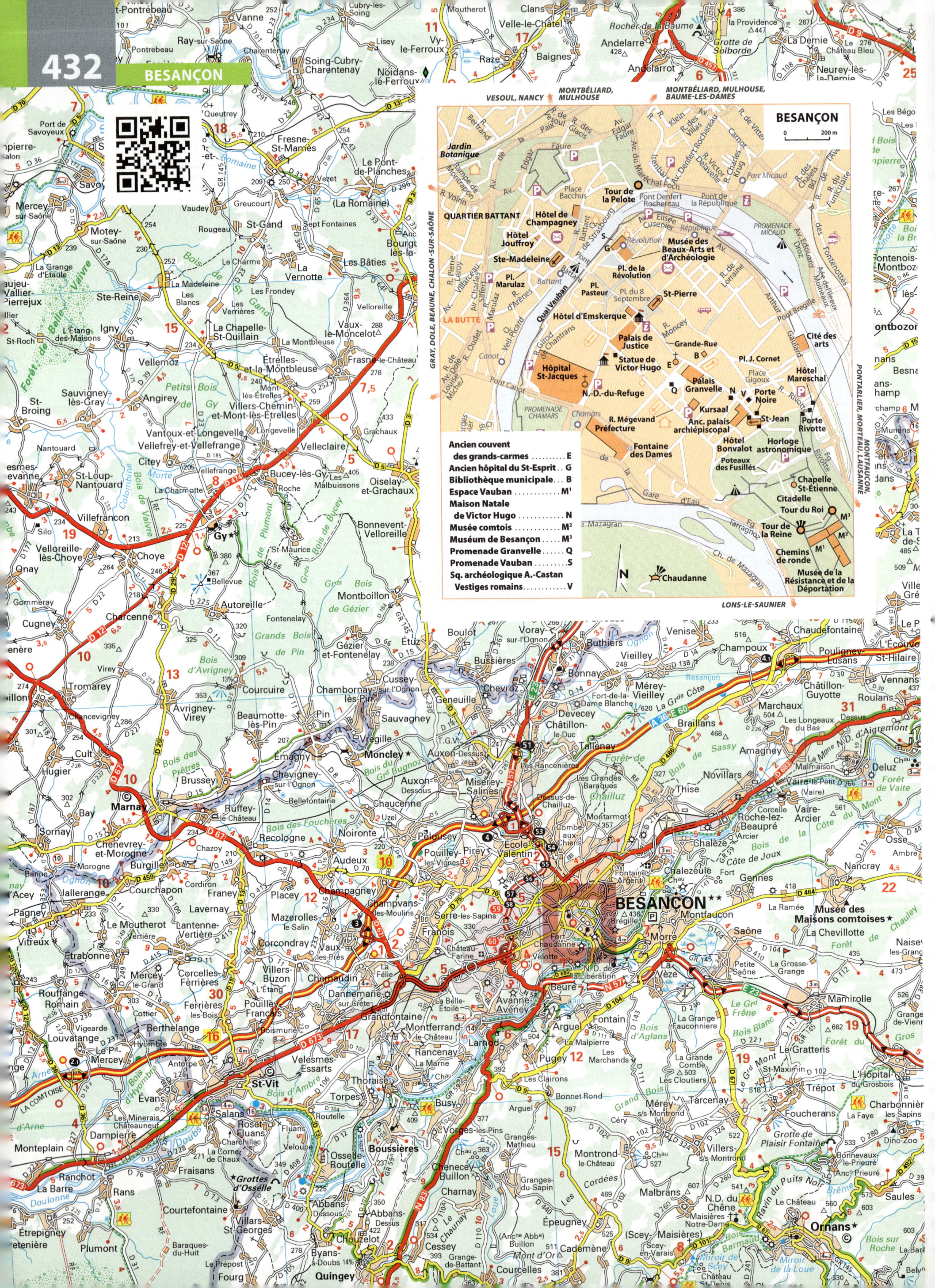
BESANÇON
0 200 m
VESOUL, NANCY
MONTBÉLIARD, MULHOUSE
MONTBÉLIARD, MULHOUSE, BAUME-LES-DAMES
GRAY, DOLE, BEAUNE, CHALON-SUR-SAÔNE
PONTARLIER, MORTEAU, LAUSANNE
MONTFAUCON
LONS-LE-SAUNIER
Jardin Botanique
QUARTIER BATTANT
Hôtel de Champagney
Hôtel Jouffroy
Ste-Madeleine
Pl. Marulaz
LA BUTTE
Tour de la Pelote
Pont Denfert Rochereau
Pont de la République
Parc Micaud
PROMENADE MICAUD
Musée des Beaux-Arts et d'Archéologie
Pl. de la Révolution
Pl. Pasteur
Pl. du 8 Septembre
St-Pierre
Hôtel d'Emskerque
Palais de Justice
Statue de Victor Hugo
Grande-Rue
Hôpital St-Jacques
N.-D.-du-Refuge
PROMENADE CHAMARS
Chamars
R. Mégevand
Préfecture
Fontaine des Dames
Palais Granvelle
Kursaal
Anc. palais archiépiscopal
Porte Noire
St-Jean
Pl. J. Cornet
Cité des arts
Hôtel Mareschal
Porte Rivotte
Hôtel Bonvalot
Horloge astronomique
Poteaux des Fusillés
Chapelle St-Étienne
Citadelle
Tour du Roi
Tour de la Reine
Chemins de ronde
Musée de la Résistance et de la Déportation
Chaudanne
Ancien couvent des grands-carmes .... E
Ancien hôpital du St-Esprit .. G
Bibliothèque municipale .. B
Espace Vauban M1
Maison Natale de Victor Hugo .... N
Musée comtois M2
Muséum de Besançon M3
Promenade Granvelle ...... Q
Promenade Vauban .... S
Sq. archéologique A.-Castan Vestiges romains V
Pontrebeau
Vanne
Ray-sur-Saône
Soing-Cubry-Charentenay
Noidans-lès-Ferroux
Vy-le-Ferroux
Velle-le-Châtel
Baignes
Raze
Andelarre
Andelarrot
Rocher de la Baume
Grotte de Solborde
La Demie
Neurey-lès-la-Demie
Port de Savoyeux
Fresne-St-Mamès
Le Pont-de-Planches
(La Romaine)
Mercey-sur-Saône
Motey-sur-Saône
St-Gand
Sept Fontaines
Bourguignon-lès-la-Charité
Les Bâties
La Vernotte
Ste-Reine
Igny
La Chapelle-St-Quillain
Vaux-le-Moncelot
Vellemoz
Étrelles-et-la-Montbleuse
Fresne-le-Château
Angirey
Sauvigney-lès-Gray
St-Broing
Villers-Chemin-et-Mont-lès-Étrelles
Vantoux-et-Longevelle
Vellefrey-et-Vellefrange
Velleclaire
Citey
Bucey-lès-Gy
Oiselay-et-Grachaux
St-Loup-Nantouard
Villefrancon
Gy
Bonnevent-Velloreille
Velloreille-lès-Choye
Choye
Charcenne
Autoreille
Montboillon
Cugney
Tromarey
Avrigney-Virey
Courcuire
Beaumotte-lès-Pin
Chambornay-lès-Pin
Cussey-sur-l'Ognon
Geneuille
Boulot
Voray-sur-l'Ognon
Bussières
Buthiers
Vieilley
Venise
Chaudefontaine
Champoux
Pouligney-Lusans
Marnay
Émagny
Chevigney-sur-l'Ognon
Moncley
Auxon-Dessus
Auxon-Dessous
Miserey-Salines
Devecey
Châtillon-le-Duc
Tallenay
Braillans
Marchaux
Amagney
Novillars
Thise
Roche-lez-Beaupré
Deluz
Vaire-Arcier
Recologne
Noironte
Pelousey
Pouilley-les-Vignes
Pirey
École-Valentin
Chalezeule
Chaleze
Gennes
Nancray
Burgille
Placey
Champagney
Champvans-les-Moulins
Serre-les-Sapins
Franois
Châteaufarine
Dannemarie-sur-Crète
Grandfontaine
BESANÇON
Montfaucon
Morre
La Vèze
Saône
Mamirolle
Beure
Avanne-Aveney
Arguel
Fontain
Pugey
Larnod
Montferrand-le-Château
Rancenay
Thoraise
Torpes
Busy
Vorges-les-Pins
Boussières
Osselle-Routelle
St-Vit
Dampierre
Byans-sur-Doubs
Quingey
Abbans-Dessous
Abbans-Dessus
Chenecey-Buillon
Charnay
Épeugney
Cademène
Mérey-sous-Montrond
Tarcenay
Foucherans
Trépot
Villers-sous-Montrond
Malbrans
Ornans
Saules
Grottes d'Osselle
Le Grand Bois
La Chevillotte
L'Hôpital-du-Grosbois
Vennans
Roulans
Châtillon-Guyotte
Courfontaine
Villars-St-Georges
Fourg
Plumont
Étrepigney
Rans
Ranchot
La Barre
Montplain
Évans
Salans
Fraisans
Louvatange
Rouffange
Romain
Mercey-le-Grand
Corcelles-Ferrières
Ferrières-les-Bois
Berthelange
Villers-Buzon
Pouilley-Français
Velesmes-Essarts
Mazerolles-le-Salin
Corcondray
Lavernay
Le Moutherot
Étrabonne
Vitreux
Pagney
Jallerange
Courchapon
Franey
Cordiron
Audeux
Chazoy
Chenevrey-et-Morogne
Sornay
Bay
Hugier
Cult
Ruffey-le-Château
Brussey
Sauvagney
Gézier-et-Fontenelay
Étuz
Cirey
Bois d'Avrigney
Forêt de Chailluz

BORDEAUX
Mérignac
Caudéran
Talence
Pessac
Bègles
Le Bouscat
Eysines
Bruges
Lormont
Cenon
Floirac
Bouliac
Gradignan
Villenave-d'Ornon
St-Médard-en-Jalles
Blanquefort
Bassens
Artigues-près-Bordeaux
Carbon-Blanc
Latresne
Cénac
Camblanes-et-Meynac
Quinsac
Cadaujac
Canéjan
Cestas
Martignas-sur-Jalle
St-Jean-d'Illac
Le Haillan
Ambarès
Yvrac
Beychac-et-Caillau
Fargues-St-Hilaire
Sallebœuf
Carignan-de-Bordeaux
Lignan-de-Bordeaux
Sadirac
Créon
Madirac
Baurech
Tresses
Pompignac
BORDEAUX
Darwin
LA BASTIDE
Jardin botanique
Parc aux Angéliques
Cité mondiale
CAPC-Musée d'Art contemporain
Jardin public
Muséum d'histoire naturelle
Palais Gallien
Petit Hôtel Labottière
LES CHARTRONS
Monument aux Girondins
Esplanade des Quinconces
Grand Théâtre
Hôtel Acquart
Hôtel Pichon
PLACE DE LA BOURSE
Miroir d'eau
Musée national des Douanes
Bordeaux Patrimoine mondial
Porte Cailhau
Porte Dijeaux
PEY-BERLAND
VIEUX BORDEAUX
Centre Jean-Moulin
M. des Arts décoratifs
Galerie des Beaux-Arts
Palais Rohan
St-André
Tour Pey-Berland
St-Paul-les-Dominicains
Musée d'Aquitaine
Musée des Beaux-Arts
MÉRIADECK
Hôtel de Région
St-Bruno
Cimetière de la Chartreuse
Basilique St-Seurin
Site archéologique de St-Seurin
Tribunal de grande instance
Maison de Jeanne de Lartigue
St-Éloi
Porte de la Grosse Cloche
Porte de Bourgogne
Flèche St-Michel
St-Michel
Porte d'Aquitaine
Abbatiale Ste-Croix
MECA
Musée des Compagnons du Tour de France
ST-JEAN
Pont de Pierre
GARONNE
Ste-Marie
Maison cantonale
Caserne des Pompiers de la Benauge
200 m
N

BOURGES
150 m
N
Jardin des Prés-Fichaux
Les Marais
Halle St-Bonnet
N.-Dame
Hôtel des Échevins
Maison de Pelvoysin
R. Mirebeau
Musée Estève
St-Bonnet
Hôtel Cujas Musée du Berry
Pl. Gordaine
R. Joyeuse
R. Coursarlon
Palais Jacques-Cœur
Pl. Berry
Pl. des 4-Piliers
Rempart gallo-romain
Grange des Dîmes
R. Bourbonnoux
Maison dite de "Jacques-Cœur"
CATHÉDRALE ST-ÉTIENNE
St-Pierre-le-Guillard
Fontaine Bourdaloue
Pl. É.-Dolet
Musée des Meilleurs Ouvriers de France
Jardins de l'Archevêché
PARC DES EXPOSITIONS
Muséum d'histoire naturelle
Hôtel Lallemant - Musée des Arts décoratifs .... M¹
Vierzon
BOURGES
Mehun-sur-Yèvre
Salbris
Souesmes
Ménétréol-s-Sauldre
Nançay
Neuvy-sur-Barangeon
Vouzeron
Vignoux-sur-Barangeon
Foëcy
Allouis
St-Doulchard
St-Germain-du-Puy
St-Florent-sur-Cher
Charost
Trouy
Quincy
Reuilly
Lury-sur-Arnon
Ste-Thorette
La Chapelle-St-Ursin
Marmagne
Berry-Bouy
Asnières
St-Martin-d'Auxigny
Osmoy
Savigny-en-Septaine
Soye-en-Septaine
Plaimpied-Givaudins
Lissay-Lochy
FORÊT DE VIERZON

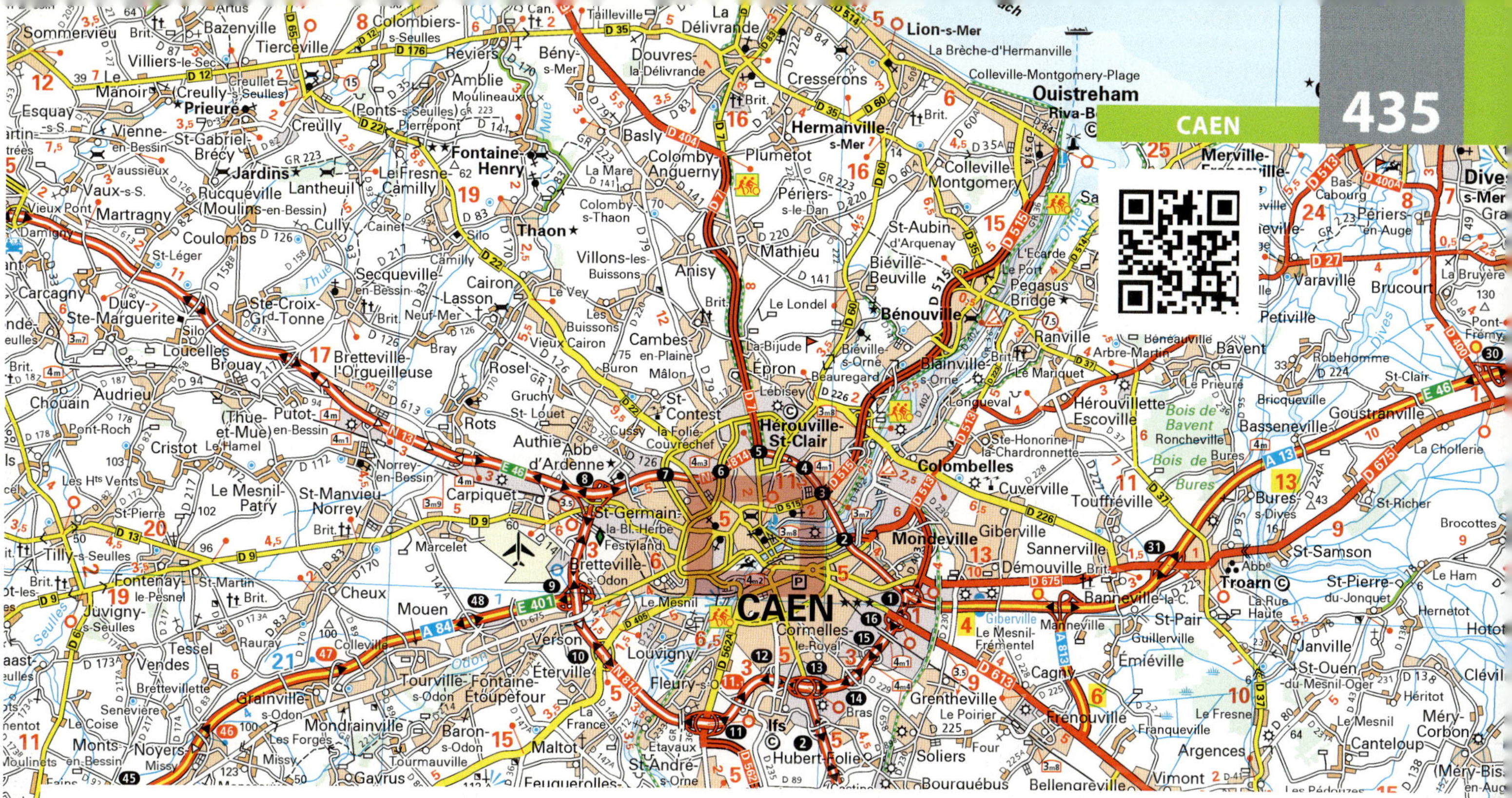
CAEN
Ouistreham
Lion-s-Mer
Hermanville-s-Mer
Colleville-Montgomery
Bénouville
Pegasus Bridge
Ranville
Douvres-la-Délivrande
Cresserons
Plumetot
Périers-s-le-Dan
Mathieu
Anisy
Villons-les-Buissons
Cambes-en-Plaine
Épron
Hérouville-St-Clair
Colombelles
Mondeville
Giberville
Cuverville
Démouville
Sannerville
Troarn
Banneville-la-C.
Cagny
Frénouville
Grentheville
Cormelles-le-Royal
Ifs
Fleury-s-Orne
Louvigny
Éterville
Verson
Bretteville-s-Odon
Carpiquet
St-Germain-la-Bl.-Herbe
Authie
Abbe d'Ardenne
Rots
Rosel
Thaon
Fontaine-Henry
Creully
Bretteville-l'Orgueilleuse
Putot-en-Bessin
Norrey-en-Bessin
Cheux
Mouen
Tourville-s-Odon
Fontaine-Étoupefour
Baron-s-Odon
Maltot
Mondrainville
Gavrus
Hubert-Folie
Soliers
Bourguébus
Émiéville
Argences
Vimont
Merville-Franceville
Cabourg
Varaville
Bavent
Hérouvillette
Escoville
Touffréville
Bures-s-Dives
St-Samson
Amblie
Reviers
Bény-s-Mer
Basly
Colomby-Anguerny
Cairon
Lasson
Secqueville-en-Bessin
Ste-Croix-Grd-Tonne
Brouay
Loucelles
Audrieu
Cristot
Le Mesnil-Patry
St-Manvieu-Norrey
Tilly-s-Seulles
Fontenay-le-Pesnel
Tessel
Vendes
Grainville-s-Odon
Noyers
Missy
Évrecy
Athis-Val-de-Rouvre
Rabodanges
Champcerie

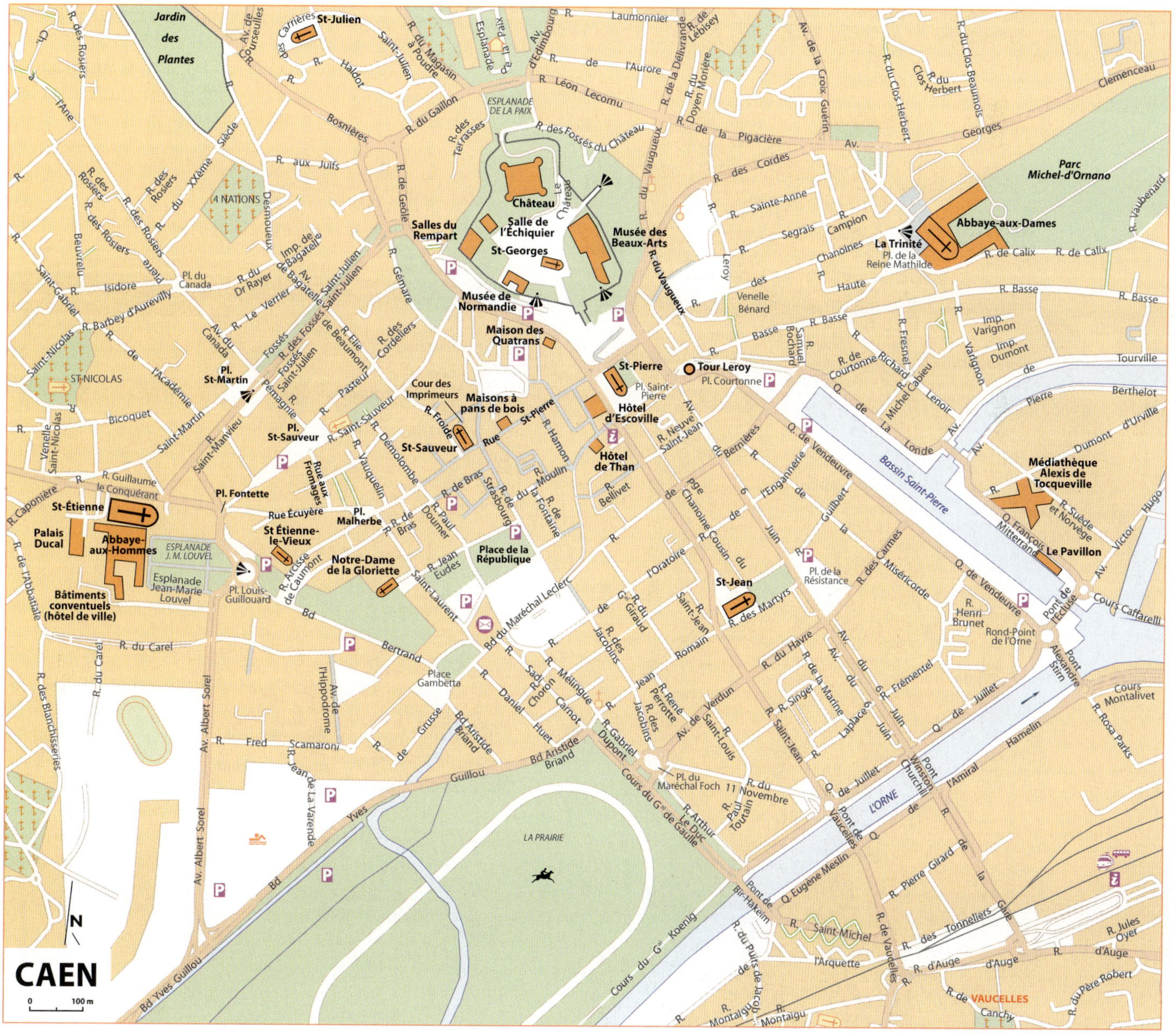
CAEN
Jardin des Plantes
St-Julien
Esplanade de la Paix
Château
Salle de l'Échiquier
Salles du Rempart
St-Georges
Musée des Beaux-Arts
Musée de Normandie
Maison des Quatrans
St-Pierre
Tour Leroy
Pl. Courtonne
Hôtel d'Escoville
Hôtel de Than
Maisons à pans de bois
Cour des Imprimeurs
St-Sauveur
Pl. St-Sauveur
Pl. St-Martin
Pl. Fontette
Pl. Malherbe
St-Étienne
Palais Ducal
Abbaye-aux-Hommes
Bâtiments conventuels (hôtel de ville)
Esplanade Jean-Marie Louvel
Pl. Louis-Guillouard
St-Étienne-le-Vieux
Notre-Dame de la Gloriette
Place de la République
St-Jean
Pl. de la Résistance
Bassin Saint-Pierre
Médiathèque Alexis de Tocqueville
Le Pavillon
Parc Michel-d'Ornano
Abbaye-aux-Dames
La Trinité
Pl. de la Reine Mathilde
4 Nations
St-Nicolas
Rond-Point de l'Orne
Place Gambetta
Pl. du Maréchal Foch
La Prairie
L'Orne
Vaucelles
Bd du Maréchal Leclerc
Bd Aristide Briand
Cours du Gal de Gaulle
Av. Albert Sorel
Bd Yves Guillou
Q. Vendeuvre
R. de Geôle
R. St-Jean
R. Écuyère
R. Froide
R. aux Fromages
Venelle Bénard
Cours Caffarelli
Cours Montalivet
Canchy
0 100 m
N

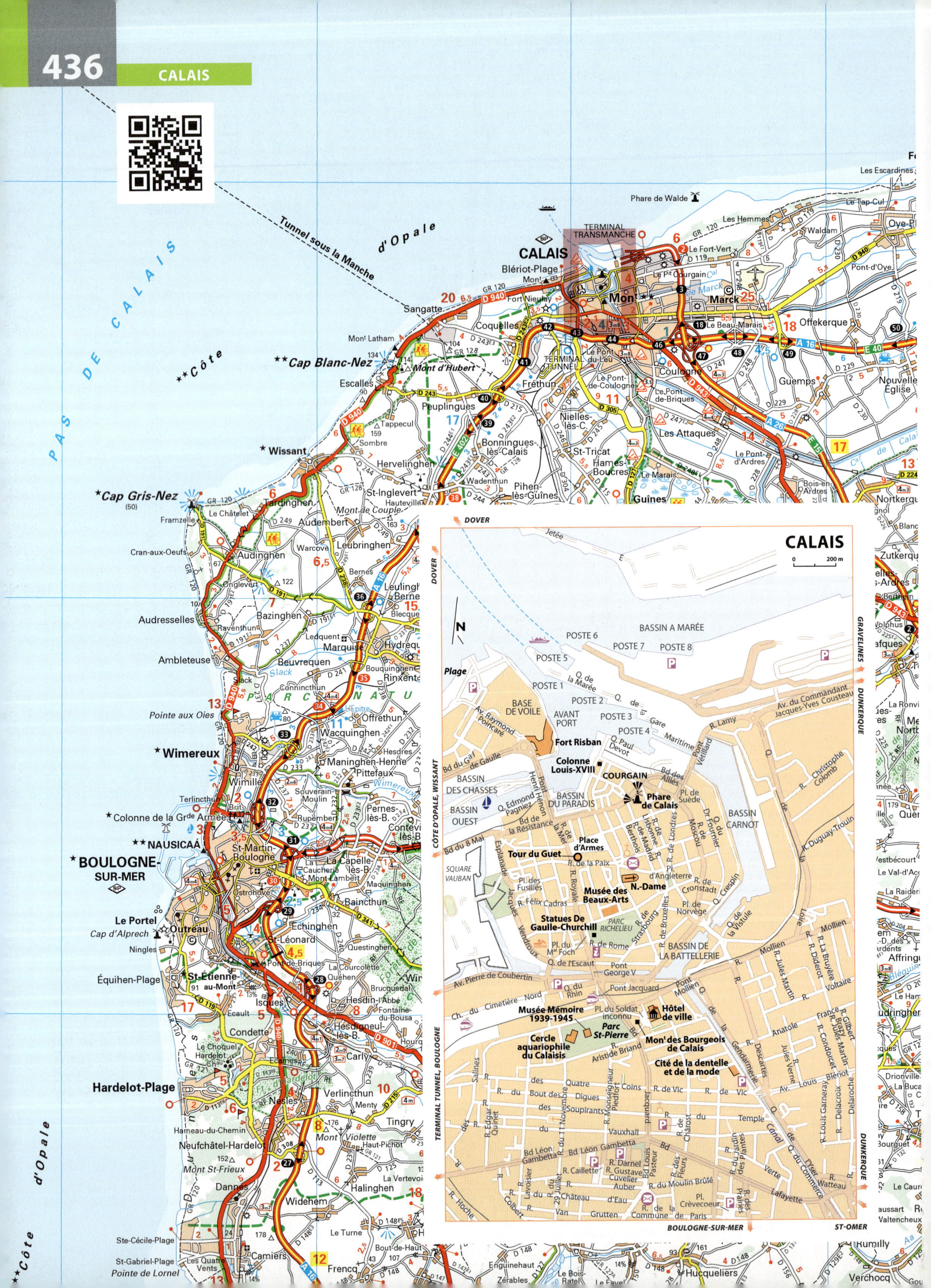

PAS DE CALAIS
Tunnel sous la Manche
d'Opale
CALAIS
Blériot-Plage
Sangatte
Coquelles
Fort Nieulay
TERMINAL TRANSMANCHE
Phare de Walde
Les Escardines
Le Tap-Cul
Les Hemmes
Oye-Plage
Waldam
Le Fort-Vert
Pont-d'Oye
Marck
Offekerque
Le Beau-Marais
Coulogne
Guemps
Nouvelle Église
Fréthun
Nielles-lès-C.
Les Attaques
Le Pont d'Ardres
St-Tricat
Hames-Boucres
Guînes
Pihen-lès-Guînes
Bonningues-lès-Calais
Peuplingues
Escalles
★★Cap Blanc-Nez
Mont d'Hubert
Mont Latham
★★Côte
★Wissant
Hervelinghen
St-Inglevert
Tardinghen
★Cap Gris-Nez
Le Châtelet
Framzelle
Audembert
Cran-aux-Oeufs
Audinghen
Leubringhen
Bazinghen
Audresselles
Ambleteuse
Marquise
Beuvrequen
Pointe aux Oies
★Wimereux
Wimille
Wacquinghen
Offrethun
★Colonne de la Gde Armée
★★NAUSICAÁ
★BOULOGNE-SUR-MER
St-Martin-Boulogne
La Capelle-lès-B.
Le Portel
Cap d'Alprech
Outreau
Ningles
Équihen-Plage
St-Étienne-au-Mont
St-Léonard
Echinghen
Isques
Condette
Hesdigneul-lès-B.
Carly
Hardelot-Plage
Nesles
Verlincthun
Neufchâtel-Hardelot
Mont St-Frieux
Dannes
Widehem
Halinghen
Ste-Cécile-Plage
St-Gabriel-Plage
Pointe de Lornel
Camiers
Frencq
★★Côte d'Opale
DOVER
CALAIS
0 200 m
N
Jetée
POSTE 6
BASSIN A MARÉE
POSTE 7
POSTE 8
POSTE 5
Plage
POSTE 1
Q. de la Marée
POSTE 2
BASE DE VOILE
AVANT PORT
POSTE 3
POSTE 4
Q. de la Gare Maritime
Fort Risban
Colonne Louis-XVIII
COURGAIN
Phare de Calais
BASSIN DES CHASSES
BASSIN OUEST
BASSIN DU PARADIS
BASSIN CARNOT
Place d'Armes
Tour du Guet
N.-Dame
Musée des Beaux-Arts
Statues De Gaulle-Churchill
PARC RICHELIEU
BASSIN DE LA BATTELLERIE
SQUARE VAUBAN
Av. Pierre de Coubertin
Pont Jacquard
Musée Mémoire 1939-1945
Pl. du Soldat inconnu
Parc St-Pierre
Hôtel de ville
Cercle aquariophile du Calaisis
Mon' des Bourgeois de Calais
Cité de la dentelle et de la mode
Bd Léon Gambetta
Bd Lafayette
CÔTE D'OPALE, WISSANT
TERMINAL TUNNEL, BOULOGNE
GRAVELINES
DUNKERQUE
BOULOGNE-SUR-MER
ST-OMER

CANNES
0 150 m
N
LE SUQUET
N.-D. d'Espérance
Musée de la Castre
Quai St-Pierre
LE VIEUX PORT
Allées de la Liberté
Rue Meynadier
Rue d'Antibes
Bd de la Croisette
Palais des Festivals et des Congrès
Jetée Albert Édouard
Quai Max Laubeuf
Malmaison
Boulevard de la Croisette
MER MÉDITERRANÉE
GRASSE
Mouans-Sartoux
Mougins
Pégomas
Le Cannet
Vallauris
Golfe-Juan
Juan-les-Pins
ANTIBES
Cap d'Antibes
Biot
Valbonne
Sophia-Antipolis
Cagnes-s-M.
St-Laurent-du-Var
NICE
Mandelieu-la-Napoule
CANNES
Golfe de la Napoule
La Napoule
Théoule-sur-Mer
Pte de la Croisette
Île Ste-Marguerite
Île St-Honorat
Îles de Lérins
Le Trayas
Agay
St-Raphaël
Anthéor
Pic de l'Ours
Pic du Cap Roux
MASSIF DE L'ESTEREL
Massif du Tanneron
Auribeau-sur-Siagne
St-Cézaire-sur-Siagne
St-Vallier-de-Thiey
Cabris
Le Bar-s-Loup
Vence
Carros
Levens
Colomars
Falicon

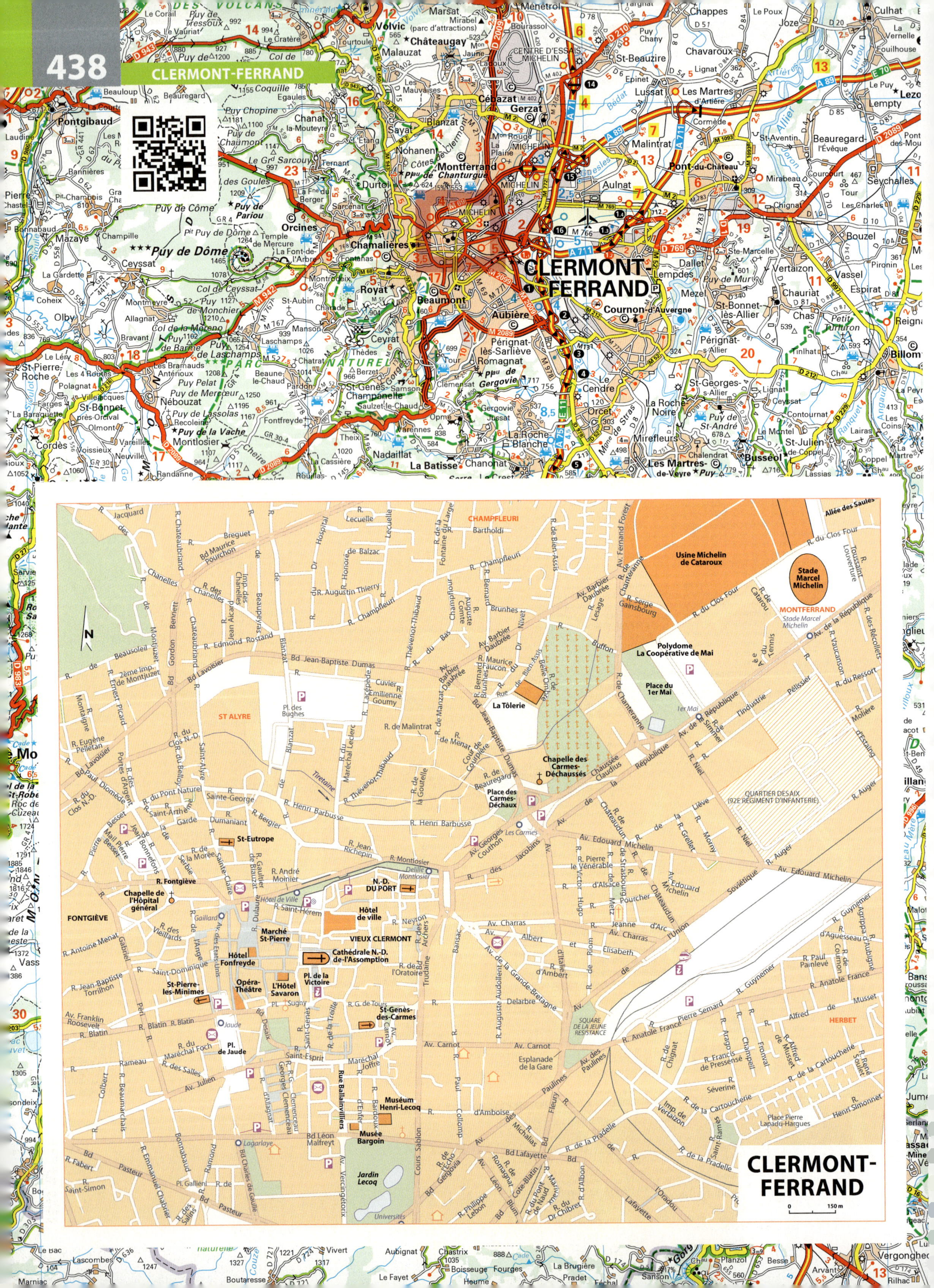
CLERMONT-FERRAND
Volvic
Châteaugay
Marsat
Malauzat
Cébazat
Gerzat
Blanzat
Pontgibaud
Nohanent
Montferrand
Durtol
Aulnat
Malintrat
Lussat
Chavaroux
Pont-du-Château
Sayat
Orcines
Chamalières
Royat
Beaumont
Aubière
Cournon-d'Auvergne
Lempdes
Dallet
Pérignat-lès-Sarliève
Romagnat
Ceyrat
Puy de Dôme
Ceyssat
Mazayé
Olby
Nébouzat
Aydat
Le Cendre
Orcet
La Roche-Blanche
La Roche-Noire
Mirefleurs
Busséol
Vertaizon
Chauriat
Vassel
Espirat
Billom
St-Bonnet-lès-Allier
Pérignat-ès-Allier
St-Georges-ès-Allier
Seychalles
Joze
Chappes
St-Beauzire
Les Martres-d'Artière
Beauregard-l'Évêque
Lempty
Culhat
Chanat-la-Mouteyre
St-Genès-Champanelle
Saulzet-le-Chaud
St-Saturnin
Chanonat
Nadaillat
La Batisse
Les Martres-de-Veyre
Montlosier
St-Bonnet-près-Orcival
Usine Michelin de Cataroux
Stade Marcel Michelin
CHAMPFLEURI
MONTFERRAND
Polydome
La Coopérative de Mai
Place du 1er Mai
ST ALYRE
La Tôlerie
Chapelle des Carmes-Déchaussés
Place des Carmes-Déchaux
QUARTIER DESAIX (92E RÉGIMENT D'INFANTERIE)
St-Eutrope
R. Fontgiève
Chapelle de l'Hôpital général
FONTGIÈVE
Marché St-Pierre
N.-D. DU PORT
Hôtel de ville
VIEUX CLERMONT
Cathédrale N.-D. de-l'Assomption
Hôtel Fonfreyde
Opéra-Théâtre
L'Hôtel Savaron
Pl. de la Victoire
St-Pierre-les-Minimes
St-Genès-des-Carmes
Pl. de Jaude
Musée Henri-Lecoq
Musée Bargoin
Jardin Lecoq
Esplanade de la Gare
SQUARE DE LA JEUNE RÉSISTANCE
HERBET
Place Pierre Lapadu-Hargues
Universités
CLERMONT-FERRAND
0 150 m

Riquewihr
Kaysersberg
Ribeauvillé
Le Bonhomme
Col du Bonhomme
Lapoutroie
Orbey
Labaroche
Ammerschwihr
Katzenthal
Niedermorschwihr
Les Trois-Epis
Ingersheim
Turckheim
Zimmerbach
Wintzenheim
Walbach
Hohlandsbourg
Eguisheim
Munster
Gunsbach
Wihr-au-Val
Soultzbach-les-Bains
Husseren-les-Châteaux
Herrlisheim-près-C.
Vœgtlinshoffen
Obermorschwihr
Hattstatt
Gueberschwihr
Wasserbourg
Osenbach
Sondernach
Breitenbach-Haut-Rhin
Luttenbach-près-M.
Eschbach-au-Val
Griesbach-au-Val
Stosswihr
Mühlbach-s-M.
Metzeral
Stemlisberg
Zellenberg
Ostheim
Beblenheim
Mittelwihr
Bennwihr
Sigolsheim
Kientzheim
Houssen
Holtzwihr
Riedwihr
Wickerschwihr
Bischwihr
Muntzenheim
Fortschwihr
Urschenheim
Kunheim
Widensolen
Horbourg-Wihr
Andolsheim
COLMAR
Wettolsheim
Logelbach
Sundhoffen
Appenwihr
Wolfgantzen
Neuf-Brisach
Biesheim
Volgelsheim
Vogelgrun
Logelheim
Weckolsheim
Ste-Croix-en-Plaine
Hettenschlag
Niederhergheim
Algolsheim
Obersaasheim
Rothgern
Geiswasser
Heiteren
Breisach am Rhein
Burkheim
Jechtingen
Baltzenheim
Artzenheim
Jebsheim
Elsenheim
Grussenheim
Route du Vin
VOSGES

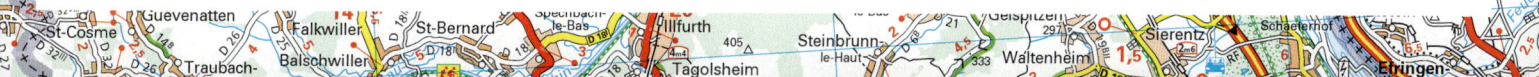

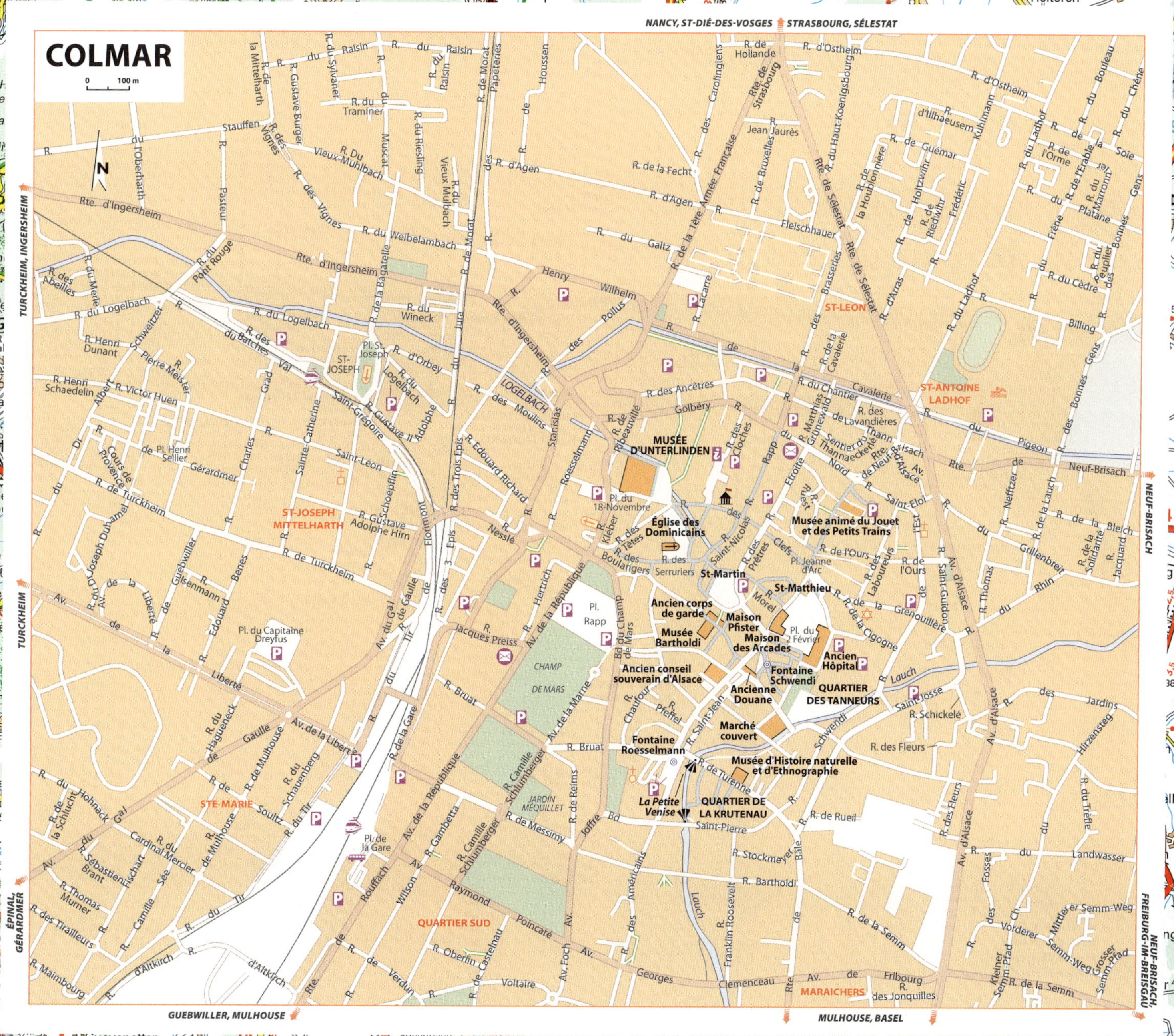
COLMAR
100 m
N
NANCY, ST-DIÉ-DES-VOSGES
STRASBOURG, SÉLESTAT
TURCKHEIM, INGERSHEIM
TURCKHEIM
NEUF-BRISACH
NEUF-BRISACH, FREIBURG-IM-BREISGAU
ÉPINAL, GÉRARDMER
GUEBWILLER, MULHOUSE
MULHOUSE, BASEL
ST-LÉON
ST-ANTOINE LADHOF
ST-JOSEPH
LOGELBACH
ST-JOSEPH MITTELHARTH
STE-MARIE
QUARTIER SUD
MARAICHERS
MUSÉE D'UNTERLINDEN
Église des Dominicains
St-Martin
St-Matthieu
Musée animé du Jouet et des Petits Trains
Ancien corps de garde
Maison Pfister
Maison des Arcades
Musée Bartholdi
Ancien conseil souverain d'Alsace
Fontaine Schwendi
Ancien Hôpital
Ancienne Douane
QUARTIER DES TANNEURS
Marché couvert
Fontaine Roesselmann
Musée d'Histoire naturelle et d'Ethnographie
La Petite Venise
QUARTIER DE LA KRUTENAU
Pl. Rapp
CHAMP DE MARS
JARDIN MÉQUILLET
Pl. de la Gare
Pl. du Capitaine Dreyfus
Pl. du 18-Novembre
Pl. du 2 Février
Pl. Jeanne d'Arc
Rte. d'Ingersheim
Av. de la République
Av. de la Liberté
Av. d'Alsace
Av. de Fribourg
Av. Georges Clemenceau
Av. Raymond Poincaré
Av. Foch
Av. de Rome
Rte. de Neuf-Brisach
Rte. de Strasbourg
Rte. de Sélestat
R. de Turckheim
R. du Logelbach
R. Roesselmann
R. Stanislas
R. Vauban
R. des Têtes
R. des Clefs
R. des Serruriers
R. de la Semm
R. du Ladhof
R. de Bâle
R. de Rouffach
R. de Mulhouse
R. Bruat
R. Bartholdi
R. de la Fecht
R. d'Agen
R. du Galtz

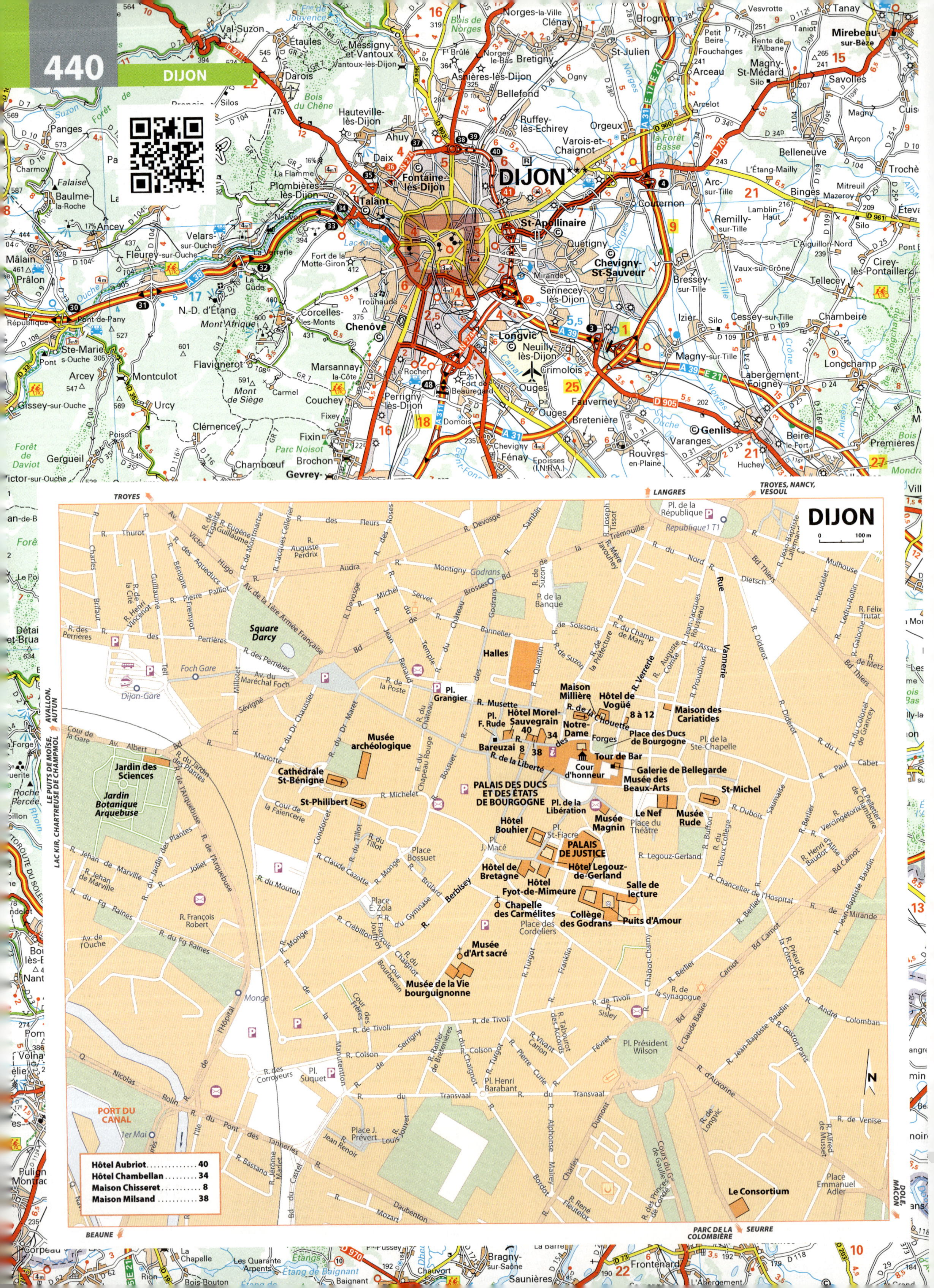
DIJON
Fontaine-lès-Dijon
Talant
Plombières-lès-Dijon
St-Apollinaire
Quetigny
Chevigny-St-Sauveur
Chenôve
Longvic
Neuilly-lès-Dijon
Marsannay-la-Côte
Perrigny-lès-Dijon
Couternon
Arc-sur-Tille
Mirebeau-sur-Bèze
Genlis
Velars-sur-Ouche
Fleurey-sur-Ouche
Ahuy
Daix
Hauteville-lès-Dijon
Messigny-et-Vantoux
Asnières-lès-Dijon
Bellefond
Ruffey-lès-Echirey
Varois-et-Chaignot
Sennecey-lès-Dijon
Crimolois
Ouges
Fauverney
Bretenière
Fénay
Corcelles-les-Monts
Flavignerot
Couchey
Fixin
Brochon
Gevrey-
Clémencey
Urcy
Montculot
Arcey
Ste-Marie-s-Ouche
Pont-de-Pany
Mâlain
Prâlon
Ancey
Baulme-la-Roche
Panges
Étaules
Val-Suzon
Darois
Prenois
Norges-la-Ville
Clénay
Bretigny
Brognon
St-Julien
Orgeux
Magny-St-Médard
Savolles
Belleneuve
Binges
Remilly-sur-Tille
Cessey-sur-Tille
Izier
Bressey-sur-Tille
Magny-sur-Tille
Labergement-Foigney
Chambeire
Longchamp
Tellecey
Cirey-lès-Pontailler
Varanges
Rouvres-en-Plaine
Beire-le-Fort
Premières
Huchey
Frontenard
Bragny-sur-Saône
Saunières
Chaurort
Baignant
Les Quatre Arpents
La Chapelle
Bois-Bouton
Lac Kir
Mont Afrique
N.-D. d'Etang
Mont de Siège
Forêt de Daviot
A 38
A 31
A 39
E 21
D 905
TROYES
LANGRES
TROYES, NANCY, VESOUL
AVALLON, AUTUN
LE PUITS DE MOÏSE, LA CHARTREUSE DE CHAMPMOL
LAC KIR
BEAUNE
PARC DE LA COLOMBIÈRE
SEURRE
DOLE MÂCON
DIJON
100 m
Square Darcy
Pl. de la République
Dijon-Gare
Foch Gare
Jardin des Sciences
Jardin Botanique Arquebuse
Halles
Pl. Grangier
Musée archéologique
Cathédrale St-Bénigne
St-Philibert
Maison Millière
Hôtel de Vogüé
8 à 12
Maison des Cariatides
Hôtel Morel-Sauvegrain
Notre-Dame
Place des Ducs de Bourgogne
Tour de Bar
Galerie de Bellegarde
Cour d'honneur
Musée des Beaux-Arts
PALAIS DES DUCS ET DES ÉTATS DE BOURGOGNE
Pl. de la Libération
St-Michel
Musée Magnin
Le Nef
Musée Rude
Hôtel Bouhier
PALAIS DE JUSTICE
Hôtel Legouz-de-Gerland
Hôtel de Bretagne
Hôtel Fyot-de-Mimeure
Salle de lecture
Chapelle des Carmélites
Collège des Godrans
Puits d'Amour
Musée d'Art sacré
Musée de la Vie bourguignonne
Pl. Président Wilson
PORT DU CANAL
Le Consortium
Place Darcy
Place Bossuet
Place E. Zola
Place des Cordeliers
Pl. Henri Barabant
Place J. Prévert
Place Emmanuel Adler
Pl. Suquet
Pl. de la Ste-Chapelle
Place du Théâtre
Pl. F. Rude
Pl. J. Macé
Hôtel Aubriot 40
Hôtel Chambellan 34
Maison Chisseret 8
Maison Milsand 38

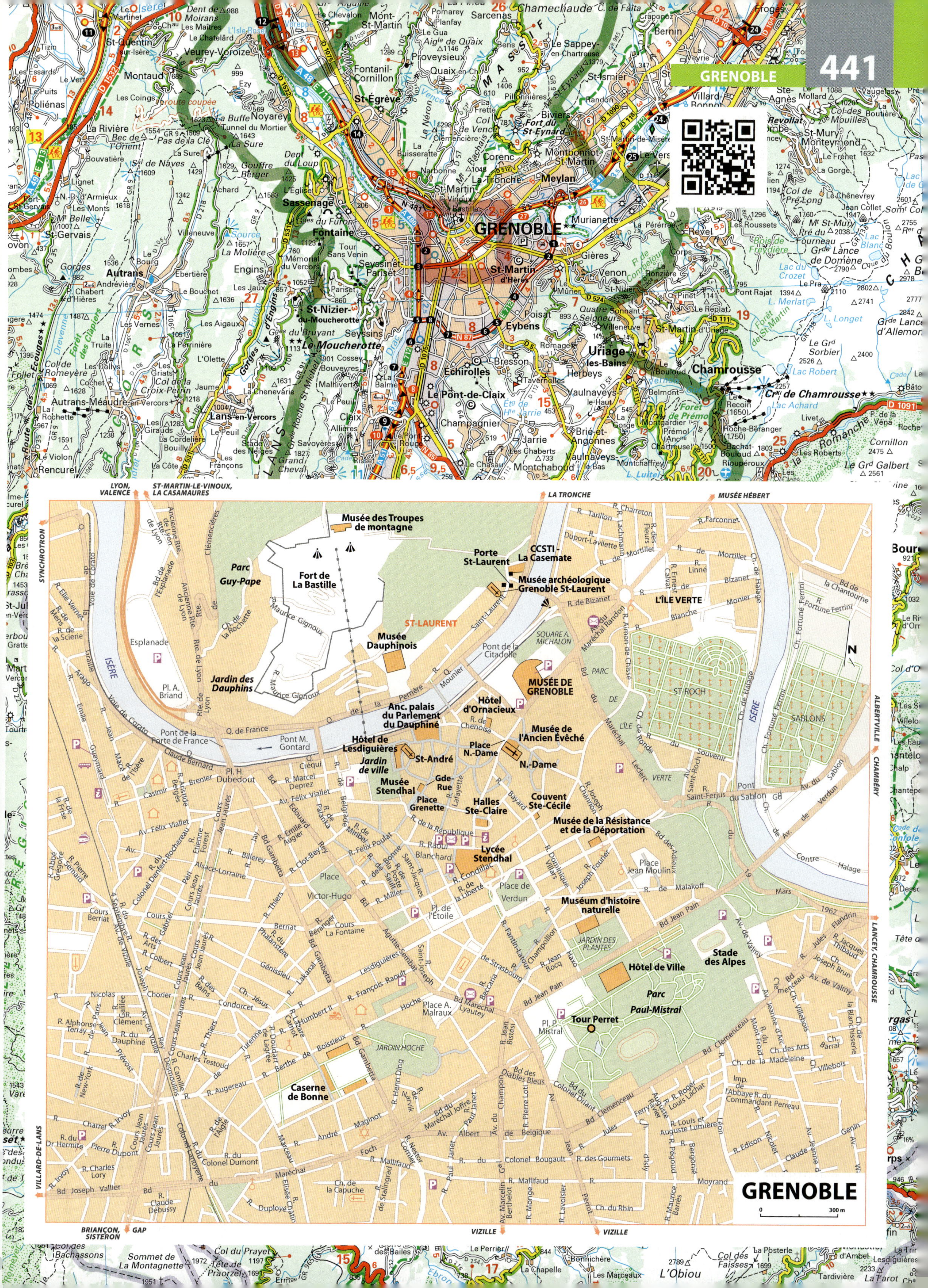
GRENOBLE
St-Égrève
Meylan
La Tronche
Fontaine
Seyssinet-Pariset
St-Martin-d'Hères
Eybens
Échirolles
Le Pont-de-Claix
Uriage-les-Bains
Chamrousse
Sassenage
St-Nizier-du-Moucherotte
Autrans
Lans-en-Vercors
Fort de La Bastille
Musée des Troupes de montagne
Porte St-Laurent
CCSTI - La Casemate
Musée archéologique Grenoble St-Laurent
ST-LAURENT
Musée Dauphinois
Parc Guy-Pape
Jardin des Dauphins
MUSÉE DE GRENOBLE
Hôtel d'Ornacieux
Anc. palais du Parlement du Dauphiné
Hôtel de Lesdiguières
Jardin de ville
St-André
Place N.-Dame
N.-Dame
Musée de l'Ancien Évêché
Musée Stendhal
Place Grenette
Halles Ste-Claire
Couvent Ste-Cécile
Musée de la Résistance et de la Déportation
Lycée Stendhal
Place Victor-Hugo
Place de Verdun
Muséum d'histoire naturelle
JARDIN DES PLANTES
Hôtel de Ville
Stade des Alpes
Parc Paul-Mistral
Tour Perret
JARDIN HOCHE
Caserne de Bonne
L'ILE VERTE
ST-ROCH
SABLONS
ISÈRE
LYON, VALENCE
ST-MARTIN-LE-VINOUX, LA CASAMAURES
LA TRONCHE
MUSÉE HÉBERT
ALBERTVILLE CHAMBÉRY
LANCEY, CHAMROUSSE
VIZILLE
BRIANÇON, SISTERON
GAP
VILLARD-DE-LANS
SYNCHROTRON
GRENOBLE
300 m

LE HAVRE
Ste-Adresse
Cap de la Hève
Octeville-sur-Mer
Montivilliers
Harfleur
Gonfreville-l'Orcher
Bolbec
Lillebonne
Tancarville
Pont de Tancarville
St-Romain-de-Colbosc
Honfleur
Pont de Normandie
PORT 2000
Grand Canal du Havre
Réserve naturelle de l'Estuaire de la Seine
SEINE
Pointe de la Roque
Berville-s-Mer
Conteville
Fiquefleur-Équainville
Vasouy
Quillebeuf-sur-Seine
St-Aubin-s-Quillebeuf
Épouville
Sainneville
Étainhus
Gainneville
Rogerville
Oudalle
Sandouville
St-Vigor-d'Ymonville
St-Jean-d'Abbetot
Fontenay
Rolleville
Mannevillette
Cauville-sur-Mer
Gommerville
St-Eustache-la-Forêt
St-Nicolas-de-la-Taille
La Cerlangue

ÉTRETAT, OCTEVILLE-SUR-MER
PARC DE MONGEON
STE-ADRESSE, ÉTRETAT
PRIEURÉ DE GRAVILLE, HARFLEUR, HONFLEUR
PORT
FORT DE STE-ADRESSE
Les Jardins suspendus
FORT DE TOURNEVILLE LE TÉTRIS
SANVIC
SAINT-MARIE
St-Michel
Hôtel de ville
Appartement-témoin Auguste-Perret
St-Joseph
Porte Océane
Espace Oscar-Niemeyer
BASSIN DU COMMERCE
BASSIN VAUBAN
Docks Vauban
BASSIN PAUL-VATINE
Hôtel Dubocage de Bléville
Muséum d'histoire naturelle
QUARTIER MODERNE
SAINT-FRANÇOIS
Notre-Dame
Maison de l'Armateur
Musée d'Art moderne André-Malraux (MuMa)
Sémaphore
ANSE DES RÉGATES
PORT DE PLAISANCE
ANSE DE JOINVILLE
DIGUE NORD
DIGUE SUD
AVANT PORT
ANSE FRASCATI
BASSIN DE LA MANCHE
BASSIN DE LA CITADELLE
BASSIN DE LA BARRE
BASSIN DU ROI
BASSIN DE L'EURE
ENSM
Pont des Docks
Les Bains des Docks
Jardin fluvial
L'EURE
PARC DE L'ESCAUT
CHAMP DE FOIRE
PLAGE
Digue-Promenade
LE HAVRE
150 m

LILLE
(RIJSEL)
Tourcoing
ROUBAIX
Armentières
Wambrechies
Marquette-lez-Lille
St-André-lez-Lille
La Madeleine
Marcq-en-B.
Wasquehal
Croix
Mouvaux
Bondues
Linselles
Quesnoy-s-Deûle
Frelinghien
Houplines
Verlinghem
Pérenchies
Lompret
Lambersart
Lomme
Sequedin
Englos
Capinghem
Prémesques
Haubourdin
Loos
Wattignies
Emmerin
Santes
Noyelles-lès-S.
Wavrin
Faches-Thumesnil
Templemars
Vendeville
Ronchin
Lezennes
Lesquin
Hellemmes-Lille
Mons-en-Barœul
Villeneuve-d'Ascq
Hem
Lannoy
Lys-lez-L.
Wattrelos
Leers
Toufflers
Sailly-lez-L.
Forest-s-Marque
Tressin
Willems
Anstaing
Chéreng
Baisieux
Gruson
Sainghin-en-M.
Camphin-en-Pévèle
Bouvines
Péronne-en-M.
Cysoing
Wannehain
Templeuve
Blandain
Néchin
Estaimpuis
Pecq
Warcoing
Herinnes
Bailleul
Obigies
Mont St-Aubert
Rumegnies-Chin
Fourcroix
Orcq
Froyennes
Marquain
TOURNAI
(DOORNIK)
Froidmont
Esplechin
Ere
St-Maur
Willemeau
Dottignies
(Dottenijs)
Luingne
Neuville-en-F.
Warneton
(Waasten)
Nieuwkerke
(Neuve-Eglise)
Ploegsteert
Deûlémont
Le Bizet
Erquinghem-le-Sec
Escobecques
Radinghem-en-W.
Beaucamps-Ligny
Fournes-en-W.
Herlies
Wicres
Fromelles
Aubers
Le Maisnil
Ennetières-en-Weppes
Hallennes-lez-H.
Houplin
La Chapelle-d'Armentières
Bois-Grenier

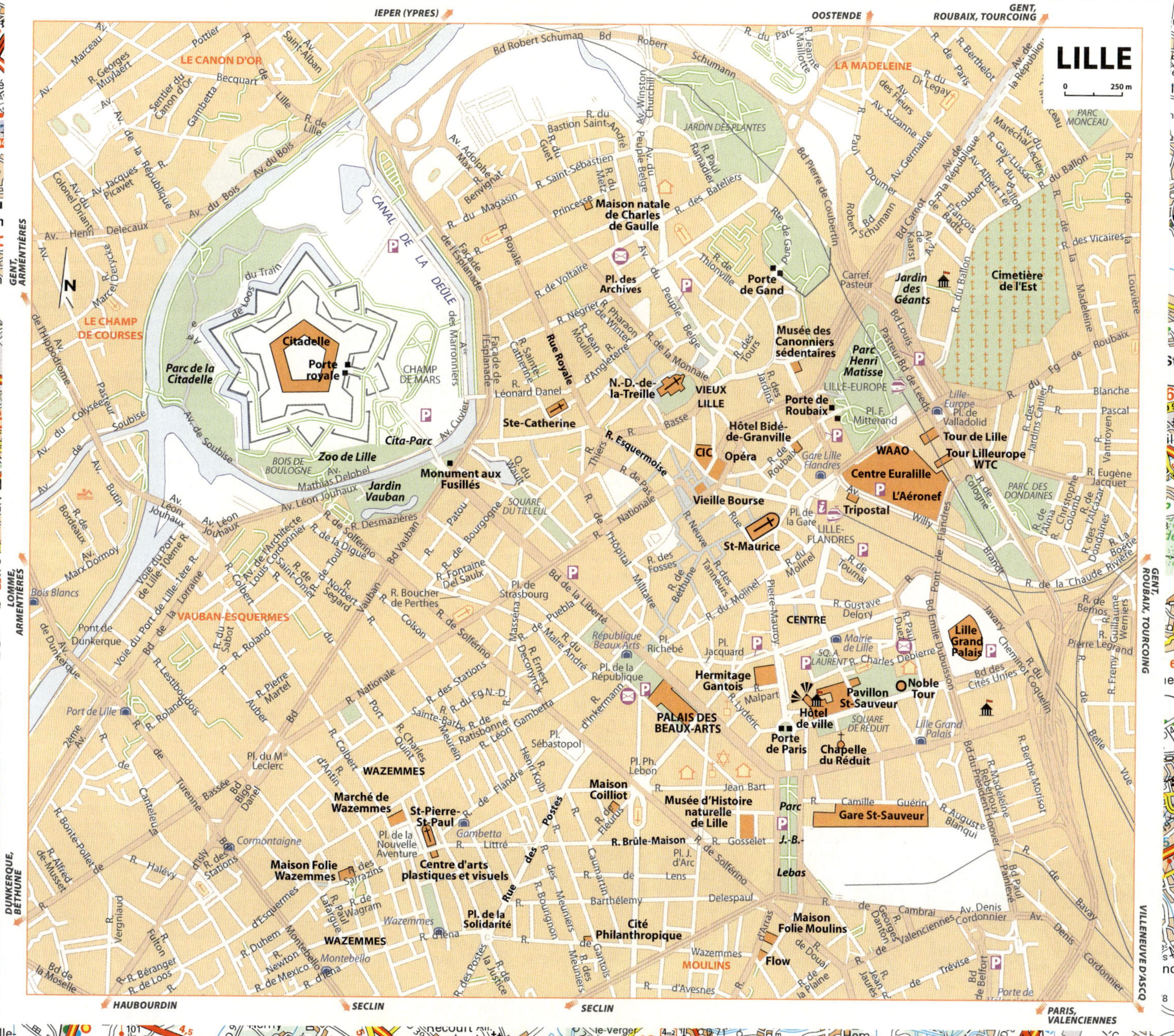
LILLE
0 250 m
IEPER (YPRES)
OOSTENDE
GENT, ROUBAIX, TOURCOING
GENT, ARMENTIÈRES
LOMME, ARMENTIÈRES
DUNKERQUE, BÉTHUNE
HAUBOURDIN
SECLIN
SECLIN
PARIS, VALENCIENNES
VILLENEUVE D'ASCQ
GENT, ROUBAIX, TOURCOING
LE CANON D'OR
LA MADELEINE
LE CHAMP DE COURSES
VAUBAN-ESQUERMES
WAZEMMES
MOULINS
CENTRE
VIEUX LILLE
Citadelle
Porte royale
Parc de la Citadelle
CHAMP DE MARS
Zoo de Lille
BOIS DE BOULOGNE
Cita-Parc
Jardin Vauban
Monument aux Fusillés
CANAL DE LA DEÛLE
JARDIN DES PLANTES
PARC MONCEAU
Maison natale de Charles de Gaulle
Pl. des Archives
Porte de Gand
Musée des Canonniers sédentaires
Jardin des Géants
Cimetière de l'Est
Parc Henri Matisse
LILLE-EUROPE
N.-D.-de-la-Treille
Ste-Catherine
Porte de Roubaix
Hôtel Bidé-de-Granville
Opéra
CIC
Vieille Bourse
WAAO
Centre Euralille
L'Aéronef
Tour de Lille
Tour Lilleurope WTC
Triposal
PARC DES DONDAINES
St-Maurice
LILLE-FLANDRES
Lille Grand Palais
Pl. de la République
PALAIS DES BEAUX-ARTS
Hermitage Gantois
Hôtel de ville
Pavillon St-Sauveur
Noble Tour
Porte de Paris
Chapelle du Réduit
Maison Coilliot
Musée d'Histoire naturelle de Lille
Parc J.-B.-Lebas
Gare St-Sauveur
Marché de Wazemmes
St-Pierre-St-Paul
Maison Folie Wazemmes
Centre d'arts plastiques et visuels
Pl. de la Solidarité
Cité Philanthropique
Maison Folie Moulins
Flow
Rue Royale
Rue des Postes
Bd Robert Schuman
Av. du Peuple Belge
R. Esquermoise
Bd de la Liberté
R. Nationale
R. Solférino
Bd Vauban

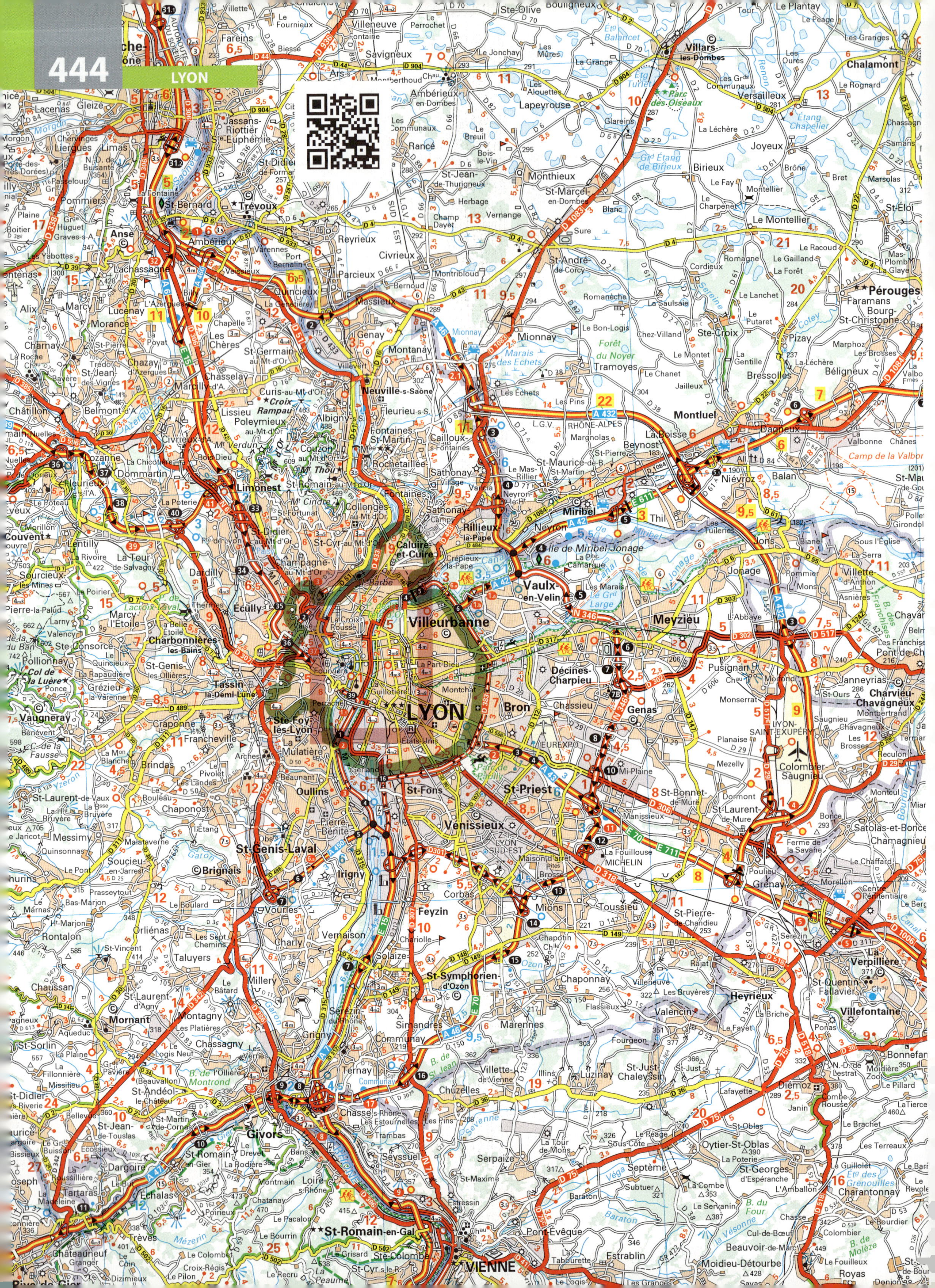
Lyon
Villeurbanne
Vaulx-en-Velin
Bron
St-Priest
Vénissieux
St-Fons
Oullins
Ste-Foy-lès-Lyon
La Mulatière
Tassin-la-Demi-Lune
Écully
Caluire-et-Cuire
Rillieux-la-Pape
Miribel
Neyron
Meyzieu
Décines-Charpieu
Genas
Chassieu
Mions
Corbas
Feyzin
Solaize
St-Symphorien-d'Ozon
Irigny
Pierre-Bénite
St-Genis-Laval
Brignais
Vourles
Charly
Millery
Vernaison
Grigny
Givors
Chasse-s-Rhône
Ternay
Communay
Sérézin-du-Rhône
Simandres
Marennes
Chaponnay
Vienne
St-Romain-en-Gal
Ste-Colombe
Seyssuel
Chuzelles
Villette-de-Vienne
Luzinay
Serpaize
Pont-Évêque
Estrablin
Septème
Oytier-St-Oblas
St-Georges-d'Espéranche
Diémoz
Heyrieux
Valencin
St-Just-Chaleyssin
St-Pierre-de-Chandieu
Toussieu
St-Bonnet-de-Mure
St-Laurent-de-Mure
Colombier-Saugnieu
Lyon-Saint-Exupéry
Grenay
Satolas-et-Bonce
Chamagnieu
La Verpillière
Villefontaine
St-Quentin-Fallavier
Pusignan
Janneyrias
Charvieu-Chavagneux
Pont-de-Chéruy
Jonage
Jons
Nièvroz
Balan
Thil
Beynost
St-Maurice-de-Beynost
Montluel
Dagneux
La Boisne
Pérouges
Meximieux
Bourg-St-Christophe
Faramans
Pizay
Bressolles
Béligneux
Ste-Croix
Tramoyes
Mionnay
Les Échets
Sathonay-Camp
Sathonay-Village
Fontaines-sur-Saône
Rochetaillée-s-S.
Neuville-s-Saône
Genay
Montanay
Massieux
Reyrieux
Parcieux
Civrieux
Trévoux
St-Bernard
Ambérieux
Anse
Lachassagne
Quincieux
St-Germain-au-Mt-d'Or
Curis-au-Mt-d'Or
Poleymieux-au-Mt-d'Or
Albigny-s-S.
Couzon
Collonges-au-Mt-d'Or
St-Cyr-au-Mt-d'Or
St-Didier-au-Mt-d'Or
Champagne-au-Mt-d'Or
Limonest
Dardilly
La Tour de Salvagny
Charbonnières-les-Bains
Marcy-l'Étoile
Craponne
Francheville
Brindas
Chaponost
Messimy
Soucieu-en-Jarrest
Orliénas
Taluyers
Mornant
Montagny
Chassagny
St-Andéol-le-Château
St-Laurent-d'Agny
Rontalon
Vaugneray
Grézieu-la-Varenne
St-Genis-les-Ollières
Pollionnay
Ste-Consorce
Lozanne
Dommartin
Civrieux
Chazay-d'Azergues
Lucenay
Morancé
Marcilly-d'A.
Chasselay
Les Chères
Lissieu
Villars-les-Dombes
Ambérieux-en-Dombes
Savigneux
Rancé
St-Jean-de-Thurigneux
Monthieux
St-Marcel-en-Dombes
St-André-de-Corcy
Lapeyrouse
Versailleux
Joyeux
Birieux
Le Montellier
Chalamont
Dargoire
Échalas
Trèves
Châteauneuf
Tartaras
St-Romain-en-Gier
Loire-s-Rhône
Septème
A 6
A 7
A 42
A 43
A 46
A 432
E 15
E 70
E 611
E 711
N 346
Parc des Oiseaux
Forêt du Noyer
Île de Miribel-Jonage
Grand Large
Camp de la Valbonne

LYON
0 200 m
Parc archéologique de Fourvière K
CALUIRE
CUIRE
LA CROIX ROUSSE
VILLEURBANNE
LES BROTTEAUX
PART DIEU
LA GUILLOTIÈRE
FOURVIÈRE
VIEUX LYON
PRESQU'ÎLE
LYON LA CONFLUENCE
LE RHÔNE
SAÔNE
FORT DE MONTESSUY
PARC J. CORBEL
PARC NATUREL URBAIN DE LA FEYSSINE
Cité internationale
Musée d'Art Contemporain
Roseraie de concours
Île du Souvenir
JARDIN ZOOLOGIQUE
Parc de la Tête d'Or
Ateliers de Soierie vivante
Mur des Canuts
Maison des Canuts
Gros Caillou
Pl. des Tapis
FORT ST-JEAN
Amphithéâtre des Trois-Gaules
St-Polycarpe
Pl. Chardonnet
LA CROIX-ROUSSE
Quai Saint-Vincent
R. de la Martinière
Pl. des Terreaux
Opéra
Montée des Carmes-Déchaussés
MUSÉE DES BEAUX-ARTS
R. Juiverie
Musées Gadagne
Théâtre Le Guignol de Lyon
Pl. du Change
St-Nizier
Musée de l'Imprimerie
Halles de Lyon-Paul Bocuse
N.-D. de Fourvière
St-Bonaventure
Montée St-Barthélemy
St-Jean
Musée gallo-romain de Lyon-Fourvière
Aqueducs Romains
Théâtres romains
Odéon
Hôtel-Dieu
Place Bellecour
Musée des Automates
St-Martin d'Ainay
Musée des Arts Décoratifs
Musée des Tissus
Place Carnot
Perrache
Musée des Moulages
Musée Africain
Centre d'histoire de la Résistance et de la Déportation
PARC SERGENT BLANDAN
CIMETIÈRE DE LA GUILLOTIÈRE
Hôtel de Région
A 6 / E 15
A 7 / E 15
N

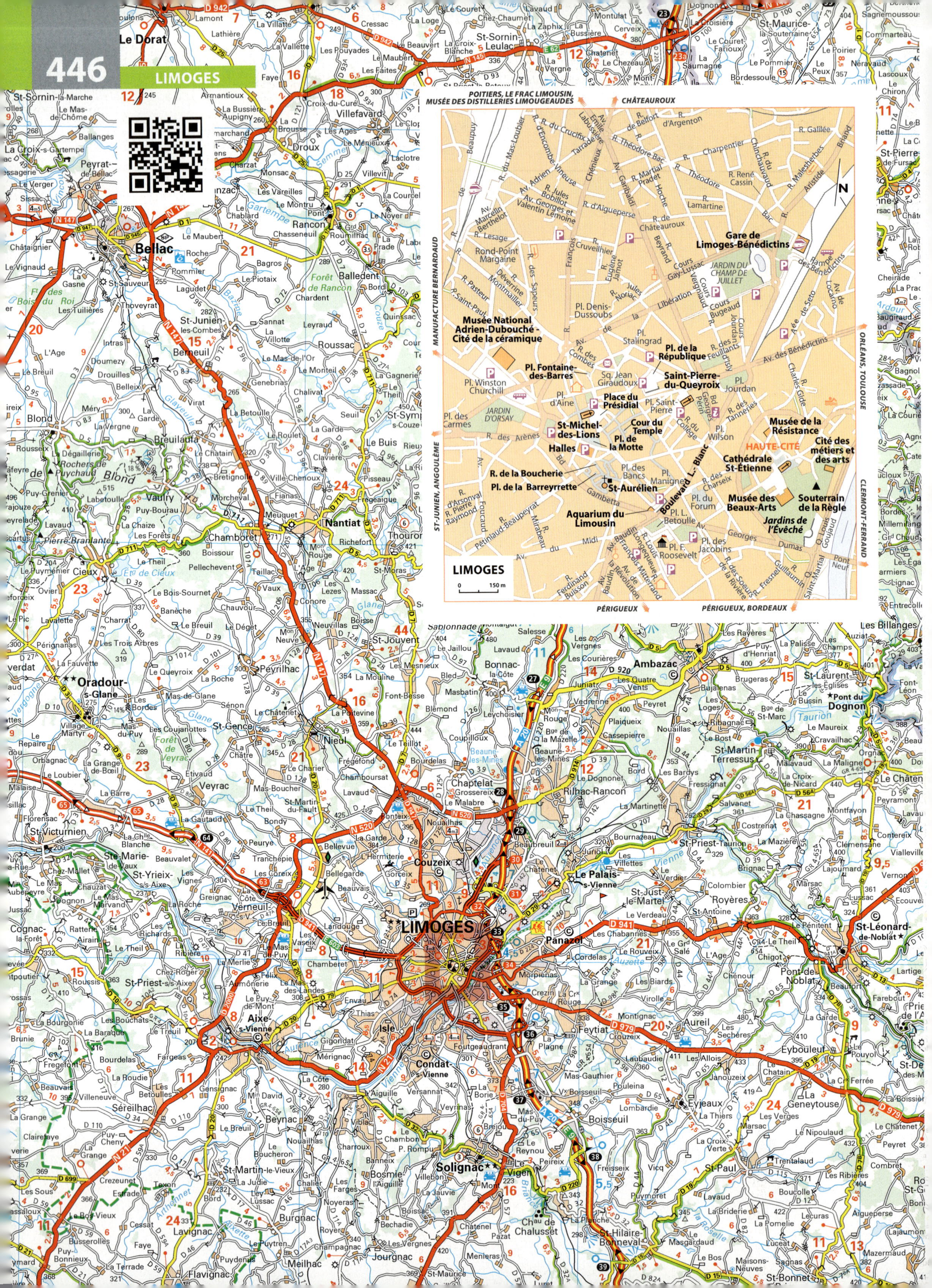
LIMOGES
POITIERS, LE FRAC LIMOUSIN, MUSÉE DES DISTILLERIES LIMOUGEAUDES
CHÂTEAUROUX
MANUFACTURE BERNARDAUD
ORLÉANS, TOULOUSE
ST-JUNIEN, ANGOULÊME
CLERMONT-FERRAND
PÉRIGUEUX
PÉRIGUEUX, BORDEAUX
Gare de Limoges-Bénédictins
Jardin du Champ de Juillet
Musée National Adrien-Dubouché - Cité de la céramique
Pl. Fontaine-des-Barres
Pl. Winston Churchill
Jardin d'Orsay
Pl. de la République
Saint-Pierre-du-Queyroix
Place du Présidial
St-Michel-des-Lions
Halles
Cour du Temple
Pl. de la Motte
R. de la Boucherie
Pl. de la Barreyrette
St-Aurélien
Aquarium du Limousin
Boulevard L.-Blanc
Musée de la Résistance
HAUTE-CITÉ
Cité des métiers et des arts
Cathédrale St-Étienne
Musée des Beaux-Arts
Souterrain de la Règle
Jardins de l'Évêché
Pl. Jourdan
Pl. Stalingrad
Pl. Denis-Dussoubs
Pl. des Carmes
Pl. Wilson
Pl. du Forum
Pl. L. Betoulle
Pl. F. Roosevelt
Pl. des Jacobins
Pl. Manigne
Pl. des Bancs
Rond-Point Margaine
Le Dorat
Bellac
Nantiat
Oradour-s-Glane
Ambazac
St-Léonard-de-Noblat
St-Victurnien
Aixe-s-Vienne
Couzeix
Le Palais-s-Vienne
Panazol
Isle
Condat-s-Vienne
Feytiat
Solignac
Boisseuil
Eybouleuf
St-Priest-Taurion
St-Laurent-les-Églises
Rilhac-Rancon
Chaptelat
Veyrac
Verneuil-s-Vienne
St-Junien-les-Combes
Berneuil
Peyrilhac
Nieul
Cieux
Blond
Thouron
Vaulry
Chamboret
Droux
Villefavard
Rancon
Châteauponsac
St-Sornin-Leulac
Séreilhac
St-Yrieix-s-Aixe
Ste-Marie-de-Vaux
Cognac-la-Forêt
St-Martin-le-Vieux
Burgnac
Jourgnac
Meilhac
Lavignac
Flavignac
Le Vigen
St-Hilaire-Bonneval
Eyjeaux
Aureil
St-Paul
St-Just-le-Martel
Royères
St-Martin-Terressus
Bonnac-la-Côte
Beaune-les-Mines
Chalusset

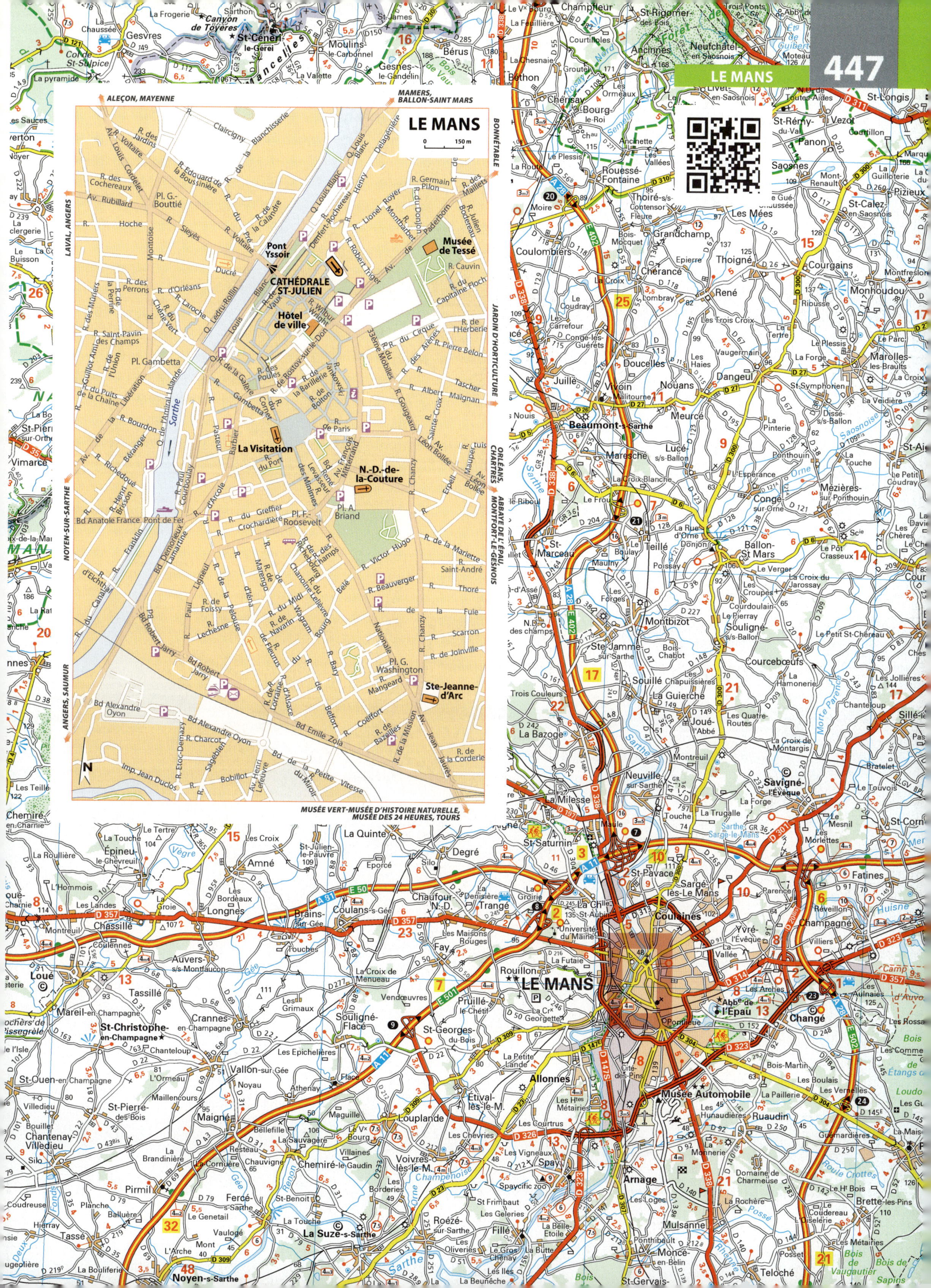
LE MANS
150 m
ALEÇON, MAYENNE
MAMERS, BALLON-SAINT MARS
BONNÉTABLE
LAVAL, ANGERS
JARDIN D'HORTICULTURE
ORLÉANS, CHARTRES
ABBAYE DE L'ÉPAU, MONTFORT-LE-GESNOIS
NOYEN-SUR-SARTHE
ANGERS, SAUMUR
MUSÉE VERT-MUSÉE D'HISTOIRE NATURELLE, MUSÉE DES 24 HEURES, TOURS
Pont Yssoir
CATHÉDRALE ST-JULIEN
Hôtel de ville
Musée de Tessé
La Visitation
N.-D.-de-la-Couture
Ste-Jeanne-d'Arc
Pl. Gambetta
Pl. A. Briand
Pl. G. Washington
Pont de Fer
Sarthe
Beaumont-s-Sarthe
Ballon-St Mars
Savigné-l'Évêque
Coulaines
LE MANS
Changé
Abbaye de l'Épau
Musée Automobile
Allonnes
Arnage
La Suze-s-Sarthe
Noyen-s-Sarthe
Loué
St-Christophe-en-Champagne
Chassillé
Coulans-s-Gée
Trangé
Yvré-l'Évêque
Mulsanne
Spay
Fillé
Saint-Saturnin
La Bazoge
Montbizot
Ste-Jamme-s-Sarthe
Souligné-s-Ballon
St-Céneri-le-Gérei
Canyon de Toyères
Fresnay

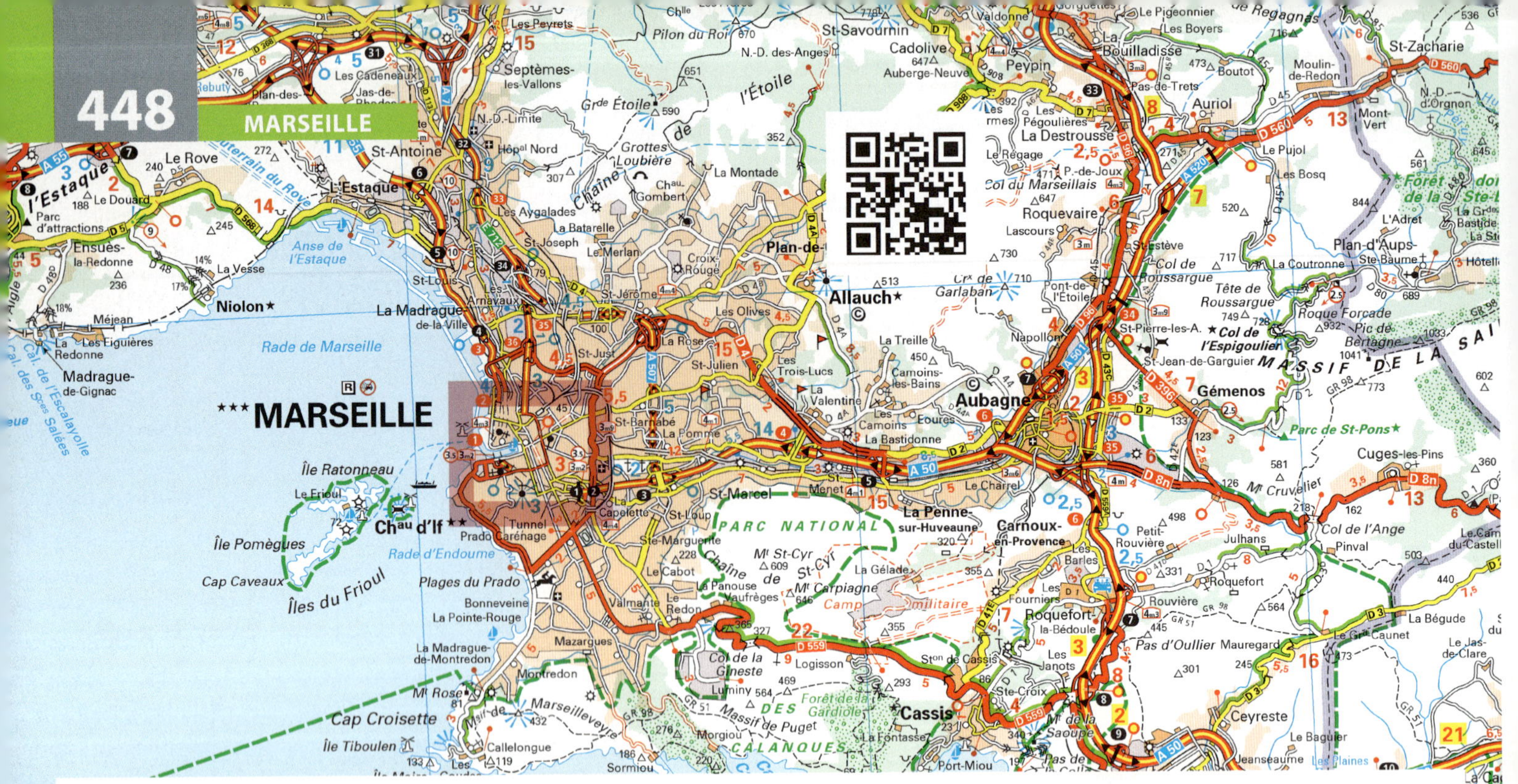
MARSEILLE
Rade de Marseille
L'Estaque
Le Rove
Ensuès-la-Redonne
Niolon
Méjean
Madrague-de-Gignac
Septèmes-les-Vallons
St-Antoine
Chaîne de l'Étoile
Allauch
Plan-de-Cuques
Aubagne
Gémenos
Roquevaire
La Destrousse
Auriol
St-Zacharie
Peypin
Cadolive
St-Savournin
La Penne-sur-Huveaune
Carnoux-en-Provence
Roquefort-la-Bédoule
Cassis
Massif de la Ste-Baume
Cuges-les-Pins
Île Ratonneau
Île Pomègues
Îles du Frioul
Chau d'If
Cap Croisette
Île Tiboulen
Cap Caveaux
Plages du Prado
Rade d'Endoume
Mt Rose
Marseilleveyre
Callelongue
Sormiou
Mt Puget
Massif des Calanques
Mt St-Cyr
Mt Carpiagne
Camp militaire
Col de la Gineste
Parc National des Calanques
Mazargues
Bonneveine
La Pointe-Rouge
Valmante
St-Marcel
La Valentine
Les Olives
La Treille
Camoins-les-Bains
La Bastidonne
Col de l'Espigoulier
Parc de St-Pons
Col de l'Ange
Pinal
Julhans
Ceyreste
Pas d'Oullier
Mauregard
Les Janots
Ste-Croix
Plan-d'Aups-Ste-Baume
Tête de Roussargue
Roque Forcade
Pic de Bertagne

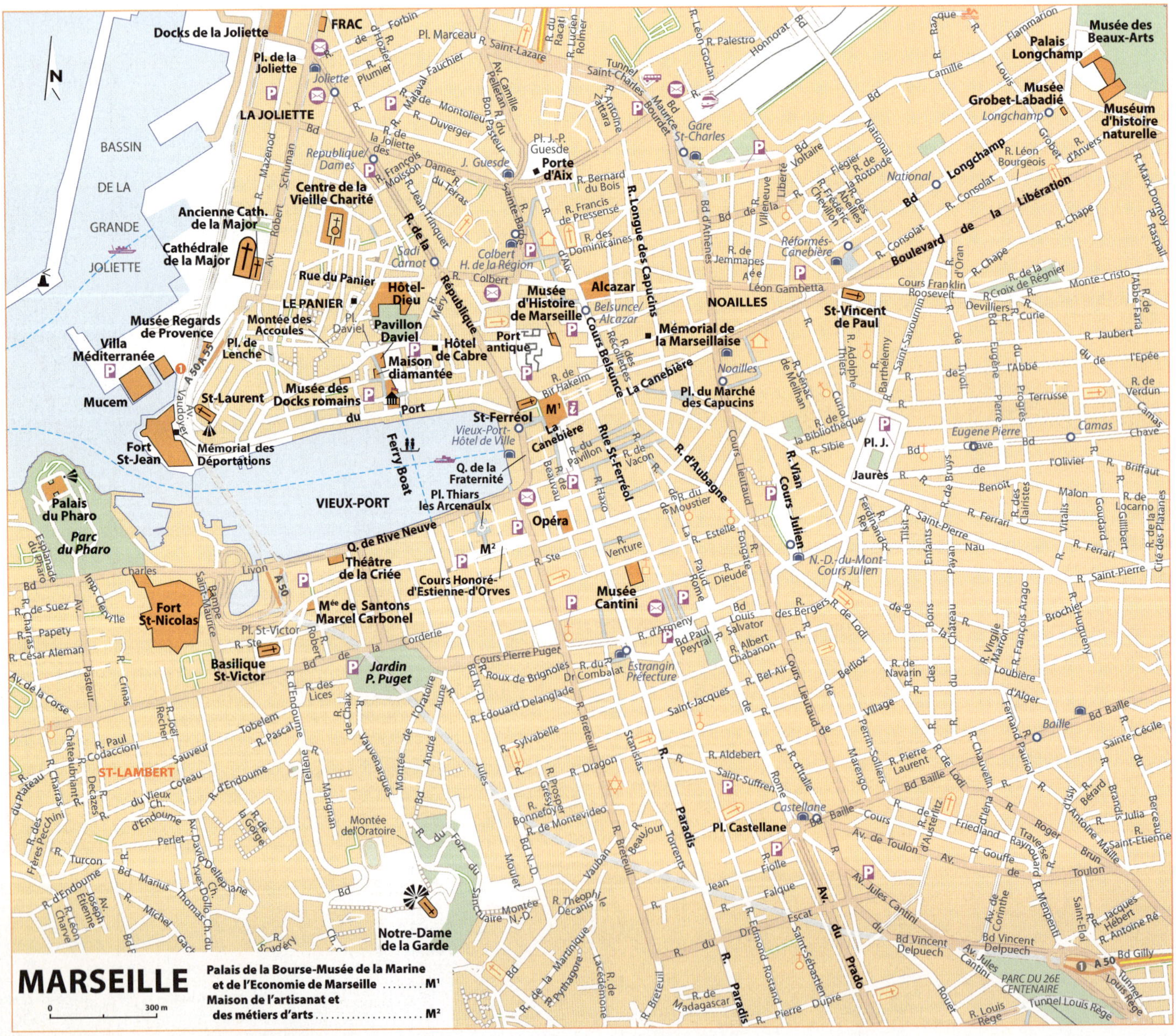
N
Docks de la Joliette
FRAC
Pl. de la Joliette
LA JOLIETTE
BASSIN DE LA GRANDE JOLIETTE
Centre de la Vieille Charité
Ancienne Cath. de la Major
Cathédrale de la Major
Rue du Panier
LE PANIER
Hôtel-Dieu
Pavillon Daviel
Hôtel de Cabre
Maison diamantée
Musée Regards de Provence
Villa Méditerranée
Mucem
Fort St-Jean
St-Laurent
Musée des Docks romains
Mémorial des Déportations
Palais du Pharo
Parc du Pharo
VIEUX-PORT
Ferry Boat
Q. de Rive Neuve
Théâtre de la Criée
Fort St-Nicolas
Basilique St-Victor
Mee de Santons Marcel Carbonel
Jardin P. Puget
Cours Honoré-d'Estienne-d'Orves
Q. de la Fraternité
Pl. Thiars les Arcenaux
St-Ferréol
Porte d'Aix
Musée d'Histoire de Marseille
Port antique
Alcazar
NOAILLES
Mémorial de la Marseillaise
Pl. du Marché des Capucins
La Canebière
Cours Belsunce
R. Longue des Capucins
R. de la République
Rue St-Ferréol
Opéra
Musée Cantini
St-Vincent de Paul
Palais Longchamp
Musée des Beaux-Arts
Musée Grobet-Labadié
Muséum d'histoire naturelle
Bd de la Libération
Bd Longchamp
Pl. J. Jaurès
Cours Julien
N.-D.-du-Mont Cours Julien
Pl. Castellane
Av. du Prado
R. Paradis
ST-LAMBERT
Notre-Dame de la Garde
PARC DU 26E CENTENAIRE
Tunnel Louis Rège
Gare St-Charles

MARSEILLE

0 — 300 m

Palais de la Bourse-Musée de la Marine et de l'Economie de Marseille .... M¹
Maison de l'artisanat et des métiers d'arts .... M²

METZ
150 m
MOSELLE
Temple de Garnison
St-Vincent
Préfecture
Théâtre
Pl. de la Comédie
Sq. du Luxembourg
Temple Neuf
CITÉ UNIVERSITAIRE
Moyen Pont
Musée de la Cour d'Or
ST-ÉTIENNE
Pl. Ste-Croix
Hôtel St-Livier-FRAC Lorraine
JARDIN DES TANNEURS
Marché couvert
Pl. d'Armes
Pl. J.-Paul II
En Fournirue
Ancien couvent des Récollets
St-Eucaire
Palais de Justice
Plan d'Eau
Jardin des Régates
Lac aux Cygnes
Esplanade
M¹
Porte des Allemands
St-Maximin
N.-D.-de-l'Assomption
Pl. St-Louis
St-Pierre aux Nonnains
Chapelle des Templiers
Pl. de la République
St-Martin-aux-Champs
Pl. Coislin
Pl. des Charrons
Pl. Mazelle
Arsenal
Palais du Gouverneur
Citadelle
Porte Serpenoise
Tour Camoufle
Pl. St-Thiébault
Pl. Mondon
Pl. du Roi-George
Avenue Foch
R. Gambetta
Château d'Eau
Pl. du Gᵃˡ de-Gaulle
Gare de Metz
Pᵍᵉ de l'Amphithéâtre
CENTRE POMPIDOU-METZ
Maison natale de Paul Verlaine .... M¹
Esch-sur-A.
Schifflange
Kayl
Dudelange
Hagen
Rodemack
Haute-Kontz
Berg-s-M.
Cattenom
Koenigsmacker
Hettange-Grande
Thionville
Yutz
Manom
Basse-Ham
Stuckange
Metzervisse
Florange
Uckange
Fameck
Richemont
Guénange
Bousse
Amnéville
Hagondange
Rombas
Walygator Parc
Maizières-lès-M.
Briey
Homécourt
Jœuf
Moyeuvre-Grde
Conflans-en-Jarnisy
Jarny
Ste-Marie-aux-Chênes
St-Privat-la-Montagne
Vigy
Woippy
La Maxe
St-Julien-lès-M.
METZ
Montigny-lès-M.
Moulins-lès-M.
Scy-Chazelles
Longeville-lès-M.
Gravelotte
Laquenexy
Marly
Augny
Fleury
Pouilly
Verny
Cuvry
Corny-s-Moselle
Ars-s-Moselle
Gorze
Chambley-Bussières
Mars-la-Tour
Vionville
Arnaville
Pagny-s-Moselle
Mécleuves
Courcelles-sur-Nied
Orny
Goin
Liéhon

MONTPELLIER
Castelnau-le-Lez
Lattes
Pérols
Mauguio
Carnon-Plage
La Grande-Motte
Le Grau-du-Roi
Seaquarium
Villeneuve-lès-Maguelone
Fabrègues
Cournonsec
Cournonterral
Pignan
Saussan
Lavérune
Juvignac
Grabels
St-Gély-du-Fesc
Prades-le-Lez
Assas
Teyran
Castries
Vendargues
Baillargues
St-Brès
Valergues
Lunel-Viel
Lansargues
Mudaison
Candillargues
Jacou
Clapiers
Montferrier-sur-Lez
St-Clément-de-Rivière
Murviel-lès-Montpellier
St-Georges-d'Orques
St-Jean-de-Védas
St-Paul-et-Valmalle
Vailhauquès
Étang de Mauguio ou de l'Or
Étang de Pérols
MONTPELLIER-MÉDITERRANÉE
PARC DES EXPOSITIONS
Golfe
A 9
A 750
A 709
E 11
N 109

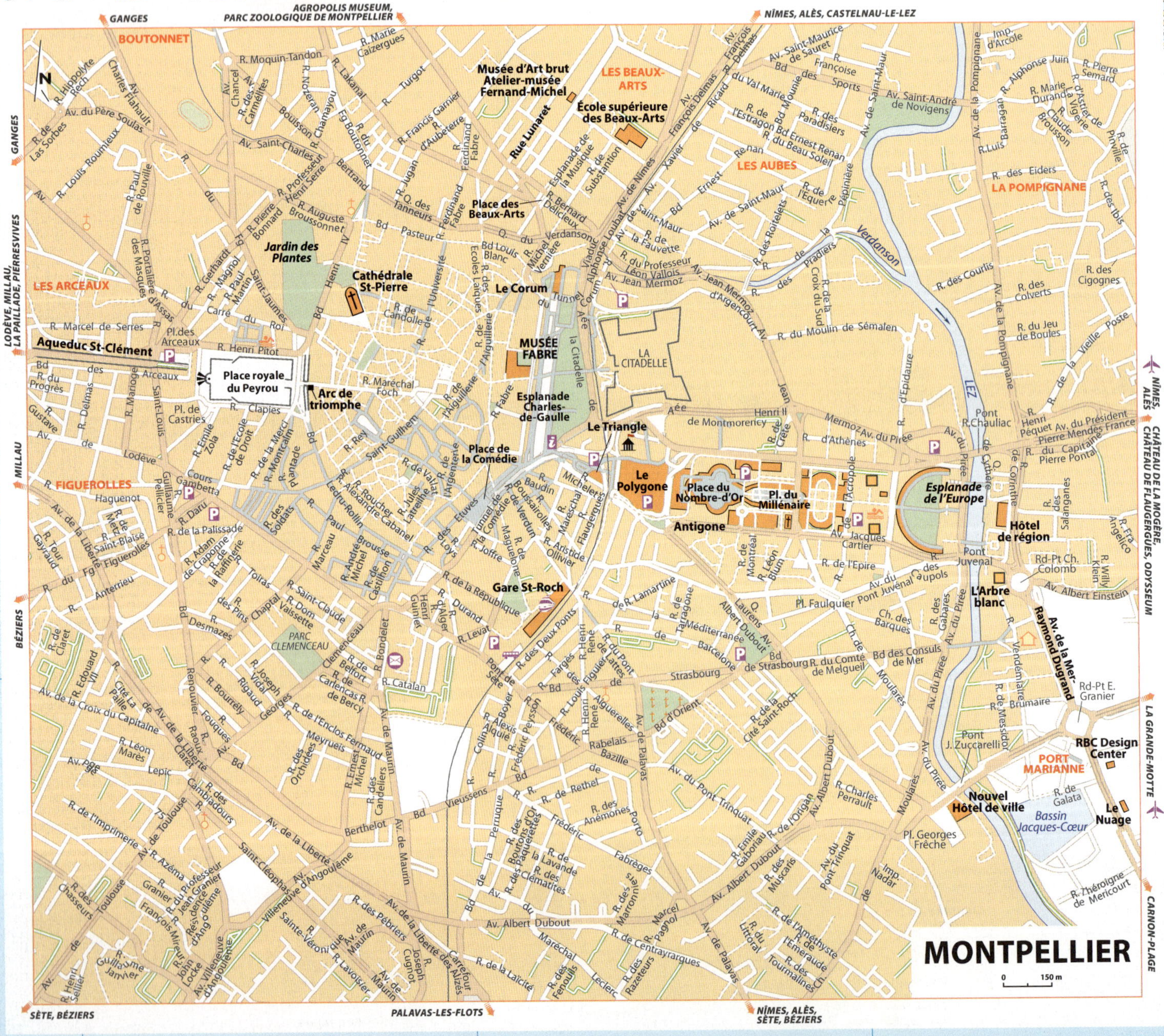
MONTPELLIER
0 150 m
GANGES
AGROPOLIS MUSEUM, PARC ZOOLOGIQUE DE MONTPELLIER
NÎMES, ALÈS, CASTELNAU-LE-LEZ
NÎMES, ALÈS
CHÂTEAU DE LA MOGÈRE, CHÂTEAU DE FLAUGERGUES, ODYSSEUM
LA GRANDE-MOTTE
CARNON-PLAGE
NÎMES, ALÈS, SÈTE, BÉZIERS
PALAVAS-LES-FLOTS
SÈTE, BÉZIERS
BÉZIERS
MILLAU
LODÈVE, MILLAU, LA PAILLADE, PIERRESVIVES
BOUTONNET
LES BEAUX-ARTS
LES AUBES
LA POMPIGNANE
LES ARCEAUX
FIGUEROLLES
PORT MARIANNE
Musée d'Art brut Atelier-musée Fernand-Michel
École supérieure des Beaux-Arts
Place des Beaux-Arts
Jardin des Plantes
Cathédrale St-Pierre
Le Corum
MUSÉE FABRE
LA CITADELLE
Esplanade Charles-de-Gaulle
Le Triangle
Place de la Comédie
Le Polygone
Place du Nombre-d'Or
Pl. du Millénaire
Antigone
Esplanade de l'Europe
Hôtel de région
L'Arbre blanc
Gare St-Roch
Aqueduc St-Clément
Place royale du Peyrou
Arc de triomphe
PARC CLEMENCEAU
RBC Design Center
Nouvel Hôtel de ville
Le Nuage
Bassin Jacques-Cœur
LEZ
Verdanson

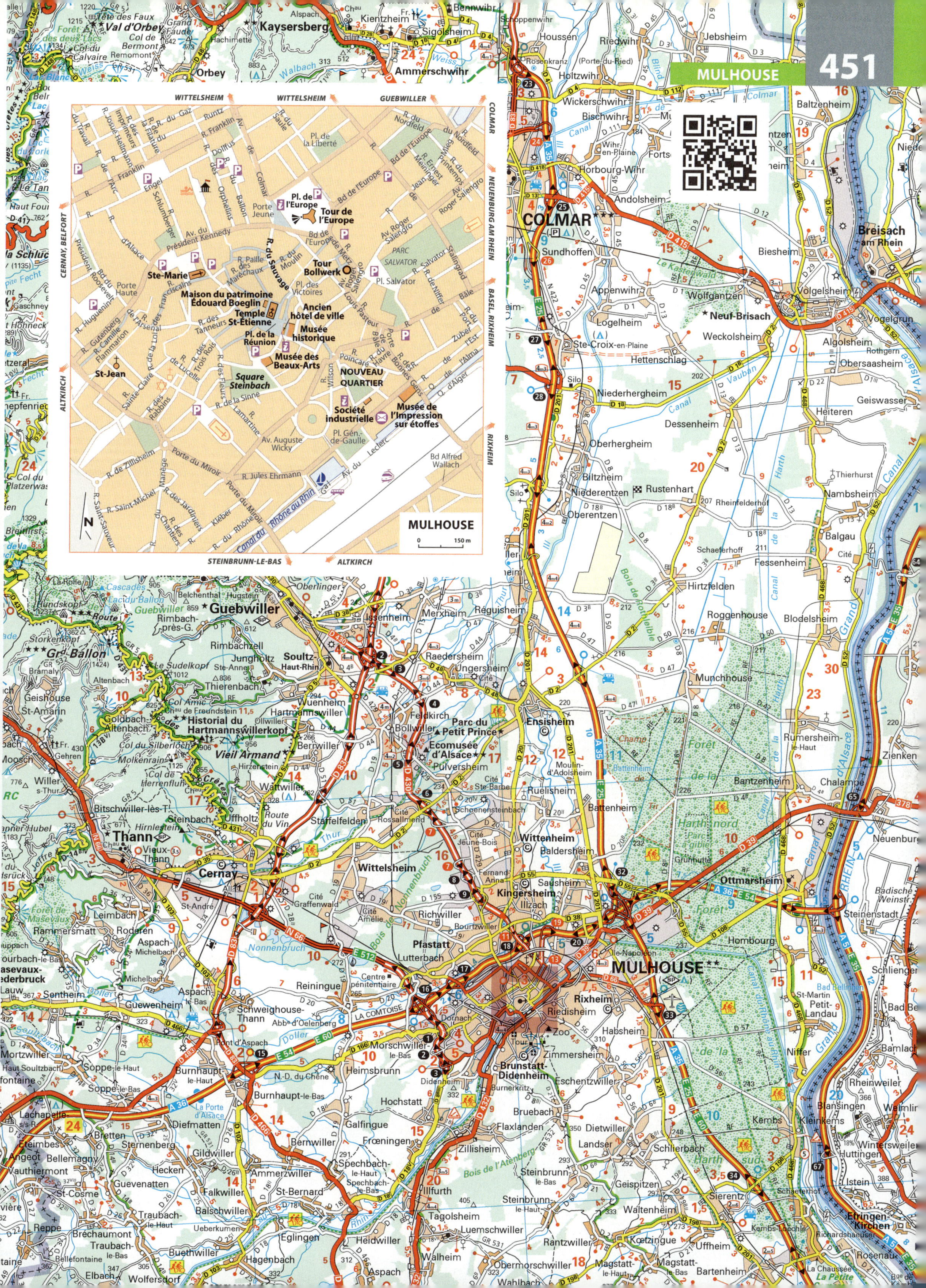
MULHOUSE
0
150 m
WITTELSHEIM
GUEBWILLER
COLMAR
NEUENBURG AM RHEIN
BASEL, RIXHEIM
RIXHEIM
ALTKIRCH
STEINBRUNN-LE-BAS
CERNAY, BELFORT
Pl. de la Liberté
Pl. de l'Europe
Tour de l'Europe
Ste-Marie
Maison du patrimoine Édouard Boeglin
Temple St-Étienne
Pl. de la Réunion
Tour Bollwerk
Ancien hôtel de ville
Musée historique
Musée des Beaux-Arts
St-Jean
Square Steinbach
NOUVEAU QUARTIER
Société industrielle
Musée de l'Impression sur étoffes
PARC SALVATOR
Pl. Salvator
Porte Haute
Porte Jeune
Pl. Gén.-de-Gaulle
Porte du Miroir
Canal du Rhône au Rhin
Av. Auguste Wicky
Bd Alfred Wallach
R. Jules Ehrmann
R. du Sauvage
Kaysersberg
Val d'Orbey
Orbey
Kientzheim
Sigolsheim
Ammerschwihr
Bennwihr
Houssen
Riedwihr
Jebsheim
Holtzwihr
Wickerschwihr
Bischwihr
Horbourg-Wihr
Andolsheim
COLMAR
Sundhoffen
Baltzenheim
Breisach am Rhein
Biesheim
Volgelsheim
Wolfgantzen
Neuf-Brisach
Appenwihr
Logelheim
Weckolsheim
Algolsheim
Vogelgrun
Obersaasheim
Ste-Croix-en-Plaine
Hettenschlag
Niederhergheim
Dessenheim
Heiteren
Geiswasser
Oberhergheim
Biltzheim
Niederentzen
Oberentzen
Rustenhart
Nambsheim
Balgau
Fessenheim
Hirtzfelden
Roggenhouse
Blodelsheim
Munchhouse
Rumersheim-le-Haut
Bantzenheim
Chalampé
Neuenburg
Ottmarsheim
Hombourg
Guebwiller
Soultz-Haut-Rhin
Issenheim
Merxheim
Réguisheim
Raedersheim
Ungersheim
Feldkirch
Bollwiller
Parc du Petit Prince
Écomusée d'Alsace
Pulversheim
Ensisheim
Ruelisheim
Battenheim
Baldersheim
Wittenheim
Kingersheim
Sausheim
Illzach
Wittelsheim
Staffelfelden
Wattwiller
Hartmannswiller
Wuenheim
Historial du Hartmannswillerkopf
Vieil Armand
Thann
Vieux-Thann
Cernay
Steinbach
Bitschwiller-lès-T.
Willer-s-Thur
Gd Ballon
Richwiller
Pfastatt
Lutterbach
Reiningue
Schweighouse-Thann
Aspach-le-Bas
Aspach-Michelbach
Guewenheim
Sentheim
Burnhaupt-le-Haut
Burnhaupt-le-Bas
Heimsbrunn
Morschwiller-le-Bas
Didenheim
Brunstatt-Didenheim
Zimmersheim
Riedisheim
Rixheim
Habsheim
MULHOUSE
Eschentzwiller
Bruebach
Flaxlanden
Dietwiller
Landser
Schlierbach
Zillisheim
Galfingue
Froeningen
Hochstatt
Spechbach-le-Haut
Spechbach-le-Bas
Illfurth
Tagolsheim
Luemschwiller
Walheim
Heidwiller
Aspach
Steinbrunn-le-Bas
Steinbrunn-le-Haut
Geispitzen
Waltenheim
Sierentz
Kembs
Niffer
Rantzwiller
Koetzingue
Uffheim
Magstatt-le-Bas
Bartenheim
Obermorschwiller
Efringen-Kirchen
Rosenau
Schliengen
Bad Bellingen
Steinenstadt
Ammerzwiller
St-Bernard
Bernwiller
Balschwiller
Eglingen
Hagenbach
Traubach-le-Haut
Traubach-le-Bas
Bréchaumont
Wolfersdorf
Elbach
Sternenberg
Diefmatten
Gildwiller
Hecken
Guevenatten
Falkwiller
Bretten
Etimbes
Bellemagny
Lachapelle
Mortzwiller
Soppe-le-Haut
Soppe-le-Bas
Masevaux
Leimbach
Roderen
Rammersmatt

NANCY
Pont-à-Mousson
Lunéville
St-Nicolas-de-Port
Vandœuvre-lès-N.
Laxou
Villers-lès-N.
Maxéville
Malzéville
St-Max
Essey-lès-N.
Tomblaine
Jarville-la-Malgrange
Laneuveville-devant-N.
Varangéville
Dombasle-s-Meurthe
Champigneulles
Frouard
Pompey
Liverdun
Dieulouard
Neuves-Maisons
Ludres
Pont-St-Vincent
Blainville-s-l'Eau
Seichamps
Pulnoy
Saulxures-lès-Nancy
Art-s-Meurthe
Heillecourt
Houdemont
Fléville-devant-N.
Richardménil
Messein
Chaligny
Maron
Villey-le-Sec
Sillegny
Pagny-lès-Goin
Nomeny
Custines
Millery
Belleville
Marbache
Blénod-lès-Pont-à-Mousson
Jezainville
Atton
Loisy
Bezaumont
Landremont
Ste-Geneviève
Clémery
Morville-s-Seille
Éply
Forêt de Haye
Forêt de Vitrimont
Mont St-Jean
Grand Mont
Amance
Laître-s/s-Amance
Dommartin-s/s-Amance
Lay-St-Christophe
Eulmont
Agincourt
Dommartemont
Laneuvelotte
Buissoncourt
Cerville
Haraucourt
Sommerviller
Crévic
Maixe
Einville-au-Jard
Hudiviller
Vitrimont
Rosières-aux-Salines
Damelevières
Barbonville
Ferrières
Burthecourt-aux-Chênes
Coyviller
Flavigny-s-Moselle
Méréville
Frolois
Xeuilly
Maizières
Viterne
Bainville-s-Madon
Sexey-aux-Forges
Fontenoy-s-Moselle
Velaine-en-Haye
Aingeray
Champenoux
Mazerolles
Brin-s-Seille
Moncel-s-Seille
Sornéville
Athienville
Serres
Drouville
Gellenoncourt
Réméréville
Erbéviller-s-Amezule
Bathelémont
Bauzemont
Bienville-la-Petite
Jolivet
Moyenvic
Salonnes
Vic-s-Seille
Chambrey
Grémecey
Pettoncourt
Bioncourt
Attilloncourt
Lanfroicourt
Bey-s-Seille
Leyr
Faulx
Malleloy
Montenoy
Bouxières-aux-Chênes
Bouxières-aux-Dames
Ecuelle
Verny
Pouilly
Fleury
Orny
Cuvry
Marly
Augny
Sanry-s-Nied
Sorbey
Mécleuves
Lemud
Ancerville
Chesny
Chanville
Faulquemont
Louvigny
Vandières
Champey-s-Moselle
Vittonville
Lorry-Mardigny
Arnaville
Norroy-lès-Pont-à-Mousson
Montauville
Maidières
Griscourt
Villers-en-Haye
Rosières-en-Haye
Saizerais
Lesménils
Autreville-s-Moselle
Ville-au-Val
Morey
Belleau
Bratte
Sivry
Rouves
Mailly-s-Seille
Raucourt
Port-s-Seille
Bénicourt
NANCY
Porte de la Citadelle
Porte de la Craffe
Les Cordeliers
Palais ducal
Palais du Gouvernement
Statue Rodin
La Pépinière
Parc zoologique
Pl. St-Epvre
St-Epvre
Arc de triomphe
PL. STANISLAS
Opéra
Pl. d'Alliance
Muséum-aquarium de Nancy
Jardin Godron
Jardin d'eau
Musée des Beaux-Arts
Hôtel de ville
Maison des Adam
Cathédrale
Pl. Simone Veil
St-Sébastien
Pl. de la République
Maison Bergeret
Canal de la Marne au Rhin
Meurthe
Moselle
Seille

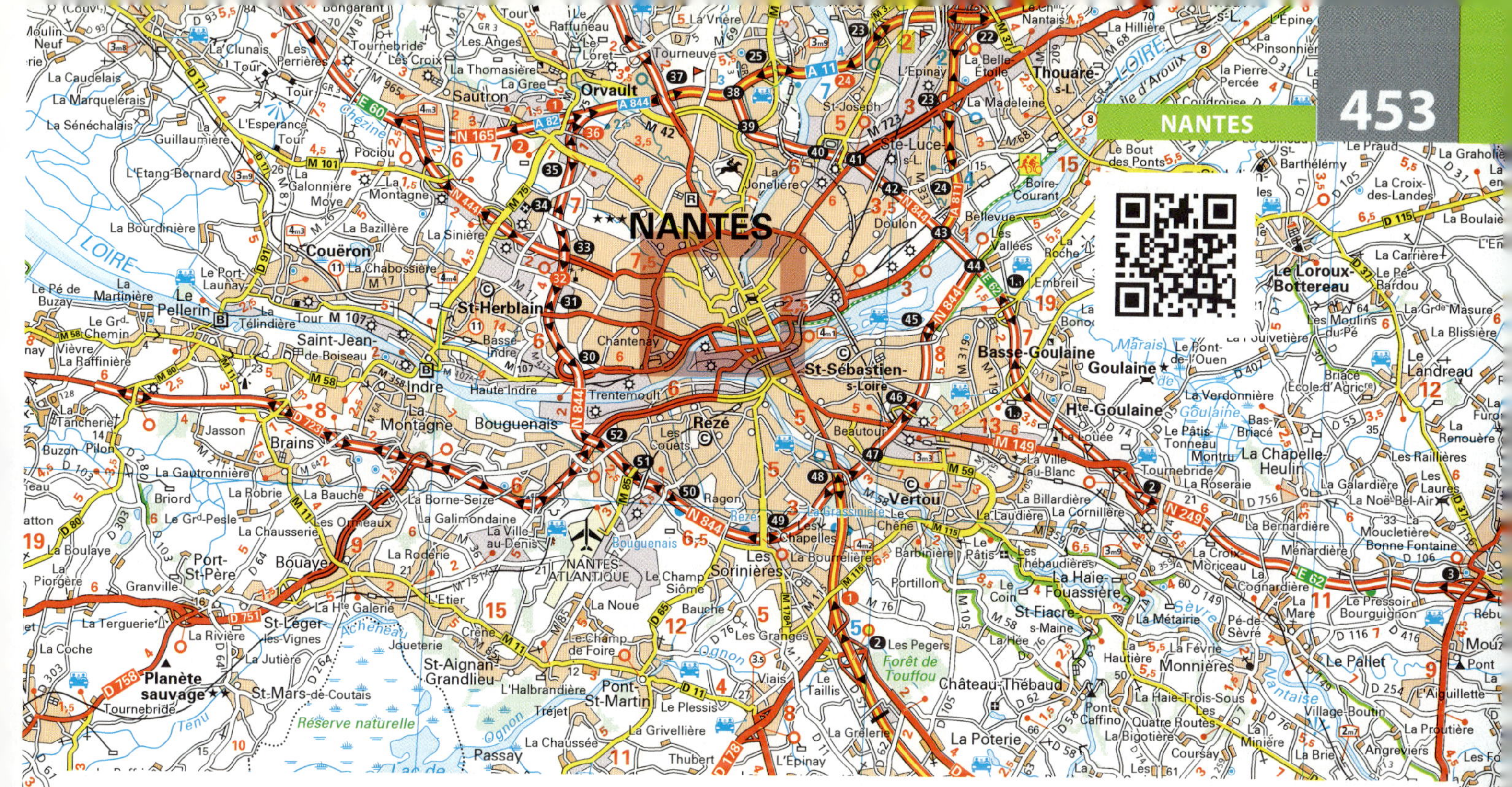
NANTES
Orvault
Sautron
Couëron
St-Herblain
Indre
Le Pellerin
Saint-Jean-de-Boiseau
Brains
Bouguenais
Rezé
St-Sébastien-s-Loire
Vertou
Basse-Goulaine
Goulaine
Hte-Goulaine
Thouaré-s-L.
Ste-Luce-s-L.
Carquefou
Le Loroux-Bottereau
La Chapelle-Heulin
Le Landreau
Les Sorinières
Bouaye
Port-St-Père
St-Léger-les-Vignes
St-Mars-de-Coutais
Planète sauvage
St-Aignan-Grandlieu
Pont-St-Martin
La Haie-Fouassière
St-Fiacre-s-Maine
Château-Thébaud
Monnières
Le Pallet
Vieillevigne
La Chevrolière
Réserve naturelle
Forêt de Touffou
NANTES ATLANTIQUE
LOIRE

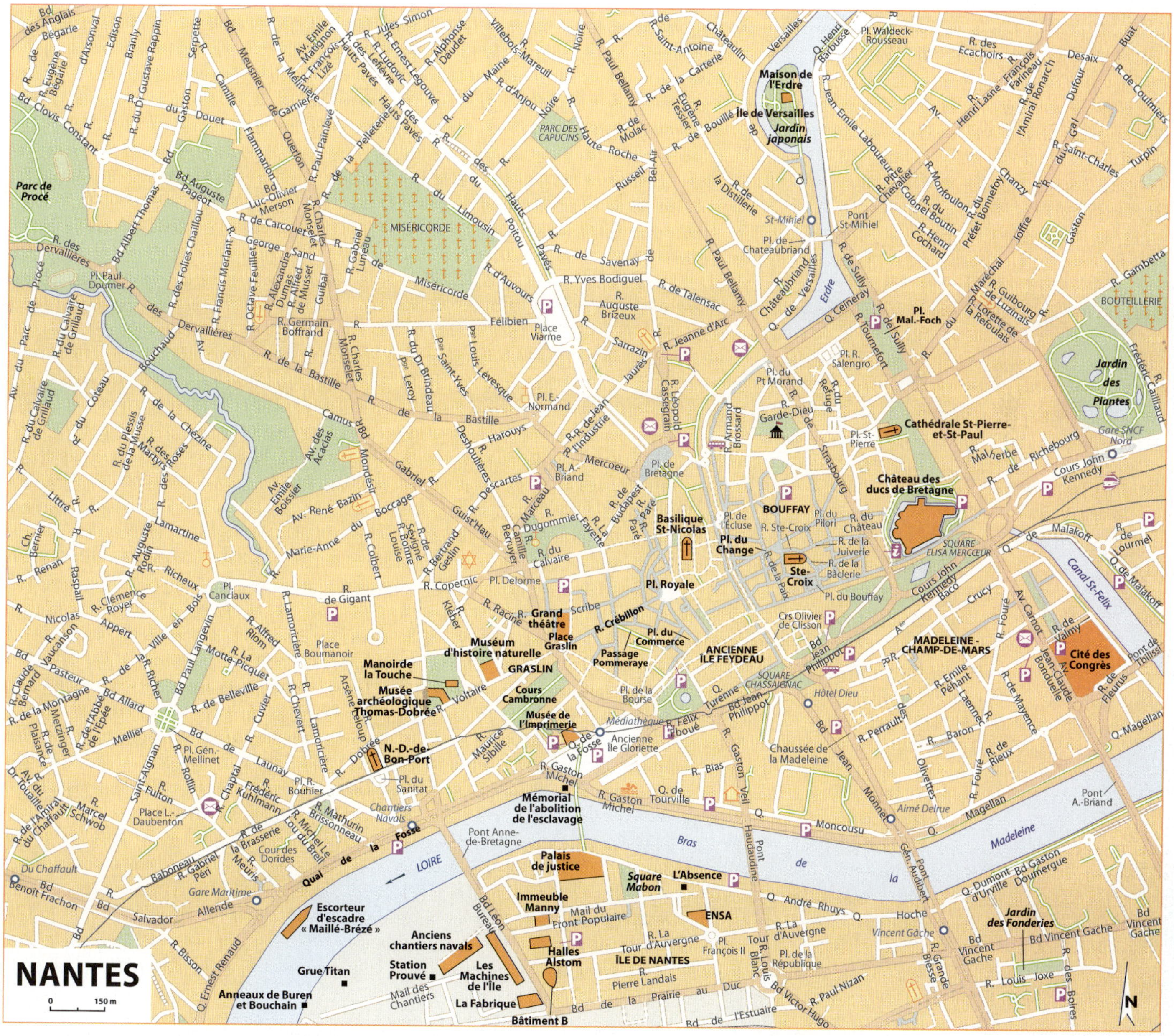
NANTES
0 150 m
Parc de Procé
MISÉRICORDE
PARC DES CAPUCINS
Maison de l'Erdre
Île de Versailles
Jardin japonais
Jardin des Plantes
Cathédrale St-Pierre-et-St-Paul
Château des ducs de Bretagne
SQUARE ELISA MERCOEUR
Basilique St-Nicolas
BOUFFAY
Pl. du Change
Ste-Croix
Pl. Royale
Grand théâtre
Place Graslin
GRASLIN
Museum d'histoire naturelle
Manoirde la Touche
Musée archéologique Thomas-Dobrée
Cours Cambronne
Musée de l'Imprimerie
Passage Pommeraye
ANCIENNE ÎLE FEYDEAU
SQUARE CHASSAGNAC
MADELEINE - CHAMP-DE-MARS
Cité des Congrès
Canal St-Félix
N.-D.-de-Bon-Port
Mémorial de l'abolition de l'esclavage
Palais de justice
Square Mabon
L'Absence
Immeuble Manny
ENSA
Escorteur d'escadre « Maillé-Brézé »
Anciens chantiers navals
Les Machines de l'île
Halles Alstom
Station Prouvé
Grue Titan
La Fabrique
Bâtiment B
Anneaux de Buren et Bouchain
ÎLE DE NANTES
Jardin des Fonderies
Gare SNCF Nord
Gare Maritime
LOIRE
Bras de la Madeleine
Quai de la Fosse
Pl. Mal.-Foch
Pl. Viarme
Pl. du Cirque
Pl. Graslin
Chaussée de la Madeleine

Puget-Théniers
Entrevaux
Touët-sur-Var
Col de St-Léger
Clue de Rouaine
Montagne de Gourdan
La Rochette
Val-de-Chalvagne
Ubraye
Pic de Chabran
St-Pierre
Sigale
Roquesteron
Cuébris
Clue d'Aiglun
Aiglun
Briançonnet
Clue de St-Auban
St-Auban
Soleilhas
Demandolx
Montagne de Charamel
Le Mas
Col de Bleine
Montagne du Cheiron
Col de Bleine
Gréolières
Coursegoules
Peyroules
La Garde
PARC NATUREL

NICE
BAIE DES ANGES
CIMIEZ
Musée Matisse
Monastère franciscain
Musée archéologique
Site archéologique gallo-romain
Musée national Marc-Chagall
Ste-Jeanne d'Arc
ST MAURICE
ST BARTHÉLEMY
ST-ÉTIENNE
CARABACEL
ST-ROCH
RIQUIER
ST PHILIPPE
LES BAUMETTES
LA BUFFA
LAZARET
LE PAILLON
Cath. orthodoxe russe St-Nicolas
Avenue Jean Médecin
Rue Massena
Rue de France
PROMENADE DES ANGLAIS
Negresco
Palais de la Méditerranée
Villa Masséna
Musée des Beaux-Arts Jules-Chéret
Mosaïque de Chagall
Jardin Albert Ier
Opéra
Quai des États-Unis
Cathédrale Ste-Réparate
St-Jacques ou Gesù
Château
Tour Bellanda
Place Garibaldi
MAMAC
Prom. des Arts
Crypte archéologique
Théâtre national
Chapelle du St-Sépulcre
St-Martin-St-Augustin
N.-D. du Port
Port de Lympia
Musée de Terra Amata
Galerie Lympia
Prieuré du Vieux-Logis
Villa Arson
Corniche Bellevue
0 200 m

NICE
MONTE-CARLO
MONACO
MENTON
Cap-Martin
Beausoleil
Roquebrune-
La Turbie
Èze
Cap-d'Ail
Beaulieu-sur-Mer
Villefranche-sur-Mer
St-Jean-Cap-Ferrat
Cap Ferrat
ANTIBES
Juan-les-Pins
Golfe-Juan
Vallauris
Biot
Villeneuve-Loubet
Cagnes-s-M.
St-Laurent-du-Var
Vence
St-Paul-de-Vence
La Colle-sur-Loup
Carros
Levens
Contes
L'Escarène
Sospel
Peille
Peillon
Lucéram
Utelle
Tourrette-Levens
Falicon
Colomars
Gattières
St-Jeannet
Tournefort
Villars-sur-Var
Malaussène
Toudon
Bonson
Gilette
Bouyon
Coaraze
Castillon
Gorbio
Ste-Agnès
Castellar
NICE CÔTE-D'AZUR
Baie des Anges
CÔTE D'AZUR
Golfe Juan
Île Ste-Marguerite
Îles de Lérins
Cap d'Antibes
Eden-Roc
Sophia-Antipolis
Marineland
Golfe de St-Hospice

NÎMES
Pl. de la Révolution
SQ. DE LA BOUQUERIE
Maison natale d'Alphonse Daudet
Porte d'Auguste
Quai de la Fontaine
SQ. ANTONIN
Place d'Assas
MAISON CARRÉE
Carré d'art
Maison Romane
Pl. aux Herbes
N.-D.-et-St-Castor
Chapelle des Jésuites
Musée du Vieux Nîmes
Hôtel de Régis
Muséum d'histoire naturelle
Hôtel Boudon
Les Atlantes
Hôtel de Bernis
Hôtel de Ville
Place du Château Fadaise
Pl. du Marché
Pl. du 11 November
Esplanade Charles de Gaulle
ARÈNES
Fontaine Pradier
Musée des Cultures taurines
Musée de la Romanité
SQ. DU 11 NOVEMBER
Guidon du Bouquet
Vallérargues
Lussan
Verfeuil
St-André-d'Olérargues
Bagnols-sur-Cèze
Sabran
Méjannes-lès-Alès
Monteils
St-Hilaire-de-Brethmas
St-Hippolyte-de-Caton
Euzet
Deaux
Vézénobres
Baron
Foissac
Aigaliers
St-Chaptes
Brignon
Moussac
Ners
Boucoiran-et-Nozières
Domessargues
Aigremont
Mauressargues
Sauzet
Montignargues
La Rouvière
Dions
La Calmette
Poulx
Cabrières
St-Gervasy
Sanilhac-Sagriès
Collias
Pont du Gard
Remoulins
Fournès
Argilliers
Vers-Pont-du-Gard
Castillon-du-Gard
Lédenon
Sernhac
Meynes
Montfrin
Théziers
Bezouce
Marguerittes
Redessan
Manduel
Jonquières-St-Vincent
Beaucaire
Rodilhan
Bouillargues
Garons
Bellegarde
NÎMES-ARLES-CAMARGUE
Générac
Beauvoisin
Vauvert
St-Gilles
Aubord
Bernis
Uchaud
Vergèze
Codognan
Vestric-et-Candiac
Milhaud
Caissargues
Caveirac
Clarensac
St-Côme-et-Maruéjols
Calvisson
Langlade
Nages-et-Solorgues
Boissières
Congénies
Aubais
Aigues-Vives
Villetelle
Gallargues-le-Montueux
Aimargues
Lunel
Le Cailar
St-Mamert-du-Gard
Parignargues
Combas
Montpezat
Souvignargues
Aujargues
St-Dionisy
Gajan
Fons
Moulézan
Montagnac
Dions
Gouffre des Espeluca
Camp des Garrigues
Pic de Guerre
Tour de Tholozan
Courbessac
Les Fontilles
Tour Magne
Arènes
Massillan
La Baume
Blauzac
Bourdic
Arpaillargues-et-Aureillac
St-Maximin
Garrigues-Ste-Eulalie
Collorgues
Aubussargues
Castelnau-Valence
St-Dézéry
St-Maurice-de-Cazevieille
St-Césaire-de-Gauzignan
Cruviers-Lascours
Martignargues
St-Étienne-de-l'Olm
St-Jean-de-Ceyrargues
Brouzet-lès-Alès
Seynes
Bouquet
Servas
Les Plans
Mas-de-Clary
Bruyères
Marignac
Bérzut
Fourques
St-Bénézet
Beauvoisin
Campagne Costières

ORLÉANS
St-Péravy-la-Colombe
Coinces
Huêtre
Bricy
Base Aérienne
Boulay-les-Barres
Gidy
Cercottes
Chanteau
Rebréchien
Traînou
Saran
Fleury-les-Aubrais
Semoy
Marigny-les-Usages
Boigny-sur-Bionne
Ormes
Ingré
St-Jean-de-la-Ruelle
St-Jean-de-Braye
Donnery
Fay-aux-Loges
La Chapelle-St-Mesmin
Chaingy
St-Jean-le-Blanc
St-Denis-en-Val
Chécy
Mardié
St-Denis-de-l'Hôtel
Darvoy
Jargeau
St-Pryvé-St-Mesmin
St-Hilaire-St-Mesmin
Olivet
Mareau-aux-Prés
St-Ay
La Source
Sandillon
Huisseau-sur-Mauves
Bucy-St-Liphard
St-Sigismond
Gémigny
Rozières-en-Beauce
Bois de Bucy
Bois de Montpipeau
Combleux
Parc floral
LOIRE
L'AQUITAINE
A 10
A 71
D 2020
D 2060
D 2157
D 960
D 951
Étang de Corbois
Vernou-en-Sologne
Pierrefitte-sur-Sauldre

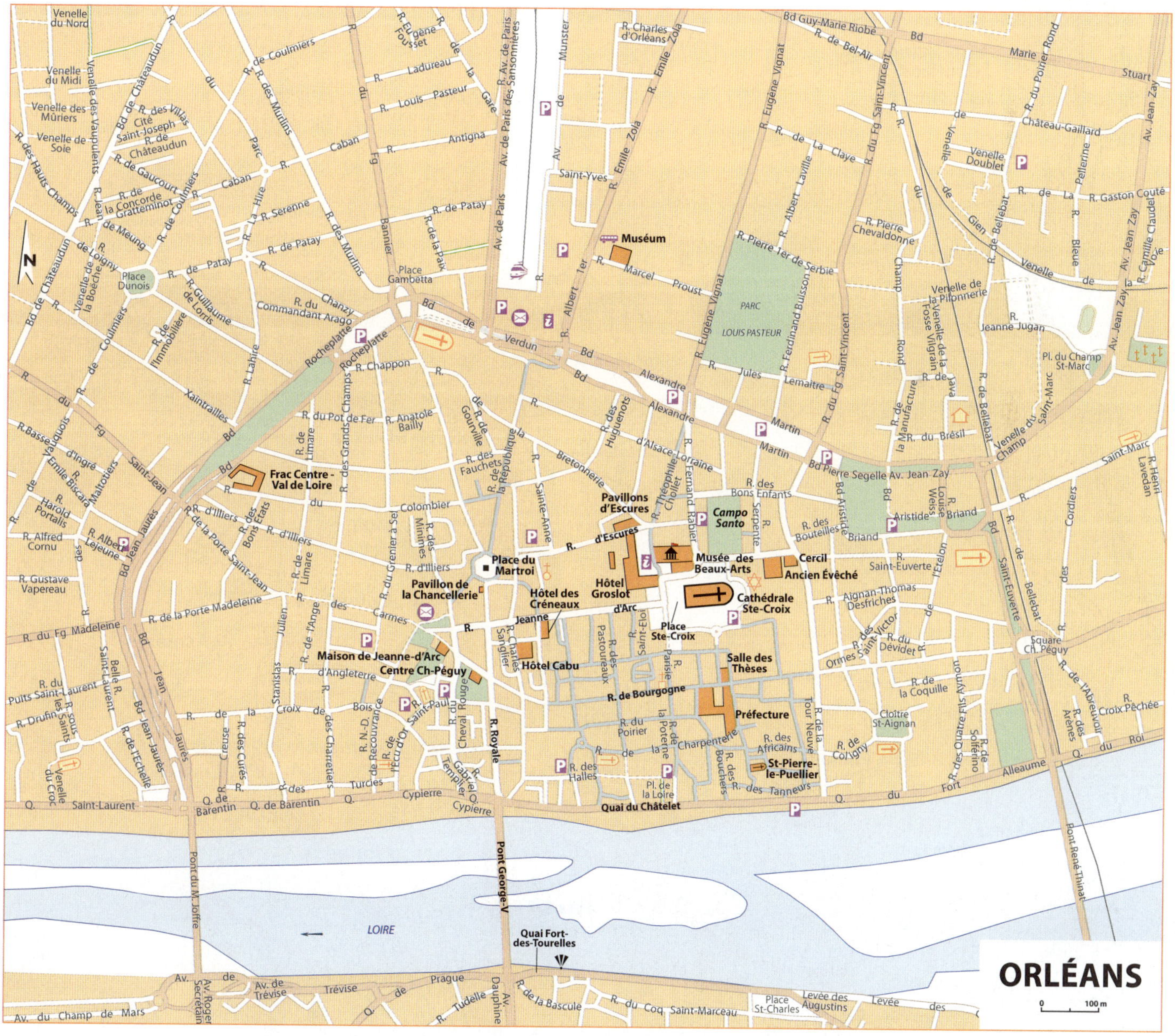
ORLÉANS
0 100 m
LOIRE
Place Gambetta
Place Dunois
Bd Alexandre Martin
Bd de Verdun
Bd Jean Jaurès
Bd Rocheplatte
Av. de Paris
Muséum
Frac Centre - Val de Loire
Place du Martroi
Pavillon de la Chancellerie
Hôtel des Créneaux
Hôtel Groslot
Pavillons d'Escures
Campo Santo
Musée des Beaux-Arts
Cercil
Ancien Évêché
Cathédrale Ste-Croix
Place Ste-Croix
Salle des Thèses
Préfecture
St-Pierre-le-Puellier
Hôtel Cabu
Maison de Jeanne-d'Arc
Centre Ch-Péguy
R. Royale
R. Jeanne d'Arc
R. de Bourgogne
R. de la République
R. Bannier
R. du Fg Bannier
R. des Carmes
Quai du Châtelet
Q. de Barentin
Q. Cypierre
Q. St-Laurent
Pont George-V
Pont du Mal Joffre
Pont René-Thinat
Quai Fort-des-Tourelles
Parc Louis Pasteur
R. Eugène Vignat
R. du Fg St-Vincent
Bd St-Euverte
Square Ch.-Péguy
Pl. du Champ St-Marc
R. de la Bascule
R. du Coq St-Marceau
Av. Dauphine
Place St-Charles
Av. du Champ de Mars

Hérouville-en-Vexin
l'Isle-Adam
Turquaise
Valmondois
Butry-s-Oise
Nerville-la-Forêt
Pré David
Maffliers
Stors
FORÊT DE L'ISLE-ADAM
Mériel
Abbe du Val
Montsoult
Auvers-s-Oise
Cordeville
Ennery
Chaponval
Immarmont
Maison d'Arrêt
PONTOISE
Osny
Vaux
Épluches
Pont Petit
HÉLIPORT
la Bonneville
Méry-s-Oise
Villiers-Adam
Baillet-en-France
Béthemont-la-Forêt
Chauvry
Frépillon
la Haute Borne
Abbe de Maubuisson
St-Ouen-l'Aumône
Liesse
Bessancourt
Bouffémont
FORÊT DE MONTMORENCY
Domont
Cergy
CERGY PONTOISE
Éragny
Neuville-s-Oise
Village des 2 Ormes
Pierrelaye
Taverny
St-Leu-la-Forêt
St-Prix
Beauchamp
Montlignon
Andilly
les Courlains
les Cailloux Gris
le Plessis-Bouchard
la Patte d'Oie d'Herblay
Margency
Chennevières
Conflans-Ste H.
Herblay-s-Seine
Ermont
Eaubonne
Soisy-s-Montmorency
Montmorency
Franconville
Montigny-lès-Cormeilles
Parc Agricole d'Achères
STATION D'ÉPURATION
Andrésy
Fromainville
la Frette-s-Seine
Sannois
St-Gratien
Deuil-la-Barre
Cormeilles-en-Parisis
FORÊT
Enghien-les-Bains
Achères
Pavillon de la Muette
le Val d'Argenteuil
Épinay
Croix St-Simon
Maisons-Laffitte
DE
ARGENTEUIL
Port de Gennevilliers
Villeneuve-la-Garenne
Sartrouville
le Mesnil-le-Roi
Croix de Noailles
ST GERMAIN
Houilles
Bezons
Gennevilliers
Carrières-s/s-Bois
Colombes
Bois-Colombes
Carrières-s-S.
Asnières-s-S.
Clichy
la Garenne-Colombes
Montesson
Courbevoie
Levallois-Perret
ST GERMAIN-EN-LAYE
le Vésinet
NANTERRE
LA DÉFENSE
NEUILLY-s-S.
le Pecq
Chatou
le Port Marly
Puteaux
Porte Champerret
Mareil-Marly
Croissy-s-Seine
Rueil-Malmaison
Suresnes
Jardin d'Acclimatation
Porte Maillot
ARC DE TRIOMPHE
Porte Dauphine
L'Étang-la-Ville
Marly-le-Roi
Bougival
Memorial du Mt Valérien
Bagatelle
Bois de Boulogne
Louveciennes
La Celle-St-Cloud
Forêt de la Malmaison
Pte de la Muette
INVALIDES
St-Cloud
SEINE
OISE

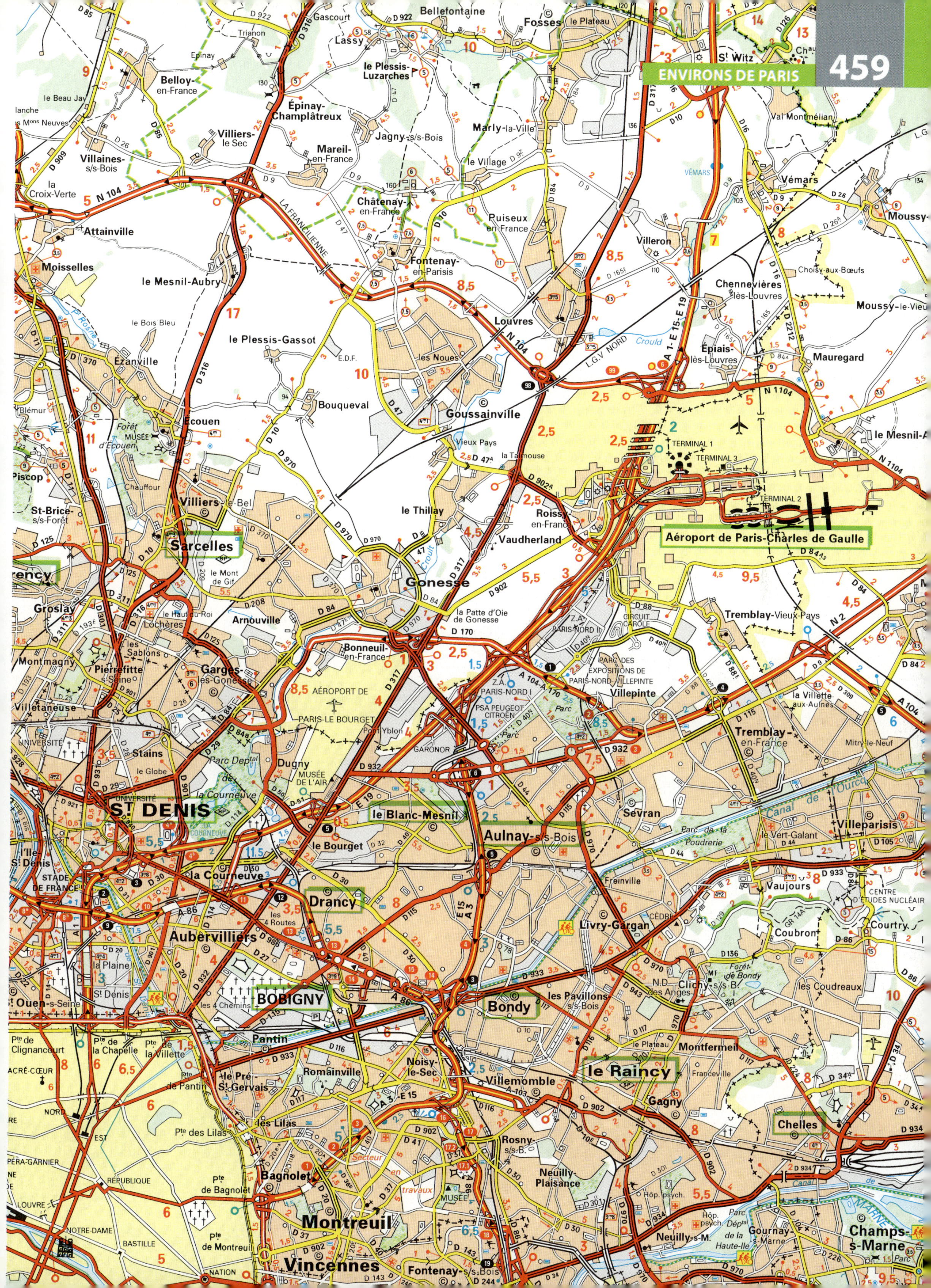
Gascourt
Bellefontaine
Fosses
le Plateau
St Witz
Lassy
Belloy-en-France
le Plessis-Luzarches
Épinay-Champlâtreux
Villiers-le Sec
Mareil-en-France
Jagny-s/s-Bois
Marly-la-Ville
Val Montmélian
Villaines-s/s-Bois
la Croix-Verte
Attainville
Châtenay-en-France
Puiseux en-France
Vémars
Moussy-
Villeron
Fontenay-en-Parisis
Moisselles
le Mesnil-Aubry
Chennevières-lès-Louvres
Moussy-le-Vieux
Louvres
le Plessis-Gassot
Épiais-lès-Louvres
Mauregard
Ézanville
Goussainville
Bouqueval
Écouen
Aéroport de Paris-Charles de Gaulle
Villiers-le-Bel
le Thillay
Roissy-en-France
Vaudherland
Sarcelles
Gonesse
Tremblay-Vieux-Pays
Groslay
Arnouville
Bonneuil-en-France
Montmagny
Pierrefitte-s-Seine
Garges-lès-Gonesse
Villepinte
Tremblay-en-France
Villetaneuse
Aéroport de Paris-Le Bourget
Stains
Dugny
St Denis
le Blanc-Mesnil
Aulnay-s/s-Bois
Sevran
Villeparisis
le Bourget
la Courneuve
Drancy
Vaujours
Livry-Gargan
Coubron
Courtry
Aubervilliers
Bobigny
Bondy
les Pavillons-s/s-Bois
Clichy-s/s-B.
les Coudreaux
Pantin
Noisy-le-Sec
Montfermeil
Romainville
le Raincy
Villemomble
Gagny
Chelles
les Lilas
Rosny-s/s-B.
Bagnolet
Neuilly-Plaisance
Montreuil
Neuilly-s-M.
Gournay-s-Marne
Champs-s-Marne
Vincennes
Fontenay-s/s-Bois

Bougival
La Celle-St-Cloud
Forêt de la Malmaison
Mémorial du Mt Valérien
St-Cloud
Bois de Boulogne
Pte de la Muette
INVALIDES
Bailly
Vaucresson
Garches
Parc de St-Cloud
BOULOGNE-BILLANCOURT
MONTPARNASSE
Pte de Versailles
Pte de Châtillon
Rocquencourt
Marnes-la-Coquette
Ville-d'Avray
le Chesnay-Rocquencourt
Sèvres
Meudon
Issy-les-Moulineaux
Vanves
Malakoff
Montrouge
Clamart
Châtillon
Bagneux
Fausses-Reposes
Chaville
St Cyr-l'École
VERSAILLES
Viroflay
Vélizy-Villacoublay
Fontenay-aux-Roses
Le Plessis-Robinson
Bourg-la-Reine
Bouviers
Buc
Les Metz
Jouy-en-Josas
Sceaux
Châtenay-Malabry
Guyancourt
Bièvres
Antony
Les Loges-en-Josas
Verrières-le-Buisson
Fresnes
Toussus-le-Noble
Igny
Vauhallan
Châteaufort
Saclay
Magny-les-Hameaux
Massy
Villiers-le-Bâcle
Palaiseau
St Aubin
St Rémy-lès-Chevreuse
Champlan
Gif-s-Yvette
Orsay
Bures-s-Yvette
Villebon-s-Yvette
Longjumeau
les Ulis
Saulx-les-Chartreux
Villejust
Ballainvilliers
Épinay-s-Orge
Gometz-le-Châtel
Gometz-la-Ville
Les Molières
Nozay
Villiers-s-Orge
Ste Geneviève-des-Bois
Limours-en-Hurepoix
Janvry
Montlhéry
Longpont-s-Orge
Marcoussis
Forges-les-Bains
Linas
St Michel-s-Orge
Briis-s-Forges
Fontenay-lès-Briis

Montreuil
Vincennes
Bagnolet
Pte de Bagnolet
Pte de Montreuil
Pte de Vincennes
Pte Dorée
Pte de Charenton
Pte de Bercy
Pte de Choisy
Pte d'Italie
RÉPUBLIQUE
LOUVRE
NOTRE-DAME
BASTILLE
NATION
AUSTERLITZ
LYON
Q. d'Ivry
Neuilly-Plaisance
Fontenay-s-Bois
Nogent-s-M
le Perreux-s-M
Bry-s-M.
Noisy-le-Grd
St Mandé
Bois de Vincennes
Charenton-le-Pont
St Maurice
Joinville-le-Pont
Villiers-s-M
Champigny-s-M
Cœuilly
le Plessis-Trévise
Ivry-s-Seine
Maisons-Alfort
Alfortville
Gentilly
le Kremlin-Bicêtre
St Maur-des-Fossés
MARNE
Bois l'Abbé
Chennevières-s-Marne
la Varenne-St Hilaire
Vitry-s-Seine
Villejuif
l'Haÿ-les-Roses
CRÉTEIL
Mont Mesly
Port de Bonneuil
la Queue-en-Brie
Pontault-Combault
Ormesson-sur-Marne
Bonneuil-s-M
Noiseau
Chevilly-Larue
Thiais
Choisy-le-Roi
Sucy-en-Brie
les Bruyères
Forêt de Notre-Dame
Rungis
Brévannes
Boissy-St Léger
Lésigny
Orly
Valenton
Limeil-Brévannes
Grosbois
Villeneuve-le-Roi
Marolles-en-Brie
Wissous
Villeneuve-St Georges
Santeny
Aéroport de Paris-Orly
Ablon-s-Seine
Crosne
Yerres
Villecresnes
Athis-Mons
Servon
Paray-Vieille-Poste
Morangis
Juvisy-sur-Orge
Vigneux-s-Seine
Montgeron
Brunoy
Mandres-les-Roses
Périgny
Savigny-sur-Orge
Viry-Châtillon
Draveil
Epinay-s-Sénart
Boussy-St Antoine
FORÊT DE SÉNART
Quincy-s/s Sénart
Varennes-Jarcy
Villemeneux
Morsang-s-Orge
Grigny
Soisy-s-Seine
Croix de Villeroy
Combs-la-Ville
Ris-Orangis
Étiolles
Tigery
Lieusaint
LA FRANCILIENNE
Chanteloup
SÉNART (Ville Nouvelle)
Fleury-Mérogis
ÉVRY-COURCOURONNES
St Germain-lès-Corbeil
Moissy-Cramayel
Agglomération d'Évry
SEINE

Paris

COURBEVOIE
LA DÉFENSE
PUTEAUX
NEUILLY-S-SEINE
LEVALLOIS-PERRET
CLICHY
SEINE
Ile de la Jatte
Ile de Puteaux
BOIS DE BOULOGNE
BOULOGNE-BILLANCOURT
ISSY-LES-MOULINEAUX
VANVES
MALAKOFF
MONTROUGE
Ile de St-Germain
Ile de Billancourt
PORTE DE ST-OUEN
PORTE DE CLICHY
PORTE D'ASNIÈRES
PORTE DE CHAMPERRET
PORTE MAILLOT
PORTE DAUPHINE
PORTE DE LA MUETTE
PORTE DE PASSY
PORTE D'AUTEUIL
PORTE DE ST-CLOUD
QUAI D'ISSY
PORTE DE SÈVRES
PORTE DE LA PLAINE
PORTE BRANCION
PORTE DE VANVES
PORTE DE CHÂTILLON
PORTE D'ORLÉANS
PORTE POUCHET
PORTE DE COURCELLES
PORTE DE VILLIERS
PORTE DES TERNES
PORTE DES SABLONS
PORTE DE NEUILLY
PORTE ST-JAMES
PORTE DE LA SEINE
PORTE DE BAGATELLE
PORTE DE MADRID
PORTE MOLITOR
PORTE DU POINT DU JOUR
PORTE D'ISSY LES MOULINEAUX
PORTE DE VERSAILLES
PORTE DE PLAISANCE
PORTE DIDOT
PORTE DE MONTROUGE
CAEN ROUEN
BOULEVARD PÉRIPHÉRIQUE
17E
8E
16E
7E
15E
BATIGNOLLES
TERNES
ÉTOILE
PARC MONCEAU
ARC DE TRIOMPHE
PALAIS DES CONGRÈS
GARE ST-LAZARE
STE-MARIE-MADELEINE
GRAND PALAIS
PETIT PALAIS
OBELISQUE
JARDIN DES TUILERIES
PALAIS DE TOKYO
TROCADÉRO
PALAIS DE CHAILLOT
LA MUETTE
MUSÉE DU QUAI BRANLY-J. CHIRAC
TOUR EIFFEL
ASSEMBLÉE NATIONALE
MUSÉE D'ORSAY
HÔTEL DES INVALIDES
CHAMP DE MARS
ÉCOLE MILITAIRE
PASSY
MAISON DE LA RADIO
AUTEUIL
ROLAND GARROS
STADE JEAN BOUIN
PARC DES PRINCES
BEAUGRENELLE
VAUGIRARD
GARE MONTPARNASSE
TOUR MONTPARNASSE
MONTPARNASSE
DENFERT ROCHEREAU
ALÉSIA
PARIS EXPO
ST-GERMAIN DES PRÉS
Av. Charles de Gaulle
Av. de la Grande Armée
Av. des Champs Élysées
Av. Foch
Av. de New-York
Av. du Pdt Kennedy
Bd de Grenelle
R. de Vaugirard
R. Lecourbe
Bd Murat
Bd Suchet
Allée de Longchamp
0
1 km

Paris

ST-OUEN-S-SEINE
ST-DENIS
AUBERVILLIERS
PORTE DE LA CHAPELLE
PORTE D'AUBERVILLIERS
PORTE DE LA VILLETTE
PORTE DE CLIGNANCOURT
PORTE DES POISSONNIERS
BOULEVARD PÉRIPHÉRIQUE
PANTIN
Canal de l'Ourcq
CITÉ DES SCIENCES ET DE L'INDUSTRIE
PARC DE LA VILLETTE
ZENITH
PHILHARMONIE DE PARIS
GRANDE HALLE
PORTE DE PANTIN
LE PRÉ-ST-GERVAIS
PORTE DE CHAUMONT
PORTE BRUNET
PORTE DU PRÉ ST GERVAIS
LES LILAS
PORTE DES LILAS
18E
19E
MONTMARTRE
SACRÉ-CŒUR
PIGALLE
GARE DU NORD
GARE DE L'EST
BUTTES CHAUMONT
9E
10E
OPÉRA GARNIER
BOURSE
2E
BELLEVILLE
MÉNILMONTANT
PORTE DE MÉNILMONTANT
PORTE DE BAGNOLET
BAGNOLET
RÉPUBLIQUE
SENTIER
3E
11E
PALAIS ROYAL
ST EUSTACHE
LES HALLES
FORUM LA CANOPÉE
BEAUBOURG
CENTRE POMPIDOU
1ER
MUSÉE DU LOUVRE
PÈRE LACHAISE
20E
CHARONNE
CHÂTELET
CONCIERGERIE
HÔTEL DE VILLE
4E
NOTRE-DAME
BASTILLE
OPÉRA BASTILLE
PORTE DE MONTREUIL
MONTREUIL
ODÉON
SÉNAT
6E
LUXEMBOURG
PANTHÉON
QUARTIER LATIN
5E
JARDIN DES PLANTES
MUSEUM
GARE D'AUSTERLITZ
GARE DE LYON
NATION
PORTE DE VINCENNES
12E
PORTE DE ST-MANDÉ
ST-MANDÉ
PORTE DE MONTEMPOIVRE
ACCORHOTELS ARENA
BERCY
BIBLIOTHÈQUE NATIONALE DE FRANCE
PORTE DE REUILLY
PORTE DORÉE
BOIS DE VINCENNES
PORTE DE CHARENTON
ITALIE
13E
PORTE DE BERCY
QUAI D'IVRY
PORTE DE VITRY
PORTE D'IVRY
PORTE D'ARCUEIL
POTERNE DES PEUPLIERS
STADE CHARLÉTY
PORTE DE CHOISY
PORTE DE GENTILLY
PORTE D'ITALIE
CHARENTON-LE-PONT
IVRY-S-SEINE
GENTILLY
LE KREMLIN-BICÊTRE
SEINE
MARNE
LYON
LILLE
METZ, NANCY

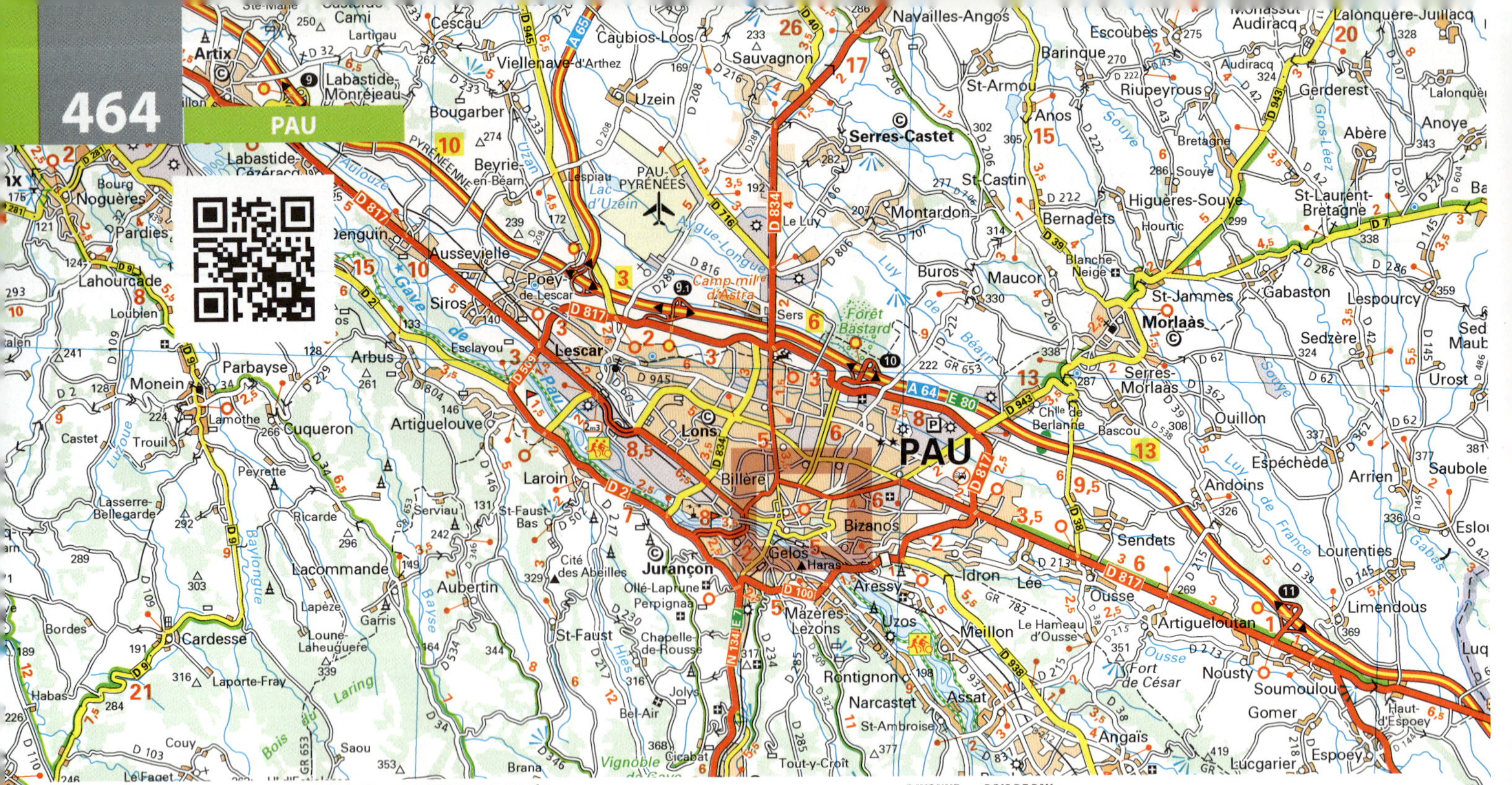
Artix
Labastide-Monréjeaux
Cescau
Caubios-Loos
Sauvagnon
Navailles-Angos
Escoubès
Audiracq
Lalonquère-Juillacq
Vielleneuve-d'Arthez
Uzein
Serres-Castet
Barinque
Riupeyrous
Gerderest
Bougarber
Beyrie-en-Béarn
PAU-PYRÉNÉES
St-Armou
Anos
Anoye
Abère
Labastide-Cézéracq
Nogueres
Bourg
Pardies
St-Castin
Montardon
Bernadets
Higuères-Souye
St-Laurent-Bretagne
Denguin
Aussevielle
Poey-de-Lescar
Camp mil.re d'Astra
Buros
Maucor
Lahourcade
Loubien
Siros
Lescar
Forêt Bastard
St-Jammes
Morlaàs
Gabaston
Lespourcy
Sedzère
Monein
Parbayse
Arbus
Serres-Morlaàs
Uroste
Castet
Trouilh
Lamothe
Cuqueron
Artiguelouve
Lons
PAU
Ouillon
Espéchède
Arrien
Sauvagnon
Laroin
Billère
Andoins
Lasserre-Bellegarde
Peyrette
Serviau
St-Faust-Bas
Bizanos
Sendets
Lourenties
Ricarde
Lacommande
Cité des Abeilles
Jurançon
Gelos
Idron
Lée
Aubertin
Ollé-Laprune
Perpignaa
Aressy
Ousse
Artigueloutan
Limendous
Bordes
Lapèze
Loune-Laheuguère
Garris
St-Faust
Mazères-Lezons
Uzos
Meillon
Le Hameau d'Ousse
Cardesse
Chapelle-de-Rousse
Rontignon
Fort de César
Nousty
Soumoulou
Habas
Laporte-Fray
Narcastet
Assat
Gomer
Bel-Air
St-Ambroise
Angaïs
Saou
Cicabat
Tout-y-Croît
Lucgarier
Espoey
Vignoble
Le Faget
Brana
A 64
E 80
D 817
D 834

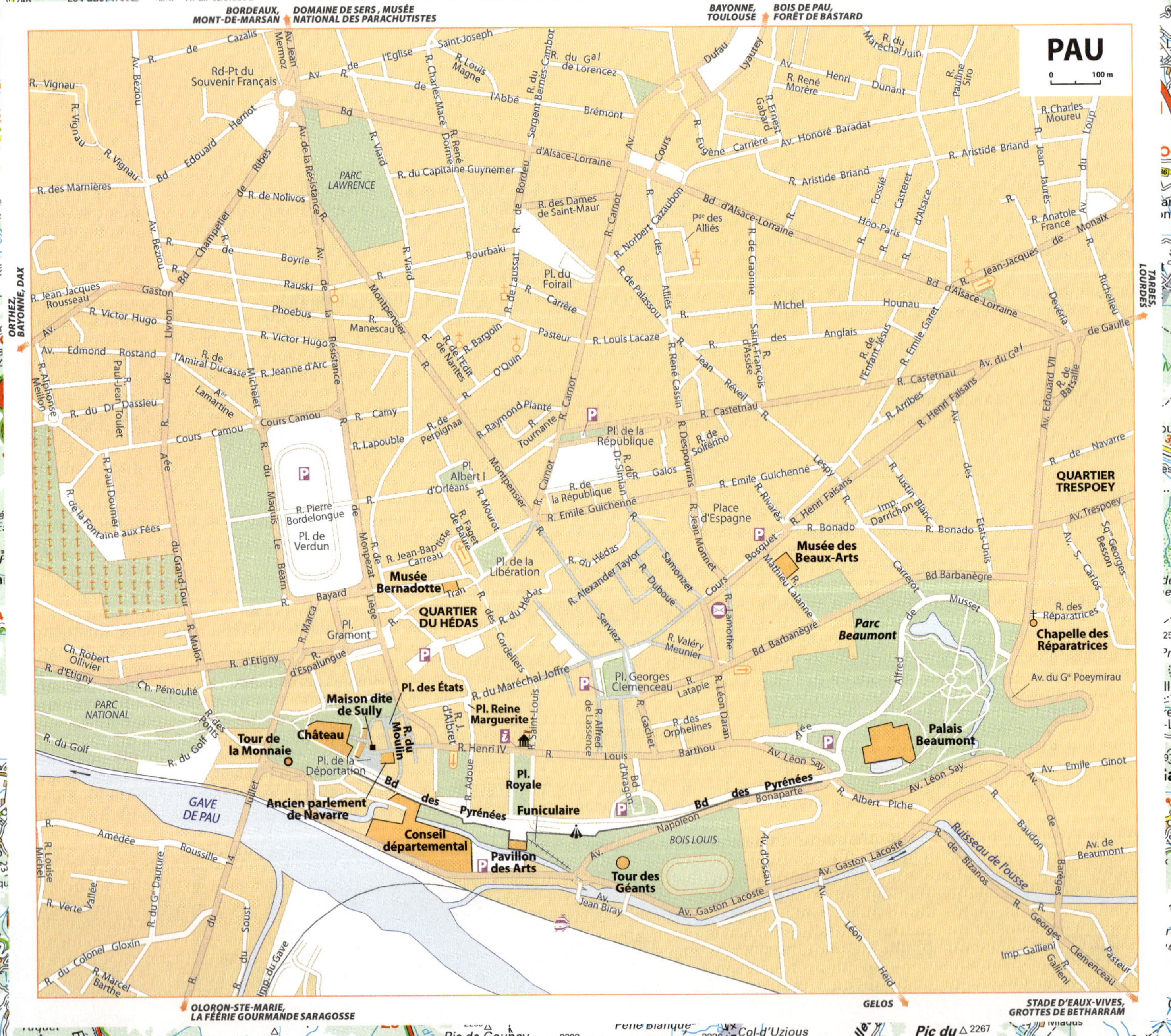
PAU
BORDEAUX, MONT-DE-MARSAN
DOMAINE DE SERS, MUSÉE NATIONAL DES PARACHUTISTES
BAYONNE, TOULOUSE
BOIS DE PAU, FORÊT DE BASTARD
ORTHEZ, BAYONNE, DAX
TARBES LOURDES
OLORON-STE-MARIE, LA FÉERIE GOURMANDE SARAGOSSE
GELOS
STADE D'EAUX-VIVES, GROTTES DE BETHARRAM
Rd-Pt du Souvenir Français
PARC LAWRENCE
Pl. du Foirail
Pl. de la République
Pl. Albert I
Pl. de Verdun
Pl. de la Libération
Pl. Gramont
Pl. des États
Pl. Reine Marguerite
Pl. Georges Clemenceau
Pl. Royale
Pl. de la Déportation
Musée Bernadotte
QUARTIER DU HÉDAS
Musée des Beaux-Arts
QUARTIER TRESPOEY
Parc Beaumont
Palais Beaumont
Chapelle des Réparatrices
PARC NATIONAL
Tour de la Monnaie
Château
Maison dite de Sully
Ancien parlement de Navarre
Conseil départemental
Pavillon des Arts
Funiculaire
Tour des Géants
BOIS LOUIS
GAVE DE PAU
Bd des Pyrénées
Bd d'Alsace-Lorraine
Cours Camou
Cours Bosquet
Av. Jean Mermoz
Av. du Gal Poeymirau
Av. Léon Say
Av. Gaston Lacoste
Av. Edouard VII
Av. Trespoey
Bd Barbanègre
Bd Edouard Herriot
R. Victor Hugo
R. Carnot
R. Montpensier
R. Maréchal Joffre
R. Henri IV
R. Émile Guichenné
R. Castetnau
R. Bonado
R. Louis Lacaze

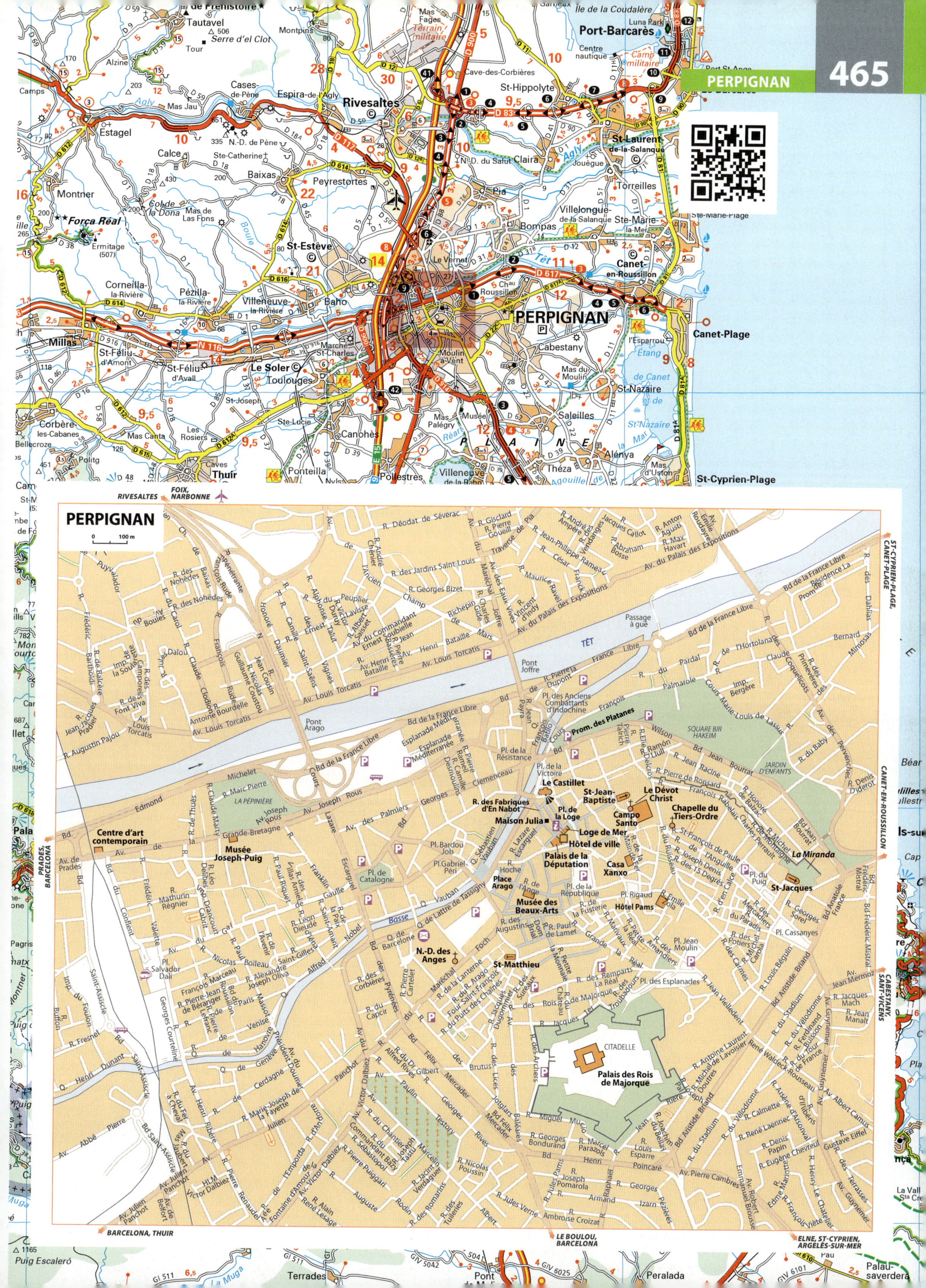
Rivesaltes
Port-Barcarès
St-Hippolyte
St-Laurent-de-la-Salanque
Estagel
Baixas
Peyrestortes
Pia
Claira
Torreilles
Villelongue-de-la-Salanque
Ste-Marie
Bompas
Canet-en-Roussillon
Canet-Plage
St-Estève
Força Réal
Millas
Corneilla-la-Rivière
Pézilla-la-Rivière
Villeneuve-la-Rivière
Baho
PERPIGNAN
Cabestany
St-Féliu-d'Amont
St-Féliu-d'Avall
Le Soler
Toulouges
St-Nazaire
Saleilles
Canohès
Thuir
Ponteilla
Pollestres
Villeneuve-de-la-Raho
Théza
Alénya
St-Cyprien-Plage
PERPIGNAN
RIVESALTES
FOIX, NARBONNE
ST-CYPRIEN-PLAGE, CANET-PLAGE
CANET-EN-ROUSSILLON
CABESTANY, SAINT-VICENS
PRADES, BARCELONA
BARCELONA, THUIR
LE BOULOU, BARCELONA
ELNE, ST-CYPRIEN, ARGELÈS-SUR-MER
Centre d'art contemporain
Musée Joseph-Puig
Le Castillet
St-Jean-Baptiste
Le Dévot Christ
Chapelle du Tiers-Ordre
Campo Santo
Maison Julia
Loge de Mer
Hôtel de ville
Palais de la Députation
Casa Xanxo
La Miranda
St-Jacques
Place Arago
Musée des Beaux-Arts
Hôtel Pams
N.-D. des Anges
St-Matthieu
CITADELLE
Palais des Rois de Majorque
Prom. des Platanes
SQUARE BIR HAKEIM
LA PÉPINIÈRE
TÊT

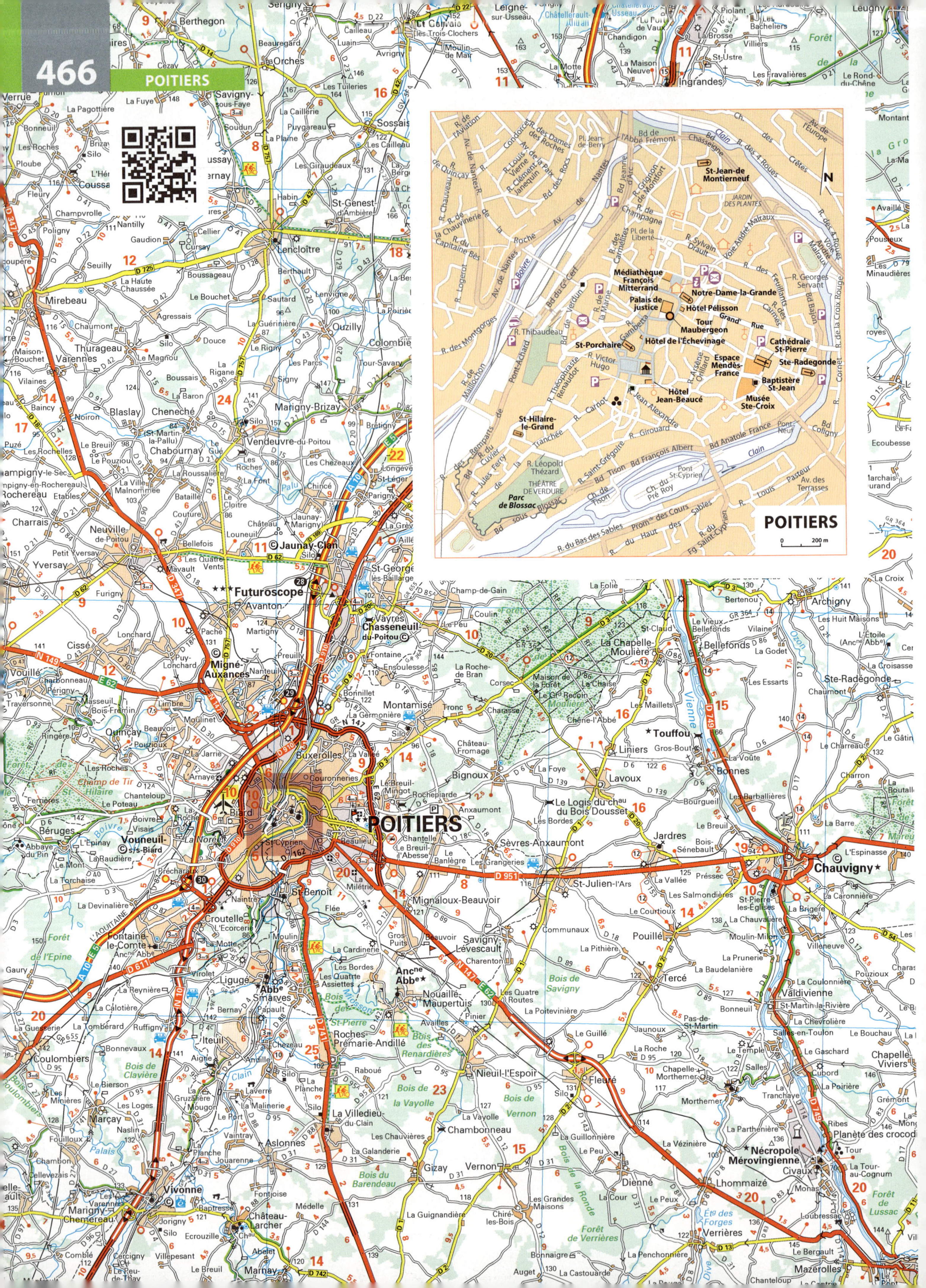
POITIERS
Bd de l'Abbé Frémont
St-Jean-de Montierneuf
JARDIN DES PLANTES
Médiathèque François Mitterrand
Notre-Dame-la-Grande
Palais de justice
Hôtel Pélisson
Tour Maubergeon
St-Porchaire
Hôtel de l'Échevinage
Cathédrale St-Pierre
Ste-Radegonde
Espace Mendès-France
Baptistère St-Jean
Musée Ste-Croix
Hôtel Jean-Beaucé
St-Hilaire-le-Grand
THÉÂTRE DE VERDURE
Parc de Blossac
Bd Anatole France
Clain
Boivre
200 m
N
Futuroscope
Jaunay-Clan
Chasseneuil-du-Poitou
Migné-Auxances
Vouneuil-s/s-Biard
Buxerolles
St-Benoît
Mignaloux-Beauvoir
Croutelle
Fontaine-le-Comte
Ligugé
Nouaillé-Maupertuis
Roches-Prémarie-Andillé
Chauvigny
Bonnes
Touffou
Jardres
St-Julien-l'Ars
Sèvres-Anxaumont
Pouillé
Tercé
Valdivienne
Nieuil-l'Espoir
Fleuré
Vivonne
Lencloître
Mirebeau
Vendeuvre-du-Poitou
Neuville-de-Poitou
Chabournay
Marigny-Brizay
Ouzilly
St-Georges-lès-Baillargeaux
La Chapelle-Moulière
Bellefonds
Ste-Radegonde
Montamisé
Liniers
Lavoux
Bignoux
Savigny-Lévescault
Smarves
Iteuil
Aslonnes
Gizay
Vernon
Dienné
Verrières
Lhommaizé
Civaux
Nécropole Mérovingienne
Mazerolles
Béruges
Quinçay
Vouillé
Yversay
Avanton
Cissé
Forêt de Moulière
Bois de Savigny
Bois de la Vayolle
Forêt de Verrières
A 10
N 147
N 149
N 10
D 951
D 910
D 749

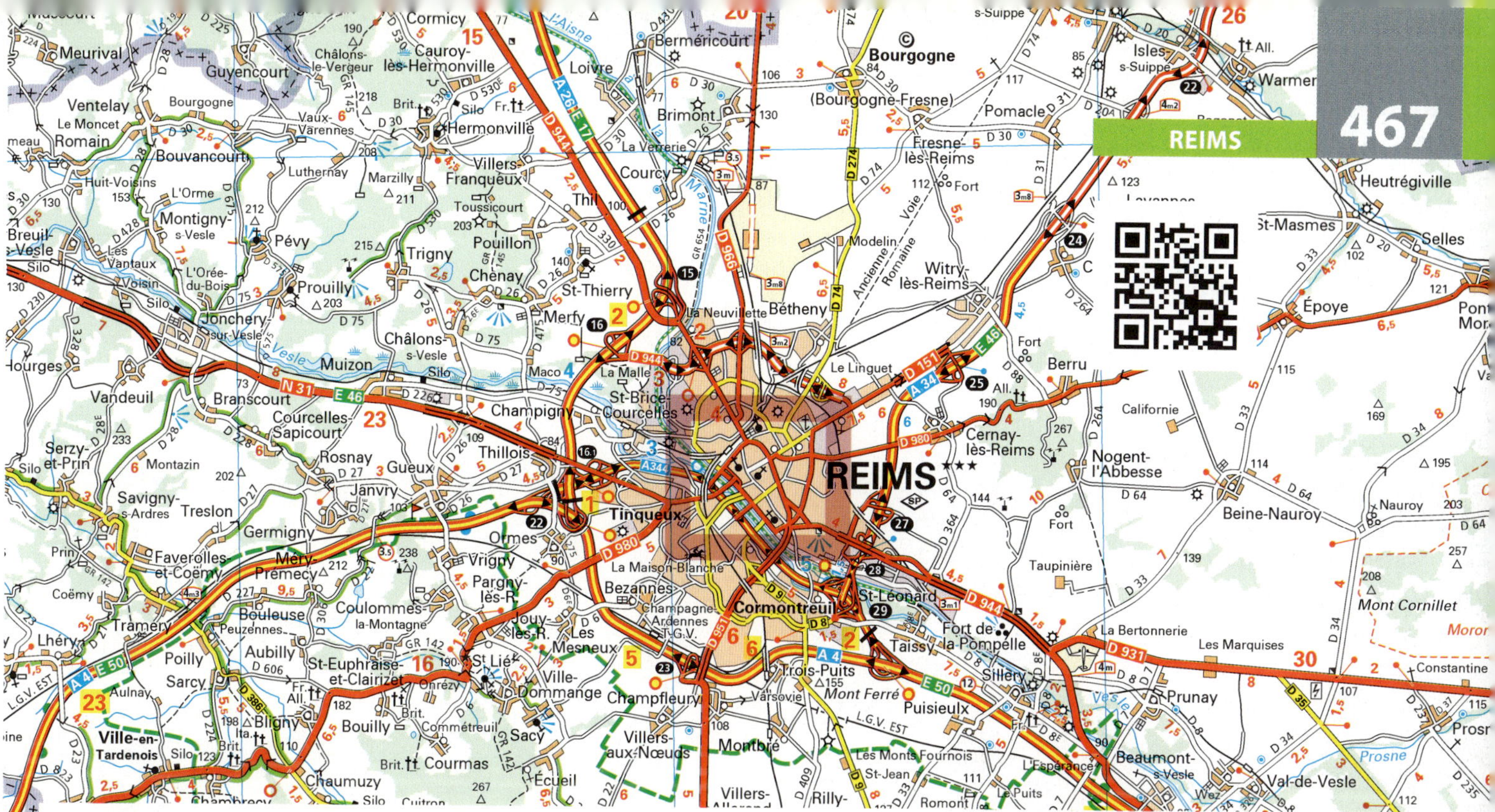
REIMS
Tinqueux
Cormontreuil
Bétheny
Cernay-lès-Reims
Bezannes
St-Léonard
Taissy
Puisieux
Champfleury
Villers-aux-Nœuds
Montbré
Sillery
Prunay
Witry-lès-Reims
Bourgogne
Muizon
Gueux
Thillois
Ormes
Champigny
St-Brice-Courcelles
Fort de la Pompelle
Beine-Nauroy
Nogent-l'Abbesse
Berru
Époye
Sacy
Ville-Dommange
Jouy-lès-Reims
Pargny-lès-R.
Méry-Prémecy
Courcelles-Sapicourt
Rosnay
Janvry
Germigny
Savigny-s-Ardres
Treslon
Faverolles-et-Coëmy
Ville-en-Tardenois
Châlons-s-Vesle
Jonchery-sur-Vesle
Prouilly
Pévy
Trigny
Hermonville
Cauroy-lès-Hermonville
Cormicy
Bermericourt
Brimont
Courcy
Loivre
Villers-Franqueux
Pouillon
Thil
St-Thierry
Merfy
Chenay
Isles-s-Suippe
Warmeriville
Heutrégiville
St-Masmes
Selles
Pomacle
Fresne-lès-Reims
Val-de-Vesle
Beaumont-s-Vesle
Sermiers
Chamery
Écueil
Courmas
Bouilly
St-Euphraise-et-Clairizet
Coulommes-la-Montagne
Vrigny
Gueux
Muizon
Mont Ferré
Mont Cornillet
Les Marquises
Taupinière
La Bertonnerie
California
Fort

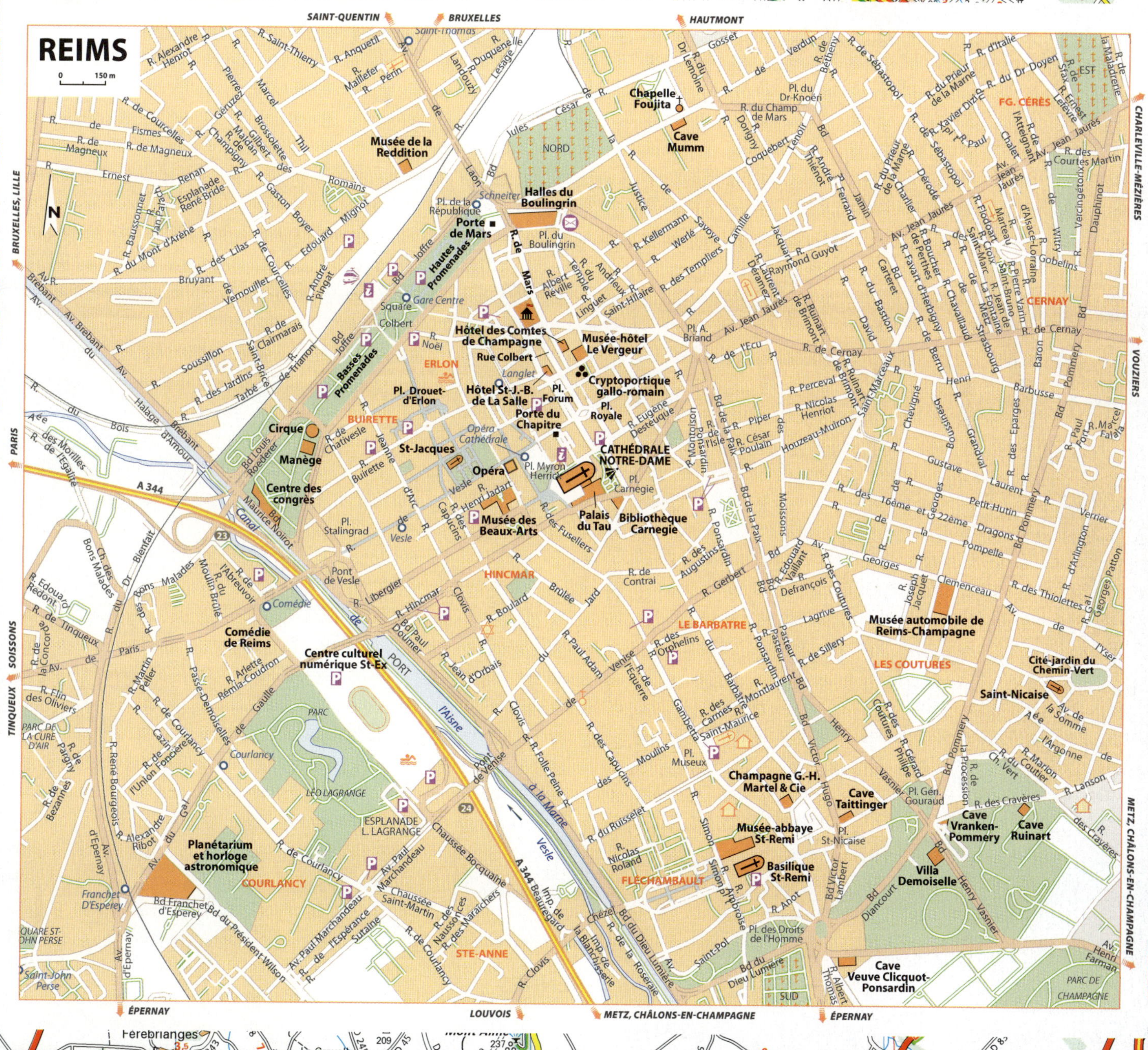
REIMS
0 150 m
SAINT-QUENTIN
BRUXELLES
HAUTMONT
CHARLEVILLE-MÉZIÈRES
VOUZIERS
METZ, CHÂLONS-EN-CHAMPAGNE
ÉPERNAY
LOUVOIS
BRUXELLES, LILLE
PARIS
TINQUEUX SOISSONS
Chapelle Foujita
Cave Mumm
Musée de la Reddition
Halles du Boulingrin
Porte de Mars
Hautes Promenades
Basses Promenades
Hôtel des Comtes de Champagne
Musée-hôtel Le Vergeur
Cryptoportique gallo-romain
Hôtel St-J.-B. de La Salle
Porte du Chapitre
CATHÉDRALE NOTRE-DAME
Palais du Tau
Bibliothèque Carnegie
Musée des Beaux-Arts
Opéra
St-Jacques
Cirque
Manège
Centre des congrès
Comédie de Reims
Centre culturel numérique St-Ex
Planétarium et horloge astronomique
Musée automobile de Reims-Champagne
Cité-jardin du Chemin-Vert
Saint-Nicaise
Champagne G.-H. Martel & Cie
Cave Taittinger
Musée-abbaye St-Remi
Basilique St-Remi
Villa Demoiselle
Cave Vranken-Pommery
Cave Ruinart
Cave Veuve Clicquot-Ponsardin
FG. CÉRES
CERNAY
ERLON
BUIRETTE
HINCMAR
LE BARBATRE
LES COUTURES
FLÉCHAMBAULT
COURLANCY
STE-ANNE
NORD
PARC DE CHAMPAGNE
Gare Centre
Av. Jean Jaurès
Pl. Drouet-d'Erlon
Pl. Royale
Pl. du Forum
A 344
Canal
l'Aisne
à la Marne
Vesle

RENNES
St-Grégoire
Cesson-Sévigné
Chantepie
St-Jacques-de-la-Lande
Bruz
Chartres-de-Bretagne
Vern-s-Seiche
Noyal-Châtillon-s-Seiche
Noyal-s-Vilaine
Acigné
Thorigné-Fouillard
Liffré
Betton
Chevaigné
La Bouëxière
Châteaubourg
Châteaugiron
Domloup
Pacé
Montgermont
La Chapelle-des-Fougeretz
Vezin-le-Coquet
Chavagne
Pont-Péan
Orgères
Laillé
Guichen
Bourgbarré
Corps-Nuds
Chanteloup
Crevin
Pléchâtel
Poligné
Pancé
Bain-de-Bretagne
La Noë-Blanche
Teillay
Janzé
Domagné
Louvigné-de-Bais
Dourdain
Mecé
Val-d'Izé
Champeaux
Marpiré
Servon-s-Vilaine
Brécé
St-Aubin-du-Cormier
St-Aubin-d'Aubigné
Mouazé
Chasné-sur-Illet
St-Sulpice-la-Forêt
Écomusée
FRAC BRETAGNE, ST-MALO, DINAN
PARC DES GAYEULLES, ALENÇON, FOUGÈRES
FOUGÈRES
ST-BRIEUC, BREST
LORIENT, VANNES
LOUDÉAC
VITRÉ, LAVAL
ANGERS
CHÂTEAUGIRON, CHÂTEAU DU BOIS-ORCAN
ÉCOMUSÉE DU PAYS DE RENNES, NANTES
Couvent des Jacobins - Centre des Congrès
Pl. Ste-Anne
Parc du Thabor
Palais du Parlement de Bretagne
Pl. des Lices
VIEUX RENNES
Portes Mordelaises
Cathédrale St-Pierre
St-Sauveur
Opéra
Palais St-Georges
Pl. de la République
Palais du Commerce
Musée des Beaux-Arts
Toussaints
Lycée Émile-Zola
Théâtre national de Bretagne
La Criée - Marché central
Esplanade du Général de Gaulle
Les Champs Libres
Gares
RENNES
150 m

LA ROCHELLE
150 m
ÎLE DE RÉ
ESNANDES
ST-GEMME-LA-PLAINE
SAINTES
LA PALLICE
PORT DES MINIMES
NIORT ROCHEFORT
ST-JEAN-D'ANGÉLY, ROCHEFORT
LA TROMPETTE
JÉRICHO
ESPLANADE DES PARCS
Champ de Mars
Muséum d'histoire naturelle
Jardin des Plantes
L'Oratoire
R. du Minage
Fontaine du Pilori
Café de la Paix
Mée des Beaux-Arts
Pl. du Marché
Ancien hôtel de l'Intendance
Cathédrale St-Louis
Orbigny-Bernon Museum
Maison Henri II
Bunker
Maison Venette
Temple et Musée protestant
Hôtel de la Bourse
St-Sauveur
Canal Maubec
Porte de la Grosse-Horloge
Q. Duperré
Parc Charruyer
Cours des Dames
VIEUX PORT
La Coursive
BASSIN À FLOT
BASSIN DE RETENUE
R. Sur les Murs
Tour de la Lanterne
Tour de la Chaîne
Tour St-Nicolas
LE GABUT
Porte des Deux-Moulins
AVANT PORT
BASSIN DES CHALUTIERS
Médiathèque Michel-Crépeau
Aquarium
Gare
Musée des Modèles réduits
LA VILLE EN BOIS
Musée des Automates
Musée maritime
France I
PORT DES MINIMES
Musée du Nouveau Monde.. M
Palais de Justice.............. J
LA ROCHELLE
St-Martin-de-Ré
La Flotte
Le Bois-Plage-en-Ré
Rivedoux-Plage
Ste-Marie-de-Ré
L'Houmeau
Lagord
Nieul-s-Mer
Marsilly
Esnandes
Villedoux
Marans
Puilboreau
Périgny
Aytré
Angoulins
Dompierre-s-Mer
St-Xandre
Andilly
Nalliers
Courçon
Ste-Gemme-la-Plaine
Moreilles
Chaillé-les-Marais
Champagné-les-Marais
Puyravault
Ste-Radégonde-des-Noyers
La Jarrie
Croix-Chapeau
Salles-s-Mer
Aigrefeuille-d'Aunis
St-Christophe
Clavette
Montroy
Bourgneuf
St-Médard-d'Aunis
Vérines
Nuaillé-d'Aunis
Longèves
St-Ouen-d'Aunis
St-Rogatien
Château-Guibert
Bessay
Ste-Pexine
St-Jean-de-Beugné
St-Aubin-la-Plaine
Mouzeuil-St-Martin
L'Île-d'Elle
Pertuis Breton
Pertuis d'Antioche
Phare de Chauveau
Tour du Lavardin
Tour d'Antioche
MARAIS POITEVIN
PARC INTERRÉGIONAL DU MARAIS POITEVIN
Sèvre Niortaise

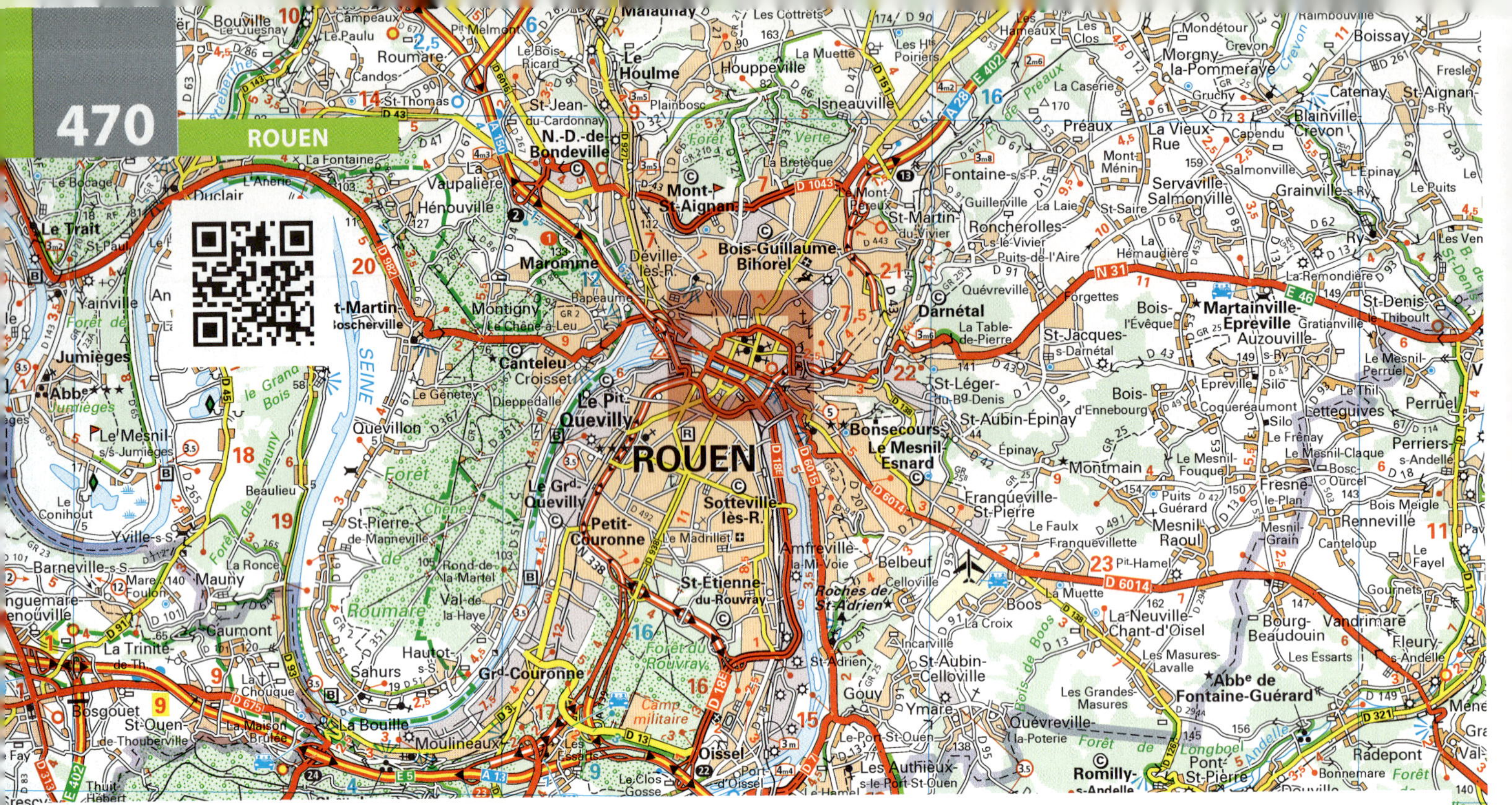
ROUEN
Le Houlme
N.-D.-de-Bondeville
Mont-St-Aignan
Déville-lès-R.
Maromme
Bois-Guillaume-Bihorel
Darnétal
Canteleu
Croisset
Le Pt-Quevilly
Le Grd-Quevilly
Petit-Couronne
Sotteville-lès-R.
St-Étienne-du-Rouvray
Bonsecours
Le Mesnil-Esnard
Belbeuf
Amfreville-la-Mi-Voie
Oissel
Grd-Couronne
Moulineaux
La Bouille
Sahurs
Hautot-s-Seine
Val-de-la-Haye
St-Pierre-de-Manneville
Quevillon
St-Martin-de-Boscherville
Jumièges
Yainville
Le Trait
Duclair
Le Mesnil-s-Jumièges
Yville-s-S.
Mauny
Barneville-s-S.
Bosgouet
La Trinité-de-Th.
Caumont
Hénouville
Vaupalière
Montigny
Houppeville
Isneauville
Préaux
Fontaine-s-Préaux
Roncherolles-s-le-Vivier
St-Martin-du-Vivier
Servaville-Salmonville
Martainville-Épreville
Auzouville
St-Denis-le-Thiboult
Le Mesnil-Raoul
Montmain
Franqueville-St-Pierre
Boos
La Neuville-Chant-d'Oisel
Ymare
Gouy
St-Aubin-Celloville
Quévreville-la-Poterie
Romilly-s-Andelle
Pont-St-Pierre
Fontaine-Guérard
Bourg-Beaudouin
Vandrimare
Fleury-s-Andelle
Radepont
St-Jacques-s-Darnétal
St-Léger-du-Bg-Denis
St-Aubin-Épinay
Boisd'Ennebourg
Blainville-Crevon
Boissay
Catenay
Grainville-s-Ry
Ry
Forêt de Roumare
Forêt du Rouvray
SEINE
Le Pont-St-Ouen
Les Authieux-s-le-Port-St-Ouen
St-Sébastien-de-Morsent
Ferrières-Ht-Clocher
Miserey
ÉVREUX

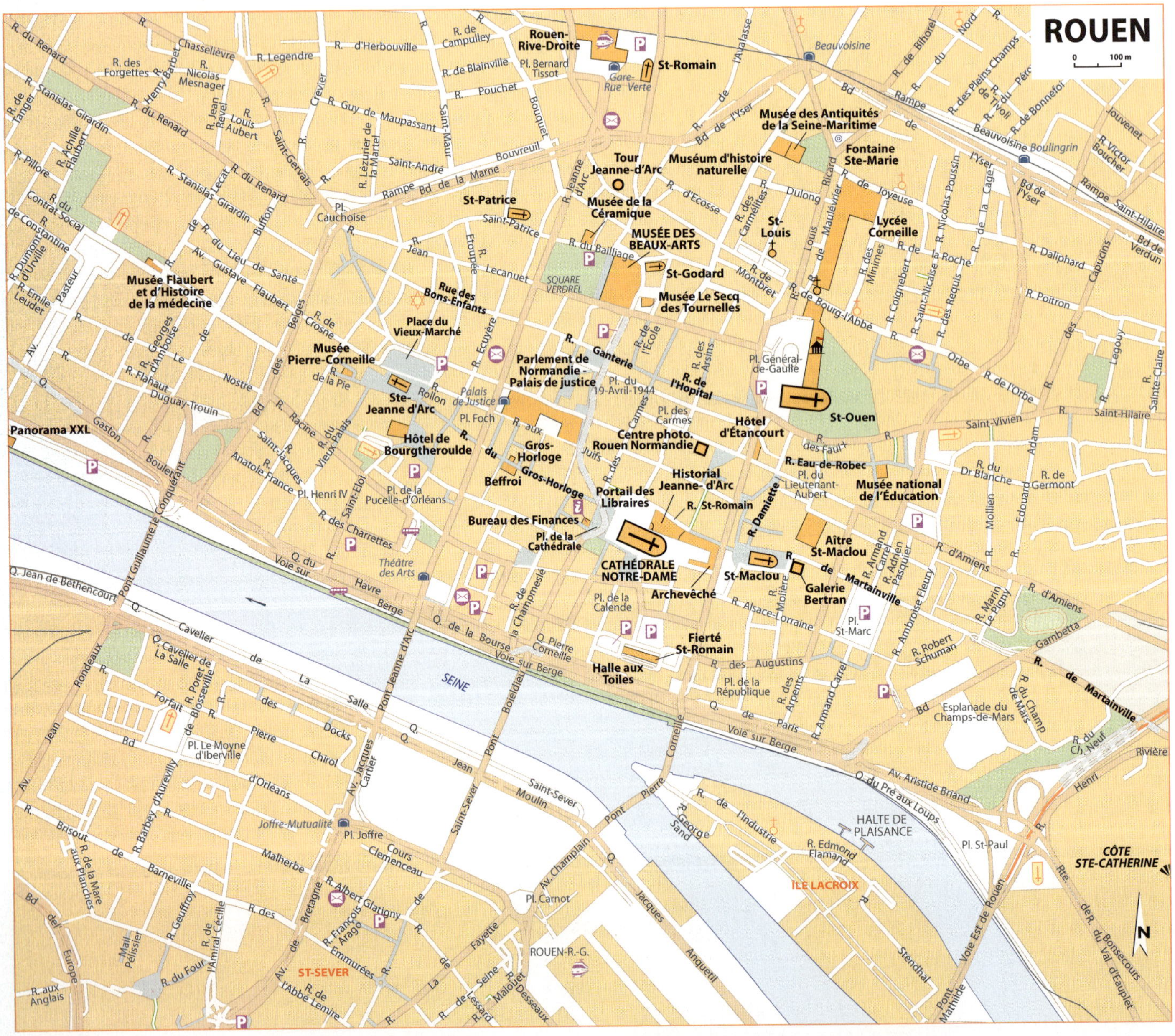
ROUEN
Rouen-Rive-Droite
St-Romain
Musée des Antiquités de la Seine-Maritime
Tour Jeanne-d'Arc
Muséum d'histoire naturelle
Fontaine Ste-Marie
Musée de la Céramique
St-Patrice
Lycée Corneille
St-Louis
MUSÉE DES BEAUX-ARTS
St-Godard
Musée Le Secq des Tournelles
Musée Flaubert et d'Histoire de la médecine
Rue des Bons-Enfants
Place du Vieux-Marché
Musée Pierre-Corneille
Parlement de Normandie Palais de justice
St-Ouen
Ste-Jeanne-d'Arc
Panorama XXL
Hôtel de Bourgtheroulde
Gros-Horloge
Beffroi
Centre photo. Rouen Normandie
Hôtel d'Étancourt
Historial Jeanne-d'Arc
Portail des Libraires
Musée national de l'Éducation
Bureau des Finances
Aître St-Maclou
CATHÉDRALE NOTRE-DAME
St-Maclou
Galerie Bertran
Archevêché
Fierté St-Romain
Halle aux Toiles
SEINE
Esplanade du Champs-de-Mars
HALTE DE PLAISANCE
CÔTE STE-CATHERINE
ILE LACROIX
ST-SEVER
ROUEN-R.-G.
Théâtre des Arts
Pl. du Vieux-Marché
Pl. Général-de-Gaulle
Pl. Henri IV
Pl. Joffre
Pl. Carnot
Pl. St-Paul
Pl. de la Cathédrale
Pl. de la Pucelle-d'Orléans
R. Jeanne-d'Arc
R. du Gros-Horloge
R. Ganterie
R. de l'Hôpital
R. Damiette
R. de Martainville
R. Eau-de-Robec
Bd de l'Yser
Rampe Bouvreuil
Av. Pasteur
Quai du Havre
Quai de la Bourse
Av. Jean Rondeaux
Bd de Verdun

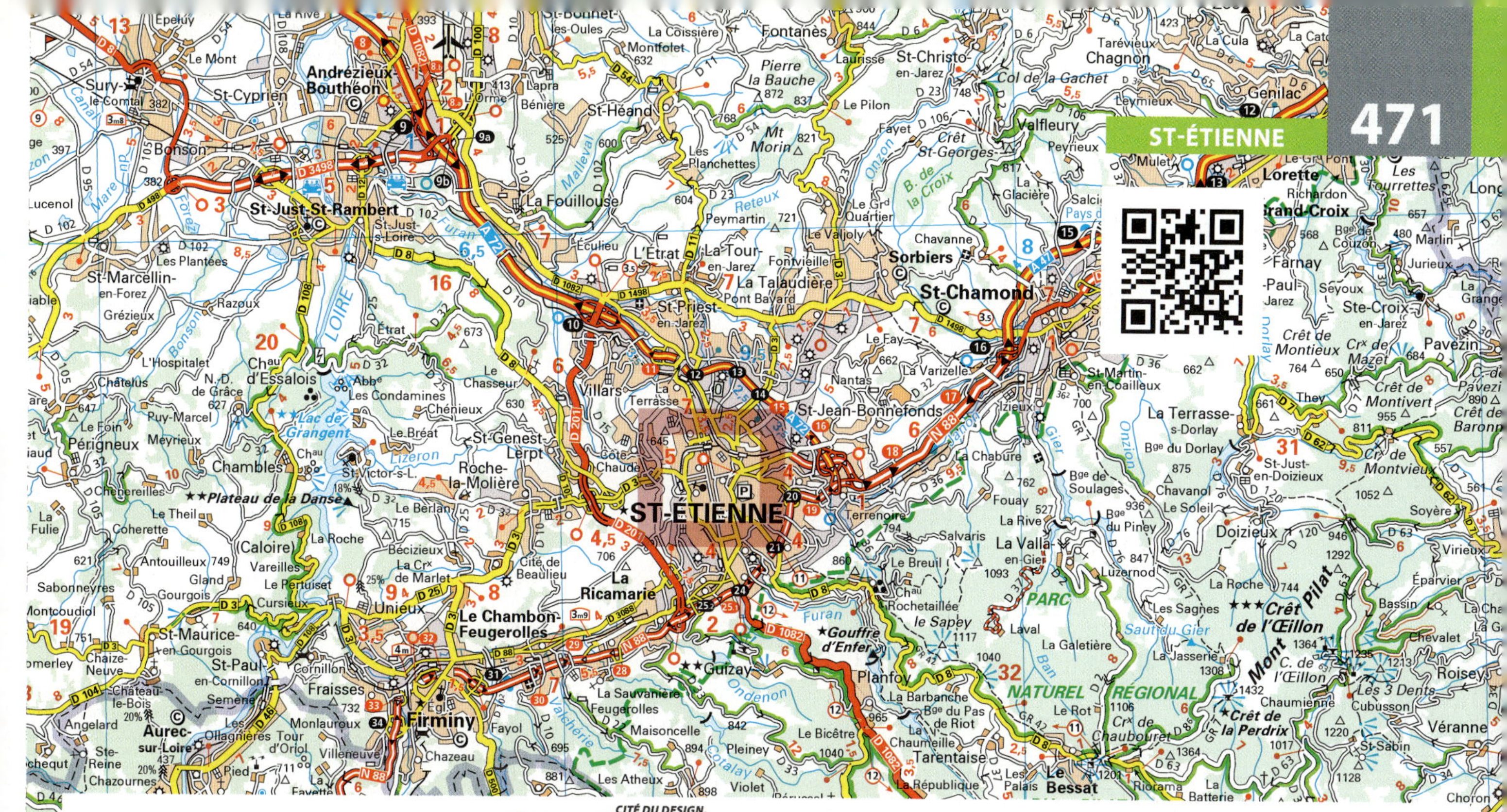
ST-ÉTIENNE
Andrézieux-Bouthéon
St-Just-St-Rambert
La Fouillouse
L'Étrat
La Talaudière
Sorbiers
St-Chamond
St-Priest-en-Jarez
Villars
St-Jean-Bonnefonds
Roche-la-Molière
La Ricamarie
Le Chambon-Feugerolles
Firminy
Unieux
Fraisses
St-Genest-Lerpt
Planfoy
Rochetaillée
Le Bessat
La Valla-en-Gier
Doizieux
Crêt de l'Œillon
Mont Pilat
Crêt de la Perdrix
PARC NATUREL RÉGIONAL
Gouffre d'Enfer
Plateau de la Danse
Lac de Grangent
Chambles
St-Maurice-en-Gourgois
Aurec-sur-Loire
Lorette
Grand-Croix
St-Christo-en-Jarez
Fontanès
St-Héand
Sury-le-Comtal
Bonson
St-Cyprien

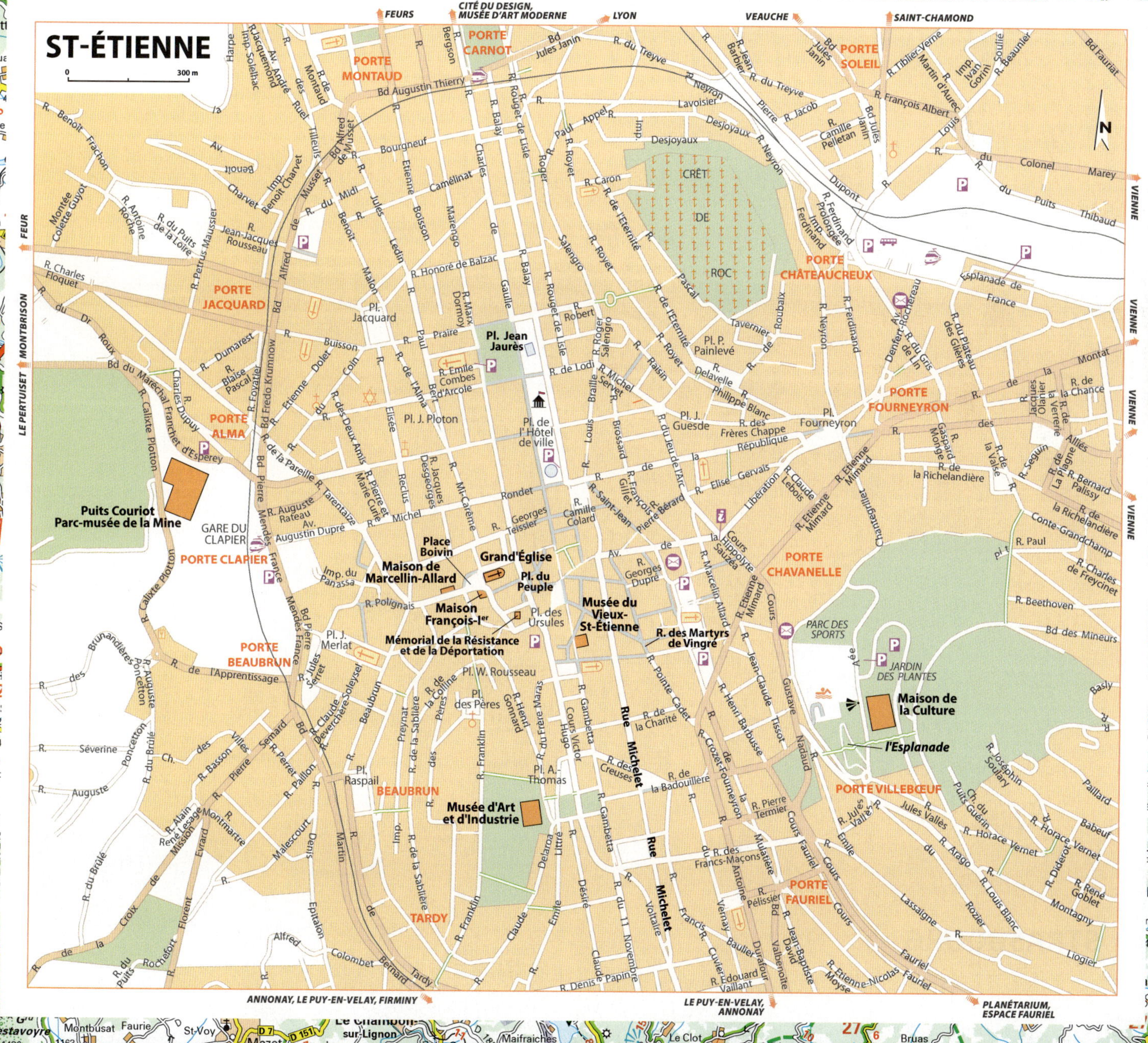
ST-ÉTIENNE
0
300 m
N
FEURS
CITÉ DU DESIGN, MUSÉE D'ART MODERNE
LYON
VEAUCHE
SAINT-CHAMOND
VIENNE
MONTBRISON
FEUR
LE PERTUISET
ANNONAY, LE PUY-EN-VELAY, FIRMINY
LE PUY-EN-VELAY, ANNONAY
PLANÉTARIUM, ESPACE FAURIEL
PORTE CARNOT
PORTE MONTAUD
PORTE SOLEIL
PORTE JACQUARD
PORTE CHÂTEAUCREUX
PORTE ALMA
PORTE FOURNEYRON
PORTE CLAPIER
PORTE CHAVANELLE
PORTE BEAUBRUN
BEAUBRUN
PORTE VILLEBŒUF
PORTE FAURIEL
TARDY
CRÊT DE ROC
Pl. Jean Jaurès
Pl. de l'Hôtel de ville
Puits Couriot Parc-musée de la Mine
GARE DU CLAPIER
Place Boivin
Grand'Église
Maison de Marcellin-Allard
Maison François-Ier
Pl. du Peuple
Musée du Vieux-St-Étienne
Mémorial de la Résistance et de la Déportation
R. des Martyrs de Vingré
Musée d'Art et d'Industrie
Maison de la Culture
l'Esplanade
JARDIN DES PLANTES
PARC DES SPORTS
Rue Michelet
Bd Augustin Thierry
Pl. Jacquard
Pl. J. Ploton
Pl. Fourneyron
Pl. P. Painlevé
Pl. J. Guesde
Pl. W. Rousseau
Pl. Raspail
Pl. A. Thomas
Pl. J. Merlat
Cours Fauriel
Cours Victor Hugo
R. de la Résistance
R. Gambetta
R. Paul Bert
Bd Valbenoîte

STRASBOURG
Kehl
Schiltigheim
Bischheim
Hoenheim
Illkirch-Graffenstaden
Lingolsheim
Ostwald
Molsheim
Entzheim
Holtzheim
Eckbolsheim
Wolfisheim
Oberhausbergen
Mittelhausbergen
Niederhausbergen
Mundolsheim
Souffelweyersheim
Reichstett
Vendenheim
Eckwersheim
La Wantzenau
Kilstett
Willstätt
Appenweier
Renchen
Rheinau
Freistett
Legelshurst
Eckartsweier
Marlen
Neumühl
Sundheim
Odelshofen
Hesselhurst
Griesheim
Bohlsbach
Nesselried
Windschläg
Zusenhofen
Urloffen
Querbach
Bodersweier
Zierolshofen
Holzhausen
Leutesheim
Honau
Diersheim
Rheinbischofsheim
Hausgereut
Wagshurst
Marlenheim
Furdenheim
Handschuheim
Ittenheim
Oberschaeffolsheim
Achenheim
Breuschwickersheim
Ergersheim
Dachstein
Duppigheim
Duttlenheim
Altorf
Dorlisheim
Geispolsheim
Fegersheim
Wolxheim
Soultz-les-Bains
Kirchheim
Odratzheim
Dahlenheim
Pfulgriesheim
Lampertheim
Griesheim-s-Souffel
Dingsheim
Hurtigheim
Stutzheim
Berstett
Kienheim
Durningen
Neugartheim-Ittlenheim
Kuttolsheim
Wintzenheim-Kochersberg
STRASBOURG ENTZHEIM-INTERNATIONAL
Kork
Korker Wald
Offendorf
Gambsheim
Fuchs-am-Buckel
Auenheim
La Robertsau
La Meinau
Neudorf
Neuhof
Stockfeld
La Ganzau
Elsau
Koenigshoffen
Cronenbourg
Hautepierre
Rothig
Fort Uhrich
Glöckelsberg
Goldscheuer
Kittersburg
Sand
Neusand
Fautenbach
Erlach
Zimmern
Stadelhofen
Nußbach
Ebersweier
Weier
Unterweiler

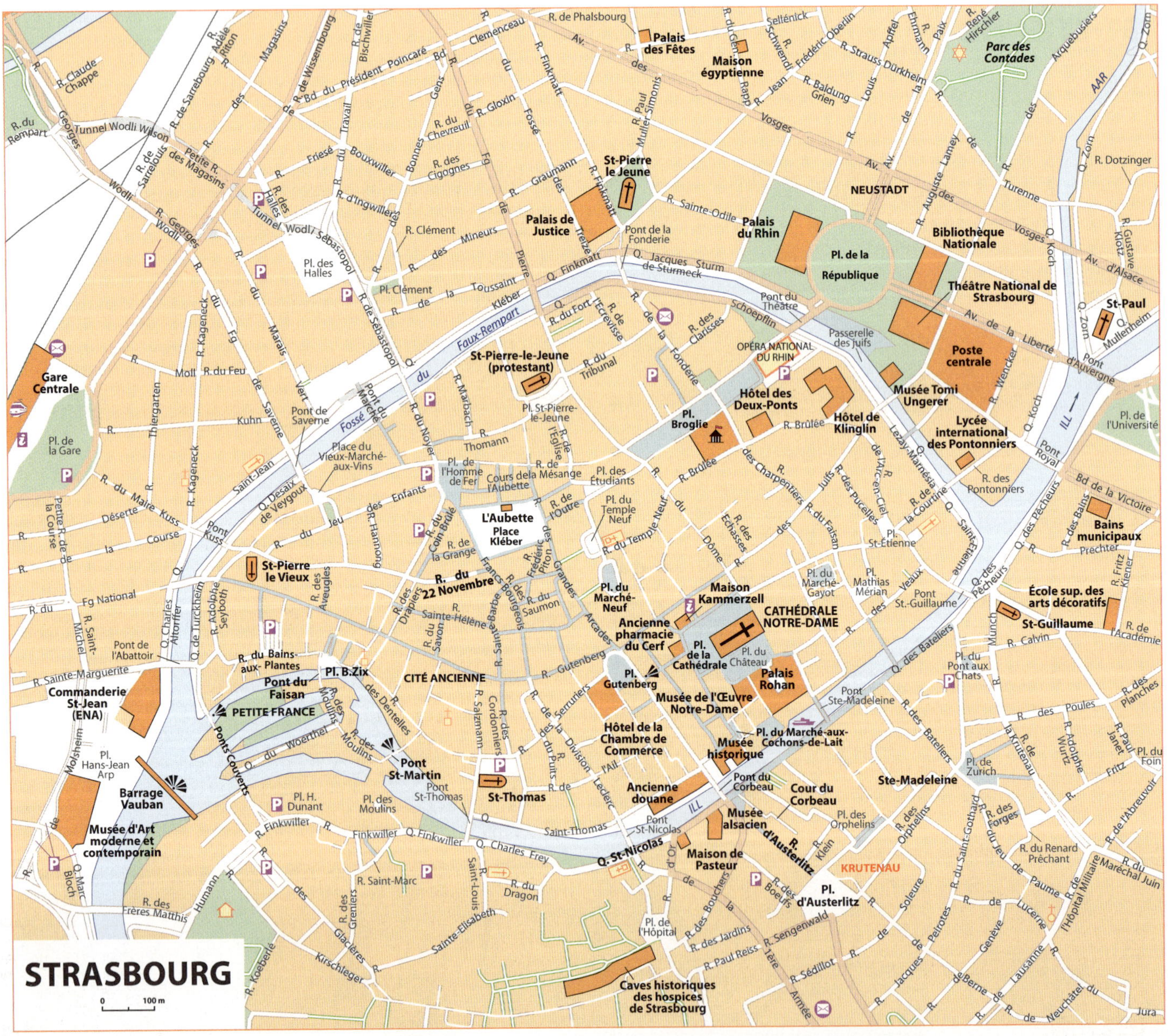
STRASBOURG
0 100 m
CATHÉDRALE NOTRE-DAME
Palais Rohan
Pl. de la Cathédrale
Maison Kammerzell
Pl. du Château
Musée de l'Œuvre Notre-Dame
Pl. Gutenberg
Ancienne pharmacie du Cerf
Pl. du Marché-Neuf
Hôtel de la Chambre de Commerce
Pl. du Marché-aux-Cochons-de-Lait
Musée historique
Ancienne douane
Pont du Corbeau
Cour du Corbeau
Musée alsacien
Maison de Pasteur
Pl. d'Austerlitz
KRUTENAU
Caves historiques des hospices de Strasbourg
CITÉ ANCIENNE
PETITE FRANCE
Pl. B.Zix
Pont du Faisan
Barrage Vauban
Musée d'Art moderne et contemporain
Pl. Hans-Jean Arp
Commanderie St-Jean (ENA)
St-Thomas
Pont St-Martin
Ponts Couverts
St-Pierre le Vieux
L'Aubette
Place Kléber
Pl. de l'Homme de Fer
Pl. du Temple Neuf
Pl. des Étudiants
St-Pierre-le-Jeune (protestant)
Pl. St-Pierre-le-Jeune
Palais de Justice
St-Pierre le Jeune
Pl. Broglie
Hôtel des Deux-Ponts
Hôtel de Klinglin
OPÉRA NATIONAL DU RHIN
Palais du Rhin
Pl. de la République
Bibliothèque Nationale
Théâtre National de Strasbourg
Poste centrale
Musée Tomi Ungerer
Lycée international des Pontonniers
NEUSTADT
Palais des Fêtes
Maison égyptienne
Parc des Contades
St-Paul
Pl. de l'Université
Bains municipaux
École sup. des arts décoratifs
St-Guillaume
Ste-Madeleine
Pl. de Zurich
Pl. du Pont aux Chats
St-Étienne
Pl. St-Étienne
Gare Centrale
Pl. de la Gare
Pl. des Halles
Pl. Clément
Place du Vieux-Marché-aux-Vins
Pont de Saverne
Pont Kuss
Pont de l'Abattoir
Tunnel Wodli
R. du 22 Novembre
Q. St-Nicolas
Bd de la Victoire
Av. de la Liberté
Av. d'Alsace
Faux-Rempart
Fossé
Ill

TOULON
MUSÉE D'HISTOIRE NATURELLE DE TOULON ET DU VAR
CORNICHE DU MONT FARON
MARSEILLE, AIX-EN-PROVENCE
NICE, HYÈRES
AJACCIO
TOUR ROYALE
FORT CAP BRUN
Jardin Alexandre Ier
Musée d'Art
Hôtel des arts
Opéra
Pl. de la Liberté
Pl. d'Armes
Arsenal maritime
Corderie
Porte
St-Louis
RUE DES ARTS
VIEILLE VILLE
Pl. Victor Hugo
Fontaine des Trois-Dauphins
Pl. du Globe
Maison de la photographie
Rue d'Alger
Cathédrale Ste-Marie
Musée national de la Marine
Musée d'histoire de Toulon et de sa région
Pl. de la Poissonnerie
Pl. à l'Huile
Atlantes
St-François-de-Paule
Porte d'Italie
Stade F. Mayol
PORT MILITAIRE
Port
DARSE VIEILLE
LA RODE
Quai
Cronstadt
Lafayette
Cours
Bd de Strasbourg
Bd du Commandant Nicolas
Bd du Maréchal Leclerc
CENTRAL
Bandol
Île de Bendor
Sanary-sur-Mer
Six-Fours-les-Plages
La Seyne-s-Mer
TOULON
St-Mandrier-sur-Mer
Presqu'île de St-Mandrier
Cap Sicié
N.-D. du Mai
Ollioules
Evenos
Le Gros Cerveau
Mt Faron
La Valette-du-Var
La Garde
Le Pradet
Carqueiranne
Hyères
La Crau
Golfe de Giens
Presqu'île de Giens
Giens
Presqu'île du Cap Sicié
Le Revest-les-Eaux
St-Cyr-sur-Mer
Le Castellet
Hyères-Plage
La Capte
L'Almanarre
Fort de Six-Fours
Institut Océanographique Paul Ricard
Musée de la Mine
Cap de Carqueiranne
Cap Cépet
Le Mourillon
Notre-Dame
Seillons
Pourrières
Châteauvert
N.-D. de Grâces

TOULOUSE
0 150 m
MATABIAU
BASILIQUE ST-SERNIN
Musée St-Raymond
Bibliothèque
Chapelle des Carmélites
Collège de l'Esquila
N.-D.-du-Taur
Hôtel Le Grand Balcon
Capitole
Pl. du Capitole
Donjon
Théâtre du Capitole
American Cosmograph
Les Jacobins
Hôtel de Bernuy
Musée du Vieux-Toulouse
St-Jérôme
Tour Pierre-Séguy
Tour de Serta
Musée des Augustins
N.-D.-de-la-Daurade
HÔTEL D'ASSEZAT
Hôtel de Fumel
Cathédrale St-Étienne
Place de la Trinité
Pont Neuf
GARONNE
N.-D.-la-Dalbade
Hôtel de Clary
Hôtel Béringuier-Maynier
Musée Paul-Dupuy
Jardin Royal
Grand Rond
Quai des Savoirs
Jardin des Plantes
Muséum
Palais de Justice
Monument de la Résistance
Pont St-Michel
ST-AUBIN
ST-GEORGES
ST-MICHEL
Puycelsi
Bellegarde
Labastide-St-Pierre
Campsas
Villemur-sur-Tarn
Fronton
Castelnau-d'Estrétefonds
Grenade
Bouloc
Villeneuve-lès-B.
St-Jory
Bruguières
Montberon
Pechbonnieu
Gratentour
Castelginest
St-Alban
Aucamville
Fenouillet
Beauzelle
L'Union
Blagnac
Colomiers
Tournefeuille
Balma
TOULOUSE
Cugnaux
Ramonville-St-Agne
Castanet-Tolosan
Escalquens
Labège
Quint-Fonsegrives
Lavalette
Verfeil
Montcabrier
Bourg-St-Bernard
Francarville
Vendine
Caraman
Lanta
Vallesvilles
Saussens
Plaisance-du-Touch
Portet-sur-Garonne
Roques
Lacroix-Falgarde
Pompertuzat
Fourquevaux
Odars
Préserville
Mascarville
Loubens-Lauragais
Maureville
Lavaur
Rouffiac-Tolosan
Montrabé
Pin-Balma
Drémil-Lafage
Aigrefeuille
St-Orens-de-Gameville

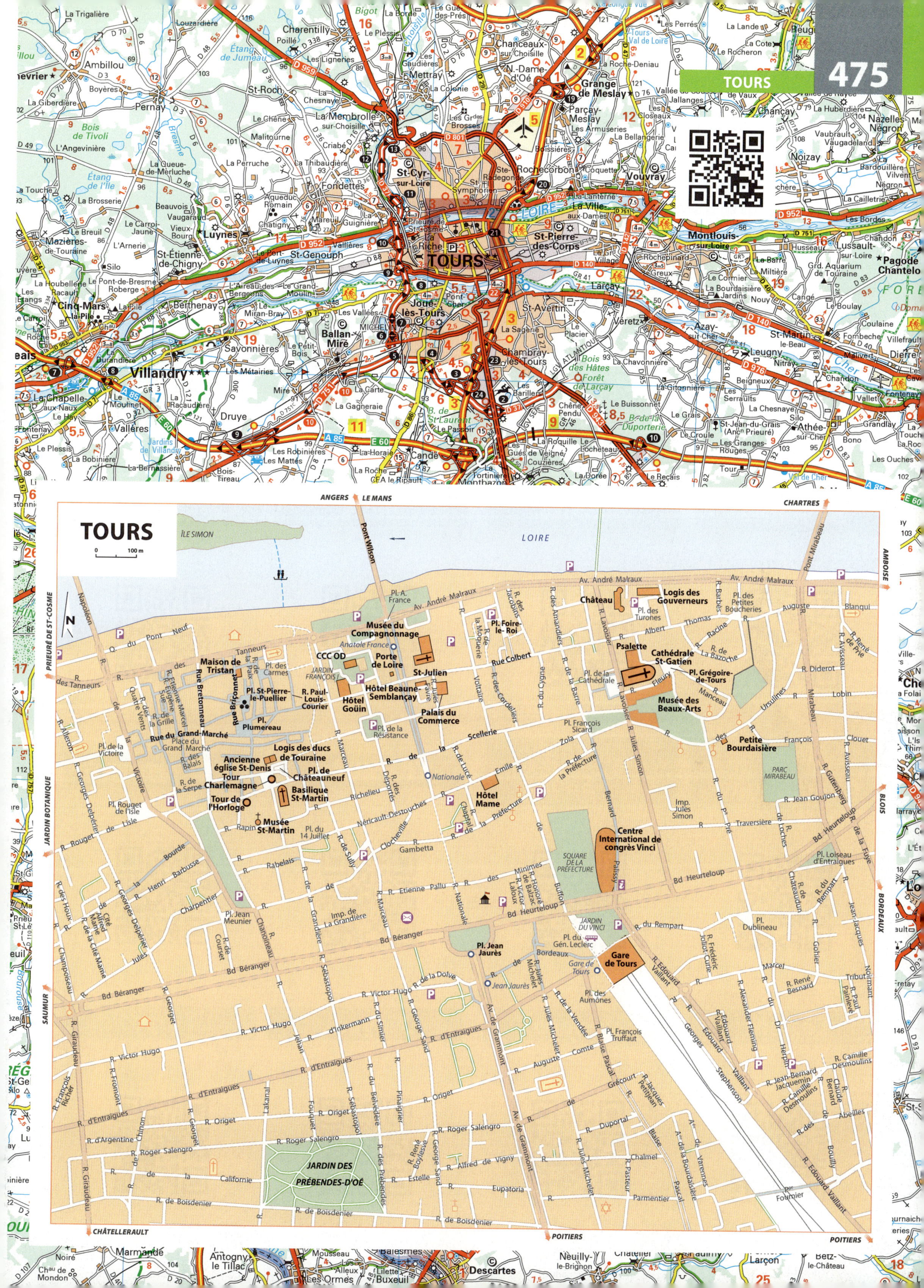
TOURS
ÎLE SIMON
LOIRE
ANGERS
LE MANS
CHARTRES
AMBOISE
BLOIS
BORDEAUX
POITIERS
CHÂTELLERAULT
SAUMUR
JARDIN BOTANIQUE
PRIEURÉ DE ST-COSME
Av. André Malraux
Pont Wilson
Pont Mirabeau
Château
Logis des Gouverneurs
Psalette
Cathédrale St-Gatien
Pl. Grégoire-de-Tours
Musée des Beaux-Arts
Musée du Compagnonnage
CCC OD
Porte de Loire
St-Julien
Hôtel Beaune-Semblançay
Hôtel Goüin
Palais du Commerce
Maison de Tristan
Pl. St-Pierre-le-Puellier
Pl. Plumereau
Rue Briçonnet
Rue Bretonneau
Rue du Grand-Marché
Logis des ducs de Touraine
Ancienne église St-Denis
Pl. de Châteauneuf
Tour Charlemagne
Basilique St-Martin
Tour de l'Horloge
Musée St-Martin
Hôtel Mame
Petite Bourdaisière
PARC MIRABEAU
Centre International de congrès Vinci
SQUARE DE LA PRÉFECTURE
JARDIN DU VINCI
Gare de Tours
Pl. Jean Jaurès
JARDIN DES PRÉBENDES-D'OÉ
Bd Heurteloup
Bd Béranger
Rue Nationale
Rue Colbert
R. Victor Hugo
R. d'Entraigues
R. Roger Salengro
Av. de Grammont
St-Cyr-sur-Loire
Joué-lès-Tours
St-Pierre-des-Corps
St-Avertin
Chambray-lès-Tours
Ballan-Miré
La Riche
Fondettes
Luynes
Villandry
Savonnières
Vouvray
Rochecorbon
Montlouis-sur-Loire
Larçay
Véretz
Azay-sur-Cher
Chanceaux-sur-Choisille
Mettray
Parçay-Meslay
Grange de Meslay
Berthenay
Druye
Vallères
Cinq-Mars-la-Pile
Lussault-sur-Loire
Pagode de Chanteloup
St-Martin-le-Beau
Athée-sur-Cher
Esvres
Veigné
Montbazon
Cormery
Descartes
Larçon
Chaise-le-Château
La Membrolle-sur-Choisille
St-Étienne-de-Chigny
St-Genouph
Nazelles-Négron
Noizay
Chançay
Vernou-sur-Brenne
Forêt de Larçay
Bois des Hâtes

Plans de ville sur votre smartphone

Town plans on your smartphone / Stadtpläne auf Ihrem Smartphone / Stadsplattegronden op uw smartphone
Piante di città sul tuo smartphone / Planos de ciudades en su smartphone

Ajaccio

Annecy

Arles

Bastia

Bayonne

Biarritz

Blois

Carcassonne

Châlons-en-Champagne

Châlon-sur-Saône

Chambéry

Chartres

Lorient

Monaco

Nevers

Troyes

France 1/1 200 000

Frankreich - 1: 1 200 000 / Frankrijk - 1: 1 200 000 / Francia - 1: 1 200 000

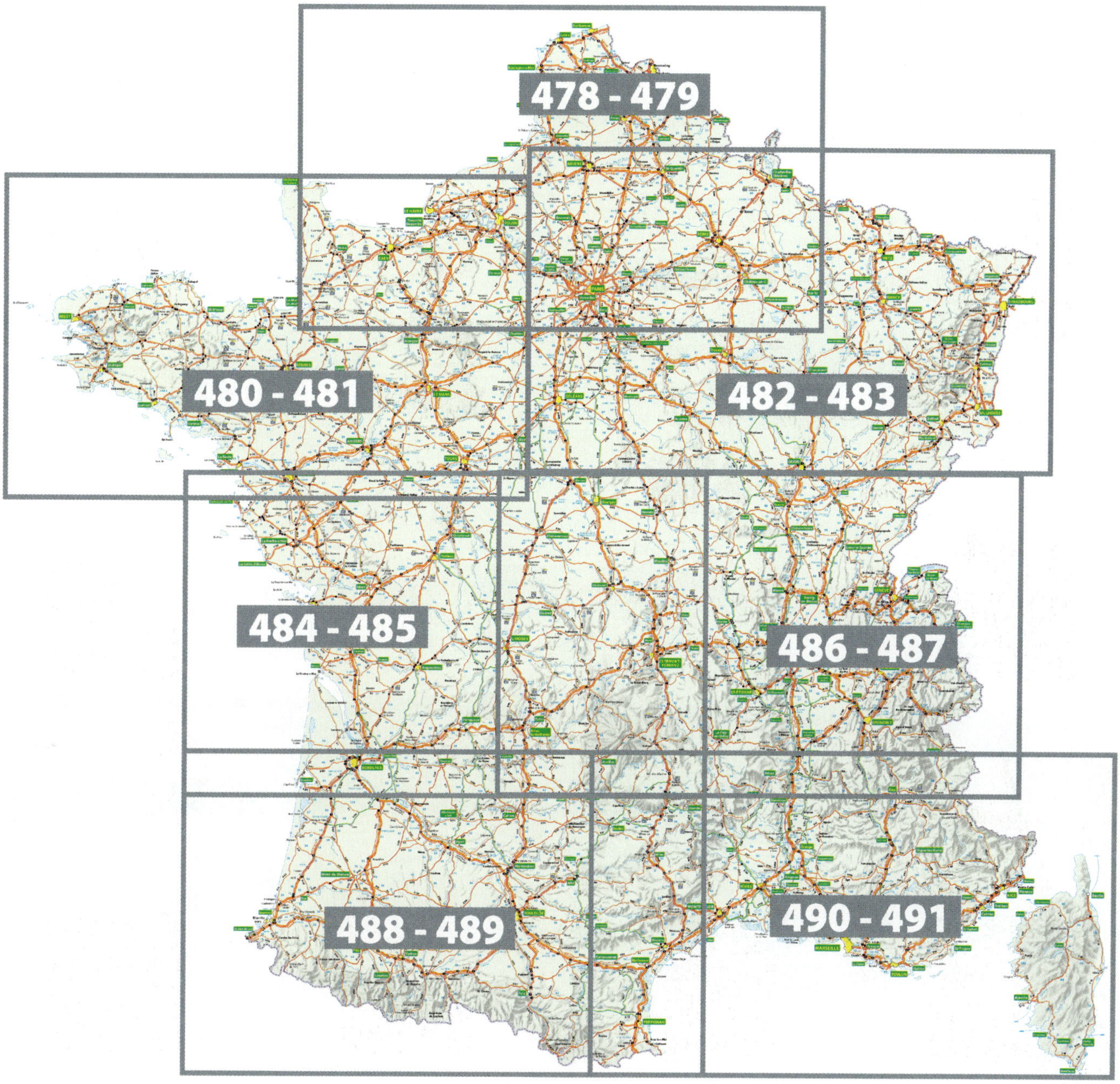

Légende

Routes

Autoroute - Section à péage sur autoroute

Section libre sur autoroute

Échangeurs : complet, partiel

12 12 Numéros d'échangeurs

DRACÉ TAPONAS Aires de services

Autoroute en construction

Distances

100 1,02 Distances en kilomètres

Temps estimé en heures et minutes pour parcourir cette distance

Largeurs des routes

Itinéraires ...

Double chaussée de type autoroutier

Chaussées séparées

Route internationale ou nationale

Route de liaison interrégionale ou de délestage

Itinéraires de dégagement

Double chaussée de type autoroutier

Chaussées séparées

Route internationale ou nationale

Numérotation - Signalisation

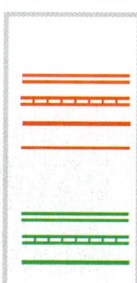

A 6 - E 15 Autoroute - Route européenne

PARIS Ville citée au tableau des distances

ANGERS Ville signalisée par un panneau vert sur les grandes liaisons routières

Obstacles

FLEURY Barrière de péage

Signes divers

Village étape

Dover
Folkestone
Tunnel sous la Manche
Calais
Southampton
Portsmouth
Brighton
Hastings
Isle of Wight
Boulogne-s-Mer
Étaples
Le Touquet-Paris-Plage
Montreuil
Berck-sur-Mer
Hesdin
Le Crotoy
St-Valery-s-Somme
Abbeville
Le Tréport-Eu
Dieppe
Fécamp
Étretat
Neufchâtel-en-Bray
Tôtes
Yvetot
Bolbec
Lillebonne
Le Havre
Honfleur
Trouville Deauville
Rouen
Barfleur
Valognes
Ste-Mère-Église
Carentan
Bayeux
Courseulles-s-Mer
Ouistreham Riva-Bella
Cabourg
Pont-Audemer
Elbeuf
Louviers
Les Andelys
Gisors
Gournay-en-Bray
Marseille-en-Beauvaisis
Beauvais
Vernon
Mantes-la-Jolie
Meulan
St-Lô
Caen
Lisieux
Bernay
Évreux
Coutances
Torigny-s-Vire
Villers-Bocage
Livarot-Pays-d'Auge
Vire
Falaise
Villedieu-les-Poêles-Rouffigny
Flers
Argentan
Gacé
L'Aigle
Verneuil-s-Avre
Dreux
Avranches
Ducey
Domfront-en-Poiraie
St-Hilaire-du-Harcouët
Sées
Le Mêle-s-Sarthe
Mortagne-au-Perche
Tourouvre-au-Perche
Châteauneuf-en-Thymerais
Nogent-le-Roi
Rambouillet
Chartres
Fougères
Mayenne
Ernée
Alençon
Mamers
Nogent-le-Rotrou
Illiers-Combray
Vitré
Laval

Oostende
BRUGGE
ANTWERPEN
GENT
Mechelen
Dunkerque
Veurne
BRUXELLES/
BRUSSEL
Leuven
Ieper
Kortrijk
St-Omer
Steenvoorde
Menen
Tourcoing
Wavre
Bailleul
Roubaix
Hazebrouck
Armentières
LILLE
Tournai
Béthune
Namur
Mons
Bruay-la-Buissière
St-Amand-les-Eaux
CHARLEROI
St-Pol-s-Ternoise
Lens
Douai
Denain
Valenciennes
Arras
Dinant
Maubeuge
Le Quesnoy
Doullens
Bapaume
Cambrai
Le Cateau-Cambrésis
Avesnes-s-Helpe
Givet
Fumay
AMIENS
Péronne
Vermand
St-Quentin
Guise
La Capelle
Hirson
Rocroi
Charleville-Mézières
Vervins
Montdidier
Breteuil
Nesle
Ham
Roye
Crécy-s-Serre
Launois-s-Vence
Sedan
Chauny
Tergnier
Noyon
Laon
Rethel
Stenay
Montmédy
Vic-s-Aisne
Soissons
Vouziers
Clermont
Compiègne
Noailles
REIMS
Creil
Méru
Chantilly
Senlis
Villers-Cotterêts
Suippes
Verdun
Ste-Menehould
Ermenonville
Dormans
Épernay
Château-Thierry
Meaux
La Ferté-sous-Jouarre
Châlons-en-C.
PARIS
Montmirail
Coulommiers
Versailles
Fère-Champenoise
Sommesous
Vitry-le-François
Bar-le-Duc
Fontenay-Trésigny
Sézanne
St-Dizier
Évry-Courcouronnes
Arpajon
Corbeil-Essonnes
Provins
Nogent-s-Seine
Arcis-s-Aube
Melun
Dourdan
Étampes
Fontainebleau
Montereau-Fault-Yonne
Joinville
Brienne-le-Château
Moret-s-Loing
Troyes
Nemours
Pont-s-Yonne
Bar-s-Aube
Angerville
Pithiviers
Sens
Chaumont

Guernsey
St Peter Port
Jersey
St-Helier
Cherbourg-en-Cotentin
Perros-Guirec
Roscoff
Lannion
Paimpol
St-Thégonnec
Morlaix
Landivisiau
Guingamp
Belle-Isle-en-Terre
St-Brieuc
St-Malo
Cancale
Dinard
Dinan
Dol-de-Bretagne
Lamballe
Jugon-les-Lacs
BREST
Crozon
Carhaix-Plouguer
Corlay
Broons
Tinténiac
Châteaulin
Rostrenen
Douarnenez
Merdrignac
Audierne
Gourin
Loudéac
St-Méen-le-Grand
Bedée
Quimper
Pontivy
Plélan-le-Grd
Josselin
Pont-l'Abbé
Concarneau
Quimperlé
Ploërmel
Locminé
Lorient
Auray
Elven
Bain-de-Bretagne
Vannes
Redon
Grand-Fougeray
Muzillac
Quiberon
La Roche-Bernard
Belle-Île
La Baule
Le Croisic
St-Nazaire
Pornic
Bourgneuf-en-Retz
Noirmoutier-en-l'Île
Rocheservière
Challans
Aulne
Rance
Vilaine
Loire

Dieppe
Fécamp
Étretat
Neufchâtel-en-Bray
Tôtes
Yvetot
Bolbec
Lillebonne
LE HAVRE
Honfleur
Trouville Deauville
ROUEN
Gournay-en-Bray
Gisors
Barfleur
Valognes
Ste-Mère-Église
Carentan
Bayeux
Courseulles-s-Mer
Ouistreham Riva-Bella
Cabourg
Pont-Audemer
Elbeuf
Louviers
Les Andelys
Vernon
St-Lô
Coutances
Villers-Bocage
Torigny-s-Vire
CAEN
Lisieux
Livarot-Pays-d'Auge
Bernay
Évreux
Mant la-Jol
Falaise
Vire
Villedieu-les-Poêles-Rouffigny
Flers
Argentan
Gacé
L'Aigle
Verneuil-s-Avre
Dreux
Nogent-le-Roi
Mont-Michel
Avranches
Ducey
St-Hilaire-du-Harcouët
Domfront-en-Poiraie
Sées
Le Mêle-s-Sarthe
Tourouvre-au-Perche
Mortagne-au-Perche
Châteauneuf-en-Thymerais
Chartres
Fougères
Alençon
Mamers
Nogent-le-Rotrou
Illiers-Combray
Mayenne
Ernée
RENNES
Vitré
Laval
Châteaubourg
Châteaudun
Cloyes-s-le-Loir
LE MANS
Sablé-s-Sarthe
Craon
Château-Gontier
Châteaubriant
Pouancé
Segré
La Flèche
Le Lude
Château-du-Loir
Vendôme
Château-Renault
Beaugency
Blois
ANGERS
Candé
Ancenis
NANTES
Clisson
Montaigu
Cholet
Mauléon
Doué-la-Fontaine
Saumur
Montreuil-Bellay
Thouars
Loudun
Chinon
Neuillé-Pont-Pierre
TOURS
Amboise
Contres
St-Aignan
Valençay
Loches
Ste-Maure-de-Touraine
Descartes
Châtillon-s-Indre
Vatan
Romo Lant

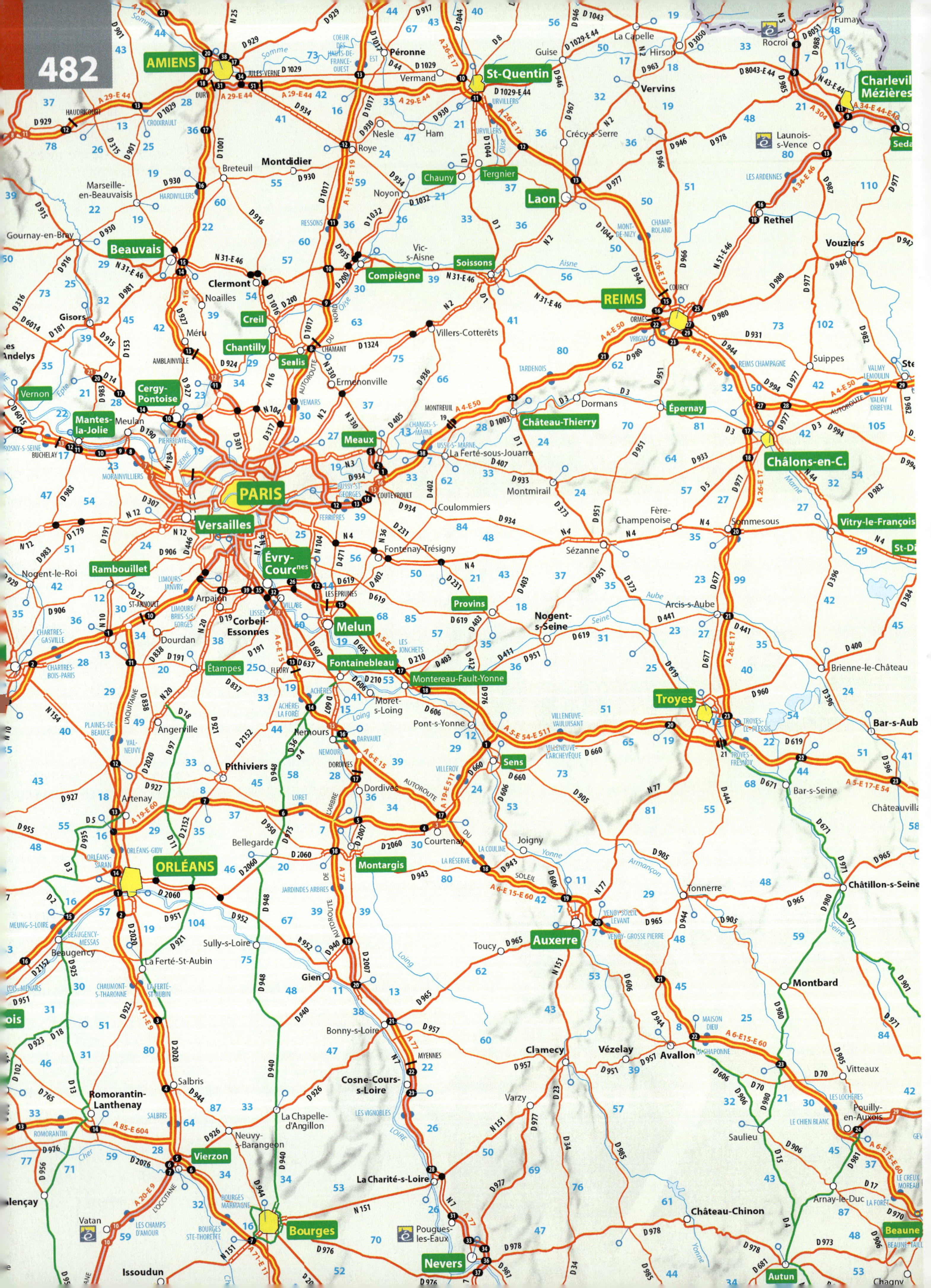
AMIENS
St-Quentin
Charleville-Mézières
Péronne
Vermand
Guise
La Capelle
Hirson
Rocroi
Fumay
Vervins
Crécy-s-Serre
Launois-s-Vence
Sedan
Laon
Tergnier
Chauny
Noyon
Ham
Nesle
Roye
Montdidier
Breteuil
Marseille-en-Beauvaisis
Gournay-en-Bray
Beauvais
Clermont
Noailles
Compiègne
Soissons
Vic-s-Aisne
Rethel
Vouziers
REIMS
Gisors
Les Andelys
Méru
Creil
Chantilly
Senlis
Villers-Cotterêts
Ermenonville
Vernon
Cergy-Pontoise
Mantes-la-Jolie
Meulan
Meaux
La Ferté-sous-Jouarre
Château-Thierry
Dormans
Épernay
Suippes
Châlons-en-C.
PARIS
Versailles
Coulommiers
Montmirail
Fère-Champenoise
Sommesous
Vitry-le-François
Sézanne
Fontenay-Trésigny
Rambouillet
Nogent-le-Roi
Évry-Courcouronnes
Arpajon
Corbeil-Essonnes
Melun
Provins
Nogent-s-Seine
Arcis-s-Aube
Dourdan
Étampes
Fontainebleau
Montereau-Fault-Yonne
Moret-s-Loing
Brienne-le-Château
Troyes
Bar-s-Aube
Chartres
Angerville
Pithiviers
Nemours
Pont-s-Yonne
Sens
Bar-s-Seine
Artenay
Dordives
Courtenay
Joigny
Bellegarde
Montargis
ORLÉANS
Tonnerre
Châtillon-s-Seine
Auxerre
Sully-s-Loire
Toucy
Beaugency
La Ferté-St-Aubin
Gien
Montbard
Bonny-s-Loire
Clamecy
Vézelay
Avallon
Vitteaux
Salbris
Cosne-Cours-s-Loire
Varzy
Romorantin-Lanthenay
La Chapelle-d'Angillon
Pouilly-en-Auxois
Saulieu
Neuvy-s-Barangeon
Vierzon
La Charité-s-Loire
Arnay-le-Duc
Château-Chinon
Vatan
Bourges
Pougues-les-Eaux
Nevers
Beaune
Issoudun
Autun
Chagny

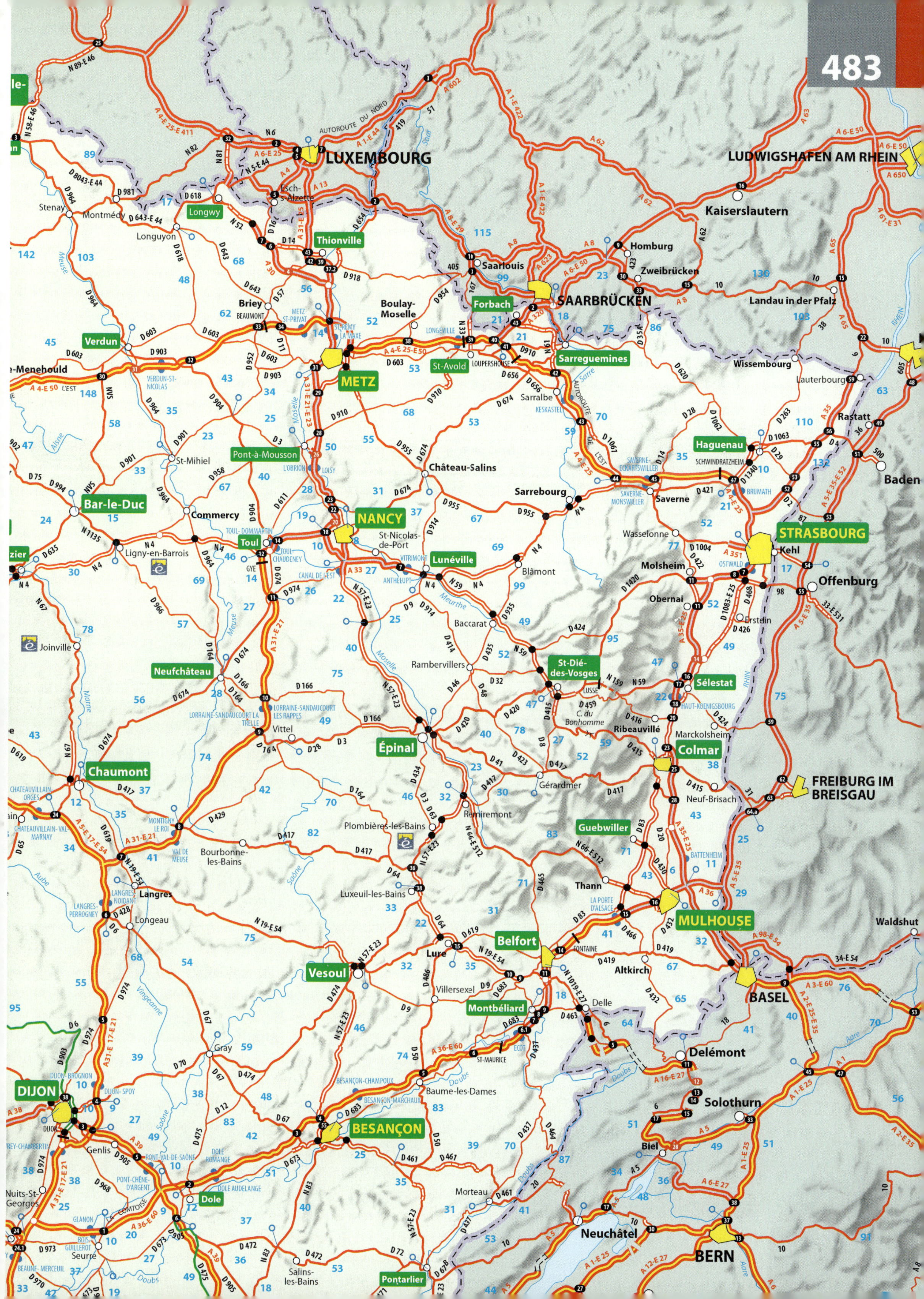
LUXEMBOURG
Esch-s-Alzette
Longwy
Thionville
Stenay
Montmédy
Longuyon
LUDWIGSHAFEN AM RHEIN
Kaiserslautern
Homburg
Zweibrücken
Saarlouis
SAARBRÜCKEN
Forbach
Landau in der Pfalz
Briey
Boulay-Moselle
Verdun
St-Avold
Sarreguemines
Wissembourg
Lauterbourg
METZ
Sarralbe
Rastatt
Baden
Haguenau
St-Mihiel
Pont-à-Mousson
Château-Salins
Saverne
Sarrebourg
Bar-le-Duc
Commercy
NANCY
St-Nicolas-de-Port
Wasselonne
STRASBOURG
Kehl
Offenburg
Toul
Ligny-en-Barrois
Lunéville
Blâmont
Molsheim
Obernai
Erstein
Baccarat
Joinville
Rambervillers
St-Dié-des-Vosges
Sélestat
Neufchâteau
Ribeauvillé
Marckolsheim
Vittel
Épinal
Colmar
Gérardmer
FREIBURG IM BREISGAU
Neuf-Brisach
Chaumont
Remiremont
Plombières-les-Bains
Guebwiller
Bourbonne-les-Bains
Thann
Langres
Luxeuil-les-Bains
MULHOUSE
Longeau
Waldshut
Belfort
Lure
Vesoul
Altkirch
BASEL
Villersexel
Montbéliard
Delle
Delémont
Gray
DIJON
Baume-les-Dames
Solothurn
BESANÇON
Genlis
Biel
Nuits-St-Georges
Dole
Morteau
Neuchâtel
BERN
Seurre
Salins-les-Bains
Pontarlier

St-Nazaire
NANTES
Pornic
Bourgneuf-en-Retz
Noirmoutier-en-l'Île
Clisson
Doué-la-Fontaine
Saumur
Montreuil-Bellay
Cholet
Montaigu
Rocheservière
Challans
St-Jean-de-Monts
Île d'Yeu
St-Gilles-Croix-de-Vie
Aizenay
Mauléon
Les Herbiers
Thouars
Bressuire
Loudun
La Roche-s-Yon
Chantonnay
Parthenay
Vouillé
Ste-Hermine
Les Sables-d'Olonne
Fontenay-le-Comte
Luçon
St-Maixent-l'École
La Tranche-sur-Mer
Niort
Île de Ré
St-Martin-de-Ré
La Rochelle
Melle
Surgères
St-Pierre-d'Oléron
Île d'Oléron
Rochefort
St-Jean-d'Angély
Marennes
Mansle
Saintes
Cognac
Jarnac
Royan
Saujon
Le Verdon-s-Mer
Jonzac
Barbezieux-St-Hilaire
Lesparre-Médoc
Montlieu-la-Garde
Lamarque
Blaye
Lacanau-Océan
St-André-de-Cubzac
Montpon-Ménestérol
Libourne
BORDEAUX
Arès
Arcachon
Cap Ferret
Sauveterre-de-Guyenne
La Réole
Langon
Marmande
Bazas
Biscarrosse
Sore
Casteljaloux
Mimizan
Sèvre Niortaise
Charente
Dordogne
Garonne
Vendée
Eyre

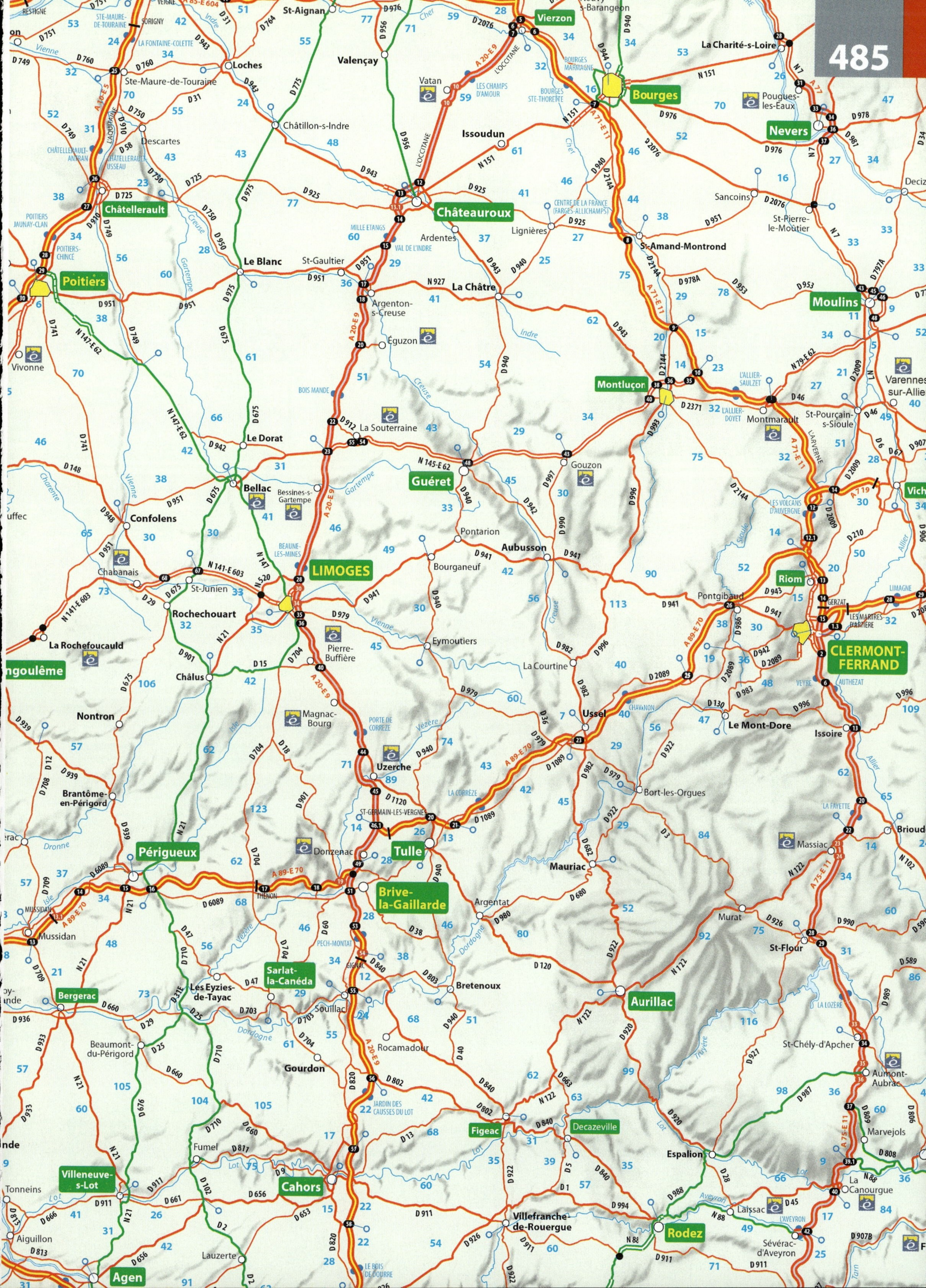
St-Aignan
Vierzon
La Charité-s-Loire
Loches
Valençay
Ste-Maure-de-Touraine
Vatan
Bourges
Pouges-les-Eaux
Nevers
Châtillon-s-Indre
Issoudun
Descartes
Châtellerault
Châteauroux
Sancoins
St-Pierre-le-Moûtier
Ardentes
Lignières
St-Amand-Montrond
Poitiers
Le Blanc
St-Gaultier
La Châtre
Argenton-s-Creuse
Moulins
Éguzon
Vivonne
Montluçon
Varennes-sur-Allier
Montmarault
St-Pourçain-s-Sioule
La Souterraine
Le Dorat
Gouzon
Guéret
Bellac
Bessines-s-Gartempe
Confolens
Pontarion
Aubusson
Bourganeuf
Riom
Chabanais
LIMOGES
St-Junien
Rochechouart
Pontgibaud
CLERMONT-FERRAND
La Rochefoucauld
Eymoutiers
Pierre-Buffière
La Courtine
Angoulême
Châlus
Nontron
Magnac-Bourg
Ussel
Le Mont-Dore
Issoire
Uzerche
Bort-les-Orgues
Brantôme-en-Périgord
Tulle
Massiac
Périgueux
Donzenac
Mauriac
Brive-la-Gaillarde
Argentat
Murat
Mussidan
St-Flour
Les Eyzies-de-Tayac
Sarlat-la-Canéda
Bretenoux
Aurillac
Bergerac
Souillac
Rocamadour
St-Chély-d'Apcher
Beaumont-du-Périgord
Gourdon
Aumont-Aubrac
Figeac
Decazeville
Marvejols
Fumel
Espalion
Villeneuve-s-Lot
Cahors
La Canourgue
Tonneins
Laissac
Villefranche-de-Rouergue
Rodez
Aiguillon
Sévérac-d'Aveyron
Lauzerte
Agen

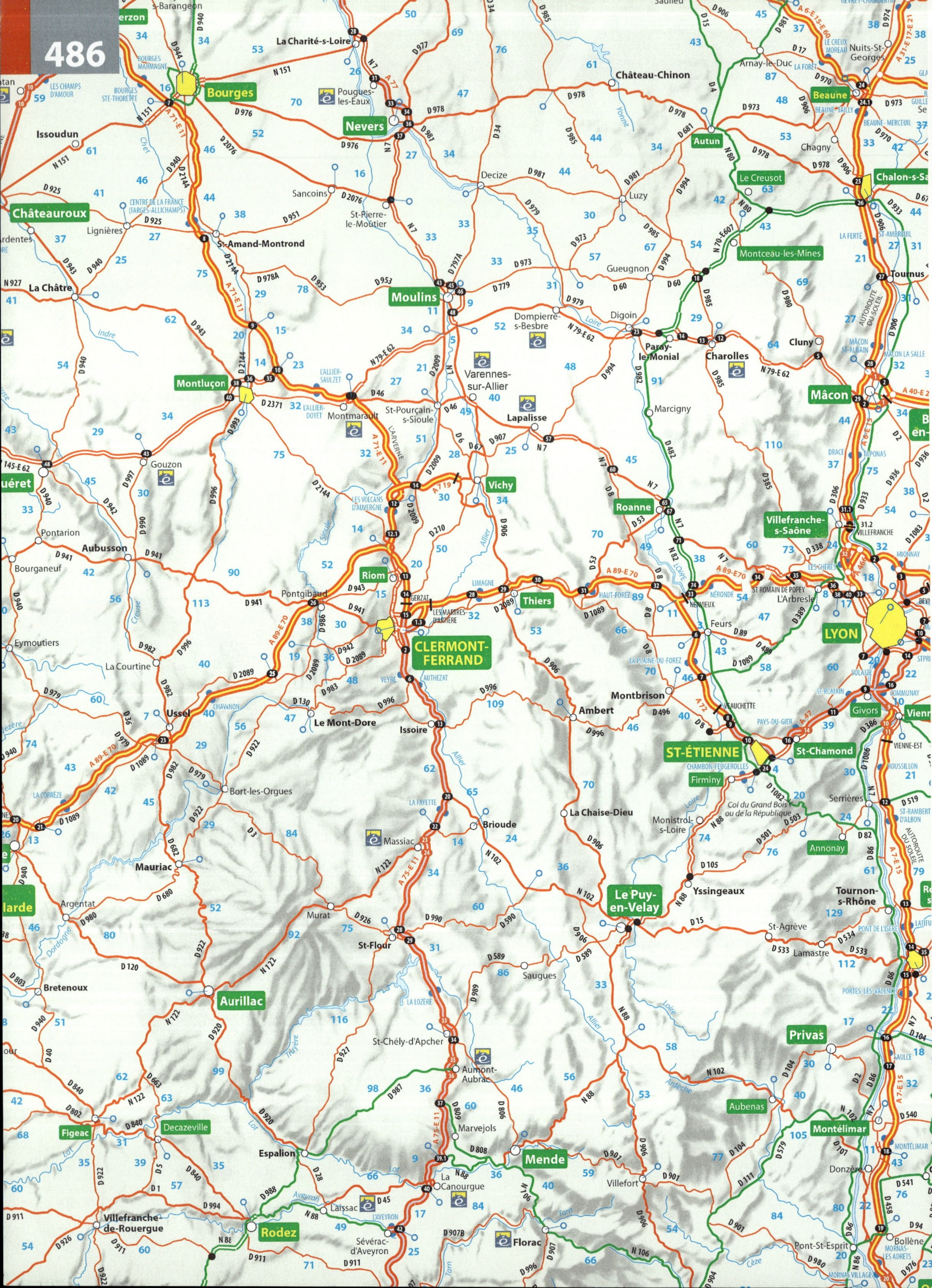

Bourges
La Charité-s-Loire
Pougues-les-Eaux
Nevers
Château-Chinon
Arnay-le-Duc
Nuits-St-Georges
Beaune
Issoudun
Autun
Chagny
Chalon-s-Saône
Le Creusot
Decize
Luzy
Sancoins
St-Pierre-le-Moûtier
Châteauroux
Lignières
St-Amand-Montrond
Montceau-les-Mines
La Châtre
Moulins
Gueugnon
Tournus
Digoin
Dompierre-s-Besbre
Paray-le-Monial
Charolles
Cluny
Montluçon
Varennes-sur-Allier
Montmarault
St-Pourçain-s-Sioule
Lapalisse
Marcigny
Mâcon
Gouzon
Guéret
Vichy
Roanne
Villefranche-s-Saône
Pontarion
Aubusson
Bourganeuf
Riom
Pontgibaud
Thiers
L'Arbresle
Feurs
LYON
CLERMONT-FERRAND
Eymoutiers
La Courtine
Montbrison
Ussel
Le Mont-Dore
Issoire
Ambert
Givors
ST-ÉTIENNE
St-Chamond
Firminy
Bort-les-Orgues
La Chaise-Dieu
Monistrol-s-Loire
Serrières
Brioude
Massiac
Annonay
Mauriac
Yssingeaux
Le Puy-en-Velay
Tournon-s-Rhône
Argentat
Murat
St-Flour
St-Agrève
Lamastre
Saugues
Bretenoux
Aurillac
St-Chély-d'Apcher
Privas
Aumont-Aubrac
Figeac
Decazeville
Marvejols
Aubenas
Montélimar
Espalion
Mende
Villefort
Donzère
La Canourgue
Laissac
Villefranche-de-Rouergue
Rodez
Sévérac-d'Aveyron
Florac
Pont-St-Esprit
Bollène

Genlis
Dole
Morteau
Neuchâtel
BERN
Fribourg
Salins-les-Bains
Pontarlier
Champagnole
Louhans-Châteaurenaud
Lons-le-Saunier
LAUSANNE
Montreux
Morez
St-Claude
Col de la Faucille
Thonon-les-Bains
Évian-les-Bains
LAC LÉMAN
Gex
Oyonnax
GENÈVE
Annemasse
Bourg-en-Bresse
Nantua
Bellegarde-s-Valserine
St-Julien-en-G.
Morzine
Martigny
Cluses
Pont-d'Ain
Frangy
Seyssel
Ambérieu-en-Bugey
Chamonix-Mont-Blanc
Tunnel du Mont Blanc
Annecy
Megève
Courmayeur
Aosta/Aoste
Culoz
Belley
Crémieu
Aix-les-Bains
Albertville
Col du Petit St-Bernard
Bourg-St-Maurice
Chambéry
La Tour-du-Pin
Bourgoin-Jallieu
Montmélian
Aiguebelle
Moûtiers
Val-d'Isère
Col de l'Iseran
Courchevel
Les Échelles
Voiron
St-Jean-de-Maurienne
Modane
Col du Mont Cenis
Tunnel du Fréjus
GRENOBLE
Alpe-d'Huez
Vizille
Col du Galibier
Col du Lautaret
TORINO
Asti
La Mure
Briançon
Col de Montgenèvre
L'Argentière-la-Bessée
Valence
Guillestre
Crest
Die
Gap
Chorges
Embrun
Col de Vars
Aspres-s-Buëch
Col de Larche/ Colle della Maddalena
Cuneo
Serres
Barcelonnette
Col de la Bonette
Nyons
Vaison-la-Romaine
Tunnel de Tende
Tende
Sisteron

Montlieu-la-Garde
Ribérac
Lamarque
Blaye
Lacanau-Océan
St-André-de-Cubzac
Montpon-Ménestérol
Mussidan
Libourne
Ste-Foy-la-Grande
Bergerac
BORDEAUX
Arès
Arcachon
Cap Ferret
Sauveterre-de-Guyenne
La Réole
Langon
Marmande
Bazas
Biscarrosse
Sore
Tonneins
Villeneuve-s-Lot
Casteljaloux
Aiguillon
Mimizan
Nérac
Roquefort
Condom
Castets
Mont-de-Marsan
Nogaro
Hossegor
Capbreton
Dax
Aire-s-l'Adour
Bayonne
Peyrehorade
Biarritz
Orthez
Mirande
DONOSTIA-SAN SEBASTIÁN
St-Jean-de-Luz
Cambo-les-Bains
Pau
Tarbes
Castelnau-Magnoac
Oloron-Ste-Marie
St-Jean-Pied-de-Port
Lourdes
Lannemezan
Montréjeau
Argelès-Gazost
Bagnères-de-Bigorre
Cauterets
St-Lary-Soulan
PAMPLONA
Tunnel du Somport
Gavarnie
Tunnel d'Aragnouet-Bielsa
Bagnères-de-Luchon
Dordogne
Garonne
Adour
Lot
Baïse
Gers
Isle
Dronne
Gave d'Oloron
Río Aragón
A 63-E 5-E 70
A 64-E 80
A 65
A 62-E 72
A 89-E 70
A 10-E 5
A 660
A 15
AP 15
AP 8-E 70
A 10
N 134-E 7
N 330-E 7
A 23-E 7
N 260
A 136
A 138
AUTOROUTE DES DEUX-MERS
LA PYRÉNÉENNE
L'AQUITAINE

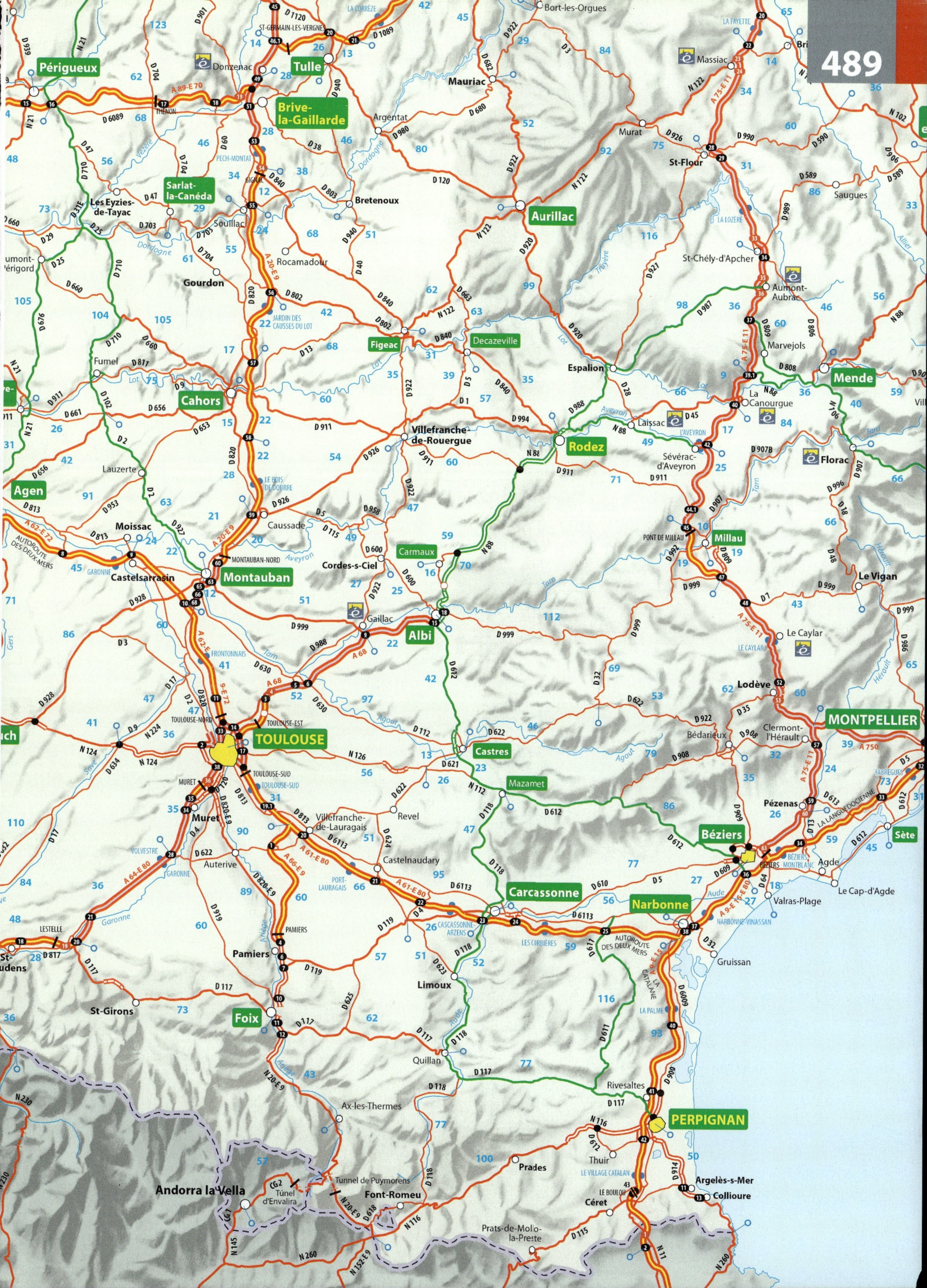
Bort-les-Orgues
Périgueux
Donzenac
Tulle
Brive-la-Gaillarde
Mauriac
Argentat
Massiac
Murat
St-Flour
Sarlat-la-Canéda
Les Eyzies-de-Tayac
Souillac
Bretenoux
Aurillac
Saugues
Rocamadour
Gourdon
St-Chély-d'Apcher
Aumont-Aubrac
Figeac
Decazeville
Marvejols
Fumel
Cahors
Espalion
Mende
La Canourgue
Villefranche-de-Rouergue
Rodez
Laissac
Sévérac-d'Aveyron
Florac
Lauzerte
Agen
Moissac
Caussade
Millau
Carmaux
Cordes-s-Ciel
Castelsarrasin
Montauban
Le Vigan
Gaillac
Albi
Le Caylar
Lodève
TOULOUSE
Clermont-l'Hérault
Bédarieux
MONTPELLIER
Castres
Mazamet
Muret
Pézenas
Villefranche-de-Lauragais
Revel
Béziers
Sète
Auterive
Castelnaudary
Agde
Le Cap-d'Agde
Carcassonne
Narbonne
Valras-Plage
Pamiers
Gruissan
St-Girons
Limoux
Foix
Quillan
Rivesaltes
Ax-les-Thermes
PERPIGNAN
Thuir
Prades
Argelès-s-Mer
Collioure
Andorra la Vella
Tunnel de Puymorens
Font-Romeu
Céret
Prats-de-Mollo-la-Preste

Le Puy-en-Velay
Yssingeaux
Tournon-s-Rhône
Romans-s-Isère
St-Agrève
Lamastre
Valence
Saugues
Privas
Crest
Die
Vizille
La Mure
Aumont-Aubrac
Aubenas
Montélimar
Marvejols
Mende
Villefort
Donzère
Grignan
Nyons
Gap
Chorges
Aspres-s-Buëch
Serres
La Canourgue
Florac
Pont-St-Esprit
Bollène
Vaison-la-Romaine
Orange
Sisteron
Bagnols-s-Cèze
Alès
Uzès
Remoulins
Carpentras
Forcalquier
Le Vigan
Avignon
Apt
Manosque
Riez
Le Caylar
Tarascon
Cavaillon
NÎMES
Beaucaire
St-Rémy-de-Provence
Arles
Salon-de-P.
Lodève
MONTPELLIER
Clermont-l'Hérault
Aix-en-Provence
Miramas
Istres
La Grande-Motte
Palavas-les-Flots
Pézenas
Sète
Stes-Maries-de-la-Mer
Martigues
Fos-s-Mer
St-Maximin-la-Ste-Baume
Brignoles
Port-St-Louis-du-Rhône
Aubagne
MARSEILLE
Cassis
Agde
Le Cap-d'Agde
Valras-Plage
La Ciotat
Bandol
TOULON
Hyères

TORINO
Asti
Cuneo
Col du Galibier
Briançon
Col de Montgenèvre
L'Argentière-la-Bessée
Durance
Guillestre
Embrun
Col de Vars
Barcelonnette
Col de la Bonette
Col de Larche/ Colle della Maddalena
Po
Tanaro
Sture di Demonte
Tunnel de Tende
Tende
Verdon
Var
Castellane
Grasse
Antibes
Cannes
NICE
Menton
Monte-Carlo-Monaco
San Remo
La Turbie
Beausoleil
Scoperta
St-Isidore
Les Bréguières
Le Canaver
Le Capitou
Esterel
Vidauban
Fréjus
St-Raphaël
Ste-Maxime
Grimaud
St-Tropez
Le Lavandou
VIA AURELIA
A 21-E 70
A 55-E 70
A 6-E 717
A 33-E 74
A 26-E 25
A 7-A 26
A 7-E 62
A 10-E 80
A 12-E 80
A 8-E 80
A 33
SS 231-E 74
SS 20-E 74
SS 21
SS 1
SS 24
SR 20
SR 23
SP 3
D 6204-E 74
M 2204
M 2205
M 6202
M 64
D 6202
D 4202
N 202
D 4085
D 6085
D 2085
D 900
D 902
D 1091
N 94
D 21
D 955
D 54
D 562
D 1555
DN 7
D 559
D 558
D 25
D 98
Bastia
L'Île-Rousse
Calvi
Ponte Leccia
Corte
Golo
Tavignano
Porto
Cargèse
Aléria
Ajaccio
Gravona
Taravo
Propriano
Sartène
Porto-Vecchio
Bonifacio
T 10
T 20
T 22
T 30
T 40
T 50
D 81
D 111
D 859